TINTURARIA
CAMBOURNAC

14, Largo da Annunciada, 16 — 420, Rua de S. Bento, 420

Numero telephonico — 562

OFFICINA A VAPOR NA RIBEIRA DO PAPEL

AGENTES

No Porto: *J. David Azevedo Barros, rua de Santo Antonio, 44.*

Em Coimbra: *Miguel José da Costa Braga, rua do Visconde da Luz, 95.*

Tinge seda, lã, linho, algodão em flo ou em tecidos

Limpa pelo processo parisiense (degraissage à sec)
fato de homem,
vestidos de seda, lã, etc., etc., sem serem desmanchados

Lava flanellas e todos os artigos de lã e seda

Encarrega-se da reexpedição por caminho de ferro, correio ou qualquer outra via

Concessionaria da patente de invenção de **RIDEL & C.ª**, de Paris, para acabamento de tinto de tecidos de seda.

PROMPTIDÃO E PREÇOS RASOAVEIS

TINTA SUPERIOR PARA ESCREVER

COMMUNICATIVA E NÃO COMMUNICATIVA

Em frascos de vidro, os quaes levam no rotulo a chancella — P. J. A. CAMBOURNAC.

Outras qualidades em frascos de vidro e botijas de grez.

Vende-se em todas as papelarias e em diversos estabelecimentos.

VENDA POR GROSSO

14, LARGO DA ANNUNCIADA, 16

LISBOA

ALMANACH COMMERCIAL

DE

LISBOA

Para 1892

POR

CARLOS AUGUSTO DA SILVA CAMPOS

LISBOA
Escriptorio da Administração
31, Rua do Crucifixo, sobre-loja
1891

AOS LEITORES

Cansada tarefa é esta, de compôr todos os annos um repositorio enorme de esclarecimentos varios, para satisfazer a curiosidade do publico, que todos os dias, e a cada momento, procura milhares de artigos e pretende encontrar todos com extrema facilidade e rapidez.

É penosa e ardua esta empreza, pelo excesso do trabalho e pela difficuldade da exactidão, e só a utilidade do serviço, poderá compensar a dureza do encargo. Fazemos quanto cabe nas forças humanas, para que o nosso trabalho seja o mais perfeito possivel; porém, escusado é dizel-o que não póde ficar isempto de erros, por causas bem conhecidas e completamente estranhas á nossa vontade.

As mudanças de domicilio, a fluctuação dos acontecimentos e a foice sinistra da morte, desmentem repetidas vezes as noticias que pareciam mais certas e duradouras; mas apesar de todos estes inconvenientes, ninguem ignora os relevantes serviços que os annuarios do commercio, prestam constantemente ás sociedades modernas, facilitando as relações de toda a especie entre nacionaes e estrangeiros, e auxiliando assim o trabalho e a riqueza publica; de modo que estes livros significam actualmente uma exigencia impreterivel da civilisação, e representam a vida activa dos povos a que pertencem.

Animados, pois pelo bom acolhimento que temos merecido do publico, proseguimos no mesmo empenho, conservando o mesmo systema por ser o mais simples e claro que temos encontrado; e accrescentando sempre o livro com informações novas, publicamos agora o 12.º volume do **Almanach Commercial de Lisboa**, para 1892, que offerecemos á benevola apreciação dos nossos illustrados e numerosos leitores.

Lisboa, 1 de dezembro de 1891.

Carlos Augusto da Silva Campos.

INDICE GERAL

De todas as materias contidas n'este almanach pela ordem alphabetica, a saber:

Calendario	25 a 35
Familia Real Portugueza	36 a 38
Casa Real	38 a 46
e folha addicional	929
Casa de Bragança (administração da)	46 e 47
e folha addicional	929
Parte commercial e Industrial — 1.ª secção	48 a 525
2.ª Secção. Commercio e Industria das Provincias, Ilhas e Possessões Ultramarinas	527 a 568
Parte official	569 a 871
Artigos diversos	873 a 927

A

Academia de Amadores de Musica (Real)	962
Academia Real das Bellas Artes	577 a 579
Academia Real das Sciencias de Lisboa	569 a 577
Academia Polytechnica do Porto	579 e 580
Academia Portuense de Bellas Artes	580 e 581
Açougues (vidé talhos)	512 e 513
Administração do Circulo Aduaneiro do Sul	583 a 592
Administração dos correios e telegraphos	592 a 600
Administração da fazenda da casa real	45 e 46
Administração geral das alfandegas e contribuições indirectas	600 e 601
Administracção militar (direcção da)	601 a 607
Administração da serenissima casa de Bragança	46 e 47
e folha addicional	929
Administrações dos Bairros de Lisboa	581 e 582
Adubos Agricolas	302 e 949
Advogados	909 e 910
Afinadores de pianos	906
Agencia Financial em Londres	607
Agencia Financial no Rio de Janeiro	607
Agencia de jornaes estrangeiros	927
Agencia militar dos corpos do exercito	607 e 608
Agencia telegraphica Havas	306
Agencias de annuncios	305 e 306
Agencias de caminhos de ferro	330
Agencias de criados	369
Agencias funerarias	396
Agencias de negocios	461 e 462

Agronomos	958 e 959	Asylo d'Ajuda	616
Aguas mineraes portuguezas	303, 304 e 951	Asylo para cegas	883
Albergue dos Invalidos do trabalho	878	Asylo da infancia desvalida e pobres do Lumiar	961
Albergues nocturnos	878 e 879	Asylo de Santo Amaro	618
Alcool	306	Asylo dos orphãos desvalidos da freguezia de Santa Catharina	961
Alfayates	307 a 311 e 947		
Alfandega de Lisboa	588 a 592	Asylo de S. João para infancia desvalida	961 e 962
Aljube (cadeia)	621		
Annuncios (agencias de)	305 e 306	Asylo de D. Luiz I	616
Annuncios, secção extraordinaria	932 a 957	Asylo de D. Maria Pia	616 e 617
		Asylo de Mendicidade	617
Apparelhos e campainhas electricas	312	Asylo Municipal	653
		Asylo de Nossa Senhora da Conceição para raparigas abandonadas	617 e 618
Archivo Nacional da Torre do Tombo	608		
Architectos d'obras publicas	820	Asylos de infancia desvalida (sociedade das casas de infancia desvalida em Lisboa.)	883 e 884
Areia, cal, tijolo, etc.	312		
Armada Real	608 e 609		
Armadores e estofadores	313 a 316	Atheneu Commercial	64
Armadores d'egrejas	316	Avaliadores officiaes provisorios (ourives)	465
Arsenal do exercito (vide artilheria)	612 a 614	Azeite	317
Arameiros	312	Azeite de purgueira	317
Arsenal de marinha	609 a 612		
Artigos para militares	316	**B**	
Artilheria e suas dependencias (commando geral de)	612 a 616		
		Bacalhoeiros	317
		Bahuleiros	318
Ascensores mechanicos (companhia dos)	88	Bairros (vide administrações dos)	581 e 582
Ascensores mechanicos (tabella)	184	Balanças, pezos e medidas	319 e 320
Asphalto e cimento	317 e 950		
Associação Commercial de Lisboa	48 a 58	Bancos (a saber)	65 a 78
		Banco Commercial de Lisboa	68
Associação Commercial dos Lojistas de Lisboa	62 e 63	Banco de credito Nacional	65 e 69
Associação Commercial do Porto	528	Banco Inglez	930 e 932
Associação dos Empregados no Commercio e Industria	64	Banco Lisboa & Açores 65	69 e 70
		Banco Lusitano	70 e 71
Associação dos Empregados do Commercio de Lisboa	63	Banco Mercantil de Lisboa	72
		Banco Nacional Ultramarino	66, 73 a 75
Associação Industrial Portugueza	58 a 62	Banco Popular Independencia	75 e 76
Associação Portugueza de Proprietarios	64	Banco de Portugal	76 a 78
		Banco Portuguez e Brazileiro	67 e 78
Associações de beneficencia	878 a 886		
Associações diversas	887 a 889	Bancos de fóra com correspondentes em Lisboa	78 e 79
Associações de soccorro mutuo	873 a 878	Bancos do Porto	528

Banhos de Alcaçarias	320
Banhos de limpeza e medicamentosos	320
Barões	667 a 671
Basares	321
Bençãos matrimoniaes	265
Bibliotheca da Academia Real das Sciencias	618
Bibliothecas Municipaes	655 e 656
Bibliotheca Nacional de Lisboa	618 e 619
Bibliotheca Real do Paço da Ajuda	619
Bijouterias e quinquilherias	322
Bilhares (Officinas de)	322
Bolachas e Biscoitos	323 e 324
Bolsa de Lisboa	80
Bombas (Officinas de)	324
Bordadores	324
Botões (Fabricas de)	325

C

Cabelleireiros e barbeiros	325
Cabos e outros utensilios de navios	325
Cadeias e casas de correcção	619 a 621
Cafés e bilhares	326
Caixa Geral dos depositos	622 a 624
Caixa economica portugueza	622 a 624
Calçado para senhora e homem	327 a 329
Caldeireiros	330
Calendario	25 a 35
Camara de commercio franceza em Portugal	80
Camara dos correctores da Bolsa de Lisboa	80
Camara dos dignos Pares do Reino	624 a 630
Camara Municipal de Lisboa	636 a 667
Camara dos Senhores Deputados	631 a 636
Cambio sobre Londres (tabella)	267 a 269
Cambistas de cautellas	342 a 344
Cambistas de fundos	80
Caminho de ferro do Algarve (construcção do)	667
Caminho de ferro de Guimarães (tabella)	179
Caminho de ferro do Minho e Douro (tabellas)	171 a 175
Caminho de ferro do Puerto de Santa Maria a San Lucar de Barrameda (companhia)	89
Caminhos de ferro (agencias dos)	330
Caminhos de ferro (differentes linhas) tabellas em geral	151 a 184
Caminhos de ferro, (Companhia Nacional de)	100
Caminhos de ferro, Companhia Nacional de) — tabellas	175 e 176
Caminhos de ferro (Companhia real)	102 a 106
Caminhos de ferro, (Companhia Real dos) — tabellas	151 a 166
Caminhos de ferro da Beira-Alta (companhia)	89
Caminhos de ferro da Beira-Alta (fiscalisação)	667 a 669
Caminhos de ferro da Beira-Alta (tabella)	167 a 170
Caminhos de ferro da Beira-Baixa (direcção fiscal)	669
Caminhos de ferro da Beira-Baixa (tabella)	156
Caminhos de ferro de leste norte e oeste (Companhia Real)	102 a 106
Caminhos de ferro de leste norte e oeste (fiscalisação)	670 e 671
Caminhos de ferro de leste norte e oeste (tabellas)	151 a 166
Caminhos de ferro de Lisboa á Figueira da Foz (Companhia Real) (tabella)	162 a 164
Caminhos de ferro do Porto á Povo e Famalicão (tabella)	177 e 178
Caminhos de ferro do Sul e Sueste (direcção fiscal)	671 a 675
Caminhos de ferro do Sul e Sueste (tabellas)	180 a 184
Camisarias e fazendas brancas	331 a 334
Campainhas electricas	312
Canastras	334
Candieiros diversos	334

Candieiros para gaz	334	Cesteiros	347 e 348
Canos e tubos de chumbo (fabricas de)	334	Chá e café	349 a 352 e 948
Canteiros e canterias	335 e 336	Chapellarias	353 a 355 e 952
Capitania do porto de Lisboa	675	Chapeus para senhoras e creanças	355
Carnes seccas (armazens de)	336	Chapeus de sol ou de chuva	356 e 357
Carpinteiros de carros	337	Chocolate	357
Carpinteria (fabricas de)	337	Chronologia	264 e 265
Carris de ferro de Lisboa (companhia)	89	Chumbo de munição (fabricas de)	357
Carris de ferro de Lisboa (tabella)	185 e 186	Chumbo (tubos e canos)	334
Carros de carreira em Lisboa e outras localida-	192	Cimento ou betume (vidé asphalto)	317
Carruagens (fabricas de)	340 e 341	Club Portuguez	889
Carruagens de aluguer (estabelecimentos)	338 a 340 e 954	Club Portuguez (Real Gymnasio)	889 e 890
Carruagens Lisbonenses (vidé companhia de)	90	Club (Turf)	889
Carruagens Lisbonenses (tabella)	187 a 190	Colchoarias e moveis de ferro	359 e 946
Carruagens Ripert (companhia)	90	Colchões d'arame	358 e 359
Carruagens Ripert (tabella)	187	Collegio militar (Real)	678 e 679
Cartas de jogar (fabricas de)	341	Collegios de educação e ensino para os sexos feminino e masculino	899 a 905
Carvão (estancias de)	341	Commando do Corpo de Estado Maior	679 e 680
Carvão animal (fabricas de)	341	Commando Geral da Armada	608 e 609
Casa de Bragança (vidé administração da serenissima)	46 e 47	Commando Geral de Artilheria e suas dependencias	612 a 616
e folha addicional	929	Commando Geral de Engenharia	709 e 710
Casa de correcção	621	Commando Geral da Guarda Fiscal	731 a 733
Casa da moeda e papel sellado	675 e 676	Commercio e Industria das provincias, ilhas e possesões ultramarinas	527 a 568
Casa Pia de Lisboa (Real)	676 e 677	Commissariados de policia	778 a 781
Casa Real	38 a 46		
e folha addicional	929	Commissão de aperfeiçoamento de artilheria naval	814
Casa de saude Lisbonense	912		
Casas bancarias	81 a 83	Commissões de beniticencia (a saber)	884 e 885
e folha addicional	933		
Casas de Cambio	342 a 344	Commissão de beneficencia da freguezia da Lapa	884
Casas de pasto	345		
Casas de penhores	346	Commissão de beneficencia da freguezia das Mercês	884
Caserneiros	677 e 678		
Celleiros	347		
Ceramica (vidé productos ceramicos)	489 e 490	Commissão de beneficencia da freguezia de S. José e Sacramento	884
Cereaes (vidé commissarios e agentes de)	83 e 84		
Cerieiros	347	Commissão de beneficencia da freguezia de S.ta Catharina	884
Cerveja (fabricas e depositos de)	347		

Commissão de benificencia da freguezia de S. Christovão e S. Lourenço	884	Companhia Carris de ferro (tabella)	185 e 186
Commissão de beneficencia da freguezia de S.ta Justa e Rufina	884	Companhia Carruagens Riperts (tabella)	187
		Companhia de Carruagens Fidelidade (nova)	89
Commissão de beneficenciada freguezia de Santos	885	Companhia de Carruagens Lisbonense	90
		Companhia Carruagens Lisbonense (tabella)	187 a 190
Commissão de beneficencia da freguezia do Soccorro	885	Companhia de Carruagens Ripert	90
		Companhia Centro Agricola Industrial	90
Commissão de beneficencia da fregvezia de S. Thiago	885	Companhia de conservas Argentina	90
Commissarios e agentes de cereaes	83 e 84	Companhia de Conservas Lisbonense	90
Commissarios de fazendas e diversos artigos do estrangeiro	84 e 85	Companhia de construcção de pontes e calçadas	91
Commissarios e agentes de liquidos	85	Companhia de cortiças de Portugal	91
Commissões e consignações	364 a 367, 942 e 948	Companhia de Credito Auxiliar	91
Companhias	86 a 128	Companhia de credito edificadora portugueza	91
e folha addicional	930 e 931		
Companhia das Aguas de Lisboa	86 e 87	Companhia editora de publicações illustradas	91
Companhia das aguas medicinaes da Felgueira	87	Companhia de emprestimos vitalicios	92
Companhia das aguas thermaes da Amieira	87 e 88	Companhia de estamparia em Alcantara	92
Companhia dos Alcools de Portugal	88	Companhia da fabrica de papel d'Alemquer	92
Companhia Alliança Fabril	88	Companhia fabricadora e exportadoro de azeite	128
Companhia de Ascenssores mechanicos de Lisboa (nova)	88	Companhia do fabrico de Algodão de Xabregas	92 e 93
Companhia do Assucar de Moçambique	88 e 89	Companhia de faianças das Caldas da Rainha	93
Companhia do Caminho de Ferro de Gimarães (tabella)	179	Companhia fabril Singer (machinas de costura)	114
Companhia dos Caminhos de ferro da Beira Alta	89	Companhia de fiação e tecidos lisbonense	93
Companhia dos Caminhos de Ferro Portuguezes da Beira Alta (tabellas)	167 a 170	Companhia Frigorifira Portugueza	93
		Companhia geral de credito predial portuguez	94 e 95
Companhia do caminho de ferro de Puerto de Santa Maria a S. Lucar de Barrameda	89	Companhia Industrial Productora de Papeis Pintados	95 e 96
		Companhia de Lanificios de Alemquer	96
Companhia Carris de ferro	89	Companhia de lanificios d'Arrentella	96

Companhia de lanifícios em Arroyos	96
Companhia das lezirias do Tejo e Sado	96 e 97
Companhia Limited de Londres (The West African Telegraph)	115
Companhia de limpeza de chaminés	97
Companhia lisbonense de estamparia e tinturaria de algodões	97
Companhia lisbonense de illuminação a gaz	97
Companhia lisbonense de limpeza de chaminés	97
Companhia lusitana de credito	97
Companhia do mercado da Praça da Figueira	98
Companhia dos mercados e edificações urbanas	98
Companhia da mina de S. Domingos	114
Companhia das minas de Gondomar	98
Companhia das minas da Tapada	98
Companhia mineira Sotiel Coronada	98 e 99
Companhia de moagens do Barreiro	99
Companhia de moagem da Estrella	99
Companhia de moagem e panificação a vapor	99
Companhia de moagem de Santa Iria	99
Companhia de Moçambique	930 e 931
Companhia nacional de caminhos de ferro	100
Companhia Nacional de Caminhos de ferro (tabella)	175 e 176
Companhia nacional de ceramica	100
Companhia nacional editora	100 e 427
Companhia nacional de fiação e tecidos de Torres Novas	100
Companhia nacional de phosphoros	101
Compandia nacional de fundição e forjas	101
Companhia do papel do Prado	101
Companhia portugueza dos caminhos de ferro Africanos	128
Companhia portugueza das minas de Cala	101
Companhia portugueza Hygiene	931
Companhia portugueza das minas de Huelva	101 e 102
Companhia portugueza de pescaria	102
Companhia portugueza do Zaire	128
Companhia Previdente	102
Companhia propagadora d'instrumentos musicos	102
Companhia real dos caminhos de ferro Atravez d'Africa	128
Companhia real dos caminhos de ferro portuguezes	102 a 106
Companhia real dos caminhos de ferro portuguezes (tabellas)	151 a 166
Companhia real promotora de agricultura porgueza	107
Companhia da real fabrica de fiação de Thomar	107
Companhia dos tabacos de Portugal	107 a 113
Companhia de tecidos Alliança	113 e 957
Companhia The West African	115
Companhia Transatlantica Espanõla	150
Companhia União Fabril	113
Companhia União Industrial Lisbonense	113
Companhia de viação urbana a vapor	114
Companhia Victoria	114
Companhias da administração militar (1.ª e 2.ª)	605 e 606
Companhias estrangeiras	114 e 115
Companhias do Porto	528 e 529
Companhias de reformados	680
Companhias reunidas	

gaz e electricidade (folha adicional) 930
Companhias de seguros nacionaes e estrangeiras, a saber.......... 116 a 127
Atlantique................ 125
Baloise (la).............. 125
Bonança............. 116 e 125
British (The and) Foreign Marine Insurance (Company limited)........... 127
Douro (folha addicional). 931
Fidelidade.......... 117 e 125
Garantia do Porto...... 118 e 125
Indemnisadora........... 126
Le Phénix................ 931
Lloyd Andaluz............ 126
Liverpool London & Globe 126
London & Lancashire Life 126
L'Urbaîne................ 126
Magdeburgo............... 126
Nacional (A)............. 126
Northern............. 119 e 126
New-York................. 126
Norwich Union............ 126
Portugal............ 124 e 126
Previdencia......... 120 e 126
Probidade 127
Queen 127
Reformadora......... 121 e 127
Tagus .... 122 e 127
The Equitable....... 123 e 125
The Royal........... 124 e 127
União y El Fenix Español (la) 127
Condes.............. 857 a 861
Confeitarias........ 360 e 361
Confraria de caridade da freguezia de S. José ... 885
Congresso de beneficenficencia publica...... 651 a 653
Conselho administrativo dos estabelecimentos fabris do commando geral de artilheria....... 613
Conselho de Estado politico................... 680
Conselho geral de estatistica............... 680 e 681
Conselho d'instrucção naval..................... 681
Conselho superior de agricultura............... 681
Conselho superior das alfandegas......... 681 a 683
Conselho superior do commercio e industria. 683
Conselho superior de instrucção publica e bellas artes............ 683 e 684
Conselho de trabalhos do arsenal de marinha.... 611
Conservarias e pastellarias .... 362, 363 e 941
Conservas alimenticias (fabricas de).......... 363
Conservatorias do registo predial........... 684 e 685
Conservatorio Real de Lisboa............ 685 e 686
Consignações e commissões .... 364 a 367
Consules (vidé Corpo Consular Estrangeiro e Portuguez)........... 687 a 703
Consultorio de engenharia civil e architectura 898
Consultorio especial de medicina homeopathica................. 919
Consultorios homeopathas 919
Consultorios medicos cirurgicos 917
Contadores para gaz.... 367
Conteiros................ 367
Contrastaria de Lisboa (repartição de)........ 686
Convento das Commendadeiras da Encarnação. 897
Convento das Commendadeiras de Santos-o-Novo (Real)............... 897
Cooperativa Industria Social .... 272 e 273
Cordas para instrumentos..................... 367
Cordoaria Nacional...... 686 e 687
Corôas para jazigos, e flôres artificiaes......... 367
Corpo de alumnos de marinha militar......... 687
Corpo consular estrangeiro em Lisboa...... 687 e 688
Corpo consular portuguez em serviço nos respectivos postos........ 688 a 703
Corpo diplomatico estrangeiro em Lisboa . 704 e 705
Corpo diplomatico portuguez nas respectivas legações........... 705 e 706
Corpo de Estado maior (vidé commando do)... 679 e 680

Corpo de marinheiros da armada...............	707
Corporação dos reis d'armas.................	44
Corretores, ou agentes commerciaes..........	271
Corretores officiaes......	80
Correeiros e selleiros....	368
Correios e telegraphos (administração dos)...	592 a 600
Correios e telegraphos (tabellas)............	235 a 256
Cortiça (fabricas de).....	368 e 369
Cortiça (fabricas de rolhas de).................	369
Couro e sola.............	369
Creados (agencias de)...	369
Curso superior de lettras	708
Curtumes (fabricas de)..	370 e 951
Cuteleiros...............	370

D

Defesa de Lisboa e seu porto (commissão de)..	708 e 709
Delegações da administração militar.........	605
Delegados de saude em Lisboa.................	794
Dentistas...............	920 a 922
Deposito geral do material de guerra.........	613 e 614
Desenhadores de obras Publicas...............	826 e 827
Despachantes da alfandega de Lisboa.........	591 e 592
Dias de gala na côrte....	265
Dias de simples gala....	265 e 266
Dinheiro sterlino (tabella de reducção).........	267 a 269
Diplomatica (vidé Archivo nacional da Torre do Tombo)...............	608
Direcções differentes a saber:	
Direcção da administração militar............	601 a 607
Direcção dos consulados e dos negocios commerciaes................	837
Direcção fiscal do caminho de ferro da Beira Alta...................	667 a 669
Direcção fiscal do caminho de ferro da Beira Baixa..................	669
Direcção fiscal do caminho de ferro de Leste, Norte e Oeste..........	670 e 671
Direcção fiscal do caminho de ferro de Sul e Sueste.................	671 a 675
Direcção fiscal do governo junto á companhia das aguas............	958
Direcção geral da administração politica e civil	835
Direcção geral de agricultura........ 829, 830 e	958 a 960
Direcção geral do commercio e industria....	827 e 828
Direcção geral da contabilidade publica.....	803 a 805
Direcção geral das contribuições directas......	798 a 800
Direcção geral da divida publica...............	802 e 803
Direcção geral de marinha..................	810 e 811
Direcção geral do ministerio da guerra.......	806 a 808
Direcção geral dos negocios ecclesiasticos.....	796
Direção geral dos negocios de justiça........	797
Direcção geral de obras publicas e minas......	814 a 827
Direcção geral dos proprios nacionaes.......	800
Direcção geral do registo civil e estatistica....	797
Direcção geral das repartições da camara dos srs. deputados.........	635 e 636
Direcção geral da thesouraria................	801
Direcção geral dos trabalhos geodesicos, topographicos, hydrographicos do reino	728 a 730
Direcção geral do ultramar..................	812 e 813
Direcção das obras publicas do districto de Lisboa...................	769 a 773
Direcção politica do ministerio dos negocios estrangeiros...........	837
Direcção dos telegraphos de guarnição e pombaes militares..............	615 e 616
Direcção da 3.ª circumscripção hydraulica...	741 a 744

Direitos de cartas e matriculas (tabella)..... 222 a 235
Direitos e impostos sanitarios, nos portos de mar e Lazaretos (tabella)................. 257 e 258
Direitos de mercê (tabella........... 218 a 221
Direitos parochiaes (tabella)................ 258 e 259
Douradores em metal.... 370
Drogas e productos chimicos.............. 371 a 374
e folha addicional. 946, 949 e 950
Duques................ 857
Dynamite (fabrica de)... 374

E

Eclipses do anno de 1892. 262 e 263
Empreiteiros das companhias do gaz e das aguas de Lisboa....... 374
Emprestimos sobre penhores (vidé casas de penhores)............ 346
Empreza de açougues .. 273
Empreza colonisadora africana............. 934
Empreza constructora e vendedora de pianos .. 273
Empreza industrial portugueza............. 273 e 274
Empreza mechanica e metalurgica.......... 275
Empreza dos saes das aguas mineraes de Portugal................. 275
Empreza Tauromachica Lisbonense........... 275
Emprezas editoras...... 275
Empreza vidreira lisbonense................ 275
Encadernadores........ 375 e 376
Ensino de cegos........ 885 e 897
Ensino de surdos-mudos. 654
Engenharia (commando geral de)............. 709 e 710
Engenharia civil (vidé sociedade consultiva e industrial de engenheria civil)................. 893
Engenheiros d'obras publicas................ 816 a 820
Entalhadores.......... 376
Enxofre............... 376

Escola academica....... 944 e 945
Escola agricola de reforma (em Villa Fernando) 710 e 711
Escola de alumnos marinheiros em Lisboa 711
Escola de alumnos marinheiros no Porto...... 711
Escola Azylo — Antonio Feliciano Castilho..... 885
Escola do exercito..... 711 a 714
Escola medico-cirurgica de Lisboa............ 714 e 715
Escola medico-cirurgica da Porto............ 715
Escola naval e estabelecimentos annexos..... 716 e 717
Escola polytechnica.... 719 a 722
Escola pratica de artilheria naval............. 722
Escola pratica central d'agricultura em Coimbra. 722
Escola pratica de engenheria em Tancos...... 723
Escola e serviço de torpedos................ 723
Escolas d'agricultura e viticultura pratica.... 959 e 960
Escolas centraes do municipio de Lisboa...... 656 a 663
Escolas especiaes do municipio de Lisboa...... 666 e 667
Escolas industriaes e de desenho industrial da circumscripção do sul. 723 a 726
Escolas normaes primarias de Lisboa, Porto e Evora............... 717 a 719
Escolas parochiaes...... 663 a 666
Escovas (fabricas de).... 376
Esparteiros............ 377
Espartilhos............ 377
Especialistas de molestias d'olhos e de outras doenças.............. 918
Espelhos, molduras e dourados................ 377
Espingardeiros......... 377
Estabelecimentos de commercio e industria.... 302 a 525
Estação de saude de Lisboa................. 726 e 727
Estação de soccorros a naufragos em Cascaes. 727
Estações das machinas de acudir a incendios. 259 a 262
Estado maior (vidé commandante do corpo do) 679 e 680

Estalagens	377
Estamparia de algodões	92
Estampas (depositos de)	378
Esteireiros	378
Estofadores	313 a 316 e 947
Estojos e caixas para joias	378

F

Fabrica d'armas	615
Fabrica de polvora	615
Fabricas de Lisboa (vidé estabelecimentos de commercio e industria	302 a 525
Fabricas das provincias e ilhas (vidé commercio e industria das provincias, ilhas e possessões ultramarinas)	527 a 565
Facultativos clinicos de Lisboa	913 a 917
Familia Real Portugueza	36 a 38
Farinhas medicinaes	379 e 380
Fato feito e por medida	380
Fatos para mascaras e theatros, etc.	952
Fazendas de lã, linho, seda e algodão (estabelecimentos de)	381 a 384
Feriados geraes e ferias	265
Ferias (vide tabellas civis)	265 e 266
Ferradores	384
Ferragens e quinquilharias	385 a 387
Ferro (armazens de)	387
Fiação e tecidos	388 e 389
Filtros para agua	390 e 391
Firmas Commerciaes	276 a 287
Fiscaes da administração militar	603 a 605
Fiscalisação technica do governo junto da companhia das aguas	958
Fogões	391
Fogo de artificio	392
Folha addicional	929 a 962
Folha de Flandres	392
Fornos de cal	940
Fructas verdes e seccas	393
Fundas	393
Fundição de canhões	614
Fundição de metaes (fabricas de)	394 e 395
Funeraes (agencias de)	396
Funileiros (vide latoeiros de folha branca)	423

G

Gaiolas e passaros	396
Gallões de ouro (fabricas de)	397
Gello (fabricas de)	397
Generaes	727 e 728
Generos do Algarve	397
Geodesica (direcção geral dos trabalhos geodesicos, topographicos e hydrographicos)	728 a 730
Gesso e betumes (fabricas de)	398
e folha addicional	935
Governo civil de Lisboa	730 e 731
Gravadores	399 e 400
Gravatas (fabricas de)	401 e 402
Graxa (fabricas de)	402
Gremio Homoeopathico Lusitano	890
Gremio Litterario	890
Gremio Popular	890
Grude (fabricas de)	402
Guano (fabricas de)	402
Guarda fiscal (commando geral da)	731 a 733
Guarda Municipal de Lisboa	733 a 735
Guarda Real dos Archeiros	44
Guarda-roupa para theatros	952

H

Homoepatas (consultorios)	919
Horticultores ou florocultores	403 e 404
Hospedaria do Lazareto (tabellas)	266
Hospicio do Clero	886
Hospital do Desterro e S. Lazaro	739 e 740
Hospital Estephania	740
Hospital e ermida de Nossa Senhora da Victoria	886
Hospital Francez (asylo de S. Luiz)	886
Hospital inglez	887
Hospital Inglez (mercante)	887

Hospital da marinha....	735
Hospital militar permanente de Lisboa......	736
Hospital de Nossa Senhora da Saude (para creanças)............	886
Hospital Real de S. José e anexos........	736 a 741
Hospital de Rilhafolles...	740 e 741
Hospital Veterinario ...	751
Hotel de Saude......	898
Hoteis.	405 a 409
Hoteis de fora de Lisboa.	410 e 411
Hydraulica (direcção da 3.ª circumscripção)....	741 a 744

I

Imagens e ornamentos para egreja...........	412 a 414
Imprensa Nacional......	744 e 745
Incendios (vide serviço de incendios)......	259 a 262
Inspecção d'agricultura da circumscripção do Sul	829
Inspecção geral das Bibliothecas e archivos..	746
Inspecção geral de cavallaria....	746
Inspecção geral d'infanteria....	747
Inspecção d'instrucção primaria...........	747 e 748
Inspecção d'instrucção secundaria...........	748 e 749
Inspecção Pecuaria......	830
Inspectores de Fazenda..	749
Instituto d'Agronomia e veterinaria	749 a 751
Instituto das irmãsinhas dos Pobres..........	886
Instituto dr. Mascaró....	897
Instituto Industrial e Commercial de Lisboa.	751 a 753
Instituto Municipal de surdos-mudos.........	654
Instituto Maynense.....	577
Instituto de Ophthalmologia de Lisboa.......	753
Instituto ultramarino....	962
Instituto Vaccinico Campos & Bourquin...	911
Instrumentos de precisão e de sciencia.........	415 a 420
Irmandades...........	890 a 892

J

Jardim Zoologico (vide sociedade do Jardim Zoologico e de acclimação em Portugal).........	276
Jornaes portuguezes....	924 a 927
Juizo apostolico do patriarchado............	776
Juizo contencioso do patriarchado............	776
Juizo criminal.........	755 a 757
Juizo de direito civel....	757 a 759
Juizes de Paz de Lisboa e seus Escrivães......	754 e 755
Junta da bulla da Santa Cruzada............	759
Junta consultiva de marinha	759 e 760
Junta consultiva d'obras publicas, e minas.. ...	760
Junta consultiva de saude naval.............	761
Junta consultiva de saude publica...........	761
Junta consultiva do ultramar...............	761
Junta do Credito Publico	761 e 762
Junta geral do districto de Lisboa..........	762 e 663
Junta Militar de saude ..	763
Junta de saude Naval...	763

L

Laboratorios chimicos...	420
Ladrilhos mosaicos......	421
Lanificios (deposito de)..	421
Latoeiros.............	422
Latoeiros de folha branca...............	423
Lavanderia............	424
Lazareto de Lisboa (empregados do).........	763
Lazareto de Lisboa (direitos sanitarios, tabellas)...............	257 e 258
Lazareto de Lisboa (hospedaria, tabella)......	266
Leite condensado......	424
Licores e Xaropes......	424
Limoeiro (cadeia)......	620
Linhos e estopas.......	424
Lythographias.........	425
Livrarias............	426 a 431

London and Brasilian Bank Limited	79 e 932	Moveis (armazens de)	458 e 459
Loterias	342 a 344	Moveis antigos (restauradores de)	459
Louça fina	432 a 436	Moveis de ferro	459 e 460
Louça ordinaria	436 e 437	Muzeus	768
Luto (tempo porque se deve tomar luto)	266		
Luveiros	438 a 440		
Lyceu central de Lisboa	764		

M

N

		Nascimento e occaso do sol	262
		Navios da marinha de guerra portugueza	768 e 769
Machinas agricolas e outras	440	Navios mercantes da praça de Lisboa	300 e 301
Machinas de costura	441 e 442	Negociantes de Africa	565 a 568
Machinas lythographicas e typographicas	442	Negociantes estrangeiros	298 a 300
Madeiras (estancias de)	443 a 445	Negociantes matriculados no tribunal do commercio de Lisboa	287 a 298
Marcenaria (vidé moveis)	458 e 459		
Marés (tabella)	264	Negociantes e industriaes das Provincias e Ilhas, a saber	527 a 565
Marinheiros (vidé corpo de)	707		
Marquezes	857	Abrantes	531 e 532
Massas (fabricas de)	445	Alcobaça	532 e 533
Matadouro Municipal	639 e 640	Amarante	533
Mattas Nacionaes	830	Angra do Heroismo	533 e 534
Medicos clinicos	913 a 917	Aveiro	535
Medicos especialistas	918	Barcellos	536
Medicos homeopathas	919	Beja	536 e 537
Mercado central de productos agriculas	765 e 766	Braga	537 e 538
		Bragança	538 e 539
Mercadores	446	Caldas da Rainha	539 e 540
Mercearias, e armazens de viveres	447 a 453 e 937	Caminha	540
		Castello Branco	540 e 541
Ministerios (vidé secretarias de estado)	796 a 838	Chaves	541 e 542
		Coimbra	542
Ministros estrangeiros (vidé corpo diplomatico)	704 e 705	Covilhã	543 e 544
		Elvas	544
Misericordia de Lisboa (Santa Casa da)	766 e 767	Evora	544 e 545
		Faro	546
Moagens de cereaes a vapor	454 e 455	Figueira da Foz	546 a 548
		Funchal	548 e 549
Modas e confecções	456 a 458	Gouvêa	549 e 550
Moinhos de vento automaticos americanos	458	Guarda	550
		Guimarães	551 e 552
		Horta (Fayal)	552
Monte-pio das alfandegas do Reino	876	Lagos	552 e 553
		Lamego	553 e 554
Monte-pio dos Empregada Casa Real	876	Leiria	554 e 555
		Penafiel	555 e 556
Monte-pio Geral	876 a 878	Ponta Delgada	556 e 557
Monte-pio Official (Direcção do)	768	Ponte do Lima	557
		Portalegre	557 e 558
Monte-pios diversos	876 a 878	Porto	527 a 531
Mordomia Mór da Casa Real	44	Santarem	558 e 559
		Setubal	559

Tavira	560	Papeis pintados	466
Thomar	560 e 561	Papelão e papel pardo	469
Torres Novas	561	Papelarias	467 a 469
Torres Vedras	561 e 562	Paquetes (vidé vapores)	131 a 150
Valença do Minho	562 e 563	Parafuzos	470 e 471
Vianna do Castello	563	Paramentos de igreja (vidé imagens)	412 a 414
Villa Real de Santo Antonio	563 e 564	Parochos das freguezias de Lisboa, Belem e Olivaes	774 e 775
Villa Real de Traz os Montes	564	Parteiras	922 a 924
Vizeu	564 e 565	Pastellarias e conservarias	472 e 473
Negocios (agencias de)	461 e 462	Patriarchado de Lisboa	775 a 777
Novidades (artigos de)	462	Pelleiros	473
Numismatica (aula de)	746	Peneireiros	473
Numismatica (gabinete real)	45	Penitenciaria central de Lisboa	619 e 620
Nunciatura apostolica	705	Penteeiros	473
		Perfumarias	473

O

Obras publicas do districto de Lisboa (direcção das)	769 a 773	Pesos, medidas e balanças (vidé balanças)	319 e 320
		Petroleo (depositos de)	474
Observatorios	773	Pharmacias	475 a 480 e 943
Odreiros	462	Phosphoros	482
Oculistas e vidraceiros	521 e 522	Photographos	481 e 482
Oleados	462	Photographia, typographia e lithographias (artigos de)	480
Omnibus (vidé differentes carreiras de carros de serviço em Lisboa)	192	Pianos e outros instrumentos	483 a 485
Ordens Terceiras, (a saber)	892, 893 e 961	Picheleiros	485
		Pintores de carruagens	485
Ordem terceira de Nossa Senhora do Monte do Carmo	892	Pintores de taboletas e ornatos	485
		Plumistas	485
Ordem terceira de Santo Agostinho (veneravel)	961	Policia civil de Lisboa	778 a 781
		Policia fiscal	601
Ordem terceira de S. Francisco da Cidade (veneravel)	892 e 893	Policia do Porto	781
		Polieiros	485
Ordem terceira de S. Francisco (veneravel)	892	Pombaes militares	615
		Pós de gomma (fabricas)	486
Ordem terceira de S. Francisco de Jesus	893	Postos medicos	917 e 918
		Pregoeiros de leilões	898
Ourives do ouro e da prata	463 a 465, 938 e 954	Pregaria (fabricas de)	487 e 488
		Procuradoria geral da coroa e fazenda	781 e 782
Ourives (avaliadores officiaes)	465	Procuradoria regia junto á Relação de Lisboa	782
		Productos ceramicos, tubos de grés, etc	489 e 490

P

		Productos da Ilha da Madeira	490
Padarias	465 e 466	Professores de canto	905
Palha (armazens de)	466	Professores de dança	908
Palheireiros	466	Professores de desenho	908
Pannos (vidé mercadores)	446	Professores diversos	907 a 909

Professores de equitação	908 e 909
Professores de esgrima..	909
Professores de harmonia.	905
Professores de harpa....	905
Professores de piano....	905 e 906
Professores de pintura..	909
Professores de rebeca...	906
Professores de rudimentos de musica.......	906
Professores de violoncello	906
Prologo...............	5 e 6
Pyrotechnica (vidé fogo de artificio)..........	392

Q

Quartel general da 1.ª divisão militar........	782 e 783

R

Rasphalista (consultorio)...............	919
Real Gymnasio Club Portuguez.............,	889 e 890
Recebedoria da receita eventual e sello de verba........	784 e 785
Recebedorias dos bairros de Lisboa............	783 e 784
Receita eventual........	784 e 785
Recolhimento de Santa Maria Magdalena.....	886
Recolhimentos da capital (administração dos)....	785 e 786
Reducção de dinheiro sterlino a dinheiro portuguez (tabela).......	267 a 269
Refinações de assucar...	491 e 492
Regedores de parochia..	786 e 787
Regimentos de diversas armas................	787 a 792
Reis d'armas (vidé corporação dos)...........	44
Relação e Curia Patriarchal..............	776 e 777
Relogios para telegraphos (officinas de)....	494
Relojoeiros............	493 e 494
Repartição de fazenda do districto de Lisboa...	792 e 793
Repartições de fazenda dos bairros de Lisboa..	793 e 794
Restaurants.........	494 e 941
Retrozeiros...........	494 e 495
Rolhas de cortiça.....	369

S

Sabão (fabricas de)......	496 e 497
e folha addicional.....	955
Saccarias (armazens de)	497
Salchicharias...........	497
Santa Casa da Misericordia de Lisboa.........	766 e 767
Saude publica...........	794 e 795
Sé patriarchal de Lisboa.	795 e 796
Sebo (fabricas de vellas de(................	497
Secção pontificia do Patriarchado...........	776
Secretaria da Academia Real das Sciencias.....	577
Secretaria da Camara dos Dignos Pares.....	628 e 629
Secretaria d'Estado dos Negocios ecclesiasticos e de justiça...........	796 a 798
Secretaria d'Estado dos Negocios Extrangeiros.	836 a 838
Secretaria d'Estado dos Negocios da Fazenda..	798 a 805
Secretaria d'Estado dos Negocios da Guerra...	805 a 809
Secretaria d'Estado dos Negocios da Instrucção Publica e Bellas Artes.................	809 e 810
Secretaria d'Estado dos Negocios da Marinha e Ultramar..............	810 a 814
Secretaria d'Estado dos Negocios das Obras publicas, Commerco e Industria...............	814 a 835
e folha addicional.....	958 a 960
Secretaria d'Estado dos Negocios do Reino.....	835 e 836
Secretaria da Presidencia do Tribunal da Relação de Lisboa......	846 e 847
Secretaria do Supremo Tribunal Administrativo.................	840 e 841
Secretaria do Supremo Tribuual de Justiça....	842
Secretaria do Tribunal Superior de Guerra e Marinha.............	848
Secretaria da Universidade de Coimbra........	849
Sedas (depositos e fabricas de)...............	498 e 499
Sello (tabellas)..........	193 a 217

Sello de verba (vide receita eventual)............ 784 e 785
Sellos para collecções... 499
Seminario inglez (vulgo inglezinhos)............ 897
Serralherias....... 500 a 505 e 953
Serviço de incendios em Lisboa................ 259 a 262
Serzidor................. 505
Serração de madeira (vidé carpinteria)........ 337
Serração de pedra (fabricas de).............. 505
Sinos................... 506
Sirgueiros.............. 506
Sociedade anonyma hespanhola da polvora dynamite................ 114
Sociedade das casas de asylo da infancia desvalida em Lisboa...... 883 e 884
Sociedade consultiva e industrial de engenheria civil........... 893
Sociedade de geographia 893 e 894
Sociedade geral agricola e financeira de Portugal................. 275 e 276
Sociedade geral dos asphaltos............... 276
Sociedade do Jardim Zoologico e de acclimação em Portugal...... 276
Sociedade mercantil de emprezarios de açougues.................. 276
Sociedade pharmaceutica lusitana........... 894
Sociedade philarmonica alumnos de Guilherme Cossul............. 895 e 896
Sociedade Portugueza da Cruz Vermelha........ 894 e 895
Sociedade promotora de bellas artes em Portugal 896
Sociedade promotora de creches............... 962
Sociedade protectora dos animaes.............. 896
Sociedade das sciencias medicas de Lisboa.... 896 e 897
Solicitadores encartados. 838 e 839
Solicitadores da fazenda. 840
Solicitadores da relação e curia Patriarchal.... 777
Stearina (fabricas de vellas de)............... 507 e 508

Sub-delegados de saude. 794 e 795
Superintendencia do arsenal de marinha..... 609 a 612
Supremo tribunal administrativo.......... 840 e 841
Supremo tribunal de Justiça................. 841 e 842

T

Tabacarias........ 509 a 511 e 955
Tabellas astronomicas... 262
Tabellas civis.......... 265 e 266
Tabella dos direitos de matriculas e cartas... 222 a 235
Tabella dos direitos de mercê .... 218 a 221
Tabella dos direitos parochiaes nas freguezias de Lisboa............. 258 e 259
Tabellas das marés..... 264
Tabellas do sello .... 193 a 217
Tabellas em geral....... 138 a 270
Tabelliães de Lisboa.... 842
Talhos de Lisboa........ 512
Talhos municipaes (vide Camara Municipal de Lisboa).............. 641 e 642
Tanoarias.............. 513
Tecidos de lã (vide lanificios).............. 421
Tecidos e fiação..... 388, 389 e 957
Telephones............ 513
Telegraphia Havas...... 306
Telegrapho (tabellas).... 242 a 256
Telha (fabricas e depositos de).............. 514
Tempo por que se deve tomar o luto.......... 266
Temporas.............. 264
The West African Telegraph Comp. Limited de Londres 115
Theatros de Lisboa (tabellas de preços)...... 269 e 270
Tijolo (depositos de)..... 514
Tintas de impressão.... 514
Tinturarias............. 515
Titulares do Reino de Portugal............. 857 a 871
Torneiros............... 515 e 516
Torre do Tombo (vide archivo Nacional da Torre do Tombo)............ 608
Transportes maritimos (vide vapores)........ 131 a 150

Transportes militares (vide repartição de)...	605
Transportes terrestres..	151 a 192
Trens de praça (tabella dos preços)...........	191
Tribunal administrativo do districto de Lisboa.	843
Tribunal do Commercio de Lisboa.............	843
Tribunal de contas......	843 a 845
Tribunal do contencioso Fiscal de 1.ª instancia.	583
Tribunal do contencioso fiscal de 2.ª instancia.	601
Tribunal da Relação de Lisboa...............	845 a 847
Tribunal superior de guerra e marinha.........	847 e 848
Tribunaes auxiliares....	756 e 757
Tribunaes militares.....	847
Turf (Club).............	889
Tubos de grés (vide productos ceramicos).....	489 e 490
Typographias...........	517 e 518

U

Utensilios e viveres para navios (armazens de)..	518
Universidade de Coimbra	848 a 856

V

Vaccarias...............	518 e 519
Vaccina (Vidé Instituto Vaccinico de Campos & Buarquin)..........	911
Vaccina suissa	957
Vapores, tabellas e differentes linhas.........	131 a 150
Mala Real Ingleza (differentes carreiras), K. Rawes & C.ª.........	146 a 148
Mala Real Portugueza ...	137 e 142
Companhia de Navegação a Vapor do Pacifico (differentes carreiras, E. Pinto Basto & C.ª..	131 e 138
Carreira de Africa (Empresa Nacional), Bensaude & C.ª...........	143
Compagnie des Messageries Maritimes, Torlades & C.ª......	135, 139 e 140
Vapores allemães para Hamburgo, Rio da Prata e Brazil, Ernesto George	132 e 140
Vapores hollandezes (differentes carreiras, E. George	132
Serviço do Correio Imperial Allemão, Ernesto George................	132
Compagnie Générale Transatlantique e outras, Henry Burnay & C.ª..	144 e 145
Linhas de vapores hespanhoes e inglezes, Mascarenhas & C.ª......	145
Liverpool & Mediterranean Steam Ships Company, Anchor Line of Transatlantic Peninsular Mediterranean and Oriental Steams Ships, Mascarenhas & C.ª.................	145
Compagnie Havraise Peninsulaire de Navigation a Vapeur (differentes carreiras, F. Garay & C.ª....	133, 134 e 139
Pereiras & La Rocque (differentes carreiras).	146
Companhias inglezas (differentes carreiras), G. Laidley & C.ª.......	143 e 144
Carreira dos Açores e Madeira, Germano Serrão Arnaud.............	136 e 141
Carreira do Algarve, A. R. Centeno & C.ª.....	149 e 150
Carreira do Guadiana, A. R. Centeno..........	150
Carreira do Rio Sado, Alfredo A. Alcobia......	148 e 149
Vapores Lisbonenses, carreiras no Tejo........	150
Vélas para navios (mestres)	520
Ventiladores e ventoinhas................	520
Veterinarios............	959
Vidraceiros e oculistas..	521 e 522
Vidros (fabricas e depositos de).............	522
Vinhos e bebidas alcoolicas0........	523 a 525, 936 e 956
Violeiro (officina de)....	525
Viscondes............	861 a 867

ADVERTENCIA

SOBRE O CALENDARIO

O signal ✠ indica dia Santo.
A letra A quer dizer da Ordem de Santo Agostinho.
B. *Bispo.*
C. *Carmelita.*
D. *de S. Domingos.*
F. *de S. Francisco.*
M. *Martyr.*
P. *Papa.*
V. *Virgem.*
Aa. *Agastinianos.*
AB. *a Beata.*
Ab. *Abbade.*
Dr. *Doutor.*
Ff. *Franciscanos.*
Mm. *Martyres.*

OB. *o Beato.*
Vv. *Virgens.*
App. *Apostolos.*
Card. *Cardeal.*
L. n. *Lua nova.*
Q. cresc. *Quarto crescente.*
L. cheia. *Lua cheia.*
Q. ming. *Quarto minguante.*
Com. quer dizer começa.
Nov. Novena.
Plen. Plenaria.
Ind. Indulgencia.
Cap. Capella.
Igr. Igreja.
Erm. Ermida.

CALENDARIO PARA O ANNO DE 1892

SIGNO DE  AQUARIO

JANEIRO — 31 dias

1 Sexta. ✠ Circumcisão do Senhor. S. Fulgencio, B. de Ruspe. S. Alfredo, adv. contra a colica e dôr de pedra. *Cumprimentos de bons annos no Paço da Ajuda. Grande gala.*
2 Sabbado. S. Izidro, B. M.
3 Domingo. S. Anthero, P. M., S. Aprigio, B., S. Genoveva, V. adv. contra a lepra.
4 Segunda. S. Gregorio, B., S. Tito.
5 Terça. S. Simeão Estelita. S. Apolinaria, V.
6 Quarta. ✠ Os Santos Reis Magos, Gaspar, Belchior e Balthazar, adv. contra os accidentes epilepticos e perigos de caminhos.
7 ☽ Quinta. S. Theodoro, S. Tillon, Ab., adv. contra as febres. *Permittem-se os casamentos solemnes.* — Q. cresc. aos 35' e 5'' da manhã.
8 Sexta. S. Lourenço Justiniano.
9 Sabbado. Nossa Senhora de Jesus S. Julião, M.
10 Domingo. *(1.º depois dos Reis).* S. Paulo, 1.º eremita, S. Gonçalo de Amarante, D.
11 Segunda. S. Hygino, P. M., S. Honorata, V.
12 Terça. S. Satyro, M.
13 Quarta. S. Hilario, B.
14 ☻ Quinta. S. Felix de Nole. O B. Bernardino de Carleone. — Lua cheia ás 2 h. e 50' da manhã.
15 Sexta. S. Amaro, Ab., adv. contra os achaques de pernas e braços.
16 Sabbado. Os Santos Martyres de Marrocos. S. Marcello, P.
17 Domingo. *(2.º).* O SS. Nome de Jesus. S. Antão, Ab. adv. contra as erysipelas.
18 Segunda. A Cadeira de S. Pedro em Roma. S. Prisca, V. M. S. Margarida da Hungria, adv. contra os males da garganta.
19 Terça. S. Canuto, M.
20 Quarta. S. Sebastião, M., adv. contra a peste.
21 Quinta. S. Ignez, V. M. *Faz 63 annos o Rei da Suecia, Oscar II (1829).*
22 ☾ Sexta. (✠ *no Patriarchado e no Algarve).* S. Vicente, M., Padroeiro de Lisboa e do Algarve. S. Anastacio, adv. contra as doenças de qualquer genero. — Q. ming. ás 3 h. 5' e 9'' da manhã.
23 Sabbado. Os Desposorios de Nossa Senhora com S. José. S. Raymundo de Peñaforte, adv. contra as febres.
24 Domingo. *(3.º)* N. Senhora da Paz. S. Thimoteo, B. M. O B. Marcolino, D.
25 Segunda. A Conversão de S. Paulo, Ap.
26 Terça. S. Polycarpo, B. M., S. Paula, V.

27 Quarta. S. João Chysostomo. *Obito de S. M. Imperial a Duqueza de Bragança, viuva do Sr. D. Pedro IV* (1873).
28 Quinta. S. Cyrillo, B. A. B. Veronica, A.
29 ● Sexta. S. Francisco de Salles.— Lua nova ás 4 h. e 1' da tarde.
30 Sabbado. S. Martinha, V. S. Jacintha de Mariscotti.
31 Domingo *(4.º)*. S. Pedro Nolasco, S. Cyro, M.

SIGNO DE  PISCIS

FEVEREIRO — 29 dias

1 Segunda. S. Ignacio, B. M., adv. contra os males do coração. S. Brigida, V. O B. André de Conti, F.
2 Terça. ✠ PURIFICAÇÃO DE NOSSA SENHORA.
3 Quarta. S. Braz, B. M., adv. contra as doenças de garganta. O B. Odorico, F.
4 Quinta. S. André Corsino, B. C. S. José de Leonissa, F. O B. João de Brito, M. Jesuita lisbonense.
5 ☽ Sexta. S. Agueda, V. M., adv. contra as dôres nos peitos e contra os incendios. Os Mm. do Japão. O B. Jacob de Salles, M., advogado contra a asthma. Q. cresc. ás 9 h., 2' e 3" da manhã.
6 Sabbado. As CHAGAS DE CHRISTO. S. Dorothéa, V. M. O B. Antonio de Amandula, A.
7 Domingo. (5.º) S. Romualdo, Ab. S. Ricardo, rei de Inglaterra. O B. Antonio de Stronconio, F.
8 Segunda. S. João da Matta, fund. da Ord. da Sant. Trindade.
9 Terça. S. Apollonia, V. M., adv. contra a dôr dos dentes.
10 Quarta. S. Escolastica, V. S. Guilherme, duque de Aquitania, A.
11 Quinta. S. Lazaro, B., adv. contra a lepra. Os sete Fundadores dos Servitas. A B. Joanna de Valesia, F.
12 ● Sexta. S. Eulalia, V. M. Lua cheia ás 7 h., 1' e 3" da tarde.
13 Sabbado. S. Gregorio II, P. S. Catharina de Ricci, V. D. A. B. Viridiana V. F.
14 Domingo *da Septuagesima*. S. Valentim, M. O B. João Baptista, fund. dos Trinos Descalços.
15 Segunda. Trasladação de Santo Antonio. Os Ss. Faustino e Jovita.
16 Terça. S. Porphyrio, M.
17 Quarta. S. Faustino, M. O B. Bernardo de Carleone, F.
18 Quinta. S. Theotonio, primeiro prior de Santa Cruz de Coimbra. S. Simeão, B. M.
19 Sexta. S. Conrado, F. O B. Alvaro de Cordova, D. A B. Archangela, V. C.
20 ☾ Sabbado. S. Eleuterio, B. M. *Anniversario da elevação ao throno pontificio do SS. Padre, o Papa Leão XIII*. Q. ming. ás 11 h. e 38' da tarde.
21 Domingo *da Sexagesima*. S. Maximiano, B. M. S. Angela de Mericia, V. M.
22 Segunda. S. Margarida de Cortona. A Cadeira de S. Pedro em Antiochia.
23 Terça. S. Lazaro, Monge. S. Pedro Damião, B., Cardeal e Doutor da Egreja.
24 Quarta. S. Mathias, Ap. S. Sergio, M.
25 Quinta. S. Cesario, irmão de S. Gregorio Nazianzeno. O B. Sebastião de Apparicio, F.
26 Sexta. S. Torcato, M. Arc. de Braga. A B. Custodia, V. F.

27 Sabbado. S. Leandro, Arc. de Sevilha.
28 ● Domingo *da Quinquagesima*. A B. Eustaquia, V. F. Lua nova ás 3 h., 10' e 6'' da manhã.
29 Segunda. S. Romão, Ab.

SIGNO DE  ARIES

MARÇO — 31 dias

1 Terça. S. Adrião, M., S. Rozendo.
2 Quarta *de Cinza*. S. Simplicio, P. *Faz 82 annos S. Santidade o Papa Leão XIII (1810)*.
3 Quinta. S. Hemeterio, M., S. Marinho, soldado.
4 Sexta. S. Casimiro, S. Lucio, P. M.
5 ☽ Sabbado. S. Theophilo, B., S. João José, F.— Q. cresc. ás 6 h. 37' e 9'' da tarde.
6 Domingo *(1.º da Quaresma.)* S. Ollegario, S. Coleta, V. F., S. Marciano, B. M.
7 Segunda. S. Thomaz d'Aquino, Dr. da Egr.
8 Terça. S. João de Deus, Fund. dos Relig. da Hospitalid.
9 Quarta. *(Temporas.)* S. Francisca Romana, viuva.
10 Quinta. S. Melitão e seus 39 comp. Mm. S. Job, adv. contra a lepra. O B. Pedro de Jeremias, D. *Faz 47 annos o Imperador da Russia, Alexandre III (1845)*.
11 Sexta. *(Temporas.)* S. Candido, M.
12 Sabbado. *(Temporas).* S. Gregorio, P., adv. contra as dôres de estomago.
13 ○ Domingo *(2.º da Quaresma)*. A B. Sancha, V., Infanta de Portugal., — Lua cheia aos 18' e 7 '' da tarde.
14 Segunda. Traslad. de S. Boaventura. S. Mathilde, Rainha.
15 Terça. S. Henrique. S. Zacharias, P., S. Longuinhos, Soldado M.
16 Quarta. S. Cyriaco, M.
17 Quinta. S. Patricio, Ap. da Irlanda.
18 Sexta. S. Gabriel Archanjo. S. Narciso, Arc.
19 ✠ Sabbado. S. José, para alcançar de Deus boa morte.
20 Domingo *(3.º da Quaresma.)* S. Martinho Dumiense.— *Começa a Primavera*.
21 ☾ Segunda. S. Bento, Ab., adv. contra as mordeduras de insectos venenosos.— *Faz 5 annos S. A. R. o Principe D. Luiz Filippe. Gr. gala*.— Q. ming. ás 4 h. 39' e 7'' da tarde.
22 Terça. S. Emygdio, B. M., S. Ambrosio de Sena, D.
23 Quarta. S. Felix e seus comp., Mm.
24 Quinta. Instituição do SS. Sacramento. S. Marcos, M.
25 ✠ Sexta. ANNUNCIAÇÃO DE NOSSA SENHORA. S. Quirino e seus companheiros Mm.
26 Sabbado. S. Ludgero, B., S. Braulio, B.
27 Domingo *(4.º da Quaresma.)* S. Roberto, B. S. Zozimo.
28 ● Segunda. S. Alexandre, M. S. Castor e S. Dorothea, Mm.— Lua nova aos 42' e 2'' da tarde.
29 Terça. S. Bertholdo, C. S. Jonas e seus comp., Mm.
30 Quarta. S. João Climaco, A.
31 Quinta. S. Balbina, V. S. Benjamin, M.

SIGNO DE  TAURUS

ABRIL — 30 dias

1 Sexta. As Chagas de Santa Catharina de Sena.
2 Sabbado. S. Francisco de Paula, confessor, adv. da successão masculina e de agua nos logares seccos.
3 Domingo *da Paixão*. S. Ricardo, S. Beneditco, F. S. Pancracio, B. M.
4 ☽ Segunda. S. Izidoro, Arc. de Sevilha. Q. cresc. ás 5 h. e 44' e 5" da manhã.
5 Terça. S. Vicente Ferrer, D.
6 Quarta. S. Marcelino, M. A. B. Catharina de Palancia.
7 Quinta. S. Epiphanio, B. M.
8 Sexta. As SETE DORES DE N. SENHORA. S. Amancio. O B. Clemente de Ozino, A.
9 Sabbado. Trasladação de Santa Monica. S. Procoro.
10 Domingo *de Ramos*. S. Ezequiel.
11 Segunda. S. Leão I, P. e Dr. da Egr. O B. André do Monte Real, A.
12 ☉ Terça S. Victor, M. L. cheia ás 5 h., 49' e 3" da manhã.
13 Quarta feira *de Trevas*. S. Hermenegildo, M.
14 Quinta feira *de Endoenças* (✠ *desde o meio dia em diante*). S. Tiburcio e S. Valeriano, Mm. S. Pedro Gonçalves Telmo, adv. contra os perigos do mar.
15 Sexta feira *da Paixão* ✠ *(até ao meio dia)*. S. Lucio, F. As Ss. Basilisa e Anastacia, Mm.
16 Sabbado *de Alleluia*. S. Engracia, V. M. Port.
17 Domingo *de Paschoa*. S. Aniceto. P. M.
18 Segunda. S. Gualdino, B. e Cardeal.
19 Terça. S. Hermogenes, M.
20 ☾ Quarta. S. Ignez de Montepoliciano. V. D.— Q. ming. ás 5 h. 23' e 7" da manhã.
21 Quinta. S. Anselmo de Cantuaria.
22 Sexta Os Ss. Sotero e Caio, Pp. Mm. S. Senhorinha, V. port.
23 Sabbado. S. Jorge, defensor do reino.
24 Domingo *da Paschoela*. S. Fidelis de Sigmaringa, M.
25 Segunda. Nossa Senhora dos Prazeres. S. Marcos Evang.
26 ● Terça. S. Pedro de Rates, M.— Lua nova ás 9 h., 9' e 8" da tarde.
27 Quarta. S. Tertuliano, B. S. Turibio.
28 Quinta. Patrocinio de S. José. S. Vital e S. Prudencio.
29 Sexta. S. Pedro, M., adv. contra a pedra que destroe as sementeiras.
30 Sabbado. Santa Catharina de Sena, V. D.

SIGNO DE  GEMINIS

MAIO — 31 dias

1 Domingo *do Bom Pastor*. S. Fillipe e S. Thiago, App. *Pronome de S. A. R. o Principe D. Luiz Filippe. Peq. gala.*
2 Segunda. Santa Mafalda, Infanta de Portugal. S. Athanasio, B. e Dr. da Egr. Trasl. de S. João da Matta. S. Flaminia, V. M., adv. contra as doenças de olhos.

3 ☽ Terça. Invenção da Santa Cruz. Os Ss. Alexandre e S. Juvita, Mm. — Q. cresc. ás 6 h. 34' e 9'' da tarde.
4 Quarta. S. Monica, Viuva, mãe de S. Agostinho.
5 Quinta. S. Pio V, S. Angelo, M.
6 Sexta. S. João *ante portam latinum*, Patrono dos livreiros. S. João Damasceno.
7 Sabbado. S. Estanislau, B. M., S. Augusto, M.
8 Domingo (3.º depois da Paschoa). O Patrocinio de S. Miguel Archanjo.
9 Segunda. S. Gregorio Nazianzeno, B. e Dr. da Egr.
10 Terça. S. Antonino, Arc. de Florença.
11 ● Quarta. S. Anastacio, M.—Lua cheia ás 10 h. 22' e 5'' da tarde.
12 Quinta. S. Joanna, Pr. de Portugal, V. D.
13 Sexta. N. Senhora dos Martyres. S. Pedro Regalado, F.
14 Sabbado. S. Bonifacio, M. S. Gil, D.
15 Domingo (4.º). FUGIDA DE NOSSA SENHORA PARA O EGYPTO. S. Izidoro, lavrador. S. Indaleto.
16 Segunda. S. João Nepomuceno, M. adv. da boa fama. S. Ubaldo, B. adv. dos energumenos.
17 Terça. S. Paschoal Baylão, F. S. Possidonio.
18 Quarta. S. Venancio, M., adv. contra as quedas. S. Felix de Cantalicio, F.
19 ☾ Quinta. S. Pedro Celestino, P., S. Ivo, F. S. Pudenciana, V.— Q. ming. ás 2 h. e 16' da tarde.
20 Sexta. S. Bernardino de Sena, F.
21 Sabbado. S. Manços, 1.º Bispo de Evora.
22 Domingo. (5.º) MATERNIDADE DE N. SENHORA S. Ritta de Cassia, Viuva. S. Quiteria, V. M., adv. contra a mordedura dos cães damnados. *Anniversario do consorcio de S. M. El-Rei o Sr. D. Carlos. Peq. gala.*
23 Segunda. S. Basilio, Arc. de Braga. S. Desiderio, B. M.
24 Terça. Nossa Senhora Auxiliadora dos Christãos. S. Afra, M. *Faz 73 annos a Rainha de Inglaterra, Alexandrina Victoria* (1819).
25 Quarta. S. Gregorio VII, P., S. Maria Magdalena de Pazzi.
26 ● Quinta. ✠ ASCENSÃO DO SENHOR. S. Filippe Nery, fundador da Congr. do Oratorio, adv. contra o mal dos olhos e dos ouvidos.— Lua nova ás 5 h. 12' e 5'' da manhã.
27 Sexta. S. João, P. M.
28 Sabbado. S. Germano, B.
29 Domingo. (6.º) S. Maximo, B., S. Theodosia, Viuva, mãe de S. Procopio, M.
30 Segunda. S. Fernando, Rei de Castella.
31 Terça. S. Petronilla, V. O B. Diogo Salomonio, D.

SIGNO DE CANCER

JUNHO — 30 dias

1 Quarta. S. Firmo, M. S. Fortunato, Presbytero.
2 ☽ Quinta. S. Marcellino, B. S. Pedro. Q. cresc. ás 9 h., 14' e 6'' da manhã.
3 Sexta. S. Paula, V. M. S. Ovidio, Arc. de Braga, adv. contra o mal de ouvidos.
4 Sabbado. S. Quirino, B. M. S. Francisco Caracciolo. Trasladação de S. Pedro, M. D.
5 Domingo DO ESPIRITO SANTO. S. Marciano, M. S. Bonifacio, B. M.

6 Segunda. S. Norberto, M. S. Alexandre, B. M. S. Paulina, V. M.
7 Terça. S. Roberto, Ab. S. Paulo, B. de Constantinopla.
8 Quarta. *(Temp.)* S. Salustiano, S. Syria, V. adv. contra as febres.
9 Quinta. S. Primo e S. Feliciano.
10 ☉ Sexta. *(Temp.)* S. Margarida, rainha da Escocia. Lua cheia aos 55' e 6" da tarde.
11 Sabbado. *(Temp.)* S. Barnabé, Ap.
12 Domingo DA SS. TRINDADE. S. João de S. Facundo, adv. contra as discordias domesticas. S. Onofre, conf.
13 Segunda. ✠ S. Antonio de Lisboa, deparador das cousas perdidas.
14 Terça. S. Basilio Magno, B. e Dr. da Egr. S. Eliseu, proph.
15 Quarta. Os Ss. Vito, Modesto, Crescencia. Mm. S. Abrahão, Ab., adv. contra o demasiado choro das creanças.
16 Quinta. ✠ CORPO DE DEUS. S. Francisco Regis. S. Aureliano, B. S. Germana, V.
17 ☾ Sexta. S. Manuel e seus Ir. advg. da paciencia, Mm. A B. Thereza. Q. ming. ás 8 h., 24' e 1" da tarde.
18 Sabbado. S. Leoncio, M. S. Amando. S. Calogero, conf. adv. contra o mal das hernias.
19 Domingo. S. Julianna de Falconeri, V. S. Gervasio e Protasio, Mm.
20 Segunda. S. Silverio, P. M. S. Macario, B. S. Prudenciana, V. M. *Com. o estio.*
21 Terça. S. Luiz Gonzaga.
22 Quarta. S. Paulino, B. O B. Filippe de Placencia, A. S. Platão.
23 Quinta. S. João Sacerdote. S. Edeltrudes, rainha da Bretanha.
24 ● Sexta. ✠ O SS. CORAÇÃO DE JESUS. NASCIMENTO DE S. JOÃO BAPTISTA, adv. contra as dôres de cabeça. Lua nova á 1 h., 29' e 9" da tarde.
25 Sabbado. S. Guilherme, Ab., S. Febronia, V. M. S. Tude, adv. contra a tosse.
26 Domingo. S. João e S. Paula, Ir. Mm. S. Pelayo, M. S Virgilio, B. M.
27 Segunda. S. Ladislau, rei da Hungria. O B. Benevenuto, F.
28 Terça. S. Leão II, papa.
29 Quarta. ✠ S. Pedro e S. Paulo, App.
30 Quinta. S. Marçal, B., adv. contra os incendios.

SIGNO  DE LEO

JULHO — 31 dias

1 Sexta. S. Theodorico, Ab. S. Julio, M.
2 ☽ Sabbado. Visitação de Nossa Senhora. S. Marcia. Q. cresc. á 1 h., 36 e 3" da manhã.
3 Domingo. S. Jacintho, M. S. Heliodoro, B.
4 Segunda. Santa Isabel, rainha de Portugal.
5 Terça. S. Athanasio, M. O Bemaventurado Miguel dos Santos, adv. contra os cancros e tumores.
6 Quarta. Santa Domingas V. M.
7 Quinta. Santa Pulcheria, V., S. Claudio.
8 Sexta. S. Procopio, M. O B. Lourenço de Brundusio, F.
9 Sabbado. S. Veronica Juliana, capuch. S. Cyrillo, B. M. S. Nicolau e seus comp., Mm., Ff. *Faz 56 annos a Rainha da Suecia Sophia Guilhermina* (1836).
10 ☉ Domingo. NOSSA SENHORA DO PATROCINIO. S. Januario e seus 6

Irm. Mm. *Pronome de S. M. a Rainha a Sr.ª D. Maria Amelia*. Lua cheia á 1 h., 7' e 1" da manhã.
11 Segunda. S. Pio, P. M. Trasladação de S. Bento.
12 Terça. S. João Gualberto, Ab.
13 Quarta. S. Anacleto, P. M.
14 Quinta. S. Boaventura, B.
15 Sexta. S. Camillo de Lellis.
16 Sabbado. Triumpho da Santa Cruz. Nossa Senhora do Monte do Carmo.
17 ☾ Domingo. O Anjo Custodio. S. Aleixo. Q. ming. á 1 h., 10' e 9" da manhã.
18 Segunda. S. Symphorosa e seus 6 filhos Mm. S. Marinha.
19 Terça. S. Vicente Paula, S. Justa.
20 Quarta. S. Elias, propheta. S. Jeronymo Emiliano.
21 Quinta. S. Praxedes, V.
22 Sexta. S. Maria Magdalena.
23 ● Sabbado. S. Apollinario, B. M., adv. contra as quebraduras. S. Liborio, B., advogado contra a dôr de pedra. Lua nova ás 10 h., 53' e 9" da tarde.
24 Domingo. Sant'anna Mãe da Mãe de Deus, adv. contra a esterilidade dos casados S. Christina V. M. S. Francisco Solano, F.
25 Segunda. S. Thiago, Ap., adv. contra os perigos da guerra. S. Christovão, M., adv. contra o fastio.
26 Terça. Os Ss. Symphronio, Olympio e Theodulo, Mm.
27 Quarta. S. Pantaleão, medico.
28 Quinta. S. Innocencio e S. Victor, Pp.
29 Sexta. S. Martha, V., adv. contra a lagarta e pulgão que destroe as vinhas.
30 Sabbado. S. Rufino, M. As Ss. Donatilla e Maxima.
31 ☽ Domingo. S. Ignacio de Loyola, fundador da Companhia de Jesus. Conf., adv. contra os partos perigosos. *Faz 27 annos S. A. o Sr. Infante D. Affonso. Juramento da Carta Constitucional. Gr. gala. Cortejo. Não ha desp.* Q. cresc. ás 7 h., 8' e 3" da tarde.

SIGNO DE  VIRGO

AGOSTO — 31 dias

1 Segunda. S. Pedro *ad vincula*. Os Martyres de Chellas. Os Ss. Machabeus, Irm. Mm.
2 Terça. N. Senhora dos Anjos. S. Estevão, P. M. *Nome do Ser. Sr. Infante D. Affonso*.
3 Quarta. Invenção de S. Estevão, Proto-martyr.
4 Quinta. S. Domingos, conf., adv. contra as febres. S. Tertuliano, M.
5 Sexta. Nossa Senhora das Neves.
6 Sabbado. Transfiguração de Christo. Sant'Iago, eremita.
7 Domingo. S. Caetano, S. Alberto, conf., adv. contra as sezões. S. Severino, M. O. B. Vicente de Aquila.
8 ● Segunda. S. Cyriaco e seus Cc. Mm. Lua cheia ás 11 h., 20' e 6" da manhã.
9 Terça. S. Romão, M., adv. contra as mordeduras de cães damnados. O B. João de Salerno, D.
10 Quarta. S. Lourenço, M., patrono dos navegantes. S. Filomena, V. M.
11 Quinta. S. Tiburcio e S. Suzana, Vv. Mm.

12 Sexta. S. Clara, V. F. S. Graciliano, M.
13 Sabbado. S. Hypolito e S. Cassiano, Mm.
14 Domingo. S. Eusebio. O B. Sancho.
15 ☾ Segunda. ✠ Assumpção de Nossa Senhora. S. Alipio, B. Q. ming. ás 6 h. e 6'' da manhã.
16 Terça. S. Joaquim, Pae de Nossa Senhora. S. Roque, adv. contra a peste. S. Jacintho, D.
17 Quarta. S. Mamede, M., adv. contra a falta de leite nas mulheres que criam. A B. Emilia, V. D.
18 Quinta. Santa Clara de Monte Falco. *Faz 62 annos o Imperador d'Austria, Francisco José (1830).*
19 Sexta. S. Luiz, B. F.
20 Sabbado. S. Bernardo, Ab. S. Leovigildo.
21 Domingo. S. Joanna Francisca de Chautel, viuva.
22 ● Segunda. S. Timotheo, M. Lua nova ás 10 h., 22' e 2'' da manhã.
23 Terça. S. Filipo Benicio. S. Liberato e seus Cc. Mm.
24 Quarta. S. Bartholomeu, Ap., adv. contra o medo.
25 Quinta. S. Luiz Rei de França. S. Marcos, Evangelista.
26 Sexta. S. Zeferino, P. M. S. Gener, M.
27 Sabbado. S. José de Calazans. S. Rufo, B.
28 Domingo. S. Agostinho, B. e Dr. da Egr.
29 Segunda. Degolação de S. João Baptista. S. Sabina.
30 ☽ Terça. S. Rosa de Lima, V. D. S. Fiacrio, conf., adv. contra os cancros. Q. cresc. aos 52' e 2'' da tarde.
31 Quarta. S. Raymundo Nonnato, Cardeal.

SIGNO DE  LIBRA

SETEMBRO — 30 dias

1 Quinta. S. Egydio, Ab. S. Constancia, B. A B. Isabel, V. F. *Férias no judicial por todo o mez.*
2 Sexta. S. Estevão, rei da Hungria, S. Brocardo.
3 Sabbado. S. Eufemia, V. M.
4 Domingo. S. Rosa de Viterbo, V. F. S. Candida.
5 Segunda. S. Antonio, M. O B. Gentil, M. F. Trasl. dos Mm. de Lisboa.
6 ○ Terça. S. Libania, V. A. Os Ss. dos Conegos Regr. Lua cheia ás 8 h., 30' e 8'' da tarde.
7 Quarta. Os Ss. João e Anastacio, Mm.
8 Quinta. S. Regina. V. M. S. Adrião, M., adv. contra a peste e quebraduras. *Nome de S. M. a Rainha D. Maria Pia. Simples gala.*
9 Sexta. S. Sergio, P. A B. Serafina, viuva. *Faz 66 annos o Gran-Duque de Baden, Frederico Guilherme (1826).*
10 Sabbado. S. Nicolau Tolentino, conf., adv. contra as sezões terçãs.
11 Domingo. S. Theodora, Penitente. Os Ss. Proto e Jacintho, Mm.
12 Segunda. S. Auta, V. M. S. Juvencio.
13 ☾ Terça. S. Pilippe, M. Q. ming. aos 12' e 9'' da tarde.
14 Quarta. Exaltação da Santa Cruz.
15 Quinta. S. Domingos em Soriano. S. Nicomedes, M.
16 Sexta. Trasl. de S. Vicente, M.
17 Sabbado. S. Pedro d'Arbués, M. As Chagas de S. Francisco.
18 Domingo. As Dores de Nossa Senhora. S. José de Cupertino, F. S. Thomaz de Villa Nova, B.
19 Segunda. S. Januario e seus Cc. Mm. Apparição de N. Senhora em La Salette (1846).

20 Terça. S. Eustaquio e seus Cc. Mm.
21 ● Quarta. *(Temp.)* S. Matheus, Ap. e Evang. S. Ephigenia, Princeza. Lua nova aos 39' e 6'' da manhã.
22 Quinta. S. Mauricio e seus Cc. Mm. *Com. o outomno.*
23 Sexta. *(Temp.)* S. Lino, P. M. S. Tecla, V. M.
24 Sabbado. *(Temp.)* Nossa Senhora das Mercês. S. Geraldo, C. O B. Dalmacio, D.
25 Domingo. S. Firmino, B. M. S. Herculano, soldado, M.
26 Segunda. S. Cypriano e S. Justina, Mm.
27 Terça. S. Cosme e S. Damião, Mm. S. Eleziario.
28 Quarta. S. Wenceslau, duque da Bohemia. *Faz 29 annos S. M. El-rei o Sr. D. Carlos, e faz 27 annos S. M. a Rainha a Sr.ª D. Maria Amelia. Grande gala. Cortejo. Não ha despacho.*
29 ☽ Quinta. S. Miguel Archanjo. Q. cresc. ás 5 h., 42' e 4'' da manhã.
30 Sexta. S. Jeronymo, Dr. da Egr., adv. contra os raios. *Acabam as férias.*

SIGNO DE  SCORPIO

OUTUBRO — 31 dias

1 Sabbado. Os Ss. Verissimo, Maximo e Julia, Irmãos, Mm. Portug.
2 Domingo. O SS. Rosario de Nossa Senhora. Os Anjos da Guarda.
3 Segunda. S. Candido, M. S. Maximiniano, B.
4 Terça. S. Francisco d'Assis.
5 Quarta. S. Placido e seus Comp. Mm.
6 ● Quinta. S. Bruno.—Lua cheia ás 5 h., 34' e 9'' da manhã.
7 Sexta. S. Marcos, P.
8 Sabbado. S. Brigida, viuva, advogada contra as dôres de cabeça.
9 Domingo. N. Senhora dos Remedios. S. Dionysio, B. de Paris.
10 Segunda. S. Francisco de Borja, adv. contra os terramotos.
11 Terça. S. Firmino, B. S. Germano, B. M.
12 ☾ Quarta. S. Cypriano, B. M.—Q. ming. ás 9 h. e 7'' da tarde.
13 Quinta S. Eduardo, rei da Inglaterra, adv. contra a gotta coral e desmaios. S. Daniel e seus Comp. Mm.
14 Sexta. S. Callisto, P. M. S. Gaudencio, B. M.
15 Sabbado. S. Thereza de Jesus, V. C.
16 Domingo. S. Martiniano, M. A. S. Gallo, Ab.—*Faz 45 annos S. M. a Rainha a Sr.ª D. Maria Pia. Gr. gala Cortejo.*
17 Segunda. S. Hedwiges, viuva, duqueza da Polonia.
18 Terça. S. Lucas Evangelista.
19 Quarta. S. Pedro d'Alcantara, F., conf., adv. universal para conseguir o que lhe pedirem.—*Anniv. do obito de S. M. El-Rei o Sr. D. Luiz I (1889).*
20 ● Quinta. S. João Cancio. S. Iria, V. M. Portug.—Lua nova ás 5 h., 47' e 3'' da tarde.
21 Sexta. S. Ursula e suas Comp. Vv. Mm.
22 Sabbado. Dedicação da Basilica de Mafra. S. Maria Salomé.
23 Domingo. S. Romão, B. S. João Capistrano, F.
24 Segunda. S. Raphael Archanjo, adv. dos enfermos e caminhantes.
25 Terça. Os Ss. Chrispim e Chispiniano, Irm. Mm.
26 Quarta. S. Evaristo, B. M. S. Luciano e seus Cc. Mm.
27 Quinta. Os Martyres de Evora. S. Elesbão, imperador da Ethiopia.
28 ☽ Sexta. S. Simão e S. Judas, Ap.—Q. cresc. ás 8 h., 49'' e 7'' da tarde.

29 Sabbado. Trasladação de S. Isabel, rainha de Portugal, S. Feliciano, M.
30 Domingo. S. Serapião, B. C.
31 Segunda. S. Quintino. M., adv. contra a surdez e mal de ouvidos. O B. Thomaz de Florença, F.

SIGNO DE  SAGITARIO

NOVEMBRO — 30 dias

1 Terça. ✠ Festa de Todos os Santos.
2 Quarta. S. Victorino, M. Commemoração dos fieis defunctos.
3 Quinta. S. Malaquias, B., primaz da Irlanda. S. Clemente, P., adv. contra os naufragios.
4 ☽ Sexta. S. Carlos Borromeu, Arc. Card. Lua cheia ás 3 h., 12' e 6'' da tarde.
5 Sabbado. S. Zacharias e S. Izabel, paes de S. João Baptista.
6 Domingo. O Patrocinio de Nossa Senhora. S. Severo, B. M. e S. Leonardo, Erem. S. Athico, M.
7 Segunda. S. Florencio, B.
8 Terça. S. Severiano e seus tres Irm. Mm.
9 Quarta. S. Theodoro, M. Dedic. da Bazilica do Salvador.
10 Quinta. S. André Avelino, conf., adv. contra os accidentes epilecticos.
11 ☾ Sexta. S. Martinho, B. *Anniversario do obito de S. M. o Sr. D. Pedro V (1861).* Q. ming. ás 9 h., 25' e 2'' da manhã,
12 Sabbado. S. Martinho, P. M. S. Diogo, F. S. Nilo, Ab.
13 Domingo. S. Eugenio, B. de Toledo. Os Ss. das Ord. de S. Agostinho, S. Bento e SS. Trindade.
14 Segunda. Trasladação de S. Paulo, primeiro Eremita. Os Ss. da Ord. do Carmo. O B. Gabriel, F. O B. João Licio. *Anniversario do obito do Sr. D. Miguel de Bragança.*
15 Terça. Dedicação da Real Bazilica do SS. Coração de Jesus. S. Gertrudes Magna. *Faz tres annos S. A. R. o Sr. Infante D. Manuel. Anniversario do obito de S. M. a Rainha a Sr.ª D. Maria II.*
16 Quarta. S. Gonçalo de Lagos, A. Port.
17 Quinta. S. Gregorio Thaumaturgo, B. A B. Salomeia, V. F. Os Ss. Alfeu e Zacheu, Mm.
18 Sexta. S. Romão, M. Dedicação da Bazilica dos Ss. Apost.
19 ● Sabbado. S. Izabel, rainha da Hungria, F. Lua nova aos 42' e 3'' da tarde.
20 Domingo. S. Felix de Valois. Fund. dos Trinos. S. Octavio, B.
21 Segunda. Apresentação de Nossa Senhora. Os Ss. Demetrio e Honorio. S. Columbano.
22 Terça. S. Cecilia, V. M.
23 Quarta. S. Clemente, P. M. S. Felicidade e os seus sete filhos.
24 Quinta. S. João da Cruz, C. S. Estanislau Kostka. S. Chrysogono, M. S. Romano, P., adv. contra os perigos da agua.
25 Sexta. S. Catharina, V.
26 Sabbado. S. Pedro Alexandrino, B. M. A B. Delfina, V. F.
27 ☽ Domingo. (*1.º do Advento.*) S. Margarida de Saboya, D. Q. cresc. ás 9 h., 51' e 1' da manhã.
28 Segunda. S. Gregorio III, P. S. Jacobo da Marca.
29 Terça. S. Saturnino, M. S. Illuminata, V. Os Ss. das tres Ordens de S. Francisco.
30 Quarta. S. André, Ap.

SIGNO DE CAPRICORNIO

DEZEMBRO — 31 dias

1 Quinta. S. Eloy, B. *Accl. de El-rei D. João IV* (1640).
2 Sexta. S. Bibiana, V. M. S. Aurelia, M.
3 Sabbado. S. Francisco Xavier, Ap. das Indias.
4 🌕 Domingo (2.º *do adv.*) S. Barbara, V. M. adv. contra trovões e raios.
— Lua cheia á 1 h., 40' e 5'' da manhã.
5 Segunda. S. Geraldo, Arc. de Braga. S. Sabbas. A B. Isabel Bona, V. F.
6 Terça. S. Nicolau, B., adv· das donzellas pobres e desamparadas.
7 Quarta. S. Ambrosio, B. e Dr. da Egr'
8 Quinta ✠ A Conceição de Nossa Senhora, Padroeira do reino e conquistas.
9 Sexta. S. Leocadia, V. M.
10 Sabbado. Trasladação da Santa Casa do Loreto.
11 ☾ Domingo. *(3.º do adv.)*. S. Damaso, P. Portuguez.—Q. ming. á 1 h. e 53' da manhã.
12 Segunda. S. Justino, M.
13 Terça. S. Luzia, V. M., adv. contra as doenças dos olhos.
14 Quarta. *(Temp.)* S, Agnelo, M.
15 Quinta. S. Euzebio.—*Anniv. do obito de S. M. El-Rei o Sr. D. Fernando II.*
16 Sexta. *(Temp.)* As Virgens de Africa. Mm.
17 Sabbado. *(Temp.)* S. Bartholomeu de S. Gemiano. S. Lazaro, B.
18 Domingo *(4.º do Adev.)* N. Sr.ª do Ó. S. Espiridião. C.
19 ● Segunda. S. Fausta, mãe de S. Anastacia.— Lua nova ás 7 h., 36' e 3 '' da manhã.
20 Terça. S. Domingos de Sillos, Ab.
21 Quarta. S. Thomé, Ap. *Começa o inverno.*
22 Quinta. S. Honorato. M. S. Flamiano, M.
23 Sexta. S. Servulo, adv. contra a paralysia. S. Victoria, V. M. O B. Nicolau Fator, F.
24 Sabbado. S. Gregorio, M. *Férias até aos Reis.*
25 Domingo. Nascimento de Nosso Senhor Jesus Crhisto.
26 ☽ Segunda. S. Estevão, Proto-martyr.—Q. cresc. ás 8 h., 45' e 7'' da tarde.
27 Terça. S. João, Ap· e Evang., adv. contra os venenos.
28 Quarta. Os Ss. Innocentes, Mm.
29 Quinta. S. Thomaz, Arc. de Cantuaria, M.
30 Sexta. S. Sabino, B. M·
31 Sabbado. S. Silvestre, P.

FAMILIA REAL PORTUGUEZA

EL-REI

Sua Magestade Fidelissima o Senhor D. Carlos I Fernando Luiz Maria Victor Miguel Raphael Gabriel Gonzaga Xavier Francisco de Assis José Simão de Bragança Saboia Bourbon e Saxe-Coburgo-Gotha, 32.º rei de Portugal e 18.º dos Algarves, d'aquem e d'alem mar em Africa, senhor de Guiné, da conquista, navegação e commercio da Ethiopia, Arabia, Persia e da India, etc.; grão-mestre das ordens militares de Portugal, nasceu no Real Paço d'Ajuda em 28 de setembro de 1863; succedeu no throno em 19 de outubro de 1889 a seu pae o sr. D. Luiz I; casou em 22 de maio de 1886 com Sua Magestade a Rainha a Senhora D. Maria Amelia Helena Luiza d'Orleans, que nasceu a 28 de setembro de 1865; filha do Conde de Paris, Luiz Filippe de Orleans e da condessa do mesmo titulo Maria Izabel, filha do Duque de Montpensier.

SEUS FILHOS

O Serenissimo Senhor D. Luiz Filippe, Principe Real, Duque de Bragança, nasceu no Real Paço de Belem, a 21 de março de 1887; herdeiro e successor á corôa, reconhecido por acto solemne das Côrtes em 14 de junho de 1890.

O Serenissimo senhor Infante D. Manuel, nasceu no Real Paço de Belem, a 15 de novembro de 1889.

PAE E MÃE D'ELREI

Sua Magestade o Senhor D. Luiz I Filippe Maria Fernando Pedro de Alcantara Antonio Miguel Raphael Gabriel Gonzaga Xavier Francisco de Assis João Julio Augusto Volfando de Bragança e Bourbon, 31.º rei de Portugal e 17.º dos Algarves, nasceu no Real Paço das Necessidade a 31 de outubro de 1838, e falleceu no Real Paço de Cascaes em 19 de outubro de 1889, filho de Sua Magestade a primeira rainha constitucional Portugueza, a Senhora D. Maria II e de Sua Magestade o Senhor D. Fernando II que tambem foi casado em segundas nupcias com a sr.ª condessa d'Edla. Casou por procuração em Turim a 27 de setembro e em pessoa na cidade de Lisboa em 6 de outubro de 1862, com Sua Magestade a Rainha a Senhora D. Maria Pia de Saboia, que nasceu a 16 de outubro de 1847; filha de El-Rei de Italia, Victor Manuel II e de sua esposa a Archiduqueza de Austria, Maria Adelaide Francisca Clotilde, e irmã do actual rei de Italia, Humberto I.

IRMÃO D'ELREI

O Serenissimo Senhor Infante D. Affonso Henriques Maria Pedro de Alcantara Carlos Humberto Amadeu Fernando Antonio Miguel Raphael Gabriel Gonzaga Xavier Francisco de Assis João Augusto Julio Volfando Ignacio de Bragança Saboia Bourbon Saxe-Coburgo-Gotha, duque do Porto, nasceu no Real Paço d'Ajuda a 31 de julho de 1865.

OUTROS PARENTES D'EL-REI

SUA TIA: a Serenissima Senhora Infanta D. Antonia Maria Fernanda Michaela Gabriela Raphaela de Assis Anna Gonzaga Silvina Julia Augusta de Bragança e Bourbon, Duqueza de Saxe-Coburgo-Gotha. Nasceu no Real Paço de Belem a 17 de fevereiro de 1845 e casou a 12 de setembro de 1861, com Leopoldo Estevão Carlos Antonio, principe herdeiro de Hohenzollern, Sigmaringen, major aggregado ao 1.º regimento da guarda real prussiana, nascido a 22 de setembro de 1835; residem no castello Benrath.

SEUS PRIMOS, filhos d'esta senhora: Guilherme Augusto, nasceu a 24 de agosto de 1865; e Carlos Antonio, nasceu a 1 de setembro de 1868.

SEUS PRIMOS, filhos de sua fallecida tia a Serenissima Infanta sr.ª D. Maria Anna: Mathilde Maria, nasceu em 19 de março de 1863; Frederico Augusto, nasceu a 25 de maio de 1865; Maria Josepha, nasceu a 31 de maio de 1876; João Jorge, nasceu a 10 de julho de 1869, Maximiano Guilherme, nasceu a 17 de novembro de 1870; e Alberto Carlos, nasceu a 25 de fevereiro de 1875.

SEU TIO AVO: o senhor D. Pedro de Alcantara João Carlos Leopoldo Salvador Bibiano Francisco Xavier de Paula Leocadio Miguel Gabriel Raphael Gonzaga, ex-imperador do Brazil, nascido a 2 de dezembro de 1825; subiu ao throno, sob tutela, em 7 de abril de 1831, e em virtude do acto de abdicação de seu augusto pae o imperador D. Pedro I, tomou as redeas do governo em 23 de julho de 1840; foi coroado em 18 de julho de 1841, casou por procuração a 30 de maio e em pessoa a 4 de setembro de 1843 com a imperatriz a sr.ª D. Thereza Christina Maria (de Napoles) nascida a 14 de março de 1822 e fallecida em 28 de dezembro de 1889, e foi desthronado em 15 de novembro de 1889.

SUAS PRIMAS, filhas do ex-imperador:

1.ª A sr.ª D. Izabel Christina, nascida a 29 de julho de 1846; casou a 15 de outubro de 1864 com Luiz Filippe de Orleans, conde d'Eu, filho do duque de Nemours, nascido a 28 d'abril de 1842. *Filhos:* D. Pedro, nasceu a 15 de outubro de 1875 — D. Luiz Filippe, nasceu a 26 de janeiro de 1878.

2.ª A sr.ª D. Leopoldina Thereza, casou com Luiz Augusto, filho do principe Augusto de Saxe-Coburgo-Gotha e falleceu em 7 de fevereiro de 1871, deixando 4 filhos, a saber: — Pedro Augusto, nascido a 19 de março de 1866 — Augusto Leopoldo, nascido a 6 de dezembro de 1867.

—José Fernando, nascido a 21 de maio de 1869.—Luiz Gastão, nascido a 15 de setembro de 1870.

SUAS TIAS, irmãs do ex-imperador:

1.ª A sr.ª D. Januaria Maria, nascida a 11 de março de 1822, casada com Luiz Carlos, conde de Aquila, nascido a 19 de julho de 1824.

2.ª A sr.ª D. Francisca Carolina, nascida em 2 de agosto de 1824, casada com Francisco Fernando, principe de Joinville, nascido a 14 de agosto de 1818.

SUA TIA, viuva do senhor D. Miguel de Bragança, a sr.ª D. Adelaide Sophia, princeza de Meowensteim Wertheim de Rosemberg; nasceu a 3 de abril de 1831, casou a 24 de setembro de 1851, enviuvou a 24 de novembro de 1866.

SEUS PRIMOS, filhos d'este consorcio:

1.º A sr.ª D. Maria das Neves, nasceu a 5 de agosto de 1852, casou a 26 de abril de 1871 com D. Affonso Maria (de Hespanha) nascido a 12 de setembro de 1849.

2.º O senhor D. Miguel de Bragança, nasceu a 10 de setembro de 1853 e casou a 17 de outubro de 1877 com a princeza Izabel Maria Maximiliana, nascida a 28 de maio de 1860 e enviuvou em 7 de fevereiro de 1881. *Filhos:* O senhor D. Miguel, nasceu a 22 de setembro de 1878. O senhor D. Francisco José, nasceu em 7 de setembro de 1879. A sr.ª D. Maria Thereza, nasceu a 28 de janeiro de 1881.

3.º A sr.ª D. Maria Thereza, nasceu a 24 de agosto de 1855 e casou em 23 de julho de 1873 com Carlos Luiz (d'Austria) nascido a 30 de julho de 1833.

4.º A sr.ª D. Maria José Beatriz, nasceu em 19 de março de 1857 e casou em 20 de abril de 1874 com Carlos Theodoro (da Baviera) nascido a 9 de agosto de 1839.

5.º A sr.ª D. Aldegundes de Jesus Maria, nasceu em 10 de novembro de 1858 e casou em 3 de outubro de 1876 com Henrique de Bourbon, conde de Bardi, nascido a 12 de fevereiro de 1858.

6.º A sr.ª D. Maria Anna, nasceu a 13 de julho de 1861.

7.º A sr.ª D. Maria Antonia, nasceu a 28 de novembro de 1862.

CASA REAL

PAÇO DE BELEM

OFFICIAES MÓRES

Mordomo-mór: Marquez de Ficalho, rua dos Caetanos, 32.
Estribeiro-mór: Duque de Loulé, praça de D. Vasco da Gama (Belem).
Mestre-sala: Conde das Alcaçovas, (D. Luiz), rua da Cruz dos Poyaes.
Vedor honorario: Conde da Lapa, largo do Metello.

Reposteiro-mór: Visconde de Varzea, Palacio do Dáfundo.
Armeiro-mór: Conde de Mesquitella.
Capitão da guarda real dos archeiros: Duque de Palmella, rua da Escola Polytechnica.
Copeiro-mór: Conde de Penamacor, Paris.
Couteiro-mór: Conde das Galveias, Campo Pequeno.
Caudel-mór: Conde de Linhares, calçada d'Arroios.
Apozentador-mór: Conde das Alcaçovas (D. Luiz), rua da Cruz dos Poyaes.
Almotacé-mór: Visconde d'Asseca, rua Formosa.
Alferes-mór: Marquez de Sabugosa, Santo Amaro.
Capellão-mór: Cardeal Patriarcha, S. Vicente.

OFFICIAES MÓRES HONORARIOS

Marquez do Fayal, Coimbra.
Marquez de Penafiel, Berlim.
Marquez de Vallada, calçada da Ajuda.
Marquez da Foz, Praça dos Restauradores.
Conde d'Anadia, rua de S. João dos Bemcazados.
Conde de Lumiares, rua da Gloria, á Avenida.
Conde da Ribeira Grande, travessa do Conde da Ribeira, á Junqueira.
Conde da Figueira, calçada de Santo André.
Conde de Sampaio, rua de S. Vicente.
Conde de Sobral, Almeirim.
Conde de S. Miguel, largo do Salvador.
Conde de Villa Real, rua do Sacramento, á Lapa.
Conde de Ribeiro da Silva, rua do Alecrim, 55.
Conde de S. Mamede, rua da Créche, 10.
Conselheiro Antonio José Duarte Nazareth, rua de D. Pedro V, 2
Conde de Gouveia, rua do Ferregial de Cima.
D. Caetano Henriques Pereira de Faria Saldanha e Lencastre, Vienna d'Austria.
Fernando Luiz de Sousa Coutinho Castello Branco, rua do Ferregial de Cima, 14.

OFFICIAES MENORES

Antonio Augusto dos Santos, rua das Janellas Verdes, 88, 3.º
Jorge Jayme Aldim, rua do Sacramento em Alcantara, 96, 2.º
Antonio Hermano Roeder, rua das Trinas, 161.
Henrique Nunes de Sousa, rua de S. Domingos, á Lapa, 97, 2.º
João Carlos Matheus, praça de D. Vasco da Gama, 3.
Valentim Augusto da Silva, calçada da Ajuda, 94.

Casa e estado de Sua Magestade El-rei

GENTIS HOMENS

Conde de Linhares, calçada de Arroios.
Conde de Ficalho, rua dos Caetanos, 32.
Marquez d'Alvito, Alvito.
Conde de Villa Nova da Cerveira, rua das Pedras Negras, 36.
Servindo de secretario de Sua Magestade, Bernardo Pindella, rua de S. Domingos, á Lapa.

AJUDANTES DE CAMPO

José Baptista d'Andrade, vice-almirante, rua das Janellas Verdes, 76.
Luiz de Sousa Folque, general de divisão, travessa do Sacramento, ás Necessidades, 5.
Joaquim Antonio Vito Moreira, general de brigada, praça de Vasco da Gama, Belem, 74.
Carlos Augusto de Sousa Folque Possolo, contra almirante, travessa do Moinho de Vento, a Buenos Ayres, 8.
Joaquim Teixeira de Carvalho, capitão de mar e guerra, rua de S. Francisco de Paula, 43.
Antonio Augusto Duval Telles, tenente coronel de engenharia, Avenida da Liberdade, 67.
Alexandre Alberto da Rocha Serpa Pinto, major de infanteria, rua Castilho, 50.

HONORARIOS

José Joaquim d'Andrade Pinto, vice-almirante reformado, rua Formosa, 52.
José Paulino de Sá Carneiro, general de divisão (reformado), rua de Santa Martha, 17.
José Anselmo Gromicho Couceiro, general de brigada reformado, Sargedas.
José Joaquim Henriques Moreira, general de divisão, Quartel do Carmo.
Conde de S. Januario, coronel do corpo d'estado-maior, rua de S. Francisco de Paula, 112, 2.º
Francisco Ollegario de Seabra Preto, contra-almirante, rua do Duque da Terceira, 35, 3.º
Caetano Alexandre d'Almeida Albuquerque, contra-almirante, rua dos Cardaes de Jesus, 96.
Rodrigo Augusto Teixeira Pinha, contra-almirante, rua do Livramento, 50, 2.º
Hermenegildo Carlos de Brito Capello, capitão de fragata, calçada do Combro, 32.
Francisco Joaquim Teixeira do Amaral, capitão de fragata.
Custodio Miguel Borja, capitão-tenente.

OFFICIAES ÁS ORDENS

Conde Senna, Londres.
Filippe Malaquias de Lemos, capitão de cavallaria.
Conde de Tarouca, capitão de cavallaria, Junqueira.
Bernardo Pindella, tenente de engenharia, rua de S. Domingos, á Lapa.
D. Antonio Caetano do Carmo Noronha, capitão de cavallaria, Pateo do Lencastre, 9.
João Benjamin Pinto, capitão de artilharia, rua de S. Marçal, 114, 3.º
Fernando Eduardo de Serpa Pimentel, capitão de engenharia, rua Nova da Piedade, 55.
Antonio Francisco da Costa, capitão de cavallaria, calçada de S. Francisco, 4, 2.º
Roberto Ivens, capitão-tenente, rua da Quitinha, 33.
José Maria Charters Henriques d'Azevedo, capitão d'estado-maior, travessa do Enviado de Inglaterra, 1.
D. Fernando de Serpa, capitão-tenente.

HONORARIOS

Thomaz de Sousa Rosa, major de cavallaria, Washington.
Carlos Roma du Bocage, major de engenharia, rua dos Cardaes de Jesus, 48.
João Miguel Rosa, 1.º tenente da armada.
Alfredo José de Albuquerque, capitão de cavallaria, travessa do Sacramento, em Alcantara.

CRIADOS PARTICULARES EFFECTIVOS

José Maria da Costa Fortinho, largo do Figueiredo, 12, Alcolena.
Licinio da Silva, casal do Brito, Campolide.

INTENDENTE DO PAÇO DE BELEM

Narciso Antonio de Sousa, rua das Necessidades, 5.

Casa e estado de Sua Magestade a Rainha

Camareira-mór: Duqueza de Palmella, rua da Escola Polytechnica.
  Damas effectivas:
Condessa de Sabugosa, Santo Amaro.
Condessa de Seisal, rua de S. Domingos, á Lapa.
D. Josepha Sandoval de Vasconcellos, rua de S. Marçal, 7.
D. Izabel de Mello e Castro (Galveias), Campo Pequeno.
D. Izabel de Saldanha da Gama, Paço.
  Damas honorarias:
Marqueza de Monfalim e de Terena, rua de S. João da Matta, 142.
Marqueza de Penafiel, Berlim.
Marqueza da Ribeira Grande, estrada do Rego.
Marqueza de Sabugosa, Santo Amaro.
Marqueza de Vallada, Paris.
Marqueza da Foz, Praça dos Restauradores.
Marqueza de Pombal, rua das janellas Verdes.
Marqueza de Fayal, rua do Sol, ao Rato.
Condessa de Belmonte, Quinta da Praia, Pedrouços.
Condessa de Ficalho, rua dos Caetanos, 32.
Condessa de Linhares, calçada de Arroyos.
Condessa de Lumiares, rua da Gloria, á Avenida.
Condessa da Ponte, rua do Olival, 14.
Condessa de Penamacor, Paris.
Condessa de Rezende, Porto.
Condessa de Bertiandos (D. Joanna), Braga.
Condessa do Sobral, Almeirim.
Condessa de Mello e Villa Real, rua do Sacramento, á Lapa
Condessa de S. Miguel, largo do Salvador.
Condessa da Ribeira, Junqueira.
Condessa de Villa Nova de Cerveira, rua das Pedras Negras.
Condessa de Valbom, rua Nova da Trindade, 96.
Condessa de Sabugal, rua de S. Francisco de Paula.
Condessa de Tarouca, Junqueira.
Viscondessa d'Asseca (D. Marianna), rua Formosa.
Viscondessa de Varzea, Palacio do Dafundo.
D. Maria Francisca Valladares, Arco do Cego.

D. Rosa Biester Mendes Leal, rua do Thesouro Velho, 28.
D. Maria de Sequeira Martens Ferrão, Roma.
Veadores:
Conde de Sabugosa, Santo Amaro.
Antonio de Vasconcellos e Sousa, rua de S. Marçal, 7.
Conde da Ribeira Grande, Junqueira.
Mordomo particular de Sua Magestade a Rainha: Ernesto da Silva.
Creado particular: Caetano J. M. de Sousa.
Ao serviço de Suas Altezas:
D. Izabel Saldanha da Gama, dama de Sua Magestade a Rainha, Paço.
D. Carlota de Faria Campos, Paço.

Casa e estado de Sua Magestade a Rainha a Senhora D. Maria Pia

PAÇO DA AJUDA

Mordomo-mór: Duque de Loulé, praça de Vasco da Gama (Belem).
Camareira-mór: Marqueza do Funchal, Paço.
Damas:
D. Anna de Sousa Coutinho Mendonça, estrada de Arroyos.
D. Eugenia Telles da Gama, calçada dos Caetanos, 64.
Marqueza de Rio Maior, Portas de Santo Antão, 154.
Condessa de Bertiandos (D. Anna), Cruz da Pedra.
Condessa de Mossamedes, rua da Penha de França.
Condessa das Alcaçovas, rua da Cruz dos Poyaes.
Viscondessa d'Asseca (D. Maria Ritta), rua Formosa.
Veadores:
Visconde de Lançada, rua das Janellas Verdes.
Conde de Mossamedes, rua da Penha de França.
Conde de Bertiandos, Cruz da Pedra.
Visconde d'Asseca, rua Formosa.
Creados particulares:
Pedro Maria de Alcantara, rua das Necessidades, 3.
José Mariares dos Santos Dias, portão da Tapada.
Reposteiros:
Pedro Carlos de Moura Dias, rua da Escola-Asylo.
Luiz Maria de Rezende, Avenida da Liberdade.
Retretas:
D. Maria das Dores Silva, Paço da Ajuda.
D. Antonia Maria da Conceição Amado, idem.
D. Maria Amalia da Fonseca Azedo, idem.
D. Maria Leonor de Guimarães Menezes, idem.
D. Creszentia Fischer, idem.
D. Sophia Candida Furtado Coelho, idem.

Administração geral da casa de Sua Magestade

PAÇO DAS NECESSIDADES

Administrador geral: Vago; serve o secretario.
Primeiro official secretario da administração: Alfredo Ribeiro da Silva, rua do Alecrim, 55.
Segundo official: José Maria Proença Vieira, rua de José Estevam.

Sua Alteza o Senhor Infante D. Affonso

Creados particulares:
Francisco J. de Courtils Cifka, calçada de S. João Nepomuceno, 21.
Eduardo Ernesto dos Santos, rua do Carrião, 5, 3.º

MEDICOS DA REAL CAMARA

Dr. José Eduardo de Magalhães Coutinho, praça de Vasco da Gama, 75 (Belem).
Dr. Antonio Maria Barbosa, rua do Monte de Santa Catharina, 9.
Dr. Francisco Duarte de Sousa, largo da Ajuda.
Dr. Arthur Ravara, rua Larga de S. Roque, 17.
Dr. Antonio Maria Lencastre, rua Castilho, 5.
Dr. Francisco Augusto de Oliveira Feijão, rua de S. Felix, 26.
Dr. João Vicente Barros da Fonseca, rua do Bom Successo, 7.
Pharmaceutico: José Tedeschi, rua larga de S. Roque, 66, 2.º
Porteiro da Real Camara: Luiz Lobo da Silveira, rua dos Douradores, 178, 2.º
Guarda-roupas:
Antonio Botelho Teixeira.
Barão de Fornellos, rua do Alecrim, 38.
Camillo José dos Santos, rua dos Capellistas, 90, 1.º
Francisco B. Xavier da Silva, Brazil.
João Carlos Alves Minhava de Sousa Menezes, rua de S. Boaventura, 43.
José Emilio de Azevedo Pereira da Silva Cabral, rua do Prior, 54, 2.º
Visconde da Torre da Murta, rua Garrett, 29.
Visconde da Trindade, Porto.
Moços da Real Camara:
Alexandre José de Araujo, calçada do Combro, 22, 2.º
José Luiz de Rezende, Avenida da Liberdade.
Joaquim Manuel de Carvalho, Mafra.
João Maria da Silva, Belem.
João Eduardo da Matta Junior, Caes do Sodré, 8, 2.º
Resposteiros na sala do Paço da Ajuda:
Antonio Duarte Cifka, rua Pereira e Sousa, 14, 1.º, D.
Abilio Germano de Moraes Carvalho, rua da Conceição da Gloria, 18, 2.º
Joaquim dos Santos Franco, rua do Poço dos Negros.
Porteiros da canna na sala do Paço de Belem:
Antonio Gonçalves Teixeira, calçada da Ajuda, 94.
Frederico Augusto Franchi, rua Pereira e Sousa, 14, 1.º, E.
Reposteiros na sala do Paço de Belem:
Augusto José Vassallo Lemos.
Eugenio Tavares de Sousa.

REAES CAPELLAS

Thesoureiro-mór: Beneficiado, Antonio Maria de Almeida, praça de D. Fernando (Belem).
Capellães:
Domingos da Silva, prior da freguezia de Santos-o-Velho, rua das Trinas.
Dr. Manuel José dos Santos, travessa do Pateo da Nora, 4 (Belem).
Antonio Justiniano de Aguilar, rua Nova de S. Francisco de Paula, 5.
Conego: Luiz Albino Nunes.
Capellão da Memoria: José Liberato de Castro Fialho, Memoria (Belem).

Dito de Queluz: Manuel Pinto de Almeida Pedroso, Queluz.

Musicos effectivos:

Alfredo Cypriano Gazul, rua do Terreirinho, 38, 2.º
Carlos Augusto de Mattos, rua da Atalaya, 228, 1.º
Ernesto Victor Wagner, rua Nova da Trindade, 107.
Eugenio Ricardo Monteiro de Almeida, largo das Olarias, 25, 2.º
Francisco de Freitas Gazul, rua da Rosa, 155, 3.º
Frederico Augusto Haup, rua da Gloria, 71, 2.º
Frederico Jayme de Carvalho e Mello, rua de Nossa Senhora da Gloria, 72, 1.º
João Pedro Augusto Rio de Carvalho.
Joaquim Gonçalves da Costa Chaves, rua de S. Luiz, 5 (Campo de Ourique).
Joaquim Maria de Sousa, travessa do Maldonado, 6, 1.º
José Carlos Gazul, rua do Terreirinho, 38, 1.º
José Maria Alcobia, rua de S. Joaquim, 54, 3.º (Calvario).
Luiz Antonio Ferreira, rua dos Poyaes de S. Bento, 80, 3.º
Miguel Jordani, rua das Gaveas, 45, 1.º
Pedro Alexandrino Roque Lima, rua do Loreto, 16, 4.º

GUARDA REAL DOS ARCHEIROS

Capitão: Duque de Palmella, rua da Escola Polytechnica.
Tenente: Vago.
Primeiro sargento: David Maria de Sousa, rua do Ouro, 177, 3.º
Segundo sargento: José Luiz Dias, travessa de S. Domingos, 47, 2.º

MORDOMIA MÓR DA CASA REAL

Correntesa das Necessidades, 15

Mordomo-mór: Marquez de Ficalho, rua dos Caetanos, 32.
Secretario: José Maria Leotte, rua do Livramento, 97, 2.º
Escrivão da nobreza do reino: Carlos Augusto da Silva Campos, rua da Rosa, 110.
Ajudante: Francisco de Paula da Silva Campos, largo do Espirito Santo, 21-A (Bemfica).
Continuo: Joaquim Maria Leotte, largo do Rilvas, 6, 2.º (Necessidades).

CORPORAÇÃO DOS REIS DE ARMAS

Rei de armas Portugal: João Baptista dos Santos, travessa das Bruxas, 40, rez-do-chão.
Rei de armas Algarve: Gregorio Gonçalves da Silveira, rua de Andaluz, 127, rez-do-chão.
Rei de armas India: Raymundo Tavares da Silva, travessa das Atafonas, 2.
Arauto Lisboa: Lourenço Firmo de Almeida, rua Quatro de Infanteria, 5, rez-do-chão.
Arauto Ceuta: José Pinto Gomes, estrada do Campo Grande, 211.
Arauto Gôa: Paulo Antonio Cesar, rua de Entre Muros, 14, 1.º (Amoreiras).
Passavante Santarem: Guilherme Rollin Tavares, estrada de Sete Moinhos.
Passavante Tavira: José Martins dos Santos e Silva, largo do Rato, 54, 1.º
Passavante Cochim: Henrique Augusto dos Santos, travessa das Bruxas, 40, rez-do-chão.

ADMINISTRAÇÃO DA FAZENDA DA CASA REAL

Paço das Necessidades

Administrador: Conselheiro Antonio José Duarte Nazareth, rua D. Pedro V, 2.
Thesoureiro pagador: Valentim Augusto da Silva, calçada da Ajuda, 94.
Chefe da repartição central: Jorge Jayme Aldim, rua do Sacramento, 96 (Alcantara).
Chefe da repartição de contabilidade: Antonio Augusto dos Santos, rua das Janellas Verdes, 88, 3.º.
Primeiro official graduado: Henrique Nuno de Sousa, rua de S. Domingos, 97, 2.º (Lapa).
Segundo official: Rodrigo José de Mello, rua da Junqueira, 207, 2.º.
Amanuenses:
Eugenio Tavares de Sousa, Alfeite.
Casimiro de Sousa Pires, rua do Embaixador, 90 (Belem).
Joaquim Jacintho Ramos, portão da Ajuda.
Praticante: Amadeu do Nascimento dos Reis Ruas, telheiro da Ajuda.
Advogado: Dr. Luiz Filippe de Abreu, travessa da Victoria, 53, 2.º.
Tabellião: Camillo José dos Santos Junior, rua dos Capellistas, 90, 1.º.
Procurador: José Frederico Cyriaco dos Santos Taveira, rua dos Fanqueiros, 65, 3.º.

BIBLIOTHECAS

Bibliothecario da Ajuda: Conselheiro José Eduardo de Magalhães Coutinho, praça de Vasco da Gama, 75 (Belem).
Ajudante: Francisco Duarte de Sousa, largo da Ajuda.
Official bibliographo da Real Bibliotheca da Ajuda: Rodrigo Vicente de Almeida, travessa da Faustina, 1, 1.º (Belem).
Dito de Mafra: Vago.

GALERIA DE PINTURA

Restaurador de quadros: Antonio Carlos Carneiro Viegas, rua da Bica, 4, 1.º.

GABINETE NUMISMATICO

Director: Augusto Carlos Teixeira Aragão, rua do Salitre, 329.

OBRAS

Architecto: Joaquim Possidonio Narciso da Silva, Campolide de Baixo (Casal do Brito).
Mestre: Antonio Marques da Paixão, páteo das Cosinhas (Ajuda).

JARDIM BOTANICO

Director: Luiz de Mello Breyner, Villa Breyner (Carnaxide).

REPARTIÇÃO DAS REAES CAVALLARIÇAS

Estribeiro-mór: Duque de Loulé, praça de Vasco da Gama.
Estribeiro-menor: Joaquim A. Vito Moreira, praça de Vasco da Gama, 74.
Ajudante: Alfredo José de Albuquerque, rua do Sacramento (Alcantara).
Escrivão: João Carlos Matheus, praça de Vasco da Gama, 3.
Official, ajudante do escrivão e pagador: Luiz Augusto Torres de Mascarenhas, travessa Nova de S. Domingos, 34, 4.º.

Official: Paulo Henrique Rollin, praça de D. Fernando, 15.
Amanuense: Manuel Innocencio Liberato dos Santos, rua da Bemposta, 60, 1.º

REAES MANADAS DE ALTER DO CHÃO

Administrador: Antonio F. da Silva Junior, Alter.
Amanuense: João de Sousa Menezes Chichorro, Alter.

REAES CAVALLARIÇAS

Fiscal: Francisco Maria Pereira Botto, portão da Ajuda, 119, E.
Veterinario: Manuel Cardoso dos Santos Vasques, rua de Sant'Anna, 35 (Rio Secco).
Director da Real Escola de Equitação: Samuel Lupi, praça de S. Bento, 24, 2.º

REPARTIÇÃO FISCAL DO PAÇO DA AJUDA

Chefe fiscal: Augusto Maria de Carvalho, calçada da Ajuda.
Encarregado da primeira secção: Manuel Porphirio, calçada da Ajuda.
Encarregado das mesas do Estado: Antonio Duarte, Paço da Ajuda.
Mestre da real cosinha: João dos S. Neffe, rua do Sacramento (Alcantara).
Encarregado da real ucharia: Ignacio Mosqueira, Paço da Ajuda.
Porteiro do Paço da Ajuda: Paschoal Alves, idem.
Ajudante: Antonio Martins, idem.

ALMOXARIFADOS

Almoxarife do Paço da Ajuda e encarregado do Paço de Cascaes: Joaquim Izidoro de Sousa, calçada da Ajuda, junto ao palacio.
Alfeite, encarregado: Feliciano José dos Reis, Tapada da Ajuda.
Caxias: Luiz Alfredo Mendes Junior, páteo das Vaccas.
Cintra: Maximiano Joaquim de Freitas, rua do Conde, 45, 2.º
Mafra, tapada e palacio: José Antonio Jorge da Costa, Mafra.
Porto: João Caetano da Silva, Porto.
Queluz: Antonio Tavares de Almeida, travessa das Mercês, 9, 1.º
Tapada da Ajuda: Feliciano José dos Reis, Tapada.
Paço das Necessidades, encarregado: Marianno Reis, rua da Costa, 124.

ADMINISTRAÇÃO DA SERENISSIMA CASA DE BRAGANÇA

Administrador geral: Vago.
Secretario: Francisco J. Tavares, calçada da Pedreira, 10 (Almada).
  Primeiros officiaes, chefes de repartição:
Joaquim José Rodrigues, rua de D. Estephania, 20, 3.º
Manuel Moreira Coelho Junior, Mafra.
Augusto Ladislau Gerschey, rua da Escola Polytechnica, 221, 1.º
  Segundos officiaes:
Alfredo Cesar Mattos da Cunha, rua da Junqueira, 109, 2.º
João Pedro Rebello, rua do Duque de Bragança, 20, sobre-loja.
Henrique Jorge Franchi, travessa do Moinho de Vento, 32, 1.º (Buenos Ayres).
  Amanuenses:
Luiz Jayme Aldim, rua Luiz de Camões, 111, rez-do-chão.
Julio Augusto Gomes, calçada do Marquez de Abrantes, 40, 4.º

João Ferraz de Séqueira, calçada do Galvão, 1-A.
Porteiro: Joaquim Antonio do Nascimento, rua do Duque de Bragança, 3.
Continuo: Thomaz de Almeida, rua do Ferregial de Baixo, 26, 1.º.
Servente: Gregorio Nunes, rua do Thesouro Velho, 23.
Cobrador: José Rodrigues da Conceição, rua do Conselheiro Pedro Franco, 7.

DELEGADOS DA ADMINISTRAÇÃO GERAL EM DIFFERENTES LOCALIDADES

Sacavem: Vago.
Payleppa: Dr. Luiz Antonio Martins, Torres Vedras.
Alviella: Antonio da Conceição Madeira, Pombalinho.
Ourem: Augusto José Duarte.
Monsaraz e *Portel*: Joaquim Garcia Pinheiro, Reguengos.
Arrayolos, Evora Monte e *Extremoz*: Antonio Maria Segurado, Extremoz.
Villa Viçosa: Antonio da Conceição e Silva.
Elvas: Affonso Botelho Correia Guedes do Amaral.
Alter do Chão: Nicolau Tolentino de Mattos Gloria.
Vendas Novas: José Pinto dos Santos.
Barcellos: Manuel Luiz de Miranda.
Baltar e *Paiva*: Miguel Rodrigues Teixeira Candido.
Eixo: Francisco de Castro Mattoso da Silva Côrte Real.
Bragança: Vago.
Chaves: José Maria Gonçalves Pereira.

ADVOGADOS

Ourem: Victorino José Pereira de Carvalho.
Evora: Ignacio Fiel Gomes Ramalho.

PROCURADOR

Lisboa: Joaquim V. da Costa Simões, rua do Crucifixo, 75, 1.º.

TABELLIÃES PRIVATIVOS

Lisboa: Camillo José dos Santos, rua dos Capellistas, 90, 1.º.
Porto: Emilio Alberto da Rocha Andrade, Loyos, 82.

PARTE COMMERCIAL E INDUSTRIAL

1.ª Secção

ASSOCIAÇÃO COMMERCIAL DE LISBOA

(Praça do Commercio, lado oriental)

Direcção

Presidente — Conde de Ottolini, Banco ultramarino.
Vice-presidente — João Pedro de Miranda, rua de S. Francisco, 18.
Secretarios:
Sebastião Correia Saraiva Lima, rua de S. Paulo, 124.
Francisco José Nogueira, rua dos Algibebes, 90, 2.º
Thesoureiro — Luiz Filippe da Matta, travessa da Palha, 92, 1.º
Vogaes:
Antonio Julio Machado, calçada da Estrella, 90.
A. J. O. Chambica, rua da Prata, 14, 1.º
Antonio Portella, rua Augusta, 21.
Augusto José Coimbra, rua dos Bacalhoeiras, 106.
Casimiro Freire, largo do Terreiro, 9.
Francisco Martins Swart, rua da Magdalena, 22, 2.º
João José Bastos, rua da Alfandega, 52.
José da Cunha Porto, largo do Corpo Santo, 13, 1.º
José de Castro Quintella, rua do Thesouro Velho, 24, 1.º
José Pereira Cardoso, rua dos Retrozeiros, 113, 1.º
Victorino Vaz, rua da Magdalena, 55.
Francisco de Paula do Nascimento Cardoso, rua Augusta, 152.

Secretaria

Secretario permanente — Bacharel Pedro Augusto Martins da Roxa, rua das Amoreiras, 69. 2.º
Ajudante — Francisco d'Assumpção Pereira, rua direita do Rato, 24, 2.º

Continuos

Antonio Joaquim Coutinho, rua do Monte Olivete, 77, 1.º esquerdo.
Pedro Alves d'Azevedo, rua das Escolas Geraes. 43, A.
Carlos Santos, Cruz de Santa Helena, 8, 3.º (a S. Vicente).

Socios honorarios

Alexandre Alberto da Rocha Serpa Pinto.
Antonio Maria Cardoso.
Barão de Marajó.
Barão de Massarellos.
Emygdio Julio Navarro.

Ernesto Rodolpho Hintze Ribeiro.
Francisco Antonio da Veiga Beirão.
Francisco Maria Victor Cordon.
Francisco de Moura Coutinho Bastos.
Henrique Midosi.
Joaquim Carlos Paiva d'Andrade.
José Joaquim Rodrigues de Freitas.
Marianno Cyrillo de Carvalho.
Visconde de Rio Vez.

Socios effectivos

Abraham Bensaude, rua do Alecrim, 12.
A. Coelho d'Almeida, rua da Palma, 29.
A. C. Encarnação & C.ª, travessa da Victoria, 25.
Adelino da Silva Carvalho, rua dos Fanqueiros, 56.
Adolpho Centeno, rua da Prata, 145.
Adriano Heitor de Brito, rua dos Retrozeiros, 75.
Adrião Accacio de Seixas, Banco de Portugal.
Affonso Sanches Gomes, praça da Figueira.
Agostinho Vito Pereira Merelio, rua da Palmeira, 25.
A. J. O. Chambica, rua da Prata, 14, 1.º
Albano Rodrigues de Macedo, rua dos Capellistas, 35, 2.º
Alberto Augusto da Silva, rua da Padaria, 40.
Alberto de Figueiredo, rua da Mouraria, 32.
Alberto Rodrigues Centeno, travessa de S. Nicolau, 5, 1.º
Albino José Baptista, rua nova do Almada, 92.
Alexandre Black, rua da Boa Vista, 32.
Alexandre José de Abreu, Avenida da Liberdade, 212, 2.º
Alfredo Augusto de Miranda, rua da Prata, 51.
Alfredo de Brito, rua de Santo Antonio dos Capuchos, 54, 1.º
Alfredo Elisio Correia Pinto da Silva, Avenida Estephania, 21.
Alfredo Ferreira de Mattos, largo de Santo Antonio da Sé, 21, 1.º
Alfredo Mendes da Silva, rua de S. Francisco, 5, 1.º
Alfredo d'Oliveira Sousa Leal, rua de S José, 16.
Alfredo Ribeiro, calçada do Salitre, 316.
Americo Ferreira dos Santos Silva, rua dos Capellistas, 120, 1.º
Antonio Adriano da Costa, rua dos Fanqueiros, 122, 1.º
Antonio Alves Gouveia, rua dos Fanqueiros, 20.
Antonio Anastacio Gomes, rua da Palma, 70.
Antonio Augusto Coelho de Sousa, quinta do Pinheiro na Avenida Estephania.
Antonio Augusto Pereira de Miranda, Avenida da Liberdade, 8.
Antonio Baptista de Sousa, rua de S. Bento, 178.
Antonio Baptista dos Santos, travessa do Carmo, ao Carmo, 1.
Antonio Caetano Macieira, largo de S. Vicente (á Guia) 33.
Antonio Cardoso d'Oliveira, rua dos Bacalhoeiros, 152.
Antonio Cardoso d'Oliveira Junior, rua da Prata, 108, 1.º
Antonio Carlos Simões, rua dos Capellistas, 34.
Antonio Carlos Vieira de Sousa, 1.ª repartição, Alfandega.
Antonio Centeno, Pelourinho, 32, 1º
Antonio da Costa Carvalho, rua dos Capellistas, 134.
Antonio Ferreira Marques, rua da Horta Secca, 37.
Antonio Francisco Ribeiro Ferreira, rua Augusta, 129, 1.º
Antonio Gomes de Moura, largo de Santo Antonio da Sé.
Antonio Gomes de Sousa Leal, rua da Magdalena, 19.
Antonio Gonçalves Macieira, rua de S. Francisco, 13.
Antonio Jacintho Coelho, travessa de S. Nicolau, 105.

Antonio Joaquim Abrantes, rua dos Cornieiros, 214.
Antonio Joaquim Gonçalves Macieira, rua de S. Francisco, 13.
Antonio Joaquim Leite Ribeiro, rua de José Estevam, 83, 3.º
Antonio Joaquim d'Oliveira, rua das Flores, 7.
Antonio Joaquim Simões d'Almeida, rua da Prata, 67.
Antonio José de Carvalho, rua do Caes do Tojo, 51.
Antonio José Ferreira Monteiro, rua da Magdalena, 85, 1.º
Antonio José Gomes Netto, Caes do Sodré, 1.
Antonio José Gomes Netto Junior, Caes do Sodré, 1.
Antonio José Teixeira Mello, rua das Flores, 53.
Antonio José de Sampaio, Boqueirão do Duro, 17.
Antonio José de Seixas, Avenida da Liberdade, 91, 2.º
Antonio Julio Machado, calçada da Estrella, 90.
Antonio Lopes Tavares, rua Capellistas, 67.
Antonio Lourenço dos Santos, no Banco Ultramarino.
Antonio Maria d'Oliveira Bello, rua do Terreiro, 88.
Antonio Mariano & Irmão, largo do Loreto, 109, 1.º
Antonio Maria Pereira, rua Augusta, 52.
Antonio Maria Pereira Carrilho, travessa de Lazaro Leitão, 21.
Antonio Maria Raposo de Sousa Alte, largo de Santa Marta, 179.
Antonio Marques Aranha, rua Augusta, 270.
Antonio Marques Quintans, rua da Prata, 196.
Antonio Nunes dos Santos, travessa da Victoria, 33.
Antonio de Passos Rodrigues, rua de S. Marçal, 45.
Antonio Pedro de Mello, rua Castilho, 5, 1.º
Antonio Pereiro Rego, largo do Corpo Santo, 28, 1.º
Antonio Pereira dos Santos Beirão, rua dos Capellistas, 95.
Antonio Peres, rua de Buenos Ayres, 60.
Antonio Pinto Bastos, calçada do Marquez de Abrantes, 103.
Antonio Portella & C.ª, rua Augusta, 71.
Antonio Ribeiro Seabra, Quinta da Princeza em Pedrouços.
Antonio de Sousa Carneiro Lara, rua dos Capellistas, 28, 1.º
Antonio Teixeira Judice, rua dos Fanqueiros, 50, 2.º
Antonio Vito dos Reis e Sousa, Banco Lusitano.
Antonio Xavier d'Almeida Pinheiro, Avenida da Liberdade, 116, 3.º
Anselmo Duarte Campos, rua da Prata, 189.
Anselmo Gregorio Pereira d'Almeida, rua das Pretas, 51.
A. Sacavem, rua dos Bacalhoeiros, 32
Arthur d'Almeida & Pombo, Avenida da Liberdade, 94.
Augusto Cesar Correia, travessa de S. Domingos, 34.
Augusto Cesar de Campos Junior, rua Augusta, 59.
Augusto Correia do Pinho, rua dos Retrozeiros, 125, 1.º
Augusto d'Oliveira Soares, rua dos Retrozeiros, 46, 2.º
Augusto Francisco Vieira, largo de S. Julião, 12, 2.º
Augusto Freire, Pelourinho, 19, 1.º
Augusto José Barreira, largo de S. Carlos, 30.
Augusto José Coimbra, rua dos Bacalhoeiros, 106.
Augusto Pires Branco, largo do Carmo, 23.
Augusto Prudencio dos Santos Chaves, rua dos Fanqueiros, 115.
Augusto Vicente Ribeiro, rua do Chiado, 58.
Avelino de Magalhães Pitter, rua Augusta, 195.
Baptista & C.ª, rua das Fontainhas 2 (Alcantara).
Barão de Kessler, rua dos Algibebes, 110, 1.º
Barroso & C.ª, rua dos Capellistas, 67, 1.º
Bastos & Piombino, rua de S. Paulo, 55, 1.º
Benigno do Carmo Limpo, rua da Alfandega, 142.
Bento José da Costa Gomes, rua da Prata, 24.

Bento Pereira da Costa, rua do Ouro, 220, 1.º
Bernardino Ribeiro de Carvalho, rua do Caes do Tojo, 51.
Bernardino José de Carvalho, Poço do Borratem, 15.
Bernardo Correia da Costa, largo de Santo Antonio da Sé, 21, 1.º
Caetano Lopes da Silva, rua dos Bacalhoeiros, 55.
Campos Mello & Irmão, travessa da Palha, 28, 1.º
Candido Augusto Albuquerque Calheiros, rua da Prata, 199, 1.º
Carlos Augusto de Sá, rua dos Douradoures, 7, 1.º
Carlos Bastos da Silva Baptista, rua dos Bacalhoeiros, 92.
Carlos Correia da Silva, largo de S. Carlos, 22.
Carlos Coverley, rua dos Algibebes, 140, 1.º
Carlos Duarte Luz, rua de S. Francisco, 13, 1.º
Carlos F. Figari, rua do Arco do Bandeira, 14.
Carlos Ferreira Pinto Bastos, Caes do Sodré, 64, 1.º
Carlos Ferreira dos Santos Silva, rua dos Capellistas, 120, 1.º
Carlos Jancey & Filhos, rua do Ouro, 24, 2.º
Carlos Manso Brandão, rua dos Algibebes, 67, 1.º
Carlos Pecquet Ferreira dos Anjos, rua dos Fanqueiros, 50, 1.º
Carlos Pereira Lopes, rua Velha, 14, Alcantara.
Carlos Ribeiro Ferreira, rua dos Fanqueiros, 81.
Casimiro Freire & C.ª, largo do Terreiro, 9.
Casimiro Jeronymo Mendes, rua dos Fanqueiros, 122, 1.º
Casimiro Libanio Xavier Gomes, rua Nova do Carmo, 82.
Casimiro R. Valente, rua da Boa Vista, 8.
Casimiro Guedes & C.ª, rua da Prata, 184, 1.º
Centeno & C.ª, rua da Prata, 145.
Chaves & Harbert, rua dos Bacalhoeiros, 64, 1.º
Claudio Pinto Soares & Silva, rua dos Capellistas, 44.
Conde de Cabral, largo do Poço Novo.
Conde de Ottolini, no Banco Ultramarino.
Conde de Restello, Belem.
Conde de Ribeiro da Silva, rua do Alecrim, 55.
Constant Burnay, rua da Alfandega, 52.
Correia Gomes & C.ª, rua dos Fanqueiros, 30.
Constantino Antonio Monteiro Osorio, rua Augusta, 162.
Creswel & C.ª, rua dos Fanqueiros, 122.
Custodio José Gonçalves, rua das Pedras Negras, 45.
Custodio Martins Pereira, rua da Palma, 215.
Cupertino Ribeiro & C.ª, rua dos Capellistas, 7, 1.º
Cyro Augusto de Carvalho, rua Nova do Carmo, 90, 1.º
David Corazzi, largo do Conde Barão, 50.
Dejant & C.ª, rua das Flores, 74.
Delfim da Silva Guimarães, rua dos Fanqueiros, 150.
Diogo da Silva & C.ª, rua dos Algibebes, 80, 1.º
Domingos Affonso, rua de S. Paulo, 16.
Domingos Affonso Junior, rua dos Capellistas, 78, 1.º
Domingos Antonio de Abreu, travessa dos Remolares, 33.
Domingos José de Moraes & Irmão, rua do Terreiro, 72, 1.º
Domingos Luiz Coelho da Silva, rua da Rosa, 20.
Domingos Martins da Costa Ribeiro, calçada de S. Francisco, 23, 1.º
Domingos Rocha, rua do Ouro, 268.
Domingos Rodrigues dos Santos, rua Augusta, 88.
Duarte Correia Pinto da Silva, rua dos Correeiros, 216.
Duarte Sergio de Oliveira Duarte, rua Larga de S. Roque, 84, 2.º
E. A. de Lima Ennes, rua da Prata, 98.
Edmonde Plantier, rua do Ouro, 220, 1.º
Eduardo Antunes de Mendonça, rua Augusta, 27, 2.º

Eduardo da Conceição Silva & Irmão, rua da Prata, 210.
Eduardo Gomes da Silva, rua dos Douradores, 222, 1.º
Eduardo Hofaker Moser, rua Augusta, 28, 1.º
Eduardo Jayme de Carvalho e Silva, rua Capello, 18, 1.º
Eduardo Perry Vidal, rua dos Capellistas, 112.
Eduardo Pinto Bastos & C.ª, Caes do Sodré, 64, 1.º
Eduardo Price, rua do Corpo Santo, 50, 2.º
Edward John, rua dos Fanqueiros, 10, 1.º
Elysio Santos & C.ª, rua Augusta, 83.
Ernesto Driesel Schröter, rua Nova do Almada, 24, 1.º
Ernesto Empis, rua dos Fanqueiros, 10, 1.º
Ernesto George, rua da Prata, 8, 1.º
Ernesto Rodrigues Nunes, rua da Escola Polytechnica, 161.
Estevam José Brochado, rua dos Retrozeiros, 88, 1.º
Estevam Nunes & Filhos, rua do Ouro, 58.
Eusébio Serodio Gomes, rua dos Capellistas, 90, 1.º
Faria & Pires, Arco do Marquez d'Alegrete, 26.
Faros & Almeida, rua Augusta, 112.
Feliciano Gabriel de Freitas, rua dos Algibebes, 185.
Fernando de Almeida, rua dos Bacalhoeiros, 134.
Fernando Pereira Palha, travessa de Lazaro Leitão, 1.
F. Garay & C.ª, largo do Pelourinho, 19, 1.º
Ferreira Manso & C.ª, travessa da Palha, 205, 1.º
Feijó de Almeida & C.ª, rua Augusta, 125.
Feijó Ferreira & C.ª, travessa da Assumpção, 44, 1.º
Firmino Ribeiro Ermida, rua Nova da Alegria, 25, 2.º
Fortunato Chamiço Junior, calçada Nova de S. Francisco, 10, 1.º
Francisco Alves Gouveia, rua dos Fanqueiros, 26, e nos Olivaes.
Francisco da Assumpção Fonseca, rua Nova do Almada, 60.
Francisco Baieta Dias, rua Augusta, 21.
Francisco Candido Maximo de Abreu, rua dos Fanqueiros, 237.
Francisco Cardoso Pereira Junior, rua dos Capellistas, 86, 1.º
Francisco da Cunha, rua do Crucifixo, 67, 1.º
Francisco Duarte, rua dos Fanqueiros, 231.
Francisco Ferreira da Costa Guimarães, rua Nova do Almada, 102.
Francisco Gavazzo, rua dos Capellistas, 79.
Francisco Izidoro Vianna, rua dos Capellistas, 120.
Francisco José de Carvalho, Poço do Borratem, 15.
Francisco José da Costa, rua Augusta, 234.
Francisco José Lopes, rua dos Fanqueiros, 59.
Francisco José Lopes Ferreira, rua da Bitesga, 29.
Francisco Manuel Pereira, rua da Palma, 117.
Francisco Maria Baptista, rua da Bitesga, 18.
Francisco Maria da Silva, rua do Ouro, 47.
Francisco Martin, rua do Alecrim, 103.
Francisco Martins da Cünha, rua dos Capellistas, 42, 2.º
Francisco Martins Sewart, rua da Magdalena, 29, 2.º
Francisco de Oliveira Soares, rua dos Fanqueiros, 133.
Francisco de Paula do Nascimento Cardoso, rua Augusta, 159.
Francisco Pons Junior, rua dos Fanqueiros, 106, 1.º
Francisco Portella, rua dos Retrozeiros, 92, 1.º
Francisco Ramires, rua do Ouro, 140, 1.º
Francisco Ribeiro da Cunha, rua dos Fanqueiros, 65, 2.º
Francisco Roque Marques, rua do Corpo Santo, 34.
Francisco de Salles Ramos, Rocio, 39.
Francisco da Silveira Vianna, rua dos Capellistas, 120, 1.º
Francisco Simões Carneiro, rua do Caes do Tojo, 14, 1.º

Francisco Simões Margiochi, rua Nova de S. Caetano, 52.
Francisco Vaz, rua do Ouro, 41.
Francisco Xavier Elias, rua dos Remolares, 6, 1.º
Frederico Augusto Ferreira, rua da Magdalena, 133.
Frederico Biester, rua Antonio Maria Cardoso, 24, 1.º
Frederico Luiz Peysonneau, rua de S. Francisco, 13.
Frederico Ressano Garcia, Arieiro.
Gabriel José Ramires, rua Augusta, 47, 1.º
Gabriel José Ramires Junior, rua Augusta, 47, 1.º
Garland Laidley & C.ª, rua do Alecrim, 10, 1.º
George Lambert, rua dos Capellistas, 73, 2.º
George O'Neil, rua do Ouro, 32, 1.º
George & Ruas, rua Augusta, 216.
Germano Serrão Arnaud, praça dos Remolares, 84, 1.º
Grandella & C.ª, rua do Ouro, 215.
Guilherme Aurelio.
Bizarro & Silva, largo do Pelourinho, 17.
Guilherme Augusto Ferreira, rua da Ribeira Nova, 30.
Guilherme Graham Junior & C.ª, rua dos Fanqueiros, 7.
Guilherme de Mattos Tavares, rua dos Fanqueiros, 120, 1.º
Guilherme de Passos Costa, Avenida da Liberdade, 190, 1.º
Guilherme da Silva Guimarães, Banco Lusitano.
Gustavo Liebermeister, rua dos Capellistas, 78.
Heliodoro Centeno, rua da Prata, 145, 1.º
Henrique Bucknall & Filhos, travessa do Corpo Santo, 10, 1.º
Henrique Burnay & C.ª, rua dos Fanqueiros, 10, 1.º
Henrique Daehnhardt, rua da Magdalena, 75, 1.º
Henrique Cesar Neiva, rua dos Bacalhoeiros, 134.
Henrique George Moser, rua Augusta, 28, 1.º
Henrique G. Scholtz, rua do Ferregial de Cima, 31, 3.º
Henrique José Chaves, rua do Ouro, 74, 1.º
Henrique Julio de Seixas, Rocio, 45.
Henrique José Monteiro de Mendonça, largo do Corpo Santo, 13, 1.º
Henrique Matheus dos Santos, rua Alexandre Herculano, 12, 1.º
H. S. B. Mitchell, rua da Alfandega, 108, 1.º
Henrique Schalk (Successores), rua da Magdalena, 17, 1.º
Henrique Zeferino de Albuquerque, rua dos Fanqueiros, 87.
Hermann Dirks Harbert, rua dos Bacalhoeiros, 64, 1.º
Hermann Frederico Moser, rua Augusta, 26.
Hermann de Moser Junior, rua Augusta, 28, 1.º
Hermann Katzenstein, rua dos Capellistas, 35, 1.º
Hickie Brothers, rua do Crucifixo, 7, 1.º
Hugh Parry & Sons, rua Occidental da Moeda.
Ihms & Freitas, largo do Terreiro, 1.
Izidro Soares da Silva Pereira, rua da Boa Vista, 69.
Ignacio Correia Saraiva Lima, rua dos Capellistas, 189.
Ignacio Correia Saraiva Junior, rua dos Capellistas, 136.
Ignacio de Magalhães Bastos, rua dos Fanqueiros, 86.
J. A. Ferreira & C.ª, rua da Alfandega, 108, 2.º
J. & A. Levy & C.ª, largo do Pelourinho, 20, 1.º
J. J. Pereira Callado, rua do Terreiro, 17.
J. P. Mattos & Irmão, travessa da Palha, 40, 1.º
J. R. Guimarães & C.ª, rua dos Fanqueiros, 40.
J. Wimmer & C.ª, rua da Magdalena, 45, 2.º
Jacintho Daniel de Almeida, rua da Alfandega, 8.
Jacintho Nunes Correia, rua do Ouro, 40.
Jacintho José Ribeiro, rua dos Fanqueiros, 198.

James Rawes, rua dos Capellistas, 31, 1.º
James William Chaster, rua dos Retrozeiros, 72, 1.º
Jeronymo José de Abreu, rua Augusta, 27, 1.º
Jeronymo Polleri, rua dos Capellistas, 42, 1.º
Jesuino Antonio Pereira, rua de S. Vicente, á Guia, 36, 2.º
João Antonio Lucena, rua do Poço dos Negros, 135.
João Antonio dos Santos, rua do Jardim do Tabaco, 23, 1.º
João Antonio Vieira, Rocio, 1.
João Antunes Junior, rua Nova de S. Domingos, 13.
João Baptista de Figueiredo, praça de D. Luiz, 9, 2.º
João Baptista Gregorio de Almeida, Campo de Sant'Anna, 93, 1.º
João Baptista Monteiro, rua dos Fanqueiros, 91, 2.º
João Braz Fernandes, rua Augusta, 296, 1.º
João Carlos Marques, largo de S. Paulo, 126, 1.º
João Carlos de Oliveira, rua de S. Vicente, á Guia, 2.
João Carvalho da Silva, rua da Prata, 161.
João Eduardo da Silva, rua Augusta, 26.
João Evangelista Vianna Rodrigues, rua da Magdalena, 66. 2.º
João Ferreira Gonçalves, rua da Horta Secca, 37.
João Gonçalves Lage, rua dos Fanqueiros, 32.
João Henrique Andresen, no palacio Penafiel.
João Henrique Lopes Sequeira, rua do Ouro, 285.
João Henrique Ulrich, Carreira dos Cavallos.
João Jacintho Fernandes, travessa do Noronha, 16, 3.º
João José Bastos, rua da Alfandega, 52.
João José de Corpas, rua do Ouro, 194, 1.º
João José Martins, calçada da Estrella, 125.
João Lobo Santhiago Gouveia, rua do Passadiço, 1.
João Luiz de Sousa & Filhos, rua do Barão, 17.
João Maria Bravo, rua do Arsenal, 84, 1.º
João Maria Gonçalves Valladares, rua dos Bacalhoeiros, 27.
João Marques Caratão, Chafariz de Dentro, 9.
João Martins de Barros Junior, rua de S. João da Praça, 77, 1.º
João Pedro Diogo Patrone Junior, rua de S. João dos Bemcasados, 174.
João da Motta Gomes, rua de S. Paulo, 166.
João da Motta Gomes Junior, rua de S. Paulo, 166.
João Pedro de Miranda, rua de S. Francisco, 18.
João Pedro Rodrigues, rua dos Fanqueiros, 231.
João Pedro de Sousa, rua do Barão, 17.
João Pinto d'Araujo, rua dos Capellistas, 178, 1.º
João Radich, rua da Prata, 15.
João Sanguinetti, calçada de S. Francisco, 23.
João Vicente Ribeiro, calçada do Salitre, 178, 1.º
Joaquim Affonso de Barros, rua Augusta, 81.
Joaquim Antonio Gonçalves Bastos, largo de S. Carlos, 28, 1.º
Joaquim Bizarro.
Joaquim Augusto de Quadros Monteiro, rua Nova do Carmo, 36.
Joaquim Augusto dos Santos, rua dos Fanqueiros, 103.
Joaquim Bastos da Silva Baptista, rua Augusta, 65.
Joaquim Dias Ferreira, rua da Prata, 133, 1.º
Joaquim Dias Leal Quintão, rua do Loreto, 40.
Joaquim de Freitas Motta, rua dos Bacalhoeiros, 92.
Joaquim Gomes Filippe, travessa de S. Domingos, 38.
Joaquim Gomes Pereira Baptista, rua dos Retrozeiros, 47.
Joaquim José Pereira Alves, Praça da Figueira, 30, 1.º
Joaquim José Rodrigues Guimarães, rua do Ouro, 215.
Joaquim Lopes Dias Guimarães, rua dos Capellistas, 43.

Joaquim Luiz Simões, rua dos Capellistas, 34.
Joaquim Liberato Correia, largo do Matadouro (fabrica de tijolo).
Joaquim Machado Pereira Falcão, rua Nova do Almada, 42.
Joaquim Maria Eugenio de Almeida, rua do Ouro, 101, 1.º
Joaquim Martins da Silva Roda, rua Augusta, 161.
Joaquim Moreira Marques, rua dos Algibebes, 41, 1.º
Joaquim Pires, rua do Ferregial de Baixo, 44.
Joaquim Nunes Coelho, rua de S. Paulo, 188.
Joaquim Pedro dos Reis, travessa da Victoria, 60, 2.º
Joaquim Pereira Roldão, rua Silva e Albuquerque, 19.
Joaquim Pestana dos Santos, rua do Corpo Santo, 16.
Joaquim dos Santos Lima, largo do Pelourinho, 32, 2.º
José Adolpho de Mello e Sousa, rua dos Bacalhoeiros, 92.
José Antonio de Araujo, rua dos Bacalhoeiros, 140.
José Antonio de Carvalho, rua dos Mouros, 39.
José Antonio Nunes, largo do Conde Barão, 20.
José Antonio Marques Cacella, rua dos Capellistas, 40.
José Antonio Reis, rua da Alfandega, 108.
José Bento de Araujo Assis, rua Nova do Almada, 53, 1.º
José Bento Gomes, rua Nova de S. Mamede, 37, 1.º
José Bonniz, rua dos Capellistas, 11.
José Caetano Pires Branco Junior, rua do Ouro, 74, 2.º
José Carlos Desterro, rua dos Bacalhoeiros, 51.
José Carlos da Silva Pons, rua de S. Bernardo, 92, 2.º
José Carlos de Sousa, rua de Arroyos, 209, 1.º
José Clemente Leite da Silva, rua dos Fanqueiros, 26.
José Coelho Serra, rua da Magdalena, 201.
José da Cruz, rua da Prata, 8, 1.º
José da Cunha Porto, largo do Corpo Santo, 13, 1.º
José David de Andrade, rua do Terreiro, 76, 1.º
José Diogo da Silva & C.ª, rua dos Algibebes, 62, 1.º
José Escrich, rua de S. Paulo, 32.
José Felix da Costa, Avenida da Liberdade, 128, 2.º
José da Fonseca & F.os, rua dos Algibebes, 186.
José Francisco Machado, largo de S. Domingos, 12.
José Gonçalves Franco, Filhos, rua dos Capellistas, 170.
José Gregorio Fernandes, largo de S. Julião, 17.
José Gregorio da Rosa Araujo, travessa de S. Nicolau, 42, 1.º
José Guedes Correia de Queiroz, no palacio do Marquez da Foz.
José Guilherme Ferreira, no Banco de Portugal.
José Iglesias, largo da Bibliotheca Pública, 4.
José Joaquim Ennes Gonçalves, rua d'Alfandega, 94.
José Joaquim das Neves & Filhos, rua dos Remolares, 7, 1.º
José Joaquim Pereira Rego, rua dos Bacalhoeiros, 85.
José Joaquim da Silva Amado, palacio de Penafiel.
José Joaquim da Silva Graça, rua Formosa, 45.
José Julio Rodrigues, Escola Polytechnica.
José Lourenço Martins, Caes do Sodré, 80.
José Luiz Nunes Ribeiro, rua dos Fanqueiros, 67.
José Luiz Pereira Crespo, rua do Ferregial de Baixo, 3, 1.º
José Luiz Valente Sobrinho, rua do Ouro, 109.
José Maria Ferreira Mendes, Rocio, 96.
José Maria Gonçalves, rua do Arco do Bandeira, 44, 1.º
José Martinho da Silva Guimarães, rua da Magdalena, 221.
José Martins Mano Vianna, rua da Prata, 229.
José do Nascimento Lopes, Rocio, 122.
José Nogueira Pinto, rua dos Algibebes, 90, 2.º

José Norberto da Silva Pinto, rua dos Capellistas, 95.
José Nunes de Carvalho, rua Augusta, 152.
José Nunes Correia, rua Nova do Almada, 2.
José Pedro Dias, rua dos Retrozeiros, 39.
José Pedro Ferreira, Carreirinha do Soccorro, 17.
José Pedro da Silva Machado, rua dos Fanqueiros, 46.
José Pedro de Mattos, rua da Prata, 80, 1.º
José Pereira Bastos, rua Augusta, 39.
José Pereira Cardoso, rua dos Retrozeiros, 113, 1.º
José Pinheiro de Mello, travessa da Queimada, 27.
José Ribeiro da Silva, rua Nova de S. Mamede, 61.
José Ribeiro da Silva Junior, rua dos Capellistas, 69.
José Ricca Junior, rua do Alecrim, 17.
José Rodrigues Pires, rua Nova da Palma, 66.
José da Silveira Vianna, rua de S. Francisco, 6, 2.º
José Stroch da Cunha, largo de S. Julião.
José Syder, junto ao Theatro do Rato.
José Victorino Canongia, rua do Ouro, 245.
Julio Augusto Ferraz, rua dos Algibebes, 177, 2.º
Julio Augusto Nunes, rua d'Alfandega, 108, 2.º
Julio Cesar d'Andrade, rua do Ferregial de Cima, 21.
Julio Cesar dos Santos, Rocio, 18.
Julio Gomes Ferreira & C.ª, travessa da Victoria, 82.
Julio Henrique de Seixas, Rocio, 45.
Julio Hilario Pereira Alves, Praça da Figueira, 30, 1.º
Julio Ignacio, rua dos Capellistas, 136.
Julio José Pires, rua de Santo Antão, 135, 2.º
Julio Pereira da Silva & C.ª, rua dos Algibebes, 62.
Julio Pinto de Araujo, rua dos Bacalhoeiros, 140.
Justino Correia Pinto da Silva, rua dos Corrieiros, 152.
Knowles Rawes & C.ª, rua dos Capellistas, 31, 1.º
Leal Santos & C.ª, rua da Madre Deus (ao Beato).
Leitão & C.ª, travessa de S. Nicolau, 1.
Libanio Augusto Affonso, rua dos Capellistas, 78, 1.º
Lima Mayer & Filhos, rua da Prata, 59, 1.º
Lino J. Neves, travessa de Santa Justa, 93.
Ludgero Feijão, Pateo da Moeda, 41, 1.º
Luiz Alves Pereira, rua dos Bacalhoeiros, 132.
Luiz Eugenio Leitão, rua dos Capellistas, 49, 2.º
Luiz Filippe da Motta, travessa da Palha, 92, 1.º
Luiz Jacintho Soares, rua do Marechal Saldanha, 2.
Luiz Pinto Moutinho, rua da Prata, 67.
Luiz Quaresma Val do Rio, rua dos Douradores, 69, 1.º
Luiz Rau, rua do Arco do Bandeira, 5, 1.º
M. Buzaglo, rua dos Douradores, 21, 1.º
M. S. Ventura & Filhos, travessa do Corpo Santo, 20.
Manuel Augusto Pereira, rua da Magdalena, 161.
Manuel Correia Saraiva, rua dos Retrozeiros, 5.
Manuel da Costa Duarte, travessa da Palha, 140.
Manuel Dias da Costa Lima, rua dos Corrieiros, 140.
Manuel Ennes Ramos, largo do Marquez de Lavradio.
Manuel Fonseca Correia Saraiva, rua Nova do Carmo, 101.
Manuel Godinho Cabral, rua da Palma, 81.
Manuel Joaquím Alves Diniz, rua dos Algibebes, 100, 1.º
Manuel Joaquim de Sousa, rua de José Estevão, 99, 2.º
Manuel José d'Andrade, rua da Bitesga, 100.
Manuel José Collares, rua Nova de S. Mamede, 89.

Manuel José Ferreira de Andrade, rua Augusta, 222, 2.º
Manuel José Gomes Rebello, Rocio, 116, 2.º
Manuel José Gomes (Viuva), rua do Terreiro, 25, 1.º
Manuel José da Silva, rua dos Capellistas, 31, 2.º
Manuel José da Silva, rua da Escola Polytechnica, 220, 1.º
Manuel José da Silva Franco, rua da Prata, 22.
Manuel Lopes Natario, rua dos Fanqueiros, 280.
Manuel Luiz de Macedo, rua dos Fanqueiros, 45.
Manuel Martinho Margoteau Ferreira, rua Nova do Carmo, 36.
Manuel Martins da Hora, rua Augusta, 117.
Manuel Nunes Correia, rua Nova do Almada, 2.
Manuel Quaresma Val do Rio, largo de S. Nicolau, 20.
Manuel Rodrigues de Carvalho, rua da Padaria, 24.
Manuel de Sá Pimentel Leão, rua dos Fanqueiros, 106, 2.º
Manuel Vieitas Costa, rua da Boa Vista, 55.
Mapril Sequeira, rua dos Retrozeiros, 109.
Marçal Pacheco & C.ª, Praça de Camões, 31.
Marquez da Foz, Avenida da Liberdade.
Mascarenhas & C.ª, travessa do Corpo Santo, 10, 1.º
Mathias Alves d'Aguiar, rua do Arco do Bandeira, 121.
Mem Rodrigues de Vasconcellos, rua das Janellas Verdes, 37.
Merck Marx & C.ª, rua dos Capellistas, 49, 1.º
Miguel Hermenegildo Macieira, rua da Magdalena, 16, 1.º
Miguel Henrique dos Santos, rua dos Bacalhoeiros, 42.
Miguel Maria Bravo, rua do Chiado, 44.
Moreira da Silva & Filhos, rua dos Algibebes, 111, 1.º
Nicolau Goyri, rua da Emenda, 13, 2.º
Nicolau Mac Nicoll, rua dos Algibebes, 27, 1.º
Nunes & Fernandes, rua da Prata, 116.
Oswal Hoffmann, largo de Santo Antonio da Sé, 3.
O. Herold & C.ª, rua dos Fanqueiros, 19, 1.º
Paes & Ferreira, rua dos Capellistas, 26.
Paulo Henrique Plantier, rua do Ouro, 152.
Pedro Antonio Monteiro, rua dos Condes, 21, 2.º
Pedro de Alcantara Falcão da Silva, rua do Principe, 126.
Pedro Gomes da Silva, rua da Prata, 59, 1.º
Pedro Henrique Bizarro da Silva, rua Augusta, 84.
Pedro Ignacio Lopes, rua do Duque da Terceira, 13, 2.º
Pedro José Vieira Machado, Rocio, 122.
Pereiras & La Rocque, rua dos Capellistas, 120, 2.º
Peres Barroso (Successores), rua dos Fanqueiros, 96, 1.º
Polycarpo José Lopes dos Anjos, rua dos Fanqueiros, 38, 1.º
Polycarpo Pecquet Ferreira dos Anjos, rua dos Fanqueiros, 50, 1.º
Quintella & C.ª, rua do Thesouro Velho, 24, 1.º
Quaresma & C.ª, rua do Chiado, 31.
Ramiro Leão & C.ª, rua Garrett, 85.
Ramiro de Seixas, rua dos Fanqueiros, 221, 2.º
Raymundo Ernesto Pereira Chaves, rua dos Bacalhoeiros, 51.
Reck & Vogler, rua dos Douradores, 21, 1.º
Ribeiro da Costa & C.ª, rua do Arsenal, 148.
Ribeiro & Cilia, Pelourinho, 19, 2.º
Ricardo Carvalho & C.ª, rua dos Fanqueiros, 156.
Ricardo Loureiro, calçada da Estrella, 18, 1.º
Roberto Duff, rua dos Capellistas, 96.
Rocha & C.ª, rua dos Capellistas, 99, 1.º
Salgado d'Araujo & Santos, rua da Magdalena, 36.
Salomão Seruya & F.ºs, rua da Prata, 80, 2.º

Sandman Brother, rua do Alecrim, 21.
Santos & Aguiar, rua da Prata, 9.
Sebastião Correia Saraiva Lima, largo de S. Paulo, 122.
Sebastião M. dos Santos & C.ª, rua do Ouro, 112.
Serra & C.ª, travessa de S. Nicolau, 125.
Silva & Mora, rua da Magdalena, 66, 1.º
Silvino Teixeira & C.ª, largo de S. Julião, 12, 2.º
Tavares & Ramos, rua dos Fanqueiros, 251.
Theodoro Ferreira Lima, rua da Boa Vista, 71.
Theodoro Ferreira Pinto Bastos, Caes do Sodré, 64, 1.º
Theodoro Schonewal, rua dos Fanqueiros, 91, 1.º
Theotonio Pereira & Filhos, largo de S. Paulo, 90, 1.º
Thiago Antonio da Silva, Rocio, 94.
Thomaz Reynolds, rua Augusta, 27, 2.º
Thomé Ferreira Lima, rua Augusta, 128.
Torlades & C.ª, rua do Ouro, 32, 1.º
Veiga & C.ª, rua da Alfandega, 114.
Vicente Affonso, rua dos Capellistas, 41.
Vicente Sabino Martins Falcato, rua dos Fanqueiros, 122.
Victorino Augusto d'Oliveira, rua do Ouro, 208.
Victorino Vaz, rua da Magdalena, 55.
Visconde d'Alemquer, praça do Principe Real, 16.
Visconde de Melicio, rua de S. Francisco, 41.
Visconde de Monsanto, rua Nova do Almada, 102.
Visconde de Moreira de Rey, largo de S. Julião, 12, 1.º
William Gruis, largo de S. Julião, 12, 1.º
Zophimo Consiglieri Pedroso, travessa de Lazaro Leitão, 2, 1.º

ASSOCIAÇÃO INDUSTRIAL PORTUGUEZA

(Rua Ivens, 19, 1.º)

Direcção

Presidente — Vago.
Vice-presidente — Conselheiro José Joaquim da Silva Amado, rua Nova de S. Mamede, 63.
Secretarios:
Alfredo Mendes da Silva, rua de S. Francisco, 5, 1.º
Jeronymo da Silva, rua Estephania, 39.
Thesoureiro — Luiz Eugenio Leitão, rua dos Capellistas, 49, 2.º
Vogaes:
Antonio Centeno, rua do Olival, 50.
Antonio Pereira de Carvalho, rua dos Fanqueiros, 65.
Carlos P. Ferreira dos Anjos, rua dos Fanqueiros, 50.
Conde de Daupias, rua da Prata, 8, 1.º
Daniel Cordeiro Feio, rua dos Sapateiros, 54.
Joaquim Moreira Marques, rua de S. Julião, 30.
José Joaquim da Silva Amado, rua Nova de S. Mamede, 63.
Julio José Pires, rua de Santo Antão, 135, 2.º
Luiz Diogo da Silva, rua de S. Julião, 80.
Mauricio de Oliveira Martins, rua da Créche, 14.
Ricardo Louréiro, calçada da Estrella, 18.
Primeiro escripturario — João A. Belem Correia, rua da Inveja, 35, 4.º
Segundo escripturario — Joaquim Antonio Vieira de Carvalho, rua Estephania, 53.
Continuo — Antonio Caetano, rua de S. Julião, 62, 5.º

Commissão de contas

Antonio Diogo da Silva, rua de S. Julião, 80.
Polycarpo Pecquet Ferreira dos Anjos, rua dos Fanqueiros, 50, 1.º
Thiago Antonio da Silva, praça de D. Pedro, 94.

Lista dos socios

A. A. Reis & Sobrinhos, rua Nova do Carmo, 28 e 30.
A. Black, Santo Amaro.
A. C. Encarnação & C.ª, travessa da Victoria, 29.
A. J. de Brito e Cunha, calçada do Duque, 29.
A. J. Gonçalves Porto, Porto.
Adolpho Burnay, rua das Fontainhas (Alcantara).
Adolpho Diogo da Silva, Oeiras, 54.
Albino José Baptista, rua Nova do Almada, 92.
Alfredo Cesar da Silva, rua de S. Julião, 171.
Alfredo Mendes da Silva, rua Ivens, 5.
Alfredo de Oliveira Sousa Leal, rua de S. José, 18.
Alves Diniz Irmãos & C.ª, rua de S. Julião, 102.
André de Aquino Ferreira, rua dos Fanqueiros, 106.
Anjos & C.ª, rua dos Fanqueiros, 50.
Antonio Adriano da Costa, rua dos Fanqueiros, 122.
Antonio Alfredo da Silva, rua dos Fanqueiros, 22.
Antonio Augusto Lopes da Costa, Moimenta da Serra.
Antonio Augusto Pereira Miranda, rua dos Fanqueiros, 84.
Antonio Centeno (Dr.), rua do Olival, 50.
Antonio Diogo da Silva, rua de S. Julião, 80.
Antonio Firmo Laureano, largo dos Torneiros, 4.
Antonio da Fonseca Cruz, rua de S. Julião, 184.
Antonio Francisco Ribeiro Ferreira, rua dos Fanqueiros, 81.
Antonio Joaquim Dimas da Silva, rua da Rosa, 240.
Antonio Joaquim de Oliveira, rua das Flores, 7.
Antonio José Baptista, rua dos Fanqueiros, 35.
Antonio José Carneiro e Silva, fabrica do Salgueiro, Porto.
Antonio M. Lopes Vieira de Castro, Porto.
Antonio Maria Freire Pimentel Brandão, rua da Palma, 207.
Antonio Moreira Rato & Filhos, rua Vinte e Quatro de Julho, 210.
Antonio Pereira de Carvalho, rua dos Fanqueiros, 65, 2.º
Antonio Pinto Bastos, calçada do Marquez de Abrantes, 103, 1.º
Antonio da Silva Pereira de Magalhães, Porto.
Antonio Teixeira Judice, rua dos Fanqueiros, 50.
Antonio de Sousa Pinto de Magalhães Teixeira.
Arthur de Sousa Tavares Perdigão.
Associação Fraternal dos Fabricantes de Tecidos e Artes Correlativas, travessa do Fiuza, 22 (Alcantara)
Augusto José Xavier, rua do Jardim do Tabaco, 56, 4.º
Augusto Justiniano de Araujo, rua da Boa Vista, 164, 1.º
Augusto Pires Branco, calçada do Carmo, 55.
Augusto Prudencio dos Santos Chaves, rua dos Fanqueiros, 113.
Barão de Alcochete, Paris.
Bernardino Antunes da Silva, calçada da Estrella, 3 e 5.
Bruno da Silva, Portas de Santo Antão, 82.
Caetano Placido de Freitas, rua de Santos, 34, 3.º
Carlos Augusto Pinto Ferreira, Boqueirão do Duro, 38.
Carlos Bandeira de Mello, rua de S. Marçal, 104, 3.º
Carlos Lima Mayer (Dr.), rua do Chafariz de Andaluz, 7.
Carlos P. Lopes, rua Velha, 14.
Carlos Pequet Ferreira dos Anjos, rua dos Fanqueiros, 50.

Casimiro Jeronymo Mendes, rua dos Fanquoiros, 122.
Columbano Pinto Ribeiro de Castro (Conselheiro), Penafiel.
Companhia Alliança, Porto.
Companhia Alliança Fabril, largo de S. Julião, 12, 1.º
Companhia de Conservas "Argentina„, rua de S. Julião, 110.
Companhia de Estamparia em Alcantara, rua dos Fanqueiros, 106.
Companhia da Fabrica de Papel do Prado, largo de S. Julião, 12.
Companhia do Fabrico d'Algodões de Xabregas, rua dos Algibebes, 41.
Companhia de Fiação e Tecidos Lisbonense, rua dos Fanqueiros, 135.
Companhia de Fiação Portuense, Porto.
Companhia de Lanificios de Alemquer, travessa da Palha, 30.
Companhia de Lanificios da Arrentella, rua de S. Julião, 85.
Companhia Lisbonense de Estamparia e Tinturaria de Algodões, rua dos Fanqueiros, 122.
Companhia Nacional de Fiação e Tecidos de Torres Novas, largo dos Torneiros, 2.
Conde de Burnay, rua dos Fanqueiros, 10.
Conde Daupias, rua da Prata, 8.
Conde de Paço d'Arcos, Rio de Janeiro.
Cooperativa Industria Social, rua Vinte e Quatro de Julho (Rampa de Santos).
Costa Irmãos, rua Vinte e Quatro de Julho (Rampa de Santos).
Daniel Cordeiro Feio, Arco do Bandeira, 54.
Delphim da Silva Guimarães, rua dos Fanqueiros, 150.
Domingos Antonio d'Abreu, rua Nova do Carvalho, 58.
Duarte José Moreira Rato, rua Nova do Carvalho, 5.
Eduardo Antonio da Costa, Pampulha, 6.
Eduardo Augusto Pinto de Magalhães, rua Augusta, 176.
Eduardo Barrault, calçada da Gloria, 21.
Eduardo Lupi, calçada da Estrella, 18, 3.º
Empresa Ceramica de Lisboa, largo do Conde Barão, 168.
Empresa Exploradora das Minas e Industrias do Cabo Mondego, largo do Pelourinho, 21.
Empresa Industrial Portugueza, Santo Amaro.
Empresa Progresso Industrial, rua das Fontainhas (Alcantara).
Empresa da Real Fabrica da Marinha Grande, rua de S. Paulo, 80.
Empresa Vidreira Lisbonense, rua da Boa Vista, 100.
Emygdio Julio Navarro (Conselheiro), Paris.
Ernesto Driesel Schröter, rua Nova do Almada, 24, 1.º
Ernesto Madeira Pinto, rua Formosa, 152.
Ernesto Rodolpho Hintze Ribeiro (Conselheiro), rua de S. Bento, 694.
Estacio & C.ª, Praça de D. Pedro, 60.
Estevam Antonio de Oliveira Junior, rua de S. João da Praça, 92.
Fabrica de Louça de Sacavem, rua da Prata, 128.
Fabrica de Papel da Abelheira, rua dos Capellistas, 101.
Falcão & C.ª, rua de S. Christovam, 251.
Feliciano Bordallo Pinheiro, rua Nova da Alegria, 124.
Feliciano Gabriel de Freitas, rua de S. Julião, 169.
Fernando Mattoso dos Santos (Dr.), rua dos Cardaes de Jesus, 30.
Fernando Pereira Palha Osorio Cabral, travessa de Lazaro Leitão, 1.
Ferreira & Irmão, rua da Magdalena, 133.
Francisco Alves de Gouveia, Olivaes.
Francisco Angelo Pereira e Sousa, rua do Sol, ao Rato.
Francisco Barbosa da Motta Coelho, Porto.
Francisco da Fonseca Benevides, pateo do Bragança.
Francisco Garcia, rua dos Sapateiros, 44.
Francisco José Ferreira, rua dos Fanqueiros, 81.

Francisco José Lopes, rua dos Fanqueiros, 59.
Francisco José Nogueira & Filhos, rua da Alegria, 265, Porto.
Francisco Maria de Sousa Nazareth, Coimbra.
Francisco Otero Salgado, Ponte Nova.
Francisco da Silveira Vianna, rua dos Capellistas, 120, 1.º
Francisco Teixeira de Queiroz, rua da Magdalena, 171.
H. Gabriel, calçada de Santo André, 95.
H. Schalck (Successores), rua da Magdalena, 17.
Henrique Pereira Taveira, rua da Palma.
Henrique Zeferino de Albuquerque, rua dos Fanqueiros, 87.
Hermann Katzenstein, rua dos Capellistas, 35, 1.º
Hermenegildo Augusto Faria Blanco, rua das Trinas, 122.
Hippolyto Cassiano Alegro, rua das Amoreiras, 52.
Hugo Parry & Sons, rua Occidental da Moeda.
Ignacio Magalhães Bastos, Chellas.
J. C. Crespo, Arco do Bandeira, 92, 3.º
J. A. Rodrigues Fernandes, travessa de S. Nicolau, 13.
J. H. Jansen & C.ª, rua do Alecrim, 30.
Jacintho Parreira, rua dos Capellistas, 99.
Jayme Arthur da Costa Pinto, rua do Ferregial de Cima, 30.
Jeronymo da Silva, rua D. Estephania, 39.
João Alves Bibiano, largo de S. Julião, 12, 1.º
João Antonio Vieira, rua dos Fanqueiros, 106.
João Augusto Barreto, rua dos Navegantes, 10, 2.º
João de Brito, rua Ivens, 13.
João Chrysostomo de Abreu e Sousa (Conselheiro), rua de S. João dos Bemcasados, 52.
João da Fonseca Cruz, rua de S. Julião, 184.
João Henrique Ulrich, Carreira dos Cavallos.
João Luiz Garcia, rua Vieira da Silva, 8.
João Martinho da Silva, rua do Bemformoso, 184.
João da Motta Gomes, rua de S. Paulo, 173.
João Pedro Diogo Patrone Junior, rua de S. Paulo, 111.
João Radich, rua da Prata, 15.
João Verissimo Mendes Guerreiro, calçado do Sacramento, 14.
Joaquim de Almeida Pinto, rua dos Retrozeiros, 131.
Joaquim Antunes dos Santos, Aterro.
Joaquim Carvalho da Assumpção, Porto.
Joaquim José Pimenta Tello, rua Serpa Pinto, 60.
Joaquim Libanio dos Santos, rua dos Fanqueiros, 135.
Joaquim Liberato Correia, largo do Matadouro.
Joaquim Martins de Carvalho, Coimbra.
Joaquim Moreira Marques, rua de S. Julião, 30.
Joaquim Pedro de Oliveira Martins, calçada dos Caetanos, 30, 1.º
Joaquim de Vasconcellos, Porto.
Jorge O'Neil, rua das Flores, 59.
José Antonio de Araujo, rua dos Fanqueiros, 106.
José Carlos Desterro, rua dos Bacalhoeiros, 55.
José Carlos da Silva Pons, rua de S. Bernardo, 92.
José Coelho Serra, rua da Magdalena, 201.
José da Cruz, rua da Prata, 8.
José da Cruz Motta, rua Augusta, 179.
José Diogo da Silva, rua de S. Julião, 80.
José da Fonseca Cruz, rua de S. Julião, 184.
José da Fonseca Cruz Junior, rua de S. Julião, 184.
José Gregorio Fernandes, largo de S. Julião, 19.
José Joaquim de Almeida Junça, Fonte Santa.

José Joaquim Gomes de Brito, rua do Conselheiro Pedro Franco, 5.
José Joaquim da Silva Amado (Conselheiro), rua Nova de S. Mamede, 63.
José Luciano de Castro (Conselheiro), rua dos Navegantes, 73.
José Luiz Monteiro.
José Maria Pereira Junior, Ajuda.
José Maria V. S. Campos Mello, Covilhã.
José Martinho da Silva Guimarães, rua da Magdalena, 221.
José Pedro Caetano da Silva, rua da Prata, 159.
José Pedro Marcello, rua da Boa Vista, 72.
José Pereira Lima dos Santos, rua Vinte e Quatro de Julho.
José da Silva Ferreira Bahia, Porto.
Julio Cesar dos Santos & C.ª, praça de D. Pedro, 18.
Julio Daveau, Escola Polytechnica.
Julio Gomes Ferreira, travessa da Victoria, 80 a 88.
Julio José Pires, rua de Santo Antão, 135, 2.º
Julio Pereira da Silva & C.ª, rua de S. Julião, 82.
Justino R. G. Guedes, calçada do Marquez de Abrantes, 111.
Leitão & Irmão, praça do Loreto, 15 e 16.
Luciano Cordeiro, largo do Quintella, 11.
Luiz A. dos Santos, rua de S. Lazaro, 66.
Luiz Diogo da Silva, rua de S. Julião, 80.
Luiz Eugenio Leitão, rua dos Capellistas, 49, 2.º
Manuel Alves Gonçalves Ferreira, rua de Gomes Freire, 92.
Manuel Duarte G. Pestana da Silva, rua da Senhora da Luz, Porto.
Manuel José Ribeiro, Campo de Sant'Anna, 117.
Manuel Raphael Gorjão, rua do Caes de Santarem, 10.
Manuel de Sá Pimentel Leão, rua dos Fanqueiros, 106.
Manuel Soares, calçada do Combro, 3.
Manuel Soares Guedes, rua do Sacramento.
Mariano Cyrillo de Carvalho (Conselheiro), rua Formosa.
Marinho Irmãos, Porto.
Mauricio de Oliveira Martins, rua da Créche, 14.
Pedro Cambournac, largo da Annunciada, 16.
Pedro Ignacio Lopes, rua do Duque da Terceira, 138.
Pereira da Costa & C.ª, praça de D. Pedro, 105.
Polycarpo José Lopes dos Anjos, rua dos Fanqueiros, 38, 1.º
Polycarpo Pecquet Ferreira dos Anjos, rua dos Fanqueiros, 50.
Ricardo Loureiro, calçada da Estrella, 18.
Rodrigo Affonso Pequito, rua de S. Bento, 510.
Severiano Augusto da Fonseca Monteiro, rua de S. Marçal, 188.
Simão da Silva, calçada do Carmo, 39, 1.º
Theodoro Ferreira Pinto Bastos, Caes do Sodré, 64.
Thiago Antonio da Silva, praça de D. Pedro, 19.
Venancio Deslandes (Conselheiro), Imprensa Nacional.
Vicente Sabino Martins Falcato, rua do Livramento, 97.
Visconde de Castanheira de Pera, Castanheira de Pera.
Visconde de Mason de S. Domingos, Cannon Street, 87, Londres.
Visconde de Melicio, rua Ivens, 41.
Visconde de Monsanto, rua Nova do Almada, 102 e 104.
Viuva de Manuel José Gomes & Filhos, Terreiro do Trigo, 16.

ASSOCIAÇÃO COMMERCIAL DOS LOJISTAS DE LISBOA
(Rua do Ferregial de Cima, 1)
Mesa da Assembléa Geral

Presidente — José Pinheiro de Mello, travessa da Queimada, 27.
Vice-presidente — Sebastião Correia Saraiva Lima, rua de S. Paulo, 124.

Secretarios:
Casimiro Rodrigues Valente, rua da Boa Vista, 8.
Joaquim Bizarro, calçada do Caldas.
Vice-secretarios:
Antonio Cardoso d'Oliveira Junior, rua da Prata 108, 1.º
Alfredo Joaquim da Silva Ramalho, Rua da Prata, 51.

Direcção

Effectivos:
Presidente — Luiz Diogo da Silva, rua de S. Julião, 80, 1.º
Vice-presidente — João Baptista G. de Almeida, Campo de Sant'Anna, 93.
1.º secretario — Antonio Peres, rua de Buenos Ayres, 60.
2.º secretario — José Romão de Mattos, rua da Prata, 9.
Thesoureiro — Custodio Martins Pereira, rua da Palma, 215.
Vogaes:
João Manuel Gonçalves Valladares, rua dos Bacalhoeiros, 23, 2.º
José Cupertino Ribeiro, rua dos Capellistas, 7, 1.º
Substitutos:
Antonio Caetano Macieira, rua de S. Vicente á Guia, 37.
Antonio José Fernandes, rua dos Remulares, 48.
Antonio de Sousa Machado, rua Escolas Geraes, 23.
João Antonio dos Santos, rua do Possolo, 60.
João Carlos d'Oliveira, rua de S. Vicente á Guia, 2.
José Beirão, praça de D. Pedro, 15.

ASSOCIAÇÃO DOS EMPREGADOS DO COMMERCIO DE LISBOA

(LARGO DOS TORNEIROS, 2, 2.º)

Mesa da Assembléa Geral

Presidente — Antonio Joaquim Leite Ribeiro, rua de José Estevam, 83, 3.º, direito.
Vice-presidente — Alfredo Theodulo Kopke Correia Pinto, alfandega.
1.º secretario — Joaquim de Sousa Ferreira, rua da Prata, loja.
2.º secretario — Avelino Geraldo Pernace, rua de José Estevam, 32, 3.º
1.º Vice-secretario — Raul de Figueiredo, rua da Magdalena, 211.
2.º Vice-secretario — José Joaquim Pereira d'Azambuja Rodrigues, rua de S. Vicente, 9, 2.º, direito.

Direcção

Presidente — Augusto José d'Oliveira, administração do 2.º bairro.
Thesoureiro — Bento Pereira da Costa, rua Ouro, 220, 1.º
Secretario — Eduardo Gomes da Silva, rua dos Douradores, 222, 1.º
Vogaes:
Francisco Duarte Pena Monteiro, alfandega.
José da Luz Valente Pereira, alfandega.

Conselho fiscal

Presidente — Manuel Dias da Costa Lima, travessa da Palha, 140, 1.º
Secretario — Manuel José Ruivo de Carvalho, rua do Amparo, loja.
Relator — Antonio Bandeira, rua dos Mouros, 24, 2.º

Facultativos

Effectivo — João Henriques Dias Chaves, rua da Saudade, 8, 3.º
Supplente — Manuel Maria Bordallo Prostes Pinheiro, rua Serpa Pinto, 56, 2.º

ASSOCIAÇÃO DOS EMPREGADOS DO COMMERCIO E INDUSTRIA

(Rua dos Douradores, 72, 1.º)

Mesa da Assembléa Geral

Presidente — José Gregorio da Rosa Araujo, travessa de S. Nicolau, 42, 1.º
Vice-presidente — Antonio Joaquim Leite Ribeiro, rua José Estevam, 83, 3.º
Secretarios:
Julio Alexandre Irvin, rua Augusta, 110 a 116.
Antonio Alves de Mattos, rua da Prata, 133, 1.º
Vice-Secretarios:
José Joaquim da Silva Graça, rua Formosa, 45, 1.º
João Antonio Silvestre, rua Augusta, 65.

Direcção

Presidente — Ignacio de Magalhães Bastos, rua dos Fanqueiros, 86.
Thesoureiro — José Maria Gonçalves, rua dos Sapateiros, 44, 1.º
Vogaes:
Francisco Cassiano Pereira Mendes, travessa de S. Nicolau, 26, 1.º
José Maria Ribeiro, praça do Municipio, 19, 2.º
Torquato Theodoro Mendes Correia, rua Augusta, 110.
1.º secretario — José Rodrigues Simões, travessa de S. Nicolau, 41, 1.º
2.º secretario — Belarmino Oliveira Ramos, rua dos Retrozeiros, 89.

Conselho fiscal

Presidente — João Manuel d'Andrade, rua da Prata, 222.
Vogaes:
José Francisco dos Santos, rua dos Retrozeiros, 5.
Joaquim da Silveira Ferreira, rua dos Capellistas, 60.
Secretario — Antonio José da Silva, rua da Prata, 133, 1.º
Relator — Manuel Antonio Machado, rua da Prata, 174.

Facultativos

Effectivos:
Emilio Antonio Rodrigues, rua da Bitesga, 16, 3.º
Francisco da Costa Felix, rua dos Bacalhoeiros, 121, 1.º
Supplentes:
Manuel Holbeche d'Oliveira Trigoso, rua do Infante D. Henrique, 60, 2.º
José Antonio Marques Geraldes Barba, rua Fernandes da Fonseca, 11, 1.º

ASSOCIAÇÃO PORTUGUEZA DE PROPRIETARIOS

(Rua da Magdalena, 119, 1.º)

Não chegaram a tempo os esclarecimentos; vidè folha addicional.

ATHENEU COMMERCIAL

(Rua Capello, 5, 1.º)

Administração

Alberto Gomes da Costa.
João Bastos Pereira da Costa.
Annibal de Moraes Carvella.
João de Oliveira Migueis.
João de Araujo Moraes.

BANCOS

Banco de Credito Nacional

Sociedade Anonyma de Responsabilidade Limitada

72—Rua dos Douradores—72

Desconta lettras da terra, assim como se recebem depositos em caixa economica, a praso e á ordem, segundo a tabella patente n'este escriptorio. Effectua emprestimos sobre penhores de ouro, prata, papeis de credito, mercadorias depositadas na alfandega, e todos os mais objectos que offereçam segura garantia, tanto na séde, como nas suas cinco succursaes, a 1.ª situada no largo da Annunciada, n.º 13; a 2.ª, na calçada da Mouraria, n.º 13; a 3.ª na rua da Horta Secca, n.º 9; a 4.ª, na rua do Livramento, n.º 45; e a 5.ª na rua das Escolas Geraes, n.º 100.

Banco Lisboa & Açores

Sociedade anonyma de responsabilidade limitada

Capital pago — 4.500:000$000 réis

SÉDE EM LISBOA

Rua dos Capellistas, 158

Caixa filial em S. Miguel

Faz negocios bancarios nos seus variados ramos

Directores: — Abraham Ben-Saude — João Torlades O'Neil — Adolpho de Lima Mayer — Antonio Joaquim de Oliveira — Victorino Vaz Junior.
Gerente: — J. Freitas.

BANCO
NACIONAL ULTRAMARINO

BANQUE COLONIALE PORTUGAISE

CAPITAL 12.000:000$000 — REALISADO 3.600:000$000

SÉDE EM LISBOA
74, Rua dos Capellistas, 74

Succursaes em Loanda e Moçambique

Agencias em Benguella, Mossamedes, S. Thomé, S. Thiago de Cabo Verde, Lourenço Marques, Quelimane e Goa

Agencias nas principaes cidades da Europa e da America e em todas as principaes povoações do Reino e Ilhas

Saca, remette, e faz todas as operações bancarias em relação com o continente e com as diversas agencias já indicadas.

O GOVERNADOR
Conde d'Ottolini.

VICE-GOVERNADORES
Luiz Sommer.
Luiz Diogo da Silva.

BANCO
Portuguez e Brazileiro

SOCIEDADE ANONYMA

DE RESPONSABILIDADE LIMITADA

Capital 5.000:000$000 rs.

Séde em LISBOA

Escriptorio provisorio:

Rua dos Retrozeiros, n.º 113, 1.º andar

DIRECTORES

Visconde do Rio Vez *(Presidente)*.

José Pereira Cardoso.

João Tavares da Silva.

Bento José da Costa Gomes.

Antonio Joaquim Simões d'Almeida.

BANCO COMMERCIAL DE LISBOA

(Rua dos Capellistas, 106)

Mesa d'Assembléa Geral

Presidente —José M. da Rosa, rua do Arco do Marquez de Alegrete, 13.
Vice-Presidente —Antonio José Gomes Netto, praça dos Remolares, 1.
Secretarios:
Ernesto Driesel Schröter, rua Nova do Almada, 24.
Eduardo Jayme Carvalho da Silva, Campolide.

Conselho fiscal

Presidente —Manuel José da Silva, rua da Escola Polytechnica, 20.
João Vicente Ribeiro, rua do Salitre, 178, 2.º
José do Nascimento Lopes, Rocio, 122.
Francisco Norbano Soares, rua das Janellas Verdes, 9, 1.º
Antonio José dos Reis, rua d'Alfandega, 108.

Direcção

Presidente —Firmino Ribeiro Ermida, rua Nova d'Alegria, 25.
João Eduardo Gomes de Barros, rua de S. Pedro d'Alcantara, 55, 2.º
Jacintho Nunes Correia, rua do Ouro, 40.
José Adolpho de Mello e Sousa, Avenida da Liberdade.
Carlos Reinke, calçada de S. Sebastião da Pedreira.

Contadoria

Chefe da Contabilidade —Felisberto José da Costa, rua 24 de Julho.
Caixeiros:
Joaquim Miguel d'Oliveira Ferraz, Almada.
João Valença, rua de S. Bento, 306.
Alfredo Torres Pereira, Outeirinho do Mirante, 21.
Antonio José Januario Soares Correia, estrada de Bemfica, 497, 2.º
Miguel Ignacio d'Avila, calçada do Forno do Tijolo, 32, 2.º
Carlos Luiz de Sousa, rua Rodrigues Sampaio, 95.
Alvaro Augusto da Silva, rua do Sol ao Rato, 163.
Antonio Estevam Nunes, Estrada de Sacavem, 25.
A. Alvaro Tavares, calçada do Combro, 10, 4.º
Raymundo Fausto de Sousa Netto, rua de S. Julião, 177, 3.º
João Luiz Affonso, Avenida da Liberdade, 212.
José Maria Mora d'Oliveira, largo do Conde Barão.
Continuos:
Manuel Nunes Pinto, travessa de S. Placido, 44.
José Mendes, rua do Salitre, 178.
Manuel Bento Cunhago, travessa de S. Placido, 44.

Thesouraria

Thesoureiro —Augusto C. de Miranda Monteiro, rua Nova do Almada, 80.
Fieis:
Adriano Ribeiro Cardoso, praça dos Restauradores, 46.
Eduardo Augusto Soares d'Oliveira, Venda Secca.
Cobradores:
João Carlos Borges da Fonseca.
Eleuterio José Teixeira, largo da Graça.
Secção de depositos:
José Francisco de Paula Freire, rua Estephania, 389.
José C. Lobato de Carvalho.
* *Continuo* —José Pires, rua Nova do Almada, 80.

BANCO DE CREDITO NACIONAL

(Rua dos Douradores, 72)

Mesa d'Assembléa Geral

Presidente — Conselheiro Carlos José d'Oliveira, travessa da Victoria, 74, 1.º
Vice-presidente — Dr. Henrique Midósi, travessa do Convento de Jesus, 11.
Secretarios:
Elysio Augusto dos Santos, rua Augusta, 83.
Arthur Zaluar, rua da Piedade, 65, 2.º
Vice-secretarios:
João Antonio Quintans, praça de D. Pedro, 30.
Alfredo de Brito, rua de Santo Antonio dos Capuchos, 54.
Director Gerente — Caetano Maria Bello, rua Direita de Pedrouços, 24.

Conselho fiscal

Effectivos:
José Maria Marques Magalhães, praça do Municipio, 13, 2.º
José Nunes Ferreira, rua Nova do Carmo, 69.
Mapril Sequeira, rua dos Retrozeiros, 111.
Supplentes:
José Bento Coelho de Jesus, Campo dos Martyres da Patria.
Henrique José Chaves, rua do Ouro.
João Espinheira Junior, rua de S. Marçal, 104.

Empregados

Guarda-livros — Julio Howorth, rua de José Estevam, 16, 2.º
Escripturario — João Luiz Elbling, largo da Graça, 47, 2.º
Cobrador — Antonio Joaquim de Figueiredo, rua do Cabo, 84.

BANCO LISBOA & AÇORES

(Rua dos Capellistas, 158)

Mesa da Assembléa Geral

Presidente — Conselheiro José Dias Ferreira, pateo do Pimenta, 15.
Secretarios:
Antonio José Gomes Netto, praça dos Remolares, 1.
Guilherme Arnaud, Caes do Sodré, 84.

Direcção

Abraham Bensaude, rua de S. Domingos á Lapa, 50.
Adolpho de Lima Mayer, rua da Prata, 59, 1.º
João Torlades O'Neill, rua do Ferregial de Cima, 31.
Victorino Vaz Junior, estrada de Bemfica.
Antonio Joaquim d'Oliveira, rua das Flores, 7.
Gerente — Isidoro José de Freitas, rua de S. Roque, 145.

Conselho fiscal

Dr. Lucas Fernandes Falcão, rua do Quelhas, 35.
Polycarpo P. Ferreira dos Anjos, rua dos Fanqueiros, 50.

Antonio Gonçalves Lopes Macieira, rua Ivens, 13.
Dr. Augusto Dias Ferreira, pateo do Pimenta, 15.
Joaquim Moreira Marques, rua de S. Julião, 30, 2.º

Escriptorio

Chefe do expediente—Ernesto Carlos de Mendonça, rua da Rosa, 18.
Escripturarios:
M. Loeser, rua dos Anjos, 214, 1.º
Carl Abercron, rua de S. Julião, 11.
Fernando Teixeira Mendes, rua Vasco da Gama, 51.
José da Cruz Nogueira, rua Victorino Damasio, 12.
Carlos Augusto Caldas, rua Rebello da Silva, 55.
Joaquim José Pomar, calçada do Conde de Penafiel, 7, 1.º
Leandro Queiroz Navarro, largo do Stephens, 1.
Paulo Camelier, rua da Quintinha, 61.
Alfredo Martins, rua do Milagre de Santo Antonio, 6, 2.º
José Americo Chiglione Moreira, rua das Flores, 13.
Francisco Soares de Medeiros, rua dos Douradoures, 72, 3.º
Arthur Candido de Jesus e Sousa, rua dos Capellistas, 130, 3.º
Carlos Ferreira Pinto Basto, Almada, Portão de Ferro, 53.

Thesouraria

Thesoureiro—João Anastacio Gomes, rua da Palma, 33.
Fieis:
João Martins dos Santos, largo do Conde Barão, 18.
José Maria da Silva Rosa, calçada dos Barbadinhos, 82.
Cobradores:
José M. da Assumpção Duarte, rua de S. Sebastião da Pedreira, 74, 1.º
Joaquim Lopes da Costa, becco do Collegio dos Nobres, 3.
Augusto Carlos de Sousa, travessa da Cruz, ao Desterro, 95, 3.º
Escripturarios:
Henrique Ribeiro da Costa, becco da India, 3.
Manuel Pedro dos Reis, calçada dos Barbadinhos, 189.
Continuos:
José Orges, Campo de Ourique.
José Rodrigues, calçada de S. João Nepomuceno.
Antonio Ferreira Alves, rua das Trinas.
Porteiro—João Antonio Peres, travessa da Era.

BANCO LUSITANO

(Rua dos Capellistas, 85)

Mesa d'Assembléa geral

Presidente—Francisco Simões Margiochi, rua Nova de S. Caetano, 52.
Vice-presidente—Conde de Ottolini, Bemfica.
Secretarios:
Antonio José Gomes Netto, praça dos Remolares, 1.
Manuel Joaquim Alves Diniz, rua de S. Julião, 102.

Conselho fiscal

João Eduardo Ahrends, calçada da Estrella, 86.
José Joaquim da Silva Amado, rua Nova de S. Mamede, 68.

José Martinho da Silva Guimarães, rua da Magdalena, 221.
Manuel Xavier Forte, campo das Cebolas.
Firmino Augusto Lopes de Brotas Cardoso, rua dos Fanqueiros, 171, 1.º

Direcção

Conselheiro João José de Mendonça Cortez, palacio de Santo Amaro.
Constantino José Vianna, praça d'Alegria, 49.
João Baptista de Figueiredo, praça de D. Luiz, 9.
Guilherme da Silva Guimarães, rua Nova da Palma, 272.
Mark Seruya, rua do Duque de Bragança, 30.
Guilherme Arnaud, caes do Sodré, 84, 2.º
Antonio Vito dos Reis e Sousa, estrada do Lumiar, 11.

Contadoria

Chefe — Augusto José Pires, rua Anchieta, 21.
Empregados de carteira:
Joaquim Pimenta, rua da Imprensa Nacional, 5, 2.º
José Pires dos Santos, rua de Arroyos, 147, 2.º
Francisco J. Vieira do Couto, rua do Jardim, 95, 2.º
Antonio Dias Potier, rua do Noronha, 16.
Frederico Carlos de Sousa, becco dos Apostolos, 11.
Luiz Victor Machado Cunha e Silva, largo do Mastro, 87.
Antonio Belem d'Oliveira, rua de D. Estephania, 51.
João Frederico da Fonseca, praça das Flôres, 44.
Julio Braga, rua de D. Vasco da Gama, 51.
Antonio Eduardo Vieira, rua de S. João da Praça, 97, 2.º
Manuel Correia d'Oliveira, rua de S. Bento, 150.
Antonio F. dos Reis e Sousa, Poço dos Mouros.
Francisco Gravanço, travessa do Terreirinho, 17.
Eduardo d'Oliveira Coimbra, rua Nova do Desterro, 18.
Antonio Navarro da Silva, rua de Victor Cordon, 30.
Francisco Santos, rua da Boa Vista, 176.
Alfredo Heliodoro de Castro, rua do Monte Olivette, 25.

Thesouraria

Thesoureiro — Pedro Angelo Calleya, largo do Conde Barão, 34.
Ajudante do thesoureiro — João Calleya da Fonseca, rua do Chafariz de Andaluz, 41.
Fiel do thesoureiro — Alexandre José Alves, rua Alexandre Herculano.
Cobradores:
Alexandre Antonio Pereira, rua de S. João da Praça, 31, 2.º
Antonio Joaquim Gomes da Cunha, Porcalhota.
Continuos:
Augusto José d'Oliveira Bastos, rua da Bica de Duarte Bello, 58.
Manuel da Silva, rua de S. Christovam, 15.
Joaquim Rodrigues, rua de S. Christovam, 15, 4.º
João Gualberto Gonçalves, rua dos Douradores, 21, 2.º
Manuel Casqueiro Lourenço, rua dos Algibebes, 72.
Porteiro — Manuel Braz d'Oliveira, travessa das Vaccas, 5.

BANCO MERCANTIL DE LISBOA

(RUA DA PRATA, 108)

Mesa d'Assembléa geral

Presidente — Antonio José Gomes Netto, praça dos Remolares, 1.
Vice-presidente — Dr. Luiz Gonzaga dos Reis Torgal, rua Rodrigo da Fonseca, 7.
Secretarios:
Manuel Joaquim de Carvalho Mascarenhas, rua Nova do Desterro, 30, 1.º
Antonio Diogo da Silva Junior, rua Rodrigo da Fonseca, 9, 1.º
Vice-secretarios:
João de Freitas e Sousa, rua da Oliveira, ao Carmo, 9, 1.º
Manuel Gouveia Junior, rua da Escola Polytechnica, 40.

Direcção

Effectivos:
João Baptista Gregorio d'Almeida, campo dos Martyres da Patria, 93.
Fernando José da Cruz, rua Nova da Palma, 33, 1.º
Manuel Antonio Borges da Silva, praça d'Alegria, 12, 2.º
Supplentes:
Isidro Soares da Silva Pereira, rua da Boa Vista, 69.
João Pinto de Araujo, rua Castilho.
José Pedro de Mattos, rua da Prata, 80, 1.º

Conselho fiscal

Effectivos:
José Bento C. de Jesus, rua Nova da Palma.
José Ollegario Simões da Silva, rua Caetano Palha, 18, 1.º
Joaquim José Correia, rua do Passadiço, 122, 1.º
Supplentes:
Augusto Ernesto Barata, travessa da Boa Hora, 57, 2.º
José Paulo Fernandes, rua de Santo Antão, 9, 2.º
José Ribeiro Freire, rua Estephania.

Empregados

Guarda-livros — Francisco Maria das Neves, rua da Escola do Exercito, 38, 2.º
Escripturarios:
João Antonio Reimão, rua de Santa Martha, 12, 1.º
João Olympio Bandeira Monteiro, rua José Estevam, 20, 2.º
Luiz José da Cruz, rua Nova da Palma, 37, 1.º

SUCCURSAL

TRAVESSA DE S. DOMINGOS, 47, 1.º

Fiel — João Maria da Silva Pedrosa, travessa de S. Domingos, 47, 1.º
Escripturario — Caetano Bastos.

BANCO NACIONAL ULTRAMARINO

(Rua dos Capellistas, 74)

Meza d'Assembléa geral

Presidente — Conselheiro José Dias Ferreira, pateo do Pimenta, 15.
Vice-presidente — Dr. Joaquim José Rodrigues da Camara, rua das Chagas.
Secretarios:
Augusto Pinto de Miranda Montenegro, rua de S. José, 71, 2.º
José Bernardino Gomes Teixeira.
Vice-secretarios:
João Antonio Vieira, praça de D. Pedro, 1, 2.º
Antonio Gonçalves Moreira.

Conselho fiscal

Presidente — Conde de S. Januario, rua de S. Francisco de Paula, 142, 2.º
Vogaes:
Conselheiro Eduardo Pinto da Silva Cunha, Campo Grande, 177.
Alfredo Mendes da Silva, rua Ivens, 5.
Substitutos:
Visconde da Gama, travessa Nova de Santo Antonio.
Polycarpo P. Ferreira dos Anjos, rua dos Fanqueiros, 50.
Luiz Augusto Perestrello de Vasconcellos, rua da Escola Polytechnica, 126.

Gerencia

Governador — Conde de Ottolini, Quinta da Conceição, Bemfica.
Vice-governadores:
Luiz Adolpho de Oliveira Sommer, rua da Escola Polytechnica.
Luiz Diogo da Silva, largo da Abegoaria.

Contadoria

Secretario geral e chefe — Antonio Lourenço dos Santos Junior, rua do Ferregial de Cima, 14.
Guarda-livros — Antonio José de Andrade Figueiredo, rua de S. Paulo, 216, 3.º
Segundo guarda-livros — Christovam Jorge Hinkeldey, largo de Arroyos, 6.
Escripturarios:
Guilherme Perry Vidal, travessa dos Remolares, 28, 1.º
John Henry Mahony, rua de Passos Manuel.
José de Sousa Archanjo, rua da Boa Vista, 76.
Julio Gomes da Silva, rua da Arrabida, 116.
José Maximiano de Faria, rua da Quintinha, 76.
Manuel da Veiga Ottolini, Bemfica.
Joaquim de Sousa Gonçalves, travessa da Victoria, 73.
Praticante — Gabriel Bastos, rua de S. Bernardo, 10.

Thesouraria

Fiel. — João B. Python, rua Saraiva de Carvalho, 140.
Escripturario — José da Silva Barros, rua dos Retrozeiros, 85.
Cobrador — Antonio Monteiro, calçada dos Barbadinhos, 66.
Continuo — Manuel Francisco Amoedo Bulhosa, rua da Padaria, 32, 5.º

Procuradoria

Procurador — Alvaro Evangelista Cardoso, rua Ivens, 6.
Continuo — Justino Maximo de Sousa, rua das Olarias, 87, 1.º
Servente — Faustino Lopes, rua dos Remedios, 81, 2.º

Repartição do Ultramar

Visitador — Antonio Francisco Nogueira, rua do Sol ao Rato.
Escripturarios:
Antonio Duarte Nunes, calçada de Castello Picão, 62.
João Francisco Amor, calçada do Carmo.
Eugenio Teixeira Bastos Nunes, calçada de Castello Picão, 62.
Archivista — José Basilio Carlos de Sousa, campo dos Martyres da Patria.
Praticante — Alfredo Mendonça Santos, rua das Janellas Verdes, 52, 1.º

SUCCURSAES E AGENCIAS

LOANDA (SUCCURSAL)

Gerentes:
Dr. Candido Joaquim de Macedo Baptista.
J. J. David.

S. THOMÉ (AGENCIA)

Gerentes:
Dr. Alberto Guedes Coutinho Garrido.
Manuel dos Santos Fonseca.

BENGUELLA (AGENCIA)

Gerente — João de Mattos Tavares.

CABO VERDE (AGENCIA)

Gerente — Francisco de Sousa Bergstron.

MOSSAMEDES (AGENCIA)

Agente — Torres & Irmão.

LOURENÇO MARQUES (AGENCIA)

Gerente — Simão Infante de Lacerda.

MOÇAMBIQUE (SUCCURSAL)

Gerentes:
Dr. Joaquim de Almeida da Cunha.
J. M. de Mesquita Pimentel.

NOVA GOA (AGENCIA)

Agente — José Duarte da Costa.

QUILIMANE (AGENCIA)

Agente — Carlos Nandim de Carvalho.

Agencias

Madeira — Agencia do Banco de Portugal.
Fayal — Visconde de Sant'Anna.

S. Miguel—José Tavares Carreira.
Terceira—José Ignacio de Almeida Monjardim.
Beja—Manuel Joaquim de Sousa Tavares.
Braga—Banco do Minho.
Caminha—Barbosa e Silva & Irmão.
Coimbra—Viuva de Antonio José Alves Borges.
Figueira—Costa & C.ª
Olhão—José Guerreiro Mendonça.
Porto—F. Chamiço & C.ª
Vizeu—Luiz Pereira do Valle & Filho.
Barcelona—Vidal Quadros Hermanos.
Caceres—Viuva de Muro y Hijo.
Cadix—Hijos de D. Benito Picardo.
Madrid—Miqueletorena y Hijos.
Malaga—José Telles.
Pontevedra—Ramon Vaz Garza & C.ª
Puenteareas—Domingos Antonio Gonçalves.
Sevilha—Union Bank of Spain and England, Limited.
Valencia—Caruana y Berard.
Vigo—M. Barcena y Hermanos.
Bordeus—F. Somareith & Fils.
Paris—Vernes & C.ª
Marselha—Pascal-Fils & C.ª
Florença—Theophilo Levy & C.ª
Vienna d'Austria—J. H. Stemetz (successores).
Bruxellas—Balsér & C.ª
Hamburgo—João Schuback & Filhos.
Londres:
Merchant Banking Company Limited.
Comptoir Nationale d'Escompte.
Paris:
Comptoir Nationale d'Escompte.
Succursal du Credit Lyonnais.
Londres
Marselha } Agencia do Credit Lyonnais.
Madrid
Lyon—Credit Lyonnais.

BANCO POPULAR INDEPENDENCIA

Cooperativa de credito dos funccionarios publicos

(Terreiro do Paço, junto ao Arco da Rua Augusta)

Mesa da Assembléa Geral

Presidente—Conselheiro Antonio de Serpa Pimentel, Cova da Moura.
Vice-presidente—Conselheiro Antonio Maria Pereira Carrilho, travessa de Lazaro Leitão, 21.
Secretario—Philippe Zeferino da Trindade Carvalho, rua dos Anjos, 34.
Vice-secretario—Domingos Antonio d'Oliveira, rua de S. Bento, 632.

Direcção

Effectivos:
Conselheiro Augusto Gomes d'Araujo, rua do Ferregial de Cima, 57.
Antonio Melchiades de Sequeira Machado, rua Vasco da Gama, 148, 1.º

Francisco Pereira Cortez, rua de S. João da Matta, 79.
Jeronymo Augusto de Carvalho, rua dos Anjos, 49, 1.º

Commissão fiscal
Effectivos:
Luiz Augusto Pimentel Pinto, calçada do Marquez d'Abrantes.
João Pereira Vasconcellos.
José Emilio de Sant'Anna da Cunha Castello Branco, rua Aurea, 120, 2.º
Agostinho Maria da Costa Ribeiro, rua do Arco do Marquez d'Alegrete.
Luiz Pereira Rebello, rua das Amoreiras, 15, 1.º
Supplentes:
Henrique Cesar Moraes e Sousa, rua de Castilho, 5, 3.º
Arthur Albino Falcão Rodrigues, rua de Santa Martha, 55, 2.º

BANCO DE PORTUGAL
(Rua dos Capellistas, 148)

Mesa da Assembléa Geral
Presidente—Henrique Bernardo Pires (Conselheiro), rua do Principe 61, 2.º
Secretarios:
Joaquim José Rodrigues da Camara, rua das Chagas, 3.
Francisco Ribeiro da Cunha, travessa da Conceição de Cima, 17, 2.º
Vice-secretarios:
Manuel Joaquim Alves Diniz, rua de S. Julião, 100.
João Gregorio Barbosa, rua Vasco da Gama, 51, 3.º

Conselho de administração
Governador—Conselheiro Pedro Augusto de Carvalho, rua Saraiva de Carvalho, 8, 2.º
Vice-governador—Ernesto Driesel Schröter, rua Nova do Almada, 24, 1.º
Secretario geral—Adrião Accacio de Seixas, rua Borges Carneiro, 22.
Directores effectivos:
Henrique de Barros Gomes (conselheiro), Alto de Santa Catharina, 4.
Henrique de Mendia, rua Arriaga, n.º 13.
Duarte Sergio d'Oliveira Duarte, rua de S. Roque, 84.
Antonio José Gomes Netto, praça dos Remolares, 1.
Joaquim Philippe de Miranda (Conselheiro), Avenida da Liberdade, 7.
José Guilherme Ferreira, travessa da Ribeira Nova, 30.
Marquez da Foz, Avenida da Liberdade.
Henrique Matheus dos Santos (Dr.), rua Alexandre Herculano, 12.
Gabriel José Ramires, rua de S. José, 219.
Directores substitutos:
José da Paixão Castanheira das Neves, rua do Salitre, 405.
Julio José Pires, Portas de Santo Antão, 135, 2.º
José Pereira Cardoso, rua do Jardim do Regedor, 45.
Julio d'Oliveira Bastos, praça do Principe Real.

Conselho fiscal
João Ignacio Holbeche (Conselheiro), rua de Santo Antão, 83, 3.º
Antonio Francisco da Costa Lima, travessa do Abarracamento de Peniche, 59.
Joaquim Teixeira da Costa, rua da Magdalena, 139.
Annibal Achilles Martins, (Conselheiro), rua das Janellas Verdes, 88, 3.º

José da Silveira Vianna, rua Ivens, 6, 2.º
Visconde de Mangualde, alameda de Santo Antonio dos Capuchos, 4.
Duarte Augusto Abranches Bizarro (Dr.), rua dos Anjos, 77, 1.º

Escriptorio

Guarda-livros e secretario do conselho de administração — Joaquim Ernesto Pedreira, rua da Palma, 37, 3.º
Empregados:
Antonio Joaquim de Sousa Freitas, rua Correia Telles, 27.
Joaquim Martins Leitão, rua da Palma, 224, 1.º
José Francisco da Fonseca, travessa da Espera, 13.
Guilherme Theodoro de Sousa Peres Roiz, calçada da Estrella, 91.
Eduardo Frederico Pereira de Mello, largo do Carmo, 15.
João Ventura d'Azevedo e Silva, rua das Flôres, 53.
Frederico James, rua Nova da Estrella, 85.
Achilles Raymundo Cots de Fontana, escadinhas de S. Chrispim.
João Justino Baptista de Oliveira, rua do Chafariz d'Andaluz, 69.
Caetano Feliciano do Couto, rua do Convento da Encarnação, 5.
Thomaz Antonio Gomes, largo de Camões, 4.
José Ferreira Silvão, calçada da Estrella, 18.
Henrique Januario Fernandes Branco, rua de S. Bento, 307.
Antonio Joaquim da Silva, calçada da Estrella, 18.
Julio Cesar do Amaral Rego, calçada do Marquez d'Abrantes, 10.
José dos Santos Neto, rua de S. José, 177, 3.º
Emilio Ernesto de Sousa e Silva, rua do Sacramento ao Matadouro, 53.
Antonio Garcia Domingues, travessa do Maldonado, 5.
Antonio Ferraz de Sequeira, praça das Amoreiras.
Antonio de Vasconcellos, Hotel Borges.
Virginio José Rolland, rua dos Cardaes de Jesus, 99.
Joaquim Gregorio d'Assis Pereira, rua da Magdalena, 139.
Pedro Carlos Midosi Bahuto, Alcolena.
Frederico Alberto James Junior, travessa de Santa Gertrudes, 42.
Carlos de Sousa Pinto de Magalhães, rua Ferreira Borges, 25, 1.º
Agnello Roiz Baptista, becco do Garcez, 5.
José d'Assis Camillo, rua do Arco do Marquez d'Alegrete, 39.
Raphael de Castro, travessa de S. Domingos, 63, 3.º
Moysés Anahory, rua dos Fanqueiros, 101, 2.º
Gregorio Freire de Borja Araujo, rua dos Retrozeiros, 85.
Eduardo Maria Ferreira Martins, becco dos Paus, 1, 3.º
Alberto José Soares, rua do Jasmim, 25, 1.º
João Gonçalves da Costa Novaes Junior, rua da Princeza, 91.
Pedro de Seixas Correia, rua de S. Mamede, 47.
Frederico Ignacio Peixoto da Costa, rua de Santo Antão, 47.
Pedro Eduardo Battier Segurado, travessa do Alcaide, 38.
Alfredo da Costa Bexiga, rua do Terreiro do Trigo, 50, 2.º
Antonio Alves de Carvalho, rua do Jasmim, 35.
Alfredo Antonio Ramel, rua da Princeza, 187.
Manuel Vicente Ribeiro, rua do Salitre, 178.

Thesouraria

Thesoureiro — João Carlos Cerqueira, rua Duque de Palmella, 2.
Empregados:
Carlos Augusto Ferreira Braga, rua de Vasco da Gama, 23.
Thomaz José d'Aguiar, rua do Ouro, 100.
José Pinto Gomes, Campo Grande, 211.

Manuel Maria da Costa Posser, rua Conselheiro Nazareth, 3.
José Leite Rendo, rua de S. Bento, 47.
Joaquim Python, rua Saraiva de Carvalho, 140.
José Sebastião Facco, Campo Grande, 273.
José Antonio de Castro Rato, rua do Poço dos Negros, 35, 1.º
Francisco Maria Augusto de Sousa, travessa de Santa Gertrudes, 37.
Jorge Maria Bessone, rua da Créche, 10.
Claudio Carlos Lagrange, rua de José Estevam, 3
Augusto d'Aquino Costa, rua de Buenos-Ayres, 61.
José Sabino Pereira, rua do Terreiro do Trigo, 66.
José Agostinho d'Oliveira, rua de S. Julião, 41.
Antonio Manuel Borges da Fonseca, Praça de D. Pedro, 59.
Arthur Julio Chaves d'Oliveira, rua dos Anjos, 96.
Augusto Isidro Pereira, rua da Magdalena, 119.
Augusto José da Costa Oliveira, rua do Conselheiro Nazareth, 8.

Estamparia

Encarregado da officina—Joseph Leipold, calçada da Gloria, 21.
Fiel—Francisco Duarte Marques, rua do Amparo, 12.

BANCO PORTUGUEZ E BRAZILEIRO

Rua dos Retrozeiros, 113

Direcção

Presidente—Visconde do Rio Vez, rua do Salitre, 174.
Vice-presidente—José Pereira Cardoso, rua dos Retrozeiros, 113.
Secretario—João Tavares da Silva, rua dos Retrozeiros, 35, 1.º
Vogaes:
Bento José da Costa Gomes, rua dos Capellistas, 58.
Antonio Joaquim Simões d'Almeida, rua da Prata, 67.

BANCOS DE FÓRA
COM REPRESENTANTES EM LISBOA

BARCELLOS

Banco de Barcellos — (agente) — Banco Commercial de Lisboa, rua dos Capellistas, 109.

BRAGA

Banco Mercantil de Braga — (agente) — Banco Commercial de Lisboa, rua dos Capellistas, 109.
Banco do Minho — (agente) — Banco Lisboa & Açores, rua dos Capellistas, 158.

BRAGANÇA

Banco de Bragança — (agente) Banco Commercial de Lisboa, rua dos Capellistas, 109.

CHAVES

Banco de Chaves — (correspondente) — Banco Lisboa & Açores, rua dos Capellistas, 158.

COIMBRA

Banco Commercial de Coimbra — (correspondente) — D. M. da Costa Ribeiro & C.ª, calçada de S. Francisco, 23, 1.º

COVILHÃ

Banco da Covilhã — (agente) — Banco Commercial de Lisboa, rua dos Capellistas, 109.

EVORA

Banco do Alemtejo — (agente) — Jeronymo José d'Abreu, rua Augusta, 27, 1.º

Banco Eborense — (agente) — Banco Commercial de Lisboa, rua dos Capellistas, 109.

GUIMARÃES

Banco Commercial de Guimarães — (agente) — Banco Lisboa & Açores, rua dos Capellistas, 158.

Banco de Guimarães — (agente) — D. M. da Costa Ribeiro & C.ª, calçada de S. Francisco, 23, 1.º

LAMEGO

Banco do Douro — (agente) — Cunha Porto & Irmão, largo do Corpo Santo, 13, 1.º

LONDRES

London and Brazilian Bank Limited, succursal, rua dos Capellistas, 96. *Vidé folha adiccional.*

PESO DA REGUA

Banco da Regoa — (agente) — Banco Commercial de Lisboa, rua dos Capellistas, 109.

PORTO

Banco Alliança — (agente) — Henry Burnay & C.ª, rua dos Fanqueiros, 10, 1.º

Banco Commercio e Industria — (correspondente) — D. M. da Costa Ribeiro & C.ª, calçada de S. Francisco, 23.

Banco Commercial do Porto — (agente) — F. & H. Van-Zeller, & C.ª, rua da Horta Secca, 23.

Banco Industrial do Porto, Francisco Ricca, rua da Padaria, 8, 2.º

Banco Mercantil Portuense — (agente) — Lima Mayer & Filhos, rua da Prata, 59, 1.º

Banco Portuguez — (agente) — Banco Lisboa & Açores, rua dos Capellistas, 158.

Banco União do Porto — (agente) — Banco Lusitano, rua dos Capellistas, 85.

Nova Companhia Utilidade Publica, estabelecimento bancario — (correspondente) — Antonio da Costa Carvalho & C.ª, rua dos Capellistas, 134, 1.º

RIO DE JANEIRO

Banco Cooperativo do Rio de Janeiro — (agentes) — R. de Seixas & C.ª, rua dos Fanqueiros, 221, 2.º

VIANNA DO CASTELLO

Banco Mercantil de Vianna — (representante) — Banco Commercial de Lisboa, rua dos Capellistas, 109.

VILLA REAL

Banco Commercial Agricola e Industrial de Villa Real — (agente) — Banco Lisboa & Açores, rua dos Capellistas, 158.

CAMARA DE COMMERCIO FRANCEZA EM PORTUGAL
Rua das Flores, 113
Conselho de administração

Presidente honorario — Mr. Bihourd, ministro de França em Portugal.
Vice-presidente honorario — Mr. Ratard, consul de França em Lisboa.
Presidente — Mr. A. Maury, rua da Junqueira, 55.
1.º vice-presidente — Mr. L. J. Dejante, rua do Alecrim, 79.
2.º vice-presidente — Mr. Lugan, Porto.
Thesoureiro — Mr. Victor Garrelon, rua dos Capellistas, 99.
Secretario — Mr. L. Audic, rua dos Douradores, 150.
Secretario adjuncto — Mr. J. Daveau, edificio da Escola Polytechnica.

CAMARA DOS CORRECTORES DA BOLSA DE LISBOA
(Praça do Commercio)

Syndico — Hermano Frederico Moser, rua Augusta, 26.
Secretario — Eduardo Perry Vidal, rua dos Capellistas, 112.
Thesoureiro — Antonio José Gomes Netto Junior, caes do Sodré, 1.
Vogaes:
João Eduardo da Silva, rua Augusta, 26.
Antonio Serrão Franco, rua Augusta, 26.
Fiscal — Francisco d'Assumpção Pereira, rua Direita do Rato, 24, 2.º E.
Continuo — Domingos Rodrigues, travessa dos Fieis de Deus, 126, loja.
Guarda-portão — José Pereira, travessa de Sant'Anna, ás Esc. Barroca.

COMMISSÃO DA BOLSA
Delegados da Associação Commercial de Lisboa
Antonio José Gomes Netto, caes do Sodré, 1.
A. J. O. Chambica, rua da Prata, 14, 1.º
Antonio Julio Machado, calçada da Estrella, 90.

CORRECTORES DE NUMERO
Cambios e fundos
Antonio Serrão Franco, na Bolsa.
Eduardo Perry Vidal, rua dos Capellistas, 112.
Hermano Frederico Moser, rua Augusta, 26.
João Eduardo da Silva, rua Augusta, 26.

CORRECTORES DE MERCADORIAS
Alexandre José de Abreu, Avenida da Liberdade, 212, 2.º, ou na Bolsa.
Agostinho Vito Pereira Merello, rua da Palmeira, 25, ou na Bolsa.

CORRECTORES DE NAVIOS
Antonio José Gomes Netto Junior, Caes do Sodré, 1.
Domingos dos Santos, na Bolsa.

CAMBISTAS DE FUNDOS
Antonio Henriques Pirão, rua do Arsenal, 170.
Antonio Baptista Micallef, (moeda estrangeira), rua da Magdalena, 38.
Borges & Mendes, rua dos Capellistas, 2 e 4.
Eduardo de Sousa Rodrigues, rua dos Capellistas, 51.
Francisco Gavazzo, rua dos Capellistas, 77 a 81.
Franco Bastos & C.ª, rua dos Capellistas, 61.
Ignacio Maria Bregante Junior, rua dos Capellistas, 97.
José Bonniz, rua dos Capellistas, 11.
Pedro Augusto Martins da Silva, rua dos Capellistas, 81.

CASAS BANCARIAS

FONSECAS, SANTOS & VIANNA

BANQUEIROS

120, RUA NOVA D'EL-REI, 120

(Vulgo dos Capellistas)

LISBOA

SOCIOS

Francisco Izidoro Vianna,
Carlos Ferreira dos Santos Silva,
Joaquim Pinto da Fonseca Junior,
Manuel Pinto da Fonseca,
Francisco da Silveira Vianna

SUCCURSAL NO PORTO

PINTO DA FONSECA & IRMÃO

143, PRAÇA DE D. PEDRO, 143

Compram e vendem fundos publicos nacionaes e estrangeiros, acções de Bancos e Companhias.

Tomam e saccam letras sobre todas as praças estrangeiras e do Reino.

Recebem generos e fundos publicos á consignação.

Recebem depositos em conta corrente a juro convencional, á vista ou a prazo.

Fazem-se todas as operações de casas bancaria e de commissão

Torlades & C.ª

(CASA FUNDADA EM 1719)

BANQUEIROS

32, 1.º—Rua do Ouro—32, 1.º
LISBOA

Descontos, cartas de credito

E

ORDENS CIRCULATORIAS

para as principaes praças do mundo

DEPOSITOS Á ORDEM E A PRASO

COMPRA E VENDA DE FUNDOS PUBLICOS

nas praças nacional e extrangeiras

BEIRÃO, SILVA PINTO & C.ª

Tomam e saccam lettras sobre
diversas terras do reino
Compram e vendem papeis de credito

95, Rua dos Capellistas, 95

13 e 15, Rua Augusta, 13 e 15

LISBOA

CASAS BANCARIAS

Barroso & C.ª, rua dos Capellistas, 67, 1.º
Beirão, Silva Pinto & C.ª, rua dos Capellistas, 95.
D. M. da Costa Ribeiro & C.ª, calçada de S. Francisco, 23, 1.º
Fonsecas, Santos & Vianna, rua dos Capellistas, 120, 1.º
Fortunato Chamiço Junior, calçada Nova de S. Francisco, 10, 1.º
H. J. Moser, rua Augusta, 28, 1.º
Henry Burnay & C.ª, rua dos Fanqueiros, 10, 1.º
Josè Gonsalves Franco, Filhos, rua dos Capellistas, 170, 1.º
Merck & C.ª, rua dos Capellistas, 49, 1.º
Ricardo de Carvalho & C.ª, rua dos Fanqueiros, 156, 1.º
Torlades & C.ª, rua do Ouro, 32, 1.º
Viuva Blanco & Filhos, rua do Arco do Limoeiro, 66, 1.º

COMMISSARIOS E AGENTES DE CEREAES

Comissarios:
Antonio Rodrigues & Commandita, Campo das Cebollas, 43.
Casimiro Freire & C.ª, successores de João Jacintho Fernandes & C.ª, largo do Terreiro do Trigo, 9.
Homero Machado & Cardoso, rua dos Capellistas, 130, 1.º
Jacintho Fernandes e Andrade, rua do Terreiro do Trigo, 76, 1.º
Jeronymo José de Brito, largo do Terreiro do Trigo, 76, 1.º
Manuel Joaquim Affonso Valente, rua do Terreiro do Trigo, 92 e 94.
Nunes & Vences, rua do Caes de Santarem, 32, 1.º
Agentes de cereaes no mercado agricola:
Antonio Joaquim Taveira, Terreiro do Trigo, 30.

Arthur da Fonseca & Arbués Moreira, Terreiro do Trigo, 29.
Carlos Augusto Farinha, Terreiro do Trigo, 33.
Dionisio dos Santos Faria Junior, Terreiro do Trigo, 32.
Francisco José Fernandes, Terreiro do Trigo, 22.
Francisco de Sousa Campos, Terreiro do Trigo, 20.
José d'Oliveira, Terreiro do Trigo, 31.

COMMISSARIOS DE FAZENDAS E DIVERSOS ARTIGOS DO ESTRANGEIRO

A. Correia Pinho, rua dos Retrozeiros, 125, 1.º
Alberto Ferreira, travessa de S. Nicolau, 71, 2.º
A. H. de Brito, rua dos Retrozeiros, 75, 2.º
A. Harrisson, rua de S. Julião, 72, 1.º
A. J. O. Chambica, rua da Prata, 14, 1.º
A. R. de Macedo, rua dos Capellistas, 35, 2.º
Alexandre Alvim, rua do Arco do Bandeira, 79.
Alexandre Pereira, travessa d'Assumpção, 8, 1.º
Antonio Joaquim Teixeira, rua Nova do Almada, 18, 1.º
Augusto Cesar Gomes Pereira, rua do Crucifixo, 31, sobre-loja.
Arthur Barbosa & C.ª, Arco do Bandeira, 139, 1.º
B. Markert & C.ª, travessa das Pedras Negras, 1, 1.º
Buzaglos & C.ª, rua dos Douradores, 21, sobre-loja.
C. A. de Sá, rua dos Douradores, 7, sobre-loja.
C. Lecór & C.ª, rua dos Bacalhoeiros, 98, 1.º
Carlos M. Brandão, rua de S. Julião, 67, 1.º
Carneiro & Neves, rua dos Douradores, 83, 1.º
E. A. de Lima Ennes, rua da Prata, 98, 1.º
Eduardo Luetkens, rua dos Bacalhoeiros, 125.
Ferreira Manso & C.ª, travessa da Palha, 205, 1.º
Fragoso & Vianna, rua da Prata, 81, 1.º
Francisco da Costa Paulino, rua dos Douradores, 53, 2.º
Frederico Sandtman, rua da Prata, 108, 1.º
Frenckel & C.ª
Francisco Pons Junior, rua dos Fanqueiros, 106, 1.º
F. I. de Carvalho, rua dos Capellistas, 90.
F. Cunha, rua do Crucifixo, 67, 1.º
Guilherme Silva, rua dos Fanqueiros, 257, 1.º
Hermann Adler, rua de S. Julião, 90, 2.º
H. Elias, largo do Pelourinho, 13, 2.º
H. F. Cast, rua dos Fanqueiros, 121, 2.º
J. J. R. de Macedo, travessa de S. Nicolau, 23, 1.º
J. Wimmer & C.ª, rua da Magdalena, 45, 2.º
Jacintho Garin Junior, travessa da Palha, 40, 2.º
José Bento da Costa, rua do Arco do Bandeira, 76.
José Cardoso, rua dos Douradores, 134, 1.º
José Joaquim Sant'Anna, rua do Arco do Bandeira, 112, 1.º
Julio Goarmon, travessa do Corpo Santo, 21, 1.º
Julio Mange, travessa da Palha, 41, 1.º
Luiz A. B. Mello, rua de S. Julião, 67, 1.º
Luiz Rau, rua do Arco do Bandeira, 5, 1.º
Manuel José da Silva, rua dos Capellistas, 31, 2.º
Mauricio Goldschmit, rua de S. Julião, 100, 2.º
Max Wiedmann & C.ª, rua da Prata, 108.
Oliveira Soares & Branco, rua da Prata, 40, 1.º
Pereira de Sá & Filhos, travessa d'Assumpção, 42, 2.º

Sousa & Gomes, rua dos Douradores, 107.
Tavares & Alves, rua dos Retrozeiros, 120, 1.º
Tavares & Fragoso, rua dos Retrozeiros, 35, 1.º
Theodor Schonewald, rua dos Fanqueiros, 91, 1.º
Theodoro Wege & C.ª, rua da Prata, 121, 2.º

COMMISSARIOS E AGENTES DE LIQUIDOS

Commissarios:
Antonio Maria de Carvalho, Mercado do Azeite.
Bernardino dos Santos Carneiro & C.ª, Mercado do Azeite.
Agentes de liquidos no mercado agricola:
Adolpho Rocha Leão.
Antonio Carneiro d'Azevedo (Doutor).
Luiz Simões Marques.
Manuel Antonio Pereira.
Martinho José dos Santos.
Theodoro Meira.

COMPANHIAS

COMPANHIA DAS AGUAS DE LISBOA

Capital — réis 7.000:000$000

ESCRIPTORIO, RUA DOS CAPELLISTAS, 52

Meza da assembléa geral

Presidente — Conde Ribeiro da Silva, rua do Alecrim, 55.
Vice-presidente — Marquez da Praia e de Monforte, Largo do Rato.
Secretarios: Joaquim Pires Junior, rua das Chagas.
Domingos Pinto Coelho, rua do Patrocinio.

Direcção

Presidente — Dr. Carlos Zeferino Pinto Coelho, largo do Carmo, 18.
Visconde da Bella Vista, estrada da Penha de França, 95.
Conde d'Arriaga, rua da Horta Secca, 25.
José Martinho Silva Guimarães, estrada da Penha de França, 159.
João Anastacio de Carvalho, rua das Amoreiras, 180.

Repartição technica

Engenheiros:
Frederico Augusto Borges de Sousa, rua de Buenos-Ayres, 88.
José Emilio de Sant'Anna da Cunha Castello Branco, rua de S. Marçal, 108.
Conductores:
João Saldanha Ferreira Pinto, rua de S. Joaquim, 7, 2.º
Alfredo M. Betamio d'Almeida, rua das Amoreiras, 216.
Bartholomeu Valladas, rua do Salitre, 323.
Desenhador — Domingos João Machado, rua D. Estephania, 61.
Escripturarios:
Joaquim Boaventura de Miranda, travessa da Victoria, 73, 3.º
José Augusto Cosmelli, travessa do Despacho, 1, 2.º
Eugenio Augusto Ribeiro de Castro, Cruzes da Sé, 31, 1.º
Manuel Monteiro, rua de S. João da Matta, 65, 2.º
Chefe da officina — Antonio Pinto Bastos, calçada do Marquez d'Abrantes, 103, 1.º
Fiel do deposito — Francisco José Correia Gonçalves, rua da Esperança, 105, 3.º
Chefe dos acqueductos — José Vicente Ferreira, praça das Amoreiras.

Repartição de contabilidade

Chefe — Manuel Francisco de Oliveira Feijão, rua do Guarda-Mór, 10, 1.º
Sub-chefe — Filippe José de Sousa Junior, rua de Passos Manuel, 47, 2.º
Escripturarios:
Antonio Armando da Silva, rua da Palma, 37.
José Marques Torres, rua do Infante D. Henrique, 68.
David Francisco Ribeiro da Rocha, rua do Livramento, 67, 2.º
Luiz Carlos de Sampaio Ferreira de Sousa, rua das Terras, em Cacilhas, 4, 1.º
João Carlos Pires, rua do Ferrigial de Cima, 33, 4.º
Frederico de Portugal Sanches de Chatillon, rua de S. Vicente, 9.

José Rodrigues Junior, rua dos Anjos, 201, 4.º.
João Pereira, rua da Bella Vista á Graça, 152, 2.º
Tito de Mesquita, praça de Luiz de Camões, 16, 2.º
João M. do Sacramento Junior, rua de Santo Antonio á Estrella, 78, 2.º
Antonio Duarte Pereira, estrada de Campolide, 34.
Alfredo Gonçalves Franco, rua do Arco do Limoeiro, 66, 2.º
Diogo José Vieira de Noronha, estrada da Penha de Franca, 246, 1.º, D.
Ayres Mascarenhas Valdez de Faria, rua do Valle de Pereiro, 61, 2.º
Guilherme Fonseca, rua de Victorino Damasio, 14, 2.º
Antonio Candido de Lima, rua Nova de S. Francisco de Paula, 51, 1.º
Joaquim Pedro Limpo Toscano, Largo de Arroyos, 8, 2.º
Jayme Augusto Ferreira Lopes, rua do Salitre, 40, 3.º
Carolino Augusto Santos Brandão, rua de Passos Manuel, 81, 3.º
José Pedro dos Santos, rua do Bemformoso, 238, 1.º

Repartição central

Chefe — Thesoureiro — Vago.
Escripturarios:
João Maria do Sacramento, rua de S. Francisco de Paula, 86, 3.º
Alfredo Marcellino da Motta Méra, rua Maria — Predio A (Bairro Andrade).

Avenças, reclamações e obras

Chefe — Henrique Ribeiro da Silva, rua da Santissima Trindade, 32, 2.º
Avenças:
Albino Esteves de Carvalho, rua da Junqueira, 105.
Francisco Pereira Lima, rua da Mouraria, 46, 4.º
Obras e reclamações:
Carlos Augusto de Sampaio Ferreira de Sousa, largo de Palhavã.
F. Carneiro de Sousa Alcaçovas e Brito, r. do Poço dos Negros, 106, 3.º

COMPANHIA DAS AGUAS MEDICINAES DA FELGUEIRA

Capital — Réis 120:000$000

ESCRIPTORIO, RUA DE S. JULIÃO, 185, 1.º

Direcção

Effectivos:
Joaquim Maria Eugenio de Almeida, calçada da Estrella, 18.
Dr. João Carlos da Costa Falcão, hospital de S. José.
Albino Antonio Freire de Andrade, rua do Alecrim, 123.
Substitutos:
Dr. Feliciano Gabriel de Freitas, rua de S. Julião, 185, 1.º
Augusto Ribeiro Antunes de Caldas.
Dr. Antonio Gonçalves da Silva e Cunha, Tondella.

COMPANHIA DAS AGUAS THERMAES DA AMIEIRA

Capital social — Réis 36:000$000

ESCRIPTORIO, RUA DOS RETROZEIROS, 45, 2.º

Direcção

Presidente — Antonio Vito dos Reis e Sousa, Lumiar.
João Pedro Correia, Avenida Estephania, 338, 1.º

Herman de Moser Junior, rua Augusta, 26.
Supplentes:
Filippe José de Sousa Junior, rua Passos Manuel, 47, 2.º
João Alves Bebianno, rua do Duque de Bragança, 20.

Escriptorio em Lisboa

Secretario — Francisco Freire de Andrade Salazar d'Eça, rua dos Retrozeiros, 45, 2.º
Continuo — Manuel Severino Pinto, travessa do Forte, 12.

Na séde balnear da Amieira (concelho de Soure)

Medicos:
Dr. João de Moura Mattoso, Soure.
Dr. Manuel Santos Carvalho, Soure.

COMPANHIA DOS ALCOOLS DE PORTUGAL

Escriptorio, Praça do Commercio, 7

COMPANHIA ALLIANÇA FABRIL

Capital — Réis 160.000:000

Escriptorio, largo de S. Julião, 12, 1.º

Direcção

Director — Conselheiro João Mendonça Cortez, Palacio de Santo Amaro.
Gerentes:
João Eduardo Ahrends, calçada da Estrella, 85, 1.º
Visconde de Moreira Rey, largo de S. Julião, 12, 1.º
Substitutos:
Antonio Pires Vianna Junior, travessa do Arco (a Jesus), 15, 1.º
Feliciano Augusto de Abreu, travessa dos Remolares, 36.

COMPANHIA DOS ASCENSORES MECHANICOS DE LISBOA

Escriptorio, rua da Prata, 234, 1.º

Direcção

José Antonio Gomes Neves, travessa da Cruz aos Anjos, 8.
Antonio Pereira Ferraz, Paço da Rainha, 92.
Antonio José Gomes Netto Junior, travessa S. Francisco Xavier.

COMPANHIA DO ASSUCAR DE MOÇAMBIQUE

Sociedade anonyma de responsabilidade limitada

Capital social — Réis 310.000:000

Escriptorio, rua do Arsenal, 108, 2.º

Director — José Maria Greenfield de Mello, rua da Arrabida, 26-F.

Conselho fiscal

Feliciano Augusto d'Abreu, travessa dos Remolares, 13.
Antonio Vito dos Reis e Sousa, quinta do Bello, estrada do Lumiar.
José da Paixão Castanheira das Neves, rua do Salitre.

Joaquim de Vasconcellos Gusmão, rua Belver, 3.
João Rodrigues da Silva Santos, rua de S. Vicente, 19.

COMPANHIA DOS CAMINHOS DE FERRO DA BEIRA ALTA

Escriptorio — Rua Capello, 5, 1.º

Conselho de Administração

Conde de Ficalho, rua dos Caetanos, 32.
Conde de Mendia, rua das Parreiras, 22.
Augusto Poppe, rua da Santissima Trindade, 35-H.
Conselheiro Augusto Cesar Barjona de Freitas, rua de S. João dos Bemcasados, 22.
Conde de Villar-Sêcco, rua de S. João dos Bemcasados, 22.

Direcção

Director — Conde de Gouveia, rua do Ferregial de Cima.
Secretario — José d'Almeida Vidal, rua das Amoreiras, 256.
Thesoureiro — Francisco dos Santos Rocha, Figueira da Foz.
Encarregado da contabilidade — Alberto Pereira Dias, rua das Amoreiras, 127.

COMPANHIA DO CAMINHO DE FERRO DE PUERTO DE SANTA MARIA A SAN LUCAR DE BARRAMEDA

Escriptorio — R. Victor Cordon, 24, 1.º

Direcção

Effectivos:
Conselheiro José de Azevedo Castello Branco, rua Anchieta, 5, 2.º
Matheus Augusto da Silva Ferreira, rua das Gaivotas, 28.
Substitutos:
Antonio José Lopes Navarro, rua do Jasmim.
Augusto Alves Branco, rua de S. Bernardo, 46.

COMPANHIA CARRIS DE FERRO DE LISBOA

Capital — Réis 2.000.000:000

Escriptorio — Santo Amaro

Direcção

Antonio Vicente Ferreira de Montalvão, rua Gomes Freire, 38.
José Barbosa Collen, travessa de Santa Catharina, 6.
Zofimo Consiglieri Pedroso, travessa de Lazaro Leitão, 1.

COMPANHIA DE CARRUAGENS FIDELIDADE (NOVA)

Escriptorio — Rua de S. Bento, 46

Direcção

Carlos O'Neil, largo do Carmo, 15.
Julio de Oliveira Bastos, Praça do Principe Real, 39.
Alvaro Frederico Martins, rua Saraiva de Carvalho, 8.

COMPANHIA DE CARRUAGENS LISBONENSE

Escriptorio — Largo de S. Roque

Directores:
Antonio de Oliveira e Sousa, rua de S. Vicente, á Guia, 22, 1.º
Julio Gomes Ferreira, travessa da Victoria, 88.

COMPANHIA DE CARRUAGENS RIPERT

Capital — Réis 480:000$000

Escriptorio — ao Rego

Direcção

Antonio Vito dos Reis e Sousa, estrada do Lumiar, 11.
Eduardo Jayme Carvalho da Silva, rua Capello, 18.
João Evangelista Vianna Rodrigues, rua da Horta Sêcca, 50, 1.º

COMPANHIA CENTRO AGRICOLA INDUSTRIAL

Escriptorio — Rua dos Sapateiros, 12

Depositos — Na mesma rua, 21 a 31

Officinas:
Rua Vinte e Quatro de Julho, 80.
Aterro da Boa Vista, 2, 4 e 6.
Boqueirão do Duro, 8, 10 e 12.
Director — Figari.

COMPANHIA DE CONSERVAS ARGENTINA

Escriptorio — Rua de S. Julião, 101, 1.º

Direcção

João Anastacio Gomes, rua da Palma, 37, 1.º
Antonio Marques de Freitas, largo do Terreiro do Trigo, 1.
Adriano Augusto de Pina Vidal, rua de S. Mamede, 77.

COMPANHIA DE CONSERVAS LISBONENSE

Escriptorio — Rua da Conceição, 125, 1.º

Fabrica — Rua do Conselheiro Pedro Franco

Direcção

Joaquim Henriques da Silveira Passos, calçada da Tapada, 21, 3.º
Augusto Correia de Pinho, rua Barata Salgueiro, 9, 2.º, E.
Julio Augusto Ferraz, rua de S. Julião, 177, 2.º

COMPANHIA DE CONSTRUCÇÃO DE PONTES E CALÇADAS

Escriptorio — Rua da Junqueira, 132

Engenheiro — Eugéne Rolin.

COMPANHIA DE CORTIÇAS DE PORTUGAL

Sociedade anonyma de responsabilidade limitada

Capital — Réis 450:000$000

Escriptorio — Rua Augusta, 27, 2.º

D recção

Effectivos:
Thomas Reynolds, rua Rodrigo da Fonseca, 3.
Julio O. Bastos, praça do Principe Real, 39.
Americo Santos, rua do Salitre, 178, 2.º
Supplentes:
João Reynolds, largo do Barão de Quintella.
Eduardo Antunes de Mendonça, estrada de Alfarrobeira, 538.

Gerentes

José de Castro Quintella, rua do Mirante, 14, 1.º, D.
Faustino José Gomes Franco, rua do Mirante, 14, 1.º, E.

COMPANHIA DE CREDITO AUXILIAR

EMPRESTIMOS SOBRE PENHORES

Escriptorio — Travessa da Palha, 233, 1.º

Gerente — Alexandre Mó e Silva.

COMPANHIA DE CREDITO EDIFICADORA PORTUGUEZA

Escriptorio — Travessa de Santa Justa, 61, 2.º

Conselho administrativo

Gerente — Francisco dos Santos, calçada da Estrella, 13, 2.º
Conde d'Arriaga, rua da Horta Sêcca, 25.
Firmino Ribeiro Ermida, rua Nova d'Alegria, 25, 2.º
Supplente — Jacintho Augusto Paiva d'Andrade, rua de S. Boaventura 111.

COMPANHIA EDITORA DE PUBLICAÇÕES ILLUSTRADAS

Sociedade anonyma de responsabilidade limitada

Capital — Réis 25:000$000

Escriptorio — Travessa da Queimada, 35

Director gerente — Pedro Correia da Silva, travessa da Queimada, 35.
Vice-director gerente — Conde de Paço d'Arcos, Rio de Janeiro.

COMPANHIA DE EMPRESTIMOS VITALICIOS

Sociedade anonyma de responsabilidade limitada

Capital — Réis 60:000$000

Escriptorio — Rua da Prata, 93, 1.º

Direcção

João da Cruz e Silva, rua dos Bacalhoeiros, 96.
Antonio Joaquim Simões d'Almeida, rua da Prata, 71, 3.º
João Antonio dos Santos, rua Aurea, 170.

COMPANHIA DE ESTAMPARIA EM ALCANTARA

QUINTA DO INFERNO

Capital — Réis 150:000$000

Escriptorio — Rua dos Fanqueiros, 106, 2.º

Conselho de administração

Manuel de Sá Pimentel Leão, rua do Sacramento, a Alcantara, 96, 1.º
André d'Aquino Ferreira, travessa Nova do Tarujo, Campolide.
João Antonio Vieira, largo do Camões, 19, 2.º
José Antonio d'Araujo, rua dos Bacalhoeiros, 140.
Supplentes:
José do Nascimento Lopes, rua da Bombarda, 40, 2.º
José Nunes Ferreira, rua Nova do Carmo, 59.

COMPANHIA DA FABRICA DE PAPEL EM ALEMQUER

Escriptorio — Rua do Alecrim, 17

Directores

José Rica Junior, calçada da Fabrica da Louça, 30.
Antonio Pereira de Carvalho, praça do Principe Real.

COMPANHIA DO FABRICO DE ALGODÕES DE XABREGAS

Sociedade anonnyma de responsabilidade limitada

Escriptorio — Rua de S. Julião, 41, 1.º

Direcção

Directores:
Joaquim Moreira Marques, rua do Ouro, 259.
Carlos Alexandre Munró, rua do Jardim do Regedor, 37.
Theodoro Ferreira Lima, rua da Boa Vista, 71.

Substitutos:
Alexandre Blak, rua de S. Paulo, 240.
Polycarpo José Lopes dos Anjos, praça do Principe Real.

COMPANHIA DE FAIANÇAS DAS CALDAS DA RAINHA

Sociedade anonyma de responsabilidade limitada

Capital — Réis 400:000$000

Escriptorio e deposito — Avenida da Liberdade, 44 a 48

Direcção

Effectivos:
Alfredo de Moraes Pinto.
João Correia de Freitas.
Alfredo Ribeiro.
Substituto — Feliciano Bordallo Pinheiro.

COMPANHIA DE FIAÇÃO E TECIDOS LISBONENSE

Sociedade anonyma de responsabilidade limitada

Escriptorio — Rua dos Fanqueiros, 135, 1.º

Direcção

Effectivos:
Julio José Pires, rua de Santo Antão, 135, 2.º
Pedro Antonio Ribeiro, rua do Salitre, 158.
José Libanio dos Santos, rua do Ouro, 292, 3.º
Substitutos:
Pedro Henrique Bisarro da Silva, Avenida da Liberdade, 84.
Manuel Machado Franco, rua Nova do Loureiro, 36, 3.º
José Augusto Martins de Almeida, rua dos Fanqueiros, 84, 2.º

COMPANHIA FRIGORIFICA PORTUGUEZA

Fabrica de gelo em Alcantara

Escriptorio — Largo do Municipio, 13, 1.º

Conselho de administração

Conselheiro Frederico de Gusmão Correia Arouca, rua de S. Julião, 174, 2.º
Comte Roger de Bonneuil, Paris.
Gabriel Chabert, Paris.
E. H. de Moser, rua Augusta, 28, 1.º
Mem Rodrigues de Vasconcellos, rua das Janellas Verdes, 37.
André Romberg Nisard, Paris.
M. Romberg Nisard.

COMPANHIA GAZ DE LISBOA

Sociedade anonyma de responsabilidade limitada

Escriptorio — Rua do Ferregial de Cima, 37, 1.º

Engenheiro-director — Alexandre Arnd.

COMPANHIA GERAL DE CREDITO PREDIAL PORTUGUEZ

Escriptorio—Largo de Santo Antonio da Sé, 23

Governador —Conselheiro José Luciano de Castro, rua dos Navegantes, 73.
Vice-governador—Polycarpo José Lopes dos Anjos, praça do Principe Real.

Conselho de administração

José de Sande Magalhães Mexia Salema, rua larga de S. Roque, 33, 1.º
Conde de Valbom, rua Nova da Trindade, 96.
Antonio José de Seixas, rua Nova da Alegria, 64.
Conde de Mendia, rua das Parreiras, 22.

Conselho fiscal

Dr. Carlos Zeferino Pinto Coelho, largo do Carmo, 18.
Conde de Castro, rua das Trinas, 161.
Conde de Arriaga, rua da Horta Secca, 25.

Secretaria

Secretario —Dr. Sebastião de Almeida Trigoso, rua Luz Soriano, 63.
1.º escripturario—João Antonio da Silva Pinto, rua do Bemformoso, 174, 3.º
2.º escripturario—José Manuel de Figueiredo Araujo Guimarães, travessa da Queimada, 50, 3.º
3.º escripturario—Julio Cesar Feio Quaresma, rua da Magdalena, 201, 2.º
Amanuense—Antonio Maria de Sampaio Mello e Castro, rua de S. Vicente, 9.

Contadoria

Guarda-livros—José Joaquim de Mendonça, rua da Alegria, 25, 1.º
Ajudante—José Pedro Quintella, rua do Norte, 116.
Chefes de secção:
Leandro Pinheiro de Mello, rua do Norte, 39.
Francisco Jeronymo Coelho de Sousa, rua do Alecrim.
Antonio José da Silva, rua de S. Vicente, á Guia, 12.
Augusto Pedro de Oliveira Quintella, rua da Quintinha, 99.
1.º escripturario—Feliciano Eduardo de Bastos, Escolas Geraes, 21.
2.ºˢ escripturarios:
Augusto da Silva Franco, rua da Rosa, 110.
Sergio Pereira Ribeiro, praça da Alegria, 78.
João Antonio Lopes, rua do Arco do Marquez Alegrete, 6, 3.º, D.
3.ºˢ escripturarios:
Julio Cesar de Figueiredo, travessa de S. Francisco Xavier, 44.
Jorge Carlos de Sousa Mendonça, rua Nova da Alegria, 25.
Amanuenses:
André Meyrelles de Tavora do Canto e Castro, travessa de S. Sebastião, 26, 1.º
João Baptista Pagani, travessa de S. Francisco Xavier, 44.
Eduardo Augusto Barros Ferreira, travessa de S. Bernardino, 20, 1.º
Francisco Arthur da Silva, rua da Esperança, 105.
Antonio Fausto de Sousa Junior, rua da Magdalena, 85, 4.º
Julio Izidro Dias, rua dos Fanqueiros, 262, 3.º

Ouvidoria e negocios forenses

Ouvidor—Dr. Francisco Dias Ferreira, campo dos Martyres da Patria, 117, 2.º
Advogados:
Dr. Antonio da Cunha Seixas, rua do Carmo, 101, 3.º

Dr. Jayme Coroleano Henrique Leça da Veiga, rua do Crucifixo, 78, 2.º
Dr. Domingos Pinto Coelho, largo do Carmo, 18.
Dr. José Maria de Oliveira Holbeche Trigoso, Hotel Alliança.
Chefe de secção — Antonio José Pessoa Lopes, rua Barata Salgueiro, 17.
2.º escripturario — Antonio Maria da Cunha Araujo Sardinha, becco da Caridade.
3.ºs escripturarios:
Arthur Dally, rua Ivens.
Francisco Bruno de Miranda, rua da Rosa, 267, 1.º
Antonio Henrique Galhardo de Quadros, rua da Emenda, 111.
Amanuenses:
Eduardo Augusto da Cunha Seixas.
José Maria da Costa Bello, rua da Infancia.
João Antonio de Moraes Lopes, rua do Arco do Marquez de Alegrete, 6, 3.º, D.
Paulo Bray, rua dos Douradores, 21.
João de Sousa Pinto de Magalhães, rua da Saudade, 43, 1.º

Thesouraria

Thesoureiro — Alfredo Talone da Costa e Silva, rua de S. Bento, 57.
Fiel — Roberto Talone da Costa e Silva, rua Nova da Palma, 256.
Cobrador — Antonio Augusto Victor da Matta, praça do Principe Real, 93.

Archivo

Archivista — Augusto Carlos Basto Cruz, rua do Duque, 36.
Ajudante — Antonio Ferreira Santos Firmo, rua do Infante D. Henrique, 39.
Porteiro — Joaquim Luiz Francisco Martins, no edificio da Companhia.
Continuos:
Lourenço Fernandes, largo dos Jeronymos, 74.
Lourenço do Couto, edificio da Companhia.
Antonio Pedro dos Santos, travessa do Almada, 20.
Joaquim Pedro Gonçalves, escadinhas de S. Christovão, 6, 1.º
Antonio Joaquim Martins Castanheira, rua de S. Bartholomeu, 12.
Guarda-portão — José Dias, edificio da Companhia.
Inspectores de propriedades:
Augusto Cesar da Silveira Proença, calçada do Garcia.
Joaquim Duarte da Costa, Sacavem.
Antonio Bruno Schiappa Pietra, rua da Junqueira, 326, 2.º
Avaliador — Paulo de Carvalho, S. Domingos de Bemfica.
Sollicitadores:
José Joaquim Duarte Cordeiro Junior, rua de S. Lazaro, 76, 1.º
Antonio Pedro Ferreira, rua da Procissão, 109.

COMPANHIA INDUSTRIAL PRODUCTORA DE PAPEIS PINTADOS

Sociedade anonyma de responsabilidade limitada

Capital — Réis 90:000$000

RUA DE S. SEBASTIÃO DA PEDREIRA, 25, 27

Direcção

Visconde Monsanto, rua Castilho, 3.
José Antonio da Silva, travessa da Victoria, 60, 2.º
Augusto Dias, rua de S. Sebastião da Pedreira, 26, 1.º

Substitutos:
Augunto Vicente Ribeiro, rua Garrett, 58.
Antonio Augusto Coelho e Sousa, Avenida Estephania.
José Joaquim Gomes Abreu, rua Castilho.

COMPANHIA DE LANIFICIOS DE ALEMQUER

Escriptorio — Rua dos Corrieiros, 29

Direcção

Effectivos:
Antonio Teixeira de Figueiredo, praça da Figueira, 40.
Guilherme Arnaud, caes do Sodré, 84.
José Ennes, rua Borges Carneiro, chalet, B.
Supplentes:
Julio José Pires, rua de Santo Antão, 135, 2.º
Constantino José Vianna, praça da Alegria, 49.

COMPANHIA DE LANIFICIOS DE ARRENTELLA

Capital — Réis 200:000$000

Escriptorio — R. dos Retrozeiros, 85, 1.º

Direcção

Gerente — José Joaquim de Mattos e Silva, Palhavã.
Vice-gerentes:
Dr. Antonio Bossa, rua do Jardim do Regedor, 18, 1.º
Dr. Mariano Level Duarte, rua Nova d'Alegria, 64, 2.º

COMPANHIA DE LANIFICIOS EM ARROYOS

Escriptorio — Rua do Arco do Bandeira, 54, 1.º

Direcção

Effectivos:
Antonio Pereira de Carvalho, Praça do Principe Real.
Daniel Cordeiro Feio, rua Nova de S. Domingos.
João Pedro Diogo Patrone Junior, rua de S. João dos Bemcasados.
Supplentes:
José Antonio d'Araujo, rua dos Bacalhoeiros.
Francisco Paula Nascimento Cardoso, rua Augusta.

COMPANHIA DAS LEZIRIAS DO TEJO E SADO

Sociedade anonyma de responsabilidade limitada

Capital realisado — Réis 1.939.000$000

Escriptorio — Rua Nova do Almada, 53, 1.º

Direcção

Dr. Vicente Rodrigues Monteiro, rua de S. Philippe Nery, 124.
Antonio Rodrigues Tarujo, rua da Esperança, 155.

Luiz Adolpho de Oliveira de Sommer, rua da Escola Polytechnica, 139, 2.º

Substitutos:
Domingos Martins da Costa Ribeiro, calçada de S. Francisco, 23, 1.º
Dr. Francisco Teixeira de Queiroz, rua da Magdalena, 171, 1.º
Dr. Francisco Joaquim d'Almeida Figueiredo, calçada da Estrella, 135.
Guarda-livros e secretario da direcção — José Bento d'Araujo Assis, Campo dos Martyres da Patria, 163.

COMPANHIA DE LIMPEZA DE CHAMINÉS

Escriptorio — Rua dos Fanqueiros, 168, 1.º

COMPANHIA LISBONENSE DE ESTAMPARIA E TINTURARIA DE ALGODÕES

Capital — Réis 300:000$000

Escriptorio — Rua dos Fanqueiros, 122, 1.º

Direcção

Effectivos:
Casimiro Jeronymo Mendes, na Fabrica.
Antonio Adriano da Costa, calçada do Marquez d'Abrantes, 97, 1.º
Vicente Sabino Martins Falcato, rua do Livramento, 97, 1.º
Substitutos:
José Bento d'Araujo Assis, Campo dos Martyres da Patria, 163.
Candido Bento Martins Falcato, rua de S. Bento, 28, 2.º
José do Nascimento Lopes, rua da Bombarda.

COMPANHIA LISBONENSE DE ILLUMINAÇÃO A GAZ

Escriptorio — Rua da Boa Vista, 27

Não chegaram ainda os esclarecimentos; vidé folha addiccional.

COMPANHIA LISBONENSE DE LIMPEZA DE CHAMINÉS

Escriptorio — Travessa da Victoria, 87

COMPANHIA LUSITANA DE CREDITO

EMPRESTIMOS SOBRE PENHORES E OPERAÇÕES BANCARIAS

Capital — Réis 90:000$000

Escriptorio — Rua da Bitesga, 16, 1.º

1.ª SUCCURSAL — Arco do Bandeira, 180, 1.º

2.ª SUCCURSAL — Calçada do Sacramento, 7, sobre-loja

Director-gerente — José Matheus Lisardo, na séde da Companhia.

COMPANHIA DO MERCADO DA PRAÇA DA FIGUEIRA

Escriptorio — Rua de S. Julião, 52, 1.º

Direcção

Conde de Magalhães, rua de S. José, 14.
Conde d'Azarujinha, largo do Conde de Pombeiro, 5.
Dr. Francisco da Silveira Vianna, rua Formosa, 108.

COMPANHIA DOS MERCADOS E EDIFICAÇÕES URBANAS

Escriptorio — Rua do Crucifixo, 125, 2.º

Gerente — João Joaquim de Sousa Amado, travessa de Sant'Anna, 39.

COMPANHIA DAS MINAS DE GONDOMAR

Capital — Réis 650:000$000

Escriptorio — Rua da Prata, 234, 1.º

Não chegaram ainda os esclarecimentos; vidé folha addiccional.

COMPANHIA DAS MINAS DA TAPADA

Capital — Réis 430:000$000

Escriptorio — Rua dos Retrozeiros, 45, 1.º

Direcção

Adrião de Seixas, rua Borges Carneiro, 22.
João Pedro Diogo Patrone Junior, rua de S. João dos Bemcasados, 174
Mark Seruya, rua da Prata, 80, 1.º
Supplentes:
Mem Rodrigues de Vasconcellos, rua das Janellas Verdes, 37.
João Martins de Barros, rua dos Fanqueiros, 174, 1.º

COMPANHIA MINEIRA SOTIEL CORONADA

Capital — Réis 1.400:000$000

Escriptorio — Rua dos Sapateiros, 22

(Vulgo, Arco do Bandeira)

Direcção

Effectivos:
Gaspar Schindler, rua de S. Francisco de Paula, 104.

Fernando Pereira Palha, travessa de Lazaro Leitão, 1.
Conde de Moser, Henrique, rua Nova da Palma, 256-A.
Substitutos:
Dr. Francisco Teixeira de Queiroz, rua da Magdalena, 171.
José da Costa Pedreira, praça do Principe Real, 65.
Guilherme Arnaud, Caes do Sodré, 84, 2.º

COMPANHIA DE MOAGEM DO BARREIRO

Sociedade anonyma de responsabilidade limitada

Capital — Réis 200:000$000

Escriptorio — Rua d'El-Rei, 82, 1.º

Direcção

Director-gerente — Julio Ferreira Lopes, rua da Infancia, 22.
Adjuntos:
Visconde de Sanches de Baena, Bemfica.
Antonio Teixeira de Figueiredo, praça da Figueira, 40.

COMPANHIA DE MOAGEM DA ESTRELLA

Sociedade anonyma de responsabilidade limitada

Capital — Réis 200:000$000

Escriptorio — Travessa do Pinheiro á Estrella, 28-A

Directores

João José Martins, calçada da Estrella, 125.
Manuel Mariz Costa, rua das Praças, 22.
Joaquim Augusto dos Santos.

COMPANHIA DE MOAGEM E PANIFICAÇÃO A VAPOR

Sociedade anonyma de responsabilidade limitada

Capital social — Réis 150:000$000

Escriptorio — Rua da Palma, 272 a 278

COMPANHIA DE MOAGEM DE SANTA IRIA

Sociedade anonyma de responsabilidade limitada

Capital — Réis 350:000$000

Escriptorio — Rua da Prata, 59

Administração

Dr. Caetano de Campos Andrade, travessa da Victoria, 74, 1.º
Cazimiro Freire, largo do Terreiro do Trigo, 9.
Pedro Gomes da Silva, rua d'Entremuros, 101.

COMPANHIA NACIONAL DE CAMINHOS DE FERRO

Escriptorio — Avenida da Liberdade, 91

Não chegaram a tempo os esclarecimentos; vidè folha addicional.

COMPANHIA NACIONAL DE CERAMICA

Capital — Réis 165:000$000

Escriptorio — Calçada do Sacramento, 7

Direcção

Ricardo Antonio Filgueiras.
Carlos Augusto da Silva.
Pedro Antonio Vieira.

COMPANHIA NACIONAL EDITORA
SUCCESSORA DE DAVID CORAZZI E JUSTINO GUEDES

Escriptorio — Largo do Conde Barão, 52

Administrador-gerente — José de Mello.

Conselho fiscal

David Corazzi, largo do Conde Barão, 52.
Justino Guedes, calçada do Marquez d'Abrantes, 111.
Ramiro de Seixas, rua do Quelhas, 14, 1.º
Dr. Antonio Centeno, rua da Prata, 144.
João Lobo de Santiago Gouveia, rua do Passadiço, 1.

Supplentes

Alfredo Pereira, rua das Trinas, 125.
José Maria d'Alpoim Cerqueira Borges Cabral.
Marianno Presado.

COMPANHIA NACIONAL DE FIAÇÃO E TECIDOS DE TORRES NOVAS

Capital — Réis 200:000$000

Escriptorio e armazem — Largo dos Torneiros, 2, 1.º, em Lisboa

Direcção

Effectivos:
Alfredo Mendes da Silva, rua Ivens, 5.
Luiz Adolpho d'Oliveira de Sommer, rua da Escola Polytechnica.
Alexandre de Saldanha da Gama, Torres Novas.
Substitutos:
Eduardo da Silva, largo d'Arroyos, 6.
José Antonio d'Araujo, rua dos Bacalhoeiros, 140.
Manuel Joaquim Alves Diniz, rua de S. Julião, 100, 1.º

COMPANHIA NACIONAL DE FOSFOROS

Escriptorio — Rua do Ouro, 32, 1.º

Administradores:
Conde de Valbom, rua N. da Trindade, 96.
Conde de Gouveia, rua Ferregial de Cima, 1.
Jorge O'Neill, rua das Flores, 59.
William Bleck, Algés.

Substitutos:
Antonio José Gomes Netto, praça dos Remolares, 1.
Francisco Ribeiro da Cunha, rua dos Fanqueiros, 65, 2.º
Carlos Maria Eugenio de Almeida, Campo dos Martyres da Patria.

COMPANHIA NACIONAL DE FUNDIÇÃO E FORJAS

Sociedade anonyma de responsabilidade limitada

Capital — réis 337:500$000

Escriptorio — Rua Luiz de Camões, 10.

Administradores:
Marianno Cyrillo de Carvalho, rua Formosa.
Adrião de Seixas, rua de Borges Carneiro, 22.
José Rica Junior, rua do Alecrim, 17.
Guilherme Serrão Arnaud, Caes do Sodé, 84.
Guilherme da Silva Guimarães, rua da Palma, 172.

COMPANHIA DE PAPEL DO PRADO

Sociedade anonyma de responsabilidade limitada

Capital — réis 360:000$000

Escriptorio — Largo de S. Julião, 12, 2.º

Direcção

Augusto Francisco Vieira, rua de S. Joaquim, 22.
Delfim José Monteiro Guimarães, rua de S. José, 202.
Dr. Antonio Gonçalves Vieira de Lemos, rua do Monte Olivete, 30.
José Joaquim Nunes de Carvalho, rua de S. Julião, 12, 2.º
Dr. João Marcellino Arroio, rua Formosa.

COMPANHIA PORTUGUEZA DAS MINAS DE CALA

Escriptorio — Rua da Prata, 234, 1.º

COMPANHIA PORTUGUEZA DAS MINAS DE HUELVA

Capital — réis 500:000$000

Escriptorio — Rua dos Retrozeiros, 88, 2.º

Direcção

Francisco Maria de Sousa Brandão, calçada do Sacramento, 14, 1.º
Manuel Joaquim Alves Diniz, rua de S. Julião, 100, 1.º
J. Correia Loureiro, Ameixoeira.

Supplentes:
Francisco Cardoso Pereira Junior, rua dos Capellistas, 86, 1.º
José Martinho da Silva Guimarães, rua da Magdalena, 119.
Eladio Bezard, Huelva.

COMPANHIA PORTUGUEZA DE PESCARIA

Escriptorio — Largo do Municipio, 13, 1.º

Conselho de administração

F. Garay, praça do Municipio, 13.
Alfredo Cordeiro Feio, rua de S. João da Matta, 6.
Bernardo Homem Machado.
João Lobo de Santiago Gouveia, rua do Passadiço, 1.
M. Romberg Nisard.

COMPANHIA PREVIDENTE

PREGARIA, TUBOS DE CHUMBO E SERRAGEM DE MADEIRA

Capital — réis 100:000$000

Rua do Instituto Industrial, 41 a 45

Direcção

Joaquim Maria Pimenta, rua dos Bacalhoeiros, 63.
Bento José da Costa Gomes, rua dos Capellistas, 60.
José Narciso da Costa Sobrinho, rua do Amparo, 50.

COMPANHIA PROPAGADORA DE INSTRUMENTOS MUSICOS

Escriptorio — Rua Garret, 36, 1.º

COMPANHIA REAL DOS CAMINHOS DE FERRO PORTUGUEZES

Mesa da assembléa geral

Presidente — Frederico Biester, rua Formosa, 11.
Vice-presidente — Francisco José Silveira Vianna, rua dos Capellistas, 120, 1.º

Conselho de administração em Lisboa

Presidente — Francisco Vanzeller, rua de Santa Apolonia, 21.
Vice-presidente — Marquez de Fontes Pereira de Mello, L. do Poço Novo, 10.
Administradores:
Adrião de Seixas, rua de Borges Carneiro, 22.
Carlos Maria Eugenio d'Almeida, campo dos Martyres da Patria.
Antonio Centeno (Dr.), rua do Olival, 50.
João Lobo de Santiago Gouveia, rua do Passadiço, 1.
Mem Rodrigues de Vasconcellos, rua das Janellas Verdes, 37.

Conselho fiscal

Presidente — Conde de Valenças, rua de Pau de Bandeira.
Vice-presidente — Conde de S. Januario, rua de S. Francisco de Paula, 112.
Secretarios:
Alfredo Mendes da Silva, rua Ivens, 5.
Visconde d'Alemquer, praça do Principe Real.
Antonio P. Carvalho, praça do Principe Real.
João Baptista de Figueiredo, praça de D. Luiz, 9.
Carlos May Figueira, rua Antonio Maria Cardoso, 18.
Visconde de Mangualde, alameda de Santo Antonio dos Capuchos, 4.
J. P. Patrone Junior, rua S. João dos Bemcasados, 174.

Direcção geral

Engenheiro director geral — Manuel Affonso de Espregueira, rua das Chagas, 16.
Secretario geral: Antonio de Sousa e Vasconcellos, calçada da Gloria, 1.
Chefe da secretaria geral — Pedro Guilherme dos Santos Diniz, rua das Trinas do Mocambo, 48, 1.º
Empregados principaes — Carlos Zeferino Lamarão, calçada do Grillo, 3.
Claudio José Marrocos, rua dos Fanqueiros, 106.
Gastão de Sousa e Vasconcellos, Almada.
José N. Guerreiro, largo do Calvario.
Joaquim Nunes da Silva, rua de Fernandes Thomaz.

Contencioso

Chefe do serviço — Joaquim Vaz da Costa Simões, travessa do Athayde, 1, 2.º

EXPLORAÇÃO

Direcção

Chefe — Augusto Luciano Simões de Carvalho, Santa Apolonia.
Engenheiro adjuncto — Antonio Carrasco Bossa.
Secretario — Désiré Ernest Moreau, rua de Xabregas, 34.
Chefe da repartição — José Eduardo Airoles, rua dos Remedios, 179, 3.º
Chefe do expediente — Alfred Tellier, calçada do Duque de Lafões, 10.
Chefes de secção:
Angelo Centazzi, rua de S. Bento, 87, 1.º
José Joaquim Moreau, rua do Grillo, 9, 1.º
Domingos José Gonçalves, rua de Santa Anna, á Lapa, 48, 1.º
João Felix Peixoto de Gimenes, rua de S. José, 190, 1.º

Contabilidade geral

Chefe do serviço — Antonio Gaspar Teixeira de Lemos, Avenida da Liberdade, 38, 3.º
Chefe da repartição — Alfredo Carlos Martins Lavado, rua de Passos Manuel, 49, 1.º
Chefes de secção:
Vicente Bandeira, Cruz de Santa Helena, 2, 1.º
Cassiano de Azevedo.

Thesouraria

Thesoureiro — D. José Navarro.
Sub-thesoureiro — José Maria Guerreiro, largo do Conde Barão, 27, 1.º
Pagador — Ruy de Medeiros, rua do Ferregial, 44.

Fiscalisação e estatistica

Chefe do serviço — A. Perdigão, calçada da Estrella, 69.

Inspectores de contabilidade

Junto do serviço central:
Joseph Boutand, Campo de Santa Clara, 140, 1.º
Alfredo Ferreira, rua do Carrião, 21.
Da 1.ª divisão — Alfredo Ferro, travessa de Santa Quiteria, 110, 1.º
Da 2.ª divisão — Augusto Lopes Mimoso, calçada do Forte, 10, 2.º
Da 3.ª divisão — Alfredo de Seixas Bandeira, l. de Santa Marinha, 9, 1.º
Da 4.ª divisão — José Carlos Mourão Junior, rua de Santo Amaro, 72, 2.º
Chefes de secção:
Manuel Caetano Teixeira de Mello, rua do Trombeta, 4, 1.º
Luiz Ferreira, rua do Carrião, 21.
Sebastião Julio Peixoto, largo da Annunciada, 16, 1.º
Julio Ferreira, rua do Carrião, 21.

Armazens

Engenheiro chefe do serviço — Augusto Fuschini, t. de S. Mamede, 76, 2.º
Chefe da repartição central — Alfredo Augusto de Oliveira Sampaio, rua das Trinas, 40, 2.º
Chefe da repartição dos armazens — Victorino M. dos Reis e Villa, rua de Santo Antonio da Gloria, 53, 1.º
Chefe da repartição de contabilidade — Henrique Candido Furtado Monteiro, travessa do Maldonado, 3, 2.º
Empregado principal — Miguel Augusto Rogerio da Encarnação, rua do Mirante, 21, 1.º
Comprador — Januario Marcellino da S. Azevedo, rua de S. Thiago, 12, 1.º
Encarregado da typographia — Luiz Pinto de Campos, calçada do Forte, 70, 4.º

Saude

Chefe do serviço — Dr. Zophimo P. Gomes da Silva, rua do Mirante, 26.
Sub-chefe — Dr. Ariosto de Moncada, rua dos Remedios á Lapa, 60.

Movimento

Chefe de serviço — Julio Cesar de Miranda Monteiro, Estação.
Sub-chefe — Antonio Filippe Guedes d'Azevedo Coutinho, idem.
Sub-chefe encarregado da exploração da Beira Baixa — Gabriel Russell, Abrantes.
Inspector da 1.ª secção — Daniel José da Costa Dias.
Inspector adjuncto — Antonio Augusto Pereira Campeão.
Sub-inspector — Joaquim Maria d'Alcantara.
Inspector da 2.ª secção — Antonio Victorino da Costa Brito.
Inspector da 3.ª secção — João Bento Leite Pereira.
Inspector-adjuncto — José Marques.
Inspector da 4.ª secção — Abraham Cohen Junior.
Inspectores-adjunctos — Joaquim Gomes da Silva, e sub-inspector Julio Augusto Loureiro da Gama.
Chefe da repartição central — Lourenço Raymundo d'Almeida, rua de Nossa Senhora da Gloria á Graça, 95, 2.º
Chefes de secção:
Luiz Veiga da Cunha — Alverca.
Antonio Dias de Azevedo, rua dos Cavalleiros, 105.

Trafego

Chefe do serviço — Alfredo Krus, calçada do Monte, 53.

1.ª Repartição — Central

Inspector chefe da repartição — L. de Mendonça e Costa, rua de Santo Antão, 109.
Chefe de secção — Francisco Nicolau d'Araujo, c. do Sacramento, 14, 3.º

2.ª Repartição — Reclamações e investigações

Inspector chefe da repartição — Alfredo Edmundo de Moraes Sarmento, rua da Infancia, 22.
Agente de investigações — Agnello Pimenta dos Santos — Olivaes.

Agencia aduaneira de Lisboa

Agente aduaneiro — José Antonio de Sousa Marques, rua da Infancia, 18.
Chefe de secção — Francisco Roberto Soares Brandão, travessa de Nossa Senhora da Gloria, 2, B, 2.º
Chefe de secção — Joaquim José da Costa, rua do Valle de Santo Antonio, 280, 1.º

Agencias commerciaes

1.ª *Lisboa* — De Lisboa a Torres Novas, Cascaes, Cintra e Torres Vedras: Agente José Patricio dos Reis, rua do Valle de Santo Antonio, 18, 1.º
2.ª *Leste* — Do Entroncamento a Elvas e Marvão, até Ponte de Sôr interinamente a cargo do agente commercial em Lisboa; de Torre das Vargens ás fronteiras, a cargo do sr. D. Laureano Fernandes, agente em Valencia d'Alcantara e Badajoz.
3.ª *Norte* — De Payalvo ao Porto, interinamente a cargo do agente Henrique Barrifaro, na Figueira da Foz.
4.ª *Oeste* — De Ramalhal á Figueira da Foz e Alfarellos, Henrique Barrifaro. Figueira da Foz.

Agencias commerciaes e aduaneiras nas fronteiras de Valencia de Alcantara e Badajoz

D. Laureano Fernandez, Valencia d'Alcantara e Badajoz.

Via e obras

Chefe — Candido Xavier Cordeiro, rua do Visconde de Santo Ambrosio, 73, 1.º
Sub-chefe — João José Lobo d'Avila — Bellas.
João de Fontes Ferreira de Mesquita, rua dos Cardaes de Jesus, 130, 2.º
Chefe da repartição — Antonio Joaquim Seabra da Fonseca Silvano, rua de Santa Apolonia, 63.
Chefe da 1.ª secção — Antonio Bernardo de Figueiredo — Santarem.
Chefe da 2.ª secção — Gil d'Almeida — Pombal.
Chefe da 3.ª secção — Guilherme Villaça — Ponte de Sôr.
Chefe da 4.ª secção — João d'Arriaga, travessa da Amoreira, 17.
Chefe da 5.ª secção — Evaristo Miranda — S. Martinho.

Material e tracção

Engenheiro principal do serviço — Carlos Henrique Albers, rua de Santa Apolonia.

Engenheiro adjuncto — Conde de Ottoline (José) — Bemfica.
Chefe da repartição — Daniel José Cardoso, rua da Cruz de Santa Apolonia, 19.
Inspector do material — Francisco Maximo d'Abreu, largo do Caminho de Ferro, 124, 4.º
Chefe da 1.ª secção — Joaquim da Silveira Ramos — Alhandra.
Chefe da 2.ª secção — Miguel da Silva Pimentel rua do Bemformoso, 254, 2.º
Empregados principaes:
Julio Alberto Bastos de Andrade Moura, rua Augusta, 193, 1.º
José Maria Bermejo — Alhandra.
Sub-chefe das officinas — José Martins, rua de Santa Apolonia, 53.
Chefe do deposito — Eduardo Gerval, rua de Santa Apolonia, 53.

Estação principal em Lisboa

Chefe da estação — Manuel Joaquim de Sousa, Estação.

Estação central do Rocio

Chefe — Anthero Ismael Correia, Estação.
Chefe da pequena velocidade — Joaquim Gonçalves, Estação.
Sub-chefes da grande velocidade:
José Ignacio dos Santos, rua de Santa Apolonia, 16.
Alfredo Prazeres, largo de Santos-o-Novo, 16, 1.º
Sub-chefes de mercadorias:
Manuel Joaquim Lopes de Passos, rua dos Caminhos de Ferro, 96.
Augusto Bizarro, rua do Vigario, 39.

Construcção

Repartição Central

Engenheiro — Antonio Carlos Coelho de Vasconcellos Porto, calçada do Marquez d'Abrantes, 103, 2.º
Chefe de repartição — D. João Zarco da Camara, rua da Junqueira, 259.
Sub-chefe da repartição — Eduardo Castello Branco, rua dos Cordoeiros.
Empregados principaes:
José de Vasconcellos e Sá, rua do Thesouro Velho, 18.
Joaquim Hermano Xavier da Silva, rua Estephania, 374.
Frederico Lemos, travessa do Falla Só.
Henrique d'Almeida, rua do Valle de Santo Antonio, 255, 2.º
Antonio Homem da Trindade, largo dos Caminhos de Ferro, 116.
Julio de Sousa Larcher, rua dos Caetanos, 43.
Manuel Boaventura Freire, calçada do Salitre.
Engenheiro chefe da 1.ª secção (Beira Baixa) — Augusto S. Monteiro Lima, Abrantes.
Chefe da 2.ª secção (Beira Baixa) — Henrique Simões dos Reis — Fundão.
Engenheiro chefe da 3.ª secção (Beira Baixa) — Pedro Arnaut de Menezes, Guarda.
Engenheiro chefe de divisão (Ramal de Cascaes) — Antonio Albuquerque de Amaral Cardoso, rua de Sant'Anna á Lapa, 182.
Chefe de secção (Linha Urbana) — G. Barbin Chabrion, rua de S. Sebastião das Taipas, 8.
Engenheiro chefe de secção (Obras do Tejo) — Thomaz Malheiro, rua do Bom Successo, 20.

COMPANHIA REAL PROMOTORA DA AGRICULTURA PORTUGUEZA

Ala poente do Mercado 24 de Julho, Aterro da Boa Vista

Não chegaram os esclarecimentos, vidé folha addicional.

COMPANHIA DA REAL FABRICA DE FIAÇÃO DE THOMAR

ESTABELECIMENTO FUNDADO EM 1789

Sociedade anonyma de responsabilidade limitada

Capital — Réis 500:000$000

FABRICA EM THOMAR

Escriptorio e armazem — Rua dos Fanqueiros, 150

Direcção

Dr. José Joaquim da Silva Amado, rua de S. Mamede, 63.
Delphim da Silva Guimarães, Quinta das Furnas, (Sete Rios).
Luiz Eugenio Leitão, rua dos Capellistas, 49, 2.º
Substitutos:
Luiz Diogo da Silva, Largo da Abegoaria.
Firmino Ribeiro Ermida, rua da Alegria, 25.
Antonio Francisco Ribeiro Ferreira, rua dos Fanqueiros, 81.

COMPANHIA DOS TABACOS DE PORTUGAL

Capital — Réis 9.000:000$000

Escriptorio — Praça do Municipio

Mesa da Assembléa Geral

Presidente — Dr. Carlos Zeferino Pinto Coelho, Largo do Carmo, 18.
Vice-presidente — Condé de Ottolini, Bemfica.
1.º Secretario — Dr. Eduardo Burnay, Junqueira.
2.º Secretario — Antonio Joaquim Simões d'Almeida, rua da Prata, 67.

Conselho de administração

Presidente — Fonsecas, Santos & Vianna, rua dos Capellistas, 120, 1.º
Vice-presidentes:
Henry Burnay & C.ª, rua dos Fanqueiros, 10, 1.º
André Neuflize & C.ª, Paris.
Vogaes:
Marquez da Praia e Monforte, Largo do Rato.
Conde de Daupias, rua da Prata 8, 1.º
Carlos Maria Eugenio d'Almeida, Campo dos Martyres da Patria.
Conde de Mendia, rua das Parreira, (a Jesus) 22.
Feliciano Augusto d'Abreu, rua Nova do Carvalho, 58.

Firmino Ribeiro Ermida, rua da Alegria, 25.
Joaquim de Vasconcellos Gusmão, rua do Belver, 3.

Theodor Berger \
Antonio Vlasto \
Frank Auboyneau } *Paris*
Gustave Pereire /
A. Monchicourt /

Secretario-geral — Guilherme de Passos Costa, Avenida da Liberdade, 190, 2.º

Conselho fiscal

Presidente — Visconde de Chancelleiros, Cortegana.
Vice-presidente — Eduardo Ferreira Pinto Basto, Caes do Sodré, 64, 1.º
Vogaes:
Duarte Sergio de Oliveira Duarte, rua de S. Roque, 84, 2.º
Gaspar Schindler, rua de S. Francisco de Paula, 102.
Domingos Martins da Costa Ribeiro, calçada de S. Francisco, 23, 1.º
Adolpho de Lima Mayer, rua da Prata, 59, 1.º
Joaquim Graça, rua do Salitre, 260.
João Joaquim Isidro dos Reis, rua do Telhal, 71.
Francisco Perestrello de Vasconcellos, travessa do Maldonado, 16, 2.º
Jorge José de Mello, rua de S. Bento, 670.

Secretaria

Chefe — Caetano Rovere, rua do Sacramento, a S. Sebastião da Pedreira, 38.
1.ºs officiaes:
João Soler, rua do Olival, 254, 2.º
Elisiario Augusto de Freitas Caldas, rua de Santo Antão, 162, 3.º
2.º official — Edmundo Oscar Rovere, rua do Sacramento, a S. Sebastião da Pedreira, 38.
1.º amanuense — Frederico Stadlin, rua de S. Domingos, á Lapa, 19.
2.ºs amanuenses:
Eduardo de Sousa Neves, rua de Estephania, 35, 3.º
José Carlos Peres, rua dos Douradores, 20, 2.º
Victor Alves da Cunha Rosa, rua do Valle de Santo Antonio, 249, 2.º
Archivista — Antonio Botto, rua da Cruz de Santa Apolonia, 78, 4.º
Porteiro — Paulo José de Carvalho, largo de S. Julião, 7, 5.º
Continuos:
Agostinho José das Neves, rua do Soccorro de Cima, 40, 2.º
Francisco Leão, travessa do Cabral, 20, 2.º
Serventes:
João Gomes, pateo do Sousa, á Graça.
José da Fonseca, rua d'Entremuros, 17, 1.º

Contabilidade geral

1.ª Secção — Escripturação

Guarda-livros chefe — Henrique Ribeiro de Carvalho, Estrada da Penha de França, 26.
Guarda-livros ajudantes:
João Antonio Theophilo Costa, rua do Quelhas, 14, 2.º
Nanuel Maria Fonseca, Calçada do Marquez d'Abrantes, 128, 3.º
1.ºs officiaes:
Anacleto Augusto Rangel de Faria, rua da Lapa, 8.

Eduardo Augusto Moraes Sarmento, Campo Grande, 177, Topo Norte.
João Henriques Peres Caldas, rua da Veronica, 40, rez-chaussé.
2.ᵒˢ offficiaes:
João José Rodrigues, travessa de S. Domingos, 31, 2.º
José Augusto de Oliveira, rua de Campo d'Ourique, 266.
Servente — Joaquim Esteves Loureiro, rua da Bella Vista, a Graça, 32.
Addido — Lourenço d'Almeida, travessa da Legoa da Povoa 6, 3.º

2.ª Secção — Estatistica

Chefe — Isidoro Augusto Pessoa, rua da Cruz dos Poyaes, 84, 2.º direito.
Officiaes:
José Maria Lopes, rua da Cruz dos Poyaes, 84, 2.º esquerdo.
Manuel Fialho, rua da Barroca, 18, 2.º
Amanuenses:
Domingos d'Oliveira, rua do Valle de Santo Antonio, 255, 1.º
Adrião da Silva Bandeira, Travessa da Gloria (á Graça), 2 D, 1.º esq.

Thesouraria

Thesoureiro em chefe — José Maria dos Reis, rua Fresca, 24.
Fiel thesoureiro — Theodosio Martins Rollão de Miranda Rebello, rua do Valle de Santo Antonio, 18, 2.º
Officiaes:
José Maria P. Blanco Junior, calçada de S. João Nepomuceno, 33, 1.º
Francisco Maria Correia de Lacerda, rua de Santo Amaro, 26.
Amanuenses:
Jeronymo Sebastião da Cunha, rua dos Douradores, 29, 1.º
Joaquim Henriques Teixeira, rua da Prata, 247, 2.º
Cobradores:
Antonio Caetaneo da Fonseca, rua da Cruz, (a Santa Apolonia), 88, 1.º
Carlos Alberto Facco, rua Occidental do Campo Grande, 273.
Continuo — Francisco Ferreira, rua do Mirante, 11, 1.º
Addido — José Augusto Mendes Pereira, Quinta da Graça, Sacavem.

Armazens Geraes

Repartição Central

Chefe — Vicente Bandeira de Mello, rua de Alexandre Herculano, 117, 4.º
Officiaes:
Estevão Luiz de Sousa, rua d'Arroyos, 96-D. 3.º, esquerdo.
D. Diniz de Mello Manuel da Camara, Avenida da Liberdade, 67, 1.º
Amanuense — Alfredo Julio Machado, rua da Alegria, 65.
Continuo — João Maria Gomes, travessa de S. João de Deus, 12.

Armazens de Xabregas

Fiel — Francisco Prudencio Apollinario Junior, rua da Palma, 196, 1.º
Escripturario — Augusto Maria d'Azevedo, rua de S. Sebastião da Pedreira, 101, 1.º
Ajudante — Adelino Nunes Almas, rua do Castello, 15, 1.º

Armazem d'Alfandega

Fiel despachante — Germano Julio Coutinho, rua dos Fanqueiros, 250, 1.º esquerdo.

Ajudantes escripturarios:
Francisco Antonio de Carvalho, rua da Veronica, 34, 3.º
Guilherme Bastos, Olivaes.

Fabrico

Repartição Central

Director geral — Alberto Wernans, rua da Creche, 18, 2.º
Sub-director — Thomaz Bernardino de Mello, Marvilla.
Official — Alfredo Augusto Mendonça, rua da Rosa, 18, 2.º
Amanuenses:
Pedro d'Alcantara Brandeiro de Figueiredo, travessa da Boa Hora, 57, 1.º
Antonio Esteves de Mattos, rua de Nossa Senhora da Gloria, 98, 2.º
Continuo — Antonio Cabral da Fonseca, calçada dos Barbadinhos, 17-L.

Fabrica de Xabregas

Director — Manuel Fuertes Peres, calçada do Monte, 35.

Fabrica Lisbonense

Director — Alfredo Prescott, rua de S. Joaquim, 5, 1.º, a Santa Izabel.
Ajudante — André Ponce Blanco Macias, rua do Valle de Santo Antonio, 81, rez-do-chão, esquerdo.

Material

Engenheiro chefe — Guilherme Alberto Patten Sá Vianna, rua da Gloria, 16.
Sub chefe — Clarimundo João Patten Sá Vianna, estrada do Arco do Cego, 11.
Official — João Fletcher Junior, Junqueira, 247.
Desenhador — Angelo Napoleão Pons, rua da Trindade, 86.
Mestre d'obras — Manuel Joaquim Fortes, calçada dos Barbadinhos, 110.
Machinista chefe — John Westord, largo do Chafariz de Dentro, 19.
Machinista ajustador — Luiz Chatelanaz, calçada de D. Gastão.
Escripturario delegado em Xabregas — Benito Perez y Domingues, rua de Passos Manoel, 90.
Escripturario delegado na Lisbonense — Francisco da Silva Ferreira Junior, rua de S. Paulo, 19, 3.º
Fiscal da limpeza — José Maria Egreja, rua dos Fanqueiros, 300, 3.º
Servente — Augusto Fernandes, rua do Valle de Santo Antonio, 56.

Lithographia

Chefe do serviço — Justino Guedes, largo do Conde Barão, 50.

Fiscalisação

Chefe — João da Silva Carvalho, rua do Jardim do Regedor, 43, 1.º
Fiscal geral — José de Souza, calçada do Garcia, 7, 1.º
Amanuenses:
Antonio José d'Almeida, Villa Marques, Campo Pequeno.
Francisco Augusto de Souza Holstein Maldonado, Calçada da Estrella, 53, 2.º
Fiscal da porta da Fabrica Lisbonense — José Coelho d'Oliveira, rua do Valle de Santo Antonio, 8, 2.º
Fiscal interino — José Martins, Calçada dos Barbadinhos, 21, 2.º
Fiscal da porta da Fabrica de Xabregas — João Francisco d'Oliveira, rua do Valle de Santo Antonio, 126, 1.º

Fiscal interino — Joaquim Jeronymo de Vasconcellos Villas Boas, Calçada de Santa Apolonia, 26, 4.º

Contabilidade fabril

Repartição Central

Chefe — José d'Almeida Baptista Junior, rua Barata Salgueiro, 52.
Sub chefe — Miguel Theotonio dos Santos, rua de S. João da Matta, 29, 1.º
Officiaes:
Miguel Campos d'Oliveira, rua da Mouraria, 27.
Sebastião de Noronha, rua da Cruz da Carreira, 18.
Francisco José Pereira da Silva Junior, Estrada da Charneca, 37.
Amanuenses:
Justino Augusto Coelho de Tavora, largo de S. Julião, 7.
Antonio Jorge Evangelista, Arrentella.
Philippe Benicio Cunhal, rua de S. Julião, 128.
Continuo — Augusto de Andrade, travessa do Corpo Santo, 10, 4.º

1.ª Secção — Xabregas

Escripturario geral — Henrique de Macedo, rua do Principe, 37, 4.º
1.º ajudante — Carlos Marques Baptista da Silva Leão, largo de D. Gastão, 35, 1.º
2.os ajudantes:
Ricardo Prescott, rua de S. Joaquim, 5, 1.º, a Santa Isabel.
Antonio Alfredo Figueira, rua do Bemformoso, 195, 1.º
1.º Fiel — Antonio José Vieira Pereira, rua de Santo Antonio 4, 1.º, ás Janellas Verdes.
2.º Fiel — Julio Gualdino, Alto do Varejão, 34, 1.º
Apontador — João Antonio Jorge, travessa Nova de Santos, 38, 2.º
Continuo — Manoel Caldeira, Beco d'Alfama, 6, 4.º

2.ª Secção — Lisbonense

Escripturario geral — Alipio Lourenço de Carvalho, Calçada dos Barbadinhos, 79.
1.º ajudante — Simão Infante, Calçada dos Barbadinhos, 107.
2.os ajudantes:
João de Lemos Borges Loureiro, rua do Bemformoso 272, 4.º
Manoel Soares Fernandes, rua do Valle de Santo Antonio, 1, 3.º
1.º Fiel — Fernando Antonio Vermucle, rua da Veronica 11 B, 1.º
2.º Fiel — Antonio José Pereira da Silva, rua Paschoal de Mello 104.
Apontadores:
João Pedro Coelho, rua d'Entremuros, 1 B.
Severino José Ferreira, Travessa do Melo, 20, 1.º
João dos Santos Soares, Estrada de Chellas, 4, loja.
Continuo — Joaquim Corregedor, Calçada dos Barbadinhos, 11, 2.º

Deposito e vendas

Repartição Central

Chefe — José Maria Pereira, Campo de Santa Clara, 56, 1.º
Chefe de secção — Antonio Ribeiro Vianna, rua Barata Salgueiro, 17, 1.º
1.os officiaes:
Ernesto Augusto Pereira de Carvalho, largo de S. Julião, 7.

Eduardo Kebe, rua Thomaz d'Annunciação, 50, rez-chaussèe.
Seroulo da Fonseca e Sá, Praça d'Alegria, 66.
Francisco d'Assis Lopes, rua do Prior, 48, 3.º
2.ᵒˢ officiaes:
Alfredo Cesar de Vasconcellos Pinto, calçada do Marquez de Abrantes, 48, 4.º
Vicente José Gomes, rua Garret, 29, 4.º
George Cintra Shore, rua Serpa Pinto, 101, 4.º
Alfredo Alberto Pinto Castro e Silva, largo de S. Julião, 7.
1.ᵒˢ amanuenses:
José Martins de Seixas Junior, rua da Boa Vista, 26, 3.º
Anselmo d'Oliveira Ferraz, Almada.
2.º amanuense — Joaquim Ignacio Pereira, rua da Graça, 150, 2.º
Continuo — Antonio Duarte Roma, Calçada dos Barbadinhos, 45, loja.
Servente — Miguel dos Santos, Calçada dos Barbadinhos, 11, 1.º

Deposito de Xabregas

Chefe — Fernando Augusto de Souza Barradas, rua do Valle de Santo Antonio, 177, 1.º
Officiaes:
João Maria Antonio de Souza, Campo de Santa Clara, 121, 4.º
Manoel d'Aquino Ferreira da Cunha, largo de D. Gastão, 35, 1.º
Amanuense — José Augusto Guerreiro, rua do Poço dos Negros, 67, 4.º
Encarregados d'armazens:
Francisco Antonio d'Oliveira, Calçado do Grillo, 4, rez-chaussèe.
José Gregorio da Silva, rua da Bella Vista á Graça, 4, 2.º
Joaquim Constantino das Neves, rua Direita de Xabregas.
Expedidor — Florencio José da Silva, rua dos Lagares, 37, 3.º

Deposito de Santa Justa

Chefe — André Llorente, rua de S. Francisco de Paula, 63, 2.º
Officiaes:
José Maria Frazão, rua do Jardim do Tabaco, 68, 2.º
Raphael Martinez Rodrigues, rua de Nossa Senhora da Gloria, á Graça, 7, 1.º
1.º amanuense — José Maria d'Almeida Junior, Calçada dos Barbadinhos, 80, 1.º
2.ᵒˢ amanuenses:
José da Conceição Faria, Praça das Flrres, 37.
Miguel Faria, Praça das Flôres, 37.
1.º Fiel — José Martins, rua de João do Outeiro, 14, 3.º
2.º Fiel — Manoel Ferreira, Calçada de S. Vicente, 81, 2.º

Contencioso

Auditor — Dr. Alfredo Cesar Brandão, rua da Magdalena, 214, 1.º
Ajudante — Dr. Alfredo Carneiro da Cunha, rua dos Cardaes de Jesus, 29.
Sollicitador — Luiz Joaquim de Jesus Madeira, rua dos Douradores, 32.
Amanuense — Eduardo Gomes dos Santos Braga, Avenida da Liberdade, 192, 4.º
Agente de cobrança — João Peres Domingues, rua de Passos Manoel, 90, 1.º
Continuo — José Maria de Mattos, Travessa do Rosario, 24, 1.º

Saude e Beneficencia

Secretaria

Chefe — Rosendo Avelino Rodrigues, Calçada do Carmo, 25.
Official — José Ignacio Pereira, rua da Graça, 150, 2.º

Amanuenses:
Alfredo Junqueira de Figueredo, rua da Praça da Figueira, 40, 3.º
Estanislau José Rodrigues, rua de S. Bento, 223, 2.º

Serviço medico

Medico em chefe — Dr. Eduardo Burnay, Junqueira.
Medicos clinicos:
Dr. José Antonio Ramos, Xabregas.
Dr. Francisco Esteves da Fonseca, rua de S. Mamede, 31, 1.º
Dr. José Pereira Amado, rua Nova do Carmo, 46, 1.º
Dr. João Henriques Dias Chaves, rua da Saude, 8.

COMPANHIA TECIDOS ALLIANÇA

Escriptorio — Rua de Cascaes, 3 a 5

Capital social — Réis 240:000$000

Direcção

Conde de Mendia, rua das Parreiras, 22.
A. J. Simões de Almeida, rua da Prata, 67.
George Lambrt, rua dos Capellistas, 78.

COMPANHIA UNIÃO FABRIL

Capital — Réis 200:000$000

Escriptorio — Rua da Alfandega, 52.

Direcção

Dr. F. Gabriel de Freitas, rua de S. Julião, 185, 1.º
Henry Burnay & C.ª, rua dos Fanqueiros, 10, 1.º
J. José Bastos, Quinta dos Payos, (Olivaes)
Substitutos:
Constant Burnay, rua N. da Princeza.
P. Gomes da Silva, rua da Prata, 59.
Fernando J. Ribeiro, rua da Saudade.

COMPANHIA UNIÃO INDUSTRIAL LISBONENSE

Capital — Réis 150:000$000

Escriptorio — Rua 24 de Julho (a Santos)

Direcção

João Henrique Ulrich, Carreira dos Cavallos.
Alfredo Nicoleta Travassos Valdez, estrada de Campolide.
Guilherme de Passos Costa, Avenida, 91.

COMPANHIA DE VIAÇÃO URBANA A VAPOR

Capital — Réis 400:000$000

Escriptorio — Largo de S. Julião, 12, 2.º

Direcção

Augusto Francisco Vieira, rua da Crèche.
Guilherme Henrique de Sousa, rua de S. Julião, 61, 2.º
Substitutos:
Victorino Augusto de Oliveira, rua N. de S. Domingos.
Manuel Joaquim Alves Diniz, rua de S. Julião, 102.

Conselho fiscal

Visconde de Mangualde, Alameda de Santo Antonio dos Capuchos, 4.
João de Oliveira Casquilho, rua da Rosa, 295.
Isidoro José de Freitas.

COMPANHIA VICTORIA

Capital — Réis 100:000$000

PREGARIA E SERRARIA MECHANICA

Escriptorio — Rua das Janellas Verdes, 5

Gerente — Rodolpho Futscher, rua 24 de Julho, 156, 2.º

COMPANHIAS ESTRANGEIRAS

COM REPRESENTANTES EM LISBOA

Companhia Fabril Singer (machinas para coser). (Séde em Nova-York, Succursal em Lisboa, praça do Loreto, 6 e 7). — *Representante* — D. Eduardo Guiena.

Companhia da Mina de S. Domingos. — (Séde em Londres) Mason e Burnay, limited. *Agente em Lisboa* — J. J. de Corpas, rua do Ouro, 194.

Eastern Telegraph Company Limited. — *Representante* — Carlos Ferreira dos Santos Silva, rua dos Capellistas, 120, 1.º

Sociedade anonyma hespanhola da polvora dynamite. — *Agentes em Lisboa* — Lima Mayer & Filhos, rua da Prata, 59, 1.º

THE WEST AFRICAN TELEGRAPH COMPANY LIMITED DE LONDRES

Escriptorio em Lisboa — Rua dos Capellistas, 120, 1.º

Representante — Carlos Lisboa, Cintra.

Conselho de Administração

Luiz Augusto Perestrello de Vasconcellos, rua Direita da Junqueira.
José de Azevedo Castello Branco, rua Anchieta, 5, 2.º
Conselheiro Emygdio Navarro, Paris.
Carlos Ferreira dos Santos Silva, Praça do Principe Real.

COMPANHIAS DE SEGUROS

COMPANHIA DE SEGUROS

BONANÇA

Fundada em 1808

CAPITAL RESPONSAVEL 1.568:000$000

REALISA SEGUROS MARITIMOS

E

CONTRA O RISCO DE FOGO

EM LISBOA

Rua de S. Julião, 162, 1.° — (vulgo Algibebes)

E NA DELEGAÇÃO DO PORTO

Rua do Mousinho da Silveira, 47, 1.°

E nas AGENCIAS de differentes terras do paiz

DIRECTORES

José Manuel Romão
Manuel José de Andrade
Eduardo Augusto Pereira

COMPANHIA DE SEGUROS
FIDELIDADE

Fundada em 1835

Capital 1.344:000$000 réis

Em acções de capital nominal 1:000$000 com entrada de 50$000 réis por acção, sendo a responsabilidade permanente do accionista, de 950$000 réis

EFFECTUA SEGUROS CONTRA O RISCO DE MAR E TERRA

DIRECTORES

Domingos Martins da Costa Ribeiro

Pedro Augusto Martins da Silva

Victoriano Estrella Braga

COMPANHIA GARANTIA DO PORTO

FUNDADA EM 1853

SEGUROS MARITIMOS E CONTRA FOGO

AGENTE

FORTUNATO CHAMIÇO JUNIOR

10, Calçada Nova de S. Francisco, 10

LISBOA

NORTHERN

Companhia de Seguros de Fogo e Vida

FUNDADA EM 1836

Capitaes e Reservas — 29.763:000$000

PREMIOS COBRADOS EM 1890 PELA COMPANHIA

RAMO INCENDIO — Rs. 3.021:000$000
RAMO VIDA — Rs. 1.049:000$000

Rs. 225:000$000 foram levados com relação ao anno de 1890 á reserva do Ramo Incendio, que assim se acha elevado á quantia de

RS. 5.057:000$000

As reservas do Ramo Vida que garantem os encargos respectivos na proporção mais forte que se conhece elevam-se a quantia de

RS. 11.163:000$000

AGENTES EM PORTUGAL

EM LISBOA	NO PORTO
Fonsecas, Santos & Vianna	J. W. Burmeister
R. dos Capellistas, 120, 1.º	*R. de Ferreira Borges, 38, 1.º*

PREVIDENCIA

COMPANHIA PORTUGUEZA DE SEGUROS

Sociedade anonyma
Responsabilidade limitada

SÉDE EM LISBOA

32, RUA DO OURO, 32

Capital social
Réis — 1.000:000$000

AGENCIAS NAS PRINCIPAES POVOAÇÕES DO REINO

Effectuam-se seguros contra incendios, maritimos, fluviaes, de vida em caso de morte, para constituição de heranças, temporarios para garantia de emprestimos, de rendas vitalicias e de supervivencia.

Companhia de Seguros
REFORMADORA

SOCIEDADE ANONYMA DE RESPONSABILIDADE LIMITADA

Séde em Lisboa

Rua Aurea, 101

Adresse telegraphico: — REFORMADORA - LISBOA

TELEPHONE N.º 678

Agencias nas principaes povoações do reino

SEGUROS contra incendios maritimos, de transportes por terra, canaes ou rios, seguros postaes

TAGUS
Companhia de Seguros

SOCIEDADE ANONYMA
RESPONSABILIDADE LIMITADA

CAPITAL SOCIAL
RÉIS 1.200:000$000

Adresse telegraphico
COMPANHIA TAGUS

Numero telephonico
274

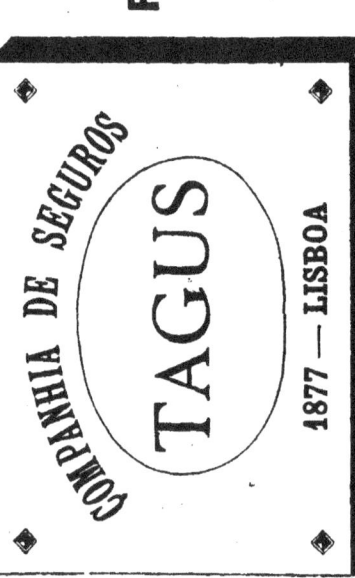

Séde — 160, 1.º, Rua d'Alfandega — LISBOA

Effectua seguros terrestres contra fogo casual ou precedido de raio e explosão de gaz, sobre moveis, propriedades e estabelecimentos e seguros maritimos contra avaria grossa e particular

AGENCIAS nas principaes povoações do reino, ilhas e ultramar

THE EQUITABLE

Sociedade de seguros de vida dos Estados Unidos

FUNDADA EM 1859

Séde em Nova-York

Capital de garantia superior a 119.000:000$000 réis

Os lucros revertem exclusivamente em favor dos segurados.
EXCESSO sobre a reserva legal, 23.740:447$340 réis, superior á de qualquer outra companhia.
Rendimento médio dos seus capitaes restrictos a bens de raiz e valores de primeira ordem, mais de 6 por cento.
Total pago aos segurados, 142.180:465$560 réis.
Nos ultimos vinte annos, esta companhia tem pago seguros superiores a qualquer outra. As apolices são incontestaveis.
Seguros em caso de morte, em caso de vida, dotaes, de sobrevivencias, rendas vitalicias, etc.
Administração e direcção da sociedade em Portugal

RUA DO OURO, 32, 1.º — LISBOA

PORTUGAL

Companhia geral de SEGUROS

CAPITAL — 1.600.000$000 RÉIS

Séde em Lisboa — Rua do Ouro, 100, 2.º

Effectua seguros contra os riscos de incendios maritimos e desastres corporaes.

Agencias nas diversas terras do paiz

Directores

Manuel José Ogando
João Baptista Mattos Moreira
Antonio P. Souza Ferreira e Castro

THE ROYAL

Companhia de seguros contra fogo e sobre a vida

CAPITAL E FUNDO DE RESERVA

LIBRAS 6.000:000 — RÉIS 27.000:000$000

Effectuam-se seguros em todo o reino a preços moderados

Agentes em LISBOA

BASTO & PIOMBINO

55, 1.º Rua de S. Paulo, 55, 1.º

LISBOA

COMPANHIAS DE SEGUROS NACIONAES E ESTRANGEIROS, EM LISBOA

Atlantique. — *Agentes em Lisboa* — Lima Mayer & Filhos, rua da Prata, 59, 1.º

Baloise (la). — *Agentes em Lisboa* — Henrique Daehnardt, rua da Magdalena, 75, 1.º

BONANÇA

Capital — Réis 1.568.000:000

ESCRIPTORIO — R. de S. Julião, 162, 1.º

Direcção

Directores effectivos:
José Manoel Romão, Avenida da Liberdade, 135.
Manoel José d'Andrade, calçada da Graça, 23.
Eduardo Augusto Pereira, rua Castilho, 7, 1.º
Supplentes:
Joaquim Moreira Marques, rua de S. Julião, 41.
Conselheiro Viriato Luiz Nogueira, travessa de Santa Justa, 79, 2.º
Guarda-livros:
Francisco Vieira Salles, rua de S. Lazaro, 84, 3.º

EQUITATIVA

R. do Ouro, 32, 1.º

Administrador-director — Jorge O'Neil, rua das Flôres, 59.

FIDELIDADE

Capital — Réis 1.344.000:000

ESCRIPTORIO — Largo do Corpo Santo, 13, 1.º

Direcção

Pedro Augusto Martins da Silva, largo de S. Paulo, 12, 2.º
Domingos Martins da Costa Ribeiro, calçada de S. Francisco, 23.
Victoriano Estrella Braga, Campo de Santa Clara, 114.
1.º Guarda-livros — Alexandre Perry Vidal, rua Nova do Carvalho, 41. 4º, (a S. Paulo).
2.º Guarda-livros — Victoriano Peixoto Braga, Campo de Santa Clara, 114.

Garantia. — *(Séde no Porto, Agente em Lisboa)*, Fortunato Chamiço Junior, calçada Nova de S. Francisco, 10, 1.º

Indemnisadora. — *(Agente em Lisboa)*, Manuel Martins da Hora, rua Augusta, 117.

Companhia Ingleza de Seguros Northern. — *(Agentes em Lisboa)*, Fonsecas Santos Vianna, rua dos Capellistas, 120.

Lloyd Andaluz. — *(Agentes em Lisboa)*, Albano Rodrigues de Macedo rua dos Capellistas, 35, 2.º

Liverpool, London & Globe. — *(Agentes)*, Garland, Laidley & C.ª, rua do Alecrim, 10, 1.º

London & Lancashire Life. — *(Agentes)*, Creswel & C.ª, rua dos Fanqueiros, 122.

L'Urbaine. — Companhia anonyma de seguros, vidas, de compras livres e usofructos. *(Director em Portugal e agente geral em Lisboa)*, A. R. de Macedo, rua dos Capellistas, 35, 2.º

Magdeburgo. — *(Agentes em Lisboa)*, Salomão Seruya & Filhos, rua da Prata, 80, 2.º

Nacional (a) — *(Directores em Portugal)*, F. Garay & C.ª, Praça do Municipio, 13, 1.º

New-York. — *(Life Insurance Company)* — Directores em Portugal, E. Pinto Basto & C.ª, caes do Sodré, 64, 1.º

Norwich-Union. — *(Agentes em Lisboa)*, Abel Dagge & C.ª, rua do Crucifixo, 7, 1.º

PORTUGAL

ESCRIPTORIO — R. DO OURO, 100, 2.º

Capital — Réis 1.600.000$000

Direcção

Effectivos:
Manuel José Ogando, rua Victorino Damasio, 12, 2.º
João Baptista de Mattos Moreira, Avenida da Liberdade, 38, 4.º
Antonio Profirio de Sousa Ferreira e Castro, rua Castilho, 30.
Substitutos:
Manuel Vieitas Costa, rua da Boa Vista, 55, 1.º
Francisco d'Almeida Rebello, rua Nova do Almada, 59, 1.º
Mapril Sequeira, rua dos Retrozeiros, 109.

PREVIDENCIA

Capital — Réis 1.000.000$000

ESCRIPTORIO — R. DO OURO, 32, 2.º

Direcção

Gerente — Bernardo Robles, rua Aurea, 32, 3.º
Supplente — Eugenio Henriques Pires, rua Ferregial de Baixo, 33.

PROBIDADE

Capital — Réis 1.000.000:000

ESCRIPTORIO — R. dos Capellistas, 99, 1.º

Direcção

F. M. Swart, rua Saraiva de Carvalho, 87.
Francisco Ignacio Carvalho, travessa do Rosario, 12.
Joaquim Henriques Silveira Passos, calçada da Tapada, 21, 3.º

Queen. — (*agentes*), W. P. Custance, rua da Prata, 39, 1.º

REFORMADORA

ESCRIPTORIO — R. do Ouro, 101

Governador — Joaquim Maria Eugenio d'Almeida, calçada da Estrella, 18, 1.º

Conselho fiscal

Dr. Feliciano Gabriel de Freitas, rua de S. Julião, 185, 1.º
Francisco dos Santos, calçada da Estrella, 13, 2.º
José da Cunha Porto, largo do Corpo Santo, 13, 2.º

TAGUS

ESCRIPTORIO — R. da Alfandega, 160, 1.º

Direcção

Augusto de Olivèira Soares, rua da Conceição, 46, 2.º
Eduardo José Mendes, Avenida da Liberdade, 68.
João Baptista Gregorio d'Almeida, Campo dos Martyres da Patria, 93, 1.º
Guarda-livros — João Espinheira Junior, rua de S. Marçal, 104, 4.º, D.

The British and Foreign, Marine Insurance Company Limited. — (*Agentes*), Garland Laidley & C.ª, rua do Alecrim, 10, 1.º

The Royal. — (*Agentes*), Bastos & Piombino, rua de S. Paulo, 55, 1.º

Union y el Fenix Español (la) — (*Agente em Lisboa*), Lima Mayer & Filhos, rua da Prata, 59, 1.º

ADDITAMENTO

COMPANHIA FABRICADORA E EXPORTADORA DE AZEITE

Escriptorio — R. da Prata, 153, 1.º

Direcção

Dr. Antonio Centeno, rua do Olival, 50.
Ramiro de Seixas, rua do Quelhas, 14, 1.º
Antonio Valentim de Figueiredo, rua dos Fanqueiros, 91, 2.º

COMPANHIA PORTUGUEZA DOS CAMINHOS DE FERRO AFRICANOS

Escriptorio — R. dos Douradores, 159, 1.º

COMPANHIA PORTUGUEZA DO ZAIRE

Escriptorio — R. da Prata, 8, 3.º

Direcção

Abraham Bensaude, rua da Prata, 59, 2.º
E. George, rua da Prata, 8, 2.º
E. J. Brochado, rua dos Retrozeiros, 88, 1.º
Victorino Vaz Junior, rua da Magdalena, 55.
Visconde de Cacongo.

COMPANHIA REAL DOS CAMINHOS DE FERRO ATRAVEZ D'AFRICA

Séde — NO PORTO

Escriptorio em Lisboa — L. do Pelourinho, 7, 1.º

Administrador — João Gonçalves Pereira Bastos, rua de S. Bernardo, 10.
Administrador delegado — Antonio Julio Machado, calçada da Estrella, 90.

COMPANHIAS DE VAPORES NACIONAES E ESTRANGEIROS

COM REPRESENTANTES EM LISBOA

LINHAS DE CAMINHOS DE FERRO

Differentes carreiras de carros e carruagens, e tabellas em geral

VAPORES

THE
PACIFIC STEAM NAVIGATION COMPANY

Para Pernambuco, Bahia, Rio de Janeiro, Montevideu, Buenos-Ayres e portos do Pacifico

Os paquetes d'esta companhia sahem de Lisboa para o Brazil, Rio da Prata e Pacifico ás quartas feiras, tocando mensalmente em Pernambuco e Bahia.

Os paquetes da companhia costumam gastar de

Lisboa a Pernambuco	11	dias
„ á Bahia	13	„
„ ao Rio de Janeiro	15	„

Este serviço é feito pelos magnificos paquetes *Magellan*, *Patagonia*, *Potosi*, *Araucania*, *Britannia*, *John Elder*, *Aconcagua*, *Sorata* e *Galicia*, tendo a companhia mais trinta e cinco vapores no serviço da costa do Pacifico.

Os paquetes são luxuosos, rapidos e offerecem todas as commodidades, havendo medico, cujo serviço é gratuito, assim como criados portuguezes e comida.

PREÇOS LIMITADISSIMOS

Faz-se abatimento ás familias que viajarem em 1.ª classe para os portos do Brazil e Rio da Prata.

OS AGENTES:

LISBOA	PORTO
E. PINTO BASTO & C.ª	**H. KENDALL & C.ª**
Caes do Sodré, 64, 1.º	R. do Infante D. Henrique, 39

Agencia de VAPORES

Ernesto George

Rua da Prata, 8 - LISBOA

SERVIÇO DO CORREIO IMPERIAL ALLEMÃO

Hamburg-Sudamerikanische Dampfschiffahrts-Gesellschaft

(COMPANHIA HAMBURGUEZA)

Linha de paquetes allemães iniciada em 1869

Sahidas de Lisboa todas as *quartas feiras* tocando todos os paquetes no **Rio de Janeiro** e **Santos** e em **Pernambuco** e na **Bahia** alternadamente.

Todos os paquetes d'esta companhia teem medico a bordo e excellentes commodos para passageiros.

Na volta do Brazil saem para **Hamburgo** todas as *terças feiras*.

AFRICA ORIENTAL pelo Canal de Suez (*Carreira allemã*)

Os magnificos paquetes d'esta companhia saem de 4 a 4 semanas ás quintas feiras para **Napoles, Port-Said, Suez, Aden, Zanzibar, Lindi, Moçambique** e **Lourenço Marques**, recebendo carga e passageiros para **Ibo, Quilimane, Beira, Chiloane** e **Inhambane**.

Na volta do sul saem para **Rotterdam** e **Hamburgo** todas as *quatro semanas*.

COMPANHIA REAL NEDERLANDEZA DE NAVEGAÇÃO A VAPOR
em Amsterdam

Sahida de vapores para **Amsterdam** bem como para **Tanger, Genova, Leorne, Napoles, Messina** e **Palermo**, duas ou tres vezes por mez, recebendo carga para todos os portos do **Mediterraneo** e do **Oriente**.

COMPANHIA «NEPTUN» de Bremen

Carreira de vapores para **Bremen** (cidade) *duas ou tres vezes por mez*.
Carreira de vapores para **Antuerpia**, *duas ou tres vezes por mez*.

CARREIRA DE VAPORES «HOMAN» de Hamburgo

Sahidas de Lisboa para **Hamburgo** em direitura, *duas ou tres vezes por mez*.

FORENEDE DAMPSKIBS SELSKAB, de Copenhagen

Sahidas de Lisboa para **Copenhagen** e mais portos do **Baltico** e da **Noruega**, de *tres a tres semanas*.

COMPANHIA DE VAPORES «ATLAS» de Hamburgo

Sahidas para todos os portos de **Marrocos**.

CHARGEURS RÉUNIS

Companhia franceza de navegação a vapor

Linha do CONGO

Dakar, Conakry, Cap Palmas, Cotonou, Benito, Libreville, Loango, Banana, Boma, Ambriz, S. Paulo de Loanda e Mossamedes

PARTIDAS EM 5 DE CADA MEZ

Linha do BRAZIL

Pernambuco, Bahia, Rio de Janeiro e Santos

SAHIDAS DE LISBOA TODAS AS QUARTAS FEIRAS

PELOS PAQUETES

Santa Fé, Concordia, Paranagua, Campana, Entre Rios, Corrientes

Preços resumidissimos para os emigrantes

Estes vapores teem magnificas accommodações para passageiros. O preço das passagens comprehende vinho de mesa para as duas classes, teem criado portuguez, criada de quarto e medico, cujo serviço é gratuito.

Os paquetes são de boa marcha e entram no porto de Pernambuco.

AGENTES GERAES

EM PORTUGAL—F. Garay & C.ª—*P. do Municipio, 19*

NO BRAZIL

RIO DE JANEIRO, F. Mazon, *Agente geral*
PERNAMBUCO, A. Labille — BAHIA, F. Hasselmann
SANTOS, A. Leuba & C.ª

F. GARAY & C.ᴵᴱ

LISBOA

19, Praça do Municipio, 19

Agentes geraes da

Compagnie Havraise Peninsulaire

SERVIÇOS DIRECTOS PARA

HAVRE, PARIS, ANVERS, CADIX, MALAGA, MARSELHA E ALGERIA

LIGNE CONSEIL

BORDEAUX A LISBOA E VICE-VERSA

4 viagens por mez

Compagnie Bordelaise de Navigation á Vapeur

LISBOA A NEW-YORK E VICE-VERSA

LIGNE CYPRIEN FABRE & C.ᴵᴱ

DE MARSEILLE

NEW-YORK, LISBOA, GENOVA E MARSELHA

CHARGEURS RÈUNIS

COMPANHIA FRANCEZA PARA OS PORTOS DO BRAZIL, DO CONGO E RIO DA PRATA

Transito para todos os paizes de domicilio a domicilio

Consignações de navios

COMPAGNIE
DES
Messageries Maritimes
PAQUEBOTS-POSTE FRANÇAIS

Os paquetes d'esta companhia partem de Lisboa em 8 e 23 de cada mez, para os seguintes portos:

Em 8 — Para **Dakar, Rio de Janeiro, Montevideu e Buenos-Ayres.**

Em 23 — Para **Dakar, Pernambuco, Bahia, Rio de Janeiro, Montevideu e Buenos-Ayres.**

No regresso do Brazil chegam a Lisboa, ordinariamente, em 12 a 14 e 22 a 24 de cada mez, e seguem directamente para **Bordeus**.

Este serviço é feito pelos magnificos vapores *Portugal*, *La Plata*, *Brésil*, *Orénoque*, *Equateur* e *Nerthe*, da força de 600 cavallos.

A bordo d'estes paquetes encontram-se as maiores commodidades, excellente comida, criados portuguezes, etc.

Preços resumidissimos

AGENTES

LISBOA	PORTO
TORLADES & C.ª	**F. CHAMIÇO & C.ª**
Rua do Ouro, 32, 1.º	Rua Ferreira Borges, 14

Empreza Insulana de Navegação

Linha de paquetes para as ilhas dos AÇORES,
MADEIRA E ESTADOS-UNIDOS DA AMERICA DO NORTE

Agente – GERMANO SERRÃO ARNAUD

84, Caes do Sodré, 2.º

No dia 5 de cada mez, sae um paquete para as ilhas de S. Miguel, Terceira, Graciosa, S. Jorge, Pico, Faial e Flores, tocando na volta nas mesmas ilhas.

No dia 20 de cada mez sae um paquete para as ilhas da Madeira, Santa Maria, S. Miguel, Terceira e Fayal, tocando na volta por estas ilhas.

Os preços são os seguintes:

Destino	1.ª classe	2.ª classe	3.ª classe
Madeira	27$000	18$000	5$000
Santa Maria	30$000	22$000	10$000
S. Miguel	30$000	22$000	10$000
Terceira	31$000	23$000	10$500
Graciosa	32$000	24$000	11$000
S. Jorge	32$000	24$000	11$000
Pico	32$000	24$000	11$000
Fayal	32$000	24$000	11$000
Flores	34$000	26$000	13$000

As creanças até dois annos não pagam; de 2 a 4 um quarto de passagem; de 4 a 10 metade da passagem; de 10 para cima completa.

As passagens de Lisboa para a Madeira e vice-versa, em 1.ª e 2.ª classe, teem o abatimento de 5 p. c.

Entre Lisboa e Madeira ha bilhetes de ida e volta, por 45$000 réis em 1.ª classe, e 27$000 réis em 2.ª classe, validos por tres mezes.

Os mais esclarecimentos prestam-se na AGENCIA

MALA REAL PORTUGUEZA

Empreza de navegação a vapor para o Ultramar

Por contracto com o Governo de Sua Magestade

CARREIRA PARA A AFRICA ORIENTAL

(VIA SUEZ)

Sahida de Lisboa no dia 21 de cada mez ás 3 horas da tarde, para:

Marseille, Port Said, Suez, Aden, Zanzibar, Tungue, Ibo, Moçambique, Angoche, Quilimane, Beira, Chiloane, Inhambane, Lourenço Marques, Natal, Cabo da Boa Esperança, e Mossamedes.

Os paquetes da carreira principal seguem a Moçambique e Lourenço Marques, sendo a baldeação, para os outros portos da costa, feita em Moçambique.

ESCRIPTORIO DA EMPREPA

Lisboa — Rua do Arsenal, 54, 1.º

AGENTES

PORTO

PARA PASSAGEIROS	PARA CARGA
Antonio Sabino Rangel & C.ª	Soares & C.ª
Rua Mousinho da Silveira, 52, 1.º	Muro dos Bacalhoeiros, 74 e 75

TABELLAS

THE PACIFIC STEAM NAVIGATION COMPANY
COMPANHIA DE NAVEGAÇÃO A VAPOR DO PACIFICO
Agentes em Lisboa — E. Pinto Bastos & C.ª
Escriptorio — Caes do Sodré, 64, 1.º

Os paquetes d'esta Companhia saem de Lisboa para o Brazil, Rio da Prata e Pacifico, ás quartas-feiras, tocando mensalmente em Pernambuco e Bahia. Os paquetes da Companhia costumam gastar de Lisboa a:

Pernambuco	11 dias	Valparaiso	34 dias
Bahia	13 „	Africa	43 „
Rio de Janeiro	15 „	Mollendo	44 „
Montevideu	21 „	Callao	46 „
Bueno-Ayres (com transbordo	22 „		

De Lisboa a	1.ª classe		2.ª classe		3.ª classe	
	Libras	Réis	Libras	Réis	Libras	Réis
Pernambuco	20	90$000	15	67$500	8	36$000
Bahia	22	99$000	15	67$500	8	36$000
Rio de Janeiro	25	112$500	16	72$000	8	36$000
Montevideu e Buenos Ayres	30	135$000	18	81$000	8½	28$250
Sandy Point	50	225$000	34	153$000	17	76$500
Valparaizo	67	301$500	45	202$500	20	90$000
Caldera	70	315$000	46	207$000	20	90$000
Africa, Mollendo, Callao	75	337$500	50	225$000	20	90$000

Para os portos do Pacifico não mencionados acima, terá o passageiro de pagar o transporte desde o porto onde tem a desembarcar do paquete que vae da Europa o preço da tabella local.

Todas as passagens são pagas adiantadas em libras sterlinas ou moeda portugueza. Estes paquetes, na volta do Brazil, devem chegar a Lisboa alternadamente de sextas feiras aos sabbados, e saem para Liverpool com escala por Bordeaux e Plymouth.

Recebem passageiros pelos seguintes preços para qualquer dos portos:

De Lisboa a	1.ª classe		2.ª classe		3.ª classe	
	Libras	Réis	Libras	Réis	Libras	Réis
Bordeaux	5,5,0	23$630	3,3,0	14$180	2,0,0	9$000
Liverpool	8,0,0	36$000	5,0,0	22$500	3,0,0	13$500

Ida e volta		
	Libras	Réis
1.ª classe para Bordeaux	7,17,6	35$440
1.ª classe para Liverpool	12, 0,0	54$000

COMPAGNIE HAVRAISE PENINSULAIRE DE NAVIGATION Á VAPEUR

Consignatarios — F. GARAY & C.ª

Escriptorio — Largo do Pelourinho, 19, 1.º

Vapores para França, Belgica, Suecia, Noruega, Russia, Hespanha, Marrocos, Algeria e Oceano Pacifico.
Para mais esclarecimentos, no escriptorio da agencia.

SOCIETÉ DES CHARGEURS RÈUNIS

Agentes — F. GARAY & C.ª

Escriptorio — Largo do Pelourinho, 19, 1.º

Serviços regulares por vapores de 1.ª classe entre o Havre, Lisboa, todos os portos do Brazil e La Plata.

COMPAGNIE DES MESSAGERIES MARITIMES

Agentes em Lisboa — TORLADES & C.ª

Escriptorio — R. do Ouro, 32, 1.º

Carreira do Brazil e Rio da Prata

Preços das passagens de Lisboa

Pagas ao cambio do dia

De Lisboa	Passageiros de camara		
	1.ª classe	2.ª classe	3.ª classe
Dakar (Gorée)	97$200	72$900	40$500
Pernambuco	99$000	74$700	36$000
Bahia	108$000	81$000	36$000
Rio de Janeiro	135$000	90$000	36$000
Montevideu	162$000	117$000	54$000
Buenos Ayres	162$000	117$000	54$000
Bordeaux	27$900	48$900	9$990

As familias que pagarem por inteiro 4 ou mais logares de 1.ª ou 2.ª classe teem um abatimento da 6.ª parte sobre o preço das passagens e os creados ou creadas teem 20 por cento de reducção.

O passageiro de 1.ª ou 2.ª classe para o Brazil e Rio da Prata tem a garantia de fazer a sua viagem no espaço de 4 mezes.

Bilhetes de ida e volta teem um abatimento de 25 por cento para a

1.ª classe a 20 por cento para a 2.ª, tendo um anno de praso para o Brazil e Rio da Prata, e 6 mezes para Bordeus.

N. B. — N'estes preços comprehende-se cama, mesa, vinho de pasto, gratificações a creados e outras despezas; excepto os vinhos finos, licores, aguas-ardentes e bebidas refrigerantes, que se venderão a bordo por preços moderados.

Creanças até 3 annos são transportadas gratuitamente. — Creanças de 3 até 8 annos pagam 1 quarto do preço da passagem. — Creanças de 8 até 12 annos pagam meio preço da passagem. — Creanças de 12 annos pagam passagem inteira.

Para mais informações no escriptorio da Companhia, rua do Ouro, 32, 1.º

VAPORES ALLEMÃES

Para Hamburgo, Brazil, Rio da Prata e outras linhas

Agente — ERNESTO GEORGE

Escriptorio — Rua da Prata, 8

Veja-se o annuncio respectivo.

EMPREZA INSULANA DE NAVEGAÇÃO

CARREIRA A VAPOR ENTRE LISBOA, AÇORES E MADEIRA

Agente em Lisboa — **Germano Serrão Arnaud**

Escriptorio — Caes do Sodré, 84, 2.º

No dia 5 de cada mez sae um paquete para as ilhas de *S. Miguel, Terceira, Graciosa, S. Jorge, Pico, Fayal e Flores*, tocando na volta nas mesmas ilhas.

No dia 20 de cada mez sae um paquete para as ilhas da *Madeira, Santa Maria, S. Miguel, Terceira e Fayal*, tocando na volta nas mesmas ilhas.

Tabella do preço das passagens

	1.ª classe	2.ª classe	3.ª classe	Convez
DE LISBOA PARA				
Madeira	27$000	18$000	5$000	—
Santa Maria	30$000	22$000	10$000	—
S. Miguel	30$000	22$000	10$000	—
Terceira	31$000	23$000	10$000	—
Graciosa	32$000	24$000	11$000	—
S. Jorge	32$000	24$000	11$000	—
Fayal e Pico	32$000	24$000	11$000	—
Flores	34$000	26$000	13$000	—

N. B. Os preços das passagens entre as ilhas dos Açores, são em moeda insulana; todas as mais em moeda forte.

	1.ª classe	2.ª classe	3.ª classe	Convez
DA MADEIRA PARA				
Santa Maria	22$500	18$000	9$000	—
S. Miguel	22$500	18$000	9$000	—
Terceira	23$500	19$000	9$500	—
Graciosa	—	—	—	—
S. Jorge	—	—	—	—
Fayal e Pico	24$500	20$000	10$000	—
Flores	—	—	—	—
DE SANTA MARIA PARA				
S. Miguel	4$200	3$600	1$800	1$200
Terceira	7$200	5$400	3$600	2$400
Graciosa	10$800	8$400	5$400	3$000
S. Jorge	11$400	8$640	5$640	3$240
Fayal e Pico	11$400	8$640	5$640	3$240
Flores	12$600	9$840	6$840	4$440
DE S. MIGUEL PARA				
Terceira	6$000	4$200	2$880	1$440
Graciosa	9$600	7$200	4$200	2$040
S. Jorge	10$200	7$800	4$200	2$040
Fayal e Pico	10$200	7$800	4$200	2$040
Flores	11$400	8$640	5$640	3$240
DA TERCEIRA PARA				
Graciosa	4$200	3$600	1$800	1$200
S. Jorge	5$000	4$200	2$400	1$560
Fayal e Pico	5$000	4$200	2$400	1$560
Flores	6$200	5$400	3$600	2$760
DA GRACIOSA PARA				
S. Jorge	4$800	3$960	2$040	1$200
Fayal e Pico	4$800	3$960	2$040	1$200
Flores	6$000	5$160	3$240	2$400
DE S. JORGE PARA				
Fayal e Pico	4$200	3$000	1$560	$960
Flores	5$400	4$200	2$760	2$160
DO FAYAL E PICO PARA				
Flores	6$000	5$160	3$240	2$400

MALA REAL PORTUGUEZA

Empreza de navegação a vapor para o ultramar

Escriptorio — Rua do Arsenal, 54, 1.º

Administradores

Alfredo de Oliveira Sousa Leal, rua de S. José, 18.

Antonio Julio Machado, calçada da Estrella, 90.

João Gonçalves Pereira Bastos, rua de S. Bernardo, 10.

CARREIRA PARA A AFRICA ORIENTAL

(via suez)

TABELLA DE PASSAGENS

De Lisboa para os portos abaixo e vice-versa	1.ª classe Réis	2.ª classe Réis	3.ª classe Réis
Marselha..........................	40$500	27$000	13$500
Zanzibar...........................	198$450	132$300	85$050
Ibo.................................	198$450	132$300	85$050
Moçambique.......................	212$630	141$750	94$500
Quelimane........................	222$080	151$200	103$950
Inhambane........................	222$080	151$200	103$950
Lourenço Marques................	222$080	151$200	103$950

Os menores até 15 annos pagarão $1/16$ de passagem por cada anno de edade.

Os preços são por cada beliche. E' concedido um beliche para duas creanças que pagarem cada uma meia passagem, e um beliche para quatro que pagarem um quarto de passagem.

O passageiro que quizer reservar para si um camarote, pagará os outros logares com o abatimento de 20 por cento.

E' concedida aos passageiros de 1.ª e 2.ª classe meio metro cubico de bagagem, e aos de 3.ª classe um quarto de metro cubico.

Para as mais condições veja-se o regulamento da empreza.

EMPREZA NACIONAL DE NAVEGAÇÃO A VAPOR PARA A AFRICA PORTUGUEZA

Agentes — BENSAUDE & C.ª

Escriptorio — Rua da Prata, 59, 2.º

Tabella dos preços das passagens em moeda forte

De Lisboa para:	1.ª classe	2.ª classe	3.ª classe
Madeira	25$650	17$100	8$550
S. Vicente	68$400	51$300	28$500
S. Thiago	68$400	51$300	28$500
Bissau e Bolama	85$500	66$500	34$200
Principe	114$000	85$500	38$000
S. Thomé	114$000	85$500	38$000
Cabinda	142$500	104$500	42$750
Banana	142$500	104$500	42$750
Santo Antonio do Zaire	142$500	104$500	42$750
Ambriz	142$500	104$500	42$750
Loanda	142$500	104$500	42$750
Novo Redondo	152$000	114$000	47$500
Benguella	152$000	114$000	47$500
Mossamedes	161$500	123$500	52$250

N. B. Os menores até 2 annos, livres; de 2 a 4 annos, ¼ de passagem; de 4 a 10, ½ dita. Os preços, são de cada beliche. Será concedido um beliche a duas creanças que pagarem ½ passagem cada uma e egualmente um beliche para 4 crianças que pagarem ¼ de passagem.

O passageiro que quizer ir só n'um camarote, pagará os outros logares que occupar com abatimento de 20 %. Bagagem livre de cada passageiro de 1.ª ou 2.ª classe, ½ metro cubico; de 3.ª classe, ¼ de metro cubico.

Para mais esclarecimentos, no escriptorio da Agencia.

COMPAHIAS INGLEZAS

DE NAVEGAÇÃO A VAPOR PARA OS PORTOS DO BRAZIL

Em Lisboa: Garland Laidley & C.ª

Escriptorio — Rua do Alecrim, 10, 1.º

THE LIVERPOOL BRAZIL AND RIVER PLATE

Vapores regulares para a Bahia e Rio de Janeiro duas vezes por mez

Estes vapores recebem carga para a Bahia e Rio de Janeiro, directamente; e para o Paranaguá, Santa Catharina, Rio Grande do Sul, Pelotas e Porto Alegre por baldeação no Rio de Janeiro. Occasionalmente recebem passageiros de 1.ª e 3.ª camaras.

PREÇO DAS PASSAGENS

Pagas ao cambio do dia

1.ª camara		3.ª camara	
Madeira	30$000	Madeira	13$500
Bahia	67$000	Bahia	36$000
Rio de Janeiro	81$000	Rio de Janeiro	36$000
Santos e portos da Costa	112$000	Santos e portos do Sul	40$500

BOOTHS LINE OF STEAMERS E RED CROSS LINE OF STEAMERS

Para o PARÁ

Vapores regulares nos dias 13 e 26

Para Manáos em 13 de cada mez, em datas irregulares para o Ceará e Maranhão.

PREÇO DAS PASSAGENS

Pagas em ouro temporariamente

1.ª camara		3.ª camara	
Pará, Maranhão e Ceará	100$000	Pará, Maranhão e Ceará	40$000
Manáos	100$000	Manáos	40$000

PERNAMBUCO LINE OF STEAMERS

Vapores regulares, descarregando dentro do porto.
Sahidas duas vezes por mez.
Não recebem passageiros.
N. B. Para carga e mais esclarecimentos, no escriptorio da Agencia, rua do Alecrim, 10.
Um d'estes vapores seguirá de Pernambuco para Maceió recebendo carga para ali, outro para Parahyba do Norte alternadamente.

COMPAGNIE GÉNÉRALE TRANSATLANTIQUE

Agentes: Henry Burnay & C.ª

ESCRIPTORIO — RUA DOS FANQUEIROS, 10, 1.º

Paquetes postaes francezes

Para esclarecimentos no escriptorio da agencia.

Serviços combinados pelos vapores da

Société navale de l'ouest do Havre e da companhia Thetis.

Carreiras regulares de Anvers e do Havre para o Porto e Lisboa.

Carreira regular entre Lisboa e Marselha.

Agentes em Portugal: HENRY BURNAY & C.ª

ESCRIPTORIO — Rua dos Fanqueiros, 10, 1.º

LIVERPOOL & MEDITERRANEAN STEAM SHIP COMPANY ANCHOR LINE OF TRANSATLANTIC PENINSULAR MEDITERRANEAN AND ORIENTAL STEAM SHIPS

Agentes em Lisboa: MASCARENHAS & C.ª

ESCRIPTORIO — Travessa do Corpo Santo, 10, 1.º

A primeira com uma linha regular para a peninsula, sahindo de Liverpool para Lisboa e Porto aos sabbados e sahindo de Lisboa para Liverpool em direitura, ou pelo Porto, nas sextas-feiras ou sabbados de cada semana, recebendo carga para New-York e Boston com trasbordo em Liverpool.

Os vapores da linha do Mediterraneo e Adriatico poucas vezes tocam em Lisboa na ida, porém o fazem na volta para Liverpool, havendo quasi todas as semanas vapor em direitura.

A segunda (ANCHOR LINE) despacha um vapor com intervallo de duas ou tres semanas de Glasgow para Lisboa, Gibraltar, Genova, Leorne, Napoles e Sicilia.

Passagens de 1.ª classe

Para Gibraltar, L^s 3.
Para os Portos de Genova e Leorne, L^s 7.
Para Napoles e Cicilia, L^s 8.

Accidentalmente pode sahir de Lisboa para os Estados-Unidos um vapor d'esta Companhia. Em Gibraltar ha vapores todas as semanas para os Estados Unidos e India do (ANCHOR LINE).

N. B. Para mais esclarecimentos no escriptorio da Agencia.

LINHA DE VAPORES HESPANHOES E INGLEZES

ESCRIPTORIO — Travessa do Corpo Santo, 10, 1.º

Para Londres, todas as quintas feiras.
Para o Havre e Anvers, todos os quinze dias.
Para Cadiz, Sevilha, Malaga, todos os quinze dias.
N. B. Para mais esclarecimentos, no escriptorio da Agencia.

PEREIRAS & LA ROCQUE

Rua dos Capellistas, 120, 2.º

Agencia, commissões e consignações

Agentes da Empresa de Navegação a vapor entre o Porto, Lisboa, S. Miguel, Cadiz, Gibraltar, New-York e Portos do Brazil de

J. H. ANDRESSEN

Para mais esclarecimentos, no escriptorio da agencia.

ROYAL MAIL STEAM PACKET COMPANY

Agentes em Lisboa — KNOWLES, RAWES & C.ª

MALA REAL INGLEZA

Escriptorio — Rua dos Capellistas, 31, 1.º

Serviço quinzenal

Paquetes de Southampton com escala por Lisboa para o Brazil e Rio da Prata

Tabella de passagens de Lisboa, incluindo meza, vinho, cama, roupa e propinas a creados

Destino	1.ª classe			2.ª classe	3.ª classe	Criadas ou criados
	N.º 3	N.º 1	Camarote só em n.º 3 com 2 beliches			
S. Vicente	76$500	58$500	114$750	45$000	27$000	39$000
Pernambuco	112$500	90$000	168$750	67$500	36$000	60$000
Bahia	121$500	99$000	182$250	67$500	36$000	66$000
Rio de Janeiro	135$000	112$500	202$500	72$000	36$000	75$000
Santos	139$000	117$000	209$250	81$000	36$000	78$000
Montevideu e Buenos Ayres	157$500	135$000	236$250	81$000	38$250	90$000

Passagens de ida e volta

Dão-se bilhetes de ida e volta, de 1.ª e 2.ª classes, com abatimento de 25 por cento, validos pelo tempo de 12 mezes, da data do embarque.

Passagens para familias

Ás familias que tomarem passagem em 1.ª e 2.ª classes para os portos do Brazil e rio da Prata concede-se o abatimento da sexta parte do preço marcado na respectiva tabella, quando a *somma total* das passagens tomadas, perfaça a importancia de quatro passagens de adultos. Este beneficio é tão sómente applicavel aos paes, filhos e criados quando incluidos no mesmo bilhete, e não diz respeito aos passageiros que tomam bilhetes de *ida e volta*.

Crenças

Menos de tres annos, gratis, quando fôr só uma. Quando forem mais pagam as outras na seguinte proporção:

Entre tres e oito annos, um quarto de passagem da pessoa que as acompanha.

Entre oito e doze annos, metade da passagem da pessoa que as acompanha.

Observções

Nenhum logar se julga tomado sem estar pago, e entrará então em relação conforme a data do pagamento.

O passageiro que não embarcar, tendo pago a passagem, perderá metade da mesma.

Os passageiros, na occasião de pagarem as suas passagens, deverão entregar os passaportes em devida ordem.

O embarque e desembarque dos passageiros são á custa d'elles.

PARA SOUTHAMPTON E ANTUERPIA

Destino	1.ª classe		2.ª classe	Creadas ou creados
	N.º 3	N.º 1		
Southampton ou Antuerpia....	45$000	36$000	22$500	24$000

Dão-se bilhetes de *ida e volta*, validos pelo tempo de seis mezes, da data do embarque, aos seguintes preços:

Destino	1.ª classe		Creadas ou creados
	N.º 3	N.º 1	
Southampton e Antuerpia.............	67$500	54$000	36$000

O passageiro que desejar ir só n'um camarote paga além da sua passagem metade do preço por cada beliche que houver no mesmo camarote.

NORDDEUTSCHER LLOYD

Carreira quinzenal entre Bremen, Antuerpia, Lisboa, Bahia, Rio de Janeiro e Santos

Sahida de Lisboa em 4 e 20 de cada mez

1.ª classe............... 100$000   3.ª classe................ 36$000

Na volta do Brazil estes mesmos vapores tocam em Lisboa e recebem passageiros de 1.ª classe. Para Antuerpia, 36$000; para Bremen, 45$000.

LIVERPOOL & MARANHAM STEAM SHIP COMPANY

Carreira mensal para o Maranhão em direitura

1.ª classe... 100$000 2.ª classe..... 80$000 3.ª classe.... 40$000

Quando regressam do Maranhão os vapores d'esta companhia tomam passageiros para Liverpool por 27$000 em 1.ª classe.

COMPANHIA UNION STEAM SHIP

Linha quinzenal entre Inglaterra e Lisboa para Lourenço Marques, Inhambane, Beira, Quillimane e Moçambique, com escala pelos portos do Cabo da Boa Esperança e Teneriffe para onde recebem passageiros e carga

EMPREZA DE NAVEGAÇÃO A VAPOR RIO SADO

Concessionario — ALFREDO A, ALCOBIA

ESCRIPTORIO — R. da Boa Vista, 62, 2.º

Tabella dos preços de transporte de passageiros entre Setubal e Alcacer do Sal

Passageiros	1.ª classe	2.ª classe
1.ª De Setubal ou de Alcacer do Sal, ou vice-versa	$600	$400
2.ª De Setubal para Alcacer do Sal ou para qualquer ponto na carreira...................	$400	$250

Observações

1.ª As creanças com menos de tres annos terão passagem gratuita, quando forem na companhia de qualquer passageiro.

2.ª As creanças de tres a sete annos pagarão meio bilhete.

3.ª Haverá bilhetes collectivos de 2.ª classe com 50 por cento de abatimento, para trabalhadores em ranchos de mais de dez individuos, durante os mezes de junho a agosto.

4.ª O concessionario poderá estabelecer bilhetes de ida e volta validos por determinado numero de dias, por preço nunca superior a 80 por cento do preço dos bilhetes ordinarios.

5.ª O embarque e desembarque nos pontos situados entre Alcacer do Sal e Setubal será por conta do passageiro.

6.ª Cada passageiro terá direito ao transporte gratuito de 30 kilogrammas de bagagem; o excedente pagará na razão de 60 réis por cada 15 kilogrammas, ou fracção d'um peso.

7.ª Só se consideram bagagens, os bahus, malas, arcas, caixas de chapeus, saccos de noite, ferramentas de trabalhadores, colchões e objectos analogos.

Serviço de reboques

No rio ou fóra da barra preço convencional com o agente da empreza, José do Nascimento Oliveira, em Setubal.

EMPREZA DE NAVEGAÇÃO POR VAPOR

PARA O ALGARVE E GUADIANA

CARREIRA DO ALGARVE

ESCRIPTORIO — Largo dos Torneiros, 5

Gerentes — ALBERTO CENTENO & C.ª

Tabella do preço das passagens

De Lisboa para:	1.ª classe	2.ª classe	3.ª classe
Sines	4$800	4$200	2$000
Lagos	7$500	6$500	2$400
Portimão	7$500	6$500	2$400
Faro	8$000	7$000	2$600
Olhão	8$000	7$000	2$600
Tavira	8$500	7$500	2$800
Villa Real de Santo Antonio	9$000	8$000	3$200

Os menores até dois annos, livres; de dois a quatro annos, um quarto de passagem; de quatro a dez annos, meia dita.

Os preços são de cada beliche. Será concedido 1 beliche a 2 creanças que paguem meia passagem cada uma, e egualmente um beliche para 4 que paguem um quarto de passagem.

O passageiro que quizer ir só n'um camarim pagará os outros logares que occupar com abatimento de 20 por cento.

Bagagem livre até 30 kilogrammas: para os passageiros da camara um bahú ou mala, 1 chapelleira e um sacco, para os do convéz um volume.

N. B. Todas as passagens são sem comida, a qual se fornece aos passageiros que a desejarem pelo preço da tabella de bordo. O excesso da bagagem além de 30 kilogrammas concedidos, por cada 10 kilogrammas 250 réis. A sahida dos paquetes é no dia 1 e 16 de cada mez, salvo casos de força maior. Para carga e mais esclarecimentos, no escriptorio dos gerentes.

CARREIRA DO GUADIANA

Tabella do preço das passagens

De Mertola para:	1.ª classe	2.ª classe	3.ª classe
Pomarão...................................	$600	$400	$200
Alcoutim..................................	$800	$600	$300
Villa Real de Santo Antonio............	1$500	1$000	$500

As creanças de collo não pagam: de dois a dez annos, meia passagem. — O excesso de bagagem, além de 30 kilogrammas concedidos, por cada 10 kilogrammas 150 réis. — As mercadorias só serão transportadas no vapor por ajuste especial, e quando houver opportunidade. — Carreiras diarias de ida e volta excepto aos domingos.

VAPORES LISBONENSES

ESTAÇÃO — Caes do Sodré

Cacilhas

Carreiras diarias de 40 em 40 minutos entre *Lisboa* e *Cacilhas*.
Preços: ré 50 réis, prôa 30 réis.
Aos domingos e dias Santos, carreiras de meia em meia hora.
Preços: 50 réis sem distincção de logar.

Aldeia-Gallega

Carreiras diarias para *Aldeia-Gallega*. Preços, ré 120 réis, prôa 100 réis.

Seixal

Carreiras diarias. Preço 100 réis, sem distincção de logar.

Pedrouços

Carreiras diarias entre Lisboa, e a Praia da Torrinha em Pedrouços.
Preço 50 réis sem distincção de logar.

COMPANHIA TRASATLANTICA ESPAÑOLA

Agente — N. DE GOYRI

Escriptorio — R. do Alecrim, 20-A

Não chegaram ainda os esclarecimentos; vidé folha addiccional.

CAMINHOS DE FERRO

COMPANHIA REAL DOS CAMINHOS DE FERRO PORTUGUEZES

Engenheiro director geral — MANUEL AFFONSO D'ESPREGUEIRA

Conselho de administração e direcção geral
Serviços de contabilidade e trafego — Estação Central do Rocio

Informações uteis

Venda de bilhetes — Começa 1 hora e termina 5 minutos antes da hora fixada para a partida dos comboios.

Creanças — Os menores de 3 annos nada pagam indo ao collo das pessoas que os conduzam; os de 3 a 7 annos pagam meio preço, de 7 annos em diante pagam o logar por inteiro.

Bagagens — E' concedido o transporte gratuito de 30 kilogrammas de bagagem a cada passageiro, e 15 kilogrammas ás creanças munidas de meios bilhetes. O despacho das bagagens começa 1 hora e termina nas estações principaes, 12 minutos, e nas intermedias 8 minutos antes da hora prescripta para a partida dos comboios. O registo e despacho só se effectuará em vista do bilhete de passagem que o passageiro deverá apresentar.

Cães — Cada um 3 réis por kilometro. Só se effectuam estes transportes á vista do bilhete para o mesmo comboio, apresentado pelo dono, e estando os cães bem atrelados e açaimados.

Bilhetes de entrada nas gares — Bilhetes validos por uma só vez, 50 réis.

Buffetes — As estações em que ha buffetes vão indicadas com a letra (B.).

Water-closets — Nos comboios que circulam entre Lisboa, Porto, Badajoz e Valencia de Alcantara, ha *water-closets* no *fourgon* do conductor.

Viagens circulatorias em Portugal e Hespanha

1.º Itinerario — Duração 65 dias. — Lisboa, Santarem, Abrantes, Valencia de Alcantara, Caceres, Plasencia, Talavera, Madrid (Delicias), Toledo, Aranjuez, Madrid, Escorial, Avila, Zamora, Salamanca, Medina del Campo, Valladolid, Santander, Burgos, Bilbao, Irun, Hendaya, S. Sebastião, Alsasua, Pamplona, Zaragoza, Barcellona, Port-Bou, Cerbére, Barcellona, Sagunto, Tarragona, Valencia, Encina, Albacete, Ciudad-Real, Merida, Badajoz, Elvas, Portalegre, Lisboa. — Percurso total 4:989 kilometros. — Preços, 1.ª classe, 60$190 réis; 2.ª, 44$690 réis.

2.º Itinerario — Duração 80 dias. — Lisboa, Santarem, Abrantes, Valencia de Alcantara, Caceres, Plasencia, Talavera, Madrid (Delicias), Toledo, Aranjuez, Madrid, Escorial, Avila, Zamora, Salamanca, Medina del Campo, Valladolid, Santander, Burgos, Bilbao, Irun, Hendaya, S. Sebastião, Alsasua, Pamplona, Zaragoza, Barcellona, Port-Bou, Cerbére, Barcellona, Tarragona, Sagunto, Valencia, Encina, Albacete, Cordova, Sevilha, Jerez, Cadix, Utrera la Rodda, Granada, Bobadilha, Malaga, Cordova, Belmez, Merida, Badajoz, Elvas, Portalegre, Lisboa. — Percurso total 6:198 kilometros. — Preços, 1.ª classe, 76$580 réis; 2.ª, 57$090 réis.

3.º Itinerario — Duração 40 dias. — Lisboa, Santarem, Abrantes, Valencia de Alcantara, Caceres, Plasencia, Talavera, Madrid (Delicias), Toledo, Algodor, Ciudad-Real, Badajoz, Elvas, Portalegre, Entroncamento, Coimbra, Porto, Entroncamento, Lisboa.—Percurso total 1:973 kilometros.—Preços, 1.ª classe, 23$200 réis; 2.ª, 17$500 réis.

4.º Itinerario—Duração 60 dias.—Lisboa, Entroncamento, Torre das Vargens (Entroncamento da linha de Leste), Valencia de Alcantara, Arroyo, Caceres, Plasencia, Talavera, Cabañas, Madrid (Delicias), Madrid (Principe Pio), Avila, Medina del Campo, Valladolid, Venta de Baños, Palencia, Leon, Ponferrada, Monforte, Coruña, Redondella, Pontevedra, Vigo, Valença do Minho, Caminha, Vianna do Castello, Mine, Ermezinde, Porto, Coimbra, Entroncamento, Lisboa.—Percurso total 2:413 kilometros.—Preços, 1.ª classe, 26$840 réis; 2.ª, 21$220 réis.

5.º Itinerario.—Duração 80 dias.—Lisboa, Entroncamento, Torre das Vargens, Valencia de Alcantara, Caceres, Plasencia, Talavera, Cabañas, Madrid, Zaragoza, Lerida, Barcelona, Lerida, Zaragoza, Miranda, Burgos, Palencia, Lyon, Pauferrada, Monforte, Coruña, Monforte, Orense, Redondilla, Pontevedra, Vigo, Valença, Caminha, Vianna, Porto, Coimbra, Lisboa.

Percurso total 3:624 kilometros. Preços de 1.ª classe 39$740, 2.ª classe 31$050.

Viagens circulatorias para França

1.º Itinerario. — (19.º internacional das companhias hespanholas n.º 9 de Orleans e 34 de P. L. M.)— Lisboa ou Porto, Entroncamento, Valencia de Alcantara, Caceres, Plasencia, Talavera de la Reina, Madrid-Delicias, Toledo, Aranjuez, Madrid-Atocha, Madrid-Principe-Pio, Escorial, Avila, Zamora, Salamanca, Medina, Valladolid, Santander, Palencia, Burgos, Bilbáo, Vitoria, San-Sebastian, Irun, Bordeus, Paris (via Clermont ou via Lyon Dijon, sendo facultativo o passar por Marselha), Paris, Cette, Cerbére, Barcelona, Tarragona, Sagunto, Valencia, Encina, Ciudad-Real, Badajoz, Entroncamento, Lisboa ou Porto.

Praso de validade 70 dias, 1.ª classe 77$340 réis, 2.ª classe 57$940 réis.

2.º Itinerario. — (20.º internacional das companhias hespanholas n.º 10 de Orleans e 35 de P. L. M.) — Lisboa ou Porto, Entroncamento, Valencia de Alcantara, Caceres, Plasencia, Talavera de la Reina, Madrid-Delicias, Toledo, Aranjuez, Madrid-Atocha, Madrid-Principe-Pio, Escorial, Avila, Zamora, Salamanca, Medina, Valladolid, Santander, Palencia, Burgos, Bilbáo, Vitoria, San Sebastian, Irun, Bordeus, Paris (via Clermont ou via Lyon-Dijon sendo facultativo o passar para Marselha), Paris, Cette, Cerbére, Barcelona, Tarragona, Sagunto, Valencia, Encina, Albacete, Alcazar, Cordova, Sevilha, Jerez, Cadiz, Utrera, La Roda, Granada, Bobadilla, Malaga, Cordova, Belmez, Badajoz, Entroncamento, Lisboa ou Porto.

Praso de validade 85 dias, 1.ª classe 93$430 réis, 2.ª classe 70$130 réis.

3.º Itinerario — (5.º internacional das companhias hespanholas n.º 38 de P. L. M.)—Lisboa ou Porto, Entroncamento, Valencia de Alcantara, Caceres, Plasencia, Talavera de la Reina, Madrid-Delicias, Toledo, Aranjuez, Madrid-Atocha, Madrid-Principe-Pio, Escorial, Avila, Zamora, Salamanca, Medina, Valladolid, Santander, Palencia, Burgos, Bilbao, Vitoria, San Sebastian, Irun, Bayonna, Pau, Toulouse, Cette, Nimes, Avignon, Valence, Lyon, Valence, Avignon, Nimes, Cette, Cerbére, Barcelona, Tarragona, Sagunto, Valencia, Encina, Ciudad-Real, Badajoz, Entroncamento, Lisboa ou Porto.

Praso de validade, 70 dias, 1.ª classe 72$830 réis, 2.ª classe 54$550 réis.

4.º Itinerario. — (6.º internacional das companhias hespanholas n.º 39 de P. L. M.) — Lisboa ou Porto, Entroncamento, Valencia de Alcantara,

Caceres, Plasencia, Talavera de la Reina, Madrid-Delicias, Toledo, Aranjuez, Madrid-Atocha, Madrid-Principe-Pio, Escorial, Avila, Zamora, Salamanca, Medina, Valladolid, Santander, Palencia, Burgos, Bilbao, Vitoria, San Sebastian, Irun, Bayonna, Pau, Toulouse, Cette, Nimes, Avignon, Valence, Lyon, Valence, Avignon, Nimes, Cette, Cerbére, Barcelona, Tarragona, Sagunto, Valencia, Encina, Albacete, Alcazar, Cordova, Sevilha, Jerez, Cadiz, Utrera, La Roda, Granada, Bobadilla, Malaga, Cordova, Belmez, Badajoz, Entroncamento, Lisboa ou Porto.

Praso de validade, 85 dias, 1.ª classe 88$920 réis; 2.ª classe 66$750 réis.

5.º *Itinerario.*—(9.º internacional das companhias hespanholas n.º 42 de P. L. M.) — Lisboa ou Porto, Entroncamento, Valencia de Alcantara, Caceres, Plasencia, Talavera de La Reina, Madrid-Delicias, Toledo, Aranjuez, Madrid-Atocha, Madrid-Principe-Pio, Escorial, Avila, Zamora, Salamanca, Medina, Valladolid, Santander, Palencia, Burgos, Bilbáo, Vitoria, San Sebastian, Irun, Bayonna, Pau, Toulouse, (via Tarrascon ou Arles) Cette, Marselha, (via Lunel ou Tarrascon) Marselha, Nimes, Cette, Cerbére, Barcelona, Tarragona, Sagunto, Valencia, Encina, Ciudad-Real, Badajoz, Entroncamento, Lisboa ou Porto.

Praso de validade 70 dias, 1.ª classe 68$210 réis; 2.ª classe 51$090 réis.

6.º *Itinerario.* — (10.º internacional das companhias hespanholas n.º 43 de P. L. M.)—Lisboa ou Porto, Entroncamento, Valencia de Alcantara Caceres, Plasencia, Talavera de la Reina, Madrid-Delicias, Toledo, Aranjuez, Madrid-Atocha, Madrid-Principe-Pio, Escorial, Avila, Zamora, Salamanca, Medina, Valladolid, Santander, Plasencia, Burgos, Bilbáo, Vitoria, San Sebastian, Irun, Bayonna, Pau, Toulouse, (via Tarrascon ou Arles), Cette, Marselha (via Lunel ou Tarrascon) Marselha, Nimes, Cette, Cerbére, Barcelona, Tarragona, Sagunto, Valencia, Encina, Albacete, Alcazar, Cordova, Sevilha, Jerez, Cadiz, Utrera, La Roda, Granada, Bobadilla, Malaga, Cordova, Belmez, Badajoz, Entroncamento, Lisboa ou Porto.

Praso de validade 85 dias, 1.ª classe 84$300 réis; 2.ª 63$280 réis.

Resumos das condições. — Os passageiros podem deter-se em qualquer das estações de transito. — A viagem pode fazer-se seguindo os itinerarios supra ou no sentido inverso, sendo tambem permittido na viagem a Andaluzia (2.º itinerario seguir por Belmez ou pela nova linha Merida-Tocina á vontade do passageiro. O praso de validade conta-se desde o dia seguinte áquelle em que se principia a viagem. Os bilhetes são validos para todos os comboios ordinarios que tenham carruagens das classes correspondentes. — Cada bilhete dá direito ao transporte gratuito de 30 kilogrammas de bagagem. — Estes bilhetes dão ao passageiro a faculdade de occupar logares de luxo nos comboios pagando as taxas supplementares em conformidade com as respectivas tarifas.

De Lisboa (Central do Rocio) a Valencia d'Alcantara, Madrid e Badajoz

Kilometros	Estações	Preços dos bilhetes		
		1.ª classe	2.ª classe	3.ª classe
—	Lisboa (Central do Rocio)	—	—	—
6	Campolide	$120	$100	$070
11	Braço de Prata	$220	$170	$130
14	Olivaes	$280	$220	$160
17	Sacavem	$340	$270	$190
25	Povoa	$500	$390	$280
29	Alverca	$580	$450	$320
33	Alhandra	$660	$510	$370
37	Villa Franca	$740	$580	$410
43	Carregado	$860	$670	$480
54	Azambuja	1$080	$840	$600
61	P. de Reguengo	1$220	$950	$680
67	Sant'Anna	1$330	1$040	$740
81	Santarem	1$610	1$260	$900
91	Valle de Figueira	1$810	1$410	1$010
101	Matto de Miranda	2$010	1$560	1$120
109	Torres Novas — Leste	2$170	1$690	1$210
113	Entroncamento	2$250	1$750	1$250
117	Barquinha	2$330	1$810	1$290
125	Praia	2$490	1$930	1$380
137	Tramagal	2$720	2$120	1$520
142	Abrantes	2$820	2$200	1$570
153	Bemposta	3$040	2$370	1$690
170	Ponte de Sôr	3$380	2$630	1$880
181	Torre das Vargens	3$600	2$800	2$000
193	Cunheira	3$840	2$980	2$130
210	Peso	4$170	3$250	2$320
230	Castello de Vide	4$570	3$560	2$540
246	Marvão	4$890	3$800	2$720
262	Valencia d'Alcantara	5$260	4$080	2$920
664	Madrid	15$680	11$730	8$470
181	Torre das Vargens	3$600	2$800	2$000
191	Chança	3$800	2$950	2$110
206	Crato	4$090	3$180	2$280
224	Portalegre	4$450	3$460	2$470
234	Assumar	4$650	3$620	2$580
253	Santa Eulalia	5$030	3$910	2$790
272	Elvas	5$400	4$200	3$000
289	Badajoz	5$770	4$480	3$210

De Valencia d'Alcantara, Madrid e Badajoz a Lisboa (Central do Rocio)

Kilometros	Estações	Preços dos bilhetes		
		1.ª cl.	2.ª cl.	3.ª cl.
	De Badajoz:			
—	Badajoz....................	—	—	—
17	Elvas.....................	$370	$280	$210
20	*De Elvas:* Santa Eulalia.......	$400	$310	$230
39	Assumar...................	$780	$610	$430
49	Portalegre.................	$980	$760	$550
66	Crato.....................	1$310	1$020	$730
82	Chança....................	1$630	1$270	$910
91	Torre das Vargens...........	1$810	1$410	1$010
—	*De Marvão:* Madrid...........	—	—	—
—	Valencia d'Alcantara........	—	—	—
—	Marvão....................	—	—	—
16	Castello de Vide............	$320	$250	$180
36	Peso......................	$720	$560	$400
53	Cunheira..................	1$060	$820	$590
65	Torre das Vargens...........	1$290	1$010	$720
77	Ponte de Sôr...............	1$530	1$190	$850
94	Bemposta..................	1$870	1$460	1$040
105	Abrantes..................	2$090	1$630	1$160
111	Tramagal..................	2$210	1$720	1$230
122	Praia.....................	2$430	1$890	1$350
130	Barquinha.................	2$580	2$010	1$440
134	Entroncamento.............	2$660	2$070	1$480
138	Torres Novas — Leste........	2$740	2$140	1$530
147	Matto de Miranda...........	2$920	2$270	1$630
156	Valle de Figueira...........	3$100	2$410	1$720
166	Santarem..................	3$300	2$570	1$840
180	Sant'Anna.................	3$580	2$780	1$990
186	Reguengo..................	3$700	2$880	2$060
193	Azambuja..................	3$840	2$980	2$130
204	Carregado.................	4$050	3$150	2$250
210	Villa Franca...............	4$170	3$250	2$320
214	Alhandra..................	4$250	3$310	2$360
219	Alverca...................	4$350	3$390	2$420
223	Povoa.....................	4$430	3$450	2$460
231	Sacavem...................	4$590	3$570	2$550
233	Olivaes....................	4$630	3$600	2$570
235	Braço de Brata.............	4$670	3$630	2$600
243	Campolide.................	4$830	3$760	2$680
246	Lisboa-Central.............	4$890	3$800	2$720

LINHA DA BEIRA BAIXA
De Abrantes á Covilhã

Kilometros	Estações	Preços dos bilhetes		
		1.ª classe	2.ª classe	3.ª classe
—	Abrantes	—	—	—
6	Alferrarede	120	100	70
—	Mouriscas (apeadeiro)	380	300	210
19	Alvega-Ortiga	380	300	210
28	Belver	560	440	310
41	Barca d'Amieira	820	640	460
58	Fratel	1$160	900	640
64	Rodam	1$280	990	710
80	Sarnadas	1$590	1$240	890
94	Castello Branco	1$870	1$460	1$040
107	Alcains	2$130	1$660	1$180
115	Lardoza	2$290	1$780	1$270
125	Castello Novo	2$490	1$930	1$380
129	Alpedrinha	2$570	2$000	1$430
—	Valle de Prazeres (apeadeiro)	2$760	2$150	1$540
139	Fatella-Penamacôr	2$760	2$150	1$540
—	Alcaide (apeadeiro)	2$940	2$290	1$640
148	Fundão	2$940	2$290	1$640
—	Alcaria (apeadeiro)	3$200	2$490	1$780
161	Tortozendo	3$200	2$490	1$780
166	Covilhã	3$300	2$570	1$840

Da Covilhã a Abrantes

Kilometros	Estações	1.ª classe	2.ª classe	3.ª classe
—	Covilhã	—	—	—
5	Tortozendo	120	100	70
—	Alcaria (apeadeiro)	360	280	200
18	Fundão	360	280	200
—	Alcaide (apeadeiro)	540	420	300
27	Fatella-Penamacôr	540	420	300
—	Valle de Prazeres (apeadeiro)	740	580	410
37	Alpedrinha	740	580	410
41	Castello Novo	820	640	460
51	Lardoza	1$020	790	570
59	Alcains	1$180	920	660
72	Castello Branco	1$430	1$120	800
86	Sarnadas	1$710	1$330	950
102	Rodam	2$030	1$580	1$130
108	Fratel	2$150	1$670	1$200
125	Barca d'Amieira	2$490	1$930	1$380
138	Belver	2$740	2$140	1$530
147	Alvega-Ortiga	2$920	2$270	1$630
—	Mouriscas (apeadeiro)	3$180	2$470	1$770
160	Alferrarede	3$180	2$470	1$770
166	Abrantes	3$300	2$570	1$840

De Lisboa (Rocio) ao Porto

Kilometros	Estações	Preços dos bilhetes	
		1.ª classe	2.ª classe
—	Lisboa (Central do Rocio)	—	—
6	Campolide	120	100
11	Braço de Prata	220	170
14	Olivaes	280	220
17	Sacavem	340	270
25	Povoa	500	390
29	Alverca	580	450
33	Alhandra	660	510
37	Villa Franca	740	580
43	Carregado	860	670
54	Azambuja	1$080	840
61	Reguengo	1$220	950
67	Sant'Anna	1$330	1$040
81	Santarem	1$610	1$260
91	Valle de Figueira	1$810	1$410
101	Matto de Miranda	2$010	1$560
109	Torres Novas — Leste	2$170	1$690
113	Entroncamento (B)	2$250	1$750
128	Payalvo	2$550	1$980
137	Chão de Maçãs	2$720	2$120
146	Caxarias	2$900	2$260
156	Albergaria	3$100	2$410
168	Vermoil	3$340	2$600
177	Pombal	3$520	2$740
192	Soure	3$820	2$970
—	Villa Nova d'Anços (apeadeiro)	4$070	3$170
205	Alfarellos	4$070	3$170
208	Formoselha	4$130	3$220
218	Taveiro	4$330	3$370
224	Coimbra (B.)	4$450	3$460
226	Coimbra (*Serviço do ramal*)	4$490	3$490
232	Sousellas	4$610	3$590
239	Pampilhosa (B)	4$750	3$690
243	Mealhada	4$830	3$760
252	Mogofores	5$010	3$890
259	Oliveira do Bairro	5$140	4$000
273	Quintans	5$420	4$220
280	Aveiro	5$560	4$330
294	Estarreja	5$840	4$540
308	Ovar	6$120	4$760
319	Esmoriz	6$340	4$930
324	Espinho	6$430	5$010
327	Granja	6$490	5$050
335	Valladares	6$650	5$180
339	Villa Nova de Gaya	6$730	5$240
343	Porto	6$810	5$300

Do Porto a Lisboa (Rocio)

Kilometros	Estações	Preço dos bilhetes	
		1.ª classe	2.ª classe
—	Porto	—	—
6	Gaia	120	100
9	Valladares	180	140
16	Granja	320	250
20	Espinho	400	310
25	Esmoriz	500	390
36	Ovar	720	560
49	Estarreja	980	760
64	Aveiro	1$280	990
70	Quintans	1$390	1$090
84	Oliveira do Bairro	1$670	1$300
92	Mogofores	1$830	1$430
101	Mealhada	2$010	1$560
105	Pampilhosa	2$090	1$630
112	Souzellas	2$230	1$730
119	Coimbra Nova	2$370	1$840
121	Coimbra (serviço do ramal)	2$410	1$870
125	Taveiro	2$490	1$930
135	Formoselha	2$680	2$090
138	Alfarellos	2$740	2$140
—	V. N. d'Anços (apeadeiro)	3$000	2$340
151	Soure	3$000	2$340
167	Pombal	3$320	2$580
175	Vermoil	3$480	2$710
187	Albergaria	3$720	2$890
198	Caxarias	3$930	3$060
207	Chão de Maçãs	4$110	3$200
216	Payalvo	4$290	3$340
230	Entroncamento	4$570	3$560
235	Torres Novas — Leste	4$670	3$630
243	Matto de Miranda	4$830	3$760
253	Valle de Figueira	5$030	3$910
262	Santarem	5$200	4$050
276	Sant'Anna	5$480	4$270
282	Reguengo	5$600	4$360
290	Azambuja	5$760	4$480
300	Carregado	5$960	4$640
306	Villa Franca	6$080	4$730
311	Alhandra	6$180	4$810
315	Alverca	6$260	4$870
319	Povoa	6$340	4$930
327	Sacavem	6$490	5$050
330	Olivaes	6$550	5$100
332	Braço de Prata	6$590	5$130
340	Campolide	6$750	5$250
343	Lisboa — Central	6$810	5$300

De Lisboa para o norte de Hespanha ou vice-versa

(Via Valencia de Alcantara-Madrid)

De Lisboa para:	1.ª classe	2.ª classe	3.ª classe
Avila	16$330	12$500	9$070
Medina	16$330	12$500	9$070
Valladolid	16$330	12$500	9$070
Venta de Baños	16$330	12$500	9$070
Palencia	16$330	12$500	9$070
Burgos	16$330	12$500	9$070
Miranda	18$170	13$880	9$110
Alsasua	19$740	15$060	9$820
San Sebastian	21$530	16$390	10$620
Irun ou Hendaya	22$010	16$780	10$860
Bilbáo	20$330	15$500	10$080
Santander	19$910	14$970	9$630

De Portugal para França ou vice-versa

Via Valencia de Alcantara (Madrid)

Estações de pocedencia, destino ou vice-versa	De Portugal para França — Preços em réis			De França para Portugal — Preços em francos		
	1.ª classe	2.ª classe	3.ª classe	1.ª classe	2.ª classe	3.ª classe
De Lisboa Rocio:						
Bayonna	22$830	17$390	11$290	126,95	96,75	62,85
Bordeus	27$210	20$690	13$710	151,35	115,05	76,30
Paris	40$170	30$410	20$830	223,40	169,05	115,95
S. Jean de Luz	22$310	17$010	11$010	124,35	94,85	61,35
Biarritz	22$600	17$230	11$170	125,95	96,05	62,25
Pau	25$080	19$090	12$520	139,78	106,35	69,85

O praso para se effectuar a viagem é fixado como segue:

De Lisboa a:
- S. Jean de Luz. 6 dias
- Biarritz. 6 "
- Pau 6 "
- Bayonna. 6 "
- Bordeus 8 "
- Paris. 10 "

} excluindo o da partida.

Os passageiros para S. Jean, Biarritz, Pau e Bayonna, terão a faculdade de se demorar em Madrid, os para Bordeus, em Madrid e Bayonna, e os destinados a Paris, em Madrid, Bayonna e Bordeus.

De Lisboa (Rocio) e Lisboa Alcantara a Cintra e vice-versa

Estações	De Lisboa—R. Preços			De Lisboa—Alc. Preços		
	1.ª	2.ª	3.ª	1.ª	2.ª	3.ª
Lisboa-Rocio	—	—	—	—	—	—
Campolide	120	100	70	—	—	—
Lisboa-Alcantara	—	—	—	—	—	—
S. Domingos (apeadeiro)	240	200	140	140	120	80
Bemfica	240	200	140	140	120	80
Porcalhota	260	220	150	220	180	130
Queluz-Bellas	300	250	170	260	210	150
Cacem	420	340	240	360	290	200
Cintra	620	500	350	560	450	310

De Cintra a Lisboa (Rocio)

Kilometros	Estações	Preços dos bilhetes		
		1.ª classe	2.ª classe	3.ª classe
10	Cacem	200	160	110
16	Queluz-Bellas	320	260	180
18	Porcalhota	360	290	200
21	Bemfica	420	340	240
—	S. Domingos (apeadeiro)	560	450	310
28	Alcantara (Lisboa)	560	450	310
—	Campolide	620	500	350
—	Rocio (Lisboa)	620	500	350

Bilhetes de ida e volta.—De Lisboa-Rocio para: Bemfica, 1.ª cl. 300 réis; 2.ª, 250; 3.ª, 160.—Porcalhota, 400, 350, 250.—Queluz-Bellas, 500, 400, 300.—Cacem, 700, 550, 400.—Cintra, 1$000, 800, 500.—De Lisboa-Alcantara para Cintra, 800, 600, 400 réis.

RAMAL DE CASCAES

Serviço provisorio desde 25 de dezembro de 1890

As estações d'esta linha são: Alcantara-Mar, Junqueira, Belem, Pedrouços, Algés, Dáfundo, Cruz Quebrada, Caxias, Paço d'Arcos, Oeiras, Carcavellos, Parede, Estoril e Cascaes, divididas em tres zonas, a saber:

1.ª zona — De Alcantara-Mar até Cruz Quebrada
2.ª zona — Da Cruz Quebrada até Oeiras
3.ª zona — De Oeiras até Cascaes

Preços dos bilhetes
(SEGUNDO AS TARIFAS LEGAES EM VIGOR

Das estações abaixo, ás da frente e vice-versa	Lisboa-Rocio			Campolide		
	1.ª cl.	2.ª cl.	3.ª cl.	1.ª cl.	2.ª cl.	3.ª cl.
Alcantara-Terra e Alcantara-Mar	240	200	140	120	100	70
1.ª zona do ramal de Cascaes...	400	280	190	280	180	120
2.ª zona do ramal de Cascaes...	560	360	240	440	260	170
3.ª zona do ramal de Cascaes...	720	440	290	600	340	220

Tarifa especial para bilhetes de assignatura

Entre Lisboa, Alcantara-Mar e as estações abaixo indicadas	Alcantara-Mar					
	6 mezes: de 1 de janei. a 30 de jun. ou 1 de julho a 31 de dezem.			Um anno De 1 de janeiro a 31 de dezembro		
	1.ª classe	2.ª classe	3.ª classe	1.ª classe	2.ª classe	3.ª classe
Oeiras........	22$500	13$500	9$000	36$000	22$500	13$500
Cascaes	40$000	27$000	18$000	60$000	40$000	30$000

Preços excepcionaes em 1.ª classe, para senhoras e creanças até 15 annos de edade

Entre Lisboa Alcantra-mar e Rocio e as estações abaixo indicadas	Alcantra-mar		Rocio	
	6 mezes: de 1 de jan. a 30 de jun. ou de 1 de jul. a 31 de dez.	Um anno De 1 de jan. a 31 de dezembro	6 mezes: De 1 de jan. a 30 de jun. ou 1 de julho a 31 de dezem.	Um anno De 1 de jan a 31 de dezembro
Oeiras........	18$000	30$000	22$500	34$500
Cascaes........	27$000	40$000	31$500	44$500

Estes bilhetes são validos para todas as estações comprehendidas entre as designadas nos mesmos.

De Lisboa (Rocio) á Figueira da Foz

Kilometros	Estações	Preços por classes		
		1.ª classe	2.ª classe	3.ª classe
6	Campolide	120	100	70
—	S. Domingos (apeadeiro)	240	200	140
12	Bemfica	240	200	140
13	Porcalhota	260	220	150
15	Queluz-Bellas	300	250	170
21	Cacem	420	340	240
—	Meleças (apeadeiro)	580	470	330
29	Sabugo	580	470	330
37	Mafra	740	600	420
47	Malveira	840	680	470
52	Pero Negro	1$040	840	580
58	Dois Portos	1$160	940	650
63	Runa	1$260	1$020	700
68	Torres Vedras	1$360	1$100	760
76	Ramalhal	1$520	1$230	850
83	Outeiro	1$660	1$340	930
82	Bombarral	1$840	1$480	1$030
99	S. Mamede	1$980	1$580	1$110
104	Obidos	2$080	1$660	1$160
109	Caldas da Rainha	2$180	1$740	1$220
112	Bouro	2$340	1$860	1$310
121	S. Martinho	2$420	1$920	1$350
130	Cella	2$600	2$060	1$450
135	Vallado	2$690	2$140	1$500
142	Martingança	2$970	2$360	1$660
155	Marinha Grande	3$090	2$450	1$720
165	Leiria	3$290	2$600	1$830
—	Milagres (apeadeiro)	—	—	—
177	Monte Real	3$530	2$790	1$970
182	Monte Redondo	3$630	2$860	2$020
189	Guia	3$770	2$970	2$100
196	Louriçal	3$910	3$080	2$180
204	Telhada	4$060	3$200	2$260
209	Amieira	4$160	3$280	2$320
214	Lares (apeadeiro)	4$260	3$360	2$370
216	Santo Aleixo (apeadeiro)	4$300	3$390	2$400
220	Figueira da Foz	4$380	3$450	2$440

Da Figueira da Foz a Lisboa

Kilometros	Estações	Preços dos bilhetes		
		1.ª classe	2.ª classe	3.ª classe
4	Santo Aleixo (apeadeiro)	120	100	70
6	Lares (apeadeiro)	120	100	70
11	Amieira	220	170	130
16	Telhada	320	250	180
24	Louriçal	480	380	270
32	Guia	640	500	360
38	Monte Redondo	760	590	420
43	Monte-Real	860	670	480
—	Milagres (apeadeiro)*	—	—	—
55	Leiria	1$100	850	610
65	Marinha Grande	1$290	1$010	720
71	Martingança	1$410	1$100	790
85	Vallado	1$690	1$320	940
90	Cella	1$790	1$390	1$000
99	S. Martinho	1$970	1$530	1$100
104	Bouro	2$070	1$610	1$150
111	Caldas da Rainha	2$210	1$720	1$230
116	Obidos	2$310	1$800	1$280
121	S. Mamede	2$410	1$870	1$340
129	Bombarral	2$570	2$000	1$430
138	Outeiro	2$740	2$140	1$530
145	Ramalhal	2$880	2$240	1$600
152	Torres Vedras	3$020	2$350	1$680
157	Runa	3$140	2$450	1$750
162	Dois Portos	3$220	2$510	1$790
168	Pero Negro	3$340	2$610	1$860
178	Malveira	3$540	2$770	1$970
183	Mafra	3$640	2$850	2$030
191	Sabugo	3$800	2$980	2$110
—	Meleças (apeadeiro)*	3$960	3$110	2$200
199	Cacem	3$960	3$110	2$200
205	Queluz-Bellas	4$080	3$200	2$270
207	Porcalhota	4$120	3$230	2$290
210	Bemfica	4$180	3$280	2$320
—	S. Domingos (apeadeiro)	4$430	3$480	2$460
220	Campolide	4$380	3$450	2$440
217	Lisboa (Alcantra)	4$320	3$390	2$400
220	Lisboa (Rocio)	4$380	3$450	2$440

(*) O serviço n'estes apeadeiros só começará quando fôr devidamente annunciado ao publico.

Da Figueira a Alfarellos

Kilometros	Estações	Preços dos bilhetes		
		1.ª classe	2.ª classe	3.ª classe
4	Santo Aleixo....................	$120	$100	$070
6	Lares.......	$120	$100	$070
11	Amieira	$220	$170	$130
20	Verride	$400	$310	$230
27	Alfarellos.....................	$540	$420	$300

De Alfarellos á Figueira

Kilometros	Estações	Preços dos bilhetes		
		1.ª classe	2.ª classe	3.ª classe
10	Verride.......................	$200	$160	$120
17	Amieira.......................	$340	$270	$190
22	Lares..........................	$440	$340	$250
24	Santo Aleixo......	$480	$380	$270
27	Figueira da Foz	$540	$420	$300

Viagem directa do Porto e Lisboa a Paris e vice-versa

Os passageiros de 1.ª classe não mudam de carruagem de Lisboa a Madrid, os passageiros vindos do Porto mudam de carruagem no Entroncamento. Os passageiros para Paris mudam de carruagem em Madrid e Irun.

Preços dos logares de 1.ª classe

```
De Lisboa a Madrid ou vice-versa    15$680 réis    87,11 fr.
Do Porto a        "         "       18$000   "    100      "
De Lisboa a Paris "         "       40$170   "    223,16   "
```

Preços dos logares especiaes

Entre Madrid e Hendaya — *Berlinas*, paga-se uma decima parte a mais do preço de 1.ª classe, *Berlinas-camas*, o mesmo preço da *Berlina*, mas não se alugam menos de 3 logares. *Departamentos-camas*, 50 reales a mais do preço de 1.ª classe. *Toucadores-camas* 40 por cento a mais do preço de 1.ª classe. Quando conjunctamente sejam alugados 3 logares, paga-se apenas o equivalente ao custo de 4 logares de 1.ª classe.

Entre Hendaya e Paris — *Coupés*, uma decima parte a mais do preço de 1.ª classe. *Coupés-lits*, contém 3 logares que se pagam como se fôssem 4 de *Coupé, Fauteils-lits*, uma terça parte a mais do preço de 1.ª classe. *Lits-toilettes*, 50 por cento a mais do preço de 1.ª classe. Quando conjunctamente sejam alugados 3 logares, paga-se apenas o equivalente ao custo de 4 logares de 1.ª classe.

Entre Madrid e Paris — *Wagons-lits* (*sleeping-cars*), 57 fr.; (entre Madrid e Irun, 23 fr., entre Irun e Paris 10 fr., entre Bordeaux e Paris, 24 fr.) a mais do logar de 1.ª classe. — Estes logares podem ser tomados directamente ao conductor do *wagon-lit* ou antecipadamente, pagando-se então uma pequena percentagem a mais, nas agencias seguintes: Madrid, 16, Puerta del Sol, Paris, 69, Boulevard Haussmann e 2, Rue Scrib. — Adresses para telegramma: *wagon-cama*, Madrid. *Wagons-lits*, Paris.— Os pedidos de logares devem ser acompanhados da *importancia supplementar* acima indicada. Os passageiros dos *wagons-lits* teem uma boa cama, luz, agua, gabinete de toilette, *water-closet* e creado, podendo tambem servir-se dos vinhos finos, licores e refrescos, cuja venda ali está estabelecida por preços regulares.

Buffetes — As estações em que ha buffetes vão indicadas com a letra (B.) — Em Lisboa, almoço 500 réis, jantar 600 réis. — No Entroncamento, almoço ou jantar 500 réis. — Nos melhores buffetes de Hespanha, almoço 4 pesetas, jantar 5. — Nos buffetes de França o preço do almoço regula geralmente por 4 fr. e o jantar 6 francos.

Gabinete de toilette. — Entroncamento, 50 réis. Almorchon, 50 cent. por pessoa. — Morceux, Bordeaux e nas principaes estações até Paris: Gabinetes communs, cada pessoa 25 cent. Gabinetes particulares, 1 pessoa, 50 cent.; 2 pessoas, 75 cent.; 3 ou mais pessoas conjunctamente, 1 franco.

Troca de dinheiro. — O dinheiro hespanhol, ouro ou prata é recebido nas estações de Lisboa ou Porto, Elvas e Marvão, ao cambio de 860 réis por 20 reales. — Na estação de Valencia d'Alcantara troca-se dinheiro portuguez na de Irun dinheiro francez, e na de Hendaya, dinheiro hespanhol.

Water-closets. — Ha wagons com *water-closets* nos comboios correios e expressos.

LIGAÇÃO DO SERVIÇO DE PASSAGEIROS

ENTRE AS ESTAÇÕES DE

MADRID-Delicias e MADRID-Principe-Pio

Desde 20 de junho de 1886 os passageiros de 1.ª classe portadores de bilhetes directos de Portugal para França ou vice-versa, bem como dos das actuaes viagens circulatorias e de quaesquer outros bilhetes que venham a estabelecer-se, quando tenham que passar, em Madrid, da linha de Madrid, Caceres, Portugal, para a do Norte de Hespanha ou vice-versa, seguirão directamente pela linha do contorno de Madrid, em conformidade com o itinerario abaixo.

COMBOIOS TRI-SEMANAES

SUD-EXPRESS

Partidas de Lisboa ás segundas, quartas e sabbados.—Chegadas a Lisboa ás segundas, quartas e sextas

Entre Lisboa, Madrid e Paris e vice-versa

Sobre taxa pelo logar de luxo além do bilhete de 1.ª classe (*)	Estações	Estações
De Lisboa	Lisboa	Londres.
1$800	Valencia de Alcantara	Calais.
4$500	Madrid	Paris.
12$630	Hendaya	Bordeus.
15$210	Bordeus	Irun.
21$690	Paris	Madrid.
26$130	Calais	Valencia d'Alcantara.
—	Londres	Lisboa.

(*) Nos bilhetes tomados com antecedencia na estação da Praça dos Restauradores ha a pagar a mais por cada um, 315 réis.

COMPANHIA DOS CAMINHOS DE FERRO PORTUGUEZES DA BEIRA ALTA

FRONTEIRA HESPANHOLA

Engenheiro-director — CONDE DE GOUVEIA

Da Figueira da Foz á Pampilhosa e Villar Formozo

Kilometros	Estações	Preços por classes		
		1.ª classe	2.ª classe	3.ª classe
7	Maiorca (Apeadeiro)	140	110	80
12	Alhadas	240	190	140
16	Montemór	320	250	180
27	Arazede	540	420	300
32	Limede (Apeadeiro)	640	500	380
36	Cantanhede	720	560	400
42	Murtede	840	650	470
51	Pampilhosa (B)	1$020	790	570
60	Luzo	1$200	930	670
74	Mortagua	1$470	1$150	820
86	Santa Comba-Dão	1$710	1$330	950
98	Carregal do Sal	1$950	1$520	1$090
103	Oliveirinha (Apeadeiro)	2$050	1$590	1$140
110	Cannas de Senhorim	2$190	1$700	1$220
118	Nellas	2$350	1$830	1$310
129	Mangualde	2$570	2$000	1$430
145	Gouveia	2$880	2$240	1$600
153	Fornos de Algodres	3$040	2$370	1$690
168	Celorico	3$340	2$600	1$860
182	Villa Franca das Naves	3$620	2$810	2$010
188	Pinhel	3$740	2$910	2$080
207	Guarda	4$110	3$200	2$290
218	Villa Fernando (Apeadeiro)	4$330	3$370	2$410
227	Cerdeira	4$510	3$510	2$610
245	Freineda	4$870	3$790	2$710
253	Villar Formoso (B)	5$030	3$910	2$790

Da Pampilhosa e Villar Formoso á Figueira da Foz

Kilometros	Estações	Preços por classes		
		1.ª classe	2.ª classe	3.ª classe
8	Freineda.............................	160	130	90
27	Cerdeira.............................	540	420	300
35	Villa Fernando (apeadeiro)........	700	550	390
46	Guarda..............................	920	720	510
65	Pinhel...............................	1$290	1$010	720
71	Villa Franca das Neves............	1$410	1$100	790
85	Celorico.............................	1$690	1$320	940
100	Fornos de Algodres................	1$990	1$550	1$100
108	Gouveia.............................	2$150	1$670	1$200
124	Mangualde..........................	2$470	1$920	1$370
135	Nellas...............................	2$680	2$090	1$490
143	Cannas de Senhorim...............	2$840	2$210	1$580
150	Oliveirinha (Apeadeiro)...........	2$980	2$320	1$660
155	Carregal do Sal.....................	2$080	2$400	1$710
167	Santa Comba-Dão..................	2$320	2$580	1$850
179	Mortagua............................	2$560	2$770	1$980
193	Luso..........................(B)	2$840	2$980	2$130
202	Pampilhosa.........................	3$010	3$120	2$230
211	Murtede.............................	3$190	3$260	2$330
217	Cantanhede.........................	3$310	3$350	2$400
222	Limede (Apeadeiro)................	3$410	3$430	2$450
226	Arazede.............................	3$490	3$490	2$500
237	Montemór...........................	3$710	3$660	2$620
241	Alhadas.............................	3$790	3$720	2$660
246	Maiorca (Apeadeiro)...............	3$890	3$800	2$720
253	Figueira da Foz.....................	3$030	3$910	2$790

Diligencias em correspondencia
com as estações dos caminhos de ferro da Beira Alta

Estações em corresponcia com as localidades	Localidades em correspondencia com as estações	Preço dos logares	Transportes Bagagens Franco	Por kilo a mais	Recovagem 1 k
			Kilos	Réis	Réis
Villar Formoso.......	Almeida	400	15	10	—
Guarda..	Covilhã 3)........	1$100	15	20	—
	Sabugal.............	700	15	20	20
Celorico·.	Trancoso............	400	15	10	10
	Celorico	100	—	—	—
Mangualde.	Gouvêa.............	500	15	10	—
	Vizeu................	400	15	10	—
Nellas .... ..:.....	Cêa.................	500	15	10	—
	Vizeu................	500	15	20	—
Santa Comba.........	Tondella............	300	15	10	—
	Oliveira do Hospital....	850	15	20	—
Luso (1)					
Figueira (2)					

(1) Carros á partida e chegada de todos os comboios para o Luso e Bussaco.

(2) Carros particulares, diligencias e emericanos á partida e chegada de todos os comboios por preços muito moderados.

(3) Recovagens até 10 kilos, 200 réis, de 10 kilos até 50, 100 réis cada 10 kilos; não se acceitam mais de 50 kilos.

(a) Os preços á partida do Porto, obter-se-hão deduzindo dos preços de partida de Lisboa — 2$520 para a 1.ª classe, 1$960 para a 2.ª classe, 1$400 para a 3.ª classe.

Assim os preços do Porto a Paris: 1.ª classe 37$450, 2.ª classe 28$270, 3.ª classe 19$300.

(1) NOTA.—Estes comboios sómente teem logar aos domingos e terças feiras, e só teem logares de luxo *(sleeping-cars)* que os passageiros pódem occupar mediante o pagamento supplementar de 1$600 réis partindo de Pampilhosa.

Por csnsequencia os passageiros partindo de Paris ás sextas feiras e domingos as 8-20 m. da noite, chegarão a Lisboa ás 10-30 aos domingos e terças feiras ou sejam 50 horas de trajecto.

Observações importantes

As estações de Paris, Bordeus, Bayonna, Medina, Salamanca, etc., vendem bilhetes directos para Pampilhosa com a faculdade de paragem em Bayonna, Bordeus, Salamanca, e tambem despacham bagagens directamente.

Em Pampilhosa os passageiros encontram bilhetes para Lisboa e Porto e todas as outras estações da Companhia Real Portugueza.

CORRESPONDENCIAS INTERNACIONAES

Linha directa de Lisboa a Paris

De Lisboa e Porto a Pampilhosa, Villar Formoso, Ciudad-Rodrigo, Salamanca, Medina, Madrid, Irun, Bayonna, Bordeus, Paris e vice-versa

Estações	Preços por classes		
	1.ª classe	2.ª classe	3.ª classe
Pampilhosa..................	4$610	3$590	2$560
Fuentes d'Onoro.............	8$650	6$730	4$810
Ciudad Rodrigo..............	9$340	7$250	5$120
Fuentes S. Esteban..........	10$050	7$790	5$450
Salamanca...................	11$210	8$660	5$960
Medina......................	12$820	9$860	6$680
Madrid......................	16$950	12$960	8$550
Irun........................	21$760	16$560	10$710
Bayonna.....................	22$660	17$250	11$200
Bordeus.....................	27$010	20$510	13$580
Paris.......................	39$970	30$230	20$700

CAMINHO DE FERRO DE MINHO E DOURO

Engenheiro-Director — AUGUSTO CESAR JUSTINO TEIXEIRA

LINHA DO MINHO

Do Porto a Valença

Kilometros	Estações	Preços por classes		
		1.ª classe	2.ª classe	3.ª classe
5	Rio Tinto..........................	120	90	70
9	Ermezinde **(A)**.................	180	140	100
16	S. Romão.........................	310	240	170
23	Trofa.............................	440	340	250
—	Louzado (Apeadeiro).............	630	490	350
33	Famalicão........................	630	490	350
—	Gavião (Apeadeiro)...............	740	580	420
39	Nine **(B)**....................(B)	740	580	420
46	S. Bento.........................	880	680	490
51	Barcellos.........................	970	760	540
—	Carapeços (Apeadeiro)............	1$140	890	640
60	Tamel............................	1$140	890	640
69	Barrozellas.......................	1$310	1$020	730
—	Alvarães (Apeadeiro).............	1$460	1$140	820
77	Darque...........................	1$460	1$140	820
82	Vianna........................(B)	1$560	1$210	870
—	Areosa (Apeadeiro)...............	1$690	1$320	940
89	Montedor........................	1$690	1$320	940
—	Affife (Apeadeiro)................	1$860	1$450	1$040
98	Ancora...........................	1$860	1$450	1$040
—	Moledo do Minho (Apeadeiro).....	1$990	1$550	1$110
105	Caminha.........................	1$990	1$550	1$110
—	Seixas (Apeadeiro)...............	2$090	1$630	1$160
110	Lanhellas........................	2$090	1$630	1$160
116	Cerveira.........................	2$200	1$710	1$230
—	Campos (Apeadeiro)..............	2$390	1$860	1$330
126	S. Pedro da Torre................	2$390	1$860	1$330
130	Valença.......................(B)	2$470	1$920	1$370

De Valença ao Porto

Kilometros	Estações	Preços dos bilhetes		
		1.ª classe	2.ª classe	3.ª classe
5	S. Pedro da Torre...............	120	90	70
—	Campos (Ap.)....................	290	230	160
15	Cerveira........................	290	230	160
21	Lanhellas.......................	400	310	230
—	Seixas (Ap.)....................	500	390	280
26	Caminha.........................	500	390	280
—	Moledo do Minho (ap.)...........	630	490	350
33	Ancora..........................	630	490	350
—	Affife (ap.)....................	780	610	440
41	Montedor........................	780	610	440
—	Areosa (ap.)....................	930	730	520
49	Vianna (B.).....................	930	730	520
53	Darque..........................	1$010	790	560
—	Alvarães (ap.)..................	1$180	920	660
62	Barrosellas.....................	1$180	920	660
70	Tamel...........................	1$330	1$040	740
—	Carapêços (ap.).................	1$520	1$180	850
80	Barcellos.......................	1$520	1$180	850
84	S. Bento........................	1$600	1$240	890
91	Nine (B) (Bufete)...............	1$730	1$350	960
—	Gavião (ap.)....................	1$860	1$450	1$040
98	Famalicão.......................	1$860	1$450	1$040
—	Louzado (ap.)...................	2$030	1$580	1$130
107	Trofa..........................	2$030	1$580	1$130
115	S. Romão.......................	2$180	1$700	1$220
122	Ermezinde (A)..................	2$320	1$800	1$290
125	Rio Tinto......................	2$370	1$850	1$320
130	Porto (Bufete).................	2$470	1$920	1$370

LINHA DO DOURO

Do Porto a Barca d'Alva

Kilometros	Estações	Preços dos bilhetes		
		1.ª classe	2.ª classe	3.ª classe
5	Rio Tinto	120	90	70
9	Ermezinde (A)	180	140	100
16	Valongo	310	240	170
26	Recarei	500	390	280
31	Cette	590	460	330
35	Paredes	670	520	370
39	Penafiel	740	580	420
—	Meinedo (Apeadeiro)	900	700	500
47	Cahide	900	700	500
51	Villa Meã	970	760	540
56	Livração	1$070	830	590
60	Marco	1$140	890	640
65	Juncal	1$240	960	690
—	Palla (Apeadeiro)	1$390	1$080	770
73	Mosteiro	1$390	1$080	770
79	Aregos	1$500	1$170	840
85	Ermida	1$620	1$260	900
—	Porto do Rei (Apeadeiro)	1$750	1$360	970
92	Barqueiros	1$750	1$360	970
96	Rede	1$820	1$420	1$020
98	Moledo	1$860	1$450	1$040
104	Regoa (B)	1$980	1$540	1$100
—	Bagauste (Apeadeiro)	2$150	1$670	1$190
113	Covelinhas	2$150	1$670	1$190
120	Ferrão	2$280	1$770	1$270
127	Pinhão	2$410	1$880	1$340
133	Cottas	2$530	1$970	1$410
139	Tua (Provisoria)	2$660	2$070	1$470
—	Foz-Tua (Apeadeiro)	2$660	2$070	1$480
140	Tua (B) (Definitiva)	2$660	2$070	1$480
154	Vargellas	2$920	2$270	1$630
—	Vesuvio (Apeadeiro)	3$090	2$410	1$720
163	Freixo	3$090	2$410	1$720
172	Pocinho	3$260	2$540	1$820
181	Côa	3$430	2$670	1$910
192	Almendra	3$640	2$840	2$030
200	Barca d'Alva	3$790	2$950	2$110

(A) Entroncamento da linha do Minho e Douro.
(B) Entroncamento da linha de Mirandella.

De Barca d'Alva ao Porto

Kilometros	Estações	Preços dos bilhetes		
		1.ª classe	2.ª classe	3.ª classe
8	Almendra	160	120	90
—	Castello Melhor (Apeadeiro)......	370	290	210
19	Côa.	370	290	210
28	Pocinho	540	420	300
37	Freixo......................	710	550	390
—	Vezuvio (Apeadeiro)............	900	700	500
47	Vargellas	900	700	500
—	Ferradoza (Apeadeiro)...........	1$140	890	640
60	Tua **(E)**	1$140	890	640
—	Foz-Tua (Apeadeiro)............	1$270	990	710
67	Cottas	1$270	990	710
73	Pinhão......................	1$390	1$080	770
81	Ferrão......................	1$540	1$200	860
88	Covellinhas	1$670	1$300	930
—	Bagauste (Apeadeiro)...........	1$840	1$430	1$030
97	Regoa. ....(B.)	1$840	1$430	1$030
102	Moledo......................	1$940	1$510	1$080
104	Réde.	1$980	1$540	1$100
109	Barqueiros...................	2$070	1$610	1$150
—	Porto de Rei (Apeadeiro)	2$200	1$710	1$230
116	Ermida......................	2$200	1$710	1$230
122	Arêgos...	2$320	1$800	1$290
128	Mosteiró	2$430	1$890	1$350
—	Palla (Apeadeiro)...............	2$560	1$990	1$430
135	Juncal......................	2$560	1$990	1$430
140	Marco.......................	2$660	2$070	1$480
145	Livração.....................	2$750	2$140	1$530
149	Villa Meã....................	2$830	2$200	1$570
155	Cahide......................	2$940	2$290	1$640
—	Meinedo (Apeadeiro)	3$060	2$380	1$700
161	Penafiel.....................	3$060	2$380	1$700
165	Paredes.....................	3$130	2$440	1$740
170	Cette	3$230	2$510	1$800
175	Recarei	3$320	2$580	1$850
184	Vallongo....................	3$490	2$720	1$940
191	Ermezinde **(A)**	3$620	2$820	2$020
195	Rio Tinto	3$700	2$880	2$060
200	Porto ....(B)	3$790	2$950	2$110

Ramal de Braga
Comboios ascendentes

Kilometros	Estações	Preços dos bilhetes		
		1.ª clas.	2.ª clas.	3.ª clas.
—	Nine (D) (Bufete) Partida	—	—	—
6	Arentim	120	90	70
9	Tadim	180	140	100
—	Avellada (apeadeiro)	290	230	160
15	Braga	290	230	160

Comboios descendentes

Kilometros	Estações	Preços dos bilhetes		
		1.ª clas.	2.ª clas.	3.ª clas.
—	Braga	—	—	—
—	Avelada (apeadeiro)	140	110	80
3	Tadim	140	110	80
10	Arentim	190	150	110
15	Nine	290	230	160

COMPANHIA NACIONAL DE CAMINHOS DE FERRO
De Foz-Tua a Mirandella
Comboios ascendentes

Kilometros	Estações	Preços dos bilhetes		
		1.ª classe	2.ª classe	3.ª classe
5	Tralhariz	120	100	70
14	Amieiro	270	230	160
16	S. Lourenço	310	260	180
18	Tralhão	420	360	250
22	Brunheda	420	360	250
26	Codeçaes	570	480	330
30	Abreiro	570	480	330
37	Villarinho	710	600	410
42	Fachão	800	680	470
45	Frechas	860	720	500
49	Latadas	1$050	880	610
55	Mirandella	1$050	880	610

De Mirandella a Foz-Tua

Comboios descendentes

Kilometros	Estações	Preços dos bilhetes		
		1.ª classe	2.ª classe	3.ª classe
—	Mirandella.....................	—	—	—
6	Latadas	190	160	110
10	Frechas	190	160	110
13	Cachão	250	210	150
18	Villarinho	350	290	200
25	Abreiro........................	480	400	280
29	Codeçaes	630	530	370
33	Brunheda.......................	630	530	370
37	Tralhão	750	630	430
39	S. Lourenço	750	630	430
41	Amieiro........................	780	660	460
50	Tralhariz......................	950	800	550
55	Foz-Tua........................	1$050	880	610

N. B. Os comboios n.ºs 1 e 2 são diarios. Os comboios n.ºs 3 e 4, terão logar no dia da feira quinzenal em Mirandella, 3 e 14 de cada mez, ou 4 e 13, sendo os primeiros santificados; fóra d'esses dias, só serão effectuados, quando forem previamente annunciados. Os comboio n.ºs 11 e 12 de mercadorias, quando se effectuarem, serão previameute annunciados.

CAMINHO DE FERRO DO PORTO Á POVOA E FAMALICÃO

Director — OSCAR GRIM BRAGA

Tarifa especial n.º 1 de serviço de passageiros

BILHETES DE IDA E VOLTA A PREÇOS REDUZIDOS

Desde 1 de maio de 8891

Das estações abaixo mencionadas para as de Porto, P. Rubras, V. Pinheiro, Modivas, V. do Conde, Povoa e Famalicão

	Porto		P. Rubras		V. Pinheiro		Modivas		V. do Conde		Povoa		Famalicão	
	1.ª classe	2.ª classe	1.ª classe	2.ª classe	1.ª classe	2.ª classe	1.ª classe	2.ª classe	1.ª classe	2.ª classe	1.ª classe	2.ª classe	1.ª classe	2.ª classe
Porto............	–	–	–	160	–	200	–	240	680	420	750	470	1$550	950
Senhora da Hora	–	–	–	–	–	–	–	–	570	350	650	390	1$430	870
Custoias........	170	110	–	–	–	–	–	–	510	320	600	360	1$380	840
Pedras Rubras.	300	180	–	–	–	–	–	–	380	230	470	290	1$250	770
Villar do Pinheiro	380	230	–	–	–	–	–	–	300	180	380	230	1$160	710
Modivas........	440	270	–	–	–	–	–	–	240	150	330	200	1$110	680
Mindello.......	540	330	–	–	–	–	–	–	140	90	210	140	1$010	620
Azurara........	620	380	–	–	–	–	–	–	–	–	140	90	920	560
Villa do Conde	680	420	–	–	–	–	–	–	–	–	–	–	870	530
Povoa..........	750	470	–	–	–	–	–	–	–	–	–	–	780	480
Amorim........	870	530	–	–	–	–	–	–	200	120	–	–	680	420
Laundos.......	980	600	–	–	–	–	–	–	300	180	210	140	570	350
Rates..........	1$140	690	–	–	–	–	–	–	470	290	380	230	410	260
Fontainhas.....	1$190	720	–	–	–	–	–	–	510	320	440	270	350	210
Gondifellos.....	1$290	800	–	–	–	–	–	–	620	380	540	330	240	150
Outiz..........	1$410	860	–	–	–	–	–	–	740	450	650	370	140	90
Famalicão.....	1$550	950	–	–	–	–	–	–	870	530	780	480	–	–

Os bilhetes para o Porto, Villa do Conde, Povoa e Famalicão são diarios, validos para o regresso até uma distancia de 30 kilometros em qualquer comboyo ordinario do dia da venda e para o excedente d'aquella distancia até ao primeiro comboyo do dia seguinte. Os bilhetes comprados aos sabbados, domingos ou vesperas e dias santificados, dão direito ao regresso até ás segundas-feiras ou dia posterior ao santificado.

Dão direito ao transporte gratuito de 30 kilogrammas de bagagem.

Os bilhetes para Pedras Rubras, Villar Pinheiro e Modivas só se vendem aos sabbados para qualquer comboyo que parta do Porto depois das 3 horas da tarde com regresso ás segundas-feiras em comboyo especial que parte de Modivas ás 5 horas da manhã.

Regulam para tudo o mais as disposições da tarifa geral.

Ficam annuladas as tarifas especiaes n.ºs 1 e 2 de 30 de julho de 1884 e 1 de junho de 1888.

Bilhetes de ida e volta a preços reduzidos aos domingos e dias santificados

NOS MEZES DE AGOSTO A OUTUBRO

Da estação do Porto para as de Villa do Conde e Povoa e de Famalicão para a da Povoa

Estações	Preços dos bilhetes	
	1.ª classe	2.ª classe
Villa do Conde...........................	500	300
Povoa.....................................	600	350
Famalicão á Povoa	600	350

OBSERVAÇÕES

Os bilhetes vendidos nas estações de Famalicão dão direito ao regresso por todos os comboios do mesmo dia, e n.ºs 1 e 3 do dia immediato.

Os bilhetes vendidos na estação do Porto, só são validos para a volta no mesmo dia.

Não se vendem meios bilhetes, nem se acceitam bagagens para transporte.

COMPANHIA DO CAMINHO DE FERRO DE GUIMARÃES

SÉDE NO PORTO

Gerente — ANTONIO DE MOURA SOARES VELLOSO

De Trofa a Guimarães

Kilometros	Estações	Preços	
		1.ª classe	2.ª classe
3	Louzado	120	70
9	Santo Thyrso	180	100
13	Caniços	260	150
16	Negrellos	320	180
21	Lordello	420	240
26	Vizella	520	290
34	Guimarães	680	380

De Guimarães a Trofa

8	Vizella	160	90
13	Lordello	260	150
18	Negrellos	360	200
21	Caniços	420	240
26	Santo Thyrso	520	290
31	Louzado	620	350
34	Trofa	680	380

8 comboios diarios ascendentes e descendentes em correspondencia com os das linhas do Minho e Douro. Centraes no Porto e em Guimarães. Transportes de passageiros e mercadorias para Fafe, Lameira, Gandarella, Arco Cavez, Santa Eulalia, Villa Pouca d'Aguiar, Pedras Salgadas, Vidago, Chaves, Treimil, Celorico de Bastos, Cabeceiras de Bastos, Caldas das Taypas e vice-versa.

CAMINHO DE FERRO DO SUL E SUESTE

Director—J. P. TAVARES TRIGUEIROS

Serviço de vapores

Estações	Preços de Lisboa		Preços do Barreiro	
	Ré	Prôa	Ré	Prôa
Barreiro...........................	150	100	—	—
Seixal..............................	150	100	50	50

Serviço dos comboios
De Lisboa a Faro
Comboios ascendentes

Kilometros	Estações	Preços por classes		
		1.ª	2.ª	3.ª
—	Barreiro........................	$150	$150	$100
3	Lavradio........................	$310	$280	$210
6	Alhos Vedros...................	$310	$280	$210
9	Moita............................	$370	$330	$240
16	Pinhal Novo (Bufete)... (Entronc.)	$500	$430	$310
31	Poceirão........................	$780	$650	$470
42	Pegões..........................	$990	$810	$590
57	Vendas Novas..................	1$280	1$040	$750
76	Montemor.......................	1$640	1$320	$950
91	Casa Branca............(Entronc.)	1$920	1$540	1$100
103	Alcaçovas.......................	2$150	1$710	1$230
111	Vianna..........................	2$300	1$830	1$310
117	Villa Nova......................	2$410	1$920	1$380
125	Alvito...........................	2$560	2$040	1$460
138	Cuba.............................	2$810	2$230	1$600
154	Beja (Bufete)...........(Entronc.)	3$110	2$460	1$770
171	Outeiro.........................	3$440	2$720	1$950
178	Figueirinha.....................	3$570	2$820	2$020
192	Carregueiro.....................	3$830	3$030	2$170
201	Cazevel.........................	4$000	3$160	2$260
207	Ourique.........................	4$120	3$250	2$320
220	Panoias..........................	4$360	3$440	2$460
220	Garvão..........................	4$360	3$440	2$460
226	S. Martinho das Amoreiras......	4$480	3$530	2$520
243	Odemira.........................	4$800	3$780	2$700
255	Saboia Monchique...............	5$030	3$950	2$830
276	S. Marcos.......................	5$430	4$260	3$050
290	S. Bartholomeu de Messines.....	5$690	4$470	3$200
307	Albufeira.......................	6$010	4$720	3$380
316	Boliqueime......................	6$180	4$850	3$470
324	Loulé...........................	6$330	4$970	3$560
340	Faro.............................	6$640	5$210	3$730

Comboios descendentes

Kilometros	Estações	Preço dos bilhetes		
		1.ª classe	2.ª classe	3.ª classe
—	Faro...........................	—	—	—
16	Loulé..........................	310	240	170
25	Boliqueime.....................	480	370	270
34	Albufeira......................	650	510	360
51	S. Bartholomeu de Messines......	970	760	540
65	S. Marcos......................	1$240	960	690
86	Saboia Monchique...............	1$630	1$270	910
98	Odemira.......................	1$860	1$450	1$040
114	S. Martinho das Amoreiras.......	2$170	1$690	1$210
121	Garvão.........................	2$300	1$790	1$280
134	Panoias........................	2$540	1$980	1$420
134	Ourique........................	2$540	1$980	1$420
140	Cazevel........................	2$660	2$070	1$480
149	Carregueiro....................	2$830	2$200	1$570
163	Figueirinha....................	3$090	2$410	1$720
170	Outeiro........................	3$230	2$510	1$800
187	Beja (Bufete)..........(Entronc.)	3$550	2$760	1$970
204	Cuba...........................	3$870	3$010	2$150
216	Alvito.........................	4$100	3$190	2$280
224	Villa Nova.....................	4$250	3$310	2$360
231	Vianna.........................	4$380	3$410	2$440
239	Alcaçovas......................	4$530	3$530	2$520
250	Casa Branca............(Entronc.)	4$740	3$690	2$640
266	Montemór.......................	5$050	3$930	2$810
284	Vendas Novas...................	5$390	4$190	3$000
299	Pegões.........................	5$670	4$410	3$150
310	Poceirão.......................	5$880	4$570	3$270
325	Pinhal Novo (Bufete)....(Entronc.)	6$160	4$800	3$430
333	Moita..........................	6$320	4$910	3$510
335	Alhos Vedros...................	6$350	4$940	3$530
338	Lavradio.......................	6$410	4$990	3$560
340	Barreiro.......................	6$450	5$020	3$590
—	Lisboa................(Chegada)	6$640	5$210	3$730

RAMAL DE SETUBAL

De Lisboa a Setubal

Kilometros	Estações	Preços por classes		
		1.ª	2.ª	3.ª
—	Lisboa....................(Vapor)	—	—	—
—	Barreiro........................	150	150	100
3	Lavradio........................	310	280	210
6	Alhos Vedros...................	310	280	210
9	Moita...........................	370	330	240
16	Piuhal Novo.............(Bufete)	500	430	310
23	Palmella........................	630	530	390
29	Setubal................(Chegada)	740	620	450

De Setubal a Lisboa

—	Setubal.........................	—	—	—
6	Palmella........................	120	90	70
13	Pinhal Novo............(Bufete)	250	200	140
21	Moita...........................	400	310	230
23	Alhos Vedros...................	440	340	250
26	Lavradio........................	500	390	280
29	Barreiro........................	550	430	310
—	Lisboa.................(Chegada)	740	620	450

LINHA DE EVORA

De Lisboa a Extremoz

Kilometros	Estações	Preços por classes		
		1.ª	2.ª	3.ª
—	Lisboa....................(Vapor)	—	—	—
91	Casa Branca....................	1$920	1$540	1$100
112	Monte das Flores................	2$320	1$850	1$320
117	Evora...........................	2$410	1$920	1$380
136	Azaruja.........................	2$770	2$200	1$580
141	Valle do Pereiro................	2$870	2$270	1$630
149	Venda do Duque.................	3$020	2$390	1$710
158	Evora Monte....................	3$190	2$520	1$810
169	Extremoz..............(Chegada)	3$400	2$690	1$920

De Extremoz a Lisboa

Kilometros	Estações	Preços por classes		
		1.ª classe	2.ª classe	3.ª classe
12	Evora Monte..................	230	180	130
20	Venda do Duque.............	380	300	220
28	Valle do Pereiro..............	540	420	300
33	Azaruja.......................	630	490	350
53	Evora.........................	1$010	790	560
58	Monte das Flores............	1$100	860	620
79	Casa Branca..................	1$500	1$170	840
—	Lisboa........................	3$400	2$690	1$920

LINHA DE SUESTE

De Lisboa (Vapor) a Pias

Kilometros	Estações	Preços por classes		
		1.ª classe	2.ª classe	3.ª classe
154	Beja..........................	3$110	2$460	1$770
167	Baleizão.....................	3$360	2$660	1$900
174	Quintos......................	3$490	2$760	1$980
183	Serpa.........................	3$660	2$890	2$070
196	Pias..........................	3$910	3$080	2$210

De Pias a Lisboa

Kilometros	Estações	Preços por classes		
		1.ª classe	2.ª classe	3.ª classe
14	Serpa.........................	270	210	150
23	Quintos......................	440	340	250
30	Baleizão.....................	570	450	320
43	Beja..........................	820	640	460
—	Lisboa........................	3$910	3$080	2$210

Advertencia

Bilhetes. — A venda dos bilhetes começa uma hora e termina cinco minutos antes da partida de cada comboio. Na estação de Lisboa começa e termina com a mesma antecedencia em relação á partida dos vapores. Os passageiros são obrigados a apresentar os seus bilhetes sempre que lhes fôrem exigidos pelos empregados do caminho de ferro. Os passageiros, que quizerem passar de uma classe para outra superior, poderão fazel-o, dirigindo-se aò chefe da estação ou conductor do trem, e pagando a differença do preço. Os passageiros, que fôrem encontrados nas carruagens sem bilhete pagarão a importancia correspondente ao bilhete da classe em que tiverem transitado, contando-se o preço do transporte da estação onde se tiver effectuado a ultima revisão geral. Todo o passageiro que occupar uma classe superior á indicada no seu bilhete pagará a differença do preço, conforme os regulamentos da tarifa.

Creanças. — As creanças menores de tres annos nada pagam, comtanto que vão ao collo das pessoas que as conduzam. De tres a sete annos pagam meio preço, mas para a contagem de logares no mesmo compartimento de carruagem consideram-se duas creanças como occupando um só logar.

Bagagens. — O despacho das bagagens começa uma hora antes da sahida dos comboios, e termina cinco minutos antes da sua partida. Na estação de Lisboa começa e termina este despacho com a mesma antecedencia em relação á partida dos vapores. Só se consideram bagagens: os bahús, malas, arcas, caixas de chapéos, saccos de noite, ferramentas de trabalhadores amarradas, colchões, e algum outro objecto analogo; quaesquer outros pagarão segundo a tabella correspondente.

Os passageiros só poderão levar comsigo nas carruagens objectos que pelo seu pequeno volume, e por não emittirem exhalações desagradaveis, não incommodem os outros passageiros.

Concede-se a cada viajante 30 kilogrammas de bagagem; os excedentes pagam segundo os preços estipulados na respectiva tarifa.

Todos os comboios levam carruagens de 1.ª, 2.ª e 3.ª classes.

Nota. — Nas linhas da Companhia Real asqueceu mencionar o comboio do Porto, que parte da estação de Santa Apolonia, em que ha carruagens de 1.ª, 2.ª e 3.ª classes, quando no que parte do Rocio, ha sómente de 1.ª e 2.ª

ASCENSORES MECHANICOS DE LISBOA

ESCRIPTORIO — Rua da Prata, 234, 1.º

1.º Ascensor — Calçada do Lavra

Preços — Subida 20 réis, descida 20 réis.
Carreiras desde as 7 horas da manhã até á 1 hora da noute.

2.º Ascensor — Calçada da Gloria

Preços — Subida 20 réis, descida 20 réis.
Carreiras desde as 7 horas da manhã até á 1 hora da noute.

3.º Ascensor — Estrella

Preços:
Do Camões á Estrella ou vice-versa 40 réis.
Do Camões ou Estrella a S. Bento 20 réis.
De S. Bento á Estrella ou Camões, 20 réis.
Carreiras desde as 7 horas da manhã até á 1 hora da noute.

CARRIS DE FERRO DE LISBOA
Estação em Santo Amaro
Carreiras successivas — Signaes indicadores das carreiras

De dia e noite	
Destino e trajecto dos carros	Côres das bandeiras e das luzes
C. de Ferro—R. dos Cap.ᵃˢ e Magdalena	Encarnada.
C. de Ferro—Pelo Aterro	Encarnada e branca.
C. de Ferro—Pelo Aterro e Conde Barão	Encarn.ª, branca e risca azul.
C. de Ferro—Pela Pampulha e C. Barão	Encarnada e azul.
C. de Ferro—Pela Pampulha e Aterro	Encarn.ª, azul e risca branca.
Avenida—R. dos Fanqeiros e Capellistas	Amarella.
Avenida—Pelo Aterro	Amarella e branca.
Avenida—Pelo Aterro e Conde Barão	Amarella, branca e risca azul.
Avenida—Pela Pampulha e Conde Barão	Amarella e azul.
Avenida—Pela Pampulha e Aterro	Amarella, azul e risca branca.
Intendente—Pela rua dos Fanqueiros	Verde.
Intendente—Pelo Aterro	Verde e branca.
Intendente—Pelo Aterro e Conde Barão	Verde, branca e risca azul.
Intendente—Pela Pampulha e C. Barão	Verde e azul.
Intendente—Pela Pampulha e Aterro	Verde, azul e risca branca.
Pampulha—Pelo Conde Barão	Azul.
Alcantara—Pelo Conde Barão e Aterro	Encarn.ª, branca e risca azul.
Alcantara—Pelo C. Barão e Pampulha	Encarnada e azul.
Alcantara—Pelo Aterro e Pampulha	Encarn.ª, azul e risca branca.
Belem—Pelo Aterro	Branca.
Belem—Pelo Conde Barão e Aterro	Branca e risca azul.
Belem—Pelo Conde Barão e Pampulha	Branca e azul.
Pedrouços—Pelo Aterro	Branca e amarella.
Pedrouços—Pelo Conde Barão e Aterro	Branca, amarella e risca azul.
Algés—De Alcantara	Verde.
Algés—Pelo Aterro	Verde e branca.
Algés—Pelo Conde Barão e Aterro	Verde, branca e risca azul.
Algés—Pelo Conde Barão e Pampulha	Verde e azul.
Santos—Pelo Conde Barão	Branca e risca azul.
Rocio—Pelo Aterro	Branca.
Rocio—Pelo Aterro e Conde Barão	Branca e risca azul.
Rocio—Pela Pampulha e Conde Barão	Branca e azul.
T. do Paço—Pelo Aterro e Conde Barão	Azul e risca branca.
T. do Paço—Pelo Aterro	Azul e branca.
Principe Real—Pelo Conde Barão	Azul e amarella.
Rato—Pelo Conde Barão	Azul, amarella e risca enc.ª
Conde Barão	Branca e risca azul.

Do Conde Barão ao Rocio, Intendente, Avenida e Cam. de Ferro 30 réis.
Do Largo das Duas Egrejas ao Conde Barão ou Santos, 30 réis.
Do Terreiro do Paço ao Rocio, Intendente, Avenida e Caminho de Ferro, 20 réis.
Para Belem ha carreiras directas; de dia e de noite, 60 réis.
Para o Lumiar, carreiras do Pelourinho; de dia e de noite, 100 réis.
Para Bemfica, carreiras do Pelourinho; de dia e de noite, 120 réis.
Para o Jardim Zoologico, carreiras do Rocio; 50 réis.
Para o Poço do Bispo, carreiras do Pelourinho; 50 réis.
Observações.— Alem das côres das bandeiras ha n'estas, letreiros indicando o destino e trajecto dos carros.

Bilhetes de correspondencia

Carreiras de:	Correspondencias para:	Pontos de espera
Caminho de Ferro.....	Intendente, Avenida e Rocio......	Largo do Pelourinho.
Caminho de Ferro, pela rua dos Capellistas..	Intendente........	Rocio.
Intendente, Avenida e Rocio...............	Caminho de Ferro.	Terreiro do Paço.
Intendente............	Avenida...........	Rocio.
Avenida..............	Intendente........	Rocio.
Pampulha e Alcantara.	Caminho de Ferro, Intendente, Avenida e Rocio....	Estação de Santos ou do Conde Barão.
Pampulha e Alcantara.	Rato, Principe Real	Estação do Conde Barão.
Caminho de Ferro, Avenida, Rocio e Intendente...............	Pampulha e Alcantara............	Estação do Conde Barão ou de Santos.
Caminho de Ferro, Avenida, Rocio e Intendente...............	Rato, Principe Real	Estação do Conde Barão.
Principe Real e Rato por S. Bento........	Intendente, Cam.º de Ferro, Avenida, Rocio, Pampulha e Alcantara............	
Rato e Principe Real pela rua do Alecrim, a partir do Rato....		Estação do Conde Barão.
	Intendente, Avenida, Cam.º de Ferro, Rocio, Pampulha e Alcantara..	Largo do Corpo Santo.
Rato a partir do largo das Duas Egrejas....	Rato e Princ.e Real	Largo do Corpo Santo.
Alcantara.............	Belem............	Estação de Santo Amaro.
Algés e Belem....... .	Alcantara.........	Estação de Santo Amaro.

O passageiro com o bilhete de correspondencia deverá apear-se, conforme o seu destino, nos pontos indicados, *seguindo logo depois, e sómente d'ahi,* no primeiro carro que lhe corresponder, e em que houver logar.

CARRUAGENS RIPERT

Escriptorio e estação — Estrada do Rego

Carreira do Rato

Pelo Conde Barão.
- Rocio ao Largo do Conde Barão 30
- Largo do Conde Barão ao Rato ou vice-versa . 40
- Rocio ao Rato (directamente) ou vice-versa . 40
- Conde Barão ao Rato 30

Carreira da Graça

Rocio ao Caminho de Ferro ou vice-versa 30
Caminho de Ferro ao Largo da Graça ou vice-versa 40
Rocio ao Largo da Graça (directamente) ou vice-versa . . . 60
Caminho de Ferro ao Rocio 30

Carreira do Rego

Rocio ao Rego ou vice-versa 50
Intendente ao Rocio e Rua Augusta 30
Largo de Andaluz ao Rocio 30

Carreira da Lapa-Estrella

Rocio á Estrella 50

Carreiras diversas

Do Conde Barão ao Rocio, Intendente e Caminho de Ferro e vice-versa 30
Do Rocio, Intendente e Caminho de Ferro ao Terreiro do Paço, ou vice-versa 20
Do Conde Barão ao Terreiro do Paço e vice-versa 20

COMPANHIA DE CARRUAGENS LISBONENSE

Numero telephonico 35

ESTAÇÃO CENTRAL

LARGO DE S. ROQUE

Estações telegraphicas—Travessa de Santa Justa, 85
Rua de S. Bento, 25, proximo á calçada da Estrella
(Estações filiaes—5o, rua Direita d'Alcantara, 53)

EM CINTRA junto á quinta do Duche

Tabella dos preços a começar em 15 de outubro de 1886

Alugueis mensaes

Coupés direitos ou victorias para 2 pessoas, cada mez sem interrupção . . . . 70$000
Coupés redondos e mylords idem, idem . . . . 75$000
Caleches para 4 pessoas, idem . . . . 80$000
Landaus, idem, idem . . . . 90$000
Por um trintanario, além do cocheiro paga-se mais . . . 12$000

Alugueis diversos

Demarcação para o serviço ordinario das carruagens: *Dá-Fundo — Largo d'Ajuda — Largo do Calhariz e Egreja Parochial de Bemfica — Largo de Carnide — Calçada de Carriche (Nova Cintra) — Ameixoeira — Largo da Charneca — Alto da Portella — Largo dos Olivaes.*

SERVIÇO	PREÇOS				
	Coupés ou victorias, 2 pessoas	Caleches ou milords, 4 pessoas	Landaus, 4 pessoas	Breack's, 6 pessoas	Char-à-bans 9 pessoas
Dentro da demarcação					
POR DIA					
Todo o dia, (desde o romper do sol até á meia note)....	3$500	4$000	5$000	5$000	6$000
Manhã, (desde o romper do sol até ao meio dia)........	2$000	2$500	3$000	3$000	4$000
Tarde, (desde o meio dia até á meia noite)...........	2$500	3$000	4$000	4$000	5$000
Cada hora de serviço, antes ou depois das horas supra.	$300	$400	$500	$500	$800
A HORAS					
Desde o romper do sol até á meia noite					
Duas horas...............	1$200	1$400	1$600	1$800	
Terceiras e seguintes, (não havendo interrupção)....	$300	$400	$500	$500	
Meias horas..............	$200	$200	$300	$300	
Fóra da demarcação					
Além dos preços acima estipulados, paga-se mais:					
Por cada 5 kilometros fóra da demarcação	$300	$400	$500	$500	$600
Por cada 2 e meio kilomet .	$200	$200	$300	$300	$600
Serviço especial					
Cintra, Estoril e Cascaes — Levar e trazer, (entre o romper do sol e a meia noite......	5$000	6$000	7$000	7$500	9$000
Levar ou buscar	4$000	4$500	5$500	6$000	7$000
Levar a Cintra depois das 6 horas da tarde e trazer no dia seguinte de tarde......	7$000	8$000	10$000	11$000	13$000
Collares — Levar e trazer, (entre o romper do sol e a meia noite....................	6$500	7$500	8$500	9$000	12$000
Levar ou buscar...........	5$000	6$000	7$000	7$500	9$000

| SERVIÇO | PREÇOS |||||
	Coupés ou victorias, 2 pessoas	Caleches ou mylordes, 4 pessoas	Laudaus, 4 pessoas	Break's, 6 pessoas	Char-à-bancs, 9 pessoas
Mafra—Dois dias, ir n'um dia e voltar no seguinte......	9$000	11$000	12$000	13$000	15$000
Levar ou buscar.............	6$000	7$000	8$000	9$000	11$000
Ericeira—Dois dias, ir n'um dia e voltar no seguinte...	10$000	12$000	13$500	14$000	16$000
Levar ou buscar............	8$000	9$000	11$000	12$000	13$000
Mafra, Cintra e Lisboa — Tres dias, indo de Lisboa a Mafra, no dia seguinte a Cintra, e no terceiro dia para Lisboa	12$000	16$000	18$000	19$000	22$500
Queluz, Bellas, Carnaxide, Caxias e Paço d'Arcos — Não augmentam os preços por dia, dentro da demarcação quando o serviço seja directo para qualquer d'estas localidades.					
Caneças — Serviço directo, *por dia*	4$000	4$500	5$000	6$000	7$000
Tarde	3$000	3$500	4$500	5$000	6$000
Levar ou buscar	2$500	3$000	3$500	4$000	5$000
Caminho de ferro — Levar ou buscar:					
Nos combois antes do romper do sol	1$500	1$800	2$000	2$000	2$500
Nos outros comboios.......	1$000	1$200	1$500	1$500	2$000
Enterros — Quando o serviço não exceder duas horas ..	1$000	1$200			
Cada hora mais.	$300	$400			
Theatro—Levar e buscar	1$200	1$500	1$800		
Baile—Levar e buscar......	2$500	3$000	4$000		
Banho —Levar ou trazer .... Pedrouços S. Paulo ou	1$500	1$800			
Alcaçarias	1$000	1$200			

Observações

Nos trens de 2, 4, 6, e 9 póde ir mais uma pessoa na almofada ao lado do cocheiro.

Por um trintanario paga-se mais 500 réis.—No serviço a mais tambem se pagam as meias horas.

Os alugadores que começarem o serviço ás 3 horas da tarde podem demorar-se até á 1 hora da noite, e os que começarem ás 5 horas podem demorar-se até ás 2 horas da noite, pagando só o preço da tarde.

No fim de 6 horas de serviço deverá a parelha ter o descanço de 2 horas na cavallariça.

Serviço a horas.—Só se toma na mesma occasião, e nunca por menos do preço correspondente a duas horas.

As horas contam-se desde que o trem sae até que entra na estação. —Calcula-se o tempo que deve gastar para recolher na razão de uma hora por 5 kilometros.

As distancias contam-se tanto para ir alem da demarcação como para recolher á mesma. Para o pagamento contam-se não só as que o trem percorre no serviço do alugador, mas tambem as que tiver de andar ainda que vazio até recolher á demarcação. Estas ultimas serão pagas na razão de 200 réis por 5 kilometros, e 100 réis por 2 $1/2$ kilometros, nos trens de 2, 4 e 6 pessoas, e nos *char-à-bancs* 300 e 200 réis por eguaes distancias.

Convindo á Companhia, poderá conceder-se ao alugador que partir de Lisboa depois das cinco horas da tarde e regressar de Cintra no dia seguinte, a tempo de entrar o trem na estação antes das dez horas da manhã, pagar os preços de ida e volta, por dia.

No serviço de Cintra, querendo o alugador ir a Collares, paga mais 2$000 réis nos trens de duas pessoas, 2$500 réis nos de 4, 3$000 réis nos de 6, e 4$000 réis nos *char-à-bancs*.

Querendo regressar a Lisboa por Cascaes tem o augmento de 2$000 réis nos trens de 2 e 4 pessoas, 2$500 réis nos landaus e breack's, e 3$000 réis nos *char-à-bancs*.

Em Collares os trens não passam do largo.

Indo á Ericeira paga-se mais: 2$000 réis nos trens de 2 pessoas, 2$500 réis nos de 4, 3$000 réis nos de 6 e nos landaus, e 4$000 réis nos *char-à-bancs*.

Quando por qualquer motivo este serviço se effectue em dois dias, não haverá por isso diminuição de preço.

Por mais um dia, indo á Ericeira ou a Collares paga mais 4$000 réis nos trens de 2 pessoas, 4$500 réis nos de 4, 5$000 réis nos de 6 e landaus, e 6$000 réis nos *char-à-bancs*.

Nos alugueis para Cintra, Collares, Mafra, Ericeira, Estoril e Cascaes pode o alugador, querendo, partir uma hora antes de nascer o sol.

Os preços para todo o serviço especial são sómente para os alugadores que residem em Lisboa (antiga area). Quando o trem tenha de os ir receber a maiores distancias, ou o serviço não seja directo, terá o aluguel um augmento rasoavel.

No escriptorio da Companhia ha uma tabella com os preços estipulados para outras localidades que se não acham aqui mencionadas.

O serviço de levar á noite a qualquer casa, e ir depois buscar, não excedendo além da meia noite, será contado como serviço de theatro. —O serviço de baile começa ás 8 horas da noite e acaba ás 5 horas da manhã.—Os preços para o theatro e baile são sómente dentro de Lisboa (antiga area).

Tabella dos preços dos trens de praça

Por corrida	1 ou 2 pessoas	3 ou 4 pessoas
Dentro da antiga circumvallação e até á estação dos caminhos de ferro em Alcantara e Jardim Zoologico	$400	$500
Até aos limites da nova circumvallação	1$000	1$200
ÁS HORAS		
(Contadas por qualquer relogio em que egualmente se possa verificar o começo e fim do serviço).		
Dentro da nova circumvallação............ 1 hora	$600	$700
2 "	1$200	1$400
3 "	1$500	1$800
4 "	1$800	2$200
5 "	2$100	2$600
6 "	2$400	3$000

1.º Por cada quarto de hora depois da 1.ª, 2.ª e 3.ª hora de serviço, uma quarta parte do preço de uma hora; d'ahi por diante uma quarta parte da differença entre o preço da penultima e ultima horas de serviço.

2.º Qualquer espaço de tempo de serviço maior de cinco minutos, que exceda aquelle que se conta na forma da presente tabella, será tido como um quarto de hora para ser pago n'essa conformidade.

3.º No serviço ás horas quando o passageiro fôr directamente para um ponto e não voltar, ainda assim pagará o regresso do trem por tempo egual ao da ida; se não fôr directamente e tambem não voltar, só pagará o tempo que o trem deve gastar para entrar na antiga circumvallação.

4.º As creanças até 7 annos não são consideradas passageiros para se contarem como taes sendo uma só, e sendo mais contar-se-hão duas por uma, não indo ao collo.

5.º Esta tabella vigora pelos preços n'ella mencionados de dia e de noite, até á 1 hora, e d'ahi por diante pelo dobro d'elles até ao amanhecer.

Art. 101 — § 2.º O alugador pode transferir o serviço de corrida para serviço ás horas, contando o serviço já feito por meia hora.

Art. 106 — Os cocheiros dos trens de praça ficam ainda obrigados ao seguinte:

3.º — A conduzir juntamente com os passageiros, qualquer bagagem que lhes pertença, uma vez que não exceda ao peso de 30 kilogrammas, podendo exigir, quando a dita bagagem exceder a 10 kilogrammas e não passando de 20, 200 réis; e quando passar, 400 réis.

Differentes carreiras de carros de serviço em Lisboa e outras localidades

Bemfica — Estação, rua dos Capellistas, 136. — No verão ha carreiras de meia em meia hora das 7 da manhã ás 10 da noute, com pequena differença. No inverno diminuem-se as carreiras, sendo de 3 em tres quartos de hora começando ás 7 e 1 quarto da manhã até ás 9 e meia da noite, e aos domingos começam ás 7 horas da manhã e acabam ás 10 e meia da noite. Além d'isso ha um carro permanente á meia noite e 1 quarto, que parte do largo de Camões para Bemfica durante todo o anno. Preços de dia e noite, 100 réis e até ás portas da cidade 60 réis.

Porcalhota — Estação, rua dos Capellistas, 136. — De verão e de inverno ha tres carreiras diarias a horas diversas, advertindo que o primeiro carro que parte de Lisboa para Bemfica segue sempre até á Porcalhota. No verão é augmentado o numero de carreiras. Preço de dia e de noite 140 réis, carreira directa. Até ás portas 60 réis. Tambem ha diversas carreiras entre a Porcalhota e Bemfica. Preço 40 réis.

Luz e Carnide — Estação na rua do Ouro, 264. — No inverno ha 10 e 12 carreiras diarias de ida e volta, começando as primeiras (ida) ás 8 horas da manhã e terminando ás 7 e 1 quarto da noite, e as segundas (volta) ás 7 e 3 quartos da manhã e terminam ás 6 e 1 quarto da noite. No verão ha geralmente 20 carreiras diarias. Preço de dia e de noite, 120 réis e até ás portas da cidade 60 réis.

Arieiro (Perna de Pau) — Estação no largo de S. Domingos, 7. — No verão ha carreiras de meia em meia hora, das 9 e meia da manhã ás 6 da tarde. No inverno é muito menor o numero das carreiras. Preço 80 réis.

Lumiar — Estação na rua do Ouro, 264. — No verão e no inverno ha carreiras de meia em meia hora, começando no verão das 6 e meia da manhã ás 9 e meia da noute, e no inverno das 8 da manhã ás 7 e 40 da noute. Preço 100 réis. Até ás portas da cidade 40 rés; ao Campo Grande 80 réis. No verão e no inverno parte um carro do largo do Camões ás 11 e 50 da noite.

Bellas e Queluz — Estação na rua do Ouro, 264. — Para cada uma d'estas localidades ha uma carreira diaria de Lisboa para Bellas ás 4 horas da tarde e de Bellas para Lisboa, ás 7 da manhã. De Lisboa para Queluz ás 3 e 3 quartos da tarde, e de Queluz para Lisboa, ás 7 da manhã. Ao domingo parte de Lisboa ás 7 horas da manhã, e 7 da tarde. Preço para Bellas e Queluz, nos dias santificados, 300 réis e nos mais dias 240 réis.

Oeiras — Estação no largo do Pelourinho, 25. — Ida ás 3 e 3 quartos da tarde, volta ás 7 horas da manhã. Preço 240 réis. Ha varias carreiras entre Belem e Oeiras. Preço 160 réis.

Odivellas — Estação na rua do Ouro, 264. — De de Lisboa para Odivellas, todos os dias ás 4 da tarde, excepto aos domingos e dias santificados 7 e um quarto da manhã. Volta aos dias de semana ás 8 e um quarto da manhã. Volta aos dias santificados ás 8 e um quarto da tarde. De inverno uma só carreira. Preço de dia e noite, 140 réis.

Povoa da Gallega — Estação, rua Nova de S. Domingos, 8. — Carreira diaria. Ida ás 4 h. da t., volta ás 4 ¼ da m. De Inverno ida ás 3 da t. Preço 550. Á Povoa de Santo Adrião, 160. Ponte de Friellas, 200. Loures 240. Pinheiro de Loures, 300. Lousa de Cima, 400. Lousa de Baixo, 360 réis.

Caneças — Estação, rua Aurea, 264. — Carros diarios ás 4 horas da tarde, excepto aos domingos que é ás 7 e um quarto da manhã. Preço de semana, 240. Domingos e dias santificados, 300.

N. B. No serviço dos carros ha frequentes alterações e por tanto é sempre conveniente consultar o horario nas respectivas estações antes de fazer qualquer jornada.

Tabellas do sêllo annexas ao regulamento de 26 de novembro de 1885

Com as alterações ordenadas pela Carta de lei
de 16 de Setembro de 1890, publicada no «Diario do Governo», n.º 216 de 23 do mesmo mez e anno

Tabella n.º 1

SELLO FIXO

Classe 1.ª

Livros e protocollos sujeitos a sêllo de verba antes de escriptos

1. Livros mestres e diarios de qualquer negociante e das sociedades com firma, cada meia folha.................. 60
2. Livros mestres e diarios das companhias e associações mercantis, sob qualquer titulo ou denominação; livros de registo e movimento das acções e das obrigações; livros de registo dos balancetes mensaes, e dos balanços annuaes nas sociedades anonymas, cada meia folha 80
3. Livros de notas de tabelliães e de aforamentos de bens municipaes, livros para termos de abertura de signaes, para registo de reconhecimento dos mesmos nas certidões de missas, para registo de procurações, substabelecimentos e revogações d'estes actos e dos instrumentos de contractos e actos lavrados fóra das notas, por cada meia folha............................. 80
4. Livros de receita e despeza dos cabidos ou de outras quaesquer repartições ecclesiasticas, cada meia folha.. 80
5. Livros de receita e despeza, e termos de deliberações ou eleições de irmandades ou de confrarias, cada folha... 30
6. Livros das conciliações nos juizos de paz, cada meia folha 80
7. Livros dos julgamentos de coimas ou transgressões de posturas, cada meia folha............................. 80
8. Livros dos julgamentos dos juizos ordinarios, ainda quando a cargo d'elles não esteja o julgamento das coimas e transgressões, cada meia folha............................ 80
9. Livros dos registos dos autos de abertura ou publicação de testamentos, cada meia folha..................... 80
10. Livros dos registos dos testamentos, cada meia folha.... 80
11. Diario e livros para descripções e inscripções nas conservatorias do registo predial, cada meia folha........... 80
12. Livros de casas de penhores, cada folha................. 80
13. Protocollo das audiencias, cada meia folha.............. 60
14. Protocollo dos corretores, cada meia folha.............. 80
15. Livros do registo dos articulados e sentenças nas causas civeis, a que se referem os artigos 208.º e 285.º do codigo do processo civil, por cada meia folha............ 80
16. Livros de protestos de lettras, cada meia folha......... 80

Os livros e protocollos constantes d'esta classe podem ser sellados, ainda quando nos mesmos estejam inscriptos, impressos estampados ou litographados dizeres geraes que por si só não possam constituir documento nem produzir algum effeito.

Classe 2.ª

Diplomas nobiliarios sujeitos a séllos de verba depois de escriptos

17	Carta de mercê do titulo de duque ou de duqueza	225$000
18	Carta de merce do titulo do marquez ou de marqueza	150$000
19	Carta de mercê do titulo de conde ou de condessa	135$000
20	Carta de mercê do titulo de grandeza	135$000
21	Carta de mercê do titulo de grandeza, que seja inherente a algum cargo ou funcção publica	100$000
22	Carta de mercê do titulo de visconde ou de viscondessa	80$000
23	Carta de mercê do titulo de barão ou baroneza	60$000
24	Sendo titulo de juro e herdade, paga mais	30$000
25	Carta que concede honras de parente	225$000
26	Alvará de vida em algum dos ditos titulos	60$000
27	Carta de conselho	60$000
28	Carta de conselho, quando seja inherente a algum cargo ou funcção publica	40$000
29	Carta de alcaide-mór	75$000
30	Alvará de mercê de tratamento de excellencia	75$000
31	Alvará de mercê de tratamento de senhoria	60$000
32	Alvará de mercê de tratamento de dom	60$000
33	Alvará de mercê do fôro de fidalgo cavalleiro ou moço fidalgo com exercicio	60$000
34	Alvará de fidalgo escudeiro ou moço fidalgo	35$000
35	Alvará de cavalleiro fidalgo ou escudeiro fidalgo	30$000
36	Alvará de qualquer fôro de fidalgo inherente a titulo ou por successão	30$000
37	Alvará de mercê do uso de brazão de armas	60$000
38	Alvará de licença para casamentos de donatarios da corôa	60$000
39	Banda da ordem de Santa Izabel	135$000
40	Portaria para usar de banda de ordem estrangeira	300$000

Classe 3.ª

Diplomas de ordens militares sujeitos a selló de verba depois de escriptos

41	Carta de mercê de gran-cruz	135$000
42	Carta de commendador	60$000
43	Carta de official ou cavalleiro	30$000
44	Carta de transferencia de uma para outra ordem	15$000

45 Tanto os officiaes e praças de pret do exercito e armada que forem agraciados com condecorações honorificas, como os demais empregados do estado que forem agraciados com taes mercês, por serviços distinctos no exercicio de seus empregos pagarão só o terço das taxas dos respectivos sellos mencionados n'esta classe. Se as mercês forem por serviços relevantes e prestados em combate contra o inimigo, ou por distincto e provado merito litterario, ou por acto singular e publico de devoção civica, poderá o governo dispensar o pagamento d'esta verba de sello.

46 Portaria para se poder usar da insignia antes da carta . 15$000
47 Portaria concedendo licença para usar de condecorações estrangeiras, sendo:

De gran-cruz, cada uma . . . . 300$000
De grande official, cada uma . . . . 150$000
De commendador, cada uma . . . . 120$000
De official ou cavalleiro, cada uma . . . . 60$000
De grande dignatario ou dignatario da imperial ordem da Rosa do Brazil, ou de quaesquer outras ordens em que haja a mesma cathegoria, cada uma. . . . . 150$000

Classe 4.ª

Diplomas de empregados da casa real sujeitos a sello de verba depois de escriptos

48 Carta de estribeiro mór, de capitão da guarda real, de védor, de camareira mór, de aia ou de qualquer outro officio mór... 49$500
49 Carta de dama................................... 39$000
50 Carta de official menor e de açafata................ 29$700
51 Diplomas de nomeação de quaesquer outros empregados da casa real, de licenças ou concessões honorificas, passados pela Mordomia mór ou por outras repartições da casa real... 19$500

Classe 5.ª

Diplomas relativos ao exercito e armada, sujeitos a sello de verba depois de escriptos

52 Patente de marechal do exercito ou almirante .... 60$000
53 Patente de general de divisão, de vice-almirante, nomeação de governador geral ou de conselheiro do tribunal superior de guerra e marinha ... . 45$000
54 Patente de general de brigada ou contra-almirante...... 30$000
55 Patente de coronel, tenente coronel, major, capitão de mar e guerra, de fragata ou capitão tenente .. .. 15$000
56 Patente de capitão do exercito ou de primeiro tenente da armada. ... . 12$000
57 Patente de tenente, alferes, primeiro ou segundo tenente de engenheria ou artilheria, ou de segundo tenente da armada.. .... 7$500
58 Nomeação de guarda-marinha.. .... 3$000
59 Apostilla em qualquer patente........................ 3$600
As patentes e nomeações de empregados civis do exercito que teem graduação militar, ficam sujeitas aos sellos correspondentes ás respectivas graduações.

Classe 6.ª

Diplomas de graus de habilitações litterarias ou scientificas, sujeitos a sellos de verba depois de esçriptos

60	Carta de grau de bacharel, licenciado ou doutor pela universidade............	45$000
61	Licença a bacharel, licenciado ou doutor para advogar em Lisboa e Porto, não tendo as respectivas cartas, por uma só vez......	18$000
62	Licenças a bacharel, licenciado ou doutor para advogar nas outras terras, não tendo as respectivas cartas....	9$000
63	Licenças para exercer em Portugal ou possessões, qualquer profissão scientifica adquirida em universidade ou academia estrangeira..	90$000
64	Carta de habilitação de pharmaceutico em Lisboa e Porto	4$000
65	Carta de habilitação de pharmaceutico nas outras cidades ou villas...	2$000
66	Ditas nas aldeias.............	1$000
67	Dita de habilitação de piloto.............	2$000
68	Carta de approvação em qualquer curso de instrucção superior em que não haja grau............	4$000
69	Dita em qualquer curso de instrucção secundaria.......	1$000
70	Carta de exame e approvação de dentista ou outros officiaes menores de saude................	1$000
71	Diploma de nomeação de piloto pratico nas barras de Lisboa e Porto................	1$600
72	Diploma de premios ou partidos concedidos pela universidade ou quasquer academias ou escolas publicas....	1$000
73	Titulos de capacidade de professor d'instrucção particular	600

Classe 7.ª

Bullas, dispensas e outros diplomas eclesiasticos, sujeitos a sello de verba, depois de escriptos

74	Bulla para capella particular, em sitio distante menos de 1 kilometro da igreja parochial ou de capella publica, concedida para uma geração................	100$000
75	Para duas gerações................	130$000
76	Para tres gerações...............	160$000
77	Para sempre................	500$000
78	Bulla para capella particular em sitio distande mais de 1 kilometro da igreja parochial ou de capella publica, concedida para uma geração................	50$000
79	Para duas gerações................	65$000
80	Para tres gerações................	80$000
81	Para sempre................	250$000
82	Licença para capella publica, pertencente a um particular, a menos de 3 kilometros da igreja parochial ou de outra capella publica......	20$000
83	Licença para capella publica, pertencente a um particular, a mais de 3 kilometros da igreja parochial ou de outra capella publica......	10$000
84	Licença para capella publica, pertencente a uma corporação ou povoação, a menos de 3 kilometros da igreja parochial ou de outra capella publica................	5$000

85	Licença para capella publica, pertencente a uma corporação ou povoação, a mais de 3 kilometros da igreja parochial ou de outra capella publica........	1$000
86	Breve de supprimento de idade, até seis mezes.........	4$000
87	Até 12 mezes.............................	6$000
88	Até vinte mezes............................	8$000
89	Breve de luto.............................	5$000
90	Breve de *extra tempora*.....................	8$000
91	Breve de illigitimidade á ordem................	2$000
92	Breve de illigitimidade a beneficio..............	20$000
93	Breve de irregularidade......................	2$000
94	Breve de missa votiva.......................	1$000
95	Breve de *non residendo*.....................	40$000
96	Breve para sacrario em capella publica...........	20$000
97	Breve para sacrario em capella particular.........	50$000
98	Breve de previlegio para ecclesiastico poder usar de qualquer honra ou distinctivo...............	50$000
99	Breve de previlegio para corporação poder usar de qualquer honra ou distinctivo...............	100$000
100	Bulla de licença confirmativa do bispado.........	90$000
101	Bulla de arcebispado........................	100$000
102	Bulla de patriarchado.......................	200$000
103	Bulla de arcebispado ou bispado *in partibus*......	60$000
104	Bullas não classificadas.....................	2$000

Outros diplomas ecclesiasticos sujeitos a sello de verba depois de escriptos, ou ao de estampilha

105	Dispensa de um pregão......................	2$000
	De dois.................................	3$600
	De tres.................................	4$800
106	Licença para casamento com fiança a banhos.......	3$600
107	Licença para casamentos ou baptisados em capella particular...............................	50$000
108	Licença para os mesmos em capella publica........	25$000
109	Carta de ordens de presbytero.................	4$000
110	Licença de celebrar, confessar ou prégar..........	200
111	Licença para festividade religiosa na igreja parochial ou capella publica, procissão ou cyrio...........	200
	Quer as respectivas provisões ou licenças sejam concedidas para cada uma das faculdades indicadas nas duas verbas precedentes, — para celebrar, confessar ou prégar e para festividades religiosas, procissão ou cyrio, — ou para todas as que constam da respectiva designação especial, o sello a pagar pelos interessados será sempre, e em todos os casos, o de 200 réjs.	
112	Quaesquer diplomas expedidos pelas camaras ou auctoridades ecclesiasticas que não estiverem especialmente comprehendidos n'esta classe ou nas outras d'esta tabella..................................	500

Classe 8.ª

Confirmações, dispensas ou outras mercês sujeitas a sello de verba depois de escriptos os respectivos documentos

113	Licença para advogar concedida a pessoa que não esteja para isso habilitada pela universidade de Coimbra..	18$000

114	Diplomas de officio de procurador ou sollicitador de causas nos tribunaes ou juizos nas outras terras do reino	9$600
116	Nomeações de sollicitadores feitas por despacho de juizes de direito	1$500
117	Alvará de corretor	9$000
118	Auctorisação ou diploma judicial para hypotheca sobrogação ou alienação de bens dotaes	13$000
119	Alvará de mercê aos denunciantes de capella, morgados e bens nacionaes, que estejam vagos ou que andarem extraviados	4$000
120	Decreto de verificação de vidas em bens nacionaes	55$000
121	Diploma para manter na posse dos ditos bens	13$000
122	Apostillas nos diplomas comprehendidos n'esta classe e nas verbas n.ᵒˢ 283, 284 e 285	2$000
123	Diploma de perdão ou commutação de pena, não sendo o impetrante pobre	4$000
124	Alvará de despachante nas alfandegas de Lisboa e Porto	10$000
125	Nas outras alfandegas	5$000
126	Alvará de ajudante de despachante nas alfandegas de Lisboa e Porto	5$000
127	Nas outras alfandegas	1$000
128	Carta de naturalisação	5$000
129	Diplomas de approvação e confirmação de estatutos, compromissos e contractos de corporações, sociedades ou companhias, sejam permanentes ou temporarias por uma só vez	30$000
130	Diplomas de approvação de sociedades artisticas e operarias	5$000
131	Todos os diplomas de assignatura real que se passarem por nomeações ou mercês não especificadas n'esta tabella	10$000
	Diplomas de empregados publicos, — vide verba 271 e seguintes.	
132	Portaria de nomeação lucrativa ou de mercê honorifica de que se pagar emolumentos, expedida por qualquer repartição publica	5$000
133	Nomeação de vendedor de estampilhas de sello	100
134	Concessão para estabelecer caminhos americanos em estradas ordinarias ou ruas de povoação	50$000
135	Concessão para qualquer systema de caminho com locomotivas	100$000

Classe 9.ª

Processos forenses e outros documentos que devem ser escriptos em papel sellado

136	Os processos forenses (excluidos os articulados, minutas, allegações forenses, salvas as excepções declaradas na tabella n.º 3) e os casos em que para os documentos juntos ao processo esteja estabelecido sello especial, pagarão, por cada meia folha	50
137	Articulados, minutas e allegações forenses	80
	São considerados processos forenses todos os administrativos em que houver parte interessada.	
	As certidões de relaxe dos conhecimentos de cobrança que servem de base ao processo administrativo, pagarão o sello correspondentes ás certidões.	

138 Cartas de sentença, de arrematação, titulos de adjudicação, formaes de partilhas, instrumentos, alvarás ou mandados para titulo ou posse, executivos, instrumentos de aggravo e traslados, por cada meia folha.... 80

Nos traslados não se comprehendem as copias, notas ou contrafés que os escrivães e officiaes de diligencias tenham de passar e entregar aos citados, intimados ou notificados, e tambem as copias dos editaes.

139 Procurações, incluindo as feitas *apudacta*, por cada meia folha 80
140 Tendo poderes para qualquer contracto, além do sello do papel 300
141 Tendo poderes para geral administração, além do sello do papel 600
142 Tendo poderes para gerencia de casa ou casas commerciaes ou mercantis, além do sello do papel ... 5$000
143 Sendo passada por negociantes ou firmas commerciaes para assignar ou acceitar lettras, ou fazer compras ou vendas mercantis, além do sello do papel .... 5$000
144 Sendo passada por banco ou companhia ou sociedade anonyma, nacional ou estrangeira, aos seus agentes ou delegados para tratarem em geral de todos os negocios dos estabelecimentos cuja gerencia lhes é confiada, além do sello do papel .... 10$000
145 Por cada substabelecimento que se fizer, ainda que seja na mesma folha 80

Quando uma procuração tiver poderes para diversos actos a que competir mais uma taxa, pagará sómente a maior. Sendo iguaes as taxas pagará uma d'ellas.

Quando uma procuração ou um substabelecimento fôr feito por mais de uma pessoa, contando-se por uma só pessoa marido ou mulher, pae ou mãe e filhos sob o patrio poder e corporações de qualquer natureza, por cada pessoa pagar-se-ha mais meia taxa do sello que competir á respectiva procuração ou ao substabelecimento.

146 Traslados tirados das notas dos tabelliães, cada meia folha 80

Certidões, além do sello do requerimento, quando o haja, por cada meia folha 80

147 Havendo em cada meia folha mais de uma certidão, por cada uma 80
148 Havendo na mesma meia folha algum termo forense, terá além d'isso o sello respectivo do (vide a verba n.º 255).
149 Termos de abonação dos vendedores de estampilhas de sello cada meia folha............. 60
150 Requerimentos, cada meia folha 80
151 Escripto particular de qualquer contracto que não seja sujeito ao imposto de sello, por cada meia folha.... 80

Classe 10

Papeis de segurança publica sujeitos ao sello, a tinta de oleo antes de escriptos, ou ao de estampilha. — Passaportes e bilhetes de residencia passados no governo civil de Lisboa

152	Passaportes a nacionaes para fóra do reino e possessões ultramarinas	1$000
153	Passaportes a estrangeiros, para fóra do reino e possessões ultramarinas	1$000
154	Referencia em passaporte estrangeiro, para fóra do reino e possessões ultramarinas	1$000
155	Bilhete de residencia ou referenda, permittindo a residencia a estrangeiros, por tres mezes	50
156	Bilhete de residencia ou referenda, permittindo a residencia a estrangeiros, por seis mezes	100
157	Bilhete de residencia ou referenda, permittindo a residencia a estrangeiros, por nove mezes	150
158	Bilhete de residencia ou referenda, permittindo a residencia a estrangeiros por um anno	200

Passaportes e bilhetes de residencia passados nos governos civis

159	Passaporte a estrangeiros para fóra do reino	1$000
160	Referenda em passaporte a estrangeiro, para fóra do reino	1$000
161	Passaporte a nacional, para fóra do reino, pelos portos do mar	1$000
162	Passaporte a nacional, para fóra do reino, pela raia secca	1$000
163	Bilhete de residencia ou referenda, permittindo a residencia a estrangeiros, por tempo de tres mezes	50
164	Bilhete de residencia ou referenda, permittindo a residencia a estrangeiros, por tempo de seis mezes	100
165	Bilhete de residencia ou referenda, permittindo a residencia a estrangeiros, por tempo de nove mezes	150
166	Bilhete de residencia ou referenda, permittindo a residencia a estrangeiros, por tempo de um anno	200

Salvo-conductos, vistos nos passaportes e bilhetes de residencia passados nas administrações dos concelhos

167	Salvo-conducto aos estrangeiros	40
168	Vistos nos passaportes dos estrangeiros pela permissão de entrada	40
169	Bilhete de residencia ou referenda, permittindo a residencia a estrangeiros, por tempo de tres mezes	100
170	Bilhete de residencia ou referenda, permittindo a residencia a estrangeiros, por tempo de seis mezes	200
171	Bilhete de residencia ou referenda, permittindo a residencia a estrangeiros, por tempo de nove mezes	300
172	Bilhete de residencia ou referenda, permittindo a residencia a estrangeiros, por tempo de um anno	400

Classe 11.ª

Papeis de expediente das alfandegas sujeitos a sêllo depois de escriptos pela fórma indicada nos artigos 114.º, 116.º e 117.º do mencionado regulamento

A Circulos aduaneiros de Lisboa, Porto e archipelago dos Açores, suas dependencias maritimas e urbanas e suas dependencias na testa das linhas ferreas.

173 Bilhete de despacho de importação ou exportação:	
a) Quando os direitos não excedem a 10$000 réis . .	$040
b) Quando os direitos não excedem a 100$000 réis. .	$100
c) Quando os direitos não excedem a 1:000$000 réis .	$200
d) Excedendo a 1:000$000 réis	$500
174 Bilhete de despacho de reexportação, por sahida, transferencia de deposito, transito internacional e cabotagem	$080
175 Bilhete de cobrança de impostos internos de consumo .	$015
176 Bilhete de cobrança de imposto de pescado.	$010
177 Guia de embarque para cabotagem, exportação, reexportação por sahida ao transito internacional	$100
178 Guia de embarque, para transferencia de deposito aduaneiro	$200
179 Guia de acompanhamento pelos caminhos de ferro, para transito internacional	$100
180 Guia de acompanhamento pelo caminho de ferro para transferencia de deposito aduaneiro	$200
181 Guias de livre transito interior não especificadas em outro artigo.	$030
182 Guia de circulação nas cidades de Lisboa e Porto, para generos sujeitos a impostos internos de consumo que entrem por uma barreira e saiam por outra, ou que estejam em armazens fiscalisados e saiam para fóra de barreiras	$040
183 Guia para sahida eventual de gado manifestado dentro de Lisboa.	$010
184 Senha para sahida de carros tirados a bois, quando estes não são manifestados dentro de Lisboa e sáem por barreira diversa d'aquella por onde entraram.	$010
185 Licença para entrada de gado em Lisboa destinado ao matadouro quando pertence a marchantes affiançados.	$060
186 Licença para sahir e reentrar qualquer carro tirado a bois quando estejam manifestados dentro de Lisboa. .	$060
187 Notas de verificação no matádouro) de peso de gado destinado a ser abatido em Lisboa.	$020
188 Folha de descargas (isto é, o documento que vem acompanhando os generos ou mercadorias nacionaes ou estrangeiras desde bordo do navio que as trouxe até aos caes, ou estes sejam da alfandega ou sejam caes publicos ou particulares	$030
189 Guia de acompanhamento de mercadorias em cuja exportação ha reembolso de direitos acompanhamento das fabricas á alfandega).	$100
190 Declaração de valor no despacho de importação quando essa declaração não é acompanhada de apresentação de factura.	$100
191 Licença para cada barco que levar lastro a bordo. . .	$020
192 Licença para cada barco que levar sal a bordo. . . .	$020

193	Licença para qualquer navio descarregar fóra do respectivo quadro.	$500
194	Licença para extrahir amostras de generos depositados nos armazens aduaneiros.	$010
195	Licenças não especificadas em qualquer outro artigo d'esta tabella.	$080
196	Pedido feito em bilhete de despacho sobre qualquer incidente do mesmo despacho.	$020
197	Outros quaesquer pedidos.	$080
198	Licença para embarque de mercadorias fóra das horas regulamentares.	$030
199	Passe para sahida de cada navio.	$100
200	Despacho geral da carga completa de cada navio.	$100
201	Nota de expedição pelo caminho de ferro de mercadorias estrangeiras (transito internacional e transferencia de deposito).	$020
202	Boletim de entrega de mercadorias sujeitas a direitos nas estações de caminhos de ferro (da entrega que os empregados do caminho de ferro fazem aos da alfandega).	$020
203	Declaração de bagagem (modelo 38.º annexo ao regulamento de 31 de janeiro de 1889).	$030
204	Guia de bagagem sahida de lazareto (a de cada passageiro).	$100
205	Guia de mercadorias sahidas do lazareto (as de cada proprietario em cada barco).	$100
206	Certificado de beneficiação de cada barco de carga em quarentena.	$060
207	Certificado de embarque de lastro.	100
208	Certificado de pagamento de direitos de carga.	100
209	Documento que se junte a bilhete de despacho, para comprovar qualquer allegação feita n'este bilhete.	80
210	Titulo de reembolso de direitos (restituição de materias primas quando se exportem os respectivos productos) segundo a importancia de reembolso.	5 %
211	Pedidos para despacho parcial (para consumo) de mercadorias contidas em um volume.	1$000
212	Bilhete de liquidação de direitos de mercadorias vendidas em leilão.	100
213	Conhecimento, guia, cautella ou outro documento de transporte por via fluvial, ferrea ou terrestre.	60
214	Guia de bagagens por via maritima ou por via ferrea.	10

B. — Delegações e portos aduaneiros na raia secca, excepto nas estações de caminho de ferro.

215	Bilhete de despacho de importação ou exportação.	10
216	Guia de circulação interior pelas estradas ordinarias para qualquer effeito	10
217	Documentos não especificados nos dois artigos anteriores — o sello correspondente estabelecido para as outras estações fiscaes.	

Classe 12.ª

Papeis commerciaes sujeitos a sello a tinta de oleo antes de escriptos ou ao de estampilha. Em substituição aos artigos 222 a 227

218	Carta de fretamento para os portos do continente do reino	1$000
219	Carta de fretamento para outros portos, ou sem declaração do logar.	3$000

220 Conhecimento de carregação maritima, que se apresentar para se effectuarem despachos de importação:
    a) De generos procedentes de portos portuguezes . .   80
    b) De generos procedentes de portos estrangeiros . .   100
221 Conhecimento de carregação marítima junto ao manifesto de partida ou despacho geral de sahida das embarcações   80
222 Documento que substituir o conhecimento de carregação maritima   100
223 Endosso ou pertence em separado ou no mesmo conhecimento   120
224 Pertence ou declaração de transmissão de propriedade de parte das mercadorias mencionadas em um conhecimento, sendo essa declaração feita em documento especial, separado do mesmo conhecimento.   120
225 Endosso feito nos pertences a que se refere o artigo anterior   120

Classe 13.ª

Licenças sujeitas ao mesmo sello

230 Licença para conservar aberta a porta de casa de jogo, licito, depois da hora de recolher, cada anno . . . .   10$000
231 Licença para ter aberta a loja ou armazem de venda de generos, até onze horas de inverno, e meia noite de verão, por anno . . . .   5$000
232 Dita para leilão de mobilia em casa particular, em Lisboa e Porto, valida por cinco dias . . . .   3$000
233 Nas outras terras do reino, pelo mesmo tempo . . . .   1$000
234 Dita para leilão em qualquer casa, loja, armazem de venda ou em qualquer local publico em Lisboa e Porto, pelo mesmo tempo . . . .   1$000
235 Nas outras terras do reino, pelo mesmo tempo . . . .   1$000
236 Licença para cada leilão nas praças do commercio, de letras a risco maritimo . . . .   1$000
237 Licença para uso de armas de defesa, em Lisboa e Porto, cada anno . . . .   2$400
238 Nas outras terras do reino, cada anno . . . .   1$200
    As licenças mencionadas que ficam relativas a anno, poder-se-hão conceder por tres, seis, nove e doze mezes, e as taxas dos sellos serão proporcionaes ao tempo por que as mesmas licenças se passarem. Estas licenças tambem poderão ser concedidas por um mez, e n'esse caso as taxas do sello serão a quinta parte das fixadas por um anno, e por cada renovação por mais um mez se pagará a mesma taxa.
    As licenças por tempo determinado serão passadas por dias ou mezes consecutivos e não interpolados, contados do primeiro dia em que taes licenças começarem a vigorar.
239 Licença para venda de bilhetes e cautellas de loterias estrangeiras, cada anno . . . .   50$000
    Esta licença só vigorará por um anno, mas poderá ser successivamente prorogada, pagando-se novo imposto.

Deixam de se mencionar n'este logar as licenças comprehendidas na classe 4.ª da tabella n.º 3 annexa ao regulamento de 2 de dezembro de 1869, por se cobrarem conjunctamente com a contribuição industrial, segundo a lei de 14 de maio e regulamento de 28 de agosto de 1872.

Licença para casa de penhores, cada anno . . . . . . 5$000

Classe 14.ª

Escripturas e outros papeis sujeitos ao sello de estampilha

240 Contractos com o govarno, cada meia folha. 100
241 Perfilhação . . . . , ... 100
242 Contracto de casamento . . . . 2$000
    Contracto de casamento com dote (vide verba n.º 305).
243 Quitação geral sem designação de valor, ou de valor desconhecido, ainda que seja reciproca entre duas ou mais pessoas, dado em auto, termo ou documento publico official ou extra official . . . . 2$500
244 Por cada escriptura, além do sello que fôr designado nas tabellas n.ᵒˢ 1 e 2, para todos os actos juridicos e contractos que comprehender, e além do sello do papel do livro de notas 500
245 Documento lançado nos livros de notas, a requerimento da parte e despacho do juiz, por cada instrumento do respectivo registo. 500
246 Auto de conciliação, além do sello especial do acto juridico ou contracto que envolver, e além do sello do papel, cada um. 500
247 Termos e autos judiciaes, ou perante qualquer auctoridade ou em repartição publica, que comprehenderem arrematação de bens immoveis, fiança, quitação ou qualquer outro acto juridico que produza obrigações em relação ao objecto da causa ou da convenção, ou algum contracto, além do sello especial que fôr devido conforme as tabellas n.ᵒˢ 1 e 2 se o tiver 500
    Consideram-se comprehendidos n'esta verba os termos de licitação de transacção, de encabeçamento de bens de praso, os autos de reunião do conselho de familia, ou de conferencia sobre o passivo descripto nos inventarios, e fórma de pagamento, os termos de desistencia a requerimento da parte ou de qualquer acção ou de parte do pedido, ou do recurso interposto
248 Testamentos publicos e autos de approvação de testamentos cerrados, por cada um 500
249 Em cada nota de registro, de averbamento ou chancellamento que nas conservatorios se pozer nos documentos entregues ás partes, além do sello do papel . . . 80
250 Assentos de casamento, nascimentos ou baptisado, nos livros de registo civil ou parrochial 80
    Este sello, com relação aos livros de registo parochial, será collocado n'aquelle que é remettido á camara ecclesiastica.
251 O papel dos livros de notas dos tabelliães e todos os destinados a termos e autos judiciaes, ou outros quesquer assentos de serviço publico sujeitos a sello, seja qual for o numero de linhas que contenham, terá de formato

30 centimetros de altura e 20 de largura como o papel sellado pelo governo.

Exceptuam se os livros das conservatorias e outros que por lei ou regulamento tenham formato especial.

Os livros regularmente sellados á data da publicação da lei de 28 de julho de 1885, que não estivessem completamente escriptos, continuam a servir até final.

Termos de fiança de residencia e desistencia em processo criminal 500

Classe 15ª

Papeis sujeitos ao sello de verba depois de escriptos, ou ao de estampilhas

252 Testamentos publicos ou cerrados, antes de serem registados, em todo o caso dentro de trinta dias, desde a abertura da successão; ou desde que por qualquer outro motivo produzirem effeito juridico, cada meia folha   600

253 Os documentos que não tenham sido sellados, ou que não forem escriptos, impressos, litographados ou estampapados em papel sellado, e que tenham de se juntar a requerimentos que se dirijam a tribunaes ou repartições publicas, de qualquer ordem que sejam, por cada meia folha 80

254 Tendo pago sello inferior, como acto ao documento, pagarão só a differença.

255 Termos forenses lançados na mesma meia folha em que tiver sido passada alguma certidão, por cada um. . .   60

256 Os cartazes, annuncios de divertimentos publicos e quaesquer outros escriptos impressos, estampados ou lithographados que se affixarem nos logares publicos, devendo reputar-se logares publicos, os que podem servir para n'elles se affixarem não só os annuncios e mais papeis pertencentes a certos individuos, como tambem a quaesquer outros interessados, cada um   60

Consideram-se affixados em logares publicos os annuncios que o forem nos vestibulos, atrios, corredores e salas de theatro ou de espectaculos, em carros americanos, em trens de praça, de cocheira, ou em outras quaesquer vias de transporte á disposição do publico: os annuncios que forem suspensos, collados ou affixados nos candieiros de illuminação publica, e em quadros portateis fixos ou ambulantes.

São isentos do alludido imposto os referidos papeis affixados nas entradas dos hoteis, das hospedarias, nos kiosques e em outros quaesquer logares que possam ser vedados ao publico. A insenção do sello em annuncios nos kiosques deve entender-se exclusivamente applicaveis aos que forem postos na parte interior.

Os annuncios affixados nos buffetes restaurants, botequins ou em quaesquer outros estabelecimentos dentro ou fóra do recinto das estações do caminho de ferro, são egualmente insentos do sello, quando unicamente disserem respeito aos objectos expostos á venda ou consumo pelos proprios donos ou possuidores d'esses estabelecimentos.

Consideram-se sujeitos ao imposto de sello todos os mais

annuncios que ahi forem affixados pertencentes a pessoas estranhas ou a diversos interessados.

Nos cartazes em que por qualquer fórma se annunciarem espectaculos para mais de um dia, será o imposto do sello dividido tantas vezes quantos forem os dias de espectaculo para que servirem.

257	Cartas de saude, cada uma	60
258	Reconhecimentos de assignaturas em papeis, livros, titulos e documentos de qualquer natureza, não sujeitos ao impostodo sello, comprehendendo os reconhecimentos de assignaturas nos documentos isentos de sello, e nos que têem de juntar-se a processos eleitoraes ou de recrutamento, por cada um, ainda que comprehenda mais de uma assignatura	80
259	Reconhecimentos de assignaturas em papel sellado, livros, titulos e documentos de qualquer natureza de que já se tenha pago sello por algumas das fórmas estabelecidas, por cada um, ainda que comprehenda mais de uma assignatura	10
260	Reconhecimentos de assignaturas em papel não sellado, livros titulos e documentos de qualquer natureza, de que se não tenha pago sello	80
261	Alvará de emancipação ou auctorisação judicial para a administração de bens ou legitimas do valor em rendimento superior a 50$000 réis até 500$000 réis	2$400
262	Alvará de emancipação ou auctorisação judicial para a administração de bens ou legitimas de valor em rendimento superior a 500$000 réis	4$000
263	Alvará de consentimento ou auctorisação de paes, mães, tutores ou do conselho de familia para casamento . .	1$600
264	Termo de repudio de herança, ou registo de tutela, cada termo ou registo	80
265	Processos fiscaes, administrativos ou judiciaes, nos casos em que hajam de ser sujeitos, a sello, por cada meia folha	50

Papeis sujeitos a sello de verba depois de escriptos

266	Papeis, livros e documentos de particulares que não forem sujeitos a sello especial e de que tenham de ser extrahidas certidões ou publicas fórmas, por officiaes publicos, por cada meia folha de que forem extrahidas as certidões ou publicas fórmas	80

Papeis sujeitos a sello especial

267	Cartas de jogar, nacionaes ou estrangeiras, por cada baralho	10

Classe 16.ª

Papeis sujeitos a sello especial

268	Conhecimento, guia, cautella ou outro documento de transporte por via fluvial, ferrea ou outra terrestre, por cada uma	20
269	Guia de bagagens de passageiros, por via maritima ou por via ferrea, por cada uma	10

Classe 17.ª

Papeis sujeitos á forma do sello determinado no artigo 64.º e seguintes do regulamento

270 Cheques ao portador, á vista passados no continente do reino e ilhas adjacentes, cada um. 20
Cheques com designação de pessoa certa, ou com designado praso de vencimento, vide verbas 313 e 314.

Tabella n.º 2

Sello proporcional

Classe 1.ª

Diplomas de empregos publicos comprehendendo os das camaras municipaes, mizericordias hospitaes ou outros estabelecimentos publicos subordinados ao governo, sujeitos a sello de verba depois de escriptos

271 Diploma de officio ou emprego que tenha de ordenado ou lotação até 100$000 réis inclusivé. . . . . 1,5 p. c.
272 Diploma de 100$000 réis para cima . . . . 5. p. c.
273 Diploma de inactividade pelo qual se perceba algum vencimento, como o da aposentação, jubilação ou reforma, sendo o vencimento annual até 100$000 réis. . . . . 1,5 p. c.
274 Diploma de mais de 100$000 réis . . . . 5, p. c.
275 Provimento ou quaesquer outros titulos de nomeação temporarias por menos de um anno, pagará de sello uma quota proporcional ao tempo que for passado e em relação ás taxas estabelecidas n'esta classe, que para este effeito sómente se deve considerar relativo a um anno.
276 Por Diploma de accesso ou de transferencia de officio e emprego, quer se verifiquem dentro do mesmo, quer de um para outro quadro, pagar-se-ha a taxa de sello da mercê correspondente á melhoria do vencimento se o houver.
Não havendo melhoria, pagar-se-ha sómente o sello do papel em que fôr escripto o diploma.
277 Quando o ordenado ou a lotação do emprego fôr em moeda insulana, o imposto do sello será calculado segundo a percentagem correspondente ao quantitativo do vencimento n'esta moeda.
278 O Diploma de officio ou emprego que não tiver vencimento ou lotação conhecida só fica sujeita ao sello do papel em que fôr escripto.
279 Provimento de partido de medico ou cirurgião, passado pelas camaras municipaes sobre a importancia do partido . . . . 5. p. c.

Classe 2.ª

Confirmação, dispensas e outras mercês sujeitos a sello de verba depois de escriptos os respectivos documentos

280 Carta de administração com usofructo vitalicio, de capella, denominada da corôa, ou outros bens nacionaes que renderem até 200$000 réis. . . . . . . 11$000

281 Excedendo a 200$000 réis. . . . . 11 p. c.
282 Carta de Compra ou arrematação de bens nacionaes ou das corporações de mão morta, além do sello do papel pagará mais sobre o preço da arrematação ou remissão . . 1 p. c.
283 Diploma de tença, pensão ou ordinaria, até á quantia de 100$000 réis . . . . 2$000
284 Excedendo a 100$000 réis. . . . . 2 p. c.
285 Diplomas de verificação de sobrevivencia de tença, pensão ou ordinaria, o dobro do que fica estabelecido para os diplomas de mercê.
Apostilla em qualquer dos ditos diplomas (vide verba n.º 122).
286 Dispensa de impedimento de matrimonio, sobre a multa ecclesiastica imposta aos impetrantes . . . . 10 p. c.
287 Passaporte a embarcações nacionaes:
Até 50 toneladas . . . . 1$000
De mais de 50 até 200 inclusivé. . . . . 2$000
De 200 para cima . . . . 3$000

Classe 3.ª

Acções, apolices, recibos, quitações e outros papeis sujeitos a sello, a tinta de oleo antes de escriptos, ou ao de estampilha

288 Acções, titulos ou obrigações de companhias ou associações mercantis de qualquer natureza, e dos districtos, camaras municipaes ou de quaesquer estabelecimentos publicos.
Por cada acção ou obrigação de valor nominal.
Até 10$000 réis. 20
De mais de 10$000 réis até 50$000 réis 50
De mais de 50$000 réis até 100$000 réis. 100
De mais de 100$000 réis até 200$000 réis inclusivé. . . 200
E assim successivamente, augmentando 100 réis por cada 100$000 réis ou fracção de 100$000 réis.
Quando mais de uma acção ou obrigação se comprehender em um só titulo, pagar-se-ha o sello correspondente a todas as acções ou obrigações que contiver.
289 Apolice de seguro, sendo o premio annual:
Até 5$000 réis 100
De mais de 5$000 réis até 25$000 réis 500
De mais de 25$000 réis até 50$000 réis . . . . 1$000
De mais de 50$000 réis até 100$000 réis inclusivé . . . 2$000
E assim por deante, cobrando-se sempre mais 500 réis por cada 25$000 réis ou fracção de 25$000 réis.
Se o premio se paga por uma só vez, o sello será a quinta parte das taxas estabelecidas.
Quando não fôr conhecido o valor do premio:
Até ao seguro de 1:000$000 réis inclusivé 200
De 1:000$000 réis até 10:000$000 réis inclusivé 400
De 10:000$000 réis para cima. 800
290 Recibo de premios de qualquer seguro sendo o valor do premio:
De 2$000 réis até 100$000 réis 20
De mais de 100$000 réis até 1:000$000 réis. 50
De mais de 1:000$000 réis 200
Estas taxas são applicaveis a qualquer outra forma comprovativa do pagamento do premio.

291 Recibos de vencimentos de qualquer natureza das classes inactivas ou activas, pagos pelo estado, dos empregados das camaras municipaes, misericordias, hospitaes ou de outros estabelecimentos publicos subordinados ao governo; de pensionistas de monte-pios ou caixas economicas, os dos respectivos empregados; os dos accionistas e os dos possuidores de obrigações, com respeito aos dividendos ou juros que recebam dos bancos ou companhias; os dos vencimentos dos empregados d'esses bancos ou companhias, os dos juristas, com relação aos juros que recebam dos titulos de divida fundada ou de obrigações emittidas pelo estado e por quaesquer corporações publicas:

 De 5$000 até 20$000 réis 20
 De mais de 20$000 réis até 50$000 réis 30
 De mais de 50$000 réis até 100$000 réis. 50
 De mais de 100$000 réis até 200$000 réis, ou fracção de 100$000 réis e assim por diante. 50

Quando os vencimentos comprehendidos n'esta verba forem pagos por folha, o imposto será pago por meio de sello de verba e pelo modo determinado nos artigos 60.º e 61.º do regulamento (vide verba n.º 322.)

292 Recibos entre particulares ou passados por particulares ao estado, a camaras municipaes, estabelecimentos de piedade ou beneficencia, facturas com quitação de qualquer natureza ou proveniencia, ou outros quaesquer titulos ou documentos que importem recibo ou desobrigação de dinheiro, valores ou de qualquer objecto, sendo passados por escripto particular:

 De 2$000 réis até 100$000 réis 20
 De mais de 100$000 réis até 1:000$000 réis. 50
 De mais de 1:000$000 réis 200
 Quando o valor não fôr conhecido 200

293 As contas conferidas sem designação de praso determinado de vencimento, passadas entre individuos residentes no reino e ilhas adjacentes, que contenham verbas de recebimento ou de pagamento de dinheiro, das quaes se não tenham passado recibos ou documentos sellados, ficam sujeitos ao sellb correspondente a esses recibos ou documentos, como se para cada uma d'ellas houvesse documento especial sellado.

294 Valle ou ordem do correio, titulo de mutuo, confissão de divida e uzura, incluindo as escripturas, os autos de conciliação em que sejam reconhecidas dividas que não constem de titulo anterior devidamente sellado, quitações e recibos por termos nos autos e processos judiciaes ou administrativos ou por instrumento publico perante o tabellião, quitação por escriptura, ainda mesmo sendo objecto incidente, secundario ou accessorio da escriptura comprehendendo a quitação que o vendedor dá ao comprador nos contractos de compra e venda, abertura de credito, constituição de penhor por escripto ou particular ou por escriptura:

 De 5$000 réis até 20$000 réis. 20
 De mais de 20$000 réis até 50$000 réis 40
 De mais de 50$000 réis até 100$000 réis. 60
 De mais de 100$000 réis até 500$000 réis inclusivé. . 100

Augmentando 100 réis por cada 500$000 réis ou fracção de 500$000 réis.

As importancias em titulos de divida publica acções de bancos, companhias ou sociedades anonymas serão calculadas pelo valor real que tiverem no mercado, segundo a cotação publicada na folha official do governo, mais proxima á data do acto ou contracto pelo qual é devido o imposto.

A importancia dos recibos e quitações de fóros, censos e pensões annuaes, pagas em generos, será calculada para o effeito do sello pela tarifa camararia, ou pelo mercado da localidade.

Classe 4.ª

Lettras e outros papeis que devem ser escriptos em papel sellado

295 Lettras da terra, livranças, notas promissorias, ordens e lettras sacadas entre praças do reino e ilhas adjacentes, escriptos de qualquer natureza não mencionados em algumas das duas tabellas nos quaes se determine pagamento ou entrega sob fórma, de correspondencia epistolar, tudo isto, sendo á vista ou até oito dias de praso:

De 5$000 réis até 20$000 réis	20
De mais de 20$000 réis até 50$000 réis.	50
De mais de 50$000 réis até 300$000 réis	100
De mais de 300$000 réis até 500$000 réis inclusivé . . .	200
Por cada 500$000 réis ou fracção de 500$000 réis a mais .	200

296 Lettras de cambio sacadas no continente do reino e ilhas adjacentes, letras da terra, ordens, livranças, notas promissorias, cheques sobre praças estrangeiras, escriptos de qualquer natureza, nos quaes se determine pagamento ou entrega de dinheiro, com clausula á ordem ou á disposição, ainda que sob a forma de correspondencia epistolar, tudo isto sendo a mais de oito dias de praso: letras ou escripturas de contracto de risco maritimo, bilhetes de cobre, cartas de credito, escriptas ao portador e quaesquer outros papeis negociaveis não mencionados n'esta ou na precedente verba:

De 5$000 réis até 20$000 réis	20
De mais de 20$000 réis até 100$000 réis inclusivé. . . .	100
Por cada 100$000 réis mais ou fracção de 100$000 réis. .	100

297 Letras de cambio sacadas no continente do reino e ilhas adjacentes, para serem pagas em praças estrangeiras;

de 20$000 réis até 100$000 réis inclusivé	20
Por cada 100$000 réis a mais ou fracção de 100$000 réis .	20

Estas letras poderão ser escriptas em papel destinado para letras, preenchendo-se com estampilhas o resto das taxas a pagar, inutilisando as estampilhas pela forma determinada no artigo 30.º do regulamento.

298 Letras sobre paizes estrangeiros sacadas em mais de uma via, pagarão por cada via metade do sello correspondente ao valor que representarem em moeda portugueza pelo cambio corrente.

No caso das letras sobre paizes estrangeiros sacadas em mais de uma via, quando metade da taxa do sello correspondente não fôr multiplo de 20 réis, o excesso será pago por meio de estampilha.

Classe 5.ª

Pertences, lettras e outros papeis sujeitos a sello de verba depois de escriptos, ou de estampilha

299 Pertences de acções ou titulos e obrigações de bancos, e companhias ou associações mercantis de qualquer natureza e dos districtos, camaras municipaes e de quaesquer outros estabelecimentos publicos; os pertences das apolices dos seguros, as acções ou titulos e obrigações de bancos, companhias ou associações mercantis estrangeiras e os titulos de divida publica, emittidos pelos governos estrangeiros, segundo o seu valor nominal até 10$000 réis:

    De 10$000 réis até 50$000 réis   50
    De 50$000 réis até 100$000 réis   100
    De 100$000 réis até 200$000 réis.   200
    E assim successivamente augmentando 100 réis por cada 100$000 réis ou fracção de 100$000 réis.

300 Letras de cambio sacadas em praças estrangeiras e possessões ultramarinas, para serem negociadas, aceites ou pagas no reino e ilhas adjacentes:

    De 5$000 réis até 20$000 réis   20
    De mais de 20$000 réis até 100$000 réis inclusivé . .   100
    Por cada 100$000 a mais ou fracção de 100$000 réis .   100

301 Conta conferida com designado praso de vencimento, pagará o sello estabelecido para as letras da terra (vidé verbas 295 e 296).

302 As letras sacadas em praças estrangeiras, quando simplesmente se negociarem em qualquer parte da monarchia e pelo primeiro endosse:

    Do mais de 20$000 réis até 100$000 réis inclusivé . .   50
    Por cada 100$000 réis mais ou fracção de 100$000 réis   50
    Estas letras, quando sacadas em mais de uma via, pagarão por cada via metade do sello correspondente ao valor que representarem em moeda portugueza pelo cambio corrente.

303 Letras de cambio sacadas em praças estrangeiras, aceites no reino e ilhas adjacentes e pagaveis em praças estrangeiras, sendo negociadas em qualquer parte da monarchia e pelo primeiro endosse:

    De 5$000 réis a 20$000 réis   20
    De mais de 20$000 réis até 100$000 réis   50
    Por cada 100$000 réis ou fracção d'esta quantia. . .   50

303 A Cheques e livranças de qualquer natureza passados em praças estrangeiras para serem pagos em Portugal e vice-versa:

    De 5$000 réis até 20$000 réis   20
    De mais de 20$000 réis até 50$000 réis   40
    De mais de 50$000 réis até 100$000 réis   60
    De mais de 100$000 réis até 500$000 réis inclusivé. .   100
    augmentando 100 réis por cada 500$000 réis ou fracção de 500$000 réis.

Classe 6.ª

Escripturas e outros papeis sujeitos a sello de estampilha

304 Garantia de aval., com relação a letras, prestada em ins-

trumento separado ou em carta, sendo o valor garantido:

    Até 100$000 réis inclusivé. 20
        augmentando 20 réis por cada 100$000 réis ou fracção de 100$000 réis.
  Quando não faça referencia a valor ou quantia determinada. . . . . 2$000

305 Contractos de casamento com dote:
    Quando o valor dos bens totaes fôr até 500$000 réis . . 2$000
    Sendo o valor dos bens de mais de 500$000 réis até 5:000$000 réis. . . . . 5$000
    De mais de 5:000$000 réis até 10:000$000 réis . . . . 10$000
        augmentando 1$000 réis por cada 1:000$000 réis ou fracção de 1:000$000 réis.
    Além d'estas taxas, pelo dote de bens presentes de valor não conhecido . . . . 2$000
    Pelo dote de bens futuros. . . . . 2$000
    Quando não poder determinar-se o valor de todos os bens detaes . . . . 20$000

306 Arrendamento ou consignação de rendimentos de bens immoveis, por qualquer modo ou titulo que sejam feitos, desde 10$000 até 100$000 réis 60
  De mais de 100$000 até 200$000 réis inclusivé 100
  E assim por diante, cobrando-se 100 por cada 100$000 rs. ou fracção d'esta quantia. Não são comprehendidos n'esta verba os arrendamentos para lavras de minas.

  N'estes contractos o sello será calculado sobre o preço de todo o tempo de arrendamento, e não havendo estipulação de praso ou sendo este incerto, sobre a renda de um anno, contando-se além d'isso em ambos os casos a quantia que se estipular a titulo de joia ou qualquer outro.

  Se o arrendamento fôr por menos de um anno, a taxa será a mesma que para o anno; se porém a importancia do arrendamento fôr menor de 100$000 réis, a taxa será de 10 réis por cada mez.

  Nos casos de sublocação parcial ou total, o imposto do sello será calculado sobre a importancia total da renda porque foi feita a sublocação.

  Nos arrendamentos em que se não designar praso, e segundo o costume da terra, forem por menos de um anno, pagar-se-ha o sello correspondente de um anno, e no caso de serem prorogados por mais de um anno, repetir-se-ha o sello por cada anno que fôr vigorando.

  Nos arrendamentos ruraes, as taxas serão metade das que estão determinadas para os outros arrendamentos.

  Quando os arrendamentos forem a generos, o preço d'estes será calculado pelas tarifas camararias ou pelos preços medios do ultimo anno, no mercado da localidade.

  No caso de cessão, parcial ou total, de consignação de rendimento de bens immoveis, o imposto do sello deverá ser calculado sobre a importancia pela qual foi feita a cessão.

  No caso de prorogação de arrendamento, independentemente de novo titulo, poderá o sello ser tambem pago por meio de verba.

  O sello dos arrendamentos quando houver de ser addiccionado ás contribuições predial e de renda de casa será cobrado na fórma determinada no regulamento, artigos 78.º e 79.º

307 Escriptura constitutiva de sociedade anonyma, sendo o capital até 50:000$000 . . . . 10$000
De mais de 50:000$000 réis até 100:000$000 inclusivé . . 20$000
D'ahi em diante a mais por cada 1:000$000 réis 50
Sendo o capital emittido por series, a taxa será calculada em relação a cada sorte.
A resolução que preceder a emissão de qualquer serie, excepto a primeira de que fizer menção o contracto social, para ter validade, será transcripto no registo publico do commercio conjunctamente com o documento comprovativo do pagamento do competente sello, sem o que a referida transcripção se não fará.

308 Escripturas de constituição de sociedades anonymas, e de parcerias mercantis, sobre todo o capital nominal, além dos sellos que lhes competirem. . . . , ... 2 p. c.
Igual percentagem pagarão as sociedades ou parcerias já existentes ou que de futuro venham a existir, quando reforçarem o seu capital, com relação á importancia do respectivo augmento.
Não se comprehendem nas disposições contidas n'esta e na antecedente verba, as companhias de pesca e todas as outras sociedades em commanditas.

309 Escripturas constitutivas de qualquer outra sociedade commercial, sendo o fundo ou capital social até réis 1:000$000 200
De mais 1:000$000 até 2:000$000 réis inclusivé 400
E assim successivamente, augmentando por cada réis 1:000$000 ou fracção d'esta quantia 200
Não se declarando na escriptura o fundo ou capital social. 2$000
Havendo augmento posterior do capital social, pagar-se-ha o sello correspondente a esse augmento.

310 Transmissões por titulo gratuito ou oneroso dos direitos adquiridos por contractos feitos com o Estado, de empreitadas, construcções de obras publicas, exploração de emprehendimentos materiaes de qualquer natureza, e de concessão ou adjudicação de fornecimentos de toda a especie sobre o capital estipulado ou calculado como necessario para o cumprimento dos respectivos contractos. . . . . 5 p. c.
Não se comprehendem n'esta disposição as transmissões de direitos provenientes de contractos provisorios ou definitivos, realisados anteriormente á publicação da lei de 28 de julho de 1885, quando sejam feitas pelos primitivos concessionarios para as sociedades que constituirem a fim de executarem os mesmos contractos ou concessões.

311 Reconhecimentos de foreiro cada um, não sendo a importancia do fôro superior a 10$000 100
De mais de 10$000 réis. . . . . 2 p. c.
E' applicavel á avaliação dos foros quando forem a generos a disposição da verba 306, sobre a avaliação de arrendamento a generos.
Recibos ou quitações de laudemios . . . . 5 p. c.
O pagamento n'este sello será effectuado no proprio titulo

da transmissão do dominio util pelo adquerente, que o descontará na importancia do laudemio a pagar.

Classe 7.ª

Papeis sujeitos a sello por uma forma especial determinada no regulamento

313 Cheques á vista ou sem designado praso de vencimento, passados no continente do reino e ilhas adjacentes em favor de pessoa certa:	
De 5$000 até 20$000 réis	20
De mais de 20$000 até 50$000 réis.	40
De mais de 50$000 até 100$000 réis	60
De mais de 100$000 até 500$000 réis inclusivé . . .	100
Augmentando 100 réis, por cada 500$000 réis ou fracção de 500$000 réis.	
314 Cheques passados no continente do reino e ilhas adjacentes com designado praso de vencimento, ao portador, ou em favor de pessoa certa, pagarão o sello estabelecido para as lettras (vide verbas 205 e 296)	
315 Conhecimentos das contribuições e impostos directos em relação ao valor d'estas	2 p. c.
Cheques ao portador, vide verba 270.	
316 Bilhetes de entrada pessoal nos theatros ou recintos de espectaculos publicos.	
Quando o theatro, circo, praça, jardim ou salão tiver numero de logares fixo, e a importancia total d'estes logares não exceder a 200$000 réis	10
De mais de 200$000 a 450$000 inclusivé	20
Sendo superior a 450$000 réis	40
Quando o valor fôr desconhecido:	
Sendo jardim	10
Sendo circo ou praça	20
Sendo theatro ou salão	40
317 Annuncio em qualquer periodico, incluindo o *Diario do Governo*, ou em qualquer livro ou folheto, cartazes ou por outra qualquer fórma, por cada um	10
318 Precatoria para levantamento de quantias ou outros valores depositados, além do sello do papel.	1 por mil
319 Bilhete de loteria ou rifa, (exceptuando as do governo, misericordias, hospitaes ou estabelecimentos de caridade sobre o valor nominal de cada um	5 p. c.
320 Premios de loteria ou rifa, no acto da entrega do mesmo premio	15 p. c.
321 Bilhetes ou cautellas de loterias estrangeiras, sobre o seu valor nominal.	15 p. c.
322 Folhas de vencimentos comprehendidos na verba 291, a mesma taxa alli estabelecida.	
323 Fundos estrangeiros negociados nas bolsas publicas, ou em bolsins ou bolsas particulares, em relação ao seu valor real	½ por mil
324 Cartas de jogar, cada baralho	40

Tabella n.º 2

Isenções do imposto do sello

1 As dispensas de pregões nos casamentos de consciencia.
2 As dispensas matrimoniaes concedidas a contrahentes pobres.
3 Os breves de dispensa de idade e legitimidade á ordem para os alumnos pobres que tiverem frequentado gratuitamente os seminarios, ou tenham sido subsidiados pelo cofre da bulla da cruzada.
4 Os assentos de registo civil ou porochial de pessoas pobres, devendo quem os levar, declarar á margem, que foram gratuitos os actos a que se referem, por falta de meios d'essas pessoas.
5 As notas do banco.
6 Os diplomas das pessoas contempladas no decreto de 18 de outubro de 1836 e na lei de 4 de junho de 1859.
7 Os livros de receita e despeza e de termos de deliberações ou eleições de misericordias, hospitaes e de quaesquer outros estabelecimentos de beneficencia auctorisados pelo governo.
8 Os diplomas de approvação, confirmação de estatutos das sociedades ou estabelecimentos de piedade, instrucção ou beneficencia.
Os recibos das quotisações periodicas e das joias dos socios dos mesmos estabelecimentos.
Os das transacções das suas caixas economicas.
Os das suas transacções por emprestimos sobre penhores.
9 As portarias de simples communicação das mercês lucrativas ou honorificas, pelas quaes se hajam de passar diplomas de assignatura real.
10 Os bilhetes de residencia passados a pobres.
11 Os recibos de simples deposito de dinheiro nas caixas economicas, os que se passarem nos armazens de generos, em guarda ou deposito, e os recibos ou conhecimentos passados aos depositantes pela caixa geral de depositos ou suas delegações.
12 Recibos passados nas guias de transito ou a bordo dos navios pela entrega de carga ou pelo comprador, por conta de alguma partida comprada até estar completa a entrega.
13 Os livros de deposito.
14 Cheques ao portador por deposito nas caixas economicas, nos monte-pios ou quaesquer estabelecimentos de beneficencia, passados até á quantia de 10$000 réis inclusivé.
15 Os recibos passados nas letras, nos escriptos commerciaes e nos valles do correio, já sellados.
16 Os diplomas de aforamentos de bens municipaes e parochiaes.
17 As contas e documentos de gerencia e administração das camaras municipaes, e recibos passados pelas mesmas camaras.
18 As contas do estabelecimentos de beneficencia e piedade, e os recibos passados por estes estabelecimentos.
19 As correspondencias e os annuncios de qualquer publicação scientifica ou litteraria.
20 Os recibos passados aos assignantes dos jornaes litterarios ou politicos, ou por annuncios e communicados.
21 Os estatutos das sociedades litterarias, artisticas e das associações operarias.
22 As ordens que se expedirem *ex-officio*, pelas auctoridades publicas.
23 As representações ou requisições de quaesquer auctoridades, individuaes ou collectivas, sobre objectos de interesse publico.
24 Attestados de pobreza, petições e memorias para esmolas.

25 Requerimentos de particulares pedindo a restituição de documentos juntos a requerimentos que tenham sido indeferidos.
26 Os titulos de credito creados emittidos pelo governo, ainda que tenham a natureza de letra ou nota promissoria.
27 Os processos de inventario orphanologico, cujo valor não exceda a 60$000 réis.
28 Os processos de expropriação por utilidade publica, salvo, tendo-se opposto embargos contra a idemnisação arbitrada, porque n'esse caso a parte que decair, não sendo o es.ado, pagará os sellos do processo de embargos.
29 Os processos em que a fazenda nacional, o ministerio publico ou qualquer estabelecimento de beneficencia ou de piedade fôr parte.
    Esta isenção comprehende os actos e documentos emanados ou promovidos pela fazenda nacional, ministerio publico ou estabelicimentos de beneficencia ou de piedade, em todos os processos civis, criminaes, fiscaes e orphanologicos, em que intervierem; devendo as outras partes cousiderar-se sujeitas ao respectivo sello, e além d'isso pagar a final, nos casos em que houver condemnação, o sello do processo que fôr devido, salvo sendo pessoas pobres, verificando-se a impossibilidade de pagar por attestação jurada do administrador do concelho e do parocho respectivo, ou sendo praças militares do exercito e da armada, julgadas ante os tribunaes militares.
    Nos casos em que não houver parte condemnada, como nos orphanologicos, o sello que fôr devido será pago a final, por quem dever pagar as custas.
30 Os processos de liquidação de contribuição de registro quando o contribuinte não recorrer da avaliação nem da liquidação, ou recorrendo, quando obtiver provimento.
31 As operações realisadas entre as caixas economicas e os respectivos depositantes, quando o maximo deposito individual fructifero não possa ser superior a 500$000 réis.
32 Os diplomas de nomeação de professores de instrucção primaria.
33 As cartas de jogar nacionaes, que se exportarem para paizes estrangeiros.
34 As listas de leilões.
35 As cartas de approvação das parteiras.
36 As cartas geraes dos alumnos do collegio militar.
37 As cartas passadas pelas camaras ecclesiasticas aos encommendados e coadjutores parochiaes.
38 As isenções para as cartas dos exames dos alumnos do collegio militar, de que trata o artigo 45.º do decreto de 11 de dezembro de 1851, e para o estabelecimento de escolas, de que trata a lei de 7 de junho de 1866.
39 Os processos eleitoraes.
40 Os processos de legados pios, salvo havendo a final parte condemnada, que pagará então respectivo sello.
41 Os processos sobre o recrutamento, tanto para o exercito como para a armada.
42 Os livros de termos de mutuo em generos e a réis, os recibos de quaesquer pagamentos, liquidações de contas ou districtaes pertencentes aos celleiros communs administrados pelas camaras municipaes ou os instituidos por particulares, e que, segundo o artigo 5.º da lei de 25 de junho de 1864, são administrados pelos seus fundadores ou representantes, conforme as regras da sua installação ou contracto debaixo da fiscalisação do governo.

43 Os recibos ou folhas de pagamento de vencimentos que tenham a natureza de prets, ferias ou soldadas.
44 Livros de receita e despeza das juntas de parochia.
45 Os vales do correio nominaes, a que se refere o artigo 544.º do regulamento geral provisorio do serviço telegrapho postal e de pharoes, approvados por decreto de 23 de setembro de 1880, assim como os respectivos recibos exarados nos mesmos vales.
46 Valles do correio passados pela entrega dos rendimentos proprios do hospital de S. José.
47 Bullas ou licenças para a fundação de oratorios e capellas dentro dos hospitaes, das misericordias e de outros estabelecimentos de beneficencia auctorisados pelo governo.
48 O regio *exequatur* nos diplomas de consules e vice-consules em Portugal dos Estados-Unidos, França, Inglaterra, Paizes-Baixos, Prussia e de quaesquer outras nações que pelos respectivos tratados gozarem de igual isenção.
49 Matriculas e licenças de barcos de pesca.
50 Guias para livre transito de tabacos manufacturados que das fabricas vão para as casas ou lojas de venda ou para os depositos, ou d'estes passarem para ellas.
51 Os recibos de pagamento feitos á fazenda nacional, quer seja de juros de titulos de divida fundada, quer de qualquer outra proveniencia.
52 As letras de cambio sacadas em praças estrangeiras, acceitas no reino e ilhas, pagaveis em praças estrangeiras, não negociadas em parte alguma da monarchia.
53 Os cheques para levantamento de fundos, passados pelas juntas geraes dos districtos.
54 Bilhetes de espectaculos publicos em beneficio de estabelecimentos, ou associações de beneficencia, legalmente constituidos, ou de victimas de calamidades publicas.
55 Cartões, annuncios e quaesquer outros escriptos, impressos estampados ou litographados, que se affixarem nas entradas dos hoteis, hospedarias, kiosques e outros logares que possam ser vedados ao publico. Esta isenção é exclusivamente applicavel aos que forem postos na parte interior.
56 Annuncios affixados nos bufetes, restaurants, botequins, ou em quaesquer outros estabelecimentos, dentro ou fóra do recinto das estações de caminhos de ferro quando unicamente disserem respeito aos objectos expostos á venda ou consumo pelos proprios donos ou possuidores d'estes estabelecimentos.
57 Os livros de contas correntes de arrecadação de espolios nas comarcas ultramarinas (artigo 24.º § 3.º da lei de 22 de junho de 1885).
58 Quaesquer outros diplomas, documentos ou papeis que não estejam comprehendidos nas tabellas n.º 1 e 2, ou que forem declarados isentos por leis especiaes.

Paço em 26 de novembro de 1885. — *Ernesto Rodolpho Hintze Ribeiro.*

NOVAS TABELLAS DOS DIREITOS DE MERCÊ E DE MATRICULAS E CARTAS

APPROVADAS POR DECRETO DE 26 DE JUNHO DE 1880

PARA EXECUÇÃO DA CARTA DE LEI DE 31 DE MARÇO DO MESMO ANNO

Mercês	Direitos
Titulos	
Duque ou duqueza, em vida *(a)*	1:440$000
Sendo de juro e herdade *(a)*	1:920$000
Passando de vida a juro e herdade *(a)*	480$000
Marquez ou marqueza em vida *(a)*	960$000
Sendo de juro e herdade *(a)*	1:440$000
Passando de vida a juro e herdade *(a)*	480$000
Conde ou condessa, em vida *(a)*	720$000
Sendo de juro e herdade *(a)*	1:200$000
Passando de vida a juro e herdade *(a)*	480$000
Visconde ou viscondessa, em vida *(a)*	480$000
Sendo de juro e herdade *(a)*	960$000
Passando de vida a juro e herdade *(a)*	480$000
Barão ou baronesa, em vida *(a)*	720$000
Sendo de juro e herdade *(a)*	1:440$000
Passando de vida a juro e herdade *(a)*	720$000
Ninguem poderá gosar de algum d'estes titulos sem ter pago os direitos dos immediatos inferiores	—
Pela successão em mercês de titulos de juro e herdade são devidos os direitos de mercê acima designados para os respectivos titulos *(b)*	—
Na liquidação dos direitos de mercê por titulo de juro e herdade, se houver logar a pagamento de direitos pelos titulos immediatos inferiores, deverão estes ser considerados como sendo de vidas *(c)*	—
Nas mercês de titulos em mais de uma vida, quer se designe ou não a pessoa em que a vida haja de verificar-se, só depois de verificada esta será devido pagamento dos direitos correspondentes ao titulo *(d)*	—
Pelas honras de duque, marquez, conde, visconde ou barão, pagam-se os mesmos direitos que vão designados para os proprios titulos	—
Titulo de parente, em vida *(e)*	1:440$000
Sendo de juro e herdade *(e)*	1:920$000
Passando de vida a juro e herdade *(e)*	480$000
Por cada vida que se conceder nos referidos titulos antes de verificados *(e)*	120$000
Quando se designar a pessoa em que deva verificar-se a vida, pagará esta o que acima se acha estabelecido para o titulo respectivo *(e)*	—
Brazão de armas *(e)*	240$000
Alcaide mór e senhorio *(e)*	180$000
Titulo de conselho *(e)*	120$000
Tratamento de excellencia, não sendo annexo a emprego ou dignidade *(e)*	360$000
Tratamento de senhoria, idem *(e)*	180$000

Mercês	Direitos
Tratamento de dom (e).................................	240$000
Alvará de licença para casamento (e)...............	72$000
Alvará de filhamento de fidalgo cavalleiro (f).......	120$000
Alvará de filhamento de fidalgo escudeiro (f).......	72$000
Alvará de filhamento de moço fidalgo (f)...........	36$000
Pelo acrescentamento de moço fidalgo a fidalgo escudeiro (f)..	36$000
Pelo acrescentamento de fidalgo escudeiro a fidalgo cavalleiro (f)..	48$000
Alvará de cavalleiro fidalgo (f)....................	24$000
Alvará de escudeiro fidalgo (f)....................	12$000
Os fóros que pertencerem por successão, ou que por lei ou estylo constante competirem a empregos publicos, não serão sujeitos a direitos de mercê (f)	—
Tambem são isentos de direitos de mercês os diplomas de grandeza, que se expedirem aos pares do reino, assim como as cartas de conselho, brazão de armas, tratamento ou distincções, que por lei ou estylo competirem a empregos publicos ou forem annexos a outro titulo ou dignidade (f)...........	—
Condecorações	
Gran-cruz (g)..	480$000
Commendador (g)....................................	180$000
Cavalleiro (g)..	60$000
Pelo transito de uma para outra das ordens militares paga-se metade dos direitos correspondentes a cada grau (g)...	—
Os agraciados com decorações da ordem militar de S. Bento de Aviz e da antiga e muito nobre ordem da Torre e Espada, do valor, lealdade e merito, não são sujeitos a direitos de mercê (h)..............	—
Os estrangeiros não devem direitos de mercê pelas decorações com que forem agraciados (h).........	—
Varias mercês	
Tenças, ordinarias e pensões, pagam 90 por cento da sua importancia annual. Exceptuam-se as que tem a natureza de esmola, ou que são comprehendidas nas disposições do decreto de 18 de outubro de 1836, as quaes não pagam direito algum (i)............................	—
Alvarás de renuncia, 1,2 por cento das respectivas lotações (i)...	—
Carta de naturalisação (i)...........................	120$000
Bullas para oratorio ou capella (i).................	120$000
Bullas matrimoniaes para quem tiver mais de réis 100$000 de renda (i)................................	5$760

Mercês	Direitos
Bullas para provimento de bispado (*i*)...............	60$000
Bullas para dignidade de cathedraes (*i*)............	30$000
Bullas para renuncia (*i*)........................	24$000
Annexação ou instituição de morgado, 12 por cento do seu valor (*i*)...............................	—
Establecimento de companhias de commercio, sociedades, bancos que dependam da approvação do governo (*i*)...................................	28$800
Licenças para venda, hypotheça, ou sobrogação de bens de capella ou morgado, 1,2 por cento do seu valor (*i*)...	—
Apostilla de juro real (*i*)........................	1$200

Doações

Capellas nacionaes, 60 por cento do rendimento de um anno (*i*)......................................	—
Confirmação de contractos, estatutos, compromissos, excepto os de estabelecimentos de beneficencia...	14$400
Doações de bens nacionaes, sejam de que natureza forem, 60 por cento do rendimento de um anno (*i*)	—
Alvarás de manter em posse de bens nacionaes (*i*)..	12$000

Empregos

A serventia vitalicia de qualquer emprego publico, seja de que natureza for, obriga ao pagamento de 60 por cento do rendimento de um anno, calculado segundo o seu ordenado, proes e precalços. Exceptuam-se os logares de governadores civis (*i*)...	—
N'esta disposição ficam comprehendidos os empregados ecclesiasticos de qualquer jerarchia que forem, salvas as excepções legaes estabelecidas posteriormente ao decreto de 31 de dezembro de 1836 (*i*)...	—
O provimento pelo tempo de um anno obriga ao pagamento de 12 por cento do vencimento correspondente. Sendo por dois annos a 24 por cento. Por tres annos a 30 por cento do rendimento annual; e excedendo a este praso, obriga ao pagamento de 60 por cento, como se fôra serventia vitalicia (*i*).	—
Nos provimentos por menos de um anno pagar-se-ha 12 por cento do vencimento correspondente ao tempo concedido (*i*).................................	—
Nos provimentos em que não houver declaração de tempo, entender-se-ha que é vitalicia, e n'essa conformidade se cobrarão os direitos (*i*).............	—
Nas serventias vitalicias em que houver accessos e melhoramentos de renda, pagar-se-hão os direitos correspondentes ao accrescimo do vencimento, quando se verificar a promoção ou augmento de ordenado (*i*)......................................	—

Mercês	Direitos
Quando o empregado ou individuo agraciado com mercê pecuniaria não chegar a exercer o emprego para que foi nomeado ou a fruir a mercê que lhe foi concedida, ser-lhe-hão restituidos os direitos pagos *(j)*...............................	—
Se o empregado fallecer dentro de um anno da data da posse, ou a mercê fôr fruida por menos de um anno, os direitos serão pagos *pro rata* do tempo do serviço ou goso, devendo restituir-se os que excederam essa proporção, se já estiverem integralmente satisfeitos *(k)*...............................	—
Os direitos de mercê, pagos por serventias temporarias, serão levados em conta, quando o funccionario que os pagou passar a serventia vitalicia do mesmo logar *(l)*...............................	—
As gratificações abonadas por desempenho de commissões temporarias de serviço publico, e as inherentes a empregos que teem ordenados certos, quando os ordenados constituem a parte principal dos respectivos vencimentos, são isentas de direitos de mercê *(m)*...............................	—

Paço em 26 de junho de 1880.= *Henrique de Barros Gomes.*

LEGISLAÇÃO RESPECTIVA A ESTA TABELLA

NOTAS

(a) Pauta regulamentar annexa ao decreto de 31 de dezembro de 1836
(b) Artigo 5.º da lei de 20 de março de 1875.
(c) § unico do dito artigo.
(d) Artigo 6.º da dita lei.
(e) Pauta regulamentar annexa ao decreto de 31 de dezembro de 1836.
(f) Lei de 26 de março de 1845.
(g) Pauta regulamentar annexa ao decreto de 31 de dezembro de 1836.
(h) Lei de 9 de abril de 1838.
(i) Pauta regulamentar annexa ao decreto de 31 de dezembro de 1836.
(j) Artigo 6.º da lei de 1 de julho de 1867.
(k) § unico do dito artigo.
(l) Artigo 7.º da lei de 20 de março de 1875.
(m) Artigo 8.º da dita lei.

Tabella dos direitos de matriculas e cartas, addicionados no extincto imposto para viação a que estavam sujeitos, organisada segundo o disposto no § unico do artigo 1.º da carta de lei de 31 de março de 1880 e approvada por decreto da presente data.

Numero de ordem	Estabelecimentos escolares — Designação dos factos sujeitos aos direitos	Importancia dos direitos
	Universidade de Coimbra	
	MATRICULAS	
1	Pela abertura e encerramento de matricula na faculdade de direito (por cada um d'estes actos).	14$400
2	Pela abertura e encerramento de matricula na faculdade de theologia (por cada um d'estes actos)	11$520
3	Pela abertura e encerramento de matricula na faculdade de medicina (por cada um d'estes actos)	11$520
4	Pela abertura e encerramento de matricula na faculdade de mathematica (por cada um d'estes actos)..................................	11$520
5	Pela abertura e encerramento de matricula na faculdade de philosophia (por cada um d'estes actos)..................................	11$520
6	Pela abertura e encerramento de matricula no curso administrativo (por cada um d'estes actos	11$520
7	Pelos exames de habilitação a medicos que seguiram os cursos em escolas ou universidades estrangeiras (como equivalencia das matriculas de todo o curso medico......................	115$200
8	Pelos exames de habilitação a dentistas nacionaes e estrangeiros..................................	11$520
9	Pelos exames de habilitação a parteiras nacionaes e estrangeiras (quando não tenham frequentado o competente curso, porque tendo-o nada pagam, como dispõe o artigo 205.º do decreto de 23 de abril de 1840).....................	11$520
	Cartas	
10	De formatura na faculdade de direito.............	23$040
11	De formatura na faculdade de theologia..........	17$280
12	De formatura na faculdade de medicina..........	17$280
13	De formatura na faculdade de mathematica......	17$280
14	De formatura na faculdade de philosophia........	17$280
15	Do curso administrativo.........................	17$280
16	Do exame de habilitação a medicos que seguiram os cursos em escolas ou universidades estrangeiras..................................	17$280
17	Do exame de habilitação a dentistas nacionaes e estrangeiros..................................	1$920

Numero de ordem	Estabelecimentos escolares — Designação dos factos sujeitos aos direitos	Importancia dos direitos
18	Do exame de habilitação a parteiras nacionaes e estrangeiras (quando não tenham o competente curso, porque tendo-a nada pagam, como dispõe o artigo 205.º do decreto de 23 de abril de 1840).	1$920

Curso superior de lettras

MATRICULAS

19	Pela abertura e encerramento da matricula dos alumnos ordinarios em cada cadeira (por cada um destes actos).....................	2$400
20	Pela licença para exame final, por ter faltado a elle no dia designado.....................	2$400

CARTAS

21	Pela carta do curso.....................	14$400
22	Pelo certificado geral de approvação passado aos alumnos voluntarios.....................	3$000

Escolas medico-cirurgicas de Lisboa e Porto

MATRICULAS

23	Pela abertura e encerramento da matricula no curso medico-cirurgico (por cada um d'este actos..	11$520
24	Pela abertura e encerramento da matricula no curso de pharmacia (por cada um d'estes actos....	5$760
25	Pelos exames de habilitação a medicos que seguiram os cursos em escolas ou universidades extrangeiras (como equivalencia das matriculas de todo o curso medico-cirurgico).................	115$200
26	Pelos exames de habilitação a dentistas nacionaes e extrangeiros.....................	11$520
27	Pelos exames de habilitação a parteiras nacionaes e extrangeiras (quando não tenham frequentado o competente curso, porque tendo-o nada pagam, como dispõe o artigo 205.º do decreto de 23 de de abril de 1840).....................	11$520

CARTAS

28	Do curso medico-cirurgico.....................	17$280
29	Do curso de pharmacia.....................	8$640
30	Do exame de habilitação a medicos que seguiram os cursos em escolas ou universidades extrangeiras.....................	17$280
31	Do exame de habilitação a dentistas nacionaes e extrangeiros.....................	1$920

Numero de ordem	Estabelecimentos escolares — Designação dos factos sujeitos aos direitos	Importancia dos direitos
32	Do exame de habilitação a praticantes de pharmacia e a pharmaceuticos habilitados em paizes extrangeiros....................	17$280
33	Do exame de habilitação a parteiras nacionaes e extrangeiras (quando não tenham o competente curso, porque tendo-o nada pagam, como dispõe o artigo 205.º do decreto de 23 de abril de 1840).........................	1$920

Escola naval

MATRICULAS

34	Pela abertura de encerramento de matricula em cada cadeira (por cada um d'estes actos).......	2$640
35	Pela repetição das mesmas matriculas (por cada uma)............................	5$280
36	Pela licença para repetição de exame sem frequencia............................	6$000
37	Pela licença para ser admittido a exame final, que deixou de fazer em tempo competente........	2$400
38	Pela abertura e encerramento da matricula para o exame de piloto pratico....................	5$280

CARTAS

39	Do curso geral de marinha militar..............	5$760
40	Do curso de engenheiro constructor naval........	5$760
41	Do curso de engenheiro machinista naval........	5$760
42	Do curso de engenheiro machinista mercante.....	5$760
43	Do curso de pilotagem.......................	5$760
44	De piloto pratico............................	1$240

Escola polytechnica

MATRICULAS

45	Pela abertura e encerramento da matricula em cada cadeira (por cada um d'estes actos).......	2$400
46	Pela licença para a admissão e exame trimestre ou bimestre, de qualquer alumno que tenha faltado a elle no dia marcado.................	1$200
47	Pela licença para a admissão e exame final de qualquer alumno que tenha faltado a elle no dia marcado.................................	2$400
48	Do 1.º curso................................	3$600
49	Do 2.º e 4.º dito por cada um.................	3$000
50	Do 5.º dito.................................	7$200
51	Do exame geral.............................	14$400
52	De equivalencia.............................	2$400

Numero de ordem	Estabelecimentos escolares — Designação dos factos sujeitos aos direitos	Importancia dos direitos
	Escola do exercito	
	MATRICULAS	
53	Pela abertura e encerramento da matricula no curso de cavallaria e infanteria (por cada um d'estes actos).....................	5$280
	Pela abertura e encerramento da matricula nos cursos superiores (por cada um d'estes actos)..	7$920
54	CARTAS	
55	Dos cursos de cavallaria e infanteria............	1$800
56	Do curso de estado maior.....................	5$700
57	Dos cursos de engenheria militar, engenheria civil e artilheria.....................	7$200
	Academia polytechnica do Porto	
	MATRICULAS	
58	Pela abertura e encerramento da matricula em cada cadeira (por cada um d'estes actos).......	1$440
59	Pela abertura e encerramento da matricula no curso preparatorio para a escola do exercito (por cada um d'estes actos).....................	7$200
	CARTAS	
60	De capacidade em qualquer curso...............	17$280
	Instituto geral de agricultura	
	MATRICULAS	
61	Pela abertura e encerramento da matricula dos alumnos externos ou pensionistas particulares (por cada um d'estes actos)..................	$600
	CARTAS	
62	De agronomo..................................	3$600
63	De veterinario................................	3$600
64	De silvicultor.................................	3$600
95	De castrador..................................	7$200
66	De ferrador...................................	3$600
67	De exame de veterinario extrangeiro...........	36$000
	Escola medico-cirurgica do Funchal	
	MATRICULAS	
68	Pela abertura e encerramento da matricula dos	

Numero de ordem	Estabelecimentos escolares — Designação dos factos sujeitos aos direitos	Importancia dos direitos
	alumnos de medicina e de pharmacia (por cada um d'estes actos)...............................	2$880
69	Pelos exames de habilitação a dentistas nacionaes e extrangeiros...................................	11$520
70	Pelos exames de habilitação a parteiras nacionaes e extrangeiras (quando não tenham frequentado o competente curso, porque, tendo-o, nada pagam, como dispõe o § unico do artigo 1.º do decreto de 24 de abril de 1850)................	11$520
	CARTAS	
71	De approvação dos alumnos de medicina ou de pharmacia..	8$640
72	Do exame de habilitação a dentistas nacionaes e extrangeiros...................................	1$920
73	Do exame de habilitação a parteiras nacionaes e extrangeiras (quando não tenham o competente curso, porque, tendo-o, nada pagam, como dispõe o § unico do artigo 1.º do decreto de 24 de abril de 1850)...............................	1$920
	Lyceus, emquanto não estiver em vigor a tabella annexa á carta de lei de 14 de junho de 1880	
	MATRICULAS	
74	Pela abertura e encerramento da matricula dos alumnos ordinarios (por cada um d'estes actos)...	1$152
75	Pelo encerramento da matricula dos alumnos voluntarios, seja qual for o numero de disciplinas que tenham frequentado no mesmo anno.......	4$608
76	Se estes alumnos encerrarem matricula unicamente nas aulas de linguas, pagarão................	2$304
77	Os alumnos estranhos, em cada epocha de exames, pagam igual propina de matricula dos alumnos voluntarios, por todas as disciplinas cujos ultimo anno estiver comprehendido n'um só anno dos cursos dos lyseus, excepto se o exame for de linguas, pois n'este caso paga a importancia acima designada para estes exames........	—
78	Se o estudo das disciplinas sobre que versam os exames finaes se concluir em diversos annos dos cursos dos lyceus, os alumnos estranhos pagam as propiuas estabelecidas, tantas vezes quantos forem esses diversos annos....................	—
	DIPLOMA	
79	Do curso completo dos lyceus, passado tanto a favor dos alumnos ordinarios como dos externos.	1$440

LEGISLAÇÃO RESPECTIVA A ESTA TABELLA

NUMEROS DE ORDEM

1, 2, 3, 4, 5 e 6 — Artigo 110.º do decreto de 5 de dezembro de 1836, e §§ 1.º e 2.º do artigo 3.º do regulnmento de 6 de junho de 1854.

7 — Artigo 206.º do decreto de 23 de abril de 1840, artigo 3.º da lei de 24 de abril de 1861, e portaria de 20 de agosto de 1858.

8 — Tabella que faz parte do decreto de 3 de janeiro de 1837, e artigo 12.º do programma que faz parte da portaria de 13 de julho de 1870.

9 — Tabella que faz parte do decreto de 3 de janeiro de 1837, e artigo 14.º do programma junto á portaria de 13 de julho de 1870.

10, 11, 12, 13, e 14 — Artigo 110.º do decreto de 5 de dezembro de 1836.

15 — Idem, e § 2.º do artigo 3.º do regulamento de 6 de junho de 1854.

16 — Artigo 206.º do decreto de 23 de abril de 1840, artigo 3.º da lei de 24 de abril de 1861, e portaria de 20 de agosto de 1858.

17 — Tabella que faz parte do decreto de 3 de janeiro de 1837, e artigo 12.º do programma junto á portaria de 13 de julho de 1870.

18 — Tabella que faz parte do decreto de 3 janeiro de 1837, e artigo 14.º do programma junto á portaria de 13 de julho de 1870.

19 — Artigo 38.º do decreto de 14 de setembro de 1859.

20 — Artigo 58.º do dito decreto.

21 — Artigo 63.º do dito decreto.

22 — Artigo 64.º do dito decreto.

23 — Artigos 65.º e 68.º do decreto de 23 de abril de 1840.

24 — Artigo 153.º da lei de 20 de setembro de 1844.

25 — Tabella que faz parte do decreto de 3 de janeiro de 1837, artigo 206.º do decreto de 23 de abril de 1840 e artigo 3.º da lei de 24 de abril de 1861.

26 — Tabella que faz parte do decreto de 3 de janeiro de 1837, e artigo 12.º do programma junto á portaria de 13 de julho de 1870.

27 — Tabella que faz parte do decreto de 3 de janeiro de 1837, e artigo 14.º do programma junto á portaria de 13 de julho de 1870.

28 — § 2.º do artigo 121.º do decreto de 29 de dezembro de 1836.

29 — Idem, e artigo 153.º da lei de 20 de setembro de 1844.

30 — Artigo 206.º do decreto de 23 de abril de 1840, e artigo 3.º da lei de 24 de abril de 1861.

31 — Tabella que faz parte do decreto de 3 de janeiro de 1837, e artigo 12.º do programma junto á portaria de 13 de julho de 1870.

32 — Artigos 188.º, 190 e 218 do decreto de 23 de abril de 1840.

33 — Tabella que faz parte do decreto de 3 de janeiro de 1837, e artigo 14 do programma junto á portaria de 13 de julho de 1870.

34 — Artigo 33.º do decreto de 11 de janeiro de 1837, e artigo 30.º da lei de 19 de maio de 1845.

35 — Idem idem, e artigo 18.º do decreto de 12 de janeiro de 1837.

36 — Artigo 49 do decreto de 12 de janeiro de 1837.

37 — Artigo 53.º do dito decreto.

38 — Artigo 33.º do decreto de 11 de janeiro de 1837, artigo 142.º do de 20 de setembro de 1844, e § unico do artigo 36.º do de 19 de maio de 1845.

39, 40, 41, 42 e 43 — Artigo 30.º da lei de 19 de maio de 1845, artigo 43.º do decreto de 7 de julho de 1864, e artigo 54.º do decreto de 26 de dezembro de 1868.

44 — Lei de 5 de agosto de 1779; artigo 4.º do regulamento de 11 de julho de 1845; artigo 43.º do decreto de 7 de julho de 1864; artigo 54.º do decreto de 26 de dezembro de 1868; e artigo 13.º do regulamento 13 de agosto de 1874.

45 — Artigo 33 do decreto de 11 de janeiro de 1837.
46 — Artigo 45 do dito decreto.
47 — Artigo 53.º do dito decreto.
48, 49 e 50 — Artigo 58.º do dito decreto.
51 — Artigo 60.º do dito decreto.
52 — Portaria do ministerio da guerra de 15 de julho de 1853.
53 — Artigo 75.º do regulamento de 26 de outubro de 1864.
54, 55, 56 e 57 — Artigo 75.º do regulamento de 26 de outubro de 1864.
58 — Artigo 143.º do decreto de 20 de setembro de 1844.
59 — Artigo 8.º do decreto de 2 de junho de 1873.
60 — Artigo 163 do decreto de 13 de janeiro de 1837.
61 — Artigo 12.º do decreto de 5 de dezembro de 1855.
62, 63 e 64 — Decreto de 5 de dezembro de 1855, artigo 12.º
65 e 66 — Artigo 26.º idem.
67 — § unico do artigo 44.º do decreto de 29 de dezembro de 1864.
68 — Artigo 1.º da lei de 24 de abril de 1850.
69 — Tabella que faz parte do decreto de 3 de janeiro de 1837, e artigo 12.º do programma junto á portaria de 13 de julho de 1870.
70 — Tabella que faz parte do decreto de 3 de janeiro de 1837, e artigo 14.º do segundo programma junto á portaria de 13 de julho de 1870.
71 — Artigo 1.º da lei de 24 de abril de 1850.
72 — Tabella que faz parte do decreto de 3 de janeiro de 1837, e artigo 12.º do programma junto à portaria de 13 de julho de 1870.
73 — Dita tabella e artigo 14.º do programma junto á dita portaria.
74 — Artigo 9.º e § 2.º do artigo 27.º do regulamento de 31 de março de 1873.
75 — § 3.º do artigo 27.º do dito regulamento.
76 — § 3.º do artigo 34.º do dito regulamento
77 e 78 — artigo 61.º, e § do regulamento de 31 de março de 1873.
79 — § 1.º da artigo 71.º, e artigo 76.º do decreto de 20 de setembro de 1844, e artigo 51.º do regulamento de 9 de setembro de 1863.

EXTRACTO DA LEGISLAÇÃO
RELATIVA Á TABELLA DOS DIREITOS DE MATRICULAS E CARTAS

Lei de 5 de agosto de 1779

Creação e organisação da academia real de marinha

Quanto aos pilotos que quizerem unicamente destinar-se a servirem os navios mercantes... e requerendo patente de pilotos, o lente da navegação lh'a mandará fazer prompta, sendo assignada com o seu nome, e firmada com o sêllo da academia real, pagando 240 réis ao guarda-livros e 800 réis para a arca da academia.

Decreto de 5 de dezembro de 1836

Artigo 110.º Os estudantes da faculdade de direito pagarão no acto da matricula a quantia de 12$000 réis, e outra egual no acto de a fecharem; os das outras faculdades pagarão em cada um d'estes actos 9$600 réis, quer sejam ordinarios, obrigados ou voluntarios. Pelas cartas de formatura, pagarão os juristas 19$200 réis, e todos os mais 14$400 réis. Estas quantias serão recebidas por um thesoureiro que terá de ordenado 200$000 réis e 1 por cento das quantias que arrecadar.

Decreto de 29 de dezembro de 1836

Artigo 121.º Os alumnos que pretenderem matricular-se no primeiro anno de alguma das escolas medico-cirurgicas...

§ 2.º A propina da matricula em cada um dos annos é de 9$600 réis e outro tanto no acto de a fecharem. Pelo titulo no fim do quarto anno pagarão a mesma quantia, e pela carta no fim do quinto 14$400 réis além dos emolumentos do secretario marçados no regulamento.

Decreto de 3 de janeiro de 1837

Tabella dos emolumentos que o conselho de saude póde arrecadar e que interinamente ficam fazendo parte da sua receita

Cartas de exames de medicos formados em universidades estrangeiras.	150$000
Por exame de boticarios	14$400
Cartas do dito exame	9$600
Exame de parteiras, dentistas, algebristas, etc.	9$600
Cartas dos ditos exames.	1$600

Decreto de 11 de janeiro de 1837

Creação e organisação da escola polytechnica

..... Artigo 33.º Os ordinarios (alumnos) são obrigados a todos os exames preparatorios determinados no artigo 27.º, e pagarão pela matricula em cada aula 2$000 réis e 200 réis de emolumentos, e eguaes quantias antes do exame annual. Os voluntarios... não poderão concorrer a premios, se antes dos ditos exames (os annuaes) não houverem passado pelos preparatorios, que deixaram de fazer; precedendo para isso licença do director pela qual pagarão 2$000 réis. Tambem não poderão tirar carta de habilitação em algum curso, sem completarem os mesmos exames; pagarão por ella, além das quantias que lhe são respectivas, mais 2$000 réis por cada anno, em que se matricularam como voluntarios.

Artigo 45.º O alumno que faltar a algum dos examés trimestres, ou bi-mestres, não será admittido ao exame annual; mas se a falta for justificada será admittido a elle, depois de ter feito o dito exame trimestre ou bimestre, em dia marcado pelo director, e precedendo licença do mesmo, pela qual pagará 1$000 réis para a caixa da escola.

..... Artigo 49.º Mas se as qualificações de que fala o artigo 44.º (as obtidas nos exames trimestres e bimestres) forem a favor do alumno, terá direito a um novo exame, que servirá para decidir definitivamente da sua sorte, sem comtudo lhe dar direito a premio. Para fazer o dito exame carecerá de licença do director, pagando por ella 5$000 réis.

Artigo 53.º O estudante que não comparecer no dia marcado para o exame annual, não será novamente admittido sem justificar a causa da falta, perante o conselho da escola, e sem licença do director da mesma, pela qual pagará para a caixa da escola 2$000 réis.

Artigo 58.º Pela carta do curso preparatorio para officiaes d'estado maior de engenheria militar, e para engenheiros civis (primeiro curso), pagará cada alumno 3$000 réis e 300 réis de emolumentos; pela carta de curso preparatorio para officiaes de artilheria (segundo curso) e para engenheiros constructores da marinha (quarto curso) 2$500 réis e 250 réis de emolumentos; e pela carta geral, ou do curso geral (quinto curso) 6$000 réis e 1$000 réis de emolumentos.

Artigo 59.º Os alumnos que tiverem o curso geral poderão fazer exame geral do mesmo curso, e tirar carta de exame geral...

Artigo 60.º O alumno . pagará pela carta de exame geral 12$000 réis, além de 2$000 réis de emolumentos.

Decreto de 12 de janeiro de 1837

Organisação da Escola do Exercito

Artigo 17.º Haverá duas classes de matriculados, a saber: classe de ordinarios e classe de voluntarios: uns e outros pagarão pelas matriculas, em cada um dos annos que frequentarem, as mesmas quantias que ficam estabelecidas no artigo 33.º do decreto de 11 do corrente para a escola polytechnica, tendo direitos e deveres analogos aos que alli foram especificados..

Artigo 18.º O alumno que se matricular pela segunda vez na mesma aula, tendo sido reprovado da primeira, ou tendo deixado de fazer exame nas disciplinas que n'ella se ensinam, estando para isso habilitado, pagará o dobro das quantias determinadas no artigo precedente.

Decreto de 13 de janeiro de 1837

Organisação da academia polytechnica do Porto

N. B. E' o seguimento dos decretos de 15 e 17 de novembro, 5 e 29 de dezembro de 1836.

Artigo 163.º ...As propinas de matricula são de 9$600 réis na abertura, e outro tanto no fim do anno; a taxa das cartas é de 14$400 réis.

Decreto de 23 de abril de 1840

Regulamento para as escolas medico-cirurgicas de Lisboa e Porto

Artigo 65. Á vista do despacho do director, e do bilhete do thesoureiro que mostre haver-se pago a propina competente de 9$600 réis, o secretario abrirá as matriculas aos estudantes.

Artigo 68.º No fim de cada anno lectivo o secretario fechará as matriculas a todos os estudantes, que tiverem provado o anno; sendo necessario comtudo que entreguem o bilhete de ter pago ao thesoureiro a propina competente de 9$600 réis.

Secção 4.ª—Titulo 1.º—Do curso pharmaceutico

Artigo 188.º Ao alumno approvado mandará o conselho escolar passar uma carta pela qual pagará 14$400 réis, além de 500 réis para o secretario.

Artigo 189.º O aspirante pharmaceutico que não tiver frequentado o curso da escola, poderá todavia ser admittido a fazer exame perante o jury nomeado. Para isto precisa...

Artigo 190.º O aspirante que ficar reprovado n'este exame..

Ao approvado mandará o conselho passar uma carta .. As propinas d'esta carta são as mesmas que as dos pharmaceuticos filhos da escola.

Artigo 206.º Os facultativos, medicos, ou cirurgiões, habilitados em paizes estrangeiros, que pretenderem examinar-se perante a escola medico-cirurgica de Lisboa, na conformidade do decreto de 3 de janeiro de 1837... deverão requerer ao director instruindo os seus requerimentos com os documentos seguintes...

3.º Um documento que prove ter depositado na mão do thesoureiro a quantia de 150$000 réis.

Artigo 215.º Todas as despezas de feitio da carta, emolumentos do secretario, sêllo publico, etc., sahirão da somma depositada, sem que o medico ou cirurgião approvado tenha mais despeza com a sua carta.

Artigo 218.º O modo e fórma d'estes exames, quanto aos pharmaceuticos habilitados nos paizes estrangeiros... será feito pelo mesmo modo e guardado tudo que se acha disposto para os exames dos pharmaceuticos do reino que não estudaram na escola.

Decreto de 20 de setembro de 1844

Instrucção publica

Artigo 71.º Aos alumnos ordinarios dos lyceus, que tiverem sido approvados em todas as disciplinas designadas no artigo 47.º, ou nas materias commerciaes designadas no artigo 52.º, se dará um diploma em que se qualificará o seu merito litterario.

§ 1.º Este diploma será passado pelo conselho da escola, e por elle pagarão os que o obtiverem, 1$200 réis.

Titulo 7.º—Da academia polytechnica do Porto

Artigo 142.º Não será matriculado individuo algum para sota-piloto ou piloto de navios sem carta de capacidade do respectivo curso, passada em alguma das academias nacionaes.

§ 1.º Os que tiverem cinco viagens pelo menos para .. poderão ser admittidos a exame nas academias nacionaes, pagando as verbas já indicadas, pela respectiva matricula-carta.

Artigo 143.º As propinas de matricula ficam reduzidas a 1$200 réis no principio de cada anno, e a egual quantia no fim d'elle.

Titulo 8.º—Das escolas medico-cirurgicas

Artigo 153.º Os alumnos das escolas de pharmacia, annexas ás escolas medico-cirurgicas, pagarão só metade das propinas de matricula e de carta, estabelecidas para os alumnos de cirurgia.

Decreto de 19 de maio de 1845

Organisação da escola naval

Artigo 30.º *(In fine)* Os emolumentos de matricula nas tres primeiras cadeiras da escola, e as multas pela repetição de exames, serão regulados pelo que se acha disposto relativamente á escola do exercito. Pela carta final pagará cada alumno 4$800 réis.

Artigo 36.º Os individuos que se destinarem para pilotos mercantes, apresentando .. serão admittidos a matricular-se na primeira e segunda cadeira da escola naval. . com a approvação d'estas cadeiras ficarão habilitados a praticar nos navios da praça, tirando préviamente a respectiva carta, pela qual pagarão o mesmo que os alumnos da escola pagam pela sua carta final.

Decreto de 24 de abril de 1850

Artigo 1.º Na escola medico-cirurgica do Funchal... as propinas pela matricula dos alumnos de medicina e pharmacia, em cada um dos actos da abertura e encerramento, serão de 2$400 réis, e pelos diplomas de approvação serão de 7$200 réis.

§ unico. Serão comtudo gratuitas as matriculas e diplomas de approvação das parteiras.

Decreto de 6 de junho de 1854

Organisação do curso administrativo

Artigo 3.º § 1.º As matriculas serão feitas como as dos estudantes voluntarios, mas em livro proprio e especial, e ao mesmo tempo em que se fazem as dos alumnos ordinarios das respectivas faculdades.

§ 2.º Os alumnos serão considerados, para todos os demais effeitos, como os ordinarios das faculdades.

Decreto de 5 de dezembro de 1855

Ensino veterinario no instituto agricola

Artigo 12.º Os alumnos externos e os pensionistas particulares pagarão 500 réis de abertura, e outro tanto de encerramento de matricula em cada anno lectivo, e 3$000 réis pelo respectivo diploma.

Artigo 26.º Os ferradores e castradores, a que se refere o artigo 22.º d'este decreto, pagarão de propina pelos seus titulos de habilitação, os primeiros 3$000 réis e os segundos 6$000 réis.

Portaria de 15 de agosto de 1858

Consigna a doutrina que a faculdade de medicina na universidade de Coimbra era competente para examinar os medicos habilitados em paizes estrangeiros, attenta a sentença geral dos estatutos da universidade. Livro 3.º, parte 1.ª, titulo 7.º, capitulo 1.º, §§ 13.º e 14.º

Decreto de 14 de setembro de 1859

Curso superior de letras

Artigo 38.º Todos os alumnos ordinarios pagam no acto da matricula a propina de 2$000 réis por cada cadeira, e igual quantia pelo encerramento da matricula, sem o que não podem ser admittidos ao exame final.

Artigo 58.º O alumno que por motivo justificado não compareça ao exame geral no dia marcado para todos os alumnos, póde fazel-o no dia que lhe seja designado, precedendo licença do conselho, pela qual paga 2$000 réis.

Artigo 63.º O alumno que é approvado n'este exame (o geral) obtem a qualificação honorifica de — graduado em letras —, e d'este titulo se lhe expede a pedido seu a carta competente, pela qual paga a quantia de 12$000 réis.

Artigo 64.º Os alumnos voluntarios que alcancem approvação em todas as cadeiras do curso podem obter um certificado geral, pelo qual pagam 2$000 réis.

Lei de 24 de abril de 1861

Artigo 3.º A nenhum facultativo formado em escola ou universidade estrangeira será permittido o exercicio da medicina em Portugal sem haver previamente passado todos os exames das disciplinas que constituem o curso da escola em que se quizer habilitar, e provado todos os preparatorios que são exigidos para a sua matricula.

§ unico. A estes facultativos é dispensado unicamente o tempo de frequencia nas escolas.

Decreto de 9 de setembro de 1863

Regulamento para os lyceus nacionaes

Artigo 11.º Os alumnos ordinarios pagarão de propina no acto da abertura da matricula réis 960.

Artigo 51.º Aos alumnos que apresentarem certidão legal de approvação de todas as displinas que formam o curso geral dos lyceus, se passará um diploma na conformidade da lei.

Decreto de 7 de julho de 1864

Organisação da escola naval

Artigo 43.º Os emolumentos que se pagam na escola continuarão a ser regulados pela mesma tabella...

Decreto de 26 de outubro de 1864

Regulamento da escola do exercito

Artigo 75.º Os alumnos do curso de infanteria ou cavallaria pagarão pela matricula em cada anno 4$000 réis e 400 réis de emolumentos, e iguaes quantias antes dos exames de prova final. Os alumnos do curso de estado maior de artilheria e de engenheria militar ou civil pagarão pela matricula em cada anno 6$000 réis e 600 réis de emolumentos, e iguaes quantias antes dos exames de prova final.

Pelas cartas dos cursos para que forem habilitados pagarão os alumnos a quantia que lhes corresponder pelo modo seguinte:

Pela carta do curso de artilheria, engenheria militar ou civil 5$000 réis e 1$000 réis de emolumentos;

Pela carta do curso de estado maior 4$000 réis e 750 réis de emolumento;

Pela carta do curso de infanteria ou cavallaria 1$000 réis e 500 réis de emolumento.

Decreto de 29 de dezembro de 1864

Artigo 44.º § unico. Os estrangeiros e nacionaes, apresentando diplomas de escolas equivalentes, poderão exercer a profissão de veterinarios passando por um exame de habilitação no instituto geral de agricultura, e pagando para o cofre do instituto uma propina de 30$000 réis e 5$000 réis de emolumentos para o secretario.

Lei de 20 de junho de 1866

Artigo 1.º É livre no territorio portuguez o exercicio da medicina aos facultativos com o curso das escolas medico-cirurgicas de Lisboa e Porto.

Artigo 3.º Ficam derrogados por esta lei o artigo 22.º, prerogativa 4.ª, titulo 2.º do regulamento approvado por alvará de 25 de junho de 1825, e o artigo 123.º do decreto de 29 de dezembro de 1836, o artigo 13.º do decreto de 3 de janeiro de 1837, e toda a mais legislação em contrario.

Decreto de 26 de dezembro de 1868

Escola naval

Artigo 54.º Os emolumentos que se pagam na escola continuam a ser reguludos pela tabella actualmente em vigor, e constituem receita do estado.

Decreto de 15 de junho de 1870

Artigo 4.º O grau de doutor é conferido gratuitamente...

Artigo 5.º Fica extincto o chamado anno de repetição ou 6.º anno para a admissão aos graus de licenciado e de doutor.

§ unico. Os bachareis formados, que nas suas informações litterarias obtiverem a qualificação de *muito bons* ou *de bons*, podem requerer em qualquer época do anno lectivo a admissão ás provas publicas para aquelles graus, pagando sómente as propinas academicas de abertura e encerramento de matricula.

Portaria de 13 de junho de 1870

Approvando os dois programmas para admissão a exame e habilitação de dentistas e parteiras

Primeiro programma

Artigo 1.º Os exames de dentista podem ser feitos na faculdade de medicina da universidade de Coimbra, e nas escolas medico cirurgicas de Lisboa, Porto e Funchal.

Artigo 12.º As propinas pelo exame e carta são as que constam da tabella junta ao decreto de 3 de janeiro de 1837.

Segundo programma

Artigo 1.º Os exames de parteira podem ser feitos perante a faculdade de medicina da universidade de Coimbra, as escolas medico-cirurgicas de Lisboa, Porto e Funchal, e os delegados de saude nos districtos que não são séde de faculdade ou escola.

Artigo 14.º As propinas e emolumentos pelo exame e cartas das parteiras são as estabelecidas pelo decreto de 3 de janeiro de 1837.

Decreto de 18 de setembro de 1872

Regulamento do instituto industrial e commercial de Lisboa

Artigo 141.º As matriculas são gratuitas e verificam-se durante trinta dias da abertura das aulas.

Artigo 175.º Aos alumnos que hajam completado alguns dos cursos especiaes do instituto se passará carta...

Decreto de 20 de novembro de 1872

Mandando que o regulamento approvado por decreto de 18 de setembro de 1872 seja posto em execução no instituto industrial do Porto, na parte que lhe é applicavel.

Decreto de 2 de junho de 1873

Curso preparatorio para as escolas de applicação na academia polytechnica do Porto

Artigo 8.º Os alumnos do curso preparatorio pagarão pela matricula em cada anno 6$000 réis e 600 réis de emolumentos, e eguaes quantias antes dos exames finaes.

Decreto de 13 de agosto de 1874

Regulamento para os exames de pilotagem na escola naval

Artigo 13.º Os emolumentos a pagar na escola pelos exames de pilotagem e pelas respectivas cartas continuarão a ser regulados pela tabella que actualmente vigora.

CORREIOS E TELEGRAPHOS
(TABELLAS)

CORREIO

TABELLA N.º 1

Portes a que está sujeita a correspondencia originaria do continente do Reino Açores ou Madeira, que houver de ser distribuida no continente do Reino ou nas mesmas ilhas.

Cartas — cada 15 grammas ou fracção de 15 grammas	25
Bilhetes postaes simples — cada um	10
Bilhetes postaes com resposta paga — cada um	20
Jornaes politicos, litterarios scientificos e industriaes — cada 50 grammas ou fracção de 50 grammas	2 $^{1}/_{2}$
Impressos — cada 50 grammas ou fracções de 50 grammas	5
Amostras — cada 50 grammas ou fracções de 50 grammas	5
Manuscriptos { até 250 grammas	25
{ cada 50 grammas a mais de 250	5
Premio de registro — cada carta, maço ou bilheito postal, além do respectivo porte	50
Cartas de valor declarado — cada 100$000 réis ou fracção de 100$000 réis declarados, além do porte da carta e do premio do registo	250
Avisos de recepção — cada um	25
Taxa da distribuição, por proprio de correspondencias postaes registadas, cartas de valor declarado ou vales do correio, por volume ou vale	300

Observações essenciaes

A franquia das cartas ordinarias é *facultativa*; a de todos os outros artigos é *obrigatoria*,

E' expressamente prohibido incluir nas cartas que não fôrem registadas, dinheiro, joias ou quaesquer outros objectos de ouro ou prata.

Não ha limite e pêso para as cartas nem para os manuscriptos.

Os maços dos jornaes e impressos, não podem exceder o pêso de 2:000 grammas.

As amostras não podem exceder ao pêso de 500 grammas, nem ter dimensões superiores a 30 centimetros em qualquer das faces.

As cartas não *franqueadas ou com franquia insufficiente*, estão sujeitas a uma taxa (a cobrar do destinatorio) egual ao dobro dos sellos que lhe faltarem.

TABELLA N.º 2

Portes a que está sujeita a correspondencia com destino ás provincias ultramarinas portuguezas, quando a remessa fôr feita por embarcações portuguezas ou por navios extrangeiros que transportem gratuitamente as malas do correio.

Cartas — cada 15 grammas ou fracção de 15 grammas	50
Bilhetes postaes simples — cada um	10
Bilhetes postaes com resposta paga — cada um	20
Jornaes, impressos e amostras — cada 50 grammas ou fracção de 50 grammas	5
Manuscriptos { até 500 grammas	50
{ cada 50 grammas a mais de 500	5
Premio do registo — cada carta, masso ou bilhete postal, além do respectivo porte	50
Avisos de recepção — cada um	25

TABELLA N.º 3

Portes a que está sujeita a correspondencia com destino a Hespanha, Ilhas Baleares, Canarias, Republica de Val d'Andorra, possessões hespanholas do norte de Africa e povoacões da costa occidental de Marrocos para onde faz serviço o correio hespanhol.

Cartas — cada 15 grammas ou fracção de 15 grammas	25
Bilhetes postaes simples — cada um	10
Bilhetes postaes de resposta paga, cada um	20
Jornaes — cada 50 grammas ou fracção de 50 grammas	2 ½
Impressos e amostras, cada 50 grammas, ou fracção de 50 grammas	5
Manuscriptos ou papeis commerciaes { até 250 grammas	25
{ cada 50 gr. além das 250	5
Premio de registo além do porte	50
Avisos de recepção — cada um	25

TABELLA N.º 4

Portes a que estão sujeitas as correspondencias com destino para as colonias hespanholas, Filippinas, Cuba, Porto Rico, Pernando Pó e suas dependencias

Cartas — Cada 15 grammas	50
Bilhetes postaes simples — cada um	10
Bilhetes postaes de resposta paga — um	20
Jornaes, impressos e amostras — cada 50 grammas	5
Manuscriptos e papeis commerciaes { até 500 grammas	50
{ cada 50 grammas além das 500	5
Premio de registo — cada carta, bilhete postal ou maço — além do respectivo porte	50
Avisos de recepção — cada um	25

TABELLA N.º 5

Portes a que estão sujeitas as correspondencias com destino aos diversos paizes estrangeiros, que fazem parte da União Postal Universal (a)

Quadro 1.º

Cartas — cada 15 grammas ou fracção de 15 grammas	50
Bilhetes postaes simples — cada um	20

Bilhetes postaes com resposta paga — cada um 40
Jornaes, impressos, cada 50 grammas ou fracção de 50 grammas . 10
Amostras { até 100 grammas. 20
         { cada 50 grammas a mais de 100. 10
Papeis de commercio { até 250 grammas 50
                    { cada 50 grammas a mais de 250 grammas . 10
Premio de registo — além do respectivo porte 50
Avisos de recepção — cada um. 50

(a) Todos os paizes excepto os meneionados no quadro 2.º que se segue, que embora façam tambem parte da união dos correios, estão sujeito aos portes que vão n'ella indicados.

Quadro 2.º

País	
Argentina (republica).	
Australia meridional.	
Australia occidental	
Bolivia	
Brazil.	Cartas — cada 15 grammas, réis 80
Chili.	Bilhetes postaes, rs. 20
Costa Rica.	Jornaes e outros impressos, cada 50 grammas 20
Colombia (Estados Unidos da) . .	
Colonias { Britannicas — exceptuando Canadá e Terra Nova (b). . .	Amostras { até 100 grammas, rs. 40 / cada 50 gr. a mais . 20
{ Hespanholas (c).	Papeis de { até 200 gr., rs.. . . 80
{ Dinamarquezas.	commercio { cada 50 gr. a mais. 20
{ Francezas	Premio do registo, além do respectivo porte 50
{ Hollandezas.	Avisos de recepção — cada um. 50
Equador.	
Guatemala.	
Haiti (republica).	
Hawai.	
Honduras (republica).	
Japão	
Liberia	
Mexico	
Nicaragua.	Cartas — cada 15 grammas, rs. 80
Nova Galles do Sul.	Bilhetes postaes, rs 20
Nova Guiné	Jornaes e outros impressos, cada 50 grammas 20
Nova Zelandia.	
Paraguay	Amostras { até 100 grammas, rs. 40 / cada 50 gr. a mais . 20
Persia — via do golfo Persico. .	
Perú.	Papeis de { até 200 gr., rs.. . . 80
Queensland	commercio { cada 50 gr. a mais. 20
Salvador.	Premio de registo, além do respectivo porte 50
S. Domingos (republica)	
Siam	Aviso de recepção — cada um . 50
Tasmania	
Uruguay.	
Venezuela.	

(b) As correspondencias para o Canadá, Terra Nova e Estado Livre do Congo, estão sujeitas aos portes indicados no quadro 1.º

(c) Quando as correspondencias forem expedidas por qualquer outra via que não seja a de Hespanha.

TABELLA N.º 6

Portes a que está sujeita a correspondencia destinada aos paizes estrangeiros abaixo designados, que não fazem parte da União Postal Universal

(R) Amigos—(ilhas)............................	
Arabia—(excepto Aden, Mascate e as provincias de Yemen......................	
* Ascenção............................	
Borneo (excepto o estabelecimento hollandez)...................................	Cartas ordinarias, manuscriptos e papeis commerciaes, cada 15 grammas............ 150
* Cabo da Boa Esperança..................	
Costa Occidental d'Africa (excepto os territorios pertencentes á União dos Correios....	
Estado livre de Orange...................	Jornaes e outros impressos, cada 50 gr.. 20
Madagascar (excepto Santa Maria de Tamatave...................................	Amostras até 100 gr. 40
* Natal.................................	Cada 50 grammas além das 100............ 20
* Navegadores ou Samoa..................	Premio de registo, para os paizes que são marcados com o signal (*)............ 50
* Norfolk...............................	
* Santa Helena..........................	
Sarawak................................	
Transwaal..............................	
* Victoria..............................	
* Viti ou Fidgi..........................	
Colonias ou paizes não especificadas.......	

TABELLA N.º 7

Porte a que estão sujeitos os volumes de encommendas postaes permutadas no continente do reino e ilhas adjacentes

Procedencia	Destino	Porte terrestre	Porte maritimo	Total a cobrar dos remettentes
Qualquer estação do *continente do reino*........	Qualquer estação do *continente do reino*........	200	—	200
Qualquer estação do *continente do reino*........	Qualquer das *ilhas dos Açores e Madeira*.....	200	50	250
Qualquer das *ilhas dos Açores e Madeira*.......	*A mesma ilha*............	200	—	200
Qualquer das *ilhas dos Açores e Madeira*.......	Qualquer das outras *ilhas Açores e Madeira*.......	200	50	250

TABELLA N.º 8

Parte a que está sujeito cada volume de encommendas postaes destinadas aos paizes estrangeiros abaixo mencionados, expedidos pela via mais rapida e mais barata.

Paizes		Quantia a cobrar do rendimento	Numero de declarações para a alfandega
Allemanha	Via Hespanha ..	450	4
	Via directa	450	1
Austria-Hungria	Via Hespanha ..	550	5
	Via Allemanha..	550	2
Belgica	Via Hespanha ..	450	5
	Via Allemanha..	550	3
Bulgaria	Via Hespanha ..	800	6
	Via Allemanha..	800	3
Dinamarca incluindo Ferroé e Island.	Via Hespanha ..	550	5
	Via Allemanha..	550	2
Antilhas dinamarquezas,	Via Hespanha ..	850	4
	Via Allemanha..	750	2
Egypto (1)	Via Hespanha ..	700	4
	Via Allemanha..	900	6
França { Continente	Via Hespanha ..	350	3
Corsega { Portos	Via Hespanha ..	400	3
Interior	Via Hespanha ..	450	3
Algeria { Portos	Via Hespanha ..	400	3
Interior	Via Hespanha ..	450	3
Tunisia { Portos	Via Hespanha ..	450	3
Interior	Via Hespanha ..	500	3
Annam, Toukim e Nova Caledonia	Via Hespanha ..	1$150	3
Cochinchina	Via Hespanha ..	1$050	3
Guadaloupe, Martinica, Guiana franceza, Indias francezas	Via Hespanha ..	850	3
Mayote, Nossi Bé, Santa Maria de Madagascar	Via Hespanha ..	950	3
Reunião	Via Hespanha ..	850	3
Senegal	Via directa	450	1
Hespanha	Via directa	300	1
Italia	Via Hespanha ..	500	4
Luxemburgo	Via Hespanha ..	400	4
	Via Allemanha.	500	1
Montenegro	Via Hespanha .	700	5
	Via Allemanha..	700	5
Noruega	Via Hespanha .	600	1
	Via Allemanha..	600	1
Paizes Baixos	Via Hespanha .	550	6
	Via Allemanha..	550	3

(1) Para a repartição Austriaca de Alexandria, 50 réis a menos.

Paizes		Quantia a cobrar do rendimento	Numero de declarações para a alfandega
Romania e Servia	Via Hespanha..	700	5
	Via Allemanha..	700	2
Suecia	Via Hespanha..	800	5
	Via Allemanha.	800	2
Suissa	Via Hespanha..	450	4
	Via Allemanha.	450	4
Tripoli (Barberia) repartição italiana	Via Hespanha..	550	4
	Via Hespanha..	900	5
Repartição allemã			
Constantinopla	Via Allemanha..	900	2
Repartições austriacas			
Turquia — Beirouth, Caifa, Candia, Canêa, Cavala, Constantinopla, Dardanellos, Dédeagatch, Durazzo, Gallipolli, Ineboli, Jaffa, Kérassunde, Lagos, Leros, Métélin, Prévésa, Rethymo, Rhodes, Salonica, Samsoun, Scio, Smyrna, S. João de Medua, Santi Quaranta, Ténédos, Trebizonda, Valona, Vathi	Via Hespanha..	650	5
	Via Allemanha.	850	3
Andrinopla, Janina, Jerusalem, Philippolis	Via Hespanha..	700	5
	Via Allemanha..	900	5
Andrinopla, Philippoplis	Via Allemanha..	950	3
	Via Hespanha..	950	5
Janina, Jerusalem	Via Allemanha..	1$000	3
Repartições francezas			
Alexandria, Beirouth, Cavala, Constantinopla, Dardanellos, Dédéagh, ou Dédéagatch, Jaffa, Kérassunde, Lagos, Lattaquié, Mersina, Rhodes, Salonica, Samsoun, Smyrna, Trebizonda, Tripoli (Syria)	Via Hespanha..	650	4

Observações

Quando as encommendas forem de valor declarado, addiciona-se, além dos portes indicados n'esta tabella, uma percentagem egual á que se cobra pelas cartas com valor declarado. A via Allemanha indicada n'esta tabella, refere-se ás encommendas que forem expedidas de Lisboa pelos paquetes allemães que se destinam a Hamburgo.

As encommendas originarias das ilhas dos Açores e Madeira, ficam sujeitas além dos portes a cobrar indicados na presente tabella, aos portes maritimos seguintes.

Madeira e Açores, 100 réis cada volume.

As encommendas postaes não pódem ter mais de 3 kilogrammas do pezo, nem mais de 20 centimetros cubicos de volume.

Vales do correio nacionaes

O valor maximo dos vales nacionaes, é de:
1.º Para os vales *telegraphicos:*
100$000 réis, qualquer que seja a cathegoria do cofre contra o qual forem saccados.
2.º Para os *vales do correio nominaes:*
300$000 réis quando forem saccados contra o thesoureiro pagador do ministerio e thesoureiros pagadores dos districtos;
200$000 réis quando forem saccados contra os recebedores de comarca;
100$000 réis quando forem saccados contra os recebedores de concelho ou propostas de recebedor de comarca.
3.º Para os *vales de correio ao portador:*
100$000 réis qualquer que seja a cathegoria do cofre contra quem forem saccados.

Despezas de emissão pagas pelos tomadores:
a) Premio de 50 réis por cada 5$000 réis ou fracção;
b) Sêllo de estampilha relativo á importancia de emissão;
c) A taxa de 250 réis, além do premio e do sello para os vales telegraphicos.

Vales internacionaes do correio

O valor maximo de cada vale é de 500 francos ou uma quantia approximada na moeda do paiz de destino.

Para a emissão dos vales internacionaes foram determinadas as seguintes equivalencias:

Allemanha	1 mark	225 réis
Austria Hungria	1 florim	450 "
Dinamarca		
Suecia	1 krone	250 "
Noruega		
Paizes Baixos	1 florim	380 "
Belgica		
Bulgaria		
França		
Colonias francezas (Argelia e Tunisia	1 franco, lyra ou ley	182 "
Luxemburgo		
Italia		
Roumania		
Suissa		
Egypto	1 libra	4$800 "

Premio a pagar pela emissão:

Até 10$000 réis . . . . 100 réis
Cada 5$000 réis a mais . . . . 50 "

Remessa de fundos para o Brazil, Estados-Unidos, Hespanha e Grã-Bretanha

O correio encarrega-se da remessa de fundos para estes paizes, nas seguintes condições:

Brazil — Valor maximo 90$000 réis. — Premio a cobrar 2 p. c. das quantias entregues.

Estados Unidos da America e Hawai —Valor maximo 50 dollars.—Premio a cobrar: até 10$000 réis, 100 réis, cada 5$000 réis a mais 50 réis. O *dollar* é equivalente a 925 réis.

(a) Grã-Bretanha e Irlanda. —Valor maximo 10 libras. Premio a cobrar:

(1) Reducção de réis a francos a 185 réis cada franco para converter em florins, á chegada ao cambio do dia.

Até 10$000 réis 100 réis; cada 5$000 réis a mais, 50 réis. A libra é equivalente a 4$570 réis.

(a) Por intermedio da Grã-Bretanha podem effectuar-se remessas de fundos para os paizes abaixo designados.

Colonias inglezas, Australia Occidental, Australia do Sul, Bahamas (ilhas), Bermudas (ilhas), Borneo (ilha), Cabo da Boa Esperança, Canadá, Ceylão, Chypre (ilha), Costa do Ouro (Africa). Estabelecimentos inglezes do Estreito, Falland (ilhas), Gambiak, (Africa), Gibraltar, Guyana (Demerara), Honduras Britannicas, Hong-Kong, India Ingleza, Indias Orientaes Hollandezas, Islandia (ilha), Japão, Lagos (Africa), Malta, Mauricia (ilha), Natal, Nova Galles do Sul, Novo Zelandia, Queensland, Santa Helena (ilha), Serra Leoa (Africa), Seycheles (ilhas), Tasmania, Terra Nova (Newfoundland), Turcas (ilhas), Victoria, Zanzibar.

Hespanha —Valor maximo, 500 pesetas —Premio a cobrar 2 p. c. das quantias entregues. Cada peseta equivalente a 180 réis.

Vales telegraphicos

Podem ser emittidos em Portugal vales telegraphicos para serem pagos nos seguintes paizes:

Allemanha.
Belgica.
Dinamarca.
Egypto.
França.
Italia.
Noruega.
Paizes Baixos.
Suissa.

Os vales telegraphicos estão sujeitos alem do premio relativo a um vale de correio, ás taxas correspondentes aos diversos modos de transmissão de telegrammas.

TELEGRAPHOS

Estações urbanas de Lisboa

Ajuda	Caes dos Soldados	Lumiar
Alcantara	Calhariz	Necessidades
Algés	Campo Grande	Olivaes
Avenida Estephania	Carnide	Poço do Bispo
Belem	Côrtes	Rocio
Bemfica	Sacavem	Santa Izabel
Bemposta	Graça	Santa Martha
Bom Successo	Lapa	S. Sebastião da Pedreira

Estações urbanas no Porto

Alfandega	Praça do Marquez de Pombal
Boa Vista	Rua das Taipas
Campanhã	

Administrações e direcções telegrapho-postaes

Aveiro.............	— direcção de	2.ª	classe
Beja..............	—	1.ª	"
Braga.............	— "	1.ª	"
Bragança..........	— "	2.ª	"
Castello Branco...	— "	2.ª	"

Coimbra...........	— direcção de	1.ª	classe
Evora.............	— "	1.ª	"
Faro..............	— "	1.ª	"
Guarda............	— "	2.ª	"
Leiria............	— "	2.ª	"
Lisboa............	— administração		
Portalegre........	— direcção de	2.ª	"
Porto.............	— administração		
Santarem..........	— direcção de	1.ª	"
Vianna............	— "	1.ª	"
Villa Real........	— "	1.ª	"
Vizeu.............	— "	1.ª	"
Hangra do Heroismo.	— "	2.ª	"
Funchal...........	— "	1.ª	"
Horta.............	— "	2.ª	"
Ponta Delgada.....	— "	2.ª	"

Abreviaturas

N — Serviço permanente (dia e noite).
N 2 — Serviço de dia prolongado até á meia noite.
C — Serviço de dia completo.
L — Serviço de dia limitado.
S — Serviço semaphorico.
N S — Serviço permanente com posto semaphorico.
B L — Aberta durante a epoca dos banhos.
V L — Aberta durante o verão, serviço limitado
E — Aberta durante a residencia da côrte.
C * — Serviço de dia completo prolongado até ás 11 horas da noite.

Estações	Horario do serviço que desempenham	Direcção telegraphpo-postal a que pertencem
Abrantes..................	C	Santarem.
Abrigada..................	L	Lisboa.
Achada....................	L	Ponta Delgada, telephonica.
Agua de Pau...............	L	Ponta Delgada, telephonica.
Agueda....................	C	Aveiro.

Estações	Horario do serviço que desempenham	Direcção telegrapho-postal a que pertencem
Aguiar da Beira	L	Guarda.
Ajuda	N	Lisboa, urbana.
Alandroal	L	Evora.
Albergaria a Velha	L	Aveiro.
Albufeira	L	Faro.
Alcacer do Sal	L	Lisboa.
Alcalena	L	Santarem, telephonica.
Alcantara	C *	Lisboa, urbana.
Alcobaça	L	Leiria.
Alcochete	L	Lisboa, telephonica.
Alcoentre	L	Lisboa.
Alcoutim	L	Faro.
Aldeia Gallega	C	Lisboa.
Alemquer	L	Lisboa.
Alfandega da Fé	C	Bragança.
Alfandega do Porto	C *	Porto, urbana.
Algés	C *	Lisboa, urbana.
Alhandra	L	Lisboa, telephonica.
Alijó	L	Villa Real Traz-os-Montes.
Aljezur	L	Faro.
Aljustrel	L	Beja.
Almada	L	Lisboa.
Almeida	L	Guarda.
Almeirim	L	Santarem.
Almodovar	L	Beja.
Alpalhão	L	Portalegre.
Alpedrinha	L	Castello Branco.
Alpiarça	L	Santarem.
Alter do Chão	L	Portalegre.
Alvaiazere	L	Leiria.
Alvito	L	Beja.
Amarante	L	Porto.
Amares	L	Braga.
Anadia	L	Aveiro.
Ancião	L	Leiria.
Ancora	BL	Vianna.
Angeja	L	Aveiro.
Apulia	BL	Braga.
Arcos de Val de Vez	L	Vianna do Castello.
Arganil	L	Coimbra.
Armamar	L	Vizeu.
Arouca	C	Aveiro.
Arrayollos	L	Evora.
Arronches	L	Portalegre
Arruda	L	Lisboa.
Aveiro	C	Aveiro.
Avenida Estephania	C *	Lisboa, urbana.
Aviz	L	Portalegre, telephonica.
Azambuja	L	Lisboa.
Azeitão	L	Lisboa.

Estações	Horario do serviço que desempenham	Direcção telegrapho-postal a que pertencem
Baião	L	Porto.
Bairro Alto	C	Coimbra, urbana.
Baltar	L	Porto.
Banho	L	Vizeu.
Barca d'Alva	C	Guarda.
Barcellos	C	Braga.
Barquinha	L	Santarem.
Barrancos	L	Beja.
Barreiro	C	Lisboa, suburbana de Lisboa.
Batalha	L	Leiria.
Beja	C	Beja.
Belem	N	Lisboa, urbana.
Bellas	L	Lisboa, suburbana de Lisboa.
Bemfica	C *	Lisboa, urbana.
Bemposta	C *	Lisboa, urbana.
Benavente	L	Santarem.
Boa Vista	C *	Porto, urbana.
Bombarral	L	Leiria.
Bom Jesus do Monte		Braga, suburbana de Braga (serviço temporario e eventual).
Bom Successo	C *	Lisboa, urbana.
Borba	L	Evora.
Boticas	L	Villa Real.
Braga	N/2	Braga.
Bragança	C	Bragança.
Buarcos	L	Coimbra.
Bussaco	L	Aveiro.
Cabaços	L	Leiria, telephonica.
Cabeceiras de Basto	L	Braga.
Cabo Carvoeiro	S	Leiria.
Cabo do Espichel	S	Lisboa.
Cadaval	L	Lisboa.
Caes dos Soldados	C *	Lisboa, urbana.
Caldas da Rainha	C	Leiria.
Caldas das Taipas	L	Braga.
Caldas de Moledo		Villa Real, serviço temporario e eventual.
Caldas de Monchique	B L	Faro.
Caldas de Vizella	L	Braga.
Calhariz	C *	Lisboa, urbana.
Calheta	L	Funchal.
Caminha	C	Vianna do Castello.
Campanhã	C *	Porto, urbana.
Campo Grande	C *	Lisboa, urbana.
Campo Maior	L	Portalegre.
Caneças	L	Lisboa.
Cantanhede	L	Coimbra.
Cantareira	C *	Porto.
Capellas	L	Ponta Delgada, telephonica.

Estações	Horario do serviço que desempenham	Direcção telegrapho-postal a que pertencem
Caramujo	L	Lisboa.
Carnaxide	L	Lisboa.
Carnide	C*	Lisboa, urbana.
Carraseda d'Ancíães	L	Bragança.
Carregal do Sal	L	Vizeu.
Cartaxo	C	Santarem.
Cascaes	L	Lisboa.
Cascaes	S	Lisboa.
Castanheira de Pera	L	Leiria.
Castello Branco	C	Castello Branco.
Castello da Barra de Aveiro	BL	Aveiro.
Castello de Vide	L	Portalegre.
Castendo	L	Vizeu, telephonica.
Castro Daire	L	Vizeu.
Castro Marim	L	Faro.
Castro Verde	L	Beja.
Ceia	L	Guarda.
Celorico da Beira	L	Guarda.
Celorico de Basto	L	Braga.
Cercal	L	Lisboa, telephonica.
Certã	L	Castello Branco.
Cezimbra	L	Lisboa.
Chaves	C	Villa Real de Traz-os-Montes.
Chamusca	L	Santarem, telephonica.
Cintra	C	Lisboa.
Coimbra	N/2	Coimbra.
Collares	L	Lisboa.
Condeixa	L	Coimbra.
Constancia	L	Santarem.
Cortegana	L	Lisboa.
Côrtes	C*	Lisboa, urbana.
Coruche	L	Santarem.
Covilhã	C	Castello Branco.
Crato	L	Portalegre.
Cuba	L	Beja.
Elvas	N	Portalegre.
Ericeira	L	Lisboa.
Espinho	L	Aveiro.
Esposende	C	Braga.
Estarreja	C	Aveiro.
Estoril	L	Lisboa, serviço temporario e eventual.
Estremoz	C	Evora.
Evora	C	Evora.
Fafe	C	Braga.
Faro	C	Faro.
Felgueira de Cantagallo	L	Vizeu.
Felgueiras	L	Porto.
Ferreira do Alemtejo	L	Beja.
Ferreira do Zezere	L	Santarem.

Estações	Horario do serviço que pesempenham	Direcção telegrapho-postal a que pertencem
Figueira da Foz.	N/2	Coimbra.
Figueira deCastello Rodrigo..	L	Guarda.
Figueiró dos Vinhos	L	Leiria.
Fontainhas	L	Portalegre, suburbana d'Elvas
Fonte Bôa	L	Santarem.
Fornos d'Algodres	L	Guarda.
Freixedas	L	Guarda.
Freixo de Espada á Cinta	L	Bragança.
Fronteira	L	Portalegre, telephonica.
Funchal	C	Funchal.
Fundão	L	Castello Branco.
Ferradouro	L	Aveiro.
Furnas	L	Ponta Delgada.
Fuzeta	L	Faro.
Gavião	L	Portalegre.
Gerez	L	Braga, telephonica.
Goes	L	Coimbra.
Gollegã	C	Santarem.
Gouveia	L	Guarda.
Graça	C*	Lisboa, urbana.
Grandola	L	Lisboa.
Granja	L	Porto.
Granja do Marquez.	L	Lisboa.
Guarda	C	Guarda.
Guimarães	C	Braga.
Idanha a Nova	L	Castello Branco.
Ilhavo	L	Aveiro.
Ilheu	S	Funchal.
Lagoa	L	Faro.
Lagoa (Açores)	L	Ponta Delgada, telephonica.
Lagos	C	Faro.
Lamego	C	Vizeu.
Lapa	C*	Lisboa, urbana.
Lazareto de Lisboa	C	Lisboa.
Lazareto de Marvão	L	Portalegre.
Leiria	C	Leiria.
Lisboa (principal)	N	Lisboa.
Lixa	L	Porto.
Loulé	C	Faro.
Loures	L	Lisboa.
Lourinhã	L	Lisboa.
Lousã	L	Coimbra.
Lousada	L	Porto.
Lumiar	C*	Lisboa, urbana.
Luz (Foz do Douro)	S	Porto, suburbana do Porto.
Luso	L	Aveiro.
Mação	L	Santarem.
Macedo de Cavalleiros	L	Bragança.
Machico	L	Funchal.
Macieira da Cambra	L	Aveiro.

Estações	Horario do serviço que desempenham	Direcção telegrapho-postal a que pertencem
Mafra...	L	Lisboa.
Maia...	L	Ponta Delgada, telephonica.
Mangualde...	L	Vizeu.
Manteigas...	L	Guarda.
Marco de Canavezes...	L	Porto.
Marinha Grande...	L	Leiria.
Marquez de Pombal...	C *	Porto, urbana.
Marvão...	L	Portalegre.
Mattosinhos...	C	Porto.
Mealhada...	L	Aveiro.
Meda...	L	Guarda.
Melgaço...	L	Vianna do Castello.
Mem Soares...	N	Portalegre—Lazareto.
Merceanna...	L	Lisboa, telephonica.
Mertola...	L	Beja.
Mesão Frio...	L	Villa Real.
Miranda do Douro...	L	Bragança.
Mirandella...	C	Bragança.
Mogadouro...	L	Bragança.
Moimenta...	L	Vizeu.
Moita...	L	Lisboa.
Monção...	C	Vianna do Castello.
Monchique...	C	Faro.
Moncorvo...	L	Bragança.
Mondim da Beira...	L	Vizeu.
Mondim de Basto...	L	Villa Real.
Monforte...	L	Portalegre.
Montalegre...	L	Villa Real.
Montemór-o-Novo...	C	Evora.
Montemór-o-Velho...	L	Coimbra.
Mora...	L	Evora.
Mortagua...	L	Vizeu.
Moura...	L	Beja.
Mourão...	L	Evora.
Murça...	L	Villa Real.
Nazareth...	L	Leiria, telephonica.
Necessidades...	N	Lisboa, urbana.
Nellas...	L	Vizeu.
Niza...	L	Portalegre, telephonica.
Nordeste...	L	Ponta Delgada.
Obidos...	L	Leiria.
Odemira...	L	Beja.
Oeiras...	L	Lisboa.
Oitavos...	S	Lisboa.
Olhalvo...	L	Lisboa.
Olhão...	C	Faro.
Olivaes...	C *	Lisboa, urbana.
Oliveira d'Azemeis...	C	Aveiro.
Oliveira de Frades...	L	Vizeu.
Oliveira do Bairro...	L	Aveiro.

Estações	Horario do serviço que desempenham	Direcção telegrapho-postal a que pertencem
Oliveira do Hospital	L	Coimbra.
Ourique	L	Beja.
Ovar	C	Aveiro.
Paço d'Arcos	L	Lisboa.
Paço de Belem	N	Lisboa.
Paços de Ferreira	L	Porto.
Pampilhosa da Serra	L	Coimbra.
Parada de Gonta	L	Vizeu.
Paredes	L	Porto.
Paredes de Coura	L	Vianna do Castello.
Pedras Salgadas	L	Villa Real.
Pedrogão Grande	L	Leiria.
Pena	N	Lisboa.
Penacova	L	Coimbra.
Penafiel	C	Porto.
Penamacor	L	Castello Branco.
Penella	L	Coimbra.
Peniche	L	Leiria.
Peso da Regoa	C	Villa Real.
Pinhão	L	Villa Real.
Pinhel	L	Guarda.
Poço do Bispo	C*	Lisboa, urbana.
Pomarão	L	Beja.
Pombal	C	Leiria.
Ponta Delgada	L	Ponta Delgada.
Ponta de S. Lourenço	S	Funchal.
Ponta do Arnel	S	Ponta Delgada.
Ponta do Pargo	L	Funchal.
Ponta do Sol	L	Funchal.
Ponte de Barca	L	V. do Castello, telephonica.
Ponte do Pecegueiro	L	Aveiro.
Ponte de Lima	L	Vianna do Castello.
Ponte do Sôr	L	Portalegre.
Portalegre	C	Portalegre.
Portel	L	Evora.
Porto (Central)	N	Porto.
Porto Moniz	L	Funchal.
Porto da Cruz	L	Funchal.
Porto de Moz	L	Leiria.
Povoa de Lanhoso	L	Braga, telephonica.
Povoa de Santa Iria	L	Lisboa.
Povoa de Varzim	L	Porto.
Poyares	L	Coimbra.
Quarteira	L	Faro.
Queluz	E	Lisboa, suburbana.
Ramalhão		Lisboa, serviço temporario e eventual.
Redondo	L	Evora.
Reguengo Grande	L	Lisboa.
Reguengos	L	Evora.

Estações	Horario do serviço que desempenham	Direcção telegrapho-postal a que pertencem
Resende.....................	L	Vizeu.
Ribeira da Pena.............	L	Villa Real.
Ribeira de Santarem.........	L	Santarem.
Ribeira Grande..............	L	Ponta Delgada.
Rocio........................	C*	Lisboa, urbana.
Rocio d'Abrantes.............	L	Santarem, telephonica.
Rio Maior....................	L	Santarem, telephonica.
Sabrosa......................	L	Villa Real, telephonica.
Sabugal......................	L	Guarda.
Sagres.......................	S	Faro.
Sacavem......................	C*	Lisboa, urbana.
Salvaterra de Magos..........	L	Santarem.
Samora.......................	L	Santarem.
Santa-Comba-Dão..............	L	Vizeu.
Santa Cruz...................	L	Funchal.
Santa Izabel.................	C*	Lisboa, urbana.
Santa Martha.................	C*	Lisboa, urbana.
Santa Marta de Penaguião.....	L	Villa Real.
Santa Luzia..................	N	Portalegre—Lazareto.
Sant'Anna....................	L	Funchal.
Santarem.....................	C	Santarem.
Santo Thyrso.................	L	Porto.
S. Braz d'Alportel...........	L	Faro.
S. Domingos de Carmões.......	L	Lisboa.
S. João da Madeira...........	L	Aveiro.
S. João da Pesqueira.........	L	Vizeu.
S. João das Areias...........	L	Vizeu, telephonica.
S. Julião da Barra...........	S	Lisboa.
S. Martinho d'Anta...........	L	Villa Real, telephonica.
S. Martinho do Porto.........	L	Leiria.
S. Pedro do Sul..............	E	Vizeu.
S. Sebastião da Pedreira.....	C*	Lisboa, urbana.
S. Thiago de Cacem...........	L	Lisboa.
S. Vicente...................	L	Funchal.
S. Vicente de Cabo Verde.....	C	Funchal.
Sardoal......................	L	Santarem.
Seixal.......................	L	Lisboa.
Seixas.......................	L	Vianna do Castello.
Sernache.....................	L	Castello Branco.
Serpa........................	L	Beja.
Serra da Estrella............	L	Guarda.
Setubal......................	C	Lisboa.
Silves.......................	L	Faro.
Sines........................	L	Lisboa.
Sinfães......................	L	Vizeu.
Sobrado de Paiva.............	L	Aveiro.
Sobral de Monte Agraço.......	L	Lisboa.
Soure........................	L	Coimbra.
Sousel.......................	L	Portalegre.
Taboa........................	L	Coimbra.

Estações	Horario do serviço que desempenham	Direcção telegrapho-postal a que pertencem
Taboaço	L	Vizeu.
Taipas	C*	Porto, urbana.
Tavira	C	Faro.
Thomar	C	Santarem.
Tondella	L	Vizeu.
Torre de D. Chama	L	Bragança.
Torres Novas	C	Santarem.
Torres Vedras	C	Lisboa.
Trafaria	L	Lisboa.
Trancoso	C	Guarda.
Vagos	L	Aveiro.
Valença do Minho	C	Vianna do Castello.
Vallada	L	Santarem, telephonica.
Valla do Carregado	L	Lisboa, telephonica.
Valle de Passos	L	Villa Real.
Vallongo	L	Porto.
Varzea de Goes	L	Coimbra.
Vendas Novas	L	Evora.
Vianna do Alemtejo	L	Evora.
Vianna do Castello	NS	Vianna do Castello.
Vidago	L	Villa Real.
Vidigueira	L	Beja.
Vieira	L	Braga, telephonica.
Villa da Feira	L	Aveiro.
Villa da Povoação	L	Ponta Delgada.
Villa do Conde	L	Porto.
Villa Fernando	L	Portalegre. { É só destinada ao serviço official.
Villa Flôr	L	Bragança.
Villa Franca do Campo	L	Ponta Delgada.
Villa Franca de Xira	C	Lisboa.
Villa Nova da Cerveira	L	Vianna.
Villa Nova de Famalicão	L	Braga.
Villa Nova de Foscoa	N	Guarda.
Villa Nova de Gaya	C	Porto.
Villa Nova de Milfontes	L	Beja.
Villa Nova d'Orem	L	Santarem.
Villa Nova de Portimão	C	Faro.
Villa Pouca d'Aguiar	L	Villa Real.
Villa Real de Santo Antonio	N	Faro.
Villa Real de Traz-os-Montes	C	Villa Real.
Villar Formoso	L	Guarda.
Villa Velha de Rodam	L	Braga.
Villa Verde	L	Castello Branco.
Villa Viçosa	L	Evora.
Vimioso	L	Bragança.
Vinhaes	L	Bragança.
Vizeu	C	Vizeu.
Vouzella	L	Vizeu.

TELEGRAMMAS INTERNACIONAES

Tabellas de taxas, segundo o regulamento de Paris (1890)

Paizes	Vias	Taxa por palavra — Réis
Allemanha	França	50
	Falmouth	130
Austria	França	75
	Falmouth	145
Belgica	França	60
	Falmouth	115
Bosnia Herzegovina	França	85
	Gibraltar-Malta-Italia	130
Bulgaria	França	90
	Gibraltar-Malta-Italia	135
Dinamarca	França	85
	Falmouth	140
França	Hespanha	40
	Falmouth	120
Gibraltar	Cabo directo	40
	Hespanha	40
Gran-Bretanha, Irlanda e Ilhas da Mancha	Falmouth	40
	França	90
Grecia (continente e ilhas de Eubée e Poros)	Gibraltar-Malta-Zante	135
Grecia (outras ilhas)	Gibraltar-Malta-Zante	140
Hespanha	Fronteira luso-hespanhola	20
Hungria	França	75
	Falmouth	145
Italia	França	65
	Gibraltar-Malta	105
Luxemburgo	França	60
	Falmouth	120
Malta	Gibraltar	85
	França-Italia	110
Montenegro	França	85
	Gibraltar-Malta-Italia	130
Noruega	França	105
	Falmouth	120
Paizes Baixos	França	70
	Falmouth	120
Roumania	França	85
	Gibraltar-Malta-Marselha	130
Russia Europea e do Caucaso	França	125
	Falmouth	185
Servia	França	85
	Gibraltar-Malta-Italia	130
Suecia	França	90
	Falmouth	145
Suissa	França	65

Paizes	Vias	Taxa por palavra Réis
Suissa	Falmouth	130
Turquia Europea	Gibraltar-Malta-Zante	135
	França-Italia	135
Aden	Gibraltar-Suez	865
Annam	França	1$345
Arabia (provincia do Hedjaz)	Gibraltar-Suez	865
Arabia (provincia do Yemen)	Suez-Cheikh Said	1$015
	França-Marselha-Cheikh-Said	1$055
Birmania	França	950
Ceylão	França	925
Cochinchina	França	1$165
Corea (Binchong)	França	2$130
Japão	França	1$870
Algeria	Hespanha-França	60
Benguella	Hespanha-Tenerife	2$180
	S. Vicente	2$180
Bissau	Hespanha-Tenerife	980
	S. Vicente	980
Bolama	Hespanha-Tenerife	980
	S. Vicente	980
Canarias	Hespanha-Cadiz	155
Loanda	Hespanha-Tenerife	1$880
	S. Vicente	1$880
Lourenço Marques	Gibraltar-Suez	1$915
Madeira (ilha da)	Madeira-directa	170
Marrocos	Gibraltar	70
	Hespanha-Gibraltar	70
Moçambique	Gibraltar-Suez	1$915
Mossamedes	Hespanha-Tenerife	2$375
	S. Vicente	2$375
S. Thiago de Cabo Verde (ilha de)	S. Vicente	700
S. Thomé	Hespanha-Tenerife	1$430
S. Vicente de Cabo Verde (ilha de)	Madeira	525
Senegal	Hespanha-Cadiz	320
Tunisia	Hespanha-França	60
Zanzibar	Gibraltar-Suez	1$680
New-York	Falmouth	340
Boston	Falmouth	340
Halifax	Falmouth	340
New Bedford	Falmouth	340
Québec	Falmouth	400
St. Johns	Falmouth	340
Provincetonn	Falmouth	340
Portland	Falmouth	340
Montreal	Falmouth	340
Philadelphia	Falmouth	380
Baltimore	Falmouth	380

Paizes	Vias	Taxa por palavra Réis
Newfoundland	Falmouth	380
Pittsburg	Falmouth	380
Pernambuco	Directa	1$265
Ceará	S. Vicente	1$445
Maranhão	S. Vicente	1$445
Pará	S. Vicente	1$445
Bahia	S. Vicente	1$445
Rio de Janeiro	S. Vicente	1$445
Outras estações {Região do norte	S. Vicente	1$445
Região do centro	S. Vicente	1$445
Região do sul	S. Vicente	1$625
Australia Meridional	França	950
Australia Occidental	França	950
Nova Galles do Sul	França	990
Nova Zelandia	França	2$440
Queensland	França	2$250
Sumatra	França	1$570
Tasmania	França	1$110
Victoria	França	970

TABELLA N.º 3

(Decreto com força de Lei de 27 de julho de 1886)

Taxas a que ficam sujeitas as correspondencias telegraphicas e telephonicas, permutadas entre as estações do continente do reino, ou entre as estações de qualquer das ilhas adjacentes.

Designação	Taxas Fixas Réis	Por palavra Réis
Telegrammas ordinarios	50	10
Telegrammas noticiosos (que manifestamente tratem de noticias de interesse geral, para a imprensa periodica e agencias de noticias e para affixar em logares publicos	25	5
Telegrammas urbanos (trocados intra-muros ou dentro das barreiras de qualquer cidade do reino ou das ilhas adjacentes)	20	2
Telegrammas suburbanos (trocados entre Lisboa e localidades até á distancia de 15 kilometros, entre o Porto e localidades até á distancia de 10 ki-		

Designação	Taxas	
	Fixas Réis	Por palavra Réis
lometros, entre qualquer outra cidade e localides até á distancia de 5 kilometros............	25	5
Telegrammas semaphoricos (trocados entre os portos semaphoricos e os navios no mar) qualquer que seja a extensão do telegramma..........	400	—
Telegrammas electro-semaphoricos (trocados entre navios no mar e quaesquer pontos do continente do reino ou ilhas adjacentes servido pelo telegrapho ou pelos meios que o completam .... — Taxa semaphorica, qualquer que seja a extensão do telegramma...	400	—
— Taxa electrica........	50	10
Telegrammas urgentes (com prioridade de transmissão sobre os telegrammas particulares.... .... — Taxa ordinaria de telegramma............	A que lhe competir pela sua cathegoria.	
— Taxa de urgencia......	O duplo da antecedente.	
Se o telegramma tiver operações accessorias accresce a taxa respectiva.		
Telegrammas conferidos (sujeitos á repetição integral, de estação em estação de todo o seu contexto........... .. — Taxa ordinaria do telegramma............	A que lhe competir pela sua cathegoria.	
— Taxa de conferencia ..	Metade da antecedente.	
Telegrammas com certificados de excepção para ser communicado ao expedidor a hora ou accidentes da entrega do telegramma respectivo. — Taxa ordinaria do telegramma............	A que lhe competir pela sua cathegoria.	
— Taxa do certificado de recepção.....	A de um telegramma ordinario de 10 palavras.	
Taxa ordinaria do telegramma.................	A que lhe competir pela sua cathegoria.	
Telegramma com resposta paga — Taxa da resposta — Quando fôr indicado o numero, até ao maximo de 30 palavras pagas...	A de um telegramma de 10 palavras.	
— Quando não for indicado o numero de palavras	Alem da taxa ordinaria que lhe competir, taxa egual para cada reexpedição.	

Designação	Taxas	
	Fixas Réis	Por palavra Réis
A taxa que deve cobrar-se na estação expedidora pelos telegrammas a *fazer seguir* é a do primeiro trajecto entrando o endereço completo no numero das palavras taxadas.		
Telegrammas para fazer seguir (transmittidos successivamente ás direcções indicadas no endereço, até á sua entrega, ou para as direcções que forem indicadas no domicilio do destinatario)...	—	—
Telegrammas multiplos (para a mesma localidade a muitos destinatarios ou ao mesmo destinatario, em differentes domicilios na mesma localidade):—por cada endereço a mais de um por cada 100 palavras ou fracções de 100 palavras..	50	10
Telegrammas maritimos	300	—
Telegrammas avisos maritimos	100	—
Copias (extrahidas dos telegrammas a pedido dos respectivos expedidores ou destinatarios ou extrahidas das communicações que a direcção geral poder fazer publicas)—por cada 100 palavras ou fracção de 100	300	—
Certidões (extrahidas de telegrammas, a pedido dos expedidores ou destinatarios) Taxa da certidão de cada 100 palavras ou fracção de 100 palavras (havendo-o) e por cada mez e por estação ...	300 200	— —
Recibos das importancias das taxas cobradas dos expedidores para transmissão de telegrammas, e dos destinatarios de telegrammas semaphoricos, maritimos e a fazer seguir	20	—
Taxa da distribuição de telegrammas por proprios, nas localidades não servidas pela rede telegraphica	300	—

TABELLA DOS DIREITOS E IMPOSTOS SANITARIOS NOS PORTOS DE MAR E LAZARETOS

Imposto de lazareto

Quarentenario de 1.ª CLASSE por cada dia d'impedimento	600
Addicional de 6 p. c. (lei de 27 d'abril de 1882 e 6 p. c. pela lei de 30 de julho de 1890)	75
	675
Taxa de desembarque, por uma vez	300
Os mesmos addicionaes	37
	337

2.ª CLASSE

Imposto diario	400
Addicionaes	50
	450
Taxa de desembarque por uma vez e como na 1.ª classe	337

3.ª CLASSE

Imposto diario	150
Addicionaes	18
	168
Taxa de desembarque	50
Addicionaes	6
	56

Trafego

Por cada volume	80
Addicional, lei de 30 de julho de 1890	4
	84

Cada bagagem tem uma lista e por esta paga-se o sello de 30 réis.

Pela beneficiação de couro ou pelles de boi, cada cento	500
Pela beneficiação de pelles de cabra, carneiro, cordeiro e outras ordinarias de animaes pequenos, cada cento	200
Pela beneficiação de penas, pellos, cabellos, trapo, canhamo, algodão, lã e seda em rama, por cada 100 kilos	80
Pela beneficiação de tecidos de algodão, lã e seda e outros quaesquer artigos susceptiveis, não especificados, cada 100 kilogrammas	50
Pela beneficiação de volumes cujas taras sejam susceptiveis, ainda mesmo que o genero que conteem seja insusceptivel, cada 100 kilogrammas	20

As mercadorias que fizerem quarentenas em fragatas, ou quaesquer outras embarcações de descarga, pagarão a quarta parte dos impostos indicados na presente tabella.

As crianças menores de sete annos não pagam imposto algum.

Pelos nimaes não se paga egualmente imposto algum.

Além dos impostos indicados, os passageiros e os donos ou consignatarios de fazendas, pagarão á companhia dos trabalhos braçaes da alfandega de Lisboa os salarios designados nas respectivas tabellas pelo embarque e desembarque das bagagens e mercadorias.

Serviço de mercadorias

Por cada 100 kilogrammas, peso bruto, de generos insusceptiveis entrados nos armazens do Lazareto, mas cujas taras são susceptiveis 40
Por cada 100 kilogrammas de generos susceptiveis que exijam abertura.. 120
Estes salarios serão pagos pelos donos ou consignatarios das fazendas, e com respeito ás bagagens serão satisfeitos pelos passageiros.
Os navios de guerra, tanto nacionaes como estrangeiros, são isentos do imposto e taxas estabelecidas n'esta tabella.

TABELLA DOS DIREITOS PAROCHIAES NAS FREGUEZIAS DE LISBOA

Baptismos e casamentos

Sem capa, 800 réis; com capa, 1$200 réis; fóra da egreja parochial, réis 6$400.
N. B. Estas quantias pertencem ao parocho; ao thesoureiro se dará o equivalente de metade do que se dá ao parocho.

Enterros

Corpo á terra. — Á mão, offerta 900 réis, acompanhamento 600 réis; de sege, offerta, 1$200 réis, acompanhamento, 800 réis.
Caixão á cova. — A' mão, offerta 2$400 réis; acompanhamento 1$600 réis; de sege, offerta, 3$600 réis, acompanhamento 2$400 réis.
De berlinda. — Offerta, 9$600 réis, acompanhamento, 6$400 réis.
De coche, com berlinda ou sem ella. — Offerta, 19$200, acompanhamento, 12$800 réis.
N. B. Estas quantias pertencem aos parochos, os quaes não serão obrigados a acompanhar a pé fóra dos limites das respectivas freguezias; ao thesoureiro se dará o equivalente da metade da quantia que se dá ao parocho pelo acompanhamento.

Cartorio

Banhos de tres denuncias, 480 réis; de uma 120.
Mandados de *publicandis*, 480 réis.
Certidões de baptismo, casamento e obito, 240 réis.
N. B. — Certidões de obito de pobres e attestados de pobreza de finados tambem pobres, serão gratuitas.
Abrir assentos por despacho da auctoridade superior ecclesiastica, 800 réis.
Buscas. — Até 20 annos, gratis, d'ahi para traz cada anno 60 réis.
Attestados — De vida, 240 réis.

N. B. Attestados relativos a pensionistas, que recebem do Estado mènos de 50$000 réis por anno, a amas dos expostos, ou a pobres serão gratuitos.

Informações fechadas sobre o requerimento a interesse de parte (não pobre) 480 réis.

Informações abertas não relativas a pobres, 240 réis.

Cada arvore de geração, 800 réis

Conhecenças ou desarriscas, cada pessoa 50 réis.

Os estylos emquanto aos direitos da fabrica continuam como até agora.

Os baptismos e enterros dos expostos continuam a ser gratuitos.

SERVIÇO DE INCENDIOS EM LISBOA

Torres de signal	Badaladas	Postos encarregados dos toques	Numero de machinas	Numeros e locaes das estações de incendios
Olivaes (freguezia) Marvilla..........	5	Estações de incendios e casas dos regedores.	1	R. de D. Carlos.
			2	R. da Procissão.
			3	L. do Mastro.
Carnide (freguezia).	6	Estação de incendios e casa do regedor.		T. do Guarda-Mór.
			4	R. do Diario de Noticias.
Bemfica (freguezia) e igreja de S. Domingos..........	7	Idem.	5	R. do Carvalho.
			6	R. dos Cannos.
Alcantara (freguezia).............	8	Rua da Fabrica da Polvora, Tapada e Junqueira.	7	R. do Arco do Limoeiro.
				R. das Pedras Negras.
Belem (Jeronymos) e Ermida das Dores	9	Mercado e Paço de Belem.		
			9	R. de S. Bernardo.
Ajuda (freguezia) e torre do Largo da Ajuda..........	10	Palacio da Ajuda.		R. das Trinas.
			10	R. de S. Sebastião da Pedreira.
			11	Calçada da Pampulha.
Beato............	11	Xabregas.		
Santa Engracia, S. Vicente e Santo Estevão..........	12	Bica do Sapato, Valle de Santo Antonio, Escolas Geraes e Chafariz de Dentro.	12	R. de S. Filippe Nery.
			13	R. do Conde.
			14	R. do Paraizo.
			15	L. da Graça.
Graça e Penha de França..........	13	Calçada do Monte e Monte Agudo.	16	R. do Salitre.
			17	R. da Boa-Vista.
Sé, S. Thiago e S. Christovão.......	14	Aljube, Caes de Santarem, Loyos e Costa do Castello.	18	Pateo do Regedor.
			19	R. da Arrabida.
			21	L. da Saude em Sacavem.
Conceição Nova....	15	Deposito Publico.		
S. Nicolau.........	16	Praça da Figueira.	25	R. das Trinas.
Soccorro e S. Domingos..........	17	Mouraria, Desterro, H. de S. José e theatro de D. Maria.	28	Castello.
			29	R. de Passos Manuel.
S. José...........	18	Santa Martha.	30	Calvario.

Torres de signal	Badaladas	Postos encarregados dos toques	Numero de machinas	Numeros e locaes das estações de incendios
Pena	19	Convento da Encarnação.	32	Junqueira.
			33	Laranjeiras.
Bemposta, Anjos e S. Jorge	20	Cabeço de Bolla, Desterro e Arroyos.	36	Rua da Cadeia (Belem).
S. Sebastião e Coração de Jesus	21	Matadouro e Santa Martha.	38	Rua da Boa Hora (Idem).
Monsarrate e S. Mamede	22	Amoreiras, Escola Polytechnica e Praça das Flores.	39	Largo d'Ajuda.
			42	Marvilla (alto de.
			43	Olivaes (Rocio).
Santa Izabel	23	Rua Nova da Estrella e Fonte Santa.	45	Campo Grande (lado oriental).
Estrella	24	Buenos Ayres, Boa-Morte e Rua Nova da Estrella.	46	Carnide (Rocio).
			47	Bemfica (proximo á igreja).
Necessidades	25	Praça d'Armas.	48	Rua do Lumiar.
S. Francisco de Paula	26	Rua do Pau da Bandeira.		
Santos-o-Velho	27	Travessa do Pastelleiro e rua do Vasco da Gama.		
Paulistas	28	Quartel e Praça das Flores.		
Chagas	29	Rua das Flores e Alto de Santa Catharina.		
S. Roque	30	Rua da Atalaya e S. Pedro d'Alcantara.		
Martyres	31	Carmo e Governo Civil.		
S. Paulo	32	Ribeira Nova.		

Para cessarem os toques 7 badaladas só dentro da antiga circumscripção.

Instrucções

Quando um posto de guarda tiver noticia de que ha incendio, o commandante mandará uma praça dar aviso á estação de soccorro contra incendios que lhe ficar mais proxima.

A mesma praça verifica em seguida se o fogo é de importancia, e se o fôr, vae immediatamente fazer o toque, dando por tres vezes o numero de badaladas que se achar escripto na caixa da torre de signal, e quando tiver repetido compassadamente as tres vezes, esperará o tempo necessario para verificar que foi ouvido, e é correspondido pelas outras torres. Não o sendo, tornará a tocar outras tres vezes.

Quando no acto de estar tocando receber ordem para parar, só o deverá fazer depois de ter completado o signal, dando o numero de badaladas que está escripto na caixa.

A praça que estiver tocando a fogo, só tocará a passo dobrado ou rebate quando para isso receber aviso do commandante da estação a que pertencer, ou d'ulgum empregado da inspecção geral dos incendios, devidamente uniformisado, ao qual em todo o caso deverá tomar o numero.

Quando um posto encarregado de toque, ouvir tocar a fogo, o commandante mandará uma praça repetir em passo ordinario e com toda a exactidão, o signal que ouvir, quer seja para pedir soccorro, quer seja para mostrar que este é desnecessario.

Se fôr avisado de que ha incendio perto d'um posto que não seja encarregado do toque, o commandante mandará uma praça avisar o posto encarregado de tocar a fogo na torre de signal que ficar mais proxima, e outra reconhecer o incendio com a pessoa que der o aviso, para no caso d'este ser falso a deter.

Acontecendo que por qualquer incidente se não possa tocar em algumas das torres de signal, a praça recorrerá ao sineiro, ou á torre de signal mais proxima, devendo o commandante do posto dar no mesmo dia ou no immediato, parte do incidente ao inspector geral dos incendios.

Nenhum posto deverá tocar a fogo pelo facto de vêr passar alguma bomba ou carro, mas sim, sendo avisado ou ouvindo tocar.

Ao pôr do sol, os commandantes dos postos encarregados de tocar a fogo, mandarão dar tres badaladas nas suas respectivas torres, para vêr se os movimentos funccionam bem, recommendando todo o cuidado em se deixar a corda na caixa e esta bem fechada.

Além das estações de soccorro já mencionadas, ha mais os seguintes postos:

N.º 24 — Camarate, no largo. Material e telephone.
» 41 — Collegio da Luz. Material e telephone.
» 42 — Paço do Lumiar, loja n.ᵒˢ 31 a 33. Telephone.
» 43 — Ameixoeira, casa do senhor regedor, loja n.º 60. Telephone.
» 44 — Largo da Charneca, 59, 1.º. Telephone.
» 45 — Encarnação, Estrada de Sacavem, loja n.º 82 e 83. Telephone.
» 46 — Cazellas, Quinta de Santo Antonio. Material e telephone.
» 47 — Cruz da Oliveira, junto ao Posto Fiscal, loja 15 e 16. Telephone.
» 48 — Campolide, Estação da Guarda Municipal. Telephone.
» 49 — Larangeiras, Esquadra da Policia. Telephone.
» 50 — Cruz da Pedra, (Bemfica) Esquadra da Policia. Telephone.
» 52 — Campo Pequeno, loja 62. Telephone.
» 53 — Cortella do Covão, (Estrada de Sacavem) no largo. Telephone.
» 55 — Junqueira, Commissariado da 4.ª Divisão Policial. Telephone.
» 57 — Fonte Santa, Estação da Guarda Municipal. Telephone.
» 58 — Ribeira Nova, Estação da Guarda Municipal. Telephone.
» 59 — Governo Civil. Telephone.
» 60 — Quartel do Carmo. Telephone.
» 61 — Monte agudo, Estação da Guarda Municipal. Telephone.
» 62 — Santa Apolonia, Estação da Guarda Municipal. Telephone.
» 63 — Poço do Bispo, junto á Estação dos Carros Americanos. Telephone.
» 64 — Braço de Prata, no largo, 22, 1.º. Telephone.
» 65 — Matadouro Municipal, Estação da Guarda Municipal. Telephone.
» 66 — Chellas, rua Direita, 22, 1.º. Telephone.
» 67 — Palma de Baixo, no largo, loja 54. Telephone.
» 68 — S. Domingos de Bemfica, palacio do ex.ᵐᵒ sr. Marquez de Fronteira. Telephone.
» 69 — Companhia Nacional de Phosphoros, Quinta da Mitra. Material e telephone.

» 70 — Fabrica de Chitas, nos Terramotos, á Ponte Nova. Telephone.
» 71 — Rua Direita de Pedrouços, n.º 5, loja de funileiro. Telephone.
» 72 — Estrada do Arco do Carvalhão, 77, 2.º. Telephone.
» 74 — Rua do Embaixador, 153, loja. Material e telephone.

TABELLAS ASTRONOMICAS
Nascimentos e occasos apparentes do sol

Nascim.	Occaso	Nascim.	Occaso	Nascim.	Occaso	Nascim.	Occaso
Tempo médio		Tempo médio		Tempo médio		Tempo médio	
Janeiro							
1 | 7 h. 20'	4 h. 48'	1 | 7 h. 8'	5 h. 20'	1 | 6 h. 35'	5 h. 51'	1 | 5 h. 47'	6 h. 21'
9 | 7 21	4 54	9 | 7 0	5 29	9 | 6 23	6 0	9 | 5 34	6 29
17 | 7 18	5 2	17 | 6 51	5 38	17 | 6 11	6 6	17 | 5 23	6 36
25 | 7 14	5 11	25 | 6 41	5 46	25 | 5 58	6 14	25 | 5 12	6 44
Maio		Junho		Julho		Agosto	
1 | 5 h. 4'	6 h. 49'	1 | 4 h. 38'	7 h. 16'	1 | 4 h. 40'	7 h. 28'	1 | 5 h. 2'	7 h. 10'
9 | 4 56	6 57	9 | 4 36	7 22	9 | 4 44	7 25	9 | 5 9	7 1
17 | 4 48	7 4	17 | 4 36	7 24	17 | 4 50	7 26	17 | 5 17	6 51
25 | 4 42	7 11	25 | 4 38	7 27	25 | 4 57	7 12	29 | 5 24	6 40
Setembro		Outubro		Novembro		Dezembro	
1 | 5 h. 30'	6 h. 30'	1 | 5 h. 57'	5 h. 42'	1 | 6 h. 28'	4 h. 59'	5 | 7 h. 2'	4 h. 32
9 | 5 37	6 18	9 | 6 4	5 30	9 | 6 37	4 51	7 | 7 8	4 38
17 | 5 45	6 5	17 | 6 13	5 18	17 | 6 46	4 44	19 | 7 14	4 36
25 | 5 52	5 52	25 | 6 20	5 9	25 | 6 55	4 39	21 | 7 18	4 47

ECLIPSES NO ANNO DE 1892
LISBOA

Haverá no anno de 1892, quatro eclipses, sendo dois do sol e dois da lua.

I. Eclipse total do sol no dia 26 d'abril, invisivel em Lisboa.
Principia o eclipse ás 7 h. e 10 m. da tarde.
Termina o eclipse ás 11 h. e 28 m. da tarde.
II. Eclipse parcial da lua no dia 11 e 12 de março, visivel em Lisboa.
Entrada da lua na penumbra, dia 11 ás 7 h. e 19 m. da tarde.
Entrada na sombra, dia 11 ás 8 h. e 34 m. da tarde.
Meio do eclipse, dia 11 ás 10 h. e 17 m. da tarde.
Sahida da sombra dia 11, ás 12 h. da tarde.
Sahida da penumbra, dia 12 á 1 h. e 14 m. da manhã.
Grandeza do eclipse: 0:953 do diametro da lua.
III. Eclipse parcial do sol, no dia 20 de outubro, visivel em Lisboa.
Principio do eclipse, ás 4 h. e 39 m. da tarde.
Fim do eclipse, ás 8 h. e 21 m. da tarde.
Grandeza maxima do eclipse: 0:909 do diametro solar.
IV. Eclipse total da lua, no dia 4 de novembro, invisivel em Lisboa.
Entrada da lua na penumbra, aos 3 m. da tarde.

Entrada da lua na sombra, á 1 h. e 32 m. da tarde.
Principio do eclipse total, ás 2 h. e 46 m. da tarde.
Meio do eclipse ás 3 h. e 8 m. da tarde.
Fim do eclipse total, ás 3. h. e 30 m. da tarde.
Sahida da sombra ás 4 h. e 44 m. do tarde.
Sahida da penumbra ás 5 h. e 42 m. da tarde.
Grandeza do eclipse, 1:092 do diametro da lua.

EQUAÇÃO DO TEMPO

Como o sol se retarda umas vezes, outras se accelera ou parece estacionario, idearam os astronomos para maior facilidade dos seus calculos, reduzir estes movimentos deseguaes, a um tempo e movimento egual e médio. É o que se chama equação do tempo, ou differença entre o tempo verdadeiro e o tempo uniforme, mostrado pela seguinte taboa, em relação aos dias do mez. Entre outros usos serve tambem para regular os relogios. Se ao ponto do meio dia marcado em uma boa merediana o relogio mostrar os minutos e segundos declarados na tabella para antes ou depois do meio dia verdadeiro, sabe-se que está certo.

Os minutos com o signal + devem exceder ao meio dia verdadeiro, e os que tem o signal — devem faltar para elle.

Dias	Janeiro	Dias	Fevereiro	Dias	Março	Dias	Abril
5 +	5′ 57″	5 +	14′ 31″	5 +	11′ 53″	5 +	2′ 48″
10 +	8 6	10 +	11 44	10 +	10 38	10 +	1 21
15 +	9 58	15 +	14 37	15 +	9 15	15 —	0 1
20 +	11 35	20 +	14 11	20 +	7 45	20 —	1 11
25 +	12 52	25 +	13 29	25 +	6 13	25 —	2 1
30 +	13 46	30 +	12 57	30 +	4 39	30 —	2 52

Dias	Maio	Dias	Junho	Dias	Julho	Dias	Agosto
5 —	3 36	5 —	2 9	5 +	3 52	5 +	5 28
10 —	3 58	10 —	1 14	10 +	4 40	10 +	4 52
15 —	4 5	15 —	0 13	15 +	5 57	15 +	4 3
20 —	3 58	20 +	0 50	20 +	5 43	20 +	3 0
25 —	3 37	25 +	1 54	25 +	5 54	25 +	1 46
30 —	3 3	30 +	2 56	30 +	5 51	30 +	0 21

Dias	Setembro	Dias	Outubro	Dias	Novembro	Dias	Dezembro
5 —	1 32	5 —	11 33	5 —	16 10	5 —	8 55
10 —	3 11	10 —	12 58	10 —	15 48	10 —	6 42
15 —	4 53	15 —	14 9	15 —	15 6	15 —	4 19
20 —	6 37	20 —	15 6	20 —	14 2	20 —	1 51
25 —	8 19	25 —	15 46	25 —	12 38	25 +	0 40
30 —	9 58	30 —	16 9	30 —	10 55	30 +	3 8

MARÉS

Conhecem-se as horas das marés pela idade da lua, que data do 1.º dia da lua nova. Procurando essa idade na tabella seguinte, ter-se-hão as horas de preamar e baixamar em qualquer dia. Se desejarmos saber, por exemplo, os preamares e baixamares do dia 31 de agosto procuremos este dia na folhinha e veremos ser o 10.º dia da lua, e procuremos na 1.ª columna da tabella o n.º 2, acharemos na mesma linha horisontal o que desejamos.

Quando na tabella das primeiras marés se notam marés da tarde, as da manhã d'esse dia são as seguintes do dia antecedente, como acontece no dia 30 da lua, cujas marés da manhã são as segundas do dia 29.

Tabella dos preamares e baixamares do Tejo

Idade da lua	PREAMAR		BAIXAMAR	
	Da manhã	Da tarde	Da manhã	Da tarde
1 e 16	2 h. 55'	3 h. 20'	9 h. 7'	9 h. 32'
2 17	3 44	4 9	9 57	10 22
3 18	4 34	4 59	10 46	11 11
4 19	5 24	5 49	11 36	
5 20	6 13	6 38	0 1	0 26
6 21	7 3	7 28	0 51	1 15
7 22	7 53	8 18	1 40	2 5
8 23	8 43	9 7	2 30	2 55
9 24	9 32	9 57	3 20	3 44
10 25	10 22	10 46	4 9	4 34
11 26	11 11	11 36	4 59	5 24
12 27		0 1	5 49	6 13
13 28	0 26	0 51	6 38	7 3
14 29	1 15	1 40	7 28	7 53
15 30	2 5	2 30	8 18	8 42

N. B. As horas das marés do dia 1 da lua são as mesmas do dia 16; as do dia 2, das do dia 17; e assim por diante.

CHRONOLOGIA

Computo ecclesiastico

Aureo numero..........	12	Letra dominical............	C. B
Epacta.................	I	Letra do martyriologio, A	
Cyclo solar	25	menor	
Indicação romana.........	5		

Temporas

Março.............	9, 11 e 12	Setembro.........	21, 23 e 24
Junho.............	8, 10 e 11	Dezembro........	14, 16 e 17

Festas moveis

Septuagesima...	14 de fevereiro	Espirito Santo....	5 de junho
Cinza............	2 de março	SS. Trindade......	12 de junho
Paschoa.........	24 de abril	Corpo de Deus....	16 de junho
Ladainhas......	23, 24 de maio	Coração de Jesus..	24 de junho
Ascensão........	26 de maio	Dom. 1.º advento..	27 de nov.

Estações

Primavera.........	20 de março	Outono.............	22 de set.
Estio..............	20 de junho	Inverno............	21 de dez.

Bençãos matrimoniaes

Todos os dias do anno, excepto desde quarta feira de Cinza até o 1.º domingo depois da Paschoa, e desde a 1.ª dominga do Advento até dia de Reis, em que são prohibidas.

TABELLAS CIVIS

Feriados geraes

FERIADOS

Março 21 — Annos do Principe Real o sr. D. Luiz Filippe.
Abril 29 — Outorga da Carta Constitucional.
Julho 31 — Juramento da Carta Constitucional.
Setembro 24 — Obito de Sua Magestade Imperial o Duque de Bragança.
Setembro 28 — Annos de Sua Magestade El-Rei o Senhor D. Carlos I, e de sua augusta esposa a sr. D. Maria Amelia.
Outubro 16 — Annos de Sua Magestade a Rainha a sr. D. Maria Pia.
Outubro 19 — Obito de Sua Magestade El-Rei o sr. D. Luiz I.

FERIAS

Março 26 até 9 de abril.
Setembro — todo o mez.
Dezembro — desde 24 inclusivé até 7 de janeiro.

Dias de gala na côrte

GRANDE GALA

Janeiro 1 — Por boas festas e bons annos.
Março 21 — Annos do Principe Real o sr. D. Luiz Filippe.
Abril 29 — Outorga da Carta Constitucional.
Julho 31 Juramento da Carta Constitucional.
Setembro 28 — Annos de Sua Magestade El-Rei e de Sua Magestade a Rainha.
Outubro 16 — Annos de Sua Magestade a Rainha a sr. D. Maria Pia.

SIMPLES GALA

Abril 24 — Domingo de Paschoa.
Maio 1 — Pronome de Sua Alteza o Principe Real D. Luiz Filippe.
Maio 22 — Anniversario do Consorcio de Sua Magestade El-Rei.
Junho 16 — Procissão do Corpo de Deus da Cidade.
Julho 24 — Festa do SS. Coração de Jesus.

Julho 10 — Pro-nome da Rainha a sr.ª D. Maria Amelia.
Julho 31 — Annos de Sua Alteza o sr. Infante D. Affonso. *Este dia é de grande gala* por ser o juramento da Carta Constitucional.
Setembro 8—Pro-nome de Sua Magestade a Rainha a sr.ª D. Maria Pia.
Novembro 4 — Pro-nome de Sua Magestade El-Rei.
Novembro 22— Annos do Serenissimo Infante o sr D. Manuel.
Dezembro 1 — Acclamação de El-Rei D. João IV.
Dezembro 25 — Dia de Natal.
Dezembro 31 — Dia ultimo do anno.

Tempo por que se deve tomar luto

Pelas pessoas reaes, pelos, marido ou mulher, filhos, avós, bisavós, netos ou bisnetos, seis mezes. — Por sogras, sogros, genros, noras, irmãos ou cunhados, quatro mezes. — Tios, sobrinhos, primos co-irmãos, dois mezes. — Por qualquer parente mais afastado, quinze dias. — N. B. Metade do tempo aqui designado é luto pesado e o resto alliviado.

LAZARETO DE LISBOA

Não se podem publicar as tabellas das hospedarias, porque a empreza está a concurso, e ignora-se quaes serão as novas tabellas.

REDUCÇÃO DE DINHEIRO STERLINO A DINHEIRO PORTUGUEZ

Pelos cambios desde 20 até 60 d. por 1$000

(Veja-se a explicação no fim das tabellas)

Cambio	Réis	Cambio	Réis	Cambio	Réis	Cambio	Réis
20	12$400	25	9$600	30	8$000	35	6$857
20 1/8	11$925	25 1/8	9$552	30 1/8	7$966	35 1/8	6$832
20 1/4	11$851	25 1/4	9$504	30 1/4	7$933	35 1/4	6$808
20 3/8	11$779	25 3/8	9$458	30 3/8	7$900	35 3/8	6$784
20 1/2	11$707	25 1/2	9$411	30 1/2	7$868	35 1/2	6$760
20 5/8	11$636	25 5/8	9$365	30 5/8	7$836	35 5/8	6$736
20 3/4	11$566	25 3/4	9$320	30 3/4	7$804	35 3/4	6$718
20 7/8	11$497	25 7/8	9$275	30 7/8	7$773	35 7/8	6$689
21	11$428	26	9$230	31	7$741	36	6$666
21 1/8	11$360	26 1/8	9$186	31 1/8	7$710	36 1/8	6$643
21 1/4	11$294	26 1/4	9$142	31 1/4	7$680	36 1/4	6$620
21 3/8	11$228	26 3/8	9$099	31 3/8	7$649	36 3/8	6$597
21 1/2	11$162	26 1/2	9$056	31 1/2	7$619	36 1/2	6$575
21 5/8	11$098	26 5/8	9$014	31 5/8	7$588	36 5/8	6$552
21 3/4	11$034	26 3/4	8$971	31 3/4	7$559	36 3/4	6$530
21 7/8	10$971	26 7/8	8$930	31 7/8	7$529	36 7/8	6$508
22	10$909	27	8$888	32	7$500	37	6$486
22 1/8	10$847	27 1/8	8$847	32 1/8	7$470	37 1/8	6$464
22 1/4	10$786	27 1/4	8$807	32 1/4	7$441	37 1/4	6$442
22 3/8	10$726	27 3/8	8$767	32 3/8	7$413	37 3/8	6$421
22 1/2	10$666	27 1/2	8$727	32 1/2	7$384	37 1/2	6$400
22 5/8	10$607	27 5/8	8$687	32 5/8	7$356	37 5/8	6$378
22 3/4	10$549	27 3/4	8$648	32 3/4	7$328	37 3/4	6$357
22 7/8	10$491	27 7/8	8$609	32 7/8	7$300	37 7/8	6$336
23	10$434	28	8$571	33	7$272	38	6$315
23 1/8	10$378	28 1/8	8$533	33 1/8	7$245	38 1/8	6$295
23 1/4	10$322	28 1/4	8$495	33 1/4	7$218	38 1/4	6$274
23 3/8	10$267	28 3/8	8$458	33 3/8	7$191	38 3/8	6$254
23 1/2	10$212	28 1/2	8$421	33 1/2	7$164	38 1/2	6$233
23 5/8	10$158	28 5/8	8$384	33 5/8	7$132	38 5/8	6$213
23 3/4	10$105	28 3/4	8$347	33 3/4	7$111	38 3/4	6$193
23 7/8	10$052	28 7/8	8$311	33 7/8	7$084	38 7/8	6$173
24	10$000	29	8$275	34	7$058	39	6$153
24 1/8	9$948	29 1/8	8$240	34 1/8	7$032	39 1/8	6$134
24 1/4	9$896	29 1/4	8$205	34 1/4	7$007	39 1/4	6$114
24 3/8	9$846	29 3/8	8$170	34 3/8	6$981	39 3/8	6$095
24 1/2	9$795	29 1/2	8$135	34 1/2	6$956	39 1/2	6$075
24 5/8	9$746	29 5/8	8$101	34 5/8	6$931	39 5/8	6$056
24 3/4	9$696	29 3/4	8$067	34 3/4	6$908	39 3/4	6$037
24 7/8	8$648	29 7/8	8$033	34 7/8	6$831	39 7/8	6$018

Cambio	Réis	Cambio	Réis	Cambio	Réis	Cambio	Réis
40	6$000	45	5$333	50	4$800	55	4$363
40 1/8	5$981	45 1/8	5$318	50 1/8	4$788	55 1/8	4$353
40 1/4	5$962	45 1/4	5$303	50 1/4	4$776	55 1/4	4$343
40 3/8	5$944	45 3/8	5$289	50 3/8	4$764	55 3/8	4$334
40 1/2	5$925	45 1/2	5$274	50 1/2	4$752	55 1/2	4$324
40 5/8	5$907	45 5/8	5$260	50 5/8	4$740	55 5/8	4$314
40 3/4	5$889	45 3/4	5$245	50 3/4	4$729	55 3/4	4$304
40 7/8	5$871	45 7/8	5$231	50 7/8	4$717	55 7/8	4$295
41	5$853	46	5$217	51	4$705	56	4$285
41 1/8	5$835	46 1/8	5$203	51 1/8	4$694	56 1/8	4$276
41 1/4	5$818	46 1/4	5$189	51 1/4	4$682	56 1/4	4$266
41 3/8	5$800	46 3/8	5$175	51 3/8	4$671	56 3/8	4$257
41 1/2	5$783	46 1/2	5$161	51 1/2	4$660	56 1/2	4$247
41 5/8	5$765	46 5/8	5$147	51 5/8	4$648	56 5/8	4$238
41 3/4	5$758	46 3/4	5$133	51 3/4	4$637	56 3/4	4$229
41 7/8	5$231	46 7/8	5$120	51 7/8	4$626	56 7/8	4$219
42	5$714	47	5$106	52	4$615	57	4$210
42 1/8	5$697	47 1/8	5$092	52 1/8	4$604	57 1/8	4$201
42 1/4	5$680	47 1/4	5$079	52 1/4	4$593	57 1/4	4$192
42 3/8	5$663	47 3/8	5$065	52 3/8	4$582	57 3/8	4$183
42 1/2	5$647	47 1/2	5$052	52 1/2	4$571	57 1/2	4$173
42 5/8	5$630	47 5/8	5$039	52 5/8	4$560	57 5/8	4$164
42 3/4	5$614	47 3/4	5$026	52 3/4	4$549	57 3/4	4$155
42 7/8	5$597	47 7/8	5$013	52 7/8	4$539	57 7/8	4$146
43	5$581	48	5$000	53	4$528	58	4$137
43 1/8	5$565	48 1/8	4$987	53 1/8	4$517	58 1/8	4$129
43 1/4	5$540	48 1/4	4$974	53 1/4	4$507	58 1/4	4$120
43 3/8	5$533	48 3/8	4$961	53 3/8	4$496	58 3/8	4$111
43 1/2	5$517	48 1/2	4$948	53 1/2	4$485	58 1/2	4$102
43 5/8	5$501	48 5/8	4$935	53 5/8	4$475	58 5/8	4$093
43 3/4	5$485	48 3/4	4$923	53 3/4	4$465	58 3/4	4$085
43 7/8	5$470	48 7/8	4$910	53 7/8	4$454	58 7/8	4$076
44	5$454	49	4$897	54	4$444	59	4$067
44 1/8	5$439	49 1/8	4$885	54 1/8	4$434	59 1/8	4$059
44 1/4	5$423	49 1/4	4$873	54 1/4	4$423	59 1/4	4$050
44 3/8	5$408	49 3/8	4$860	54 3/8	4$413	59 3/8	4$042
44 1/2	5$393	49 1/2	4$848	54 1/2	4$403	59 1/2	4$033
44 5/8	5$378	49 5/8	4$836	54 5/8	4$393	59 5/8	4$025
44 3/4	5$363	49 3/4	4$824	54 3/4	4$383	59 3/4	4$016
44 7/8	5$348	49 7/8	4$812	54 7/8	4$373	59 7/8	4$008
60	4$000	60 1/4	3$983	60 1/2	3$966	60 3/4	3$950
60 1/8	3$991	60 3/8	3$975	60 5/8	3$958	60 7/8	3$942

As presentes tabellas servem não só para Portugal, mas tambem para os calculos de lettras negociadas no Brazil (moeda fraca) por isso comprehendem os cambios desde 20 d. até 60 d. por 1$000 réis, com todas as fracções intermediarias em relação a oitavos. Para não tornar este trabalho muito extenso, apresentam-se as reducções com respeito a uma libra, tão sómente, porque, conhecido o seu valor correspondente em réis, segundo o cambio que se procura, facil se torna saber quanto correspondente a 1 soldo (schilling, dividindo por 20 a quantia encontrada e o valor de um dinheiro (penny), dividindo a mesma por quantia 240.

THEATROS DE LISBOA

PREÇOS

THEATRO DE S. CARLOS

LARGO DE S. CARLOS

Frizas	9$000	Platéa superior	1$500
Camarotes de 1.ª ordem	10$000	” geral	1$000
” de 2.ª ordem	6$000	Galerias	$500
” de 3.ª ordem	4$000	Varandas	$300
Torrinhas	2$500	Simples entrada	$200

THEATRO DE D. MARIA

PRAÇA DE D. PEDRO

Emprezarios—SOCIEDADE DRAMATICA

Frizas	3$500	Camarotes de 3.ª ordem	1$500
A e B	4$000	Cadeiras	$800
Camarotes de 1.ª ordem	4$000	Superior	$800
” de 1.ª ” (camarote n.º 20)	4$500	Geral	$300
Camarotes de 2.ª ordem	3$000	Varandas	$150

THEATRO DA TRINDADE

RUA NOVA DA TRINDADE

Emprezario—JOAQUIM MATTOSO DA CAMARA

Frizas A e C	3$000	a 39	1$800
Friza B	2$000	Camarotes de 3.ª ordem	1$000
Camarotes de 1.ª ordem 8 a 15	3$500	Balcão	$700
Camarotes de 1.ª ordem	3$000	Cadeiras	$600
” de 2.ª ” 31 a 38	2$500	Superior	$500
Camarotes de 2.ª ordem 30		Geral	$250
		Varandas	$150

THEATRO DO GYMNASIO

RUA NOVA DA TRINDADE

Emprezario—JOSÉ JOAQUIM PINTO

Frizas	2$000	Camarote n.º 46	2$500
Camarotes de 1.ª ordem	3$000	Cadeiras	$600
” de 2.ª ”	2$000	Superior	$500
” de 3.ª ”	1$000	Geral	$250
Fauteuils	$700	Galerias	$150
Camarote n.º 25	3$500		

COLYSEU DOS RECREIOS
Portas de Santo Antão

Camarotes de 1.ª ordem	2$500	Fauteuils	$600
" de 2.ª "	2$000	Geral, promenoir e galerias	$200
Cadeiras	$500	Frizas	4$500

THEATRO DO PRINCIPE REAL
rua Nova da Palma

Emprezarios—RUAS & IRMÃO

Frizas n.º 1	3$000	Camarotes de 2.ª ordem n.ºs 30, 31, 32, 45, 46 e 47	1$500
" " 2 a 7	2$000		
Camarotes de 1.ª ordem n.ºs 9 e 15 a 22	3$000	Camarotes de 3.ª ordem n.ºs 57 a 60	1$800
Camarotes de 2.ª ordem n.ºs 10 a 14 e 23 a 26	2$500	Camarotes de 3.ª ordem n.ºs 53, 54, 55, 65 e 67	1$200
Camarotes de 2.ª ordem n.ºs 36 a 41	2$500	Fauteuils	$600
		Superior	$500
Camarotes de 2.ª ordem n.ºs 29, 33, 35, 42, 43, 44 e 48	2$000	Geral frente	$350
		Lado	$250

REAL COLYSEU DE LISBOA
rua Nova da Palma

Emprezario—HENRIQUE DIAS

Camarotes com 5 entradas	2$500	Cadeiras	$400
Camarotes com 3 entradas	1$500	Geral	$100
Fauteuils	$500		

THEATRO DA AVENIDA

Emprezario—CYRIACO CARDOSO

Frizas A e B	4$000	Camarotes de 2.ª ordem lado	1$200
Camarotes de 1.ª ordem frente	2$500	Platéa numerada	$600
		Balcão	$700
Camarotes de 1.ª ordem lado	2$000	Cadeiras sem numero	$400
Camarotes de balcão	3$000	Geral	$200
Camarotes de 2.ª ordem frente	2$000		

THEATRO DA RUA DOS CONDES
Avenida

Emprezarios—SALVADOR MARQUES & C.ª

Camarotes de 1.ª ordem frente	3$500	Fauteuils de orchestra	$800
Ditos de lado	3$000	Fauteuils	$700
		Balcão	$600
Camarotes de 2.ª ordem frente	2$500	Cadeiras	$500
Ditos de lado	2$000	Geral	$250

THEATRO DO RATO
largo do Rato

Cadeiras numeradas	$300	Balcão	$250
Cadeiras	$250	Superior	$200
Balcão numerado	$300	Geral	$100

CORRETORES OU AGENTES COMMERCIAES

De generos coloniaes

João Radich, rua da Prata, 15.

De leilões de propriedades e mobilias

Banco Commissario, rua do Crucifixo, 76. 1.º
Casimiro Candido da Cunha, rua do Alecrim, 53.
Luiz Tiburcio Ferreira & Filho, calçada Nova de S. Francisco, 2.
M. E. Dias de Oliveira, rua do Ouro, 87, 2.º
Julio Roque Pereira Merello, rua do Ouro, 101, 1.º

De navios

Francisco Xavier Elias, rua dos Remolares, 5, 1.º

EMPRESAS

COOPERATIVA
INDUSTRIA SOCIAL

Responsabilidade limitada

FUNDADA EM 1872

Rua Vinte e Quatro de Julho

(Á RAMPA DE SANTOS)

Fundição de ferro e bronze

Machinas a vapor, transmissões, rodas hydraulicas,
turbinas, guindastes, bombas,
prensas, material para caminho de ferro, vigamentos, columnas,
gradeamentos, coberturas metallicas,
e em geral todos os productos da industria metallurgica

PREÇOS MINIMOS

Rua Vinte e Quatro de Julho

LISBOA

EMPRESAS

COOPERATIVA INDUSTRIA SOCIAL

Fundição de Ferro e Bronze

Rua Vinte Quatro de Julho (á Rampa de Santos)

Gerencia

Francisco Maria de Sousa Brandão, Calçada do Sacramento, 14, 2.º
Arthur Zaluar, rua Nova da Piedade, 65, 2.º
Carlos Victor Pereira Alves, rua das Praças, 47 A.

EMPREZA DE AÇOUGUES

José Bento d'Araujo Assis, Campo dos Martyres da Patria, 163.

EMPREZA CONSTRUCTORA E VENDEDORA DE PIANOS

Rua Garrett, 110 a 114

Proprietarios — Araujo, Matta Junior & C.ª

EMPREZA INDUSTRIAL PORTUGUEZA

Sociedade anonyma — Responsabilidade limitada

Capital social réis 450.000:000 — Capital realisado réis 180.000:000

Séde — Rua de Luiz de Camões, 115 — Santo Amaro, Lisboa

Meza da assembléa geral

Presidente — Dr. Feliciano Gabriel de Freitas, rua de S. Julião, 169, 1.º
Vice-presidente — Constant Burnay, Marvilla.
1.º secretario — Dr. Eduardo Burnay, Junqueira.
2.º secretario — D. José Luiz de Sousa Coutinho, Marvilla.

Conselho administrativo

Presidente — Constant Burnay, Marvilla.
 Vogaes:
Eugene Rolin, rua da Junqueira, 132.
Henry Burnay & C.ª, rua dos Fanqueiros, 10.

Conselho fiscal

Presidente — Pedro Gomes da Silva, rua da Prata, 59.
 Vogaes:
Pedro Guilherme Santos Dias, rua das Trinas, 48, 3.º
Duarte de Sousa, Casa Havaneza.
Substituto — João Pedro Costa, rua Passos Manuel.

EMPREZA INDUSTRIAL

EMPREZA INDUSTRIAL PORTUGUEZA

Sociedade anonyma — Responsabilidade limitada

Capital social, 450.000$000 réis — Capital realisado, 180.000$000 réis

Séde: Rua de Luiz de Camões, 115 (Santo Amaro)
LISBOA

Adresse telegraphico — SANTAMARO — Telephone n.º 168

Esta Empreza proprietaria das officinas de construcções metalicas em Santo Amaro, encarrega-se de fabricar, fundir, construir e collocar, tanto em Lisboa e seus arredores, como nas provincias, ultramar, ilhas ou no extrangeiro, quaesquer obras de ferro, para construcções civis, mechanicas ou maritimas. Acceita, portanto, encommendas para o fornecimento de trabalhos em que predominem estes materiaes taes como: telhados, vigamentos, cupulas, escadas, varandas, machinas a vapor e suas caldeiras, depositos para agua, bombas, veios e rodas para transmissão, barcos movidos a vapor, estufas de ferro e vidro, fogões, pontes para estradas e caminhos de ferro, canalisações, columnas, etc., etc.

De tubagem de ferro fundido para canalisações de agua, gaz ou esgoto, tem sempre em deposito grande quantidade das dimensões do mappa seguinte, bem como as peças de ligação correspondentes.

Diametro interno		Compri.º em metros		Diametro interno		Compr.º em metros	
Pollegad.	Metros	Total	Util	Pollegad.	Metros	Total	Util
1 ½	0,038	1,880	1,825	6	0,150	3,100	3,000
2	0,050	2,000	1,940	7	0,175	3,100	3,000
2 ½	0,062	2,750	2,685	8	0,200	3,100	3,000
3	0,075	2,750	2,680	10	0,250	3,100	3,000
4	0,100	2,750	2,670	12	0,300	3,100	3,000
5	0,125	2,750	2,660	16	0,400	3,100	3,000

Estes tubos são todos garantidos para a pressão de 10 atmospheras, fabricando-se para as maiores pressões por encommenda especial; e serão envernizados quando o freguez o exija.

Para facilitar a entrega de pequenas encommendas de fundição tem um deposito na rua Vasco da Gama, 19 e 21, ao Aterro, telephone n.º 29, onde se encontram amostras, padrões de grandes ornatos e em geral o necessario para construcções civis, e onde se tomam quaesquer encommendas de fundição.

Toda a correspondencia deve ser dirigida á

EMPREZA INDUSTRIAL PORTUGUEZA
Santo Amaro — LISBOA

EMPREZA MECHANICA E METALLURGICA

Engenheiro constructor — Antonio Pinto Bastos, calçada do Marquez de Abrantes, 99.

EMRREZA DOS SAES DAS AGUAS MINERAES DE PORTUGAL

Escriptorio — Rua Ivens, 20, 3.º

Gerente — Assumpção Torres & C.ª

EMPREZA TAUROMACHICA LISBONENSE

Escriptorio — Rua do Ouro, 127, 2.º

EMPREZA VIDREIRA LISBONENSE

Escriptorio—Rua da Boa Vista, 96 a 100—Fabrica em Braço de Prata

Direcção

Carlos Bandeira de Mello, rua de S. Marçal, 104, 3.º
Severiano Augusto F. Monteiro, rua de S. Marçal, 188.

EMPREZAS EDITORAS

Alcino Aranha & C.ª, filial do Porto, rua dos Retrozeiros, 75, 1.º
Empreza Litteraria Fluminense, rua dos Retrozeiros, 125, 1.º
Empreza Litteraria de Lisboa, calçada de S. Francisco, 7, 1.º
Belem & C.ª, rua da Cruz de Pau, 23, 1.º
Companhia Editora de Publicações Illustradas, travessa da Queimada, 35.
Companhia Nacional Editora, largo do Conde Barão, 50.
Francisco Arthur da Silva, rua dos Douradores, 72.

SOCIEDADE GERAL AGRICOLA E FINANCEIRA DE PORTUGAL

Rua dos Capellistas, 117

Mesa da assembléa geral

Presidente — Francisco Teixeira de Queiroz, largo dos Caldas, 171.
Vice-presidente — Constantino José Vianna, praça d'Alegria, 49, 1.º
Secretarios:
Adrião de Seixas, rua de Borges Carneiro, 22.
Eduardo Hofaker de Moser, largo da Pascha.

Direcção

Francisco Van-Zeller, rua de Santa Apolonia, 20.

João Pedro Diogo Patrone Junior, rua de S. João dos Bemcasados, 174.
Antonio Pereira de Carvalho, praça do Principe Real.

Conselho fiscal

Alfredo Cordeiro Feyo, rua dos Sapateiros, 54.
Alfredo Pereira, rua das Trinas, 125.
Antonio Serrão Franco, rua de Santo Antonio dos Capuchos, 27.

SOCIEDADE GERAL DOS ASPHALTOS DE PORTUGAL

JOÃO ANTONIO PINTO & C.ª

Escriptorio — Rua da Prata, 156, 1.º

Fabrica no casal de Mont'Almeida (em entre Muros)

Proprietarios e directores:
João Antonio Pinto.
J. Wagger Russell, rua da Prata, 156, 1.º
Dr. Joaquim José Maria de Oliveira Valle, rua da Prata, 156, 2.º

SOCIEDADE DO JARDIM ZOOLOGICO E DE ACCLIMAÇÃO EM PORTUGAL

Capital — Réis 3.000:000$000

(Jardim no Parque a S. Sebastião da Pedreira)

Escriptorio no mesmo Jardim

SOCIEDADE MEACANTIL DE EMPREZARIOS D'AÇOGUES

Poço do Borratem, 33, 1.º

Direcção

Effectivos.... { Manuel Estevam Rodrigues.
                  Domingos dos Santos.
Supplentes... { José Braz Fernandes.
                  Luiz Camillo Eleutherio.

FIRMAS COMMERCIAES

A. A. Correia & C.ª, rua do Ouro, 89 e 91.
A. A. Meira &.ª, C.ª, rua do Duque da Terceira, 8 a 22.
A. A. Reis & Sobrinhos, rua Nova do Carmo 28 e 30.
Abecasis, Irmãos, rua do Alecrim, 10 2.º
Abel Dagge & C.ª rua do Crucifixo, 7 1.º
Abreu & Teixeira, rua Augusta, 243 1.º

A. C. d'Almeida & C.ª, rua nova da Palma, 29 e 31.
A. C. Bragança & Moniz, rua do Ouro 49.
A. C. Encarnação & C.ª, travessa da Victoria, 25 a 31.
A. C. Oliveira & C.ª, rua dos Bacalhoeiros, 152 a 154.
A. Correia & C.ª rua da Roza, 319 e 321.
Adolpho, Modesto & C.ª rua Nova do Loureiro, 27.
Affonso de Barros & C.ª. rua Augusta, 77 a 81.
Affonso & C.ª. rua de S. Julião, 52 e 54.
Aguiar & Seixas, rua de S. Bento, 377.
Alberto R. Centeno & C.ª, Largo dos Torneiros, 5, 1.º
Alcobia & Medeiros, Pateo do Tronco (ás Portas de Santo Antão).
Alexandre Black & C.ª, rua da Boa Vista, 32.
Alexandre Joaquim de Sequeira Lopes & Filho, rua da Magdalena, 191.
Alfredo da Fonseca & C.ª rua do Ouro 253.
Alfredo José d'Oliveira & Costa, rua Nova da Trindade, 19 a 23.
Almeida & C.ª, travessa do Athayde 1.
Almeida & Lino, travessa da Palha, 29, 2.º
Almeida & Monteiro, rua das Flores, 50.
Almeida Silva & C.ª, rua dos Fanqueiros, 84, 2.º
Almeida & Victor, travessa de S. Nicolau, 106 e 108.
Alves Diniz Irmãos & C.ª, rua de S. Julião, 102 a 106.
Alves & C.ª, rua da Praça da Figueira, 30, 1.º
Alves & Maia, rua da Magdalena, 5 a 9.
Amoedo Castanho & C.ª, rua dos Fanqueiros, 35 a 43.
Anjos & C.ª, rua dos Fanqueiros, 50, 1.º
Anjos, Cunha Ferreira & C.ª, rua dos Fanqueiros, 50.
Anselmo Franco & C.ª, rua de S. Francisco, 49 e 51.
Antonio d'Almeida & Lopes, praça das Flores 22.
Antonio Barreto da Silva & C.ª, rua da Boa Vista, 144 e 146.
Antonio Bernardo de Sousa & C.ª, rua da Escola Polytechnica, 12 e 14.
Antonio da Cruz Moura & C.ª, rua de Santo Antão 17.
Antonio da Costa Carvalho & C.ª, rua dos Capellistas 134.
A. E. G. Roza & C.ª, calçada do Combro, 93.
Antonio & Eloy de Jesus, rua de S. Paulo, 146.
Antonio do Espirito Santo & Flhos, rua de Santa Martha, 125.
A. F. Alves d'Azevedo, Filhos, rua do Principe, 24 a 38.
Antonio Gameiro & C.ª, rua Augusta, 249.
Antonio Gomes de Moura & C.ª, largo de Santo Antonio da Sé, 3 e 4.
J. R. Guimarães & C.ª, rua dos Fanqueiros, 40 e 42.
Antonio José Gomes & Irmãos, rua de S. Roque, 118.
Antonio José Rebello & Irmão, rua de Santo Antão, 71.
A. Leite & C.ª, rua Direita do Rato, 61.
A. M. Teixeira & C.ª, rua do Ouro, 228 e 230.
Antonio Maria Bravo & Filhos, calçada do Ferregial, 7, 1.º
Antonio Marianno & Irmão, rua Garret, 109, 1.º
Antonio Marques Aranha & C.ª, rua Augusta, 273 e 275.
Antonio Marques Corrêa & C.ª travessa de S. Paulo, 9 e 11.
Antonio Moreira Ratto & Filhos, rua vinte e quatro de Julho, 298 a 314.
A. N. d'Abreu & C.ª rua de D. Pedro V, 90 e 92.
Antonio das Neves Martins & C.ª Xavier, rua de S. Thiago, 13.
Antonio d'Oliveira & C.ª, rua do Sol ao Rato, 40.
Antonio Portella & C.ª, rua Augusta, 71 e 73.
Antonio Quirino & C.ª, rua da Magdalena, 227.
A. R. Ferreira & C.ª, rua do Ouro, 244.
Antonio Soares de Castro & Almeida, rua Garrett, 17 a 23.
Antonio Soares Diaz & C.ª Largo de S. Paulo, 8.
Antunes & Sá, rua dos Retrozeiros, 84 e 86.

Araujo & C.ª, rua Nova da Palma, 77.
Araujo & Graça, caes de Santarem, 7 e 8.
Araujo Matta Junior & Rodrigues, rua Garrett, 114.
Arriaga & Leme, rua dos Bacalhoeiros, 165, 1.º
Arsenio & C.ª, rua Garrett, 69 e 71.
A. Soares & C.ª, Praça de D. Pedro, 44.
Arthur Barboza & C.ª, Arco do Bandeira, 139, 1.º
Arthur da Fonseca & Arbues Moreira, Terreiro do Trigo, 29.
Augusto Correia Brandão & C.ª, Campo das Cebollas, 41 e 42.
Augusto Garcez & C.ª, rua da Boa Vista, 193.
Augusto José Pereira & C.ª, rua da Esperança, 112 e 114.
Augusto José Pinto & C.ª, Poço do Borratem, 35-A.
Augusto Ribeiro & C.ª, rua Garrett, 58 e 60.
Aureliano Alves Machado & C.ª, rua de S. Paulo, 38 e 40.
Azevedo & Costa, Praça de D. Pedro, 86.
Azevedo Irmão & Veiga, rua Larga de S. Roque, 32 e 34.
B. Markert, & C.ª, travessa das Pedras Negras, 1, 1.º
Bacellar & C.ª, rua do Ouro, 149.
Baptista & C.ª. cançada da Estrella, 92 e 94.
Baptista & C.ª, rua das Fontainhas. 2 (Alcantara).
Barata & Irmãos, rua Nova do Carmo, 89 a 95.
Barboza & Costa, Largo da Abegoaria, 7 a 12.
Barboza & Oliveira, rua do Ouro, 95 a 99.
Barella & Irmão, rua Garrett, 66 e 68.
Barros Sobrinho & C.ª, rua dos Capellistas, 60 e 64.
Barrozo & C.ª, rua dos Capellistas, 67, 1.º
Bastos & Gonçalves, rua dos Retrozeiros, 147.
Bastos & Mira, rua do Poço dos Negros, 143.
Basto & Piombino, rua de S. Paulo, 55, 1.º
Beirão Silva Pinto & C.ª, rua Augusta, 13 e 15.
Belem & C.ª, rua da Cruz de Pau, 23.
Bello & Pinto, Praça de D. Pedro, 119 e 110.
Bellos & Formigaes, Terreiro do Trigo, 86 e 88.
Bensaude & C.ª, rua do Alecrim, 12.
Borges de Carvalho, Filhos, rua dos Capellistas, 53 a 57.
Bernardino d'Almeida Marques, Arco de Jesus, 12.
Bernardino Filho & Ribeiro, Poço do Borratem, 15.
Bernardo Daupias & C.ª, rua da Prata, 8, 1.º
Bernardo Pereira & Filhos, rua de S. Bento, 168.
Bizarro da Silva & C.ª, rua Augusta, 82 e 84.
Bizarro & Silva, praça do Municipio, 14 a 17.
Boaventura da Costa Marques & C.ª, rua dos Capellistas, 92 e 94.
Boni & João Canongia, rua do Ouro, 203.
Borges de Carvalho, Filhos, rua dos Capellistas, 53 a 57.
Borges & Mendes, rua dos Capellistas, 2 e 4.
Borges Serra & C.ª, rua da Magdalena, 54 e 58.
Botelho & C.ª, rua do Arco de Jesus, 19, 2.º
Brandão & C.ª, rua do Ouro, 28, 3.º
Brandão & Guimarâes, rua do Ouro, 28, 3.º
Brazil & Irmão, rua do Instituto Industrial.
C. Bastos & C.ª, rua Vinte e Quatro de Julho, 392.
C. Lecór & C.ª, rua dos Bacalhoeiros, 98, 1.º
Caetano Macario & Filhos, rua de Santos-o-Velho, 36 e 38.
Caetano Simões Afra, rua do Ouro, 182.
Caldeira & Valente, rua da Prata, 214, 2.º
Callado & C.ª, rua Nova do Almada, 102 e 104.
Campião & C.ª, rua do Amparo, 118.

Campos & Bourquin, rua do Crucifixo, 100.
Campos & C.ª, rua do Ouro, 259, 1.º
Campos & Costa, rua do Outeiro, 19.
Campos & Gonçalves, rua de S. Julião, 164 e 168.
Campos Mello & Irmão, travessa da Palha, 28, 1.º
Canaveira & C.ª, rua Augusta, 155.
Candido da Silva Sardinha & C,ª, praça da Fruta, 10 (Belem).
Cardoso & C.ª, rua Augusta, 206 e 208.
Cardoso & Santos, travessa da Victoria, 33 a 37.
Carlos d'Almeida & C.ª, rua Augusta, 205 e 207.
Carlos J. da Costa Carinha & Filho, Mercado 24 de julho, 34.
Carlos José Lopes & C.ª, rua Augusta, 267 e 269.
Carlos Lima & C.ª, rua Nova do Carvalho, 141.
Carlos Marques & C.ª, rua do Ouro, 159.
Carlos Possolo de Sousa & Bourdette, Quinta da Agua Forte (em Alcantara).
Carneiro & Neves, rua dos Douradores, 89, 1.º
Carreira & C.ª, rua do Amparo, 76.
Carreira & C.ª, rua Augusta, 124.
Carreira & Gomes, rua da Cadeia, 9 a 12 (Belem).
Carvalho & Almeida, calçada do Combro, 91.
Carvalho & Cardoso, travessa de S. Domingos, 20 e 24.
Carvalho & C.ª, rua Garrett, 73 e 75.
Carvalho & C.ª, largo da Annunciada, 21.
Carvalho & Carcez, rua do Amparo, 44 e 46.
Carvalho & Irmão, rua Direita d'Alcantara, 11 e 12.
Casimiro Freire & C.ª, largo do Terreiro do Trigo, 9.
Cassiano Guedes & C.ª, travessa de S. Nicolau, 26, 1.º
Castro & C.ª, travessa das Pedras Negras, 3.
Castro & Irmão, rua da Cruz de Pau, 31.
Castro & Neves, Corpo Santo, 24 e 26.
Centeno & C.ª, rua da Prata, 153, 1.º
Charles Coverley & C.ª, rua de S. Julião, 140, 1.º
Chaves & Harberts, rua dos Bacalhoeiros, 64, 1.º
Chaves & Irmão, rua da Fabrica da Polvora, 40 a 45.
Chaves & Sousa, rua do Ouro, 249.
Cintra & Grillo, rua Augusta, 282.
Claudio Pinto, successores, rua dos Capellistas, 44 e 46.
Climaco & Raposo, travessa da Victoria, 50 e 52.
Cohen & C.ª, rua dos Fanqueiros, 50, 2.º
Coimbra & Irmão, rua Nova do Carmo, 78.
Companhia Londres & Lisboa, Caramujo.
Coqeijo & Magalhães, rua dos Capellistas, 172 e 174.
Cordeiro & C.ª, travessa de S. Nicolau, 47 e 49.
Correia da Costa & C.ª, travessa da Assumpção, 90.
Costa & C.ª, rua Augusta, 42 a 46.
Costa & C.ª, travessa de S. Domingos, 41 e 43.
Costa & Costa, rua Augusta, 167.
Costa Feio & C.ª, rua Augusta, 233.
Costa Irmão & C.ª, rua Augusta, 242 e 244.
Costa & Pedro, largo d'Alcantara, 1 e 2.
Costa Pereira & C.ª, rua dos Douradores, 121.
Costa & Sousa, rua Garrett, 67.
Costa & Nogueira, rua d'Alfandega, 160 e 162.
Costa & Valerio, rua de S. Paulo, 142, 1.º
Creswel & C.ª, rua dos Fanqueiros, 122, 1.º
Cruz & C.ª, rua Augusta, 102 e 104.

Cruz & Sobrinhos, rua da Magdalena, 40.
Cunha & C.ª, rua do Ouro, 220, 2.º
Cunha & Irmão, rua do Ouro, 199.
Cunha, Porto, Irmão, largo do Corpo Santo, 13.
Cunha e Sá & C.ª, rua dos Retrozeiros, 153, 1.º
Custodio Bizarro & C.ª, rua do Ouro, 102 e 104.
D. E. Gouveia & Silva, travessa d'Assumpção, 84 e 86.
D. M. da Costa Ribeiro & C.ª, calçada de S. Francisco, 23, 1.º
D. Rocha & C.ª, rua do Ouro, 268 e 270.
Damião & C.ª, pateo do Regedor, 1.
David & C.ª, rua de S. Pedro d'Alcantara, 49 e 51.
David da Silva & C.ª, largo de S. Roque, 16.
Dias & Dias, rua Augusta, 187 e 189.
Dias & Irmão, rua Garrett, 91 e 93.
Dias & Irmão, rua dos Retrozeiros, 71 e 73.
Diogo da Silva & C.ª, rua de S. Julião, 80, 1.º
Diogos da Silva & C.ª, rua dos Retrozeiros, 55, 1.º
Domingos & Theotonio, rua de Santa Martha, 187 a 191.
Domingos José Barreira & C.ª, rua da Magdalena, 72 e 74.
Domingos José de Moraes & Irmão, rua do Terreiro do Trigo, 70 a 74.
Domingues & Irmão, rua de S. Paulo, 107.
Duarte Silva & C.ª, rua do Arco de Bandeira, 189 e 191.
Edward Price & Sons, rua do Corpo Santo, 50, 2.º
E. Pinto Bastos & C.ª, Caes do Sodré, 64, 1.º
E. G. Leite & C.ª, calçada do Combro, 87 e 89.
E. Reis & C.ª, largo do Conde Barão, 4, 1.º
Eduardo da Conceição Silva & Irmão, rua da Prata, 210 e 212.
Elysio Santos & C.ª, rua Augusta, 83 a 93.
Emilia d'Abreu & C.ª, rua de Serpa Pinto, 101, 1.º
Emilio d'Araujo & C.ª, rua da Prata, 99 e 101.
Ennes & C.ª, rua da Escola Polytechnica, 11.
Estacio & C.ª, praça de D. Pedro, 60 a 63.
Estevão Nunes & Filhos, rua do Ouro, 56 a 60.
Esteves & C.ª, largo de S. Carlos, 24 a 26.
Eugenio Alfredo de Sousa & Irmão, rua do Ouro, 142 a 146.
F. A. da Silva & C.ª, rua da Bittesga, 75 e 77.
F. da Cruz & Sousa, Marvilla.
F. Freire d'Andrade & Irmãos, rua do Alecrim, 123.
F. Garay & C.ª, largo do Pelourinho, 19, 1.º
F. & H. Van Zeller, rua da Horta Secca, 23.
F. Martin & Filhos, rua do Alecrim, 103.
F. de Sequeira Lopes & C.ª, calçada do Marquez de Abrantes, 1.
Faria & Irmão, rua Augusta, 253.
Faria & Irmãos, rua dos Capellistas, 126 e 128.
Faros & Almeida, rua Augusta, 116 e 118.
Farto & Irmão, rua dos Remolares, 46.
Feio & Almeida, rua Augusta, 125 e 127.
Ferin & C.ª, rua Nova do Almada, 70 a 74.
Fernandes & Almeida, rua das Flores, 93.
Fernandes & C.ª, rua do Carmo, 79.
Fernandes & Fernandes, rua Augusta, 202.
Fernandes & Villela, rua d'Alfandega, 68 e 70.
Ferrão & C.ª, rua dos Fanqueiros, 180 a 186.
Ferreira & C.ª, rua da Magdalena, 167.
Ferreira & C.ª, rua Vinte e Quatro de Julho, (Aterro).
Ferreira & Irmão, rua da Magdalena, 133.
Ferreira Sobrinho & C.ª, rua Augusta, 220, 1.º

Fialho & C.ª, travessa de S. Nicolau, 43 e 45.
Filippe Ramos & Filhos, rua dos Mastros, 19 e 21.
Figueiredo & Irmão, rua de S. Lazaro, 45 e 47.
Firmino de Jesus & C.ª, Poço do Borratem, 33.
Fiuza & Côrtes, rua da Magdalena, 229 e 231.
Fonseca & Silva, rua dos Retrozeiros, 41 e 43.
Fonseca Santos & Vianna, rua dos Capellistas, 120, 1.º
Francisco A. da Silva & C.ª, rua da Bitesga, 75.
Francisco Garcia & Casal, rua do Loreto, 12.
Francisco J. N. Silva & Filhos, rua Direita d'Alcantara, 16.
Francisco José Vella & Irmãos, travessa da Praça do Peixe, 3 e 4 (Belem).
Francisco Machado & C.ª, rua do Quelhas, 14.
Franco, Filhos, rua direita de Belem, 139 a 149.
Franco & Rodrigues, rua da Magdalena, 50.
Fragoso & Vianna, rua da Prata, 81, 1.º
Furtado & Irmão, praça de D. Pedro, 99 e 100.
G. A. Ferreira & C.ª, rua da Alfandega, 108, 2.º
G. A. Patten Sá Vianna & C.ª, rua da Prata, 276, 1.º
G. dos Santos Teixeira & Irmão, rua de S. Bento, 634.
Garland Laidley & C.ª, rua do Alecrim, 10, 1.º
Gaspar & Irmão, rua do Arsenal, 120.
Germano José de Salles & Filhos, rua do Arsenal, 134 e 136.
Gerwer & Zellweger, travessa de S. Nicolau, 88, 1.º
Gil Carneiro & C.ª, rua Augusta, 260 e 262.
Goarmon & C.ª, travessa do Corpo Santo, 21.
Gomes & Ferreira, successores de Mourão & Irmão, rua Garrett, 25 e 27.
Gomes & Filhos, rua dos Fanqueiros, 190 e 192.
Gonçalves & Crespo, rua de S. Julião, 164.
Grandella & C.ª, rua do Ouro, 205 a 217.
Gregorio José da Costa & C.ª, rua dos Fanqueiros, 199 a 201.
Gresielle & C.ª, rua do Ouro, 62.
Gruis & Vianna, largo de S. Julião, 12, 1.º
Guedes & C.ª, travessa das Bruxas, 40.
Guilherme Graham Junior & C.ª, rua dos Fanqueiros, 7.
Guimarães & Alves, rua Nova do Almada, 71 e 73.
Henry Burnay & C.ª, rua dos Fanqueiros, 10, 1.º
Henrique Buchnall & Filhos, travessa do Corpo Santo, 10, 1.º
Henriques & Irmãos, rua do Arsenal, 94.
Herculano & Pereira, rua da Bitesga, 110 e 111.
Heitor & Constancio, rua dos Fanqueiros, 170 e 178.
Hoffmann & Cruz, rua do Alecrim, 34.
Horta & Silva, calçada da Ajuda.
Hugh Parry & Son, rua 24 de julho, 24 e 26.
Homero Machado & Cardoso, rua dos Capellistas, 130, 1.º
Ihms & Freitas, largo do Terreiro do Trigo, 1.
Infante Ferreira & C.ª, rua do Crucifixo, 8, 1.º
I. R. Ferreira & Irmão, largo do Poço Novo, 7.
Isidro Soares da Silva Pereira & C.ª, rua da Boa Vista, 56.
J. A. Baldaque Carvalho & C.ª, rua dos Retrozeiros, 96 e 98. Rua dos Retrozeiros, 63 e 65.
J. A. da Costa & C.ª, rua do Ouro, 107.
J. A. Ferreira & C.ª, rua Nova da Alfandega, 108, 2.º
J. A. Levy & C.ª, largo do Pelourinho, 20, 1.º
J. A. Oliveira & C.ª, rua de Serpa Pinto, 100.
J. A. Pereira & C.ª, rua do Ouro, 129 e 131.
J. A. Vieira Silva & Filho, rua dos Retrozeiros, 31 e 33.

J. B. Salgado & C.ª, rua Augusta, 286 a 292.
J. Godinho & C.ª, travessa de S. Nicolau, 115 e 117.
J. Braz Fernandes & C.ª, praça de D. Pedro, 10 e 12.
J. Sant'Anna & C.ª
J. & J. C. Chester, rua dos Retrozeiros, 72, 1.º
Jacintho Fernandes &, Andrade, Terreiro do Trigo, 76, 1.º
J. Nunes Correia & C.ª, rua do Ouro, 40 a 44.
Januario & C.ª travessa de Santa Justa, 78 a 80.
J. F. Lisboa & Limpo, rua da Alfandega, 142.
José Ferreira Mendes & C.ª, praça de D. Pedro, 97.
J. H. da Matta & C.ª, rua da Magdalena, 66.
Januario José Martins & C.ª, rua dos Fanqueiros, 158 e 160.
J. J. Cayres Loureiro & C.ª, rua d'Alfandega, 74 e 76.
J. M. Rodrigues & C.ª, rua de S. José, 177.
J. R. Guimarães & C.ª, rua dos Fanqueiros, 40.
Jeronymo Martins & Filho, rua Garrett, 13 e 15.
João Antonio Mendes & Cunhado, rua do Loreto, 71 e 73.
João Antonio Rato & Filho, rua dos Poços Negros, 83.
João Bento de Sousa & C.ª, rua Augusta, 168.
João Cardoso & C.ª, rua do Carmo, 90, 1.º
João Carlos d'Oliveira & C.ª, rua de S. Vicente á Guia, 2 e 8.
João Coelho & Luiz Coelho, rua Nova do Caes do Tojo, 25.
João da Cruz e Silva & C.ª, rua dos Bacalhoeiros, 96 e 98.
João Duarte Roxo & C.ª, Praça de D. Pedro, 52.
João Guilherme & Irmão, rua Nova da Palma, 96 a 100.
João José da Costa & C.ª, rua do Amparo, 78.
João Jacintho Nunes & C.ª, rua do Poço dos Negros, 131, 1.º
João Luiz de Sousa & Filho, rua do Barão, 1 A. a 17.
João Movilha & Filhos, rua da Ribeira Nova, 26 e 28.
João Raymundo da Estrella & C.ª, largo de S. Roque, 19 e 21.
João Simões & C.ª, largo do Pelourinho, 25 e 26.
Joaquim Alves de Sousa, Sobrinhos, rua dos Bacalhoeiros, 150.
Joaquim Borges de Carvalho & C.ª, rua dos Retrozeiros, 157.
Joaquim Casimiro & Filho, rua do Ferregial de Cima, 10.
Joaquim Franco & Irmão, rua dos Correeiros, 194.
Joaquim José de Sousa, successor, rua dos Bacalhoeiros, 71.
Jorge & Ruas, rua Augusta, 216 e 218.
José Affonso Vianna & C.ª, praça de Luiz de Camões, 33 e 34.
José Antonio d'Araujo & C.ª, rua dos Bacalhoeiros, 140.
José Antonio de Carvalho & C.ª, rua dos Mouros, 39.
José Antonio Dourado & Filho, rua da Magdalena, 275 a 281.
José Baptista d'Almeida & C.ª, rua da Prata, 171.
José Bento Rebello & Filho, rua de S. Julião, 89.
José Bernardo Pires & C.ª, rua da Creche, 27 e 28.
José da Costa & C.ª, travessa de S. Nicolau, 50 e 52.
José Diogo da Silva & C.ª, rua de S. Julião, 68, 1.º
J. F. Mendes & C.ª, praça de D. Pedro, 97.
José da Fonseca & Filhos, rua de S. Julião, 184 e 186.
José Francisco de Paula & Almeida, rua dos Fanqueiros, 161 e 163.
José Gonçalves Franco, Filhos, rua dos Capellistas, 170, 1.º
José Henriques Rosa & C.ª, rua Augusta, 92 a 96.
José Ignacio Novaes & C.ª, rua Garrett, 64.
José Joaquim das Neves & Filho, rua dos Remolares, 7, 1.º
José Lamas & C.ª, rua da Junqueira, 98.
José Lopes Flôres, rua do Loreto, 49.
José Luiz & C.ª, largo do Corpo Santo, 22.
J. M. Rodrigues & C.ª, rua de S. José, 177.

José Maria Machado & C.ª, rua do Ouro, 20 e 22.
José Marques d'Almeida & Irmão, largo do Corpo Santo, 19 e 20.
José Mendes Barata & C.ª, rua dos Poyaes de S. Bento, 26 e 28.
José Moreira Rato & Filho, travessa do Corpo Santo, 31 e 33.
José Narciso Daries & C.ª, rua Garrett, 148.
José do Nascimento Lopes & C.ª, Praça de D. Pedro, 122.
José Nunes Ribeiro & Irmão, rua do Norte, 66 a 72.
J. P. d'Araujo & C.ª, rua dos Capellistas, 178.
José Pires & C.ª, rua do Gremio Lusitano, 33.
J. R. da Matta & C.ª, rua da Magdalena, 66.
José Ribeiro da Silva & Filhos, rua dos Capellistas, 69 e 71.
José Vicente Lopes & Figueiredo, rua dos Bacalhoeiros, 54.
Julio A. da Silveira & C.ª, rua Augusta, 239.
Julio de Carvalho & C.ª, largo do Rato, 63 e 64.
Julio Cesar dos Santos & C.ª, Praça de D. Pedro, 19 e 20.
Julio Gomes Ferreira & C.ª, travessa da Victoria, 82 a 86.
Julio & Novaes, calçada do Duque, 19 a 25.
Julio Pereira da Silva & C.ª, rua de S. Julião, 62, 1.º
J. Wimmer & C.ª, rua da Magdalena, 45, 2.º
Knowles Kawes & C.ª, rua dos Capellistas, 31, 1.º
Knudsen & Terry, caes de Sodré, 18.
Leão & Valenças, rua Augusta, 198 e 200.
Leitão & Irmão, Praça do Loreto, 15 e 16.
Leite Abranches & C.ª, rua dos Fanqueiros, 161 a 171.
Leites Sobrinhos & C.ª, rua dos Fanqueiros, 26 e 28.
Lemos & Sousa, rua do Ouro, 201.
Léon Delpent & C.ª, rua do Corpo Santo, 40, 1.º
Leopoldo Bohrmann & C.ª, rua de Vasco da Gama, 33.
Libanio Martins & C.ª, rua Nova do Carmo, 80.
Lima Mayer & Filhos, rua da Prata, 59, 1.º
Lino & C.ª, rua do Poço dos Negros, 103.
Lisboa & Irmão, rua da Esperança, 252.
Lizardo Vellozo & C.ª, rua das Barracas, a Santa Barbara.
Lopes & Araujo, travessa d'Assumpção, 71 a 77.
Lopes & C.ª, calçada da Estrella, 145 e 147.
Lopes & C.ª, travessa da Assumpção, 37 e 39.
L. M. da Costa & C.ª, rua dos Bacalhoeiros, 129 a 133.
Lopes de Sequeira & C.ª, rua do Ouro, 285 a 293.
Loureiro Neves & Osorio, rua Augusta, 158.
Lucas & Filho, rua dos Calafates, 93.
Luiz d'Almeida & C.ª, rua dos Retrozeiros, 70.
M. F. Mendes & C.ª, rua do Jardim do Regedor, 4.
M. S. Schrech & C.ª, rua do Alecrim, 35.
Machado & Baumberg, rua do Ouro, 166 e 168.
Machado & C.ª, rua dos Fanqueiros, 68 e 70.
Maciel & Monteiro, rua da Esperança, 222.
Manuel Antonio Cerqueira & C.ª, rua de S. José, 175.
Manuel Antonio da Silva, Filhos, rua Augusta, 191.
Manuel Antonio Affonso & C.ª, rua de S. Paulo, 174 e 176.
Manuel Augusto Rodrigues & C.ª, rua dos Retrozeiros, 27 e 29.
Manuel Basto & C.ª, calçada do Combro, 79.
Manuel Dias Lopes & C.ª, rua da Escola Polytechnica, 84.
Manuel José Duarte & C.ª, rua dos Arameiros, 5.
Manuel Nunes Corrêa Filhos & C.ª, rua dos Algibebes, 192 a 198.
Manuel Pereira Basto & C.ª, rua dos Retrozeiros, 81 e 83.
Manuel Pinheiro Ribeiro & C.ª, rua Augusta, 62.
Manuel Rodrigues d'Aguiar, rua do Loreto, 69.

Manuel Vicente de Jesus & Filho, largo do Rato, 46.
Marçal Pacheco & C.ª, praça de Luiz de Camões, 31 e 32.
Maria Silva & C.ª, largo do Carmo, 24.
Maria Vicencia & C.ª, rua dos Douradores, 204 e 206.
Marianno & Irmão, rua Garrett, 109, 1.º
Marques & C.ª, rua dos Fanqueiros, 196, 1.º
Marques & Domingues, rua do Arco do Marquez de Alegrete, 2, B.
Marques Duarte & C.ª, rua dos Retrozeiros, 74.
Marques & Ferro, rua da Prata, 30.
Marques & Freitas, rua dos Capellistas, 84 e 86.
Marques Guimarães & Irmão, rua da Bitesga, 7 e 9.
Marques & Irmão, rua da Prata, 30 e 32.
Martins, Almeida & C.ª, rua Nova do Almada, 70 e 72.
Mascarenhas & C.ª, travessa do Corpo Santo, 10, 1.º
Mattos Moreira & Irmão, praça de D. Pedro, 68.
Max Wiedemann & C.ª, rua da Prata, 108, 2.º
Mendes & C.ª, rua da Prata, 221 a 225.
Mendes & Dias, rua do Sacramento, 22 e 24, á Pampulha.
Merck & C.ª, rua dos Capellistas, 49, 1.º
Mesquita & Irmão, rua dos Fanqueiros, 223 a 229.
Migueis & Filho, rua dos Bacalhoeiros, 38, 2.º
Miguel & Teixeira, rua Augusta, 70, 1.º
Miranda & Barreira, rua da Bitesga, 22.
Miranda & Filhos, rua de S. Francisco, 18.
Miranda & Silva, rua dos Bacalhoeiros, 126 a 130.
Moledo & Pires, largo do Camões, 22.
Moniz & Martinez, rua de Serpa Pinto, 66.
Monteiro & Filho, rua de S. Domingos, 30.
Moura & Alves, praça de D. Pedro, 16.
Moreira Lobo & C.ª, rua de S. Bento, 391.
Moreira da Silva & Filhos, rua de S. Julião, 111, 1.º
Motta & Vaz, rua da Magdalena, 49 a 55.
Moutinho & C.ª, rua do Crucifixo, 32 a 58.
Mazzochetti & C.ª, rua Augusta, 222.
Nascimento & Irmão, rua de S. Bento, 27.
Nascimento & Migueis, rua do Ouro, 273.
Negrier, Garrido & Rodrigues, rua Garrett, 97 a 101.
Neiva & Almeida, rua dos Bacalhoeiros, 134 e 136.
Netto & C.ª, rua do Ouro, 267 e 269.
Neuparth & C.ª, rua Nova do Almada, 97 e 99.
Nunes Marques & Irmão, rua Augusta, 199 a 203.
Nunes & Nunes, rua do Ferregial de Baixo, 52 e 52 A.
Nunes & Vences, rua do Caes de Santarem, 32, 1.º
Nicolau Luiz da Silva & Sobrinho, rua da Junqueira, 74.
O. Herold & C.ª, rua dos Fanqueiros, 19, 1.º
Ougueia & Filho, travessa de S. João de Deus, 13.
Oliveira & C.ª, rua Nova do Carmo, 118 e 120.
Oliveira & C.ª, rua Augusta, 142 a 148.
Oliveira & Lima, rua Nova do Almada, 20 e 22.
Oliveira Soares & Branco, rua da Prata, 40, 1.º
Ortiz & Crespo, rua da Prata, 68.
Osorio & C.ª, rua Augusta, 158 a 164.
P. Benard & Riveram Fils, rua do Arco a S. Mamede, 9.
P. Cavalleri & C.ª, rua da Palma, 246.
P. Gomes & C.ª, largo do Pelourinho, 10 e 11.
Pagani & C.ª, rua dos Mouros, 49.
Paes & Ferreira, rua dos Capellistas, 24 a 30.

Palhares & Mourisca, rua do Ouro, 141.
Pato & Martins, rua do Bemformoso, 152.
Pedro Vieira & C.ª, rua do Ouro, 74, 1.º
Perdigão & Teixeira, rua das Fontainhas, 3 e 5 (Alcantara).
Pereira da Costa & C.ª, praça de D. Pedro, 105.
Pereira & Faria, rua da Palma, 154.
Pereira Gonçalves & Irmão, rua Garrett, 50.
Pires & Irmão, largo de Santo Antonio da Sé, 6 e 7.
Pereira de Sá & Filhos, travessa da Assumpção, 42, 2.º
Pereira da Silva & Irmão, rua Vinte Quatro de Julho, junto á Padaria Militar.
Pereira Vianna Andrade, rua dos Capellistas, 45.
Pereiras & La Rocque, rua dos Capellistas, 120, 2.º
Peres Barros & C.ª, rua dos Fanqueiros, 96, 1.º
Perry Vidal Filhos & Santos, rua do Alecrim, 19 e 21.
Pinheiro & Sobrinho, rua de S. Julião, 83 a 87.
Pinheiro Vianna & C.ª, rua dos Capellistas, 43 a 47.
Pinto & C.ª, rua dos Fanqueiros, 50.
Pinto & C.ª, Ponte Nova (Alcantara).
Pinto Gomes & Irmão, rua de Santo Antão, 149.
Pinto Magalhães Dejante & C.ª, rua do Alecrim, 79.
Pinto & Martins, praça de D. Pedro, 7 e 8.
Pires & C.ª, rua da Prata, 175 e 177.
Pires & Irmão, largo de Santo Antonio da Sé, 6 e 7.
Polycarpo & C.ª, travessa de S. Nicolau, 25 a 31.
Portella & Valverde, rua dos Retrozeiros, 92, 1.º
Portugal & Diniz, rua Augusta, 181 e 183.
Quaresma & C.ª, rua Garrett, 31 a 35.
Quintella & C.ª, rua do Thesouro Velho, 24, 1.º
R. Souza & C.ª, rua de S. Julião, 72, 2.º
Ramiro Leão & C.ª, rua Garrett, 83 e 85.
Ramos & C.ª, rua Augusta, 285 a 289.
Raposo & Sobrinhos, largo de S. Julião, 10 e 11.
Raymundo Chaves & C.ª, rua dos Bacalhoeiros, 51 e 53.
Rebello & C.ª, rua de S. Paulo, 15 a 19.
Reck & Ysgler, rua dos Douradores, 178.
Reis & Ramires, rua d'Alfandega, 108, 1.º
Ribeiro & Cilia, largo do Pelourinho, 19, 2.º
Ribeiro da Costa & C.ª, rua do Arsenal, 150 e 152.
Ribeiro da Costa, Viuva Serzedello & C.ª, Praça do Municipio, 23 e 24.
Ribeiro & Portella, rua Augusta, 170 a 174.
Ricardo Carvalho & C.ª, rua dos Fanqueiros, 156, 1.º
Ricardo Oakley & C.ª, rua do Corpo Santo, 50, 1.º
Rigoni Correia d'Oliveira & C.ª, rua Augusta, 90, 1.º
Rocha & C.ª, rua da Cruz (Alcantara).
Rocha & C.ª, rua dos Capellistas, 99, 1.º
Rocha & Genro, calçada da Boa Hora (Ajuda).
Rodrigues & Duarte, rua dos Fanqueiros, 231 e 233.
Rodrigues & Pedroso, travessa de S. Nicolau, 17.
Rodrigues & Rodrigues, successores Peixoto & Santos, praça de Luiz de Camões, 4.
Rodrigues & Silva, travessa de S. Nicolau, 89 e 91.
Romão & C.ª, Cruzes da Sé, 13.
Rosa & Nunes, rua Augusta, 152 a 156.
Saavedra & Tavares, rua de S. Pedro d'Alcantara, 63, e 65.
Salazar & C.ª, rua Serpa Pinto, 89.
Salles & Costa, rua da Bitesga, 35 e 39.

Sandmann & Brothers, rua do Alecrim, 2.
Salinas & Xavier, calçadinha do Tijolo, 45.
Salomão Seruya & Filhos, rua da Prata, 80, 2.º
Sant.Anna & Ferreira, rua dos Retrozeiros, 121.
Santos & Aguiar, rua da Prata, 9.
Santos Beirão & C.ª, Rocio, 15.
Santos & Cardoso, rua Augusta, 159.
Santos Correia & C.ª, rua Augusta, 36 e 38.
Santos & Fernandes, rua Formosa, 23.
Santos & Miranda, rua Augusta, 72 e 74.
Santos & Rodrigues, rua do Ouro, 161.
Santos & S. Romão, rua de S. Julião, 136 e 138.
Saragoça & Irmão, rua do Ouro, 195.
Sassetti & C.ª, rua nova do Carmo, 56 e 58.
Seabra & C.ª, rua do Ouro, 163.
Serra & C.ª, travessa de S. Nicolau, 121 a 127.
Serzedello & C.ª, largo do Corpo Santo, 14 a 18.
Silva & C.ª, travessa de S. Nicolau, 90 e 92.
Silva & Irmão, rua da Prata, 162 a 172.
Silva & Tedeschi, rua do Loreto, 28 e 30.
Silverio Botelho & Irmão, rua da Cruz de Pau, 39 a 53.
Silvino Teixeira & C.ª, rua dos Capellistas, 114, 1.º
Simões & Filhos, rua dos Capellistas, 32 a 36.
Soares & Coelho, travessa de S. Nicolau, 105 e 107.
Soares & C.ª, rua de S. Julião, 141 e 143.
Sobral & C.ª, rua nova do Almada, 47 e 49.
Sommer & C.ª, Caes de Santarem, 3 e 5.
Sousa Lara & C.ª, rua dos Capellistas, 28 1.º
Souto & Ennes, travessa de S. Nicolau, 78 e 80.
Spilhaus & C.ª, rua de S. Julião 53 1.º
T. & U. A. Deggeler, rua Ivens 44 1.º
Tavares & Alves, rua dos Retrozeiros, 120, 1.º
Tavares Bastos & Costa, rua Garrett, 32 e 34.
Tavares Cardoso & Irmão, largo de Camões, 5 e 6.
Tavares & Fragoso, rua dos Retrozeiros, 35.
Tavares Mattos & Ramos, rua dos Fanqueiros, 251 e 253.
Teixeira Bastos & Irmão, praça de D. Pedro, 81.
Theodoro Wege & C.ª, rua da Prata, 121, 2.º
Thomé F. Lima & Filhos, rua Augusta, 126 a 130.
Torcato & Filhos, rua Augusta, 35 e 37.
Torlades & C.ª, rua do Ouro, 32 1.º
Tramella & C.ª, rua larga de S. Roque, 41.
Valentins & C.ª, travessa de Santa Justa, 45.
Vasconcellos & C.ª, rua Garrett, 57 e 59.
Veiga & C.ª, rua Nova d'Alfandega, 114 e 116.
Vianna Araujo & C.ª, praça de D. Pedro, 46 a 50.
Vianna Bentes & C.ª, praça de D. Pedro, 46.
Vianna Vidal & C.ª, rua dos Fanqueiros, 312 1.º
Vicente da Silva & C.ª, rua de S. Mamede (ao Caldas) 26, 2.º
Victor Martinez & C.ª, rua de Santos-o-Velho, 98-A e 98-D.
Vieira & Alves, rua nova dos Martyres, 40 e 42.
Vieira & Irmão, rua do Corpo Santo, 43 e 45.
Vieira & Villa, mercado 24 de julho, 13.
Villarinho & Sobrinho, Caramujo.
Viuva de Antonio do Espirito Santo & Filhos, rua de Santa Martha, 125.
Viuva de Antonio José Barreira & Filhos, rua Larga de S. Roque, 105 e 107.

Viuva Barros & Filho, rua da Mouraria, 56.
Viuva Blanco & Filhos, rua do Arco do Limoeiro, 66, 1.º
Viuva de Caetano José da Costa & Filhos, rua nova do Carmo, 67 a 72.
Viuva Castro & Filhos rua Augusta, 97 a 107.
Viuva Clemente Rodrigues & Filho, rua de S. Paulo, 127 e 129.
Viuva de Domingos José da Silva Lobo & C.ª, rua da Boa Vista, 180.
Viuva Fernandes & Silva, rua dos Fanqueiros, 132 a 140.
Viuva Fialho & Silva, rua Nova da Palma, 199 e 201.
Viuva L. M. da Costa & C.ª, calçada do Correio Velho, 7.
Viuva Loureiro & Filho, rua Augusta, 250.
Viuva Macieira & Filhos, rua da Magdalena, 10 a 14.
Viuva de Manuel da Costa Marques & C.ª, rua do Ouro, 34 a 40.
Viuva de Manuel José Gomes & Filhos, largo do Terreiro do Trigo 16, 1.º
Viuva Moreira & Filhos, rua do Ouro, 94 e 96.
Viuva Neves Cabral & Filhos, rua Vinte e Quatro de Julho.
Viuva Pereira & Filho, rua do Loreto, 58 e 60.
Viuva Peters & Filhos, Boqueirão do Douro, 28.
Viuva Prosper & Filhos, praça das Amoreiras, 43.
Viuva Ribeiro & Filhos, rua dos Navegantes, 36 e 38.
Viuva Roubaud & Filhos, rua do Ouro, 286 e 288.
V. S. Almada & C.ª, rua do Amparo 53.
Viuva Salles & C.ª, rua dos Fanqueiros, 195 e 197.
Viuva Santos & Filho, rua dos Remolares, 12 e 14.
Viuva Soares & Filho, rua do Ouro, 57 e 59.
Viuva Sousa Santos & Filhos, rua dos Bacalhoeiros, 87.
Viuva Tarujo & Filhos, rua das Fores, 105.
Viuva de Theotonio Pereira & Filhos, largo de S. Paulo, 90, 1.º
V. S. Almada & C.ª, rua do Amparo, 53.
Wiese & C.ª, travessa do Corpo Santo, 21, 1.º
Xafredo & Filhos, rua nova do Almada, 64 a 70.

NEGOCIANTES MARTICULADOS NO TRIBUNAL DO COMMERCIO DE LISBOA

(Lista do Tribunal)

Agnello Barboza, rua de S. Julião 48, 1.º
Agostinho Gonçalves Ramos.
Agostinho Manuel de Souza, rua de S. João da Matta, 18 e 22.
Alberto Augusto da Silva, rua da Padaria, 40.
Alberto Carlos Gomes, rua dos Fanqueiros, 90.
Alberto de Figueiredo, rua dos Douradores, 6, 2.º
Alberto José Martins Villarinho.
Alberto Theodoro Ferreira Pinto Bastos, rua de S. Paulo, 55, 1.º
Alexandre Cardoso Bragança, rua Aurea, 49 e 51.
Alexandre Eduardo de Souza Alvim, rua dos Sapateiros, 79.
Alexandre Roberto da Silva.
Alfredo Alves Martins, rua da Palma, 147.
Alfredo Augusto de Souza, calçada da Gloria, 16.
Alfredo Cilia, Praça do Municipio, 19, 2.º
Alfredo Fernandes dos Santos.
Alfredo João dos Santos, rua da Prata.

Alfredo Mendes da Silva, rua Ivens, 5.
Alfredo d'Oliveira Souza Leal. rua de S. José, 18.
André Romaris Moinho, rua da Rosa, 131.
André da Silva Moutella.
A. Coelho da Silva, rua Ivens, 6, 1.º
A. D. Andrade.
Anselmo Duarte Campos, rua da Prata, 187.
Anselmo Gregorio Pereira d'Almeida, T. do Enviado de Inglaterra, 1, 3.º
Antonio Adriano da Costa, rua Nova do Almada, 53, 1.º
Antonio Alfredo da Silva, rua dos Fanqueiros, 2.
Antonio d'Almeida.
Antonio d'Almeida Lopes.
Antonio Alves Vieito Junior, rua de S. Bento, 261.
Antonio Augusto Pereira de Miranda, rua dos Fanqueiros, 84, 2.º
Antonio Augusto Teixeira de Figueiredo, rua da Praça da Figueira, 40 3.º
Antonio Baptista Santos, rua Garrett, 29, 3.º
Antonio Bento de Souza Gomes.
Antonio Caetano Martins, travessa da Boa Hora, 61.
Antonio Cardozo d'Oliveira, rua dos Bacalhoeiros, 152.
Antonio Cardozo Santos, travessa de S. Justa, 40.
Antonio Cordeiro Feyo, rua dos Capellistas, 99, 1.º
Antonio Correia d'Oliveira, rua Augusta, 90, 1.º
Antonio da Costa Carvalho, rua dos Capellistas, 134, 1.º
Antonio Dias, rua do Arco do Marquez de Alegrete, 65.
Antonio Dias Gonçalves, rua do Arco do Marquez de Alegrete 2 E.
Antonio Diogo da Silva, rua de S. Julião, 80, 1.º
Antonio Duarte d'Oliveira, rua de D. Pedro V, 29.
Antonio Fausto de Souza, rua dos Fanqueiros, 80.
Antonio Ferreira Marques, Campo Grande.
Antonio Ferreira da Silva, rua da Lapa, 75.
Antonio da Fonseca Cruz, rua de S Julião, 184.
Antonio Francisco Martins, Mercado 24 de julho, 18.
Antonio Francisco Ribeiro Ferreira, rua dos Fanqueiros, 81.
Antonio Gomes de Moura, largo de Santo Antonio da Sé, 3 e 4.
Antonio Gonçalves Fortes, rua de Saraiva de Carvalho.
Antonio Gonçalves da Silveira.
Antonio Guilherme Borges, rua dos Capellistas, 35.
Antonio Guimarães, rua da Magdalena, 227.
Antonio Hygino Salgado d'Araulo, rua da Magdalena, 36, 1.º
Antonio Joaquim Abrantes, rua dos Corrieiros, 214.
Antonio Joaquim Alves Diniz, rua de S. Julião, 102.
Antonio Joaquim Gonçalves Macieira, rua de S. Francisco, 13.
Antonio Joaquim Inigues, rua Nova do Carmo, 10.
Antonio Joaquim Nunes, rua da Prata, 243 e 245.
Antonio Joaquim d'Oliveira, rua das Flôres, 7.
Antonio Joaquim Pina, rua S. de Paulo, 75 e 77.
Antonio Joaquim Taveira, Terreiro Publico, 30.
Antonio José d'Almeida, rua do Principe, 79, 1.º
Antonio José da Costa, rua do Arco da Graça, 62.
Antonio José da Costa Junior, travessa dos Inglesinhos, 17.
Antonio José Fernandes, rua de S. Paulo, 242.
Antonio José Ferreira Monteiro, rua da Magdalena, 85.
Antonio José Gomes Netto, Praça dos Remolares, 1.
Antonio José d'Oliveira Chambica, rua da Prata, 14.
Antonio José de Novaes, rua de Santo Antonio á Estrella, 30.
Antonio José Pacheco.
Antonio José Pereira Bastos

Antonio José Pereira de Mello, rua de S. Julião, 53.
Antonio José Pereira da Silva.
Antonio José dos Reis, rua de Alfandega, 108.
Antonio José Rodrigues, rua de Silva Albuquerque, 5.
Antonio José de Seixas, rua Nova da Alegria, 64.
Antonio José de Sant'Anna, calçada do Combro.
Antonio José de Souza Carreira.
Antonio José Teixeira, rua dos Cavalleiros, 32 e 34.
Antonio José Teixeira de Mello, rua do Loreto, 53.
Antonio Ladislau de Figueiredo.
Antonio Lopes Tavares. rua dos Capellistas, 63.
Antonio Machado Pinto, travessa de Santos, 4.
Antonio Maria da Costa, rua Aurea 295.
Antonio Maria Mendes Barata, rua da Lapa, 74.
Antonio Maria d'Oliveira Bello, Terreiro do Trigo, 39.
Antonio Maria Villa Nova, rua dos Retrozeiros, 118.
Antonio Marques Quitans, rua da Prata, 196.
Antonio Maria Pereira, rua Augusta, 50.
Antonio Maria Tavares, rua da Prata, 135.
Antonio Melchiades de Sequeira Machado, rua de Vasco da Gama, 8.
Antonio Monteiro, rua do Principe, 75.
Antonio Nunes dos Reis.
Antonio Nunes dos Santos, travessa da Victoria, 33 e 37.
Antonio Nunes da Silva, rua da Rosa, 177.
Antonio Pedreira Caçador, rua da Palma, 30.
Antonio Pereira Rego, largo do Corpo Santo, 28.
Antonio Pereira de Sá.
Antonio Pereira dos Santos Beirão, rua dos Capellistas, 95.
Antonio Peres, rua de Sant'Anna á Lapa, 57.
Antonio Portella, rua Augusta, 71 e 73.
Antonio Rodrigues Tarujo, rua da Esperança, 155, 2.º
Antonio Silvino Pires, rua da Prata, 175.
Antonio da Silva Pinto, rua dos Capellistas, 95.
Antonio Simas.
Antonio de Souza Machado, rua das Escolas Geraes, 23.
Antonio Tielas Fortes.
Antonio Vito dos Reis e Souza, Estrada do Lumiar, 11.
Arnaldo José d'Almeida, rua Augusta, 125.
Arthur A. Marques, rua Bella da Rainha, 186.
Augusto Carlos Jalles, rua da Prata, 120 e 122.
Augusto Cesar de Campos Junior, rua Augusta, 59.
Augusto Cesar Correa, travessa de S. Domingos, 30 a 34.
Augusto Cesar Ramos, rua dos Douradores, 32, 1.º
Augusto Francisco Borges, rua dos Fanqueiros, 124.
Augusto Francisco Vieira. Largo de S. Julião, 12, 2.º
Augusto José Coimbra, rua dos Bacalhoeiros, 106.
Augusto d'Oliveira Soares, rua dos Retrozeiros, 46, 2.º
Augusto Ribeiro Ferreira, rua do Ouro, 246.
Augusto Viriato da Cunha Porto, largo do Corpo Santo, 13, 1.º
Augusto Victorino Borges, rua da Boa Vista, 58.
Ayres José Lopes.
Ayres Simões Ferrugem, rua dos Fanqueiros, 103.
Bartholomeu Ferreira da Silva, largo do Calhariz, 4.
Bento Augusto Teixeira Mourão.
Bento Candido de Moraes, rua da Esperança, 155.
Bento José da Costa Gomes, rua dos Capellistas, 58 e 60.
Bento José da Silva Pereira.

Bernardo Heitor, rua dos Fanqueiros, 174.
Bernardo José Cordeiro, travessa de S. Nicolau, 47.
Bernardo Manuel de Barros.
Bernardo Pereira, largo de S. Paulo, 90, 1.º
Bernardino José de Carvalho Junior, poço do Borratem, 15.
Bernardino Martins Ruas, rua Augusta, 216.
Boaventura da Costa Marques, rua dos Capellistas, 92.
Belarmino d'Oliveira Ramos, rua dos Retrozeiros, 79.
Borges & Mendes, rua dos Capellistas, 2.
Caetano José da Costa, rua do Carmo, 68.
Caetano Simões Afra, rua do Ouro, 180.
Candido José Simões, rua da Alfandega, 108, 2.º
Carlos Alberto d'Almeida.
Carlos Augusto Nunes Jorge.
Carlos Augusto Magiolo, rua Garrett, 20.
Carlos Duarte Luz, rua de S. Francisco, 15.
Carlos Emilio de Sá, travessa da Assumpção, 42.
Carlos Ernesto Augusto Ribeiro, rua Vieira da Silva, 44.
Carlos Ferreira Pinto Basto, rua do Arco do Bandeira, 91.
Carlos Ferreira dos Santos Silva, rua dos Capellistas, 120, 1.º
Carlos Manços Brandão, rua de S. Julião, 67, 1.º
Carlos Pecquet Ferreira dos Anjos, rua dos Fanqueiros, 50, 1.º
Carlos Vital Pereira de Sá, travessa da Assumpção, 42.
Camillo Manuel Alves Gil.
Casimiro Freire, largo do Terreiro do Trigo, 9.
Casimiro R. Valente, rua da Boa Vista, 8.
Cesario das Neves, rua de S. José, 119.
Celestino Balsemão, rua dos Retrozeiros, 142.
Claudino Pinto Soares Silva, rua dos Capellistas, 44.
Conde Ribeiro da Silva, rua do Alecrim, 55.
Constantino Antonio Monteiro Osorio, rua Augusta, 162.
Constantino José Vianna, praça da Alegria, 49, 1.º
Constancio Luiz da Silva, rua dos Fanqueiros, 166.
Custodio Lopes d'Oliveira, rua da Cruz dos Poyaes, 35.
Custodio Martins Pereira, rua da Palma, 248 A.
Daniel Cordeiro Feyo, rua do Arco do Bandeira, 54.
Daniel de Mattos Sequeira, rua dos Bacalhoeiros, 99, 2.º
David Manuel da Fonseca, travessa da Victoria, 25.
Diogo Bernardo Alves, arco do Marquez de Alegrete, 20.
Domingos Antonio d'Abreu Junior, travessa dos Remolares, 18.
Domingos Centeno Junior, rua da Prata, 153.
Domingos Ennes Rocha Vianna, caes do Tojo, 65.
Domingos Esteves Gouvêa.
Domingos Gonçalves Carvalhido, rua nova do Almada, 35.
Domingos José Leite Guimarães.
Domingos José Martins.
Domingos José de Moraes, rua do Terreiro do Trigo, 70 e 72.
Domingos José de Sousa Brito, Campo Grande.
Domingos Luiz Coelho da Silva, Poço do Bispo.
Domingos Martins da Costa Ribeiro, calçada de S. Francisco, 23, 1.º
Domingos Raphael Alves Junior, calçada da Ajuda, 33.
Domingos Rocha, rua do Ouro, 268 e 270.
Domingos Rodrigues Centeno Junior, rua da Prata, 153.
Domingos Rodrigues dos Santos, rua Augusta, 83 a 93.
Duarte Corrêa Pinto da Silva, rua dos Corrieiros, 216.
Eduardo Antonio dos Reis, rua da Alfandega, 108, 1.º
Eduardo Antonio da Rosa, rua dos Douradores.

Eduardo Ferreira Pinto Basto, caes de Sodré, 64, 1.º
Eduardo Gomes da Silva, rua dos Douradores, 222.
Eduardo Jayme Carvalho e Silva, rua Capello, 3, 1.º
Elio de Mello Rego, rua do Amparo, 45.
Elisio Augusto dos Santos, rua Augusta, 83.
Emilio Candido Ferreira de Araujo, rua da Prata, 99.
Epaminondas Romualdo Brou, rua da Prata, 7.
Ernesto Rodrigues Nunes.
Estevam Ribeiro da Silva, calçada do Sacramento, 28, 1.º
Eugenio Lourenço Martins.
Feliciano Augusto d'Abreu, travessa dos Remolares, 18.
Ferreira Irmãos, rua da Magdalena, 133, 1.º
Fernando Rodrigues Formigal, terreiro do Trigo, 39.
Firmino Cesar d'Almeida, rua Augusta, 171.
Firmino Coelho Cardoso, travessa da Victoria, 33.
Firmino Ribeiro Ermida, rua da Alegria, 25.
Florentino Alves d'Oliveira, rua do Salitre, 360.
Fortunato Alves Salgado, rua Augusta, 98.
Fortunato Chamiço Junior, calçada nova de S. Francisco, 10, 1.º
Fortunato José Pereira, rua do Amparo, 32.
Francisco Abreu Teixeira, rua da Prata, 184, 1.º
Erancisco Affonso Pereira Vianna, rua da Prata, 64.
Francisco Alfredo Nunes, rua do Ouro, 60.
Francisco Alves Teixeira, rua Augusta, 233, 1.º
Francisco Antonio Domingues, travessa da Assumpção, 79.
Francisco Antonio Meyrelles, praça de D. Pedro, 45, 1.º
Francisco Antonio Ramires, rua Augusta, 97.
Francisco Antonio da Silva.
Francisco Ascenção Fonseca, rua Nova do Almada, 60 e 62.
Francisco Baeta Dias, rua Augusta, 21 a 25.
Francisco Cardozo Pereira Junior, rua dos Capellistas, 86.
Francisco da Conceição Silva, rua da Prata, 210.
Francisco da Costa Ramos, rua de S. Roque, 49.
F. Domingues, rua do Vigario, 72.
Francisco Freire Teixeira Marques, rua de Santo Antão, 49.
Francisco Gonçalves Callado, rua da Princeza, 116.
Francisco Henriques Tota, rua de S. Julião, 90, 1.º
Francisco Izidoro Vianna, rua dos Capellistas, 120, 1.º
Francisco Joaquim de Abreu, rua de Luiz de Camões, 4.
Francisco José Gomes, rua do Amparo, 38.
Francisco José Lopes, rua da Princeza, 59.
Francisco Lourenço da Silva Almeida, Avenida da Liberdade, 34.
Francisco Manuel Pereira, rua da Palma, 117.
Francisco Maria da Costa, rua Augusta, 62.
Francisco Maria da Cruz, Campo dos Martyres da Patria, 156, 1.º
Francisco Martins da Cunha, rua dos Capellistas, 42.
Francisco de Oliveira Soares, rua dos Fanqueiros, 133.
Francisco de Paula do Nascimento Cardozo, rua Augusta, 159.
Francisco Ramires, rua Aurea, 140, 1.º
Francisco Raymundo Estrella, rua de S. Boaventura, 51.
Francisco Ribeiro de Gouvêa, rua de Santo Antonio da Sé, 1.
Francisco Ricca, rua da Padaria, 8, 2.º
Francisco Rodrigues Paes, rua dos Capellistas, 24.
Francisco Roza Pacheco, carreirinha do Soccorro, 27.
Francisco Rufino Arbués Moreira, Terreiro do Trigo, 29.
Francisco dos Santos, calçada da Estrella, 13.
Erancisco dos Santos Affonso, rua dos Bacalhoeiros, 45.

Francisco dos Santos Ivo, rua da Alfandega, 102.
Francisco da Silveira Vianna, rua dos Capellistas, 120, 1.º
Francisco Simões Carneiro, travessa do Caes do Tojo, 14, 1.º
Francisco Teixeira Alves.
Francisco Xavier Elias, rua dos Remolares, 6, 1.º
Frederico Augusto Ferreira, rua da Magdalena, 133, 1.º
Frederico Biester, rua do Thesouro Velho, 24.
Frederico da Cruz.
Frederico Collares, largo do Conde Barão, 14.
Frederico Guilherme da Silva Ramos.
Gabriel José Ramires, rua Augusta, 74, 1.º
Gabriel José Ramires Junior, travessa do Athayde, 1, 1.º
Guilherme Alberto Patten Sá Vianna, rua da Prata, 273.
Guilherme Arnaud, Caes do Sodré, 84, 2.º
Guilherme Augusto Ferreira Gomes.
Guilherme José Ennes, rua de Santo Antonio dos Capuchos, 2.
Henrique de Barros Gomes, alto de Santa Catharina, 4.
Henrique Bernardo Pires, rua do Principe, 61, 2.º
Henrique Cezar Neiva, rua dos Bacalhoeiros, 64.
Henrique Hermogenes de Gusmão, Rocio, 27.
Henrique José Chaves, rua dos Retrozeiros, 74.
Henrique José Lopes Carreira, rua Augusta, 124, 1.º
Henrique Julio de Seixas, praça de D. Pedro, 45, 1.º
Henrique de Maia Cardozo, rua do Thesouro Velho, 12.
Henrique Pereira Taveira, rua do Bemformoso, 67.
Ignacio Corrêa Saraiva Junior, rua dos Retrozeiros, 47.
Ignacio Corrêa Saraiva Lima, rua da Prata, 187 à 191.
Ignacio Francisco Mendes, rua dos Capellistas, 2.
Ignacio José Saraiva.
Ignacio de Magalhães Bastos, rua dos Fanqueiros, 86 e 88.
Ignacio Teixeira Alves, rua de S. Paulo, 24.
Innocencio de Sousa, rua Augusta, 49.
Ivo Raymundo da Estrella.
Izidro Soares da Silva Pereira, rua da Boa Vista, 69.
Jacintho Daniel de Almeida, rua da Alfandega, 8 a 12.
Jacintho José Ribeiro, rua dos Fanqueiros, 198.
Jacintho Rodrigues Junior, rua de S. Marçal, 90.
Januario Joaquim Nunes.
Jeronymo Gonçalves Fortes, Casal do Alvito.
Jeronymo José d'Abreu, rua Augusta, 27, 1.º
Jeronymo de Serpa Chambel Quaresma, Chiado, 31.
João Alfredo Dias, travessa da Nazareth, 21.
João Antonio de Lucena.
João Antonio de Barros, rua Nova do Carmo, 17 e 19.
João Antonio Pereira, rua dos Poyaes de S. Bento, 108.
João Antonio Pinto.
João Antonio dos Santos, rua do Jardim do Tabaco, 23, 1.º
João Antonio Vieira, rua dos Fanqueiros, 106.
João Antonio Villas, rua do Ferregial de Cima, 28.
João Baptista Borges, rua dos Capellistas, 2.
João Baptista Chaves, rua da Esperança, 120, 1.º
João Antunes Baptista, rua do Poço dos Negros, 75.
João Baptista de Figueiredo, praça de D. Luiz, 9.
João Baptista Gregorio de Almeida, Campo dos Martyres da Patria, 93.
João de Bastos, rua do Poço dos Negros, 141.
João Braz Fernandes, rua Augusta, 296.
João Candido da Silva, rua do Ouro, 229.

João Carlos Marques, largo de S. Paulo, 126, 1.º
João Carlos de Oliveira, rua de S. Vicente, á Guia, 2.
João Carvalho da Silva, rua da Prata, 161.
João Chrysostomo de Sequeira, rua dos Fanqueiros, 209 a 213.
João da Cruz David, rua da Magdalena 40.
João Damasceno de Moraes Simões, rua dos Fanqueiros, 157.
João Dias da Costa Feio, rua Augusta, 125 e 127.
João Felix da Silva Capucho, rua de S. Paulo, 123.
João Fernandes Braga, rua da Alfandega, 164.
João Ferreira, praça de Luiz de Camões.
João Florindo Araujo Manaças, rua do Amparo, 49.
João da Fonseca Cruz, rua dos Algibebes, 182, 1.º
João Francisco Ferreira.
João Gomes da Costa, praça de Luiz de Camões.
João Gonçalves, calçada de Agostinho Carvalho, 3.
João Gonçalves Lage, rua de El-Rei, 19 e 21.
João Guilherme Ferreira Junior.
João Henrique Ulrich, Carreira dos Cavallos.
João José Bastos, rua da Alfandega, 44.
João José Leite da Silva, rua dos Fanqueiros, 38.
João José Martins, calçada da Estrella, 125.
João José Pereira, largo do Pelourinho.
João José de Sousa, rua do Barão, 9.
João Luiz Pereira, rua Nova do Almada, 93.
João Machado, rua do Corpo Santo, 3.
João Manuel Gonçalves Valladares, rua dos Bacalhoeiros, 23 a 27.
João Maria Araujo Sanches, rua da Palma, 181.
João Miguel da Silva, rua da Palma, 27.
João Nepumoceno Ferreira.
João Nogueira Feio, rua de S. Paulo, 106.
João Nunes de Almeida, rua da Mouraria, 42.
João Nunes da Silva.
João Patricio Alvares Ferreira.
João Pedro Miranda, rua de S. Francisco, 18.
João Rodrigues da Bella.
João Rodrigues Silvestre.
João Sabino Alves, Campo das Cebolas, 13, 1.º
João Theotonio Pereira, largo de S. Paulo, 90, 1.º
João Vicente Caseiro, rua da Palma, 70.
João Vicente de Sousa, rua da Palma, 23.
Joaquim Affonso de Barros, rua Augusta, 79.
Joaquim Alves Ribeiro Duarte, rua de S. Bento, 361.
Joaquim Augusto de Quadros Monteiro, rua Nova do Carvalho, 32.
Joaquim Augusto dos Santos, rua dos Fanqueiros, 103.
Joaquim Barata Martins.
Joaquim Dias Ferreira, rua da Prata, 133.
Joaquim Diogo de Azevedo Pereira, rua da Magdalena, 66, 3.º
Joaquim Ennes da Rua, travessa de S· Nicolau, 74.
Joaquim Fernandes Mendes.
Joaquim Ferreira Barbosa.
Joaquim Ferreira de Barros.
Joaquim Ferreira dos Santos.
Joaquim Filippe Miranda, Rua de S. Francisco, 18.
Joaquim Gomes Filippe travessa de S. Domingos, 38.
Joaquim Gonçalves Macieira, rua da Magdalena, 16.
Joaquim Guedes Pinto, travessa de S. Nicolau, 26, 1.º
Joaquim Ignacio Lamas Baptista da Costa, rua Augusta, 242.

Joaquim Ignacio dos Santos, praça de Luiz de Camões, 41,
Joaquim José Marques, rua de Santo Antonio da Sé, 2.
Joaquim José Pereira Alves, praça da Figueira, 30.
Joaquim José Pereira Callado, largo do Terreiro do Trigo, 17.
Joaquim José Prophirio Corrêa, rua do Infante D. Henrique, 24.
Joaquim Luiz Simões, rua dos Capellistas, 34.
Joaquim Luiz Souto, travessa de S. Nicolau, 74.
Joaquim Machado Pereira Falcão,
Joaquim Manuel Crespo, rua do Cabo, 35.
Joaquim Marques Soares, rua da Conceição, 71.
Joaquim Maria Ozorio, rua de S. Paulo, 74.
Joaquim Maria Pimenta, rua dos Bacalhoeiros, 63.
Joaquim Martins da Silva Roda, rua Augusta, 161.
Joaquim Martins Vianna, rua da Prata, 61.
Joaquim Moreira Marques, rua de S. Julião 38 2.º
Joaquim Pedro Mattos, rua da Prata, 7 a 11.
Joaquim Pereira Roldão, rua de Silva e Albuquerque, 19.
Joaquim Pereira da Silva, rua do Terreiro do Trigo, 30 e 32.
Joaquim Peres y Peres, rua das Flores, 119.
Joaquim Pestana dos Santos, rua do Corpo Santo, 16.
Joaquim Pires Junior, rua das Chagas, 27.
Joaquim Nunes Mendes, travessa da Victoria, 18.
Joaquim da Rocha Guimarães, rua dos Fanqueiros, 40.
Joaquim dos Santos Hoste.
Joaquim dos Santos Lima, largo do Polourinho, 32. 2.º.
Joaquim Teixeira da Costa, rua da Magdalena, 139, 2.º.
Joaquim Ventura Pereira, rua de Santo Antão, 39.
Jorge O'Neil, Rua do Ouro, 32.
Jorge Rodrigues Araujo, rua Augusta, 216.
J. A. Oliveira.
José Adolpho de Mello e Sousa, rua dos Bacalhoeiros, 92.
José Antonio de Carvalho, rua dos Mouros, 29.
José Antonio Gomes.
José Antonio dos Reis, rua d'Alfandega, 108, 1.º.
José Antonio Rodrigues, rua do Ouro, 186.
José Antonio de Sant'Anna, rua da Conceição, 121 e 123.
José Antonio da Silva, rua da Prata, 279.
José Antunes Marques Cacella, rua dos Capellistas, 40.
José Augusto Pereira, rua de D. Pedro V, 86.
José Bernardino Monteiro Aguiar, rua de Santos, 96.
José Bernardo da Costa.
José Cardoso d'Almeida rua nova de S. Mamede, 32, 1.º.
José Chambel de Figueiredo largo do Terrei do Trigo, 12.
José Clemente Leite da Silva, rua dos Fanqueiros, 26.
José da Costa Nogueira, rua d'Alfandega, 172.
José da Cunha Porto, largo do Corpo Santo, 13.
José de Cupertino Ribeiro Junior, rua dos Capellistas, 7, 1.º.
José Dias Barata, rua de S. Cristovão, 33.
José Ezequiel dos Santos.
José Felix da Costa, rua nova do Caes do Tojo, 11.
José Fernandes Esteves, calçada da Estrella, 147.
José Ferreira de Seabra, travessa da Victoria, 42.
José da Fonseca Cruz, rua de S. Julião, 190, 1.º.
José Francisco d'Almeida Nery.
José Francisco Machado, largo de S. Domingos, 13.
José Gomes d'Almeida Pinho, rua dos Cordoeiros, 2.
José Gregorio Henrique dos Santos, Poço Novo, 14.

José Gregorio da Rosa Araujo, travessa de S. Nicolau, 42.
José Gregorio da Silva Barbosa, rua Garret, 9.
José Henriques da Rosa, rua Augusta, 90.
José Ignacio d'Andrade Neves.
José Ignacio de Novaes, rua Garret, 64.
José Joaquim Cayres Loureiro, rua d'Alfandega, 74 e 76.
José Joaquim da Costa, rua Augusta, 259.
José Joaquim Ennes Gonçalves, rua d'Alfandega, 92.
José Joaquim Fernandes, rua do Ouro, 118.
José Joaquim da Fonseca, Terreiro, 29.
José Joaquim Pereira da Silva, largo do Terreiro do Trigo, 17·
José Joaquim Ribeiro, rua do Ouro, 222.
José Joaquim Ribeiros dos Santos, rua do Arco do Marques de Alegrete 16.
José Joaquim da Silva Mello.
José Lamas, rua da Junqueira, 98.
José Lino, rua do Caes do Tojo, 35.
José Luiz Nunes Ribeiro.
José Manuel Alves Castello, rua dos Remolares, 2.
José Luiz Tavares, rua do Sacramento, a Alcantara, 52.
José Manoel de Figueiredo Nobre.
José Marcellino de Barros.
José Marques Caratão, travessa de S. Domingos, 10.
José Maria Coelho, rua da Escola Polytechnica, 69.
José Maria Macieira, rua da Padaria, 8.
José Maria Migueis, rua dos Bacalhoeiros, 38, 2.º
José Maria Nunes Branco, rua Direita de Santos-o-Velho, 16.
José Maria Pereira Grillo, rua Augusta, 269.
José Maria Rodrigues, rua de Santo Antão, 1.
José Maria de Sousa Almeida.
José Maria de Sousa Junior, rua Aurea, 66, 1.º
José Martinho da Silva Guimarães, rua da Magdalena, 221.
José Martins Junior.
José Martins Callisto da Fonseca, Olivaes.
José Martins Mario Vianna, rua da Prata, 229.
José Martins Rodrigues, rua de Santo Antão, 1.
José da Motta, rua Aurea, 106 e 108.
José Motta da Fonseca, rua da Prata, 147.
J. M. Nunes Ribeiro.
José Narcizo Fernandes Junior.
José do Nascimento Lopes, praça de Pedro, 122.
José Norberto da Silva Pinto, rua dos Capellistas, 95.
José Nunes de Carvalho.
José Nunes Correia, rua Nova do Almada, 2.
José Pedro Dias, rua dos Retrozeiros, 39.
José Pedro Ferreira, Carreirinha do Soccorro, 5.
José Pedro da Fonseca.
José Pedro de Mattos.
José Pedro da Silva Machado, rua dos Fanqueiros, 46.
José Pereira Bastos.
José Pereira Cardoso, rua dos Retrozeiros, 113, 1.º
José Pereira da Costa, praça de D. Pedro, 105.
José Pereira de Mattos.
José Primo dos Reis Fernandes, rua Nova da Palma, 248.
José Ribeiro dos Santos.
José Ribeiro da Silva Junior, rua Nova de S. Mamede, 31, 2.º
José Ricca Junior, rua do Alecrim, 17.
J. R. de Carvalho.

José da Rocha, rua dos Capellistas, 99, 1.º
José Rodrigues Formigal, Terreiro do Trigo, 88.
José Rodrigues Tarujo Formigal, praça do Principe Real, 6.
José Rodrigues Testa, rua do Arsenal, 46.
José Romão de Mattos, rua da Prata, 7.
José da Silva Soares, rua do Ferregial de Cima, 15.
José dos Santos.
José dos Santos Pereira.
José de Sousa Gomes Coelho, rua do Arsenal, 150.
José de Sousa Pinto de Magalhães, rua das Flores, 74.
José Tavares Ferreira, rua do largo do Corpo Santo, 25.
José Theotonio Pereira, largo de S. Paulo, 90, 1.º
José Thomaz Salgado, rua da Boa Vista, 48 e 50.
José Thomaz Vieira dos Reis.
José Victorino Canongia, rua do Ouro, 245.
Julião Raposo, travessa d'Assumpção, 45.
Julio Cesar dos Santos, praça de D. Pedro, 19.
Julio da Costa Adão, rua dos Retrozeiros, 76.
Julio Henrique de Seixas, praça de D. Pedro, 45, 1.º
Julio Hilario Pereira Alves, praça da Figueira, 30, 1.º
Julio Ignacio Correia Saraiva, rua dos Retrozeiros, 47.
Julio José Pires, rua de Santo Antão, 135, 2.º
Julio Pereira da Silva, rua de S. Julião, 82.
Julio da Silva Victorino, rua dos Retrozeiros, 122.
Julio Vieira Lopes, rua do Livramento, 105.
Justino C. Pinto da Silva, rua dos Corrieiros, 152.
Justino José do Nascimento, rua do Ouro, 273.
Luiz Alves Pereira, rua dos Bacalhoeiros, 132.
Luiz Antonio Fernandes da Silva, rua da Bica de Duarte Bello, 10.
Luiz Antonio Xavier.
Luiz Diogo da Silva, rua de S. Julião, 80, 1.º
Luiz Eugenio Leitão, rua dos Capellistas, 49, 2.º
Luiz Filippe da Matta, rua dos Corrieiros, 92, 1.º
Luiz José de Carvalho, rua dos Capellistas, 116.
Luiz Maximo Ferreira, rua dos Bacalhoeiros, 129.
Luiz Quaresma Val do Rio, rua dos Douradores, 60, 1.º
Magalhães Basto, rua do Calhariz, 5.
Manoel d'Almeida, rua de Santos, 22.
Manoel A. Cardoso Cerqueira, rua dos Retrozeiros, 36.
Manoel Alves Ferreira Callado, rua de S. Julião, 175.
Manoel Antonio Barreiros, rua do Ferregial de Cima, 29.
Manoel Antonio Coelho, praça da Figueira, logar 6.
Manoel Antonio Dias Ferreira, rua dos Capellistas, 21.
Manoel Antonio de Seixas, praça de D. Pedro, 45, 1.º
Manoel d'Avellar, rua Nova de S. Mamede, 6.
Manoel Antunes Farinha, rua do Caes de Santarem, 12 e 14.
Manoel Baptista Fernandes, rua dos Remedios, 7.
Manoel da Costa Vide.
Manoel Coelho Bastos, rua dos Remedios, 57, 2.º
Manoel Christo Paschoa.
Manoel Correia Saraiva, rua dos Retrozeiros, 5.
Manoel Dias da Costa Lima, rua dos Corrieiros, 140.
Manoel Duarte d'Almeida, rua Nova de S. Caetano, 37.
Manoel Duarte Ferreira, rua das Flores, 47.
Manoel Duarte da Silveira, rua 24 de julho, 306, 3.º
Manoel Ennes Ramos, largo do Marquez do Lavradio, 9.
Manoel Fernandes Pereira, rua da Prata, 131.

Manoel Ferreira Junior, largo do Conde Barão.
Manoel Fonseca Correia Saraiva, rua do Carmo, 103.
Manoel Godinho Cabral, rua da Palma, 79.
Manoel Gonçalves Diniz, rua de S. Julião, 100, 1.º
Manoel Henriques d'Almeida.
Manoel Ignacio Nunes, rua do Ferregial de Baixo, 80.
Manoel Joaquim Alves Diniz, rua de S. Julião, 100, 1.º
Manoel Joaquim d'Araujo, rua dos Bacalhoeiros, 93.
Manoel Joaquim Gonçalves, rua do Amparo, 118.
Manoel Joaquim Gonçalves Barbeitos, rua da Boa Vista, 126.
Manoel Joaquim Pimenta de Carvalho.
Manoel de Jesus Moreira.
Manoel José Alves de Sousa, rua da Alfandega, 124.
Manoel José d'Andrade, rua da Bitesga, 100.
Manoel José de Brito, rua da Prata, 124.
Manoel José Collares, rua Nova de S. Mamede, 9.
Manoel José Pereira, rua de Santa Martha, 118.
Manoel Lopes Natario, rua dos Fanqueiros, 280.
Manoel Luiz de Macedo, rua dos Fanqueiros, 280.
Manoel Luiz de Sousa Pinto, rua da Roza, 234.
Manoel Luz.
Manoel Marques Carneiro.
Manoel Martins da Hora, rua Augusta, 117, 1.º
Manoel Nunes Coelho.
Manuel Nunes Correia, rua Nova do Almada, 2 a 10.
Manoel Nunes Ferreira.
Manoel Pereira Bastos.
Manoel Pinto de Lima, rua da Alfandega, 74.
Manoel Rodrigues de Carvalho.
Manoel Rodrigues Vaquinhas, rua dos Remedios, 81.
Manoel Rosa Pacheco, rua do Loreto, 63.
Manoel da Silva Brazião, rua dos Remolares, 37.
Manoel Teixeira, rua de Santos, 22.
Mapril Julio de Moraes Sequeira, rua dos Retrozeiros, 109.
Mathias de Senna Azevedo, rua de S. Paulo, 92.
Miguel Hermenegildo de Macieira, rua da Magdalena, 16, 1.º
Miguel Henrique Macieira, rua da Magdalena, 16, 1.º
Miguel Henriques dos Santos, rua dos Bacalhoeiros, 40.
Miguel Julião Ferreira.
Narciso Antonio d'Oliveira, rua dos Capellistas, 120, 2.º
Narciso Vieira Borges, rua da Atalaya, 134.
Nicolau José da Costa.
Norberto Passos d'Oliveira Valença, rua Augusta, 109.
Pedro Augusto Martins, rua dos Capellistas, 83.
Pedro Henrique Bizarro da Silva, rua Augusta, 84.
Polycarpo José Lopes dos Anjos, rua dos Fanqueiros, 38, 1.º
Pedro Nunes da Cunha, rua de S. Roque, 75.
Polycarpo Pecquet Ferreira dos Anjos, rua dos Fanqueiros, 50, 1.º
Prudencio Gonçalves Fortes, calçada da Pampulha, 3.
Ricardo Ernesto de Carvalho, rua dos Fanqueiros, 156, 1.º
Ricardo Loureiro, calçada da Estrella, 18, 1.º
Romão José Alves Ribeiro.
Sabino Augusto dos Santos, rua Augusta, 277.
Sebastião Correia Saraiva Lima, rua de S. Paulo, 132.
Sebastião Mestre dos Santos.
Severiano Gonçalves da Fonseca, rua das Janellas Verdes.
Silverio Carvalho Tramella, rua da Bitesga, 45, 1.º

Silvestre Castanheira, rua Augusta, 128.
Theodoro da Costa, rua do Sacramento a Alcantara.
Theodoro Ferreira Pinto Basto, caes do Sodré, 64.
Theodoro José Ferreira Junior, rua da Conceição, 121.
Theodoro Wege, rua da Prata, 121.
Thiago Antonio da Silva, Praça de D. Pedro, 94.
Thomaz José Pereira Lima.
Thomé Ferreira Lima, rua Augusta, 128.
Vicente Caetano Macieira, rua da Magdalena, 16, 1.º
Victor Pereira de Oliveira, rua da Palma, 88.
Victorino Pinto Brandão.
Victorino da Silva Almada Junior, rua do Amparo, 53.
Victorino Vaz Junior, rua da Magdalena, 55.

NEGOCIANTES EXTRANGEIROS

Abecassis Irmãos, rua do Alecrim, 10, 2.º
Alberto Meister, rua Fernandes Thomaz, 9.
Alexandre Black & C.ª rua da Boa Vista, 32.
A. Kleinschmidt & C.ª, Poço do Bispo.
Abel Dagge & C.ª, rua do Crucifixo, 7, 1.º
A. Bonneville, rua do Ouro, 82.
Bernardo Daupias & C.ª, rua da Prata, 8, 1.º
B· Markert & C.ª, travessa das Pedras Negras, 1, 1.º
Basto & Piombino, rua de S. Paulo, 55, 1.º
Bobone (Jeronymo), rua Formoza, 108.
Bensaude & C.ª, rua do Alecrim, 12.
Barroso & C.ª, rua dos Capellistas, 67, 1.º
Carlos Moser, rua Augusta, 28.
Centeno & C.ª, rua da Prata, 153, 1.º
Charles Coverley & C.ª, rua de S. Julião, 140, 1.º
Creswel & C.ª, rua dos Fanqueiros. 122, 1.º E.
Cohen & C.ª, rua dos Fanqueiros, 50, 2.º
Charles Garrelon & C.ª, rua dos Capellistas, 99, 2.º
Dorner Carlos, Hotel da Europa.
Dray (Judah).
Eduardo Lutkens, rua dos Retrozeiros, 120, 2.º
E. Dundas, travessa do Cotovello, 36.
E. Wilke, rua dos Retrozeiros, 60, 2.º
Eduardo Jubert, rua direita do Grillo ao Beato.
Edward Price & Sons, rua do Corpo Santo, 50, 2.º
Ellerton & Kjotner, caes do Sodré, 70 e 72.
Elie Benard, rua Garrett, 100 e 102.
Ernesto George, rua da Prata, 8.
Estevão José Brochado, rua dos Retrozeiros, 88, 1.º
Escrich (José), rua de S. Paulo, 32.
F. Garay & C.ª. largo do Pelourinho, 19, 1.º
F. & H, Van-Zeller, rua da Horta Secca, 23.
Figari (Carlos Felix), rua do Arco do Bandeira, 10 a 14.
F. Martin & Filhos, rua do Alecrim, 103.
Girbal & Filhos, rua Alexandre Herculano.
Gustav Liebermeister, rua dos Capellistas, 78.

Gustavo Yess, rua de S. Julião, 72, 1.º
Garland Laidley & C.ª, rua do Alecrim, 10, 1.º
Gerwer & Zellweger, travessa de S. Nicolau, 88, 1.º
Gruis & Vianna, largo de S. Julião, 12, 1.º
Guilherme Graham Junior & C.ª, rua dos Fanqueiros, 7.
H. G· Scholtz, rua do Ferregial de Cima, 31, 3.º
Henrique Moser, rua Augusta, 28.
Henrique Roberts, travessa da Palha, 28, 2.º
H. F. Cast, rua dos Fanqueiros, 121.
H. Kuft, largo de S. Julião, 19.
H. S. B. Mitchell, rua d'Alfandega, 108, 1.º
H. Schalck (successores), rua da Magdalena, 17, 1.º
Henrique Buchnall & Filhos, travessa do Corpo Santo, 10, 1.º
Henrique Daenhardt, rua da Magdalena, 75, 1.º
Hermann Katzenstein, rua dos Capellistas, 35, 1.º
Henry Burnay & C.ª, rua dos Fanqueiros, 10, 1.º
Hickie Brothers, rua do Crucifixo, 7, 1.º
Hoffmann & Cruz, rua do Alecrim, 34.
Hugh Parry & Sons, rua Occidental da Moeda.
Iglesias (José), largo da Bibliotheca Publica, 4.
Ihms & Freitas, largo do Terreiro do Trigo, 1.
J. & J. C. Chester, rua dos Retrozeiros, 72, 1.º
J. Wimmer & C.ª, rua da Magdalena, 45, 2.º
Jeronymo Polleri, rua dos Capellistas, 42, 1.º
Jacintho Garin Junior, travessa da Palha, 40, 1.º
J. & A. Levy & C.ª, largo do Pelourinho, 10, 1.º
Knudsen & Terry, caes do Sodré, 18.
Knowles Rawes & C.ª, rua dos Capellistas, 31, 1.º
Leopoldo Wagner, rua dos Fanqueiros, 62, 1.º
Lima Mayer & Filhos, rua da Prata, 59, 1.º
Marcos Cagi, rua do Alecrim, 53.
Mascarenhas & C.ª, travessa do Corpo Santo, 10, 1.º
Merck & C.ª, rua dos Capellistas, 49, 1.º
Mauricio Goldschimidt, rua de S. Julião, 100, 2.º
Max Wiedemann & C.ª, rua da Prata, 108, 2.º
Moisés Amzalack, rua Nova do Almada, 53, 3.º
Monró (C. A.), rua do Jardim do Regedor, 31, 2.º
N. Villalonga, rua do Assucar, Poço do Bispo.
O. Herold & C.ª, rua dos Fanqueiros, 19, 1.º
Paul Bénard, rua do Arco a S. Mamede 9.
Pariz & Pombeiro, Terreiro do Trigo, 23.
P. Cavalleri & C.ª, rua Nova da Palma, 246.
Perry Vidal Filhos & Santos, rua do Alecrim, 19 e 21.
R. A. Shore, rua dos Fanqueiros, 24, 1.º
Rau (Luiz) rua do Arco do Bandeira, 5, 1.º
Ricardo Oakley & C.ª, rua do Corpo Santo, 50, 1.º
Raphael Saavedra, travessa do Conde da Ponte, Junqueira, 10, D.
Reck & Vogler, rua dos Douradores, 178.
Salomão Seruya & Filhos, rua da Prata, 80, 2.º
Sandmann & Brothers, rua do Alecrim, 2.
Schonewald (Theodoro), rua dos Fanqueiros, 91, 1.º
Sireno Prats, calçada de Santos.
Seruya (M. da S.), rua do Alecrim, 38, 2.º
Spilhaus & C.ª, rua de S. Julião, 53, 1.º
T. Baerlein, rua da Prata, 40, 2.º
Theodoro Wege & C.ª, rua da Prata, 121, 2.º
Theodoro & H. Albert Deggeler, rua Ivens, 44, 1.º

Torlades & C.ª, rua do Ouro, 32, 1.º
Viuva Blanco & Filhos, rua do Arco do Limoeiro, 66, 1.º
Viuva de Leon Amzalack & Filho, rua Nova do Almada, 53, 3.º
Viuva Peters & Filhos, Boqueirão do Duro, 38.
W. H. Cleck & C.ª, Boqueirão do Duro, 32, 1.º
W. P. Custance, rua da Prata, 39, 1.º
William Rankin Sons, Outeiro do Alfeite, Almada.

NAVIOS MERCANTES DA PRAÇA DE LISBOA

Vapor	Africano, toneladas	?	
„	Ambaca, metros	2:268	Nova medição
„	Angola, metros	1:674	
„	Açor, metros	1:033	
„	Bolama, metros	456	Antiga medição
„	Bissau, metros	426	
„	Cidade da Praia, metros	546	
„	Casengo, toneladas	3:009	Nova medição
„	Cabo Verde, metros	1:998	Antiga medição
„	Funchal, metros	1:536	„
„	Gomes IV, toneladas	464	
„	Gomes VII, toneladas	594	Nova medição
„	Gomes VI, toneladas	641	
„	Portugal, metros	1:636	Antiga medição
„	S. Thomé, metros	1:998	
„	Loanda, toneladas	3:334	
„	Rei de Portugal, toneladas	3:460	
„	Moçambique, toneladas	3:387	
„	Malange, toneladas	3:574	Nova medição
„	Tungue, toneladas	1:296	
„	Ibo, toneladas	1:212	
„	Rovuma, toneladas	349	
„	Alice, toneladas	?	
„	Vega, toneladas	?	

Rebocadores

Vapor	Caçador, metros	93	Antiga medição
„	Conductor, metros	112	
„	Cabinda, toneladas	24	Nova medição
„	Relampago, toneladas	?	
„	Mercurio, toneladas	?	
„	Tigre, toneladas	?	
„	Leão, toneladas	?	
„	Victoria, toneladas	?	

Navios de véla

Galera	Viajante	?
Barca	Lusitania	?
„	Venus	?
„	Tentativa	?
„	Industria	?
Brigue	S. Thomé	?
„	Annibal	?

Patacho	Mondego	?
"	Eulalia, metros	202
"	Cesar	?
"	Gasula	?
"	Neptuno	?
Lugre	Commercio	?
"	Argus	?
"	Salvador	?
"	Gamo	?
"	Navegador	?
Escuna	Hortense	?
"	Creoula	?
Hiate	Vasco da Gama, toneladas	48
"	Novo Triumpho, metros	69
"	Novo Piedade	63
"	S. João Baptista	44
"	Senhor dos Rassos, metros	?

Vapores pescadores

Réunis, toneladas	?
Colombo, toneladas	?
Argentina, metros	223
Machado, metros	?
Alfredo, metros	?
Eduardo, toneladas	143
Nisard, toneladas	189
Sete de Maio, toneladas	79
Henrique, toneladas	?

Estabelecimentos de Commercio e Industria

ADUBOS AGRICOLAS

FABRICA NACIONAL
DE
ADUBOS

Adubo animal para todas as culturas — Adubo especial para vinhas — Massa de carne e peixe — Fazem-se analyses de terra, vinhos, etc.

RUA DA FABRICA DA POLVORA
ALCANTARA

ADUBOS AGRICOLAS

Companhia Real Promotora de Agricultura Portugueza.
Mercado 24 de Julho, ala poente.
Empreza Vinicola, rua das Flores.
Pedro Emilio Castel-Branco, rua da Fabrica da Polvora.

AGUAS CHLORETADAS DA AMIEIRA

UNICAS EM PORTUGAL E HESPANHA

Premiadas em todas as exposições a que teem concorrido

Estas aguas, situadas no conselho de Soure, estão a 10 kilometros da Figueira da Foz para onde ha facil communicação pelo caminho de ferro

Epocha balnear de maio a outubro inclusivé, Banhos thermaes, hotel, bilhar, sala de leitura. café, jogos de sala, jardim e gymnasio

MEDICO E SOCCORROS PHARMACEUTICOS

As aguas chloretadas da Amieira são completamente diversas de todas as aguas mineraes conhecidas em Portugal e Hespanha: — são inalteraveis e applicam-se interna e externamente. A sciencia não as pode confundir.

Usam-se no tratamento da *escrophulose, rheumatismo, molestias de pelle*, ainda as mais rebeldes, *syphilis, padecimentis de estomago, figado e baço, inflammações sub-agudas e chronicas de quaesquer orgãos, utero, ovario, intestinos, mesentherio,* etc., *leucorrhêas, varias fórmas de anemia e chlorose* e *alguns casos de hydropsia*, etc.

A's pessoas fracas o seu uso é a principio recommendado em pequenas porções, antes ou á hora das comidas, podendo augmentar a quantidade até que façam uso das aguas de Amieira como agua potavel. As pessoas mais fortes podem começar desde logo a usal-a quotidianamente sempre que tenham sede; o seu uso não prejudica em coisa alguma, antes fortalece o estomago e é preferivel a outra qualquer agua. Na analyse chimica ha apenas vestigios de materias organicas, o que é uma garantia importante para o seu uso.

Na séde balnear das Caldas da Amieira ha, junto ao estabelecimento de banhos, um bom hotel, servido como os melhores de Lisboa, jogos diversos, jornaes nacionaes e estrangeiros, sala de baile, piano, bilhar, etc.

As aguas vendem-se em muitos pontos do paiz: garrafa de litro, 140 réis.

No escriptorio da Companhia das Aguas Thermaes da Amieira, **rua dos Retrozeiros, 45, 2.º, direito, Lisboa,** vendem-se garrafões com 10 litros d'agua por 1$000 réis, e com 5 litros por 550 réis, recebendo-se os garrafões vasios de 10 litros por 300 réis e de 5 litros por 200 réis, comtanto que não tenham servido a outro liquido.

A estação do caminho de ferro que serve estes banhos das Caldas da Amieira, é na linha de Lisboa, Torres e Figueira da Foz; a estação denominada Caldas da Amieira, que é entroncamento d'esta linha com o ramal de Alfarellos, vae entroncar na linha ferrea do norte.

Os srs. banhistas de Lisboa seguem directamente á estação das Caldas da Amieira; os dos outros pontos ao norte do paiz e os da linha de leste e ramal de Caceres, devem seguir pelo ramal de Alfarellos á estação das Caldas da Amieira.

AGUAS MINERAES PORTUGUEZAS

Alcalinas: Alcaçarias D. Clara, Duque — Doutor * districto de Lisboa. — Castello de Vide, Portalegre. — Chaves, Villa Real. — Luso, * Aveiro. — Moura, Beja, Pedras Salgadas, * Villa Real. — Vigado, * Villa Real. — Villarelho da Raia, Villa Real.

Ferreas: (principaes). — Cabeça de Montachique, Lisboa. — Caldellas de Rendufe, * Braga. — Camara, Lisboa.—Carlão, Villa Real.—Cota, Vizeu. — Furnas, (de S. Miguel) Ponta Delgada.

Salinas: Ajustrel, * Beja. — Almofada, Guarda. — Brancas, Leiria. — Estoril, Lisboa. — Maiorca, Coimbra. — Monsão, * Vianna do Castello. — Pinhel, Guarda. — S. João do Deserto, * Beja. — Tavira, Faro. — Torres Vedras, Cucos, * Lisboa. — Vimieiro, Lisboa.

Sulfurosas: Alcafache, Vizeu.— Alhandra, Lisboa.—Almeida, Guarda. — Alpreada, Guarda. — Aregos, districto de Vizeu. — Arez, Portalegre. — Arsenal da Marinha, * Lisboa. — Cabeço de Vide, * Portalegre.— Caldas da Rainha, * Leiria. — Canavezes, Villa Real. — Carlão, Villa Real. — Carvalhal, Guarda. — Entre-os-Rios, Vianna do Castello. — Felgueiras, * Vizeu. — Freixiolinho, Castello Branco. — Furnas, (S. Miguel) * Ponta Delgada. — Gavião, Portalegre. — Gayeiras, Leiria. — Lijó, * Braga. — Linhares, Guarda. —Manteigas, Guarda. —Maria Viegas (Monsão), Portalegre. — Moledo, * Vianna do Castello — Monchique, * Faro. — Monte de Pedra, Portalegre. — Monte Real, Leiria. — Obidos, Leiria. — Padreiro, Vianna do Castello. — Penamacôr, Castello Branco.—Pombal de Anciães, Bragança. — Pranto, Coimbra. — Ranhados, Vizeu. — Rapoila de Gôa, Guarda. — Rio Real, Leiria.—Santa-Comba-Dão, Vizeu. — S. Gemil, Vizeu. — S. Jorge, Aveiro. — S. Mamede, Lisboa. — S. Pedro do Sul, * Vizeu. — Taypas, districto de Braga. — Unhães da Serra, Castello Branco. — Vizella, * Braga. — Zebras, Castello Branco.

Sem classificação: Gerez, * Braga.— Aguas chloretadas da Amieira, * Soure.— Deposito geral das aguas mineraes, naturaes portuguezas de Maria Silva & C.ª, largo do Carmo, 21.

O signal * em seguida aos nomes das nascentes indica a existencia de estabelecimento balnear.

AGENCIAS DE ANNUNCIOS

AGENCIA PRIMITIVA DE ANNUNCIOS
FUNDADA POR
Luiz Maria Pereira de Braun Peixoto
RUA AUGUSTA, 270, 1.º
1.º QUARTEIRÃO VINDO DO ROCIO

HOJE

AGENCIA HAVAS
E
Rua do Ouro, 30, loja
RUA DE SANTA CATHARINA, 60, 1.º
PORTO

São tão reconhecidas as vantagens que esta **Agencia** proporciona, não só á classe commercial como a todos os individuos em geral, que precisem publicar annuncios nos differentes jornaes, que escusado é relembral-as; entretanto, para aquelles que ainda ignorem taes vantagens, preciso será que se renove aqui o programma, *que no decurso de vinte e tres annos* tem sido rigorosamente cumprido, com o zelo escrupuloso de quem deseja acreditar uma empreza d'esta ordem, e que tem a satisfação de ver prosperada com o bom acolhimento que tem recebido, está recebendo e espera continuar a merecer no futuro. Eis pois as garantias que offerece:

A **Agencia de Annuncios** acceita para serem publicados nos principaes jornaes de Lisboa, Porto, provincias, ilhas adjacentes, colonias e estrangeiro; *annuncios, communicados e correspondencias*, fazendo abatimento no seu custo real, em virtude de contractos especiaes que tem com varias emprezas jornalisticas e ás quaes a **Agencia de Annuncios** presta importantes serviços.

Pela apresentação de um unico original encarrega-se de fazer publicar nos jornaes o annuncio ou artigo que lhe fôr entregue.

Traduz gratuitamente para a lingua portugueza os artigos que lhe forem apresentados em francez, inglez, hespanhol, etc.

Incumbe-se da redacção de quaesquer annuncios ou artigos, segundo a idéa que se lhe apresente.

Calcula com toda a exactidão o numero prefixo de linhas que devem produzir os pequenos annuncios; e o mais approximado possivel os annuncios grandes e com titulos, ou artigos tambem longos. Na occasião do pagamento do custo dos annuncios, ou quaesquer outras publicações faz logo o competente desconto em determinados jornaes a favor do annunciante.

Em vista do exposto, claramente se vê que as pessoas que se dirigirem a esta **Agencia de Annuncios** obteem grandes vantagens, porque além de economia no preço dos annuncios, escusam-se ao trabalho de repetir copias, pois que basta um original apenas para todas as reproducções, e em pontos bem centraes, encontram meios de corresponder-se com os jornaes, não só de Lisboa, como do Porto, provincias, ilhas, colonias e estrangeiro resultando d'este conjuncto, *economia de dinheiro, de trabalho e de tempo*, que é tambem um capital de valor inestimavel.

A **Agencia** tem os seus escriptorios abertos durante todo o anno, desde as 8 da manhã até ás 9 da noite.

AGENCIAS DE ANNUNCIOS

Havas — Escriptorios especiaes, rua Augusta, 270, 1.º e rua do Ouro, 30, loja.
Bastos & Gonçalves, rua dos Retrozeiros, 147.
Agencia Universal para cartazes e programmas, calçada do Garcia, 4 sobreloja.

AGENCIA TELEGRAPHICA HAVAS

Escriptorios em Portugal — Lisboa, rua do Ouro, 28, 2.º
Porto, rua de Santa Catharina, 8, 1.º

Serviços de informações postaes e de despachos telegraphicos noticiosos, principalmente politicos e financeiros, commerciaes e maritimos, etc. Director do serviço em Portugal, Franco de Mattos.

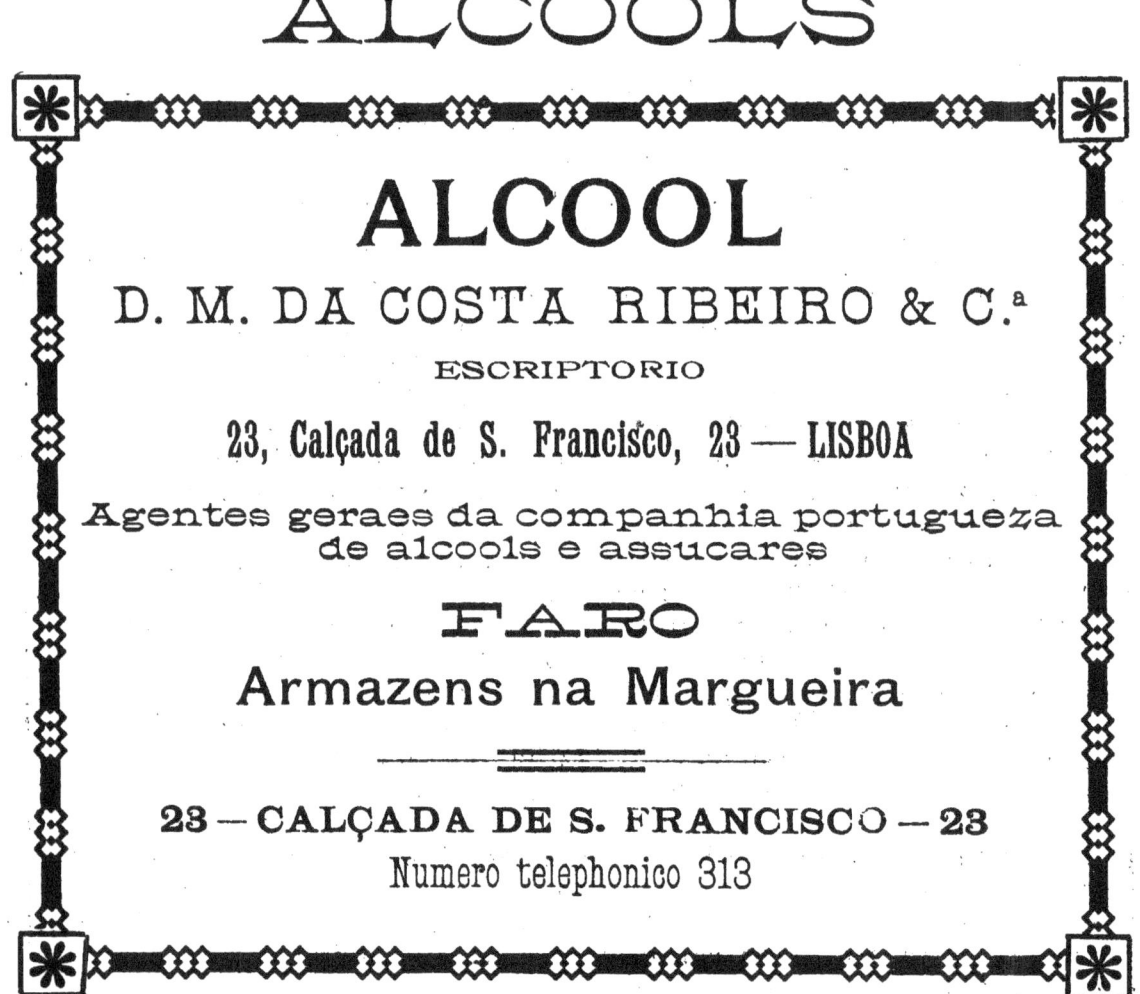

ALCOOLS

Companhia dos Alcools de Portugal, Praça do Commercio, 7.
D. M. da Costa Ribeiro & C.ª, Calçada de S. Francisco, 23.

ALFAYATES

BACELLAR & C.ª

ALFAYATES

149 — Rua do Ouro — 1.º

Fatos em todos os generos e para todos os preços.

Grande quantidade de fazendas nacionaes e estrangeiras. Todas as estações ha novo fornecimento das maiores novidades, vindo directamente do estrangeiro.

Confecções para homem e creanças.

PREÇOS MODERADOS

ALFAYATERIA MODERNA

J. A. Baldaque, Carvalho & C.ª

96, RUA DA CONCEIÇÃO, 98
(VULGO DOS RETROZEIROS)

2, 4, 6, Esquina da Rua do ARCO DO BANDEIRA, 8 e 10

LISBOA

Grande sortimento de cazemiras nacionaes e estrangeiras, para fatos, pardessus, e para casacos de senhora

FATOS DE MALHA PARA CREANÇAS

Camisas, Collarinhos, punhos, camisolas, ceroulas, meias, gravatas, lenços, suspensorios, chapeus para homens, guarda-chuvas, bengallas e muitos outros artigos de novidade

ENCARREGAM-SE DE ENCOMMENDAS PARA A AFRICA

Preços limitadissimos

ARMAZEM DE FAZENDAS E FATO FEITO

Por atacado e a retalho
ESPECIALIDADE EM UNIFORMES

Fornecedores  da Casa Real

J. NUNES CORREIA & C.ª

Rua do Ooro, 40, 42, 44 e Rua de S. Julião, 150, 152, 154, 156
LISBOA
ATELIER MECHANICO PARA A CONFECÇÃO DE UNIFORMES

Grande sortimento de gravatas, cachenez, suspensorios, camisolas, seroulas, piugas, e colletes para viagem.

Recebem-se directamente, todas as estações, grande sortimento de fazendas estrangeiras, de novidade.

Promptifica-se com a maior brevidade qualquer fornecimento, e encommendas para exportação; garante-se em todas as encommendas, a boa qualidade, perfeição, e modicidade dos preços.

LISBOA

JOSÉ DA FONSECA & FILHOS

ALFAYATES

186, 1.º Rua de S. Julião, 186, 1.º
LISBOA

Grande sortimento de fazendas de lã nacionaes e extrangeiras deposito de fazendas na alfandega para exportação	Armazem de fato para homem Grande Sortimento para revender destinado expressamente ao negocio d'Africa

MANUEL NUNES CORRÊA, FILHOS & C.ª

FABRICANTES E MERCADORES

188, Rua de S. Julião, 198 e 2, Rua Nova do Almada, 10

NUMERO TELEPHONICO 256

CASA FUNDADA EM 1760

LISBOA

ARMAZEM DE FAZENDAS

FAZENDAS	CONFECÇÕES
nacionaes e estrangeiras	de todas as qualidades
DE	PARA
TODA A ESPECIE	Homens, Senhoras e Creanças

Vendas por atacado e a retalho
Artigos de armamento e equipamento militares
Fornecedores do clero, exercito e marinha

Este estabelecimento, o mais antigo e maior n'este genero em Portugal, tem sempre um bom e variado sortimento de fazendas e fato feito para todas as estações, e satisfaz com brevidade todas as encommendas, garantindo sempre o bom corte e acabamento.

Os senhores negociantes da Africa e do Brazil encontrarão toda a vantagem em se dirigirem a este estabelecimento, que tem a pratica do fornecimento para aquelles paizes.

Para satisfazer qualquer exigencia dos seus numerosos freguezes em differentes especialidades teem montado com os ultimos aperfeiçoamentos e machinismo movido a vapor as seguintes officinas:

Alfayate, Modista, Camiseiro, Serigueiro,
Luveiro, Chapelleiro, Sapateiro, Correeiro, Selleiro, Malleiro,
Torneiro, Carpinteiro, Espadeiro,
Serralheiro, Funileiro, Latoeiro, Gravador, Dourador

Manuel Nunes Corrêa, Filhos & C.ª

188, Rua de S. Julião, 198

LISBOA

*

SECÇÃO DE DEPOSITOS
E
CAIXA ECONOMICA

Recebem dinheiro em deposito, abonando os seguintes juros

Á ordem............	3 % ao anno	A 6 mezes de praso.......	5 % ao anno
A 3 mezes de praso.....	4 % »	A 12 » »	6 % » »

Juros pagos aos semestres

Esta secção abre todos os dias não sanctificados ás 9 horas da manhã, e fecha ás 6 da tarde, e nos dias sanctificados abre ás 10 horas da manhã, e fecha á 1 hora da tarde

ALFAYATES

A. F. Paes, rua dos Fanqueiros, 300, 1.º
Antonio Baptista de Almeida Cardoso, rua da Boa Vista, 20, 1.º
Antonio Duarte Manco, rua dos Fanqueiros, 105, 1.º
Antonio Gomes Duarte, rua do Jardim do Tabaco, 48, 1.º
Antonio Jacintho David, rua Augusta, 217.
Antonio Maria d'Almeida, rua de S. Paulo, 127.
Antonio Moreira, rua de S. Paulo, 63 e 65.
A. Pereira Rego, rua Augusta, 56, 1.º, e largo do Corpo Santo, 28, 1.º
Bacellar & C.ª, rua do Ouro, 149.
Candido José Profirio, travessa da Victoria, 53, 1.º
Coimbra, rua Augusta, 177, 1.º
Carreira & C.ª, rua Augusta, 124.
Elisio Santos & Gomez, rua do Ouro, 66, 1.º
F. G. Gomes, rua dos Cavalleiros, 98.
Fellipe Nery Rodrigues de Mira, rua Augusta, 188.
Ferrão & C.ª, rua dos Fanqueiros, 180.
F. J. Pacheco, largo do Poço do Borratem, 31, 1.º
Francisco Lima, travessa de S. Nicolau, 60.
Gaspar Pinto Teixeira, rua Augusta, 245 e 247.
João Correia de Mello, rua do Ouro, 127, 1.º
J. A Baldaque Carvalho & C.ª, rua da Conceição, 96 e 98.
J. J. Almeida, rua do Ouro, 184, 1.º
J. R. Ferreira, largo do Poço Novo, 7.
José Antunes Coelho, rua Augusta, 220, 1.º
José Carlos de Faria Lima, rua do Ouro, 178, 1.º
José Carvalho de Azevedo, rua da Prata, 250, 1.º
José da Fonseca & Filhos, rua de S. Julião, 184 e 186.
José G. Varella successor de Carlos Krug, rua do Ouro, 259, 1.º
J. H. Vieira, rua de S. Julião, 118, 1.º
J. M. Barreira, travessa da Victoria, 78 e 80.
J. M. Costa, rua de S. José, 157, 1.º
J. Nunes Correia & C.ª, rua do Ouro, 40 a 44.
J. Sanz y Zuniga, rua do Ouro, 124.
Joaquim José Ferreira, travessa de S. Nicolau, 82 e 84.
Joaquim José Teixeira Bastos (ecclesiastico), trav. de Santa Justa, 105.
Keil, rua de S. Francisco, 45.
Leonel, rua da Prata, 279, 1.º
Manuel Antonio Jacques, rua Augusta, 75, 1.º
Manuel Nunes Correia Filhos & C.ª, rua dos Algibebes, 192 a 198.
Marques & C.ª, rua do Corpo Santo, 35.
Miguel dos Santos, travessa da Assumpção, 99, 1.º
Miguel & Teixeira, rua Augusta, 70, 1.º
Perdigão Junior, travessa de Santa Justa, 13.
Ribeiro Osorio, rua do Ouro, 170, 1.º
Santos & São Romão, rua de S. Julião, 136.
Silverio da Silva Gil, rua Augusta, 238.
Straus, rua Garrett, 48, 1.º
Valentins & C.ª, travessa de Santa Justa, 45.
V. Affonso & C.ª, travessa de S. Nicolau, 71, 1.º
Xafredo & Filhos, rua Nova do Almada, 64, 1.º

APPARELHOS E CAMPAINHAS ELECTRICAS

Alfredo de Brito, rua de Santo Antonio dos Capuchos, 54.
Almeida & C.ª, travessa do Athayde, 2.
Instituto Industrial e Commercial de Lisboa, rua da Boa Vista, 164.
José Joaquim Ribeiro, rua do Ouro, 222 e 224.
José Maria da Motta, rua dos Poyaes de S. Bento, 16 e 18.
M. Hermann, calçada do Lavra, 8.
Oliveira & Lima, rua Nova do Almada, 20 e 22.
Vital Miramon, rua do Arco do Bandeira, 229, 1.º

ARAMEIROS

Iglesia y Aquire, rua do Caes de Santarem, 46.
Jayme Alfredo Vianna Ribeiro, rua Augusta, 275.
J. A. de Senna, rua Nova do Almada, 52.
João Gomes da Fonte, travessa da Victoria, 10.
Joaquim J. da Rocha, rua do Arsenal, 70.
Manuel José Duarte & C.ª (successor de Luiz Antonio Panarra), rua dos Arameiros, 5.
Oliveira & Lima, rua Nova do Almada, 20 e 22, e rua dos Retrozeiros, 122.
Quina & Irmão, rua do Principe, 9, 1.º

AREIA, CAL, TIJOLO, ETC. (ESTANCIAS E DEPOSITOS DE)

A. A. Meira & C.ª, rua do Duque da Terceira, 8 a 22.
Cazimiro José Sabido, rua de S Bento 148 e 150.
Domingos José Moreira, rua de S. José, 202 a 208.
João Baptista Borges, rua da Silva, 33.
João Manuel Gonçalves, rua da Silva, 20.
Joaquim Condeixa (successor), rua do Caes de Santarem, 16 a 22.
Jorge de Jesus Netto, rua Nova da Piedade, 50, (á Praça das Flores).
José Maria Martins, rua de S. Bento, 40 e 42.
Manuel Joaquim Rodrigues Captivo, rua da Rosa, 99 a 103.
Pato & Martins, rua do Bemformoso, 152.
Silvestre da Silva, rua Vinte e Quatro de Julho.
Verissimo Antonio Ribeiro, successor Manuel Marques, rua do Jardim do Tabaco, 30 e 31.

ARMAZEM DE PAPEIS PINTADOS E ESTOFOS

DE

CALLADO & C.ª

102, Rua Nova do Almada, 104

LISBOA

Grande e variado sortimento de papeis pintados para forrar casas

Tapetes, oleados, galerias, stores, cortinas e todos os artigos proprios para estofar

PREÇOS SEM COMPETENCIA

Endereço telegraphico
CALLADO — LISBOA
Numero telephonico, 603

ARMADORES E ESTOFADORES

ELYSIO SANTOS & C.ª

83 a 87 — RUA AUGUSTA — 91 e 93

LISBOA

Mobilias estofadas em todos os generos e para todos os preços
Oleados para sobrados a 400 réis o metro quadrado!
Alcatifas inglezas desde 480 réis o metro corrente!
Estofos a metro, em todas as qualidades
Pannos para mesas, tapetes e capachos de todos os tamanhos
Cortinados brancos para 1$200 réis cada vão

E em geral todos os artigos proprios da classe, como galerias, franjas, passadeiras, etc., podendo offerecer e garantir á nossa estimavel clientella, em virtude das reformas importantes operadas nas nossas officinas, da boa escolha do pessoal muito habilitado e d'outras combinações economicas a que temos podido chegar, **uma grande reducção nos preços e inexcedivel perfeição nas obras** que não é facil attingirem outras casas montadas com maior ostentação.

83 a 87, Rua Augusta, 91 e 93 — LISBOA

J. M. P. GRILLO

COM ARMAZEM DE

PAPEIS PINTADOS E ESTOFOS

PAPEL PARA FORRAR CASAS,
TAPETES, CORTINAS, STORES, ESPELHOS
E
ORNAMENTOS DE SALA

267, Rua Augusta, 269
LISBOA

NEGRIER GARRIDO & RODRIGUES

Estofadores, decoradores e fabricantes de moveis

RUA GARRETT, 97 A 101—RUA DO THESOURO VELHO, 40 A 52

LISBOA

Vendem por preços muito convidativos as bem construidas mobilias fabricadas nas suas officinas, tapetes, cortinas, galerias douradas e de diversas madeiras, diversas fazendas para estofos e cortinas, como sejam cretones, jutas, bourretes, pellucias e sedas, setim e damascos de seda; oleados para o chão e todos os mais artigos concernentes ao seu ramo de negocio. Executam qualquer encommenda para fóra de Lisboa.

ARMADORES E ESTOFADORES

Alfredo José d'Oliveira & Costa, rua Nova da Trindade, 19 a 23.
A. S. Garde, rua Ivens, 46.
Antonio Marques da Silva, rua do Alecrim, 47 e 49.
Antonio J. P. d'Araujo, praça dos Restauradores, 60 e 61.
A. Barros, rua Nova do Carmo, 17 e 19.
Barbosa & Costa, largo da Abegoaria, 7 a 12.
Bernardino Castanheiro, praça de Luiz de Camões, 37 e 39.
Bizarro da Silva & C.ª, rua Augusta, 82 e 84.
Bruno da Silva, rua de S. Antão, 167.
Campos & C.ª, rua do Ouro, 235, 1.º
Callado & C.ª, rua Nova do Almada, 102 e 104.
Eduardo de Brito, praça dos Restauradores, 25.
Elysio Santos & C.ª, rua Augusta, 83 a 93.
E. J. Alcobia, rua Nova do Carmo, 41.
Gaspar Costa, praça de Luiz de Camões, 17 e 18.
J. M. P. Grillo, rua Augusta, 267 e 269.
J. P. R. Cunha, rua da Prata, 256 e 258.
João Guilherme & Irmão, rua Nova da Palma, 96 a 100.
João Jose Gonçalves, rua Garrett, 50 e 52.
Joaquim Antonio Raposo, rua Augusta, 134 e 136.
Jose Ferreira, praça de Luiz de Camões, 23 e 24.
Jose Narciso d'Aguiar, Avenida da Liberdade, 13 a 19.
Julio Augusto Rodrigues, calçada do Combro, 125.
Mendes & C.ª rua da Prata, 221 a 225.
M. L. da Silva, rua Serpa Pinto, 75 e 77.
Negrier Garrido & Rodrigues, rua Garrett, 97 a 101.
Santos, largo da Annunciada, 20.
Silva & Irmão, rua da Prata 162 a 172.
Viuva Roubaud & Filhos, rua do Ouro, 286 e 288.

ARMADORES DE EGREJAS

Antonio Feliciano Lopes, rua Nova da Palma, 3.
Antonio J. de Souza, rua Direita do Sacramento, 11.
Antonio Joaquim J. Pereira, rua do Barão, 37.
Antonio Lino Duarte, rua Nova da Palma, 46.
Antonio R. Cruz Neroi, rua da Cruz, 90.
J. Augusto de Jesus, largo da Abegoaria, 14.
J. Tavares de Figueiredo Quadros, rua da Arrabida, 4.
Luiz Augusto Montes Pimentel, rua de S. Luiz, 73.
M. da Assumpção, rua do Terreirinho, 78.
Miguel Bernardo Antunes, largo de S. Luiz, 1.
M. Vicencia de Souza, calçada da Pampulha, 45.
P. Feliciano da Conceição, rua de S. Roque, 93, 3.º
Rodrigues & Oliveira, rua de S. José, 153.
Thiago Egydio da Paz, rua de S. José, 9.
Viuva de Antonio do Espirito Santo & Filhos, rua de S. Martha, 125.

ARTIGOS PARA MILITARES

A. Soares & C.ª, praça de D. Pedro, 44.
F. A. Jorge Bello, praça de D. Pedro, 103.
J. Nunes Correia & C.ª, rua do Ouro, 40 a 44.
Manuel Nunes Correia, Filhos & C.ª, rua de S. Julião, 192 a 198.

ASPHALTO E CIMENTO

A. A. Meira & C.ª, rua do Duque da Terceira, 8 a 22.
Antonio Moreira Rato & Filhos, rua 24 de julho, 298 a 314.
Ferin & C.ª, rua Nova do Almada, 70 a 74.
Gruis & Vianna, (cimento), largo de S. Julião, 12, 1.º
J. Lino, rua do Caes do Tojo, 35.
Marques & Domingues, Rua Nova do Amparo, 6, 1.º
Sociedade Geral dos Asphaltos de Portugal, rua da Prata, 156, 1.º

AZEITE

Bernardino Santos Carneiro, mercado do Azeite.
Companhia Fabricadora e Exportadora de Azeite, rua da Prata, 153, 1.º
Empreza Val do Rio Junior, rua dos Fanqueiros, 142 a 148.
José Pedroso Lima, travessa de Santo Antão, 8 e 10.
Lima Bouça, rua dos Fanqueiros, 108.
Luiz Marques Coelho, rua do Arco do Bandeira, 121.
M. G. de Sousa, travessa de Santa Justa, 3 e 5.
Narciso V. Borges, rua da Atalaya, 134 e 136.

AZEITE DE PURGUEIRA

Deposito da fabrica Alliança Fabril, travessa do Corpo Santo, 30.

BACALHOEIROS

Augusto José Coimbra, rua dos Bacalhoeiros, 106.
Bento Affonso dos Santos, largo do Corpo Santo, 2 e 4.
Farto & Irmão, rua dos Remolares, 46.
Feliciano Ignacio Nunes, rua dos Remolares, 31.
Francisco Roque Marques, rua do Corpo Santo, 34 e 36.
Francisco da Silva Pombeiro, travessa dos Remolares, 42 e 44.
Joaquim Augusto Quadros Monteiro, rua Nova do Carvalho, 32 e 34.
Joaquim Pereira da Silva, rua do Terreiro do Trigo, 30 e 32.
José Guilherme Ferreira, travessa da Ribeira Nova, 28 e 30.
José Lourenço Martins, praça dos Remolares, 10.
José Joaquim Pereira Rego, rua dos Bacalhoeiros, 85.
José da Silva Pombeiro, rua do Caes de Santarem, 36.
José Corvello de Avila, rua dos Bacalhoeiros, 101.
José Vicente Lopes & Figueiredo, rua dos Bacalhoeiros, 54.
Manuel Caetano Affonso, rua dos Bacalhoeiros, 45 e 47.
Motta & Sousa, rua dos Bacalhoeiros, 71.
Raymundo Ernesto Pereira Chaves, rua dos Bacalhoeiros, 51 e 53.
Victorino Gonçalves de Sousa, rua dos Bacalhoeiros, 84 e 86.
Viuva Cunha, rua dos Bacalhoeiros, 100 e 102.
Viuva Mendes Pereira, rua dos Bacalhoeiros, 132.
Viuva Sousa Santos & Filhos, rua dos Bacalhoeiros, 87.

BAHULEIROS

Antonio Lino, rua dos Bacalhoeiros, 137.
Francisco Coelho Alexandre, rua dos Bacalhoeiros, 127.
João Martins Casal, rua da Oliveira (ao Carmo), 99.
Joaquim Franco, rua da Magdalena, 50.
Joaquim da Silva, rua da Prata, 112.
José de Carvalho, rua dos Capellistas, 15 e 17.
Viuva Arsenio & Silva, rua dos Bacalhoeiros, 97 a 105.
Viuva de Cypriano d'Almeida, rua dos Bacalhoeiros, 138 a 144.

BALANÇAS, PESOS E MEDIDAS

A. C. ENCARNAÇÃO & C.ª
SUCCESSORES DE
JOÃO JOSÉ DA COSTA

25 e 27, Travessa da Victoria, 29 e 31—79 a 86, Rua dos Correeiros, 79 a 86

Grande sortimento de balanças de todos os systemas, pesos de ferro e latão, medidas de capacidade, fogões para cosinha, moinhos para café, pimenta, cevada, cochonilha, etc. Torradores francezes a vapor, e ditos nacionaes com fornalha de differentes tamanhos.

COFRES E CAIXAS FORTES EM DIFFERENTES DIMENSÕES

Fundas nacionaes e estrangeiras, aperfeiçoadas, em grande quantidade

Variado sortimento de objectos para escriptorio e commerciantes, prensas para copiar e ditas de alavanca e de socco para relevo em papel, prensas mechanicas para tinta a oleo e tinta de escrever e de copiar, balancés para sellos de differentes tamanhos e numeradores mechanicos. Sinetes de madeira, osso, marfim, coralina, prata e crystal de rocha.

ATELIER DE GRAVURA EM AÇO, LATÃO COBRE E MADEIRA

Officina de serralheria
Portões, gradeamentos, e grades para janellas e corrimão

CASA FILIAL
112, Avenida da Liberdade, 114
(Proximo da aferição)
OFFICINAS
78 a 96, Rua dos Correeiros, 78 a 96
(Vulgo Travessa da Palha)
LISBOA

N. B.—Não se responsabilisam pelos concertos depositados mais de trinta dias

LOPES & ARAUJO
71 e 77, Travessa d'Assumpção
(Defronte do café Montanha)

Sortimento de balanças para todo o mister, pesos e medidas
MOINHOS E TORRADORES PARA CAFÉ
Loiça de ferro esmaltada. Machinas para lavar, encher, rolhar, capsular garrafas dos systemas mais aperfeiçoados.
Cofres á prova de fogo, nacionaes e estrangeiros, dos fabricantes mais acreditados. Caixas para joias.
Prensas de copiar e accessorios. Timbres, numeradores, carimbos de borracha, varios artigos para escriptorio e brindes, e muitos outros indispensaveis para uso domestico.
Fundas aperfeiçoadas e irrigadores.

LISBOA

BALANÇAS PESOS E MEDIDAS

A. C. Encarnação & C.ª, travessa da Victoria, 25 a 31; rua dos Corrieiros, 78 a 96 e Avenida da Liberdade, 112 e 114.
Frederico Collares, largo do Conde Barão, 14.
Lopes & Araujo. travessa d'Assumpção, 71 a 77.
Romão, & C.ª, Cruzes da Sé, 13.

BANHOS DE ALCAÇARIAS

De D. Clara, rua do Terreiro do Trigo, 64 a 68.
Do Duque, rua do Terreiro do Trigo, 56.
De J. A. Baptista, rua do Terreiro do Trigo, 78.
Antigos Banhos do Doutor, largo do Chafariz de Dentro, 19 e 20.

BANHOS DE LIMPEZA E MEDICAMENTOSOS

Casa de Banhos no Poço do Borratem, 4, 1.º
Do Doutor Nilo, rua Nova de S. Domingos, 23.
Idem no Hotel Central, caes do Sodré.
Idem no Hotel Universal, rua Garrett.
Idem no Hospital de Rilhafolles.
Idem do Oriente, rua do Thesouro Velho, (em frente do chafariz.
Idem sulphureos do Arsenal da Marinha e outros, becco do Carvalho (a S. Paulo).
Gabinete hydrotherapico, director: dr. Jayme Mauperrin Santos, C. do Duque, edificio da Escola Academica.

BAZARES

SALÃO DE ARTES E ANTIGUIDADES
DE
LUIZ M. DA COSTA

Especialidade em quadros originaes de afamados pintores antigos e modernos
Aguarellas, moveis e porcellanas antigas

Encarrega-se de vender no estrangeiro toda a qualidade de objectos antigos e artisticos de grande valor. Compra, vende e recebe em commissão objectos de arte antiga ou moderna de verdadeiro merecimento artistico.

52, Rua do Alecrim, 54

LISBOA

BAZARES

A. F. Barreira (antiguidades), largo de S. Carlos, 30 e 32.
André Monte, rua de S. Paulo, 51 e 53.
A. Villas (antiguidades), rua do Alecrim, 40 e 42.
Bazar de antiguidades, rua do Alecrim, 67.
C. R. Valle, rua de S. José, 234 a 237.
Bazar Catholico (antiguidades), rua da Escola Polytechnica, 12 a 18.
Idem de F. M. Pereira, rua Nova da Palma, 103 a 107.
Idem Commercial, rua da Escola Polythechnica, 73 e 75.
Idem Universal, rua de S. Bento, 200.
Idem União (quinquilherias), rua Augusta, 230 e 232, casa filial na rua de S. Pedro d'Alcantara, 43 e 45.
Idem Turco, rua de D. Pedro V, 64 a 68, (antiguidades).
Casimiro Candido da Cunha, (antiguidades), rua do Alecrim, 53.
Grande Bazar de Novidades, rua do Ouro, 82 1.º.
Grande Bazar do Povo, rua do Ouro, 148 e 150.
Grande Bazar Suisso, rua Garrett, 66 e 68.
João Antonio Passos (antiguidades, Avenida da Liberdade, 113.
João Dantas antiguidades), calçada do Marquez de Abrantes, 48, sobre-loja.
Novo Bazar Lisbonense, rna do Ouro, 167 e 169.
Salão de artes e antiguidades de Luiz M. da Costa, rua do Alecrim, 52 e 54.

BIJOUTERIAS E QUINQUILHERIAS

A. C. Sobral, travessa de S. Nicolau, 93.
Antonio Joaquim Cardoso, rua da Bitesga, 47 e 49.
Arcada de Londres, rua do Alecrim, 69.
Carlos Augusto Magiolo, rua Garrett, 20 a 24.
Corrêa da Costa & C.ª, travessa da Assumpção, 90.
Daniel Mattos Sequeira, rua dos Bacalhoeiros, 99 1.º E.
Dias Irmãos, rua dos Retrozeiros, 71 e 73.
Francisco Antonio da Costa, rua da Praça da Figueira, 28 e 29.
Francisco Ribeiro de Gouvêa, largo de Santo Antonio da Sé, 1.
Joaquim Antunes dos Santos, rua da Palma, 9 e 11.
Joaquim Borges de Carvalho & C.ª, rua dos Retrozeiros, 157 e 159.
João Carlos Marques, rua de S. Paulo, 124, 1.º.
José Francisco Machado, largo de S. Domingos, 12 e 13.
Mattos Moreira & Irmão, praça de D. Pedro, 66 e 68.
Vieira & Irmão, rua do Corpo Santo, 43 e 45.

.BILHARES (OFFICINAS DE)

Angulo (deposito), rua da Prata, 148.
Augusto Antonio Ferreira, successores, Avenida da Liberdade, 71 e 73.
Luiz Augusto Ferreira Lopes, Avenida da Liberdade, 77.
Manuel Perez do Nascimento, rua da Gloria, (Avenida), 37 e 39.

BOLACHAS E BISCOITOS

ARMAZEM SUISSO
44, 1.º RUA IVENS (S. Francisco)

Th. & U. Albert Deggeller

DEPOSITO GERAL DAS SOPAS INSTANTANEAS

MAGGI

E DOS

BISCOITOS FINOS SUISSOS
SUPERIORES AOS INGLEZES

E QUE SE ENCONTRAM NAS BOAS MERCEARIAS

FABRICA DA PAMPULHA
BOLACHAS E BISCOITOS
DE
EDUARDO ANTONIO DA COSTA
DEPOSITO GERAL

32, 34, Rua dos Retrozeiros, 32, 34

A fabrica envia preços correntes a todos os negociantes que os requisitem.

Preços sem competencia de nenhuma outra fabrica.

Grandes descontos nas vendas por grosso.

A fabrica tem sido premiada em todas as exposições a que tem concorrido.

São actualmente 280 qualidades de bolachas e biscoitos que se fabricam n'este estabelecimento para os quaes chamamos a attenção de todos os srs. consumidores.

Bolachas desde 200 a 600 réis o kilo. Biscoitos desde 240 a 1$000 réis o kilo. O sortimento é feito á vontade do consumidor. Todos os mezes se apresentam novidades. Ha differentes formatos de caixas entre meio kilo a seis kilos, assim como caixinhas de phantasia proprias para brindes desde 100 a 1$000 rs.

Exposição permanente de bolachas e biscoitos

DEPOSITO NO PORTO — *Rua do Almada, 266*

É seu representante Elysio Pereira do Valle

FABRICA NACIONAL A VAPOR
— DE —
BOLACHAS, BISCOITOS E FARINHAS
— EM —
SANTO AMARO — LISBOA

Eduardo Conceição Silva & Irmão

Premiados nas exposições de Philadelphia, Paris, Rio de Janeiro, Porto e Industrial Portugueza

Escriptorio e deposito geral — 210, RUA DA PRATA, 212

CASAS FILIAES — Belem, Rua Direita, 139 a 141. Porto, Rua Mousinho da Silveira, 93 a 97. Vianna do Castello, Praça da Rainha, 36 a 38.

Tanto no deposito geral, como nas casas filiaes, encontra-se sempre um variado sortimento de mais de 180 diversas qualidades de bolachas e biscoitos, que se recommendam pela perfeição do seu fabrico, e fornecem-se preços correntes aos senhores revendedores.

Venda de farinhas a miudo e por atacado

— LISBOA —

BOLACHAS (DEPOSITOS E FABRICAS DE)

Antonio Pereira da Cunha, rua de S. Bento, 374 e 376.
Augusto Corrêa Brandão, campo das Cebollas, 41 e 42.
Eduardo Antonio da Costa, rua dos Retrozeiros, 32 e 34.
Eduardo Conceição Silva & Irmão, rua da Prata, 210 e 212 e rua Direita de Belem, 139 e 141.
F. Rego & C.ª rua da Junqueira, 346 a 349.
João de Brito, rua dos Romolares, 13, rua da Prata, 83 e 86 e rua do Terreiro do Trigo, 46 e 48.
Th. & U. Albert Deggeller, rua Ivens, 41, 1.º

BOMBAS (OFFICINAS DE)

Companhia Nacional de Fundição e Forjas, rua Luiz de Camões, 10.
Empreza Industrial Portugueza, Santo Amaro, Lisboa.
Henrique Irmãos, rua do Arsenal, 94.
João Felix da Silva Capucho, rua de S. Paulo, 123 e 125 e calçada do Marquez de Abrantes, 41 a 49.

BORDADORES

M. F. Camacho, rua do Loreto, 6 e 8.
Victor Verol, rua Augusta, 176, 2.º

BOTÕES (FABRICA DE)

H. Schalck, successores, rua da Magdalena, 17, 1.º.

CABELLEIREIROS E BARBEIROS

A. C. Paiva, rua do Ouro, 28, 1.º.
A. Godefroy, rua Garrett, 84.
Antonio Fortunato d'Albuquerque, travessa de Santa Justa, 64, e rua Augusta, 254.
A. R. Pinto, rua Nova do Carmo, 55 a 61.
Araujo, rua do Ouro, 292, 1.º.
Baron, rua Garrett, 71, (sobre-loja).
Campos & Costa, rua do Outeiro, 17.
Carlos de Magalhães, rua da Prata, 185, 1.º.
Carvalho, rua da Bella vista á Lapa, 22.
C. Dias, rua Nova do Carmo, 91, 1.º.
Casa François, rua do Ouro, 87, 1.º.
Diamantino Francisco, rua da Prata, 219.
Ferreira, rua do Caes de Santarem, 10, 1.º
Fonseca, rua dos Retrozeiros, 58.
Fonseca, travessa de Santa Justa, 88, 1.º
Francisco Manoel Monge, rua da Prata 250, 1.º
Francisco Soares Lobo, rua Nova da Trindade, 7 (sobre-loja).
Godefroy, praça dos Remolures, 24.
Henrique & Luiz, rua do Ouro, 149, 1.º
Ignacio da Conceição Rosa, travessa de S. Nicolau, 75 e 77.
João Luiz Caetano d'Oliveira, calçada da Estrella.
Joaquim Nunes, rua de S. Julião, 128, 1.º
José Maria da Costa e Silva, calçada do Combro, 49.
J. R. Trancoso, rua dos Retrozeiros, 76.
M. Cardoso, rua da Prata, 236.
Manoel Joaquim dos Santos, largo do Chafariz de Dentro, 5.
Miguel dos Reis, rua Nova da Trindade, 22.
R. Franco, rua Augusta, 275, 1.º
Silva, rua Larga de S. Raque, 43.
Viegas & C.ª, rua Augusta, 210.

CABOS E UTENSILIOS DE NAVIOS

Antonio Marques Corrêa & C.ª travessa de S. Paulo, 9 e 11.
Domingos Antonio de Abreu, rua Nova do Carvalho, 58.
Francisco Augusto Simões, Caes do Sodré, 92 e 94.
João Pedro Salvador, Rio Secco, 33, Belem.
Manoel de Mattos, successores, rua 24 de Julho, 8 e 10.
Mathias de Senna Azevedo, largo de S. Paulo, 92 e 94.
Ricardo Caetano Ayres, rua da Alfandega, 12.
Seraphim Antonio Vasques, travessa da Ribeira Nova, 11.
Viuva Santos & Filhos, praça dos Remolares, 12 e 14.

CAFÉS E BILHARES

Café Aurea Peninsular, rua do Ouro, 177 a 191.
Café Aurora, rua de D. Pedro V, 35 A.
Café Electrico, rua de S. Julião, 68 a 76.
Café Francez, largo do Pelourinho, 1 e 3.
Café Geraldes, rua de S. Julião, 142 a 144.
Café Gibraltar, Caes do Sodré, 36.
Café Grego, Caes do Sedré 20 a 23.
Café Restaurant, Avenida da Liberdade, 23 e 24,
Café Marrare, travessa de Santa Justa, 74.
Café Martinho, largo do Camões, 14 a 18 e arcada da Praça do Commercio.
Café Montanha, rua do Arco do Bandeira, 146 a 158.
Café Santa-Justa, travessa de Santa Justa, 15 a 21.
Café Suisso, largo do Camões, 7 a 9.
Café Tavares, rua Larga de S. Roque, 35 e 37.
Café dos Theatros, rua Nova da Trindade, 50.
Café Universal, rua da Boa Vista, 80 e 82.
Leão de Ouro, rua do Principe, 69 a 77.

CALÇADO PARA SENHORA E HOMEM

SAPATARIA
Antiga casa de Filippe Matheus dos Santos
64, Rua Nova do Carmo, 64

FREDERICO AUGUSTO PINTO
SUCCESSOR DE

Antonio Rodrigues Pinto & F.º

64, Rua Nova do Carmo, 64
CASA FUNDADA EM 1822

Grande sortimento de calçado de todas as qualidades, para senhora, homem e criança

64, RUA NOVA DO CARMO, 64

Especialidade em calçado á Luiz XV.
Vendem toda a qualidade de calçado por preços convidativos e encarregam-se de todas as encommendas para fóra e para o paiz.

64, RUA NOVA DO CARMO, 64

Calçado desde 200 réis a 13$500.
Remette-se calçado pelo correio a quem enviar as medidas.
Grande sortimento de escovas especiaes para engraxar.

64, RUA NOVA DO CARMO, 64

Grande sortimento de polainas de couro para caça, e polainas de panno.

PERFUMARIA

Grande sortimento de sabonetes, pó d'arroz, agua de colonia, agua de toilette para banho, lavagem de cabeça e dentes.

64, RUA NOVA DO CARMO, 64

Grande sortimento de chapeos de côco para homem de 800 réis a 1$500. Bengalas, guarda-chuvas e gravatas.

64, RUA NOVA DO CARMO, 64

Brinde a todos os freguezes que comprarem de 300 réis para cima.

64, RUA NOVA DO CARMO, 64

Viuva Liberato
18, RUA DO LORETO, 20
ANTIGO ARMAZEM INGLEZ
VENDA POR GROSSO E MIUDO
Calçado para senhoras
HOMENS E CREANÇAS
EM TODAS AS QUALIDADES
18, Rua do Loreto, 20
LISBOA

CALÇADO PARA SENHORA E HOMEM

Alexandre Gaspar de Carvalho, rua do Corpo Santo, 25 a 27.
Alfredo José dos Reis, rua Nova do Almada, 95, (sobre-loja).
Antonio Joaquim Calisto, Avenida da Liberdade, 76 a 80.
Antonio Joaquim da Cunha, largo do Poço Novo, 9 e 10.
Antonio J. da Fonseca, rua Nova do Almada, 110.
Antonio Rodrigues Pinto & Filho, successor, Frederico Augusto Pinto, rua Nova do Carmo, 64.
Augusto Filippe Constancio de Almeida, largo da Trindade, 11 e 13.
Augusto José Pedro Baiões, rua da Magdalena, 239 a 243.
Casa Progresso, Jacob Ferreira da Silva, Praça Luiz de Camões, 28 e 29.
Climaco & Raposo, travessa d'Assumpção, 41 e 43.
Coimbra & C.ª, rua Nova do Carmo, 92.
Coimbra & Irmão, rua Nova do Carmo, 78.
Cordeiro & C.ª travessa de S. Nicolau, 47 e 49.
Damião Leonardo Barata, rua da Prata, 134 e 136.
Daniel Fernandes, rua da Prata, 263 e 265.
Faria, rua de Santo Antão, 23.
Fernandes & Fernandes, rua Augusta, 202 a 204.
Ferreira, rua da Magdalena, 101 e 103.
Filippe José Serra, rua do Alecrim, 115.
Francisco de Mendonça Sobrinho, rua da Magdalena, 11 a 19.
Francisco José de Salles, rua da Prata, 158 e 160.
Francisco de Paula Luz de Sousa, rua da Prata, 180 e 182.
Germano Rodrigues Silva, rua do Corpo Santo, 8 e 10.
Gomes & Filhos, rua dos Fanqueiros, 190 e 192.

Januario & C.ª, travessa de Santa Justa, 78 e 80.
J. T. d'Aquino, rua dos Retrozeiros, 62.
João Areal Fernandes, calçada do Combro, 147.
João Arriaga, rua do Bemformoso, 89 e 91, 1.º
João Carlos Barroca, rua dos Fanqueiros, 72 a 76.
João Damasceno de Moraes Simões, rua dos Fanqueiros, 157.
João de Deus, rua Garrett, 43 e 45.
João Joaquim Monteiro, rua de Santo Antão, 62 e 64.
João de Sousa Ferreira da Silva, rua de D. Pedro V, 150.
Joaquim Carlos Felix, rua Augusta, 281 e 283.
Joaquim Jeronymo da Silva, rua de S. Julião, 145.
José Pedro Caetano da Silva, rua da Prata, 157 e 159.
Joaquim Pedro, rua da Prata, 58.
L. J. Nunes, rua do Arco do Marquez d'Alegrete, 30 e 32.
Julião Raposo, travessa da Assumpção, 45 e 47.
Manoel André Junior, rua Direita de Belem, 46.
Manoel Caetano Cintra, rua de S. Paulo, 59 e 61.
Manoel Fernandes, largo da Graça, 118 e 119.
M. J. E. Farinha, rua do Ouro, 52 e 54.
Monteiro & Filho, rua de S. Domingos, 30 a 34.
Nogueira, Calçada da Estrella, 9 e 11.
Oliveira, rua de S. Bento, 344 e 346.
Rufino Manoel Ferreira, travessa de Santa Justa, 55 e 57.
Salazar & C.ª, rua Nova dos Martyres, 89.
Sapataria 31 de Janeiro, travessa de S. Nicolau, 54 e 56.
Silva & C.ª, travessa de S. Nicolau, 90 e 92.
Sousa & Irmão, rua Nova da Palma, 170, 2.º
Souto & C.ª, rua Augusta, 135.
Vieira & Alves, rua dos Martyres, 40 e 42.
Viuva de Casimiro Franco, rua da Magdalena, 24 e 26.
Viuva Santos & Filho, rua da Magdalena, 28.
Viuva de José Ignacio dos Anjos, rua da Magdalena, 194 e 196.
Viuva de José Cypriano, rua Nova do Carvalho, 54 e 56.
Viuva Liberato, rua do Loreto, 18 e 20.
Viuva de Miguel Dias e Sousa, rua do Ouro, 68 e 70.
Viuva Stelpflug, rua do Alecrim, 27 a 31.
Viuva de Manoel Pinto Nogueira, rua do Alecrim, 99.

CALDEIREIROS

COMPANHIA NACIONAL DE FUNDIÇÃO E FORJAS
Sociedade anonyma de responsabilidade limitada
OFFICINAS DE CALDEIRAS
DE
VAPOR E SERRALHERIA

Caldeiraria de cobre,
apparelhos para distillação, bombas, vigamentos de ferro,
tectos de zinco e de ferro, fogões de cosinha,
machinas, motores, etc., etc.

33, Rua Direita do Calvario, 33
(A SANTO AMARO)
LISBOA
Escriptorio rua Luiz de Camões, 8, 1.º (a Santo Amaro)

CALDEIREIROS

Companhia Nacional de Fundição e Forjas, rua direita do Calvario, 33.
Empreza Industrial Portugueza, Santo Amaro.
Gil Lourenço, rua da Boa Vista, 150 e 152.
Henrique & Irmãos, rua do Arsenal, 94.
João Felix da Silva Capucho, rua de S. Paulo, 123 e 125 e calçada do Marquez d'Abrantes, 41 a 49.
Joaquim Aniceto da Silva, rua Augusta, 119.
José da Cruz da Motta, rua Augusta, 179.
José Maria Lourenço Junior, rua Augusta, 43 e 45.
José Pedro Marcello, rua da Boa Vista, 43.
Abreu & Ricardo, successores, rua Augusta, 30 e 32.
Manuel Simões do Nascimento Junior & Irmão, rua de S. Bento, 27, 29 e 33.
Thiago da Silva, rua de Santo Antão, 60.
Viuva Pereira & Filho, rua do Loreto, 58 e 60.

CAMINHOS DE FERRO (AGENCIAS DOS)

Armazens para expedição de mercadorias e bagagens

José Carneiro, rua dos Bacalhoeiros, 80.
Luiz Salazar Junior, rua do Ouro, 262 e 264 e Largo do Conde Barão, 28 e 30.
Lagrange, rua dos Arameiros, 9.

CAMISARIAS E FAZENDAS BRANCAS

ANTONIO JOSÉ FERREIRA
COM
Armazem de fazendas nacionaes e estrangeiras
58, 60, Rua Augusta, 58, 60

97, 99, Rua dos Retrozeiros, 97, 99

LISBOA

Vende-se por atacado e a retalho: rendas, entremeios espiguilhas de linho e de algodão em diversas larguras, pannos de linho, estopas, toalhas, guardanapos, linhas, piugas e meias de lã, linho e algodão, bretanhas de linho em differentes larguras, peitilhos, collarinhos, punhos, lenços de linho e de algodão, bordados, pannos patentes, abretanhados e crus, lençoes, cobertores e mantas de lã e de baetilha, colchas, flanellas, baetilhas, camisolas e ceroulas de lã e algodão, e outros objectos, tudo por preços muito rasoaveis.

ARMAZEM SUISSO

44, 1.º, RUA IVENS (S. Francisco), 44, 1.º

LISBOA

Th. & U. Albert Deggeller

ESPECIALIDADE EM BORDADOS FINOS

Enxovaes completos de roupa branca para senhoras e creanças. Grande sortimento de esculpturas suissas. Chocolate Suchard garantido puro de cacao e assucar.

Camisaria Borges

DE

BORGES & CARNEIRO

ROUPARIA E FAZENDAS BRANCAS

ENCARREGA-SE DE ENXOVAES COMPLETOS PARA CASAMENTOS E BAPTISADOS

Antiga camisaria High-life: 96, Rua Garrett, 98 (vulgo Chiado)

42, Rua Serpa Pinto, 42

LISBOA

J. A. RODRIGUES & C.ª

102, Rua Augusta, 104

LISBOA

Fazendas brancas nacionaes e estrangeiras. Especialidade em meias para homem, senhora e criança. Camisollas, pannos de linho e irlanda

CAMISARIAS E FAZENDAS BRANCAS

A. N. d'Abreu & C.ª, rua de D. Pedro V, 90 e 92.
Affonso de Barros & C.ª, rua Augusta, 77 a 81.
Armazem Suisso, rua Ivens, 44, 1.º
Azevedo, rua da Bitesga, 75, 1.º
Azevedo, rua Nova do Carmo, 100.
Camisaria aperfeiçoada, rua dos Fanqueiros, 97 e 99.
Camisaria Brumós, J. A. Martins d'Almeida & C.ª, travessa de S. Nicolau, 109 e 111.
Camisaria Borges, rua Garrett, 96 e 98.
Camisaria Luso Brazileira, rua do Ouro, 118.
Camisaria Moderna, Pereira da Costa & C.ª, praça de D. Pedro, 105.
Camisaria Parisiense, rua Garrett, 28 e 30.
Camisaria Phenix, rua dos Fanqueiros, 137 a 143.
Camisaria Popular, rua dos Fanqueiros, 107 e 109.
Casa Africana, travessa da Victoria, 33 a 37.
Casa de Guimarães, praça de D. Pedro, 90 e 92.
Francisco Antonio d'Araujo, rua dos Fanqueiros, 157 e 159.
Graça & Duque, travessa de S. Nicolau, 18 e 20.
Gregorio Ramires Móra, rua do Ouro, 112 a 116.
I. da Silva & C.ª, rua Nova do Carmo, 97 e 99.
Irmãos Fortes, rua Augusta, 289.
J. A. Rodrigues & C.ª, rua Augusta, 102 e 104.
J. Ferreira Mendes & C.ª, praça de D. Pedro, 96 e 97.
João Manuel Alves, rua da Rosa, 145 e 147.
João Ribeiro Peixoto, rua do Arsenal, 158.
Joaquim Duarte Pereira, rua Nova do Almada, 63.

José Henriques Rosa & C.ª, rua Augusta, 92 a 96.
Loja da Fabrica, rua do Ouro, 160 a 164.
Loja do Povo, do Rocio, praça de D. Pedro, 87 a 89.
Nova Camisaria, rua do Arsenal, 166.
Pinto & Martins, praça de D. Pedro, 9.
Ramiro Leão & C.ª, rua Garrett, 83 e 85.
Roque Jordan Reig, rua Nova da Piedade, 49 e 51.
Silva Roda, rua Augusta, 161 e 163.
Thomaz N. Gomes, rua Nova do Almada, 105 e 107.
Viuva Veiga, rua da Atalaya, 80 e 82.

CANASTRAS

Canastraria Lisbonense, rua Nova do Carvalho, 49 a 51.
Lojas de Augusto da Costa Bexiga, largo de S. Miguel, 9 (a Alfama).
Manuel das Neves, rua de S. Miguel d'Alfama, 83.

CANDIEIROS DIVERSOS

Claudino Pinto, rua dos Capellistas, 44 e 46.
Caetano José dos Santos, rua dos Poyaes de S. Bento, 90.
Paes & Ferreira, rua dos Capellistas, 24 e 26.

CANDIEIROS PARA GAZ

Antonio Esteves dos Reis, rua da Boa Vista, 38 a 42.
Januario M. d'Assumpção, rua da Magdalena, 233 e 235.
José Henriques da Motta, successor de Duarte Zeferino da Motta, rua do Crucifixo, 77 e 79.
Julio Gomes Ferreira & C.ª, travessa da Victoria, 82 a 86.

CANOS E TUBOS DE CHUMBO (FABRICAS DE)

Companhia Previdente, rua do Instituto Industrial, 9 a 13.
Empreza Industrial Portugueza, Santo Amaro.
Empreza Mechanica e Metallurgica, calçada do Marquez d'Abrantes, 99.
Frederico Collares, largo do Conde Barão, 14.

CANTEIROS E CANTERIAS

Grande serração a vapor

E

OFFICINAS DE CANTEIRO E ESCULPTURA EM PEDRA

DE

ANDRÉ DOMINGOS GONÇALVES

232, Rua de Saraiva de Carvalho, 240

LISBOA

CERCA DE SANTO ANTONIO EM EXTREMOZ

Premiado em diversas exposições

Esta casa, proprietaria dos afamados marmores das pedreiras da Cerca de Santo Antonio de Extremoz, previne os seus freguezes de que devidamente fornecida d'aquelles famosos marmores que rivalisam com os de Italia, se encarrega da construcção de jazigos de formato de capella, ou de qualquer desenho que se lhes exija.

Fornece umbreiras, vergas, forro lagedo, fogões, xadrez para propriedades e toda e qualquer obra pertencente á sua arte, por preços sem competencia, em razão do grande material que possue.

Fabrica de cal na Estrada da Circumvallação, aos Prazeres, fornece vidraço para calcetamentos.

CANTEIROS E CANTERIAS

André Domingos Gonçalves, rua Saraiva de Carvalho, 1.
Antonio Florencio Ramil, rua Nova da Trindade, 81 e 83.
Antonio Jacintho da Rocha, rua do Caes de Santarem, 17 e 19.
Antonio Luiz Caetano, largo de Santo Antonio da Sé, 19 e 20.
Antonio Moreira Rato & Filhos, rua Vinte e Quatro de Julho, 298 a 314.
Caetano Nunes, rua de S. Francisco, 2.
Christiano Augusto Teixeira da Silva, travessa da Queimada, 34 a 40, 46 e 48.
Domingos José Moreira, rua de S. José, 200 a 208.
Germano José de Salles & Filhos, rua do Arsenal, 134 e 136 e rua Vinte e Quatro de Julho.
Joaquim Francisco Sabino, rua Vinte e Quatro de Julho, 424 e 426.
José Moreira Rato & Filhos, travessa do Corpo Santo, 31 e 33 e rua Vinte e Quatro de Julho, 22.
J. J. Rosa & Silva, travessa da Assumpção, 10 e 12.
Lino J. dos Santos Rato, rua de S. Bento, 191 e 193.
Manuel Moreira Rato, rua de S. Paulo, 4 e 6.
Marcolino Cesario dos Santos, rua do Caes de Santarem, 28 e 30.
S. J. Abreu, calçada do Combro, 86 a 94.
Viuva de Manuel Antonio dos Santos, rua do Crucifixo, 69.
Viuva de Sergio Augusto de Barros, rua do Ferregial de Cima, 16 e 18.

CARNES SECCAS (ARMAZENS DE)

A. F. Neves da Fonseca, rua Bella da Rainha, 127.
Antonio José Dias dos Reis, rua da Alfandega, 110 e 112.
Ignacio de Magalhães Bastos, rua dos Fanqueiros, 86 e 88.

CARPINTERIA (FABRICAS DE)

FABRICA LISBONENSE DE SERRAÇÃO
E
Apparelho de Madeiras

CARPINTERIA E MARCENARIA MECHANICA

110, Rua de D. Vasco da Gama, 146

N.º telephonico 520

SOCIO GERENTE

MIGUEL D'ARRIAGA

LISBOA

CARPINTERIA (FABRICAS DE)

Fabrica Lisbonense de serração, rua de Vasco da Gama, 110 a 146.
Rocha & C.ª, rua Nova de S. Francisco de Paula, 5.

CARPINTEIROS DE CARROS

Daniel Fernando, Pateo do Capellista, rua de S. Bento.
Joaquim Antonio Vianna, rua de S. Bento, 634.
Joaquim Silvestre da Silva, rua de Santa Martha, 297 e 299.

CARRUAGENS D'ALUGUER (Estabelecimentos de)

Carruagens de aluguer

DE

JOAQUIM MARTINS AREIAS

187, RUA DO ARCO DO BANDEIRA, 187

LISBOA

Ha variado sortimento de trens
como se fossem particulares
sendo carruagens, landaus, caleches,
coupés, milords, etc.,
proprios para baptisados, casamentos, visitas,
bailes, passeios ao campo
e todos os mais serviços.

PREÇOS RASOAVEIS

Regulados para todos os effeitos pela tabella

DA

COMPANHIA DE CARRUAGENS LISBONENSE

Numero telephonico, 449

CARRUAGENS
DE
ALUGUER

DE

Silverio Botelho & Irmão

39, 41, 43, RUA DO MARECHAL SALDANHA, 47, 51, 53

(VULGO)

Rua da Cruz de Pau

Lisboa

Preços rasoaveis

regulados para todos os effeitos pela tabella da

COMPANHIA

DE

CARRUAGENS LISBONENSE

Numero telephonico, 237

DOMINGAS S. MARTINS
ESTABELECIMENTO
DE
TRENS DE ALUGUER
38, 40, 42 — RUA DO QUELHAS — 38, 40, 42

ALUGUEIS MENSAES

Coupés redondos e mylords	75$000
Caleches, 4 pessoas..........................	80$000
Landaus, 4 pessoas...........................	90$000
Por um trintanario, além do cocheiro............	12$000

BANHOS (Carreiras de ida e volta)

Entre Lisboa e Pedrouços, de 1$000 réis a	1$800

BAILES (levar e buscar)

De 2$500 a	4$000

THEATROS (levar e buscar)

De 1$200 a	1$800

ENTERROS

Quando o serviço não exceder a 2 horas, de 1$000 a	1$200
Cada hora mais, 300 a.........................	$400

N. B. — Todos estes serviços são feitos em trens da tabella acima, comportando de 2 a 4 pessoas. De todos os mais serviços, no estabelecimento se prestam os esclarecimentos.

TELEPHONE — 417

CARRUAGENS DE ALUGUER (ESTABELECIMENTOS DE)

Antonio José Gomes & Irmão, rua Larga de S. Roque, 118.
Antonio Lourenço de Sousa, rua do Ferregial de Cima, 40.
Companhia de Carruagens Lisbonense, largo de S. Roque.
Domingos Pires, pateo do Visconde de Asseca, 34 (a Santos).
Domingas S. Martins, rua do Quelhas, 38 a 42.
Eduardo Augusto de Oliveira, campo de Santa Clara, 14.
Joaquim Martins Areias, rua do Arco do Bandeira, 187.
José da Costa, ruas das Pedras Negras, 26.
José Faustino Ribeiro, travessa Nova do Carmo, 5.
José Maria Garcia Rego, rua direita de Pedrouços, 43 e rua direita de Belem, 152.
José dos Santos Brito, rua de Borges Carneiro, 38.
João de Oliveira, calçada de Santo Amaro, 137 e 138.
Manuel Antonio Barreiros, rua do Ferregial de Cima, 31.
Nova Companhia de Carruagens Fidelidade, rua de S. Bento, 46 e 48.
Pedro Vasques, rua Formosa, 89.
Silverio Botelho & Irmão, rua da Cruz de Pau, 39 a 53.

CARRUAGENS (FABRICAS DE)

Antonio Innocencio Pereira da Cunha, rua Larga de S. Roque, 135.
Antonio José Gomes & Irmão, rua Larga de S. Roque, 126.
Bernardo da Silva, rua de Santo Antão, 129.
Francisco Josè de Oliveira, rua de Serpa Pinto, 35, e largo de S. Carlos.

José Pedroso, travessa da Palha, 72.
José Caetano d'Almeida Navarro, rua Nova da Palma, 246.
J. M. Garcia Rego, rua de S. Francisco de Paula, 15 a 21.

CARTAS DE JOGAR (FABRICAS DE)

Costa & Valerio, rua de S. Paulo, 142, 1.º
Germano & C.ª, rua da Boa Vista, 46, 2.º
João Jacintho Nunes, rua do Poço dos Negros, 131, 1.º
Manuel de Jesus de Souza & C.ª, largo de S. Martinho, 10, 1.º

CARVÃO (ESTANCIAS DE)

Diogo Lourenço Martins, Boqueirão do Duro, 29.
Francisco Simões Carneiro, rua Nova do Caes do Tojo, 14, 1.º
Manuel da Cruz } rua Nova do Caes do Tojo, 31.
Manuel Ribeiro
João Coelho & Luiz Coelho, rua Nova do Caes do Tojo, 25.

CARVÃO ANIMAL (FABRICAS EM SETE MOINHOS AOS ARCOS)

José Antonio de Carvalho & C.ª, escriptorio, rua dos Mouros, 39, e differentes na referida localidade.

CASAS DE CAMBIO

CASA FELIZ

Tem distribuido em Portugal e no Brazil premios no valor de 2.000:000$000 réis

Antonio Ignacio da Fonseca

56, RUA DO ARSENAL, 64

LISBOA

Filial: Feira de S. Bento, 33, 34 e 35—Porto

Grande sortimento de bilhetes e cautelas para as loterias portugueza e hespanhola.—Satisfaz com a maior promptidão todos os pedidos que se lhe façam, quer seja para jogo particular ou para negocio.—Sacca sobre o Porto, á vista, pequenas e grandes quantias por diminuta commissão.

LOTERIAS

CASA DE CAMBIO
DE
D. E. Gouveia & Silva

84, Travessa da Assumpção, 86

LISBOA—Proximo á RUA DO OURO—LISBOA

Esta casa tem na Caixa Geral dos depositos a quantia de:

15:000$000 réis EFFECTIVOS

para garantia dos premios vendidos em cautellas da sua firma.

Convida o publico a habilitar-se para todas as loterias, tanto nacionaes como estrangeiras, no seu estabelecimento, pois esta casa está fundada desde o dia 22 de novembro de 1883, onde tem sido contemplada com muitas sortes grandes vendidas em cautellas da sua firma.

Só em 23 de dezembro de 1885 vendeu em cautellas, premiadas

125:000$000

sendo **46:000$000** de réis, para a Casa Real, onde Sua Magestade El-Rei, o sr. D. Luiz obteve o premio que lhe tocou réis 17:000$000 n'uma cautella da firma D. E. Gouveia & Silva.

Esta casa tem sempre um grande e variado sortimento tanto em bilhetes como em cautellas.

Fornece para todas as provincias e ilhas, vindo os pedidos acompanhados das suas importancias.

Dá-se commissão aos revendedores.

Pedidos ao cambista

D. E. GOUVEIA & SILVA

Havaneza de S. Paulo

PROPRIETARIO

Antonio Joaquim Pina

N'este estabelecimento encontra o publico completo fornecimento de tabacos nacionaes e estrangeiros, assim como variadissimo sortimento de bilhetes e cautelas para todas as loterias, dos cambistas mais acreditados, tanto para jogo, particular como para negocio.

Pede-se aos srs. revendedores de loterias a preferencia d'esta casa, por ser uma das que fornece em melhores condições.

Pedidos dirigidos a

ANTONIO JOAQUIM PINA

75 e 77 — Rua de S. Paulo — 75 e 77

LISBOA

CASAS DE CAMBIO

Alfredo Alves Martins, rua Nova da Palma, 147 e 149, e rua do Arsenal, 138, e rua do Jardim do Tabaco, 88 e 90.
Antonio Ignacio da Fonseca, rua do Arsenal, 56 a 64.
A. J. Vidal, rua Bella da Rainha, 259.
Antonio Joaquim Pina, rua de S. Paulo, 75 e 77.
Antonio Maria Rodrigues, rua da Prata, 60 e 62.
Campeão & C.ª, rua do Amparo, 118.
Cezario das Neves, rua de S. José, 119.
Dias & Irmão, praça do Loreto, 17 e 18.
D. E. Gouveia & Silva, travessa d'Assumpção, 84 e 86.
J. R. Testa, rua do Arsenal, 78.
João Candido da Silva, rua do Ouro, 231 e 233.
João Velloso Feijó, rua da Bitesga, 51 a 55.
J. F. A. Manaças, rua do Amparo, 49.
Joaquim Pereira Rego, rua dos Retrozeiros, 77.
José Francisco Bastos, rua da Alfandega, 2 a 6.
Manuel Dias da Fonseca, rua do Arsenal, 138.
Manuel Ferreira Junior, largo do Conde Barão, 24.
Manuel José Bogarim, rua do Livramento, 118.
Theodoro da Costa, largo d'Alcantara, 7 e 8.
V. S. Almada & C.ª, rua do Amparo, 53.
Viuva de José Calvo da Silva, rua do Arsenal, 148.

CASAS DE PASTO

Campo Grande, travessa dos Remolares, 34.
Chuva, rua dos Algibebes, 67 e 69.
Estrella do Caes do Sodré, travessa dos Remolares, 1 a 7.
Estrella do Norte, rua da Inveja, 3.
Estrella de Prata, rua Nova do Amparo, 7.
Flôr do Aterro, rua Vinte e Quatro de Julho, (junto á Rocha).
Fortes, rua Nova da Trindade, 11 a 15.
Gallo, rua dos Algibebes, 91 a 95.
Irmãos Unidos, rua das Gallinheiras, 12 e 14.
José Domingos Garcia, rua da Prata, 267 a 271.
José Pedroso Lima, rua de Santo Antão, 73 e 75.
Luiz Varella Cid, rua do Caes de Santarem, 62 e 64.
Magina, rua de Santo Antão, 9.
Peixe Assado, rua Larga de S. Roque, 68 e 70.
Pina (pae e filho), travessa Nova de S. Domingos, 8 a 12.
R. M. Alves, rua dos Poyaes de S. Bento, 4 e 6.
Restaurant Fortes, rua da Esperança, 1 e 3.
Taboas, travessa Nova de S. Domingos, 49 e 51.
Vigia, Avenida da Liberdade, 72.

CASAS DE PENHORES

EMPRESTIMOS SOBRE PENHORES

ANTIGO ESTABELECIMENTO DE

J. Pinheiro de Mello

Effectua transacções sobre penhores de ouro, prata, pedras preciosas, papeis de credito, roupas, mobilias e de quaesquer outras especies que offereçam garantias.

Vantagens e condições usuaes e rasoaveis, incluindo sellos e avaliações gratis.

21 e 23, Travessa da Queimada, 25 e 27 — Lisboa

CASAS DE PENHORES

Antonio Cyrillo Alves, rua da Rosa.
Antonio Ferreira de Mesquita, rua de S. Lazaro, 86.
Banco Commissario, rua do Crucifixo, 76, 1.º
Banco Mercantil de Lisboa, travessa de S. Domingos, 47, e rua da Prata, 108.
Banco dos Pobres, rua dos Douradores, 100.
Bernardo José de Carvalho, rua de S. Bento, 534.
Caixa Portugueza de Credito, travessa de S. Domingos, 25.
Carvalho & C.ª, largo da Annunciada, 21.
Companhia de Credito Auxiliar, travessa da Palha, 233, 1.º
Companhia Luzitana de Credito, rua da Bitesga, 16, 1.º, e rua do Arco do Bandeira, 180, 1.º
Domingos Vaz Leitão, rua do Marechal Saldanha, 55.
Francisco da Silva, rua dos Poyaes de S. Bento, 47 e 49.
Lealdade, rua Larga de S. Roque, 100, 1.º
J. J. Garcia, rua de Santa Martha, 106.
João Pedro de Carvalho, travessa do Convento de Jesus, 18.
João Soares Nazareth, rua da Rosa, 34.
Joaquim Pedro Monteiro, rua dos Correeiros, 110.
Joaquim Antonio d'Albuquerque, largo da Graça, 50.
José Pinheiro de Mello, travessa da Queimada, 21 a 27.
Manuel Ferreira Minde, rua de Santo Antão, 54 a 56.
Manuel Vidal, largo de S. Domingos, 16.
Monte-pio Geral, rua do Ouro, 225.
Viuva de Antonio do Espirito Santo & Filhos, rua de Santa Martha, 125.

CELLEIROS

Antonio Simões Ferreira dos Santos & C.ª, rua de Santo Antão, 141 e 141, A.
João Antunes Junior, rua Nova de S. Domingos, 13 e 15.
Clemente Gonçalves Lima, rua Direita d'Alcantara, 125.
Custodio Martins Pereira, rua Nova da Palma, 181, e rua de Santa Martha, 152.
Diogo da Silva, rua Nova do Carvalho, 9 e 11.
Domingos José de Moraes, rua do Terreiro do Trigo, 86 e 88.
Francisco Fernandes Campello, rua de Santos, 92.
Joaquim Alves Ribeiro Duarte, rua de S. Bento, 363.
Joaquim Peres & Peres, rua das Flores, 119.
José Martins Junior, rua Direita do Rato, 23 e 25.
José Maria Gonçalves, rua de S. Bento, 37.
J. Maillard, rua de S. Bento, 11.
Narciso V. Borges, rua da Atalaya, 134 e 136.

CERIEIROS

Antonio José Teixeira, rua dos Cavalleiros, 32 e 34.
Antonio José Teixeira de Mello, rua do Loreto, 51 a 55.
Diogo Monteiro da Silva, rua Augusta, 233.
Eduardo de Vasconcellos, rua Larga de S. Roque, 96 e 98.
J. A. Vieira Silva & Filho, rua dos Retrozeiros, 31 e 33.
José Lopes, rua Nova da Palma, 43 a 49.
José Raymundo Peres, rua de Santo Antão, 38 e 40.
Luiz Miguel Furtado, rua de Santa Martha, 142.

CERVEJA (FABRICAS E DEPOSITOS DE)

Companhia União Industrial Lisbonense, rua 24 de Julho.
Cervejaria Leão, rua Direita de Arroios, 50 e rua do Prince, 85.
Domingos Moreira Garcia, rua Nova da Trindade, 110.
Eduardo Price, calçada dos Barbadinhos, (convento).
M. S. Schrech & C.ª, deposito, rua do Alecrim, 37.
J. Maillard & Filhos, rua do Principe, 45 e 49.
João Henriques Jansen, rua do Alecrim, 30.

CESTEIROS

Antonio Francisco d'Almeida, rua Affonso d'Albuquerque, 8.
Antonio José Simões, rua da Praça da Figueira, 16.
A. S. Paulo, rua Vinte e Quatro de Julho, 282.
Francisco Correia & Filhos, rua Nova do Carvalho, 49.
Francisco Pedroso Lima, rua de S. Francisco de Paula, 110.

I. da Silva, calçada do Combro, 131.
João José Vidal, rua dos Correeiros, 229.
Joaquim C. Gomes Santos, rua de S. Francisco de Paula, 180.
José Antonio Prós, rua Affonso d'Albuquerque, 4.
José da Silva Freches.
José Maria Caldeira, rua das Flôres, 16.
Maria Celestina Valle, rua do Paraiso, 17.
Maximino Gonçalves, Campo Grande, 156.
M. Abril, rua do Arco do Marquez d'Alegrete, 38.
Ricardo Marques da Silva, rua dos Cavalleiros, 74.
Vicente Teixeira Mendes, travessa das Mercês, 62.

CHA E CAFÉ

CASA DA INDIA
DE
JOSÉ LOPES FLORES

49, Rua do Loreto, 49

LISBOA

Loiças, porcellanas, e faianças
Grande e variado sortimento de chás
verdes e pretos
Cafés da Africa e do Brazil, Assucares,
arroz, massas
Genebra, Cognac, Licores
Vinhos engarrafados
de diversas qualidades nacionaes
e estrangeiros

O proprietario d'esta casa responsabilisa-se pela
boa qualidade dos generos que vende

49 — Rua do Loreto — 49

(JUNTO AO CERIEIRO)

Jeronymo Martins & Filho

LOJA DE CHÁ, CAFÉ E BISCOITOS

ESPECIALIDADE N'ESTES GENEROS

Louça ingleza e do Japão

VARIOS OUTROS PRODUCTOS

19, Chiado, 19, Lisboa

LOJA CHINEZA

188—Rua de S. Paulo—188

(PROXIMO Á CASA DA MOEDA)

Chás verdes e pretos.—Chá Olong.—Chá Pouchong

Farinhas peitoraes de todas as qualidades, assucares, conservas e outros muitos generos

Especialidade em café torrado e moido

Vinhos, licores, cognac, genebra e mais bebidas nacionaes e estrangeiras

Objectos da India, China e Japão

Lenços, cintas de seda, gangas, leques, cofres, pó d'areca para limpar dentes.
Louças nacionaes e estrangeiras

TUDO A PREÇOS CONVIDATIVOS

PEROLA DE CEYLÃO

Chá, café, lenços de seda da India, xarões, louças
E
VINHOS ENGARRAFADOS

33, Rua de S. Pedro d'Alcantara, 33

(A S. ROQUE)

LISBOA

CAFÉ MOIDO

SUPERIOR QUALIDADE

346, Rua da Junqueira, 349

LISBOA

CAFÉ MOIDO SUPERIOR 120 réis 250 gr.

Aviso

Recommendamos, e garantimos o Café da nossa marca registada como de superior qualidade.

F. Rego & C.ª

Rua da Junqueira, 346 a 349.

CHÁ E CAFÉ

Adolpho Engestrom, rua Nova do Almada, 1 e 3.
Antonio Bernardo de Sousa & C.ª, rua da Escola Polytechnica, 12 e 14.
Antonio David Andrade, rua da Prata, 195 e 197.
Antonio Joaquim Iniguez, rua Nova do Carmo, 10 e rua da Esperança, 71 e 73.
Antonio Joaquim Nunes, rua da Prata, 243 e 245.
Antonio de Oliveira & C.ª, rua do Sol ao Rato, 40.
Antiga loja da China, rua do Ouro, 272.
Apolinario José dos Reis, Carreirinha do Soccorro, 40 e 42.
Armazem de chá, café e assucar, rua da Bitesga, 45, 1.º
Augusto Cesar de Campos, rua Augusta, 53 a 59.
Augusto Costa, rua da Escola Polytechnica, 97.
Barraca chineza, rua da Bitesga, 69 a 71.
Carlos Augusto Magiolo, rua Garret, 20 a 24.
Antonio Mathias da Fonseca, rua do Amparo, 116.
Casa Chineza, rua do Ouro, 234 e 236.
Casa da China, rua do Ouro, 274.
Casa da India, rua do Loreto, 49.
Casa Indiana, rua do Almada, 7.
Commercio da China, rua de S. Bento, 318 e 320.
Faria & Irmãos, (loja Bessone). rua dos Capollistas, 126 e 128.
Flôr Chineza, rua de S. José, 135 e 137.
Flôr da China, Lopes & C.ª, calcada da Estrella, 145 e 147.
Francisco Manuel Pereira, rua Nova da Palma, 123 e 125.
F. Rego & C.ª, rua da Junqueira, 346 e 349.
J. F. Augusto Rodrigues, rua de Santo Antão, 43.
J. G. Costa, rua Nova do Carmo, 104 e 106.
J. Simões Estevão, rua do Ouro, 290.
Jeronymo Martins & Filho, rua Garrett, 19.
João Carvalho da Silva, rua da Prata, 161.
João Manuel d'Andrade, rua da Prata, 222.
Soão Soares Telles, rua do Amparo, 2 e 4.
Joaquim José do Amaral, successor, rua da Bitesga, 73.
Joaquim Martins Vianna, rua da Prata, 61 e 63.
Joaquim Nunes Coelho, rua de S. Paulo, 188.
José Antonio da Silva, rua da Prata, 278 e 280.
José Emmanuellis, rua dos Retrozeiros, 127.
José Pedro Dias, rua dos Retrozeiros, 39.
José Ribeiro da Silva, rua da Prata, 278 e 280.
José Ribeiro da Silva Junior, rua dos Capellistas, 69 e 71.
Julio da Costa Adão, rua dos Retrozeiros, 85.
Loja do Japão, rua do Ouro, 85.
Manuel Antonio Cerqueira, rua de S. José, 181 a 183.
Manuel Josè Troncho, largo do Calhariz, 3.
Pereira & Reis, rua da Prata, 167 e 169.
Perola de Pekin, rua do Amparo, 45 e 47.
Perola de Ceylão, rua S. Pedro de Alcantara, 33.
Raymundo Ignacio Lamas, Sobrinhos, rua da Prata, 252 e 254.
Santos & C.ª, rua Larga de S. Roque, 9 e 11.
Tramella & C.ª, rua Larga de S. Roque, 41.
Vicente José de Sousa, rua da Escola Polytechnica, 21.
Viuva de Boaventura Ferrer Negrão, rua Nova de S. Domingos, 25 e 27.

CHAPELLARIAS

CHAPELLARIA

DE

Julio Cesar dos Santos & C.ª

Fabricantes de chapeos de todas as qualidades e feitios, e bonets. Continua a incumbir-se de quaesquer encommendas para todas as terras do reino, ilhas, Africa e Brazil.

Manufactura nos seus estabelecimentos toda a especie de obra respectiva á sua arte, acatando sempre a verdade nas transacções, e a perfeição nos trabalhos, condições essenciaes de confiança e boa fé.

Vendem todos os artigos de chapellaria.

Praça de D. Pedro, 18, 19 e 20

10, Largo do Corpo Santo, 12

2, Rua do Corpo Santo, 4

LISBOA

BELLO & PINTO — FABRICANTES

COM

Chapellaria e Bonets

OFFICINA, Regueirão dos Anjos

GRANDE SORTIMENTO PARA REVENDER

104, 119 e 120, Praça de D. Pedro, 104, 119 e 120

LISBOA

Chapeos e bonets para homens e creanças

CHAPELLARIA DA MODA

DE

TAVARES BASTOS & COSTA

32, RUA GARRETT, 34

Especialidade em chapeos de seda e de feltro em todas as formas (fabricação nacional)

| Chapeus de côco, inglezes dos principaes fabricantes de Londres | Bonets para homem e creança, chapeus de palha, etc., etc. |

LISBOA

CHAPELLARIAS PARA HOMENS

Agostinho Roxo, praça de D. Pedro, 39, 40, 51, 53.
A. M. da Silva, fabrica, rua da Mãe d'Agua, 3.
Antonio Maria Moreno, rua Nova do Almada, 48 e 50.
Antonio Nomdedeu, rua do Principe, 121.
Augusto Ribeiro & C.ª, rua Garrett, 58 e 60.
Bello & Pinto, praça de D. Pedro, 104, 119 e 120.
Carlos Costa, praça de D. Pedro, 75.
Chapellaria da Europa, largo do Calhariz, 10, 12, 14 e 16.
Chapellaria da Moda, Tavares Bastos & Costa, rua Garrett, 32 e 34.
Chapellaria Popular, rua Nova da Palma, 54 e 56.
Costa & Irmão, rua de S. José, 121.
Domingos Rodrigues da Silva, rua do Assento (em Alcantara), 12.
E. C. Ceite & C.ª, calçada do Combro, 87 e 89.
Ferreira, rua dos Poyaes de S. Bento, 89 a 93.
Gresielle & C.ª, rua do Ouro, 68.
João Nepomuceno Nobrega, largo do Calhariz, 18.
Joaquim Marques Loureiro, rua do Poço dos Negros, 150 e 152.
José Augusto d'Oliveira, praça de D. Pedro, 44.
José Joaquim Soares, rua do Corpo Santo, 46 e 48.
José Maria Nunes Branco, rua de Santos-o-Velho, 16 e 18.
Julio Cesar dos Santos & C.ª, praça de D. Pedro, 18 e 20, e largo do Corpo Santo, 10 e 11.
Manuel Marques Loureiro, rua da Palma, 10 e 12.

CHAPEOS PARA SENHORAS E CREANÇAS

Antonio da Nazareth Lisboa, rua do Ouro, 123 e 125.
B. Pereira da Costa, rua do Ouro, 220, 1.º
Emilia A. Freitas, calçada do Combro 38 B.
Guilherme Sette, successores, rua do Ouro, 190 a 194.
Joaquim da Silva Machado, rua Nova do Almada, 59 e 61.
J. A. Pereira & C.ª, rua do Ouro, 129 e 131.
Madame Laclau, rua Nova do Carmo, 18 e 20.
Viuva Rembado, rua Nova do Almada, 116, (sobre-loja).

CHAPEOS DE SOL E DE CHUVA

FABRICA
DE
Guarda-chuvas e Bengalas

A. A. REIS & SOBRINHOS
28, 30, Rua Nova do Carmo, 28, 30
LISBOA

GUARDA-CHUVAS

Com sedas portuguezas, francezas ou inglezas
desde 1$200,
1$500, 1$800, 2$000, 2$250, etc.
Egualmente em todas e quaesquer quantidades de tecidos
como Zanella, Alsace,
setim de lã, alpacas, Gloria, lã e seda,
etc., etc.

TEEM UM SORTIMENTO COMPLETO POR PREÇOS MUITO RESUMIDOS

EXPORTAÇÃO

Para as provincias, ilhas, Africa e Brazil

GARANTE-SE O BOM ACABAMENTO

PREÇOS SEM COMPETENCIA

CHAPEOS DE SOL OU DE CHUVA

Albino José Baptista, rua Nova do Almada, 92.
Antonio Lopes da Costa, rua Nova do Almada, 124.
Alfredo Maria Totta, rua dos Retrozeiros, 23 e 25.
Almeida & Filhos, rua do Arsenal, 82.
A. A. Reis & Sobrinhos, rua Nova do Carmo, 28 e 30.
Bento José Pereira, rua do Arsenal, 146.
Bernardo Nunes Ferreira, rua Nova do Almada, 106.
Gaspar & Irmão, rua do Arsenal, 120.
Henrique Theodoro Monteiro, rua Nova do Almada, 66 e 68.
J. da Silva, rua Nova do Almada, 112.
J. A. L. Vaqueira, travessa de S. Nicolau, 83 a 89.
João Cesario Ribeiro das Neves, rua do Arsenal, 140 e 142.
José Duarte, largo do Corpo Santo, 31 e 32.
Joaquim Duarte Domingos Leitão, rua do Arsenal, 110.
Joaquim Gomes Barbosa, rua Nova da Palma, 55 e 57.
José Duarte Domingues, rua do Arsenal, 172.
José Maria Nunes, rua do Arsenal, 148.
Julio dos Reis Totta, rua dos Retrozeiros, 44.
J. C. da Fonseca, rua do Ouro 110.
Manoel Machado, rua Nova do Almada, 114.
Pedro Simões da Silva, rua da Imprensa Nacional, 144 e 146.
Santos, rua do Arsenal, 68.
Viuva Rodrigues & Filhos, rua dos Retrozeiros, 64 e 66.

CHOCOLATE

Augusto Pires Branco, largo do Carmo, 22.
Companhia União Industrial Lisbonense, rua Vinte e Quatro de Julho e rua Nova do Carmo, 104 e 108.
José Caetano Passos, travessa de André Valente, 27, e rua da Padaria 19.
Manuel Caetano de Sousa, rua dos Fanqueiros, 306 e 308.

CHUMBO DE MUNIÇÃO (FABRICAS DE)

Francisco José Simões, rua da Cruz de Santa Apolonia, 70.
Gregorio José da Silva, successor de Manuel Antonio da Silva, Filhos, rua do Valle de Santo Antonio, 150 a 160 e rua Augusta, 191.
Viuva de João do Carmo dos Santos, rua da Cruz de Santa Apolonia, 50.

Colchões d'arame

LIÇÃO AOS ROTINEIROS

COMPARAE as nossas pobres camas com os deliciosos

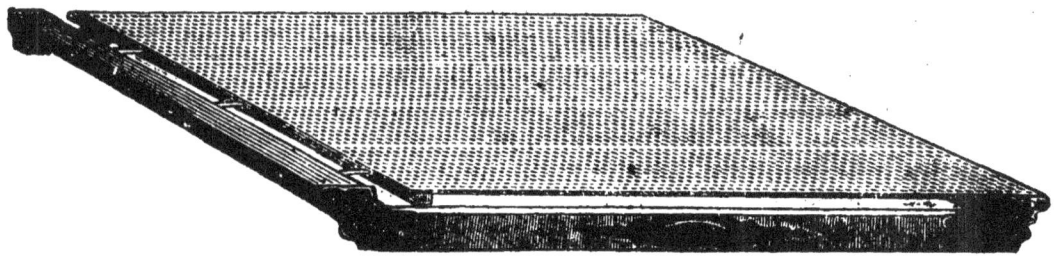

Colchões americanos de arame tecido, de Hartford

UNICO AGENTE

A. J. DE FIGUEIREDO — LISBOA

OS COLCHÕES AMERICANOS DE ARAME TECIDO, DE HARTFORD, encerram as seguintes valiosisimas qualidades, que em nenhuns outros se encontram reunidas:

— Asseiados; confortaveis; luxuosos; hygienicos; flexiveis, domando-se suavemente ao corpo, **sem formar bolso;** economicos; inacessiveis aos vermes; silenciosos; isentos dos perigos de contagio, nos casos de febres e de quasquer outras doenças, sem precisar desinfectantes; frescos; perfeitos na sua confecção e de extraordinaria solidez; elasticos; dispensam absolutamente os enxergões e substituem, com enorme vantagem, as antigas camas de molas, já agora condemnadas; adaptam-se a quaesquer leitos; preparam-se, de prompto, em todas as medidas; duram a vida de uma pessoa e não percisam de concertos.—

OS COLCHÕES AMERICANOS DE ARAME TECIDO, DE HARTFORD, offerecem ainda a suprema vantagem de graduar a tensão da cama, para mais branda ou mais dura, conforme se deseje.

OS COLCHÕES AMERICANOS DE ARAME TECIDO, DE HARTFORD, são as unicas camas que devem ser usadas por todas as pessoas de tratamento, do mesmo modo que são as mais distinctas e elegantes camas de noivado.

Antes de experimentar, ninguem acredita em conjuncto tão completo de perfeições: Depois de experimentar, todos se arrependem de o não haverem feito ha mais tempo!

COLCHÕES DE ARAME

A. J. de Figueiredo, (americanos), rua da Prata, 215.
Casa Barreto, (inglezes), rua da Prata, 233.
Hickie Brothers, (inglezes), rua do Crucifixo, 7, 1.º

COLCHOARIAS E MOVEIS DE FERRO

Affonso Henriques de Carvalho, rua dos Poyaes de S. Bento, 44.
Antonio José da Silva, rua dos Remedios (ao Terreiro), 46 e 48, e rua do Sacramento (a Alcantara), 104.
A. P. dos Santos Chaves, rua Direita de S. Paulo, 91 a 95.
C. D. G. da Silva, rua da Prata, 230 e 232.
Carolina Santos, rua dos Retrozeiros, 8.
Daniel Alfredo Climaco, rua da Bitesga, 67.
Francisco Augusto da Silva, rua de Santos-o-Velho, 66 e 68.
Francisco Carvalho, rua Augusta, 224 e 226.
Francisco David Ramos, rua de S. Lazaro, 102 e 104.
Francisco Rodrigues Collares, rua da Boa Vista, 86 a 90.
Germano Antonio Quintão, rua de S. Paulo, 218.
João Baptista Rodrigues, rua do Loreto, 31 e 33.
João Felix, rua da Esperança, 246 a 250.
João Januario Corrêa de Abreu, rua dos Correeiros, 230 a 234.
Joaquim Franco & Irmão, rua dos Correeiros, 194 a 202.
João Maria Baptista, rua do Sacramento, 50.
J. Nunes, rua do Caes de Santarem, 44.
Joaquim Vieira Galvão, largo das Portas do Sol (a Santa Luzia), 6.
José Antunes Delgado, rua dos Fanqueiros, 203 e 205.
Lucas José Thomaz Caldeira, largo do Poço Novo, 23 e 24.
Manuel da Silva e Sousa, rua de Santo Antão, 119 e 121.
Manuel Nunes de Carvalho, rua de S. Paulo, 8 e 10.
Miguel Evaristo Martins, calçada do Combro, 23 e 25.
Silvestre Nunes de Carvalho, rua do Loreto, 62 e 64.
Viuva Loureiro & Filho, rua Augusta, 250 e 252.

Confeitaria Portugueza

DE

JOSÉ GREGORIO DA ROSA ARAUJO

Tomam-se encommendas pertencentes á arte de cosinha e copa

Fornecem-se almoços, lunches, jantares e serviço de baile

Travessa de S. Nicolau, 38 a 48

LISBOA

CHÁ
CAFÉ
E
ASSUCAR
Bolachas
SUPERIORES VINHOS
ENGARRAFADOS
NACIONAES
E ESTRANGEIROS
LICORES
E GENEBRA

CONFEITARIAS

Antonio José Dias, travessa de S. Nicolau, 22 e 24.
Augusto Duarte Gadanho, rua da Graça, 133 e 135.
Augusto Francisco Cardoso, praça de D. Pedro, 72 e 73.
Augusto José Pereira & C.ª, rua da Esperança, 114.
B. J. da Silva Pereira, rua do Corpo Santo, 21 e 23.
Confeitaria Lisbonense, rua Larga de S. Roque, 133 e 135.
Confeitaria Lobo, rua da Boa Vista, 180 e 182.
Confeitaria Lusitana, rua de Santo Antonio da Sé, 18 e 20.
Confeitaria Nacional, rua da Bitesga, 59 a 65.
Confeitaria Occidental, rua de S. Bento, 49 e 51.
Confeitaria Parisiense, rua de S. Bento, 24.
Confeitaria Portugueza, rua da Escola Polytechnica, 101 a 107.
Confeitaria Riba-Tejo, rua da Prata, 147.
Confeitaria Ultramarina, rua da Prata, 249 a 255.
Domingos José Gonçalves Guimarães, largo de Silva e Albuquerque, 29 e 30.
Domingos José Pereira, largo de S. Paulo, 17 e 18.
João Alves de Carvalho, praça de D. Pedro, 37 e 38.
João Antonio Pinheiro, rua do Sol ao Rato, 45.
João Ferreira de Castro, rua da Mouraria, 47 e 49.
João Joaquim Gonçalves, Campo dos Martyres da Patria, 161 e 162.
João Simões & C.ª, largo do Pelourinho, 25 e 26.
J. Joaquim Lopes Monteiro, largo de Santo Antonio da Sé, 18 e 20.
José Gregorio da Rosa Araujo, travessa de S. Nicolau, 38 a 48.
José Maria Bogarim, rua do Loretto, 11.
José Rodriques de Carvalho, rua da Cruz dos Poyaes, 74.
José Rodrigues Pires, rua Nova da Palma, 68 a 72.
Manuel Bernardino Fernandes, rua Larga de S. Roque, 143.
Manuel Joaquim Pereira, largo de Santo Antonio da Sé, 14 e 16.
Manuel José Troncho, largo do Calhariz, 3.
Manuel Soares Bexiga, rua direita do Rato, 13 e 15.
Viuva Justo, rua Garrett, 104 e 106.
Viuva Moreira & Filhos, rua do Ouro, 94 e 96.

CONSERVARIAS E PASTELERIAS

NUMERO TELEPHONICO 412

CONSERVARIA ITALIANA

Premiado com medalha de 1.ª classe

NA

EXPOSIÇÃO INTERNACIONAL DO PORTO

em 1865

CASA FUNDADA EM 1846

POR

Mathias Gonçalo Ferrari

SUCCESSOR

JOÃO LUIZ PEREIRA

N'este estabelecimento tomam-se encommendas pertencentes á arte de cosinha e copa, satisfazendo-se com promptidão e esmero.

Fornece-se jantares, lunchs, serviços de bailes e soirées, prestando-se todos os objectos necessarios para estes serviços. Especialidade em neve. Vinhos nacionaes e estrangeiros, cognac, licores, etc.

91, RUA NOVA DO ALMADA, 93

LISBOA

CONSERVARIAS E PASTELARIAS

Antiga casa Rodolpho Baltresqui, rua Garrett, 49 e 51.
Conservaria Italiana, successores de Ferrari, rua Nova do Almada, 91 e 93.
Conservaria Occidental, rua de S. Bento, 133 e 135.
J. C. Pucci, (successor de Baltresqui), rua dos Capellistas, 122 e 124.
John Bromfield, travessa Nova do Caes do Tojo, 15.
José Maria Bogarim, rua do Loreto, 11.
Maison Parisienne, rua Nova do Almada, 94 e 96.
Pastellaria Allemã, rua da Escola Polytechnica, 30 a 34.
Pastellaria Brigantina, rua direita de Belem, 11 e 13.
Pastellaria Estrella d'Italia, rua da Eschola Polytechnica, 57 e 59.
Patisserie Suisse, rua dos Capellistas, 172 e 174.
Violete, Filippe da Silva, rua dos Capellistas, 130 e 132.

CONSERVAS ALIMENTICIAS (FABRICAS DE)

Companhia de conservas Argentina, rua Cascaes, antigo caneiro de Alcantara.
Companhia de conservas Lisbonense, rua do Conselheiro Pedro Franco.
Fabrica de sardinhas, rua da Junqueira, 1
Lino & C.ª, rua do Poço dos Negros, 95 a 109.
Nicolas Ponçon, rua Nova da Palma, 244.
P. Cavalleri & C.ª, rua Nova da Palma, 246.

COMMISSÕES E CONSIGNAÇÕES

Transportes, Commissões, Consignações
E
Transitos por vias terrestres e fluviaes
E
ARMAZEM DE RETEM
DE
MIGUEL STOCKLER

60, Rua dos Bacalhoeiros, 60
LISBOA

Commissões e consignações

12, ARCO DE JESUS, 12
Lisboa

Bernardino d'Almeida Marques

Encarrega-se da compra e venda
aos melhores preços do mercado
de todas as fazendas que lhe encommendem
ou consignem

Th. & U. Albert Deggeller

CASA DE COMMISSÕES

Representantes de boas fabricas dos principaes ramos da industria suissa

Recebem encommendas sobre Parquets ou soalhos de madeira embutida e sobre Chalets da primeira fabrica suissa.

44, 1.º RUA IVENS (S. Francisco), 44, 1.º
LISBOA

VICENTE AFFONSO

37, Rua Nova d'El-Rei, vulgo Capellistas, 37

COMMISSÕES E CONSIGNAÇÕES

VINHOS PARA CONSUMO E EXPORTAÇÃO

Armazem de retem, Becco das Cabras
(AO BEATO)

CONSIGNAÇÕES E COMMISSÕES

Berdardino d'Almeida Marques, Arco de Jesus, 12.
C. Lecór & C.ª, rua dos Bacalhoeiros, 98, 1.º
Carlos A. Branco, rua da Prata, 40, 1.º
Carlos Alberto Biava, rua da Boa Vista, 69.
Empreza Liquidadora, Avenida, 118.
F. J. Martins, rua da Prata, 184, 1.º
Fragoso & Vianna, rua da Prata, 81, 1.º
Joaquim Dias Ferreira, rua da Prata, 133, 1.º
Lino J. Neves, praça da Figueira, 46, 1.º
Llopis & C.ª, rua Augusta, 188, 2.º
M. A. Esteves (successores), calçada do Combro. 71.
Max Wiedeman & C.ª, rua da Prata, 108, 2.º
Miguel Stockler, rua dos Bacalhoeiros, 60.
Nova Empreza de Liquidação, praça de Luiz de Camões, 19 20 e 21.
Peixoto & C.ª, praça de Luiz de Camões, 4.
Perry Vidal, Filhos & Santos, rua do Alecrim, 19.
Raymundo Chaves & C.ª, rua dos Bacalhoeiros, 51 e 53.
Tavares & Fragoso, rua dos Retrozeiros, 35.
Th. & U. Albert Deggeller, rua Ivens, 44, 1.º
Vicente Affonso, rua dos Capellistas, 37.
Viuva Dupy & Filhos, rua Nova do Almada, 18, 2.º

CONTADORES PARA GAZ

Creswel & C.ª, rua dos Fanqueiros, 122, 1.º

CONTEIROS

João Gualdino Rodrigues Batalha, rua Nova do Almada, 75 e 77.
Mathilde de Jesus Aguiar, rua do Almada, 83.

CORDAS PARA INSTRUMENTOS (FABRICANTES DE)

Antonio Cabral, rua do Barão, 35. 1.º
Oliveira & Lima, rua do Almada, 20, 22 e 35.

COROAS PARA JAZIGOS E FLORES ARTIFICIAES

Aguia de Prata, rua da Prata, 33.
Antonio Quirino & C.ª, rua da Magdalena, 227.
Candido A. Fernandes, rua da Boa Vista, 16.
Corôa de Ouro, rua do Ouro, 149.
J. R. Batalha, rua Nova do Almada, 75.
J. S. Soares, rua do Ouro, 257.
Soares & Filho, travessa de S. Domingos, 21 e 23.
Sant'Anna & Ferreira, rua dos Retrozeiros, 123.

CORREEIROS E SELLEIROS

CORREEIROS E SELLEIROS

A. F. Laureano, travessa de S. Nicolau, 4 a 10 e rua Nova do Carmo, 5 e 7.
Antonio Rodrigues, rua do Principe, 88 e 90.
F. A. Silva, rua da Rosa, 23.
Francisco Marcellino Dionizio, rua Garrett, 38.
Francisco Rodrigues, rua do Principe, 63.
Francisco Pedro dos Santos, rua Garrett, 42.
M. Xavier d'Almeida, Arco de Bandeira, 81.
João José Duarte, rua Nova da Palma, 13.
Joaquim Borges de Carvalho & C.ª rua dos Retrozeiros, 157 e 159.
Joaquim dos Reis de Abreu, rua do Alecrim, 41.
José Joaquim Villela, rua do Amparo, 26 e 28.
Viuva Caetano José da Costa & Filhos, rua Nova do Carmo, 68 a 72.

CORTIÇA (FABRICA DE)

Antonio Boneville, Poço do Bispo.
Carlos Garrelon, Barreiro.
Companhia das Cortiças de Portugal, rua Augusta, 27, 2.º
Companhia Londres & Lisboa, Caramujo.
Eduardo Jubert, rua direita do Grillo, Beato.

Guilherme Ranckim, Outeiro do Alfeite.
Henrique Buchnal & Filhos, Margueira.
Manoel F. de Mendonça (serradura), rua do Largo do corpo Santo, 22 e 24.
Narciso Villa Longa, D. Gastão, Beato.
Quintella & C.ª, rua da Bica do Sapato, 46 e rua do Thesouro Velho, 24.
Villarinho & Sobrinho, Caramujo.

CORTIÇA (FABRICAS DE ROLHAS DE)

Antonio de Lima, rua Nova da Alegria, 63.
Eduardo Jubert (exportação) rua direita do Grillo, ao Beato.

COURO E SOLLA

Aguiar & Seixas, rua de S. Bento, 377.
Antonio José Rodrigues, rua de Silva Albuquerque, 5 e 7.
Antonio N. de P. Albuquerque e Castro, rua do Sacramento, 104 (Alcantara).
Antonio Ferreira Martins, rua do Loreto, 14.
Candido Antonio de Carvalho de Abreu & Sobrinho, rua dos Fanqueiros, 208 e 210.
Correia Gomes, rua dos Fanqueiros, 90.
Elias Hanahory, rua do Poço dos Negros, 31 e 33.
Faria & Pires, rua do Arco do Marquez de Alegrete, 52.
Heitor & Constancio, rua dos Fanqueiros, 170 a 178.
J. P. Roldão & C.ª, rua de Silva e Albuquerque, 19 e 21.
João Ignacio Romão, rua dos Fanqueiros, 240 e 242.
Joaquim Bernardes Branco, rua dos Fanqueiros, 252 e 254.
Joaquim José Pereira Callado, largo do Terreiro do Trigo, 17.
Joaquim Nunes Mendes, travessa da Victoria, 18.
Joaquim Ventura Pereira, rua das Portas de Santo Antão, 39.
José Feliciano de Sousa, rua dos Fanqueiros, 290 e 292.
Leocadio Manuel Ferreira, rua dos Fanqueiros, 258 e 260.
M. Barata, rua Formosa, 2-B.
Manuel José de Brito, rua da Prata, 124.
Manuel Nunes Garcia, calçada da Bica Grande, 3.
Motta & Vaz, rua da Magdalena, 49 a 55.
Rodrigues & Pedroso, travessa de S. Nicolau, 17.
Viuva Fernandes & Silva, rua dos Fanqueiros, 132 a 140.

CRIADOS (AGENCIAS DE)

Agencia Central, Poço do Borratem, 25.
Agencia "Providencia„, rua da Alegria, 36, 1.º
Joaquim Filippe Rocha, rua Larga de S. Roque, 125.
José Antonio Gonçalves Mendes, rua da Emenda, 111.
Ricardo José d'Aguiar, travessa dos Fieis de Deus, 17, 1.º
Manuel Paschoal Leal, rua do Norte, 117, 1.º
Salvador Marques, rua dos Poyaes de S. Bento, 29, 1.º
Viuva Villar, rua da Cruz dos Poyaes, 27.

CURTUMES (FABRICAS DE)

Antonio Cypriano Ferreira, Senhora Sant'Anna (aos Arcos).
Antonio Cypriano Ferreira & Filho, rua Velha, 59-A.
Bernardo Heitor, successores, Villa Pouca (Alcantara).
Francisco Antonio Silvestre, Giestal, 9.
Francisco Ferreira Godinho, Cruz Quebrada.
João Antonio Paulino, pateo de João Paulino (Alcantara).
José Ferreira de Brito, Seixal.
José Lamas & C.ª, rua da Junqueira, 98.
Nicolau Luiz da Silva & Sobrinho, rua da Junqueira, 74.
Rocha & Genro, calçada da Boa Hora, 99 e 100, (Ajuda).

CUTELEIROS

Antonio Verissimo da Silva, rua do Loreto, 22.
J. N. Torres, rua Nova do Carmo, 63.
Polycarpo & C.ª, travessa de S. Nicolau, 25 a 31.
Viuva Rebello, rua da Prata, 89.

DOURADORES EM METAL

O. J. da Rocha Carvalho, rua da Trindade, 36.
João Antonio Leal, travessa da Assumpção, 55.

Drogas e productos chimicos

DEPOSITO
DE
DROGAS
PRODUCTOS CHIMICOS E PHARMACEUTICOS
DA
VIUVA SERZEDELLO
23, Praça do Municipio, 24
(VULGO LARGO DO PELOURINHO)

LISBOA

Teem sempre em deposito variado sortimento de aguas mineraes, artigos de caoutchouc, vidro e metal; tintas preparadas, broxas, esponjas, vernizes, oleos; artigos para tinturaria, pharmacia, pintura e douradura: especialidades estrangeiras, hervas, flores, raizes e sementes medicinaes; mercurio doce com marca registada.

E em geral todos os artigos que constituem um deposito d'este genero, que vendem por preços sem competencia e qualidades garantidas.

Fornecem pharmacias do estado, hospitaes, misericordias e particulares. Sobre preços, prasos, fórmas de pagamento, etc. Respondem na volta do correio a qualquer informação que lhes seja pedida.

Endereço telegraphico, FLUOR

LISBOA

Raposo, Sobrinhos
DROGUISTAS
10—Largo de S. Julião—11
LISBOA

Completo sortimento de tintas, gessos, cimentos, oleos, pinceis, vernizes e esponjas

TINTAS PREPARADAS, EM LATAS DE DIVERSOS TAMANHOS

Fornecimento para pharmacias, drogas, productos chimicos, plantas medicinaes, especialidades pharmaceuticas nacionaes e estrangeiras, aguas mineraes e todos os mais artigos concernentes á sua classe

Preços convidativos e descontos vantajosos para revender

Ribeiro da Costa & C.ª

Premiados na Exposição Universal de Paris de 1889 com a medalha de prata

DROGAS, PRODUCTOS CHIMICOS E PHARMACEUTICOS, HERVAS, FLORES, MERCURIO DOCE E RAIZES MEDICINAES

Fornecimento completo para pharmacias

Vendas a praso e a prompto pagamento com desconto

ADRESSE TELEGRAPHICO — TAGI, LISBOA

Telephone n.º 247

150—Rua do Arsenal—152
LISBOA

DROGAS E PRODUCTOS CHIMICOS

A. Dias, rua do Arco do Marquez d'Alegrete, 65 e 67.
A. J. de Brito e Cunha, calçada do Duque, 29.
Antonio Carvalho Junior, praça das Flôres, 33.
Antonio João da Silva Junior, largo do Intendente, 24 e 24 A.
A. F. Alves d'Azevedo, Filhos. rua do Principe, 24 a 38.
Antonio Simões Bayão, calçada de Santa Apolonia, 32.
Arthur A. Marques & C.ª, rua da Prata, 186 e 188.
C. Lecór & C.ª, rua dos Bacalhoeiros, 98, 1.º
Camillo Manuel Alves Gil, rua da Prata, 204 e 206.
Carvalho & Irmão, rua Direita de Alcantara, 11 e 12.
Casimiro A. da Fonseca, rua de S. Paulo, 210 c 212.
Castro & Neves, rua do Corpo Santo, 24 e 26.
Cruz & Sobrinhos, rua da Magdalena, 40 e 42.
Domingos José Barreira & C.ª, rua da Magdalena, 72 e 74.
Drogaria Lisbonense, rua dos Cavalleiros, 39.
Drogaria Medicinal, calçada do Combro, 38.
Drogaria Peninsular, rua Augusta, 39 e 41.
Drogaria Popular, rua dos Cavalleiros, 50 e 52.
Francisco José Antunes, rua do Amparo, 101.
Francisco José de Carvalho, calçada do Combro, 46 e 48.
Francisco da Silva & C.ª, rua da Boa Vista, 162.
Godinho, rua de S. Bento, 392 e 394.
Jacintho Antonio Climaco, rua de D. Pedro V. 149.
J. A. Gonçalves, rua das Gaveas, 21.
João Carlos Ferreira Delgado, largo do Rato, 3 e 4.

João da Cruz Silva & C.ª, rua dos Bacalhoeiros, 96 e 98.
J. Gonçalves, travessa de S. Domingos, 41 e 43.
J. M. Carreira & Nunes, rua dos Alamos, 12.
João Manuel Alves, rua Nova da Palma, 76.
João Miguel da Silva, rua Nova da Palma, 27.
João Nunes de Almeida, rua da Mouraria, 42 a 46.
José Joaquim Ferreira, rua de Santo Antão, 145 a 149.
José de Lima, rua Nova da Palma, 17 e 19.
Joaquim Luiz Pereira Crespo, rua da Rosa, 267 e 269.
Joaquim Nunes de Almeida, rua da Boa Vista, 136 e 138.
J. J. Ribeiro dos Santos, rua do Amparo, 22.
José Reya Campos, rua do Principe, 31.
J. M. Rodrigues & C.ª, rua de S. José, 177.
José Pedro dos Santos Lapa, rua do Livramento, 24 e 26.
José dos Santos Liborio, largo de S. Paulo, 102 e 102 B.
L. M. de Azevedo e Silva, rua da Prata, 281 e 283.
Leandro José Gonçalves de Freitas & C.ª, rua da Prata, 229 e 231.
Manuel Antonio de Sousa, rua dos Bacalhoeiros, 22 e 24.
M. J. Ruivo de Carvalho, rua de S. Lazaro, 90 e 92.
Maria da Piedade, rua de S. José, 60 e 62.
Mauricio Esteves & C.ª, rua do Bemformoso, 9 e 11.
Moreira Lobo & C.ª, rua de S. Bento, 391.
Peixoto & C.ª, praça de Luiz de Camões, 4.
Pires & C.ª, rua da Prata, 175 e 177.
Raposo, Sobrinhos, largo de S. Julião, 10 e 11.
Ribeiro da Costa & C.ª, rua do Arsenal, 150 e 152.
Salvador Vidal, rua das Janellas Verdes, 2, 6 e 16.
Serzedello & C.ª, largo do Corpo Santo, 14 a 18.
Thomaz d'Aquino Corrêa de Sá, rua do Caes de Santarem, 4 a 8.
Vicente Pimentel & Quitans, rua da Prata, 194 e 196.
Viuva de Antonio José Barreira & Filhos, rua larga de S. Roque, 105 e 107.
Viuva de Antonio Raymundo Justiniano Rodrigues, rua da Esperança, 174 e 176.
Viuva Serzedello & C.ª, largo do Pelourinho, 23 e 24.

DYNAMITE (FABRICAS DE)

Frederico Combemmal, Torrão, Caparica.

EMPREITEIROS DAS COMPANHIAS DO GAZ E DAS AGUAS DE LISBOA

Antonio Esteves dos Reis, rua da Boa Vista, 38 a 42.
Duarte Augusto Ferrão, rua da Atalaya, 12, 14, 16 e 22.
Heitor Legrós, travessa da Parreirinha, 20.
J. J. Costa & C.ª, rua Augusta, 261.
José de Oliveira, largo de S. Domingos, 21 a 24.
Julio Gomes Ferreira & C.ª, travessa da Victoria, 82 e 86, e rua do Ferregial de Baixo, 19.

ENCADERNADORES

J. A. Rodrigues Fernandes
ENCADERNADOR

Premiado com a medalha de ouro na Exposição Industrial Portugueza, o maior premio conferido aos livros de escripturação commercial

Especialidade em livros de escripturação em papel nacional e estrangeiro, de que ha amostras em qualidade, formato e preço; livros de lettras, depositos, dividendos, accionistas, etc. Pastas simples e de fechadura para valores de carteira; numéra cheques, talões, facturas, pautado e riscado a côres.

Encadernações solidas e variadas; dourado em seda, pelle e percale; attlas, albuns e livros escarcellados para collar estampas, sellos e amostras de tecidos, musicas, livros de missa de todas as qualidades; envernisa cartas geographicas, plaquetas, cartazes; arma charuteiras, porte-monais, etc.— Catalogos metalicos para bibliothecas.

Tintas encarnadas por medida 50 % mais barato que em vidro.

13, Travessa de S. Nicolau — LISBOA

Julio Augusto Ribeiro
ENCADERNADOR
Encarrega-se de todos os trabalhos da sua arte

Livros de missa e dourados por folhas.
Riscados com toda a perfeição em livros do commercio
Brochuras e cartonagens

PREÇOS SEM COMPETENCIA.

138, Rua da Conceição, 138
(Vulgo Retrozeiros)
LISBOA

ENCADERNADORES

Angelica das Dôres, rua da Magdalena, 46.
Anna Antunes, rua das Gaveas, 60 a 62.
Anna Caldeira, rua de S. José, 21.
A. M. Verol Senior, rua Augusta, 169 e 171.
Alfredo Leonel David, rua Nova dos Martyres, 23.
Antonio Clemente Ernesto, rua de S. Bento, 396.
Antonio Joaquim Ribeiro, rua do Arco da Graça, 17.
Antonio Marcellino das Lages, rua Ferregial de Baixo, 28.
Augusto Ignacio dos Santos, rua da Rosa.
Baptista, calçada do Combro, 55 e 57.
Companhia Nacional Editora, largo do Conde Barão, 50.
Ferin & C.ª, rua Nova do Almada, 70 a 74.
Francisco Freire. rua dos Remedios, 177.
Ignacio Augusto Brandão, rua dos Condes, 39.
João Antonio Rodrigues Fernandes, travessa de S. Nicolau, 6.
João Paulo da Fonseca, Avenida Estephania.
João Pedro da Costa, successores, rua Larga de S. Roque, 94.
Joaquim Antonio d'Aguiar, travessa d'Assumpção, 87.
Joaquim Antonio de Bastos, rua de S. Julião, 33.
Joaquim Pedro Alexandrino, rua Nova do Almada, 89.
José Maria Cardoso Braga, rua do Crucifixo, 8, 1.º
Julio Augusto Ribeiro, rua dos Retrozeiros, 138.
Luiz A. dos Santos, rua de S. Lazaro, 70 e 72.
Mazzocchetti & C.ª, rua Augusta, 222.
Paulino Ferreira, rua Nova da Trindade, 126 e 128.
Verol Junior, rua Augusta, 185.
Vicente Cardoso Braga, travessa da Palha, 110, 1.º

ENTALHADORES

João dos Reis Pereira Leite, rua da Rosa, 40 e 42.
Joaquim Casimiro & Filho, rua do Ferregial de Cima, 10.
José dos Santos Pereira Leite. rua da Rosa, 210 e 212.
L. de S. Braga, rua Nova da Trindade, 116 a 120.
Manuel dos Passos Azevedo, rua Nova do Desterro, 56.

ENXOFRE

Leites Sobrinhos & C.ª, rua dos Fanqueiros, 26 e 28.

ESCOVAS (FABRICAS DE)

José Fillippe Ferreira & Filhos, rua de S. Pedro Martyr, 20.
Viuva de Antonio Raymundo de Carvalho, rua de S. João da Praça, 71.

ESPARTEIROS

Antonio Custodio, rua dos Fanqeeiros, 318.
J. Nepomuceno Ferrão, largo de Santo Antonio da Sé, 12.
Maria Candida da Conceição, rua da Praça da Figueira, 40.
Ricardo Caetano Ayres, rua da Alfandega, 10 a 14.

ESPARTILHOS

Madame Arrigotti, rua do Ouro, 193.

ESPELHOS, MOLDURAS E DOURADOS

Apparicio Joaquim d'Almeida Bulhões, rua da Magdalena, 227.
Barella & Irmão, rua Garrett, 68.
Carlos Joaquim da Luz, rua de S. Bento, 136 e 138.
Joaquim Antonio Pereira, rua do Norte, 157.
Margoteau Ferreira. rua Nova do Carmo, 36, 38 e 46, 1.º

ESPINGARDEIROS E ESPADEIROS

Baptista & C.ª, rua do Ouro, 69.
Canaveira & C.ª, successor de Antonio Maria da Silva, rua Augusta, 155
Imberton Filho, rua do Ouro, 76.
José Lopes Reynol, rua do Ouro, 210.

ESTALAGENS

Pateo do Regedor, 10.
Rua dos Alamos, 10.
Rua do Amparo, 18.
Rua do Poço dos Negros, 129.
Rua da Rosa, 148 a 156 e 160 a 164.
Travessa do Forno, 9.

ESTAMPAS (Depositos de)

LOJA MODERNA
DE
Aureliano Alves Machado & C.ª

Estabelecimento de molduras,
vidros e um variado
sortimento de oleographias e estampas

VENDA POR GROSSO E A RETALHO

38, Rua de S. Paulo, 40

LISBOA

ESTAMPAS (DEPOSITOS DE)

A. M. Antunes, rua Garrett, 88.
Aureliano Alves Machado & C.ª, rua de S. Paulo, 38 e 40.

ESTEIREIROS (OFFICINAS DE)

Antonio Maria da Conceição, calçada do Garcia, 36
Bruno da Silva, rua de Santo Antão, 80 e 82, 177 e 179, rua das Janellas Verdes, 15 e travessa da Espera, 11.
Jeronymo Antonio Alves, rua do Norte, 13.
Luciano Maria Machado, rua Nova da Trindade, 89.
Rufino, rua das Flores, 95.
Rufino José d'Almeida, rua da Bica de Duarte Bello, 59.

ESTOJOS E CAIXAS PARA JOIAS

José da Rosa Limpo, rua da Prata, 199.
Theodoro dos Reis e Silva, rua do Ouro, 200.

FARINHAS MEDICINAES

FARINHA LACTEA
H. NESTLÉ

Marque de fabrique

32 recompensas das quaes 12 diplomas de honra e 12 medalhas de ouro

Certificados numerosos das primeiras auctoridades em medicina

ALIMENTO COMPLETO
PARA
CREANÇAS DO PEITO

Substitue o leite materno, facilita o desmamar
é de digestão facil e completa

**Tambem as pessoas adultas empregam esta farinha
com muita vantagem
nas doenças do estomago**

Vende-se em todas as boas drogarias, mercearias e pharmacias

DEPOSITO GERAL:

EM LISBOA: *Armazem Suisso*, Rua Ivens (S. Francisco), 44, 1.º
NO PORTO: *L. Prudhomme*, Rua de Santo Antonio, 120, 124.

Para evitar as numerosas imitações, deve exigir-se que cada lata contenha um prospecto em portuguez, a assignatura do inventor: HENRY NESTLÉ VEVEY e na tampa a firma do deposito geral de TH. & U. ALBERT DEGGELLER.

A CASA NESTLÉ obteve na ultima exposição de Paris de 1889 as maiores recompensas, a saber: **Grand Prix** e a **Medalha de Ouro.**

FARINHAS MEDICINAES

Farinha lactea de H. Nestlé, armazem Suisso, rua Ivens, 44 1.º

FATO FEITO E POR MEDIDA

Almeida & Irmão, rua dos Capellistas, 20 e 22.
Antonio Dias, largo de S. Paulo, 10 e 11.
Bacellar & C.ª, rua do Ouro, 149, 1.º
Campos & Gonçalves, rua de S. Julião, 164 a 169.
Costa & Nogueira, rua d'Alfandega, 160 e 162.
F. C. Rocha, rua da Bitesga, 19 e 21.
Ferrão & C.ª, rua dos Fanqueiros, 180 a 186.
Ferreira & Silva, rua de S. Paulo, 3 e 5.
Francisco José da Silva, rua de S. Julião, 133 a 137.
Francisco Maria Martins, rua Nova do Carvalho, 75.
Francisco da Veiga, rua de S. Julião, 47 a 51.
G. Maximo de Abreu, rua dos Fanqueiros, 237 e 239.
I. R. Ferreira & Irmão, largo do Poço Novo, 7.
João Antonio Marques, largo de S. Paulo, 14.
J. C. Fazenda, rua dos Fanqueiros, 264 e 266.
Jacintho Nunes Corrêa & C.ª, rua do Ouro, 40 a 44, e rua de S. Julião, 150 a 156.
João Barata Junior, travessa dos Remolares, 29 e 31.
João Pinto de Carvalho Junior, largo de S. Paulo, 5 e 6.
José d'Almeida, rua Nova do Carvalho, 68 e 70.
Joaquim José Simões, rua Nova do Carvalho, 73.
José Cypriano Ribeiro, rua de S. Julião, 163 e 165.
José de Faro, rua Nova do Carvalho, 79 a 81,
José da Fonseca & Filhos, rua de S. Julião, 184 e 186.
José Francisco Collares, rua Augusta, 245 e 247.
José Joaquim Ennes Gonçalves, rua d'Alfandega, 92 e 94 e rua dos Fanqueiros, 21 e 23.
Manoel Antonio Dias Ferreira, rua dos Capellistas, 21.
Manoel Carracedo, rua de S. Julião, 79 e 81.
Manoel Nunes Corrêa Filhos & C.ª, rua de S. Julião, 192 a 198.
Marcellino Chambel, rua Nova de S. Domingos, 1 e 3.
Pablo & Silva, rua dos Capellistas, 6 e 8.
Pinheiro & Sobrinho, rua de S. Julião, 83 a 87.
Santos Corrêa & C.ª, rua Augusta, 36 e 38 e rua de S. Julião, 109 a 115.
Soares & C.ª, rua de S. Julião, 141 e 143.
Torcato & Filhos, rua Augusta, 35 e 37 e rua de S. Julião, 117 e 119.

Fazendas de lã, linho, seda e algodão

Antiga casa de negocio do Rato

FUNDADA EM 1845

JULIO DE CARVALHO & C.ª

Completo sortimento de fazendas
das classes de
fanqueiro, mercador, capellista e retrozeiro

CAMISARIA E ROUPARIA BRANCA

63, LARGO DO RATO, 64
400, RUA DO SALITRE, 402
LISBOA

ANTONIO ALFREDO DA SILVA & C.ª

COM ESTABELECIMENTO DE

FAZENDAS DE LINHO

NACIONAES E ESTRANGEIRAS

22, Rua da Princeza, 24

(Vulgo, Rua dos Fanqueiros)

Grande deposito de saccaria de todas as dimensões e de differentes qualidades. Vende por atacado e a retalho, por preços fixos e sem competencia.—Sortimento sem igual de grossarias inglezas, hamburguezas e nacionaes, pannaes para palha, pannaes para azeitona, etc., etc.

Esta casa cumpre sempre com a maxima pontualidade as encommendas de que se encarrega; tem sempre grande e variado sortimento para servir de prompto os seus clientes, tendo grande existencia em deposito na alfandega, e tambem vende para exportação em condições vantajosas.

FAZENDAS DE LÃ, LINHO, SEDA E ALGODÃO

Affonso de Barros & C.ª, rua Augusta, 77 a 81.
Affonso Sanches Gomes, rua da Praça da Figueira, 41 e 42.
Agnello Barbosa, rua de S. Julião, 48, 1.º
Alberto R. Centeno & C.ª, largo dos Torneiros, 5, 1.º
A. C. d'Almeida & C.ª, rua Nova da Palma, 29 e 31.
A. Lucio Franco, rua da Prata, 293.
A. N. d'Abreu & C.ª, rua de D. Pedro V, 90 e 92.
Antonio Fausto de Sousa, rua dos Fanqueiros, 78 a 82.
Antonio Gomes de Carvalho, calçada do Combro, 1.
Antonio Alfredo da Silva, rua dos Fanqueiros, 22.
Antonio José Ferreira, rua Augusta, 58 e 60.
Antonio José dos Santos & C.ª, rua Augusta, 137 e 139.
Alfredo Jorge Macario, rua de Santos-o-Velho, 52 a 58.
Antonio Mendes, rua dos Retrozeiros, 28 e 30.
Antonio Simões Mariz, rua d'Alcantara, 123 e 124.
Aranha & C.ª, rua Augusta, 272 a 276.
Arsenio & C.ª, rua Garrett, 69 e 71.
Arthur d'Almeida & Pombo, Avenida, 94 e 96.
Arthur Cilia & C.ª, rua Augusta, 138 e 140.
Baptista & C.ª, calçada da Estrella, 92 e 94.
Barreiros Falcão & C.ª, rua da Bitesga, 23 e 25.
Caetano Macario & Filhos, rua de Santos-o-Velho, 32 e 34.
Candido da Silva Sardinha & C.ª, praça da Fructa, 10, Belem.
Carlos d'Almeida & C.ª, rua Augusta, 205 e 207.
Carlos Stefanina, rua do Loreto, 55, 1.º
Carvalho Lopes & C.ª, largo do Intendente, 25 e 25 A.
Casa Elegante, Jordão & Lima, largo do Calhariz, 25.
Casa Nacional, largo de S. Roque, 13 e 14.
Casa do Minho, Manuel Antonio Cerqueira & C.ª, rua de S. José, 175.
Centeno & C.ª, rua da Prata, 153, 1.º
Costa J. Lima, travessa da Palha, 150, 1.º
Costa & Portella, rua Augusta, 71 e 75.
Costa & C.ª, rua Augusta, 40 a 46.
Costa Feijó & C.ª, rua Augusta, 253 a 257.
Cunha & C.ª, rua Aurea, 220, 2.º
David da Silva & C.ª, largo de S. Roque, 16 e 17.
Deposito de Algodões, travessa do Açougue, 2 e 4.
Diogo da Silva & C.ª, rua dos Retrozeiros, 55.
Etelvino Olimpio Carmo de Aça, rua de S. José, 161 e 163.
F. A. da Silva, rua Augusta, 264 e 266.
Francisco Antunes Garcia Chaves, rua dos Fanqueiros, 1 a 5.
Francisco Antonio Casellas, travessa de Santa Justa, 47 e 49.
Francisco Eduardo Antunes & Martins, (fabricas de fazendas d'Algodão), rua do Olival, 116.
F. Curado Ribeiro, largo do Conde Barão, 31 e 33.
Francisco José d'Araujo, rua dos Fanqueiros, 183 e 185.
Francisco José Ferreira, rua dos Fanqueiros, 73 a 85.
Francisco José Lopes, rua dos Fanqueiros, 59.
F. J. Lopes Ferreira, rua da Bitesga, 19 a 33.
Francisco d'Oliveira Soares, rua dos Fanqueiros, 123 a 133.
Grandella & C.ª, rua do Ouro, 205 a 217.
Grands Magasins du Printemps, travessa de S. Nicolau, 102, 1.º
Hermann Katzenstein, rua dos Capellistas, 35, 1.º
J. B. Salgado & C.ª, rua Augusta, 286 a 292.
J. Cardoso, em commandita, rua Augusta, 242 e 244.

J. A. Vieira, rua Augusta, 291 a 295.
J. P. da Fonseca, rua da Prata, 190 e 192.
Jacintho Francisco Crespo de Lacerda, rua da Esperança, 117 e 119.
João Alves de Mattos, rua dos Fanqueiros, 128 e 130.
João Antonio Vieira, praça de D. Pedro, 1 e 2.
João Baptista Fernandes, rua dos Remedios, ao Terreiro, 7 e 9.
João Crysostomo de Sequeira, rua dos Fanqueiros, 209 e 213.
J. F. Braga, rua da Prata, 18 e 20.
João Guerreiro do Nascimento, rua do Livramento, 41 e 43.
João Vicente de Sousa, rua Nova da Palma, 25 e 25 A.
Joaquim Augusto dos Santos, rua dos Fanqueiros, 103 e 105.
Jorge José da Cunha, successores, rua de S. Pedro d'Alcantara, 35 a 39.
José Antonio dos Reis, rua Nova da Alfandega, 108, 1.º
J. F. Braga, rua da Prata, 18 e 20.
José Henriques Ferreira, travessa de S. Nicolau, 59 a 65.
J. G. da Rosa Araujo, rua da Prata, 115 e 117.
J. F. Martins, rua da Prata, 184, 1.º
José Joaquim Ferreira de Lacerda, rua do Livramento, 99 e 101.
José Antonio Ferreira, rua dos Fanqueiros, 243 a 249.
José Francisco d'Almeida Netto, rua dos Fanqueiros, 161 e 163.
José Marques da Silva, largo do Calhariz, 12, 1.º
José do Nascimento Lopes, rua da Bitesga, 28 a 32.
José Pedro da Silva Machado, rua dos Fanqueiros, 48 e 50.
Julio de Carvalho & C.ª, largo do Rato, 63 e 64.
Leite Abranches & C.ª, rua dos Fanqueiros, 161 a 171.
Leites Sobrinhos & C.ª, rua dos Fanqueiros, 26 e 28.
Lino & Moron, rua de S. Paulo, 184 e 186.
Loja Nova, rua da Mouraria, 72 a 76.
Loja Oriental, praça de D. Pedro, 70 e 71.
Loja Popular, rua de D. Pedro V, 27 e 27 A.
Loja do Povo, de João da Conceição Silva, rua Direita de Belem, 43 e 44.
Loja do Povo, Rocio, 87 a 89.
Luciano Rodrigues Xavier Pinto, rua dos Fanqueiros, 21.
Machado & Castello Branco, rua dos Fanqueiros, 223 a 229.
Machado & C.ª, rua dos Fanqueiros, 68 e 70.
Manuel Antonio Affonso & C.ª, rua de S. Paulo, 174 e 176.
Manuel Basto & C.ª, calçada do Combro, 79 e 81.
Manuel Godinho Cabral, rua Nova da Palma, 79 a 87.
Manuel Gonçalves Basto, rua dos Fanqueiros, 141 e 143.
Manuel J. Alves de Sousa, rua da Magdalena, 2 e 4.
Manuel Lopes Natario, rua dos Fanqueiros, 280 a 284.
Manuel Luiz de Macedo, rua dos Fanqueiros, 45.
Manuel Pereira Basto & C.ª, rua dos Retrozeiros, 81 e 83.
Manuel Zuniga, rua do Ouro, 75, 1.º
Marcolino Caetano Xavier de Sousa, rua dos Fanqueiros, 259 e 261.
Miguel Jeronymo, calçada da Estrella, 28.
Nunes & Fernandes, rua da Prata, 116 e 118.
Nunes Marques & Irmão, rua Augusta, 201 e 203.
Oliveira & Irmão, travessa de S. Domingos, 37 e 39.
Pedro de Mira Coelho, largo de S. Paulo, 86 a 90.
Pedro Telhado, rua dos Fanqueiros, 269 e 271.
Peres Barroso & C.ª, (successores), rua dos Fanqueiros, 96, 1.º
Rigoni, Correia d'Oliveira & C.ª, rua Augusta, 90, 1.º
Rodrigues & Duarte, rua dos Fanqueiros, 241.
Rodrigues & Duartes, praça de D. Pedro, 106 e 107.
Salles & Costa, rua da Bitesga, 35 a 39.
Severino Antonio Monteiro, largo do Rato, 63 e 65.

Severino de Magalhães, rua dos Fanqueiros, 183 e 185.
Silva Roda, rua Augusta, 161 e 163.
Tavares & Ramos, rua dos Fanqueiros, 251 e 253.
Teixeira Bastos & Irmãos, praça de D. Pedro, 81 e 83.
Theodoro José da Costa, rua dos Fanqueiros, 183 e 185.
Victor Martinez & C.ª, rua de Santos-o-Velho, 98-A e 98-B.
Vidal & Silva, (fabrica de cintas), rua da Alfandega, 132 e 134.
Viuva de J. X. da Silva Junior, largo do Calhariz, 1
Viuva Prazeres & Filhos, rua do Arco do Bandeira, 31, 1.º
Viuva Prosper & Filho, praça das Amoreiras, 43.
Viuva Salles & C.ª, rua dos Fanqueiros, 195 e 197.

FERRADORES

Alfredo de Salles Ribeiro, rua dos Anjos, 59.
Francisco Antonio Rodrigues, largo do Rato, 32 e 33.
Francisco Justino de Mendonça, rua da Rosa, 36 e 38.
Miguel Jeronymo, calçada da Estrella, 28.
Rosa, medico veterinario, rua da Horta Secca, 56.

Ferragens e quinquilherias

J. F. Lisboa & Limpo

ARMAZEM
DE
Ferragens e quinquilherias

140, Rua da Alfandega, 142

LISBOA

ARMAZEM
DE
FERRAGENS
Quinquilherias e calçado

J. R. GUIMARÃES & C.ª

40, Rua dos Fanqueiros, 42

LISBOA

FERRAGENS E QUINQUILHERIAS

Abreu & C.ª, rua d'Alfandega, 72 a 76.
Almeida Bastos & C.ª, rua de S. Paulo, 117.
Alves & Maia, rua da Magdalena, 5 a 9.
Antiga Casa de José Alexandre, rua Garrett, 10 e 12.
Antonio Barreto da Silva & C.ª, rua da Boa Vista, 144 e 146.
Antonio Julio da Silva Anachoreta, rua dos Fanqueiros, 9 e 11.
Antonio José de Sequeira Xavier, rua Nova do Amparo, 14.
Antonio Lopes Tavares, rua dos Capellistas, 63 e 65.
Antonio Nunes de Carvalho, rua do Amparo, 35 e 37.
A. C. Encarnação & C.ª, travessa da Victoria, 27 e 29.
A. R. Ferreira & C.ª, rua do Ouro, 244.
Antonio da Silva, rua do Amparo, 98 e 100.
Augusto Cesar Corrêa, travessa de S. Domingos, 30 a 34.
Carlos Maria Alves, rua de Santo Antão, 98.
Barros Sobrinho & C.ª, rua dos Capellistas, 60 a 64.
Borges de Carvalho, Filhos, rua dos Capellistas, 53 a 57,
Braga & Vilella, praça da Figueira, 34.
C. M. Alves, rua de Santo Antão, 31.
Carvalho & Cardoso, travessa de S. Domingos, 20 e 24.
Carvalho & Garcez, rua do Amparo, 44 a 46.
Daniel de Mattos Sequeira, rua dos Bacalhoeiros, 99.
Domingos Pereira Coutinho, rua d'Alfandega, 20 a 24.
D. R. Figueiredo, largo do Conde Barão, 10 e 12.
Fernandes & Vilella, rua da Alfandega, 68 e 70.
Innocencio de Sousa, rua Augusta, 49 e 51.
João Baptistas Alves Chaves, travessa de S. Domingos, 33 e 35.
João Baptista de Moraes Madureira, rua Nova da Palma, 15.
João Carlos Marques, rua de S. Paulo, 126, 1.º
João Godinho das Neves Araujo, rua de S. Bento, 392 e 394.
João Henrique de Freitas, rua de S. José, 102.
João F. da Matta, rua dos Fanqueiros, 14 e 16,
João Simões d'Almeida, successores, rua da Boa Vista, 58 e 60.
Joaquim Borges de Carvalho & C.ª, rua dos Retrozeiros, 157 e 159.
Joaquim Ferreira Braga, rua do Arsenal 98.
Joaquim Gomes Filippe, travessa de S. Domingos, 38.
Joaquim Manoel Marques, rua da Ribeira Nova, 30 e 32.
Joaquim Rodrigues Moreira, rua do Amparo, 17 e 19.
José da Costa Feio, rua do Principe, 117 e 119.
José Felix da Costa, rua de Santo Antão, 55 e 57.
José Gomes Ferreira, rua Nova do Amparo, 14.
José Gregorio Fernandes, largo de S. Julião, 15 a 19.
José Francisco Machado, largo de S. Domingos, Palacio do Conde de Almada, 12 e 13.
José Ignacio Novaes & C.ª, rua Garrett, 64.
José Joaquim Cayres Loureiro, rua da Alfandega, 74 e 76.
J. M. Marques, travessa da Ribeira Nova, 28 e 30.
José Narciso da Costa Sobrinho, rua do Amparo, 48 e 50.
José de Sá Pereira, rua de S. Paulo, 50 e 52.
José Xavier Forte, rua d'Alfandega, 104 e 106.
José Nunes Ferreira, rua do Amparo, 16.
J. F. Lisboa & Limpo, rua d'Alfandega, 142.
J. R. Guimarães & C.ª, rua dos Fanqueiros, 40 e 42.
Lopes & Araujo, travessa da Assumpção, 71 a 77.
Luiz José Torres, rua Nova do Amparo, 8.
Luiz Sergio Augusto, largo do Conde Barão, 22 e 23.

Manoel Joaquim Ferreira, rua do Livramento, 72 a 76.
Manoel Pinto de Lima, rua Nova d'Alfandega, 78 e 80.
Manoel Vaz da Silveira, rua dos Capellistas, 25 a 29.
Narciso da Costa, praça de D. Pedro, 41.
Ortiz & Crespo, rua da Prata, 68 a 74.
Paes & Ferreira, rua dos capellistas, 24 e 26.
Pinto & Irmão, rua do Arsenal, 104.
Silveira & C.ª, rua Nova do Almada, 13 e 15.
Simões Guimarães & Filho, rua dos Capellistas, 32 a 36.
Thiago Antonio da Silva, praça de D. Pedro, 94 e 95.
Veiga & C.ª, rua d'Alfandega, 114 e 116.
Vieira & Irmão, rua do Corpo Santo, 43 e 45.
Viuva de José Anastacio Verde, rua dos Fanqueiros, 2 a 6.
Viuva Pimenta, rua dos Bacalhoeiros, 63 a 67.

FERRO (ARMAZENS DE)

Alexandre Black & C.ª, rua da Boa Vista, 32.
Araujo & Graça, rua do Caes de Santarem, 7 e 8.
Francisco Luiz Alves, rua da Magdalena, 111.
Francisco Vaz e Mendonça, rua dos Bacalhoeiros, 66 a 70.
José Gregorio Fernandes, rua Vinte e Quatro de Julho, 268 a 274.
Moutinho & C.ª, rua do Crucifixo, 32 a 38.
Sommer & C.ª, rua do Caes de Santarem, 3 e 5.

Fiação de tecidos

FABRICA

DE

Tecidos de seda, lã e algodão

Fitas, galões, atacadores de fita
e redondos, soutaches, cordões, gerolinas,
crêtes, borlas, franjas, meias,
piugas brancas e de côr, camisolas,
e mais artigos garantidos em qualidade, etc.

PREÇOS RASOAVEIS
43, Praça das Amoreiras, 43

FRANCISCO DE PAULA PROSPER

SUCCESSORES

VIUVA PROSPER & FILHO

43, PRAÇA DAS AMOREIRAS, 43

LISBOA

FIAÇÃO E TECIDOS

Companhia de Lanificios em Arroyos, Arco do Bandeira, 54, 1.º
Companhia de Fiação e Tecidos Lisbonense, rua dos Fanqueiros, 135, 1.º
Companhia de Lanificios d'Arrentella, rua dos Retrozeiros, 85, 1.º
Companhia da Real Fabrica de Fiação de Thomar, rua dos Fanqueiros, 150.
Companhia do Fabrico de Algodões de Xabregas, rua de S. Julião, 41.
José Pinto, travessa da Fabrica dos Pentes, 7 e 9 (Amoreiras).
Llosent & C.ª, gerente, Thomé Dias, rua do Arco, 32 (Alcantara).
Luiz Carlos Pons, rua de S. Bernardo, 92.
Viuva Prosper & Filho, praça das Amoreiras, 43.

FILTROS PARA AGUA

FILTRO CHAMBERLAND
Système PASTEUR

O unico filtro industrial capaz de se oppór efficazmente á *transmissão das doenças pelas aguas* destinadas á alimentação

Unico filtro adoptado mediante concurso para o serviço do exercito francez

ACADEMIA DAS SCIENCIAS
PREMIO MONTHION

SEIS DIPLOMAS DE HONRA

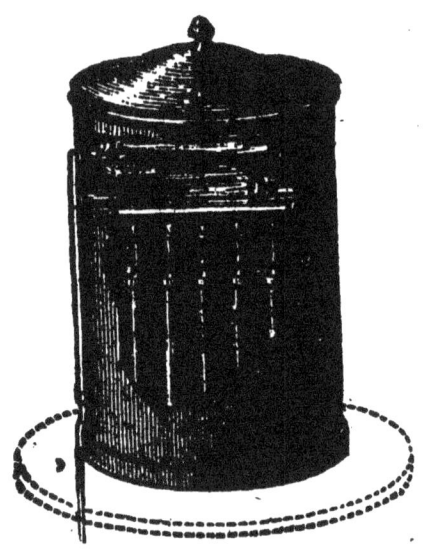

Exposição Universal de Paris de 1889
Unica medalha de ouro

Concedida pela classe de hygiene, conforme consta do CATALOGO OFFICIAL das recompensas — Classe 64, pagina 4:794

DEPOSITO ESPECIAL PARA PORTUGAL
Rua Nova do Almada, 79
LISBOA

Nota.—Encontra-se n'este estabelecimento o referido catalogo.

FILTROS PARA AGUA

Filtro Chamberland, systema Pasteur, rua Nova do Almada, 79.

FOGÕES

Bernardino Ferreira Guimarães, rua Augusta, 268 e 270.
F. L. da Silva Almeida, praça dos Restauradores, 34 a 37.
J. I. dos Santos, praça de Luiz de Camões, 41.
João Lino Baccheley, rua da Boa Vista, 43.
José Gregorio Maciel, rua dos Poyaes de S. Bento, 31.
José do Ó' Martins, calçada da Estrella, 15 a 19.
Josué Augusto Moreira, praça dos Restauradores, 17.
Julio Gomes Ferreira & C.ª, rua do Ferregial de Baixo, 19.
Manuel Silvestre, largo da Annunciada, 172.
Severo d'Almeida, rua da Boa Vista, 166 e 168.

FOLHA DE FLANDRES

J. J. Cayres Loureiro

74 – Rua da Alfandega – 76

LISBOA

DEPOSITO DE FOLHA DE FLANDRES, ESTANHO, CHUMBO, ZINCO, ETC.

COMMISSÕES E CONSIGNAÇÕES

ENDEREÇO TELEGRAPHICO — CAYRES, LISBOA

FOLHA DE FLANDRES

J. J. Cayres Loureiro, rua d'Alfandega, 74 e 76.

FOGO DE ARTIFICIO (FABRICAS E DEPOSITOS DE)

Caetano da Costa, rua do Alvito, 117.
Candido A. Fernandes, rua da Boa Vista, 16.
Casimiro R. Valente, rua da Boa Vista, 8.
Isidoro Francisco, rua do Alvito, 29, (Alcantara).
Joaquim Rodrigues, rua do Alvito, 40, (Alcantara).
José Rodrigues, travessa do Sebeiro, 27, (Alcantara).
José Vieira, rua da Cruz, 90, (Alcantara).

FRUCTAS VERDES E SECCAS

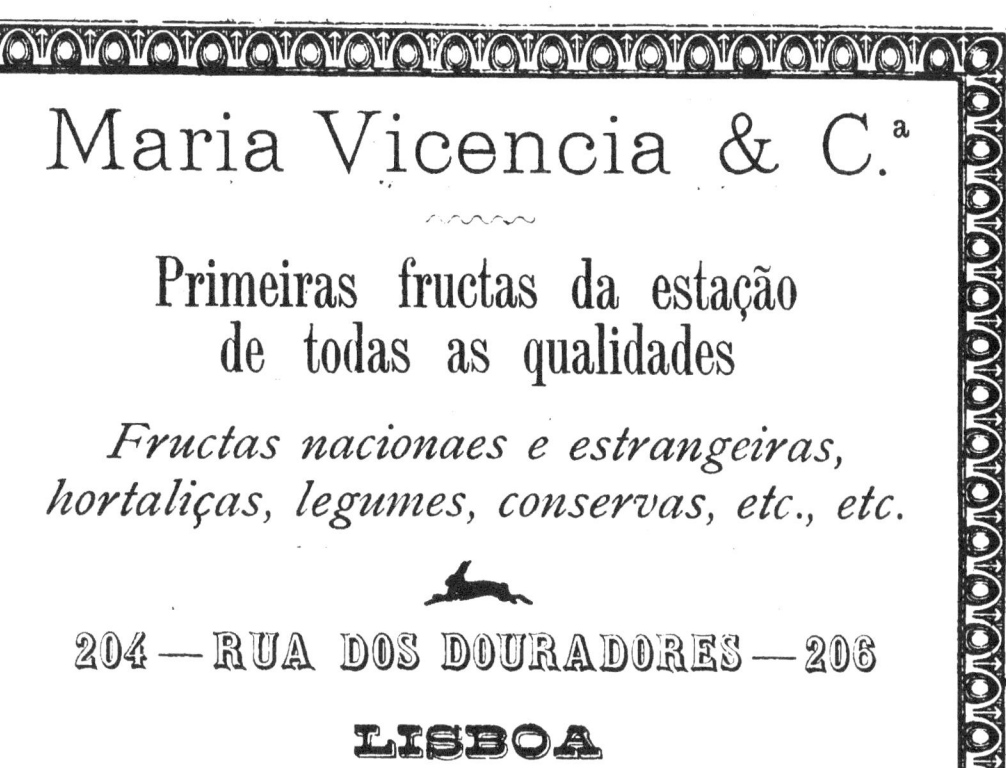

FRUCTAS VERDES E SECCAS

A. C. Encarnação & C.ª, travessa da Victoria, 25 a 31.
Carreira & C.ª, rua do Amparo, 76 a 80.
Maria Vicencia & C.ª, rua dos Douradores, 204 e 206.
Joaquim José da Costa, rua Nova do Carmo, 37.
Mercado da Praça da Figueira.

FUNDAS (FABRICAS DE)

Lopes & Araujo, travessa d'Assumpção, 71 e 77.
Miguel Ferreira da Silva, rua dos Retrozeiros, 10.
João Carlos de Sá, travessa da Victoria, 57.

FUNDIÇÃO DE METAES (FABRICAS DE)

João Felix da Silva Capucho

FORNECEDOR DA INSPECÇÃO GERAL DOS INCENDIOS

Premiado com a medalha de prata na Exposição Agricola de Lisboa

Officinas de manufactura de ferro e cobre e fundição de bronze e ferro

Bombas para poços, Jardins e incendios

TUBOS DE LONA, SOLLA E BORRACHA

Empancaduras para machinas a vapor

DEPOSITO — 123, Rua de S. Paulo, 125
OFFICINA — 41, Calçada do Marquez d'Abrantes, 49

LISBOA

FABRICA VULCANO
DE
VIUVA PETERS & FILHOS

Fundição de ferro e bronze

Encarrega-se da factura de qualquer obra de ferro ou bronze, machinas de vapor, bombas, prensas, engenhos para massas, gradeamentos, charruas e encanamentos para agua e gaz, macacos hydraulicos e guinchos dobrados e singelos para fragatas e botes, dos quaes ha sempre promptos em deposito.

Tambem se encarrega da montagem de qualquer estabelecimento fabril com motor de vapor ou hydraulico, e bem assim de fazer ou mandar vir do estrangeiro quaesquer machinas, para o que está em relação com os melhores fabricantes.

38, Boqueirão do Duro (ao Conde Barão)

LISBOA

FUNDIÇÃO DE METAES (FABRICAS DE)

Cooperativa Industria Social, rua Vinte e Quatro de Julho, (junto á rampa de Santos).
Empreza Industrial Portugueza, Santo Amaro, Lisboa.
Idem, (deposito), rua Vasco da Gama, 19 e 21.
Frederico Collares, largo do Conde Barão, 14.
Ignacio Gomes de Athayde, travessa do chão do Loureiro, 3 e 5 (aos Caldas).
João Felix da Silva Capucho, calçada do Marquez de Abrantes, 41 a 49.
João Lino Baccheley, rua da Boa Vista, 43.
Viuva Peters & Filhos, Boqueirão do Duro, 38.

FUNERAES (AGENCIAS DE)

NOVA AGENCIA FUNERARIA
DE
FRANCISCO DOS SANTOS RODRIGUES

Andador da Irmandade do Santissimo da Sé de Lisboa

Encarrega-se de funeraes tanto em carros modernos como antigos e pretos (systema francez)

POR PREÇOS MUITO RASOAVEIS

Variedade em urnas de mogno polido em todas as dimensões, assim como corôas recebidas directamente do estrangeiro

13, RUA DAS PEDRAS NEGRAS, 13
LISBOA

O agente pode ser procurado no Pateo da Sé (defronte do Aljube).

FUNERAES (AGENCIAS DE)

Alfredo Cesar Magno, rua de Santa Martha, 202, 204 e 212.
Angelino José Estevão Mathias, rua da Gloria ao Passeio, 67.
Antonio Feliciano Lopes, rua Nova da Palma, 3, 1.º
Antonio Ferreira Alves, rua Nova da Trindade, 44.
Antonio Lino Duarte, rua Nova da Palma, 22 e 24.
Carlos Ennes da Costa, rua dos Cardaes de Jesus, 120 e 128.
Francisco dos Santos Rodrigues, rua das Pedras Negras, 13.
Nova Agencia Funeraria de Antonio Quirino & C.ª, rua da Magdalena, 227.
Nova Empreza Funeraria, largo da Abegoaria, 14.
Thiago Torcato, rua de S. José, 9 a 13.

GAIOLAS E PASSAROS

Castello & Filippe, rua do Arsenal, 92.
Joaquim José da Rocha, rua Nova da Palma, 16 e 18, e rua do Arsenal, 70.
Viuva de Gervasio Anselmo Chaves, rua Nova do Almada, 26 e 28, e viveiro na rua das Beatas.

GALÕES E FIOS DE OURO (FABRICAS DE)

A. Trefiladora, rua de S. José, 182 e 184.
Viuva de Liborio Diniz, rua Nova de S. Domingos, 7, 1.º

GELO (FABRICAS DE)

Companhia Frigorifica, largo do Municipio, 13.
Companhia União Industrial Lisbonense, rua Vinte e Quatro de Julho (junto á Rampa de Santos).

GENEROS DO ALGARVE

Antonio José Simões, rua da Praça da Figueira, 16.
Antonio da Cruz Moura, rua de Santo Antão, 17.
Antonio Luiz Mathias, rua de S. Paulo, 140.
E. R. Reis, rua Larga de S. Roque, 119.
João Nepomuceno Ferrão, largo de Santo Antonio da Sé, 12 e 13.
José Caetano da Costa, calçada do Combro, 34 e 36.

Gesso e betumes (Fabricas de)

GESSO E BETUMES (FABRICAS DE)

A. A. Meira & C.ª, rua do Duque da Terceira, 8 a 22.
Manuel Ennes Ramos, largo do Marquez de Lavradio, 9.
Valentim Lopes da Silva, beco dos Escaleres, Belem.

GRAVADORES

ATELIERS ARTISTICOS

158, RUA DO OURO, 158

94, T. da Victoria, 96

LISBOA

TELEPHONE N.º 620

A. L. FREIRE

GRAVADOR da Casa Real, Repartições, Commercio, etc.

MONOGRAMMAS
E
Brazões a Côres

GRANDE FABRICA
DE
CARIMBOS

OS MAIS IMPORTANTES ATELIERS
DE
Gravura em Metal e Madeira

Sellos, Brazões, Sinetes para lacre e tinta, Carimbos para o commercio e prensas em branco, Gravura em madeira em todos os generos.

TYPOGRAPHIA. — Facturas, Memoranduns, Mappas, Participações, Bilhetes de visita e de loja, impressões de luxo em todos os generos.

GRAVADORES

A. J. Silva Ramalho, rua da Prata, 49 e 51.
A. L. Freire. em todos os generos, grandes ateliers, travesa da Victoria, 94 a 96, rua do Ouro, 158.
Caetano Alberto (em madeira), travessa do Convento de Jesus, 4, 2.º
Cassiano Maia, rua da Magdalena, 214, 2.º
Coutinho, travessa da Victoria, 76.
E. E. de Sousa, travessa da Victoria, 98 e 100, e rua Aurea, 157,
Eduardo Baptista, rua do Ouro, 165.
Francisco J. S. Pavia, gravura chimica, travessa do Conde de Soure, 4.
Francisco Pastor, rua do Ouro, 210, 2.º
F. P. Varella, successor de João Pinto Moutinho, rua da Prata, 57.
Lucien Lallemant, rua do Thesouro Velho, 6.
M. A. Branco, rua do Ouro, 153 e 155.
Raphael Maria Pimenta, (em madeira), rua da Lapa, 73.

GRAVATAS (fabricas de)

GRAVATAS (FABRICAS DE)

Cunha & C.ª, rua do Ouro, 220, 2.º
Lisboa Elegante, praça de D. Pedro, 16.
Marianno & Irmão, rua Garrett, 109, 1.º
Marques & C.ª, rua dos Fanqueiros, 196, 1.º
Rocha & C.ª, rua dos Capellistas, 99, 1.º

GRAXA (FABRICAS DE)

Horta & Silva, calçada da Ajuda, 74 e 76.
Maria Joaquina da Silva Saturnino, rua Nova do Desterro, 21 a 27.

GRUDE (FABRICAS DE)

Ignacio de Magalhães Bastos, estrada de Chellas, 22.
Joaquim Pedro Alves Capok, Senhora Sant'Anna, aos Arcos.

GUANO (FARRICAS DE)

Carlos Possollo de Sousa & Bourdette, quinta da Aguá Forte, em Alcantara.
Companhia de Piscicultura e pescaria a vapor, Trafaria.
Rocha & C.ª, rua da Cruz, em Alcantara.

HORTICULTORES OU FLORICULTORES

ESTABELECIMENTO LISBONENSE
DE
FLORICULTURA

317, Calçada do Salitre, 317

N'este estabelecimento encontra-se uma explendida collecção de roseiras de espinho de mais de 800 variedades; camelias de luxuriosa vegetação e qualidades distinctas; mognolias de varias especies; azaleas; rhododendrons já acclimados ao paiz; alecrins do norte; acacias; aucubas; lilazes; cedros; abres; e muitas outras plantas; trepadeiras; arvores de sombra; pereiras; alpercheiros; macieiras; pecegueiros enxertados em amendoeira que são de longa duração; larangeiras; limoeiros; tangerineiras; etc., etc. Para a collecção de roseiras de espinho, de camelias e de rhododendrons chama a attenção dos amadores.

O estabelecimento encarrega-se de remetter quaesquer plantas não só para todo o paiz como tambem para o estrangeiro, affiançando o bom acondicionamento.

Antonio José de Campos Porto

317, Calçada do Salitre, 317

LISBOA

HORTICULTORES OU FLORICULTORES

Antonio Diogo, rua de S. Julião, 176.
Antonio José de Campos Porto, rua do Salitre, 317.
Diogo Antonio Evaristo da Silva, rua da Cruz dos Poyaes, 113.
Francisco Manuel Machado, travessa das Monicas, 20 a 24.
José Pedro da Costa, rua do Arco a Jesus, 89.
Eugene Vigeant, rua do Valle de Pereiro, 95.

Hôtel de L'EUROPE

MAISON FRANÇAISE

Situé dans le quartier le plus frequenté de la ville,
au centre du commerce,
à proximité des théâtres, banques et telegraphes

Cette maison offre à MM. les voyageurs
toutes les commodités qu'ils peuvent désirer

Bureau de poste à l'Hôtel

PRIX MODÉRÉS

Rua Nova do Carmo, 16—LISBOA

HOTEL CAMÕES

13—TRAVESSA DE S. NICOLAU—13

LISBOA

Magnificamente situado no centro da cidade, perto das repartições publicas, passeios, theatros, etc.

Preço por dia de 1$000 réis para cima

JANTARES DE MEZA REDONDA ÁS 4 E 6 HORAS, 500 RÉIS

Almoço das 9 horas e meia ao meio dia, 400 réis

HOTEL DURAND

ENGLISH HOTEL

71, Rua das Flores, 71—Largo do Quintella

LISBOA

Este hotel situado na parte mais central da cidade, offerece todos os confortos de uma casa de primeira classe.

Sala de leitura e banhos

HOTEL LONDON

10, TRAVESSA DO CORPO SANTO, 10

LISBOA

Este hotel, estabelecido em um dos melhores sitios da capital, perto do embarque, theatros, passeios, companhias de vapores e repartições publicas, com linda vista para o Tejo, offerece aos srs. passageiros magnificos aposentos por modicos preços.

On parle français — English Spoken — Man Spricht Deutsch — Se habla Español.

Hôtel Aliance

Rua Garrett (Praça do Loreto)

Entrada pela RUA NOVA DA TRINDADE

LISBOA

Este estabelecimento está localisado no centro do commercio, proximo dos theatros e n'um dos melhores pontos da cidade.

MESA REDONDA ÁS 4 E ÁS 6 HORAS

Preço por quarto e comida de 1$200 a 4$500 réis por pessoa

Hotel ATLANTICO

Lârgo do Corpo Santo, 13 — Lisboa

N'este hotel encontram-se boas accommodações para familias, por preços modicos. Magnificos quartos para hospedes, desde 1$000 réis.

E' situado no centro da capital e proximo dos pontos de embarque, correio e theatros.

TEM TELEPHONE, BANHOS E CARRUAGENS

Corrector a todos os comboios e desembarques

HOTEIS

Alliance, rua Nova da Trindade, 10.
Americano, largo de S. Paulo, 3, 1.º
Ancora de Ouro, travessa d'Assumpção, 92, 2.º
Atlantico, largo do Corpo Santo, 13, 2.º
Aurea, rua da Prata, 234.
Borges, rua Garrett, 108.
Bragança, rua do Ferregial de Cima.
Camões, travessa de S. Nicolau, 13, 2.º
Durand, largo Quintella, 71.
Dois Irmãos Unidos, praça de D. Pedro, 113.
Duas Nações, travessa da Victoria, 39.
Europe, rua Nova do Carmo, 16.
Francfort, travessa de Santa Justa, 72.
Gibraltar Hotel, rua do Arco do Bandeira, 92, 2.º
Grande Hotel da Avenida, Avenida, 55.
Grande Hotel Central, caes do Sodré, 27.
Hotel de France, travessa dos Remolares, 46.
Hotel London, travessa do Corpo Santo, 10, 2.º
Hotel das Nações, rua da Magdalena, 35, 1.º
Hotel Paraense, rua da Magdalena, 36, 2.º
Hotel Galicia, largo de S. Paulo, 100.
Hotel do Universo, rua Nova do Carmo, 102.
Luzitania, rua dos Capellistas, 67.
Luzo-Brazileiro, caes do Sodré, 84.
Moniz, rua Augusta, 243, 2.º
Novo Pelicano, rua dos Fanqueiros, 278.
Paris, rua da Prata, 8.
Particular, rua de S. Julião, 101, 1.º
Portuense, rua do Arsenal, 54, 2.º
Portuguez, rua Bella da Rainha, 199, 2.º
Silva, rua do Principe, 23, 1.º
Universal, rua Nova do Carmo, 2.
Veneza, largo do Corpo Santo, 6.
Viziense, rua dos Bacalhoeiros, 139, 1.º

HOTEIS DE FORA DE LISBOA

NOVO HOTEL

Estrada de Bemfica, 149

PROPRIETARIOS

JOSÉ FRANCISCO MAFRA

E

ANNA DE JESUS MAFRA

É um edificio vasto, onde se encontram todas as condições de hygiene e de conforto, pela situação, grandeza e regularidade da casa muito arejada e salubre, pela belleza da quinta e do jardim, pela extensão de vistas encantadoras, pela moderação e pureza dos ares, pela visinhança de soccorros medicos, pela proximidade, commodidade e frequencia dos meios de conducção para a cidade, pelas magnificas condições dos aposentos, pelo bom tratamento de meza, pelo acceio e regularidade do serviço.

PREÇOS

Cada hospede 1$200 réis diarios
Jantares de meza redonda a 600 réis
Em gabinete reservado 700 réis

Encarrega-se de jantares para baptisados e casamentos.

HOTEIS DE FORA DE LISBOA

Central. \
Paschoaes. } BELLAS. \
Vieira. \
Duas Nações, Dáfundo. \
Novo Hotel, Estrada de Bemfica, 149. \
Costa. } CANEÇAS. \
Fernandes. \
Central } CASCAES \
Lisbonense \
Hotel Eden, Collares. \
Costa. \
François, (S. Pedro). \
Lawrence. \
Netto. } CINTRA. \
Nunes. \
Sant'Anna. \
Victor. \
Ladislau. } QUELUZ. \
Bragança. \
Nova Cintra, calçada de Carriche.

IMAGENS E ORNAMENTOS PARA EGREJA

ANTONIO FERREIRA LOBO

COM LOJA DE

Esculptura, pintura e doirados

DE

DIVERSOS ORNAMENTOS DE EGREJA

Imagens, sacrarios, vasos de particulas, custodias, andores, restauração de capellas.

Castiçaes, cereaes, lanternas, vasos de flores, varas de palio e mais trabalhos da sua arte.

258, Rua Augusta, 258

LISBOA

VELLOSOS

FABRICANTES DE IMAGENS

E

PARAMENTOS RELIGIOSOS

(Premiados pela Academia Real de Bellas Artes de Lisboa)

Fazem-se e restauram-se imagens de Santos e todos os mais diversos ornamentos religiosos, especialidade de paramentos e venda de todos os artigos proprios dos mesmos, de que ha sempre sortimento a preços resumidamente estabelecidos.

241, Rua do Ouro, 241

LISBOA

Joaquim José Teixeira Bastos

ALFAYATE

DO

EX.ᴹᴼ SR. CARDEAL PATRIARCHA DE LISBOA

RUA AUREA

Entrada pela travessa de Santa Justa, 105

Fornece toda a qualidade de vestes para os Ex.ᵐᵒˢ Prelados, Monsenhores, Conegos e mais Ecclesiasticos, e Magistrados.

Tendo tomado o antigo e acreditado estabelecimento de paramentos de Egreja, de que era proprietaria a sr.ª D. Maria do Carmo, fornece toda a qualidade de paramentos e imagens, banquetas e castiçaes, sedas antigas tecidas com ouro, rendas de França, gallões de seda e de ouro, colchas e finalmente muitos outros objectos antigos e modernos.

Os freguezes d'esta casa, que residem fóra de Lisboa ou do reino, pódem fazer os seus pedidos, na certeza de que serão promptamente satisfeitos com a maior promptidão, lealdade e economia.

IMAGENS E ORNAMENTOS PARA EGREJA

Antonio Ferreira Lobo, rua Augusta, 258.
Bazar Catholico, rua da Escola Polytechnica, 26.
Gil Carneiro & C.ª, rua Augusta, 260 e 262.
Joaquim José Teixeira Bastos, travessa de Santa Justa, 105.
Vellosos, rua do Ouro, 241.
Zacharias Ascensão dos Santos, rua de Santa Martha, 174 e 176.

Instrumentos de precisão e de sciencia

Fabrica especial

DE

Instrumentos de precisão e apparelhos eletricos

ALFREDO DE BRITO

CONSTRUCTOR ELECTRICISTA

52, Rua de S. Antonio dos Capuchos, 54

LISBOA

Premiado nas Exposições Industrial de Lisboa de 1888 e Universal de Paris de 1889

**Fornecedor da Direcção Geral dos Correios,
Telegraphos e Pharoes;
Direcção dos Telegraphos das Africa Occidental
e Oriental;
Engenharia Militar; Escola de Torpedos;
Caminhos de Ferro
e das principaes Emprezas e Particulares
do Reino e Ultramar**

Fabricação, montagem e reparação de telegraphos, telephones, pilhas, campainhas electricas, relogios, pára-raios, etc., e de quaesquer machinas ou apparelhos industriaes de precisão, assim como de moldes para a industria vidreira e outras.

Installações para luz electrica.—Deposito completo de apparelhos e material para todas as applicações eletricas.

Relações directas para a importação de todos os artigos
que se não fabricam no paiz

Endereço telegraphico

Alfredo Brito—Bemposta—Lisboa

Lisboa

C. MIRAMON
PRAÇA DE D. PEDRO

ENTRADAS: Arco do Bandeira, n.º 222, 1.º — Rua do Ouro, n.º 83

DEPOSITO
DE
INSTRUMENTOS
DE

Mathematica — Geodesia
— Nivelamento — Topographia —
Cirurgia (de Collin e Fabre,
de Paris) — Optica
— Metereologia — Geographia —
Marinha — Galvano-caustica
— Electro-therapia —
Electricidade em geral — Phisica
etc., etc.

Pára-raios

Americanos e francezes, adoptados nos principaes estabelecimentos scientificos, industriaes e particulares do paiz e da Africa.

Unico deposito da **Bell Telephone Malfg & C.º** e da **Western Electric & C.º**, de Chicago.

Telephones electro-magnetica sem pilhas para todas as distancias até 1:500 kilometros. — Fios de aço, ferro e cobre para telephone e telegrapho. — Commutadores, pilhas, etc.

Dynamos da **Companhia Edisson**. — Apparelhos de alarme. — Botões. — Campainhas, etc.

VENDAS POR GROSSO E MIUDO

J. J. RIBEIRO

222 — RUA DO OURO — 224
LISBOA

Instrumentos de optica e phisica, oculos de longa vista, terrestres e astronomicos, binoculos de todas as qualidades, microscopios, estereoscopios, barometros, thermometros, bussolas, theodolitos, niveis, pantometros, allidades, planchetas, miras, machinas e apparelhos electricos, areometros para pesar todos os liquidos, apparelhos diversos para conhecer a riqueza alcoolica dos vinhos. Grande sortimento de apparelhos photographicos, inglezes e francezes, objectivas de todas as marcas, chapas e papeis sensibilisados. Oculos e lunetas em todas as qualidades, vidros para todas as vistas, brancos e de côres, crystal de rocha. Olhos artificiaes.

JOSÉ MARIA  DA MOTTA

CONSTRUCTOR E INTRODUCTOR EM LISBOA

DAS

CAMPAINHAS ELECTRICAS

Fornecedor da casa real e das principaes repartições do estado

CASA FUNDADA EM 1857

Fabricam-se e collocam-se campainhas electricas, telephones, apparelhos de telegraphia, pilhas de todos os systemas, installações de luz electrica por meio de pilhas, accumuladores ou machinas.

OFFICINA — Rua dos Poyaes de S. Bento, 16 e 18

LISBOA

TELEGRAPHOS E TELEPHONES

LUZ ELECTRICA

POR MEIO DE MACHINAS, PILHAS E ACCUMULADORES

TRANSMISSÃO DE FORÇA A DISTANCIA

Propulção e locomoção por meio da electricidade

BARCOS MOVIDOS PELA ELECTRICIDADE

CAMPAINHAS ELECTRICAS

APPARELHOS DE PRECISÃO

Resultados garantidos

M. HERRMANN

Calçada do Lavra, 6 e 8

LISBOA

ALMEIDA & C.ᴬ

OFFICINA CONSTRUCTORA
DE
INSTRUMENTOS DE PRECISÃO E DE SCIENCIA

2 a 6, Travessa do Athayde, 2 a 6
11, Rua das Flores, 11

Officinas e deposito de instrumentos de precisão, apparelhos telegraphicos, apparelhos de physica e chimica, campainhas electricas, telephonios, pára-raios, tubos acusticos e todo o genero de obras em metal.

Secção especial de galvanoplastia, douradura, prateadura, platinagem, nikelagem, latonagem, bronzeamento, etc. etc.

Encarrega-se da montagem de campainhas electricas, telephonios, pára-raios e tubos acusticos tanto em Lisboa como fóra.

As pessoas que necessitem de algum trabalho da especialidade, serão procuradas avisando por bilhete postal.

RESULTADOS GARANTIDOS

Pontualidade na execução de todas as encommendas

PREÇOS SEM COMPETENCIA

LISBOA

INSTRUMENTOS DE PRECISÃO E DE SCIENCIA

Alfredo de Brito, rua de Santo Antonio dos Capuchos, 54.
Almeida & C.ª, travessa do Athayde, 2 a 6.
Casa Miramon, Arco do Bandeira, 229, 1.º e rua do Ouro, 83.
Ferin & C.ª, rua Nova do Almada, 70 a 74.
Instituto Industrial e Commercial de Lisboa, rua da Boa Vista, 81.
José Joaquim Ribeiro, rua do Ouro, 222 e 224.
José Maria da Motta, rua dos Poyaes de S. Bento, 16 e 18.
Manuel Maria da Costa Veiga, rua de S. Paulo, 109.
M. Herrmann, calçada do Lavra, 6 e 8.
M. Gomes, rua Garrett, 70 e 72.
Peixoto & C.ª, praça de Luiz de Camões, 4.

LABORATORIOS CHIMICOS

A. J. Brito e Cunha, calçada do Duque, 29.
Companhia Portugueza, "Hygine„ Campo Pequeno.
José Lucio Vasques, estrada da Penha de França, 3.
Julio Moreira Feyo, rua da Trindade, 22
Serzedello & C.ª, largo do Corpo Santo, 14 a 18.

LADRILHOS MOSAICOS

LADRILHOS MOSAICOS

C. Bastos & C.ª, rua 24 de Julho, 382.
E. A. Pinto de Magalhães, rua Augusta, 176, 1.º
Goarmon & C.ª, travessa do Corpo Santo, 21.—Fabrica rua das Fontainhas (Alcantara), 14 a 14 B.

LANIFICIOS (DEPOSITOS DE)

Abreu & Teixeira, rua Augusta, 243, 1.º
Armazem da Fabrica do Campo Grande, rua Augusta, 129, 1.º
Bernardo Daupias, & C.ª, rua da Prata, 8, 1.º
Cassiano Guedes & C.ª, travessa de S. Nicolau, 26, 1.º
Companhia da Fabrica da Arrentella, rua dos Retrozeiros, 85, 1.º
Companhia de Lanificios de Alemquer, rua dos Correeiros, 29.
Companhia de Lanificios em Arroyos, rua do Arco do Bandeira, 54, 1.º
Campos Mello & Irmão, rua dos Correeiros, 28, 1.º
Januario José Martins & C.ª, rua dos Fanqueiros, 158 e 160.
José Pedro de Mattos, rua da Prata, 80.
Julio Pereira da Silva & C.ª, rua de S. Julião, 62, 1.º
Teixeira Braga & Portella, rua dos Retrozeiros, 92 1.º

LATOEIROS

Alexandre José dos Reis, rua Augusta, 179.
Angelo Izabella, rua Augusta, 235 e 237.
Augusto Cesar da Fonseca, rua Augusta, 113 e 115.
Francisco Antonio Gomes, rua do Arsenal, 80.
Francisco Teixeira Dias, rua dos Canos, 46 e 48.
Ignacio Gomes d'Athayde, travessa do Chão do Loureiro, 3 e 5.
José da Costa, rua Augusta, 147 e 149.
Manuel Rodriques Torres Junior, largo de S. Martinho, 13, (ao Limoeiro).

LATOEIROS DE FOLHA BRANCA

Luiz José Gomes de Araujo
COM LOJA DE
Latoeiro de folha branca, pintada e charoada

Encarrega-se de toda e qualquer encommenda tanto para Lisboa como para embarque. Fazem-se latas para chouriços, fructas, massa de tomate e bolachas, assim como: alphabetos, algarismos, chapas para marcar volumes, etc.

ALUGA BANHOS DE CHUVA, TINAS E SEMICUPIOS

Preços sem competencia

18, Rua do largo do Corpo Santo, 20

LISBOA

LATOEIROS DE FOLHA BRANCA

Alexandre Domingos Augusto, calçada do Carmo, 49.
Antonio de Almeida Cabral, rua dos Poyaes de S. Bento, 85.
Antonio Maria dos Santos, rua Larga de S. Roque, 57.
Antonio Meyrelles de Sousa, rua do Arsenal, 86 a 90.
Augusto Carlos Jalles, rua da Prata, 120 e 122, e rua dos Fanqueiros, 202 a 206.
Augusto Machado Franco, rua do Arsenal, 112 e 114.
Barros Junior, travessa de S. Nicolau, 118.
Duarte Augusto Ferrão, rua da Atalaya, 12 a 16 e 22.
Francisco Baptista Leone, rua de S. Lazaro, 11.
Francisco José A. de Magalhães, calçada do Combro, 137 e 139.
Henrique José Martins da Fonseca, rua larga de S. Roque, 63 e 65.
Henrique do Nascimento Queiroz, rua de Santo Antão, 32 e 34.
João A. C. Nazareth, rua dos Alamos, 11 e 13, rua do Amparo, 14 e 14 A.
J. G. Ferreira Junior, rua do Ferregial de Baixo, 38.
João da Silva Nunes, rua dos Fanqueiros, 296 e 298.
João Thomé Alcobia, rua da Prata, 179 a 183.
José Antonio Pinto, rua de S. Paulo, 54.
José Nunes Ferreira, rua Nova do Carmo, 67, succursal na rua dos Bacalhoeiros, 123.
Luiz José Gomes de Araujo, rua do largo do Corpo Santo, 18 e 20.
Monteiro, rua da Prata, 144.
Rebello & C.ª, rua de S. Paulo, 15 a 19.

LAVANDERIAS

Lavanderia da Companhia das Aguas de Lisboa — Regueirão dos Anjos.

LEITE CONDENSADO

LEITE CONDENSADO NESTLÉ

Obteve na Exposição de Paris de 1889

o GRAND PRIX

Encontra-se sempre fresco no
DEPOSITO GERAL de Th. & U. Albert Deggeller
44, 1.º — RUA IVENS — 44, 1.º
E NAS BOAS MERCEARIAS

LEITE CONDENSADO

"Nestlé", armazem Suisso, rua Ivens, 44, 1.º

LICORES E XAROPES

Alberto da Silva, rua da Padaria, 40.
Companhia Portugueza "Hygiene", Rocio, 60 a 73.
Dr. Carlos Lima Mayer, rua de S. Cyro, 23, e rua dos Fanqueiros, 274.
Macieira & F.ᵒˢ, rua da Padaria, 8, 1.º
Nobre & C.ª, rua Nova da Princeza, 128.
Nova distilação Estrella, rua do Rato, 11.

LINHOS E ESTOPAS

Amoedo Castanho & C.ª, rua dos Douradores, 35 a 43.
Manuel Coucelo, largo do Poço do Borratem, 23 e 24.

LITOGRAPHIAS

LITOGRAPHIAS

Adolpho Modesto & C.ª, rua Nova do Loureiro, 29.
Castro Irmão, rua da Cruz de Pau, 31.
Castro & C.ª, travessa das Pedras Negras, 1 e 3.
Companhia Nacional Editora, largo do Conde Barão, 50.
E. Barrault, calçada da Gloria, 21.
J. H. da Matta & C.ª, rua da Magdalena, 66.
Lytographia Lemos, rua de S. Francisco, 12.
Lytographia de Portugal, rua dos Bacalhoeiros, 135, 1.º

LIVRARIAS

COLLECÇÃO ANTONIO MARIA PEREIRA

Vulgarisação das melhores obras dos escriptores nacionaes e estrangeiros

(ROMANCES, VIAGENS, LIVROS DE LITTERATURA, ETC.)

Volumes mensaes, de 160 a 200 paginas, a 200 réis brochados ou 300 réis encadernados em percalina. Pelo correio, 220 ou 330 réis.

N.º 1, *Tristezas á beira mar*, romance de Pinheiro Chagas, 1 volume — N.º 2, *Contos ao luar*, por Julio Cesar Machado, 1 volume — N.º 3, *Carmen*, de Merimée, traducção de M. Level, 1 volume — N.º 4, *A feira de Paris*, por Iriel, 1 volume — N.º 5, *A mascara vermelha*, romance de Pinheiro Chagas, 1 volume — N.º 6, *John Bull e a sua ilha*, traducção de Pinheiro Chagas, 1 volume — N.º 7, *O juramento da duqueza*, romance de Pinheiro Chagas, 1 volume — N.º 8, *A lenda da meia noite*, romance de Pinheiro Chagas, 1 volume — N.º 9, *A joia do vice-rei*, romance de Pinheiro Chagas, 1 volume — N.º 10, *Vinte annos de vida litteraria*, por Alberto Pimentel, 1 volume — N.º 11, *Honra de artista*, romance de Feuillet, traducção de Pinheiro Chagas, 1 volume — N.º 12, *Os meus amores*, contos, por Trindade Coelho, 1 volume — N.ºs 13 e 14, *A aventura de um polaco*, romance de Cherluliez, traducção de D. Maria Amalia Vaz de Carvalho, 2 volumes.

Requisições á livraria do editor ANTONIO MARIA PEREIRA, rua Augusta, 50 a 54, Lisboa.

A. M. Verol Senior

ENCADERNADOR E LIVRARIA

Officina fundada em 1836

Esta antiga livraria
Conhecida e acreditada
E que ha sido premiada
Em varias exposições,
Tem chromos, livros de missa,
De estudo—photographias—
Lotos—oleographias—
E faz ricas impressões.

Fabrica livros em branco
Bellas encadernações,
Prima em escripturações
Commercial e **militar**

Risca á côres—envernisa,
Tem mappas—arma carteiras,
Faz pastas e charuteiras;
Tudo para se admirar.

Esta casa, na rua Augusta
Communicação ligeira,
Tem para o Arco do Bandeira
—112 a 118—por signal
E na mesma rua Augusta
—N.º 176
Outra casa encontrareis
Da primeira filial.

169, RUA AUGUSTA, 171
(**Militar á porta**)

COMMUNICANDO

112, 1.º — RUA DO ARCO DO BANDEIRA — 114, 116 e 118

Filial—176, Rua Augusta, 176, 2.º—Filial

LISBOA

CASA EDITORA
DO
DICCIONARIO DE GEOGRAPHIA UNIVERSAL

EDIÇÕES POPULARES E MODICAS

Romances dos melhores auctores nacionaes e estrangeiros

VIAGENS, DE EDMUNDO DE AMICIS

BIBLIOTHECA DO POVO E DAS ESCOLAS

A 50 réis cada volume

OS DICCIONARIOS DO POVO

A 500 réis cada um

O INFERNO DE DANTE

COMPANHIA NACIONAL EDITORA

50, Largo do Conde Barão, 57

BIBLIOTHECA UNIVERSAL ANTIGA E MODERNA

Cada vol. 100 rs.—Serie de 4 vol. enc., 500 rs.

Publicação periodica de todas as obras de J. Verne, illustradas pelos principaes artistas francezes

A MODA ILLUSTRADA	**O ELEGANTE**
Jornal das familias	*Jornal de modas para homens*

A ILLUSTRAÇÃO

As officinas da COMPANHIA comprehendem *composição e impressão typographicas, lithographia, zincographia, estereotypia, dobragem, brochura e encadernação.*

N'estas officinas executam-se com perfeição, brevidade, e por preços sem competencia, todos os trabalhos da sua especialidade, desde os mais communs até os de mais luxo ou difficuldade.

Endereço telegraphico: Editora—Lisboa
Endereço postal: Caixa n.º 6—Lisboa
Numero telephonico—135

LIVRARIA
DE
FERIN & C.ª
Successores de A. FERIN

Casa fundada em 1840

70, Rua Nova do Almada, 74
LISBOA

Fornecedores de Suas Magestades e da Casa Real, dos ministerios, estabelecimentos publicos e scientificos de todo o reino, escolas normaes, industriaes e dos principaes collegios de Lisboa e fóra

GRANDE DEPOSITO

De livros portuguezes, francezes, inglezes, allemães, italianos e hespanhoes, sobre litteratura, sciencias, mechanica, construcções, artes e officios.

OFFICINA DE ENCADERNAÇÃO

Em todos os generos e mui especialmente em obras artisticas.

INSTRUMENTOS DE PRECISÃO

De mathemathica e geodesia dos melhores auctores e tudo quanto é exigivel á engenheria civil e minas.

ARTIGOS D'ESCRIPTORIO VARIADOS

Cimento Portland e Pozzolana dos Açores

Além do commercio de livraria, instrumentos de precisão e encadernações, ha uma secção especial de **Commissões e Consignações**, tendo correspondentes em todos os paizes para satisfazer qualquer pedido.

LIVRARIA BARATA

SUCCESSOR

Francisco Romero

192, Rua de S. Paulo, 194 — LISBOA

Diccionario italiano e portuguez, estrahido dos melhores lexicographos antigos e modernos, por A. Prefumo, 1 volume encadernado.................... 3$600

Pratica judicial, muito util e necessaria aos juizes e advogados, por A. V. Cabral, 1 volume encadernado 5$000

Duas (as) mães, interessante romance de E. Richebourg, 2 volumes brochados..................... 1$200

Filho (o), romance em continuação ás *Duas mães*, por E. Richebourg, 2 volumes brochados .... 1$000

Physiologia das escolas, tradução de M. P. Chagas, 1 volume illustrado............................. 400

Variado sortimento de livros de estudo, romances, comedias e scenas comicas, livros de missa, etc.

ANTONIO RODRIGUES

Livraria Antiga e Moderna

COMPRA E VENDE LIVROS EM TODO O GENERO

Litteratura, historia, mathematica medicina, philosophia,
e principalmente em direito

HA UM GRANDE SORTIMENTO DE LIVROS N'ESTAS ESPECIALIDADES

Encarrega-se de encommendas

113, TRAVESSA DE S. NICOLAU, 113

LISBOA

CASA CATHOLICA
Livraria, Pepelaria e Typographia
178, 180 e 182, Rua Augusta, LISBOA

LIVRARIA
Editora de varias obras. **Deposito** de muitas outras. Grande e variado sortimento de livros de Missa e Semana Santa; livros de Piedade e Devoção em portuguez e em francez.

PAPELARIA
Variedade em papeis para escrever e de impressão, nacionaes e estrangeiros, Artigos para escriptorio e desenho. Chromos e bilhetes para felicitações.

TYPOGRAPHIA
Executam-se com rapidez e economia trabalhos typographicos em todos os generos, tanto para o Commercio, como para Repartições Publicas, etc. Impressões de luxo em côres e a ouro, etc. etc.

A **Casa Catholica** fornece paramentos e outros objectos do culto religioso.
Vende Requites, Lustrinas, Damascos, Nobrezas, Tafetás, Ollandas, Franjas, e Galões de ouro e de seda, etc., etc., etc.

LIVRARIAS

A. M. Verol Senior, rua Augusta, 169 e 171.
A. Rodrigues, travessa de S. Nicolau, 113.
Antonio Maria Pereira, rua Augusta, 50 a 54.
Caetano Simões Afra, rua do Ouro, 182.
Carvalho & C.ª, rua Garrett, 73 e 75.
Casa Catholica, rua Augusta, 178 a 182.
Cunha e Sá & C.ª, rua dos Retrozeiros, 153.
Ferin & C.ª, rua Nova do Almada, 70 a 74.
Francisco Romero, rua de S. Paulo, 192 e 194.
J. Pereira da Silva & F.os, rua dos Retrozeiros, 115 e 117.
João Marques da Silva (successor), travessa de S. Domingos, 117 e 119.
João Vicente da Silva Coelho, rua Augusta, 151.
Joaquim Antonio Pacheco, calçada do Carmo, 6, 1.º
José Antonio Rodrigues, rua do Ouro, 186 e 188.
Juan de la Torre, (D.) rua do Ouro, 48.
Livraria Economica, travessa de S. Domingos, 9 e 11.
Livraria Ferreira, rua do Ouro, 132 a 138.
Livraria Lavado, rua Augusta, 95.
Livraria Moderna, Avenida da Liberdade, 35 e 37.
Livraria Nacional de Joaquim José Bordallo, travessa da Victoria, 42, 1.º

Livraria Zeferino, rua dos Fanqueiros, 87.
M. Gomes, rua Garrett, 70 e 72.
Mathew Lewtas, rua Nova do Carmo, 26.
Mazzocchetti & C.ª, rua Augusta, 222.
Nova Livraria Internacional, rua do Arsenal, 96.
Silva Junior, rua do Ouro, 115.
Tavares Cardoso & Irmão, largo do Camões, 5 e 6.
Verol Junior, rua Augusta, 185.

LOUÇA FINA

Grandes armazens por atacado e retalho

DE

LOUÇAS, VIDROS, CANDEEIROS, ETC.

DE

G. A. Patten Sá Vianna

Rua da Prata, 275 e 277, e 279, 1.º andar

ARMAZEM EXCLUSIVAMENTE DE ATACADO

Rua da Magdalena, 259

LISBOA

Completo sortimento de louças, vidros, cristaes, porcelanas, candeeiros de vidro ou metal para azeite e petroleo, de suspensão, mesa, sala, bilhar ou vestibulo, chaminés, bocaes, *abat-jours*, tulipas, globos, torcidas e todos os mais pertences de candeeiros. Serpentinas de cristal e de metal, bandejas, artigos de metal, Britanio, Electro Alfenide e Cristofle. Grande sortimento de talheres, jarras, tinteiros, lustres para sala e egreja. Baguette para quadros, papelão, e todos os outros artigos do seu ramo, aos preços mais resumidos.

Condições e preços especiaes para revender

Além dos empregados que todo o anno percorrem o paiz com amostras, fornece quaesquer esclarecimentos sob o seu negocio e condições para venda nas provincias.

Encarrega-se de executar com promptidão fornecimentos para hoteis ou restaurants, pelos menores preços, e toma encommendas de serviços com emblemas ou monogrammas.

G. A. Patten Sá Vianna

275 — Rua da Prata — 277

Escriptorio — Rua da Magdalena, 259

LISBOA

O MAIS ANTIGO E IMPORTANTE

Estabelecimento de Louças

DE

PORTUGAL

antiga casa **MANUEL DOS SANTOS** da louça

242, Rua da Prata, 248 e 26, Travessa de Santa Justa, 32

LISBOA

SUCCESSORES

G. A. Patten Sá Vianna & C.ª

Ligado com os grandes armazens, exclusivamente deposito de grosso

NA

259, Rua da Magdalena, 259

N'este magnifico estabelecimento, inteiramente reformado, encontra-se o maior sortimento de todos os artigos do seu ramo por preços sem competencia, fixos e muito resumidos.

Completo sortimento de

Louças, vidros, porcelanas e cristaes para mesa, toilette e adorno, bandejas, talheres em todos os generos, candieiros de mesa, de vidro ou metal, de suspensão, para bilhar e para parede, lanternas para montra e vestibulo, chaminés, globos, abat-jours, torcidas, e todos os mais pertences para candieiros. Artigos de metal branco, cristofle, alfenide e electro. Tinteiros, jarras e serpentinas, etc.

Especialidade de LUSTRES para sala ou Igreja

LOIÇAS, VIDROS E PORCELANAS NACIONAES

PELOS PREÇOS DAS FABRICAS

Artigos de ferro esmaltado de 1.ª qualidade
Utensilios para pharmarcias, sortimento para restaurantes, cafés e hoteis

Preços fixos e muito resumidos

Cristaes, louças, talheres e adornos para aluguer

REMESSAS E ESCLARECIMENTOS PARA AS PROVINCIAS

CONSTANCIA
FABRICA NACIONAL DE LOUÇA

DEPOSITO GERAL
CAMPO DAS CEBOLAS, 44, 45, 46
LISBOA

FABRICA E ARMAZEM
RUA DAS JANELLAS VERDES, 40
LISBOA

LOUÇA DE PÓ DE PEDRA BRANCA E ESTAMPADA, FAIANÇA COMMUM
LOUÇA DE BARRO VERMELHO E VIDRARIA

FABRICA D'ALCANTARA

LOUÇA FINA

Branca, Estampada e Colorida

Serviços completos e louça avulso

MEDALHAS DE PRATA

NAS EXPOSIÇÕES DE

LISBOA 1888 e PARIS 1889

| Toma-se encommenda de louça reforçada **para** uso de bordo, collegios, hoteis, hospitaes, etc. | Decora-se a louça com brazões, monogrammas, legendas, e emblemas |

Correspondencia a

LOPES & C.ª

RUA VELHA, 14 — LISBOA

DEPOSITO CENTRAL

37, Travessa d'Assumpção, 39

Dão-se catalogos illustrados e preços correntes

LOUÇA Á INGLEZA

Real fabrica estabelecida em Sacavem

Proximo á Estação do Caminho de Ferro

ARMAZEM E DEPOSITO GERAL

128, Rua Bella da Rainha, (vulgo rua da Prata), 128

Acceitam-se encommendas para as provincias do reino e para o Ultramar. Na fabrica vende-se louça ás pessoas que de visita ou passeio ali a queiram comprar.

LISBOA

LOUÇA FINA

Armazem da Fabrica de Sacavem, rua Bella da Rainha, 126 a 132.
Antonio Joaquim Nunes, rua da Prata, 243.
Augusto Cesar de Campos, rua Augusta, 53.
Barella & Irmão, rua Garrett, 66 e 68.
Boaventura dos Reis, rua da Prata, 141 e 143.
Casa Portugueza, rua dos Poyaes de S. Bento, 22 e 24.
Deposito da Fabrica da Vista Alegre, praça do Loreto, 140 e 142.
Elie Bénard, rua Garrett, 100 e 102.
Eugenio Estevão Pinto, Praça do Municipio, 27 e 28.
Fabrica Constancia de Miguel José Sequeira, rua das Janellas Verdes, 46.
G. A. Patten Sá Vianna, rua da Prata, 275 a 279, 1.º, e rua da Magdalena, 259.
Lopes & C.ª, travessa da Assumpção, 37 e 39.
Luiz Stampa, rua do Ouro, 84 a 88.
Manuel dos Santos, successores, G. A. Patten Sá Vianna & C.ª, rua da Prata, 242 a 248.
Manuel Lopes Gomes, (louça do Porto), rua dos Bacalhoeiros, 34 e 36.

LOUÇA ORDINARIA

Alberto Cypriano Martins, calçada de Agostinho Carvalho, 21 a 31.
Bernardo Pereira, rua de Santa Martha, 126 e 128.
João Roseira, rua dos Caminhos de Ferro, 18, a 28.

João de Deus Lobato, rua de **Ferreira Borges**, (à Campo d'Ourique).
Joaquim Vaz Pinheiro, rua do **Amparo**, 94 e 96.
Manuel dos Santos Junior, calçada do Monte, 16.
Marcellino Domingues, rua **Nova** da Piedade, 60 e 62.
Miguel Gomes Correia, rua da Imprensa Nacional, 120 a 132.
Pedro Celestino da **Silva**, rua dos Remolares, 40 e 42.
Viuva de Rlbeiro & Filhos, rua dos Navegantes, 36 e 38.
Viuva de Antonio C. Lamego, largo do Intendente, 5A a 10.

LUVARIAS

D. ROCHA & C.ª

GRAVATAS — **GRAVATAS**

ENDEREÇO TELEGRAPHICO **GATOS**

FABRICO PELO SYSTEMA **JOVIN**

CATALOGO—CONTENDO PREÇOS, MEDIDAS E COLLECÇÃO DE CORES—Envia-se para fóra a quem requisitar, *Modelos especiaes e novidades*

VARIADO SORTIMENTO DE LUVAS DE PELLICA *Glacé e sueca, castor, escocia e seda, para creanças, senhoras e cavalheiros*

268 — RUA DO OURO — 270
LISBOA

Elie Benard

FABRICA DE LUVAS — SYSTEMA JOUVIN

RUA GARRETT, 100 E 102 — LISBOA

Luvas em pelle de carneiro, suêde, cabrito, camurça, etc., qualidades superiores. — Preços reduzidos. — Luvas francezas em sêda e fio de escocia. — Gravatas de phantasia. — Perfumarias finas das fabricas mais nomeadas, francezas e inglezas. — Esponjas, escovas para dentes, artigos de *toilette*, brinquedos e carros para creanças. — Artigos de phantasia e novidade. — Chistalleria fina. — Porcellana de Limoges, Saxe. — Faianças e vidros.

Preços reduzidos — Descontos aos revendedores

Fabrica de luvas

67, Rua da Cruz dos Poyaes, 69
LISBOA

ANDRÉ REGIS BRUN, faz sciente aos seus numerosos freguezes e ao publico em geral, que acaba de fabricar no seu estabelecimento um novissimo e grande sortimento de luvas de pellica e Suéde, das côres mais modernas e da melhor qualidade até hoje conhecida, as quaes vende por preços relativamente mais baratos que em parte alguma e para garantia do que dizemos pedimos ao respeitavel publico que venha pessoalmente certificar-se da verdade.

No mesmo estabelecimeto encontra-se um lindo sortimento de luvas de seda e de Escossia, do que ha de mais fino no genero.

Remette-se para a provincia qualquer encommenda

LUVEIROS

A Moda, rua de D. Pedro Quinto, 84.
Alvarez, rua da Prata, 150.
André Regis Brun, rua da Cruz dos Poyaes, 67 e 69.
Cachon & Ferrier, rua Nova do Carmo, 134.
Charles Berarde, rua Nova do Carmo, 22.
Costa & Sousa, rua Garrett, 67.
D. J. Ribeiro, rua Augusta, 194 e 196.
D. Rocha & C.ª, rua do Ouro, 268 e 270.
Diogo Jorge Scheelran, rua do Ouro, 238 e 240.
Elie Bénard, rua Garrett, 100 e 102.
Emile Mertens & C.ª, rua do Ouro, 130.
Hypolito Delaye, rua Nova do Carmo, 51.
J. M. Gonçalves, praça de D. Pedro, 133.
J. Nunes Avellar, largo do Poço Novo, 8 A.
José Maria Fernandes, rua do Arco, a Jesus, 27.
José Luiz Rodrigues, calçada do Carmo, 5.
Marcellino Henriqne Walbechen, rua da Cruz dos Poyaes, 92 e 94.
Malbouisson, rua Garrett, 54.
M. B. de Faria, praça de D. Pedro, 17.

MACHINAS AGRICOLAS E OUTRAS

Antonio de Sarmento, rua dos Fanqueiros, 152 e 154.
Centro Agricola Industrial, rua do Arco do Bandeira, 21 a 31.
Companhia Real Promotora de Agricultura Portugueza, ala do poente do Mércado 24 de Julho, Aterro da Boa-Vista.
Exposição Permanente de Machinas, rua da Boa-Vista, 45 e 47.

MACHINAS DE COSTURA

CASA MEMORIA
15 — ROCIO — 15
5 a 10, LARGO DA R. DO PRINCIPE, 5 a 10
(Em frente da R. Nova do Carmo)

Fornecedores da Casa Real

Esta casa, a mais importante no seu genaro, vende a prestações semanaes e mensaes, machinas de costura, bicyclettes, bicycles e tricycles, dos melhores systemas e mais acreditados fabricantes.

Variado sortimento em velocipedes, tanto para homem como para senhora e creanças, e 30 systemas differentes em machinas de costura.

Casa Memoria
DE
SANTOS BEIRÃO & C.ª
15 — Rocio — 15

LISBOA

MACHINAS DE COSTURA

A. J. de Figueiredo, rua da Prata, 215 e 217.
Casa da America, travessa de Santa Justa, 84.
Casa Favorita, praça dos Restauradores, 50 e 52.
Casa de Inglaterra, travesssa de Santa Justa, 96.
Casa Memoria, Rocio, 15.
Casa Progresso, Frederico Fausto de Sousa, rua dos Fanqueiros, 171.
José Lourenço Roussado, rua da Prata, 233 e 235.
José Rodrigues Coutinho, rua dos Retrozeiros, 13.
M. A. Esteves, (successores), rua Garrett, 63 e 65.
Singer, Succursal, praça do Loreto, 105 e 107, e filiaes largo do Conde
    Barão, 36, calçada da Graça, 8 e 10, e rua da Junqueira, 60.

MACHINAS LYTOGRAPHICAS E TYPOGRAPHICAS

Esteves & C.ª, largo de S. Carlos, 24 e 26.
Marçal Pacheco & C.ª, praça de Luiz de Camões, 31 e 32.
Peixoto & C.ª, praça de Luiz de Camões, 4.

MADEIRAS (Estancias de)

MATERIAES DE CONSTRUCÇÃO

J. LINO

35 — Rua Nova do Caes do Tojo — 35

LISBOA

Nos armazens de J. LINO se encontra o mais completo sortimento dos artigos necessarios á construcção urbana, taes como:

Madeiras de todas as qualidades, vigamentos, taboados, barrotames, portas feitas, soalhos apparelhados, parquets nacionaes e estrangeiros, madeiras para marcenaria e para carruagens, molduras para guarnecimentos, recortes de madeiras, fasquiados, etc., etc. Utensilios para obras. Material ceramico, tubos de grés da melhor qualidade, cimento de Portland, pozzolana dos Açores, tijolos de todas as dimensões, tijolos refractarios (inglezes), barros refractarios (inglezes), ladrilhos de mosaicos nacionaes e estrangeiros, azulejos brancos e de côres, vasos e balaustres para platibandas, telha franceza das melhores fabricas de Marselha, placas esmaltadas para numeração, ornatos em zinco feltro asphaltado, pregaria de arame.

Além de todos os referidos artigos, para facilitar aos senhores proprietarios e architectos a acquisição de quaesquer outros materiaes de que necessitem para suas obras, **J. Lino** encarrega-se de os fornecer com a maior promptidão e nas melhores condições possiveis, podendo por esse fim dirigir-se pelo correio a **J. Lino**, rua Nova do Caes do Tojo, 35, ou pelo telegrapho a

LINO — LISBOA

ESTANCIA DE MADEIRAS
DE
Isidro Soares da Silva Pereira & C.ª

69, RUA DA BOA VISTA, 69

Arcada do predio que foi do Ferreira Pinto

COM SERVENTIA PARA A

RUA 24 DE JULHO

LISBOA

Grande deposito á Pampulha

NUMERO TELEPHONICO — 216

Pampulha

MADEIRAS (ESTANCIAS DE)

Adolpho Arhués Ferreira Marques, rua Nova do Caes do Tojo, 17 a 21.
A. Correia & C.ª, rua da Rosa, 319 e 321.
Antonio Ferreira d'Araujo, rua Vinte e Quatro de Julho, 318.
Bernardino Filho & Ribeiro, rua Nova do Caes do Tojo, 39 a 45, e Poço do Borratem, 15.
Casimiro José Fernandes, rua Nova do Caes do Tojo, 57 e 59.
G. dos Santos Teixeira & Irmão, rua de S. Bento, 634.
Izidro Soares da Silva Pereira & C.ª, rua da Boa Vista, 69.
J. Lino, rua Nova do Caes do Tojo, 35.
Joaquim Damião da Cruz, rua dos Douradores, 162.
Joaquim Maria Nunes, calçada da Ajuda, 235.
Joaquim Pedro Rodrigues da Cunha, rua de S. Lazaro, 16 a 20.
José Felix da Costa, rua Nova do Caes do Tojo, 7 a 11.
José Gonçalves, rua dos Douradores, 109 a 115 e travessa do Machado, á Sé.
Julião Romero, largo dos Inglezinhos, 50.
Luiz Augusto Monteiro, praça de D. Vasco da Gama, (Belem), 5 a 9.
Manuel Antonio Ennes, rua da Boa Vista, 63 a 67.
Manuel Joaquim Rodrigues Captivo, rua da Rosa, 99 a 103.
Manuel Maria Mendes, pateo da Alfandega Velha, (Belem), 57.
Marques & Luz, largo do Intendente, 2 e 4.
Miguel Gomes Castellão, rua da Cadeia, (Belem), 6.
Viuva Neves Cabral & Filhos, rua Vinte e Quatro de Julho, 180.

MASSAS (FABRICAS DE)

Alves & Irmão, rua da Praça da Figueira, 30, 1.º
Augusto Cesar Melleiro, rua da Magdalena, 166 e 168.
A. J. Araujo, rua da Rigueira, 7.
Baptista & C.ª, rua das Fontainhas, (em Alcantara), 2.
Carreira & Gomes, rua da Cadeia, (em Belem), 9 a 12.
Chaves & Irmão, successores, rua da Fabrica da Polvora, 40 a 45.
Fabrica Alliança, rua do Barão, 1-A a 17.
Francisco Carmello Melleiro, Arco de Jesus, 3.
José Manuel Domingos, calçada do Marquez de Abrantes, 44.

MERCADORES

Fazendas de lã, linho e seda
POR ATACADO E A RETALHO

Loureiro, Neves & Osorio
SUCCESSORES DE
OSORIOS & C.ª

ATELIER DE ALFAYATE

Rua Augusta, 158 a 164 — Travessa da Victoria, 60 a 64
LISBOA

MERCADORES

Antonio Portella & C.ª, rua Augusta, 71 e 73.
Bizarro da Silva & C.ª, (deposito de tapeçarias), rua Augusta, 82 e 84.
Cardoso & C.ª, rua Augusta, 206 e 208.
Carlos de Almeida & C.ª, rua Augusta, 205 a 209.
Costa & C.ª, rua Augusta, 42 a 46.
Costa, Irmão & C.ª, rua Augusta, 242 e 244.
Elysio Santos & C.ª, (com deposito de alcatifas nacionaes e estrangeiras), rua Augusta, 83 a 87 e 91 a 93.
Faros & Almeida, rua Augusta, 110 a 116.
Feio & Almeida, rua Augusta, 125 e 127.
J. de Sanz y Zuniga, rua do Ouro, 124, 1.º
Joaquim Bastos da Silva Baptista, rua Augusta, 65 a 69.
Jorge & Ruas, rua Augusta, 216 e 218.
Leão & Valenças, rua Augusta, 198 e 200.
Manuel Pinheiro Ribeiro & C.ª, rua Augusta, 62 a 68.
Manuel Zuniga, rua do Ouro, 75, 1.º
Osorios & C.ª, successores Loureiro, Neves & Osorio, rua Augusta, 158 a 164.
Rosa & Nunes, rua Augusta, 152 a 156.
Santos & Cardoso, rua Augusta, 157 e 159.
Thomé F. Lima & Irmão, rua Augusta, 126 a 130.
Viuva Castro & Filhos, (deposito de alcatifas), rua Augusta, 97 a 107.

Mercearias e armazens de viveres

JERONYMO MARTINS & FILHOS
CASA FUNDADA EM 1792

FORNECEDORES DA CASA REAL

Fornecedores de mantimentos para navios

Deposito de latas e caixas com fructa para exportação

ARMAZEM DE VIVERES

EXPORTADORES DE VINHOS

LISBOA — 13, CHIADO, 15 — LISBOA

TELEPHONE 221

ALVES DINIZ, IRMÃOS & C.ª

92 — Rua de S. Julião — 106

LISBOA

REFINAÇÃO DE ASSUCAR
E
Armazem de generos coloniaes e estrangeiros

Generos na alfandega para exportação

COMMISSÕES E CONSIGNAÇÕES

JOSÉ AFFONSO VIANNA & C.ª

CASA FUNDADA EM 1862

Armazem de generos alimenticios

Grande deposito na alfandega de generos para reexportação

Fornecedores		Fornecederes
de Sua Magestade		de Sua Magestade
El-Rei D. Carlos		El-Rei D. Carlos

e de todas as principaes familias da Capital
e de todo o paiz

33 — Praça de Luiz de Camões — 34

Numero telephonico 433

LISBOA

A COMMERCIAL LISBONENSE

DE

FRANCISCO DA COSTA RAMOS

*Completo sortimento de todos os generos de mercearia,
peixe fresco, generos do Algarve
fructas, conservas, chás, cafés, licores e biscoitos.*

VINHOS FINOS E DE PASTO

Rua Larga de S. Roque, 51 a 55 — Travessa da Espera, 6

TALHO COMMERCIAL LISBONENSE

DE

Francisco da Costa Ramos

*Grande sortimento de todos os generos pertencentes
a este ramo de commercio*

2, Travessa da Espera, 4 — LISBOA

MERCEARIA

DE

Magalhães Basto

5, LARGO DO CALHARIZ

Venda a retalho de generos alimenticios de primeira qualidade. — Superior chouriço das melhores partes do Alemtejo. — Presuntos, tanto de Chaves como de Lamego, bem curados. — Manteigas da ilha, ingleza, dinamarqueza, hollandeza e franceza, das mais finas marcas e mais acreditadas casas do estrangeiro.

Vendas a prompto ou a praso de trinta dias.

Manda-se qualquer artigo a casa do freguez.

O proprietario

Antonio de Magalhães Basto.

Generos alimenticios

Por grosso e miudo

F. REGO & C.ª

Medalha de prata
Lisboa 1888

Medalha de prata
Paris 1889

DEPOSITOS DE CEREAES E AZEITE	DEPOSITOS DE VINHOS DE SANTAREM
Vinhos finos e de pasto. Vinhos das principaes marcas francezas. Licores nacionaes e estrangeiros.	Chá e café. Lenços e louças do Japão e India. Bolachas, biscoitos. Fructas seccas em compotas.

Especialidade em

CAFÉ

Moido superior

DE 480 RÉIS O KILO
ATÉ
680 RÉIS O KILO

346, Rua da Junqueira, 349
LISBOA

MERCEARIAS E ARMAZENS DE VIVERES

A. A. Vieito Junior, rua de S. Bento, 261 e 263.
A. C. Oliveira & C.ª, rua dos Bacalhoeiros, 152 a 164.
Alves Diniz, Irmãos & C.ª, rua de S. Julião, 102.
Agostinho Gonçalves Ramos, rua do Arco do Limoeiro, 6.
Agostinho Manuel de Sousa, rua S. João da Matta, 18 a 22.
André Gonçalves Martins, rua de D. Pedro V, 29 e 29-A.
André Romariz Moinho, rua da Rosa, 131 a 136.
Anselmo Franco & C.ª, rua de S. Francisco, 49 é 51.
Antonio Candido das Neves, rua da Rosa, 303 a 307.
Antonio Caetano Macieira, rua de S. Vicente, á Guia, 33 a 37.
Antonio Joaquim Fernandes, rua de S. Julião, 148.
Antonio Joaquim de Figueiredo, rua da Esperança, 107 e 109.
Antonio José Guedes, rua de S. José, 80 a 82.
Antonio José Fernandes, rua de S. Paulo, 242 e 244.
Antonio José Marques Guimarães, rua da Bitesga, 7 e 9.
Antonio José de Oliveira, calçada do Marquez de Abrantes, 42 a 46.
Antonio José Pereira Godinho, praça de D. Vasco da Gama, 17 a 20.
Antonio José da Silva Guimarães, rua do Poço dos Negros, 138 e 140.
Antonio José da Silva, rua de S. Pedro de Alcantara, 63 e 65.
Antonio Magalhães Basto, largo do Calhariz, 5 e 6.
Antonio Duarte de Oliveira & Irmão, largo do Rato, 5 e 6.
Antonio Migueis, rua da Cruz dos Poyaes, 35.
Antonio Pedreira Caçador, rua Nova da Palma, 130 e 132.
Antonio Rosario dos Santos, suCcessores, rua da Lapa, 75 e 77.
A. Simões & C.ª, rua da Prata, 90.

Antonio de Salles, rua de S. Lazaro, 124 e 126.
Antonio Simões Ferreira dos Santos, rua da Prata, 127 e 129.
António Valentim Lourenço, travessa de Santa Justa, 51 e 53.
Augusto José Pereira & C.ª, rua da Esperança, 112 e 114.
Bento Durão Fernandes, rua de S. Bento, 291 a 295.
Bernardo Rodrigues Ferraz, rua Augusta, 219 e 221.
Borges Serra & C.ª, rua da Magdalena, 56 e 58.
C. J. Macieira, rua de S. José, 1 a 3.
Caetano Ferreira Brêa, rua de S. Vicente, 26 e 28.
Casa Portugueza, rua dos Poyaes de S. Bento, 22 e 24.
Celestino Balsemão, rua dos Retrozeiros, 140 e 142.
Cesar Castanheira das Neves, rua da Ribeira Nova, 2 e 4.
Christovão Rodrigues de Castilho, rua de Santa Martha, 132 a 138.
Clemente José Lopes, rua dos Bacalhoeiros, 109 e 111.
Custodio José Ferreira, rua dos Retrozeiros, 128 e 130.
Diogo Bernardo Alves, rua do Arco Marquez de Alegrete, 20 e 22.
Domingues & Irmão, rua de S. Paulo, 105 e 107.
F. A. Ferreira Pinto, rua de S. Paulo, 43 a 47.
F. A. Vieito, rua da Rosa, 219 e 221.
Figueiredo & Irmão, rua de S. Lazaro, 45 e 47.
Filippe José Dourado, rua da Magdalena, 279 e 281.
Firmino B. Lopes, calçada da Estrella, 145 a 149, e rua da Boa Morte, 57.
Flor Oriental, rua de S. João da Praça, 108 e 110.
Francisco Antonio Domingues, travessa d'Assumpção, 79 e 81.
Francisco Antonio Dourado, rua de S. Vicente, á Guia, 16 a 20.
Francisco da Costa Ramos, rua Larga de S. Roque, 49 a 55.
Francisco Ennes Rua Vianna, rua do Loreto, 3.
Francisco Freire Teixeira Marques, rua de Santo Antão, 40.
Francisco Fortes Ribeiro, rua do Salitre, 111 e 113.
Francisco José de Cerqueira, rua de S. Bento, 526 e 528.
Francisco José Gomes, rua do Amparo, 204.
Francisco José Pires, rua Larga de S. Roque, 15.
Francisco José Vella & Irmãos, travessa da Praça do Peixe, 3 e 4. (Belem).
Francisco Rego & C.ª, rua da Junqueira, 346 a 349.
Francisco Rosado Perez, rua dos Corrieiros, 105.
Francisco Manuel Gonçalves, rua da Escola Polytechnica, 117 e 119.
Francisco Rodrigues Lima, rua Nova de S. Domingos, 8 e 10.
F. S. N. & Irmão, rua das Pretas, 9 e 11.
Godinho, rua de Santo Antão, 33 e 35.
Gregorio José da Costa & C.ª, rua dos Fanqueiros, 199 e 201, e largo do Rato, 49 e 51.
Ignacio Correia Saraiva Sobrinho, rua da Prata, 189.
J. E. da Rua Junior, travessa de Santa Justa, 97 e 99.
Januario Joaquim Nunes, rua dos Retrozeiros, 108 e 110.
Jeronymo Martins & Filho, rua Garrett, 13 e 15.
João Antonio Lucena, rua do Poço dos Negros, 135 e 137.
João Antonio Mendes & Cunhado, rua do Loreto, 71 e 73.
João Antonio Pereira, rua dos Poyaes de S. Bento, 108 e 108 A.
João Antonio Rato & Filho, rua do Poço dos Negros, 83.
João Baptista Neves, rua da Gloria, 97 e 99.
João Bento de Sousa, rua do Norte, 119 a 123.
João Figueiredo Caldas, rua da Lapa, 54.
João Lopes Manso, rua Direita de Belem, 14-A e 14-B.
João Luiz Fernandes, rua da Prata, 282 e 284.
João Manuel d'Andrade, rua da Prata, 222.
João Manuel G. Valladares, rua dos Bacalhoeiros, 23 a 27.

J. N. dos Santos, rua de Santa Martha, 98 e 100.
João Movilha & Filhos, rua da Ribeira Nova, 26 e 28.
João Nogueira Feyo, rua de S. Paulo, 106 e 108.
J. T. da Costa, travessa d'Assumpção, 46 e 48.
J. Thomaz de Araujo Costa, rua do Amparo, 29.
João Raymundo da Estrella & C.ª, rua Larga de S. Roque, 19 e 21.
João Rodrigues Correia, rua Nova do Amparo, 11 a 15.
João Vicente Cazeiro, rua Nova da Palma, 71 e 73.
Joaquim Alves Ribeiro Duarte, rua de S. Bento, 363.
Joaquim Alves de Sousa Sobrinhos, rua dos Bacalhoeiros, 150.
Joaquim Antonio da Costa, rua dos Anjos, 79 e 81.
Joaquim Antonio Dourado & Filhos, rua da Magdalena, 275 a 281.
Joaquim Antonio Dourado, rua dos Douradores, 149 a 153.
Joaquim Correia Saraiva, rua da Prata, 163 e 165.
Joaquim Dias Leal Quintão, rua do Loreto, 36 a 40.
Joaquim Gomes Pereira Baptista, rua dos Retrozeiros, 47 e 49.
Joaquim José de Sousa, rua dos Bacalhoeiros, 92.
Joaquim Maria Paulino, rua da Graça, 154 e 156.
Joaquim Pestana dos Santos, rua do Corpo Santo, 16 e 18.
Joaquim Antonio da Costa, rua dos Anjos, 79 e 81.
Joaquim Simões Dias, rua do Valle de Santo Antonio, 176.
Joaquim Vidal, rua da Escola Polytechnica, 109 a 113.
Joaquim Zeferino Duarte, rua de Santa Martha, 27 a 31.
José Affonso Pereira Junior, rua Direita de Belem, 37 e 39.
José Affonso Vianna & C.ª, praça de Luiz de Camões, 33 e 34.
José Agostinho Borges, rua dos Fanqueiros, 13 a 17.
José Antonio Alves, travessa da Victoria, 61 e 63.
José Antonio de Araujo, rua dos Bacalhoeiros, 140.
José Antonio Marques Guimarães, rua da Bitesga, 7 e 9.
José Antonio Rodrigues, calçada do Sacramento, 27 e 29.
José Antunes da Silva Guimarães, rua Nova de S. Domingos, 12 e 14.
José Bernardino Soares, rua da Prata, 45 e 47.
José da Costa & C.ª, travessa de S. Nicolau, 50 e 52.
José Ferreira Branco, rua dos Arameiros, 13 e 15.
José Ferreira da Costa, rua do Ouro, 279.
José Godinho dos Santos, rua de S. Francisco de Paula, 88 a 96.
José Gregorio Henriques dos Santos, largo do Poço Novo, 14.
José Joaquim Fernandes, rua do Limoeiro, 11 e 13.
José Joaquim Gomes Raposo, rua Direita de Belem, 31 e 32.
José Joaquim Pereira, rua Direita do Rato, 28 a 32.
José Manuel Borges, rua Direita de Belem, 63 e 65.
José Maria Coelho, rua da Escola Polytechnica, 69 e 71.
José Maria Chaves, rua de S. Bento, 76 e 78.
José Maria Machado & C.ª, rua do Ouro, 20 e 22.
José Marques da Silva, rua das Janellas Verdes, 90 e 92.
José Mendes Barata & C.ª, rua dos Poyaes de S. Bento, 26 e 28.
José Pereira Pinto, rua de Santo Antão, 77 e 79.
José Pinheiro de Mello, travessa da Queimada, 27 e 29.
José Peixoto de Almeida, rua do Valle de Santo Antonio, 135 e 137.
José Primo dos Reis Fernandes, rua Nova da Palma, 248.
José Rodrigues, rua da Cruz de Santa Apolonia, 96 e 98.
José da Silva Pacheco, rua da Rosa, 194 e 196, e calçada do Carmo, 17 e 19.
Luiz José Pedreira, largo do Intendente, 21 e 22.
José Gonçalves de Balinha Carvalho, rua Nova da Palma, 38 e 40.
Luiz José da Silva, rua da Junqueira, 41 e 42.
L. M. da Costa & C.ª, rua dos Bacalhoeiros, 129 a 133.

Manuel Bernardino Fernandes, rua do Livramento, 79 e 81.
Manuel Antonio Puga e Sousa, rua da Magdalena, 6.
Manuel Correia Saraiva, rua dos Retrozeiros, 3 a 9.
Manuel da Costa Vide, rua da Boa Vista, 64 a 68.
Manuel Fernandes Duarte, praça da Ribeira Nova, 12 e 14.
Manuel Filippe Pereira da Silva, rua do Arco do Marquez de Alegrete, 92 e 94.
Manuel F. Correia Saraiva, rua Nova do Carmo, 103 e 105.
Manuel Francisco Motta, rua Nova do Amparo, 16 e 18.
Manuel Francisco da Silva, rua de Santo Antão, 11 e 13.
Manuel Ignacio d'Avilla, rua da Praça da Figueira, 19 e 21, e rua dos Anjos, 8 e 10.
Manuel Joaquim d'Araujo, rua dos Bacalhoeiros, 93 e 95.
Manuel José d'Andrade, rua da Bitesga, 200.
Manuel Luiz Esteves, rua de S. João da Matta, 2 e 4.
Manuel Luiz Jorge, praça da Figueira, 43.
Manuel d'Oliveira Junior, rua da Bella Vista, á Lapa, 20-A.
M. P. Alves, rua de Santo Antão, 48 a 52.
Manuel Pereira Gomes, rua de S. Pedro de Alcantara, 19 e 21.
M. S. Ventura & Filhos, rua do Corpo Santo, 28 e 30.
Manuel Soeiro Alcobia, calçada do Combro, 65.
Manuel Vicente de Jesus, rua dos Retrozeiros, 68.
Mathias Alves de Aguiar, rua do Arco do Bandeira, 121.
Marques & Freitas, rua dos Capellistas, 84 e 86.
Mercearia Flor do Rato, largo do Rato, 52 e 53.
Mercearia Ingleza, rua de S. Paulo, 228 e 230.
Mercearia Lisbonense, largo de S. Roque, 25 e 26.
Mercearia Neves, rua da Esperança, 260 e 262.
Mercearia Utilidade Publica, largo de S. Julião, 22.
Narciso Vieira Borges, rua da Atalaya, 134 e 136.
Neiva & Almeida, rua dos Bacalhoeiros, 134 e 136.
Nunes & Nunes, rua do Ferregial de Baixo, 52 e 52-A.
Oliveira & C.ª, rua do Arsenal, 66.
Pedro Antonio Pedroso, rua de D. Pedro V, 124 e 126.
Pereira & Rocha, calçada de Sant'Anna, 200.
Pires & Irmão, largo de Santo Antonio da Sé, 6 e 7.
Pinheiro Vianna & C.ª, rua dos Capellistas, 43 a 47.
Possidonio Pereira da Silva, rua de Santonio dos Capuchos, 7 a 11.
Prudencio Nunes Coelho, rua do Livramento, 36 e 38.
Rodrigues, travessa de S. Nicolau, 14 e 16.
Santos & Fernandes, rua Formosa, 23.
Sebastião Correia Saraiva de Lima, rua de S. Paulo, 122 e 124.
Serafim Pereira Curado, rua Nova da Palma, 143 e 145.
Souto & Ennes, travessa de S. Nicolau, 76 a 80.
Teixeira Alves Sobrinho & Irmão, rua de S. Paulo, 22 e 24.
Tenda Suissa, rua Garrett, 41 e 43.
Thomaz José da Rocha, rua da Prata, 281 e 283.
Viuva Barros & Filho, rua da Mouraria, 56.
Viuva de José Bonifacio de Castro, rua do Livramento, 115.

MOAGENS DE CEREAES A VAPOR

JOÃO DE BRITO

Moagem de cereaes
A VAPOR

Deposito de **VINHOS** para exportação

FABRICA DE BOLACHAS
BEATO ANTONIO

ESCRIPTORIO

13 — Rua Ivens — 13

(Antiga Rua de S. Francisco)

DEPOSITOS

Rua da Prata, 82 a 86
Rua dos Remolares, 14
Largo de S. Julião, 8 e 9
Rua do Terreiro do Trigo, 46 e 48

LISBOA

MOAGENS DE CEREAES A VAPOR

Bellos & Formigaes, rua 24 de Julho.
Companhia de Moagens do Barreiro, Escriptorio, rua dos Capellistas, 82, 1.º
Companhia de Moagens e Panificação a vapor, rua Nova da Palma, 260.
Companhia de Moagens de Santa Iria, (escriptorio), rua da Prata, 59, 1.º
Companhia de Moagens da Estrella, travessa do Pinheiro, 22 a 34 (á Estrella).
Fabrica de Sacavem, escriptorio rua do Terreiro do Trigo, 70 a 74.
João de Brito, (ao Beato Antonio) escriptorio, rua de S. Francisco, 13.
João Luiz de Sousa & Filho, rua do Barão, 7 a 19.
Pereira da Silva & Irmão, rua 24 de Julho, junto á Padaria Militar.
Reis & Ramires, Bom Successo.
Viuva de Manuel José Gomes & Filhos, Caramujo.

MODAS E CONFECÇÕES

Antonio S. de Castro & Almeida

FORNECEDORES

DE

SUA MAGESTADE A RAINHA

VESTIDOS

MODAS CONFECÇÕES E FAZENDAS

DE

ALTA NOVIDADE

Robes confections et étoffes haute nouveauté

17, 21 e 23—Rua Garrett—17, 21 e 23

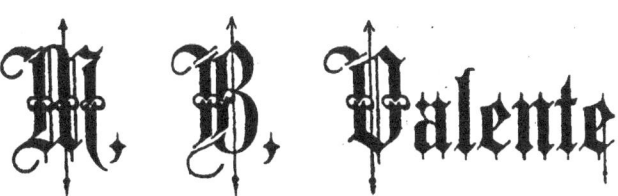

M. B. Valente

109, RUA AUREA, 113

98, Travessa de S. Nicolau, 100

LISBOA

*Completo e variado sortimeato de confecções,
chapeos, lãs, velludos, sedas, guarnições em todos os generos
e muitos mais artigos da moda
que vende por preços limitadissimos*

109, Rua Aurea, 113 — LISBOA

MODAS E CONFECÇÕES

Adéle Holveck, travessa da Parreirinha, 6, 1.º
Alexandre da Fonseca, rua Garrett, 2 a 6.
A. E. G. Rosa & C.ª, calçada do Combro, 93.
A. Leite & C.ª, rua Direita do Rato, 61.
Alfredo da Fonseca & C.ª, rua do Ouro, 253.
Almeida & Victor, travessa de S. Nicolau, 106 e 108.
Antonio da Nazareth Lisboa, rua do Ouro, 123 e 125.
Antonio Soares de Castro & Almeida, rua Garrett, 17 a 23.
Augusto Cesar da Trindade, travessa de S. Nicolau, 114 e 116.
Azevedo Silva & C.ª, praça de D. Pedro, 76 e 77.
Rarata & Irmãos, rua Nova do Carmo, 89 a 95.
Benjamim Lecoq & C.ª, travessa da Victoria, 74, 1.º
Bijou de Lisboa, rua do Ouro, 135 e 137.
Cardoso & Cardoso, rua Nova do Almada, 106 e 108.
Cordeiro & C.ª, rua da Prata, 152 e 154.
Damien, rua Nova do Almada, 60, 1.º
Duarte Silva & C.ª, rua do Arco do Bandeira, 189 e 191.
Emilia de Abreu & C.ª, largo da Trindade, 17, 1.º
Eugenio Alfredo de Sousa, rua do Ouro, 142 a 146.
F. Duarte de Carvalho, rua Garrett, 53 e 55.
Fernando José do Nascimento, rua Velha, 69 a 73, a Alcantara.
Furtado & Irmão, praça de D. Pedro, 99 e 100.
Grands Magasins du Printemps, travessa de S. Nicolau, 102, 1.º
Guilherme Sette, successores, rua do Ouro, 190 a 194.
Guimarães & Alves, rua Nova do Almada, 71 e 73.

H. G. de Assis, successores, rua Larga de S. Roque, 101 e 103.
J. A. Mouta & C.ª, praça de D. Pedro, 28 e 29.
J. A. Pereira & C.ª, rua do Ouro, 129 e 131.
J. Braz Fernandes & C.ª, praça de D. Pedro, 10 e 12.
J. da Motta, travessa de S. Nicolau, 91 e 93.
J. F. de Magalhães, rua Garrett, 16.
J. G. da Silva Barbosa, rua Garrett, 5 a 11.
J. J. Martins, rua do Ouro, 172 e 174.
J. J. de Mattos & Silva, (successores Serra & C.ª), travessa de S. Nicolau, 121 a 127.
José Mourisca, rua do Ouro, 139, 1.º
José do Nascimento Lopes & C.ª, praça de D. Pedro, 121 e 122.
João dos Anjos Galrão, rua do Ouro, 102 e 104.
João Corrêa da Silva Soares, rua dos Capellistas, 104 a 108.
João dos Santos Mattos, rua Nova do Almada, 86 a 90.
Libanio & Martins, rua Nova do Carmo, 80 a 84.
Loja Popular, rua de D. Pedro V, 27 e 27 A.
Loja da Fama, Augusto Cesar de Brito, rua Augusta, 278 e 280.
Lopes de Sequeira & C.ª, rua do Ouro, 285 a 293.
Luiz Costa & Commandita, rua Nova do Almada, 60 e 62.
Luiz José de Carvalho, rua dos Capellistas, 116 e 118.
Madame Antoinette, rua de S. Paulo, 172, 1.º
Maia, praça de D. Pedro, 4 e 5.
Maria Beckler, rua de Pedro V, 38 a 42.
M. B. Valente, rua do Ouro, 109 a 113.
Martins & C.ª praça de D. Pedro, 70 e 71.
Madame Cid, rua Garrett, 29, sobre-loja.
Madame J. Vallet Jaume, rua Garrett, 61, 1.º
M. G. Oliveira, praça de D. Pedro, 111 e 112.
Matta & Reis, rua Augusta, 277 e 279.
Oliveira & C.ª, rua Nova do Carmo, 118 e 120.
P. de Mira Coelho, rua de S. Paulo, 86 e 88.
Pinto & Martins, praça de D. Pedro, 7 e 8.
Portugal & Diniz, rua Augusta, 181 e 183.
Quaresma & C.ª, rua Garrett, 31 a 35.
Rodrigues & Silva, travessa de S. Nicolau, 79 e 81.
Salon de La Mode, praça de D. Pedro, 24 e 25.
Sizenando Costa, praça de D. Pedro, 109 e 110.
Soares & Coelho, travessa de S. Nicolau, 105 e 107.
T. C. Rocha Plassa, praça de D. Pedro, 117 e 118.
Viuva Rembado, rua Nova do Almada, 116, sobre-loja.

MOINHOS DE VENTO AUTOMATICOS AMERICANOS

José Carlos da Luz, rua de S. Francisco, 5.
Heitor Legrôs, rua Capello, 20.

MOVEIS (ARMAZENS DE)

Adriano Pereira Manso, rua da Boa Vista, 104.
Antonio José Garcia, rua de Santo Antão, 99, 101, 105, 107.
A. S. Gardé, rua Ivens, 46 e 48.
Antonio Thomaz de Sousa, rua Augusta, 120 a 122.
Augusto Cesar dos Santos, rua Larga de S. Roque, 4 a 18.

A. Marques da Silva, rua de S. José, 123 e 125.
A. Martins, rua de Santo Antão, 8 e 10.
Augusto Nunes da Silva, officina, rua dos Poyaes de S. Bento, 55.
Campos & C.ª, rua do Ouro, 259, 1.º
Belarmino Antunes Alves, rua de S. Bento, 302 a 312.
Carlos José Lopes & C.ª, rua Augusta, 267 e 269.
Emilio Nunes da Silva, Portas de Santo Antão.
João Franco, rua de Santo Antão, 8 e 117.
João Gaspar, rua das Pretas, 18 e 20.
João Maria da Silva, rua de Santo Antão, 111, 113, 115.
Joaquim José d'Oliveira, rua de S. Bento, 106 e 132.
Joaquim Pedro Rodrigues da Cunha, rua da Prata, 256 a 264.
José Antello, officina, rua de S. Francisco de Paula, 128.
José Ernesto Carreira, calçada do Garcia, 24.
José João d'Azevedo, rua de S. Lazaro, 77 e 79.
José Joaquim Antunes, rua de S. Francisco, 50.
José Narciso de Aguiar, Avenida, 13 a 19 C.
José d'Oliveira Junior, officina, rua da Horta Secca, 11 a 15.
Machado & Baumberg, rua do Ouro, 166 e 168.
Manuel Ferreira Minde, rua do Jardim do Regedor, 8 a 12.
Manuel Joaquim, rua dos Poyaes de S. Bento, 103 e 105.
Manuel Ramos da Silva, officina, rua Nova do Desterro, 29 a 33.
Manuel Silvestre, rua da Procissão, 154.
Manuel Vieitas da Costa, rua de S. João da Matta, 72.
Pedro Marçal, rua dos Poyaes de S. Bento, 58 e 60.
Silva & Irmão, rua da Prata, 162 a 192, 209 a 217.
Silva Junior, rua Augusta, 121 e 123,
Sociedade de fabricantes de moveis, rua Nova da Palma, 89 a 93 e 97 a 101.

MOVEIS ANTIGOS (RESTAURADORES DE)

Augusto F. Barreira, largo de S. Carlos, 30 e 32.
Cesar Coelho, rua da Bica Duarte Bello, 51.
José dos Santos Pereira Leite, rua da Rosa, 248.

MOVEIS DE FERRO

Adolpho C. Burnay, rua do Arço Bandeira, 21 a 31.
Affonso Henriques de Carvalho, rua dos Poyaes de S. Bento, 44.
Antonio Joaquim Baptista, rua dos Capellistas, 10.
Antonio Nunes Ribeiro, rua de D. Pedro V, 31 e 31 B.
A. P. dos Santos Chaves, rua dos Fanqueiros, 113 a 117 e rua Direita de S. Paulo, 91 a 95.
Casa Lisbonense, rua da Boavista, 86 a 90.
Francisco Lourenço da Silva Almeida, praça dos Rostauradores, 34 a 37.
Frederico Collares, largo do Conde Barão, 14.
João Antonio dos Santos, rua Augusta, 190 e 192.
Joaquim Francisco Guilherme, rua do Jardim do Regedor, 2 e 2 A, e rua do Telhal, 16 e 18.

J. J. das Neves Godinho, rua Nova da Palma, 111 a 115.
José Fernandes, rua da Conceição da Gloria, 30 e 61.
José Joaquim de Almeida, rua do Arsenal, 154.
José Matheus, rua de S. Lazaro, 150.
José Nunes Ribeiro & Irmão, rua do Norte, 66 a 72.
Josué Augusto Moreira, praça dos Restauradores, 17.
Severo de Almeida, rua da Boa Vista, 166 e 168.

NEGOCIOS (AGENCIAS DE)

PROCURADORIA CENTRAL

DE

NEGOCIOS ECCLESIASTICOS

FUNDADA EM 1842

Sob a direcção do Notario Apostolico de Sua Santidade

JOSÉ JOAQUIM RIBEIRO

SOLICITADOR DA CAMARA E CURIA PATRIARCHAL

Unico legalmente auctorisado

E SEU FILHO

Fortunato José de Freitas Ribeiro

Encarrega-se de tratar, com reconhecida economia e regularidade, de dispensas de parentesco e outras graças apostolicas, tanto de Roma como da Nunciatura em Lisboa, de fazer correr proclamas tanto no patriarchado, como nas demais dioceses do reino e do ultramar, ou mesmo do estrangeiro, ou de obter dispensas, certidões ou outros documentos das mesmas procedencias, de promover justificações de estado livre ou de ausencias, da abertura ou reforma de assentos parochiaes nos respectivos juizos ecclesiasticos, e aos pobres se lhes promoverão gratuitamente. Incumbe-se de promover concursos e de solicitar encartes em todas as repartições publicas, e de fazer requerimentos para quaesquer outras pretenções no fôro ecclesiastico. Toda a correspondencia deve ser dirigida ao escriptorio, que abre ás oito horas da manhã e fecha ás nove horas da noite, excepto aos dias santificados, em que se fecha ás duas horas da tarde.

ESCRIPTORIO

Largo de Santo Antonio da Sé, 21, 1.º

LISBOA

NEGOCIOS (AGENCIAS DE)

Francisco Joaquim d'Oliveira, rua dos Correeiros, 174, 2.º
José Joaquim Ribeiro, largo de Santo Antonio da Sé, 21, 1.º

NOVIDADES (ARTIGOS DE)

Aguia d'Ouro, rua Nova do Almada, 65 e 67.
Casa de Novidades, rua do Ouro, 145 e 147.
Grande Armazem inglez, rua do Ouro, 82.
Grande Bazar Suisso, Chiado, 66 e 68.
Mattos Moreira & Irmão, praça de D. Pedro, 66 e 68.
Viuva de Caetano José da Costa, rua Nova do Carmo, 68 a 72.

ODREIROS

José de Carvalho, largo do Poço do Borratem, 30.

OLEADOS

Casa da Correcção, travessa das Monicas.
Dias & Dias, rua Augusta, 187 e 189.
Elisa Veiga, rua Nova do Carmo, 12.

Ourives do ouro e da prata

OURIVESARIA
DE
Mourão & Irmão

PREMIADOS COM MEDALHA DE PRATA DE 1861 E MEDALHA DE HONRA DE 1865

Successores

GOMES & FERREIRA

25 e 27, Rua Garrett, 25 e 27

LISBOA

ANTONIO MARIA VILLA NOVA

OURIVESARIA

MANUFACTURA POR ENCOMMENDA

Concerta objectos de ouro e prata

118, Rua dos Retrozeiros, 118

LISBOA

COMPRA E VENDE obras de ouro, prata e pedras preciosas.

OURIVES DO OURO E DA PRATA

A. A. Correia & C.ª, rua do Ouro, 89 e 91.
A. C. Bragança, rua do Ouro, 49 e 51.
Adolpho G. Henriques, rua do Ouro, 197.
Adriano Pereira Manso, rua da Boa Vista, 57 e 59.
Augusto Ferreira Basto, rua Nova da Palma, 65.
A. J. Cardoso, rua do Ouro, 277.
Alfredo Merêa, rua do Ouro, 27.
Alfredo Coutinho, rua do Ouro, 55.
A. C. d'Oliveira, rua de S. Bento, 226.
Antonio Augusto dos Santos Grillo, rua do Ouro, 115.
Antonio & Eloy de Jesus, rua de S. Paulo, 146.
Antonio Maria Tavares, rua da Prata, 135 e 137.
Antonio Maria Villa Nova, rua dos Retrozeiros, 118.
A. Penco, rua Nova da Palma, 88 a 92.
Antonio Victorino da Costa, rua de S. Bento, 167.
Antonio da Costa, rua da Prata, 95.
Augusto Cesar de Carvalho, rua da Prata, 125.
Augusto Eustaquio Seixas, rua do Ouro, 81.
Barbosa & Oliveira, rua do Ouro, 95 a 99.
Bento Costa, rua da Prata, 86.
Boni & C.ª, rua do Ouro, 203.
Caetano Felix de Figueiredo, rua da Prata, 37.
Carlos Baptista da Silva, rua Nova da Palma, 28 e 30.
Carlos José da Silva, rua do Ouro, 61.
Cesar Pinto, rua larga de S. Roque, 123.
Chaves & Sousa, rua do Ouro, 249.
Cunha & Irmão, rua do Ouro, 199.
F. A. Almier, rua do Ouro, 176.
Fernando Augusto d'Assumpção Ventura, rua do Ouro, 63.
Fernando Pereira, rua da Prata, 193.
F. L. Almeida Bastos, rua da Prata, 77.
Francisco Miguel Pires Branco, rua do Ouro, 233.
F. M. Almeida Cardoso, rua do Livramento, 146.
F. M. da Silva, rua do Ouro, 47.
Gomes & Ferreira, rua Garrett, 25 e 27.
Guilherme Bureau, rua do Ouro, 151.
João Carlos d'Oliveira, & C.ª, rua de S. Vicente á Guia, 2 a 8.
João Carlos d'Araujo, rua do Ouro, 261.
João Lopes de Sousa, rua do Ouro, 259.
Joaquim Luiz Pontes, rua do Ouro, 65 e 67.
José Alves Borba, rua de S. Bento, 61 a 65.
José Antonio da Costa, rua da Prata, 91.
José Duarte Jorge de Jesus, rua do Ouro, 25.
José Esteves Meréa, rua do Ouro, 71 e 73.
José Rodrigues Oliveira Guimarães, rua Nova da Palma, 1.
J. A. de Sousa, rua do Ouro, 263.
J. F. da Cunha, rua do Ouro, 43 e 119.
J. J. Antunes Rebello, rua do Ouro, 251.
J. N. da Cunha, rua Nova da Palma, 108.
J. V. Canongia, rua do Ouro, 245 e 247.
Leitão & Irmão, praça do Loreto, 15 e 16.
Lemos & Sousa, rua do Ouro, 201.
Leon Jacob & C.ª, rua do Ouro, 127, 1.º
Libanio José dos Santos Costa, rua de S. Bento, 43 e 45.
Luiz Antonio Seguro, rua da Prata, 75.

Luiz Pinto Moutinho, rua da Prata, 67 e 69.
Marianno de Carvalho, rua do Ouro, 281.
M. J. Cardoso da Silva, rua Nova da Palma, 44 a 48.
Matheus José Duarte, rua da Prata, 205.
Manuel José Gonçalves, rua da Prata, 75.
Moses & Filhos, rua do Ouro, 93.
Nascimento & Migueis, rua do Ouro, 273.
Pedro Moreira, rua do Ouro, 103.
Pinheiro Martins, rua do Ouro, 279.
Ricardo Costa, rua da Prata, 97.
Roberto Ferreira Gomes, rua de S. José, 44.
Santos & Rodrigues, rua do Ouro, 161.
Saragoça & Irmão, rua do Ouro, 173 e 195.
Seabra & C.ª, rua do Ouro, 163.
Silva, Avenida, 26 e 28.
Torres d'Almeida, rua de S. Paulo, 200.
Vicente Augusto dos Santos, rua da Prata, 53 e 55.
Vitaliano Cesar de Jesus, rua da Prata, 83 e 85.
Viuva Reis & Vianna, rua da Prata, 201.
Viuva Soares & Filhos, rua do Ouro, 57 e 59.

AVALIADORES OFFICIAES (PROVISORIOS)

Francisco Izidoro Nunes, rua da Prata, 171.
Francisco José Tavares, rua Augusta, 188, 4.º.

PADARIAS

Antonio Maria Ferreira, rua Nova do Carmo, 86 e 88.
Bento Ferreira, rua do Arco do Carvalhão, 84 e 85, e rua d'Arrabida, 88 e 90.
C. Steffanina & Elie Benard, rua direita do Loreto, 21 e 23.
Companhia de Moagem e Panificação a Vapor, rua Nova da Palma, 260 e 262.
Fabrica de Pão das tres Nações, rua de S. Marçal, 167.
Fabrica Ultramarina, rua do Arsenal, 106.
Francisco Garcia & Casal, rua do Loreto, 12.
J. M. Rodrigues, rua de Santo Antão, 1 e 3.
Jayme Assuar y Pons, rua de S. José, 99 e 101.
José Maria Lopes, rua de S. Julião, 36.
José Ribeiro, rua de S. Bento, 55.
Luzitana, rua da Mouraria, 100.
Manuel Joaquim Cardoso da Silva, calçada do Monte, 117.
Manuel Mariz Costa, rua das Praças, 32.
Nova Alliança, rua da Magdalena, 275.
Nova Padaria Hespanhola, rua de S. Bento, 524.
Padaria Argentina, rua de Caetano Palha, 22 e 24.
Padaria Conservadora, largo de S. Paulo, 56 e 57.
Padaria Flôr da Estrella, calçada da Estrella.
Padaria Havaneza, rua da Madre de Deus, 17.
Padaria Hespanhola, rua d'Arrabida, 92, e rua Direita do Rato, 33 e 35.
Padaria Hespanhola de Miguel Rodrigues Gil, rua do Vigario, 60.

Padaria Ingleza, travessa Nova do Caes do Tojo, 15.
Padaria Lima, rua de S. Paulo, 27.
Padaria Lisbonense, calçada do Sacramento, 24 a 32.
Padaria Nacional, rua dos Poyaes de S. Bento, 33.
Padaria Popular, rua de Santo Antão, 127.
Padaria Portugueza, largo do Chafariz de Dentro, 11.
Padaria União, rua de S. Lazaro, 123 e 125, e rua das Pretas, 31.
Padaria Utilidade, rua do Jardim do Regedor, 20 a 24.
Padaria de S. Carlos, rua Capello, 7.
Padaria á franceza, rua da Atalaya, 142.
Padaria Peninsular, rua da Rosa, 144.
Paulo Bénard, largo da Esperança, 7 e 9.

PALHA (ARMAZENS DE)

Antonio de Sousa Campos, rua de S. João dos Bemcasados, 12.
Antonio Rodrigues Abbade, rua de Vasco da Gama, 102 a 108.
José Joaquim Nogueira Junior, travessa de S. João da Praça, 27 e 29.
José Lopes Pinto, beco do Quebra Costas, á Sé.
Viuva de Antonio Thomaz da Silva, rua Vasco da Gama, 8 a 20.
Viuva de José da Cunha Gomes, rua Vasco da Gama, 100.

PALHEIREIROS

Adelaide, rua do Martim Vaz, 9.
Cezario, rua da Roza, 104.
José Pedro de Sousa, rua do Arco da Graça, 51.
Maria da Conceição, rua do Principe, 23.
Maria Luciana, travessa de André Valente, 17, 1.º

PAPEIS PINTADOS

Companhia Industrial Productora de Papeis (armazem) rua Nova do Almada, 102 e 104.
Deposito da Fabrica do Porto, praça dos Restauradores, 25.

PAPELARIAS

A FAVORITA

TYPOGRAPHIA

TRABALHOS TYPOGRAPHICOS
EM TODOS OS GENEROS

Bilhetes de visita

Chromos para felicitações

ARTIGOS DE NOVIDADE

F. A. Martins d'Almeida

GRANDE VARIEDADE EM PAPEIS

Artigos de escripta e desenho

OBJECTOS PARA BRINDES

CARTAS

PARA JOGAR

PAPELARIA 1 a 5, Rua do Corpo Santo, Lisboa

ARMAZEM DE PAPEL

DE

TODAS AS QUALIDADES
Por atacado e a retalho

BOAVENTURA DA COSTA MARQUES & C.ª

88 e 90, Rua dos Capellistas, 92 e 94

LISBOA

CASA PORTUGUEZA

MANUEL SILVA
139 — Rua Larga de S. Roque — 141

PAPELARIA	TYPOGRAPHIA
Papel inglez, de luxo, marcado em relevo, phantasia, de seda, quadriculado, continuo, tela e de linho; estojos para desenho, esquadros e reguas graduadas e lisas. Albuns para retratos e poesias, carteiras e bilheteiras. Grande sortimento de bilhetes de visita de phantasia e chromos para albuns.	Bilhetes de visita em cartão bristol, marfim, phantasia e luto, acções, apolices, participações de casamento, circulares, mappas, facturas, recibos, menús, memoranduns, prospectos, conhecimentos, estatutos, preços correntes. Impressões a ouro, prata, côres e sobre setim.

LISBOA

PAPELARIAS

A Favorita, rua do Corpo Santo, 1 a 5.
A. L. Freire, rua do Ouro, 158.
Alfredo José Fernandes & C.ª, rua dos Poyaes de S. Bento, 27 e 27 A.
Antonio José da Costa, rua da Prata, 226 e 228.
Antonio José Fernandes Jasmim, praça Luiz de Camões, 30.
Augusto da Silva Tejo, rua de S. Paulo, 113 e 115.
Boaventura da Costa Marques & C.ª, rua dos Capellistas, 92 e 94.
Cardoso & Mendes, rua dos Retrozeiros, 36 e 38.
Casa Catholica, rua Augusta, 178 a 182.
Casa Portugueza, rua Larga de S. Roque, 139 e 141.
Deposito da Fabrica da Abelheira, rua dos Capellistas, 101 e 103.
Deposito da Fabrica de Alemquer, rua do Alecrim, 17.
Deposito da Fabrica do Prado, rua de S. Paulo.
Deposito da Fabrica de Ruães, rua de S. Paulo, 33 e 35.
Estevão Nunes & Filhos, rua do Ouro, 60 a 66.
Emilio de Araujo & C.ª, rua da Prata, 99 e 101.
Francisco Affonso Pereira Vianna, rua da Prata, 66.
Francisco Baeta Dias, rua Augusta 21 a 25.
Francisco Marcos Pereira, rua Serpa Pinto.
Francisco Romero, rua de S. Paulo, 192 e 194.
Gil Carneiro & C.ª, rua Augusta, 262.
Joaquim Maria da Silva, rua dos Poyaes de S. Bento, 48 e 50.
Joaquim Rodrigues da Silva Vieira, praça de Pedro, 84 e 85.
João Jacintho da Costa Mattos, rua da Prata, 268.
Machado & C.ª, rua da Prata, 174 e 176.
Minerva, Avenida da Liberdade, 79 e 81.
M. A. Branco, rua do Ouro, 153 e 155.
Marques & Ferro, rua da Prata, 30 e 32.
Netto & C.ª, rua do Ouro, 267 e 269.
Palhares & Mourisca, rua do Ouro, 141 e 143.
Papellaria Parisiense, rua Direita do Loreto, 27 e 29.
Papellaria Industrial de F. A. Martins de Almeida, rua da Escola Polytechnica, 89 e 91.
Peixoto & C.ª, praça Luiz de Camões, 6.
Sobral & C.ª, rua Nova do Almada, 47 e 49.
Viuva Macieira & Filhos, rua da Magdalena, 10 a 14.
Viuva de Manuel da Costa Marques & C.ª, rua do Ouro, 34 a 40.

PAPELÃO E PAPEL PARDO (FABRICAS DE)

Carlota Joaquina da Conceição, rua da Fonte Santa, 59.
Empreza manufactora de papellão, rua de S. Bento, 224.
João José de Sant'Anna, rua das Gaveas, 59.
Marianno Sequeira, rua do Telhal, 93 e 95.

PARAFUSOS

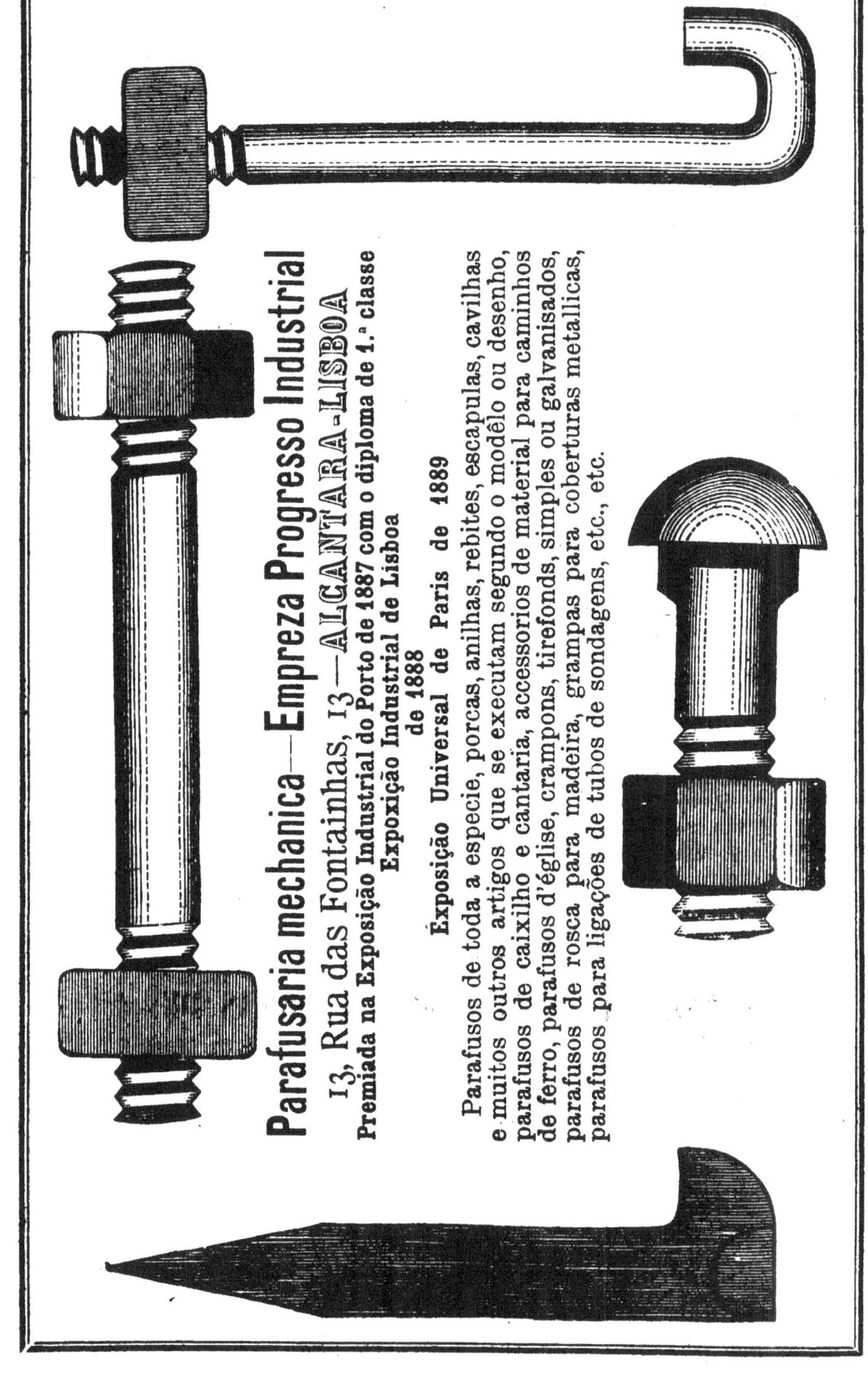

PARAFUSOS

Empreza Progresso Industrial, (Alcantara) rua das Fontainhas, 13. Lisboa.

PASTELARIAS

CONFISERIE MAISON PARISIENNE GLACES

94, RUA NOVA DO ALMADA, 96

Grands vins, liqueurs, champagnes e fines champagnes

(Premières marques)

PATISSERIE, CONFISERIE

GLACES et CUISINE sur commande

BISCUITS DE REIMS

Specialités
de Patés de croute,
(façon Strasbourg)
Patés de Foie-gras
aux Truffes du Perigord,
Sandwiches
pour buffets et voyages.

Specialités
de Bonbons frais, Chocolat,
Glaces et Sorbets,
Vol-au-vent garnis,
Timbales à la Milanaise.
Fournitures
pour bals et soirées.

TELEPHONE 540

94 — RUA NOVA DO ALMADA — 96
LISBOA

Cette maison, par le choix de son personnel, son outillage perfectionné et les soins constants qu'elle apporte à la fabrication de ses produits, est un établissement de première ordre et en mesure d'exécuter à des prix très modérés toutes les commandes qu'elle que soit leur importance.

PASTELARIAS E CONSERVARIAS

Antiga Casa Rodolpho Baltresqui, rua Garrett, 49 a 51.
Conservaria Italiana, successores de Ferrari, rua Nova do Almada, 91 e 93.
J. C. Pucci (successor de Baltresqui) rua dos Capellistas, 122 e 124.
John Bromfield, travessa Nova do Caes do Tojo, 15.
Maison Parisienne, rua Nova do Almada, 94 e 96.
Pastellaria Allemã, rua da Escola Polytechnica, 30 a 34.
Pastellaria Estrella d'Italia, rua da Escola Polytechnica, 57 e 59.
Patisserie Suisse, rua dos Capellistas, 172 e 174.
Violette, Filippe da Silva, rua dos Capellistas, 130 e 132.

PELLEIROS

Amancio José Alves, rua dos Bacalhoeiros, 73.
Candido & Sarrea, rua Augusta, 248.
D. J. Ribeiro, rua Augusta, 194 e 196.
Fortunato Alves Salgado, rua Augusta, 98 e 100.
Oliveira & C.ª, rua Augusta, 142 a 148.
Ribeiro & Portella, rua Augusta, 170 a 174.

PENEIREIROS

Joaquim José da Rocha, rua Nova da Palma, 16 e 18 e rua da Arsenal, 7.
Maria José da Rocha, travessa de S. Domingos, 2.
Viuva de José Joaquim da Rocha, rua dos Bacalhoeiros, 81 e 83.

PENTEEIROS

Francisco J. N. Silva & Filhos, rua Nova do Almada, 16.
J. A. de Senna, rua Nova do Almada, 38 e 40.
J. Baptista Móra Junior, rua Nova do Almada, 120 e 122.
José Ignacio Marques, rua Nova do Almada, 98.

PERFUMARIAS

A. R. Pinto, rua Nova do Carmo, 55 a 61.
Companhia Portugueza "Hygiene„, praça de D. Pedro, 60 a 63.
E. Mertens & C.ª, rua do Ouro, 130.
Elie Bénard, rua Garrett, 100 e 102.
H. S. Samuel, rua do Ouro, 82, 1.º
M. Emilio Antunes, praça de D. Pedro, 101.
Perfumaria Camões, de José Augusto Gonçalves, rua das Gaveas, 21.
Perfumaria Central, praça de D. Pedro, 34 e 35.
T. G. Robert, rua Nova da Trindade, 38.
Thomaz Antunes de Mendonça, calçada do Combro, 45 e 47.

PETROLEO (DEPOSITO DE)

Miranda & Silva, rua dos Bacalhoeiros, 128 e 130.
Narciso Vieira Borges, rua da Atalaya, 135.
Simões Dias & C.ª, rua do Arco do Arco do Bandeira, 174 e 176.
Viuva Macieira & Filhos, rua dos Bacalhoeiros, 89 e 91.

PHARMACIAS

Deposito de drogas e productos chimicos

A. ALVES D'AZEVEDO, FILHOS

ESPECIALIDADES PHARMACEUTICAS NACIONAES E ESTRANGEIRAS

24 a 38 — Rua do Principe — 24 a 38

PHARMACIA

LISBOA, 31 — PRAÇA DE D. PEDRO, 32 — LISBOA

NUMERO TELEPHONICO 208

Endereço telephonico — LOBELINA

FRANCISCO JOSÉ DA COSTA

PHARMACEUTICO

Director e proprietario

DA

Pharmacia Homœopatica

Medicamentos homœopathicos,
caixas de medicamentos, preparados dieteticos,
instrumentos de cirurgia,
livros de medicina,
pharmacia e veterinaria homœopathica,
artigos de borracha, etc., etc.

234, Rua Augusta, 236

LISBOA

PHRMACIA BARRAL

Barral Irmão

SUCCESSOR

ANTONINO ALVES BARATA

Productos chimicos, instrumentos e apparelhos diversos,
artigos para laboratorio e analyse,
vidraria, perfumaria, licores de meza, chocolates medicinaes,
e para almoços, etc., etc.

126 — Rua Aurea — 128

LISBOA

COMPANHIA PORTUGUEZA HYGIENE
Antiga casa Estacio & C.ª

UNICOS pharmaceuticos premiados com os MAIORES PREMIOS nas exposições a que teem concorrido

Diploma de merito e de 1.ª classe
na Exposição Industrial de 1887 — PORTO

Diploma de honra e medalha de ouro
na Exposição Industrial de 1888 — LISBOA

Fabricam differentes productos, aviam receituario, fazem analyzes de minerios, de urinas, de vinhos, toxicolgicas, etc., e vendem em pequena e grande escala: Drogas medicinaes, productos chimicos e pharmaceuticos. Apparelhos e reagentes chimicos. Objectos de caut-chouc: taes como tubos, urinoes, algalias e vellas, pessarios, canulas, borrachas, almofadas d'ar, etc. *Artigos de perfumaria*, de sua fabricação e dos principaes perfumistas estrangeiros: rhum e quina, essencias, extractos, pós d'arroz, arminhos, sabonetes, aguas de Colonia, diversos elixires para as gengives e bocca, vinagres de toilette, etc. *Refrigerantes, vinhos para doentes, etc. Apparelhos e instrumentos cirurgicos, etc.*

Pharmacia e deposito — 60, 61, Praça de D. Pedro, 62, 63
SUCCURSAL — 99, RUA DE S. PAULO, 101
Fabrica a vapor de productos chimicos e pharmaceuticos — C. Pequeno

LISBOA

PHARMACIAS

Abel Leitão de Figueiredo, rua do Arco do Limoeiro, 38.
Abel Marques, largo da Graça, 38.
Adriano Lemos Vasconcellos, rua de Rebello da Silva, 11.
Albino de Sousa Pires, largo da Graça, 18.
Alfredo de Salles Villoso Horta, rua dos Bacalhoeiros.
Alfredo Augusto Serafim Mello, praça de D. Pedro, 60.
Alfredo Nunes Affonso Cardoso, rua de S. Paulo, 99.
Anibal Augusto Ferreira, rua do Bemformoso, 131.
A. F. Alves d'Azevedo, Filhos, Rocio, 31 e 32.
André Joaquim Monteiro, rua dos Remedios, 93.
Anselmo Tavares da Silva, rua Aurea, 266, 1.º
Anthero da Costa Oliveira, hospital militar permanente, calçada da Estrella.
Antonio João Rosa, rua dos Remolares, 8.
Antonio João da Silva, praça da Alegria, 34.
Antonio Pereira d'Almeida, rua da Magdalena, 134.
Antonio Alves Sabino, rua de S. Paulo, 134 e 136.
Antonio Augusto Ascenção, rua do Poço dos Negros, 88 e 90.
Antonio Augusto da Silva Pratas, rua de S. Bento, 69 e 71.
Antonio da Fonseca Pinto, estrada de Campolide, 3.
Antonio Ignacio d'Avellar Junior, rua Augusta, 225 e 227.
Antonio Joaquim Pinto, rua de S. João da Praça, 26.
Antonio José Condeixa, rua dos Remedios, 18 e 20.
Antonio Olympio da Silveira Ceia, rua de S. Lazaro, 96.
Antonio Pereira da Silva, largo do Intendente, 126.
Augusto Goes, rua Garrett, 90 e 92.
Augusto José Carlos d'Oliveira, rua de D. Pedro V, 178 e 180.
Augusto d'Oliveira d'Abreu, rua dos Calafates, 95 a 101.
Augusto Ribeiro dos Santos Viegas, rua de S. Vicente, 31 e 33.
Augusto Simões d'Abreu, rua da Lapa, 105.
Azevedo, Irmão & Veiga, rua Larga de S. Roque, 32 e 34.
Bernardino Ferreira da Costa, rua do Bom Successo, 12.
Boaventura Jordão, rua da Junqueira, 222.
Caetano José da Cunha, rua Augusta, 225.
Candido Marcellino Borges, rua da Mouraria, 37.
Carlos Bernardo Almeida Ferreira, rua das Janellas Verdes, 5.
Companhia Portugueza "Hygiene„, praça de D. Pedro 60 e rua de S. Paulo 99 e 101.
Domingos Francisco da Silva Nogueira, rua de Alcantara, 15.
Domingos Estanislau Silva, rua de S. João da Matta, 72.
Domingos Lucio Monteiro, rua do Livramento, 42.
Domingos Lazaro da Silva, calçada de Sant'Anna, 3.
Ermelindo Benavente Jesus Lopes Pacheco, rua do Sacramento, 40.
Emilio Manuel Fragoso, rua de Santos, 14.
Egydio José da Cunha, rua Augusta, 225 e 227.
Emygdio José da Silva Macedo, rua de Santo Antão, 137 e 139.
Ernesto Sant'Anna Cunha Castello Branco, rua da Esperança, 85 e 87.
F. Freire d'Andrade & Irmão, rua do Alecrim, 127.
Felisberto Augusto Lopes, rua de S. Luiz, 1 e 3.
Fortunato Simões Carneiro, rua de S. Paulo, 108.
Fillippe Pereira de Mattos Miranda, rua Aurea, 210.
Felix Joaquim Jacques, rua da Mouraria, 37.
Francisco Mendes Bazorra, rua dos Remedios, 18.
Francisco d'Almeida Brito, travessa de Santa Justa, 6, 1.º

Francisco José d'Oliveira Xavier, Lumiar, 186.
Francisco Luiz Nobre Sobrinho, rua Augusta, 225.
Francisco José Malato, rua da Fabrica da Polvora, 3.
Francisco Augusto d'Almeida Ferreira, travessa da Victoria, 46 e 48.
Francisco Antonio Frazão, rua do Mirante, 33.
Francisco de Carvalho, calçada do Correio Velho, 3.
Francisco José da Costa, rua Augusta, 234 e 236.
Francisco Marcellino Sequeira, rua da Esperança, 314.
Francisco Maria Nogueira, rua do Infante D. Henrique, 54 e 56.
Francisco da Nazareth Correia, largo da Graça, 112 e 113.
Francisco Nunes Vieira Abreu, rua de D. Pedro V, 33-A.
Ignacio José de Carvalho, rua direita de Carnide, 69.
João Antonio Carretas, largo do Calhariz, 13 e 14.
João José Machado, rua de Santo Ambrosio, 29.
João José dos Reis, rua da Esperança, 214.
João d'Assumpção Ferreira Veiga, rua de Santa Martha, 45 e 47.
João de Deus Silva, rua da Escola Polytechnica, 80.
João Gomes d'Oliveira, rua do Arsenal, 74 e 76.
João de Jesus Pires, rua Nova da Princeza, 124 e 126.
João Pires Coelho, rua da Rosa, 176 e 178.
João da Silva Moreira Cabral, praça de D. Pedro, 31.
João Thomaz da Silva Pinto, largo da Paschoa, 26.
Joaquim Antonio Cardoso, rua Augusta, 225 e 227.
Joaquim Antonio Vaz Leirinhos, rua de S. Marçal, 102.
Joaquim Ferreira Norberto, largo do Calhariz, 13.
Joaquim José de Miranda Sarmento, calçada da Estrella, 97.
Joaquim Maria de Figueiredo, largo de S. Paulo, 20 e 22.
Joaquim Urbano da Veiga, rua larga de S. Roque, 32.
Joaquim de Mattos Alves Christovão Pinheiro, rua das Janellas Verdes, 74.
Joaquim Simões Serra, rua da Bella Vista, á Lapa, 64.
José Antonio Barreiro, rua de S· José, 203.
José Antonio da Motta, rua dos Remedios, 93.
José Antonio de Oliveira, praça das Flôres, 15.
José Antonio Vieira Alves, rua de S. Bento, 370.
José Augusto da Costa Duarte, rua do Ouro, 210, 1.º
José Augusto da Silva Gameiro, largo do Rato, 15.
José Augusto Ventura, rua do Arsenal, 154 e 156.
José Bento Coelho de Jesus, campo dos Martyres da Patria, 176.
José Pereira da Silva, rua dos Anjos, 244.
José Francisco de Carvalho, rua da Bitesga, 57. 1.º, esq.
José Francisco d'Oliveira. rua das Pretas, 15.
José Joaquim Rei, largo do Corpo Santo, 29 e 30.
José Maria Martins Ferreira, calçada do Combro, 78.
José Maria Martins Ferreira Leitão, rua da Cruz dos Poyaes, 52.
José de Mattos Saraiva, rua de S. Sebastião da Pedreira, 153 e 155.
José Mendes d'Assumpção, poço do Borratem, 41.
José Mendes Jara, rua do Diario de Noticias, 111 e 113.
José Pereira Rodrigues, rua dos Remolares, 8.
José Pedro Marques, rua de S. Paulo, 90, 1.º, direito.
José Ribeiro Guimarães Drack, rua do Livramento, 13, (Alcantara).
José Romão Correa Belem, largo do Mitello, 20.
José Simões da Silva, poço do Borratem, 4, 1.º
José Tedeschi, rua das Necessidades, 15.
José Theodoro d'Almeida, rua de Vieira da Silva, 38.
Leão d'Oliveira, praça de D. Pedro, 114 e 115.
Felicio Antonino Alves Barata, rua Aurea, 126 e 128.

Luiz Francisco Mendes, rua do Valle de Santo Antonio, 7.
Manuel Borges da Silva, rua de S. Paulo, 108 e 110.
Manuel Casimiro Gomes Coelho, rua do Arsenal, 74.
Manuel Cordeiro Manço, rua de Arroyos, 232.
Manuel Joaquim Alves Pereira, rua do Principe, 1.
Manuel Pereira Barros, rua Oriental do Campo Grande..
Manuel Fernandes Pessoa, rua direita da Graça, 168 e 170.
Manuel Maria Vieira, rua Aurea, 266, 1.º
Manuel Vicente de Jesus & Filho, largo do Rato, 46.
Matheus Soares Neves, rua do Poço dos Negros, 36.
Mathias Lopes Cruz, rua Aurea, 266, 1.º
Miguel Baptista Sobrinho, rua da Junqueira, 332.
Oliveira, rua dos Retrozeiros, 40 e 42.
Padesca, rua da Mouraria, 35 e 37.
Pires, rua dos Fanqueiros, 124.
Prospero Ribeiro Chaves Meyrelles, rua Nova da Princeza, 302.
Pharmacia Açoriana, largo do Conde Barão, 2 e 3.
Pharmacia Alves, rua da Bella Vista, 64, á Lapa.
Pharmacia Alliança, rua direita da Esperança, 214.
Pharmacia Almeida, rua da Magdalena, 134 e 136.
Pharmacia Franco, rua direita de Belem, 147.
Pharmacia Gomes, rua da Junqueira, 188.
Pharmacia da Irmandade de Nossa Senhora das Dôres, rua da Junqueira, 192.
Pharmacia Jordão, rua da Junqueira, 222.
Pharmacia Lisbonense, largo do Corpo Santo, 29 e 30.
Pharmacia Oliveira, rua das Pretas, 13 e 15.
Pharmacia Pereira, largo do Rato, 15 a 16.
Pharmacia Pinto, rua das Pretas, 12 e 14.
Pharmacia Saturnino, rua de Santo Antonio da Sé, 12.
Rosa & Horta, rua dos Bacalhoeiros, 113 e 115 A.
Sebastião Anastacio Estanislau Silva, rua de S. João da Matta, 72.
Silva & Tedeschi, rua do Loreto, 28 e 30.
Thomaz Augusto da Costa Franco, rua do Bemformoso, 65.
Venancio Firmino de Sampaio, calçada do Combro, 37.
Verissimo Gomes Ferreira Lobo, calçada de Santo André, 88.
Vieira, rua do Bemformoso, 131 e 133.
Vieira Alves, rua de S. Bento, 380 e 382.

PHOTOGRAPHIA, TYPOGRAPHIA, LITOGRAPHIA, (ARTIGOS DE)

A. Coelho da Silva, rua Ivens, 6, 1.º, direito.
M. A. Antunes, rua Garrett, 88.
Marçal Pacheco & C.ª, praça de Luiz de Camões, 31 e 32.
Peixoto & C.ª, praça de Luiz de Camões, 4.

PHOTOGRAPHOS

INSTITUTO PHOTOGRAPHICO

A. COELHO DA SILVA
6, Rua Ivens, 1.º, D.
Numero telephonico — *167*
LISBOA

Apparelhos completos dos melhores fabricantes francezes e allemães.
Objectivas de (Hermagis), Dallmeyer, Ross, Steinheil, etc.
Chapas de Monckhoven, Perron-Lumière, Excelcior.
Todo o material empregado geralmente em photographia.
Unico deposito em Portugal do novo revelador do dr. Andresen — o **Iconogeno** *— o mais perfeito e energico de todos os desenvolvedores conhecidos.*
Este producto que é PRIVILEGIADO em todos os paizes, só pode ser vendido em Portugal pelo Instituto Photographico, ou pelas pessoas que o obtenham d'esta casa. Capsulas de **Iconogeno.**

VISTAS DE PORTUGAL E DE AFRICA

Tomam-se assignaturas para o *Tratado de Photographia* por Arnaldo da Fonseca; e para o *Boletim do Gremio dos Amadores Photographicos.*

PHOTOGRAPHIAS

A. C. Pardal, rua de S. Paulo 216, 1.º
A. Fillon, (sucessor A. Bobone), rua Serpa Pinto, 87.
Antonio da Fonseca, rua de D. Pedro V, 2.
A. R. Campos, calçada do Duque, 18.
A. Solas, praça dos Restauradores, 41.
Antonio Maria Serra, rua do Loreto, 61.
Camacho, rua Nova do Almada, 116.
Damião, largo do Regedor.
Eduardo Novaes, calçada do Duque, 19 e 25.
F. Rochini, travessa da Agua de Flôr, 1, 2.º
Grand Monde, rua das Chagas, 9.
Henrique de Goes, rua do Arco do Bandeira, 136, 2.º
João Antonio Madeira, rua do Thesouro Velho, 27.
Manoel da Silva Campos, rua do Limoeiro, 10.
Moniz & Martinez, rua Serpa Pinto, 66.
Nova Photographia Estrella, calçada da Estrella.
Photographia Allemã, rua Saraiva de Carvalho, 86.
Photographia Avellar, largo do Conde Barão.
Photographia Lealdade, largo do Rato, 11.
Photographia do Povo, Avenida da Liberdade, 186.

Photographia Santa Justa, travessa de Santa Justa, 25.
Phœbus, Avenida da Liberdade.
Photographia Gião, rua do Visconde de Santo Ambrozio.
Rocha & C.ª, Praça dos Restauradores, 19.

PHOSPHOROS (FABRICA DE)

Companhia Nacional de Phosphoros, escriptorio, rua do Ouro, 32, 1.º

Pianos e outros instrumentos

ARMAZEM
DE
PIANOS
E
HARMONIUMS
DE
GUILHERME STEGLICH

Rua Garrett, 116 e 118 — LISBOA

Rua Garrett, 116 e 118 — LISBOA

Bom sortimento de pianos e harmoniums das principaes fabricas.

Especialidade de pianos que se distinguem pelo bom som e muita solidez, garantidos por dez annos.

Vendem-se pianos a prestações mensaes.

Alugam-se pianos, harpas e harmoniums.

Officina para concertar pianos, harmoniums e harpas.

NEUPARTH & C.ª

Rua Nova do Almada, 97 e 99

MUSICA E INSTRUMENTOS

AMPHION
PUBLICAÇÃO QUINZENAL DE MUSICA PARA PIANO

Revista Musical e de Theatros

LISBOA

E. V. WAGNER

CASA FUNDADA EM 1848

Rua Nova da Trindade, 111, 113 e 115

LISBOA

Inventor dos tampos harmonicos para pianos. Patent WAGNER

FABRICA E ARMAZEM DE PIANOS

Instrumentos de corda modernos e antigos
dos melhores auctores.
Alugam-se e concertam-se pianos e instrumentos de arco.
Grande sortimento de cordas
e pertences para instrumentos de arco.

PIANOS, MUSICAS E DIVERSOS INSTRUMENTOS (ARMAZENS DE)

Augusto Neupart, rua Nova do Almada, 97 e 99.
Companhia Propagadora de instrumentos musicos, rua Garrett, 36, 1.º
C. A. Habel, rua Nova da Trindade, 17.
Custodio Cardoso Pereira, rua Nova do Carmo, 41.
Ernesto Victor Wagner, (fabrica de pianos), rua Nova da Trindade, 107.
Guilherme Steglich, rua Garrett, 116 e 118.
Lambertini & Irmão, praça dos Restauradores, 22 a 34.
Sassetti & C.ª, rua Nova do Carmo, 56 e 58.
Viuva Heliodoro d'Oliveira, praça de D. Pedro, 56 e 58.
Viuva Martins, Avenida da Liberdade, 130.

PICHELLEIROS

Francisco Prior, rua Augusta, 167.
Gregorio José da Silva, rua Augusta, 191.

PINTORES DE CARRUAGENS

Alcobia & Medeiros, pateo do Tronco (ás portas de Santo Antão).
Caetano Pedro Corrêa, largo da rua Formosa, 46.
Francisco José d'Oliveira, rua Serpa Pinto, 35.
Gabriel Marcolino dos Santos, rua do Arco a Jesus.
Sebastião Martinho dos Reis, rua dos Caetanos, 2.

PINTORES DE TABOLETAS E ORNATOS

A. Taveira, rua da Barroca, 42 e 44.
Manoel Francisco dos Santos, rua Ivens, 32.
Viuva de José Ribeiro dos Santos, rua dos Calafates, 89.

PLUMISTAS

Dolores Villaseca, rua do Arco de Bandeira, 115, 1.º
Fanni, praça de D. Pedro, 30 1.º

POLIEIROS

Caetano José Dias, rua de Vasco da Gama, 68 a 74.
Viuva de Clemente Rodrigues & Filho, rua de S. Paulo, 127 e 129.

PÓS DE GOMMA (FABRICAS E DEPOSITOS DE)

Joaquim d'Andrade, travessa de S. João da Praça, 19.
José Francisco Mendes, rua de S. Francisco de Paula, 65.
Maciel & Monteiro, rua da Esperança, 222.
Manoel J. F. Corrêa, rua da Magdalena, 124.
Thomaz Antunes de Mendonça, (deposito), calçada do Combro, 45 e 47.
Viuva Fialho & Silva, rua Nova da Palma, 199 e 201.

PREGARIA (Fabricas de)

FABRICA
DE
H. Schalck, successores
CALÇADA DO CASCÃO

LISBOA

Premiado em todas as exposições

DEPOSITOS

Rua da Magdalena, n.º 17, 1.º andar — LISBOA

Rua do Almada, n.º 141 — PORTO

PRODUCTOS

Pregaria de ferro, cobre, zinco e latão
prego d'arame quadrado e redondo,
carda de machina, carda ingleza, brocha, tacha,
cravinho, belmazes, etc., etc.

Botões de metal finos e ordinarios, botões de fazendas de lã, seda, etc., e botões de caroço

---

Colchetes de todos os tamanhos e qualidades

Capsulas para garrafas, boiões e frascos em todos as côres e tamanhos

PREGOS (FABRICAS DE)

Companhia Previdente, rua do Instituto Industrial, 41 a 45.
Companhia Victoria, rua das Janellas Verdes, 5.
H. Schalck, successores, deposito, rua da Magdalena, 17, 1.º

Productos ceramicos, tubos de grés, etc.

FABRICA
DE
PRODUCTOS CERAMICOS
De J. G. Baudouin

Louças de Faiance e barro vermelho
figuras, vasos, balaustres, azulejos, telha, tijolos e tubos em todos os generos

*Premiada nas exposições
de Ceramica Portugueza no Porto em 1882,
Agricola de Lisboa em 1884
e Industrial Portugueza em 1888*

67, RUA DO ARCO, [a Alcantara], 67

Entrada e Escriptorio — Rua Vinte e Quatro de Julho, 966

LISBOA

EMPREZA CERAMICA DE LISBOA

Sociedade anonyma de responsabilidade limitada

CAPITAL RÉIS 130:000$000

ESCRIPTORIO — Rua da Boa Vista, 186
FABRICA — Rua Saraiva de Carvalho

Premiada nas exposições de Ceramica do Porto, 1882, Agricola de Lisboa, 1884, Internacional de Londres, 1884, e Industrial de Lisboa, 1888.

FABRICA A VAPOR DE TELHA

Modelo marselhez e Progresso e mais productos ceramicos para construcções.

LISBOA

Fabrica a vapor de productos ceramicos

NO

TELHAL DA HORTINHA — ALHANDRA

DE

Carlos Placido Pinto

TELHA, TIJOLO BURRO E ALVENARIA

Serve-se qualquer encommenda de prompto

195—RUA DE SANTA MARTHA—195

LISBOA

PRODUCTOS CERAMICOS TUBOS DE GRÉS, ETC.

Antonio Moreira Rato & Filhos, rua Vinte e Quatro de Julho, 308 a 314.
Carlos Placido Pinto, rua de Santa Martha, 195.
Deposito da fabrica das Devezas, rua de Vasco da Gama, 60 a 64.
Empreza Ceramica de Lisboa, Escriptorio, rua da Boa Vista, 80 e 82, Fabrica, rua Saraiva de Carvalho.
Fainça das Caldas da Rainha, Avenida da Liberdade, 40 a 48.
J. Lino, rua Nova do Caes do Tojo, 35.
J. G. Baudouin, rua Vinte e Quatro de Julho, 966.
João de Deus Lobato, rua de Ferreira Borges (a Campo d'Ourique.)
João Roseira, rua dos Caminhos de Ferro, 18 a 28.
Viuva de Antonio C. Lamego, largo do Intendente, 10.

PRODUCTOS DA ILHA DA MADEIRA

Antonio José Francisco Soares, rua das Flores, 26.
José Caldeira, rua das Flores, 16.
Fiuza & Cortes, rua da Magdalena, 229 e 231.
Manuel de Andrade & C.ª, rua do Loreto, 69.
Manuel F. Camacho, rua do Loreto, 6 e 8.
Rogerio & Oliveira, rua Augusta, 271 e 273.

REFINAÇÕES DE ASSUCAR

FABRICA
PROGRESSO NACIONAL

DE

JOSÉ RODRIGUES MENDES

Movida por vapor

Refinação e crystallisação de assucar

25 a 35 — Calçada de Santos — 25 a 35

N'este estabelecimento encontra o publico assucares areados de todas as qualidades, bem como assucar pilé ou crystallisado, amendoa e confeito, marmelada, brôas, fructas de conserva e todos os artigos proprios de confeitaria.

Tambem vendem em boas condições chá, café, arroz, manteigas, licores, cognacs, vinhos de differentes qualidades e marcas, assim como todos os generos de mercearia.

CONFEITARIA

25, 27, 29 — Calçada de Santos — 25, 27, 29

Em qualquer d'estes estabelecimentos se recebem encommendas tanto para Lisboa como para fora.

Numero telephonico, 432

REFINAÇÕES DE ASSUCAR

A. C. d'Oliveira & C.ª, rua dos Bacalhoeiros, 152 e 154.
Alves Diniz, Irmãos & C.ª, rua de S. Julião, 102.
Antonio Joaquim Alves Motta, rua de S. José, 220 e 222.
Joaquim José de Sousa, (successor), rua dos Bacalhoeiros, 150.
Joaquim Cyriaco Lacerda e Mello, rua do Olival, (a Santos), 116.
Joaquim Pestana dos Santos, rua de Vasco da Gama, 74, 78 e 81.
Joaquim Pires, rua do Ferregial de Baixo, 44 D e 46.
José Antonio Carvalho & C.ª, rua dos Mouros, 39.
José Pedro Ferreira, carreirinha do Soccorro, 5.
José Primo dos Reis Fernandes, rua Nova da Palma, 248 A a 248 E.
José Rodrigues Mendes, calçada de Santos, 31 a 35.
Leandro Pires Branco, rua de Serpa Pinto, 62 e 64.
Luiz Manuel da Costa, rua da Padaria, 11 a 19.
Manuel Joaquim d'Araujo, rua dos Bacalhoeiros, 93 e 95.
Manuel Joaquim Pereira, rua de Santo Antonio da Sé, 6 e 8.
Pinheiro Vianna, travessa do Almada, 3 a 7.
Viuva de João Evangelista, travessa Nova de Santo Antonio, 21.

RELOJOEIROS

Augusto J. de Araujo
RELOJOEIRO CONSTRUCTOR

Premiado na Exposição Industrial Portugueza de 1888 com as medalhas de Prata e Cobre

164, 1.º—RUA DA BOA VISTA—164, 1.º

Executam-se com a maior perfeição, para o que ha as mais excellentes machinas, todos os trabalhos em relogios de algibeira, mesa e parede, antigos e modernos, caixas de musica, etc.

Fabricam-se os cosmochronometros e relogios para edificios, com ou sem a transmissão da hora pela electricidade ou ar, conforme os modelos que estiveram patentes na exposição industrial, galeria Faria Guimarães, e de que o referido Araujo é auctor privilegiado. Remettem-se tabellas dos preços d'estes relogios a quem as requisitar. A correspondencia e encommendas devem ser dirigidas a este estabelecimento.

TODO O TRABALHO É GARANTIDO.

Vinte tres dos relogios publicos estão a funccionar nas seguintes localidades: Ajustrel, Vendas Novas, Ilha Terceira, Covilhã, Regueira de Pontes, Camarate, Quinta de Sanguinhal, egreja do Vallado em Alcobaça, Manaus do Brazil, egreja matriz da Ilha de S. Thomé, e egrejas de Santa Izabel de Lisboa, Santo Antonio dos Capuchos de Lisboa, Mercado da Ribeira Nova, Fanhões, Louza de Cima, Camara Municipal da Arruda, Cuba, Panoias, Mossamedes, Cadaval, propriedades do sr. Biester na Ilha de S. Thomé, Amoreira de Obidos e Arronches.

RELOJOEIROS

Alfredo Wintermantel, rua do Corpo Santo, 34.
Angulo, rua da Prata, 148.
A. Justus, rua Nova do Almada, 101.
Annibal Augusto Arede Soveral, travessa de S. Nicolau, 55.
Antonio & Eloy de Jesus, rua de S. Paulo, 146.
Antonio José Rebello & Irmão, rua de Santo Antão, 71.
Antonio João Cardoso Junior, rua do Ouro, 237.
Augusto Cesar Correia, travessa de S. Domingos, 30.
Augusto Cesar dos Santos, largo do Pelourinho, 21 e 22.
Augusto Justiniano d'Araujo, rua da Boa Vista, 164, 1.º
Bernardo da Silva, rua larga de S. Roque, 88.
Botelho, rua do Ouro, 294.
Eduardo Pires da Silva, rua dos Capellistas, 1.
Fernando de Andrade Ventura, travessa de S. Domingos, 48 a 52.
Faustino dos Santos, largo da Saude, 20.
Francisco Cesar Batalha, rua do Ouro, 252.
Francisco Santareno, rua da Junqueira, 101.
Gonçalves, rua da Escola Polytechnica, 21 e 23.
Ildefonso Vasques, rua nova da Trindade, 77.
J. Maury, rua do Ouro, 202 e 204.
J. N. Ramos, rua da Prata, 46.
João Marques Cardoso, rua das Janellas Verdes, 24 e 26.
João José da Silva, rua do Ouro, 133.
João Wintermantel, rua Augusta, 184 e 186.
J. G. Stern & C.ª, rua do Ouro, 98.

José Bento Bemposta, rua nova da Trindade, 92.
José Cardoso da Cunha, travessa de S. Domingos, 3.
José da Cunha Padrão, rua Direita de Belem, 99.
José Pires da Silva, rua Garrett, 46.
J. R. Guimarães, travessa de S. Domingos, 18 a 24.
José Schrupp, rua da Prata, 104 e 106.
J. M. dos Santos, rua da Prata, 42.
Luiz Wismar, travessa de S. Nicolau, 124.
Luiz Labordenave, rua do Ouro, 46.
Luiz Lourenço de Sá, rua do Livramento, 103 (Alcantara).
Manuel Antonio dos Santos, rua Nova da Palma, 64 A.
Manuel Lopes Lobo, rua da Esperança, 124.
Miguel Augusto do Patrocinio Marques, rua do Loreto, 39.
P. Plantier, fils, rua do Ouro, 154 e 156, loja e 1.º andar.
Pedro Paulo Eiskant, rua da Prata, 140.

RELOGIOS PARA TELEGRAPHOS (OFFICINAS DE)

Alfredo de Brito, rua de Santo Antonio dos Capuchos, 54.

RESTAURANTS

Aguiar, rua das Pretas, 26.
Aurea Peninsular, rua do Ouro, 181.
Café Lisboa, rua de S. Julião, 73 a 77.
Café Montanha, travessa da Assumpção, 74 a 80.
Café Restaurante Europa, travessa de S. Nicolau, 35 a 39.
Café Tavares, rua larga de S. Roque, 35 e 37.
Central, travessa das Portas de Santa Catharina, 12.
Club, rua Serpa Pinto, 48.
Estrella d'Ouro, rua da Prata, 285 a 291.
J. L. Oliveira, rua de S. Julião, 59.
Josué A. M. & Sousa, rua de Santo Antão, 123 e 125.
Manuel da Costa Ribeiro, largo do Carmo, 20.
Oriental, rua dos Algibebes, 132 e 134.
Peninsular, rua da Horta Secca, 8.
Saavedra, rua de S. Pedro d'Alcantara, 63 e 65.

RETROZEIROS

A. A. da Silva Vizella, praça de D. Pedro, 78 e 80.
A. E. Fernandes, rua dos Retrozeiros, 87.
Antunes & Sá, rua dos Retrozeiros, 84 e 86.
Belarmino Ramos Costa, praça de D. Pedro, 86.
Faro & C.ª, rua Garrett, 8.
Fernando d'Almeida, rua dos Retrozeiros, 115.
Francisco Ribeiro de Gouveia, rua de Santo Antonio da Sé, 1.
Irmãos Davids, rua nova do Almada, 85 e 87.
J. Braz Fernandes & C.ª, rua Augusta, 294 e 296.
Joaquim Rodrigues Moreira & C.ª, rua da Prata, 200 e 202.
Luiz d'Almeida, & C.ª, rua dos Retrozeiros, 70.
Marques Duarte & C.ª, rua dos Retrozeiros, 74.
Matheus A. da Silva Vizella, rua Nova do Almada, 51.
Mapril Sequeira, rua dos Retrozeiros, 109 e 111.

Manuel da Costa Ferreira, rua dos Retrozeiros, 79.
Manuel Ferreira Bastos & C.ª, rua dos Retrozeiros, 81 e 83.
Miguel Maria Bravo, rua Garrett, 37 e 39.
Nunes Irmãos, rua dos Retrozeiros, 93.
Nunes Salazar d'Eça Jordão, rua dos Retrozeiros, 91.
Rego, rua da Bitesga, 22.
Sant'Anna & Ferreira, rua dos Retrozeiros, 121 e 123.
Theodoro Ovidio Sobral, rua dos Retrozeiros, 133.
Viuva Braga & Filhos, rua do Ouro, 196 e 198.

SABÃO (Fabricas de)

PERDIGÃO & TEIXEIRA
Rua das Fontainhas, 5
ALCANTARA

DEPOSITO de sabão e stearina,
OLEOS de purgueira, linhaça, mendobi e gergelim,
MASSAS de purgueira para adubo agricola,
e de mendobi, gergelim e linhaça para alimento de gado

Todos os generos para a provincia são entregues por conta do deposito, nos caes e estações dos caminhos de ferro.

LISBOA

FORNECEDORA  DA CASA REAL

Companhia União Fabril

Premiada com a medalha de ouro  na exposição universal de 1878

Deposito e escriptorio — Rua da Alfandega, 44 a 52, Lisboa

Fabricas — Largo das Fontainhas, 16, Alcantara

SABÃO — OLEOS de linhaça, mendobi, gergelim, côco e purgueira — BAGAÇOS de linhaça, mendobi, gergelim e côco para o sustento de gado — MASSA de purgueira para adubo de terras.

SABÃO (DEPOSITOS E FABRICAS DE)

Companhia Alliança Fabril, rua do Arco, 1, junto ao quartel de marinheiros militares, no Baluarte de Alcantara, deposito na travessa do Corpo Santo, 28 e 30.
Companhia União Fabril, rua d'Alfandega, 44 a 52.
Deposito de Sabão e stearina, rua dos Bacalhoeiros, 44 e 46.
Domingos José de Sousa, (successores), rua dos Bacalhoeiros, 30.
Eduardo Salles, praça das Amoreiras, 33 e 35.
F. da Cruz & Sousa, fabrica em Marvilla.
Fortunato José Pereira, rua do Amparo, 32 a 36.
Francisco Lopes de Carvalho, rua dos Arameiros, 6 e 8.
Francisco Luiz Ribeiro, rua do Amparo, 12.
José Chambel de Figueiredo, largo do Terreiro do Trigo, 12.
Jeronymo Manuel Esteves, rua Direita de Belem, 127.
Luiz Pinto de Paiva e Silva, rua dos Bacalhoeiros, 146 e 148.
Manuel Luiz Gil, rua do Amparo, 10.
Perdigão & Teixeira, rua das Fontainhes, 3 e 5, Alcantara.
Sabão Nacional da Fabrica Valladares, rua dos Bacalhoeiros, 166 e 168.
Saboaria a Vapor, rua da Magdalena, 1 e 3.
Viuva Macieira & Filhos, Beato Antonio.

SACCARIAS (ARMAZENS DE)

Carvalho & Ferreira, rua do Terreiro do Trigo, 42 e 44.
Francisco Garrido, rua dos Bacalhoeiros, 118.
Manuel Rodrigues da Silva, rua dos Bacalhoeiros, 84 e 86.
Thiago Gomes y Garrido, largo do Terreiro do Trigo, 21.
Viuva Baptista & Filhos, rua do Terreiro do Trigo, 82 e 84.

SALCHICHARIAS

F. S. Alcobia, rua de S. João da Praça, 44 e 46.
João Antunes Junior, rua Nova de S. Domingos, 9 e 11.
João Soares Nazareth, rua do Loreto, 65.
José Manuel Alves, rua dos Poyaes de S. Bento, 4.
Luiz José d'Oliveira, rua de S. Pedro de Alcantara, 23 e 25.
F. J. Habert, rua Nova do Carmo, 23 e 25.
Salchicharia do Povo, rua da Bitesga, 98.
Viuva de José Joaquim Pereira, rua do Rato, 28.

SEBO (FABRICAS DE VELLAS DE)

Antonio Vidal Garrido, rua do Arco do Marquez d'Alegrete, 71.
Domingos Antonio Garrido, estrada de Sacavem.
João Alves, calçada de Santo Amaro, 62.
José Garrido, calçada das Lages, 31.
José Maria Vidal, estrada de Sacavem.
José Oitavem, Calçada de Santo Amaro, 60.
Manuel Alves, calçada de Santo Amaro, 61.
Rosa Candida Clara, rua de Santo Antonio dos Capuchos, 66.

SEDAS (Depositos e fabricas de)

ROCHA & C.ª

Armazem de fazendas de seda e outros artigos

FABRICA DE GRAVATAS

Deposito de vinhos do Porto e Alto Douro

CAL EM PEDRA E EM BARRIS

Para exportação

99, RUA DOS CAPELLISTAS 1.º

LISBOA

SEDAS (DEPOSITOS E FABRICAS DE)

Francisco José Ferreira, rua da Oliveirinha, 32.
Francisco H. Totta, rua de S. Julião, 90, 1.º
Francisco Ramires, rua do Ouro, 140, 1.º
José Marcellino Ferreira, rua dos Retrozeiros, 75, 1.º
Narciso Pedro Rebello, rua Bella da Rainha, 13.
Paulo Porphirio de Lima, Escolas Geraes, 61.
Ramires & Filhos, rua Augusta, 47, 1.º
Rocha & C.ª, rua dos Capellistas, 99, 1.º

SELLOS PARA COLLECÇÕES

F. A. Martins, praça de Luiz de Camões, 35.

SERRALHERIAS

FUNDIÇÃO DE FERRO

Serralheria e Ferraria

DA

VIUVA THEOTONIO JOSÉ XAVIER & F.º

19 — RUA DO JARDIM DO TABACO — 21

Machinas agricolas, charruas, trilhos, bombas, etc.

Gradeamentos, portões, varandas,
escadas de variadissimos desenhos e modelos

Vigamentos, telhados, cupulas, estufas, etc.

Depositos para agua, azeite, etc.

FOGÕES E COFRES Á PROVA DE FOGO

Guarnições, bancos, mezas
e cadeiras para jardins dos mais modernos
e variados desenhos

Todos os trabalhos para machinas
e construcções civis, columnas, tubos
e toda a especie
de fundição de ferro e bronze

19, RUA DO JARDIM DO REGEDOR, 21

LISBOA

Aos proprietarios e mestres de obras

Calhas de ferro laminado para esgoto de aguas dos telhados em todas as dimensões, em uma só peça.

Estas calhas são superiores em tudo ás de ferro fundido!

PREÇO
2$250 réis
o metro!

Empreza de construcções metallicas

35, Rua do Sol ao Rato, 35

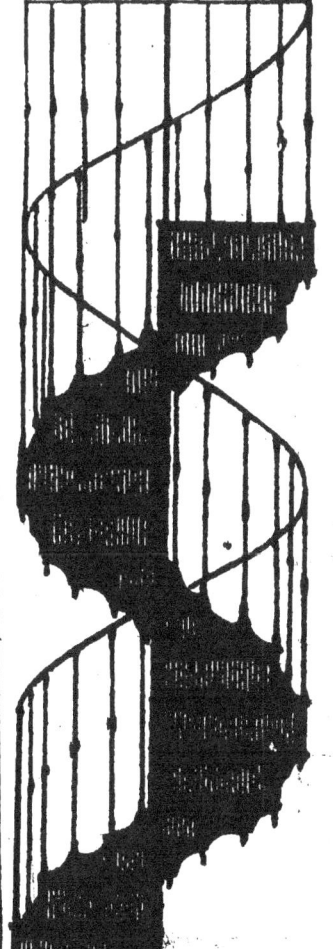

Escadas em espiral

Comprimentos e preços por degrau:

0,450	2$250
0,600	3$500
0,800	4$500
1,000	6$000

N'estes preços está comprehendido a montagem no local e a grade.

Esta Empreza encarrega-se de todos os trabalhos concercentes á sua arte, por mais importantes que sejam, tanto em Lisboa, como nas provincias e Ultramar.

Empreza de construcções metallicas

35, Rua do Sol ao Rato, 35

HUGH PARRY & SON

FABRICA DE

Construcção de Navios de Ferro

CALDEIRAS E MACHINAS A VAPOR PARA TERRA E MAR

RUA VINTE E QUATRO DE JULHO, 24 a 26
LISBOA

ESTALEIRO NO GINJAL

OFFICINA DE SERRALHERIA
DE
Josué Augusto Moreira

RUA RODRIGUES SAMPAIO, 120 a 126
Na Avenida da Liberdade
LISBOA

Fazem-se com perfeição fogões economicos de cosinha, para todo o combustivel. Fogões de sala, bonitas frentes de ferro fundido; encanamentos para os mesmos. Louça de ferro batido e esmaltada, ventiladores, ferros de engommar a vapor, etc., etc. Latoaria de folha branca. Incumbe-se de toda e qualquer obra pertencente ao seu officio. Os preços dos objectos fabricados n'este estabelecimento são limitadissimos. Responsabilisa-se por todo o trabalho dos objectos que manufactura.

Toma-se conta de qualquer encommenda, tanto na officina como no deposito

---

Joaquim Theotonio das Neves
COM
SERRALHERIA MECHANICA A VAPOR

Encarrega-se de todos os trabalhos de torno, serralheiro, forja e bombas para poços, tanto para Lisboa como para as provincias. Montagem de machinas, movimentos e reparações.

Encarrega-se da fundição de ferro, bronze e latão.

LISBOA
24—Rua de João do Outeiro—26
(Á MOURARIA)

LISBOA & IRMÃO

COM OFFICINA DE

Serralheiro e Caldeireiro

Rua das Janellas Verdes, 17 e 19

CALDEIRAS PARA VAPOR

TANQUES PARA AGUA OU AZEITE

Fogões de todos os systemas

COFRES Á PROVA DE FOGO

FERRAGENS PARA CONSTRUCÇÕES CIVIS OU MACHINAS

OBRAS FORJADAS DE TODA A ESPECIE

Canalisações para agua ou gaz

252, Rua da Esperança, 252

LISBOA

SERRALHERIAS (OFFICINAS DE)

Antonio Joaquim Dimas da Silva, rua da Rosa, 240.
A. M. do Valle, rua de S. Bento, 432 e 434.
Antonio das Neves Martins & C.ª Xavier, rua de S. Thiago, 16.
A. P. dos Santos Chaves, rua Nova da Palma, 264 a 268.
Companhia Nacional de Fundição e Forjas, rua de S. Joaquim, ao Calvario, 33.
Empreza de Construcções Metallicas, rua do Sol ao Rato, 35.
Empreza Industrial Portugueza, Santo Amaro, Lisboa.
Fabrica Promptidão, rua do Ferregial de Baixo, 12.
F. Reis, rua Anchieta, 3 e 3 A.
F. Lisboa & Filhos, rua de Vasco da Gama, 174 e 176.
Frederico Collares, largo do Conde Barão, 14.
Hugh Parry & Son, rua 24 de Julho, 24 e 26.
J. J. de Carvalho, rua de S. Bento, 347.
J. M. Pires, rua da Mouraria, 6.
Joaquim Antonio Fernandes, rua de Silva e Albuquerque, 77.
Joaquim Ignacio dos Santos, (fabricante de fogões, praça de Luiz de Camões, 41.
Joaquim Vieira, rua dos Mouros, 12 e 14.
João Ferreira da Costa, Cruzes da Sé, 21 a 29.
João Luiz Garcia, rua Vieira da Silva, 8, 2.º
João Felix da Silva Capucho, rua de S. Paulo, 123 e 125, e calçada do Marquez de Abrantes, 41 a 49.
João Lobato d'Abreu, rua Fradesso da Silveira, 12 a 19.
João Lopes Ginja calçada do Marquez de Abrantes, 43 e 45.
João Rodrigues Ferreira, rua Vinte e Quatro de Julho, 26.
João do Valle, rua dos Poyaos de S. Bento, 82 e 84.
José Gregorio Maciel, rua dos Poyaes de S. Bento, 31.
José Joaquim Cardoso, travessa do Guarda-Mór, 25.
José do Ó Martins, calçada da Estrella, 15 a 19.
José Severino Cotrim, rua das Gaveas, 29 e 31.
Josué Augusto Moreira, (deposito de fogões), rua Rodrigues Sampaio, 120 a 126.
J. J. das Neves Godinho, rua Nova da Palma, 120 a 126.
Lisboa & Irmão, rua das Janellas Verdes, 17 e 19 e rua da Esperança, 252.
Manuel Silvestre, rua de Santo Antão, 197 a 203.
Salinas & Xavier, calçadinha do Tijollo, 15.
Tejo, rua Vinte Quatro de Julho, 472 a 480.
Viuva de Theotonio José Xavier, rua do Jardim do Tabaco, 19 a 21.

SERRAÇÃO DE PEDRA (FABRICAS DE)

André Domingos Gonçalves rua Saraiva de Carvalho, 12.

SERZIDOR

Francisco Cazademund, rua Nova do Carmo, 55. 1.º

SINOS

Fabrica de sinos e de chumbo de caça

GREGORIO JOSÉ DA SILVA

SUCCESSOR DE

Manuel Antonio da Silva, Filhos

Premiados nas exposições universaes

De Londres e Paris 1851 e 1855,
Philadelphia e Rio de Janeiro 1876 e 1879, e Medalha de Prata
na Exposição Industrial Portugueza de 1888

Tubos de chumbo inteiriços. Fundição de sinos e outras manufacturas de differentes metaes.

150, RUA DO VALLE DE SANTO ANTONIO, 160
191 — RUA AUGUSTA — 191
LISBOA

SINOS (FUNDIÇÃO DE)

Luiz Rodrigues Bellas, rua dos Mastros, 9 a 13.
Manuel Antonio da Silva, Filhos, (successores), rua do Valle de Santo Antonio, 156 e rua Augusta, 191.

SIRGUEIROS

Antonio Jorge Bello, praça de D. Pedro, 103.
A. Soares & C.ª praça de D. Pedro, 44.
Joaquim Quirino Rosa, campo de Santa Clara, 19 a 22.
João Bento de Sousa & C.ª, rua Augusta, 168.
M. B. P. Diniz, rua Nova de S. Domingos, 7, 1.º
Viuva de J. M. Martins Cairo, rua de S. Julião, 178 e 180.

STEARINA (fabricas de vellas de)

COMPANHIA
ALLIANÇA FABRIL

FABRICA SOL

CAPITAL — RÉIS 160:000$000

Rua Vinte e Quatro de Julho

~ E ~

1, Rua do Arco, 1

Junto ao quartel de marinheiros militares, no Baluarte de Alcantara

DEPOSITO

28, Travessa do Corpo Santo, 30

ESCRIPTORIO

Largo de S. Julião, 12, 1.º

Oleina, Glycerina,
Vellas de Stearina, Stearina em pão,
Massa de Purgueira,
Sabão de diversas marcas,
Oleo de purgueira
clarificado e não clarificado

COMMISSÃO — EXPORTAÇÃO

STEARINA (FABRICAS DE VELLAS DE)

Companhia Alliança Fabril, rua do Arco, 1, (junto ao quartel dos marinheiros no baluarte de Alcantara), deposito, travessa do Corpo Santo, 28 e 30, e escriptorio, largo de S. Julião, 12, 1.º

TABACARIAS

Herculano & Pereira

EX-CAIXEIROS DA ANTIGA CASA IGREJA

Casa de tabacos nacionaes e estrangeiros

E LOTERIAS

Venda por grosso e miudo

110, RUA da BITESGA, 111

(Mercado da Praça da Figueira)

LISBOA

TABACOS E LOTERIAS

JOÃO VELLOSO FEIJÓ

Grande sortimento de tabacos nacionaes e estrangeiros. Boquilhas e outros artigos para fumadores. Sortimento completo de bilhetes e cautellas das loterias portuguezas e estrangeiras. Café, refrescos, licores e vinhos engarrafados de todas as procedencias.

299 A 303, RUA DA PRATA, 299 A 303

51 a 55 — RUA DA BITESGA — 51 a 55

122 a 124, RUA DA PRAÇA DA FIGUEIRA, 122 a 124

(Frente da Rua dos Fanqueiros)

LISBOA

TABACARIAS

Albino José Baptista, rua de S. Bento, 262 e 262 A.
Antonio Augusto de Figueiredo, rua da Prata, 76 e 78.
A. F. Neves, travessa da Victoria, 6.
Antonio José Barbosa, Avenida da Liberdade, 60.
Antonio José Victor, rua dos Fanqueiros, 25 e 27.
A. Silva, rua de S. Paulo, 2.
Antonio de Sousa Vasconcellos, largo da Magdalena, 76 e 78.
Araujo & C.ª, rua Nova da Palma, 77.
Augusto José de Jesus, rua do Loreto, 46.
Camillo A. dos Santos, largo do Corpo Santo, 24 e 25.
Campos & C.ª, rua da Magdalena, 81.
Corlos Polera, (deposito), travessa de S. Nicolau, 88, 1.º
Carvalho & Almeida, calçada do Combro, 91.
Casa Havaneza, Chiado, 124 a 134.
Chaves, rua Nova da Palma, 164.
Christiano Marques d'Oliveira, rua Nova da Palma, 164.
Deposito da Fabrica Liberdade do Porto, rua da Prata, 48 a 52.
Dias & Irmão, rua Garrett, 91 e 93.
Eduardo Sattler, travessa de S. Nicolou, 110 e 112, e rua do Ouro, 45.
Ernesto A. V. Maia, rua do Ouro, 243.
Francisco Guimarães, rua do Sacramento, (á Pampulha), 30.
F. A. Martins, praça de Luiz de Camões, 35.
F. A. Martins d'Almeida, rua da Escola Polytechnica, 73 e 75.
F. N. de Carvalho Pedrogão, rua da Magdalena, 60.
G. H. Campos & C.ª, praça dos Remolares, 18.
Guilherme de Passos Costa, rua da Alfandega, 144 e 146.
Herculano & Pereira, rua da Bitesga, 111.
Iria da Conceição, rua dos Poyaes de S. Bento, 13 e 15.
J. C. dos Santos, rua do Corpo Santo, 6.
João Duarte Pereira, rua de Santo Antão, 103.
João Velloso Feijó, rua da Prata, 299 a 303.
Joaquim Gonçalves & C.ª, rua do Corpo Santo, 17 e 19.
José Antonio Leal, rua Nova do Caes do Tojo, 8.
José Bento Louzada, calçada da Estrella, 102 e 104.
Joaquim Maria Osorio, (deposito), rua de S. Paulo, 74 e 76.
J. M. da Silva Guimarães, (deposito), rua da Magdalena, 219 e 221.
J. V. A. Mancilho, rua da Horta Secca, 30 e 32.
João de Azevedo, praça de Luiz de Camões, 81
Leopoldo Magno Foios, rua dos Poyaes de S. Bento, 72 A.
M. A. Duarte, rua de S. Bento, 9.
Manuel Antonio Carreira, largo do Intendente, 14 e 15.
M. A. Fonseca & Cardoso, rua do Ouro, 206 e 208.
Manuel Augusto da Silva, rua das Pretas, 3 e 5.
Manuel Cambista, rua Nova da Palma, 172.
Manuel Nunes de Carvalho Pedrogão, rua dos Retrozeiros, 124 e 126.
Manuel Tavares de Pinto Vouga, rua Direita do Rato, 9.
Manuel Rodrigues dos Santos, rua do Corpo Santo, 17 e 19.
Manuel Teixeira, largo do Chafariz de Dentro, 2 e 3.
Miguel Augusto da Silva, rua Nova da Piedade, 1 a 7.
Nova Casa Hananeza, rua dos Capellistas, 136 a 140.
P. Gomes & C.ª, largo de Pelourinho, 10 e 11.
Pina, rua da Mouraria, 14.
Pinheiro & Barbosa, rua de S. José, 6 e 8.
Rita da Conceição Galvão, rua dos Remolares, 48.
Tabacaria de Ambaca, trevessa de S. Nicolau, 115 e 117.

Tabacaria Americana, rua Garrett, 44, e rua do Loreto, 52.
Tabacaria Anglada, rua dos Capellistas, 110.
Tabacaria Aurea, rua do Ouro, 256.
Tabacaria Bella Havaneza, rua da Prata, 207.
Tabacaria Capricho, rua dos Poyaes de S. Bento, 11.
Tabacaria Central, largo do Camões, 12 e 13.
Tabacaria Costa, rua do Ouro, 295.
Tabacaria Esperança, rua da Esperança, 2 a 8.
Tabacaria Godinho, rua do Ouro, 152.
Tabacaria Gomes, rua do Bemformoso, 18 e 20.
Tabacaria Gratidão, rua Nova de S. Domingos, 6.
Tabacaria Independencia, rua larga de S. Roque, 121 e 123.
Tabacaria Lisboa, rua de Santo Antão, 58.
Tabacaria Lopes, rua de S. Bento, 151.
Tabacaria Marques, rua de Santo Antão, 58.
Tabacaria Mattos, rua da Magdalena, 77.
Tabacaria Monaco, praça de D. Pedro, 21.
Tabacaria Moutella, rua das Pretas, 4 e 6.
Tabacaria Neves, Rocio, 42 e 43.
Tabacaria Neves, rua de S. José, 119.
Tabacaria Occidental, calçada da Estrella, 102 e 104.
Tabacaria Peres, rua dos Alamos, 2 e 2 A.
Tabacaria Portugueza, rua da Prata, 16.
Tabacaria Portugueza, rua da Escola Polytechnica, 31 e 33.

TALHOS DE LISBOA

SOCIEDADE MERCANTIL

DE

Emprezarios de Açougues

FUNDADA EM 1884

Estando de ha muito tempo, solidamente affirmada a inquebrantavel segurança e vantagem, para os senhores creadores e revendedores de gado, em negociarem com a **SOCIEDADE MERCANTIL**, a direcção declara que todos os dias uteis das 11 horas da manhã ás 4 da tarde, no seu escriptorio, Poço do Borratem, 33, 1.º, se recebem propostas de venda, ou esclarecimentos para se mandar ver, toda e qualquer porção de bovinos ou adolescentes, por mais importante que seja.

Outrosim, a direcção, no legitimo interesse dos seus administrados e por egual no do publico, recommenda os talhos fornecidos pela **SOCIEDADE MERCANTIL**, como sendo dos que em Lisboa são mais caprichosamente fornecidos, a primeira e melhor garantia para os senhores consumidores lhe darem a preferencia.

Poço do Borratem, 33, 1.º

LISBOA

TALHOS MUNICIPAES

Vide Camara Municipal de Lisboa.

TANOARIAS

Viuva de Claudino José Dias
TANOARIA
87 a 91, Rua de S. João da Praça, 87 a 91

Este estabelecimento acha-se habilitado a satisfazer de prompto avultados pedidos de vasilhame, quer seja para embarque ou para transito de vinho e azeite, visto que continuamente tem amplo deposito de prevenção.

Fabricam-se toneis em todas as dimensões com fundos de vinhatico

PREÇOS MUITO CONVIDATIVOS
LISBOA

TANOARIAS

Antonio Ferreira da Silva, Cruzes da Sé, 5 a 9.
Filippe Ramos, Filhos, rua dos Mastros, 19 e 21.
João Maria Balby, travessa do Conde da Ponte, á Junqueira, 6 a 10.
Louis Bache, Ginjal, Almada.
Pedro José Ferreira, rua de S. João da Praça, 93 e 95.
Viuva de Claudino José Dias, rua de S. João da Praça, 87 a 91.

TELEPHONES

Alfredo de Brito, rua de Santo Antonio dos Capuchos, 154.
Almeida & C.ª, travessa do Athayde, 2.
Casa Miramon (deposito da Companhia Bell, rua do Arco do Bandeira, 229, 1.º
J. J. Ribeiro, rua do Ouro, 222 e 224.
José Maria da Motta, rua dos Poyaes de S. Bento, 16 e 18.
M. Herrmann, calçada do Lavra, 6 e 8.
The Edison Gower, Bell Telephone Company of Europe Limited, travessa de Santa Justa, 60, 4.º, gerente, Alan Danvers.

TELHA (FABRICAS DE)

Deposito da Fabrica das Devezas, rua de Vasco da Gama, 60 a 64.
Empreza Ceramica de Lisboa, escriptorio, rua da Boa Vista, 186.
J. G. Baudouin, rua do Arco, a Alcantara, 47 e 49.
Progresso Artistico, rua da Fonte Santa.
J. Lino, rua Nova do Caes do Tojo, 35.

TIJOLO (DEPOSITOS DE)

J. J. Baudouin, rua do Arco a Alcantara, 47 e 49.
J. Lino, rua Nova do Caes do Tojo, 35.
Silvestre da Silva Junior, rua Vinte Quatro de Julho, 590 e 592.

TINTAS DE IMPRESSÃO

Fragoso & Vianna, rua da Prata, 81, 1.º
José Julio Rodrigues, rua das Fontainhas, 12.
Marçal Pacheco & C.ª, praça de Luiz de Camões, 32.
Peixoto & C.ª praça de Luiz de Camões, 4.

TINTURARIAS

GRANDE TINTURARIA FRANCEZA A VAPOR
ANDRÉ CONCHON

Primeira casa de Portugal em especialidade de *nettoyage à séc*

LAVAGEM de vestidos de senhora e criança.
LAVAGEM de luvas e gravatas e fatos de flanella branca e de côres.

Tiram-se nodoas em toda a qualidade de fazendas

5, Rua Nova do Almada, 5

Officina a Vapor
7, Rua Direita do Bom Successo, 7
LISBOA

TINTURARIAS

Antonio Ludgero, rua Formosa, 59.
Antonio José Victor, calçada da Estrella, 11.
Augusto Mendes da Silva, (chapeos), rua da Mãe d'Agua, 1 e 2.
José da Silva, travessa da Conceição de Cima, 24 e rua do Ouro, 365, 1.º
Nova Tinturaria Franceza, rua Nova do Almada, 7.
Pedro José Alfredo Cambournac, largo da Annunciada, 14 e 16 e rua de S. Bento, 420.
Pinto & C.ª, quinta chamada da Tinturia, á Ponte Nova, em Alcantara.
Simão da Silva, calçada do Carmo, 44.

TORNEIROS

A. J. Costa, rua de Martim Vaz, 3.
Antonio Esteves Reis, (metal) rua da Boa Vista, 32.
A. Teixeira Dias (metal), calçada de Santo André, 101.
A. José Gomes, rua do Diario de Noticias, 140.
A. S. Reis, rua de Arroyos, 136.
Augusto M. Gomes, calçada Nova de S. Francisco, 8.
Carlos Augusto Pacheco, rua Caetano Palha, 29.
C. Legrós, rua do Crucifixo, 81.
Domingos J. Silva Junior, (metaes) rua Silva e Albuquerque, 30.
Emilia T. Jesus Ramos, rua de Santo Antão, 170.

Francisco Conde, calçada de Sant'Anna, 162.
Francisco Ribeiro Pinto, calçada do Carmo, 72.
Gabriel Queiroz, largo do Calhariz, 24 A.
Gaudencio Cunha, rua do Salitre, 339.
Isidoro Barbosa Abreu, calçada de Santo André, 48.
J. Maria Baptista, rua Vasco da Gama, 150 e 152.
Januario M. Assumpção, (metal) rua da Magdalena, 235.
João Felix Capucho, (metal) calçada do Marquez de Abrantes, 49.
Joaquim Paulo Garcia, rua Nova do Carvalho, 22.
Joaquim J. Reis, rua do Bemformoso, 29.
Joaquim de Jesus, travessa da Cara, 29.
Joaquim Epiphanio de Carvalho, rua de S. Bento, 18.
J. Mauricio Ferreira, rua da Barroca, 22.
José Luiz Moreira, rua dos Calafates, 44.
Luiz M. da Silva Pereira, rua dos Correeiros, 113.
M. Abreu, rua Nova da Trindade, 85.
M. Cunha, calçada da Estrella, 71.
M. R. Torres Junior, (metal) largo de S. Martinho, 13.
M. S. V. Ferreira, rua das Chagas, 40.
Nicolau M. Martins, rua dos Poyaes de S. Bento. 40.
Paulo Martins, rua de S. Lazaro, 65.
Sergio Martins Areias, travessa do Convento de Jesus, 13.
Thomé Victor Oliveira, becco da Galheta, 33.

TYPOGRAPHIAS

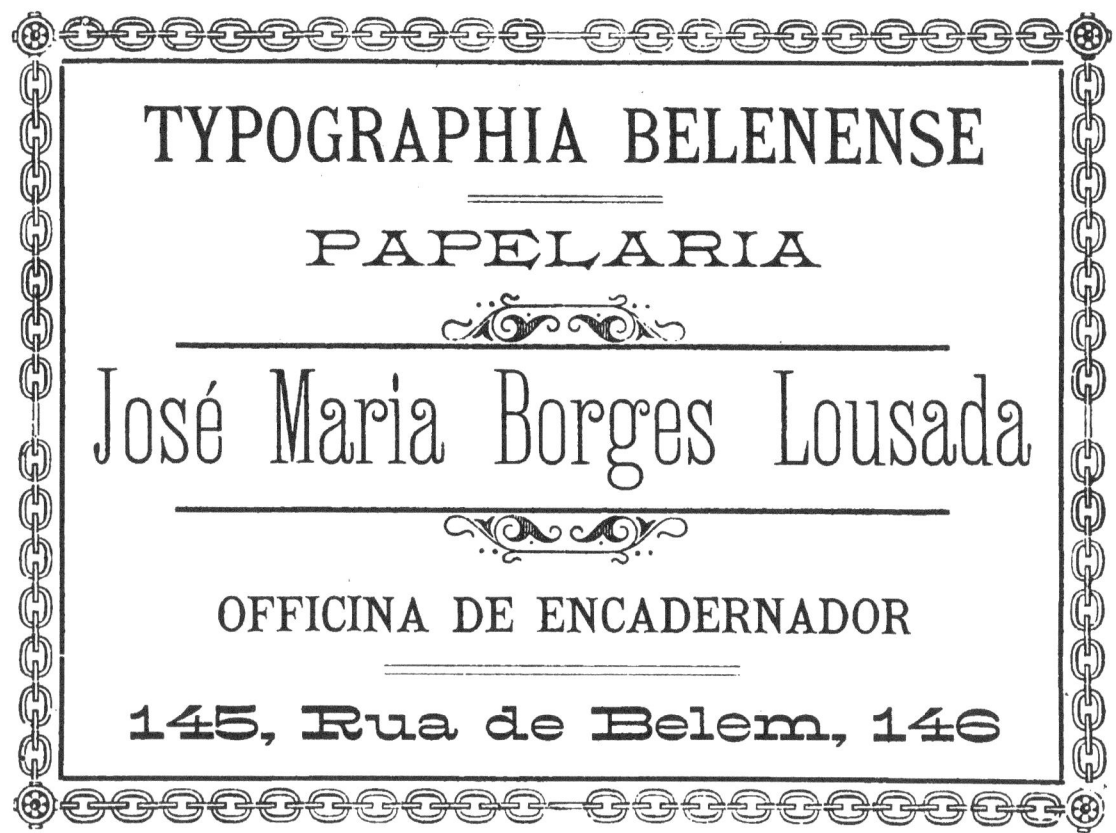

TYPOGRAPHIAS

A. L. Freire, rua do Ouro, 158.
A. de Sousa Pinto, successor, rua de S. Boaventura.
Adolpho & Modesto, rua Nova do Loureiro, 25 e 36.
Belenense, rua direita de Belem, 145 e 146.
Casa Portugueza rua larga de S. Roque, 139 e 141.
Central, rua do Arco de Bandeira.
Companhia Nacional Editora, largo do Conde Barão, 50.
Companhia Typographica, rua de Serpa Pinto, 9 a 13.
Da Academia Real das Sciencias, rua do Arco a Jesus.
Da Casa Minerva, rua Nova da Palma, 136 e 138.
Da Casa de Inglaterra, travessa de Santa Justa, 96.
Da Casa Progresso, rua do Crucifixo, 62 a 68.
Da Companhia Real dos Caminhos de Ferro, Santa Apolonia.
Da *Crença Liberal*, (antigo palacio dos condes de Penamacor), travessa Larga.
Da *Cruz do Operario*, travessa da Bella Vista, á Lapa.
Da Empreza Litteraria, calçada de S. Francisco, 11.
Da *Epoca*, rua Ivens, 47.
Da *Folha do Povo*, rua dos Mouros, 41.
Da *Gazeta de Portugal*, rua da Atalaya, 42.
Da Imprensa Nacional, rua da Imprensa Nacional.
Da Minerva Commercial, rua das Portas de Santo Antão,
Da Minerva Ingleza, rua direita d'Alcantara, 105.
Da *Nação*, rua Direita de S. Vicente.

Da *Revolução de Setembro*, (Antigo edificio do Correio), travessa das Mercês.
Da *Vanguarda*, rua Serpa Pinto.
Das *Novidades*, calçada do Sacramento, 43.
De Bizarro & Silva, largo do Pelourinho, 14 a 17.
De Castro & Irmão, rua da Cruz de Pau, 31.
De Christovão Augusto Rodrigues, rua de S. Paulo, 60 e 62.
De Coelho, rua de S. Bento.
Do *Commercio de Portugal*, rua Ivens, 41.
Do *Correio da Noite*, praça de Luiz de Camões, 4 e 6.
Do *Dia*, rua Anchieta.
Do *Diario Illustrado*, travessa da Queimada, 35.
Do *Ecomista*, rua da Atalaya, 109.
Do *Jornal do Commercio*, rua de Belver, 1.
Do *Portuguez*, travessa da Espera.
Do *Seculo*, rua Formosa, 43.
F. A. Martins d'Almeida, rua da Escola Polytechnica, 73 a 75, e rua do Corpo Santo, 1 a 5.
Instituto Geographico, Santo Amaro.
J. J. Nunes Fernandes & C.ª, rua dos Poyaes de S. Bento, 25 a 29.
João Evangelista Torres, rua da Barroca, 109.
José Ignacio da Costa, successor, rua Augusta, 21 a 25.
Lallemant Fréres, rua do Thesouro Velho, 6.
Lisbonense, largo de S. Roque.
Lucas & Filho, rua do Diario de Noticias, 93.
Mattos Moreira & C.ª, rua do Jardim do Regedor.
Minerva, rua do Ouro, 278.
Minerva Instantanea, rua das Janellas Verdes.
Moderna, beco dos Apostolos, 11.
Nova Minerva, rua Nova da Palma, 150 a 154.
Palhares & Mourisca, rua do Ouro, 141 e 143.
Universal, rua do Diario de Noticias, 110.
Viuva Costa, largo do Carmo.
Typographia Machado, rua Ivens, 43.
Vicente da Silva & C.ª, rua de S. Mamede, 26, 2.º
Viuva Sousa Neves, rua Formosa.
Viuva Duarte, rua do Principe, 9, 3.º

UTENSILIOS E VIVERES PARA NAVIOS (ARMAZENS DE)

D. A. Abreu, rua Nova do Carvalho, 60.
Ihms & Freitas, largo do Terreiro do Trigo, 1 e 3.
M. Obrien & C.ª, largo do Corpo Santo, 26 e 27.

VACCARIAS

Rua de S. Bento, 22.
Rua do Crucifixo, 72.
Rua Direita do Rato, 11.
Rua do Ferregial de Baixo, 4.

Travessa da Palha, 105 e 107.
Rua de S. Paulo, 64 e 68.
Rua de S. Joaquim (ao Calvario), 47.
Rua Nova da Trindade, 50.
Vaccaria Liberdade, Avenida, 58.
Vaccaria Normanda, calçada da Estrella.
Vaccaria Progresso, rua do Arco do Limoeiro, 32 e 34.
Rua do Arco do Marquez de Alegrete, 70 e 72.
Rua dos Fanqueiros, 102.
Travessa do Almargem, 6.

VELLAS PARA NAVIOS

Manuel Praxedes Junior

OFFICINA DE VELAME

Para toda a qualidade de embarcações

Toldos simples e de manivella

Encarrega-se de signaes e bandeiras de todas as nações
barracas de lona, encerados e chareis

RUA DE VICTORINO DAMASIO, 24 (AO ATERRO)

LISBOA

VELLAS PARA NAVIOS

Antonio Carlos Dias, rua Occidental da Moeda, 1.
Francisco Cesario Correia, rua de Vasco da Gama, 36 a 40.
João Baptista da Conceição, boqueirão dos Ferreiros, 3, 1.º
Manuel Praxedes Junior, rua de Victorino Damasio, 24.

VENTILADORES E VENTOINHAS

Henriques, Sons & C.ª rua dos Correeiros, 40, 1.º

Vidraceiros e oculistas

VIDRACEIROS E OCULISTAS

Antonio Innocencio Pereira da Costa, rua Larga de S. Roque, 127 e 129.
Antonio Maria de Freitas, rua de S. José, 169.
Augusto Gomes da Rosa, rua Nova do Almada, 9.
Domingos Luiz de Brito, rua da Mouraria, 60 e 64.
Eduardo Augusto Pereira, successor Antonio Thomaz Junior, rua do Ouro, 90.
Antonio Ribeiro dos Santos, largo do Poço do Borratem, 42.
Francisco Luiz Torres, rua do Ouro, 283.
Francisco Ludgero de Miranda, rua Augusta, 173 e 175.
J. D. d'Oliveira, rua de S. Paulo, 46.
Joaquim Flores, rua de Santo Antão, 84.
José Alexandre Teixeira Castro, Mercado de S. Bento, 10.
José Joaquim Ribeiro, rua do Ouro, 222 e 224.
Manuel Adrião Esteves, successores, calçada do Combro, 75.
Manuel Franco Ferreira, rua de S. Francisco de Paula, 45.

VIDROS (FABRICAS E DEPOSITOS DE)

Aureliano Alves Machado & C.ª, rua de S. Paulo, 38 e 40.
Empreza Exploradora das Minas e Industrias do Cabo Mondego, largo do Pelourinho, 29 e 30.
Eugenio Estevão Pinto, Praça do Municipio 27 e 28.
Fabrica da Marinha Grande, rua de S. Paulo, 80 a 84, e praça de D. Pedro, 22 e 23.
Francisco P. M. Ribeiro, rua de D. Pedro V, 180.
João da Motta Gomes, rua de S. Paulo, 166 a 170.
Joaquim Domingues d'Oliveira, rua de S. Paulo, 46 e 48.
José Marques d'Almeida & Irmão, largo do Corpo Santo, 19 e 20.
T. A. Maximo, rua de S. Julião, 13 e 15.
Thomaz José d'Oliveira, successores, rua das Gaivotas, 10 a 16, rua de S. Paulo 11 e 13, e rua d'Alfandega 40 e 42.

VINHOS E BEBIDAS ALCOOLICAS

NOVA DISTILLAÇÃO ESTRELLA D'OURO

LICORES E AGUARDENTES

DE

TODAS AS QUALIDADES

11, RUA DO RATO, 11

LISBOA

A. FRANCISCO DIAS

ESTABELECIMENTO
De VINHOS DO PORTO
DE
A. Augusto da Silva, Successores

162, Rua do Arsenal, 164 — LISBOA

Tinto velho particular,	garrafa	1$500	De meza, 1.ª, com garrafa				240
»	1815	»	1$000	»	1.ª, palhete, com gar		200
»	1820	»	800	»	2.ª	» »	170
»	1827	»	700	Lagrima, velho		» »	800
»	Duque	»	600	Moscatel		» »	700
»	1834	»	500	Bastardo		» »	500
»	1851	»	400	Malvasia		» »	500
»	1858	»	360	Branco secco		» »	800
»	1860	»	300	» »		» »	400

Em duzia de garrafas tem grande abatimento, menos no vinho de meza. Recebem-se garrafas vasias e caixas, põe-se em casa pelo preço do Porto. As capsulas e rolhas das garrafas são marcadas com as nossas iniciaes para evitar falsificação nos vinhos. Ha meias garrafas.
Barris na alfandega para exportação.

VINHOS E BEBIDAS ALCOOLICAS

A. Augusto da Silva, successores, rua do Arsenal, 162 e 164.
Adega dos Frades, rua do Crucifixo, 6.
Alfredo Carlos Machado & C.ª, rua do Arsenal, 126 e 128.
Curry da Camara Cabral, calçada do Combro, 101 a 105.
André d'Ascenção Alvares, rua das Janellas Verdes, 8 e 10.
Antonio Gomes de Moura & C.ª, largo de Santo Antonio da Sé, 3 e 4.
Antonio Igreja Moinhos, praça da Figueira, 25 e 26.
Antonio José Quintão, rua do Loreto 15 e 17.
Bento Ottero, rua do Livramento, 144.
Bernardo Pereira & Filhos, rua de S. Bento, 168.
C. Lecór & C.ª, rua dos Bacalhoeiros, 98, 1.º
Cypriano Ribeiro Calleia. rua de S. Francisco, 17.
Domingos Affonso (successores), rua de S. Paulo, 14 e 16.
Domingos Esteves Gonçalves, rua de S. Paulo, 218.
Eduardo Gustavo de Vasconcellos Pinto, rua do Principe, 136 e 138.
Empreza Val do Rio Junior, rua dos Fanqueiros, 142 a 148.
Fernandes & Filhos, rua da Prata, 257.
Filial do Val do Rio, Avenida da Liberdade, 41 e 43.
Francisco Martins & Filhos, campo das Cebolas, 22 a 27.
Gruis & Vianna, largo de S. Julião, 12 1.º
Hoffman & Cruz, rua do Alecrim, 34.
Jeronymo José Moreira, (deposito), calçada de Santos, 25 a 37.
João José de Deus Ramillo, rua dos Anjos, 83 e 85.
João José Vidal, praça da Figueira, 5 e 6.
João Luiz Affonso Junior, rua do Corpo Santo, 11.
João Manuel Loureiro Reprezas, praça de D. Pedro, 6.
João Manuel de Sousa, rua Nova da Palma, 129 a 137.
Joaquim Belford, rua da Creche, 2.
José Alvares, rua do Arco do Bandeira, 184.
José Camelier, travessa de S. Nicolau, 51 e 53.
Joseph Escrich, rua de S. Paulo, 71.
José Felix de Carvalho, calçada do Carmo, 8 a 12.
José Luiz Marques Rego, rua do Poço dos Negros, 75 e 77.
José Maria Gonçalves, travessa do Guarda-Mór, 8 e 10.
José Narciso Daries & C.ª, rua Garrett, 148 e 150.
José Peres y Migueles, largo de S. Domingos, 19,
José Teixeira Pinto de Vasconcellos, rua do Arco do Bandeira, 135 e 137.
J. Brito, largo de S. Julião, 7.
José B. Lourenço, rua Nova da Alfandega, 170 e 172.
J. das Neves Cruzinha, travessa da Boa-Hora, 1 a 7.
Luiz Marques Coelho, rua do Arco do Bandeira, 161 e 163.
Manuel Antonio Farinha, rua do Caes de Santarem, 12 e 14.
Manuel Duarte d'Almeida, rua da Lapa, 72-A e 72-B.
Manuel Francisco Vasques, rua do Outeiro, 8.
Manuel Joaquim Barbeitos, rua da Boa-Vista, 126 e 128.
Manuel José Rodrigues, largo de S. Julião, 14.
Manuel Vidal, largo de S. Domingos, 16 e 18.
Marcello Alfredo da Rocha, rua Nova d'Alfandega, 30 e 32.
Marques & Leitão, praça do Municipio 35 e 36.
Martins & Sobrinhos, travessa de S. Paulo, 1 a 5.
Moledo & Pires, largo de Camões, 22 rua de Santo Antão, 2.
Miguel Alexandre Marino, rua Nova da Trindade, 82.
Miguel Pimenta, escadinhas de Santa Justa, 3.
M. Soares, rua do Corpo Santo, 7 e 9.

Nasciso V. Borges, rua da Atalaya, 134 a 138, e Poço do Bispo, 149 a 154.
P. Magalhães, Dejante & C.ª, rua do Alecrim. 77, e 79.
Pereira Reis & Cabaço, rua da Prata, 167 e 169.
Rocha & C.ª, rua dos Capellistas, 99, 1.º
Rodrigues & Nepumeceno, praça dos Remulares, 8.
Sandeman Brothers, rua das Flores, 9 — Verdadeira Adega dos Frades, Calçada do Combro, 96.
Deposito de vinhos da Quinta das Gaieiras, rua do Alecrim 85 a 87.

VIOLEIROS (OFFICINA DE)

Manuel Pereira, rua de Santo Antão, 189 e 191.

2.ª SECÇÃO

Commercio e Industria das provincias, Ilhas e Possessões Ultramarinas

PORTO

Camara Municipal do Porto

Presidente.— Antonio d'Oliveira Monteiro, (Dr.)
    Vogaes effectivos:
Adelino Adelio Leão da Costa, (Dr.)
Anthero Ferreira d'Araujo e Silva.
Antonio Maria Esteves Mendes Correia, (Dr.)
Antonio Pinto de Mesquita Carvalho Magalhães, (Dr.)
Antonio Ribeiro da Costa Almeida, (Dr.)
Augusto Carlos Chaves d'Oliveira.
Christiano Wan-Zeller.
Eduardo Augusto de Sousa Pires de Lima, (Dr.)
Egydio Teixeira Duarte.
João Baptista Lima Junior.
Joaquim Soares da Silva Moreira.
José Dias Alves Pimenta.
José Diogo Arroyo, (Dr.)
José Pinto da Silva Tapada.
José da Silva Ferreira Bahia.
Manuel José Moreira Monteiro.
Manuel Rodrigues da Silva Pinto, (Dr.)
Manuel Vieira d'Andrade.
Pedro Maria da Fonseca Araujo.
Tito Augusto Fontes, (Dr.)
Secretario:— Antonio Augusto Alves de Sousa.

Santa Casa da Misericordia do Porto

Provedor:— Conde de Samodães.
Vice-provedor:— Monsenhor Antonio José Rodrigues Pereira.
Secretario geral:— Dr. Adolpho Pereira de Macedo.
Vice-secretario geral:— Dr. Guilherme Guedes d'Amorim Junior.
Thesoureiro geral:— José Antonio Moreira Baltar.

Associação Commercial do Porto

Presidente: — Barão de Massarellos.
Vice-presidente: — J. H. Andresen Junior.
1.º Secretario: — Izidoro da Fonseca Moura.
2.º Secretario: — João José de Sousa Lage.
Directores:
Agostinho de Sousa Guedes.
André Andino L. Guimarães.
Antonio Pinto dos Santos Junior.
Antonio da Rocha Leão.
Herman Burmeister.
José Joaquim Casal Ribeiro.
Manuel Carneiro Alves Pimenta.
Manuel José Barreto.
Manuel Vieira d'Andrade.
Narciso T. Martins Ferro.
Thesoureiro: — Thomaz Martins Ramos Guimarães.

Bolsa do Porto

Antonio Alberto Gonçalves, corretor de fundos na Bolsa.

Bancos do Porto

Banco Alliança, rua de Mousinho da Silveira.
Banco Commercial do Porto, rua de Ferreira Borges.
Banco Commercio e Industria, rua Mousinho da Silveira.
Banco Industrial do Porto, rua Nova de S. Domingos.
Banco Mercantil Portuense, (edificio da Bolsa), rua de D. Fernando.
Banco Portuguez, rua das Flôres.
Banco União, (edificio da Bolsa).

Companhias do Porto

Companhia das Aguas Purgativas de Loeches, rua da Picaria.
Companhia das Aguas Alcalino Gazosas de Vidago, praça de Carlos Alberto, 66.
Companhia das Aguas de Mondariz, rua de Santo Antonio, 194.
Companhia das Aguas das Pedras Salgadas.
Companhia Alliança, (proprietaria da fundição de Massarellos).
Companhia Aurificia, rua das Bragas, 95.
Companhia Auxiliar de Credito Agricola Industrial, travessa do Bomjardim, 36.
Companhia do Caminho de Ferro de Salamanca á fronteira portugueza, rua do Mousinho da Silveira, 18.
Companhia dos Caminhos de Ferro do Porto á Povoa e Famalicão, Estação principal praça da Boa Vista. Estação Central, praça de Carlos Alberto.
Companhia Carril Americano do Porto á Faz e Mattosinhos, escriptorio no Ouro.
Companhia Carris de Ferro do Porto, Boa Vista.
Companhia de Fiação de Crestuma, rua Nova da Alfandega, 31, 1.º
Companhia Fiação Portuense, rua de Montebello, 1.
Companhia de Fiação e Tecidos d'Alcobaça, séde no Porto, rua de D. Pedro, 70.
Companhia Fiação e Tecidos do Porto, rua de Montebello.

Companhia Geral das Aguas do Porto, rua do Rosario, 128.
Companhia Geral d'Agricultura das Vinhas do Alto Douro, rua das Flôres, 69.
Companhia Industrial e Agricola Portuense, rua Ferreira Borges, 14.
Companhia de Linhos Prosperidade, rua de D. Pedro, 118, 2.º
Companhia de Mineração Plombifera de Adorigo, rua de D. Pedro, 219.
Companhia das Minas de Montalto, rua de Sá da Bandeira, 236, 1.º
Companhia Pharmaceutica Portuense, rua do Almada, 261.
Companhia Portuense de Illuminação a Gaz, rua Nova da Alfandega, 12.
Companhia Portuense dos Alcools, rua de Cedofeita, 696.
Companhia de Reboques Maritimos e Fluviaes, rua do Infante D. Henrique, 32.
Companhia União Fluvial do Porto, rua da Alfandega, 1 a 6.
Companhia União Popular Penhorista, rua de D. Pedro, 41, e rua do Laranjal, 54 a 58.
Companhia Utilidade Domestica, rua de Santo Antonio, 103.
Companhia Utilidade Publica (Nova), estabelecimento bancario, rua dos Inglezes, 88.
Companhia Viação Portuense (Nova), rua de S. Lazaro, 415.
Sociedade do Palacio de Crystal Portuense.
Companhia The Vallongo Siate & Morblé Quadriès Company, rua da Reboleira, 55.
Companhia Caminhos de Ferro de Guimarães, rua Passos Manuel.
Companhia Carbonifera e Industrial do Pejão, rua Passos Manuel.
Companhia Commercial e Industrial Portuense, S. Domingos.
Companhia Credito e Auxilio, rua de Sá da Bandeira.
Companhia Fabril de Salgueiros.
Companhia de Fiação e Tecidos de Fafe, rua de Passos Manuel, 14.
Companhia Geral de Credito Predial Portuguez.
Companhia de Lanificios d'Arrentella.
Companhia de Lanificios de Lordello, rua de Serralves.
Companhia de Luz Electrica, rua de Passos Manuel.
Companhia Manufactora de Artefactos de Malha, Boa Vista, 303.
Companhia das Minas de Gondomar, rua de Passos Manuel.
Companhia Mineira e Metallurgica do Braçal, Bellomonte, 99.
Companhia Mineração Perseverança, Bellomonte, 59.
Companhia Mineração de S. Pedro da Cova.
Companhia Real dos Caminhos de Ferro Através d'Africa, Bellomonte, 49.

Companhias de seguros

Garantia, rua do Infante D. Henrique, 73.
Indemnisadora, rua do Mousinho da Silveira, 18.
Segurança, rua dos Inglezes, 33.
Tranquilidade Portuense, rua de Sá da Bandeira, 36, 1.º

Advogados

Adriano Anthero de Sousa Pinto (Dr.), rua Formosa, 370,
Agostinho d'Almeida Rego (Dr.), largo de S. João Novo, 17.
Albano de Magalhães (Dr.), rua de Belmonte, 112, 1.º
Alexandre Braga (Dr.), rua do Principe, 165, escriptorio, rua das Taipas, 11.
Alfredo Anthero d'Almeida (Dr.), rua de Santo Ildefonso, 33, escriptorio, rua de Santa Catharina, 291.
Alfredo Saraiva Freire Themudo (Dr.), rua Direita, 314, Villa Nova de Gaya, escriptorio, rua da Ferraria, 124-B.

Alvaro de Vasconcellos (Dr.), rua de Bellomonte, 98.
Antonio Barbosa de Sousa Brandão (Dr.), rua de Alexandre Herculano, 233, escriptorio, rua de Bellomonte, 69, 1.º
Antonio Claro (Dr.), rua das Vellas, 198, escriptorio, largo de S. João Novo, 12, 1.º
Antonio Ferreira Augusto (Dr.), rua dos Martyres da Liberdade, 203.
Antonio Lucio Tavares Crespo (Dr.), rua do Poço das Patas, 26.
Antonio Pinto de Mesquita (Dr.), rua da Rainha, escriptorio, rua de Bellomonte, 105.
Bernardo d'Almeida Lucas (Dr.), rua do Principe, 331, escriptorio, rua de Bellomonte, 28, 1.º
Bernardo Correia Leite Barbosa (Dr.), rua de Gomes Freire, (antiga Wellesley), 186.
Boaventura da Fonseca e Silva Viterbo (Dr.), rua da Restauração, 383, escriptorio, rua do Calvario, 19.
Eduardo A. Pires de Lima (Dr.), rua do Principe, 101.
Florido Telles de Menezes e Vasconcellos (Dr.), rua do Principe Real, 9.
Francisco Lopes de Sousa Gama (Dr.), rua de Santa Catharina, 245.
Francisco de Paula Albano da Silveira Pinto (Dr.), rua da Bandeirinha, 44, escriptorio, largo de S. João Novo, 2.
Gaspar Borges Garcia Pereira (Dr.), rua da Conceição, 64.
Guilherme Augusto de Sousa (Dr.), rua de Santa Catharina, 255.
Guilherme Guedes d'Amorim (Dr.), rua de Santa Catharina, 134.
Jacintho José Tavares Rainha Junior (Dr.), rua de Santa Catharina, 134.
João Antonio Pinto de Resende (Dr.), rua de Cedofeita, 234.
João Carlos Freire Themudo Rangel (Dr.), rua de Cedofeita, 476, escriptorio, rua de Bellomonte, 107.
João Correia da Fonseca (Dr.), rua de Bellomonte, 91, 1.º
João Fernandes Dias (Dr.), rua do Almada, 478.
João Henriques de Sousa Guedes (Dr.), calçada da Regeneração, 189.
Joaquim Lisbano d'Almeida Didier (Dr.), rua do Heroismo, 268, escriptorio, rua de Sá da Bandeira, 168, 1.º
José Alberto de Sousa Couto (Dr.), rua de Bellomonte, 81.
José Gonçalves Barbosa de Castro Junior (Dr.), rua da Restauração, 383, escriptorio, rua do Calvario, 19.
José Antonio Forbes de Magalhães (Dr.), rua da Paz, 221.
José Augusto Alves de Magalhães (Dr.), rua do Rosario, 272, escriptorio, rua de Bellomonte, 120.
José Caetano Preto Pacheco (Dr.), rua de Santa Catharina, 252, 1.º
José Correia Pacheco (Dr.), rua do Almada, 549.
José Francisco de Carvalho (Dr.), rua Formosa, 192.
José Luciano Simões de Carvalho (Dr.), calçada da Regeneração, 189.
José Lucio da Costa Ribeiro (Dr.), rua das Taipas, 5.
José Joaquim Pereira Osorio (Dr.), rua de Santa Catharina, 111, escriptorio, largo de S. João Novo, 6.
José Manuel Cerqueira Gomes (Dr.), rua do Heroismo, 141, escriptorio, rua de S. João Novo, 7.
José Moreira da Fonseca (Dr.), largo da Formiga, 40, a Campanhã.
José Thomaz Ribeiro Fontes Junior (Dr.), rua da Rainha, 125 a 129, escriptorio, rua de Santa Catharina, 304.
Julio Cesar da Fonseca Araujo (Dr.), rua Formosa, 200, escriptorio, rua do Infante D. Henrique, 28.
Julio Faria de Moraes Sarmento (Dr.), rua do Bellomonte, 93.
Julio Xavier d'Oliveira Barros (Dr.), rua do Almada, 358.
Manuel José Teixeira (Dr.), rua Formosa, 386.
Maximiano Faustino de Andrade (Dr.), calçada dos Martyres da Patria, 122.

Hospedarias e Hoteis

Grande Hotel America Central, proprietario Manuel Gonçalves da Gama, rua de S. Lazaro, 447 a 451.
Grande Hotel de Paris, proprietario, Joseph Aufrére, rua da Fabrica, 27.
Grande Hotel do Porto, proprietario, Daniel Martins de Moura Guimarães, rua de Santa Catharina, 163.
Grande Hotel Portuense, proprietario, Pedro Vasques, praça da Batalha, 122.
Grande Hotel Reimão, proprietario, Arthur Pereira Barbedo, rua de S. Lazaro, 180 a 192.
Hotel Francfort, proprietaria, Madame Haray, rua de D. Pedro, 21.
Hotel Alliança, (successor de Mary Castro's), proprietario João Resende, rua de Sá da Bandeira, 53.
Hotel Bragança, proprietario, Bernardino Machado Coelho, rua de Entreparedes, 61.
Hotel Carlos Alberto, proprietario, Manuel Castro, praça de Carlos Alberto, 120.
Hotel Central, proprietaria, viuva de Anacleto Maciel de Sousa, rua do Laranjal, 101.
Hotel Continental, proprietario, José Lopes Carreira Munhoz, rua de Entreparedes, 12-A.
Hotel Gibraltar, proprietarios, Fernandes & Irmão, praça da Batalha, 108.
Hotel Lealdade, proprietario, Antonio Rodrigues Cardoso, rua de Pinto Bessa, 1.
Hotel Lisbonense, proprietario, Manuel Garrido, rua do Bomjardim, 47-A.
Hotel Luzo-Brazileiro, proprietarios, Nanuel Souto & Pousada, rua da Fabrica, 40.
Hotel Mindello, proprietario, Manuel Antonio de Moraes, rua de Entreparedes, 16.
Novo Hotel Lisbonense, proprietario, José Cavalleiros, calçada dos Martyres da Patria, 65.
Hotel Oriente, proprietario, João Henrique de Sousa Guimarães, praça da Batalha, 115.
Hotel Peninsular, proprietario, Thomaz Portella, rua de D. Pedro, 45.
Hotel Real, proprietario, Manuel Losquinho, rua do Bomjardim, 21.
Hotel Transmontano, proprietarios, Thomé Lopes & Silva, rua de Santo Ildefónso, 120.
Hotel Universal, proprietarios, Ramires & Vasques, rua de Alexandre Herculano, 289, e praça da Batalha, 72.

ABRANTES

Camara municipal

Presidente — Visconde d'Abrançalha.
Vicc-presidente — João José Soares Mendes.
Secretario — Antonio d'Oliveira Bandeja.

Negociantes principaes

Abilio Rosas Martins.
João da Silva Oleiro.

José Alves Ferreira de Moura.
José de Jesus.
José Henriques.
José Pedro Marques.
Luiz d'Almeida Junior.
Manuel Marques Duarte.
Sousa & Callado.
Vicente Augusto Fernandes.

Advogados

Dr. Antonio Eduardo de Moura.
Dr. Antonio Ferreira Bairrão.
Dr. Antonio Maria d'Araujo (Conservador).
Dr. Manuel Martins.

Hospedarias

Camillo José Cardoso.
Viuva Saraiva.

ALCOBAÇA

Camara municipal

Presidente — Manuel José de Sousa Oliveira.
Vice-presidente — José d'Almeida e Silva.
Secretario — João Ferreira Pentiado.

Negociantes principaes

Emygdio da Silva Fereira.
Antonio Lucio Taveira Pinto.
Abel Vaz Gomes Bravo.
João Ferreira da Silva.
Silvino Carvalho & C.ª
Mathias d'Abreu.
Sebastião dos Santos Varão.
José de Sousa Leão.
Francisco Martins.
João Antonio Vasco.

Fabricas

Algodão

Companhia Fiação e Tecidos d'Alcobaça.

Louça

José dos Reis.

Papel

José Gambino.

Moagens

J. F. Avelino Guimarães.

Advogado

Dr. Manuel Antonio de Sousa.

Aguas thermaes

Estabelecimento d'aguas thermaes da Pervença.

Hoteis

Galinha e Central.

AMARANTE

Camara municipal

Presidente — João Pereira Teixeira de Vasconcellos.
Vice-presidente — Theotonio Alves Sardoeiro.
Vogaes:
Antonio Paulino de Queiroz.
Augusto Teixeira de Magalhães.
Francisco Augusto da Cunha Brandão.
Joaquim Monteiro Guedes de Carvalho.
Luiz Falcão de Magalhães.

Negociantes principaes

Antonio José da Costa Soares.
Antonio José da Cruz.
Antonio Pinto Couto.
Antonio Ribeiro Ferreira.
Antonio Teixeira de Carvalho.
Cruz & Magalhães.
Domingos Martins da Silva Fortes.
Francisco Lopes d'Azevedo e Costa.
João Eleuterio da Silva & Sobrinho.
Joaquim José Alves Vieira.
José Carlos Barros Basto.
José Joaquim Pinto da Fonseca.
José Laranjeira.
José Vieira Lobo.
Manuel Ferreira Bessa & Sobrinho.
Manuel Gomes de Barros.
Miranda & Gonçalves.
Rebello & Carvalho.
Rodrigo d'Oliveira Neves.
Teixeira Rebello & C.ª

Fabricas

Lanificios

Antonio José da Costa.

Advogados

Dr. Annibal Martins Bessa.
Dr. Antonio de Sousa Pereira.
Dr. Romão José da Cruz.

Hoteis

Amarantino e Central.

ANGRA DO HEROISMO

Ilha Terceira

Camara municipal d'Angra

Presidente — Antonio Rego Botelho de Faria (Par do reino).
Vice-presidente — Manoel Alves Bettencourt.
Secretario — José Sebastião de Castro e Canto.

Associação commercial

Presidente — João Carlos da Silva.
Secretario — José da Costa e Silva.
Thesoureiro — Frederico Augusto de Vasconcellos.
Vogaes:
Guilherme Martins Pinto.
Gregorio Carlos Sanches Franco.

Agencias de vapores

Henrique de Castro.
Joaquim de Freitas.

Nova Empreza Angrense de Destilação

Capitalistas:
Frederico Augusto de Vasconcellos.
Henrique de Castro.
Industrial — Manoel Moniz Barreto de Couto.

Fabrica de Queijos

Capitalista — Sequeira & Chassereau.
Industrial — Doceglas Chassereau.

Fundição

Capitalistas — Azevedo Soares & C.ª
Industrial — José Maria Corrêa d'Avila.

Fabrica de louça

Capitalistas:
Zeferino Augusto da Costa.
Jacintho Martins Cardoso.
Industrial — Manoel da Costa Custodio.

Fabrica de Tabacos Flôr d'Angra

Capitalistas — Costa & Kilberg.
Industrial — José Cardoso d'Avila.

Advogados

Jacinto Candido da Silva (Dr.)
José Pimentel Homem de Noronha (Dr.)
José da Silva Maia (Dr.)
Antonio da Fonseca Carvão (Dr.)

Hotel Central

Proprietario — Matheus Bernardo da Silva.

Hotel Norberto

Proprietario — Antonio Norberto da Silva.

AVEIRO

Camara municipal

Presidente — Francisco Manuel Couceiro da Costa.
Vice-presidente — Antonio Vieira dos Santos.
Secretario (interino) — Firmino de Vilhena.

Associação commercial

Presidente — Sebastião de Carvalho Lima.
Secretario — Jeronymo Baptista Coelho.
Director — Carlos da Silva Mello Guimarães.

Negociantes principaes

Antonio Antunes d'Abreu e Mello.
Antonio Cardoso d'Azevedo.
Antonio Ferreira Feliz Junior.
Bernardo dos Reis.
Carlos da Silva Mello Guimarães.
Domingos José dos Santos Leite.
Domingos Pereira Guimarães.
Eduardo Augusto Ferreira Osorio.
Francisco Baptista Coelho.
Francisco Ferreira & Irmãos.
Francisco Joaquim Lopes.
Francisco dos Santos Pereira de Mello.
Francisco Paes.
João Antonio Alves.
João Coelho d'Almeida.
João Rodrigues da Rocha.
Joaquim Nunes de Figueiredo.
Joaquim Rodrigues de Faria.
José Antonio Marques.
Visconde da Silva Mello.
Joaquim Fontes Pereira de Mello.
José Marques d'Azevedo.

Fabricas

Louça de barro vidrado

Pedro Antonio Marques.

Louça

Mellos Guimarães.

Cortumes

Christo & C.ª

Advogados

Dr. Alexandre José da Fonseca.
Dr. Antonio Emilio d'Almeida Azevedo.
Dr. José Soares da Cunha e Costa.

Hoteis

Aveirense, Boa Vista e Central.

BARCELLOS

Camara municipal

Presidente — Bacharel Augusto Mattos Lopes d'Almeida.
Vice-presidente — Manuel Antonio Esteves.
Secretario — Sebastião Maria dos Santos.

Associação commercial

Presidente — João Antonio da Costa Guimarães.
Vice-presidente — Domingos José dos Santos Ferreira.
  Secretarios:
Domingos de Figueiredo.
Manuel Francisco de Sousa Vianna.
Thesoureiro — Domingos Maria de Carvalho.
  Vogaes:
Manuel José Ferreira Ramos.
Manuel Luiz da Silva Falcão.

Fabricas

Ceramica barcellense

D. Rachel dos Prazeres Vieira de Castro Lemos.

Moagem e serragem a vapor (em Barcelinhos)

Antonio José da Silva.

Advogados

Dr. Eduardo da Silva Salasar.
Dr. Joaquim Gualberto de Sá Carneiro.
Dr. Rodrigo Augusto Cerqueira Velloso.

Hoteis

Barcellense e Roriz.

BEJA

Camara municipal

Presidente — Dr. Manuel Duarte Laranja Gomes Palma.
Vice-presidente — Commendador José Manuel Guedes Pimenta.
Secretario — José Umbelino.

Negociantes principaes

Ayres Gomes & C.ª
Caetano José Ferreira.
Francisco Matheus Palma.
João Guilherme Ramos.
José Francisco da Silva.
Manuel de Castro e Brito.
Manuel Joaquim de Sousa Tavares.
Manuel Thomaz Ferreira Nobre.
Nunes & Filhos.
Rodrigues & Irmão.

Fabricas

Mobilias antigas

Antonio Manuel d'Almeida.

Moagem de cereaes

Bernardo Antonio dos Santos.

Advogados

Dr. Raphael da Cunha Barradas.
Dr. José Virgolino Carneiro.
Dr. Francisco Ignacio de Mira.

Hotel

Vista Alegre.

BRAGA

Camara municipal

Presidente — Dr. Julio Martins Sequeira.
Vice-presidente — Commendador Domingos José Ferreira Braga.
Secretario — Dr. José de Sousa Machado.

Associação commercial

Presidente — Commendador José Ferreira de Magalhães.
1.º secretario — José Antonio da Rocha.
2.º secretario — Lourenço Ventura da Luz Pinheiro.
Thesoureiro — José Antonio da Silva Gomar.
 Direcção:
Antonio Domingos Alvim.
Domingos Pereira d'Azevedo.
Francisco Freitas de Carvalho.
João Antonio d'Oliveira.
Joaquim da Silva Gonçalves.

Atheneu commercial

Presidente — Antonio José Pereira.

Banco mercantil de Braga

 Direcção:
José Fernandes Valença.
Manuel de Freitas Lima Espinheiro.
Commendador Manuel Luiz Ferreira Braga.

Banco do Minho

 Direcção:
Domingos José Soares.
J. Ah de Affonseca Franco.
Manuel José da Conceição Rocha.

Fabricas

Fiação e tecidos

Collegio de Regeneração.
Companhia Fabril do Cavado.
Commendador José Joaq. d'Oliveira.

Tecidos de damascos de seda

José da Silva Pereira Vasconcellos.

Artefactos de malha

Loureiro & Pinheiro.
Manuel José Francisco da Silva.

Papel

Companhia Fabril do Cavado.

Chapellaria a vapor

Fabrica Social Bracarense.
Taxa & Faria.

Cortumes

Antonio Lino da Cunha Sotto Mayor.

Fundição e serralharia mechanica

Manuel de Barros Braga.

Advogados

Dr. Antonio José Pimenta Gonçalves.
Dr. Carlos d'Almeida Braga.
Dr. Conselheiro Francisco Xavier de Sousa Torres e Almeida.
Dr. João d'Oliveira Penha Fortuna.
Dr. Joaquim Gomes d'Araujo Alvares.

Hoteis

Franqueira, Central, Olinda, Grande Hotel do Bom Jesus, Boa Vista e Parque.

BRAGANÇA

Camara municipal

Presidénte — Francisco Avelino Ferreira.
Vice-presidente — João Baptista Olimpio Ramires.
Secretario — José Valentim Carneiro.

Negociantes principaes

Albino Augusto de Sá Leão.
Antonio Teixeira de Carvalho.
Francisco Antonio Rodrigues.
Francisco Ignacio Teixeira.
Henrique José Rodrigues Alves.
João Baptista O. Ramires & Irmão.
João Belesario de Leão.
José Bernardo de Castro.
Manuel Lopes dos Santos e Filho.

Advogados

Dr. Abilio Augusto de Madureira Beça.
Dr. Alvaro de Mendonça Machado d'Araujo.
Dr. Francisco Manuel de Moraes.

Hoteis

Bragança, Granja e Imperial.

CALDAS DA RAINHA

Camara municipal

Presidente. — Ricardo da Silva Ribbas.
Vice-presidente. — João Antonio de Noronha.
Secretario. — Cyrillo José Martins.

Hospital

Administrador. — D. Rodrigo Maria Berquó.
Thesoureiro. — Asdrubal de Andrade Mendonça.
Medicos. — Doutores José Filippe de Andrade Rebello e Luiz Antonio Pereira.

Negociantes principaes

Antonio Fernandes Coelho.
Antonio Joaquim Ramos.
Antonio Nicolau Ferreira Filho.
Antunes Irmãos.
Faustino da Gama.
Francisco Antonio Pereira & Irmão.
Hedwiges Ferreira.
Julio Marianno das Neves.
José Salles Henriques.
Manuel Agostinho da Silva.
Ribbas & Irmão.
Ribbas Sobrinho & Oliveira.
Rodrigo Antonio de Carvalho Guimarães.
Vicente Prospero Parisse Filho.

Fabricantes de louça

Eduardo Mafra.
Fabrica de Faianças.
João Cesar.
José Alves Cunha.
José Francisco de Sousa.

Advogados

Dr. Alexandre Joaquim da Silva Carneiro (Conservador).
Dr. Julio Maria da Cunha Sá
Dr. José Maria Reynard Sampaio.

Hoteis

Alliança, Caldense, Central, Lisbonense, Leal — Lopes, Nações e Pires.

CAMINHA

Camara municipal

Presidente. — Dr. João Filippe de Menezes Pitta e Castro.
Vice-presidente. — Commendador Luiz de Avillez.
Secretario, — Manuel José da Silva.

Negociantes principaes

Domingos José Pereira.
José Maria Valladares.
José Joaquim Rodrigues.
João Gonçalves dos Santos.
Ricardo Joaquim de Sousa.
Manuel Antonio Pereira Villarinho.
Manuel Gavinha Torres.
José dos Santos Almeida.
Viuva de Lino José da Silva.
Manuel Joaquim Cerqueira.

Fabrica

Pedro José do Casal, fabricante de cal, em Seixas.

Advogados

Dr. Arnaldo de Sousa Rego.
Dr. Padre Joaquim Bernardino da Costa Pinheiro.

CASTELLO-BRANCO

Camara municipal

Presidente. — Dr. Augusto de Sousa Tavares.
Vice-presidente. — João Eduardo de Almeida Penteado.
Secretario. — Lucio da Silva Pelejão.

Negociantes principaes

João Caetano de Abrunhosa.
João Nunes das Bouças.

João dos Santos Caio & Irmão.
Joaquim Alberto Candeias.
Joaquim dos Santos do Sal.
José Antonio Grillo.
José Guilherme Mourão.
José Olaia Lopes Montoya.
José Maria da Graça.
Manuel da Silva Reis.
Martinho da Silva Ribeiro & Filhos.

Fabricas

José Guilherme Mourão, cardação de lã e moagem de azeitona.
José Olaia Lopes Montoya, moagem de cereaes e azeitona.
Lopes & Irmãos, rolhas de cortiça.

Advogados

Dr. Agostinho de Lemos Vianna
Dr. Augusto de Sousa Tavares.
Dr. José de Vasconcellos Freire.
Dr. Pedro da Silva Martins.

Hotel

Francisco da Silva Gama.

CHAVES

Camara municipal

Presidente — José Homem de Sousa Pizarro.
Vice-presidente — Zeferino d'Arrochella Vieira da Maia.
Secretario — Domingos Gomes de Moraes Sarmento.

Banco de Chaves

Directores:
Joaquim Ferreira Moutinho.
Agapito José de Carvalho.
Daniel da Silva Machado.

Negociantes principaes

Antonio José Marques Ferreira.
Antonio da Silva Corrêa.
Bragança & Irmão.
Dias & Ferreira.
Domingos Alves da Cunha.
Francisco Luiz Alves.
Joaquim da Silva Corrêa.
José Manoel Teixeira.
Machado & Irmão.
Viuva Faria & Filhos.

Fabricantes

Agapito José de Carvalho, moagens.
Manoel Dias da Rosa, cortumes.

Advogados

Abilio Gomes de Moraes Sarmento, (Dr.)
Antonio Joaquim Gonçalves Pereira, (Dr.)
Antonio da Silva Bravo Carvalho, (Dr.)
Padre Antonio Felizardo de Sousa, (Dr.)
Padre José Liberal Sampaio, (Dr.)

Hoteis

Hotel Baptista de João Baptista.

COIMBRA

Camara municipal

Presidente. — Dr. Manuel da Costa Allemão.
Vice-presidente. — Dr. Henrique Manuel de Figueiredo.
Secretario. — Adelino Augusto Vieira.

Associação commercial

Presidente. — Joaquim Martins da Cunha.
Vice-presidente. — João Lopes de Moraes Silvano.
Thesoureiro. — Antonio Dias Themido.
1.º Secretario. — José Fernandes Ferreira.
2.º Secretario. — Manuel Illydio dos Santos.
　Vogaes:
Antonio José Fernandes.
Antonio Nunes Corrêa.

Fabricas

Augusto da Silva Teixeira, bolachas.
José Francisco da Cruz, idem.
José Luiz Cardoso, cerveja e gazosas.
José Victorino B. Miranda, massas alimenticias.
Leonardo Antonio Veiga, louças.
Manuel José da Costa Soares, carruagens.
Peig Planos & C.ª, lanificios.

Advogados

Dr. Antonio José da Silva Poyares.
Dr. Avelino Cesar Maria Callisto.
Dr. Joaquim Gaspar de Mattos.
Dr. Manuel de Oliveira Chaves e Castro.

Hoteis

Central, rua de Sophia e Mondego, caes das Ameias.

COVILHÃ

Camara municipal

Presidente. — Conde do Refugio.
Vice-presidente. — Dr. Joaquim Nunes de Oliveira Monteiro.
Secretario. — José Marques Braz Povo.

Negociantes principaes

Antonio de Almeida Teixeira.
Carlos & Barros.
Constantino dos Santos Silva.
Diamantino & Pereira.
Guimarães & Filhos.
Joaquim Henriques Pereira.
José Antonio Freire.
José Augusto Fernandes.
José Augusto P. Freire.
Luiz Antonio de Carvalho.
Manuel Fernandes Leitão.
Pereira & Santos.

Fabricas de lanificios

Almeida Campos & Filho.
Antonio da Fonseca Charuto.
Antonio Nunes de Sousa & Filhos.
Campos Mello & Irmãos.
Joaquim José Fernandes do Amaral.
José da Fonseca Charuto, successores.
José Mendes Veiga.
José Paulo Affonso.
Manuel da Costa Ruivo.
Sebastião da Costa Ratto & Sobrinhos.

Banco da Covilhã

Directores:
Antonio Baptista Alves Leitão.
Conde do Refugio.
Substitutos:
Commendador Marcellino José Ventura.
Dr. Albino Freire Calheiros.

Agencias de bancos

Alemtejo, Alliança, Bragança, Chaves, Commercial de Lisboa, Commercio e Industria e Mercantil de Braga, agente o Banco da Covilhã; Commercial de Coimbra, agente Alçada & Mousaco. Douro, agente José Guilherme de Castro Guimarães e Lusitano, agente Guimarães & Filho. Minho, agente, Dr. José Mendes Alçada de Paiva.

Advogados

Dr. Antonio Mendes Alçada de Moraes.
Dr. Antonio Pedroso dos Santos.
Dr. João das Neves.
Dr. Joaquim Nunes de Oliveira Monteiro.

Dr. José Mendes Alçada de Paiva.
Dr. Valerio Nunes de Moraes.

Hoteis

Central do Castello e Deponit.

ELVAS

Camara municipal

Presidente. — David Nunes da Silva.
Vice-presidente. — Manuel Caetano da Costa.
Secretario. — Antonio Thomaz Pires.

Negociantes principaes

Antonio Nunes, cereaes e azeite.
Bernardino de Mattos Cardoso, idem.
Candido Telles & C.ª, idem.
José Nunes da Silva Sobrinho, idem.
Lopes & Irmão, idem.
Manuel dos Santos Lopes.

Associação dos empregados do commercio

Presidente. — Engracio Lopes.

Fabricas

Companhia Elvense, moagem a vapor.
Guerra & Irmão, fructas em conserva.
José Francisco da Cruz, idem.
João Nunes da Conceição, idem.
Alves & Rodrigues, bolacha.

Advogados

Dr. Adelino Barreto de Carvalho.

Hoteis

Italiano, Elvense e Central.

EVORA

Camara municipal

Presidente. — José Antonio Soares Pinheiro.
Vice-presidente. — Julio Victor Machado.
Secretario. — José Jacintho Varella de Soure.

Associação commercial

Assembléa Geral

Presidente. — José Antonio Soares Pinheiro.
1.º Secretario. — João Gabriel Lopes.
2.º Secretario. — Julio Victor Machado.

Commissão administrativa (provisoria)

Presidente. — José Antonio Soares Pinheiro.
Vice-presidente. — Gabriel Antonio da Silva Leite.
1.º Secretario. — João Lopes R. Marçal.
2.º Secretario. — Antonio Francisco Themudo.
Thesoureiro. — Julio Victor Machado.

Negociantes de lã em rama

Albino Botelho Soutto Maior.
Albino José Fernandes.
Antonio Anselmo Dias.
Antonio Simões Paquete.
Bento José da Costa Lima.
Gabriel Antonio da Silva Leite.
José Antonio Soares Pinheiro.
José Manuel Gomes.
Manuel Duarte & C.ª
Vicente Rodrigues Ruivo.

Fabricantes e negociantes de vinho e aguardente

Antonio Abilio Gomes.
Antonio Cabreira (herdeiros).
Antonio José de Sá Potes.
Evangelina Augusta da Encarnação Ferreira.
Prancisco Antonio Cabreira.
José Mathias.
Simão de Brito Vaz Coelho.
Viuva de Luiz Cabreira & Filhos.

Fabricas

Antonio Manuel do Couto Gauçoso, cortumes.
Antonio Vaz da Silva Golopim, idem.
Constancio Bernardo & Irmãos, idem.
Guilherme Reynolds, rolha de cortiça.
Henrique Bureau & C.ª, sabão.
José Verissimo de Mira, cortumes.
Julio Areu y Camps, rolha de cortiça.
Succursal da Companhia de cortiças de Portugal.

Bancos

Banco do Alemtejo.
Banco Eborense.

Advogados

Dr. Antonio Joel Batalha de Campos.
Dr. José Maria da Graça Affreixo.
Dr. Martinho Pedro Pinto Bastos.
Dr. Thomaz Fiel Gomes Ramalho.

Hoteis

Aurelio, largo da Misericordia e Castro, praça do Sertorio.

FARO

Camara municipal

Presidente — João José da Siva Ferreira Netto.
Vice-presidente — Manuel de Bivar Gomes da Costa Weinholk.
Secretario — Manuel José da Silva.

Negociantes principaes

Ahaham Amram.
Antonio Maria d'Avila Horta.
Evaristo Penteado.
F. C. Pereira de Mattos.
Francisco Guerreiro Affonso.
Francisco José Pinto.
Moysés Sequeira.
Netto & Fialho.
Semtol Sequeira & Irmãos.
Soares & Fonseca.

Fabricas

Companhia Portugueza d'Alcools e assucares, Fabrica em S. Christovão.
   Socios gerentes:
João José da Silva Ferreira Netto.
João Antonio Judice d'Abreu Fialho.

Advogados

Dr. Frederico Lazaro Cortes.
Dr. José Diogo Frederico Chrispim.
Dr. José Francisco Guimarães.
Dr. José Lapa Fernandes Manuel.

Hoteis

Central, Louletano e Magdalena.

FIGUEIRA DA FOZ

Camara municipal

Presidente — Dr. Francisco Lopes Guimarães.
Vice-presidente — Bernardino Teixeira d'Araujo da Silva Ferraz.
Secretario — Ricardo Fernandes Thomaz.

Associação commercial

DIRECÇÃO

Presidente — Dr. Antonio dos Santos Rocha.
Secretario — Constantino José de Sousa.
Thesoureiro — Manuel Fernandes d'Azevedo.
   Membros:
Antonio da Costa Guia.
Antonio Rodrigues da Paz.

Elysio dos Santos Fera.
Francisco Antunes dos Santos.
João Cook e Carringlon.
Nestorio Dias.

SUBSTITUTOS

Abilio Augusto Alves Amaro.
Antonio Regaleiro,
Elysio da Silva Netto.
Leonardo Pereira de Moraes.

SOCIOS ORDINARIOS

Abilio Alves Fernande Aguas.
Abilio José da Costa Pereira.
Adriano Alves Pereira.
Adriano Alves Sant'Anna.
Affonso Ernesto de Barros.
Antonio Fernandes Lindose.
Antonio Gonçalves.
Antonio Luiz Soares.
Antonio Ribeiro da Costa.
Antonio da Silva Guimarães.
Augusto Joaquim Guedes.
Ayres da Silva Migueis.
Bernardo Augusto Lopes.
Carlos da Costa Guia.
Carlos Laidley.
David Victor Fernandes Duarte.
Fernando da Costa Andrade.
Francisco Marques d'Oliveira.
Guilherme da Costa.
João Antunes Pereira das Neves (Dr.)
João Eduardo Laidley.
João José da Costa.
João José da Silva Costa.
João José de Souza Saramago.
Joaquim Bento Pinto.
Joaquim Manuel da Costa Pereira.
José Antonio de Sousa.
José d'Araujo Coutinho.
José Augusto dos Santos.
José Augusto dos Santos Fera.
José Cardoso Sant'Iago.
José Joaquim Fontoura.
José Pereira Jardim (Dr.)
José Ferreira Pinto.
José da Silva Guimarães.
José Rolinho de Freitas.
Julio Freire de Athayde.
Luiz Duarte da Encarnação.
Luiz Netto Braz & Filhos.
Manuel Antunes dos Santos.
Manuel Augusto da Conceição Novaes.
Manuel da Costa e Silva.
Manuel da Fonseca Pereira.
Manuel José dos Santos.

Manuel José de Sousa (Dr.)
Manuel José de Sousa Junior.
Manuel da Silva Carraco.
Manuel Ramos d'Oliveira.
Maximiano Monteiro Grillo.
Miguel Bruno de Sousa.
Samuel Euzebio de Menezes.
Seraphlm Monteiro de Sousa.
Sotero Simões d'Oliveira.

Fabricantes

Companhia Mineira e Industrial do Cabo Mondego (carvão de Pedra, cimento, cal hydraulica, etc).
Francisco Cardoso Motta de Quadros — Serralheria a vapor e fundição de ferro e differentes trabalhos em metal.
Manuel José de Sousa & Filhos — Refinação d'assucar.
Seraphim Monteiro de Sousa — Pilagem d'arroz, e moagem de enxofre.
Sotero Simões d'Oliveira — Xaropes e gazozas.
Joaquim Bento Pinto — Calçado e tamancos.
Julio Braz de Lemos — Poleame.

Agentes e correspondentes de bancos e banqueiros

Banco de Portugal, Costa & C.ª.
Banco Commercial de Lisboa, Bernardo Augusto.
Banco Lisboa & Açores, Lopes & C.ª.
E. J. Brochado, Idem.
Banco Ultramarino, Costa & C.ª.

Advogados

Dr. Antonio dos Santos Rocha.
Dr. Annibal Augusto de Mello.
Dr. Francisco Lopes Guimarães.

Hoteis

Alliança, Real do Castella e Reis.

FUNCHAL

(Ilha da Madeira)

Camara municipal

Presidente: — Visconde de Ribeiro Real.
Vice-presidente: — Julio Correia da Silva.
    Vogaes efectivos:
F. José Nogueira Guimarães.
João Luiz Henriques.
Manuel F. de Chaves.
A. Gonçalves d'Almeida.
A. J. Camacho.
J. J. Ferreira.
Manuel J. Lopes.
Secretario: — João de Sant'Anna e Vasconcellos.

Associação commercial

Presidente: — Dr. Manuel José Vieira.
Vice-presidente: — João Luiz Henrique.
Thesoureiro: — Angelo Hermenegildo dos Santos.
  Vogaes:
Henrique P. Miles.
Jacob Abudarham.
João Antonio Bianchi.
João B. Blandi.
José Paulo dos Santos.
Manuel de Faria.
Secretario: — Dr. José Leite Monteiro.
  Agencias:
Banco de Portugal, Joaquim Augusto Leite Ribeiro.
Companhia geral de Credito Perdial, Candido Henrique de Freitas.

Advogados

Antonio Pacheco Ribeiro Nunes, (Dr.)
Antonio Jardim d'Oliveira Junior, (Dr.)
João Baptista de Freitas Leal, (Dr.)
Joaquim Ricardo da Trindade de Vasconcellos, (Dr.)
José Leite Monteiro, (Dr.)
Manuel José Vieira, (Dr.)
Nunes Ferreira Jardim, (Dr.)
Pedro Nicolau de Freitas Esmeraldo, (Dr.)
Pedro Maria Gonçalves de Freitas, (Dr.)

Hoteis

Central, Cidrão, Funchal, Funchalense, Helena Santos, H. J. C. Jones, Lisbonense, R. M. Cardnell e Wiliam Reid.

GOUVEIA

Camara municipal

Presidente — Dr. Antonio Mendes Duarte Silva.
Vice-presidente — Joaquim Osorio da Gama e Castro.
Secretario — Antonio Augusto Pires.

Negociantes principaes

Antonio Pinto de Sousa.
Antonio dos Santos Tristão.
Fernandes & C.ª
Ignacio Rodrigues Frade.
João Abrantes Mantas.
Viuva de José Pinto de Sousa.

Fabricantes de lanificios

Antonio Augusto Lopes da Costa.
Bello & Bellino.
Braz & Irmão.

Caldeira & Irmão.
Conde de Caria.
Correia & Jeronymo.
Grangeio & Motta.
Joaquim d'Almeida Rainha, Successor.
José Augusto Bello.

Advogados

Dr. Antonio Marques Pereira Ribeiro.
Dr. Antonio Nunes da Cruz.
Dr. Bernardo Marques da Cunha.
Dr. João de Sande Sacadura Botte. (Delegado)
Dr. José Ignacio Delgado.

Hotel

Francisco Pereira d'Azevedo Hortas.

GUARDA

Camara municipal

Presidente — Antonio Ferreira dos Santos.
Vice-presidente — Alexandre d'Andrade Pissarra.
Secretario — Eduardo Augusto Correia Telles.

Negociantes principaes

Antonio A. dos Santos
Antonio B. Mello.
Albino dos Santos Ferreira.
Antonio Gonçalves Ribas & Irmão.
Carlos Homem d'Almeida.
Fernando Antonio Patricio.
Francisco Pinto Balsemão.
Leopoldo A. Ribeiro.
Mendes & Silva.
Manuel da Fonseca Ribeiro.
Manuel Machado.
Patricio & Filhos.

Fabricas de lanificios

Antonio Alves da Rocha.
Antonio de Miranda Brandão.
Dias & Pereira.
Francisco Marques Guimarães & Pina.
João de Figueiredo.
João Jorge Junior.
Joaquim José de Figueiredo.
José Lopes do Amaral.
José Tavares.
Manuel F. Camello & C.ª
Ribas & Irmão.

Hoteis

Henriqueta Pinto e J. do Amaral.

GUIMARÃES

Camara municipal

Presidente — Conde de Margaride.
Vice-presidente — Dr. Joaquim José de Meira.
Secretario — Antonio José da Silva Basto.

Associação commercial

Presidente — Domingos José Ribeiro Guimarães.
1.º Secretario — Francisco Martins Fernandes.
2.º Secretario — José Joaquim da Silva Guimarães.
Thesoureiro — Bento dos Santos Costa.
  Directores:
Francisco Dias de Castro.
Candido José de Carvalho.
Francisco Jacome.

Negociantes principaes

Bento dos Santos Costa.
Candido José de Carvalho.
Francisco Martins Fernandes.
Joaquim Pereira Mendes.
José Joaquim Gomes da Silva.
José Joaquim de Sousa Felix.

Fabricas de cortumes

Almeida & Irmão.
Antonio José Ribeiro.
Antonio Teixeira da Silva Araujo.
Bento José Leite.
Erancisco José d'Oliveira Guimarães.
Joaquim Teixeira de Carvalho.
José Antonio de Faria.
José Maria Leite.
José Maria Leite Junior.
José Maria d'Oliveira.
José Teixeira de Carvalho.
Mendes Ribeiro & Sobrinho.
Manuel José Martins.
Manuel José Teixeira.

Fabricas

Companhia de Fiação e Tecidos de Guimarães. (Em construcção)
Antonio da Costa Guimarães Filho & C.ª — A vapor de tecidos de linho e algodão.
João Lopes de Faria Monteiro Guimarães. — Tecidos.

Advogados

Dr. Antonio Marques da Silva Lopes.
Dr. Antonio Vieira d'Andrade.
Dr. Avelino da Silva Guimarães.
Dr. José da Cunha Sampaio.

Hoteis

Grande Hotel de Guimarães, largo da Oliveira.
Grande Hotel de Guimarães, no Toural.

HORTA

(ILHA DO FAYAL)

Camara municipal

Presidente — José Maria da Rosa.
Vice-presidente — José Chrysostomo da Silveira.
Secretario — José Patricio Vianna.

Associação commercial

Presidente — Visconde de Sant'Anna.
   Directores:
Commendador Rodrigo Alves Guerra.
Manuel Zerbone.
Jacintho Manuel da Silveira.
José Caetano Rezende.
João Sergio Ribeiro.

Fabricas

Francisco Leal de Brito Junior. — Telha e tijolo.
José da Silva. — Moagem.

Fabricantes de manteiga

Antonio Pereira do Amaral & Filhos.
José Francisco Barreiros.
Simão Luiz Barcellos.

Advogados

Dr. José Leite Perry. — Agente privativo do Tribunal Administrativo.
Dr. José de Serpa. — Delegado do Procurador Regio.

LAGOS

Camara municipal

Presidente — João Marreiros dos Netto.
Vice-presidente — Marianno dos Santos Gloria.
Secretario — Manoel João Paulo Rocha.

Negociantes principaes

Antonio da Cruz Raymundo.
Faustino da Silva Barata.
Francisco Pedro Soares.
João Antonio Delgado.
João Raymundo.

Joaquim Antonio Infante Junior.
Joaquim do Nascimento Corrêa.
Joaquim de Sousa Barradas.
José da Costa Xavier.
José Francisco dos Santos Serrão.
José Joaquim Furtado & Irmão.
Soares Rodrigues & C.ª
Zacharias José Gomes.

Fabricas

Antonio da Silva Carvalho, alcool.
Bernabé Gomes Formosinho, idem.
Caetano Xavier Ribeiro Lopes, idem.
E. M. Dadelren, conservas alimenticias de peixe.
F. Delory. idem.
Francisco Antonio do Carmo, alcool.
Francisco Felix Cordeiro, vinhos.
Giorgio Novak de Vincenzo, conservas de peixe em salmoura.
João Baptista Justo, alcool.
João Lino de Sousa Galvão, azeite d'oliveira.
Joaquim Nunes Peres, alcool e vinhos.
José Antonio de Queiroz, azeite d'oliveira.
José Augusto Pinto Cabral, alcool e vinhos.
Joseph Flon Fils, conservas de peixe em azeite.
Parceria Mercantil São João.

Advogados

Francisco José de Sousa Cintra (Dr.)
Vicente Augusto Vaz Soares (Dr.)

Hoteis

Frederico Lourenço Ratto e José Messias.

LAMEGO

Camara municipal

Presidente — José Corrêa de Menezes (Dr.)
Vice-presidente — Francisco Estanislau Junior.
Secretario — Francisco José Teixeira Fafe.

Negociantes principaes

José Menezes.
Manoel do Nascimento Santos.
A. Soares d'Almeida.
F. d'Oliveira Ferreira de Carvalho.
F. José P. Moraes.
José Bento Fernandes Vieira.
José Bento da Silva.
José Maria Gonçalves.
Manoel Ferreira Machado.
Teixeira Rebello & Filho.

A. J. Vieira da Cruz.
F. José d'Abreu Junior.
José Antonio Cardoso.
F. Bernardino & Irmão.
F. José Soares Braga.
Menezes & Fonseca.
Miguel Coelho da Silva.
Mathilde Ernestina Guimarães.
J. B. Ribeiro Soares.
João Manoel de A. Brandão.

Advogados

Belchior d'Albuquerque Barata (Dr.)
Cassiano Pereira Pinto Neves (Dr.)
Manoel Cardoso de Girão (Dr.)
Miguel Moreira da Fonseca (Dr.)

Hoteis

Cherubinas e Lusitano.

LEIRIA

Camara municipal

Presidente — Francisco Pereira da Silva (commendador).
Vice-presidente — Antonio Lopes Vieira.
Secretario — Balthazar Ferreira da Cunha Pessoa.

Negociantes principaes

Antonio Carlos d'Oliveira.
Francisco Pereira da Silva.
João Lopes Gomes.
Joaquim Jorge da Silva Teixeira.
José Ferreira Patricio.
José Gaudencio Barreto.
José Lopes Gomes.
José Maria Pereira.
Leitão & C.ª
Manoel Carlos Cardoso.
Manoel Joaquim Henriques.
Manoel Pinto da Silva.
Monteiro dos Reis & Irmão.
Rodrigues & Irmão.

Fabricas

Real Fabrica de Vidros, Marinha Grande.
Agostinho Marcelino, phosphoros, Leiria.
Antonio Marques, resinagem, Valle do Horto.
Francisco Marques da Cruz, machina de destillação, Leiria.
Francisco Pereira, resinagem, Abbadia.
Francisco Tavares, cortumes, Marinha Grande.
Francisco de Sousa, idem, Milagres.

Joaquim da Costa, idem, Azoia.
Joaquim Manoel Affonso, idem, Marinha Grande.
Joaquim Pereira, idem, Milagres.
José de Sousa, idem, idem.
Luiz de Sousa, idem, idem.
Manoel d'Oliveira Jordão, ocre, idem.
Real Frabrica de Resinagem, Marinha Grande.
Santos Barroso & C.ª, vidros, Marinha Grande.
Viuva Cordeiro & Filho, resinagem, Calvaria.

Advogados

Abilio Barreto de Figueiredo Perdigão (Dr.)
Diogo de Faria Pinho Vasconcellos Soares d'Albergaria (Dr.)
José Corte Real (Dr.)
José Maria Tavares Alçada (Dr.)

Hoteis

Grande Hotel do Liz e Hotel Barata.

PENAFIEL

Camara municipal

Presidente. — Joaquim Pereira Sotto Maior e Menezes.
Vice-presidente. — Basilio Coelho da Silva.
Thesoureiro. — Rodrigo Costa Babo.

Associação commercial

Presidente. — Antonio José Pereira da Silva.
Vice-presidente. — José Maria Pinto Monteiro.
Thesoureiro. — Rodrigo da Costa Babo.

Negociantes principaes

Abilio José Pereira Guimarães & Irmão.
Abilio Julio Barbosa.
Francisco de Sá Pereira.
Joaquim Pereira Freire.
José Maria Pinto.
José Maria Pinto Monteiro.
Miguel Gomes Teixeira.
Rodrigo Costa Babo & C.ª
Victor José Carvalho & C.ª
Victorino da Silva Alves Nunes & C.ª

Fabricas

Bernardino José Mello e Sousa, cortumes.
Francisco Mattos Almeida, cêra.

Advogados

Dr. Antonio da Cunha Bruchado.

Dr. Coreolano Freitas Bessa.
Dr. Ignacio Teixeira Dias.
Dr. Rodrigo Telles de Menezes.

Hoteis

Luso Brasileiro e Central.

PONTA DELGADA

Ilha de S. Miguel

Camara municipal

Presidente. — Dr. Caetano d'Andrade Albuquerque.
Vice-presidente. — Dr. Heitor da Silva Ambar Cabido.
Secretario. — João Luiz de Moraes Pereira.

Associação commercial

Francisco Xavier Pinto.
Clemente Joaquim da Costa.
Francisco Ferreira Garcia.
José Sabino Abreu Vasconcellos.
Eleutherio Martins.
George W. Hayes.

Bancos (agencias)

Portugal, Commercial, Alliança — Francisco Xavier Pinto.
Industria, Industrial, Minho, Commercial de Lisboa, Lusitano — Clemente J. da Costa.
Nacional Ultramarino, União do Porto, Commercial da Madeira — José Tavares Carneiro.
Lisboa & Açores — Bensaude & C.ª
Guimarães — J. de Mello Abreu.

Fabricas de distillação

Alliança, José Medeiros Cogumbreiro.
Arthur José Severino.
Domingos Dias Machado.
F. Alves d'Oliveira.
João José de Resende Lagôa.
Bensaude & C.ª
Santa Clara.
Fundição — Cruz de Moura.
Louça — Bernardino da Silva.
Luiz Nunes da Cunha.
Manoel Leite Pereira.
Pereira & C.ª
Silva & Irmão.
Sabão — Luiz Soares de Sousa.

Advogados

Dr. A. Moriera da Motta.

Dr. A. A. Pacheco.
Dr. F. Amorim da Silveira Moniz.
Dr. F. Felix Machado.
Dr. Guilherme Fischer Poças Falcão.
Dr. F. Pereira de Bettencourt Athayde.
Dr. José Maria Tavares Pereira.
Dr. Manoel Aprigio C. Severino de Avellar.
Conselheiro Verissimo d'Avellar Cabral.

Hoteis

Gusmão, Correia e Silva, Marianna Perpetua, Silvano Gago da Camara.

PONTE DO LIMA

Camara municipal

Presidente. — Conde de Calheiros.
Vice-presidente. — Dr. João do Nascimento Reis da Costa.
Secretario. — Casimiro Augusto A. Pereira.

Negociantes-capitalistas

Agostinho Pereira de Mello & Irmão.
Antonio Affonso Ferreira.
João da Cunha Nogueira, successores.
José Maria da Gama.
Placido Pereira d'Araujo.

Mercieiros

Alberto José Pereira.
Antonio Manoel Gonçalves.
Araujo Gomes Junior & Irmão.
Manoel Gomes Cardoso.
Melgaço & Lobato.

Agentes bancarios

João da Cunha Nogueira, successores.
Manoel Gomes Cardoso.

Advogados

Dr. Egydio Herculano Malheiro Correia Brandão.
Dr. João Augusto Malheiro.
Dr. João do Nascimento Reis da Costa.
Dr. Joaquim José dos Reis.

Hoteis

Estrella do Lima e Passeio.

PORTALEGRE

Camara municipal

Presidente. — Francisco Cardovil Caldeira Castello Branco Barahona.
Vice-presidente. — José Antonio de Torres Botelheiro.
Secretario. — Dr, José da Silva Martins.

Agentes do Banco de Portugal

Antonio Alves de Sousa.
Joaquim Alfredo Coelho Sampaio.

Negociantes principaes

Antonio Augusto Niny.
Antonio José Serra.
Antonio Maria Mallato.
Eleziario Francisco de Brito.
Francisco Antonio Castello.
João Augusto Alves.
João Baptista de Brito.
José Augusto de Pina e Carvalho.
José Maria Martins.
Manoel Antonio Bogalho.

Fabricantes

Costa & Irmão, massas.
George Robinson, rolhas.
José Joaquim Ribeiro da Silva, lanificios.
Neves Gomes & Ribeiro, idem.
Real Fabrica de Lanificios de Portalegre.

Advogados

Dr. Antonio Amaro Caldeira Canellas.
Dr. Antonio Joaquim d'Araujo Juzarte Campos.
Dr. Jorge d'Almeida Castanho.

Hoteis

Domingos Sains, Central e Viuva de Nicolau Manoel de Brito.

SANTAREM

Camara municipal

Presidente. — José Joaquim Nunes.
Vice-presidente. — Manoel Antonio da Silva.
Secretario. — João Maria Fragata.

Associação commercial

Presidente d'Assembléa Geral. — Franco José de Faria.
Presidente de Direcção. — Manoel Antonio das Neves.
   Membros:
Domingos Theodoro Garcia.
Francisco de Sousa Junior.
João Pereira Galvão.
Joaquim Francisco Pae da Vida.
José Francisco Cunha.

Fabricas de sabão

Ayres & Fernando.
Joaquim de Souza Martinho.

Advogados

Dr. Augusto dos Santos Ferreira de Miranda.
Dr. Joaquim Maria da Silva.
Dr. José Joaquim Dias.
Dr. José Manoel da Silva Anachoreta.

Hoteis

Boa Vista, Central, Felicia, Restaurant Guimarães.

SETUBAL

Camara municipal

Presidente. — Francisco Augusto Machado Correia.
Vice-presidente. — José Antonio Januario da Silva.
Secretario. — Sebastião Barreto Borges.

Associação commercial

Presidente. — Augusto Guilherme Grill.
Vice-presidente. — Venancio Olimpio Ferreira Torres.
1.º Secretario. — Manoel José do Nascimento e Oliveira.
2.º Secretario. — José Manoel Correia.

Fabricantes

Abel Abilio de Sena Raposo, conservas.
Carvalho & C.ª, idem.
Companhia Industrial, idem.
Companhia Nacional, idem.
Companhia Perseverança Portugueza, idem.
Costa & Carvalho, idem.
Dandicolle & Gaudin, idem.
F. Delorv, idem.
J. Ahrens, cortiça.
João José Salgado, conservas.
João Marques Cancio & C.ª, idem.
Joseph & Pierre Chancerelle, idem.
Moinhos & Sobrinhos, idem.
Netto & Azeda, idem.
Victor Tertrais, idem.
Wenceslas Chancerelle, idem.

Advogado

Dr. João Carlos Botelho Moniz (Conservador).

Hoteis

Francez e Setubalense.

TAVIRA

Camara municipal

Presidente. — João Possidonio Guerreiro.
Vice-presidente. — Augusto Viriato da França Mattos.
Secretario. — Eduardo Franco Antunes.

Negociantes principaes

Antonio Reis Centeno.
João Rodrigues Gomes Centeno.
Joaquim da Fonseca.
Joaquim Pires.
José Firmino Pires Padinha.
José Maria dos Santos.
José Rodrigues Centeno.
Manuel Marques Guerreiro.
Mathias Peres Rego & Irmão.
Thomaz Pires.

Fabricas

Companhia Tavirense de moagens e massas a vapor.

Directores

Francisco André do Rosario.
João Possidonio Guerreiro.
Silvestre José Falcão.

Advogados

João Ignacio Trindade. (Dr.), conservador.
Luiz Moutinho Luna de Andrade. (Dr.), delegado.

Hoteis

Pomba e Fonte.

THOMAR

Camara municipal

Presidente. — João Torres Pinheiro,
Vice-presidente. — Antonio Pereira Campeão.

Negociantes principaes

Antonio Alves Passos.
Antonio Rodrigues Christovão.
Antonio Vieira da Silva Neves.
Domingos Pereira da Silva.
Francisco Pereira do Silva Sardo.
João Germano d'Avellar.
José Joaquim d'Araujo.
José Pereira Campeão.
Silverio Ferreira da Costa.
Thomé d'Almeida e Silva.

Fabricas

Companhia da Real Fabrica de Fiação e Tecidos de Algodão.
Companhia do Papel do Prado e Marianaria,
Companhia Thomariense, Porto Covolleiros, tambem de papel.
Moagem, de João Torres Pinheiro.

Advogados

Antonio da Silva Ferreira..
Acacio Martins Velho.
José Maria de Freitas.

Hoteis

Augusto Cesar Prista e Martinho Antonio.

TORRES NOVAS

Camara municipal

Presidente.— Antonio Pessoa d'Amorim, (Dr.)
Vice-presidente. — Antonio Luiz Machado.
Secretario. — Carlos Augusto de Gouvêa Prestes.

Negociantes principaes

Augusto Pereira Bretts.
Gregorio dos Santos Pinho.
João Baptista Vassallo.
João Rodrigues de Deus & C.ª
José Augusto de Carvalho Gameiro Cardoso.
Justino d'Oliveira & C.ª
Olimpio Cotrim de Sousa.
Olimpio José Monteiro.
Raphael Rodrigues d'Oliveira.
Visconde de São Gyão.

Fabricas

João Baptista Vassallo. Fiação e Tecidos.
João Rodrigues de Deus & C.ª Idem.

Advogados

José Martins d'Avevedo. (Dr.)
Pedro Correia Monteiro Gorjão. (Dr.)
Raphael Pinto Lopes. (Dr.)

Hoteis

Carvalhal e Torreano.

TORRES VEDRAS

Camara municipal

Presidente. — Manoel Francisco Marques.

Vice-presidente. — Augusto dos Santos Ferreira.
Secretario. — José Baptista da Costa.

Negociantes principaes

Alberto José de Bastos e Silva.
Antonio Bernardo de Bastos e Silva.
Antonio Gomes Fevelim.
Antonio José de Bastos e Silva.
Augusto dos Santos Ferreira.
Francisco do Santos Bernardes.
José Avelino Nunes de Carvalho.
José Filippe Duarte Capote.
Joaquim Pedro Marques Sobrinho.
Manoel José de Paula Guimarães.
Manuel Pereira Jordão.

Fabricas

Francisco dos Santos Bernardes & Filhos, aguardente de vinho.
Joaquim Pedro Marques Sobrinho, moagem.
José Filippe Duarte Capote, idem.
Viuva Fevelim & Filhos, idem.

Advogados

Dr. Aleixo Cesario de Sousa Ferreira.
Dr. Luiz Antonio Martins.

Hoteis

Natividade, rua de Paiva de Andrade.
Pimenta, rua de Mousinho d'Albuquerque.
Estabelecimento de banhos Thermaes dos Cucos, proprietario José Antonio Dias Neiva.

VALENÇA DO MINHO

Camara municipal

Presidente. — Lino Placido Soares.
Vice-presidente. — Candido Augusto Gonçalves da Silva.
Secretario. — Antonio Salustiano Borges.

Negociantes principaes

Abilio Augusto Gonçalves d'Araujo.
Antonio Joaquim Gomes.
Antonio de Sousa Maia.
Aurelio Saavedra e Silva.
Francisco Manoel Novaes.
João Ignacio de Sousa.
José Joaquim Lopes.
José Narcizo Soares.
Leite & Ribeiro.
Manoel Alves da Silva.

Fabrica

Joaquim Apolinario da Fonseca, cal e cortumes.

Advogado

Dr. José Augusto Soares.

Hoteis

Luso Brazileiro, Rio Minho, e Valenciano

VIANNA DO CASTELLO

Camara municipal

Presidente. — Luiz d'Andrade e Sousa.
Vice presidente. — Dr. José Malheiro.
Secretario. — Adriano Felgueiras de Amorim.

Associação commercial

Presidente. — Antonio de Sousa S. Miguel.
Secretario. — Antonio Gonçalves de Carvalho.
  Directores.
Domingos José do Valle.
Manoel M. Fernandes.

Fabricas

Magalhães & Filho, moagens e ferraria a vapor.
Antonio Baptista Moreira, fundição.
Couto Vianna & Irmão, tecidos.
Vianna, moagens a vapor.
Feijó & C.ª, gesso.

Advogados

Dr. Damião Paulo de Brito Amorim.
Dr. Domingos Affonso Lombo.
Dr. José Joaquim de Castro Feijó.
Dr. Manoel Martins Barbosa.

Hoteis

Central e Europa.

VILLA REAL DE SANTO ANTONIO

Camara municipal

Presidente. — José Vicente do Carmo.
Vice-presidente.   Antonio José Barroso.
Secretario. — João J. de Salles Barroso.

Negociantes principaes

Alonso V. Velasco.
João M. Cumbrera.
Joaquim Pedro Parra.
José Antonio Gomes.
José Fernandes Piloto.
Manuel Alves Barbosa.
M. G. Roldau.
Martinho José Rodrigues.

Fabricas

Angelo Parodi, conservas de peixe.
Antonio Soares Barreto, idem e tecidos.
Companhia Industrial, idem, idem.
Domenico Migone, idem, idem.
Lythographia União, folha estampada.
Marcelino Iriotany, obra de malha.
S. Ramires, conservas de peixe, e tecidos.

Hoteis

Baudini e Violante Rosa Campeão.

VILLA REAL DE TRAZ OS MONTES

Camara municipal

Presidente: — Dr. Antonio Alberto Teixeira Lobato.
Vice-presidente: — Domingos Vieira Ribeiro.
Secretario: — Antonio Julio de Mesquita Guimarães.

Negociantes principaes

Affonso da Veiga Pacheco d'Oliveira.
Anselmo Pereira Bahia.
Antonio Julio de Moraes.
Avelino Arlindo da Silva Piteira.
José de Barros Freire.
José Bernardo Guedes Coimbra.
José Ignacio da Fonseca.
José Joaquim Moreira Vaz.
Manuel Antonio Mendes Pereira.
Manuel da Costa Lobo.

Advogados

Albano Baptista de Sousa, (Dr.)
Antonio Alberto Teixeira Lobato, (Dr.)
Bacharel, Augusto Guilherme de Sousa, (Dr.)

Hoteis

Aurora e Tocais.

VIZEU

Camara municipal

Presidente: — Commendador José Maria de Sousa Macedo.
Vice-presidente: — Antonio Henrique da Cruz.
Secretario: — Manuel Alexandre de Campos.

Negociantes principaes

Antonio Henriques da Cruz.
Antonio José da Rocha.

Antonio Ribeiro Guimarães.
Francisco Cardoso d'Almeida Mesquitella.
Henrique Cardoso Perdigão.
Manuel Bernardo Loureiro.
Ribeiro Soares & Beirão.
Viuva Lobão.

Fabricas

Cunha Santos & Figueiredo, Vidros.
David & C.ª, Couros cortidos.
José Maria d'Almeida, Sabão.

Advogados

Dr. Antonio Francisco Santos do Amaral.
Dr. José Barbosa de Carvalho.
Dr. José de Mello Borges.
Dr. José Simões d'Oliveira Martins.
Dr. Julio Borges de Castro e Mello.
Dr. Maximiano Pereira da Fonseca Aragão.

Hoteis

Francisco d'Almeida Cadete e Mabilia Adelaide das Neves.

NEGOCIANTES DE AFRICA

Loanda

Antonio Bernardino Pedreira e C.ª
Antonio Ribeiro da Costa.
Faro & Lima.
F. M. Stuart & C.ª
Felgueiras, Freitas & C.ª
Francisco Ribeiro & Filhos
Garrido Camara.
José Jacintho Ferreira da Cruz.
José Maria do Prado.
J. F. Ribeiro & Filhos.
Leonardo Carneiro.
Mourão & C.ª
Newton Carnegie & C.ª
Oliveira Massango & Sobrinhos.
Palhares Irmãos.

Benguella e Catumbella

Alfredo Adolpho de Vasconcellos.
Augusto José Moreira Bastos.
José Antonio da Motta Lima.
José Antonio dos Santos.
Manuel Silva Flores.
Pedreira & C.ª
José Ignacio Pereira de Carvalho.
José Joaquim da Luz.
José Joaquim Teixeira.

Silva & Lopes.
José Lourenço Ferreira.
J. J. Reis Conceição.
Leovegildo Augusto Nogueira Figueiredo.
Manuel Antonio dos Santos Reis.
Ferreira Marques & Fonseca.

Mossamedes

Albino Vieira de Sousa Concha.
Francisco Pinto da Rocha.
João Duarte d'Almeida.
Joaquim de Paiva Ferreira.
Manuel José Alves Bastos.
Seraphim Simões Freire de Figueiredo.
Sousa Irmão.
Torres & Irmãos.

Novo Redondo

José Alexandre da Costa.
Joaquim Antonio d'Oliveira Pinto.

S. Thomé

Alfredo José Pires.
Antonio André Gourinho.
Annibal Ferreira da Gama.
Antonio Ferreira Lima.
Bravo & Silva
Carlos Augusto de Salles Ferreira.
Cunha & Amaral
Alberto Garrido (Dr.)
Jacintho Simões Ferreira da Cunha (Dr.)
Matheus Augusto Ribeiro Sampaio (Dr.)
Eduardo Augusto dos Reis.
Faria & Branco.
Fazenda Monte Café.
Francisco de Assis Belard.
Francisco Antonio Gomes Roberto.
Francisco Monteiro.
Francisco Roeder.
Herdeiros de Alfredo Santos Pinto.
Jeronymo José da Costa.
Joaquim Antonio Gomes Roberto.
José Antonio Dias Quintas.
José Antonio Freire Sobral.
José Coostantino.
José Gomes da Cunho Lisboa.
José Maria Pires.
José Maria do Prado.
José Martins Caraça.
Levy & Bastos, negociantes.
Levy & Bastos, agricultores.
Manuel Alves da Cruz Chaves.
Manuel Joaquim de Sousa.
Manúel Duarte da Silveira.
Marcos Bemyunes.
Maximo de Carvalho.

Mesquita & Santiago.
Miguel da Fonseca.
Monte Macaco.
Narciso José da Costa.
Ruy Mattoso da Camara.
Santos & Santiago.
Thomás José da Costa.
V. de Gabriel de Bustamante.

Ilha do Principe

Antonio da Conceição Adelino
Antonio José da Silva Braga, agricultor.
Braga & Carneiro.
Custodio Joaquim de Sousa.
Fernando Soares & C.ª, agricultor.
Francisco Belard.
Francisco Mantero.
Sousa Irmão.
Santos Vizeu & Irmão.

Lourenço Marques

Adamo Agy Omar.
A. Fabre & Filhos.
Amad Mussanhy.
Francisco Caetano Viegas.
Francisco Damião Cannas Franco.
Francisco Romano d'Abreu Nunes.
Jdolgy Dorabgy.
Joaquim Thomaz da Fonseca.
Monte Frère Regis Amié
Oost Aprikanche & C.ª
Paulino Antonio Formarim.
Prossotamo Laemichande.
Prossotamo Verichande.
Semtob A. Levy.

Moçambique

Adolpho João Pinto de Magalhães.
Agy Abu Aibó.
Agy Cassamo Adamr.
Aibó Amade.
Amado Abá Sumar.
Amade Cassamo.
Antonio Alberto Pereira.
Antonio Candido Vidal de Sousa.
Antonio Semeão d'Oliveira.
Aridás Dangy.
Assamo Mamade.
Augusto Antonio Duarte Borges.
A. Brun Hult Anerbach.
Caetano Luiz de Campos Oliveira.
Candido Gonçalves Pinto de Magalhães.
Claudino José Freire Paiva.
Carlos Magno Affonso.
Cassamo Can.
Francisco José Rangel Nery.

Francisco Paula Carvalho.
Francisco Pinto Machado.
Francisco Xavier Portugal da Graça.
Gregorio Froes Nery.
Gulamo R. Valgy Mothu.
Issa Abdul Caimo.
Jeronymo Martins.
João Baptista Rangel Nery.
João da Silva Carrão.
Joaquim Gomes Xavier de Mattos.
Joaquim Hypolito de Noronha Gouvêa.
Joaquim Manuel Pereira.
José Antonio dos Santos.
José Feliciano da Gama.
José Maria de Carvalho.
José Pedro da Silva C. Oliveira.
Julio Nery & C.ª
Latife Can.
Latific Ussumane.
Laquemichande Primogy.
Leopoldo Amourous.
Madame Bay Macagy.
Manuel Francisco Dias.
Mendonça & Silva.
Moty Guma.
Napoleão Portugal da Graça.
Nicolou Ribeiro da Silva Junior.
Romão de Jesus Maria.
Sacur Cassand.
Sergio José Antonio Gonçalves.
Taibó Scliman.
Umar Abibó.

PARTE OFFICIAL

ACADEMIA REAL DAS SCIENCIAS DE LISBOA

Rua do Arco a Jesus

SOCIOS

Presidente — S. M. El-Rei D. Carlos I.
Vice-presidente — Conselheiro José Maria da Ponte Horta, rua de D. Pedro V, 80, 2.º
Secretario geral interino — Conselheiro Manoel Pinheiro Chagas, rua de S. Joaquim, a Santa Izabel, 19.
   Socios honorarios:
Sua Magestade o Senhor D. Pedro II, ex-imperador do Brazil.
Conde de Paris.
Duque d'Aumale.
Oscar II, rei da Suecia.
Socio emerito — Visconde de Seabra, rua da Barroca, 9.

SOCIOS EFFECTIVOS

Classe de sciencias physicas, mathematicas e naturaes

1.ª secção — sciencias mathematicas

José Maria da Ponte e Horta, Presidente da 1.ª classe, rua de D. Pedro V, 82.
Francisco da Ponte e Horta, rua de D. Pedro V, 82.
Luiz Porphirio da Motta Pegado, rua Nova da Alegria, 94.
Alfredo Augusto Schiappa Monteiro de Carvalho, vice-secretario da classe, rua da Arrabida, 27, 1.º

2.ª secção — sciencias physicas

Adriano Augusto de Pina Vidal, rua de S. Mamede, 77.
Dr. Thomaz de Carvalho, rua Larga de S. Roque, 17.
João Ignacio Ferreira Lapa, Estephania.
Dr. Agostinho Vicente Lourenço, rua da Escola Polytechnica, 37.

3.ª secção — Sciencias historico-naturaes

José Vicente Barbosa du Bucage, rua dos Cardaes de Jesus, 48.

Conde de Ficalho, rua dos Caetanos, 32.
Joaquim Filippe Nery Delgado, rua do Duque da Terceira.

4.ª secção — Sciencias medicas

José Eduardo Magalhães Coutinho, praça de D. Vasco da Gama, (Belem).
Antonio Maria Barbosa, rua do Monte de Santa Catharina, 11.
José Antonio Arantes Pedroso, rua das Flôres, 87, 2.º
José Joaquim da Silva Amado, vice-presidente da classe, rua Nova de S. Mamede (Palacio de Penafiel), 63.
Joaquim Eleutherio Gaspar Gomes, rua do Duque de Bragança, 30.

Classe de sciencias moraes, politicas e de bellas letras

1.ª secção — Litteratura

Manuel Pinheiro Chagas, secretario da classe, rua de S. Joaquim, a Santa Izabel, 19.
Raymundo Antonio de Bulhão Pato, Caparica.
Luiz Augusto Palmeirim, rua dos Caetanos, 43.
Dr. Joaquim Theophilo Braga, travessa de Santa Gertrudes, 70.
José Maria de Sousa Monteiro, rua de S. Domingos á Lapa, 82.

2.ª secção — Sciencias moraes e jurisprudencia

Dr. João Baptista da Silva Ferrão de Carvalho Martens, em Roma.
Dr. Lucas Fernandes Falcão, rua de Borges Carneiro.
Thomaz Ribeiro, rua do Salitre, 323.
Dr. José Dias Ferreira, presidente da classe, pateo do Pimenta, 15.
Delfim Maria d'Almeida, rua de S. Bento, 31.

3.ª secção — Sciencias economico-administrativas

Antonio de Serpa Pimentel, Cova da Moura, 1.
Conde de Valbom, rua Nova da Trindade, 96.
Antonio Maria de Couto Monteiro, rua de S. Lazaro, 100.
Dr. Antonio Candido Ribeiro da Costa, travessa do Athayde, 17.
Joaquim Pedro d'Oliveira Martins, calçada dos Caetanos, 30.

4.ª secção — Historia e archeologia

Augusto Carlos Teixeira de Aragão, rua do Salitre, 329.
Ignacio Francisco Silveira da Motta, inspector da Bibliotheca, vice-presidente da classe, travessa do Maldonado, 3, 2.º
João Pedro da Costa Basto, rua da Conceição á Praça das Flores, 10.
Jayme Constantino de Freitas Moniz, rua do Abarracamento da Cruz dos Quatro Caminhos, 29.

SOCIOS CORRESPONDENTES NACIONAES PELA DATA DA ELEIÇÃO

Dr. Rodrigo Ribeiro de Sousa Pinto, Coimbra.
Dr. José Ferreira de Macedo Pinto, Coimbra.
Francisco Antonio Rodrigues de Gusmão, Portalegre.
Francisco Gomes d'Amorim, rua Nova do Carmo, 6.
Dr. Mathias de Carvalho e Vasconcellos, Roma.
Joaquim Maria da Silva, Santarem.

D. Antonio do Santissimo Sacramento d'Almeida.
Eduardo Augusto Allen, Porto.
Visconde de Figaniére.
José Ramos Coelho, rua Saraiva de Carvalho, 229.
Bernardino de Barros Gomes.
Silvestre Bernardo Lima, rua do Monte Olivete, 11.
Francisco da Fonseca Benevides, pateo do Bragança.
Dr. Carlos May Figueira, rua do Thesouro Velho, 18.
Miguel Martins Dantas, Bruxellas.
D. Luiz da Camara Leme, rua dos Condes, 21.
José Thomaz de Sousa Martins, rua das Taipas, 5.
D. José Carlos de Menezes d'Alarcão, rua de S. Bento, 279.
José Augusto Cesar das Neves Cabral, rua do Poço dos Negros, 40, 3.º
José Joaquim da Silva Pereira Caldas, Braga.
D. Santiago Garcia de Mendonça, Marselha.
Claudio de Chaby.
Eduardo Augusto Vidal, rua dos Douradores, 83.
José Maria Couceiro da Costa, Palma de Baixo, 3.
Antonio Filippe Marx Sori, calçada do Monte, 10, 2.º
José Julio Rodrigues, rua Castilho, 12.
Visconde de Castilho, Olivaes.
João Carlos de Brito Capello, rua do Salitre, 284.
Henrique de Barros Gomes, Alto de Santa Catharina, 4.
Eduardo Augusto Motta, rua do Amparo, 24, 1.º
D. Antonio da Costa de Sousa de Macedo, rua da Cruz de Pau, 57.
Dr. Julio Marques de Vilhena, rua de S. Bento, 183.
Candido de Figueiredo, rua do Norte.
Bernardino Pereira Pinheiro, praça dos Restauradores, 53, 3.º
Tito Augusto Duarte Noronha, Porto.
Carlos Augusto Moraes d'Almeida, rua de S. Filippe Nery, 104, 2.º
Miguel Eduardo Lobo de Bulhões, rua do Norte, 48.
Fernando de Azevedo, Paris.
Alberto Pimentel, travessa da Piedade á Praça das Flores, 1.
José Curry da Camara Cabral, rua dos Cardaes de Jesus, 108, 1.º
Guilherme José Ennes, rua do Livramento, 50.
Barão de Roussado, Liverpool.
Augusto Neves dos Santos Carneiro, Novo Hotel, Bemfica.
Sebastião Filippe Martins Estacio da Veiga, largo d'Arroios.
Antonio Manuel da Cunha Belem, calçada da Estrella, 171.
Francisco Gomes Teixeira, Coimbra.
Joaquim Urbano da Veiga, rua Larga de S. Roque, 32.
Joaquim Theotonio da Silva, rua do Ferregial de Cima, 12.
Dr. Antonio dos Santos Viegas, Coimbra.
Augusto Carlos Bon de Sousa, largo do Leão.
Francisco Martins Sarmento, Guimarães.
Barão d'Ornellas, Paris.
Gerardo Augusto Perry, rua de S. Bento, 422.
José Gerson da Cunha, Bombaim.
Manuel Bento de Sousa, praça do Principe Real, 185.
João Fagundo da Silva, Santarem.
Ernesto Rodolpho Hintze Ribeiro, rua de S. Bento, 694.
Carlos Roma du Bocage, rua dos Cardaes de Jesus, 108.
Luiz Feliciano Marrecas Ferreira, rua do Monte Olivete, 67.
Accurcio Garcia Ramos, rua do Bemformoso, 167.
Conde de Campo Bello, Porto.
Conde de Casal Ribeiro, Madrid.
Eduardo d'Abreu, travessa do Moreira, 6.

José d'Anchieta, Angola.
Conde de S. Januario, rua de S. Francisco de Paula, 142, 2.º
Agostinho de Ornellas e Vasconcellos, rua Nova de S. Caetano, 3.
Fernando Palha, Santa Apolonia.
José Maria Eça de Queiroz, Paris.
José Manuel Rodrigues, Porto.
Dr. João Ferraz de Macedo, travessa do Almada, 12.
Conde de Sabugosa, rua de S. Joaquim, ao Calvario, 39.
Zeferino N. G. Brandão, calçada do Marquez d'Abrantes, 40.
José da Cunha Navarro de Paiva, rua das Flores, 35, 1.º
Virgilio Machado, praça do Principe Real, 96, 2.º
Visconde de Sanches de Baena, estrada de Bemfica, 118.
Lopo Vaz de Sampaio e Mello, rua Formosa, 59.
Francisco Augusto d'Oliveira Feijão, rua de S. Felix, 26.
Antonio Xavier Pereira Coutinho, travessa das Mercês.
Sabino Coelho, Avenida da Liberdade, 11.
Dr. Manuel Nunes Geraldes, Coimbra.
Christovão Ayres de Magalhães Sepulveda, rua dos Cardaes de Jesus, 4, 1.º
Conde de Monsaraz, rua do Ferregial de Cima.
Henrique da Gama Barros, rua de Fernandes Thomaz, 3.
Joaquim d'Araujo, Porto.
Pedro Wenceslau de Brito Aranha, rua dos Calafates, 110.
Paulo de Moraes.
Conde de Valenças, rua do Pau da Bandeira.
Ernesto do Canto, Ponta Delgada.
Guilherme Vasconcellos Abreu, rua de Barata Salgueiro, 15, 2.º
Zofimo Consiglieri Pedroso, travessa de Lazaro Leitão.
Dr. Alvaro Rodrigues de Azevedo, calçada da Estrella, 108.
Emilio Dias, rua de S. Paulo, 104, 1.º
A. V. d'Oliveira David.
Alfredo Luiz Lopes, calçada do Combro.
Dr. Antonio Lourenço da Silveira Macedo, (Horta, ilha do Fayal).
João da Silva Mattos, calçada de Sant'Anna, 199.
Dr. Augusto Antonio da Rocha, Coimbra.
Henrique Lopes de Mendonça, rua da Emenda.
Joaquim Coelho de Carvalho, S. Domingos, Bemfica.
Dr. Wenceslau de Sousa Pereira Lima, Porto.
Dr. Ricardo Jorge, Porto.
Dr. Antonio Assis Teixeira de Magalhães, Coimbra.
Alberto Telles de Utra Machado.
Dr. J. C. Lisboa.
Balthazar Osorio, Lisboa.
Alberto Girard, Lisboa.
José Fernandes da Costa Junior, rua de Vasco da Gama, 7, 4.º
João Jacintho Tavares de Medeiros, rua Nova do Almada, 81, 2.º
José Cypriano da Costa Goodolphim, rua do Limoeiro, 38, 2.º
Visconde de Ouguella, rua da Emenda.
D. João da Camara, Junqueira.
Manuel Bernardes Branco, rua Direita da Graça.
Dr. Antonio Bettencourt Rodrigues, rua Castilho.
Dr. Julio de Mattos, Porto.
Dr. Eduardo Burnay, Junqueira, 9.
Antonio Joaquim Ferreira da Silva, Porto.
Bernardino Camillo Cincinato da Costa, rua Duque de Bragança.
Visconde de Coruche, largo da Bibliotheca, 4.
Miguel Bombarda, Paço da Rainha, 56, 1.º

Dr. Francisco Teixeira de Queiroz, rua da Magdalena, 171, 1.º
Bernardino Machado, Junqueira.
Antonio Joaquim Lopes da Silva, Lousada.
Luiz Osorio.

SOCIOS CORRESPONDENTES ESTRANGEIROS

Barão de Morognes, Orleans.
Carlos Porton Cooper, Londres.
Dr. Izidoro Jacintho Maire, Brest.
A. Moreau de Jonnés, Paris.
Sergis Ouvaroff, S. Petersburgo.
José Martins da Cruz Jobio, Rio de Janeiro·
D. Paschoal de Gayangos, Madrid.
José Baptista de Rossi, Roma.
Padre João Van-Heck, Bruxellas.
Carlos Maria Filippe de Kerhallet, Paris.
D. Romão Pelicio, Madrid.
D. Cypriano Segundo, Montesimo, Madrid.
Carlos Filipps, Paris.
Carlos Saint Claire Deville, Paris.
Barão Seleves de Longchamps, Bruxellas.
D. Carlos Maria de Castro, Madrid.
Dr. J. Groca, Bruxellas.
Mauricio Blok, Paris.
G. Léonce de Lavergne, Paris.
D. José Maria d'Alava, Sevilha.
Henrique Drouet, Paris.
Dr. Luiz René Lecanu, Paris.
Emilio Blanchard, Paris.
D. Mariano de La Paz e Gradellas, Madrid.
Padre Julio Clobert, Amiens.
Dr. Luiz Palmieri, Napoles.
Padre Zandtedeschi, Padua.
G. P. Deshays, Paris.
Dr. Basilio Sebastião Castellanos de Lousada, Madrid.
D. Joaquim Maria Bover de Rossello, Madrid.
Dr. Luiz Antonio Vieira da Silva, Maranhão.
Thomaz V. Wollaston, Londres.
Sabino Berthelot, Teneriff.
Arthur Morelet, Dijon.
Dr. W. Ph. Schimper, Strasburgo.
Dr. Pucherand, Paris.
Julio Verraux, Paris.
Adolpho Legoyl, Paris.
Carlos Vogel, Paris.
Dr. José Emilio Cornay, Rochefort.
O. des Murs, Paris.
J. B. Gassiers, Paris.
C. L. Kiéner, Paris.
Augusto Cabours, Paris.
D. Laureano Perez Arcas, Madrid.
Dr. Emilio Hubner, Berlim.
Carlos Asselineau, Paris.
A. Jal. Paris.
João Manuel Ferreira da Silva, Rio de Janeiro.
D. Romão Barros y Sibelo, Orense.
Dr. Constantino James, Paris.

Alexandre Henne, Bruxellas.
Emilio von Schlagintweit, Munich.
Dr. Luiz Rosselini, Modena.
Dr. Ernesto Ferreira França, Rio de Janeiro.
Dr. Jaccoud, Paris.
Gustavo de Veer, Dantzig.
H. Bourdiol, Paris.
Christovão Negri, Italia.
Dr. G. Eliot, Estados-Unidos.
Dr. Steindachner, Vienna.
N. Rondot, Paris.
A. Milne Edwards, Paris.
D. Antonio de Trueba, Hespanha.
D. Romão Campoamor, Hespanha.
D. José Zorrilla, Paris.
Luiz Cremonia, Milão.
Frederico le Play, Paris.
Leão Donnat, Paris.
Marquez Anatole de Coligny, Paris.
J. Leão Lefort, Paris.
Carlos Faider, Bruxellas.
Dr. Alberto Erlenmeyer, Coblentz.
J. P. Van Beneden, Lovama.
Marquez Leopoldo de Folin, Bordeus.
C. Luiz Livet, Paris.
Emilio de Laveleye, Liege.
Theodoro Mommsen, Berlim.
Conde de Montblanc, Paris.
Dr. F. Palasciano, Napoles.
Max Muller, Oxford.
Barão Gaudencio Claretta, Turim.
Tito Franco d'Almeida, Rio de Janeiro.
D. Manuel Rodrigues de Berlanga, Malaga.
João Vicente Torres Homem, Rio de Janeiro.
Dr. Ataliba de Gommensoro, Rio de Janeiro.
Lord Stanley, Londres.
Ladislau Netto, Rio de Janeiro.
D. Marianno Roca de Togores, marquez de Molins, Paris.
Dr. José Ferreira Rego, Rio de Janeiro.
Davreux, Liége.
Dr. Antonio Januario de Faria, Bahia.
Ernesto Renau, Paris.
Lord Talbot de Malahide, Dublin.
Thomaz Henry Huxley, Londres.
José Descaisne, Paris.
Davanne, Paris.
D. Lino Penuelas y Fornesa, Madrid.
Gloesener, Liége.
Ricardo Bowdler Sharpe, Londres.
D. Antonio Canovas del Castillo, Madrid.
Ernesto Monaci, Roma.
Dr. José Dalton Hocker, Londres.
Dr. José Villaamil y Castro, Madrid.
H. Gust. Reichenbach, Hamburgo.
F. Boccoust, Paris.
Dr. Sané, Paris.
José de Araujo Ribeiro, Rio de Janeiro.

Dr. Burggraeve, Gand.
Eduardo van Beneden, Liége.
Aurelio Gotti, Florença.
J. J. Aubertin, Londres.
Dr. Carl von Reinhardstoettner, Munich.
Francisco Maria Tubino, Madrid.
A. Delesse, Paris.
Dr. Bonnafond, Paris.
Paulo Porto Alegre, Brazil.
Barão de Zigno, Padua.
Henei Guinier, Cauterets.
Prof. Dehérain Grigon.
Mr. Meziéres, Paris.
E. Chaveriat, Lyão.
Dr. Victor Fatio, Genebra.
Mr. Moncorvo, Rio de Janeiro.
Conde de Casa Valencia, Madrid.
José Antonio de Freitas, Lisboa.
Clovis Lamatre, Paris.
D. Rodrigo Amador de los Rios, Madrid.
D. Andrés Lauradô, Escurial.
N. Breithof, Lovaina.
José M. Torres de Caicedo, Paris.
A. Legoyt, Paris.
A. Vesseelowsky, S. Petersburgo.
Dr. V. Saboya, rio de Janeiro.
Henri Faure, Moullins.
Dr. Alfredo Piragibe, Rio de Janeiro.
W. P. Hierne, Londres.
Jules Oppert, Paris.
Dr. José Pereira Guimarães, Rio de Janeiro.
Charles T. Lennient, Sorbonna.
D. Juan Valera, Madrid.
H. Howortk, Londres.
Dr. Ernesto Lambron, Luchon.
Marianno Carreras y Gonzalez, Madrid.
Joseph Carnoy, Louvain.
C. le Paige, Bruxellas.
Dr. Droixhe, Liége.
Dr. Luiz Guimarães Junior, Lisboa.
Aristides Marre, Paris.
Barão de Marajó.
Dr. Luige Cossa, Pavia.
Dr. Santero y Moreno, Malaga.
Alphonse Rivier, Bruxellas.
Dr. Charcot, Paris, Escola de Medicina.
Dr. José Maria Assencio, Sevilha.
Francisque Michel, França.
Victor Balaguer, Hespanha.
Marquez de Croizier, Paris.
D. Romualdo Alves Espino, Madrid.
General Liagre, Bruxellas.
A. Bertolloti, Mantua.
Conde de Cheste, Madrid.
Luiz Pasteur, Paris.
Dr. A. Fort. Paris.
Dr. Arthur Vianna de Lima, Berlim.

Dr. João da Costa Lima e Castro, Rio de Janeiro.
Paul Choffat.
D. Vicente Riva Palacio, Madrid.
Nicolau de Goyri, rua do Alecrim, 20-A, Lisboa.
Dr. Adolpho de Ceuleneer, Gand.
Dr. Faye, Paris.
Dr. Helmholtz, Berlim.
Cypriano de Freitas, Rio de Janeiro.
Mauricio d'Ocagne, Paris.
Dr. Berthelot, Paris.
Duque de Broglie, Paris.
Durand Fardel, Paris.
Dr. Stanislas Meunier, Paris.
Auguste Meulemans, Bruxellas.
Leon Lallemand, Paris.
F. J. de Sant'Anna Nery, Brazil.
Ernesto Lehr, Lausanne.
E. T. Hamy, Paris.
Emilio Cartailhac, Toulouse.
Eduardo da Silva Prado, Paris.
A. W. von Hoffmann, Berlim.
C. Friedel, Paris.
Dr. J. Neumann, Vienna.
Charles Féré, Paris.
Barão J. de Baye, Paris.
W. Storck.
Gustave Saige, Paris.
S. Pozzi, Paris.
Charles de Harlez, Louvain.
J. Verdaguer, Barcelona.

ASSOCIADOS PROVINCIAES

Carlos Leme Guedes Vieira Sequeira de Macedo.
Luiz Xavier de Sá Valente da Gama Castello Branco, Leiria.
Manuel da Cruz Pereira Coutinho, Coimbra.
João de Sá e Sousa Chichorro Maria Caiola, Coimbra.
Visconde de S. Thomé, Soure.
Marquez de Ficalho, rua dos Caetanos, 32.
Antonio Bernardo de Sousa, Evora.
Antonio Caetano da Costa Inglez, Faro.
Antonio Eloy da Cunha Rivara, Arraiollos.
Ayres de Sá Chichorro Mexia Caiola, Torres Novas.
Francisco de Paula Risques, Alter do Chão.
Manuel Antonio Alvares, Montemór-o-Novo.
Henrique Manuel Ferreira Botelho, Villa Real.
Dr. Domingos Monteiro de Veiga e Silva, Sabrosa.
Antonio da Ascensão Telles, Evora.
Francisco Lopes Gravinho Tavares de Carvalho, Tentugal.
João Maria Moniz, ilha da Madeira.
Barão de S. Pedro, rua da Horta Secca, 13, Lisboa.
Conego Antonio José de Sousa Santa Rita, Thomar.
Antonio Xavier de Sousa Monteiro, Coimbra.
José Mendes Norton, Vianna do Castello.
Dr. Francisco Frederico Hoppfer, Lisboa.
Lucio Augusto da Silva, Macau.
Suriagy Annauda Rau, Nova Goa.

L. M. Julio Frederico Gonçalves, Nova Goa.
Christovão Pinto, Lisboa, Hotel Borges.
Joaquim Emygdio Xavier Machado.
Marques Gomes, Aveiro.
F. A. Rodrigues de Gusmão Junior, Portalegre.

DICCIONARIO DA LINGUA PORTUGUEZA

Publicação feita pela academia real das sciencias de Lisboa

Directores:
Conselheiro Ignacio Francisco Silveira da Motta, travessa do Maldonado, 3, 2.º
Dr. J. Theophilo Braga, travessa de Santa Gertrudes, 70.
Encarregado do archivo do diccionario — Severiano Silvestre Lapa, 2.º official da bibliotheca da academia, rua de Passos Manuel, á Estephania, 104, 1.º, D.

EMPREGADOS DA ACADEMIA

Official da secretaria — José Duarte Ramalho Ortigão, calçada dos Caetanos, 30, 3.º
2.º official — Antonio da Costa Moreira, Linda a Pastora.
Official da bibliotheca — Jeronymo Martins Pamplona Côrte Real, calçada do Marquez de Abrantes.
2.º official da bibliotheca — Severiano Silvestre Lapa, rua de Passos Manuel, 104, 1.º, D.
Continuo da bibliotheca — José Vasques, rua do Poço dos Negros, 122, 3.º
Director da typographia — Carlos Cyrillo da Silva Vieira, rua do Telhal, 15, 1.º
Porteiro — José Joaquim Rodrigues dos Santos, no edificio.

INSTITUTO MAYNENSE

Na academia real das sciencias, rua do Arco de Jesus

Lente — Carlos Augusto Moraes de Almeida, rua de S. Filippe Nery, 104, 2.º
Guarda — José Rodrigues dos Santos, no edificio.

ACADEMIA REAL DAS BELLAS ARTES

Largo da Bibliotheca Publica

Inspector — Conde de Almedina, Avenida da Liberdade, 14.
Director — Antonio Thomaz da Fonseca, rua Serpa Pinto, 31, 3.º
Secretario e bibliothecario da escola — Francisco Tiburcio Melicio, rua Formosa, 31, 2.º
Thesoureiro — Manoel Nicolau da Costa, rua do Conde, 7 1.º
Official da bibliotheca — João José dos Santos, rua do Correio Velho, 3, 3.º

PROFESSORES EFFECTIVOS

1.ª *cadeira (desenho linear, geometrico e geometria descriptiva)* — José Antonio Gaspar, travessa de Estevão Pinto, a Campolide.
2.ª *cadeira (desenho de figura por estampa, do antigo, do natural e panneja-*

mentos) — José Simões de Almeida Junior, rua do Duque de Bragança, 18.

3.ª *cadeira (desenho architectonico e architectura civil)* José Luiz Monteiro, rua nova de S. Francisco de Paula, 87 rez do chão.

4.ª *cadeira (pintura historica e de genero, interino)* — José Ferreira Chaves, rua da Quintinha, 99, 1.º

5.ª *cadeira (desenho, aguarella e pintura de paizagem)* — Antonio Carvalho da Silva Porto, rua Paschoal José de Mello, 65, 2.º d.

6.ª *cadeira (esculptura e estatuaria)* — Antonio Victor Figueiredo de Bastos, rua 24 de Julho, 70.

7.ª *cadeira (gravura a talho doce)* — Antonio José Nunes Junior, rua de Caetano Palha, 39, 2.º

8.ª *cadeira (gravura em madeira, interino)* José Armando Pedroso Gomes da Silva, Alto de Marvilla, 48, (Poço do Bispo).

9.ª *cadeira (desenho, aguarella e pintura de ornato)* — Antonio Thomaz da Fonseca, rua Serpa Pinto, 31, 3.º

1.ª *cadeira auxiliar (introducção á historia natural, hygiene de edificio)* — José Antonio Serrano, rua de Entremuros, 175 e 177.

2.ª *cadeira auxiliar (elementos de geographia, historia geral e patria, historia da arte, esthetica)* — Antonio de Sousa e Vasconcellos, calçada da Gloria, 3, 2.º

3.ª *cadeira auxiliar (archeologia)* — Francisco Marques de Sousa Viterbo, rua larga de S. Roque, 36, 4.º

4.ª *cadeira auxiliar (modelação de ornato)* — Antonio Alberto Nunes, travessa de Santa Catharina, 33, 2.º

Formador interino — Guido Baptista Lipi, rua do Conde, 55, 3.º
Fiel — Francisco Solano dos Santos, na Academia.
Porteiro de entrada — Anselmo Maria Pons, rua de S. Lazaro, 187, 2.º
　Continuos:
Joaquim da Silva Ruella, rua do Salitre, 291.
Thomé Joaquim Lopes, travessa de S. Placido, 23, 1.º
Antonio José Pereira rua de S. Lazaro, 81.
Francisco Maria Viotti, rua da Arrabida, 122.
Manoel Joaquim Grillo, rua do Salitre, 175, 1.º
　Serventes:
Antonio José Gomes, rua Ivens, 44, 4.º
Guilherme de Sá, na Academia.
Duarte Lopes, largo do Mastro, 91.
José Xavier Longuinho, rua do Norte, 117, 1.º

ARTISTAS AGGREGADOS

De pintura — Antonio da Costa Oliveira, rua do Arco a Jesus, 67.
De architectura — Manoel Thomaz de Sousa Pontes, Sardoal.

ACADEMICOS DE MERITO

Alfredo Andrade, Italia.
Anatole Celestin Calmels, rua da Creche.
Antonio Alberto Nunes, travessa de Santa Catharina, 33.
Antonio José Nunes Junior, rua de Caetano Palha, 39, 2.º
Antonio Thomaz da Fonseca, rua Serpa Pinto, 31.
Frederico Augusto de Campos, calçada dos Caetanos, 30, 2.º
João José dos Santos, calçada do Correio Velho, 3.º
Joaquim Gregorio Nunes Prieto, rua de S. Sebastião da Pedreira, 19.
Joaquim Possidonio Narciso da Silva, Campolide de Baixo, casal de D. Rosa.

José Ferreira Chaves, rua da Quintinha, 99.
José Geraldo da Silva Sardinha, Porto.
José Luiz Monteiro, rua do Sacramento a Alcantara, 80.
José Maria Nepomuceno, Santo Antonio da Convalescença.
José Severini, Madrid.
José Simões d'Almeida Junior, rua do Duque de Bragança, 18.
Leonel Marques Pereira, calçada de Santo Andre, 56, 3.º
Luiz Ascencio Tomazini, rua de Santa Isabel, 132.
Luiz Caetano Pedro d'Avila, rua de Vasco da Gama.
Pedro Carlos dos Reis.
Prospero Lasserre, rua da Estrella, 71.
Seraphim da Fonseca e Sá, travessa da Assumpção, 25, 2.º

ACADEMICOS HONORARIOS

Carlos Relvas, Gollegã.
Conde de Almedina, Avenida da Liberdade, 14.
Conde de Ficalho, rua dos Caetanos, 32.
Francisco Lourenço da Fonseca, rua das Chagas, 16.
Julio Cesar de Andrade, rua do Ferregial de Cima, 19.
Visconde de Castilho, Olivaes.

ACADEMIA POLYTECHNICA DO PORTO

Largo do Anjo

Director — Francisco Gomes Teixeira, Costa Cabral, 132.
Lente da 1.ª Cadeira (geometria analytica, algebra superior, trigonometria espherica) — Luiz Ignacio Woodhouse, rua do Breyner, 118.
Lente da 2.ª Cadeira (calculo differencial e integral, calculo das differenças e das variações) — Dr. Francisco Gomes Teixeira, Costa Cabral, 132.
Lente da 3.ª Cadeira (mechanica racinoal cinematica) — Joaquim d'Azevedo Sousa Vieira da Silva Albuquerque, rua dos Fogueteiros, 1.
Lente da 4.ª Cadeira (geometria descriptiva) — Duarte Leite Pereira da Silva, (rege interinamente), S. Lazaro, 118.
Lente da 5.ª Cadeira (astronomia e geodesia) — Duarte Leite Pereira da Silva (Lente Proprietario).
Lente da 6.ª Cadeira (Physica) — Conde de Campo Bello, Quinta de Campo Bello, Gaya.
Lente da 7.ª Cadeira (Chimica inorganica) — Dr. José Diogo Arroyo, Foz, praça de Cadouços, 16.
Lente da 8.ª Cadeira (Chimica organica e analytica) — Antonio Joaquim Ferreira da Silva, rua da Boa Vista, 166.
Lente da 9.ª Cadeira Mineralogia, paleontologia e geologia) — Dr. Wenceslau de Sousa Pereira Lima, rua de Cedofeita, 137.
Lente da 10.ª Cadeira Botanica) — Aarão Ferreira de Lacerda.
Lente da 11.ª Cadeira (Zoologia) — Manuel Amandio Gonçalves, Santa Catharina, 881.
Lente da 12.ª Cadeira (Resistencia de materiaes e estabelidades das construcções — Roberto Rodrigues Mendes, S. Lazaro, Hotel America).
Lente da 13.ª Cadeira (Hydraulica, machinas) em curso biennal — Manuel da Terra Pereira Vianna, (Hotel Francfort).

Lente da 14.ª Cadeira (Construcção e vias de communicação) em curso biennal — Victorino Teixeira Laranjeira.
Lente da 15.ª Cadeira (Montanistica e dosimisia) em curso biennal — Manuel Rodrigues de Miranda Junior, Cedofeita, 468.
Lente da 16.ª Cadeira (Economia politica, Estatistica, principios de Direito publico e administrativo e commercial, legislação. (Rege inteiramente) — Antonio Ribeiro da Costa e Almeida.
Lente da 17.ª Cadeira (Commercio) em curso biennal — José Joaquim Rodrigues de Freitas, travessa de Santa Catharina, 52.
Lente da 18.ª Cadeira (Desenho) — Francisco da Silva Cardozo, rua da Alegria, 341.
   Lentes jubilados:
Conselheiro Arnaldo Anselmo Ferreira Braga, Breyner, 104.
Pedro de Amorim Vianna, Setubal.
Gustavo Adolpho Gonçalves e Sousa, Principe, 126.
Antonio Alexandre Oliveira Lobo.
Guilherme Antonio Correia, Martyres da Liberdade, 70.
Secretario — Bento Vieira Ferraz de Araujo, rua das Vallas, 30.
Bibliothecario — Antonio Joaquim de Mesquita Pimentel, largo da Lapa, 12.

ACADEMIA PORTUENSE DE BELLAS-ARTES

Praça de S. Lazaro, no edificio da Bibliotheca

Inspector — Ex.mo Ministro do Reino.
Sub-inspector — Conde de Samodães, rua do Sol, 55.
Director — João Antonio Correia, largo do Corpo da Guarda, 32.
Secretario — Thaddeu Maria d'Almeida Furtado.
Fiel Amanuense — Custodio José Rodrigues, Povoa de Cima, 361.
Professor de desenho historico — João Marques da Silva Oliveira, rua do Heroismo, 239.
Professor de pintura historica — João Antonio Correia, largo do Corpo da Guarda, 32.
Professor de architectura civil e naval — José Geraldo da Silva Sardinha, Camões, 55.
Professor de esculptura — Seraphim de Sousa Neves.
   Guardas:
José Vieira Mendes de Queiroz, campo 24 de Agosto, ilha do Ferreira.
Manoel Telles Monteiro Cabral.
Porteiro da Academia — José Pinto Moreira, rua da Cedofeita, 196.
Porteiro do Museu — Antonio Augusto Firmino dos Santos Almeida, Povoa de Cima, 340.
Guarda do Museu — Joaquim Pinto de Miranda, Almada, 390.

ACADEMICOS HONORARIOS

Conde de Samodães, rua do Sol, 55.
Conselheiro João Baptista da Silva Ferrão de Carvalho Martens, Roma.
Barão de Castello de Paiva.

ACADEMICOS DE MERITO

Antonio Carvalho da Silva Porto, rua Nova do Loureiro, Lisboa.
D. Francisco d'Almeida Furtado, Campo da Regeneração, 20.
Guilherme Antonio Correia, Campo da Regeneração, 139.

João Marques da Silva Oliveira, Heroismo, 239.
José Antonio Gaspar, architecto em Lisboa, travessa de Estevão Pinto.
José Geraldes da Silva Sardinha, rua Camões, 55.
José Julio de Sousa Pinto.
José Simões d'Almeida Junior, rua do Duque de Bragança, Lisboa.
Sorolano Scotto, insigne lavrador, Florença.

ADMINISTRAÇÃO DO 1.º BAIRRO DE LISBOA

Rua da Mouraria 27, 1.º

Administrador — Dr. João Carlos Pessoa de Amorim, Campo dos Martyres da Patria, 49.
Substituto — Antonio Luiz Ribeiro, rua da Senhora da Gloria, 69.
Secretario — Ignacio Conrado da Costa, Paço do Lumiar.
  Amanuenses:
Pedro Duarte da Silva Seixas, rua de D. Estephania, 123, 1.º
José Antonio da Silveira Passos, rua Nova da Alegria, 90, 1.º
José Simplicio Costa, rua dos Anjos, 195, 1.º
Julio Estevão Franco, Pedreira Molle, Bellas.
José Adelino Barros, rua Salvador, 42, 2.º
João Baptista Pinto Magalhães, rua dos Anjos, 5, 1.º
Manuel Thomaz da Fonseca, rua de S. Joaquim, 62.
  Officiaes de diligencias effectivos:
Antonio Manuel Cardoso Dias, estrada de Sacavem, 42.
Francisco Carlos Torres, rua de Entre-Muros, 13.
Manuel dos Santos, rua do Valle de Santo Antonio, 98.
Manuel José da Silva Santos, rua da Cruz de Santa Apolonia, 56, 2.º
José Castanheira de Moura, rua de S. Christovão, 15, 4.º
José Guilherme de Mello, rua da Bombarda, 10, 1.º

ADMINISTRAÇÃO DO 2.º BAIRRO

Rua Ivens, 6, 1.º

Administrador — Dr. Antonio Augusto de Sousa Azevedo Villaça, Chellas.
Substituto — Conselheiro Antonio Joaquim Homem de Macedo Junior, rua da Quintinha, 87.
Secretario — Augusto José d'Oliveira, pateo do Tijolo, 52, rez-do-chão.
  Amanuenses:
Eduardo Augusto Pereira, travessa de João de Deus, 3, 2.º
Guilherme Augusto Fernandes, travessa da Ribeira Nova, 26, 4.º
Augusto d'Oliveira, travessa da Queimada, 50, loja.
Eduardo Maximiano Salino, rua do Salitre, 378, 2.º
Antonio Ribeiro Neves, rua Aurea, 66, 3.º
Carlos Franciosi Costa Junior, travessa do Convento de Jesus, 4, 1.º
Alfredo Fernandes Dourado, rua da Princeza, 300, 4.º
Empregado addido — Eduardo Oxford Pereira Queiroz Vellozo, rua do Arsenal, 148, 4.º
  Officiaes de diligencias effectivos:
Henrique Augusto Fernandes, rua da Boa-Vista, 142, 4.º
José Eloy de Sousa Ferreira Nobre, Poço dos Mouros.
Manuel Antonio de Sousa, travessa da Conceição, 43, 1.º
Joaquim Vicente Palhoto, travessa da Conceição, 43, 1.º

ADMINISTRAÇÃO DO 3.º BAIRRO

Calçada do Combro, antigo edificio do Correio Geral.

Administrador — Dr. Manuel Fernandes Coelho, rua de S. Mamede, 31.
Substituto — Antonio Thomaz d'Assa Castello Branco, rua de S. Filippe-Nery, 18.
Secretario — Eduardo d'Almeida Costa, rua de S. Boaventura, 13.
 Amanuenses:
Alfredo Moraes Pinto, rua Formosa, 156.
Manuel Nunes dos Reis, Costa do Castello, 16.
Francisco Pereira de Azevedo, rua da Esperança, 50.
Miguel Augusto da Silva Freitas, travessa de Santos, 1.
Fernando Pedro Celestino Soares, travessa do Pé de Ferro.
Alfredo José Cardoso Gonçalves, Praça das Amoreiras, 6.
Casimiro Teixeira Bastos, rua de S. Bento, 59.
 Officiaes de diligencias effectivos:
Domingos Maria da Silva Lobato, rua de S. Paulo, 220.
José Luiz de Sousa Caldas, rua do Monte Olivete.
Manuel Maria da Silva Lobato, rua de S. Paulo, 220, 4.º
José Joaquim d'Almeida.

ADMINISTRAÇÃO DO 4.º BAIRRO

Rua de S. Francisco de Paula, 130, B.

Administrador — Dr. Francisco de Paula de Mendonça Pessanha, rua de S. Filippe Nery, 146, 1.º
Substituto — Julio Emilio Sant'Anna da Cunha Castello Branco, rua da Arriaga, 14, 1.º
Secretario — Antonio Maria Daniel, calçada da Ajuda, 165, 1.º
 Amanuenses:
Manuel Maria da Silva Rego, rua da Escola Polytechnica, 20, 4.º
Emilio Ernesto Castello Branco Machado, rua direita de Belem, 136, 3.º
José dos Santos Brito, rua da Junqueira, 185, 1.º
Armenio Maximo de Sousa Macedo, travessa de Santa Justa, 38, 2.º
Joaquim Crispim Carrilho, rua da Imprensa Nacional, 41.
José d'Azambuja Proença, Oeiras.
 Officiaes de diligencias effectivos:
José Maria Ribeiro Coimbra, rua de S. Franciscode Paula, 130, 2.º B.
José de Sousa e Sá, rua Direita de Belem, 125,2.º
Carlos Augusto Krum Afflalo, calçada da Ajuda, 43.
João da Silva Thomaz, becco de Paulo Jorge, 10, D.
Antonio Correia, calçada da Ajuda, 151, 1.º E.
Jeronymo Pedro Maya, rua da Industria. 9.
Francisco Xavier Correia, rua da Esperança, 118, 3.º
Pedro Joaquim Correia de Lacerda Alves Pereira, travessa da Boa Hora, 17, 1.º

ADMINISTRAÇÃO DO CIRCULO ADUANEIRO DO SUL

ALFANDEGA DE LISBOA

Relação dos nomes e moradas, graduação e situação dos empregados aduaneiros adstrictos a este circulo

Administrador do circulo — Conselheiro José Paulino de Sá Carneiro, Camarate.
Director do despacho — Conselheiro Luiz José Frade de Almeida, Hotel Francfort.
Director dos armazens — Conselheiro Antonio Maria Lazaro dos Santos, rua de Ferreira Borges, 203, rez-do-chão.
Auditor do tribunal do contencioso de 1.ª instancia — Dr. José da Cunha Eça Azevedo, rua da Penha de França, 29.
Primeiro thesoureiro — José Lopes de Oliveira Velho, rua do Ferregial de Cima, 12.
   Antigos chefes de serviço:
Francisco de Salles Lencastre, chefe da repartição central, rua da Arrabida, 49, 1.º
Conselheiro Augusto José da Silva, chefe da repartição fiscal, rua do Alecrim, 47, 1.º

PESSOAL DO QUADRO DO CIRCULO ADUANEIRO DO SUL

Antigo verificador — Francisco Pereira d'Oliveira, direcção do despacho, rua de Ferreira Borges, 205
Sub-director dos armazens — Ernesto Loureiro, rua Nova de S. Francisco Paula, 27.
Segundo thesoureiro — Daniel Cordeiro Feio, rua Nova de S. Domingos, 19, 1.º
Secretario da administração e agente do Ministerio Publico — Conselheiro José Joaquim Lopes Tavares, rua da Magdalena, 97.
   Primeiros verificadores:
Adolpho Augusto Machado Tavares, direcção do despacho, travessa de Santa Justa (Hotel Francfort).
Filippe Nery de Faria e Silva, direcção do despacho, rua de Santo Ambrosio, 41, 1.º
Arthur Amorim Sieuve de Séguier, direcção do despacho, rua de S. Bento, 61.
Alfredo Augusto dos Santos e Silva, direcção do despacho, rua do Poço dos Negros, 40, 3.º
Joaquim Pereira da Costa e Silva, direcção do despacho, rua de S. José, 186, 3.º
Frederico Torres Pereira, direcção do despacho, rua do Ferregial de Cima, 12, 3.º
Francisco Maria Gomes de Sousa, direcção do despacho, rua de Caetano Palha, 10, 1.º
Alvaro Galvão Mexia Moura Telles, praça de S. Bento, 24.
Frederico Cesar da Camara Leme, direcção do despacho, rua do Ferregial de Cima, 12, 3.º
João Tamagnini da Motta Barbosa, rua Nova do Carmo, 46, 3.º
Adalberto Henriques Ferrari, rua do Sacramento á Pampulha, 6, 1.º
Sebastião Barreto de Saldanha, rua do Monte Olivete, 2-C.
   Primeiros officiaes:
Felix José do Couto Quintella Emauz, rua de S. Bento, 311, 3.º

Alfredo Emilio Monteverde, direcção dos armazens, rua do Ferregial de Cima, 5, 3.º
Aniceto dos Reis Gonçalves Vianna, repartição Central, rua d'Arroios, 96-B, 2.º
Antonio Ladislau Dique da Fonseca, chefe da secção de estatistica, rua D. Estephania, 51, 1.º
Januario Henrique da Fonseca Collaço, repartição fiscal, rua das Trinas, 10.
José Ignacio Seabra Preto, direcção do despacho, Avenida Estephania, 372, 3.º
Jeronymo Augusto de Carvalho, chefe da delegação aduaneira do Norte e Leste, rua dos Anjos, 49, 1.º
Emilio Achilles Monteverde, direcção do despacho, rua do Conselheiro Nazareth, 3, 2.º
José Paes de Vasconcellos, chefe da delegação do Funchal, rua do visconde de Santo Ambrosio, 41, 2.º
Nuno Maximiliano Rangel, direcção dos armazens, rua de S. Francisco de Paula, 84, 2.º
José Guedes d'Almeida Carvalhaes, rua do Arco do Limoeiro, 17.

Segundos verificadores:
João Alexandre de Carvalho, delegação do Funchal.
Julio de Almeida Fernandes, direcção do despacho, hotel Borges.
Christovão da Costa Cesar de Castro, direcção do despacho, rua do Arco, 75.
Francisco Marcolino Sampaio Casqueiro e Silva, direcção do despacho, rua de S. José, 211, 2.º
José Teixeira Basto, direcção do despacho, rua das Trinas, 159, 1.º
Arthur Elyseu de Freitas Jacome, delegação do Jardim do Tabaco, rua dos Calafates, 194, 2.º
João Napoleão Neves, chefe da delegação de Tavira, rua de Santa Marinha, 5, 1.º
Antonio Augusto da Silva, direcção do despacho, Marvilla.
Francisco Xavier de Vasconcellos Coutinho Cabral, largo de S. Roque, 22, 2.º, encommendas postaes.
Joaquim Pedro Costa, direcção do despacho, travessa de S. Sebastião, 3.
João Maria Coelho de Vasconcellos Porto.
Antonio Augusto da Silva, Marvilla.
Francisco dos Santos Pinto, rua da Infancia, 18.

Segundos officiaes:
José Carlos de Macedo, direcção do despacho, rua de S. José, 195.
Luiz Correia Pinto de Moraes Sarmento, chefe da repartição de contabilidade, rua dos Cardaes de Jesus.
Carlos Augusto de Freitas Jacome, direcção do despacho, rua do conselheiro Pedro Franco.
Antonio Augusto de Amorim, delegação de Alcantara (chefe), calçada da Graça, 11, 1.º
Joaquim Germano Jorge, direcção dos armazens, largo da rua do Principe, 8, 3.º
João José Soares, delegação de Setubal (chefe).
Manuel José Marinho, direcção dos armazens, rua Nova do Carvalho, 38, 3.º
José Victorino Damasio Ribeiro, direcção do despacho, rua do Quelhas, 54, 2.º
Joaquim Alberto Rocha Silveira, chefe da delegação de Faro.
João de Brito Seixas, delegação do Funchal.
Manuel José Eduardo Martins, archivista, rua de S. José, 144.

João Alvaro da Silva, chefe da delegação do Norte e Leste, travessa de Santa Catharina.
Pedro Maria Gonçalves de Freitas.
Guilherme Quintino d'Avellar, chefe da delegação de Portimão.
José Paulino de Sousa Pereira, repartição fiscal.
Francisco Xavier Teixeira, repartição de contabilidade.

Terceiros verificadores:

Antonio Maximo d'Almeida Costa e Silva, posto aduaneiro de Cascaes, (chefe).
Antonio Paulino de Sá Carneiro, direção do despacho, rua Direita de Carnide, 60.
Augusto Maria da Costa Neves, direcção do despacho, rua Fernandes da Fonseca, 11, 2.º
João Evangelista Alvares Pereira de Araujo, direcção do despacho, rua do Campo d'Ourique, 50, 1.º
Narciso Xavier de Andrade, direcção do despacho, rua Nova do Almada, 69, 3.º
Epiphanio Augusto Pedroso Gamitto, delegação de Setubal.
Luiz Bastos de Sousa Rosa, delegação do Aterro, rua de S. Bento, 134.
Raphael de Barros e Sá, direcção do despacho, largo da Trindade, 74, 2.º
Alfredo Calixto Vieira Lisboa, direcção do despacho, rua de S. João Nepomuceno, 29, A.
Jorge de Barros e Vasconcellos, escrivão do contencioso, rua de S. Joaquim, a Santa Izabel, 10.
Virgilio Augusto Pinto Arez, delegação de S. Martinho (chefe).
Antonio Telles Machado Junior, direcção do despacho, travessa de Santa Gertrudes, 32, 2.º
Carlos Martinho de Freitas Oliveira, direcção do despacho, rua da Quintinha, 120.
José de Sousa Sande, direcção do despacho, calçada do lavra, 6, 2.º
José Arthur Patricio Alvares, direcção do despacho, travessa do Noronha, 17, 3.º
Domingos Silvestre Branco, delegação do Jardim do Tabaco, rua da Veronica, 134.
Fernando Magalhães Pinheiro Villas Boas, Jardim do Tabaco, rua de S. Francisco de Salles (ás Amoreiras), 64, rez-do-chão.
Pedro Antonio Pina Maquine, chefe do posto do Matadouro, Palhavã.
Elisyario Dias, rua da Graça, 12.
Gil Gago da Camara — Piquete — rua Formosa, 128.
João Candido d'Almeida, direcção do despacho, Pelourinho, 19.
Arthur Ernesto de Santa Cruz Magalhães, rua da Prata, 185, 1.º
Lopo de Carvalho e Mello, posto da Estephania, rua da Imprensa Nacional, 90.
Joaquim Augusto Cecilio Kol, rua da Procissão, 126, 3.º
Rodrigo Moreira Rato, Paço d'Arcos.

Terceiros officiaes:

D. José Francisco de Noronha, direcção dos Armazens, rua da Cruz dos Poyaes, 33, 1.º
Francisco Augusto Rodrigues Costa, posto aduaneiro da Estrada de Queluz chefe), rua de S. Sebastião da Pedreira, 100.
João Maria Nunes de Moura, repartição fiscal, calçada dos Barbadinhos, 84, 1.º
José Joaquim Trinité, repartição de contabilidade, largo da Graça, 68, 2.º
Eduardo José Marrocos, delegação do Aterro, rua de S. Julião, 53, 2.º
Jayme Miguel Gouveia, repartição de contabilidade, rua de Alcantara, 55, 2.º

Cassiano Maximino de Azevedo, repartição central (archivo), rua de S. Thiago, 12, 1.º

José de Sousa Carvalho, direcção dos armazens, rua de Caetano Palha, 27, 1.º

Manuel Francisco de Sousa Ferreira, chefe do posto de Algés, rua do Valle de Santo Antonio, 126, 2.º

Manuel Pedro Gomes de Carvalho, direcção dos armazens, travessa do Zagallo, 11, 1.º

D. José Fernando de Menezes Alarcão, direcção do despacho, rua Nova do Carmo, 32, 1.º

João Dionysio Caldeira Serejo, direcção dos armazens, rua da Bella Vista á Lapa, 69, 2.º

Anselmo José Esteves Costa, posto do Matadouro, rua Saraiva de Carvalho, 82, 1.º

Julio Cesar de Carvalho Coutinho, direcção do despacho, rua do Arco do Limoeiro, 7, 3.º

Balthasar Machado da Cunha Osorio, delegação de Elvas (chefe).

Francisco Augusto da Silveira e Almeida, chefe da delegação de Villa Real de Santo Antonio.

Guilherme Xavier de Basto, delegação de Faro.

João Chrysostomo Guerreiro de Amorim, delegação do Jardim do Tabaco, rua do Infante D. Henrique, 68, 2.º

Francisco do Carmo Dias, direcção dos armazens, rua de Santa Marinha, 5, 1.º E.

João Maria dos Reis, chefe do posto de Campolide, rua de S. Bento, 101.

Primeiros aspirantes:

Joaquim José Pereira, repartição central, archivo, rua da Conceição da Gloria, 23, 2.º

Antonio Caetano Junqueira, direcção dos armazens, rua de S. Lazaro, 55, 2.º

Augusto Sotero de Faria, direcção do despacho, rua dos Douradores, 21. 3.º

Pedro Agostinho Campello de Andrade, repartição de contabilidade, rua de S. Jeronymo, 73, (Belem).

José Leite de Sousa Reis Junior, posto do Matadouro, rua do Jardim do Regedor, 18, 4.º

Francisco Vieira da Silva Batalha, delegação do Jardim do Tabaco, Avenida da Liberdade, 116, 5.º

José Joaquim Aguas, delegação da Cruz da Pedra (chefe), travessa da Senhora da Gloria á Graça, 10, 1.º

Daniel Maria de Noronha Cordeiro de Araujo Feio, posto do Matadouro, rua Paschoal José de Mello, 34, 1.º

Miguel dos Santos Brandão, direcção do despacho, rua de Passos Manuel, 24, 2.º

Carlos Augusto Cesar de Vasconcellos, posto aduaneiro de S. Sebastião, (chefe) rua da Estrella, 21, 3.º

Guilherme Emilio Raposo de Carvalho, repartição central (contencioso) rua da Madre de Deus, 122, 2.º

Arthur Boaventura Abranches Nogueira, repartição de contabilidade, travessa de José Vaz de Carvalho, 9, 2.º

Jorge Henrique dos Reis e Brito, direcção do despacho, rua dos Cegos, 38.

Brocardo Augusto Cardoso, delegação de Setubal.

Manuel Jesus Rodrigues Pereira, posto de Campolide, rua da Saudade, 179, 2.º

José Teixeira Rebello Junior, repartição de contabilidade, rua de S. Francisco de Paula, 112.

Antonio Augusto de Mello, delegação da Praça do Commercio, largo da Graça, 37, 1.º
José Ricardo Travassos Valdez, direcção do despacho, largo do Chafariz de Dentro, 19, 1.º
Antonio Feliciano de Medeiros, direcção do despacho, rua do Barão, 35, 2.º
Norberto Augusto Netto Serra, delegação do Jardim do Tabaco, rua Nova da Alegria, 36, 1.º
Alfredo Annibal Duro, repartição de contabilidade, calçada da Estrella, 69, 2.º
Alvaro Antonio de Bulhão Pato, direcção dos armazens.
José Albino Silva Lisboa, direcção dos Armazens, calçada do Tijolo, 32, 1.º
José Candido de Assumpção, archivo, rua dos Remedios, 161, 1.º
Albano Henrique de Mello, posto aduaneiro de Arroyos, (chefe), largo da Graça, 37, 1.º
Antonio Julio Tavares, direcção dos armazens, rua dos Douradores, 107, 3.º
João de Deus Soares, delegação de Villa Real, (chefe).
Alvaro Joaquim de Freitas, rua do Conde, 45, 2.º
Ricardo Augusto Leite Esteves, delegação da Praça do Commercio, rua do Ferregial de Cima, 27.
Antonio Alfredo Maria Osorio, delegação do Jardim do Tabaco, rua do Meio, 23, 1.º
Arthur Paes de Vasconcellos Abranches, delegação do Jardim do Tabaco, rua do Poço do Borratem, 4, 3.º
João Pery de Linde, direcção do despacho, rua de S. Bento, 422, 3.º
Luiz Augusto da Silva Heitor, delegação da Avenida, rua do Jardim do Tabaco, 56, 4.º
Angelino Simplicio Franco, estatistica, calçada do Combro, 81, 2.º
Julio Gomes de Menezes, direcção do despacho, rua de S. Sebastião da Pedreira, 188, 2.º
Alfredo Marcelino de Almeida, contencioso, rua de Santa Martha, 89, 1.º
Eugenio Maria de Almeida, direcção dos armazens, calçada de Santos, 1, 1.º
José Bernadino de Oliveira, repartição de contabilidade, rua de Passos Manuel, 87, rez-do-chão.
Miguel Forjaz, direcção dos armazens, rua da Bella Vista á Graça, 152, 1.º
João Paulo dos Santos, direcção do despacho, piquete, rua da Procissão, 45, 2.º
Arthur Cesar Sardinha, repartição de contabilidade, calçada do Monte, 73.
Viriato Antonio Guerreiro, posto de Albufeira, (chefe).
Theopisto de Sousa, delegação de Olhão.
Francisco Januario Alves da Silva, repartição de contabilidade, travessa do Chafariz das Terras, 21.
Marcelino Augusto da Costa Monteiro, direcção do despacho, travessa do Rosario, á Praça da Alegria.
José Carlos de Lara Everard, direcção do despacho, calçada de S. João Nepomuceno, 24, 1.º
Adolpho João Sarmento de Figueiredo, delegação de Castello de Vide.
Antonio Maria de Brito e Mello, repartição de contabilidade, largo do Leão, 12.
João Deodato de Avila e Sousa, Lazareto, rua de S. Francisco de Paula, 71, 4.º
Diogo Antonio Nogueira de Pina Manique, direcção dos armazens, rua do Valle de Santo Antonio, 84.

Guilherme Augusto de Freitas Oliveira, direcção do despacho, rua da Quintinha, 120.
Augusto Casimiro Ferreira, posto do Matadouro.
José Pedro Caieiro de Almeida, delegação de Aldeia Nova (Serpa).
Francisco de Salles da Silva Segurado, delegação de Aldeia Nova, (Serpa.
Feliciano de Brito Correia, delegação do Funchal.
Tristão Vaz de Teixeira Bettencourt Camara, delegação do Funchal.
D. Francisco Xavier de Castro Almeida, delegação do Funchal.
Francisco Augusto de Padua Franco, secção de estatistica, rua dos Douradoures, 21, 2.º
João Mestre Rodrigues, posto de Tavira (chefe).
Pedro do Carmo Costa, direcção dos armazens, largo de S. Paulo, 7, 2.º
Joaquim Filippe Freire Pires, delegação de Belem, rua da Magdalena, 307, 2.º D.

Segundos aspirantes:
Pedro Paulo Perestrello da Camara, delegação do Funchal.
Augusto Cesar de Brito Seixas, delegação do Funchal.
Jacintho Pinto Coelho, delegação do Funchal.
Eduardo Augusto Soares, delegação do Funchal.
José Maria da Fonseca Gomes, delegação de Villa Real de Santo Antonio.
Francisco Maria Esteves Guerreiro de Aboim Brito e Mello, posto da Cruz da Oliveira.
José Pedro Godinho de Lima, delegação de Faro.
José Simplicio Lacerda de Moura, delegação de Lagos.
Antonio da Silva Reis, direcção dos armazens, Escolas Geraes.
João Limpo de Lacerda Sanches, direcção dos armazens, rua do Salitre, 396, 1.º.
Antonio Joaquim Mimoso Faisca, delegação de Villa Real de Santo Antonio.
José Joaquim Pires Soares, delegação de Tavira.
João de Mello de Gamboa e Minas.
Fernando Luiz do Amaral Pedroso, direcção do despacho, rua do Sol ao Rato, 71, 2.º E.
José Luiz Gonçalves Vianna, direcção do despacho, rua Nova do Carmo, 71, 2.º
José Alexandre Junior, delegação de Faro.
Casimiro Maria Parrella Soares, delegação de Setubal.
Manuel José de Freitas, rua do Ferregial de Baixo, 2, 1.º
Manuel Augusto de Almeida Lemos, delegacão de Lagos.
Manuel Maria de Pina, delegação de Castello de Vide.
Pedro da Silveira Rosado de Azevedo, posto aduaneiro de Mourão.
José Augusto Godinho Alves, chefe da delegação de Algés, rua do Alvito, 27-B, 2.º
Archanjo Miguel João Franzini, delegação da Cruz da Pedra.
José Maria Rosado, delegação da Avenida, rua da Escola Polytechnica, 25, 3.º
Antonio Joaquim Freire de Almeida Mousinho Almadanim, direcção dos armazens.
Antonio Silvino Garcia Coelho, delegação de Castello de Vide.
Affonso Canete de Castro, delegação de Lagos.
Manoel José Netto delegação de Faro.
João Manoel de Freitas Lomelino, delegação do Funchal.
João Baptista de Sousa Teixeira, delegação de Elvas.

Terceiros aspirantes:
Lazaro José de Sousa Pereira, largo do Quintella, 11, 3.º

João Antonio Placido Lisboa, repartição de contabilidade, rua da Padaria, 22, 4.º
Joaquim Emilio de Almeida Tovar, direcção do despacho, rua da Magdalena, 237, 2.º
José Isidro Pires Leiria, delegação de Portimão.
Antonio Pedro Xavier Teixeira, delegação de Villa Real de Santo Antonio.
João Jacintho de Aragão Valladares, delegação de Castello de Vide.
Jayme Alfredo Corrêa Mendes, portas de Campolide.
João Borges Bicudo, Elvas.
João Serrão Lima, delegação de Setubal.
Manoel Gomes Xavier.
João Victorino Alves, delegação de Castello de Vide.
Ruy Galvão Mexia, direcção dos armazens, travessa de S. Pedro, 19.
Filippe Lopes do Rosario, delegação de Faro.
Pedro do Nascimento Leger, direcção do despacho, rua das Flores, 66.
Manoel de Oliveira Velho, delegação da Praça do Commercio, rua de S. João da Praça, 126, 4.º
Manoel Francisco Ildefonso de Sousa Nobre, direcção dos armazens, rua da Gloria á Graça, 46.
Joaquim de Oliveira Miranda de Castro, delegação do Norte e Leste.
Antonio José Placido de Carvalho, rua da Prata, 121, 3.º
Luiz Pedro Nunes Ribeiro, delegação do Aterro.
Henrique Luiz Trigoso, delegação de Olhão.
Manoel Ferreira Pessoa Aboim, delegação de Tavira.
José Chianca, delegação da Praça do Commercio, largo do Mastro, 17, 2.º
Francisco de Azevedo Coutinho, direcção dos armazens, largo de Santo Estevão, 15.
Francisco de Almeida Evaristo, delegação do Jardim do Tabaco, largo d'Andaluz, 44, 1.º
José Moreira Rato, estatisca.
Accacio de Sampaio Telles e Paiva, delegação de Elvas, rua Nova do Carmo, Hotel Universo.
Vicente Pessanha Vilhegas do Casal, repartição fiscal.
Lucio Pereira Crespo, rua da Procissão, 91, 3.º
Carlos Alberto dos Santos Botelho, estatistica, rua da Esperança ao Cardal, 11.
José João de Oliveira, (guarda do Archivo), travesa das Vaccas, 15, 3.º E.
Fernando Augusto Cifka, repartição central, rua do Caldeira.
Antonio Manoel Paulo, repartição fiscal.
Adriano da Conceição Ramos, delegação do Aterro, rua Thomaz d'Annunciação, 28.
Sebastião Formosinho Sanches, repartição de contabilidade.
Leopoldo Guilherme Tavares Cardoso, direcção dos armazens, travessa de Santa Gertrudes, 61.
Matheus Domingues Gomes Peres, direcção do despacho.
Eduardo May Oliveira, Praça da Alegria, 3.
Henrique da Cunha Pimentel Vasconcellos, Penitenciaria.
    Praticantes:
Antonio Torre do Valle Queriol, direcção do despacho, rua de Santo Amaro, á Estrella, 63, 1.º
Antonio do Quental Calheiros, direcção do despacho, rua do Convento de Sant'Anna, 19, 1.º
Carlos Marinho da Cruz, delegação da Avenida, rua Nova do Almada 64, 2.º
João Pedro de Miranda, posto de S. Sebastião, rua Ivens, 36, 1.º
José Alexandre da Fonseca Neves, delegação de Tavira, travessa do Alqueidão, 18, (Lumiar.)

José Guedes da Silva Rebello, direcção do despacho, rua de D. Pedro V, 176.
José Maria Trindade Roquete, repartição fiscal, rua Paschoal José de Mello, 7, 3.º
Antonio Nunes de Vasconcellos, repartição central, travessa do Maldonado, 16, 2.º
João de Mello Lacerda Brederode, repartição de contabilidade.
Francisco Jayme Lyndsay Franco, delegação de Alcantara.
Manoel Caldeira Cayolla, Elvas.
Francisco Luiz Teixeira, encommendas postaes, rua dos Douradores, 222, 2.º
João Affonso de Sousa Lobo de Moura, delegação de Alcantara, rua das Galinheiras, 17, 2.º Belem.
Ignacio de Moura Coutinho da Silva Montenegro, posto de Campolide, rua de S. Bento, 306, 2.º
Carlos Alves Fernandes, delegação do Jardim de Tabaco, praça de S. Bento, 14, 2.º
Julio Alberto Valente Mascarenhas, delegação de Campolide, travessa do Noronha, 16 A.
Eduardo Paes de Vasconcellos, delegação do Funchal.
Augusto Jayme Barroso da Veiga, posto de campolide, rua de S. Francisco de Paula, 124.

ADDIDOS

Ex-thesoureiros de alfandegas extinctas:
Antonio Matheus Gouveia Junior, delegação de Serpa.
João dos Reis, delegação de Castello de Vide.
José Lobo de Miranda, delegação de Faro.
Francisco Simplicio de Vasconcellos Lomelino, delegação do Funchal.

Empregados civis e militares que não pertencem aos quadros aduaneiros, mas estão adjuntos a diversos serviços na admnistração do circulo do Sul

SERVIÇO MARITIMO

Julio Cesar Corrêa de Vasconcellos, capitão tenente, engenheiro constructor naval, rua de S. Francisco de Paula, 20.
Francisco Antonio Vieira, primeiro tenente da armada, chefe da repartição maritima do commando geral da guarda fiscal.
Joaquim do Ó Ramos, chefe de districto, rua de Santa Marinha, 5.
Vicente Ferreira, sub-chefe de districto, rua do Arco a Jesus, 27.

SERVIÇO FISCAL

Caetano Augusto Sanches de Castro, capitão commandante da primeira companhia da guarda fiscal, calçada do Garção, 56.
Antonio A. de Sousa Bessa, capitão commandante da segunda companhia, rua das Trinas, 10, 3.º
José Jayme de Sousa Marques, capitão commandante da terceira companhia, portas de Campolide.
Frederico Tavares Garcia, commandante da quarta companhia, Figueira da Foz.
Bernardo Antonio de Brito Abreu, capitão commandante da quinta companhia, Praia de Pedrouços, 65 A.
João Antonio Xavier da Trindade, capitão commandante da sexta companhia, rua de S. João Nepomuceno, 20.

Antonio de Barros Vianna, capitão commandante da setima companhia, (cavallaria), rua dos Anjos, 54.

SERVIÇO DE OBRAS

Albino Accacio Correia Neves, conductor, rua do Diario de Noticias, 94 1.º
Ernesto Carlos Alberto da Maia, conductor, rua do Bemformoso, 129, 1.º
Manoel Felix dos Santos, mestre da officina de carpinteiros.
José Antonio Constantino de Araujo, mestre da officina de machinas, rua da Esperança, 126.

QUADRO DO TRAFEGO

Chefe. — Antonio Camillo Marques, rua da Esperança, 121, 2.º E.
Sub-chefe. — Antonio Luiz Pereira de Miranda, rua Passos Manoel, 44, 1.º
Ajudantes:
João José Duarte Guimarães, rua da Imprensa Nacional, 59.
Julio Eduardo da Silva, Avenida da Liberdade, 9, 3.º
Jacintho Fernandes Sampaio, Campo de Santa Clara, 111, 1.º
Escripturarios:
Eduardo Alves Fernandes, rua das Amoreiras, 139, 3.º, E.
José Augusto Pimenta, rua de S. Lazaro, 131.
Fieis de armazem:
Polycarpo José Maria Marques, estrada da Charneca, 8, 1.º
Possidonio Julio Marques Leitão, rua do Sol ao Rato, 24, 1.º
Luiz Domingos Pereira, rua de Paschoal José de Mello, 16, 1.º
José Gonçalves Roque, rua de S. Domingos, á Lapa, 42, 1.º
Joaquim José da Silva, rua da Palmeira, 28.
Antonio de Oliveira e Sá, rua do Telhal, 29, 1.º
Manuel José Teixeira de Sampaio, estrada das Larangeiras, 12. 1,º
Antonio Carlos Brazão, rua da Conceição da Gloria, 47, 1.º
Fernão Pacheco de Sousa, rua da Prata, 289, 1.º
Conductor de machinas — Manuel Hygino da Paz, rua dos Poyaes de S. Bento, 118 1.º

DESPACHANTES OFFICIAES DA ALFANDEGA DE LISBOA

Alberto de Castro Leite Ribeiro, rua do Conselheiro Monte Verde 20, 1.º
Alfredo Theodulo Correia Pinto, rua da Penha de França, 18.
Antonio Camelier, rua da Quintinha, 61, 1.º
Antonio Carlos Vieira, rua da Magdalena, 113, 1.º
Antonio Domingos Marques, rua de S. Francisco de Borja, 58, 1.º
Antonio Joaquim Leite Ribeiro, largo de Arroyos, 4, 3.º-D.
Antonio José de Figueiredo, Campo de Santa Clara, 140, 3.º-E.
Antonio José da Motta Sousa Junior, quinta da Amadora, Porcalhota.
Antonio José Patricio, rua de S. João da Praça, 77, 4.º
Antonio Lopes d'Oliveira Velho, rua de S. João da Praça, 126, 3.º
Antonio d'Oliveira Gomes, rua da Prata, 98, 3.º
Arnaldo Oscar Afllalo, calçada do Marquez d'Abrantes, 38, 1.º
Augusto Cesar d'Almeida, rua do Carvalho, 16 2.º
Augusto Maria do Valle, calçada d'Arroios, 16, 1.º
Augusto Radich, rua do Principe, 63, 1.º
Augusto Rebello Tavares, rua da Oliveira ao Carmo, 89.
Augusto Victo Veiga da Cunha, travessa das Parreiras, 84, 2.º
Carlos A. Vieira de Sousa, rua de S. João da Praça, 83, 3.º
Carlos Augusto Martins, travessa de Santo Antonio, 11, 2.º
Carlos de Carvalho, rua Castilho, 5.
Carlos Morel, travessa de Santa Catharina, 44, 2.º

Cesar Augusto Lopes, Escolas Geraes, 21, 3.º-E.
Cesar Augusto Neummayer, rua do Terreiro do Trigo, 16, 3.º
Duarte Braga, rua Estephania, 22.
Eduardo Augusto Freire, rua Estephania, 14.
Eduardo Augusto Ribeiro, rua da Praia da Junqueira, 11.
Eduardo Frederico dos Santos, rua do Ferregial de Cima, 36.
Eduardo Germano Tavares da Cunha, rua do Terreirinho, 71, 2.º
Francisco Antonio Fernandes Junior, travessa de S. Nicolau, 119, 3.º
Francisco Antonio Marques, rua da Junqueira, 148.
Francisco Antonio Teixeira, rua dos Fanqueiros, 96.
Francisco Duarte Pena Monteiro, rua dos Douradores, 222, 4.º
Francisco Duarte Raposo, rua Direita da Junqueira, 33.
Francisco Eduardo Moreira da Silva, rua dos Correeiros, 53, 2.º
Francisco Tinzi, rua dos Prazeres, 90, 3.º
Francisco da Silva Granate, calçada do Galvão, 1-A.
Francisco Xavier da Cruz Fernandes, rua de S. Francisco de Borja, 1, 1.º
Gregorio Lucas Evangelista, largo do Chão do Loureiro, 30, 1.º
Guilherme Augusto Malheiro, largo do Calvario, 65, 1.º
Henrique Augusto Lopes Banhos, rua de Paschoal José de Mello, 104, 2.º
Henrique José dos Santos Franco, travessa de S. Mamede, 92.
Jayme Augusto Portocarrero, rua de Santa Barbara.
João Alfredo da Costa Ximenes, rua de S. Marçal, 55, 2.º
João Bernardo Seromenho, Porcalhota.
João Carlos dos Santos, rua do Alecrim, 10, 1.º
João Francisco da Costa, quinta da Saude á Estrella.
João Pedro Barbosa, rua de S. João da Matta, 138, 2.º
Joaquim do Nascimento Correia, rua da Alfandega, 118, 3.º
José Antonio dos Santos, travessa da Palha, 15, 2.º
José Bernardino da Cunha Gomes, rua da Boa Vista, 55, 3.º
José da Costa Jacome, rua dos Remedios, 47.
José Joaquim Seromenho, rua de Paschoal José de Mello.
José Luiz da Cunha, Praça Velha, 81, Almada.
José da Luz Valente Pereira, rua do Conselheiro Nazareth, 2, 2.º
Josè Martins dos Santos, largo do Rato, 59.
José Ribeiro Freire, rua do Amparo, 25, 3.º
Julio Alves dos Santos, rua de Nossa Senhora da Conceição, 37.
Justiniano José Marques, rua Nova da Palma, 187, 1.º
Manuel Francisco Correia, rua dos Capellistas, 90, 2.º
Manuel Francisco Marques, rua do Jardim do Tabaco, 14.
Manuel João Lucci, rua de D. Pedro V, 138, 3.º
Manuel Maria dos Santos, travessa do Convento de Jesus, 3, 3.º
Manuel dos Santos, rua de S. José, 95.
Mauricio da Luz Alves, rua da Esperança, 254, 3.º
Panlo M. Hirsch, rua da Horta Secca, 66, 3.º
Polycarpo d'Almeida Oliveira, rua dos Lagares, 26, 2.º
Raphael Archanjo de Carvalho, rua da Gloria, 13.
Robert de Roure, Junqueira, 123.
Thomaz George, travessa Nova de Santos, 8, 2.º
Victoriano Franco Braga, rua da Escola Polytechnica, 2, 4.º

ADMINISTRAÇÃO DOS CORREIOS E TELEGRAPHOS

Praça do Commercio, lado Occidental

Administrador — João Baptista da Silva Lopes, rua da Paz, 11.

REPARTIÇÃO CENTRAL

1.ºs officiaes, chefes de secção:
Augusto Moreira Feio, rua de Santa Martha, 35, 2.º
José Augusto Pereira Nunes, rua de Buenos Ayres, 80.
João Henriques dos Santos, travessa da Assumpção, 99. 4.º
2.ºs offiiaes:
Carlos Augusto Mendonça, rua Ferreira Borges, 155, 1.º, E.
José Thomaz Ribeiro.
Fiscal da Ambulancia — José Maria da Costa, rua da Cruz dos Poyaes, 3.
1.ºs aspirantes:
Carlos Augusto de Ceia, largo do Salvador, 9, 2.º
Domingos dos Santos e Silva travessa dos Arneiros, 18, Bemfica.
Eduardo Correia da Silva Araujo, rua do Jasmim, 1, 1.º
Jorge Pereira d'Eça e Albuquerque, rua dos Poyaes de S. Bento, 56, 3.º
Jacintho Augusto de Azevedo, rua do Cura, 18, 2.º, E.
Maximiano Monteiro Grillo, travessa do Convento de Sant'Anna, 33, 1.º
Caetano Martins, rua das Galinheiras, 24, 3.º, E.
Jeronymo Cascarejo, travessa de S. José, 6, 4.º, D.
José Rodrigues Bizarro, rua de José Estevão, 20, 1.º
2.ºs aspirantes:
Ernesto Sezinando Franco de Brito Freire, rua Nova do Carmo, 69, 2.º
João Augusto Pereira Costa, rua dos Anjos, 216, rez-do-chão.
Faustino José de Moraes, rua da Padaria, 38, 4.º
Manuel Guilherme Ribeiro, rua de S. Bento, 638, 4.º
Aspirantes auxiliares:
Frederico Abilio Frazão, Campo de Santa Clara, 159, 1.º
José Sebastião Pereira da Costa, rua dos Anjos, 216, rez-do-chão.

REPARTIÇÃO POSTAL

Chefe — João Maria Gorjão d'Almeida, rua da Esperança, 121, 1.º
1.ºs officiaes:
Antonio Carlos d'Almeida, rua de S. Julião, 140, 2.º
Antonio Joaquim Cyrillo Nunes Junior, rua Luz Soriano, 102, 1.º
Antonio Manuel da Cunha e Sá, rua das Adellas, 17, 2.º
Antonio Ribeiro Gonçalves, rua do Cardal de S. José, 20, 2.º
José Mendes Leite, rua de S. Julião, 72, 4.º
Marcellino Candido Gonçalves Martins, calçada de S. João Nepumoceno, 12.
Pedro Augusto Fernandes Leal, rua dos Remedios, á Lapa, 69.
Augusto Tito Gonçalves Martins, rua de S. Julião, 72, 3.º, E.
Alfredo Augusto Correia, rua dos Douradores, 83, 1.º
Antonio Duarte de Jesus, rua de S. Lazaro, 148, 3.º
Joaquim da Costa Barbosa, praça de Luiz de Camões, 36, 4.º
2.ºs officiaes:
Alfredo Proença Pereira, Cintra.
Augusto José d'Oliveira, travessa do Convento de Jesus, 55, 2.º
Bento Maria d'Araujo, rua da Esperança, 94, 4.º
Eduardo Augusto de Macedo, rua do Conde, 45, 2.º, (ás Janellas Verdes).
Herculano José da Silva Figueiredo, rua de S. Julião, 61, 2.º
João Victorino Reis da Fonseca, rua Nova da Piedade, 60, 3.º
José Pedro Xavier da Silva, rua de D. Estephania, 374.
João Eduardo Canavarro Guimarães, calçada do Conde de Penafiel, 30, 1.º

José Maria Ferreira Segurado, rua do Crucifixo, 16, 4.º
Lourenço Antonio Pupo, calçada dos Barbadinhos, 40, 2.º
Guilherme O'Neill da Silva Pedrosa, travessa do Ferregial, 1.
Antonio Augusto Leitão de Figueiredo, rua do Jardim do Tabaco, 84, 3.º
Ayres Mattoso Gago da Camara, rua Formosa, 128, 3.º
Caetano Maria de Sousa, Belem.
Alfredo Julio Soares Ribeiro de Menezes, rua do Monte Olivete, 57, rez-do-chão.
José Augusto Lucio Lobo, calçada dos Barbadinhos, 50, 2.º, D.

Fieis:

Alfredo Peres Furtado Galvão, rua dos Remedios, á Lapa, 9.
Joaquim Augusto Genest Mayer, rua de S. Marçal, 114, 3.º

1.ᵒˢ aspirantes:

Abel Mario de Carvalho, rua do Monte Olivete, 2.
Alfredo Antonio Botelho Cunha, rua da Paz, 62, 1.º
Aluisio Guimarães Negrão, rua Nava do Desterro, 40, rez-do-chão.
Alfredo Augusto de Campos, largo de Santo André, 12, 2.º
Alfredo Nascimento Carvalho, rua do Arco do Bandeira, 76, 4.º
André Joaquim de Brito, rua da Madre de Deus, 38, 2.º, E.
Antonio Abreu Macedo Ortigão, rua do Salitre, 225, 1.º
Antonio Delgado, Campo de Santa Clara, 140.
Antonio Luiz Ramos, rua de D. Estephania, 22, 2.º
Antonio Pedro Monteiro da Silva, rua de S. José, 130, 2.º
Augusto Pereira de Castro Soromenho, travessa da Peixeira, 37, 2.º
Carlos Augusto Calleia, rua Saraiva de Carvalho, 220, 4.º
Carlos Maria da Silva, rua rua de S. Bento, 169, 3.º
Eduardo Hermano Ferraz, calçada do Monturo do Collegio, 4, 2.º
Fabricio Victor Narchial Franco, Avenida da Liberdade, 103, 6.º
Francisco Antonio Rodrigues, rua Augusta, 176, 3.º
Hypolito de Mattos Cordeiro, rua da Rosa, 230, 2.º
Henrique Maria d'Araujo, rua Pereira e Sousa, 10, rez-do-chão.
Julio Assis Camillo, rua do Crucifixo, 50, 4.º
Julio Alexandre Retord, rua do Arsenal, 160, 3.º
Julio Gaspar da Silva, rua do Carvalho, 16, 3.º
Julio Maria Severo dos Santos, rua das Parreiras, 15, 3.º
Jayme Ludgero Franco de Brito Freire, rua de S. Julião, 62, 5.º
João Antonio da Silva Santos, rua de Santa Martha, 17, 1.º
Joaquim Augusto Brito Magro, rua dos Correeiros, 171, 3.º
José Candido d'Assumpção e Sousa, rua Fernandes Thomaz, 68, 1.º
José Francisco dos Santos Botelho, rua de S. José, 163, 2.º
José Gonçalves da Silva, travessa das Atafonas, 7, 1.º
José Julio Mesquita Pinto de Campos, Costa do Castello, 28, 3.º
José Maria Cró Ardisson, Costa do Castello, 100, 3.º
José Maria Noronha Cordeiro Feio, rua das Cavallariças do Infante, 45, 2.º
José Parreira de Vilhena, travessa d'Assumpção, 98, 3.º
Juvenal Elvas Florindo Santa Barbara, rua do Norte, 117, 2.º
Leopoldo Carlos do Valle, Estrada de Sacavem, 204, rez-do-chão.
Luiz Filippe Lobato Pires, calçada do Marquez de Abrantes, 122.
Manuel Maria de Carvalho, rua Nova do Loureiro, 24, 2.º, D.
Manuel da Silva Gomes, rua do Sol ao Rato, 205, 1.º
Simão Antonio Ribeiro Junior, rua de Campo d'Ourique, 21.
Luiz Antonio Loureiro de Vasconcellos Junior, rua da Infancia, 2, 3.º
Ernesto Pego Correia Cibrão, Castello de S. Jorge.
Henrique Carlos Moller, Alameda de Santo Antonio dos Capuchos, 14, 1.º
José Pedro Torres de Carvalho, rua de Santa Martha, 133, 2.º
Mario Bandeira de Lima, rua de Passos Manuel, 116, rez-do-chão.

José Maximiano, rua da Prata, 198, 5.º esq.
João Marcellino Ferreira Secco, largo do Terreiro do Trigo, 16.
João Augusto Barbosa, rua das Gaivotas, 9, 2.º
Luiz Lino d'Abreu, rua do Terreiro do Trigo, 40, 2.º
Ernesto Lorena Queiroz, rua do Valle, (a Jesus), 63, 3.º
João Emilio Ledo, Arco do Cego, 7.
João Antonio dos Santos Domingues, Estrada do Arco do Cego, 9, 2.º
José Joaquim Henriques, largo da Achada, 56, 2.º
Luiz Pagani, travessa de S. Francisco Xavier, 44. 1.º
Manuel Pagani, travessa de S. Francisco Xavier, 44. 1.º
José Carlos Pereira Zuzarte, travessa de Nossa Senhora da Gloria, 14.
Carlos Joaquim da Paz, rua da Lapa, 83, 1.º
Pedro Pereira Coutinho, rua do Valle de Santo Antonio, 134, 2.º
   2.ᵒˢ *aspirantes*:
Antonio Maria de Sousa Bandeira, travessa de Santa Gertrudes, 25, 2.º
Francisco Maria Carmo, calçada da Estrella, 171, 2.º
José Braz Pupo, rua de S. Paulo, 126, 4.º
João Carlos Alberto Clemente do Valle, rua Nova da Palma, 45, 3.º
Francisco Jacintho de Moraes, rua de Luiz de Camões, 133, 2.º
Manuel d'Almeida, travessa das Freiras, a Arroyos, 2.
Emeliano Cesar Henriques, rua de Nossa Senhora da Gloria á Graça, 95, 3.º, esq.
Diocleciano Celestino Prostes Cabreira, calçado do Forte, 18, 2.º
Augusto José Rodrigues, rua da Prata, 279, 5., lettra L.
Joaquim Christovão Noronha Montanha, rua do Terreiro do Trigo, 40, 2.º, esq.
João Chrisostomo da Silva Espirito Santo, rua das Janellas Verdes, 100.
   Aspirantes auxiliares:
Antonio Casimiro d'Almeida Figueiredo.
José Clemente de Sousa, largo do Matadouro, 69.
Henrique da Conceição Mercês travessa da Palmeira, 46.
Luiz Augusto Rodrigues, travessa da Victoria, 7, 2.º
Duarte Manuel Sant'Anna Fonseca, rua de S. Vicente, 104.
José Caetano Pereira Junior, rua do Patrocinio, 23, 1.º
Alexandre Couto Ramos, rua da Procissão, 45.
Antonio José de Castro, rua dos Retrozeiros, 92, 4.º
José Maria Vasconcellos Lemos Castello Branco, rua da Lapa, 102, 1.º
Cesar Carlos Mayer Quadrio dos Reis, rua do Sol ao Rato, 43, 1.º
Accacio de Albuquerque Vaz Napoles, rua das Salgadeiras, 48, 3.º
Manuel Caetano Pereira Junior, rua da Quintinha, 138, 1.º
José Luiz Lima Junior.

REPARTIÇÃO TELEGRAPHICA

Chefe — Antonio Gomes da Silva Pinto, rua de S. Paulo, 20, 2.º
Chefe de secção — João Maria Pinheiro e Silva, rua de S. Pedro de Alcantara, 55.
Fiel — José Carlos Xavier da Silva, calçada do Tijolo, 28, 2.º
Sub chefe de secção — Antonio da Cunha Lamas, rua das Cosinhas ao Castello, 2, 2.º
   1.ᵒˢ *aspirantes*:
Anselmo José Duarte, travessa do Chão Salgado, 1 e 3, Belem.
Augusto do Nascimento da Silva, rua do Poço dos Negros, 102, 2.º
Antonio Thomaz Gallast, travessa da Arrochella, 47, 2.º
Eduardo Frederico Xavier da Silva, rua de Paschoal de Mello, 62, rez-do-chão.
Francisco da Conceição, rua dos Anjos, 137, 2.º

Porfirio Antonio de Gambôa, praça de S. Bento, 15.
Henrique Augusto de Amorim Vianna, travessa do Cotovello, 37, 3.º, D.
João José Ratto, calçada do Collegio, 5, 1.º
João dos Santos Lopes, calçada da Tapada, 48, 1.º
João Pires, travessa do Pinheiro, á Estrella, 11.
Joaquim Augusto de Sousa, rua de Nossa Senhora da Gloria, á Graça, 100, 2.º
José Maria da Costa, rua de Santo Antonio da Gloria, 49, 2.º, D.
Luiz Jacintho Fontana, Campo Grande, 133, lado occidental.
Luiz Lopes, rua de S. Bento, 289, rez-do-chão.
Manuel Augusto Ferreira Freire de Figueiredo, rua da Cruz de Santa Apolonia, 64, 1.º, E.
Nicolau d'Assumpção Lopes, rua do Prior, 48, 3.º
Seraphim de Magalhães Coutinho, Alto do Pina, F C, rez-do-chão.
José Fernandes, rua Luiz de Camões, 40, 1.º
Luiz Maria Calçado de Sousa, Avenida, 11, 4.º

2.ᵒˢ aspirantes:

Silvio Augusto Choque, rua do Monte Olivete, 2, C.
Antonio Garcia, travessa do Terreirinho, a Santa Catharina, 3, 2.º
Antonio Manuel Pereira, travessa da Barbosa.
Augusto de Sá Pereira, rua Paschoal José de Mello, 94.
Carlos Augusto Jorge da Silva, rua do Prior Coutinho, 35, 2.º
Carlos Joaquim Monteiro, rua de S. Bento, 538, 2.º
Constantino Monteiro Osorio, Costa do Castello, 60, 2.º
Ernesto Carlos da Silva Torres, rua da Procisão.
Fernando Antonio da Silva, praça das Amoreiras, 18, 1.º
Prancisco Vaz Subtil, rua do 4 d'infanteria, 7, 1.º, E.
Francisco do O' Gracia, travessa dos Lagares, 12.
Frederico Gabado, calçada de Arroyos, esquina da rua Rebello da Silva.
João Erse Figueiredo, travessa das Mercês, 5.
Joaquim da Cruz Silva Raposo, rua de Santa Martha.
Joaquim José Bastos, rua da Amoreira.
José Fernandes, rua Luiz Camões, 40, 1.º
José Rodrigues Rosa, travessa das Monicas, 5, 1.º
José Romão Franco Junior, rua do Almada (Calhariz), 6, 2.º
Jorge Frederico Calás, rua do Monte Olivete, 22, 2.º
Libanio Miguel do Valle Coelho, rua da Santissima Trindade, 29, 2.º, D.
Primo Antonio da Costa, rua Passos Manuel, 84, 1.º
Ramiro Augusto da Silva, rua do 4 d'infanteria, 7, 1.º, E.
Victor Hugo Pereira de Sousa, rua Pereira e Sousa.
Augusto Rodrigo Mascarenhas Martins, rua da Cruz, 15, 1.º
Agostinho José Ferreira d'Aguiar, rua do Funileiro, 14, 2.º
Bernardo Bartholomeu Muniz da Maia, rua do Bemformoso, 284, 2.º
Francisco d'Assis Antonio da Silveira, rua das Amoreiras, 185.
Francisco Carlos Lemos de Freitas, estrada de Sacavem, 175, 1.º

Aspirantes auxiliares:

Antonio Joaquim Ferreira, rua Damas, 4, 1.º
Antonio Alexandre Balate Quadrio, rua do Carrião, 57, 1.º
Antonio Augusto Chaby Pinheiro, largo da Magdalena, 1, 3.º
Antonio Angelo de Miranda, rua de Serpa Pinto, 11, 4.º
Antonio Magalhães Burguete, calçada da Estrella, 95, 2.º
Antonio Maximo da Cruz, rua de Campolide, 24 e 28, 1.º
Antonio Vicente Lima, rua da Mouraria, 70, 1.º
Balthazar Vital da Rocha Q. Chaves, rua de S. Bento, 114, 2.º, D.
Carlos Frederico Jacques da Silva, rua dos Ferreiros, á Estrella, 31, 4.º
Columbano Victorino dos Santos Marques, rua da Bempostinha, 112, rez-do-chão.

Eduardo Augusto Pacheco, rua dos Retrozeiros, 35, ultimo.
Ernesto Arthur de Freitas, rua das Gaveas, 16, 4.º
Eduardo Bento Areal, rua Direita de Santos, 44, 3.º
Fernando Arthur Lopes de Macedo, rua da Junqueira, 238, 1.º
Francisco Ferreira Lapido, rua do Sacramento, a Alcantara, 47, 1.º
Filippe João da Silva, rua do Miradouro, 9, loja.
Francisco José de Mattos, calçadinha de Santo Estevão, 7, 2.º
Frederico Guilherme de Ceia, becco dos Biguinhos, 36, 1.º, a S. Vicente.
Henrique Pedro Ribeiro de Sousa, calçada de Santo André, 71, 4.º
Jacintho Henriques, rua da Praia do Bom Successo, 53, 1.º
Jayme de Carvalho, largo da Graça, 82, 2.º
João Maria da Silva, rua dos Poyaes de S. Bento, 95, 2.º
João Carlos Smith Franchi, rua de Pereira e Sousa, 14, 1.º
José de Miranda Sarmento, rua de Passos Manuel, 61, 4.º
José dos Santos Rocha, rua do Ouro, 232, 4.º
Julio Cezar Tornelli, rua da Bombarda, 22, 3.º
José Gil Lobo d'Almada Negreiros, rua dos Capellistas, 42, 4.º
Manuel Diogo Teixeira Pinto, rua do Ouro, 149, 2.º, D.
Joaquim José Pereira, rua de Sant'Anna, á Lapa, 47, 2.º
João Julio da Costa, edificio das Côrtes.
João Maria da Silva, rua dos Poyaes de S. Bento, 95, 2.º
Xavier Soares de Sande Freire, rua de Paschoal José de Mello, 94, 1.º
Luiz Augusto Pimentel, rua do Arco do Bandeira, 159, 4.º
Luiz Ferreira, rua Nova da Trindade, 121, 3.º, E.
Manuel Antonio de Faria, travessa da Palha, 14, 4.º
Valentim Narciso da Costa Guimarães, rua do Campo d'Ourique, 12.
Alfredo Dias Alvares, rua do Bemformoso, 177, 3.º

ESTAÇÕES TELEGRAPHO-POSTAES DE LISBOA

Ajuda, Paço

Chefe — José Justiniano da Silva (1.º Aspirante).
2.º *Aspirante* — Antonio Ribeiro de Carvalho.
   Ajudantes:
João André Eduardo Correia.
Claudio José da Conceição e Silva.

Alcantara — Rua Direita d'Alcantara, 84, 1.º

Chefe — Domingos do Patrocinio (1.º aspirante).
   Ajudantes:
Ollegario da Costa.
João Lucas Carneiro.
José dos Reis Alcantara, becco do Carvalho, 15, 3.º (2.º ajudante).

Algés — Ponte d'Algés, 27, loja

Chefe — Francisco Silvestre Netto, (1.º aspirante).
Ajudante — Beatriz da Soledade Peres.

Avenida Estephania — Rua Paschoal José de Mello, 94, 1.º

Chefe — José Lazaro dos Santos (2.º aspirante).
Ajudante — Ermelinda Augusta dos Santos.

Belem — Rua Direita de Belem, 141 e 143

Chefe — José Maria da Cruz Figueira, (1.º aspirante).
2.º aspirante — José Placido de Figueiredo Barros.
Ajudante — Francisco Ayres Krusse Afflalo.

Bemfica — Largo da Egreja

Chefe — Maria Adelaide da Cunha, (ajudante).

Bemposta — Paço da Rainha

Chefes:
Joaquim José Corrêia, (1.º aspirante).
Raphael Gregorio Caldeira de Mendanha.
Ajudante — José dos Anjos Pedroza.

Bom Successo — Edificio da estação de saude

Chefe — Luiz Francisco Gravata.
Pedro Augusto d'Aguiar, (2.º aspirante).

Caes dos Soldados — Largo dos Caminhos de Ferro, 134, 1.º

Chefe — Maria Izabel de Moraes (aspirante auxiliar).
Aspirante auxiliar — Francisca Olympia de Moraes Monteiro.

Calhariz — Edificio do ministerio dos negocios estrangeiros

Chefe — José Pedro Germano Manzoni, (1.º aspirante).
1.º *Aspirante* — Alfredo Theodorico Taloni da Costa e Silva.
Ajudantes:
Alberto Maria Manzoni.
Julio Bastos Camellier.
José Maria Laroche Barbosa Araujo Ludovice.

Campo Grande — Rua Oriental, 25, 1.º

Chefe — Maria dos Prazeres Costa Pereira.
Ajudante — João Antonio Paiva Vargas Junior.

Olivaes — Largo das Casas Novas

Chefe — Boaventura Izidoro de Paiva Vargas (2.º aspirante).
Ajudante — Maria Ascenção Paiva Vargas.

Carnide — Rua da Fonte

Chefe — José Lourenço de Souza (1.º aspirante).

Cortes — Largo das Cortes

Chefe — Manuel Guilherme Ribeiro (2.º aspirante).
2.º Aspirante — José Sebastião Facco.
Ajudante — Tiberio João Clemente da Silva Raposo.

Graça — Largo da Graça, 27, 1.º

Chefe — José Antonio da Encarnação Cardelho (1.º aspirante).

Ajudante — Maria do Rosario Gambôa.

Lapa — Edificio da antiga freguezia, rez-do-chão

Chefe — José Lucio do Sacramento (2.º aspirante).
Ajudantes:
Amelia das Dôres Sacramento.
Arthur Cesar Nunes.
Francisco da Silva.

Lumiar — Rua Direita, 109, 1.º

Chefe — Maria Adelaide Ferreira (ajudante).
Ajudante supranumeraria — Maria José Ferreira.

Real Paço de Belem

Chefe — Ignacio Pires da Silva.
2.º *Aspirante auxiliar* — Guilherme Estevão Soares da Silva.
Ajudantes:
Leopoldo Augusto de Freitas.
José do Nascimento Raposo.

Convalescença — Estrada de Bemfica, 591.

Chefe — Guilhermina Augusta Braz da Silva (aspirante).
Ajudante — Guilhermina Candida Braz da Silva.

Poço do Bispo — Rua de Domingos Henriques Junior

Chefe — Alfredo Augusto d'Assis Lopes (1.º aspirante).
Ajudante — Joaquina Martha da Silva Lopes.

Sacvem — Rua da Victoria

Chefe — Leopoldo Augusto Teixeira (1.º aspirante).
Ajudante — Luiz Candido da Rocha Quirino Chaves.

Santa Izabel — Largo do Rato, 86, 1.º

Chefe — Joaquim Justiniano da Silva (1.º aspirante).
Ajudante — Guilhermina Marques dos Santos.

Santa Martha — Rua de Santa Martha, 190, 1.º

Chefe — Manuel Raposo (1.º aspirante).
Aspirante auxiliar — Maria da Madre de Deus de Carvalho e Silva Raposo.

S. Sebastião da Pedreira — Largo de S. Sebastião da pedreira, 45, rez-do-chão.

Chefe — Manuel Carlos Machado Pimentel (1.º aspirante).
Aspirante auxiliar — Maria da Graça Rodrigues de Mattos Teixeira Pinto.
Ajudantes:
Etelvina d'Assumpção Machado.
Mathilde Augusta Mesquita de Carvalho.

Rocio

Chefe — Manuel Freire.
Ajudantes:
Alfredo Augusto Pupo.
Pedro Luiz de Lima.

ADMINISTRAÇÃO GERAL DAS ALFANDEGAS E CONTRIBUIÇÕES INDIRECTAS

Praça do Commercio, lado oriental

Administrador geral — Conselheiro Joaquim Peito de Carvalho, travessa do Falla-Só, 9.
Secretario — Annibal Cesar de Oliveira Borges, travessa da Gloria, 19, rez do chão.
Chefe de serviço — Dr. Antonio Alves Pereira da Fonseca, rua da Saudade, 11, 2.º
Inspector technico — Dr. José Julio Rodrigues, rua Castilho, 12, 2.º
Chefe da 1.ª repartição (interino) — Francisco Perestrello, travessa do Maldonado, 16, 2.º
Chefe da 2.ª repartição (1.º official das alfandegas em commissão) — Conselheiro Eduardo Augusto Vidal, rua dos Douradores, 83, 4.º
Chefe da 3.ª repartição — Manuel Tavares de Medeiros, largo do Carmo, 15.
Sub chefe da 2.ª repartição (1.º official das alfandegas em commissão) — Alexandre Lopes Botelho, rua de S. José, 163 A, 2.º
   1.ᵒˢ officiaes:
Augusto Carlos do Amaral Teixeira de Sousa Pinto, rua de S. Julião, 5, 1.º
Eduardo Cesar das Neves e Castro, rua do Carrião, 21, 3.º
   2.ᵒˢ officiaes:
Antonio Vicente Scarnichia, travessa de Santa Quiteria, 9, 2.º, D.
Justiniano Julio Affonso d'Abreu, rua do Carrião, 11.
Augusto Carlos Teixeira de Mello, rua Fernandes Thomaz, 61.
   3.ᵒˢ officiaes:
Carlos da Silva Lima, praia da Torrinha, 3, 1.º
Eduardo Augusto Gomes, rua da Piedade ao Campo d'Ourique, 5, 2.º
Luiz Ramos da Silva Eça, travessa da Conceição á Lapa, 19, 1.º
D. Miguel de Menezes Alarcão, ribeira d'Algés, 18.
   Aspirantes:
Luiz Gonçalves d'Aguiar, rua de Gomes Freire, 78, 1.º
Antonio Carlos das Neves Benavente, calçada do Garcia, 7, 5.º
Luiz Affonso Espada, travessa do Armador, Ajuda, 15.
Raphael Antonio de Bulhão Pato, rua de S. Francisco de Borja, 54.
Ezequiel Joaquim de Carvalho, rua do Infante D. Henrique, 43, 1.º
Manuel Damasceno Rosado, rua Barata Salgueiro, 7, 2.º
Antonio Nunes da Rosa Bello, rua de S. José, 224, 3.º
Theodorico Baptista da Cruz, rua do Telhal, 22, 1.º
Eduardo Antonio Perestrello de Vasconcellos, campo de Santa Clara, 133.
José Dias Guilhermino, travessa das Vaccas, 7.
Ajudante de porteiro (graduado) — Antonio Joaquim Coelho, rua da Cruz dos Poyaes, 91, 2.º
   Continuos:
Alvaro Antonio dos Santos, rua da Cruz dos Poyaes, 91, 2.º
João Luiz, calçada do Combro, 70, 2.º

Serventes:
Antonino Correia de Lemos, rua de S. Bento, 448, loja.
Manuel José Cortez, travessa das Mercês, 40.
Antonio Joaquim de Sousa Machado, rua da Trindade, 12, ultimo D.
Antonio José da Silva, rua do Bemformoso, 42, 1.º
Antonio Maria Duarte, rua dos Mouros, 23, 3.º
Guarda-portão — Manuel Lopes Trindade, pateo do Almotacé em Alfama, 12, 1.º

SECÇÃO DO SERVIÇO DA SELLAGEM NA 2.ª REPARTIÇÃO DA ADMINISTRAÇÃO GERAL

Chefe de secção — Antonio Victorino Ribeiro Junior, rua do Sol ao Rato, 61, 3.º
Sub chefe — Belchior da Costa Paleta, rua de S. José, 109, 2.º

SECÇÃO D'OBRAS JUNTO DA 2.ª REPARTIÇÃO DA ADMINISTRAÇÃO GERAL DAS ALFANDEGAS

Engenheiro — Joaquim da Silva Carvalho, rua da Atalaya, 118, 1.º
Conductores:
Albino Accacio Correia Neves, rua do Diario de Noticias.
Ernesto C. Alberto Maia, rua do Diario de Noticias, 94, 3.º
Desenhador — Victor Bastos Junior, rua Vinte e Quatro de Julho, 470, 1.º

INSPECTORES ADUANEIROS

Manuel Maria Mendonça Balsemão, rua direita de Campo d'Ourique, 87, 1.º D.
Joaquim Thomé d'Almeida Balthazar, travessa de Santo Antonio da Sé, 11.
Jeronymo Pereira de Vasconcellos.
Alexandre Maria de Lemos, travessa do Noronha, 34, 1.º

TRIBUNAL DO CONTENCIOSO FISCAL DA 2.ª INSTANCIA

Presidente — Conselheiro Joaquim Peito de Carvalho, travessa do Falla-Só, 9.
Auditor — Dr. João Ferreira Franco Pinto Castello Branco, rua dos Ferreiros á Estrella, 56.
Auditor interino — Domingos Pinto Coelho, rua do Patrocinio, 19.
Vogal — João Pedro de Miranda, rua Ivens, 36, 3.º
Escrivão — Eduardo Cesar Neves e Castro, rua do Carrião, 21, 3.º
Escrivão interino — Theodorico Baptista da Cruz, rua do Telhal, 22, 1.º

COMMISSARIADO GERAL DO CORPO DE POLICIA FISCAL

Commissario geral — Dr. José Correia Loureiro, largo de Santa Barbara, 40, 2.º
Commissario adjunto — Manuel Augusto Teixeira, rua Vinte e Quatro de Julho, 26, 4.º D.
Chefe de serviço — José Alves de Castro, calçada do Cascão, 5, 2.º E.

ADMINISTRAÇÃO MILITAR (DIRECÇÃO DA)

Praça do Commercio, edificio do Ministerio da Guerra

Director — Luiz Augusto Pimentel Pinto, coronel de cavallaria, calçada do Marquez d'Abrantes, 103, 3.º

Sub-director — Augusto Freire d'Oliveira, com graduação de coronel, rua de S. Pedro d'Alcantara, 41, 2.º

Secção do Gabinete

Chefe — Manuel Joaquim Ribeiro de Faria, major d'infanteria, Paço da Rainha, 48-A.
Amanuenses:
Francisco Alexandre Lobo Pimentel, rua da Bella Vista, á Graça, 6, 1.º
Joaquim José d'Oliveira, Retiro do Cardal, 2, 2.º

1.ª repartição

Chefe — Augusto Freire d'Oliveira, sub-director.
Sub-chefe — Frederico Ernesto d'Avellar Telles, 1.º official graduado em tenente-coronel, travessa da Palmeira, 61, 2.º
2.ᵒˢ *officiaes com graduação de capitão:*
Manuel Joaquim da Silva Lapa, largo de Camões, 4, 2.º
Antonio Lopes Mendes, travessa da Bella Vista á Lapa, 1 A.

Archivista

Aspirante com graduação d'alferes: — João Jorge Cicilia Kol, rua do Sol ao Rato, 59, rez-do-chão.
Aspirantes com graduação d'alferes:
José Gomes Goes Junior, rua do Borja, 141, 2.º E.
José de Freitas Castello Branco, rua da Quintinha 132.
Julio Pedro de Macedo Coelho, rua Estephania, 51, 1.º
Affonso Henriques d'Antas Lopes de Macedo, rua Luz Soriano, 106, 2.º
Pedro Eusebio d'Oliveira, rua Saraiva de Carvalho, 216, 3.º
Alfredo Cesar d'Araujo Vivaldo, encarregado da secção das senhas, rua da Junqueira, 17, 2.º
Eduardo Augusto de Carvalho Proença, praça d'Alegria, 22, 1.º
Arnaldo José de Passos, rua dos Correeiros, 41.
Antonio Augusto Guerreiro, campo de Santa Clara, 56, 2.º
Francisco Maria dos Santos Guerra, travessa do Conde da Ribeira, 20.
Marcelino Jordão de Almeida, Paço da Rainha, 12, 2.º
Abel da Cunha, rua da Imprensa Nacional, 48.
Antonio Pereira d'Albuquerque, rua do Valle de Santo Antonio, 116, 1.º
Jorge Augusto da Silva Antunes, rua Direita, em Oeiras.
Addido, capitão do estado maior d'infanteria
Casimiro Augusto Moreira Freixo, rua dos Douradores, 222, 2.º
Amanuenses:
Francisco Antonio Pires, rua de S. João da Matta, 49.
Alfredo José Correia, rua da Piedade, 57.
Manuel Gomes Ramalho, rua do Arco do Marquez d'Alegrete.
Fernando Xavier de Bastos, rua da Junqueira, 148, 2.º
Rodolpho Augusto d'Oliveira, estrada da Penha de França, 58.
Eduardo Malaquias de Lemos, rua Direita de Belem, 133, 1.º

2.ª repartição

Chefe — Joaquim Antonio d'Oliveira, 1.º official com graduação de tenente-coronel, rua Imprensa Nacional, 4, 1.º
Sub-chefe — Manuel Maria da Costa Freire, 1.º official com graduação de tenente-coronel, rua da Escola do Exercito, 28.

2.os *officiaes com graduação de capitão*:
Eduarde Augusto Velloso, rua Saraiva de Carvalho.
João Cordeiro, rua da Bella Vista ao Monte, 56.
Francisco Baptista Ribeiro, rua da Infancia, 5, rez-do-chão.
Ladislau Miceno Machado da Camara e Silva, rua da Quintinha, 108.
Antonio Aniceto Móra, travessa da Victoria, 73.
João Henrique Merley Junior, rua das Gaivotas.
Joaquim Zeferino Sequeira de Moraes, rua dos Anjos, 187, 3.º
Aspirantes com graduação d'alferes:
Manuel Joaquim de Saldanha Oliveira Daun e Lorena, (archivista), rua da Atalaya, 228, 3.º
Bernardo Lopes da Costa, rua de S. Mamede, 81 3.º
Jacques Raphael da Cunha, rua Castilho, 9.
Eugenio Luiz Moreira de Carvalho Pinto, Quinta de S. Sebastião, Almada.
Augusto Pacifico d'Oliveira e Sousa, rua Formosa, 148.
Ayres dos Santos e Silva, rua da Prata, 8, 4.º
Addido, capitão quartel mestre:
Francisco Pedro Soares e Silva, calçada do Galvão, 1, A.
Amanuenses:
Alexandre Ferreira, largo do Chafariz de Dentro, 33, 1.º
Diogo Antonio de Oliveira Nolasco, travessa da Agua de Flor, 43.
Casimiro Augusto dos Santos Monteiro, rua do Valle de Santo Antonio, 179.
João Ferreira da Costa Pinto, rua dos Fanqueiros, 106.
Francisco de Assis Ferreira de Abreu, rua da Palma, 34, 3.º

Fiscaes na 1.ª divisão militar

1.os *officiaes com graduação de tenente-coronel*:
Augusto Ribeiro da Silva, largo da Graça, 68, 1.º
Gaudencio Eduardo Cameiro, rua da Veronica, 11-B, 1.º
Idem, com graduação de major:
João Maria Lopes de Macedo, rua de S. João da Matta, 69, 1.º
Carlos Honorio de Faria, calçada do Lavra, 6, 2.º
2.os *officiaes com graduação de capitão*:
Antonio Cordes de Avellar, largo d'Andaluz, 24.
Joaquim Januario Chrisostomo Esteves, rua da Escola do Exercito 34, 1.º
Raymundo Alves Martins de Menezes, rua da Graça, 10, 1.º
Antonio Henrique Bessa, 1.ª divisão militar.
Antonio José d'Almeida, 1.ª divisão militar.

Fiscaes na 2.ª divisão militar

1.os *officiaes com graduação de major*:
Alfredo d'Antas Lopes de Macedo, Coimbra.
Francisco Correia da Silva Menezes, Lamego.
2.º *official com graduação de capitão*:
Joaquim Augusto Nunes, Castello Branco.

Fiscaes na 3.ª divisão militar

1.º *official com graduação de tenente-coronel*:
Francisco Neves de Castro, Porto.
2.os *officiaes com gradução de capitão*:
Augusto Cesar de Moraes, Porto.

Antonio José Antunes, Porto.
Francisco Faria Villas-Boas Salgado, Chaves.

Fiscaes na 4.ª divisão militar

2.ᵒˢ officiaes com graduação de capitão:
José Luiz de Carvalho, Elvas.
Vasco Pereira de Campos, Faro.
Christino Manuel Ribeiro da Costa, Evora.
José Candido de Sousa Araujo, Elvas.

Fiscal das guardas municipaes

2.º official com graduação de capitão:
Thomaz Eugenio d'Almeida Caiolla, quartel ao Carmo.

Em serviço no ministerio da guerra

1.ᵒˢ officiaes com graduação de major:
Francisco Antonio das Mercês, travessa da Palmeira, 46.
Francisco de Sousa Pereira, ministerio da guerra.
Quintino Augusto da Costa, ministerio da guerra.

Agencia militar

Aspirante com graduação d'alferes:
Pedro de Medeiros e Albuquerque, rua da Penha de França, 52, 2.º

Padaria militar de Lisboa e succursaes

2.ᵒˢ officiaes com graduação de capitão:
Manuel José Gregorio Ferreira, Lisboa.
Augusto Cesar dos Santos Bemvindo, Lisboa.
Joaquim Augusto Cid Correia de Lacerda, Porto.
Aspirantes com graduação d'alferes:
Antonio do Carmo Dias, Elvas.
Francisco Rodrigues da Silva Junior, Lisboa.

No commando geral d'artilheria

1º official com graduação de major:
Manuel Maria de Magalhães, rua de D. Estephania, 14, 2.º
Aspirantes com graduação d'alferes:
Candido Brazão Cassanaia, commando geral d'artilheria.
João Carlos de Sousa Schiappa d'Azevedo, commando geral d'artilheria.
Francisco Christovam Salles Lisboa, rua dos Retrozeiros, 75, 5.º
Antonio Quirino da Luz Mattos, commando geral d'artilheria.

Extincta pagadoria geral do ministerio da guerra

2.º official com graduação de capitão:
Nicolau José da Silveira Mongiardim, ministerio da guerra.

Archivo geral em Chellas

1.º official com graduação de tenente-coronel:
Hermenegildo Pedro d'Alcantara, Chellas.

Commissão de lanificios

Aspirantes com graduação d'alferes:
Annibal da Nactividade Martins Pinto, Lisboa.

Asylo de Runa

Aspirante com graduação d'alferes:
José Faria Lapa, Runa.

Encarregados das delegações

Aspirantes com graduação d'alferes:
Agnello Gomes do Nascimento, Funchal.
Luiz da Silva Alves, Angra,
Rodolpho Soares Cardoso da Fonseca e Castro, Ponta Delgada.

Fiscal no commando central dos Açores

2.º official com graduação de capitão:
José Augusto Silvano, Açores.

Fiscal no commando oriental dos Açores

2.º official com graduação de capitão:
Luiz Maria de Vasconcellos da Cruz Sobral, Açores.

Fiscal no commando militar no Funchal

1.º official com graduação de major:
José Augusto Pereira Ramalho, Funchal.

Commando da guarda fiscal

2.º officiaes com graduação de capitão:
Domingos Antonio Liso Fernandes, commando da guarda fiscal.
Arthur Maria Botelho Lobo, commando da guarda fiscal.
Aspirante com graduação de tenente:
Celestino Augusto Pimentel, commando da guarda fiscal.
Aspirantes com graduação d'alferes:
Ezequiel Augusto de Sousa Penalva, commando da guarda fiscal.
Henrique Fradesso de Salazar Moscozo, commando da guarda fiscal.
Carlos Augusto da Silva Leite, commando da guarda fiscal.
Manuel Joaquim d'Andrade, commando da guarda fiscal.
José da Costa Rôxo, commando da guarda fiscal.

Secção de transportes

Chefe, coronel d'infanteria:
Manuel Antonio de Araujo Veiga, rua do Livramento a Alcantara, 83.
Addido, alferes d'infateria:
Antonio Marques Bronze, rua de S. Francisco de Paula, 60.

1.ª companhia d'administração militar (hospital da Estrella)

Capitão:
Manuel Joaquim da Costa, Lisboa.

Tenente:
José Esteves, Lisboa.
Alferes:
Pedro Antonio da Silva Lobo, Lisboa.

2.ª companhia d'administração militar (padaria)

Capitão d'infanteria:
Antonio de Sousa Correia, Lisboa.
Tenentes de cavallaria:
Carlos Augusto Barata, Lisboa.
Adolpho Ernesto Marinho d'Oliveira, Lisboa.
João Carlos Rodrigues dos Reis, Lisboa.
Tenente d'infanteria:
Antonio Monteiro Nogueira, Lisboa.
Alferes d'infanteria:
Antonio Maria Dias da Costa, Lisboa,

Pessoal menor da direcção da administração militar

Correio a pé:
Roberto Pereira da Silva, administração militar.
Continuos:
Luiz Antonio, administração militar.
Joaquim José Netto, administração militar.
José Pedro, administração militar.
Joaquim Baptista da Costa, administração militar.
Serventes:
Lucas Theodoro dos Santos, rua de S. Lazaro, 87, 3.º
Antonio das Neves, travessa do Terreirinho a Santa Catharina, 48.
Domingos da Silva, rua do Paraizo, 86. 1.º
Francisco Antonio, travessa da Conceição á Lapa, 6.
Ayres Cyriaco de Gouvêa, administração militar.
Antonio Rodrigues, administração militar.
José Antonio, administração militar.
Innocencio José administração militar.
Manuel Monteiro, administração militar.

Thesoureiros dos conselhos administrativos dos corpos

Aspirantes com graduação d'alferes:
João Carlos Cavalleiro Rastos, guarda municipal do Porto.
Francisco Amado da Silva Sampaio, artilheria 1.
José do Carmo Assumpção, artilheria 2.
Julio Augusto Seromenho, artilheria 4.
João Morgado, cavallaria 1.
Julio Cesar d'Almeida Gaspar, cavallaria 2.
Antonio Maria Duque, cavallaria 4.
Jayme Simões da Costa, cavallaria 5.
Antonio Candido Ribeiro de Carvalho, cavallaria 6.
Bernardino Tavares, cavallaria 8.
Jacintho Abrantes, cavallaria 9.
Luiz Augusto Vasconcellos Dias, cavallaria 10.
Antonio José Pereira do Lago, caçadores 3.
Lulio Cesar d'Abreu Castello Branco, caçadores 6.
Manuel Antonio dos Santos, caçadores 7.
José Tavares Affonso, caçadores 8.

Francisco dos Reis caçadores 10.
José da Guia Pereira, infanteria 1.
Domingos Manuel do Amaral, infanteria 2.
Antonio Bernardo Gomes, infanteria 3.
Francisco Lopes d'Azevedo Junior, infanteria 6.
Jão Ferreira Salgado, infanteria 7.
José Eduardo da Cunha, infanteria 8.
Arthur Antonio Pereira d'Azevedo, infanteria 11.
Manuel Sanches Silvestre de Castro, infanteria 13.
João Carlos Brandeiro de Figueiredo, infanteria 15.
Zepherino Antonio Monteiro Falcão, infanteria 19.
Thomaz Perre, infanteria 20.
Francisco Antonio Pires Barata, infanteria 21.
João Gonçalves Valente, infanteria 22.
José Joaquim Freire Correia, infanteria 23.
Joaquim Geraldes Mourão, infanteria 24.

Nas escolas praticas

DE CAVALLARIA

2.º official com graduação de capitão:
José Alfredo Ferreira Eça de Leyva, Villa Viçosa.

DE INFANTERIA

2.º official com graduação de capitão:
Thomaz Augusto Ribeiro, Mafra.

AGENCIA FINANCIAL EM LONDRES

Agente financial — Barão da Costa Ricci.
Secretario — Manuel Ferreira da Silva, 1.º official do ministerio da fazenda.
1.º Escripturario — Bartholomeu Perestrello de Vasconcellos.
2.º Escripturario — Oscar Jorge Potier.

AGENCIA FINANCIAL NO RIO DE JANEIRO

Agente financial — Conselheiro Alfredo Barbosa dos Santos.
1.º Secretario — Elias da Cunha Pessoa de Barros e Sá.
2.º Secretario — Francisco José da Horta Machado da França.

AGENCIA MILITAR DOS CORPOS DO EXERCITO

Calçada de S. Francisco

Chefe — D. Martinho d'Almeida, calçada do Poço dos Mouros, 32, 1.º
Thesoureiro — Mathias Joraquim Fernandes, travessa de Santo Antonio, 3, 2.º, Belem.
Vogaes:
Augusto Possollo de Sousa, rua Saraiva de Carvalho, 252, 4.º

Miguel Miranda, rua de S. Filippe Nery, 8, 1.º
Joaquim Antonio da Encarnação, rua do Mirante, 21, 2.º
Manuel Ignacio de Moraes Machado, rua da Esperança, 176, 2.º
Secretario — Pedro de Medeiros e Albuquerque, rua Nova da Trindade, 9, 3.º
Ha 6 sargentos amanuenses.

ARCHIVO NACIONAL DA TORRE DO TOMBO

Largo de S. Bento, Palacio das Cortes

Director — José Manuel da Costa Basto, rua de Nossa Senhora da Conceição, á Praça das Flores, 10.
Conservadores:
José Manuel da Costa Basto servindo de director: (professor de Diplomatica) rua de Nossa Senhora da Conceição á Praça das Flores, 10.
Roberto Augusto da Costa Campos, (Inspector dos Archivos), travessa de Santa Quiteria, 85.
Raphael Eduardo d'Azevedo Bastos, rua do Alecrim, 46, 2.º
José Ramos Coelho, rua Saraiva de Carvalho, 220, 2.º
Officiaes:
Julio Caetano da Costa e Silva, rua das Lages, 11, rez-do-chão.
Albano Alfredo de Almeida Caldeira, estrada do Alto do Carvalhão, 87.
Antonio Eduardo de Macedo Ortigão, rua do Poço do Borratem, 4, 4.º
Um vago.
Amanuenses paleographos:
Antonio Ferreira Marques (Padre) largo do Rato, 31.
Pedro Mariano Alonso, rua do Cabo, 69 A.
Antonio Ferreira de Serpa, rua das Amoreiras, 188.
Pedro Augusto de S. Bartholomeu de Azevedo, rua do Arco da Graça, 58, 2.º
Amanuenses:
João Salazar d'Eça, rua de Arroyos, 2, 3.º
Isidoro Anastacio Fernandes, travessa da Condessa do Rio, 22, 2.º
Praticantes de amanuenses paleographos:
Francisco Xavier Marques, calçada da Ajuda.
Arthur da Conceição Grisell, rua da Quintinha, 11.
Continuos:
Antonio Ladislau Rodrigues, rua de Rilhafolles, 34, 3.º
Lino Antonio Roberto, rua da Bella Vista, á Lapa, 37, 1.º
Porteiro — José da Graça e Mello, Alto do Varejão, 43, 1.º
Addido — Joaquim de Salles, porteiro do archivo nacional, travessa Nova de Santos, 16, 4.º

DIPLOMATICA

(Aula no archivo da Torre do Tombo)

Professor — Conservador-Director: José Manuel da Costa Basto, rua de Nossa Senhora da Conceição, á Praça das Flores, 10.

ARMADA REAL (COMMANDO GERAL DA)

No edificio do Ministerio da Marinha

Commandante geral — Conselheiro, vice-almirante, José Baptista de Andrade, rua das Janellas Verdes, 76, 2.º

Chefe do Estado Maior — João Theodoro d'Oliveira, capitão de mar e guerra, rua de D. Estephania 20, 2.º

Ajudante d'Ordens — 1.º tenente, Henrique de Castro Carvalhosa e Atayde, rua de S. Luiz, 9.

Adjuncto — Alfredo Guilherme Howell, Santo Amaro.

Chefe do serviço de saude — Francisco José dos Santos Chaves, 1.º inspector de saude naval.

Escripturarios:

Henrique Antonio de Azevedo Osorio e Brito, rua de S. Joaquim, 14, 1.º Santa Izabel.

Miguel Augusto da Silva, Paço d'Arcos.

Escreventes:

D. Manuel Joaquim de Faro e Noronha, travessa das Almas, 5, 3.º

Columbano Xavier Sabino, rua da Prata, 198, 4.º

Antonio Maria de Sant'Anna, rua das Madres, 98, 3.º E.

Archivista — Virgolino Collaço Mimoso, rua dos Ferreiros á Estrella, 63, 1.º

Continuo — Valentim de Almeida, rua da Mãe d'agua, 26, 1.º D.

Servente — João Ferreira, rua da Santissima Trindade, 26, 1.º

ARSENAL DA MARINHA

Praça do Municipio

Superintendente — Manuel Joaquim Ferreira Marques, capitão de mar e guerra, rua de D. Carlos, 13, 5.º

Secretaria da Superintendencia

Secretario — João Augusto de Fontes Pereira de Mello, 1.º tenente, Travessa de S. Sebastião á Praça das Flores, 28, rez-do-chão.

Escripturarios — Felix Bernardino Vaz Sallero, rua de S. Domingos á Lapa, 65, 2.º

Ernesto Augusto Telles da Silva Pinto, rua da Imprensa Nacional, 54, 1.º

Escrevente do quadro — Augusto Poppe, (Destacado no 2.ª repartição da direcção geral da marinha), rua de S. Marçal 140, 2.º

Dito provisorio — Antonio Maria Ferreira Guedes, (Destacado na 1.ª repartição da direcção geral da marinha).

Primeira direcção

Chefe — Francisco de Paula Teves, capitão de fragata, rua de S. Felix, 54, 1.º

Sub-chefe — Adolpho Augusto Nandim de Carvalho, capitão de fragata, Travessa da Cruz de Soure, 11, 1.º

Ajudantes:

Julio Elesbão Pereira de Sampaio, capitão tenente, rua de S. Joaquim a Alcantara, 54, 2.º

Julio Ferreira Barbas, capitão tenente, rua de S. Bento, 73, 4.º

Encarregado do 1.º deposito — Antonio Paes Dores, commissario de 2.ª classe, rua da Lapa, 37, 1.º

Encarregado do 2.º deposito — Candido Augusto Marrecas, commissario de 2.ª classe, rua da Bella Vista á Lapa, 6—A, 1.º

Encarregado do 3.º deposito — Eugenio Almada d'Avila, commissario de 1.ª classe, rua de D. Estephania, 29.

Encarregado do 4.° deposito — Francisco Morgado Gomes commissario de 2.ª classe, rua do Meio á Lapa, 79, rez-do-chão.
Encarregado da Escripturação do 1.° deposito — João Anselmo Figueiredo de Barros, commissario de 2.ª classe, travessa de D. Vasco, Belem, 5.
Encarregado da Escripturação do 2.° deposito — Antonio Saldanha da Motta, commissario de 3.ª classe, rua de S. Bento, 190, 2.°
Encarregado da Escripturação do 3.° deposito — José Justino Marques da Silva, commissario de 3.ª classe, calçada da Estrella, 141, 1.°
Vogal da commissão de vistorias — João Carlos da Silva Rodovalho, commissario de 1.ª classe, travessa de Santa Gertrudes, 12.
Patrão-mór — Joaquim dos Santos Lopes, 2.° tenente graduado, edificio do Arsenal.
Escreventes do quadro — Antonio Joaquim Pereira Callado, rua d'El-rei, 38, 4.°
Joaquim Alfredo Gallis, (destacado na capitania do porto), rua da Rosa, 105, 1.°
Dito provisorio — Carlos Correia Lacerda, (destacado na 1.ª repartição da direcção geral da marinha), rua da Paz, a Belem 7.
Escrevente do 1.° deposito — Antonio José Croner Junior, (quadro) rua de Passos Manuel, 9, 1.°
Escrevente do 2.° deposito — Antonio de Almeida Toscano, (provisorio), rua do Loreto, 16, 4.°
Escrevente do 3.° deposito — Fraucisco de Paula Barbosa Nogueira, (quadro), rua de S. Julião, 32, 4.°
Escrevente do 4.° deposito — Guilherme Joaquim de Almeida, (quadro), largo Costa Pinto, Cacilhas, 111, 2.°
Porteiro (chefe dos guardas) — Antonio Sergio Ferreira, largo de Santo André, 20, 2.°

Segunda direcção

Chefe — Antonio Cassiano Marques, engenheiro naval chefe, com graduação de capitão de fragata, travessa dos Remolares, 10, 2.°
Sub-chefe — Julio Cesar de Vasconcellos Correia, engenheiro naval, sub-chefe com a graduação de capitão-tenente, rua de S. Francisco de Paula, 20.
Ajudantes:
Augusto Arthur Lebegue, engenheiro, naval, de 1.ª classe com a graduação de 1.° tenente, rua Nova de S. Francisco de Paula, 53, 2.°
Duarte Ferreira de Sampaio, engenheiro naval de 1.ª classe, com a graduação de 1." tenente, Escolas Geraes, 21, 2.°
Francisco d'Albuquerque de Mello Pereira e Caceres, engenheiro naval, de 2.ª classe, com a graduação de 2.° tenente, rua do Rosario, 80, (Porto).
Pedro Antonio dos Santos, idem, rua de S. Bento, 50, 3.°
João Norton Junior, machinista naval chefe com a graduação de capitão de fragata, rua do Prior, 54, 2.°—E.
Antonio Maria Martins, machinista naval sub-chefe com a graduação capitão-tenente, rua da Esperança, 182, 3.°
Desenhador — Joaquim José Salgueiro, rua das Madres, 65, 2.°
Escrevente do quadro — Ernesto Jorge de Carvalho, rua de Nossa Senhora da Conceição, 55, 2.°—D.
Escrevente provisorio — Antonio Augusto Marques da Silva, (destacado na capitania do Porto), rua do Prior á Lapa, 48.

Repartição de contabilidade industrial

Chefe — Luiz Duval Portugal, commissario sub-chefe, rua das Freiras, 67.

1.º apontador sub-chefe — João Pereira Eustaquio, largo das Chagas.

2.º apontador sub-chefe — Cecilio Soares La Roche, travessa da Palha, 83, 3.º

Escreventes do quadro:
Rodrigo Vaz Vieira Mello Napoles, rua das Salgadeiras, 48, 3.º
Frederico Augusto da Silva Gomes, rua de Fernandes da Fonseca, 11, 5.º
Manuel Joaquim d'Azevedo Correia, rua de S. José, 71, 4.º
Marcellino Maria dos Reis e Villa.
Luiz da Conceição Pires, calçada do Marquez d'Abrantes, 51, 3.º
José Maria de Sousa Soares, travessa de S. Bernardino, 39, 1.º
Raphael Alves da Silva Carvalho, rua dos Retrozeiros, 35, 3.º
José da Cruz, rua de S. Francisco de Borja, 39, 1.º
Francisco Augusto Cardita, rua dos Ferreiros á Estrella, 19, 4.º
Alfredo Augusto Pereira de Almeida, rua das Escolas Geraes, 53.
Vicente Correia (destacado na cordoaria).

Escreventes provisorios:
Carlos Augusto Pacheco, Villa Maia.
Adolpho Gonçalves Guimarães, rua do Arco da Graça, 77, 1.º

Commissão de compras

Presidente — José Tito Celestino Soares, capitão de fragata, travessa do Pé de Ferro, 12, 1.º

Secretario — Francisco Freire de Sá, capitão-tenente, rua do Livramento a Alcantara, 50, 2.º

Commissario — Francisco Carlos Pedroso, commissario de 2.ª classe, rua Saraiva de Carvalho, 69, 3.º

Conselho de trabalhos

Presidente — O chefe da 1.ª direcção.

Vogaes:
O chefe da 2.ª direcção.
O sub-chefe da 1.ª direcção.
O sub-chefe da 2.ª direcção.
O machinista naval chefe.

Secretario — Duarte Ferreira Sampaio, engenheiro naval, de 1.ª classe com a graduação de 1.º tenente, Escolas Geraes, 21, 2.º

Posto medico

Chefe de serviço de saude — José Maria de Mello Dias, medico naval, chefe com a graduação de capitão de fragata, rua do Livramento, 57, 3.º—E.

Adjunctos:
Achilles d'Ameida Navarro, medico naval de 1.ª classe com a graduação de 1.º tenente, rua Nova do Loureiro, 12, 1.º—D.
Antonio Pereira de Paiva e Pona, medico naval de 1.ª classe com a graduação de 1.º tenente, rua de S. Francisco de Paula, 86, 2.º—D.
Antonio Gonçalves Pereira, medico naval de 1.ª classe com a graduação de 1.º tenente, rua Nova da Trindade 48, 3.º
Alvaro da Fonseca, medico naval auxiliar, com a graduação de 2.º tenente, travessa da Piedade, 52, 1.º

Enfermeiro — Luiz Antonio Borges Cordeiro, enfermeiro naval de 1.ª classe com a graduação de 1.º sargento, Pateo das Beatas á Graça, 2, 1.º

ARTILHERIA E SUAS DEPENDENCIAS (COMMANDO GERAL DE)

EDIFICIO DO ANTIGO ARSENAL DO EXERCITO

Commandante geral — general de brigada, Paulo Eduardo Pacheco, Campo de Santa Clara, 63.
Ajudante de campo — Bento Adelino da Silveira Forte Gato, capitão, Costa do Castello, 106, 2.º

1.ª Repartição

Chefe — Exercendo as funcções de chefe do estado maior da arma, João Eduardo de Brito, coronel, Campo de Santa Clara, 176.
Sub-chefe — José Fernandes Costa Junior, capitão, rua Vasco da Gama, 7, 4.º
Archivista — José Joaquim, amanuense, travessa dos Remedios, 3, 3.º
Amanuenses:
Antonio Pereira da Fonseca, travessa de Santo Antonio, 8, Belem.
Francisco Xavier de Paiva, rua do Recolhimento do Castello, 1.
Antonio Manoel d'Azevedo, rua da Graça, 44 2.º
José Joaquim Feio, travessa do Açougue, 10, 1.º
José Maria Peres, rua dos Fanqueiros, 226, 4.º

COMMISSÃO DE APERFEIÇOAMENTO DA ARMA

Presidente — Commandante geral, Paulo Eduardo Pacheco, general de brigada.
Vogaes: Francisco Hygino Craveiro Lopes, coronel, inspector do material de guerra da 1.ª divisão.
Visconde de Villa Nova d'Ourem, coronel commandante do regimento de artilheria n.º 4.
Pedro Coutinho da Silveira Ramos, coronel de artilheria n.º 1.
Pedro d'Alcantara Gomes, coronel, chefe da 2.ª repartição.
João Eduardo de Brito, coronel, chefe da 1.ª repartição e do estado maior da arma.
Antonio Candido da Costa, coronel.
Francisco Maria Gama Lobo Sepulveda, coronel, chefe da 3.ª repartição.
Agostinho Maria Cardoso, major, director da fundição de canhões.
José Mathias Nunes, major, director da fabrica d'armas.
Secretario — Manoel Eugenio de Carvalho da Silva Pinto, 1.º tenente.

BIBLIOTHECA

Bibliothecario — Manoel Eugenio de Carvalho da Silva Pinto, 1.º tenente, rua do Bemformoso, 174, 3.º

ARCHIVO GERAL

Archivista — José Maria da Graça Soares de Sousa, Alferes graduado, rua de Campo de Ourique, 270, 1.º
Amanuense — Luiz de Mendonça da Fonseca, convento de S. Domingos, em Bemfica.

TRABALHOS BALISTICOS

Presidente — Vago.
Vogaes:
Henrique Alexandre Assis de Carvalho, capitão, rua Vasco da Gama, 7, 4.º
Joaquim Antonio Pinheiro, capitão.

REPARTIÇÃO DO QUARTEL-MESTRE

Antonio Manoel Antunes Baptista, capitão, Castello de S. Jorge.
Almoxarife — José dos Santos, tenente, Belem.

2.ª Repartição

Chefe — Pedro d'Alcantara Gomes, coronel, calçada de Santo André, 78.
Sub-chefe — José Bento Ferreira Madail, capitão, rua do Salitre, 157.
Archivista — Alfredo da Costa Leite, amanuense, rua do Valle de Santo Antonio, 149.
Amanuenses:
Jayme Augusto da Costa Monteiro, calçada do Grillo, 1 D.
Joaquim Antonio dos Reis, rua das Portas de Santo Antão, 169, 3.º
José Cypriano Vinagre, beco dos Biguinhos, 28.
Joaquim Jacques Augusto de Sant'Anna, rua do Prior Coutinho, 65, 2.º

3.ª Repartição

Chefe — Francisco Maria da Gama Lobo Sepulveda, coronel, Campo de Santa Clara, 174.
Sub-chefe — Luiz Alberto Homem da Cunha Corte Real, capitão, rua de de S. Cyro, 39, 1.º
Archivista — Carlos Augusto Furtado, amanuense rua de S. Miguel, 42, 2.º, Alfama.
Amanuenses:
Alberto Carlos da Costa Leal, rua do Embaixador, 34, 1.º, Belem.
Joaquim Augusto Sousa, calçada do Conde de Penafiel, 28, 2.º
Servindo de amanuense — Eduardo José Maria Carvajal, 1.º sargento, guarda, Campo de Santa Clara, 172, 2.º

CONSELHO ADMINISTRATIVO

Presidente — Coronel, chefe da 3.ª repartição.
Vogaes:
O director da fabrica d'armas.
O director da fundição de canhões.
O director do deposito geral do material de guerra.
Thesoureiro — Manoel Maria de Magalhães, 1.º official da administração militar, rua da Estephania, 14, 2.º
Secretario — Candido Brazão Cassanaia, aspirante da administração militar, rua do Monte Olivete, 19, 2.º
Amanuenses:
José Antonio Teixeira, rua dos Caminhos de Ferro, 96, 2.º
Joaquim José de Cintra, rua do Bemformoso, 110, 2.º

DEPOSITO GERAL DO MATERIAL DE GUERRA

Director — Duarte Cabral Fava, tenente coronel, rua do Salitre, 405, 2.º
Sub-director — José Castanha Dias Costa, capitão, rua larga de São Roque, 66, 3.º

Adjunto — Ricardo Salcuso Lima d'Albuquerque, travessa da Senhora da Gloria, (á Graça), 31, 2.º

Chefes d'armazens:

Antonio Vicente d'Abreu, capitão almoxarife, travessa de Santa Gertrudes, 73, 2.º

José Joaquim Lopes de Passos, capitão almaxarife, Belem.

Isidro da Conceição Alves Captivo, alferes almoxarife, calçada de S. Vicente, 113, 3.º

Archivista — Augusto Maria de Senna Jenochio, amanuense, rua da Praia de Pedrouços, 45.

Amanuenses:

Joaquim Bernardo de Carvalho, beco da Flôr, 4, 2.º

Alvaro d'Eça Figueiró da Gama Lobo, rua da Procissão, 126, 2.º

Albino Candido da Costa Pinto, Campo das Cebolas, 43, 2.º

Manoel Lopes, rua dos Prazeres, 76, 1.º

Rodrigo Alberto Martins Pereira, rua do 4 de Infanteria, 8.

Fiel do deposito — Antonio Lopes, becco do Surra, 17, 2.º

Fiel de Santa Clara — Narciso Antonio Pereira, rua do Paraiso, 31.

Fiel de Beirollas — José Gonçalves, Beirollas.

Fiel do Poço do Bispo — Manoel Antonio.

Fiel de Chellas — José Martins Rascasso, Chellas.

Fundição de canhões

Campo de Santa Clara

Director — Agostinho Maria Cardoso, major, rua do Paraizo, 21.

Sub-director — Ernesto Diniz Lopes de Sousa, capitão, rua Nova do Almada, 69, 4.º

Adjuntos:

Josué d'Oliveira Duque, capitão, Travessa do Alto de S. Francisco, 6 A.

Fernando Antonio Rebello, 1.º tenente, rua dos Remedios, 185, 1.º

Eduardo Pellen, 1.º tenente, rua de S. Lazaro 100, 1 º

Amanuenses:

João José d'Azevedo, travessa das Flores, 20, 1.º

Francisco Maria Mourão, rua de S. Vicente, á Gúia, 19, 1.º

José Maria da Costa, rua dos Ferreiros, a Santa Catharina, 17, 3.º

José Joaquim da Silva, rua do Terreiro de Santa Catharina, 27, 3.º

Francisco José Dias, rua de S. João da Praça, 9, 3.º, D.

João Crispim, becco do Cavalleiro, 17, 3.º

Francisco dos Anjos, largo da Graça, 33, 2.º

José Bernardo da Cruz Pinto, rua da Bella Vista, á Graça, 134, 1.º

Augusto Eugenio de Sousa, rua do Quatro de Infanteria, 26, 2.º

José Vicente de Castro Curto, travessa de Santa Marinha, 5, 3.º

Desenhadores:

Arthur Carlos da Silva Pons, rua dos Mouros, 16, 1.º

Luiz Fernandes Leger Pereira Leite, rua Luiz de Camões, 34, 3 º

Fiel — Joaquim Pedro de Miranda, travessa de Nossa Senhora da Gloria, á Graça, 2, 3.º

Mestre — Antonio Lourenço Lucas, Campo de Santa Clara, 117, 1.º

Apparelhadores:

Francisco Pedro Alberto, calçada de Santo André, 46, 1.º

José Dias Pereira, rua da Veronica, 20.

José Ricardo de Santiago, largo de Santo André, 5, 2.º

Affonso Henriques Melleças, Campo de Santa Clara, 117, 2.º

FABRICA DE ARMAS

Campo de Santa Clara

Director — José Mathias Nunes, major, praça das Amoreiras, 59, rez do chão.
Sub-director — José Eduardo Leitão Junior, capitão, rua das Beatas, 30, 1.º
Adjuntos:
Antonio Carlos do Valle, capitão, rua de Nossa Senhora da Conceição, á Praça das Flores, 45, 2.º
Julio Hypolito Soares, 1.º tenente, rua dos Fanqueiros, 226, 3.º
Augusto Guedes Vilhegas Quinhones de Mattos Cabral, travessa do Despacho, a Santa Martha, 1, 1.º
Carlos Augusto Juzarte Caldeira, rua Castilho, 7, 2.º
Amanuenses:
José dos Santos Netto, rua da Bombarda, 14, 2.º
Eduardo Augusto Lacueva, travessa da Cruz de Soure, 35, 1.º
Luiz Martins Costa, rua da Bella Vista, á Graça, 81.
Carlos Antonio dos Santos Lamas, rua do Bemformoso, 209, 1.º
José Ivo, pateo do Colleginho, 5.
Isidro da Costa Leite, Quinta de Sant'Anna, Caminho de Baixo da Penha.
Joaquim Marianno Napoleão e Silva, travessa do Matto Grosso, 27, 1.º
Luiz Antonio Bastos, becco das Merceeiras, 3.
José Victorino, rua do Sol, 13.
Miguel Maria, rua da Bella Vista, á Graça, 3, 1.º
Antonio Manuel d'Assumpção, rua da Bella Vista, á Graça, 4, 1.º
Augusto Eduardo da Silva Pinto, calçada da Estrella, 52.
Alexandre de Santa Clara, villa Thomaz da Costa, 9, 4.º
Francisco Antonio Alves de Carvalho, largo da Graça, 127, 1.º
Fieis:
Luiz Maria Teixeira, rua do Valle de Santo Antonio, 65, 1.º
Luiz José Vaz, rua de S. Vicente, 90.

FABRICA DE POLVORA

Barcarena

Sub-director — Joaquim da Matta, capitão.
Adjuncto:
Antonio José Casimiro Ferreira, 1.º tenente.

MUSEU

Rua do Museu de Artilheria

Director — Bento Adelino da Silveira Forte Gatto, capitão, Costa do Castello.

DIRECÇÃO DOS TELEGRAPHOS DE GUARNIÇÃO E POMBAES MILITARES

No extincto convento da Penha de França

Director — Coronel Augusto Cesar Bom de Sousa, no edificio.
Ajudante em Lisboa — Capitão Ezequiel Augusto Vasconcellos Maximo, praça d'Alegria, 84, 1.º

Ajudante no Porto — Tenente Theophilo Leal de Faria.
Encarregado do serviço telegraphico no quartel da 1.ª divisão — Capitão A. Baptista Andrade, rua das Janellas Verdes, 76, 2.º
Amanuense — Manuel Martins, 1.º sargento, no edificio.
Encarregado do pombal da Penha — José Caetano Amaral Guião, 2.º sargento, no edificio.

ASYLO DA AJUDA

Calçada da Tapada

Escriptorio — Rua da Esperança, 151, 1.º

Provedor — Visconde de Ribamar, rua do Poço dos Negros, 134.
Thesoureiro — José Gregorio da Rosa Araujo, travessa de S. Nicolau, 42.
Secretario — Alfredo Talone da Costa e Silva, rua de S. Bento, 47, 2.º
Facultativo — Nuno de Vasconcellos Porto, rua da Junqueira, 80.
Director dos estudos — Lucas Marinho da Silva, rua da Junqueira.
Regente — D. Emilia Augusta Caldas, no Asylo.
Ajudante — D. Maria Adelaide Caldas Gonçalves, no Asylo.
Mestras:
D. Maria das Dores Benito, no Asylo.
D. Maria José da Silva Seromenho, no Asylo.
Escripturarios:
Francisco Ramos Chaves, rua de S. Bernardo, 112, 1.º, á Estrella.
José Maria Theodoro Valladas, rua da Crnz da Carreira, 60, 1.º

ASYLO DE D. LUIZ I

No edificio do convento de Marvilla

Provedor — Francisco Izidoro Vianna, Campo Pequeno.
Secretario — Martinho Augusto da Cruz Tenreiro, rua do Livramento.

ASYLO DE D. MARIA PIA

Em Xabregas

Presidente da commissão administrativa — Marquez de Fronteira e de Alorna, S. Domingos de Bemfica.
Vogaes:
José de Saldanha de Oliveira e Sousa, rua de Santo Antão, 144.
Conselheiro Frederico de Abreu Gouveia, Avenida da Liberdade, 82, 3.º
Secretario — João Augusto do Amaral Frazão, rua dos Fanqueiros, 81, 4.º, E.
Official da secretaria — Antonio Maria Xavier, rua da Madre Deus, 3, 4.º, á Praça das Flores.
1.º escripturario — José Joaquim Durães, rua do Conselheiro Monteverde, 16, 3.º
2.º escripturario — João da Silva Paes, no edificio do Asylo.
Thesoureiro — Alfredo de Castro, rua dos Caminhos de Ferro, 44, 2.º

Correio-continuo — Augusto José Leal Ardisson, no edificio do Asylo.
Director — Padre Manuel Gomes Duarte Pereira Coentro, no edificio do Asylo.
Capellvo — Padre José Joaquim Ferreira Tavares, rua Direita de Xabregas.
Fiel da dispensa e do deposito da fazenda — João Gomes Tarujo, rua Direita de Xabregas.
Encarregado da cosinha e refeitorio — Joaquim Severo Pereira de Sousa Pinto, no edificio do Asylo.
Facultativo — Conselheiro João Ferraz de Macedo, travessa do Almada, 12, 2.º
Enfermeiro — João Mendes Garcia, becco da Marqueza de Niza.
Professores de ensino primario elementar:
João Antonio Baptista de Avellar, largo de D. Gastão.
Eladio Antolino de Sousa e Silva, Avenida da Liberdade, 186, 4.º
Ajudante dos professores — Estevam da Rocha Garcia, rua do Bemformoso, 200, 2.º
Professor de gymnastica — D. Antonio José de Mello (Belem).

ASYLO DE MENDICIDADE

No extincto convento de Santo Antonio dos Capuchos

Provedor — Alfredo de Queiroz Guedes, largo da Abegoaria, 31.
Adjunto — Francisco Alberto d'Oliveira. rua do Alecrim, 75, 2.º
Secretario — Dr. Guilherme Celestino, rua das Amoreiras, 41.
Director e capellão — Padre José Rodrigues d'Oliveira, no asylo.
Facultativo — Luiz Antonio Rebello, travessa Nova do Carmo, 12.
Syndico — Dr. José Maria da Penha Costa, rua do Ouro, 75, 2.º
1.º Escripturario — Antonio Maria da Silva, rua da Escola do Exercito, 38.
1.º Escripturario pagador — Joaquim Carlos dos Santos Leitão, rua do Arco do Limoeiro, 15.
2.ᵒˢ Escripturarios:
José Clemente de Faria, rua dos Anjos, 126.
Luiz Venancio Torres Leão, rua Luz Soriano.
Amanuense — Alvaro Luiz dos Santos, rua da Escola Asylo, 3, 1.º
Fiel — José Antonio da Veiga, no asylo.
Regente — D. Maria da Conceição Rodrigues Fernandes, no asylo.

ASYLO MUNICIPAL

Vide Camara Municipal de Lisboa.

ASYLO DE NOSSA SENHORA DA CONCEIÇÃO

Para raparigas abandonadas

No extincto convento do Rato

Provedor — Marquez de Pomares, largo do Mitello, 1, 1.º
Secretario — Dr. Vicente Rodrigues Monteiro, rua do Crucifixo, 16, 1.º

Thesoureiro — Francisco Simões Margiochi, rua Nova de S. Caetano, 52.
Facultativo — Dr. Joaquim d'Almeida Salgueiro, calçada do Conde de Pombeiro.
Escripturario — Julio Emilio de Sant'Anna da Cunha Castel-Branco, rua Nova de S. Francisco de Paula, 44.
Regente — D. Julia Augusta Alves da Silva, no Asylo.
Professora — D. Eugenia Maria da Silva Cordeiro, idem.
Ajudantes:
Amelia Maria dos Santos, idem.
Olivia Albertina do Couto, idem.

ASYLO DE SANTO AMARO

EM SANTO AMARO

Para velhos de ambos os sexos

Provedor — Luciano Cordeiro, largo do Quintella, 11, 2.º
Director — Carlos Augusto Posser, rua de Santo Antão, 193, 2.º E.

BIBLIOTHECA DA ACADEMIA REAL DAS SCIENCIAS

RUA DO ARCO A JESUS

Vide Academia Real das Sciencias.

BIBLIOTHECAS MUNICIPAES

Vide Camara Municipal de Lisboa.

BIBLIOTHECA NACIONAL DE LISBOA

LARGO DA BIBLIOTHECA PUBLICA

Director: — Gabriel Victor do Monte Pereira, rua dos Fanqueiros, 168, 3.º
 Conservadores:
Luiz Carlos Rebello Trindade, (inspector das bibliothecas), calçada do Castello Picão, 26, 2.º
Dr. Xavier da Cunha, rua de S. Bartholomeu, 12, 2.º
Gabriel Victor do Monte Pereira, (servindo de director), rua dos Fanqueiros, 168, 3.º
Dr. José Leite de Vasconcellos Pereira de Mello, rua do Quelhas, 107, 2.º
 Officiaes:
Alberto Carlos da Silva, rua da Esperança, 105, 2.º
Dr. Eduardo de Castro e Almeida, rua do Ferregial de Baixo, 48, 4.º
João Augusto Melicio, rua da Emenda, 111, 3.º
Eduardo Frederico Schwalbach Luci, travessa de S. Sebastião, 20, 2.º (á praça das Flores).
 Amanuense paleographo: — D. José Maria da Silva Pessanha, estrada de Bemfica, 429.
 Amanuenses:
José Antonio Moniz, rua de S. Bento, 59, 3.º D.

Francisco Simões Ratolla, rua de S. Lazaro, 14, 4.º
Manuel da Veiga Ottolini, S. Domingos de Bemfica, (á ponte).
Praticante: — Augusto Maria Penha Coutinho, rua da Madre de Deus, 60, 2.º
Continuo: — (chefe) Antonio Gomes Vianna, rua do Bemformoso, 100, 1.º
   Continuos de 1.ª classe:
José Antonio Viale Branco, campo d'Ourique, 107, 1.º
Manuel Hygino Ramos da Silva, rua de S. Cyro, 34, 2.º
   Continuos de 2. classe:
Francisco Alberto da Costa Senna, travessa da Queimada, 20, 2.º
José Ferreira de Brito, largo do menino de Deus, 7, 3.º
João Marques da Silva Junior, travessa de S. Bernardino, 34.
   Praticantes:
Joaquim Antonio da Costa, travessa da Porta do Carro do Hospital de S. José, 13, 1.º
Augusto Motta da Fonseca, travessa da Assumpção, 88, 5.º
Porteiro: — Antonio Joaquim Sabino da Silva, rua do Principe, 82, 3.º
Ajudante: — José Antonio Rodrigues Algeos, rua do Arco, 89, 3.º, a S. Mamede.

ADDIDOS

1.º Conservador: — Francisco Casassa, rua da Penha de França, 22, 2.º
2.º Conservador: — Visconde de Castilho, Sacavem, quinta da Victoria.
Secretario: — Eugenio Eduardo de Mascarenhas Menezes.
Amanuense: — Eugenio de Castilho, largo de Arroyos, 6, 2.º

BIBLIOTHECA DO REAL PAÇO D'AJUDA

Palacio d'Ajuda.

CADEIAS E CASAS DE CORRECÇÃO

Penitenciaria Central de Lisboa

CAMPOLIDE

Director. — Conselheiro Jeronymo da Cunha Pimentel, no edificio.
Sub-director — Conselheiro Antonio de Azevedo Castello Branco, no edificio.
Secretario — Thomaz Victor da Costa Sequeira, rua do Ouro, 124, 2.º
Medico-cirurgico — Agostinho Lucio da Silva, rua das Gaveas, 10, 1.º
Medico cirurgico adjunto — João Guilherme Torquato dos Reis Campos, rua da Rosa, 126, 1.º
Capellão — Francisco Augusto de Sousa Sanches de Castro, rua Rodrigues Sampaio, 105, 1.º
Capellão-adjunto — Joaquim José d'Almeida, largo do Rego, 8, pateo.
Professor — Geraldo Leite Pereira d'Azevedo, Agualva.
Professor-adjunto — Libanio Baptista Ferreira, rua do Conselheiro Pedro Franco, 14, 5.º
Thesoureiro — Francisco Manuel da Silva Alegria, Santo Antonio da Convelescença, 3.
Official: — Abilio Antonio de Castro, rua da Fé, 20, 2.º
   Amanuenses:
Eduardo Carlos Verdades de Faria, praça d'Alegria, 84, 2.º

Guilhermino Alvares da Costa Carvalhal, rua do Conselheiro Monte Verde, 40.
Carlos Alberto Verdades de Faria, travessa do Cotovello, 37, 2.º
Francisco Alves Godinho, quinta das Mil Flores.
Antonio de Campos Valdez, rua do Arco Bandeira, 173, 3.º
Eduardo Augusto de Sousa Ribeiro, rua Luz Soriano, 56, 5.º
Matheus Antonio de Abreu Castello Branco, rua das Amoreiras, 20.
Continuo: — José Francisco Fernandes, rua do Sol, ao Rato, 91, 2.º
Correio: Manuel da Silva Matta, no edificio.
　Guardas de 1.ª classe:
Francisco de Salles e Silva, rua do Chafariz de Andaluz, 79, 2.º
Francisco Joaquim, travessa de S. Caetano, 14.
Adelino da Costa, Villa de Romão da Silva, ás Amoreiras, 2, 2.º
João Luiz, rua do 4 d'infanteria, 5.
José Nunes da Silva, rua de S. Luiz, 28.
José Mendes, rua de S. João dos Bemcasados, 41.
Martinho Gomes, no edificio.
Ignacio do Nascimento, rua do Sol, ao Rato, 153, 1.º
José Henriques Moreira, rua do Duque, 27.
João Vicente, estrada de Campolide, 96, 1.º
João Alves da Fonte, travessa do Barbosa, 9, 2.º
João Izidoro, rua de S. João dos Bemcasados, 45, 2.º
　Guardas de 2.ª classe:
Francisco Roque, Villa Romão da Silva, 8.
Augusto Pereira, rua de S. Sebastião da Pedreira, 143, 2.º
Francisco Manuel Martins Olaia, rua das Amoreiras, 64.
Eduardo Tavares Ferreira, rua de S. Sebastião da Pedreira, 85, 1.º
Antonio Gomes Solteiro, alto da Cascalheira, aos Terramotos, 39.
Manuel Rodrigues Costa, alto da Cascalheira, aos Terramotos, 40.
Joaquim Carvalho, travessa da Legoa da Povoa, ás Amoreiras, 5.
Francisco Lourenço, rua de S. Bento, 210.
José Nunes, rua da Paschoa, 19, 2.º
Domingos Lopes, no edificio.
José Maria, no edificio.
Joaquim Ramos, pateo da Bella Vista, 3.
João Antonio Pacheco, Rua das Amoreiras, (pateo), 86.
Pio José, rua Saraiva de Carvalho, 26, 2.º
Manuel Luiz, rua da Piedade, 28.
José de Lemos, Villa de Romão da Silva, ás Amoreiras, 2, 2.º
José Joaquim d'Almeida, travessa da Legoa da Povoa, ás Amoreiras, 5.

Limoeiro

Director provisorio: — Antonio Tavares d'Almeida, junto ao edificio do Limoeiro.
Guarda-livros — João Antonio da Silva Presado, rua Formosa, 147, 1.º (em commissão na secretaria da Procuradoria Regia).
Guarda livros interino — Manuel João da Cunha, rua da Veronica, 152, 1.º
Escripturario da administração — José Barreto Sacheti, na casa da Correcção.
　Facultativos effectivos:
Dr. Joaquim Antonio d'Oliveira Namorado, rua do Sol, ao Rato, 55.
Dr. Alfredo Luiz Lopes, calçada do Combro, 61.
Pharmaceutico — Francisco Maria Nogueira, rua do Infante D. Henrique, 54.
Capellão — O prior de S. Thiago.

Aljube

Encarregado — Joaquim de Oliveira, no edificio.

Casa de Correcção

Travessa das Monicas

Director — Francisco Pereira Pato Moniz, rua de Jardim do Tabaco, 56, 2.º (em commissão no Ministerio da Justiça).
Director interino — José Barreto Sacheti, Largo dos Loyos, 7, 1.º
Sub-director — Francisco Augusto Pacheco, rua da Veronica,
Capellão — Luiz Avelino de Figueiredo, S. Vicente.
Amanuense — Manuel Maria Alves de Carvalho, rua dos Lagares, 60.

Caixas Geral de Depositos
E
ECONOMICA PORTUGUEZA

Sob a administração da

JUNTA DO CREDITO PUBLICO

Emprestimos sobre penhor de titulos da divida publica portugueza e obrigações da Companhia Geral de Credito Predial Portuguez.

Descontos de juros das diversas classes de titulos de divida publica portugueza.

Descontos de letras e outros papeis com garantia do thesouro.

Depositos na Caixa Economica, a juro de 3;60 por cento ao anno, capitalisado semestralmente.

CAIXAS GERAL DE DEPOSITOS E ECONOMICA PORTUGUEZA

Praça do Commercio, lado Norte

Administração — Presidente e vogaes da Junta do Credito Publico

Director das caixas — Dr. Julio Ferreira Pinto Basto, rua da Barroca, 107, 3.º

Chefe da contabilidade — Carlos Arthur da Cunha, rua da Esperança, 155, 1.º

Chefes de repartição:
Dr. Antonio José Lopes Navarro, rua do Jasmim, 1.
Dr. Adolpho da Cunha Pimentel, rua do Rosario, 156, (Porto).
Abilio Eduardo da Costa Lobo, rua Marechal Saldanha, 10.

1.ºs officiaes:
Accacio Leite Pereira Jardim, Costa do Castello.
Arthur Eugenio Lobo d'Avila, rua de D. Pedro V, 158, 1.º
Francisco A. Silveira Azevedo, rua do Arco do Limoeiro, 44, 1.º
Francisco Ferreira Serra, rua do Sol ao Rato, 59, 2.º D.
Jayme Almeida Coelho de Bivar, rua de S. Bento.

2.ºs officiaes:
Domingos Maria da Camara Berquó, Pateo de D. Fradique.
Eduardo Victorino de Moraes, rua do Possolo, 12, 1.º
Frederico G. França Villar, calçada d'Ajuda, 199, rez-do-chão.
João Roberto da Silva Barbosa e Costa, rua de S. Bento, 297.
José Alves Ribeiro Troni, rua de S. Joaquim a Santa Isabel, 10, 1.º
José Soares Laroche, rua do Ouro, 187.
D. José Tiburcio do Carmo Noronha, travessa d'Amoreira, 30.
Luiz Antonio Netto da Silva, rua Luz Soriano, 48.
Manuel Filippe de Sande, Arco do Cego, 75.
Luiz Pedro Nolasco Monteiro, rua do Conde (ás Janellas Verdes).
Luiz da Cunha Menezes, rua Fresca, 7.

Amanuenses:
Antonio Augusto da Silva Santos, Pego Longo, Bellas.
Augusto Daly Alves de Sá, rua da Escola Polytechnica, 92.
Henrique Teixeira Homem de Brederode, rua do Thesouro Velho, 2, 1.º
João Antonio Belem Correia, rua da Inveja, 25, 4.º
João Pedro d'Oliveira, rua de S. Bento, 270, 1.º
Joaquim Antonio dos Santos Pinto, rua da Infancia, 18.
José de Barros Lima do Rego Barreto, Estrada de Bemfica, 596.
José Pedro d'Alcantara, rua da Bempostinha, 24, 3.º
João Maria da Camara Berquó, rua do Bom Successo, Belem.
José Pedroso Gomes da Silva Junior, rua da Infancia, 13, 1.º
Diogo José Garcia, Pateo de D. Fradique, 24, 1.º
Salvador José de Mello, rua de S. Joaquim ao Calvario, 36.
Raphael F. da Cunha Junior, rua de Belem, 6.

Temporarios:
Arthur A. Severino Mendes, rua da Junqueira.
Paulo de Moraes Palmeiro, calçada de S. João Nepumoceno, 61.
Augusto C. de Almeida Varella, pateo do Regedor, 7.
João Lopes Possolo, rua dos Cordoeiros, 50.
Paulo Fernando V. de Moraes, rua Possolo, 12.
José Victorio da Saude, Arco do Cego, 75.
Arthur R. de Andrade Figueiredo, rua da Emenda, 26.
Adalberto Mendes, rua de Belem.
José A. Pedreira Cardoso, rua das Olarias, 75.
Valentim Duarte Pinto, rua do Principe, 122.

Antonio Luiz de Brito, rua da Bella Vista, 59.
Pedro A. Ferreira Godinho, Gibalta, 7.
Julio H. Ferreira Silvão, rua D. Carlos, 1.
Jorge Pedro da Cruz, travessa de Santa Gertrudes, 62.
João Antonio Barreto Borges, travessa de Santo Antonio, 18.
José Nunes de Vasconcellos, Ameixoeira.
José Joaquim Soares, rua do Ferregial de Baixo, 59.
Jayme Chystiano Ferreira Serra, rua do Sol, 59.
Pedro Duarte Pinto, rua do Principe, 122.
Francisco Mourão Ramos de Athayde, rua do Desterro, 15.
Thesoureiro — Luiz Wasa Cesar de Andrade, calçada do Marquez de Abrantes, 40.

Fieis da thesouraria:
Effectivo — Carlos Alberto Leite, Paço do Lumiar.
Provisorios:
Julio Augusto Aguiar, travessa de Palhavã, 1.
Manuel Rolão Martins, rua Nova da Trindade, 74.
Domingos Augusto de Oliveira.
Cobrador — Arthur Wasa Cesar de Andrade, rua de S. Paulo, 216.
Continuos:
João do Nascimento Marques, rua do Norte, 116, 3.º
João Teixeira Marques, travessa Nova do Olival, 10.

CAMARA DOS DIGNOS PARES DO REINO

(LEIS QUE REGEM A CAMARA)

A camara é composta de cem membros vitalicios, nomeados pelo rei, de cincoenta membros electivos, e dos pares por direito proprio (art. 6.º, carta de lei de 24 de julho de 1885).

Fazem parte da camara dos pares, como pares vitalicios, o patriarcha de Lisboa e os arcebispos e bispos do continente do reino (art. 6.º § 2.º, carta de lei de 24 de julho de 1885).

O principe real e os infantes são pares por direito, e terão assento na camara, logo que cheguem á idade de 25 annos artigo 40.º da carta constitucional).

A parte electiva da camara dos pares terá seis annos de duração, mas poderá ser dissolvida, simultanea ou separadamente, com a camara dos deputados (art. 6.º § 1.º da carta de lei de 24 de julho de 1885).

Será indirecta a eleição dos membros temporarios da camara dos pares. Uma lei especial regulará tudo quanto diz respeito á sobredita eleição (art. 6.º § 6.º da carta de lei de 24 de julho de 1885).

Dos cincoenta pares electivos, haverá quarenta e cinco eleitos pelos districtos administrativos e cinco pelos estabelecimentos scientificos (art. 1.º, carta de lei de 24 de julho de 1885).

Não poderão ser eleitos pelos districtos:

1.º Os governadores civis nos respectivos districtos.

2.º Os juizes dos tribunaes de segunda instancia no districto séde da sua relação.

3.º Os commandantes de divisões militares nos districtos das suas divisões (art. 7.º, carta de lei de 24 de julho de 1885).

A eleição dos pares pelos estabelecimentos scientificos verificar-se-ha por um collegio especial, reunido na capital do reino e composto de delegados dos seguintes estabelecimentos: universidade de Coimbra, escola Polytechnica de Lisboa, academia Polytechnica do Porto, escolas medico-cirurgicas de Lisboa e Porto, curso superior de lettras, escola do exercito, escola naval, instituto d'agronomia e veterinaria, institutos industriaes de Lisboa e Porto e academia real das sciencias (art. 8.º da carta de lei de 24 de julho de 1885).

Presidente: — Conselheiro Antonio Telles Pereira de Vasconcellos Pimentel, rua do Arco a S. Mamede, 105.

Dignos Pares:

Antonio José de Barros e Sá, rua Ivens, 27, 2.º
Cardeal Patriarcha de Lisboa, no edificio de S. Vicente.
Cardeal Bispo do Porto, praça do Principe Real, 48.
Duque de Loulé, Largo dos Jeronymos, Belem.
Duque de Palmella, rua da Escola Polytechnica.
Marquez de Alvito, Alvito.
Marquez de Ficalho, rua dos Caetanos, 32.
Marquez de Fontes Pereira de Mello, Largo do Poço Novo, 19.
Marquez de Fronteira, Bemfica.
Marquez da Graciosa.
Marquez das Minas, Hotel Durand.
Marquez de Penafiel, Berlim.
Narquez de Pomares, largo do Metello á Bemposta, 1.
Marquez de Pombal, Janellas Verdes, 29.
Marquez da Praia e de Monforte, largo do Rato.
Marquez de Sabugosa, Calvario.
Marquez de Vallada, calçada da Ajuda, 13.
Arcebispo de Braga.
Serenissimo Infante D. Affonso, Ajuda.
Arcebispo de Evora, rua Borges Carneiro, 58, 1.º
Arcebispo Bispo do Algarve, Hospicio de Santa Martha.
Arcebispo Bispo de Portalegre, no edificio de S. Vicente.
Bispo Conde de Coimbra.
Conde das Alcaçovas, rua da Cruz dos Poyaes, 109.
Conde de Alentem, Hotel Universal ou em Louzada.
Conde dos Arcos, largo do Salvador.
Conde da Arriaga, rua da Horta Sêcca, 23, 2.º
Conde d'Avila, rua do Duque de Bragança, 20, 1.º
Conde da Azarujinha, largo do Conde de Pombeiro, 6, á Bemposta.
Conde de Bertiandos, á Cruz da Pedra, 8.
Conde de Bomfim, rua das Amoreiras, 210.
Conde da Borralha, Agueda.
Conde de Cabral, largo do Poço Novo.
Conde de Carnide, largo de S. Julião, 12, ou em Carnide.
Conde de Casal Ribeiro, rua das Chagas.
Conde de Castello de Paiva, Hotel Central ou no Porto.
Conde de Castro, rua das Trinas, 161.
Conde de Ficalho, rua dos Caetanos, 32.
Conde da Folgosa, rua da Palma.
Conde das Galveias, Campo Pequeno.
Conde de Gouveia, rua do Ferregial de Cima, 1.
Conde de S. Januario, rua de S. Francisco de Paula, 112, 2.º
Conde de Lagoaça, rua do Abarracamento de Peniche, 14.
Conde de Linhares, calçada de Arroyos.
Conde de Macedo, Roma.
Conde de Margaride, Hotel Universal.
Conde de Paraty, rua do Sacramento, á Lapa, 4.
Conde de Penha Longa, rua do Pau da Bandeira.
Conde de Restello, rua Direita de Belem, 166.

Conde da Ribeira Grande, Junqueira.
Conde de Samodães, Porto.
Conde de Sieuve de Menezes, ilha de S. Miguel.
Conde de Thomar, rua de S. Pedro de Alcantara, 7.
Conde de Valbom, rua Nova da Trindade, 96.
Bispo de Beja, rua de S. João da Praça, 83.
Bispo de Bethsaida, rua do Ouro, 100, 2.º
Bispo de Bragança.
Bispo da Guarda, rua da Vinha, 43, 2.º
Bispo de Lamego, rua da Palma, 166.
Bispo de Vizeu, Hotel da Europa.
Visconde de Alemquer, calçada do Correio Velho, 17.
Visconde de Asseca, rua Formosa.
Visconde da Bouça, Hotel Borges ou em Mirandella.
Visconde de Castro e Solla, Hotel Universal, ou no Porto, rua da Alegria, 342.
Visconde de Chancelleiros, Alemquer.
Visconde de Condeixa, Palacio do Marquez de Abrantes, 1.
Visconde de Ferreira do Alemtejo, Hotel Universal, ou em Ferreira do Alemtejo.
Visconde de Portocarrero, rua da Arrabida a Santa Izabel.
Visconde de Seabra.
Visconde da Silva Carvalho, rua de Alexandre Herculano, 117.
Visconde de Soares Franco, rua de S. Domingos á Lapa, 7.
Visconde de Sousa Fonseca, rua do Salitre, 397, 2.º
Visconde de Valmor, Campo dos Martyres da Patria.
Visconde de Villa Mendo, Paço da Rainha, á Bemposta, 64-A.
Barão de Almeida Santos, Villa Estephania (Cintra), ou travessa do Carmo, 1, 1.º.
Barão de Santos, Praça do Principe Real, 48.
Agostinho de Ornellas de Vasconcellos Esmeraldo Rolim de Moura, rua de S. Caetano, 31.
Alberto Antonio de Moraes Carvalho, rua de Barata Salgueiro.
Anselmo Braamcamp Freire, Quinta da Aldeia, (Correio de Sacavem).
Antonio Augusto Pereira de Miranda, Avenida da Liberdade, 8.
Antonio Augusto de Sousa e Silva, rua do Poço dos Negros, 134.
Antonio Caetano de Oliveira, Hotel Borges, ou no Porto.
Antonio Candido Ribeiro da Costa, travessa do Athayde, 17, 1.º
Antonio Egypcio Quaresma, rua do Jardim do Regedor, 45.
Antonio Emilio Correia de Sá Brandão, rua do Duque de Bragança, 20, 2.º
Antonio José Teixeira, rua da Escola Polytechnica, 49.
Antonio Luiz de Sousa Henriques Sêcco, Hotel Borges, ou em Coimbra.
Antonio Maria do Couto Monteiro, rua de S. Lazaro, 100, 3.º
Antonio de Oliveira Monteiro, Hotel Universal, ou no Porto.
Antonio Pequito Seixas de Andrade Gavião, Hotel das Duas Nações.
Antonio do Rego Botelho de Faria, Hotel Borges.
Antonio de Serpa Pimentel, rua da Cova da Moura, 1.
Antonio de Sousa Pinto de Magalhães, Telheiras.
Antonio de Sousa Silva Costa Lobo, rua do Quelhas, 53.
Augusto Cesar Barjona de Freitas, rua de S. João dos Bemcasados, 22.
Augusto Cesar Cau da Costa, travessa das Amoreiras, 22.
Augusto Cesar Ferreira de Mesquita, rua dos Cardaes de Jesus, 138.
Augusto Ferreira Novaes, travessa do Convento de Sant'Anna, 43.
Augusto José da Cunha, rua das Salgadeiras, 5, 2.º
Augusto das Neves dos Santos Carneiro, Novo hotel (Bemfica).

Basilio Cabral Teixeira de Queiroz, rua do Cabo, 31.
Bernardino Luiz Machado Guimarães, rua Direita da Junqueira, 48.
Bernardo de Serpa Pimentel, rua Capello, 5, 3.º, D.
Caetano Segismundo de Bragança (D.), ao Grillo.
Carlos Augusto Palmeirim, rua de Sant'Anna, 224.
Carlos Bento da Silva, rua do Sol de Santa Catharina, 4.
Carlos Maria Eugenio de Almeida, Campo dos Martyres da Patria.
Casimiro Barreto Ferraz Sacchety.
Cypriano Leite Pereira Jardim, rua dos Navegantes, 72.
Diogo Antonio Correia de Sequeira Pinto, rua das Flores, 33.
Eduardo Montufar Barreiros, pateo do Pimenta ás Chagas.
Ernesto da Costa Sousa Pinto Bastos, travessa da Era, 4.
Ernesto Rodolpho Hintze Ribeiro, rua de S. Bento, 694.
Firmino João Lopes, rua do Prior, 43.
Francisco Antonio Rodrigues de Azevedo, rua de S. Bento, 510.
Francisco Augusto de Oliveira Feijão, rua de S. Felix, 26.
Francisco Joaquim da Costa e Silva, praça da Alegria, 28.
Francisco Maria da Cunha.
Francisco Simões Margiochi, rua de S. Caetano, 52.
Francisco Van-Zeller, rua de Santa Apolonia, 20.
Henrique de Barros Gomes, alto de Santa Catharina, 10, 2.º
Francisco Machado de Faria Maia, rua Nova da Trindade, 9.
Hermenegildo Gomes da Palma, rua de Passos Manoel, 26, 1.º
Jayme Constantino de Freitas Moniz, Cruz dos Quatro Caminhos, 92.
Jeronymo da Cunha Pimentel, Penitenciaria Central de Lisboa.
Jeronymo Pereira da Silva Baima de Bastos, rua da Condessa, 80, 1.º
João de Almeida Moraes Pessanha.
João Baptista da Silva Ferrão de Carvalho Martens, Roma.
João Chrysostomo de Abreu e Sousa, rua de S. João dos Bemcasados, 52.
João Dally Alves de Sá, rua da Escola Polytechnica, 92.
João Ignacio Ferreira Lapa, rua de Paschoal José de Mello, 68, 1.º
João Ignacio Holbeche, rua de Santo Antão, 83.
João José de Mendonça Cortez, Palacio de Santo Amaro.
Joaquim Antonio de Calça e Pina, Praça do Municipio, 32, 1.º
Joaquim José Coelho de Carvalho, rua da Imprensa Nacional, 45.
Joaquim Peito de Carvalho, travessa do Falla Só, 9.
Joaquim Trigueiros Pestana Martel, Castello Branco.
Joaquim de Vasconcellos Gusmão, rua de Belver, 3.
José Antonio Gomes Lages, alto de Santa Catharina, 10.
José Augusto da Gama, praça das Flôres, 71.
José Bandeira Coelho de Mello, Hotel Francfort.
José Baptista de Andrade, rua das Janellas Verdes, 26, 2.º
José Ferraz Tavares de Pontes, rua de D. Pedro V, 14.
José Gregorio da Rosa Araujo, travessa de S. Nicolau, 42, 1.º
José Joaquim de Castro, rua de S. Felix, 4.
José Joaquim Fernandes Vaz, rua de S. Bento, 56.
José Luciano de Castro Pereira Côrte Real, rua dos Navegantes, 73.
José Maria da Ponte Horta, rua de D. Pedro V, 80, 2.º
José Maria Raposo do Amaral, Ponta Delgada.
José Maria Rodrigues de Carvalho, Hotel Central.
José de Mello Gouveia, rua do Sol, ao Rato, 59.
José de Sande Magalhães Mexia Salema, rua Larga de S. Roque, 33, 1.º
José Vicente Barbosa du Bocage, rua dos Cardaes de Jesus, 48.
Julio Marques de Vilhena, rua de S. Bento, 183.
Lopo Vaz de Sampaio e Mello, rua Formosa, 59.
Lourenço Antonio de Carvalho, rua das Chagas, 16.

Luiz Adriano de Magalhães e Menezes de Lencastre, rua de S. Pedro de Alcantara, 41.
Luiz Augusto Rebello da Silva, largo do Limoeiro, 10.
Luiz da Camara Leme (D.), rua do Ferregial de Cima, 5, 2.º
Luiz Candido Pessoa de Amorim, Campo dos Martyres da Patria, 23.
Luiz Frederico de Bivar Gomes da Costa, rua da Escola Polytechnica, 19, 3.º
Macario de Castro da Fonseca Pereira e Sousa, Lamego.
Manuel Antonio de Seixas, praça de D. Pedro, 45, 1.º
Manuel Firmino de Almeida Maia, rua do Ferregial de Baixo, 34.
Manuel Pereira Dias, Hotel Universal.
Manuel de Sousa Avides, Hotel Borges.
Manuel Vaz Preto Geraldes, rua de S. Bento, 185.
Marçal de Azevedo Pacheco, rua das Amoreiras, 102.
Marino João Franzini, rua do Borja, á Boa Morte, 1.
Mathias de Carvalho e Vasconcellos, Roma.
Miguel Martins d'Antas, Paris.
Miguel Maximo da Cunha Monteiro, praça de S. Paulo, 3, 1.º
Pedro Augusto Correia da Silva, travessa da Queimada, 35.
Placido Antonio da Cunha e Abreu, calçada da Estrella, 69, 2.º
Polycarpo Pecquet Ferreira dos Anjos, praça dos Restauradores, 42.
Rodrigo Affonso Pequito, rua de S. Bento, 510.
Sebastião Lopes de Calheiros e Menezes, Campo dos Martyres da Patria, 142.
Thomaz Antonio Ribeiro Ferreira, Carnaxide, ou rua do Rato, 17, 2.º
Thomaz de Carvalho, rua Larga de S. Roque, 17, 1.º

SECRETARIA E POLICIA DA CAMARA DOS DIGNOS PARES DO REINO

Director geral — Conselheiro Joaquim Hemeterio Luiz de Sequeira, no edificio das Côrtes.
Chefe da repartição central — Manuel Cypriano da Costa Freire, rua de Santo Antonio, á Estrella, 96, 1.º
Chefe da repartição do expediente — Jayme Ernesto Alegro, rua da Procissão, 71, 2.º
1.os officiaes:
Francisco Cabral Metello, rua do Monte Olivete, 2-B, 2.º
Domingos Pedro Rezende de Castro Constancio, rua de S. João da Matta, 119.
2.os officiaes:
Joaquim José Monteiro Torres, Almada, rua do Paço, 4.
Braulio Augusto da Cunha Belem, rua de Santo Amaro, 84, 1.º
Carlos Cesar d'Almeida Luiz de Sequeira, no edificio das Côrtes.
José d'Oliveira Perdigão, praça das Flores, 10, 2.º
3.os officiaes:
Gonçalo Tello de Magalhães Collaço, rua Augusta, 124, 3.º
João Raphael de Sousa Monteiro, rua de S. Francisco da Paula, 49.
Guilherme Estevão dos Santos, rua do Mirante, 51-A, 2.º
Alfredo de Barros e Sá, rua dos Douradores, 107, 3.º
Rodrigo de Moraes Soares Medeiros, rua da Prata, 232, 2.º
João Carlos de Azevedo Coutinho Mello e Carvalho, rua dos Mouros, 64, 2.º
Porteiro da secretaria—José Rodrigues d'Aguiar, rua da Quintinha, 76.
Auxiliar do dito — Camillo Bernardino Veyrier, calçada do Duque, 53.
Correios:
Manuel Teixeira Gomes, rua de Entremuros, 23, 1.º
Augusto Cesar de Lima, rua Luz Soriano, 106, 1.º

Porteiro da sala — Joaquim Lourenço de Faria, rua Augusta, 89, 4.º, D.
Chefe dos continuos — Antonio Faria da Silva Freitas, rua do Prior, 48, 4.º, E.
  Continuos:
Martariano Antonio d'Assumpção, rua de Buenos Ayres, 39, 2.º
Joaquim Maria Victor, calçada da Ajuda, 13.
Felix Joaquim de Sant'Anna Leiria, rua dos Poyaes de S. Bento, 8, 2.º
Joaquim Rodrigues da Cunha e Sá, calçada de Sant'Anna, 199, 2.º
Ricardo da Silva Loureiro, rua do Olival, 26, 1.º
José da Costa, no edificio das Côrtes.
Virgilio Augusto de Sousa Magalhães, rua José Estevão, 38, 2.º, E.
José Maria Franco, no edificio das Côrtes.
José Ventura, rua da Lapa, 102, 3.º
João Martins de Paiva, rua do Loreto, 4, sobre-loja.
Candido Augusto Gonçalves de Barros, rua do Mirante, 7, 1.º
José Ferreira Flores, rua Augusta, 220.
  Guardas:
Manuel Antunes, rua de S. João da Matta, 108.
João Pedro Nunes, calçada Nova da Estrella, 9, 3.º
João Baptista Lefebre, Villa Thomaz da Costa (Graça).
José Joaquim Pereira, rua do Arco do Carvalhão, 72, 2.º
Joaquim Antonio de Deus, rua de S. Cyro, 40, 1.º
José Vicente de Sousa, rua de Buenos Ayres, 42, 1.º
José Marinha, rua Ivens, 27, 2.º
Francisco Dias Lima, Quinta do Brandão, rua Borges Carneiro.
Julio Dias Carmo, rua do Diario de Noticias, 60, 3.º
  Guarda portões:
António Duarte, no edificio das Côrtes.
José Manuel de Moraes, no edificio das Côrtes.

REPARTIÇÃO DA REDACÇÃO E TACHYGRAPHIA DAS CÔRTES GERAES

Director geral — Barão de S. Clemente, praça de S. Bento, 14, 1.º, E.

Grupo da camara dos dignos pares

Secção de redacção

1.º redactor, chefe — Fernando Affonso Geraldes Caldeira, rua do Passadiço, 48, 3.º
1.º redactor — Alberto Augusto d'Almeida Pimentel, largo do Prior, 1.
  Redactores:
Ulpio Napoleão Henriques Leça da Veiga, beco dos Apostollos, 11.
Felix Bernardino da Costa Alves Pereira, rua do Ouro, 124, 3.º

Secção de tachygraphia

  1.os tachygraphos:
Antonio Maria d'Almeida, rua da Paschoa, 67.
Diogo Maria da Fraga Pery de Linde, rua da Bella Vista, 61.
Eduardo Augusto da Rocha Dias, travessa de Santa Quiteria, 64.
Antonio José d'Oliveira, travessa de Santo Ildefonso, 10.
Emygdio Julio Gonçalves da Luz, travessa de Santa Gertrudes, 29.
  2.os tachygraphos:
Luiz Augusto Cesar Gomes, rua de S. Bento, 614, 2.º, E.
Gil da Motta, calçada da Tapada, 39, 1.º
José Maria Heliodoro dos Santos Fidalgo Reis e Sousa, rua da Esperança, 171, 2.º

Aspirantes:
Joaquim Luiz de Sousa Fraga Pery de Linde, rua do Olival, 254, 3.º
João Filippe da Fonseca Junior, rua de S. Joaquim, 62, 3.º, ao Calvario.
Praticante — José Augusto da Fonseca, rua de S. Joaquim, 62, 3.º, ao Calvario.
Alumnos:
Joaquim Pedro Monteiro do Carmo.
Emilio Julio d'Almeida Grillo, rua Larga de S. Roque, 31.
Antonio da Veiga Nogueira, rua de Marvilla, 1.
Carlos de Sousa Menezes.

Grupo da camara dos senhores deputados

Secção de redacção

Redactor, chefe — João de Sousa Machado, rua do Ferregial de Baixo, 33, 2.º
Redactores:
Antonio Silvestre do Rego, rua da Escola Polytechnica, 43, 1.º
Manuel Antonio Pereira Junior, calçada da Estrella, 52, 2.º
Francisco de Sá Nogueira, rua de S. Bento, 502.
José Augusto Barbosa Colen, travessa de Santa Catharina.
Affonso Xavier Lopes Vieira, rua do Quelhas, 99.

Secção de tachygraphia

1.º tachygrapho, chefe — Francisco Antonio Maria de Figueiredo, rua de S. Marçal, 131, 3.º
1.ºˢ tachygraphos:
Agostinho José Freire, rua da Palma, 248, 1.º
Pedro Guilherme Esteves, largo de Santo Antonio da Sé, 5.
José Joaquim La Grange e Silva, Hotel Pelicano.
2.ºˢ tachygraphos:
Antonio Tavares d'Albuquerque, travessa das Galinheiras, 17.
Fructuoso Caetano d'Oliveira Perestello, rua dos Remedios, 50.
José Antonio Vianna, calçada do Galvão, 61, 1.º
Aspirantes:
Luiz Gonçalves Picão, rua do Valle, 38, 3.º
Carlos Maria dos Martyres, rua da Bella Vista, 37, 1.º
Praticantes:
Joaquim Maria Garcia, rua Nova da Piedade, 25, 1.º
Francisco Maria de Sousa Gomes Junior, rua da Costa, 57, 1.º
Alumnos:
José Maria Pires da Silva, travessa da Torre, 6, Ajuda.
Roberto d'Oliveira Sardoeiro, rua Nova da Piedade, 130, ou calçada do Duque, 55.
Francisco Augusto d'Assis Barreiros, rua do Valle.
Jasé Eduardo dos Anjos, rua das Trinas.

BIBLIOTHECA DAS CÔRTES

Bibliothecario-mór — Barão de S. Clemente, praça de S. Bento, 14, 1.º, E.
1.º conservador — D. Manuel Telles da Gama, rua Direita de Pedrouços, 2.
2.º conservador — Aurelio Pinto de Tavares Osorio Castello Branco, rua de S. Marçal, 20.
3.º official — Eduardo Guimarães, rua das Gaveas, 22.
Continuo — João Antonio Guimarães Junior, rua da Penha da França, 12, 3.º
Guarda — Antonio Coelho Fernandes David, rua da Procissão, 71, 2.º

CAMARA DOS SENHORES DEPUTADOS

Largo das Cortes

Presidente — Antonio de Azevedo Castello Branco, Penitenciaria.
Vice-presidente — Joaquim Germano de Sequeira, rua do Arco, 75, 1.º (S. Mamede)
   Secretarios:
José Joaquim de Sousa Cavalheiro, rua do Valle de Santo Antonio, 30
Antonio Teixeira de Sousa, Hotel do Universo.
   Vice-secretarios:
Um vago.
Julio Antonio Lima de Moura, rua do Principe, 51, 2.º
   Supplentes á presidencia:
Augusto José Pereira Leite, rua do Alecrim, 22.
Estevão Antonio de Oliveira Junior, rua de S. João da Praça, 97, 1.º

Deputados

Abilio Eduardo da Costa Lobo, circ. 84, Torres Novas, rua do Marchal Saldanha, 18, rez-do-chão.
Abilio Guerra Junqueiro, circulo de Quelimane (2.º) Hotel Central.
Adolpho da Cunha Pimentel, circ. 5, Braga, Penitenciaria.
Adriano Augusto da Silva Monteiro, circ. 88, Evora, Hotel das Nações.
Adriano Emilio de Sousa Cavalheiro, circ. 59, Figueira de Castello Rodrigo, travessa de S. Bartholomeu, 2, B.
Agostinho L. da Silva, circ. 93, Villa Real de Santo Antonio, rua das Gaveas, 10, 1.º
Albano de Mello Ribeiro Pinto, circ. 34, Aveiro, Hotel Avenida.
Alberto Augusto de Almeida Pimentel, circ. 25-A, Povoa de Varzim, travessa da Piedade á Praça das Flores, 1.
Albino de Abranches Freire de Figueiredo, circ. 45, Arganil, Pateo do Tijolo, 7.
Alexandre A. da Rocha Serpa Pinto, circ. 70, Lisboa, rua Castilho, 30.
Alexandre Maria Ortigão de Carvalho, circ. 92, Faro, Hotel Universal.
Alfredo Cesar Brandão, circ. 62, Castello Branco, rua da Magdalena, 214, 1.º
Alfredo Mendes da Silva, circ. S. Thomé, rua Ivens, 3, 1.º
Alvaro Augusto F. Possolo de Sousa, circ. 66, Leiria, rua do Sol ao Rato, 61.
Amandio E. da Motta Veiga, circ. 61, Ceia, rua do Bemformoso, 150, 2.º
Antonio Augusto Correia da Silva Cardoso, circ. 57, Guarda, Hotel das Duas Nações.
Antonio de Azevedo Castello Branco, circ. 14, Villa Real, Penitenciaria.
Antonio Baptista de Sousa, circ. 52, Sinfães, rua de S. Bento, 178.
Antonio Eduardo Villaça, circ. 23, Mogadouro, rua de José Estevão, C.
Antonio Jardim de Oliveira, circ. 97, Funchal, Hotel Borges.
Antonio José Arroyo, circ. 31, Paredes, rua de Santo Amaro, 20.
Antonio José Ennes, circ. 82, Santarem, rua Garrett, 80.
Antonio José Lopes Navarro, circ. 20, Bragança, rua do Jasmim, 1, 1.º
Antonio José Pereira Borges, circ. 89, Beja, largo de S. Paulo, 3, 3.º
Antonio Manuel da Costa Lereno, circ. 26, Santo Thyrso, rua Nova da Alegria, 19.
Antonio Maria Cardoso, circ. 70, Lisboa, rua do Paraizo, 21.
Antonio Maria Jalles, circ. 72, Alemquer, rua da Magdalena, 128, 1.º

Antonio Maria Pereira Carrilho, circ. 48, Vizeu, travessa de Lazaro Leitão.
Antonio Maximo de Almeida Costa e Silva, circ. 75, Cintra, Praça da Alegria, 28.
Antonio M. Pedroso, circ. 82, Santarem, rua do Ouro, 188.
Antonio Pessoa de Barros e Sá, circ. 15, Montalegre, rua Nova da Trindade, 74, 2.º
Antonio R. dos Santos Viegas, circ. 6, Espozende, rua Anchieta, 14, 1.º
Antonio Sergio da Silva e Castro, circ. 46, Oliveira do Hospital, rua do Ferregial de Baixo, 33, 2.º
Antonio Teixeira de Sousa, circ. 18, Alijó, Hotel Universo.
Aristides Moreira da Motta, circ. 98, Ponta Delgada, rua Nova do Almada, 69, 3.º
Arthur Alberto de Campos Henriquas, circ. 48, Vizeu, Hotel Universal.
Arthur Hintze Ribeiro, circ. 98, Ponta Delgada, rua do Salitre, 397, 1.º
Arthur Urbano Monteiro de Castro, circ. de Nova Goa (1.º), rua de S. Bento, 343.
Augusto Carlos de Sousa Lobo Poppe, circ. 80, Setubal, rua da Santissima Trindade, 35-H.
Augusto C. Elmano da Cunha e Costa, circ. 66, Leiria, rua do Crucifixo, 7, 2.º
Augusto da Cunha Pimentel, circ. 9, Villa Verde, Penitenciaria.
Augusto José Pereira Leite, circ. 10, Povoa de Lanhoso, rua do Alecrim.
Augusto Maria Fuschini, circ. 62, Castello Branco, travessa de S. Mamede, 76, 2.º
Augusto Ribeiro, circulo de Loanda (2.º), rua de S. Filippe Nery, 50 1.º.
Augusto Vidal de Castilho Barreto e Noronha, circ. de Moçambique, (1.º)
Barão de Paço Vieira (Alfredo), circ. 19, Peso da Regua, Hotel Central.
Bernardino Pacheco Alves Passos, circ. 5, Braga, rua Aurea, 146, 3.º
Bernardino Pereira Pinheiro, circ. 96, Lagos, praça dos Restauradores, 55, 2.º
Caetano P. Sanches de Castro, accumulação, calçada do Monte, 16.
Carlos Lobo d'Avila, circ. 87, Portalegre, rua Nova da Trindade, 96, 1.º
Carlos R. du Bocoge, circ. 34, Aveiro, rua dos Cardaes de Jesus, 48.
Christovão Ayres de Magalhães Sepulveda, circ. de Mapuçá, rua dos Cardaes de Jesus, 4, 1.º
Conde do Covo, circ. 37, Oliveira de Azemeis, Hotel Universal.
Conde de Villa Real, circ. 14, Villa Real, rua de S. Domingos á Lapa, 109.
Custodio Joaquim da Cunha e Almeida, circ. 14, Villa Real, Hotel das Duas Nações.
Eduardo Abreu, circ. 99, Angra do Heroismo, travessa do Moreira, 6.
Eduardo Augusto da Costa Moraes, circ. 57, Guarda, rua da Magdalena, 128, 3.º
Eduardo Augusto X. da Cunha, circ. 60, Trancoso, largo do Carmo, 20, 1.º
Eduardo de Jesus Teixeira, circ. 85, Thomar, Hotel das Duas Nações.
Eduardo José Coelho, circ. 20, Bragança, travessa de Santa Catharina, 6, 1.º
Elvino José de Sousa e Brito, circ. 63, Covilhã, rua dos Cardaes de Jesus, 30, 3.º
Emygdio Julio Navarro, circ. 40, Coimbra, rua do Quelhas, 8.
Estevão Antonio de Oliveira Junior, circ. 88, Evora, rua de S. João da Praça, 97.
Eugenio Augusto Ribeiro de Castro, circ. 56, Pesqueira, rua Larga de S. Roque, 81, 1.º
Feliciano Gabriel de Freitas, circ. 27, Felgueiras, rua do Quelhas, 33.
Fernando Mattoso Santos, circ. 100, Horta, rua dos Cardaes de Jesus, 30, 2.º

Fernando Pereira Palha Osorio Cabral, circ. 70, Lisboa, travessa de Lazaro Leitão, 1.
Fidelio de Freitas Branco, circ. 97, Funchal, travessa do Convento de Jesus, 16, 1.º
Fortunato Vieira das Neves, circ. 47, Penacova, rua da Palma, 166, 3.º
Francisco de Almeida e Brito, circ. 98, Ponta Delgada, rua de Borges Carneiro (Bairro Brandão).
Francisco Antonio da Veiga Beirão, circ. 24, Porto, rua Formosa, 48, 2.º
Francisco de Barros Coelho e Campos, circ. 48, Vizeu, Hotel Alliança.
Francisco de Castro Mattoso da Silva Côrte Real, circ. 40, Coimbra, rua do Duque de Bragança, 10, 2.º
Francisco Felisberto Dias Costa, circ. 36, Arouca, rua de Arroyos, 26, 2.º
Francisco Joaquim Ferreira do Amaral, circ. 77, Olivaes, pateo do Tijolo, 52.
Francisco José Machado, circ. 69, Caldas da Rainha, rua da Boa Vista, 102, 3.º
Francisco José de Medeiros, accumulação, Hotel Universo.
Francisco Severino de Avellar, circ. 100, Horta, rua de Santo Antão, 159, 1.º
Francisco Xavier de Castro Figueiredo de Faria, circ. 25, Villa do Conde, rua de Buenos Ayres, 79.
Frederico de Gusmão Correia Arouca, circ. 87, Portalegre, rua do Guarda-Mór, 20, 2.º
Frederico Ressano Garcia, circ. 88, Evora, Arieiro.
Guilherme Augusto Pereira de Carvalho de Abreu, circ. 11, Cabeceiras de Basto, largo de S. Paulo, 3, 3.º
Henrique da Cunha Mattos de Mendia, circ. de Sotavento (1.º), Palma de Cima.
Ignacio Emauz do Casal Ribeiro, circ. 73, Torres Vedras, rua das Praças á Lapa, 30.
Ignacio José Franco, circ. 76, Belem, rua Direita de Belem, 144.
Jacintho Candido da Silva, circ. 99, Angra do Heroismo, Hotel Borges.
Jayme Arthur da Costa Pinto, circ. 78, Almada, rua Victor Cordon, 30, 1.º
João Alves Bebiano, circ. 67, Figueiró dos Vinhos, largo de S. Julião, 12, 1.º
João de Barros Mimoso, circ. 1, Vianna, Hotel Universal.
João Cesario de Lacerda, circ. de Loanda (1.º), rua Nova d'Alegria, 48.
João Ferreira Franco Pinto Castello Branco, circ. 8, Guimarães, rua dos Ferreiros á Estrella, 56.
João J. d'Antas Souto Rodrigues, circ. 40, Coimbra, Hotel Borges.
João Marcellino Arroyo, circ. 24, Porto, rua de Santo Amaro, 20.
João Maria Gonçalves da Silveira Figueiredo, circ. 16, Chaves, rua Caetano Palha, 30, 2.º
João de Paiva, circ. 90, Odemira, Hotel Universal.
João Pereira Teixeira de Vasconcellos, circ. 28, Amarante, rua Victor Cordon, 31, 1.º
João Pinto Moreira, circ. 29, Marco de Canavezes, rua do Loreto, 61, 2.º
João Pinto Rodrigues dos Santos, circ. 64, Idanha-aNova, rua do Ouro, 124, 3.º
João Simões Pedroso de Lima, circ. 44, Louzã, rua do Abarracamento de Peniche, 42, 1.º
João de Sousa Machado, circ. de Barlavento (2.º), rua do Ferregial de Baixo, 33, 2.º
Joaquim Alves Matheus, accumulação, largo do Pelourinho, 32, 1.º
Joaquim Germano de Sequeira, circ. 74, Mafra rua do Arco a S. Mamede, 75.
Joaquim Ignacio Cardoso Pimentel, circ. 68, Pombal, Hotel Universo.
Joaquim Pedro de Oliveira Martins, accumulação, calçada dos Caetanos, 30, 1.º

Joaquim S. Ferreira, circ. 57, Guarda, rua da Rosa, 233, 2.º
Joaquim Teixeira Sampaio, circ. 17, Valle de Passos, Hotel Universo.
José de Abreu do Couto Amorim Novaes, circ. 7, Barcellos, Hotel Central.
José de Alpoim de Sousa Menezes, circ. 1, Vianna, Hotel Francfort.
José Alves Pimenta d'Avellar Machado, circ. 86, Abrantes rua da Magdalena, 125.
José Antonio de Almeida, circ. 55, Moimenta, Alameda de Santo Antonio dos Capuchos, 4.
José Augusto Soares Ribeiro de Castro, circ. 81. S. Thiago do Cacem, rua do Possolo, 1.
José de Azevedo Castello Branco, circ. 54, Armamar, rua Anchieta 5, 2.º
José Bento Ferreira d'Almeida, circ. 92, Faro, calçada do Marquez d'Abrantes, 8.
José Christovam Patrocinio de S. Francisco Xavier Pinto, circ. de Margão (3.º), Hotel Borges.
José Dias Ferreira, circ. 34, Aveiro, Pateo do Pimenta.
José Domingos Ruivo Godinho, circ. 62, Castello Branco, largo do Pelourinho, 32, 1.º
José Estevão de Moraes Sarmento, circ. 89, Beja, largo do Outeirinho da Amendoeira, 12.
José Frederico Laranjo, circ. 5, Braga, rua do Salitre, 405, rez do chão.
José Freire Lobo do Amaral, circ. 92, Faro, travessa de S. Sebastião, 22, 3.º esquerdo.
José Gonçalves Pereira dos Santos, circ. 42, Figueira, rua da Trindade 48, 3.º
José Gregorio de Figueiredo Mascarenhas, circ. 95, Silves, rua de Santo Ambrosio, 41, 2.º
José Joaquim de Sousa Cavalheiro, circ. 21, Torre de Moncorvo, rua do Valle de Santo Antonio, 30.
José Julio Rodrigues, circ. 97, Funchal, rua Castilho, 12.
José Luiz Ferreira Freire, circ. 41, Cantanhede, Hotel Borges.
José Maria d'Alpoim de Cerqueira Borges Cabral, accumulação, rua do Passadiço 1, 2.º
José Maria Charters Henriques de Azevedo, circ. 66, Leiria, travessa do Enviado de Inglaterra, 1.
José Maria Greenfield de Mello, circ. 97, Funchal, rua d'Arrabida 26-F.
José Maria d'Oliveira Peixoto, circ. 12, Fafe, largo de S. Paulo, 3, 3.º
José Maria Pestana de Vasconcellos, circ. 3, Valença, Hotel Universo.
José Maria dos Santos, circ. 79, Aldeia Gallega, rua da Junqueira, 350.
José Maria de Sousa Horta e Costa, circ. de Macau (1.º), rua Formosa, 126, 2.º
José Monteiro Soares de Albergaria, circ. 71, Cadaval, rua das Janellas Verdes, 56.
José Paulo Monteiro Cancella, circ. 39, Anadia, rua do Ferregial de Baixo 33, 2.º
José de Vasconcellos Mascarenhas Pedroso, circ. 53, Lamego, rua Alexandre Herculano, 48.
José Victorino de Sousa e Albuqueque, circ. 49, Santa Comba Dão, Hotel Borges.
Julio Antonio Luna de Moura, circ. 58, Pinhel, rua do Principe, 51, 2.º
Luciano Affonso da Silva Monteiro, circ. 13, Celorico de Basto, rua das Salgadeiras 5, 3.º
Luciano Cordeiro, circ. 88, Evora, largo do Quintella, 11, 3.º
Luiz Antonio Moraes e Sousa, circ. Dilly (2.º), rua do Salitre, 324, 1.º
Luis Augusto Pimentel Pinto, circ. 99, Angra do Heroismo, calçada do Marquez de Abrantes, 103.

Luiz Gonzaga dos Reis Torgal, accumulação, rua Rodrigo da Fonseca, 3.
Luiz de Mello Bandeira Coelho, circ. 51, Vouzella, calçada do Galvão, 1-G.
Luiz Virgilio Teixeira, circ. 20, Bragança, praça da Alegria, 9.
Manuel Affonso Espregueira, circ. 1, Vianna, rua das Chagas, 16.
Manuel de Arriaga, circ. 70, Lisboa, rua Nova do Almada, 100.
Manuel d'Assumpção, circ. 87, Portalegre, rua de Victorino Damasio, 12, 1.º
Manuel Constantino Theophilo Augusto Ferreira, circ. 100, Horta, rua de S. João da Matta, A, 1.º
Manuel Francisco Vargas, circ. 87, Portalegre, rua Barata Salgueiro, 11, 2.º
Manuel de Oliveira Aralla e Costa, circ. 38, Ovar, Hotel Borges.
Manuel Pinheiro Chagas, circ. 1, Vianna, rua de S. Joaquim, 25, 1.º
Manuel Thomaz Pereira Pimenta de Castro, circ. 2, Monção, Hotel dos Irmãos Unidos.
Manuel Vieira de Andrade, circ. 24, Porto, circ. 32, Bouças, Hotel Universal.
Marcellino Antonio da Silva Mesquita, circ. 57, Guarda, rua Nova de S. Domingos, 22, 1.º
Marianno Cyrillo de Carvalho, circ. 83, Cartaxo, rua Formosa, 65.
Matheus Teixeira de Azevedo, circ. 94, Tavira, Hotel Universo.
Miguel Dantas Gonçalves Pereira, circ. 4, Caminha, rua das Chagas, 18.
Pedro Augusto de Carvalho, circ. 98, Ponta Delgada, rua Saraiva de Carvalho, 8.
Pedro Ignacio de Gouveia, circ. de Loanda, (2.º), rua da Bella Vista á Lapa, 42, 2.º
Pedro Victor da Costa Sequeira, circ. 89, Beja, rampa de Santos, 3.
Pedro de Lencastre (D.), circ. Dilly, (2.º), pateo do Lencastre, 12.
Roberto Alves de Sousa Ferreira, circ. 35, Feira, rua do Marechal Saldanha, 16, 1.º
Sebastião de Sousa Dantas Baracho, circ. 82, Santarem, praça da Alegria, 25, 1.º
Thomaz Victor da Costa Sequeira, circ. Loanda, (1.º), rua do Ouro, 142, 2.º
Visconde de Tondella, circ. 50, Tondella, Hotel Francfort.
Wenceslau de Sousa Pereira Lima, circ. 33, Villa Nova de Gaia, rua do Marechal Saldanha, 46.

Direcção geral da secretaria e policia da camara dos senhores deputados

SECRETARIA

Director geral — Consilheiro Jayme Constantino de Freitas Moniz, rua da Cruz dos Quatro Caminhos, 29, 2.º

Primeiros officiaes:
Bacharel Joaquim Pedro Parente, rua do Caes, 32, 2.º Belem.
José Marcelino d'Almeida Bessa, rua de Ferreira Borges, 137, Campo d'Ourique.
Henrique Folque Possollo, travessa do Moinho de Vento, 8, Buenos Ayres.

Segundos officiaes:
Henrique Guilherme Pereira de Mello, rua do Guarda-Môr, 10, 3.º
Antonio Batalha Reis.
Antonio Severino Leitgeb Alves, rua da Junqueira, 238.
José Rangel de Lima, rua Barata Salgueiro, 11, 3.º

Terceiros officiaes:
José Augusto Pinheiro, largo da Magdalena, 1, 1.º

Augusto Carolino Correia de Lacerda, rua da Escola do Exercito, 13, 1.º
Luiz Alfredo Mendes Junior, pateo das Vaccas, Belem.
João Ignacio Tavares, rua dos Fanqueiros, 96, 4.º
Augusto Cesar Pereira, rua de S. João da Matta.
João Gualdino Ferreira de Mesquita, rua do Sacramento, 44, á Lapa.
Sabino Servulo Villa Nova, travessa de Santa Gertrudes, 52, 1.º
Ajudante do archivo — João Filippe da Fonseca, rua de S. Joaquim, ao Calvario, 39.
Correios:
Antonio Rodrigues da Silva, rua de S. Bento, 109.
Manuel Prancisco Mendes, rua da Escola Polytechnica, 43, 1.º

POLICIA

Porteiro da sala — João Candido Cardoso de Freitas, rua do Arco, a S. Mamede, 37, 1.º
Continuos:
Antonio Maria Gonzaga Pinto, travessa das Monicas, 45, 3.º
José Joaquim Gonçalves, rua das Salgadeiras, 5, 1.º
José da Motta, rua de S. Marçal, 184, 4.º
Casimiro Antonio Soares da Silva, no edificio das Cortes.
João dos Reis, calçada de S. Vicente, 35 2.º
Joaquim Silvestre, rua da Cruz da Carreira, 11.
José Rodrigues, rua da Junqueira, 184.
Francisco Bernardo, rua da Quintinha, 11.
Antonio da Costa, rua do Cabo a Santa Izabel, 18, 2.º
Continuos addidos:
Miguel Jeronymo, travessa da Bella Vista á Lapa, 1.
Manuel Marques, rua de S. Bento, 70, 3.º
José Maria Cordeiro Gomes, campo de Santa Clara, 17, 2.º
Angelino José Estevam Mathias, praça da Alegria, 66.
Manuel de Jesus Alves, Azinhaga dos Lages, 12, 2.º, Lumiar.
Manuel Christino da Silva, rua do Possollo, 1.
Luiz Ignacio, rua do Borja ás Necessidades, 133.
Guarda-portões:
Joaquim Lopes da Cruz, no edificio das Côrtes.
Antonio Antunes, rua do Telhal, 89, 1.º
Guardas:
João Baptista Fernandes, travessa do Almada, 20, 4.º
Joaquim José de Torres, rua Direita d'Almada, 98, D, Cacilhas.
Manuel Vicente de Oliveira, rua da Gloria, 33.
Miguel Maria do Patrocinio, rua de S. Sebastião da Pedreira, 38, 3.º
Manuel Rodrigues, rua dos Ferreiros á Estrella, 67.
Manuel Francisco Marinha, rua do Abarracamento de Peniche, 29.
Constantino Augusto Nogueira, calçada da Bica, Grande, 26, 1.º
José Maria Martins, travessa d'Arrochella, 13.
João Antonio Barreiros, rua das Flores, 74, 5.º
Joaquim Antunes, rua Saraiva de Carvalho, 88, 2.º

CAMARA MUNICIPAL DE LISBOA

Praça do Municipio

COMMISSÃO ADMINISTRATIVA

Presidente: — Conde de Ottolini, Bemfica.
Vice-presidente: — José Maria dos Santos, rua da Junqueira, 330.

DISTRIBUIÇÃO DOS SERVIÇOS MUNICIPAES

Saude e hygiene: — José María dos Santos.
Fazenda: — Victorino Vaz Junior, rua da Magdalena, 55.
Instrucção: — Antonio Franco da Costa Lima, travessa do Abarracamento de Peniche, 59.
Obras: — Affonso Xavier Lopes Vieira, rua Aurea, 165, 2.º
Beneficencia: — Pedro Augusto Franco Junior, Belem.
Segurança: — Augusto Francisco Vieira, largo de S. Julião, 12, 2.º
Inspector da fazenda municipal: — Conselheiro José Joaquim Ferreira Lobo, rua de S. Bartholomeu, 44.
Secretario da camara: — Conselheiro João Augusto Marques, rua da Princeza, 150, 2.º

SERVIÇO CENTRAL

1.ª repartição

1.º *official, chefe:* — José Polycarpo Pereira, rua do Arco do Limoeiro, 29

1.ª secção

1.ºs *officiaes:*
Henrique Ernesto Haas, rua Direita de Belem, 133, 1.º
Augusto Frederico Haupt, rua da Gloria, 71, 2.º
2.ºs *officiaes:*
João Caetano d'Almeida, rua do Alecrim, 12, 4.º D.
Antonio Carlos Teixeira de Magalhães, Arco da Conceição, á rua dos Bacalhoeiros, 3, 3.º
Luiz Maria da Silva Pereira, rua do Arco do Limoeiro, 29.
Custodio Peixoto Braga, campo de Santa Clara, 114.
Amanuenses:
Justiniano Jayme Barroso da Veiga, calçada do Castello Picão, 64, 1.º
Joaquim Antonio Vieira de Carvalho, rua de D. Estephania, 53.
Aspirante: — Eduardo Albano da Silva Pereira, rua das Freiras Sallesias, 34, 1.º

2. secção

1.º *official:* — João Carlos de Sequeira Silva, rua do Prior, 54.
2.ºs *officiaes:*
Julio Emilio Sant'Anna da Cunha Castello Branco, rua d'Arriaga, 14, 1.º
Henrique de Sequeira, rua de Sant'Anna, 7, 1.º
Amanuenses:
Firmino José da Costa, rua Nova do Calhariz, 11, 1.º
Luiz Antonio da Costa Martins, rua Direita da Junqueira, 109.
Aspirante: — Vago.

2.ª REPARTIÇÃO: CONTENCIOSO E POLICIA

1.º *official, chefe:* — Vago.

1.ª secção

Advogado-syndico: — Conselheiro Jayme Coriolano Henriques Leça da Veiga, rua das Janellas Verdes, 4.
2.º *official:* — Antonio Profirio de Sousa Ferreira e Castro, rua de Castilho, 30, 2.º
Amanuenses:
Antonio Filippe Junqueira, rua da Industria, 9, ao Calvario.
Eduardo Dias Tagle, rua de S. João da Praça, 21.
Aspirante: — Domingos Severo Freire, rua de S. José, 15.

2.ª secção

2.º official: — João Antonio Pimentel de Novaes, rua de José Estevão, 99, 3.º E.

Amanuenses:
Eduardo Zeferino Novaes, travessa do Moinho de Vento, 18, á Estrella.
Miguel João Mostardinha, Bemfica.
João Franco Bastos, rua da Escola Asylo, 4.
Antonio Carlos Coelho, quinta Velha da Bemposta.

Empregados do serviço externo:
João Augusto Torres, rua da Gloria, 33, 1.º
Alfredo João Mostardinha, Bemfica.
João da Silva Castro, rua de Santa Martha, 62.
Antonio dos Santos, travessa da Cara, 16.
Patricio da Silva Bandeira, rua da Graça, 87.

3.ª REPARTIÇÃO — ARCHIVO

1.º official, chefe: — Eduardo Freire de Oliveira, rua de S. Pedro de Alcantara, 41.
2.º official: — Manuel Joaquim d'Andrade Armand, rua do Telhal, 48, 2.º D.
3.º official: — Manuel José Pinto, travessa do Chão da Feira, 7, 1.º

Aspirantes:
Julio José Nunes, rua do Salitre, 127, 3.º, E.
Um logar vago.

Guarda-mór: — José Joaquim da Costa, rua do Paschoal José de Mello, 131.

Ajudante: — Liberato Godinho Ribeiro, rua do Prior Coutinho, 59.

Continuos:
Manuel Affonso Quaresma, rua da Oliveira ao Carmo, 35, 2.º
José Fernandes de Carvalho, rua dos Alamos, 15.
Manuel Jorge da Cruz, rua de Santo Antonio da Gloria, 49, 1.º
José Ferreira dos Santos, rua do Passadiço, 98.
Manuel José da Costa, travessa do Terreirinho, 10.
Luiz Augusto Xavier de Oliveira, rua da Cruz dos Poyaes, 40, 2.º
Manuel Cordeiro Fialho, rua das Trinas do Mocambo, 53, 3.º
Manuel Joaquim Rodrigues, rua do Bom Successo, 22, 1.º

Serventes:
Filippe Gomes, largo da Graça, 20, 4.º
Pedro Augusto Maria Lobo, travessa do Almada, 20.
Jacintho José Pereira, rua da Trindade, 15, 3.º
João d'Almeida Abrantes, rua do Passadiço, 98, 1.º
Paulo José Pinto, calçada dos Barbadinhos, 66.
Antonio Agostinho dos Santos, rua de Luiz de Camões, 124.
Alexandre José Cerqueira, rua de Santa Martha, 56.
Feliciano José Pereira, largo do Intendente, 7, 1.º
José da Costa, rua de S. Lazaro, 74, 2.º
Manuel Ribeiro, rua das Beatas, 6.
Um logar vago.

Porteiros:
João Bernardo Teixeira, rua das Escolas Geraes, 15, 4.º
José Simões Rocha, rua do Sacramento, á Cruz do Taboado, 95, 1.º

Serviço de saude e hygiene

REPARTIÇÃO CENTRAL

1.º official chefe — Joso Antonio Godinho, rua de D. Estephania, 22, 2.º

2.° official — Nicolau Gregorio Baptista, Caes do Sodre, 84, ultimo.
Amanuenses:
Antonio Sergio dos Reis, rua Augusta, 176, 3.°
Joaquim José da Silveira Condeixa, rua do Caes de Santarem, 32, 2.°
Aspirante — Luiz Carlos de Mendonça, rua de S. Sebastião da Pedreira, 232.
Servente — João Henriques Ferreira Climaco, rua da Alegria, 86, 3.°

Laboratorio

Director — Conselheiro José Joaquim de Silva Amado. rua de S. Mamede, 63, 1.°
Analysta — Vago.
Ajudantes do analysta:
Francisco João Rosa, rua dos Remolares, 8.
Dois logares vagos.
Inspectores de analyses de leites:
Emilio Fragoso, rua de Santos, 14.
Francisco Augusto d'Ameida Ferreira, rua Bella da Rainha.
Julio Arthur da Silva Gomes, rua dos Douradores.
Prospero Ribeiro Chaves Meirelles, rua de S. Julião.
Inspectores substitutos:
Dois logares vagos.
Aspirante — José Joaquim Bastos, rua d'Alfandega, 108.
Servente — José Francisco Duarte, edificio do laboratorio.
Medicos addidos:
Miguel Augusto Bombarda, Paço da Rainha, 52.
José Eduardo Fragoso Tavares, rua da Saudade.
Sabino Maria Teixeira Coelho, rua do Sacramento, 50.
Guilherme José Ennes, rua do Livramento, 50.

Matadouro

Administração e inspecção sanitaria

Inspector — Luiz Caetano de Oliveira, rua de D. Estephania, 216.
1.° vice-inspector — Joaquim Ignacio Ribeiro, rua de Paschoal José de Mello, 65.
2.° vice-inspector — Antonio Augusto dos Santos, rua de D. Estephania, 380, 2.°
Preparador e conservador do gabinete de analyses microscopicas e bacteriologicas — Theotonio Julio Pimenta Rodrigues, Estrada da Luz, 1.
Cobradores:
Antonio Pedro da Silva, rua dos Retrozeiros, 13, 1.°
Antonio Maria Marcos da Silva, calçada de Sant'Anna, 178, 1.°
Amanuense — Duarte Luiz de Sande Freire, rua de Passos Manuel, 99, 3.°
1.° official chefe de repartição – João Baptista Freire, estradadas Picôas, 3.
2.° official — Francisco Firmo Ferreira Borges, rua Augusta, 150, 3.°
Amanuenses:
Manuel Coelho Torrezão, rua da Conceição da Gloria, 35, 1.°
José Martins, rua da Cruz da Carreira, 12, 3.°
Francisco Ferreira Borges, rua da Bella Vista á Lapa, 69, 1.°
José Severo Barcellos, estrada de Sacavem, 203.
Aspirantes:
Julio Castanheiro Freire, estrada das Picôas, 3.
Candido Augusto Torrezão, rua dos Anjos, 212.
Nuno Castanheiro Freire, estrada das Picôas, 3.

Estanislau Alfredo da Silva, rua das Escolas Geraes, 108, 2.º

ARRECADAÇÃO E MATERIAL DE SERVIÇO

Almoxarife — Frederico Zacharias de Oliveira e Sousa, no edificio do matadouro.
Fieis:
Joaquim Maria da Rocha Neves, no edificio do matadouro.
Manuel Maria da Gama Lobo, no edificio do matadouro.
Aspirante — Luiz Gomes de Brito Pereira, Quinta do Brinco, Olivaes.

PESAGEM DE CARNES LIMPAS

Amanuense encarregado — José Antonio Silvestre, rua do Giestal, 18, 2.º
Fiel de balança — José Maria Leal, rua de D. Estephania, 364, 1.º
Aspirantes:
Alvaro Luiz Ribeiro da Costa, rua do Jardim á Estrella, 95, 1.º
Alberto de Moraes Sarmento, rua de Rebello da Silva, 15, 3.º

INSPECÇÃO SANITARIA NO MERCADO GERAL DE GADOS

Inspector — Antonio Nicolau Tolentino Coelho, rua do Arco do Bandeira, 173, 3.º
Inspector substituto — João Viegas Paula Nogueira, rua Paschoal José de Mello, 66, 2.º
Aspirante — Albano Ernesto Mendes, rua do Sacramento, 87, 1.º

FISCALISAÇÃO DE CARNES NAS DELEGAÇÕES D'ALFANDEGA

Fiscaes de 1.ª classe:
Antonio Brito da Trindade, rua do Jardim do Regedor, 25, 3.º
Filippe Augusto Franco, rua do Prior Coutinho, 38.
João Paulo Cardoso, calçada d'Ajuda.
João Ferreira da Silva, rua de D. Estephania, 37.
José Maria de Sá, calçada do Galvão, 17.
Hermano Augusto Ramos, rua da Bicca, 27, Ajuda.
João Viegas Paula Nogueira, rua Paschoal José de Mello, 66, 2.º
José Maria Alves Trigo, rua Paschoal José de Mello, 68, 2.º
João Bernardo de Almeida Junior, calçada do Conde Pombeiro, 17.
José Joaquim Venancio Ferreira, rua das Créches, 16, 1.º, D.
Manuel Diogo da Silva, rua de Arroyos.

Fiscaes de 2.ª classe:
Filippe Augusto Franco.
João Sabino de Sousa, Cruz da Pedra, a Bemfica, 24, 2.º
Ildefonso Borges, rua da Cruz da Carreira, 53, 3.º
Amanuense — Francisco José da Silva Machado, rua do marquez de Sá da Bandeira, 15, 1.º

Moços-cobradores de 1.ª classe:
José Paes Leal, rua da Veronica, 18, 3.º
José Joaquim Garcia, rua do Miradouro, 41, Belem.
José Ferreira, rua dos Calafates, 134, 4.º
Antonio Ferreira Sampaio, rua da Bombarda, 6.
João André Telles Corte Real, rua de S. Sebastião da Pedreira, 138.
João Verissimo da Silva, Belem.
Joaquim Duarte Guerra, rua de S. Sebastião da Pedreira, 134.
Luiz Rodrigues Cordeiro Fialho, rua das Trinas do Mocambo, 53, 3.º
José Marques da Silva, rua dos Anjos, 195, 3.º
José Pedro Celestino Coelho, rua do Arco do Bandeira, 173, 3.º
Bernardino José de Almeida, calçada da Pampulha, 37, 1.º
Francisco Rodrigues Gomes, antigas portas da Estephania.

Moços-cobradores de 2.ª classe:
Francisco José Marques Valle, travessa do Thesouro, 22, 3.º
João Sergio Ferreira Borges, travessa do Combro, 26, 1.º
José Miguel dos Santos, rua Paschoal José de Mello, 68, 2.º
Talhos municipaes: 2.º official:—Constancio de Oliveira, rua de Rebello da Silva, 55, 1.º
Amanuenses:
Antonio Lino dos Santos, rua dos Cavalleiros, 41, 3.º
Emilio Brandão da Silva Camossa, rua do Prior Coutinho, 59, 1.º
Fiscaes:
Manuel Estevão de Sousa, rua de D. Estephania, 55, rez-do-chão.
Manuel de Sousa Barbosa, rua do Marquez de Sá da Bandeira.
Cobrador — Francisco Salles Monteiro, rua do Prior Coutinho, 16, 2.º
Aspirantes:
Joaquim Maria de Barros, rua da Fé, 7, 3.º
João Maria Rego, Campo dos Martyres da Patria, 180, 1.º
Alfredo Martins, rua do Sol ao Rato, 59, 3.º, D.
Henrique de Sousa Pinto, rua do Sacramento, 135, 3.º
Joaquim Pinheiro da Silva, rua da Inveja, 51, 1.º
Manuel da Costa Couto, rua de D. Estephania, 61, 4.º
Carlos José Sanches, rua Nova da Alegría, 19, 4.º, D.
Firmino Alves Mendes Pereira, rua de Rebello da Silva, 8, 2.º
Antonio da Costa Andrade, rua de D. Estephania, 61, 4.º
Justino da Cunha Andrade, rua de D. Estephania, 32.

PESSOAL MENOR PARA SERVIÇO DAS REPARTIÇÕES

Continuo — Jayme Wenceslau da Luz, rua de D. Estephania, 61, 3.º
Porteiros:
Francisco de Jesus Rodrigues, rua de Rebello da Silva, 75, 1.º
José Maria Garcia, travessa das Parreiras, 13, 2.º
João Duarte das Neves, rua de Santa Barbara, 51, 2.º
Antonio Rodrigues Martins, rua de Martim Vaz, 16, 1.º
Serventes:
Joaquim Luiz Zeferino d'Oliveira Machado, travessa da Portugueza, 23.
Antonio Profirio Nazareth, rua de S. Julião, 5, 2.º
Justino de Mattos Carvalho, estrada da Penha de França, 115.
Addidos aspirantes dos talhos municipaes:
Antonio Quirino Chaves, rua de D. Estephania, 362, 1.º
Sebastião Joaquim Baçam, rua dos Anjos, 108, 1.º
Praticantes dos talhos municipaes:
Abilio Augusto Pires, rua de D. Estephania, 364, 2.º, D.
Arthur Castanheiro Freire, estrada das Picôas, 3.
Luiz Augusto de Freitas Taborda, rua do Possolo, 26, 2.º, D.
Continuos impossibilitados:
Francisco Escobar Franco, Campo d'Ourique.
José Joaquim Leoni, rua da Inveja, 25, 2.º

TALHOS MUNICIPAES PERTENCENTES Á CAMARA

N.º 95. Ambulante, 1.
N.º 122. rua de D. Pedro V, 37-B, e 39.
N.º 130, rua das Flôres, 10.
N.º 133, rua de S. Francisco de Paula, 132.
N.º 134, no edificio do Matadouro.
N.º 135, Ambulante, 2.

N.º 136, mercado de Santa Clara.
N.º 159, mercado de S. Bento.
N.º 167, mercado Vinte e Quatro de Julho.
N.º 195, Ambulante, 3.
N.º 214, rua Direita do Lumiar.
N.º 259, mercado de Belem.
N.º 269, largo do Beato.
   Por grosso:
N.º 166, mercado Vinte e Quatro de Julho, logar 36.

Limpeza e regas

ADMINISTRAÇÃO DO SERVIÇO VETERINARIO

Superitendente — Antonio Maria dos Santos Viegas, rua da Boa Vista, 7, 1.º
Vice-superitendente — José Antunes Pinto, rua da Fé, 6.
Veterinario-ajudante — Hermano Augusto Ramos, rua da Bica, 27, 1.º, Belem.
Escripturario, 1.º official, chefe da repartição — Guilherme Adolpho Klingelhofer, rua Nova do Carvalho, 43 2.º a S. Paulo.
2.º official — Pedro Ferreira da Cunha Bastos Jervis, no edificio da superintendencia da limpeza e regas.
   Amanuenses:
Julio Carlos Pereira de Magalhães, rua dos Anjos, 11.
Alfredo José Gomes de Mello, rua das Amoreiras, 31, 2.º
Alfredo Augusto Pereira de Magalhães, travessa de Santo Antonio, 7, á Graça.
Gervasio Alves da Silva, estrada de Sacavem, 52, quinta de Santa Luzia.
   Aspirantes:
Francisco Xavier Moreira de Almeida, rua Garrett, 62, 4.º
Manuel M. Cardoso, rua de S. Christovão, 8, sobre-loja.
Um logar vago.

FISCALISAÇÃO

Inspectores de divisão — 3 logares vagos.
   Inspectores de districto:
Joaquim Antonio da Costa, chefe da estação occidental, rua Nova do Calhariz, 11, 1.º
Luiz Correia Barros, rua da Cruz dos Poyaes, 73, 3.º
Joaquim Gomes de Mello, rua das Amoreiras, 31, 2.º
Francisco José Fernandes, rua Gomes Freire, 161, 1.º
Antonio Joaquim Sá Dias, rua de Sant'Anna, á Lapa, 106-E, 1.º
José Rodrigues Adrião, rua do Arco da Graça, 73, 3.º
Manuel Rodrigues Christovão Troya, largo de Sete Rios, 2.
José Thomaz de Jesus Rodrigues, rua da Fé, 17, 2.º
Augusto A. Climaco Junior, rua da Palma, 36, 3.º
Euzebio Alberto da Silva Venancio, rua de Santo Amaro, 55, 2.º
Miguel Antonio Rebello, largo da Saude, Sacavem de Cima, rez-do-chão.
João Maria da Rocha, rua de Pedro Dias, 19, 4.º
Leopoldo M. da Conceição, travessa da Mãe d'Agua, 27, 1.º
   Inspectores ajudantes:
Gregorio José Alberto dos Reis, horta das Tripas.
Um logar vago.
Inspector addido — Ignacio Maria da Costa, rua do Valle de Santo Antonio, 37, 2.º
Inspectores de districto, ajudantes — Vagos.

Inspector inhabilitado — A. Cesar de Lima Neves, rua de Cacilhas, 24.
Chefe de material de officinas — Francisco Rodrigues de Almeida, rua da Santissima Trindade, 35-E, 1.º
Chefe da estação principal — Antonio Ferreira da Cunha Bastos Jervis, no edificio da superintendencia.
Fiel do deposito — Antonio Maria da Silva, calçada da Tapada, 179, 2.º
Ajudante do fiel — Eduardo de Noronha, rua da Esperança.

PESSOAL MENOR

Apontador — Wenceslau Nunes dos Reis, rua de S. Paulo, 216, 3.º
Enfermeiro de gado — Dionysio Augusto, becco da Amoreira, 24-A, 2.º
  Fieis de cavallariça:
Antonio Teixeira Dias, rua do Soccorro de Cima, 31, 2.º
Casemiro José, rua do Guarda-Mór, 35.
  Porteiros:
Luiz Gomes, no edificio da superintendencia.
Manoel José Fernandes, no edificio da superintendencia.
Servente de escriptorio — José A. Ferreira, rua do Oliveirinha, 26, 1.º (ás Escolas Geraes).
Guarda da arrecadação — Jeronymo Francisco da Silva, rua do Olival, 68, 3.º
Servente da arrecadação — Antonio Gonçalves, rua Nova da Estrella, 75 1.º D.

Cemiterios

1.º CEMITERIO — ORIENTAL

Administrador — Manuel M. de Couto Albuquerque da Cunha, rua da Bitesga, 51, 2.º
  Aspirantes:
José Xavier Antunes, rua de Arroyos, 113.
João Pedro de Oliveira, rua de Arroyos, 122.
Servente — Manuel Joaquim Machado, calçada de Sant'Anna, 180.

2.º CEMITERIO — OCCIDENTAL

Administrador — Emygdio José Maria Torres, rua Saraiva de Carvalho, 44.
  Aspirantes:
Joaquim Bellinge da Motta, rua do Patrocinio, 9.
Joaquim Antonio Vasconcellos Machado, rua de S. João dos Bemcasados, 5.
Servente — Quintino Bernardo Araujo, rua de Thomaz da Annunciação, 4.

3.º CEMITERIO — AJUDA

Administrador — João I. Leal, calçada da Ajuda, 85.

4.º CEMITERIO — BEMFICA

Administrador — Francisco José Vicente, largo do Espirito Santo, Bemfica.

Serviço de fazenda

Director geral — Francisco Gomes da Silva, rua Nova do Loureiro, 12, 1.º

1.ª REPARTIÇÃO

1.º official-chefe — José Caetano Barbosa Freire, rua Nova do Carmo, 55, 1.º

1.ª Secção

1.º official — Joaquim Guilherme dos Reis, rua de Santo Amaro, 64, 2.º
2.ºs officiaes:
Alfredo Abranches, rua José Estevão, 16, 3.º
Possidonio Alfredo Ferreira e Castro, rua Castilho, 30.
Amanuense — Miguel Carlos Alves, paço da Rainha 34, 2.º
Aspirantes — Alfredo Hugo Soares Ribeiro de Menezes, rua do Jardim (á Estrella) 4, 1.º
Henrique de Passos Ferreira.

2.ª Secção

1.º official — João Maria Alves Costa, rua de Vicente Borga, 154, 2.º
2.º official — Francisco Martins, rua Direita da Junqueira, 109, 2.º
Amanuenses — José Maria F. Guedes, campo de Ourique, 145, 3.º
Antonio Rocha, rua da Adiça, 16, 2.º
Aspirante — Pedro Augusto Guimarães Gourlade, rua do Bemformoso 75.

3.ª Secção

2.º official — David Antonio Ferreira Fronteira, no edificio de Rilhafolles.
Amanuenses:
José Maria Soares, travessa de S. Bernardino 40 1.º
Luiz Alvares Pereira, rna da Barroca, 94, 4.º
Aspirante — Alfredo da Silva Ferreira, rua de D. Estephania, 61, 1.º

2.ª REPARTIÇÃO

1.º official-chefe — Germano Victorino Xavier Magalhães, rua dos Anjos, 11.
1.ºs officiaes:
Manuel Teixeira de Magalhães, rua dos Caminhos de Ferro, 116.
Silvestre Angelo Gourlade, rua do Bom Successo, 20.
2.ºs officiaes:
Augusto Pinto de Almeida, rua do Barão, 43, 1.º
Candido Pinto de Almeida, rua de S. João da Praça, 114, 4.º
Amanuenses:
Sabino Luiz José de Puga, rua de Paschoal José de Mello, 145, 2.º
Angelo Diogo Gourlade, rua do Bom Successo, 20.
Aspirantes:
João Antonio do Nascimento.
João da Silva Gomes, rua de Entre-Muros do Mirante, 13, 1.º
Bernardo Antonio Pereira, rua da Saudade, 39.
Joaquim Alberto Nepomuceno Jorge, rua Direita da Junqueira, 210, 1.º

Delegações de fazenda

INSTRUCÇÃO

2.º official — Antonio Maria Ferreira Mendes, rua da Procissão, 142, 2.º
Amanuenses:
José Maria de Sousa Telles, rua de Santa Martha, 75, 2.º
José Emilio Paes Dores, rua do Possolo, 32, 1.º

Aspirantes:
Antonio Mascarenhas, rua das Olarias, 38, 1.º
Antonio Gonçalves Picotas Falcão, travessa de André Valente, 28, 4.º

SAUDE E HYGIENE

1.º official — Antonio Justinianno Felix Ferreira Borges, rua de Luiz de Camões, 99.
2.º official — José Joaquim Gomes de Brito, rua do Conselheiro Pedro Franco, 5.
Amanuenses:
Alfredo Antonio da Silva Barbosa, rua de D. Estephania, 382.
José Thomaz da Silva Cardoso, rua dos Anjos, 214, 1.º
Aspirantes:
Augusto Soares de Franco, rua de José Estevão, 40, 2.º
Leopoldo Augusto Ferreira, rua das Gaivotas, 20, C, 2.º

OBRAS

2.º official — Annibal da Fonseca Miranda, calçada do Garcia, 7, 2.º
Amanuenses:
José Carlos Victorino Ferreira Borges, rua da Bella Vista, á Lapa, 69.
José Corrêa de Souza, rua do Bemformoso, 231.
João Martins Lopes Bispo, rua de S. Roque, 25, 4.º
Virginio Antonio Fernandes da Cunha, largo das Olarias, 63, 2.º
Aspirantes:
Francisco Antonio dos Santos, travessa de Santa Justa, 79, 4.º
Francisco Leão Escorcio da Camara, rua das Amoreiras, 37, 1.º
João Antonio Aleixo Mendes, travessa do Chafariz das Terras, 35, 1.º

THESOURARIA

Thesoureiro — Carlos Alfredo da Silva, rua da Horta Secca, 50.
Fiel — Augusto de Oliveira Machado, rua dos Ferreiros a Santa Catharina, 10.
Pagadores:
Antonio Luiz Bruno dos Santos, calçada da Graça, 23.
Vicente da Cruz Ferreira, rua do Arsenal, 124.
Fernando Lima, rua da Bella Vista, á Graça, 98, 1.º
Domingos Ribeiro d'Oliveira Freire, rua da Conceição da Gloria, 58, 1.º
Antonio Martins de Miranda, rua dos Retrozeiros, 85, 4.º, D.
Addido — Joaquim Antonio Pereira, thesoureiro da camara dos Olivaes, rua do Gomes Freire, 2, 2.º
Interino — Henrique de Passos Ferreira, rua do Quelhas, 125, 1.º

Serviço geral de obras

DIRECÇÃO GERAL

Engenheiro, director geral — Conselheiro Frederico Ressano Garcia, estrada do Arieiro.
Sub-director — Antonio Maria de Avellar, travessa do Cabral, 65.

PESSOAL MENOR DA DIRECÇÃO

Continuo — Antonio Ferreira Vidigal Paes, calçada do Marquez de Tancos, 18, 1.º
Servente — Miguel José de Oliveira, rua de S. Felix, 7, 5.º

SECRETARIA DA DIRECÇÃO

1.ª Secção

Expediente e desenho

1.º official chefe de secção — Manuel Maria Ricardo Correia, Oeiras.
2.º official — José Joaquim Alves, rua de D. Estephania, 55.
Amanuenses:
Semião Xavier de Basto, rua das Trinas do Mocambo.
Miguel Marques, rua d'Arroyos, 78, rez-do-chão.
Antonio Augusto de Azevedo Lopes Leitão, largo de Santa Barbara, 153, rez-do-chão.
Joaquim José Fernandes, rua da Fé, 48, 1.º
Aspirantes:
João Baptista Mendes, Cruzeiro d'Ajuda, 3, loja.
Augusto José Pereira de Magalhães, rua dos Anjos, 11.
Eduardo Villas Boas, rua da Fabrica da Polvora, 8, 5.º

2.ª sub-secção

Desenho

Chefe de sub-secção — Augusto Pereira Serrano, rua da Mouraria, 91, 2.º
Desenhador de 1.ª classe — Rodrigo Ricardo Garcez, Pragal.
Desenhadores de 2.ª classe:
Eduardo Manuel dos Santos, travessa da Legoa da Povoa, 6, 2.º
José dos Santos Pontes, rua Formosa, 10, 2.º, E.
Desenhadores de 3.ª classe:
João Pedro Coelho, rua do Conselheiro Monteverde, 48, E.
Antonio Henrique da Silva Heitor, travessa de S. Nicolau, 102, 2.º

PESSOAL MENOR DA 1.ª SECÇÃO

Continuo — José Fernandes Martins, rua do 4 de Infanteria, 12, loja.
Serventes:
Manuel Teixeira, travessa da Pereira, 27, 3.º
Francisco Salazar Moscoso, rua da Horta Sêcca, 50, 4.º

2.ª Secção

Planta da Cidade

1.º official, chefe de secção — Francisco Maria Pereira Heitor de Macedo rua do Livramento, a Alcantara, 127, 4.º
Conductor de 2.ª classe — Julio Antonio Vieira da Silva Pinto, rua da Gloria, á Graça, 53, 3.º
Conductor de 3.ª classe — Pedro Joyce, Avenida da Liberdade, 90, 4.º, D.
Desenhador de 2.ª classe — Ernesto Accacio de Seabra, rua de S. Felix, 15, 2.º
Medidor — Augusto Trindade Cardoso Pinto de Sousa, rua de Santo Amaro, 43.
Ajudantes de medidor:
Joaquim da Luz, travessa do Olival, á Graça, 41, 1.º, D.
José Coelho, becco de S. Vicente, 19, 3.º

PESSOAL MENOR D'ESTA SECÇÃO

Servente — José Luiz Gomes, rua de D. Vasco, 22.

1.ª REPARTIÇÃO — ARCHITECTURA

Architecto chefe — José Luiz Monteiro, rua Nova de S. Francisco de Paula, 87, rez-do-chão.

1.ª Secção

Estudos, construcção e conservação

Conductor de 1.ª classe — Alfredo d'Ascenção Machado, rua de Rosa Araujo, 31.
  Conductores de 2.ª classe:
José Casimiro da Silva Fernandes, travessa da Conceição, á Lapa, 13.
Antonio José Dias da Silva, Rotunda da rua de D. Estephania.
Mestre d'obras — Manuel Gouveia Junior, rua da Escola do Exercito, 42.
  Apparelhadores de carpinteiros:
Francisco Antonio Pinto, rua da Escola do Exercito, 42.
Luiz Caetano Pereira de Carvalho, Costa do Castello, 36, 1.º
Apparelhador de pedreiros — Manuel Leitão, rua Direita do Cruzeiro, 77.

2.ª Secção

Fiscalisação de construcções particulares

Chefe fiscal — João Gomes, calçada do Galvão, 29.
  Fiscaes:
Antonio Luiz Ignacio. rua da Gloria, ao Passeio, 83.
José de Lemos Bello, rua dos Ferreiros, á Estrella, 19, 2.º, D.

3.ª Secção

Expediente e desenho

2.º official — Vago.
  Amanuenses:
Antonio de Sousa Tavares, Campo Grande, lado occidental, 268, 2.º
João Felix Nunes de Moura, rua do Prior Coutinho, 10, 1.º
  Aspirantes:
Jacintho Antonio Pinto, rua da Veronica, 140, 2.º
Pedro Rodrigues da Cunha, travessa da Espera, 56, 2.º
Desenhadores de 1.ª classe — (Dois logares vagos).
  Desenhadores de 2.ª classe:
Jorge Pereira Leite, rua de S. Bento, 218, 1.º
José Candido d'Assumpção e Sousa, rua de Fernandes Thomaz, 68, 1.º
Desenhador de 3.ª classe — João Mendes das Neves Pinto, rua da Alegria, 10, 1.º

PESSOAL MENOR D'ESTA SECÇÃO

Continuo — Joaquim Xavier d'Azevedo Athayde e Menezes, rua de S. João da Praça, 9, 3.º, E.
Servente — Luiz de Carvalho, rua do Bemformoso, 34, 1.º, D.

2.ª REPARTIÇÃO — ILLUMINAÇÃO, AGUAS E PASSEIOS

Engenheiro chefe — Antonio Maria de Avellar, travessa do Cabral, 65.

1.ª Secção

Illuminação

Conductor de 1.ª classe — Vago.
 Ensaidores:
Arthur Augusto dos Passos, rua do Recolhimento ao Castello, 54.
Agostinho José Pinto, rua Aurea, 75, 4.º

2.ª Secção

Aguas

Conductor de 2.ª classe — Augusto Cesar de Carvalho, rua Nova da Estrella, 1, 1.º
Apparelhador de pedreiros — Joaquim Baptista Mendes, rua do Cruzeiro, 3, rez-do-chão.
 Fiscaes:
Joaquim José Pires, rua Passos Manuel, 71, 2.º E.
Januario José Vicente, rua Direita de Bemfica, 451.
Dois logares vagos.

3.ª Secção

Passeios

Conductor de 2.ª classe — Antonio Fernando da Silva, praça das Amoreiras, 18, 1.º
Jardineiro, chefe — João Francisco da Silva, rua de S. Bernardo, 11.
Fiel dos depositos — Agostinho Francisco da Silva, rua das Trinas, 125.
 Ajudante.
José Eduardo da Silva, travessa das Terras de Sant'Anna, 14.

4.ª Secção

Expediente e desenho

2. *official* — Jayme Henrique da Fonseça e Sousa, rua das Trinas, 93, 2.º
 Amanuenses:
Domingos Antonio Lino de Sant'Anna, calçada de Sant'Anna, 167, 1.º
David Bandeira de Mello Madureira, beco do Caldeira, 6, D.
Um logar vago.
Aspirante — vago.
 Desenhadores de 2.ª classe:
Dois logares vagos.
Desenhador de 2.ª classe — Ernesto Accacio de Seabra, rua de S. Felix, 12, 2.º
Desenhador de 3.ª classe — Arthur Julio Machado, rua da Industria, 100, 1.º

PESSOAL MENOR D'ESTA SECÇÃO

Continuo — José Antonio Gonçalves, rua das Trinas, 93, 2.º
Servente — Eleuterio Affonso, rua de S. Marçal, 69, 3.º

3.ª REPARTIÇÃO — VIAÇÃO PUBLICA

Chefe — Augusto Cesar dos Santos, praça da Alegria, 12, 2.º

1.ª Secção

Estradas, construcções e conservação

Conductor de 1.ª classe — Vago.
Conductores de 2.ª classe:
Quirino Antonio Silvestre, rua da Boa Hora, 113.
Jorge Arthur Schiappa Monteiro, rua dos Douradores, 134, 4.º
Torcato Carlos Ferreira de Lemos, estrada da Torre, 10 (ao Lumiar).
Conductores de 3 classe:
Augusto Cesar Dias, rua do Machado, 11.
Thomaz dos Santos Junior, calçada da Tapada, 28, 1.º D.
Mestre de calçadas — Joaquim Esteves, rua d'Arrabida, 16, 1.º
Apparelhadores de pedreiros:
João Rebello, rua do Caes, em Belem, 22, 2.º
David Antonio, deposito central, rua da Boa Vista, 7.
José Filippe, beco dos Birbantes, 23, 1.º
Chefes de cantoneiros:
João Lapa da Silva, rua do Alvito, 99, 1.º Alcantara.
Segismundo Ferreira, rua de S. Felix, n.º 40.
Manuel Rodrigues Chaves, estrada do Alto Pina, 1 A.
Joaquim Maria Rodrigues, Campo Grande, Quinta do Auditor, lado occidental.

2.ª Secção

Fiscalisação de vias ferreas

Chefe fiscal — Augusto Cesar dos Santos, praça da Alegria, 12, 2.º
Fiscaes:
Francisco José Gonçalves Basto, rua do Conselhdiro Monteverde, 48, 3.º E.
Antonio Duarte, rua Direita de Bemfica, 460, 1.º
Manuel Joaquim Alves da Cunha, rua de Belem, 6, 1.º
Paulo Ribeiro Vianna, travessa do Sequeiro, ao Calhariz, 9, 1.º
6 logares vagos.

3.ª Secção

Expediente e desenho

2.º official — Um logar vago.
Amanuenses:
Domingos Pereira d'Abreu, rua de Arroyos, 235, 4.º
Apollinario Simplicio da Fonseca, rua de D. Estephania, 286, 2.º
Alberto José Mira, rua d'Alcantara, 50, 1.º
Manuel Joaquim Gemma, rua do Arco da Graça, 36, 1.º
Um logar vago.
Aspirantes:
Claudio Seraphim Rodrigues Sult, rua dos Ferreiros, á Estrella, 19, 1.º E.
José Julio da Fonseca e Costa, rua do Soccorro, 27, 2.º
Vm logar vago.
Desenhadores de 1.ª classe:
Eduardo Henriques d'Almeida, rua de Arroyos, 143, 1.º
Um logar vago.
Desenhadores de 2.ª classe:
Ernesto Hygino Vieira Dias, rua das Pedras Negras, 55, 2.º
Jesuino Arthur Conceição Ganhado, rua de Correia Telles, 36, 1.º D.
Desenhadores de 3.ª classe:

Diogo Antonio da Silva Reis, rua da Bocca do Vento, Almada.
Antonio Ayala Sanches, rua Velha, 62, 1.º
Pessoal menor d'esta repartição — Continuo — João Diniz Canavial, rua do Valle, 38, 2.º
Servente — Antonio Marques d'Azevedo, rua das Terras, Cacilhas.
Deposito—Amanuenses:
Augusto Antonio Prestes, rua da Procissão, 114, 3.º
Um logar vago.
Aspirante — Antonio Tavares, rua da Lapa, 83, 2.º

Repartição das aferições

AVENIDA DA LIBERDADE, 122 A 126

2.º official — Alexandre Miguel das Neves, azinhaga dos Corocheos, Campo Grande.
Amanuenses:
Carlos Augusto Marques, calçada do Combro, 127, 1.º
Antonio Daun Saldanha Lorena e Sousa, travessa da Boa Hora, 52, 2.º
Aspirantes:
Manuel Filippe d'Assumpção Ferreira, rua do Meio, á Lapa, 1, 1.º, E.
Joaquim Luiz Ferreira, rua de S. Lazaro, 175, 2.º
Fiscal aferidor — Antonio José Libanio d'Andrade, Quinta da Rameira, em Caparica.
Aferidores:
João José Valle Domingues, rua Ferreira Borges, 125.
Thomaz Amancio Machado, largo da Graça, 17, 1.º
Pedro Maria Valle Domingues, rua da Cruz dos Poyaes, 60, 1.º
Augusto Candido Valle Domingues, rua da Cruz dos Poyaes, 60, 2.º
João José Teixeira Almeida, rua do Paraizo, 48, 1.º
Antonio Maria da Conceição, rua das Tendas, 8, 2.º
Joaquim José d'Oliveira e Sousa, rua de Valle de Pereiro, 117, 2.º
Antonio Maria da Silva, rua dos Sapateiros, 115, 6.º
Sebastião Maria da Silva, rua da Conceição, 13, 1.º
Antonio José de Oliveira, rua do Olival, 39-A.
Gualdino Fernando Ribeiro, travessa da Horta da Cera, 39, 1.º
Aferidor para contadores d'agua e gaz — Braz Faustino da Motta, travessa do Barbosa, 15.
Serralheiros:
João Antonio Rodrigues Vidal, rua dos Lagares, 38, 2.º, E.
Joaquim da Cruz Figueiredo, rua das Freiras, 70.
Serventes:
Antonio dos Santos, rua do Valle de Santo Antonio, 44.
Valentim Leitão, rua do Mirante, 61.

Serviço de segurança — Incendios

Inspector — Augusto Ferreira, travessa do Carmo, 1, 1.º
Vice-inspector — Francisco Rodrigues da Conceição, travessa da Espera, 56, 2.º
Sub-inspector — Manuel Severiano Silvestre Lapa, rua da Gloria, á Graça, 30, 1.º
Cirurgião-medico — Francisco dos Reys Stromp, largo do Intendente, 38, 1.º
Dito, substituto — Manuel Bordallo Prostes Pinheiro, rua de Serpa Pinto, 101, 2.º
Instructor — João Gomes da Costa, rua do Ferregial de Cima, 31.

Delegado do serviço de fazenda — Julio Cardoso, rua Luz Soriano, 146, 3.º
Fiscaes do material — *Chefe das officinas* — João Fernandes, rua do Poço dos Negros, 148, 2.º
Chefe do serviço telephonico — Antonio Ignacio da Silva, rua do Embaixador, 84, 1.º
Ajudantes do fiscal:
Fernando Augusto de Oliveira, pateo do Regedor, 7, 1.º
Alfredo Augusto Correia e Costa, travessa da Cara, 42, 1.º
Aspirantes:
Antonio dos Reis Motta Carvalho, travessa do Pastelleiro, 8, 3.º, D.
Roque de S. Marcos, caserna n.º 1, (Esperança).
Luiz Maria da Rocha, travessa de João de Deus, 8, 3.º
Chefes da estação telephonica:
Luiz Antonio Machado, rua das Trinas, 147, 4.º
Domingos Antonio da Costa, rua da Oliveira, ao Carmo, 105.

CORPO DE BOMBEIROS

Chefes de divisão:
Joaquim José Barbosa, estação n.º 15, (Graça).
José Maria Osorio, caserna n.º 1, (Esperança).
Ajudantes:
José Maria d'Oliveira, rua da Costa, 114, 1.º
Antonio Eduardo Maciel da Gama, calçada d'Ajuda, 93.

FICAM ADDIDOS

Sub-inspector — Joaquim Antonio Figueira, rua da Fabrica da Polvora, 55, 1.º
Ajudante — José Martins, Sitio da Surrada, (Bemfica).
Fiscaes:
Antonio Anastacio d'Almeida Junça, rua de Santo Antonio, ao Calvario, 6.
Juvenal da Silva Riço, rua de Sant'Anna, 23, 1.º, Belem.

Real casa e egreja de Santo Antonio

Thesoureiro, inspector da egreja — Padre Antonio Martins, rua Direita da Junqueira, 199, 1.º
Capellão ajudante do dito — Padre Domingos Amancio da Silva, rua dos Bacalhoeiros, 35, 4.º
Escripturario — Gregorio Antonio do Nascimento, rua do Milagre de Santo Antonio, 5, 3.º

Congresso de beneficencia publica

PAÇOS DO CONCELHO

Presidente honorario — Sua Magestade a rainha a Senhora D. Maria Pia.
Presidente — Vago.
Vice-presidente — Conselheiro Manuel Pinheiro Chagas, rua de S. Joaquim, a Santa Izabel, 19, 1.º
Secretario — Antonio Augusto Pereira de Miranda, Avenida da Liberdade, 8.
Vice-secretario — Carlos Ferreira dos Santos Silva, praça do Principe Real.
Thesoureiro — José Gregorio da Rosa Araujo, travessa de S. Nicolau, 42.

1.ª Secção

Soccorros a velhos e invalidos

Presidente — Luciano Cordeiro, largo do Barão de Quintella, 11, 2.º
Secretario — Carlos Ferreira dos Santos Silva, praça do Principe Real, 48.

2.ª Secção

Soccorros a enfermos

Presidente — Conde de Restello, rua de Belem, 53.
Secretario — Dr. Henrique Matheus dos Santos, rua de Vasco da Gama, 51, 2.º

3.ª Secção

Soccorros a creanças

Presidente — Conselheiro Manuel Pinheiro Chagas, rua de S. Joaquim, a Santa Izabel, 19, 1.º
Secretario — Rodrigo Affonso Pequito, rua de S. Bento, 510.

4.ª Secção

Soccorros a desempregados

Presidente — Vago.
Secretario — Antonio Luiz Ribeiro, rua da Gloria á Graça, 69.

COMMISSÃO FISCAL

Presidente — Vago.
Secretario — Luciano Cordeiro.
 Vogaes:
Conde de Restello.
Conselheiro Manuel Pinheiro Chagas.
Thesoureiro — José Gregorio da Rosa Araujo.

SECRETARIA

Chefe — Antonio José do Nascimento Mendes, 2.º official.
Antonio Eduardo Vieira da Silva Junior, rua do Norte, 104, amanuense.
 Visitadores:
Antonio Osorio de Campos e Silva, rua dos Douradores.
Sergio José da Costa, largo do Intendente.
João Pulcherio Fernandes Coelho, rua do Arco do Bandeira, 173.
Inspector dos asylos da 3.ª Secção — Carlos Augusto Posser, largo da Annunciada, 13.
Continuo cobrador — Nicolau Custodio de Azevedo, rua direita de S. Vicente, 44.
Continuo — Manuel d'Amaral Vieira, rua das Escolas Geraes, 59.

Em cada parochia civil ha uma commissão de beneficencia.
As parochias civis estão divididas da seguinte forma:
Ajuda.
Alcantara, Lapa.
Anjos, Soccorro.
Beato, Olivaes e Sacavem.
Belem.
Bemfica, Carnide e Encarnação.

Lumiar, Campo Grande, Charneca, Camarate e Ameixoeira.
Martyres, S. Julião e Conceição Nova.
Mercês, S. Mamede.
Pena, S. Jorge d'Arroyos.
Santa Catharina, S. Paulo.
Santa Engrancia, Santo Estevão.
Santa Izabel.
Santa Justa, Magdalena e S. Nicolau.
Santos.
S. José e Sacramento.
S. Sebastião e Coração de Jesus.
S. Vicente, Castello, S. Christovão e S. André.
Sé, S. João da Praça, S. Thiago e S. Miguel.
S. José, Sacramento.
S. Sebastião, Coracão de Jesus.
S. Vicente, S. Christovão. Santo André e Castello.
Sé, S. Miguel e S. Thiago.

Serviço geral de beneficencia

Asylo Municipal — Largo do Contador-Mór

ADMINISTRAÇÃO CENTRAL

Director — João José Teixeira Dias, rua da Bitesga, 43, 2.º
Secretario — José Joaquim da Costa, rua de Paschoal José de Mello, 131.
Fiel — João Caetano Pereira de Carvalho.
Escripturario — Guilherme Augusto da Rosa.
Visitador — Arthur Candido Pinheiro.
  Continuos:
José Rodrigues Antunes.
Joronymo Dias dos Santos.
Raymundo Pereira.

PESSOAL DE ENSINO

Provisor — José Maria Duarte Serra, largo dos Loyos, 10, 2.º
Capellão — Domingos Amancio da Silva, rua dos Bacalhoeiros, 35, 4.º

1.ª Secção

Sexo masculino

Professores:
José Maria Duarte Serra.
Luiz Augusto de Sousa Gomes.
Guilherme Antonio Fernandes Junior.
Professor de canto choral — José Antonio Vieira.
Professor de gymnastica — Duarte Alexandre Holbeche.
Professor de desenho — José de Figueiredo.

2.ª Secção

Sexo feminino

Largo de S. Vicente

Professoras:
D. Guilhermina Adelaide de Sá.
D. Maria Amalia Mendes Leal, rua da Infancia.

Professora supranumeraria — D. Joaquina Antonia d'Oliveira Marreca.
Ajudante — D. Maria Emilia Ferreira.
Professora de lavores — D. Maria Palmira da Silveira.

1.ª Secção

Largo do Contador-mór

Pessoal interino

Prefeito — Francisco Santos Frias.
　Sub-prefeitos:
Jeronymo Rodrigues.
Viriato de Lagos Teixeira.

2.ª Secção

Largo de S. Vicente

Regente — Vago.
　Ajudantes da regente:
D. Elisa Leopoldina Mac-Bried da Silva Torres.
D. Gertrudes da Conceição d'Oliveira e Silva.

3.ª Secção

Hospital no Campo de Santa Clara

Medico — Manuel Ferreira Cardoso, rua Nova do Almada.
Enfermeira — D. Jesuina Augusta Moraes Carneiro.

Instituto municipal de surdos-mudos

Rua Carlos Principe em Ajuda

Professor — Ignacio José Miranda de Barros, no edificio.
Regente — D. Antonia Amelia Lopes.
Prefeito — Joaquim Pedro Fundão.
Fiel-escripturario — Augusto Ribeiro da Silva.
Servente — Rodrigo Joaquim d'Aguiar.

Serviço geral de instrucção publica

Commissão especial de instrucção

Presidente — Luiz Filippe Leite.
　Vogaes:
Luiz Feliciano Marrecas Ferreira.
José Candido Correia,
José Francisco d'Azevedo e Silva.
José Maria d'Oliveira Simões, secretario.

Junta Escolar

Presidente — Dr. J. J. da Silva Amado.
Secretario — Conselheiro José Joaquim Ferreira Lobo.
Vogal — Joaquim José Pereira Alves.
Escripturario — Arthur Cesar de Araujo Cruz Pereira.

SECRETARIA DO SERVIÇO GERAL

Director geral — João José de Sousa Telles, rua de Santa Martha, 75, 2.º
Amanuense da direcção — Ernesto Carlos de Tamm, rua dos Sapateiros, 173.

REPARTIÇÃO DO REGISTO ESCOLAR
REGISTO DOCENTE E MENOR; ESTATISTICA

Sub-director, chefe — Caetano José Pinto, largo do Contador-Mór, 3.
  Amanuenses:
Alberto da Costa Quintella, rua das Praças, 41, 3.º
Carlos Alberto Pinto, rua de Caetano Palha, 27, 2.º
  Escripturarios:
Arthur Rufino de Carvalho Prostes da Fonseca, rua da Creche, 4, 2.º
F. Bartholomeu Rodrigues, rua dos Prazeres, 84.

PESSOAL MENOR DA SECRETARIA

Continuo — João Baptista Lemos de Figueiredo, travessa da Condessa do Rio, 26, 1.º
  Serventes:
Francisco Rodrigues, rua da Rosa, 140, 2.º
Luiz Antonio Quintão Ferreira, rua Nova da Piedade, 89, 2.º D.

INSPECÇÃO

Inspector e visitador do 1.º bairro — Dr. Manuel Constantino Theophilo Augusto Ferreira, travessa do Callado, á Penha de França, 12, 1.º
Visitador do 2.º bairro — José Ignacio de Mello Pereira de Vasconcellos, rua de S. Filippe Nery, 50, 2.º
Visitador do 3.º bairro — Marianno José da Silva Presado, travessa do Abarracamento de Peniche, 120.
Visitador do 4.º bairro — José da Gama Lobo Lamare, rua do Duque da Terceira, 36, 2.º
Escripturario — Antonio Pedro Alves Pacheco, rua de Rilhafolles, 14.

Deposito do material escolar

RUA DA BARROCA, 53

Chefe — Anselmo de Sousa.
Fiel — Antonio Joaquim Quintão.
Escripturario — Alfredo Hermillo de Mello Marques.
Addidos:
José de Miranda Sarmento.
Alfredo A. Caldas de Lemos.
Carlos dos Santos Pedroso.
Servente — Thomé dos Martyres.

Bibliothecas

Bibliothecario geral — José Maria de Moura Barata Feio Terennas, edificio da escola n.º 1; na rua da Inveja.
Conservadores:
José Antonio dos Reis Damaso, calçada da Tapada, 29, 2.º
Alfredo Luiz Castellar Rossell de Almeida, r. da Cruz da Carreira, 34, 1.º
Manuel Roque dos Santos Reis Torgal, rua da Prata, 108, 1.º
Escripturario — Francisco José d'Oliveira.

Bibliotheca n.º 1 — Central

RUA DA INVEJA

Conservador—Julio de Castro Serpa Serrão, Campo dos Martyres da Patria, 84, 2.º

Bibliotheca n.º 2

RUA DO PARAIZO

Conservador — João Alves Ribeiro, rua de Nossa Senhora da Gloria á Graça, 4.

Bibliotheca n.º 3

RUA DE S. DOMINGOS Á LAPA

Conservador — Arthur Augusto Duarte da Luz Almeida, rua do Paraizo, 1.

Bibliotheca n.º 4

EM ORGANISAÇÃO

Conservador — Antonio Narciso Rebello Alves Correia, rua Nova da Trindade.

Bibliotheca n.º 5

RUA DA CRÈCHE

Conservador — Julio Cesar de Vasconcellos Rodrigues, calçada d'Ajuda.

Bibliotheca n.º 6

RUA DA BARROCA

Conservador — Joaquim Cecilio Pereira de Sousa, rua dos Mouros, 41.

Bibliotheca n.º 7

RUA DE S. SEBASTIÃO DA PÉDREIRA

Conservador — Eduardo Augusto Alves Pacheco, rua de Rilhafolles, 14.

Escolas centraes

Escola n.º 1 (M)

RUA DA INVEJA

Professores primarios:
Eugenio Castro Rodrigues, (regente).
José Maria das Dores Costa.
Antonio Maria d'Almeida.
João Maia.
D. Maria Luz Ribeiro.
D. Maria da Nazareth Pires Barros.
D. Maria Augusta Ferraz Negrão.
D. Maria d'Assumpção Carvalho.

D. Maria da Fonseca.
Professor de gymnastica e exercicios militares — Luiz Carlos Mardel Ferreira.
Monitor de 1.ª classe auxiliar do regente — Julio de Castro Rodrigues.
Instructor militar — Nuno de Barros.
Porteiro — Ildefonso Faria.

Escola central n.º 2 (M)

RUA DA BOA VISTA NO EDIFICIO DA ABEGOARIA

Professores primarios:
João Francisco Barroso (regente).
D. Rosa Candida Eurelia Ferreira.
Sebastião Francisco de Carvalho.
Francisco da Graça Alberto.
D. Maria da Gloria Moley C. do Amaral.
D. Filomena Judicibus.
Professor de gymnastica e exercicios militares — Francisco de Paula Miranda Diniz.
Monitor de 1.ª classe auxiliar do regente — Domingos d'Ascenção.
Instructor militar — Miguel Luiz.
Porteiro — Manuel Joaquim Lino.

Escola central n.º 3 (F)

LARGO DE S. PAULO

Professores primarios:
D. Maria Augusta d'Oliveira e Sousa Torresão, (regente).
D. Angelina Augusta do Carmo Santos.
D. Margarida de Moura Henrique.
D. Maria José d'Almeida Couto.
D. Marianna Candida da Costa Braz.
D. Maria da Conceição Monteiro Cabral.
Professor de gymnastica — Antonio P. Martins.
Mestras de costura — D. Carlota Carolina Peres.
D. Amelia Pestana Vieira.
Mestras ajudantes de costura — D. Maria Michaella Escazena.
Monitora de 1.ª classe auxiliar da regente — Maria da Conceição Rodrigues.
Vigilante — Maria Etelvina Barata.
Porteiro — Theodoro José Beancardi.

Escola central n.º 4 (M)

RUA DO PARAIZO

Professores primarios:
Antonio Augusto d'Almeida (regente).
D. Maria Candida Diniz.
João Basso Marques.
D. Amelia A. da Silva.
João Antonio Baptista d'Avellar.
Francisco de Paula Ferreira Mendes.
D. Luiza Maria da Conceição Gonçalves.
Arlindo Rodrigues Varella.
D. Marianna Augusta Rosa Enéa.
Professor de gymnastica e exercicios militares — Antonio Angelo da Cunha Rosa.

Instructor militar — Nuno de Barros.
Porteiro — Antonio J. Pinheiro.

Escola central n.º 5 (F)

Largo do Contador-Mór

Professores primarios:
D. Lodumilla Motta de Portocarrero, (regente).
D. Joanna Benedicta de Sousa Romeiras Caldeira.
D. Julia Lucia da Silva.
D. Laureanna Castello.
D. Margarida das Dores.
D. Marianna Varella.
D. Amelia Adelaide Augusta Travassos.
D. Marcellina M. Luiza.
D. Marianna Pestana.
Professor de gymnastica — A. A. da Cunha Rosa.
Mestra de costura — D. Maria da Conceição Sousa Marques.
   Mestras ajudantes de costura:
D. Thomasia Julia da Silva.
D. Guilhermina Meira.
Monitora de 1.ª classe auxiliar da regente — D. Maria da Conceição Reis.
   Monitoras de 1.ª classe:
Adelaide da Conceição Marques.
   Vigilantes:
Francisca Jacintha das Dores Arriaga.
Carolina Rita da Conceição.
Ernestina Rocha.
Porteiro — Victor de Jesus Pereira.

Escola central n.º 6 (M)

Rua Saraiva de Carvalho

Professores primarios:
Luiz Profirio da Silva Sampaio, regente.
D. Julia Garcia Capello.
Augusto Cesar Maduro.
D. Estephania Costa Fernandes.
D. Joaquina Adelaide Xavier Maduro.
Joaquim Rosa.
Filippe de Oliveira.
Francisco Alves Gomes Carvalhal.
D. Leonor Laura Dalhunty.
Professor de gymnastica e exercicios militares — A. A. Rocha e Sá.
Monitor de 1.ª classe, auxiliar da regente — Augusto Durão Machado.
Instructor militar — João Chrysostomo Barranca.
Porteiro — Bartholomeu José.

Escola central n.º 7 (F)

Campo dos Martyres da Patria

Professoras primarias:
D. Maria Clementina de Serpa, regente.
D. Anna Lucia Adelaide de Oliveira.

D. Sabina Auta Elisa Teixeira.
D. Maria Joaquina da Conceição e Silva.
D. Elisa Amelia Elbling.
Professor de gymnastica — Antonio Martins.
   Mestras de costura:
D. Rosa Candida de Mesquita.
D. Mariana Julia de Sousa.
   Mestras ajudantes de costura:
D. Maria Nicoleta Augusta Costa.
D. Julia Croner Trigueiros.
Monitora de 1.ª classe, auxiliar da regente — D. Cecilia do Nascimento.
Vigilante — Guilhermina de Oliveira.
Porteiro — J. Manuel Pessoa de Moraes.

Escola central n.º 8 (M)

Rua do Passadiço

Professores primarios:
José Simões Lopes, regente.
D. Elódia Thomazia de Figueiredo.
D. Eugenia Cruz.
Gaudino de Figueiredo.
Professor de gymnastica e exercicios militares — Casimiro Dantas.
Instructor militar — Arthur Leopoldo da Silva.
Porteiro — Francisco dos Santos.

Escola central n.º 9 (F)

Rua do Patrocinio, 1

Professoras primarias:
D. Felismina Machado, regente.
D. Virginia Amalia Telles da Cunha.
D. Carlota Virginia Lopes.
D. Marianna de Castilho.
Professor de gymnastica — Pedro José Ferreira.
Mestra de costura — D. Maria Anjos Maia e Sousa.
Monitora de 1.ª classe auxiliar da regente — Anna Bibiana de Figueiredo.
Vigilante — Maria da Conceição Gomes da Silva.
Porteiro — Carlos José das Dores.

Escola central n.º 10 (F)

Rua de S. José, 201

Professoras primárias:
D. Anna Rosa Nunes, regente.
D. Leonilda Constança Ramos.
D. Ermelinda Augusta Pereira.
D. Maria do Carmo M. Escazena.
D. Virginia Borges Pinheiro e Silva.
D. Amadora J. Anjos Ribeiro.
D. Angelica dos Santos.
Professor de gymnastica — Casimiro Dantas.
   Mestras de costura:
D. Eduarda Guilhermina Nunes.
D. Adelaide Vanzeller.

Mestra ajudante de costura — D. Alda Santos.
Monitora de 1.ª classe, auxiliar da regente — Maria José Cardoso.
Vigilante — Maria José de Assis Saldanha.
Porteiro — Pedro José Coelho.

Escola central n.º 11 (M)

Rua de S. Domingos, á Lapa

Professores primarios:
Domingos Coelho Ribeiro, regente.
D. Jeronyma Florinda Duarte.
Arthur Lucas Marinho da Silva.
Antonio Bruno de Carvalho.
D. Maria José Porfirio.
Professor de gymnastica e exercicios militares — A. A. Rocha e Sá.
Monitor de 1.ª classe, auxiliar do regente — Joaquim Calrão.
Instructor militar — João Chrysostomo Barranca.
Porteiro — Manuel Soares da Silva.

Escola central n.º 12 (F)

Rua Fresca, 6

Professoras primarias:
D. Engracia Maria d'Assumpção e Silva, regente.
D. Marianna das Dores Cardoso.
D. Mathilde Figueiredo.
D. Julia Gutierres.
Professor de gymnastica — Pedro José Ferreira.
Mestra de costura — D. Marianna Amalia Teixeira Gomes.
Monitora de 1.ª classe, auxiliar da regente — D. Adelaide Josephina Pinto Carneiro Perestrello.
Porteiro — Ricardo Marques dos Santos.
Vigilante — Adozinda Silvano.

Escola central n.º 13 (M)

Calçada da Pampulha

Professores primarios:
Albino Pereira Marques, regente.
D. Maria Joanna da Silva Pereira Reis.
Henrique Trigueiros.
Ulysses Machado.
D. Thomazia Adelaide de Macedo.
D. Maria Sophia Bettencourt Perestrello.
Professor de gymnastica e exercicios militares — F. de N. Miranda Diniz.
Monitor de 1.ª classe, auxiliar do regente — Ricardo Monteiro da Silva.
Instructor militar — Miguel Luiz.
Porteiro — José Miguel de Sousa.

Escola central n.º 14 (F)

Praça das Flores

Professoras primarias:
D. Mathilde Bachelay Mira, regente.

D. Aurelia de Miranda.
D. Emilia Margarida Antunes.
D. Penélope de Faria.
D. Josephina Nunes.
Professor de gymnastica — Antonio Pinto Martins.
Mestra de costura — D. Maria das Dores Gaspar Gomes.
Mestra ajudante de costura — D. Maria d'Annunciação Andrade e Silva.
Porteiro — João Baptista d'Almeida.
Vigilante — Emilia de Paula Barata Salgueiro.

Escola central n.º 15 (M)

Rua da Paz

Professores primarios:
Joaquim Maria da Silva Barreto, regente.
Maria da Conceição Martins.
Luiz Bernardino Pacheco.
M. Ferreira Bréa.
Augusto B. dos Santos Martins.
D. Christina Homem.
D. Julia Mendes Ferreira.
Professor de gymnastica e exercicios militares — Francisco de Paula Miranda Diniz.
Monitor de 1.ª classe, auxiliar do regente — Carlos Augusto da Silva.
Instructor militar — Miguel Luiz.
Porteiro — Joaquim José Rodrigues.

Escola central n.º 16 (F)

Rua do Sacramento, á Lapa

Professores primarios:
D. Candida Julia Lima Pimentel, regente.
D. Maria Helena Alves.
D. Constança Leopoldina Villar Coelho.
D. Maria d'Assumpção Machado Pedroso.
Professor de gymnastica — Pedro José Ferreira.
Mestra de costura — G. Hedwigues da Silva.
Ajudante de costura — Julia da Luz Bizarro da Silva.
Monitora de 2.ª classe, auxiliar da regente — Amelia Valladas.
Porteiro — Marcos Julio de Barros.
Vigilante — Amelia do C. Xavier.

Escola central n.º 17 (M)

Rua da Barroca

Professores primarios:
Francisco José Pinto Coelho, regente.
D. Maria da Gloria Barata.
Antonio Teixeira dos Santos.
D. Romana Cadete.
Francisco Ambrosio da Silva.
Francisco de Mendonça.
Professor de gymnastica e exercicios militares — Candido José da Cunha Vianna.

Instructor militar — J. C. Barranca.
Porteiro — Francisco Varandas.

Escola central n.º 18

Rua dos Anjos

Professores primarios:
D. Clementina da Soledade e Silva, regente.
D. Maria do Cabo e Sousa.
D. Emilia Enéa.
D. Maria da Conceição Olympia.
Professor de gymnastica — Candido Cunha Vianna.
Mestra de costura — D. Maria Adelaide Bramão Aguiar.
Monitora de 1.ª classe, auxiliar da regente — Maria Emilia da Cunha.
Vigilante — Maria Candida de Figueiredo.

Escola central n.º 19

Costa do Castello

Professores primarios:
Alvaro de Carvalho, regente.
D. Magdalena de Carvalho.
D. Maria Adelaide Ferraz da Ponte Ortigão.
Nicolau Jorge Callado.
Antonio Lopes dos Santos.
D. Maria Margarida Pinto.
José Nunes Baptista.
D. Maria da Luz Monteiro.
Professor de gymnastica e exercicios militares — Antonio Angelo da Cunha Rosa.
Instructor militar — Nuno de Barros.
Porteiro — Manuel Joaquim Gomes.

Escola central n.º 20

Rua de S. Sebastião da Pedreira

Professores primarios:
Manuel José Martins Contreiras, regente.
D. Marianna Belchior.
Francisco José Pedroso.
Professor de gymnastica e exercicios militares — Casimiro Dantas.
Instructor militar — A. Leopoldo da Silva.
Porteiro — João Francisco Gonçalves.

Escola central n.º 21

Rua Direita de Bemfica

Professores primarios:
Antonio Maria de Freitas, regente.
Augusto Candido Abranches.
D. M. Eduarda Rosa.
D. Adelaide da Conceição Pacheco.
Sabino Costa.
D. Maria da Conceição Gonçalves.

D. Maria Luiza Santos.
Professor de gymnastica e exercicios militares — Luiz Mardel.
Instructor militar — A. Leopoldo da Silva.
Porteiro — Antonio Gonçalves.

Escola central n.º 22 (M)

RUA NOVA DO CALHARIZ, A AJUDA

Professores primarios:
Agostinho Nunes Ribeiro Teixeira, regente.
Fernando Martins.
D. Rosa Vianna.
D. Ambrozina Nunes.
Narcizo Lopes d'Oliveira.
Professor de gymnatica e exericios militares — Antonio Augusto da Rocha e Sá.
Instructor militar — Miguel Luiz.
Porteiro — Antonio F. de Sousa.

De todas as escolas centraes

Serventes jardineiros:
José Rodrigues.
Antonio Pedro Rodrigues.
José Nunes.

Escolas parochiaes

DA FREGUEZIA DE SANTO ANDRÉ (F)

Professora — D. Maria do Carmo Senna Ribeiro Macedo.

DA FREGUEZIA DE SANTA ENGRACIA (F)

Professora — D. Henriqueta do Carmo Marques Gonçalves.

DA FREGUEZIA DE SANTA ENGRACIA DE LAZARO LEITÃO (F)

Professora — D. Suzana Adelaide Leão.

DA FREGUEZIA DO SOCCORRO (F)

Professora — D. Carolina Albina Coelho.

DA FREGUEZIA DOS ANJOS (M)

Professor — Miguel Placido Wager Russel.

DA FREGUEZIA DE SANTO ESTEVAM (F)

Professora — D. Francisca Bernardina de Senna Bruschy.

DA FREGUEZIA DE SANTA JUSTA (F)

Professoras:
D. Maria da Cruz Rosa Ferreira.
D. Alda Larcher.

DA FREGUEZIA DA CONCEIÇÃO

Professora — D. Dorothea Ignez de Vasconcellos Viterbo de Lemos.

DA FREGUEZIA DE S. SEBASTIÃO (M)

Professor — Gregorio Gonçalves da Silveira.

DA FREGUEZIA DE S. SEBASTIÃO (F)

Professora — D. Maria José Martins Contreiras.

DA FREGUEZIA DAS MERCÊS (F)

Professora — Carolina Rosa Louro.

DA FREGUEZIA DE S. PAULO (F)

Professora — D. Guilhermina Adelina Bivar Cortez.

DA FREGUEZIA DE S. JOSÉ (F)

Porfessora — D. Libania Guilhermina Mesquita Fragoso.

DA FREGUEZIA DO CAMPO GRANDE (M)

Professor — Alfredo Xavier de Barros.

DA FREGUEZIA DO CAMPO GRANDE (F)

Professora — D. Maria Guilhermina Cardoso e Silva.

DA FREGUEZIA DO LUMIAR (M)

Professor — Joaquim da Silva Gouveia.

DA FREGUEZIA DO LUMIAR (F)

Professora — D. Iria Ferreira.

DA FREGUEZIA DO BEATO (M)

Professor — Guilherme Bernardo Marques.

DA FREGUEZIA DO BEATO (F)

Professora — D. Maria José Rodrigues.

DA FREGUEZIA DE S. MAMEDE (F)

Professoras:
D. Marianna Candida da Fonseca Dinne.
Florinda de Moraes Soares.

DA FREGUEZIA DE S. PEDRO EM ALCANTARA (M)

Professor — Antonio Servulo da Matta.

DA FREGUEZIA DE S. PEDRO EM ALCANTARA (F)

Professora — D. Maria Belmira Flor.

DA FREGUEZIA DE SANTOS (F)

Professora — D. Joaquina do Nascimento e Sousa.

DA FREGUEZIA DE CARNIDE (M)

Professor — João da Cunha.

DA FREGUEZIA DE CARNIDE (F)

Professora — D. Adelaide Cyriaca Machado.

DA FREGUEZIA DE SANTA MARIA DE BELEM (M)

Professor — Eloy José de Carvalho.

DA FREGUEZIA DE SANTA MARIA DE BELEM (M)

Professor — José Antonio de Deus Alves Mendes.

DA FREGUEZIA DE SANTA MARIA DE BELEM (F)

Professora — Ludovina Mendes de Sousa.

DA FREGUEZIA DA AJUDA (F)

Professora — D. Jorzina Perpetua.

DA FREGUEZIA DA SÉ (M)

Professor — Joaquim da Costa Brito.

DA FREGUEZIA DA CHARNECA (F)

Professora — D. Ernestina Gamboa.

DA FREGUEZIA DOS OLIVAES (M)

Professor — José de Sousa Viegas.

DA FREGUEZIA DOS OLIVAES (F)

Professora — D. Jovita Rosa.

DA FREGUEZIA DOS OLIVAES (POÇO DO BISPO) M)

Professor — Francisco José Nogueira.

DA FREGUEZIA DE SACAVEM (M)

Professor — Alfredo Augusto José Xavier.

DA FREGUEZIA DE SACAVEM (F)

Professora — D. Amalia Monteiro Leite.

DA FREGUEZIA DE CAMARATE (MIXTA)

Professora — D. Amelia Augusta da Costa e Silva.

DA FREGUEZIA DO SACRAMENTO (F)

Professora — D. Maria Augusta de Lima Gaspar.

Escolas especiaes

Escola Rodrigues Sampaio

RUA DO SACRAMENTO, Á LAPA

Director — F. Adolpho Coelho.
Director technico — Carlos Augusto Pinto Ferreira.
Professores:
Domingos Coelho Ribeiro (de lingua franceza).
Augusto Cesar Maduro (de mathematica).
Albino P. Magno (de geographia).
Alfonso Justin Picard (de desenho).
Antonio de Carvalhal Esmeraldo (de calligraphia).
João Albino de Sousa Rodrigues (sciencias naturaes).
Alfredo Dias (gymnastica).
Mestres d'officina:
José Maria da Conceição Fernandes (serralheria).
João Baptista dos Santos (carpinteria).

Escola Maria Pia

NA ESCOLA N.º 5, LARGO DO CONTADOR MÓR

Director — Dr. Antonio Manuel da Cunha Belem.
Regente — D. Lodumilla Motta de Portocarrero.
Professores:
Ventura Faria d'Azevedo (litteratura).
Caetano Pinto (francez).
Jeronymo N. do Valle (inglez).
Eduardo Braklami (arithmetica).
Carlos Augusto Moraes d'Almeida (sciencias naturaes).
D. Maria Marques (lavores).
Pedro Monteiro (geographia).
D. Lodumilla de Portocarrero (portuguez).
Adriano A. de Pina Vidal (mathematica).
Arsenio de Mascarenhas (historia).
D. Philomena Leone (moral e economia).
Costa Goodolphim (escripturação commercial).
A. L. Teixeira Machado (desenho e calligraphia).
D. Sophia de Mello (musica).

Escola Froebel n.º 1

No jardim da Estrella

Directora — D. Carlota Sophia Pinheiro de Brito Freire.
  Professoras:
D. Eugenia Costa
D. Maria Nathaline Groot B. Pina.
D. Ignez Celeste Sampaio.
D. Marianna Eugenia da Silveira e Castro.
Professor de canto — Antonio Melchior Oliver.
Conservadora — D. Eugenia Costa.

Escola Froebel n.º 2

Directora — D. Leolinda de Magalhães Torres Costa.

Museu pedagogico

Escola n.º 6

Conservador — João Marques da Silva, rua dos Prazeres, 13, 1.º
Continuo — Antonio Pinto, travessa do Jardim, á Estrella, 5.

CAMINHO DE FERRO DO ALGARVE (CONSTRUCÇÃO DO)

Largo do Carmo, 32

Director, engenheiro de 1.ª classe — Frederico Augusto Pimentel, rua Nova de S. Mamede, 53, 2.º

SECRETARIA

Chefe, conductor de 1.ª classe — João Francisco Cardoso dos Santos, praça de D. Pedro, 59.
Escripturario — Guilherme Gonçalves Pires, rua dos Cardaes de Jesus, 111.
Servente — Ricardo dos Santos, travessa das Recolhidas.

CAMINHO DE FERRO DA BEIRA ALTA

2.ª Direcção fiscal de exploração de caminhos de ferro

Largo do Carmo, 32

Engenheiro Director — Bernardo d'Aguilar Teixeira Cardoso.

1.ª Repartição (central)

Chefe de repartição — João Dantas Trigueiros, rua do Carrião, 11, 2.º
  Amanuenses de 1.ª classe:
Carlos Martins, Cacem.
Antonio José Mendes, calçada da Tapada, 64, 3.º
  Amanuenses de 2.ª classe:
Leonildes M. da Cunha Rodrigues, rua de Rebello da Silva, 59.

Jeronymo Joaquim da Silva Ramos, rua do Cruzeiro d'Ajuda, 3, 1.º
Adolpho Menezes Guedes da Fonseca, travessa da Condessa do Rio, 25.
Encarregado dos pagamentos — Joaquim Antonio Victal, rua das Olarias, 68.

2.ª Repartição

Engenheiro chefe da 1.ª divisão — Gaspar da Rocha Paes Werneck, Hotel Universo.
Conductor chefe da 1.ª secção — Albino Ferreira de Lacerda, rua das Olarias, 58.
Conductor chefe da 2.ª secção — Luiz Ricaldes da Silva Roiz Trigueiros, rua do Carrião, 11, 2.º
Amanuense de 1.ª classe — José de Souza Pinto de Barros Cachapuz, rua da Mãe d'Agua, 49.
Amanuense de 2.ª classe — Antonio Maria de Figueiredo Pinto, rua da Boa Vista, 139.
Desenhador — Joaquim José Madeira, rua da Penha de França, 114.

3.ª Repartição

Engenheiro chefe da 2.ª divisão — Affonso de Moraes Sarmento, rua Nova do Loureiro, 36, 2.º
Chefe da 1.ª secção — José Duarte de Amaral, travessa da Palmeira, 23, 1.º
Chefe da 2.ª secção — Conductor, Carlos Maria Marques.
Amanuense de 1.ª classe — Bartholomeu da Silva Pereira e Cunha.

4.ª Repartição

Engenheiro chefe da 3.ª divisão — José Gonçalves Pereira dos Santos.
Amanuense de 2.ª classe — Adelino de Mesquita.
Desenhador — Leopoldo Cezar de Andrade.
Servente — João de Bastos Junior, rua dos Fanqueiros, 122, 5.º

VIA E OBRAS

Conductores chefes de secção:
José Maria da Graga Correia Fino.
João José Nunes da Palma.
Fiscal principal:
Conductor — Francisco José d'Oliveira Sá Chaves Pinto.
Fiscal dos telegraphos, pharoes, pesos e medidas, conductor — Antonio Luiz de Mendonça Cabral.
Fiscal da tracção e officinas — Capitão de Cavallaria, Francisco d'Assis da Costa Cabral.
Machinista fiscal — Ignacio Pereira de Carvalho.
Agentes fiscaes de 1.ª classe:
José Jorge Ribeiro.
Daniel Alves Cerveira.
Francisco Cardoso Coutinho
Antonio Medeiros d'Albuquerque.
Francisco Florencio Marques.
Adriano Joaquim Lopes Soeiro.
Francisco José Monteiro.
Antonio Rodrigues.
Joaquim Ezequiel d'Almeida.
Daniel da Costa Nunes.

Carlos Augusto Ferreira de Castro.
Agentes fiscaes de 2.ª classe:
Ernesto Benedicto Balbino Correia.
José Gomes Severo.
Eugenio de Figueiredo.
Antonio Aragão da Costa Lacerda.
José Eugenio Rodrigues.
Agentes fiscaes de 2.ª classe supplementares:
João Filippe d'Oliveira.
José Victorino Ferreira da Cunha.
Antonio Miguel de Carvalho.

CAMINHO DE FERRO DA BEIRA BAIXA (CONSTRUCÇÃO DO)

Direcção Fiscal

Largo do Carmo, 32, Lisboa

Director — O engenheiro Augusto Carlos de Sousa Lobo Poppe, rua da Santissima Trindade, 35 H, 1.º
Chefe de secção — O engenheiro Antonio Augusto Vaz da Silva, Guarda.
Conductor — João Lino de Carvalho, Abrantes.

Secretaria da direcção

Amanuenses:
Bartholomeu da Silva Pereira e Cunha, rua de S. João dos Bemcasados, 28, 2.º
Manuel dos Santos Cabral, Caes do Sodré, 64, 3.º
João Evangelista Fernandes, rua dos Prazeres, 62, rez-do-chão.
Alfredo Augusto Xavier Cobellos, Caracol da Graça, 2, A, 1.º
Desenhadores:
Antonio Baptista Ribeiro, travessa de S. Placido, 16, 2.º
Antonio Lobo d'Aboim Inglez, Pateo do Salema, 4, 2.º
Pagador — Francisco Antonio Marques, largo do Carmo.
Continuo — Lourenço Eustaquio Loite, travessa das Mercês, 17, 1.º
Serventes:
Manuel Nuns Morão, largo do Carmo.
Alexandre Rodrigues, rua da Saudade, 8.
Augusto Freitas, rua do Infante D. Henrique, 36, 2.º
Luiz Gambôa, Campo das Cebolas, 47, 6.º

Serviço externo

Agentes fiscaes:
José Candido Lopo de Figueiredo, Benespera.
José Daniel da França, Covilhã.
Antonio Monteiro Pereira, Guarda.
Lourenço Videira, Caria.
José Alves Pinto, Barracão.
Servente — Francisco Mimoso, Guarda.

CAMINHOS DE FERRO DE LESTE, NORTE E OESTE

1.ª Direcção fiscal de exploração de caminhos de ferro

Largo do Carmo, 32

DIRECÇÃO

Repartição Central

Engenheiro director — José Joaquim de Paiva Cabral Couceiro, calçada do Marquez d'Abrantes, 103, 3.º
Chefe da repartição — Barão de Bertelinho, rua do Infante D. Henrique, 52, 3.º
Fiscal addido — Guilherme da Motta Marques, rua do Prior, 48, 2.º
Amanuenses:
Manuel da Silva Correia, rua de S. Bento, 197, 3.º
Antonio Moreira Duarte, rua do Convento de Jesus, 16, 3.º
José Telles Caldeira, rua dos Correeiros, 221, 2.º
Domingos dos Santos Martins, rua de Nossa Senhora da Conceição, 67, 3.º
Manuel dos Santos Fernandes, rua das Olarias, 66, 3.º
Severo Leão Cabreira, Quartel de Cavallaria da Municipal em Alcantara.
José Maria Parreira Junior, rua dos Retrozeiros, 13, 3.º
Pagadores:
Antonio Faria de Mendonça, estrada da Penha de França, 20, 3.º
Camillo Bettencourt, Santarem.
Continuos:
João Casemiro, travessa do Matto Grosso, 43.
Abilio Rosa dos Santos, rua da Oliveira ao Carmo, 9, 3.º
José Lucio Vivas, rua de Marcos Barreiros, 1, 2.º
José Maia, estrada da Penha França.

1.ª Divisão

Engenheiro chefe — Antonio Lourenço da Silveira, Avenida da Liberdade, 9, 3.º
Engenheiros adjuntos:
Humberto Ferreira Borges de Castro, rua D. Estephania, 51, 1.º
Joaquim Heliodoro da Veiga, rua dos Caetanos, 7.
Amanuenses:
Miguel Augusto d'Almeida Reis, rua dos Remedios á Lapa, 17, 1.
Antonio Maria Martins de Velasco, rua de Passos Manuel, 61, 1.º E.
Desenhador — Jeremias Whodhouse, rua Thomaz d'Annunciação, 36.
Conductores chefes de secção:
José Julio Sergio, largo dos Caminhos de Ferro, 134, 2.º D.
Augusto Cesar d'Almeida Pinto de Sousa, Espinho.
José Victorino Damasio, Gaia.
Augusto Adelino Mendes da Silva, Torres Novas.
José Rebello d'Andrade, Leiria.
Joaquim Antonio d'Abreu Vital, Lisboa, rua Rodrigo da Fonseca, 5, 3.º
Viriato Pompilio d'Albuquerque Braga, Elvas.
Servente — Vicente Fernandes.

2.ª Divisão

Engenheiro chefe — Luiz Merens de Tavora, calçada de S. Francisco, 10.

Engenheiro adjunto — Manuel de Sousa Brandão, calçada do Sacramento, 10.
Fiscal principal chefe de repartição — Antonio Franco Queriol, rua de Santo Amaro, 63, 1.º
Fiscal chefe de estatistica — José Vaz da Cunha, rua do Terreiro do Trigo, 90, 3.º
Amanuenses:
Francisco Julio Pereira d'Aguiar, rua da Madre de Deus, 95, 2.º
Arthur Augusto Chichorro da Costa, Almada.
Fiscaes principaes:
José Vargas Ollevo, Estação Central.
José Lorjó Tavares, Alcantara.
Manuel Gualdino da Cunha, Santa Apolonia.
Julio de Campos e Silva, Coimbra.
Fiscaes do movimento:
Manuel Lopes d'Azevedo, Gaia.
J. Carlos Vaz Soares, Abrantes.
Francisco Januario Moreira da Veiga, Cintra.
A. J. Isidoro dos Reis, Estação do Rocio.
Eduardo Guamiano Penedo, Santa Apolonia.
Lino Vieira Caldas, Cacem.
Agostinho Julio d'Abreu, Alcantara.
Victorino Theophilo Lourenço, Elvas.
Continuo — Antonio Martinho dos Santos, calçada de Santo André, 81.

3.ª Divisão

Engenheiro chefe — João Candido de Moraes, rua Serpa Pinto, 103, 3.º
Amanuense — Pedro Stokler Salema Garção, rua da Ametade, 29, 2.º
Desenhador — Guilherme Gomes, rua da Escola Polythechnica, 43, 3.º, D.
Conductores artifices:
Caetano José de Figueiredo, rua do Olival, 58, 2.º
Augusto Esteves Ventura, praça de D. Pedro, 116, 3.º
Ernesto Augusto Ferreira, rua Thomaz da Annunciação, 65, 2.º
Servente — João Franco, rua de S. Bento, 464.

CAMINHOS DE FERRO DO SUL E SUESTE

Largo do Carmo, 32

Direcção fiscal

Engenheiro director — O general João Pedro Tavares Trigueiros, rua dos Mouros, 58.
Engenheiro adjunto — Capitão, José Fernando de Sousa, rua da Infancia, 22, 1.º

1.ª Repartição

CENTRAL

Chefe — José Ferreira d'Almeida, largo de Santo André, 5, 3.º
Amanuenses:
José Maria d'Oliveira Sá Chaves, rua da Fonte Santa, S. C.
Lino Augusto Judice da Costa, rua de S. Bento, 400, 3.º

Antonio Lucio de Brito Vasques, rua de Sant'Anna, 35, ao Rio Secco, Belem.
Angelo Ramos, rua do Terreirinho, 80, 2.º
Manuel Joaquim Pimenta, rua do Sacramento, 32, 2.º
Continuo — João Carreira, rua da Cruz dos Poyaes, 27, 3.º
Servente — Antonio Ferreira, rua dos Mouros, 24, 4.º

2.ª Repartição

SERVIÇO DE SAUDE

Chefe — Dr. Luiz Maria d'Oliveira Simões, largo do Terreiro do Trigo 20, 1.º
　Facultativos:
Antonio da Cunha Paredes, Pateo do Tijollo 52, 1.º
Agostinho Lucio da Silva, rua das Gaveas, 10.
Francisco Joaquim Ayres do Soveral, Setubal.
Antonio Manuel Pires Moreira, Evora.
Augusto d'Abreu Ferreira Machado, Alvito.
Francisco Xavier Menezes, Beja.
Joaquim Henriques da Fonseca, Evora.
Antonio Xavier de Brito, Beja.
João Candido Corsino, Moita.
Manuel Justiniano Mosa, Aldegallega.
Augusto José Ramos, Evora.
Antonio Joaquim Telles, Palmella.
Francisco Lazaro Córtes, Faro.
Francisco Zeferino de Mira Mendes, Montemór.
José Maria de la Féria e Ramos, Serpa.
José Augusto Corrêa de Carvalho, Estremoz.
Joaquim Manuel Castelino, Aljustrel.
Libanio Antonio Fialho Gomes, Moura.
Manuel Ferreira Bairrão Ruivo, Vendas Novas.
Vicente Vieira Galvão, Moura.
Antonio Benevenuto Ladislau Piçarra.
Enfermeiro — Francisco d'Abreu, Barreiro.

3.ª Repartição

CONTABILIDADE GERAL

Chefe — Guilherme Augusto Ferreira, rua da Magdalena, 90, 2.º
　Amanuenses:
Antonio Marcelino Rodovalho Duro, travessa das Mercês, 9.
Mathias Pires Branco, calçada do Carmo, 23, 1.º
Joaquim Rodrigues dos Santos, rua do Terreiro do Trigo, 90, 3.º
João Antonio dos Santos, calçada de S. João Nepomoceno, 33, 3.º
Continuo — José Carlos Ferreira, rua das Olarias, 87, 2.º D.
Servente — Manuel dos Santos de Figueiredo, travessa da Amoreira, 7, 3.º

4.ª Repartição

THESOURARIA

Thesoureiro — Antonio Candido Jara, rua de Sant'Anna, á Lapa, 94.
Thesoureiro addido — Vicente Frederico Scarnichia, travessa de Santa Quiteria, 83, 2.º D.

Propostos — Miguel José Parreira, rua d'Arrabida, 26,-B, 2.º
João Antonio Ferreira Monteiro, rua da Palmeira, 48, 1.º
Servente — Rodrigo Pinheiro, rua da Cruz, á Carreira dos Cavallos, 54, 2.º

5.ª Repartição

FISCALISAÇÃO E ESTATISTICA

Chefe interino — José Maria da Costa.
Inspector do trafego — José Vicente du Bocage Lima, Alameda do Lumiar, 38.

SECÇÃO DE FISCALISAÇÃO

Chefe — Leonel Barros d'Assumpção, rua de S. Bento, 175, 2.º
Amanuenses:
Custodio Augusto Rosa, rua de S. Marçal, 151, rez-do-chão.
Pedro C. Maria de Sousa Costa, rua de Joaquim Bonifacio, 10, 1.º
Carlos José Leão Guerra.
Fernando Augusto de Mesquita Valente, calçada da Estrella, 135.
Alfredo Henrique Gomes, rua da Escola Polytechnica, 43, 3.º
José Ludgero Gomes da Silva, Pateo do Tijollo, 52.
José Borges Carneiro, largo dos Trigueiros, 2, 2.º
Alberto Infante da Camara e Sousa, rua Serpa Pinto, Villa Franca.
José Victor Xavier Machado, travessa da Boa Hora, 71, A-Belem.
José Joaquim Garcia Junior, rua do Miradouro, 48, A-Belem.
Carlos Augusto Vieira da Cruz, rua dos Douradores, 126, 4.º
José Eduardo Novaes, travessa do Moinho de Vento, 18, 1.º
Jorge Candido Gomes da Silva, travessa do Forte, 26.
Pedro Bernardino de Senna Valladas, rua do Rato, 37, 5.º
Antonio Ignacio de Leite Ferreira, rua de José Estevão, 30, 1.º E.
João Henrique de Freitas, rua de Santo Antonio dos Capuchos, 60, 1.º
Eduardo Augusto de Castro Machado, rua da Prata, 8.
Januario Antonio da Silva Valente, rua Serpa Pinto, 11.

SECÇÃO D'ESTATISTICA

Chefe — Francisco Maria Vieira da Silva, travessa de Santo Ildefonso, 28.
Amanuenses:
Vicente Paulino Martins, travessa de Santa Gertrudes, 25, rez-do-chão.
Clemente Eduardo Pimenta, calçada da Memoria.
Francisco Baptista Barreiro, travessa da Palmeira, 55, 2.º
Alfredo Guimarães, rua nova da Trindade, 48, 2.º
Francisco Teixeira Judice da Costa, rua de S. Bento, 400 3.º
Antonio Maria da Veiga Ventura, rua Paschoal José de Mello, 50, 1.º
Miguel Teixeira da Silva, rua dos Mouros, 20, 2.º
Ildefonso Whitton Pereira Sarmento, rua do Conselheiro Monteverde 58, 1.º
Continuo — José Antonio dos Santos, rua da Escola Asylo.

6.ª Repartição

ARMAZENS GERAES

Chefe — João José Maximo.
Amanuenses:
Celestino Alberto Salgueiro Gaivão, Palmella.

Carlos Augusto de Moraes Soares, Barreiro.
Augusto Pereira de Vasconcellos, Barreiro.
Despachante — Nicolau Maria da Silveira Estrella, rua de D. Estephania, 50, 2.º
Fiel — Cypriano dos Santos Gonçalves Vasques, Barreiro.
Capataz — Antonio do Espirito Santo, Barreiro.
  Serventes:
Manuel Cordeiro, Barreiro.
José Maria, Barreiro.
José Pereira, Barreiro.

DEPOSITO DE IMPRESSOS E BILHETES

Encarregado — José Maria de Oliveira Sá Chaves, rua da Junqueira, 132.
Fiel de bilhetes — Joaquim Luiz Alves, travessa da Palmeira, 55, 2.º
Continuo — Carlos José Joaquim Gomes.

SERVIÇO DE EXPLORAÇÃO

Engenheiro chefe — Manuel Francisco Vargas, rua de Barata Salgueiro, 11, 2.º

SERVIÇO DE MOVIMENTO

Chefe — Honorato Joaquim de Sousa, Barreiro.
Inspector da 1.ª secção — Domingos Rosado Galvão, Barreiro.
Inspector da 2.ª secção — Augusto Cesar Martins, Beja.
Inspector da 3.ª secção — José Gomes de Mattos, Faro.
Inspector dos telegraphos — Carlos Mascarenhas Galvão Mexia, Barreiro.

REPARTIÇÃO DO MOVIMENTO

Chefe — Henrique O'Neil de Groot Pombo, Setubal.
  Amanuenses:
Damaso Andifaco Moreira da Camara, Barreiro.
Luiz Antonio Duarte Cerqueira, Barreiro.
Antonio Arsenio de Campos, Setubal.

SERVIÇO DE TRACÇÃO E OFFICINAS

Engenheiro chefe — Luiz d'Albuquerque d'Orey, Barreiro.
Mestre geral — José Francisco dos Reis, Barreiro.
  Amanuenses:
João Maria d'Oliveira, rua da Conceição da Gloria.
Quintino José da Fonseca Pinto, Barreiro.
Eduardo Corrêa da Fonseca, Lavradio.
Firmino Augusto de Pina Coelho, Palmella.
Adolpho Torcato Guedes, Lavradio.
José Joaquim d'Almeida Ferreira, Barreiro.

SEVIÇO DE VIA E OBRAS

Engenheiro-chefe — João Augusto de Abreu e Sousa, rua de S. João dos Bemcasados, 52.

REPARTIÇÃO

Engenheiro chefe da repartição e inspector da 1.ª zona — Eduardo Olimpio de Magalhães Braga, Barreiro.

Inspector da 2.ª zona — Alexandre Maria Ortigão de Carvalho, Faro.
  Amanuenses:
José Alexandre Lopes Gallo, praça de Luiz de Camões, 36.
Fernando Augusto Xavier Basto.
Antonio Mendonça d'Almeida.
Servente — José Luiz Ribeiro dos Santos, Barreiro.

CHEFE DE SECÇÃO DE VIA E OBRAS

1.ª secção, o conductor — Hugo Wellenkamp, Barreiro.
2.ª secção, o conductor — Antonio Manuel Pereira, Evora.
3.ª secção, o conductor — Joaquim Ernesto de Mattos Monteiro, Beja.
4.ª secção, o conductor — Manuel de Aguiar Basto, Beja.
5.ª secção, o conductor — Eduardo Frederico de Mello Garrido, Faro.

CAPITANIA DO PORTO DE LISBOA

No Ministerio da Marinha

Chefe do departamento maritimo do centro e capitão do porto de Lisboa — Antonio Fernandes da Cunha, capitão de mar e guerra, rua de Andaluz, 31, 1.º
Ajudante — Augusto Maria Osorio, capitão-tenente, rua de S. Francisco de Paula, 12.
Escrivão — João Maria Martins, rua dos Remedios, ao Terreiro do Trigo, 194, 1.º
  Escreventes:
Carlos Augusto Franchi, rua Pereira e Sousa, 14, rez-do-chão, E.
Manuel Francisco, travessa de S. Domingos, 46, 1.º
José Mariâ Loureiro, rua dos Douradores, 135, 4.º
João Augusto da Silva Pombo, rua Ferreira Borges, 121, rez-do-chão, D.
Martiniano Abel Gallo Bittencourt, rua da Veronica, 23, 1.º
  Serventes:
José Evangelista Cunha, rua do Monte Olivete, 13, 3.º, E.
Jorge Maria Jonath, largo de Santa Cruz do Castello, 1.
João Garcia, travessa do Caes do Tojo, 19, 3.º, D.
  Cabos de mar:
Christovão Machado, rua dos Remedios, 150, 3.º
José Gomes, rua Direita de Santo Estevão, 19, 2.º
  Guardas de lastro:
João Maria, rua do Embaixador, 66, Belem.
José da Silva, carreirinha do Soccorro, 25, 5.º, E.
José d'Annunciação Salreta, rua Direita de Pedrouços, 91.
Jeronymo Faustino, Quartel de pilotos no arsenal da Marinha.

CASA DA MOEDA E PAPEL SELLADO

Rua de S. Paulo

Director — Conselheiro Augusto José da Cunha, rua das Salgadeiras, 5, 2.º
Chefe de contabilidade — Eugenio Sedano Bandeira de Mello, rua de S. Marçal, 114, 1.º
Thesoureiro — Augusto Cesar Jorge, calçada do Marquez d'Abrantes, 95, 2.º

Ajudante do thesoureiro — Casimiro José Lima, calçada do Marquez de Abrantes, 40, 4.º
1.º official — Luiz de Sousa Duarte, rua Nova da Palma, 246.
Juiz da balança — Joaquim José Judice dos Santos, largo do Carmo, 20.
   Amanuenses de 1.ª classe:
Antonio Joaquim Dias Monteiro, rua da Procissão, 25, 3.º
Jorge Cesar da Fonseca Leote, caminho do Forno do Tijollo, 4, 2.º
Amanuenses de 2.ª classe:
Arthur Carlos da Silva Freire, rua da Palma, 248.
Fernando Luiz Schiappa de Azevedo, rua de Gomes Freire, (Quinta Velha).
Porteiro apontador — José Pereira, rua de Sant'Anna, á Lapa, 47, 2.º
Continuo — Aurelio Antonio de Faria, travessa do Sequeiro, 30, 1.º
Servente — João Pedro do Carmo Martins, r. da Lapa, 83, (pateo).

OFFICINAS

Fiel de ouro e prata — Casimiro José de Lima, calçada do Marquez de Abrantes, 40, 4.º E.
Machinista — Jorge Freire da Silva, rua Nova do Carmo, 76, 3.º
Mestre fundidor — João Baptista Teixeira, no edificio.

LABORATORIO

Ensaiador fiscal — José Ribeiro Guimarães Drack, largo do Livramento.
   Ensaiadores:
Carlos Serzedello, rua de José Estevão, 38, 1.º
Joaquim Bernardo Lopes, rua da Procissão, 150, 4.º
   Praticantes:
Jayme M. Vasques, estrada da Penha de França, 3.
Boaventura Jordão, rua da Junqueira, 222.
   Gravadores:
1.º — Frederico Augusto de Campos, calçada dos Caetanos, 30, 2.º
2.º — Augusto Carlos de Campos, becco do Paulo Jorge, 10, Junqueira.
   Praticantes de gravura:
Venancio Pedro de Macedo Alves, Cruzes da Sé, 27, 2.º
Eudoxio Cesar Azedo Gneco, rua Rebello da Silva, 21, 3.º, E.
Fiel dos armazens de papel sellado — Antonio Marcellino de Carvalho, praça do Principe Real, 29, 2.º
Chefe da officina do sêllo — Francisco de Paula Gonzaga da Costa, calçada de Sant'Anna, 155, 4.º

CASA PIA DE LISBOA (REAL)

Praça de D. Vasco da Gama, Belem

Provedor — Francisco Simões Margiochi, rua Nova de S. Caetano, 52.
Adjuncto — Francisco de Almeida e Brito.
Director — Dr. Luiz de Sequeira Oliva, edificio da Casa Pia.
Capellão — Antonio Maria Dias Barbosa.
   Facultativos:
Nuno Coelho de Vasconcellos Porto, rua da Junqueira, 80.
Francisco Lourenço da Fonseca Junior, praça de Luiz de Camões, 46, 2.º
Francisco Maria de Sousa, rua Direita de Pedrouços.
Arthur Ravara, rua Larga de S. Roque, 17.

SECRETARIA

Secretario — Antonio Maria Lage.
Escripturario — José Maria Monteiro Junior, rua Direita de Belem.
Amanuense — Antonio Pedro Xavier, travessa dos Ferreiros.

REPARTIÇÃO DE FAZENDA

Chefe — Francisco Torquato de Carvalho Moraes, calçada do Galvão.
1.º escripturario — Guilherme Frederico dos Santos Cardoso, rua da Junqueira, 116.
2.º escripturario — João Carlos Rosado Lage, calçada da Tapada, 28, 1.º
Amanuense — Guilherme Barros Diniz, travessa das Galinheiras, 17, 2.º
Continuo — Francisco Fernandes, rua dos Jeronymos.

ECONOMATO

Economo — Augusto Pinto Rodil Fernandes, rua de S. Jeronymo.
Ajudante economo — José Maria Cardoso, rua Direita de Belem.
Amanuense — Eugenio Thomaz Rodil Fernandes, rua de S. Jeronymo.
  Fieis:
João José da Silva Nunes.
Augusto Nicolau da Silva, Boa Hora, Belem.
Refeitoreiro — Francisco Simões, edificio da Casa Pia.
Enfermeiro — Augusto Dias, edificio da Casa Pia.
  Guardas:
Firmino Antonio, cabo reformado, edificio da Casa Pia.
Firmino da Costa, soldado reformado, edificio da Casa Pia.
José Francisco Rodrigues, soldado reformado, edificio da Casa Pia.
José Sebastião de Almeida, edificio da Casa Pia.
  Professores de instrucção primaria:
Adelino José da Silva, Belem.
Alfredo Augusto Cesar da Silva, Belem.
Felix José Coelho, Belem.
Joaquim José Branco, Belem.
Francisco da Costa Brito, Belem.
Pedro Euzebio Leite, Lisboa.
Alfredo Soares, Lisboa.
Manuel Thiago Henrique Delgado, largo da Magdalena, 1, 1.º
Professor de desenho — Eduardo Augusto da Silva, rua Direita da Junqueira, 184, 3.º
Professor de gymnastica — Cesar Alberto da Cunha Belem.
Perfeito geral — Luiz Gregorio de Sá Freire Magalhães.
  Sub-perfeitos:
José Pedro, edificio da Casa Pia.
João Dias, edificio da Casa Pia.
José da Conceição Delgado Leal, edificio da Casa Pia.
Alfredo Soares da Silva, edificio da Casa Pia.
Bernardo Luiz Martins dos Santos, edificio da Casa Pia.
Francisco Joaquim Alves, edificio da Casa Pia.
Herculano Diniz, no edificio da Casa Pia.
Visitador dos alumnos em aprendisado — João Francisco Gil da Silveira Pombo, rua dos Cordoeiros, Lisboa.

CASERNEIROS

Dos quarteis de Belem — João Pedro de Freitas.

Dos quarteis de Lisboa — Roberto de Deus do Prado.
Dos quarteis da Luz — José Maria de Barros, major reformado.

COLLEGIO MILITAR (REAL)

Largo da Luz

Director — Emilio Henrique Xavier Nogueira, tenente-coronel de infanteria, estrada de Bemfica, 544.
Sub-director — Leopoldo Cesar Noronha Gouveia, tenente-coronel de cavallaria, estrada de Santo Eloy.
Secretario — Olegario Borges de Medeiros, capitão, travessa da Natharia, 83.
Ajudante — Christovam Adolpho Ribeiro da Fonseca, capitão de infanteria, Alto do Poço, 18, Carnide.
Capellão — Manuel José Pereira Louro, capellão de 2.ª classe, estrada da Luz, Quinta da Panasqueira, 18, 2.º
Servindo de quartel mestre — Cecilio José de Freitas e Azevedo, capitão de infanteria, rua do Norte, Carnide.
 Commandantes de companhias:
1.ª Antonio Alfredo Alves, tenente de infanteria, rua do Seminario, 4, Carnide.
2.ª José Maria Gomes Pereira, travessa do Pregoeiro, Carnide.
3.ª Francisco Antonio Ribeiro Bastos, tenente de cavallaria, Alto do Poço, 27, Carnide.
4.ª João de Passos Pereira de Castro, capitão de infanteria, Quinta das Romeiras, Luz.
5.ª Luiz Ribeiro Torres, tenente de cavallaria, Azinhaga da Fonte, 13, Luz.
6.ª José Raphael da Cunha, tenente de artilheria, estrada da Luz, 10.
 Cirurgiões móres:
João Carlos Mascarenhas de Mello, rua do Norte.
Luiz Candido Fernandes Valle, estrada da Luz, 8.

CORPO DOCENTE

Lentes e professores:
Mathematica elementar, 2.º anno — Carlos Augusto Moraes de Almeida, coronel de engenheria, rua de S. Filippe Nery, 104, 2.º
Professor e proprietario de lingua e litteratura portugueza, 1.ª parte — Emilio José de Mesquita Vidigal Salgado, coronel do estado maior de infanteria, rua de Passos Manuel, 26, 3.º
Geographia e historia — Alfredo Oscar de Azevedo May, tenente-coronel do estado maior de infanteria, rua do Telhal, 32, 3.º
Professor proprietario da lingua franceza — Carlos Claudino Dias, tenente-coronel do estado-maior de cavallaria, rua da Trindade, 74, 4.º
Professor proprietario dos principios de physica, chimica e historia natural — José Raphael da Cunha, estrada da Luz, 10.
Professor proprietario da lingua ingleza — José Maria Greenfield de Mello, capitão do estado maior de artilheria, rua da Arrabida, 26-E.
Professor adjunto de mathematica e sciencias naturaes — Julio Alberto Vidal, capitão do estado maior de infanteria, rua de Santa Martha, 88, 2.º
Professor proprietario de desenho — Carlos Adolpho Marques Leitão, capitão do estado maior de infanteria, rua do Sol, ao Rato, 24.
Professor addido — Antonio Alves Conte, capitão de infanteria, Alto do Jogo da Bolla.

Professor proprietario da lingua latina — Padre Manuel José Pereira Louro, capellão de 2.ª classe, Quinta da Panasqueira.
Professor proprietario de philosophia elementar — João Baptista Ribeiro Coelho, travessa de S. Vicente, 3, 3.º
Professor addido — Charles Pons, rua da Trindade, 5, 2.º

Regentes de estudo:

Antonio Augusto Chaves, capitão do estado maior de cavallaria, Azinhaga da Fonte, 13, Luz.
Emygdio Gomes dos Reis, capitão de infanteria, estrada da Luz, 18.
Christiano José Braziel, tenente de infanteria, estrada da Luz, 18.
Alberto Mimoso da Costa Ilharco, capitão de cavallaria, largo do Jogo da Bolla, Carnide.
Antonio Joaquim Pancada, capitão de infanteria, Alto do Poço, Carnide.

Mestres e instructores:

Esgrima — Cesar Augusto Kuquenbuk dos Prazeres, major do estado maior de infanteria, estrada da Luz, 10-D.
Gymnastica — Christovam Adolpho Ribeiro da Fonseca, capitão de infanteria, Alto do Poço, 3, Carnide.
Equitação — Alberto Mimoso da Costa Ilharco, capitão de cavallaria, largo do Jogo da Bolla, Carnide.
Propagador de physica e chimica — Miguel José da Motta, praça de Luiz de Camões, 36, 4.º

COMMANDO DO CORPO DE ESTADO MAIOR

Campo de Santa Clara

Commandante do corpo — Antonio Nogueira Soares, general de brigada, Hotel Alliance.
Ajudante de campo — Alvaro Pereira de Gouveia, tenente, calçada do Carmo, 35, 5.º
Chefe do estado maior do corpo — Francisco José da Silva, coronel, Campo de Santa Clara, 138, 1.º
Chefe da 1.ª secção — Francisco Bernardino de Sá Magalhães, tenente-coronel, rua de S. Bento, 311, 2.º

Adjunctos á 1.ª secção:

Jayme de Castro Lobinho Zuzarte, capitão, rua de Arroyos, 32, 2.º
Antonio Alfredo Barjona de Freitas, capitão, largo dos Loyos, 14, rez-do-chão.
Antonio Maria de Mattos Cordeiro, capitão, rua de Ferreira Borges, 137, 1.º
Victoriano José Cesar, tenente, travessa de Santo Ildefonso, 40, 1.º
Chefe da 2.ª secção — Sebastião Custodio de Sousa Telles, major, rua de S. José, 195, 2.º

Adjunctos á 2.ª secção:

Antonio Rodrigues Ribeiro, capitão, rua dos Anjos, 20, 2.º
José Antonio Rodrigues Guimarães, capitão, rua da Fé, 49, 3.º
Abel Accacio de Almeida Botelho, capitão, rua da Magdalena, 139, 3.º
Antonio Jayme Pereira, capitão, Campo de Santa Clara, 131, 1.º
Thomaz Antonio Garcia Rosado, capitão, rua do Carrião, 5, 1.º
Alfredo Carlos Pimentel May, tenente, rua do Telhal.
Francisco Xavier Correia Mendes, tenente.
Vasco Martins, tenente.
Pedro Lopes da Cunha Pessoa, tenente, Avenida da Liberdade, 116, 1.º, E.

Secretario do corpo — José Joaquim de Castro, capitão, rua da Santissima Trindade, 35-H, 2.º

Archivista — Valeriano Antonio França, tenente-graduado, travessa de Santa Gertrudes, 25, rez-do-chão.

Desenhadores:
Joaquim Filippe de Araujo Sequeira, capitão, rua da Graça, 35, 1.º
Francisco de Paula Miranda Diniz, tenente de cavallaria, rua das Trinas, 50.
José Cernidas de Aragão Lamy, alferes-graduado, Belem.

Amanuenses:
Francisco de Assis, rua de Santa Cruz do Castello, 43, 2.º
Alexandre Julio de Oliveira, rua de S. Pedro, 22, 4.º, a Alfama.
Pedro Theodoro de Bastos, rua do Valle de Santo Antonio, 243, 3.º

Serventes:
Antonio Maria, rua do Terreirinho, 1, 3.º
Antonio Joaquim, travessa do Rosario, 24, ao Campo de Santa Clara.
Antonio da Costa, Castello de S. Jorge.

COMPANHIAS DE REFORMADOS

Quartel na Junqueira—Commandante da 6.ª, Pedro de Oliveira, calçada da Ajuda.
Quartel no Castello de S. Jorge—Commandante da 7.ª, Antonio Germano de Oliveira Sampaio, major, rua da Saudade, 11, 2.º

CONSELHO DE ESTADO POLITICO

No Paço de Belem

Presidente: Sua Magestade El-Rei o sr. D. Carlos I.
Conselheiros:
Carlos Bento da Silva, rua do Sol a Santa Catharina, 44.
Conde de Casal Ribeiro, rua das Chagas, 8.
João Baptista da Silva Ferrão de Carvalho Martens, Roma.
Marquez de Ficalho, rua dos Caetanos, 32.
Antonio de Serpa Pimentel, Cova da Moura, 1.
Conde de Valbom, rua Nova da Trindade, 96.
José Luciano de Castro Pereira Côrte Real, rua dos Navegantes, 73.
Augusto Cesar Barjona de Freitas, rua de S. João dos Bemcasados, 22.
Conde de S. Januario, rua das Janellas Verdes, 112, 2.º
Henrique de Barros Gomes, Alto de Santa Catharina, 4.
Lopo Vaz de Sampaio e Mello, rua Formosa, 59.
João Chrysostomo de Abreu e Sousa, rua de S. João dos Bemcasados, 52.

CONSELHO GERAL DE ESTATISTICA

No ministerio das Obras Publicas

Presidente — O ministro das obras publicas, commercio e industria.
Vice-presidente — Conselheiro Ernesto Madeira Pinto.
Vogaes:
Conselheiro Ignacio Francisco Silveira da Motta.
Conselheiro José Luiz Quintella Emauz Gonçalves.
Conselheiro Marino João Franzini.

Francisco Antonio de Brito Limpo.
Tito Augusto de Carvalho.
Augusto Frederico Rodrigues Lima.
Miguel Maria do Olival Gouveia.
Francisco Perfeito de Magalhães.
Alfredo Pereira.
Secretario — Antonio Eduardo Villaça.

CONSELHO DE INSTRUCÇÃO NAVAL

No Ministerio da Marinha

Presidente — O ministro e secretario d'estado dos negocios da marinha e ultramar.
   Vogaes:
Conselheiro José Baptista d'Andrade, vice-almirante.
Conselheiro José Allemão de Mendonça Cisneiros de Faria, contra-almirante.
Conselheiro Manuel Joaquim Ferreira Marques, capitão de mar e guerra.
Fernando Augusto da Costa Cabral, capitão de mar e guerra.
Cassiano Antonio Marques, engenheiro naval chefe.
Francisco da Fonseca Benevides, capitão-tenente graduado.
José Nunes da Matta, capitão-tenente.

CONSELHO SUPERIOR D'AGRICULTURA

No Ministerio das Obras Publicas

Presidente — O Ministro das obras publicas.
Vice-presidente — O Director geral de agricultura.
Secretario — Alfredo Carlos Le-Cocq.
   Vogaes effectivos:
Conselheiro João Ignacio Ferreira Lapa.
Alfredo Villanova Vasconcellos Correia de Barros.
Salvador Augusto Gamito d'Oliveira.
Paulo de Moraes.
Luiz Rebello da Silva.
Joaquim Ignacio Ribeiro.
Antonio Maria de Carvalho.
Conde de Ficalho.
Dr. Carlos Zeferino Pinto Coelho.
Estevão Antonio d'Oliveira Junior.
Visconde de Coruche.
Francisco Simões Margiochi.
   Vogaes supplentes:
Henrique da Cunha Mattos de Mendia.
José Maria Gomes da Silva Pinheiro.

CONSELHO SUPERIOR DAS ALFANDEGAS

Terreiro do Trigo

Presidente. — O Ministro da Fazenda.
Vice-presidente. — O administrador geral das alfandegas.

Secretario geral.— Conselheiro Augusto Cesar Ferreira de Mesquita, rua dos Cardaes de Jesus, 138, 2.º

Sub-secretario geral.— Conselheiro José Luiz Quintella Emaus Gonçalves rua de S. Vicente Borga, 154, 2.º

Vogaes effectivos:
Delfim Maria d'Almeida, rua de S. Bento, 31, 2.º
Luiz d'Almeida e Albuquerque, rua de Belver, 3, 1.º
Daniel Cordeiro Feio, rua de S. Domingos, 19, 1.º
Conselheiro Antonio de Sousa Pinto de Magalhães, Telheiras.
Eduardo Ferreira Pinto Bastos, Caes do Sodré, 64.
Conselheiro Fernando Mattoso Santos, rua dos Cardaes de Jesus, 30, 2.º
Conselheiro Ernesto Madeira Pinto, travessa do Conde Soure, 23, 2.º

Vogaes supplentes:
Casimiro da Silva Marques, travessa da Horta, 9.
José Alexande Barjona de Freitas, calçada d'Ajuda, 167.

SECRETARIA

1.º official.— José Antonio dos Santos Junior, travessa das Vaccas, 5, 3.º

2.ºˢ officiaes:
Francisco Augusto Leitão de Figueiredo, rua dos Remedios, 40, 2.º (Alfama).
José Dias Paes Mamede, rua da Atalaya, 78, 3.º

3.ºˢ officiaes:
José Emygdio de Azevedo Pereira da Silva Cabral, rua do Prior, 54, 2.º
Antonio Martins dos Santos, rua de S. João dos Bemcasados, 15.

Aspirantes:
Gustavo Ernesto Bessone Maurity, rua do Meio á Lapa, 41, 2.º
Julio Rangel de Lima, rua de Barata Salgueiro, 17, 3.º E.
José Augusto Leitão de Figueiredo, rua de Santo Antonio á Estrella, 72, 1.º
Abilio Dias Paes Mamede, travessa da Pereira, 15, 1.º
Antonio Bruno Tavares Schiappa, rua da Junqueira, 326, 2.º
José Justino de Almeida Teixeira, rua da Junqueira, 233, 2.º
Manuel Maria da Costa Veiga, rua de Barata Salgueiro, 11, 1.º
Abel Maria Jordão de Paiva Manso, rua de Paschoal José de Mello, 62.
José Avellar Luiz de Sequeira, Palacio das Côrtes.
Ernesto Frederico Quintella Emauz Gonçalves, travessa do Adro da Pena, 12, 3.º
José Augusto de Almeida Bessa, rua de S. João dos Bemcasados, 151.
Joaquim Pimenta Castello Branco e Mello, calçada de Sant'Anna, 132 A, 1.º

Continuo.— Antonio José Antunes, travessa do Meio do Forte, 12, 1.º

Serventes:
José Manuel Esteves, travessa do Arco a Jesus, 1, 4.º
José Joaquim Godinho, travessa da Boa Hora, 54, 3.º
Francisco José, rua dos Remedios, 114, 2.º (Alfama).

INSPECÇÃO GERAL DO SERVIÇO TECHNICO

Inspector geral.— Conselheiro Fernando Mattoso dos Santos, rua dos Cardaes de Jesus, 30, 2.º

SECRETARIA, MUSEU E LABORATORIO

Verificadores em commissão:
Adriano Alberto Moraes de Carvalho, rua de S. Francisco, 39, 3.º
Maximiano de Deus Monteiro, rua Rodrigues Sampaio, 94.

Domingos Estanislau da Silva, travessa do Moinho de Vento, á Lapa, 18, 2.º

D. Sebastião Manuel de Noronha, Palma de Cima.

José Alexandre Barjona de Freitas.

Terceiro aspirante em commissão: Narciso de Oliveira David, Bemfica.

Fiel de armazens em commissão: Augusto Pereira da Silva Neves, travessa das Vaccas, 15, 4.º

Fiscal: João Sabino Ribeiro, travessa das Almas á Lapa, 28.

Analista: Carlos Bonhrst, rua de Luiz de Camões, 56.

Serventes:

Manuel Vieira, rua de Luiz de Camões, ao Calvario.

Francisco Ramos, calçado da Patriarchal, 2, 2.º

João Ramalho, rua da Gloria, 33, 1.º

CONSELHO SUPERIOR DO COMMERCIO E INDUSTRIA

No MINISTERIO DAS OBRAS PUBLICAS

Presidente — O ministro das obras publicas.
Vice-presidente — O director geral do commercio e industria.
Secretario — O chefe da repartição do commercio.

Vogaes effectivos:
Julio José Pires, rua de Santo Antão, 135, 2.º
Alfredo Mendes da Silva, rua Ivens, 5.
Carlos Lima Mayer, largo d'Andaluz, 3.
João de Sousa Calvet de Magalhães, calçada da Gloria, 17.
José Maria Pereira de Lima, rua dos Douradores, 159.
Antonio Augusto Pereira de Miranda, Avenida da Liberdade, 8.

Vogaes supplentes:
Ernesto Driesel Schroeter, rua Nova do Almada, 24, 1.º
Jorge O'Neil, rua das Flores, 59.
Mauricio d'Oliveira Martins, rua da Creche (ao Calvario), 29, 1.º E.

CONSELHO SUPERIOR DE INSTRUCÇÃO PUBLICA E BELLAS ARTES

No MINISTERIO DA INSTRUCÇÃO PUBLICA

Secção permanente

Presidente — O ministro.
Vice-presidente — Conselheiro Jayme Constantino de Freitas Moniz, rua do Abarracamento, á Cruz dos Quatro Caminhos, 27, 2.º
Encarregado dos trabalhos da secretaria — Dr. José Cabral Teixeira Coelho, rua Victor Cordon, 7, 4.º

Vogaes:
Conselheiro Antonio José Teixeira, rua da Escola Polytechnica.
Conselheiro Antonio Maria de Amorim, rua do Thesouro Velho, 24.
Conselheiro Ignacio Francisco Silveira da Motta, travessa do Maldonado, 3, 2.º

Conselheiro José Eduardo de Magalhães Coutinho, praça de D. Vasco da Gama.
Conselheiro Thomaz de Carvalho, rua Larga de S. Roque, 17.
Conselheiro Wenceslau de Sousa Pereira de Lima, rua da Cruz de Pau, 46.
Conselheiro Mariano Cyrillo de Carvalho, rua Formoza.
Bernardino Luiz Machado Guimarães, rua da Junqueira, (palacio da condessa de Lavradio).
Dr. Manuel Emygdio Garcia.
Luiz Porfirio da Motta Pegado, rua Nova d'Alegria.
Dr. Alfredo Filgueiras da Rocha Peixoto, Campo de Santa Clara, 87.
Conselheiro José Vicente Barbosa de Bocage, rua dos Cardaes de Jesus.
Francisco da Fonseca Benevides, pateo do Bragança.
Manuel de Macedo Pereira Coutinho.
Conselheiro Manuel Pinheiro Chagas, rua de S. Joaquim a Santa Izabel, 19.

Secção electiva

Esta secção é constituida do modo seguinte:

5 delegados da universidade de Coimbra; 2 das escolas medicas; 1 da escola polytechnica; 1 do curso superior de lettras; 1 do curso de bibliothecarios archivistas; 1 do observatorio astronomico; 2 dos intitutos industriaes e commerciaes; 2 das academias de bellas artes; 1 do conservatorio; 6 de instrucção secundaria official; 2 das escolas industriaes de desenho industrial; 1 do ensino primario normal; 2 da instucção primaria official; 2 do ensino livre; 1 do ensino primario e bellas artes.

N. B. — As duas secções funccionam juntas de 2 em 2 annos, desde 1 até 20 de agosto; a secção permanente, funcciona uma vez por semana.

CONSERVATORIAS DO REGISTRO PREDIAL

1.ª Conservatoria

Rua do Ouro, 210, 2.º

Conservador — Conselheiro Francisco Antonio da Veiga Beirão, rua Formosa, 48, 1.º
Ajudante servindo de conservador — Joaquim Hilario Pereira Alves, rua de Arroyos, 160, 1.º
Amanuenses:
Francisco Moraes Affonso, rua da Emenda, 111.
Alfredo de Mello Baracho, rua Aurea, 220, 4.º
Freguezias:
Santo André e Santa Marinha, Anjos, Castello, Coração de Jesus, Santa Engracia, Santo Estevão, S. João da Praça, S. Jorge, S. José, Magdalena, Sé, S. Miguel, Pena, Soccorro, S. Thiago e S. Martinho, S. Vicente, Olivaes, Sacavem, Xabregas e Loures.

2.ª Conservatoria

Rua do Arco do Bandeira, 159, 2.º

Conservador — Bacharel Luiz Emilio Vieira Lisboa, rua do Arco do Bandeira, 159, 2.º

Ajudante — Francisco de Paula Zuzarte, rua de S. João da Praça, 35, 1.º
Amanuense — Alexandre Herculano da Fonseca, rua dos Fanqueiros, 257, 3.º, E.
Freguezias:
Conceição Nova, S. Christovão, Encarnação, S. Julião, Santa Justa, S. Lourenço, S. Mamede, Martyres, Mercês, S. Nicolau, Sacramento, S. Sebastião (intra e extra-muros), Povoa de Santo Adrião, Bemfica, Tojal, Vialonga, Charneca, Ameixoeira, Appellação, Lumiar, S. João da Talha, Odivellas, Friellas, Tojalinho, Lousa, Bucellas, Campo Grande, Fanhões, Unhos e Camarate.

3.ª Conservatoria

CALÇADA DO SACRAMENTO, 14, 2.º

Conservador — Bacharel Antonio Ferreira da Costa Ponce de Leão, calçada do Sacramento, 14, 2.º
Ajudante — Roberto Henrique Handsword, rua do Jasmim, 12, 3.º
Amanuense — Miguel Paes de Sande e Castro, rua de S. Lazaro, 181, 3.º
Freguezias:
Santa Catharina, Santa Izabel, Lapa, S. Paulo, Santos, S. Pedro em Alcantara (intra e extra muros), Ajuda, Belem, Carnide, S. Julião da Barra, Barcarena, Oeiras, Carcavellos e Carnaxide.

CONSERVATORIO REAL DE LISBOA

RUA DOS CAETANOS, 43

Director — Luiz Augusto Palmeirim, no edificio.
Secretario — Antonio Melchior Oliver, rua do Poço dos Negros, 62, 1.º
Amanuense e bibliothecario — Candido Antonio Felgueiras, rua da Madre Deus, 11.
Fiscal e thesoureiro — Jayme Augusto de Lima, rua das Olarias, 12, 1.º
Ajudante do fiscal — Maria Amalia de Lima de Sousa Larcher, no edificio.
Continuo — Candido José Henriques da Silva, rua da Rosa, 242, 1.º
Porteiro — José Ferreira, no edificio.
Servente — Albino José Meda, no edificio.

Escola da arte dramatica

Professor da arte de representar (interino) — Gervasio Jorge Gonçalves Lobato, travessa das Bernardas, 14.
Professor de declamação (interino) — João Rosa, calçada do marquez de Abrantes, 48, 3.º

Escola de musica

PROFESSORES DE 1.ª CLASSE

Da aula de rudimentos — Francisco de Freitas Gazul, rua da Rosa, 155, 3.º
Da aula de canto coral — Guilherme Ribeiro, rua larga de S. Roque, 20, 3.º
Da aula de canto — Antonio Melchior Oliver, rua do Poço dos Negros, 64, 1.º
Da aula de piano — José Antonio Vieira, travessa da Palmeira, 40, 1.º
Da aula de rebeca — Joaquim José Garcia Alagarim, rua da Rosa, 98, 2.º

Da aula de violoncello e contrabaixo — Eduardo Wagner, rua Nova da Trindade, 107, 1.º
Da aula de flauta (interino) — João Emilio Arroyo, rua do Salitre, 378, 2.º
Da aula de instrumentos de palheta (interino) — José Innocencio Pereira, rua do Ouro, 265, 4.º
Da aula de instrumentos de metal — Ernesto Victor Wagner, rua Nova da Trindade, 107, 1.º
Da aula de contra-ponto — Eugenio R. M. de Almeida, largo das Olarias, 25, 2.º

PROFESSORES DE 2.ª CLASSE

Da aula de rebeca — Pedro Alexandrino Roque de Lima, rua de Santo Ambrosio, 33, 2.º
Da aula de italiano — Emilio Augusto Vecchi, rua do Arco do Bandeira, 39, 5.º
Da aula de rudimentos — Manuel M. Soromenho, rua de Caetano Palha, 37, 3.º
Da aula de piano — João Eduardo da Matta Junior, Caes do Sodré, 8, 2.º
Da aula de harmonia (interino) — F. Augusto Guimarães, rua das Pedras Negras, 21, 2.º

PROFESSORES AUXILIARES

Da aula de rudimentos:
Guilhermina Amalia Pereira, rua Formosa, 25, 2.º
João Evangelista Machado da Cunha e Silva, largo do Mastro, 30.
Da aula de piano:
Amelia Guilhermina Alegro, rua da Procissão, 71, 2.º
Isaura Augusta Soares, rua dos Douradores, 21, 3.º
Eugenio Candido da Costa, rua dos Ferreiros, á Estrella, 45, 1.º
Francisco Jorge de Sousa Bahia, travessa de S. Sebastião, 24, 3.º, E.
Da aula de rebeca — Alexandre de Sousa Moniz Bettencourt, travessa de Santa Catharina, 9, 2.º

CONTRASTARIA DE LISBOA (REPARTIÇÃO DE)

Rua do Caes de Santarem

Ensaiador, director — José Gomes de Mattos, travessa de S. Sebastião á praça das Flores, 22.
Ensaiador ajudante — Francisco Germano Claro, rua de S. Francisco de Paula, 23.
Thesoureiro — Pedro Maria da Silveira Almendro, rua de S. Thiago, 3, 1.º
Marcador — Jeronymo Antonio Baptista Rosa, rua da Prata, 92, 3.º
Fiscaes:
Vicente José Alves Chaves, rua do Terreiro do Trigo, 76, 4.º
José Avelino Baptista, rua do Barão, 51, 2.º
Servente — Augusto dos Reis Cancellinhas, no edificio.

CORDOARIA NACIONAL

Junqueira

Director — Augusto Marques da Silva, no edificio.
Ajudante — Victorio das Chagas Roquette, no edificio.

Encarregado — João Figueiredo de Barros, no edificio.
Apontador — Heliodoro Pinto Ferreira, no edificio.
  Escreventes:
Joaquim do Ó Vaz, rua do Calhariz, Ajuda.
Joaquim Martins Pinto Junior, no edificio.
Fiscal das arrecadações — Domingos José Malheiros, no edificio.

CORPO DE ALUMNOS DE MARINHA MILITAR

No Arsenal da Marinha

Commandante — Sebastião José Gonçalves, capitão de fragata, rua do Salitre, 284, 2.º
Instructor — Guilherme Augusto da Cunha e Silva, 1.º tenente da armada, Campo dos Martyres da Patria, 157, 2.º
Fiel do material de guerra — Amaro da Paixão, cabo artilheiro.
Corneteiro — Miguel de Brito (cabo de corneteiros), reformado da armada.

CORPO CONSULAR ESTRANGEIRO EM LISBOA

Allemanha — consul, Henrique Daehnhardt, rua da Magdalena, 45.
Austria e Hungria — consul geral, J. Wimmer, rua da Magdalena, 45.
Belgica — Consul geral, conde de Burnay, rua dos Fanqueiros, 10, 1.º
Brazil — Consul geral, João Vieira da Silva, rua do Ferregial de Baixo, 33.
Bolivia — consul geral, Diogo da Cruz Quezada, rua de S. Domingos á Lapa, 89.
Chili (republica) — consul, Antonio Joaquim d'Oliveira, rua das Flores, 7.
Colombia — consul geral, Ernesto Driesel Schroeter, rua Nova da Estrella.
Republica Argentina — consul geral, José da Cunha Porto, largo do Corpo Santo, 13. — Vice-consul, Leonildo de Mendonça e Costa, rua de Santo Antão, 109.
Costa Rica (republica) — consul, João Anastacio Gomes, rua Nova da Palma, 33, 1.º
Dinamarca — consul geral, Christen Knagenhjelm Wiese.
França — consul honorario, M. Ratard, becco dos Apostolos.
Grã-Bretanha — consul, Franc Henri Cowper, becco dos Apostolos. — Vice-consul, Carlos O'Donnell.
Grecia — consul, J. O'Neill, rua do Ouro, 32, 1.º
Guatemala e Haiti — consul, Pedro Angelo Calleya, largo do Conde Barão, 34, 2.º
Hawaii (ilhas de Sandwich) — consul geral, Antonio Ferreira Serpa, largo de Entre-muros, 87.
Hespanha — consul geral, João de Castro, rua Formosa. — Vice-consul, D. Alfredo Conalles.
Italia — consul geral, Rodrigo de Sousa Monteiro, rua de S. Paulo 55, 1.º
Liberia (republica) — consul, Antonio da Silva Pinto.
Mexico (republica dos Estados-Unidos mexicanos — consul geral, D. Luiz Breton y Vedra, praça dos Remolares, 4, 2.º
Monaco — consul geral, conde Bobone, rua Formosa, 108.

Nicaragua (republica) — consul, Manuel Joaquim Alves Diniz, rua de S. Julião, 102, 1.º
Paizes-Baixos — consul geral, Ernesto George, rua da Prata, 8, 2.º
Estado Livre d'Orange — consul, José Henrique Brucher.
Paraguay (republica) — consul geral, Francisco d'Almeida Rebello, rua Nova da Trindade, 48.
Perú (republica) — consul geral, Francisco Pons Junior, rua Nova da Princeza, (Fanqueiros), 106, 1.º
Republica Dominicana — consul, Pedro Gomes da Silva, rua da Prata, 59, 1.º
Russia — consul, Nicolau Komarow.
S. Salvador (republica) — vago.
Siam — consul, Alfredo Cesar d'Andrade, rua do Ferregial de Cima, 21.
Suecia e Noruega — consul,
Suissa — consul, Gustavo Ferreira Pinto Basto, Arco do Bandeira, 91, 1.º
Transwaal — consul geral, Ernesto George, rua da Prata, 8, 2.º
Turquia — consul geral, Antonio Van-zeller, rua da Horta Secca, 23.
Uruguay (republica oriental) — consul geral, Guilherme Kubly e Artiaga.
Chancellaria — Rua do Arco do Bandeira, 22.
Venezuela (republica) — consul, Antonio Ferreira Serpa, largo de Entre-Muros, 87.

CORPO CONSULAR PORTUGUEZ

Em serviço nos respectivos postos

EUROPA

ALLEMANHA

Berlim — Consul geral, Barão de Eisenmann.
Vice-consul, Samuel Felix Eisenmann.
Carlsruhe — consul, Roberto Koelle.
Colonia — consul, Hugo Roeder,
Dresde — consul geral, Richard Scheller.
Vice-consul, Paulo Scheller.
Frankfort — consul geral, barão Luiz de Erlanger.
Mayence — vice-consul, Julio Adolpho Fehr.
Hamburgo — consul geral de 1.ª classe, Francisco Van-Zeller.
Altona — vice-consul, com honras de consul, Raulino Pereira Galvão.
Brake — vice-consul, Carlos Dricdrick Becker.
Bremen — vice consul, Hermann Segnitz.
Bremerhaven — vice consul Felix Zomber.
Cuxhaven — vice-consul, Alexandre Magnus Kullberg.
Kiel — vice-consul, Schneekloth.
Leer — vice-consul, R. van Hoorn.
Lubeck — vice-consul, W. Marty.
Rostock — vice-consul, Carlos Burchard.
Wyk — vice-consul, C. Heymann,
Hanover — consul-geral, Julio Guilherme Konigsawarte.
Vice-consul, Hermann Werner.
Oldemburgo — vice-consul, Augusto Schultze.
Leipzig — consul, Alfredo Gohring.
Munich — consul, José Francisco Ruederer.
Nurenberg — consul, Crétien Merk.

Stettin — consul, Francisco Menezes Meyrelles de Canto e Castro.
Colberg — vice-consul, Adolpho Braun.
Dantzig — vice-consul, Arthur Kressmann.
Demnin — vice-consul, Alberto Necker.
Graifwald — vice-consul, Angusto Christiano Daniel Koch.
Konigsberg — vice-consul, Otto Petzke.
Memel — vice-consul, Alfredo Scharffenorth.
Pillau — vice-consul, Theodoro Foerster,
Strlalsund — vice-consul, Eduardo Giese.
Swnemund — vice-consul, Henrique Pantel.
Sttutgard — consul, Rodolpho Velnagel.
Hamburgo — vice-consul, C. Renck.
Flensborg — vice-consul, Rud Raben.

AUSTRIA-HUNGRIA

Budapesth — consul, Emerie Cornil Bimbaum.
Trieste — consul, José Parisi di Francesco.
Fiume — vice-consul, Carlos Jorge Meynier.
Vienna — consul, Adolpho Philipp.

BELGICA

Antuerpia — consul geral de 1.ª classe, Joaquim Mauricio Lopes.
Vice-consul, Henrique Muller.
Gand — vice-consul, Guilherme Cesar de Baerdemacker.
Malines — vice-consul, Leonel Witte Lousbergs.
Mons — vice-consul, Paulo Alexandre Legrand.
Ostend — vice-consul, Julião Duclos.
Bruxellas — consul, Julio João José Matthieu.
Vice-consul — Renato Tschaggery.
Liége — consul, Jorge Carlier.
Vice consul, Felix Capitaine.
Verviers — vice-consul, Robert Centner.

DINAMARCA

Capenhague — consul geral, Gottfried Magnus Ruben.
Vice-consul, Engelberth Emil Arntzen.
Aalborg — vice-consul, Jorgen Justesen.
Aarhuus — vice-consul, Jens Urich, Gerdes.
Elseneur — vice-consul.
Fredericia — vice-consul, vago.
Frederiksavn — vice-consul, Johan Prohlmann Thorsôe.
Horsens — vice-consul, Casper Nielsen.
Loeso — vice-consul, Sôren Ditter Emil Windig.
Nyborg — vice-consul, Ramus Winkler.
Odense — vice-consul, Christian Mogensen.
Poendborg — vice-consul, L. I. de Hude.
Ringkjobing — vice-consul, G. Berthelsen.
Ronne — vice consul, John Hintze.
Skagen — vice-consul, Niels Frederico Fabricius.
Thisted — vice-consul, W. Helstrup.

Possessões

Ilha de S. Thomaz — consul, Samuel Henriques Moron.

FRANÇA

Bordeus — consul, Jayme de Séguier.
Vice-consul, Carlos Eugenio Delapierre.
Arcachon — vice-consul, Frellino Andop.
Bayona — consul honorario, Gabriel Louis Jean Personnaz.
Blaye — vice-consul, Paulo Faucon.
Cognac — vice-consul, Raul Barriasson.
Libourne — vice-consul, Julio de Rancourt.
Limoges — vice-consul, Godefroid Pierre Marie Raynaud.
Pau — vice-consul, José Merillon Senior.
Pauillac — consul honorario, Roberto Rubens Gabriel de Carvalho.
Rochelle — vice-consul, George Marie Timoleon Faustin.
Toulouse — vice-consul, Clemente Sipiére.
Havre — consul, Carlos d'Almeida Affonseca.
Paris — consul de 1.ª classe, José Maria Eça de Queiroz
    Chanceller, João Damaso da Costa de Moraes.
Boulogne — vice-consul, Hypolito Francisco Adam.
Brest — vice-consul, Eduardo Eugenio Kerros.
Calais — vice-consul, Diogo Filippe Vendreux.
Cannes — vice-consul, Marquez de Thezan de Ganssan.
Cherbourg — vice-consul, Henrique Menut.
Dieppe — vice-consul, Frederico Champmann.
Dunkerque — vice-consul, Gustavo Rateau.
Fécamp — vice-consul, Agostinho Carlos Crysostomo le Borgne.
Granville — vice-consul, vago.
Havre de Grace — vice-consul, Carlos d'Almeida Affonseca.
Honfleur — vice-consul, Alfredo Renouf.
Lille — vice-consul, Paulo Crepy.
Lorient — vice-consul, Eugenio A. Salmon.
Nantes — vice-consul, Fernando Crouan.
Rouen — vice-consul, Henrique Turpin.
S. Maló — vice-consul, Pierre Marie Porier.
S. Valery sur Somme — vice-consul, Adolpho Eucher-Philibert Vanier.
Versailles — vice-consul, Carlos Gougel.
Marselha — consul de 1.ª classe, Luiz Martins Pereira de Menezes.
    Vice-consul, Victor Caune.
    Consul honorario, Fernando Zarroel.
Bastia — vice-consul, Alberto Gaudin.
Carcassone — vice-consul, Godefroid Gairaud.
Cette — vice-consul, Luiz Bogiano.
Hyéres — vice-consul, Julio Ruchon.
Lyão — vice-consul, Francisco de Bovis.
Nice — vice-consul, barão de Coconato.
Perpignan — vice-consul, Léon Bolbuix.
Port Vendres — vice-consul, Thiago Pams.
Saint-Etienne — vice-consul, vago.
Toulon — vice-consul, Ernesto Affonso Arden.
Vichy — vice-consul, Claudino Bonnard.
Ville-Franche — vice-consul, vago.

Possessões

AFRICA

Argel — Consul geral, Frederico Molison Burke.
Vice-consul, Eduardo Delacroix.

Bone — vice-consul, Theodoro Nicolau Julien Deveiées.
Mostaganem — vice-consul, Antonio Pizzoli.
Nemours — vice-consul.
Oran — vice-consul, Thomaz A. Barber.
Philippeville — vice-consul, Alexandre Ricoux.
Gabão — consul, vago.
Goréa — consul, João Guiraud.
Ilha da Reunião — consul, Julio Lalanne.
S. Diniz — vice-consul, Gostavo Mayer.
Mayotta — consul, vago.
Nossi Bé — consul, Victor Rouvier.

ASIA

Saignon — consul, A. Araud.

AMERICA

Cayenna — consul, vago.

GRÃ-BRETANHA

Cork — consul, Guilherme Watson Harvoy.
Belfast — encarregado do vice-consulado, Roberto Samuel Gamble.
Dublin — vice-consul, Thomaz Hame Wisdom.
Limerick — encarregado do vice-consulado, John R. Sinsly.
Londonderry — vice-consul, Samuel Mowrisson.
Bristol — consul de 1.ª classe, José Bernardino Gonçalves Teixeira.
    Vice-consul, João Doggett.
Birmingham — vice-consul, Luiz Platnauer.
Cardiff — vice-consul, Richard Rees Todd.
Glowcester — vice-consul, Eduardo Francisco Bird.
Milford — vice-consul, Henry Holvay.
Newport — vice-consul, Bernardo Coelho do Amaral.
S. Ives — vice-consul, João Mathews.
Svansea — vice-consul, Jorge Shaddick.
Liverpool — consul de 1.ª classe, Barão de Roussado.
    Vice-consul, Antonio Augusto Teixeira Barbosa.
Barrowoin Turness — vice-consul, James Fisher.
Chester — vice-consul, vago.
Holyhead — vice-consul, vago.
Leeds — vice-consul, Joaquim Antonio de Macedo.
Manchester   vice-consul, Julio Francisco Velho.
Londres — consul geral de 1.ª classe, Anselmo Ferreira Pinto Basto.
    Chanceller, Benjamin A. Beadle.
    Vice-consul, Ricardo Van-Zeller.
Aberdeen — vice-consul, H. Campbell Gordon.
Ardrossan e Troon — vice-consul, João Andreson.
Bradford — vice-consul, William M. Hertz.
Brighton — vice-consul, vago.
Brixham — vice-consul, William Philaléthes Spark.
Cowes — vice-consul, Thomas William Faulkner.
Darthmonth — vice-consul, Jorge Hingston.
Dover — vice-consul, Nils Schjoutt.
Dundee — vice-consul, João Nicoll.
Exeter — vice-consul, vago.
Falmouth — vice-consul, George Henry Fox.
Glasgow — vice-consul, James Mütter.
Great-Griinsby — vice-consul, Henrique Hosgensen.

Great-Yarmouth e Lowestoft — vice-consul, Mathew Henry Seager Butcher.
Greenochk — vice-consul, João M. Queen Barr.
Harwich — vice-consul, João Henrique Vaux.
Hull — vice-consul, Thomaz C. Lawes.
Jersey — vice-consul, Carlos de la Toste.
Leith — vice-consul, William Campbell Muir.
Lossiemonth — vice-consul, Roberto Brander.
Pensance — vice-consul, vago. Encarregado do vice-consulado, Edwin Thomás Mathews.
Plymouth — vice-consul, Guilherme Frederico Collier.
Portsmouth — vice-consul, Arnaldo Luiz Vanden Bergh.
Ramscate — vice-consul, Henrique Blyto Hammond.
Scilly (ilhas) — encarregado do vice-consulado, John Banfield.
Shoreham — vice-consul, John Ellman Brown.
Southampton — vice-consul, Herbert Guillaume.
Stockton on Tees — vice-consul Guilherme Hunton.
Sunderland — vice-consul, James Peacock.
West Hartie le pool — vice-consul, William Maclean.
Weymouth — vice-consul, Jorge Boulter Welsford.
New-Castle — consul de 1.ª classe, Jayme Batalha Reis.
Blyth — vice-consul, Eduard Stout.
North Shields — vice-consul, Eduardo Stanton Bilton.

Possessões

Gibraltar — Consul de 1.ª classe, João Maria Tedeschi.
Vice-consul, João Requena.
Ilha de Malta — consul, Thomaz G. Micallef.
Vice-consul.

ASIA

Aden — consul, Dorabjee Diushaw.
Bombaim — Consul geral de 1.ª classe, Sebastião Rodrigues Barbosa Centeno.
Chanceller, Francisco Celestino Feliciano de Menezes.
Calcutá — vice-consul, Henrique Beer.
Kurrachee — vice-consul, Emilio de Baillon.
Madrasta — vice-consul, Alberto de Guigné.
Ceylão — consul, Archibal Forsyth.
Hong-Kong — consul geral, Agostinho Guilherme Romano.
Singapura, Malaca e dependencias (vide Siam).
Singapura — encarregado do vice-consulado o consul geral em Bouxkok, Frederico Antonio Pereira.

AFRICA

Bathurste (Rio Gambia) — consul, vago.
Cabo da Boa Esperança — consul de 1.ª classe, Eduardo Augusto de Carvalho.
Vice-consul, vago.
Porto Isabel — vice-consul, vago.
Kinberley — vice-consul, Sebastião Tavares da Fonseca.
Ilha Mauricia — consul geral, Adolpho Eduardo Serenda, ausente. Encarregado do consulado geral, Leopoldo Antelme (residente em Porto Luiz).

Lagos — consul, vago. Encarregado do consulado, Giuseppe del Granda.
Mahé (Seychelles) — consul, Paulo Julio Guérard.
Natal — consul, vago.
  Vice-consul, vago.
Santa Helena — consul, Saul Salomon.
Serra Leôa — consul, Philippe Lemberg.

AMERICA SEPTENTRIONAL

Monreall — consul, Francisco Alexandre Routh.
Nova Escocia — consul, Thomás Abbot, (reside em Halifax).
  Vice-consul, John Henry Abbott.
Annapolis e Digby — vice-consul, Thomás Spurr Whitmann.
Bridgewater — vice-consul, Charles Henry Davison.
New Brunswich — consul, Frenk O. Allison (reside em S. Jonh).
Quebec — consul, Felix Carbray.
Paspebiac — vice-consul, Estanislau Eduardo Hue.
Terra Nova — consul geral, Thomás Reinaldo Smith (reside em S. John).
  Vice-consul (S. John) William Hayward.
Burin — vice-consul, vago.
Fogo — vice-consul Henry John Earle
Harbour Breton — vice-consul, H. J. Holman.
Harbour Grace — vice-consul, Roberto S. Munn.
La Poile Bay — vice-consul, J. Henry Clement.
Renews — vice-consul Richard Goodrige.
Twinlligate — vice-consul, John W. Owen.
Trinity — vice-consul, Gilbert H. Cole.

AMERICA CENTRAL

Antigua (Antilhas) — consul, João José Camacho, (reside em S. John).
Ilhas de Bahama — consul, R. A. Menendes, ausente. Encarregado do consulado, Manuel Menendes, (reside em Nassau).
Ilhas Bermudas — consul, John S. Darrall (reside em S. Jorge).
Ilha da Trindade (Antilhas) — consul, Domingos Monthrum.

AMERICA MERIDIONAL

Demerara — consul de 1.ª classe, Adelino Antonio das Neves e Mello.

OCEANIA

Melbourne — consul, Thomaz Jacques Martin.
Adelaide — vice-consul, João Beck.
Sidney — consul, Ernesto Octavio Smith.
Brisbane — vice-consul, Frederico Thomaz Hamilton.
New Castle (New South Wales) — vice-consul, John Raydent Bingle.
Wellington (Nova Zelandia) — consul, João Duncan.
Auckland — vice-consul, Henrique Rees George.
Dunedin — vice-consul, Edmundo Edu. Closton Quick.

GRECIA

Consul geral, Nicolas Sellas (reside no Pireu).
Ilhas Jonias — consul, Carlos Moretti (reside em Zante).
Syra — consul, Nicolau Botaron.

HESPANHA

Barcelona — consul, Visconde de Wren.
Alicante — vice-consul, Guilherme Campo Carreras.
Benicarló — vice-consul, vago.
Denia — vice-consul, Joaquim Morales.
Ibisa — vice-consul, João E. Wallis.
Mahon (Ilha Minorca) — vice-consul, Antonio Roca.
Palamos — vice-consul, Andres Ribera.
Palma (Ilha Maiorca) — vice-consul, Bartholomeu Rosch Cerdá.
Rosas — vice-consul, Mariano Baitg.
S. Felis de Guixols — vice-consul, João Forto Jorda.
Tarragona — vice-consul, Manuel de Orovio.
Torrevieja — vice-consul, Pedro Balbester Albentosa.
Valencia — vice-consul, Joaquim Santoja Lisbonna.
Villa Nueva e Geltruz — vice-consul, João Forrents.
Vinaroz — vice-consul, Eduardo Meseguer.
Cadiz — consul de 1.ª classe, D. Luiz da Costa de Souza de Macedo. Chanceler, Antonio Portugal de Faria.
Adra — vice-consul.
Algeciras — vice-consul, Agostinho Ottero.
Almeria — vice-consul, José de Burgos y Canisares.
Arcos de la Frontera — vice-consul, Miguel Echavarri Garcia de Beas.
Ayamonte — vice-consul, José Theotonio Féria.
Cartagena — vice-consul, Estanislau Rolandi y Bienert.
Cartayá — vice-consul, vago.
Chiclana — vice-consul, Francisco de Paula Diez y Alvarez.
Christina (Ilha) — vice-consul, Miguel Angel Soler.
Cordova — vice-consul, Carlos Carbonell
Garrucha — vice-consul, Francisco Beruezo Lopez.
Granada — vice-consul, Francisco de Paula Villa Real y Valdivia.
Huelva — cunsul honorario, Manuel de Arcos.
Jerez de la Frontera — vice-consul, Pedro Nolasco Gonzalez.
Malagâ — vice-consul.
Puerto de Santa Maria — vice-consul, vago.
S. Lucar de Barrameda — vice-consul, Rufino Eguino.
S. Roque — vice-consul, Manuel José dos Santos (residente em Linea de la Concepción).
Sevilha — vice-consul com honras de consul, Juan Gaston Noel.
Vejer — vice-consul, Carlos Manin.
Velez Malaga (Torre del Mar) — vice-consul, Antonio Giner.
Madrid — consul, Barão de Ortega. Vice-consul, Luiz de Ortega.
Alcanices — vice-consul, João Carril y Baez.
Avila — vice-consul, Gregorio Velayos y Garcia Nunes.
Badajoz — vice-consul, Casimiro Lopo Molano.
Bilbao — vice-consul, Eduardo Aznar.
Caceres — vice-consul, José Caetano Themudo.
Fregeneda — vice-consul, Raymundo Perez Villoria.
Gijon — vice-consul, Anselmo Cifuentes.
Irun — consul honorario, Ramon Sepulveda.
Salamanca — vice-consul, Emilio Cochat Caballero.
Santander — vice-consul, Aurelio de la Revilla.
Saragoça — vice-consul, Vicente Santondreu y Hernando.
S. Martin de Trevejo — vice-consul, Pedro Vidal.
S. Sebastian — consul honorario, Elyseo Léon.
Toledo — vice-consul, Ricardo G. Alegre.
Valencia de Alcantara — vice-consul, Manuel Puebla de la Torre.

Valladolid — vice-consul, José Maria de Semprun.
Zamora — vice-consul, Pedro Cevalho Septien.
Vigo — consul, Adolpho Soares Cardoso. Vice-consul, José Monteiro Teixeira.
Carril — vice-consul, Santiago Sierra.
Curcubion — vice-consul, Francicco Ramon y Caamano.
Corunha — vice-consul, Antonio Wais.
Ferrol — vice-consul, Nicazio Peres.
Guardia — vice-consul, Benito Alvares.
Muros — vice-consul, Manuel Siaba Gomes.
Pontevedra — vice-consul, José Antonio Yglesias.
Rivadeo — vice-consul, Marianno Sotto.
Sada — vice-consul, Nicolau Lopes.
Tuy — vice-consul, Venancio Lorenzo y Rodriguez.
Verin — exerce as funcções de vice consul, Manuel de Anta Promero.
Villagarcia — vice-consul, José Ramon.

Possessões

AFRICA

Fernando Pó — consul, vago. — Encarregado do consulado, Nascimento de Jesus B. da Cunha Lisboa.

ILHAS CANARIAS

Teneriff — consul, Virgilio Ghirlanda.
Las Palmas — (Gran-Canaria) — vice-consul, João B. Carlo.

AMERICA CENTRAL — ANTILHAS

Havana — consul, vago. — Encarregado do consulado, Giuseppe Repetto.
Cardenas — vice-consul, José Montaner y Español.
S. Thiago de Cuba — vice-consul, Modesto Ros y Rodriguez.
Matanzes — vice-consul, Aniceto Martins Villoch.
Gibara — vice-consul, Manuel da Silva Leal.
Sagua la Grande — vice-consul, Pedro Roban y Corp.
S. João do Porto Rico — vice-consul interino, Severo Vicente y Vicente.

OCEANIA

Ilhas Philippinas — consul, Jesus Alvarez Perez, reside em Manilla.
Iloylo — vice-consul, Claudio Lopes.

ITALIA

Ancona — consul, Gustavo Gigli.
Ravenna — vice-consul, Romualdo Ghi-Donati.
Cagliari — consul, Caetano de Carvalho.
Civitta Vechia — vice-consul, Apulgi Petrucci.
Terracina — vice-consul, Antonio Prina.
Genova — consul, Francisco Adolpho Esk Ferrari.
  Vice-consul, Angelo Gandolfo.
Porto Mauricio — vice-consul, vago.
Sampierdarena — vice-consul, José Torre.
San Remo — vice-consul, G. B. Agostinho Borea d'Olmo.
Savona — vice-consul, Emmanuel Bandini.

Sestri Ponente — vice-consul, Jacome Parodi.
Sestri Levante — vice-consul, Silvio Bó.
Spezzia — vice-consul, Cesar Frederici.
Florença   consul.
Leorne — consul, Gastão Ott.
Milão — consul, M. Carlos D. Visconti.
Napoles — consul geral, conde de Valbranca.
Bagnara Calabra — vice-consul, Antonio de Léo.
Bari — vice-consul, Giovanni Paleari.
Brindisi — vice-consul, Emilio Musciacco.
Gallipoli — vice-consul, Giovanni Talamo.
Roma — consul, Antonio de Sousa Machado.
Sicilia — José Lilambi, (reside em Palermo).
Catanea — vice-consul, José Bertuccio Sammera.
Girgenti — agente consular, Carlos Braun.
Licata — vice-consul, Balthazar Saito.
Messina — vice-consul, conde de Guido Cumbo Diogo.
Syracusa — vice-consul, Nicola de Lorenzo, marquez del Casale.
Terra Nova — vice-consul, José Carvana.
Trapane — vice-consul, Agostinho Maria Burgarella.
Turim — consul, Agostinho Grossi.
Veneza — consul, Jacques Eugenio Ivancich.

MONACO

Monaco — consul, barão E. G. de Cocconato.

PAIZES-BAIXOS

Amsterdam — consul geral, barão de Rosenthal.
Flessingue — vice-consul, João von Boven.
Harlingen — vice-consul, João Foekens.
Helder — vice-consul, Thomaz Zurmuklen.
Rotterdam — vice-consul, Jan Seeuwen.
Vlaardingen — vice-consul, J. Hoogendyk Az.

POSSESSÕES DA AMERICA MERIDIONAL

Guyana hollandeza — consul, Sally Lyon (reside em Paramaribo).

OCEANIA

Batavia — consul, Wilhelm Spielter.
Macassar — consul, G. A. P. Brendre á Brandis.
Surabaya — consul, Eduardo Henrique Theodoro Ouelhorst.

RUSSIA

Finlandia — consul, Feodor Kiseleff (reside em Helsingfors).
Abo — vice-consul, Trapanus Seth.
Moscow — consul, Carlos Bauer.
Odessa — consul, vago; encarregado do consulado, Alfredo Riva.
    Vice-consul, Augusto Corsi.
Taganrog — Antonio Sarandino.
Riga — consul geral de 1.ª classe, Luiz Augusto de Moura Pinto de Azevedo Taveira.
    Vice-consul, com honras de consul, Augusto Nagel.

S. Petersburgo — consul geral, vago.
    Vice-consul, Alexandre Bauer e Colley.
Varsovia — consul de 2.ª classe, barão Lesser.

SUECIA E NORUEGA

Stockholmo — consul geral de 1.ª classe, Antonio de Castro Feijó.
    Vice-consul, Carlos Engestrom.
    Agente consular, Guilherme Graf Junior.
Calmar — vice-consul, Carlos Oscar Soderbergh.
Carlshamn — vice-consul, Joaquim Gustavo Mock.
Carlskrona — vice-consul, Eric Albrechet.
Gefle — vice-consul, Pehr Johan Hoegerstrand.
Gothemburgo — vice-consul, John Lion.
Haparanda — vice-consul, vago.
Holsingborg — vice-consul, Carlos Flyborg.
Hernosand — vice-consul, Carlos Augusto Ringblom.
Hudikswall — vice-consul, Olof Wilhelm Walberg.
Lulea — vice-consul, Claes Roberto Asplund.
Malmö — vice-consul, Bertil Sederholm.
Neder Calix — vice-consul, Olof Harald Strom.
Norrhoping — vice-consul, Henning Schultz.
Pitea — vice-consul, Jonas Victor Granstrom.
Soderhamn — vice-consul, João Plessner Myhre.
Sundswall — vice-consul, Carlos Emil Bredenberg.
Uddeyalla — vice-consul, Carlos Engelke.
Wisby — vice-consul, Carl Adam Carlson.
Ystad — vice-consul, Hugo Rodolpho Theophilo Nilsson.
Aalesund — vice-consul, Frederico Hanssen.
Bergen — vice-consul, Joaquim Grieg.
Christiansand — vice-consul, Rodolpho Saldern Hartmann.
Christiansund — vice-consul, Guilherme A. Knudtzon.
Drontheim — vice-consul, Nicolau Jensen Getz.
Frederikostad — vice-consul, Soren Wiese.
Kragero — vice-consul, Harald Larsen.
Stavanger — vice-consul, Frederico Wattne.
Tonsberg — vice-consul, Niele Bugge.
Christiania — consul, Otto Martin Frederico Bade.

SUISSA

Berne — consul geral, Vicente de Ernest.
Genebra — consul, José Basso.
    Vice-consul, Estevam Pascales.
Zurich — consul, João Tondury.

TURQUIA DA EUROPA

Constantinopla — consul geral (vago).
    Encarregado do consulado geral, Silvio Carcano, consul geral de Italia.
Gallipoli — vice-consul (vago).
Rodosto — vice-consul, A. E. Tachella.
Salonica — vice-consul (vago).
Varna — vice-consul, João Baptista Assereto.

DA ASIA

Smyrna — consul, Claudio Dorsharmet (residente em Vilayet de Aidir.) Vice-consul, Pedro Dorsharmet.
Delihfi — vice-consul, George N. Sinadinos.
Mersine — vice-consul, C. de Sidericourdi.
Beyrouth — consul, José Parodi.
Damasco — vice-consul, vago.
Jaffa — vice-consul, Haum Amsalak.
Saida — vice-consul, Gabriella Abella.
Tripoli — vice-consul, vago.
Alepo — consul, André Marcopoli.
Jerusalem — consul.

Asia

CHINA

Amoy — consul, vago. Encarregado do consulado, o consul de Hespanha, Thomás Ortuno.
Cantão — consul de 1.ª classe, Demetrio Cinatti.
Foochaw — consul, vago. Encarregado do consulado, J. H. Frandin.
Hankok — consul, vago.
Shanghae — consul geral de 1.ª classe, Joaquim Maria Travassos Valdez.
Tientsi — consul, vago. Encarregado do consulado, John J. Hatch.

JAPÃO

Tokio — consul geral de 1.ª classe, e encarregado de negocios, interino, José da Silva Loureiro.
Nagasaki — vice-consul, Otto Frederico Krebs.
Osaka e Hiogo — vice-consul, Emygdio Braga.
Yokoama — vice-consul, Eduardo Pereira.

SIAM

Siam, Singapura, Malaca e dependencias — consul geral de 1.ª classe, Frederico Antonio Pereira. Encarregado do consulado geral, o vice-consul em Bangkok.
Bangkok — vice-consul, Luiz Maria Xavier.

Africa

EGYPTO

Egypto — consul geral e encarregado de negocios, interino, Gabriel J. de Zogheb.
Cairo — vice-consel, vago. Encarregado do vice-consulado, o consul de Italia M. Finzi.
Damiatta — agente consular, interino, Elias Cosseri.
Mansourah — vice-consul, Gabriel Resk.
Minich — agente consular interino, Theodoro Bakoum.
Port-Said — vice-consul, Igino Bellanti.
Suez — vice-consul, João Chini.
Zagazig — vice-consul, Selim Chadid.
Alexandria — consul, Alexandre Maximus de Zogheb.

ESTADO INDEPENDENTE DO CONGO

Banana — consul de 1.ª classe, vago. Encarregado do consulado, Antonio Leite de Barbosa Bacellar.

ESTADO LIVRE DO ORANGE

Bloemfontein — consul, Roberto Palmer.

MARROCOS

Tanger — ministro plenipotenciario e consul geral de 1.ª classe, José Daniel Collaço.
Chanceller, Emilio Rey Collaço.
Vice-consul, vago.
Arzilla — Agente consular, Mesod L. Benshiton.
Casa Branca — vice-consul, Manuel Firmino Gomes.
Larache — vice-consul, Alexandre Guagnino.
Masagão — vice-consul, João J. Alfarra.
Mogador — vice-consul, Caetano Bolleli.
Rabat — vice-consul, Jacob Rafael Benotor.
Saffi — vice-consul, José Butter.
Tetuan — vice-consul, Salvador Hassan.

TRANSWAAL

Pretoria — consul geral de 1.ª classe, Eduardo Teixeira Rebello.

TRIPOLI

Tripoli — encarregado dos interesses portuguezes, o consul de Italia, Bernardo Lambertenghi.

ZANZIBAR

Zanzibar — consul geral de 1.ª classe, vago. Encarregado do consulado geral o vice-consul, Antonio Braz de Sousa.

America Septentrional

ESTADOS-UNIDOS

Nova-York — consul geral de 1.ª classe, barão de Almeirim.
Chanceller, Adelino Antonio Ferreira.
Vice-consul, com honras de consul, Gustavo Amsinck.
Baltimore — vice-consul, Roberto Lehr.
Bangor — vice-consul, Thomaz Jefferson Stewart.
Boston — consul honorario, Manuel Pedro Furtado d'Almeida.
Brunswich — vice-consul, Rozendo Torres.
Charleston — vice-consul, Benjamim Mantoue.
Darien — encarregado do vice-consulado, Augusto Hedstron.
Minneapolis — vice-consul, K. Kostgaard.
New Bedford — vice-consul, Antonio Zerbone.
Newport News — vice-consul, James Haughton.
Nova Orleans — vice-consul, Pedro Solis.
Norfolk — vice-consul, Nathaniel Burrus.
Pensacola — vice-consul, João L. Borras.
Philadelphia — vice-consul, João Mason Junior.

Savannah — vice-consul, Luigi Trapani.
S. Francisco da California — consul de 1.ª classe, Ignacio Rodrigues da Costa Duarte.
Vice-consul, Henrique Laidley.
Wilmilgton — vice-consul, Guilherme Lord de Rosset.

MEXICO

Mexico — consul geral, D. José Philippe.
Oaxaca – vice-consul, Alberto Holm.
S. Luiz Potosi — vice-consul, Jorge Unna.
Tampico — vice-consul, F. Schutz.
Vera Cruz — vice-consul interino, Daniel A. Miron.
Carmen — consul, Francisco C. Cicero.

AMERICA CENTRAL — COSTA RICA

Costa Rica — consul, vago.

HAITI

Porto Principe — consul, A. L. Guérin.
Vice-consul, Eugenio Lespinasse.
Cayes — vice-consul, Jacques Bergeaud.
Gonaives — vice-consul, Franz Augusto Hermann.

HONDURAS

Truxillo — consul, vago.

S. DOMINGOS

S. Domingos — consul, Benito Pellerano.

AMERICA MERIDIONAL — BOLIVIA

La Paz — consul, Manuel Vicente Bollivian.

BRAZIL

Bahia — consul de 1.ª classe, Joaquim Baptista Moreira.
Chanceller — João Leme de Sande e Castro.

Provincia de Sergipe

Aracajú — vice-consul, Antonio José da Silva Cardoso.

Provincia de Alagôas

Maceió — vice-consul, Joaquim José Rodrigues Martins.

MARANHÃO

Maranhão — consul de 1.ª classe, Gregorio Anselmo Ribeiro Marques.
Chanceller, vago.
Vice-consul, Joaquim Coelho Fragoso.
Brejo — encarregado da agencia consular, Joaquim Marques Macatrão
Caxias — vice-consul, Antonio Joaquim Ferreira Guimarães.

Provincia do Piauhy

Paranahiba — vice-consul, José da Silva Ramos.
Theresina -- vice-consul, Ricardo José Teixeira.

Provincia do Ceará

Aracaty—vice-consul, Manuel Gomes de Freitas.
Baturité—vice-consul, Bernardino Duarte de Carvalho Proença.
Ceará—vice-consul, Francisco Joaquim da Rocha.
Granja—vago. Encarregado do vice-consulado, Joaquim Augusto Torres.
Marganguapé—vice-consul, João Correia de Mello.
Rosario—agente consular, Antonio Leite Pereira.

PARÁ

Pará—consul de 1.ª classe, Francisco Celestino Feliciano de Menezes·
Chanceller—José Carlos da Rocha Franco.
Cametá—Agente consular, Manuel Fernandes Valente.
Macapá—Encarregado da agencia consular, Agostinho de Mattos Pereira.
Obidos—agente consular, Francisco Augusto de Araujo Vianna.

Provincia do Amazonas

Manáos—vice-consul, Manuel Joaquim Machado e Silva.

PERNAMBUCO

Pernambuco—consul de 1.ª classe, João Joaquim Salgado.
Chanceller interino—Agripino R. N. Lima.

Provincia de Parahiba

Parahyba do norte—vice-consul, Alexandre de Faria Godinho.

Provincia do Rio Grande do Norte

Mossaró—Agente consular, Frederico Antonio de Carvalho.
Natal—Vice-consul, Joaquim Ignacio Pereira.

RIO DE JANEIRO

Rio de Janeiro—consul geral de 1.ª elasse, Daniel da Silva Ribeiro.
Chancheller interino, Frederico Correia Lima.

Provincia do Rio de Janeiro

Angra dos Reis—vice-consul, Antonio Caetano de Carvalho.
Barra de S. João—exerce as funcções de vice-consul, José Rodrigues Lopes.
Barra Mansa—agente consular, José Joaquim Peres da Silva.
Campos - vice-consul, Domingos José Vieira.
Cantagallo—agente consular, José da Rocha Monteiro.
Itaborahy—agente consular, Antonio Marques da Silva.
Macahé—vice-consul, Nicolau Alves Vianna.
Magé—agente consular interino, Antonio de Oliveira Braga.
Mangaratiba—vice-consul, José Correia de Mello.
Nicheteroy—vice-consul, Antonio Luiz Mendes.
Nova Friburgo—agente consular, Manuel João Simões.
Parahyba do Sul—agente consular interino, Felisberto Carlos Duarte.
Paraty—vice-consul, Francisco Pereira Madruga.
Petropolis—vice-consul, Manuel Ferreira da Rocha.

Pirahy — agente consular interino, João Baptista Vieira de Carvalho de Vasconcellos.
Resende — exerce as funcções de agente consular, Antonio Domingos Soares Granville.
Rio Bonito — agente consular interino, Lino Machado Valle.
S. Fidelis — agente consular interino, Francisco José Caldeira da Silva.
S. João da Barra — exerce as funcções de vice-consul, Joaquim Silvino Carrazedo.
Vassouras — agente consular, José Faustino da Fonseca Silva.

Provincia de S. Paulo

Bananal — agente consular interino, Antonio Martins Pereira dos Santos.
Campinas — vice-consul, José Pereira de Andrade.
Constituição — agente consular, Antorio Gomes de Sousa.
Franca — exerce as funcções de agente consular, Alvaro de Lima Guimarães.
Guaratinguetá — agente consular interino, Alexandre] da Silva Villela.
Iguapé — vice-consul, Joaquim José Rebello.
Santos — vice-consul, Luiz José de Mattos.
S. Paulo — vice-consul, Bernardino Monteiro de Abreu.
Sorocaba — agente consular interino, Joaquim José Soares.
Taubaté — agente consular, Antonio Affonso Vieira.

Provincia de Minas Geraes

Baependy — agente consular, Luiz Fernandes da Costa Guimarães.
Barbacena.
Diamantina — agente consular, José Marques Nogueira Guerra.
Formiga — exerce as funcções de agente consular, Ignacio Gonçalves de Amarante.
Itajubá — exerce as funcções de agente consular, Joaquim Barbosa de Mattos.
Juiz de Fóra — vice-consul, Joaquim Dias da Silva.
Leopoldina — exerce as funcções de agente consular, Abilio José d'Almeida.
Mar de Hespanha — exerce as funcções de agente consular, José Affonso Moreira.
Ouro Preto — exerce as funcções de agente consular, Antonio Joaquim Fernandes Guimarães.
Pouso Alegre — agente consular, Antonio Baptista de Oliveira.
S. João de El-Rei — agente consular, José da Costa Rodrigues.

Provincia do Espirito Santo

Benavente — agente consular, Manuel Rodrigues de Miranda.
Victoria — vice-consul, Manuel da Costa Madeira.

RIO GRANDE DO SUL

Consul de 1.ª classe, Vicente Nunes Tavares. — Chanceller, Carlos Bensabat Saragga.

Provincia de S. Pedro do Rio Grande do Sul

Bagé — vice-consul, Antonio Nunes Ribeiro Magalhães.
Joguarão — vice-consul, Antonio José Rodrigues Cerqueira.
Pelotas — vice-consul, Joaquim Teixeira da Costa Leite.

Porto Alegre — consul honorario, João Pinto Ribeiro.
Santa Victoria de Palmar — agente consular, Emygdio Pinto de Oliveira,
Uruguayna — vice-consul, vago.

Provincia de Paraná

Paranaguá — vice-consul, Joaquim Soares Gomes.

Provincia de Matto Grosso

Corumbá — vice-consul, João Leite Ribeiro.
Cuyabá — vice-consul, Joaquim Francisco de Mattos.

CHILI

Valparaiso — consul geral, Antonio Ferreira.
Lota e Coronel — vice-consul, Affonso Coppelli.
Talcahuano — vice-consul, Theophilo R. Bolieiro.
Yquique — vice-consul, Dimas Filgueiro.

EQUADOR

Guyaquil — vice-consul, Francisco Alexandre de Azevedo.

COLOMBIA

Panamá — consul, Julio Arias.

PERU

Lima — consul, geral, Manuel Vicente Ferreira.
Arequipa — vice-consul, José V. Rivera.
Callao — vice-consul, Joaquim Lopes.
Loreto — vice-consul, Francisco Affonso da Silva.
Paita — vice-consul, Manuel Perez.

REPUBLICA ARGENTINA

Buenos-Ayres — consul, Francisco Mendes Gonçalves.
Rosario da Santa Sé — vice-consul, José Maria Estrada.

REPUBLICA ORIENTAL DO URUGUAY

Montevideu — consul honorario, Luiz A. Ribeiro. — Vice-consul, Joaquim
   Felix Fructuoso Machado.
Cidade do Salto — vice-consul, Joaquim Moreira Vianna.

REPUBLICA DO PARAGUAY

Assumpção — consul honorario, Ricardo Antonio Mendes Gonçalves.

VENEZUELA

Bolivar — consul, vago.
Carracas — vice-consul, João Paulo Mendsley.

Oceania

HAWAI

Honolulu — consul geral de 1.ª classe e encarregado de negocios interino, Antonio de Sousa Canavarro.

CORPO DIPLOMATICO ESTRANGEIRO EM LISBOA

Allemanha

Ministro plenipotenciario — Barão de Waeker Gotter, Pateo do Tijollo, na rua de D. Pedro V.
Secretario — Vago.

Austria

Ministro plenipotenciario — Barão de Goedel Lannoy, rua da Emenda.
Conselheiro da legação — Florian de Rosty, rua da Emenda.

Belgica

Ministro plenipotenciario — Vago.
Encarregado de negocios, o secretario — Mr. E. de Gaiffier, rua do Sacramento, á Lapa.

Brazil

Ministro plenipotenciario — Dr. Pedro d'Araujo Beltrão, calçada da Estrella.
1.º Secretario — Costa Motta.
2.º Secretario — F. Lima.
Addido — Araujo.

Estados Unidos da America

Ministro residente — General Batcheller, rua do Ferregial de Baixo, 35.
Secretario particular — Mr. Wilbor, hotel Durand.

França

Ministro plenipotenciario — Mr. Bihourd, Palacio do Marquez d'Abrantes a Santos.
Secretario — Mr. de la Boulinière, rua de S. Domingos á Lapa.
Addido — Barão Cottu.

Hespanha

Ministro plenipotenciario — D. Filippe Mendes Vigo, rua da Cruz dos Poyaes.
1.º Secretario — D. Luiz Polo de Barnabé, Hotel Borges.
2.º Secretario — Dr. Manuel Garcia Jove, Hotel Universal.
Addidos — Francisco de Zea Bermudez, Hotel Universal; Manuel de Carvajal.
Addido militar — D. Luiz de Verda, capitão estado maior, Hotel Universal.

Inglaterra

Ministro plenipotenciario — Sir G. G. Petre, rua de S. Francisco de Borja.
1.º Secretario — W. E. Goschen.
2.º Secretario — Mr. Tournhill.

Italia

Ministro plenipotenciario — Conde de Collobiano, calçada da Estrella, 76.
Secretario — Conde G. Fossati Reyneri.

Japão

Ministro plenipotenciario — Vago.
Secretario — Vago.

Mexico

Ministro plenipotenciario — Vago.

Paizes Baixos

Ministro residente — Barão de Heckeren de Kell.

Santa Sé

Pro-Nuncio apostolico — Arcebispo de Tyro, Dominico Jacobini, rua do Quelhas.
Auditor da nunciatura — O ablegado Monsenhor Julio Tonti, idem.
Secretario — Vago.

Russia

Ministro plenipotenciario — Vago.
Secretario — Conde de Prozzor.

Suecia e Noruega

Ministro residente — Vago.
Encarregado de negocios — Conde de Cronhiehm, Hotel Bragança.

CORPO DIPLOMATICO PORTUGUEZ

(Em serviço nas respectivas legações)

Berlim, Dresde e Saxe-Coburgo-Gotha

Ministro plenipotenciario — Marquez de Penafiel.
 Secretarios:
Conde de Penafiel.
Visconde da Torre Bella.
Addido militar — Cypriano Jardim.

Bruxellas

Ministro plenipotenciario — Conselheiro Miguel Martins Dantas.
2.º secretario — Barão de Sendal.
 Addidos:
Martinho Teixeira Homem de Brederode (serve na secretaria).
Luiz O'Neil.

Buenos-Ayres e Montevideu

Ministro plenipotenciario — João de Sousa Lobo.

Haya

Ministro plenipotenciario — Visconde de Pindella.
2.º secretario — Alfredo Achilles Monteverde.
Addido — D. José Francisco da Costa de Sousa de Macedo (serve na secretaria).

Londres

Ministro plenipotenciario — Luiz de Soveral.
1.º secretario — Carlos Cyrillo Machado.
 Addidos:
Barão de Costa Ricci.
Anselmo Ferreira Pinto Basto.
Conde da Anadia.
Addido naval — Conde de Senna.

Madrid

Ministro plenipotenciario — Conselheiro d'estado, conde de Casal Ribeiro
1.º secretario — Augusto de Sequeira Thedim.

Paris

Ministro plenipotenciario — conselheiro Emygdio Julio Navarro.
1.º secretario — Conde de Azevedo Silva.
Addidos — Conde de Carvalhido e Leopoldino Ribeiro.
Addido militar — Visconde de Pernes.
Addido naval — Nuno de Freitas Queriol (serve na secretaria).

Rio de Janeiro

Ministro plenipotenciario — Conde de Paço d'Arcos.
1.º secretario — Conde de Selir.
2.º secretario — Alsino de Castro.

Roma (Italia)

Ministro plenipotenciario — Conde de Macedo.
1.º secretario — Conde de Paraty.
Addido militar — Miguel de Sá Nogueira.

Roma (Santa Sé)

Embaixador extraordinario — Conselheiro d'Estado, João Baptista da Silva Ferrão de Carvalho Martens.
1.º secretario — Francisco Martens Ferrão.
2.º secretario — Ezequiel da Fonseca de Sousa Prego.

S. Petersburgo

Ministro plenipotenciario — Conde de S. Miguel.
Addido — Filippe de Vilhena.

Stockolmo e Copenhague

Ministro plenipotenciario — Visconde de Souto Maior.

Tanger

Ministro plenipotenciario — José Daniel Collaço.
Chanceller — Emilio Rey Collaço.

Vienna d'Austria

Ministro plenipotenciario — Conde de Valmor.
2.º secretario — Francisco de Calheiros e Menezes.
Addido - Antonio da Horta Machado (serve na secretaria).

Washington

Ministro plenipotenciario — Thomaz de Sousa Rosa.

Berne

Ministro plenipotenciario — Conselheiro Duarte Gustavo Nogueira Soares.
Addidos: Henrique Martins e Eduardo Moreira Marques.

Cairo (Egypto)

Encarregado de negocios — Gabriel José de Zogheb.

Constantinopla

Ministro plenipotenciario — Barão de S. Pedro.

CORPO DE MARINHEIROS DA ARMADA

Quartel — Praça d'Armas em Alcantara

1.º Commandante — Antonio de Sousa Pereira de Sampaio, (contra almirante), rua dos Anjos, 187.
2.º Commandante — Pedro Ignacio de Rio Carvalho, capitão de mar e guerra, no quartel.
1.º Ajudante — José Augusto Celestino Soares, rua de S. João da Matta, 19.
2.º Ajudante — D. Bernardo da Costa de Sousa Macedo, 1.º tenente, rua do Vasco da Gama, 23.
1.º Instructor — Hypacio Frederico de Brion, 1.º tenente, calçada do Marquez d'Abrantes.
2.º Instructor — Vago.
Secretario do conselho administrativo — Emygdio Augusto Caceres Fronteira, rua de Fernandes da Fonseca, 25.
1.º Medico — Conselheiro, João Cesario de Lacerda, com a graduação de capitão-tenente, rua da Alegria, 48.
2.º Medico — Julio Augusto Diniz Sampaio, com a graduação de 1.º tenente, calçada do Marquez d'Abrantes, 10, 1.º
Capellão — João Albino d'Aguiar, travessa da Amoreira, 17, 3.º
Commissario — Alfredo Gomes Ribeiro, com a graduação de 1.º tenente, rua de Paschoal José de Mello, 34.
Comandante da 1.ª brigada e da 1.ª companhia — João Augusto da Motta e Sousa, 1.º tenente, rua dos Remedios á Lapa, 45.
Commandante da 2.ª companhia — Wenceslau José de Sousa Moraes, 1.º tenente no Tejo.
Commandante da 3.ª companhia — Vago.
Commandante da 4.ª companhia — Polycarpo José d'Azevedo, 1.º tenente, no Tejo.
Commandante da 2.ª brigada e 5.ª companhia — Sebastião Maria Pinto Garcez, 1.º tenente, rua do Norte, 145.
Commandante da 6.ª companhia — José da Cunha Lima, 1.º tenente, no Tejo.
Commandante da 7.ª companhia — José Antonio de Miranda, 1.º tenente, no Tejo.
Commandante da 8.ª companhia — José Francisco da Silva, 1.º tenente, no Tejo.
Commandante da 3.ª brigada e 9.ª companhia — Americo Pestana Pinto Goulão, 1.º tenente, calçada da Mouraria, porta J L.
Commandante da 10.ª companhia — Julio Gallis, 1.º tenente, no Tejo.
Commandante da 11.ª companhia — Pedro Berquó, 1.º tenente, no Tejo.
Commandante da 12.ª companhia — João Antonio Sá Rocha Barbosa Martins Luduvice, 1.º tenente, no Tejo.
Commandante da 4.ª brigada e 13.ª companhia — Annibal dos Santos Dias, 1.º tenente, rua do Bom Successo, 65.
Commandante da 14.ª companhia — Vago.
Commandante da 15.ª companhia — Vago.
Commandante da 16.ª companhia — José Joaquim Tavares d'Almeida Carvalho, no Tejo.
Ajudante d'ordens do 1.º commandante — Luiz Antonio Caetano Pereira, 2.º tenente, rua de S. Felix, 52.

CURSO SUPERIOR DE LETTRAS

No edificio da Academia Real das Sciencias

rua do Arco a Jesus

Director — Conselheiro, Jayme Constantino de Freitas Moniz, rua da Cruz dos Quatro Caminhos, 29, 2.º
Secretario — Zophimo Consiglieri Pedroso, travessa de Lazaro Leitão, 2, 1.º

PROFESSORES

1.ª *cadeira* — Zophimo Consigliere Pedroso, travessa de Lazaro Leitão, 2, 1.º
2.ª *cadeira* — Guilherme de Vasconcellos Abreu, rua Barata Salgueiro, 15, 2.º
3.ª *cadeira* — Francisco Adolpho Coelho, rua das Praças, 24, 1.º
4.ª *cadeira* — Manuel Pinheiro Chagas, rua de S. Joaquim, 25.
5.ª *cadeira* — Dr. Joaquim Theophilo Braga, travessa de Santa Gertrudes, 70.
6.ª *cadeira* — Augusto Maria da Costa Sousa Lobo, rua de S. Lazaro, 75.
7.ª *cadeira* — Conselheiro, Jayme Constantino de Freitas Moniz, rua da Cruz dos Quatro Caminhos, 29, 2.º
Encarregado da escripturação — Antonio da Costa Moreira, Linda-a-Pastora.
Porteiro — José Joaquim Rodrigues dos Santos, no edificio.

DEFEZA DE LISBOA E SEU PORTO (COMMISSÃO DE)

Palacio da Justiça no Campo de Santa Clara

Presidente — Eduardo Augusto Craveiro, general de brigada e commandante geral de engenheria, T. N. S. Domingos, 34, 1.º

MEMBROS DA COMMISSÃO

Coroneis:
De engenharia, Ladislau Miceno Machado Alvares da Silva (chefe), rua da Quintinha, 108.
De artilheria, Julio Carlos d'Abreu e Sousa, pateo das Vaccas (Belem).
Tenentes coroneis:
De engenharia, José Alves Pimenta d'Avellar Machado, rua da Magdalena, 125, 2.º
De engenheria, Firmino José da Costa, rua Paschoal José de Mello, 110,1.º
De engenheria, Antonio Augusto Duval Telles, Avenida da Liberdade, 67, 2.º
De artilheria, Carlos Augusto Palmeirim, rua de Sant'Anna, 224.
Majores:
De engenheria, José Alves de Almeida Araujo, rua das Chagas, 16, 4.º
De engenheria, Carlos Roma du Bocage, rua dos Cardaes de Jesus, 48.
Capitães:
De engenheria, Marquez de Fontes Pereira de Mello, largo do Poço Novo, 19.
De engenheria, Fernando Eduardo de Serpa Pimentel, rua Nova da Piedade, 55.
De engenheria, Antonio Bello de Almeida, Avenida da Liberdade, 212, rez-do-chão.
De engenheria, Antonio Sarmento da Fonseca, travessa das Mercês, 9, 2.º
De engenheria, José Joaquim da Costa Lima, rua da Madre de Deus, 70.

Capitães:

De engenheria, Adriano Travassos Valdez, rua de S. João dos Bemcasados, 168.
De engenheria, Theophilo José da Trindade, rua de José Estevão, 112, 2.º
De engenheria, Antonio Augusto Nogueira de Campos, Carreirinha do Soccorro, 25, 2.º, E.
De engenheria, Roberto Correia Pinto, rua das Pretas, 47, 3.º
De artilheria, José Silvestre de Andrade, praça de S. Bento, 24, 3.º
De artilheria, Joaquim Lobo d'Avila da Graça, calçada do Salitre, 260, 1.º

Tenentes:

De engenheria, Antonio Marques Paixão, rua do Bom Successo, 75, 1.º
De engenheria, Hermano José de Oliveira Junior, rua das Praças, 41, 1.º
De engenheria, Jorge Guedes Gavinho, rua do Principe, 51, 2.º
De engenheria, Carlos Roma Machado de Faria e Maia, praça de S. Bento, 28, 2.º
De engenheria, Achilles Alfredo da Silveira Machado, Oeiras.
De engenheria, Arnaldo Augusto de Sousa Queiroz, largo do Poço do Borratem, 4, 3.º, D.
De artilheria, José de Mello, rua da Bicca de Duarte Bello, 79.
De artilheria, João Borges Leone, rua de S. Luiz, 48.

Desenhador — Capitão do estado maior de infanteria, Joaquim Teixeira de Menezes, rua de S. Bernardo, 134.

DIPLOMATICA (AULA DE)

Vidè, Archivo Nacional da Torre do Tombo.

ENGENHERIA (COMMANDO GERAL DE)

PALACIO DA JUSTIÇA NO CAMPO DE SANTA CLARA

Commandante geral — Eduardo Augusto Craveiro, general de brigada, travessa Nova de S. Domingos, 34, 3.º
Ajudante de campo — Vago.
Chefe do estado maior — José Bandeira Coelho de Mello, coronel de engenheria, hotel Franckfort.
Secretario — Joaquim Lucio Lobo, capitão, rua da Junqueira, 77, 1.º

1.ª repartição

Sub-chefe — Antonio Joaquim de Sequeira de Almeida Beja, tenente de engenheria, rua de Santo Antonio, á Estrella, 96, 1.º
Amanuenses — Aniceto Neves e Cunha, rua da Bella Vista á Graça, 41-B, 1.º D.
Silverio de Magalhães, rua da Graça, 30, 2.º
José Maria Gonçalves, rua do Passadiço, 98.

2.ª repartição

Chefe — Vago.
Sub-chefe — José da Costa Cascaes, capitão de engenheria, rua do Passadiço, 136.
Amanuenses — Tarquinio Augusto da Cunha Menezes Bettencourt, rua da Veronica, 23, 1.º
Guilherme de Sousa Motta, amanuense do commando geral de artilheria, rua de Nossa Senhora da Gloria, 102, 1.º

Leopoldo Eudoxio de Araujo, amanuense do commando geral de artilheria, rua de S. Sebastião da Pedreira, 210, 1.º

3.ª repartição

Chefe — José de Oliveira Garção C. Campello de Andrade, tenente coronel de engenheria, rua de S. Sebastião da Pedreira, 125, 1.º
Sub-chefe — Vago.
Amanuenses — Antonio Carreira Vieira Batalha, rua de Gomes Freire, 79, 4.º, E.
Casimiro Augusto de Carvalho, Queluz de Baixo.

SECÇÃO DE FORNECIMENTOS DE MOBILIA

Chefe — João Severo da Cunha, tenente de engenheria, rua dos Lagares, 74, 3.º
Amanuenses:
Antonio Pedro, rua de Santa Barbara, 71, 2.º
João Maria da Costa, amanuense do commando geral de artilheria, travessa da Senhora da Gloria, á Graça, 2-D, 1.º
José Maria da Veiga, rua da Bella Vista, á Graça.
João Filippe da Silva, rua dos Ferreiros, á Estrella, 31.

DESENHADORES

Leonel Marques Pereira, calçada de Santo André, 56, 3.º
Victor Manuel de Araujo, rua do Infante D. Henrique, 86, rez-do-chão.
Alvaro Henrique da Costa de Athayde de Campos, rua de Entre-Muros, 139.

BIBLIOTHECA, MUSEU TECHNOLOGICO E GABINETES DE DESENHO E DE INSTRUMENTOS

Encarregado — Viriato de Azevedo Monteiro de Barros, alferes almoxarife de engenheria, rua do Arco do Limoeiro, 14, 4.º

ARCHIVO

Hemiterio Augusto Massano, alferes, rua Direita da Graça, 27, 2.º

Inspecção de engenheria da 1.ª divisão militar

Inspector — José Alves Pimenta de Avellar Machado, tenente-coronel de engenheria, rua da Magdalena, 125, 2.º

ESCOLA AGRICOLA DE REFORMA

Em Villa Fernando

COMMISSÃO ADMINISTRATIVA

Presidente — Dr. Vicente Monteiro.
Vogaes:
Conselheiro Joaquim Maria da Costa Cordeiro.
Coronel de engenheria, Manuel Raymundo Valladas.
Engenheiro encarregado das obras — Manuel Raymundo Valladas.
Pagador — José Augusto Gomes.

PESSOAL COMPLEMENTAR

Encarregado do expediente na secretaria em Lisboa — Bento S. Almeida.
Servindo de amanuense e encarregado dos trabalhos — Francisco A. S. Lisboa.
Encarregado do observatorio — José M. Pereira.
Auxiliar do dito — Francisco S. de Brito.
Apontador das obras — Antonio M. Moreira.
Apontador dos trabalhos na herdade — José B. A. Pereira.
Em serviço na secretaria — Arthur J. de Faria.
Ferramenteiro — Antonio C. A. Cardoso.
Servente — Manuel J. da Rosa.

ESCOLAS DE ALUMNOS MARINHEIROS

A BORDO DA CORVETA "DUQUE DE PALMELLA„, SURTA EM LISBOA

Commandante — Francisco Joaquim Ferreira do Amaral (conselheiro e capitão de fragata), rua de D. Pedro V, 52, 4.º
2.º *commandante* — Caetano Rodrigues Caminha (capitão-tenente).
  Instructores:
D. Alexandre de Lencastre (1.º tenente), pateo do Lencastre, 11.
Hermogeneo Antonio C. da Silva (2.º tenente), rua do Arsenal, 124, 3.º
Antonio do Canto e Castro Silva Antunes (1.º tenente), largo de Andaluz, 16, 2.º
Facultativo de 2.ª classe auxiliar — Francisco dos Reis Stromp, largo do Intendente, 19, 1.º
Capellão de 1.ª classe — Antonio Justiniano de Aguilar, rua da Creche, 20, 2.º
Encarregado de fazenda — Antonio Allemão de Mendonça (1.º official).

A BORDO DA CORVETA "SAGRES„, SURTA NO PORTO

Commandante — José Bento Ferreira de Almeida (capitão de fragata).
2.º *commandante* — Julio Alves de Sousa Vaz (capitão tenente).
  Instructores:
Antonio Gonçalves Pinto (capitão-tenente).
Albano Augusto de Moraes Carvalho (2.º tenente).
Aristides Paes de Faria (1.º tenente).
Facultativo — Pedro Augusto de Anciães Proença.
Encarregado de fazenda — Bernardino dos Reis Couto (commissario de 1.ª classe).
Capellão naval de 3.ª classe — Ricardo José da Maia e Costa.

ESCOLAS CENTRAES E PAROCHIAES

Vidè, Camara Municipal de Lisboa.

ESCOLA DO EXERCITO

PAÇO DA RAINHA, A BEMPOSTA

Commandante — José Frederico Pereira da Costa, general de divisão, praça d'Alegria, 72, 1.º

2.º commandante e commandante do corpo de alumnos — Carlos Ernesto de Arbués Moreira, major de artilheria, praça de S. Bento, 14, 2.º

Director de estudos de secção de sciencias de construcção — Vago.

Director de estudos das sciencias militares — Conselheiro José Joaquim de Castro, general de brigada, rua de S. Felix, 4.

Superintendente do ensino de desenho — Joaquim da Costa Cascaes, general de divisão, rua do Carrião, 60.

LENTES PROPRIETARIOS

2.ª *cadeira* — Conselheiro José Joaquim de Castro, general de brigada, rua de S. Felix, 4.

LENTES JUBILADOS

Aniceto Marcolino Barreto da Rocha, tenente-coronel de engenheria, rua do Monte Olivete, 73.

LENTES PROVISORIOS DE 1.ª CLASSE

1.ª *cadeira* — Francisco Felisberto Dias da Costa, capitão de estado maior de engenheria, rua Paschoal José de Mello, 23, 2.º

3.ª *cadeira* — Antonio Vicente Ferreira Montalvão, tenente-coronel de artilheria, Avenida da Liberdade, 103, 3.º, E.

4.ª *cadeira* — Antonio Eugenio Ribeiro de Almeida, coronel de artilheria, rua de José Estevão, 43.

5.ª *cadeira* — Vago.

6.ª *cadeira* — Vago.

7.ª *cadeira* — Adriano Augusto de Pina Vidal, coronel de artilheria, rua de S. Mamede, 77, 3.º

8.ª *cadeira* — Jacintho José Maria do Couto, coronel de engenheria, rua de S. Filippe Nery, 50, 2.º

9.ª *cadeira* — Francisco Antonio Alvares Pereira, coronel de engenheria, rua de S. Bento, 354, 3.º

LENTES PROVISORIOS DE 2.ª CLASSE

Secção de sciencias militares:

Antonio Eduardo Villaça, capitão do estado maior de engenheria, rua de José Estevão.

Secção de sciencias de construcção:

José Emilio de Santa'Anna da Cunha Castello Branco, tenente-coronel de engenheria, rua de S. Marçal, 188, rez-do-chão.

Luiz Feliciano Marrecas Ferreira, major de engenheria, rua do Monte Olivete, 67.

José Jeronymo Rodrigues Monteiro, capitão de engenheria, campo dos Martyres da Patria, 51, 3.º

Frederico Ressano Garcia, engenheria civil, estrada do Arieiro.

9.ª *cadeira* — Antonio Carlos Coelho de Vasconcellos Porto, capitão de engenheria, rua Capello, 5, 2.º

REPETIDORES DE CONSTRUCÇÃO

Repetidores de sciencias militares:

Feliciano Henrique Bordallo Prostes Pinheiro, major do estado maior de artilheria, praça dos Restauradores, 57.

João Segundo Adeodato Rolla Lobo, capitão de artilheria, rua do Infante D. Henrique, 37, 1.º

Luiz Augusto Ferreira de Castro, major de engenheria, rua da Boa-Morte, 22.
Augusto Ferreira, tenente de engenheria, rua do Ferregial de Baixo, 31, rez-do chão.
José Nunes Gonçalves, 1.º tenente de artilheria, rua da Imprensa Nacional, 44.
Repetidor de chimica applicada — Arthur da Costa Mendes de Almeida, capitão de engenheria, rua de S. Bento, 11, 3.º
José Maria de Oliveira Simões, capitão de artilheria, rua do Diario de Noticias, 94, 3.º
Instructor de artilheria — Commandante da 1.ª companhia, José Rodrigues Lopes de Mendonça e Mattos, capitão de artilheria, rua do Marquez de Sá da Bandeira, 19, ao Campo Pequeno.
Instructor de cavallaria e commandante da 2.ª companhia — Luiz Carlos Mardel Ferreira, capitão de cavallaria, rua do Sacramento, ao Matadouro, 61.
Instructor de infanteria, commandante da 3.ª companhia — Gaudino Anselmo de Oliveira, capitão de infanteria, Quinta Velha, Bemposta.
Ajudante do corpo de alumnos, commandante da 4.ª companhia e secretario do conselho economico — André Joaquim de Bastos, capitão de infanteria, calçada de Sant'Anna, 61, 2.º
  Officiaes de serviço:
João Manuel de Lima Carmona, 1.º tenente de artilheria, rua da Escola do Exercito, 36, 1.º
Augusto de Andrade Pereira, tenente de infanteria, Paço da Rainha, 68, 2.º
Eduardo Augusto de Almeida, tenente de infanteria, Regueirão dos Anjos, 48.
João Theodoro Lopes Valladas, tenente de cavallaria, Alto do Pina.
Cypriano Alfredo Fontes, tenente de infanteria, rua do Quatro de Infanteria, 16, 1.º, Campo de Ourique.
Professor de hygiene — Augusto C. Teixeira de Aragão, cirurgião de brigada, rua do Salitre, 329.
Veterinario e professor de hippologia — Manuel Cardoso Vasques, rua de Santa'Anna, ao Rio Secco, 35, Belem.
Picador e instructor de equitação — Vago.
Pofessor de esgrima e sabre — Antonio Domingos Pinto Martins, rua da Escola Polytechnica, 49.
Bibliothecario — Barão de Seixas, capitão de infanteria, rua Direita da Graça, 31, 2.º
Encarregado da repartição dos instrumentos de precisão — Marcos Luiz Torres, rua da Escola do Exercito, 24, 1.º
Professor de inglez — Vago.

SECRETARIA

Secretario — Julio Cesar Garcia de Magalhães, capitão do estado maior de infanteria, campo dos Martyres da Patria, 51, 4.º
Thesoureiro e quartel-mestre — João Baptista Montanha, major reformado, rua de Arroyos, 96, 1.º, D.
  Amanuenses:
Domingos de Oliveira Guimarães, amanuense do commando geral de artilheria, rua das Olarias, 66, 3.º, D.
Joaquim José Sant'Anna, 2.º sargento reformado, rua do Passadiço, 51, 1.º
Francisco Antonio Alves, Quinta Velha, Bemposta.
Pedro Alexandre da Silva e Oliveira, 1.º sargento da 7.ª companhia de reformados, travessa do Forte, 16.
Lithographo — Francisco Honorio da Costa Monteiro, rua de Passos Manuel, 64, 1.º, D.

Guarda-portão — Francisco José de Oliveira, cabo reformado, no edificio da escola.

ESCOLA MEDICO-CIRURGICA DE LISBOA

No Edificio do Hospital de S. José

Director — Conselheiro José Antonio d'Arantes Pedroso, rua das Flôres, 33, 2.º
Professores:
1.ª *Cadeira (Anatomia)* — José A. Serrano, rua de Entre-Muros, 177.
2.ª *Cadeira (Physiologia)* — Miguel A. Bombarda, Paço da Rainha, 56, 1.º
3.ª *Cadeira (Materia medica)* — E. Augusto Motta, calçada da Estrella, 18, rez-do-chão.
4.ª *Cadeira (Pathologia externa)* — Conselheiro José Antonio Arantes Pedroso, rua das Flôres, 33, 2.º
5.ª *Cadeira (Medicina operatoria)* — José Curry da Camara Cabral, rua dos Cardaes de Jesus, 108.
6.ª *Cadeira (Partos)* — Abilio Pinto de Mascarenhas, rua do Amparo, 17, 2.º
7.ª *Cadeira (Pathologia interna)* — Bacharel Manuel Nicolau de Bettencourt Pitta, calçada dos Caetanos, 48.
8.ª *Cadeira (Clinica medica)* — conselheiro João Ferraz de Macedo, travessa do Almada, 12, 2.º
9.ª *Cadeira (Clinica cirurgica)* — conselheiro Francisco Augusto de Oliveira Feijão, rua de S. Felix, 26.
10.ª *Cadeira (Medicina legal)* — Conselheiro José Joaquim da Silva Amado, (palacio do Marquez de Penafiel).
11.ª *Cadeira (Anatomia pathologica)* — Rodrigo de Boaventura Martins Pereira, rua da Imprensa Nacional, 48, 1.º
12.ª *Cadeira (Pathologia geral)* — J. Thomaz de Sousa Martins, rua de S. Sebastião das Taipas, 5.
Pharmacia — Claudino José Vicente Leitão, rua da Cruz dos Poyaes, 52.
Professor 1.º substituto da secção medica e secretario — Pedro Antonio de Bettencourt Raposo, calçada da Tapada, 20.
Professor 2.º substituto da secção medica — Carlos Joaquim Tavares, rua da Quintinha, 99.
1.º substituto da secção cirurgica — Sabino Maria Teixeira Coelho, calçada do Carmo, 6, 3.º
2.º substituto da secção cirurgica — Manuel Vicente Alfredo da Costa, rua do Duque de Bragança, 10, 3.º
Demonstrador — Manuel Antonio Moreira Junior, rua Augusta, 166, 1.º
Preparador e conservador do museu — Guilherme Augusto de Oliveira Martins, rua da Bella Vista, á Lapa, 77, 1.º
Thesoureiro — Francisco J. R. Athayde, rua Nova do Desterro, 15, 3.º
Porteiro — Julio Evangelista de Barros e Silva, rua da Bica de Duarte de Bello, 15, 2.º
Amanuense — José Joaquim da Rocha Soares Barbosa, rua de S. Marçal, 131, 4.º
Sub-bibliothecario — Julio Evangelista de Barros e Silva, rua da Bica de Duarte Bello, 15, 2.º
Amanuense da bibliotheca — Francisco Eugenio dos Reis, travessa da Porta de Carro do Hospital de S. José, 11, 2.º
Guarda — Francisco Eugenio Reis.

PROFESSORES JUBILADOS

Secção cirurgica

Conselheiro Thomaz de Carvalho, rua Larga de S. Roque, 17, 1.º
Manuel Bento de Sousa, praça do Principe Real, 105.
Conselheiro Antonio Bento R. Vianna, praça dos Restauradores, 64, 1.º
Conselheiro José Eduardo de Magalhães Coutinho, largo dos Jeronymos.
Conselheiro Antonio Maria Barbosa, rua do Monte de Santa Catharina, 9.
Conselheiro Joaquim Theotonio da Silva, rua do Ferregial de Cima, 12, 1.º
João Mendes Arnaut, rua da Fé, 33, 2.º

Secção medica

Dr. Carlos May Figueira, rua do Thesouro Velho, 18.

Pharmacia

José Tedeschi, rua Larga de S. Roque, 96, 2.º

ESCOLA MEDICO-CIRURGICA DO PORTO

Campo dos Martyres da Patria

Director — Manuel Maria da Costa Leite.
Secretario — Ricardo d'Almeida Jorge.

PROFESSORES

1.ª cadeira — João Pereira Dias Lebre.
2.ª cadeira — Antonio d'Azevedo e Maya.
3.ª cadeira — José Carlos Lopes Junior.
4.ª cadeira — Augusto Henrique d'Almeida Brandão.
5.ª cadeira — Pedro Augusto Dias.
6.ª cadeira — Agostinho Antonio do Souto.
7.ª cadeira — Manuel Rodrigues da Silva Pinto.
8.ª cadeira — Antonio d'Oliveira Monteiro.
9.ª cadeira — Eduardo Pereira Pimenta.
10.ª cadeira — Antonio Joaquim de Moraes Caldas.
11.ª cadeira — Vago.
12.ª cadeira — Illydio Ayres Pereira do Valle.
Lentes substitutos em medicina:
Antonio Placido da Costa.
Maximiano Augusto d'Oliveira Lemos Junior.
Em cirurgia:
Candido Augusto Correia de Pinho.
Ricardo de Almeida Jorge.
Demonstrador em cirurgia — Roberto Bellarmino do Rozario Frias.
Preparador e conservador do museu d'anatomia — Joaquim Pinto d'Azevedo.
Boticario do dispensatorio pharmaceutico — Isidoro da Fonseca Moura.
Continuo — Agostinho Duarte Balthazar.
Porteiro — Miguel José Maya.
Guarda — Manuel Marques dos Santos Junior.

ESCOLA NAVAL E ESTABELECIMENTOS ANNEXOS

No Arsenal da Marinha

Director — José Allemão de Mendonça Cisneiros de Faria, contra-almirante, rua da Piedade, 51, 2.º, a Campo de Ourique.

Lentes effectivos:

1.ª *cadeira* — Ernesto Carlos Rosa, capitão-tenente, rua de D. Vasco, 50, á Ajuda.
2.ª *cadeira* — José Nunes da Matta, capitão-tenente, rua da Bica de Duarte Bello, 51-A, 2.º
3.ª *cadeira* — Conselheiro Francisco da Fonseca Benevides, capitão-tenente graduado, páteo do Bragança, B.
4.ª *cadeira* — João Maria Galhardo, engenheiro naval, sub-chefe, rua das Olarias, 79, 2.º
5.ª *cadeira* — Interino, Ernesto Carlos Rosa.
6.ª *cadeira* — Vicente Maria de Moura Coutinho de Almeida Eça, capitão-tenente, rua das Trinas, 50, 3.º
7.ª *cadeira* — D. Antonio Maria de Lencastre, medico, rua Castilho, 5.
8.ª *cadeira* — José Candido Correia, capitão-tenente, rua da Escola Polytechnica, 2, 2.º
9.ª *cadeira* — Bento Maria Freire de Andrade, contra-almirante, rua de S. Bento, 297, 3.º

Professor de desenho — João Braz de Oliveira, capitão-tenente, calçada do Marquez de Abrantes, 48, 2.º, D.

Lente jubilado — Francisco da Ponte e Horta, general reformado, rua de D. Pedro V, 80.

PROFESSORES DEMONSTRADORES

De pilotagem — José Nunes da Matta.
De officiaes de officio — João Maria Galhardo.
De construcção — Guilherme F. dos Reis, rua da Esperança, 142, 3.º
De machinas — João do Pinho, rua de S. João da Matta, 86, 1.º
De apparelho — Luiz Baptista Gonçalves, travessa da Condessa do Rio, 36, 3.º
De ornato — Lourenço Evangelista Fernandes, rua da Saudade, 39, 2.º
De esgrima e gymnastica — Cesar Augusto Kuchembuck dos Prazeres, estrada da Luz, 10.
Ajudante — Antonio Martins, rua da Escola Polytechnica, 49, 3.º

SECRETARIA

Secretario — Miguel Evaristo Teixeira de Barros, 1.º tenente, largo da Bibliotheca, 8, 1.º

Amanuenses:

Cesar A. F. de Moraes, rua do Ouro, 127, 4.º
Diogo Eduardo dos Santos de Almeida, calçada de Santo André, 41, 2.º, E.
Eleuterio Augusto Gomes de Abreu, rua da Esperança, 111, 3.º, D.

BIBLIOTHECA

Bibliothecario — Antonio Filippe Marx de Sori, capitão de fragata, calçada do Monte, 10, 2.º
Conservador — Severo Ernesto dos Anjos, rua dos Correeiros, 123, 3.º
Escrevente — Luiz Alvares da Silva, calçada do Galvão, 1, D, Belem.

EMPREGADOS MENORES

Porteiro — Izidoro Domingos Marques, rua da Fonte Santa, 13-E.
   Guardas:
João Francisco Ayres, rua de Santo Amaro, 84, 4.º
José Maria Magdalena, calçada de Santo André, 19, 1.º, E.
Correio a pé — Manuel Barbosa, rua da Condeça, 70, 2.º
Marinheiro artilheiro — João Antonio dos Santos.
Carpinteiro de branco — Profirio de Campos, calçada de Santo Amaro, 85, loja.
   Serventes:
Antonio dos Reis Lagos.
Bernardo Peres, largo de S. João da Praça, 27, 4.º
José Gonçalves Cego, marinheiro reformado, rua da Imprensa Nacional, 11, 1.º
Manuel Antonio de Barros Vasconcellos, calçada das Lages, 17.

OBSERVATORIO E DEPOSITO DE CARTAS E INSTRUMENTOS NAUTICOS

Director — Antonio José Velloso, capitão-tenente, travessa da Bella Vista, á Lapa, 11.
Adjuncto — Vago.
Servente — José Araujo dos Arcos, cabo de marinheiros reformado, rua da Costa, 50, a Alcantara.
Marinheiro encarregado do navio modelo — João Antonio dos Santos, calçada de Santo André, 62, 1.º

OFFICINA DE INSTRUMENTOS MATHEMATICOS

Mestre — Raymundo dos Santos Pedro, largo da Graça, 110, 1.º
Official — Emygdio José da Motta, rua de Santo Antão, 114.
   Aprendizes:
Domingos José do Patrocinio da Costa, rua das Terras, Belem.
Augusto da Costa Lopes, rua da Paz, 78, 1.º

ESCOLA NORMAL PRIMARIA DE 1.ª CLASSE

Para o sexo masculino

RUA DE S. JOÃO DA MATTA, 3 E 5 PALACIO DOS CONDES DE MURÇA

   Professores effectivos:
Manuel Constantino Augusto Theophilo Ferreira, director.
Francisco Adriano de Faria Junior, bibliothecario.
João Duarte Figueira, secretario.
Luiz de Sousa.
Professor addido — Alfredo Julio de Brito.
   Professores auxiliares:
Marianno José da Silva Presado.
Agostinho de Carvalho.
Pedro José Ferreira.
Professor da escola annexa — Thiago dos Santos Fonseca.
Porteiro — Adriano Lopes Ferreira.

Para o sexo feminino

Largo do Calvario, em Alcantará

Professoras effectivas:
D. Maria Honorina Gomes de Sousa, directora.
D. Helena Elisa Telles de Menezes.
Professoras auxiliares:
D. Maria Filomena Rosa da Conceição e Silva Bacellar Leoni.
D. Maria Silverio Laborde.
Professores em commissão:
Agostinho de Carvalho, secretario.
Alfredo Julio de Brito.
Cesar Alberto da Cunha Belem.
Pedro Euzebio Leite, bibliothecario.
Professora da escola annexa — D. Maria Antonia Coelho.
Porteira da escola normal — D. Anna de Jesus Coelho.

ESCOLA NORMAL PRIMARIA DE 1.ª CLASSE

Para o sexo masculino

Porto

Professores effectivos:
João Antonio Pinto de Rezende, director.
Francisco Bernardo Braga Junior, secretario.
José Augusto Coelho, bibliothecario.
José Maria Guedes d'Azevedo.
Professores auxiliares:
Bernardo Valentim Moreira de Sá.
Antonio Estanislau Delgado Canedo.
Paulo Alfredo Emilio Lauret.
Bento de Sousa Carqueja Junior.
Porteiro — Joaquim da Cunha Cardoso.
Professor da escola annexa — João Clemente de Carvalho Saavedra.

Para o sexo feminino

Professoras effectivas:
D. Maria Margarida d'Oliveira Pinto, directora.
D. Maria Benilde Peixoto Guedes Vaz, escrivã.
D. Maria Casimira, bibliothecaria.
Professoras auxiliares:
D. Philomena de Jesus Faro e Oliveira.
Madame Marie Blanche Aussenac.
Professores auxiliares:
Antonio Estanislau Delgado Canedo.
Paulo Alfredo Emilio Lauret.
Porteira — Emilia Adelaide da Silva Graça.
Professora da escola annexa — Carlota Amelia de Carvalho Saavedra.

ESCOLA NORMAL PRIMARIA DE 2.ª CLASSE

Para o sexo masculino

Evora

Professores:
José Lopes Marçal, director.
Possidonio José da Silva Marçal, bibliothecario.
Professor auxiliar — José Maria da Graça Affreixo.
José Heliodoro de Vargas Junior.
Ajudante — Henrique Augusto da Cunha Soares Freire, secretario.
Porteiro — Pedro José de Mira Leal.
Professor da escola annexa — Antonio José de Macedo.

ESCOLA POLYTHECHNICA

Rua da Escola Polythechnica

Director — Luiz d'Almeida e Albuquerque, rua de Belver, 3.
Secretario — Carlos Monteiro Torres, rua da Fabrica das Sedas, 35.
Officiaes:
Antonio Joaquim Pereira Machado, rua Nova da Alegria, 96 1.º
João Gerardo Salgado Dias, rua de S. José, 177, 1.º
Amanuenses:
1.º Francisco Julio Soares, rua das Amoreiras, 139, 2.º, E.
2.º José Pompilio de Salles, travessa do Cego, 6.
Porteiro — Eugenio Gomes Machado, edificio da escola.
Guardas:
Manuel Marques Leitão, edificio da escola.
José Fernando d'Andrade Ramos, rua dos Prazeres, 46, 1.º
Manuel José Lourenço, rua de S. Julião, 139.
Joaquim Antonio Cidra, rua de S. Sebastião, 100.
Serventes:
Francisco Abranches Pinto, edificio da escola.
Antonio da Costa Ferreira, edificio da escola.
Joaquim Pedro Vieira, edificio da escola.
José Ramiro Lopes, edificio da escola.
José Marques, rua Augusta, 188.
Guarda-portão — José Amado, rua de S. João dos Bemcasados, 133.

LENTES PROPRIETARIOS

1.ª cadeira — Marianno Cyrillo de Carvalho, rua Formosa, 65.
2.ª cadeira — Augusto José da Cunha, rua das Salgadeiras, 5.
3.ª cadeira — Conde de Macedo, Roma.
4.ª cadeira — José Maria da Ponte e Horta, rua de D. Pedro V, 80.
5.ª cadeira — Adriano Augusto de Pina Vidal, rua Nova de S. Mamede, 77, 3.º
6.ª cadeira — José Julio Rodrigues, rua Castilho, 12.
7.ª cadeira — Vaga.
8.ª cadeira — Fernando Mattoso dos Santos, rua dos Cardaes de Jesus, 30.
9.ª cadeira — Conde de Ficalho, rua dos Caetanos, 32.
10.ª cadeira — Luiz d'Almeida e Albuquerque, rua de Belver, 3.

Geometria descriptiva — Luiz Porfirio da Motta Pegado, rua Nova d'Alegria, 96, 2.º

Chimica organica — Agostinho Vicente Lourenço, rua da Escola Polytechnica, 37.

LENTES SUBSTITUTOS

Cadeiras de mathematica:

João Ignacio do Patrocinio da Costa, travessa Nova de Santo Antonio, 37.

Antonio Francisco da Costa Lima, travessa do Abarracamento de Peniche, 59.

5.ª *cadeira* — Carlos Augusto Moraes d'Almeida, rua de S. José, 15.

6.ª *cadeira* — Dr. Eduardo Burnay, Alamada da Junqueira, 9.

7.ª *cadeira* — Francisco Ferreira Roquette, rua de S. Francisco de Salles, 64.

8.ª *cadeira* — Balthazar Machado da Cunha Osorio, rua de S. João da Matta, 141, 2.º

9.ª *cadeira* — Antonio Xavier Pereira Coutinho, travessa das Mercês, 60.

10.ª *cadeira* — Joaquim de Vasconcellos Gusmão, rua de Belver, 3.

Lente de desenho — Alfredo Augusto Schiappa Monteiro de Carvalho, rua da Arrabida, 21.

Lentes jubilados da escola:

José Vicente Barbosa du Bucage, rua dos Cardaes de Jesus, 48.

Francisco da Ponte e Horta, rua de D. Pedro V, 80.

Bibliotheca

Bibliothecario — Carlos Augusto Moraes d'Almeida, rua de S. José, 15.
Official — José Maria de Seita e Sá Junior, travessa das Parreiras, 120, 3.º
Ajudante — Augusto Gomes Machado, edificio da escola.
Continuo — Francisco Eugenio de Mello, edificio da escola.

Secção mineralogica do museu

Director — Vago.
Naturalista — Jacintho Pedro Gomes, rua de S. José, 201, 2.º
Conservador — Julio Cesar Leiros de Andrade, rua larga de S. Roque, 91, 1.º
Preparador — José Antonio Tito, rua do Sol ao Rato, 103.
Serventes:
José Alexandre Branco, edificio da escola.
Antonio Fernandes, rua Luz Soriano, 92.

Secção zoologica do museu

Director — José Vicente Barbosa du Bucage, rua dos Cardaes de Jesus, 48.
Naturalista — Vago.
Naturalista adjunto — Balthazar Machado da Cunha Osorio, rua de S. João da Matta, 141, 2.º
Conservador — Alberto Arthur Alexandre Girard, rua de S. Bento, 47.
Encarregado da catalogação — Antonio José Vianna Soares, rua das Amoreiras, 139, 2.º
Preparadores:
Manuel Antonio de Sousa, travessa de Santo Antonio, 87, Alcolena.
Joaquim José Gomes, rua Nova das Terras, 37, Belem.
Aprendiz — Eduardo d'Annunciação Ferreira Costa, edificio da escola.

Conservador do museu d'el-rei — José Maria de Lima e Lemos, rua da Madre de Deus, 22.
Ajudante — José Nicolau Mascarenhas Martins, rua da Cruz da Carreira, 15.
Serventes:
Fernando Francisco, rua do Monte Olivete, 95.
João Manuel de Macedo, edificio da escola.
Gaudencio José Pinto, rua do Monte Olivete, 95.

Secção botanica

Director — Conde de Ficalho, rua dos Caetanos, 32.
Naturalista — Antonio Xavier Pereira Coutinho, pateo do Pimenta.
Jardineiro chefe — Jules Daveau, edificio da escola.
Conservador do herbario — Antonio Ricardo da Cunha, edificio da escola.
Encarregado da catalogação — José Monteiro Torres, travessa de Santo Ildefonso, 40.
Praticante — Manuel Fernandes Francisco Mendes, rua do Arco do Carvalhão, 72.
Servente — Joaquim dos Santos, rua Ferreira Borges, 40.

Observatorio meteorologico do infante D. Luiz

Director — João Carlos de Brito Capello, rua da Procissão, 161, 2.º
Observadores:
Augusto Carlos da Silva, rua da Escola Polytechnica, 48.
Carlos Henrique d'Aguiar Craveiro Lopes, Campo dos Martyres da Patria, 153.
Observadores ajudantes:
Julio Freire Coral, rua de S. João Nepomuceno, 22.
Guilherme da Silva Oratti, rua de S. Marçal, 139, 1.º
Jayme Adelino Gomes da Silva, rua das Amoreiras, 126.
Official mechanico e photographico — Agostinho Vieira da Silva Junior, travessa de Santa Gertrudes, 45.
Guarda servente — José Francisco Martins, rua de S. Marçal, 145.

Observatorio astronomico

Director — José Maria da Ponte e Horta, rua de D. Pedro V, 80.
Ajudantes:
Marianno Cyrillo de Carvalho, rua Formosa, 65.
Conde de Macedo, Roma.
Machinista — Miguel Augusto Correia d'Aguiar, edificio da escola.
Guarda — José Antonio de Figueiredo, edificio da escola.
Servente — Francisco Alves, edificio da escola.

Gabinete de phisica

Preparador — Jayme Augusto Magno, rua de S. Bento, 614, 3.º
Servente — José da Silva, travessa das Pedras Negras, 8.

Gabinete de chimica mineral

Preparador — João Gomes Machado, edificio da escola.
Servente — Domingos Mendes, edificio da escola.

Gabinete de chimica organica

Preparador — Carlos Holthof, rua da Imprensa Nacional.
Servente — José de Sousa, rua de S. Boaventura, 101.

ESCOLA PRATICA DE ARTILHERIA NAVAL

A BORDO DA FRAGATA D. FERNANDO

1.º commandante — Fernando Augusto da Costa Cabral, capitão de mar e guerra, rua da Procissão, 104, 2.º
2.º commandante — Antonio Julio de Oliveira Andrêa, capitão tenente.
  Instructores:
João Agnello Vellez Caldeira Castel-Branco, 1.º tenente.
Autonio Augusto Alves Loureiro, 1.º tenente, rua das Amoreiras, 43, 2.º
Francisco Julio Barboza Leal, 1.º tenente.
3.º official de fazenda — Antonio Nunes de Serra e Moura.
Facultativo de 1.ª classe — Gabriel Franco de Castro.

ESCOLA PRATICA CENTRAL DE AGRICULTURA EM COIMBRA

Director — Antonio Augusto Baptista.
  Professores-chefes de serviço:
José Antonio Ochôa.
Alberto Saraiva da Silva Monteiro.
Antonio Mendes d'Almeida.
Antonio Arthur Telles da Silva Menezes.
Professor auxiliar — Antonio Maria Rodrigues.
Professor de francez — João Maria Pereira Campos Junior.
Engenheiro machinista — Manuel Caetano da Silva Sepulveda.
Guarda-livros — Caetano Freire.
Fiel d'Armazens — José Candido Fernandes Montanha.
Monitor pecuario — Alexandre Francisco de Sousa.
  Regentes agricolas:
Manuel José de Carvalho.
Luiz Monteiro Grillo.
Regente florestal — Joaquim Ferreira Patacas.
Horticultor — Giuseppe Bassotti.
Amanuense — José Maria Teixeira Neves.
  Addidos:
Antonio Augusto Pinto da Costa.
José Maria Soares Franco.
  Prefeitos:
Marcellino Augusto Rodrigues de Paula.
Antonio Pimentel Robis.
Mestre carpinteiro — José Gaudencio.
  Guardas das aulas:
Adelino Pereira Trindade e Silva.
João Evangelista do Patrocinio.
Antonio Ignacio de Sousa.
  Serventes:
José Augusto Rodrigues.
Antonio Augusto Pessoa.
Hortelão — Francisco Rodrigues.

ESCOLA PRATICA DE ENGENHERIA EM TANCOS

Commandante — Ladislau Miceno Machado Alvares da Silva, coronel de engenheria, rua da Quintinha, 108.
Adjunto — Antonio Bello de Almeida Junior, capitão de engenheria, Avenida da Liberdade, 212, rez-do-chão.
 Almoxarifes:
Alferes, Manuel de Passos da Silva, Tancos.
Alferes, Francisco Mendes, idem.

ESCOLA E SERVIÇO DE TORPEDOS

EM PAÇO D'ARCOS

Subordinada ao commando geral de engenheria

Director — Capitão de mar e guerra, João Maria Esteves de Freitas, rua do Olival, 128.
Capitão de fragata, Manuel Maria Dias Nunes de Carvalho.
Tenente-coronel de artilheria, Jayme Agnello dos Santos Couvreur.
Capitão de fragata, José Cesario da Silva.
Capitão de artilheria, Carlos Elias Rodrigues dos Santos.

COMPANHIA DE TORPEDEIROS

1.º tenente da armada, Augusto Maria Osorio.
1.º tenente da armada, José Aleixo Ribeiro.
Engenheiro-machinista, Damaso Carlos de Magalhães.
 Supranumerarios:
1.º tenente da armada, Eugenio de Oliveira Soares de Andréa.
1.º tenente da armada, Polycarpo José de Azevedo.

FAZENDO SERVIÇO

Capitão-tenente da armada, Torquato Ezequiel dos Prazeres Machado˙
Capitão de artilheria, João Benjamim Pinto.
Tenente de engenheria, Pedro Severino de Carvalho.

ESCOLAS INDUSTRIAES E DE DESENHO INDUSTRIAL DA CIRCUMSCRIPÇÃO DO SUL

INSPECÇÃO

Inspector — José Duarte Ramalho Ortigão, calçada dos Caetanos, 30, 3.º
Amanuense — Joaquim Pedro Froment d'Abreu, travessa do Monte do Carmo, 23.
Amanuense extraordinario — João I. L. Holbeche, travessa de S. Placido, 45, 1.º

Escola Industrial Marquez de Pombal

RUA DO CONSELHEIRO PEDRO FRANCO

Em Alcantara

Director — Carlos Adolpho Marques Leitão.
Secretario — José da Silva Cabanita.

Professores de desenho:
João Hilario Pinto de Almeida, rua do Norte, 39, 2.º
Guido Ritcher, pateo do Martel, 11.
Cesar Janz, Hotel Mazery.
Cesare Formilli, rua Luiz de Camões (alto de Sant'Anna).
Professor de arithmetica e geometria elementar — Carlos Adolpho Marques Leitão, rua do Sol, ao Rato, 24.
Professor de physica e de mechanica industrial — Maximiliano Hermann.
Professor de chimica industrial — Carlos von Bonhrost, calçada da Estrella, 52, 1.º
Professor da officina de ourivesaria — Giovanni B. Cristoffanetti.
Professor de lingua franceza — Joseph Benoliel, becco dos Apostolos, 11, 1.º
Preparador de chimica — Firmino de Almeida e Brito.

OFFICINAS DE LAVORES FEMININOS

Secção de pintura — João Hilario Pinto de Almeida, rua do Norte, 39, 2.º
Secção de bordados — D. Maria do Carmo Massachiodi Fernandes Escasena, largo do Calvario, 65, 1.º
Secção de costura — D. Maria Silverio Laborde.

PESSOAL SUBALTERNO E MENOR

Amanuense — José Ribeiro Cardoso.
Guardas:
Manuel Antonio da Silva, rua d'Alcantara, 82, 1.º
Domingos Antonio da Silva, rua das Fontainhas, 7, B.
Francisco Coelho Ferreira Magalhães.
Guarda-portão — Raphael José Soares, no edificio da escola.

SERVIÇO D'ILLUMINAÇÃO ELECTRICA

Encarregado do serviço — Francisco da Silva.
Fogueiro — João Antonio da Costa.

Escola de desenho industrial, Affonso Domingues

CALÇADA DA CRUZ DA PEDRA

Em Xabregas

Director — João Vaz, rua da Infancia, 18.
Professor de desenho de architectura e desenho decorativo — Nicola Bigaglia.
Professor de desenho de machinas — Thomaz Bordallo Pinheiro.
Guarda — Antonio José Coelho, no edificio da escola.

Em Alemquer

Professor — Manuel José Gonçalves Vianna.
Guarda — João Filippe Pinheiro.

Escola de desenho industrial, Princeza D. Amelia

Em Setubal

Professora — D. Joaquina Aurelia Baptista Guerreiro.
Guarda — Nuno da Silva Porto.

Escola de desenho industrial, Victorino Damasio

RUA DO CONDE DE TORRES NOVAS

Em Torres Novas

Professor — Luiz Casimiro Franco, director, no edificio da escola.
Guarda — Manuel Teixeira Alvarenga.
Mestre de officina de carpinteria — Joaquim Teixeira Alvarenga.

Escola de desenho industrial, Jacome Ratton

Em Thomar

Prossores:
Director — Manuel Henriques Pinto.
Affonso Martins Velho.
Joseph Fuller.
João Rodrigues Pena.
João Maria de Sousa.
Guardas:
Viriato Arthur Neves Marques.
Antonio G. Coxo.
Servente — Raphael da C. Lopes.
Mestre da officina de carpinteria — José F. Cotralha.

Escola Industrial, Rainha D. Leonor

Em Caldas da Rainha

Director — Adolpho Henrique da Cunha Ferraz.
Sercetario — Eduardo Gonçalves Neves.
Professor de desenho — Eduardo Gonçalves Neves.
Professor de arithmetica e geometria elementar — Adolpho Henrique da Cunha Ferraz.
Professores contratados:
Hugo Richter.
Henrique Emilio Possoz.

PESSOAL MENOR

Guardas:
Antonio José de Sousa.
Gaspar de Mattos Teixeira Pinto.
Servente — Francisco Coelho Virtudes.

Escola de desenho industrial, Rainha D. Maria Pia

Em Peniche

Professoras:
D. Maria Augusta Prostes Bordallo Pinheiro, no edificio da escola.
D. Etelvina Augusta da Paz Assumpção.
Guarda — Manuel Antonio Capellas.

Escola de desenho industrial, Domingos Sequeira

Em Leiria

Professores:
João Ribeiro Christino da Silva, no edificio da escola.
Joseph Bielmann.
Mestra do officio de lavores — Maria Helena Silveira e Silva.
Guarda — André Soares de Cêa Simões.

Escola de desenho industrial, Fradesso da Silveira

Em Portalegre

Professores:
Director — Arthur Prat, no edificio da escola.
José Maria da Ressurreição.
Miguel José da Motta.
Frederico Antonio R. Gusmão.
Antonio Ferreira Baptista.
Guarda — Francisco José Mendes, no edificio da escola.

Escola industrial, Campos Mello

Na Covilhã

Director — José da Fonseca Teixeira.
Secretario — Carlos Maria Pereira.
Professor de desenho — Manuel de Moraes Junior.
Professor de chimica industrial — José da Fonseca Teixeira.
Professor de arithmetica industrial elementar — Alvaro Raymundo Lopes de Valladas.
Professor de lingua franceza — Carlos Maria Pereira.
Professor de desenho decorativo — Edward Wustner.
Professor de fiação e tecelagem — Martin Kuratlé.

PESSOAL MENOR

Guardas:
Joaquim da Fonseca Barbosa.
Porfirio de Sousa Brandão.
Servente — José Augusto de Campos.

Escola de desenho industrial, Pedro Nunes

Em Faro

Professor — Alfredo Carlos Franco de Castro, no edificio da escola.
Guarda — Bartholomeu José dos Santos.
Servente — José Bernardo de Mendonça.

Escola de desenho industrial, Josepha d'Obidos

No Funchal

Professores:
Director — Candido Pereira.
Jean Nowack.
Guarda — João Mendes Barata.

Em Angra do Heroismo

Professor — Cyriaco Tavares da Silva.
Guarda — José Gonçalves Lestinho.

ESTAÇÃO DE SAUDE DE LISBOA

No Bom Successo

Guarda-mór chefe — Dr. Manuel Figueira Freire, travessa das Amoreiras, 7, 2.º

Guardas-móres:
Dr. José Alexandrino de Avellar, rua Victor Cordon, 2, 1.º
Dr. João Bentes Castel-Branco, rua Direita do Bom Successo, 31, rez-do-chão.

Escrivães interpretes:
Antonio Francisco da S. Cardeira, praça de D. Vasco da Gama, 79, 2.º
Joaquim José de Sousa Mascarenhas, travessa do Altinho, ao Bom Successo.
Francisco de Castro Correia da Cunha Rego, rua Direita de Pedrouços, 96, 3.º

ESTAÇÃO DE SOCCORROS A NAUFRAGOS EM CASCAES

Estabelecida pela Associação Commercial de Lisboa, em commemoração do tri-centenario de Camões

Patrão — Alfredo Joaquim de Oliveira, residente em Cascaes.

GENERAES

Generaes de divisão:
Jorge Candido Cordeiro Pinheiro Furtado, inspector geral de infanteria.
João Chrysostomo de Abreu e Sousa, ministro da guerra e presidente do conselho.
João Leandro Valladas, presidente no tribunal superior de guerra e marinha.
Antonio Guedes Villegas Quinhones de Mattos Cabral, serve no ministerio das obras publicas.
Carlos Ernesto de Arbués Moreira, director geral dos trabalhos geodesicos.
Henrique José Alves, vogal do tribunal superior de guerra e marinha.
José Frederico Pereira da Costa, commandante da escola do exercito.
Claudio Bernardo Pereira de Chaby.
João Malaquias de Lemos, commandante da 1.ª divisão militar.
Luiz de Sousa Folque, ajudante de campo de Sua Magestade El-Rei.
Manuel Vicente Graça, obras publicas, Lisboa.
Francisco Maria de Sousa Brandão, idem, idem.
Sebastião Lopes Calheiros de Menezes, presidente da commissão de limites do reino.
José Joaquim Henriques Moreira, commandante geral das guardas municipaes.
Miguel Baptista Maciel, presidente da commissão creada pela carta de lei de 26 de junho de 1883.
Vasco Guedes de Carvalho e Menezes.

Generaes de brigada:
José Joaquim de Castro, lente da escola do exercito.
Caetano Pereira Sanches de Castro, director geral da secretaria da guerra.
José Maria Alvares Quintino, commandante interino da 4.ª divisão militar.
Domingos José Gomes, commandante interino da 2.ª divisão militar.
Emygdio José Xavier Machado, inspector de artilheria.
Antonio José Botelho da Cunha.
José da Rosa, 2.º commandante da 2.ª divisão militar.

Joaquim Pedro Henriques Barbosa, 2.º commandante da 1.ª divisão militar.
Luiz de Magalhães Ferreira Guião, vogal do tribunal superior de guerra e marinha.
Eduardo Augusto Craveiro, commandante geral de engenheria.
Euzebio Marcelly Pereira, obras publicas.
José Maria Lage, governador do castello de Angra.
Paulo Eduardo Pacheco, commandante geral de artilheria.
Francisco Maria da Cunha, governador geral da India.
Manuel Joaquim Marques, governador da Torre de S. Julião da Barra.
Guilherme Quintino Lopes de Macedo, commandante interino da 3.ª divisão militar.
Jayme Augusto Scarnichia.
Francisco Pereira da Luz Côrte Real, 2.º commandante da 4.ª divisão militar.
Joaquim Antonio Vito Moreira, ajudante de campo de Sua Magestade El-Rei.
José Joaquim Teixeira Beltrão.
Carlos Henrique da Costa, direcção dos trabalhos geodesicos.
Affonso Joaquim Nogueira Soares, ministerio das obras publicas.
João Pedro Tavares Trigueiros, idem.
Antonio Nogueira Soares, commandante do corpo de estado maior.
Francisco Antonio de Sequeira, governador da praça de Elvas.
Manuel Alves de Sousa, inspector geral de cavallaria.

GEODESICA

EDIFIDIO DO EXTINCTO CONVENTO DO CORAÇÃO DE JESUS, Á ESTRELLA

Direcção geral dos trabalhos geodesicos, topographicos e hydrographicos

Director geral — Conselheiro Carlos Ernesto de Arbués Moreira, general de divisão, praça de S. Bento, 14, 2.º

1.ª secção

Chefe — Augusto Cesar Carvalho da Silva, coronel de engenheria, rua dos Douradores, 53, 3.º
Adjuntos:
Conde d'Avila, tenente coronel do corpo de estado maior, rua do Duque de Bragança, 20, 1.º
Augusto Castro de Mello Côrte Real, tenente coronel do corpo de estado maior, Praça d'Alegria, 35, 3.º
Paulino Antonio Correia, tenente coronel de artilheria, largo do Calvario, 24, 2.º, E.
Fernando Carlos da Costa, major de artilheria, rua dos Navegantes, 48.
Francisco Xavier de Moraes Pinto, capitão de artilheria, rua dos Praseres, 62.

2.ª secção

Chefe — José Vicente Godinho, coronel de engenheria, rua Garrett, 62, 2.º
Adjuntos:
Henrique Augusto de Sousa Reis, coronel de artilheria, rua de S. José, 207.
Francisco de Assis Silva Reis, tenente coronel de artilheria, rua Ivens, 20, 1.º
Raymundo José Quintanilha, major de estado maior, beco dos Apostolos.

Luiz Antonio de Sousa Vianna, major de engenheria, rua das Praças, 1.
Alvaro Henrique Pereira, capitão do estado maior, rua Ivens, 6, 3.º

3.ª secção

Chefe — Carlos Henrique da Costa, general de brigada, rua dos Navegantes, 48.
Adjuntos:
Albino Evaristo do Valle Souto, capitão de estado maior, Hotel de Duas Nações, travessa da Victoria, 39, 1.º
Pedro Luiz de Bellegarde da Silva, capitão de artilheria, rua de S. Sebastião da Pedreira, 10.
Thomé Martins Vieira, capitão de artilheria, rua da Condessa, 36, 4.º
Eduardo Casassa Alvares Pereira, tenente de infanteria, rua da Bella Vista, 6, A, 3.º (á Lapa).
Arthur Deocleciano Pinto de Carvalho e Oliveira, alferes de cavallaria, travessa de S. Domingos, 63, 3.º

4.ª secção

Chefe — Antonio Maria dos Reis, contra-almirante, rua da Costa, 124, 1.º
Adjuntos:
José Joaquim Xavier de Brito, capitão de fragata, rua do Conselheiro Pedro Franco, 29, 3.º
Domingos Tasso de Figueiredo, capitão tenente da armada, Avenida da Liberdade, 82, 4.º
Julio Zepherino Schultz Xavier, capitão tenente da armada, rua do Olival, 178, 1.º
Augusto Eduardo Neuparth, 1.º tenente da armada, estrada do Calhariz, Bemfica.

5.ª secção

Chefe — Vago (serve interinamente o chefe da 3.ª secção).

PESSOAL ARTISTICO

Gravador de 1.ª classe — Luiz Maria de Fontes Cabral de Quadros, rua das Janellas Verdes, 12, 2.º
Gravador de 2.ª classe — Benjamin Julio de Mesquita, travessa Larga a S. José, 26, 1.º
Gravador de 3.ª classe — Francisco Xavier Rebello, rua do Chafariz de Andaluz, 91, 1.º
Aspirantes:
Cassiano Augusto Vidal da Maia, rua da Magdalena, 214, 2.º
Antonio Maria de Sousa Libanio de Andrade.
Agostinho Alves Martins, rua Paschoal José de Mello, 34, rez-do-chão.
Julio Alves, travessa de André Valente, 13, 1.º
Augusto Guilherme de Lacerda de Carvalho, rua Saraiva de Carvalho, 216, 2.º
Manuel Maria Egreja, calçada do Duque, 47, 2.º E.
Desenhadores de 1.ª classe:
Julio Cesar de Mesquita, travessa Larga a S. José, 27, 2.º
Julio Cesar Viçoso, rua de Nossa Senhora da Conceição, á Praça das Flôres, 14.
Desenhadores de 2.ª classe:
Augusto Fernandes Nunes Correia Bacellar, estrada do Rego, 4.
Julio Augusto da Motta Méra, rua das Portas de Santo Antão, 109, 3.º

Estampador lythographico de 1.ª classe — Augusto Figueira Freire, rua de S. Filippe Nery, 69, rez-do-chão.

Estampador lythographico de 2.ª classe — Manuel Antonio Maltez, travessa das Inglezinhas, 26, 1.º

Aprendizes de estampador:
José Eleuterio Baptista Borges, travessa da Conceição, 24, 1.º
José Francisco Salles da Cruz, calçada de Arroyos, 70, 1.º

PESSOAL DE ADMINISTRAÇÃO

Pagador — Simão Infante de Sequeira Correia da Silva Carvalho, calçada dos Barbadinhos, 107.

Amanuenses:
David de Castro e Silva, rua do Quelhas, 54, 2.º
Joaquim Augusto Lopes de Macedo, rua da Mãe d'Agua, 45.

Fiel — Duarte José da Silva, pateo das Parreiras, 13.

Continuo — Laurentino dos Santos Claro, pateo do Conde de Bomfim (Ajuda).

GOVERNO CIVIL DE LISBOA

Rua Capello

Governador civil interino — Conselheiro Eduardo Segurado, travessa de S. Marçal, 30, 1.º

Chefe da repartição central — José Pedro Nunes, Estrada de Bemfica, 110, 2.º

Chefe da 1.ª repartição — Caetano José de Lacerda e Mello, rua do Desterro, 15, 2.º

Chefe da 2.ª repartição — José Francisco da Graça, rua dos Prazeres, 62, 3.º, D.

Chefe da 3.ª repartição — Luiz Antonio Gonçalves de Freitas, travessa do Jasmim, 12.

Chefe da 4.ª repartição — Francisco Nepomuceno Cardoso, rua da Imprensa Nacional, 26.

Sub-chefes:
Jorge Cesar Dias de Seixas, rua da Escola Polytechnica, 77, 1.º
José Bernardino Nunes, rua dos Lagares, 58, 1.º
Antonio Emilio Vellez Caldeira, rua do Patrocinio, 69.
Conde da Louzã, rua da Imprensa Nacional, 128.
Ernesto de Campos e Andrade, Santo Antonio da Convalescença, 15.

Cartorario — Candido Sergio Gonçalves Coutinho, rua dos Cardaes de Jesus, 63, 1.º

Amanuenses de 1.ª classe:
Joaquim Rogero do Carmo Freitas, calçada da Estrella, 36.
Abel Augusto de Figueiredo, rua de Paschoal José de Mello.
Paulo Berneaud, rua dos Navegantes, 28.
Carlos Augusto de Campos, travessa do Combro, 17.
Luciano Frederico da Silva, rua d'Arrabida, 27, 3.º

Ajudante do cartorio — João do Rego Borges, Hotel Continental, calçada do Garcia.

Amanuenses de 2.ª classe:
Jorge Xisto Xavier Rodrigues, rua das Flores, 81, 2.º
Theodoro Alberto Palyart, rua de Ferreira de Borges, 185, rez-do-chão, E.

Rodolpho Tomasini, rua de Saraiva de Carvalho, 220, 3.º
Candido de Lemos Bello, rua dos Ferreiros, á Estrella, 19, 2.º
Francisco Callado Barata de Mattos, rua da Rosa, 55, 1.º
José Joaquim de Sampaio, rua do Alecrim, 71, 3.º
Antonio Domingues do Nascimento Martins, rua dos Anjos, 175, 1.º
Francisco Bernardino Cardoso, rua da Imprensa Nacional, 26.
Leonel Walter de Vasconcellos, rua Nova da Trindade, 48.
José Pinto de Campos, rua da Rosa, 9, 2.º
Thesoureiro — Alexandre Mó e Silva, travessa da Palha, 223, 1.º
Porteiro — Manuel Antonio Victoria, rua de Sant'Anna, á Lapa, 157.
   Continuos:
José Isidoro Salreta, becco do Castello, 5, 3.º
Jorge Augusto Carvalho Caldeira, rua do Telhal, 38, 1.º
João Nunes da Silva, rua da Bitesga, 16, 5.º
Manuel Dias Taveira, rua das Cruzes da Sé, 11, 4.º
João d'Almeida, travessa de S. Marçal, 20, 2.º
   Correios a pé:
Jacintho Augusto Carvalho Caldeira, becco da Barbadella, 16, 3.º
Manuel Martins Pinto, rua do Olival, 8.
Correio a cavallo — Manuel José d'Oliveira e Silva, rua Anchieta.
Officiaes de diligencias:
Joaquim Dias Firmo, Bemfica.
Antonio Nunes da Silva, rua do Quelhas, 107.

GUARDA FISCAL (COMMANDO GERAL DA)

No Edificio do Ministerio da Fazenda

Commandante geral — Elyseu Xavier de Sousa e Serpa, coronel d'artilheria, calçada de Santa André, 29, 2.º

1.ª Repartição

Chefe da repartição — Gaspar Faria Machado Schiappa Roby, rua Corrêa Telles, 26, 1.º
Chefe da 1.ª secção — Luiz Pereira Rebello, rua Fernandes Thomaz, 68, 2.º
Chefe da 2.ª secção — Joaquim José Madeira, travessa de Santa Gertrudes, 61, 1.º
Chefe da 3.ª secção — Augusto Mathias Guedes, rua Augusta, 124, 3.º
Adjunto da 1.ª secção — João Carlos Pinto Ferreira, calçada do Marquez de Abrantes, 100, 1.º
Adjunto da 2.ª secção — José Augusto Moreno Marecos, rua do Cruzeiro d'Ajuda, 30, 1.º (Belem).
Adjunto da 3.ª secção — Affonso Mello Perestrello, rua do Paschoal de Mello, 103, 1.º
Archivista — Jeronimo Constantino Lopes, rua de Santa Marinha, 13, 1.º

2.ª Repartição

Chefe da repartição — Casimiro Victor de Sousa Telles, rua de S. José, 195, 1.º
Chefe da 1.ª secção — Carlos Tolentino Pimenta Tello, rua Serpa Pinto, 60, 2.º
Chefe da 2.ª secção — Domingos Antonio Liso Fernandes, travessa de Gertrudes, 23, 2.º

Adjunto da 1.ª secção — Celestino Augusto Pimentel, rua do Terreirinho, 76, 2.º

Adjunto da 2.ª secção — Henrique Fradesso Salazar Moscoso, rua do Conselheiro Pedro Franco, 30, rez-do-chão.

Fiscaes:

Arthur Maria Botelho Lobo, rua Paschoal José de Mello, 7, 3.º

Ezequiel Augusto de Sousa Penalva, rua de S. Sebastião, 182, 3.º

3.ª Repartição

Chefe da repartição — Francisco Antonio Vieira, rua do Mirante, 4.

Fiscal — João Carlos Thompson, travessa de Santa Gertrudes, 61, 3.º

Batalhão n.º 1 (Lisboa)

QUARTEL NO TERREIRO DO TRIGO

Commandante — Tenente coronel d'infanteria, Celestino Hypolito d'Oliveira, largo da Luz, 9, (Carnide).

Segundo commandante — Tenente coronel de cavallaria, Augusto Eugenio Alves, rua dos Cardaes de Jesus, 70, 3.º

Ajudante — Tenente, Julio Corte Real de Novaes, Campo de Santa Clara, 140, 4.º

Cirurgião-Mór — Antonio Ordaz d'Elvas Mascarenhas, rua de José Estevão, 99, 3.º

Cirurgião-ajudante — Antonio Augusto Carreira, rua do Conselheiro Pedro Franco, 15, 1.º

Thesoureiro — Aspirante da administração militar, Carlos Augusto da Silva Leitão, estrada do Arco do Cego, 78.

1.ª Companhia (Lisboa)

Capitão — João Ricardo Miranda Macedo e Brito, rua do Jardim de Tabaco, 23, 2.º

Subalternos:

Tenente, José Henrique Elias Quadrio Alvarenga, rua da Madre de Deus, 55, 3.º

Alferes, Carlos Alberto Pinto da Cruz, rua das Escolas Geraes, 132, 1.º

2.ª Companhia (Belem)

Capitão — Antonio Augusto de Sousa Bessa, rua das Trinas, 10, 3.º

Subalternos:

Tenente, Manoel d'Oliveira Gomes da Costa, Ericeira.

Alferes, João Augusto Coxado Martins, rua da Correnteza, 46, 1.º (Belem).

3.ª Companhia (Lisboa)

Capitão — José Jayme de Sousa Marques, Calçada do Salitre, 405, 1.º

Subalternos:

Tenente, Joaquim Roberto da Silva Talaya, rua das Amoreiras, 155, rez-do-chão.

Alferes, Pedro Prostes da Fonseca. rua de Paschoal de Mello, 145, 3.º

Alferes, Antonio Paulino d'Andrade, rua do Poço dos Negros, 131, 3.º

4.ª Companhia (Algés)

Capitão — Bernardo Antonio de Brito e Abreu, rua direita de Pedrouços, 78, 1.º

Subalternos:
Tenente, Miguel Victorino Pereira Garcia, rua das Amoreiras, 155, rez-do-chão.
Alferes da guarda fiscal, Arthur Pedro de Souza, rua Luz Soriano, 75.

Companhia de cavallaria (Lisboa)

Rua do Jardim do Tabaco

Capitão — Antonio José de Barros Vianna, rua dos Anjos, 34, 2.º
Subalternos:
Tenente, Ernesto Carlos Salgueiros, rua da Bempostinha, 31, 1.º
Tenente, Rodrigo Antonio Aboim Ascenção, quartel em Lisboa.
Tenente, Carlos Frederico Chateauneuf, calçada da Tapada, 22, 2.º

NB. A 4.ª companhia tem a sua séde na Figueira da Foz e a 6.ª em Cacilhas.

GUARDA MUNICIPAL DE LISBOA

Quartel — Calçada do Carmo

Commando geral

Comandante geral, general de divisão — José Joaquim Henriques Moreira, quartel do Carmo.
2.º commandante, coronel de infanteria — José Maria Smith Barruncho, quartel do Carmo.
Tenente coronel de cavallaria — D. Luiz M. de Almeida, quartel do Carmo.
Ajudante de campo do commandante geral, capitão de cavallaria — Joaquim José Ribeiro Junior, quartel do Carmo.
Ajudante de cavallaria, alferes — José Miguel de Carvalho, quartel do Carmo.
Ajudantes de infanteria, tenentes:
Julio Cesar Pimentel Perdigão, quartel do Carmo.
Leopoldo Gomes da Silva, quartel do Carmo.
Quartel-mestre, capitão — Francisco d'Assis H. Cortez, quartel do Carmo.
Cirurgião-mór — Emilio Antonio Rodrigues, rua da Bitesga, 16, 3.º
Cirurgião-ajudante — Abel Augusto de Campos Paiva, largo do Cabeço de Bolla, 20, 1.º D.
Veterinario de 1.ª classe — Joaquim das Neves Simões, rua Victor Cordon, 27.
Picador de 2.ª classe — Saturnino Bastos, rua Direita da Graça, 162, 1.º
Fiscal — Thomaz Eugenio de Almeida Cayolla, calçada da Gloria, 21, 1.º
Sargento-ajudante — Francisco Cardoso de Azevedo, quartel do Carmo.

Cavallaria

1.º Esquadrão

Quartel do Carmo

Capitão — José Celestino da Silva, quartel do Carmo.
Tenente — Francisco Gonçalves Rebordão, quartel do Carmo.
Alferes:
Jeronymo J. Pereira, quartel do Carmo.
Antonio Candido Cordeiro Pinheiro Furtado Junior, quartel do Carmo.

2.º Esquadrão

Quartel do Cabeço de Bolla

Capitão — Gustavo Carlos Jalles, rua da Escola do Exercito, 28, 1.º
Tenente — Joaquim José Ferreira d'Aguiar, rua Joaquim Bonifacio, 10, 1.º
Alferes:
Domingos Joaquim Freire, largo do Cabeço de Bolla, 18, 1.º
Augusto Alexandre d'Oliveira, rua das Barracas, 14, rez-do-chão.

3.º Esquadrão

Quartel d'Alcantara

Capitão — Joaquim Antonio Marques, praça d'Acantara, 25, 2.º
Tenente — Frederico Leão Cabreira, quartel d'Alcantara.
Alferes:
João Roberto Pereira do Carmo, quartel d'Alcantara.
Francisco Carvalho Nogueira Junior, largo do Calvario, 22, 1.º

Infanteria

1.ª Companhia

Quartel do Carmo

Capitão — Julio Cesar Torres, Quartel do Carmo.
Tenente — Eduardo Ignacio da Camara, quartel do Carmo.
Alferes — Alvaro Marinho Falcão dos Santos, quartel do Carmo.

2.ª Companhia

Quartel dos Paulistas

Capitão — Pedro Celestino da Costa, quartel dos Paulistas.
Tenente — Carlos Felisardo das Neves Duarte, quartel dos Paulistas.
Alferes:
José Alfredo da Cunha Barros, quartel dos Paulistas.
Carlos Eugenio da Torre do Valle de Lacerda, rua d'Alegria, 48.

3.ª Companhia

Quartel dos Paulistas

Capitão — Joaquim Nicolau Rodrigues Aguas, quartel dos Paulistas.
Tenente — João Eduardo J. de Carvalho, rua da Atalaya, 35, 2.º
Alferes:
João Carlos Nogueira de Chaby, travessa da Condessa do Rio, 14, 1.º
Manuel Pereira da Silva, rua dos Poyaes de S. Bento, 23, 2.º

4.ª Companhia

Quartel da Estrella

Capitão — Matheus Luiz Thomaz de La Cueva, quartel da Estrella.
Tenentes:
Antonio Maria da Silva, quartel da Estrella.
Francisco Luiz d'Oliveira, quartel da Estrella.
Alferes — Antonio Joaquim de Andrade, rua de Saraiva de Carvalho, 142, 2.º

5.ª Companhia

Quartel dos Loyos

Capitão — José de Araujo Cerveira e Serra, rua de S. Bartholomeu, 3, 2.º
Tenente — Cesar Augusto Perestrello da França, quartel do Carmo.
Alferes:
Antonio Carlos de Mendonça, rua do Infante D. Henrique, 86, 1.º
Abilio Alberto da Costa Barradas, rua de Nossa Senhora da Gloria, 98, 3.º E.

6.ª Companhia

Quartel d'Alcantara

Capitão — Simão M. Ventura, quartel d'Alcantara.
Tenente — Alfredo Ferreira de Sousa Alvim, quartel d'Alcantara.
Alferes — José Fernandes Alves Junior, praça d'Alcantara, 33, 3.º
Picador honorario — João Gagliardi, rua da Escola Polytechnica.

HOSPITAL DA MARINHA

Campo de Santa Clara

Director — Manuel Rodrigues d'Oliveira, travessa d'Assumpção, 88 4.º
Medico sub-chefe — Alexandre Norberto Corrêa Pinto d'Almeida, rua da Procissão, 147.
Medicos internos:
José Pocariça da Costa e Freire, rua de S. Marçal, 115, 1.º
Francisco Xavier da Silva Telles, rua do Olival 178, 2.º
Luiz Augusto Campos Vidal, rua de S. Julião, 7, 2.º
Antonio Pereira de Paiva e Pona, rua de S. Francisco de Paula, 84, 2.º
Sebastião Peres Rodrigues, rua de S. Bartholomeu, 3, 3.º
Facultativos interinos:
Augusto José das Neves, rua de Paschoal José de Mello.
Alfredo Schultz, rua da Barroca 72, 2.º
Anacleto d'Oliveira, rua Nova da Palma, 95, 1.º
Facultativo das enfermarias da guarda municipal — Emilio Antonio Rodrigues, cirurgião-mór do exercito, rua da Bitesga, 16, 3.º
Pharmaceuticos navaes:
Chefe do serviço pharmaceutico — Carlos Augusto da Roza Leal, rua das Gaveas, 91, 2.º
2.ª classe — Bento Pereira Pedroso, Campo de Sant'Anna, 49, 2.º
Capellão (de 2.ª classe da armada) Joaquim Antonio de Sant'Anna, largo da Graça, 20.

Repartição de Contabilidade

Chefe — Candido Augusto Xavier, 2.º official de fazenda addido, rua do Paraizo, 28, 2.º
Amanuense — João Candido Ramires, rua do Salvador, 42, 3.º
Encarregado das arrecadações — José Antonio da Silva, *3.º official de fazenda addido*, travessa das Monicas, 45, 2.º

HOSPITAL MILITAR PERMANENTE DE LISBOA

Largo da Estrella

Director — cirurgião de brigada, Guilherme José Ennes, rua do Livramento 50, 1.º
Facultativos — Os cirurgiões-móres e ajudantes dos corpos de guarnição.
Pharmaceutico — Anthero da Costa e Oliveira, (pharmaceutico de 1.ª classe), rua de S. Filipe Nery, 102.
Capellão — Domingos José de Almeida, rua de S. Bernardo, 13.
Secretario amanuense — Antonio Joaquim da Costa.
Fiel — José Pereira, travessa da Oliveira, 30.
Enfermeiro-mór — Manuel Jacintho d'Amaral, Hospital.

DEPOSITO DE MEDICAMENTOS DO EXERCITO

Director interino — Francisco Maria de Carvalho, rua de S. Felix, 76, 2.º
Pharmaceutico ajudante — Sebastião Antonio Delrisco, rua de S. Pento, 297.

DEPOSITO DE ROUPA E MATERIAL SANITARIO

Cirurgião-mór — José Anacleto Gonçalves, rua das Trinas, 135, 1.º
Escripturario — Antonio de Fontes Pereira de Mello, travessa da Bella-Vista 9, rez-do-chão.

HOSPITAL REAL DE S. JOSÉ E ANNEXOS

ADMINISTRAÇÃO

Enfermeiro-mór. — Conselheiro João Ferraz de Macedo, travessa do Almada, 12, 2.º
  Adjuntos:
Conselheiro Jacintho Eduardo de Brito Seixas, rua do Ferregial de Baixo, 3, 2.º
Alfredo de Castro, rua da Palma, 164, 2.º

CONTADORIA

Secretario da administração. — Dr. José Joaquim da Resurreição, travessa da Cruz aos Anjos, 13.
Chefe da contabilidade. — Cárlos Odonell Hearn, rua de Santa Martha, 94.
Chefe de secção da receita. — Luiz Carlos Leão Trinité.
  2.ᵒˢ *Escripturarios:*
Agostinho José Evaristo de Sequeira Quaresma, rua de Entremuros, 31.
Francisco Lopes da Silva Gomes.
João Antonio Soares, rua de S. Filippe Nery, 8, 2.º
Pedro Baptista Ribeiro, rua de José Estevam, 32, 4.º
  Amanuenses:
Aurelio Casimiro de Mello Ilharco, rua da Inveja, 6, 5.º
Julio Cesar de Montaury, rua de Gomes Freire, 47.
Luiz Magalhães Fonseca, estrada do Arco do Cego.
Alfredo José Vieira da Cruz, largo do Tabellião, 6, 1.º
Luiz Frederico Bartholomeu.
Antonio Maria Pinto de Oliveira, rua do Desterro, 35, 2.º
Manuel José Teixeira.

Thesoureiro. — João Carlos da Costa Falcão, calçada de Sant'Anna, 195, 3.º

Fiel da thesouraria. — Manuel Lourenço, calçada do Monturo do Collegio, 5. 1.º

Porteiro da contadoria. — Antonio Avelino de Almeida da Costa Moreira, rua do Arco da Graça, 83, 1.º

Continuo. — Vicente Firmino de Abreu, pateo do Desterro, 15.

Escrivão do cartorio das capellas. — Miguel Maria Semedo, estrada de Sacavem, 50, 1.º (Arieiro).

Ajudante do dito. — Vago.

Advogado e syndico. — João Carlos Massa, rua do Alecrim, 65, 2.º

Solicitador. — Vago.

CASA DOS ASSENTAMENTOS DOS ENFERMOS

Escrivão. — José Amaro da Costa, calçada do Collegio, 20, 1.º
  Ajudantes:
1.º Julio Roberto de Freitas, rua do Terreirinho, 52, 3.º
2.º Vago.

BANCO DO CURATIVO

Cirurgião director. — Dr. Eduardo Augusto Motta, calçada da Estrella, 18, rez-do-chão.
  Cirurgiões:
Dr. Carlos Barral Filippe, rua do Ouro, 292, 1.º
Joaquim Evaristo de Almeida, rua de S. Filippe Nery, 48, 2.º
Manuel Antonio Moreira Junior, rua da Gloria, á Avenida, 21.
Dr. Luiz da Camara Pestana, travessa do Patrocinio, 15, á Estrella.
Dr. Julio Arthur da Silva Gomes, rua Augusta, 120.
Dr. Antonio Carlos Craveiro Lopes, rua da Imprensa Nacional, 22, 2.º
Dr. Guilherme Arriaga, Junqueira, collegio Arriaga.
Dr. Francisco Avelino Monteiro, rua da Créche, 14, 2.º, Alcantara.

INTERNOS QUINTANISTAS

Chefe dos internos. — Dr. Augusto Cesar de Almeida de Vasconcellos Corrêa, rua de S. Francisco de Paula, 20.
  Internos quintanistas:
Manuel da Costa Rocha; no edificio do Hospital de S. José.
Joaquim Luiz Martins, no edificio do Hospital de S. José.
João Silvestre de Almeida, no edificio do Hospital de S. José.
Carlos Bello de Moraes, no edificio do Hospital de S. José.
Thomaz de Mello Beyerer, Junqueira, 347.
Luiz Villas, rua da Esperança, 224.
Antonio Joaquim Judice Cabral, Hotel Saavedra.
Eduardo da Costa Oliveira, rua de S. Filippe Nery, 102.
  Enfermeiros do banco:
José Joaquim da Rocha, travessa do Monte do Carmo, 28, 2.º
José Bernardo, calçada do Forno do Tijolo, 3, 2.º
Julio Nunes de Barros, largo do Chafariz de Andaluz.

FACULTATIVOS DIRECTORES DE ENFERMARIAS

Santo Onofre, Dr. Joaquim Theotonio da Silva, rua do Ferregial de Cima, 12, 1.º
S. Luiz, Dr. Francisco Augusto de Oliveira Feijão, rua de S. Felix, 26, á Lapa.

S. Miguel, Dr. José Thomaz de Sousa Martins, rua de S. Sebastião das Taipas, 1.

S. João Baptista, Dr. Francisco Alberto de Oliveira, rua do Alecrim, 75, 2.º

S. Roque, Dr. Manuel Nicolau de Bettencourt Pitta, calçada dos Caetatanos, 48.

Santa Isabel, Dr. Procuro José de Gouveia, rua da Quintina, 16, 1.º

S. José, Dr. Alberto Antonio de Moraes de Carvalho, rua Nova da Palma, 95.

Santo Antonio, Dr. José Curry da Camara Cabral, rua dos Cardaes de Jesus, 108.

Santo Amaro, Dr. Antonio Germano Falcão de Carvalho, rua de Santa Anna, á Lapa, 24.

S. Bernardo, Dr. Caetano Maria Ferreira da Silva Beirão, rua Formosa, 48.

Variolosos, Dr. Casimiro Simão da Cunha, calçada de S. João Nepomuceno, 27.

Santa Joanna, Dr. João Cypriano Ferreira, rua Nova da Palma, 33, 2.º

S. Sebastião, Dr. Duarte Augusto de Abranches Bizarro, rua dos Anjos, 77.

Santa Emilia, João Quintino de Avellar, travessa d'Assumpção, 52, 1.º

S. Francisco, Dr. Gregorio Rodrigues Fernandes, rua dos Fanqueiros, 286, 3.º

BOTICA

Director. — Claudino José Vicente Leitão, rua da Cruz dos Poyaes, 52.
Pharmaceuticos:
Manuel Cordeiro Manso, largo de Arroyos, pharmacia.
Emilio Manuel Fragoso, rua do Soccorro de Cima.
Fiscaes da enfermaria:
Ricardo Dias Henriques, no edificio do Hospital.
Antonio Feliciano de Oliveira Pombinho, rua de Passos Manuel.
Administrador da dispensa. — Antonio Avelino Pereira de Moraes, rua do Passadiço, 109.
Fiel da dita. — José Miguel da Matta, estrada de Sacavem, Arieiro.
Administrador da cosinha. — José Loureiro Pires Borges, rua da Bempostinha, 112, rez-do-chão.
Ajudante. — José Maria de Mendonça, calçada do Monturo do Collegio, 2, 2.º
Director da lavanderia. — Joaquim Dias Henriques, edificio do Hospital de S. José.
Ajudantes:
Luiz Filippe Maria Frazão, rua de S. Lazaro, 66.
Francisco Pereira Serrinha, rua da Escola do Exercito, 10, loja.
Administrador do deposito da fazenda. — José da Rosa Ribeiro, rua Larga de S. Roque, 84, 2.º
Fiel do deposito. — Julio José de Oliveira, rua Larga de Roque, 84, 2.º
Ajudante do fiel do deposito. — Miguel Bernabé Vieira, praça do Principe Real, 99.

FACULTATIVOS EXTRAORDINARIOS

Secção medica:
Dr. Antonio Mendes Lages, calçada do Marquez de Abrantes, 38.
Dr. Joaquim de Mattos Chaves, travessa da Parreirinha, 8.
Dr. Francisco da Costa Felix, rua dos Bacalhoeiros, 151, 1.º
Dr. Jayme Adolpho Mauperrin Santos, calçada do Duque, 20.
Dr. Carlos Joaquim Tavares, rua da Quintinha, 99, rez-do-chão.
Dr. Nuno Antonio Coelho de Vasconcellos Porto, rua da Junqueira, 29.

Dr. Virgilio Cesar da Silveira Machado, praça do Principe Real, 96, 2.º
Dr. Eduardo Burnay, rua da Junqueira, 9.
Dr. Alfredo Luiz Lopes, calçada do Combro, 61.
Dr. José Eduardo Pragoso Tavares, rua Nova do Almada, 95, posto medico.
Dr. Eduardo de Abreu.
Dr. João Henriques Dias Chaves, rua da Saudade, 8, 2.º
Dr. Antonio Eduardo da Costa, rua das Pretas, 47, 2.º
Dr. José Agostinho Maria de Sousa, praça da Alegria, 58, 2.º
Dr. Zepherino Candido Falcão Pacheco, rua Barata Salgueiro, 9, 1.º
Dr. Francisco Maria Esteves da Fonseca, rua Nova de S. Mamede, 31.
Dr. Estevão Francisco Torres de Carvalho, rua de Santa Martha, 133, 2.º — D.
Dr. Antonio Maria de Bettencourt Ruiz, rua da Imprensa, á Estrella, 3.
Secção cirurgica:
Dr. Miguel Augusto Bombarda, Paço da Rainha, 56, 1.º
Dr. Sabino Maria Teixeira Coelho, calçada do Carmo, 6, 3.º
Dr. Pedro Antonio de Bettencourt Raposo, calçada da Tapada, 19 — A.
Dr. Guilherme Maria da Silva Jones, rua de S. Felix, 14.
Dr. José António Serrano, Casa de Saude Lisbonense, a Entremuros.
Dr. Arthur Ravara, rua Larga de S. Roque, 17, 2.º
Dr. Francisco dos Reis Stromp, largo do Intendente, 19, 1.º
Dr. Alfredo dos Santos Figueiredo, largo do Conde Barão, 10, 1.º
Dr. Manuel Vicente Alfredo da Costa, rua do Duque de Bragança, 10, 3.º
Dr. Manuel Maria Bordallo Prostres Pinheiro, rua Nova dos Martyres, 101, 2.º

EGREJA

Cura. — Padre João Antonio Rebello, rua da Prata, 214, 3.º, esquerdo.
Coadjutor. — Padre José Antunes Serra, calçadinha do Tijolo, 48.
Capellão e confessores:
Antonio Augusto Pires, rua dos Lagares, 70, 2.º
José Alves da Costa Rato, rua da Bempostinha, 113.
José Novaes Damião, estrada de Sacavem, 21, rez-do-chão.
João Antonio Pires Monteiro, rua dos Fanqueiros, 226, 3.º
Manuel Coelho Puppe Espada, rua da Graça, 56, 1.º
Francisco Xavier Garcia, extincto convento de Sant'Anna.

HOSPITAL DO DESTERRO E S. LAZARO

FACULTATIVOS DIRECTORES DAS ENFERMARIAS

S. Lazaro. — Dr. José Joaquim da Silva Amado, rua Nova de S. Mamede, 63.
S. Fernando. — Vago.
1.ª Secção. — Abilio Pinto de Mascarenhas, rua Nova do Amparo, 17, 2.º
2.ª Secção. — Conselheiro José Antonio de Arantes Pedrosa, rua das Flores, 33.
Nossa Senhora da Piedade. — Director, Alfredo Schultz, rua do Ferregial de Baixo.
Santa Maria Magdalena:
1.ª Secção. — João Guilherme Torcato dos Reis Campos, rua da Rosa, 162, 1.º
2.ª Secção. — Francisco Antonio Ferreira Fronteira, rua de Paschoal José de Mello, 16, 2.º

Internos quintanistas:
João Barral, rua de S. José, 141, 2.º
José Maria Marreiros, no edificio do Hospital.
João Delphim de Mattos Rivara, no edificio do Hospital.
Fiscal. — João de Carvalho Serrinha, rua da Palma, 206, 2.º
Coadjutor. — Padre Manuel da Costa Azevedo, carreirinha do Soccorro, 24, 2.º

HOSPITAL ESTEPHANIA

Para crenças e mulheres

FACULTATIVOS, DIRECTORES DAS ENFERMARIAS

Santa Catharina. — Dr. Adolpho Bernardo Frolich Lahmeyer, rua da Santissima Trindade, 56, 2.º
Sant'Anna. — Dr. Francisco Figueira Freire, rua de Santo Antão, 61, 1.º
Nossa Senhora do Carmo. — Dr. Venancio Augusto Deslandes, rua da Escola Polytechnica, 129.
Santa Quiteria. — Dr. Joaquim José Rodrigues da Camara, rua das Chagas, 3.
Santa Margarida. — Dr. Antonio Maria Barbosa, rua do Monte de Santa Catharina, 9.
Santa Estephania. — Dr. Joaquim Eleuterio Gaspar Gomes, rua do Duque de Bragança, 30, 2.º
Interno quintanista. — Custodio Maria de Almeida Cabeça, no edificio do Hospital.
Pharmaceutico. — Alfredo da Silva Machado, no edificio do hospital da Estephania.
Administrador da cosinha. — João Zacharias da Costa Moreira, Campo dos Martyres da Patria, 124, 1.º
Ajudante do dito. — Julio Antonio de Mendonça, rua dos Anjos, 126, 3.º
Fiscal. — Antonio Pereira, no edificio do mesmo Hospital.
Ajudante do fiscal. — Antonio José de Lima, Hospital do Desterro.
Coadjutor. — Padre Sebastião Alves, rua dos Anjos, 95, 2.º
Enfermeiro do banco. — Verissimo Maximo Julio Ferreira, edificio do Hospital.
Ajudante do banco. — José de Sousa Pissarro.

HOSPITAL DE RILHAFOLLES

Director interino e medico interino da divisão de homens. — Dr. Antonio Mendes Lages, calçada do Marquez de Abrantes, 38.
Medico clinico da divisão de mulheres. — Dr. Carlos May Figueira, rua do Thesouro Velho, 18, 1.º
Cirurgião. — Dr. João Ferraz de Macedo, travessa do Almada, 12, 2.º
Escripturario. — Luiz Soares Vieira, rua de Rilhafolles, 29, 1.º
Amanuense. — Vago.
Fiel de fazenda e chefe de enfermeiros. — Antonio Ferreira Fronteira, no edificio.
Coadjutor. — Padre Manuel dos Santos Leal, no edificio do Hospital.
Enfermeiro. — Augusto Cypriano de Oliveira Peixoto, no edificio.
Enfermeira. — Maria Amalia Soares, no edificio.

Administrador da cosinha. — Vasco Joaquim de Carvalho Serrinha, rua da Escola do Exercito, 36, rez-do-chão.

Ajudante do dito. — João Augusto Lino Guimarães, no edificio do Hospital de S. José.

HOSPITAL VETERINARIO

Vidé instituto d'agronomia e veterinaria.

HYDRAULICA (DIRECÇÃO DA 3.ª CIRCUMSCRIPÇÃO)

RUA DE S. FRANCISCO DE PAULA, 15

DIRECTOR

Engenheiro — Adolpho Ferreira de Loureiro, travessa do Sacramento 16, 3.º

CHEFE DE DIVISÃO

Engenheiro — João Teixeira de Magalhães, calçada de S. Vicente, 86, 3.º

ADJUNTO

Engenheiro — Alvaro Kopk de Barbosa Ayalla, rua do conselheiro Pedro Franco, 28, 2.º

SECRETARIA DA DIRECÇÃO

Secção do expediente

Chefe — Fortunato Marques d'Oliveira, rua Direita das Amoreiras, 139, 2.º
Amanuenses:
Alfredo José da Fonseca, Praça do Principe Real, 25.
Rodrigo de Mendonça Pereira da Silva, calçada do Duque, 13, 3.º
Bernardino Jayme da Silva Freitas, calçada da Pampulha, 6, 2.º
Escripturarios:
José Joaquim de Castro Guedes, rua dos Anjos, 34, 1.º
Julio Cesar d'Almeida Navarro, rua do Sol ao Rato, 32, 1.º
Severiano Anthero Fernandes Alves, rua de S. Paulo, 29, 2.º
José Camillo Ribeiro Leite, calçada da Tapada, 51, 1.º
Alexandre Manuel Teixeira Pinto, rua do Ouro, 149, 2.º
Henrique Teixeira de Sampaio, travessa da Cruz de Soure, 25, 1.º, D.
Antonio d'Assumpção Pereira, travessa do Cotovello, 37, 2.º

Secção da contabilidade

Chefe — João Manuel de Carvalho, rua do Campo d'Ourique, 108, 1.º
Escripturarios:
Frederico Augusto dos Santos, rua do Sacramento, á Pampulha, 21, 5.º
Luiz de Mello e Castro, rua da Horta Secca, 9.
José Ferreira Braga, travessa do Athayde, 17, 1.º
Antonio José Maria, becco dos Cavalleiros.
Antonio Gomes do Espirito Santo, travessa da Arrochella, 51, rez-do-chão.

THESOURARIA E PAGADORIA

Thesoureiro-pagador — Diogo José Botelho da Cunha, rua da Imprensa Nacional, 45, 1.º
Proposto — Antonio Manuel da Silva Nogueira, Santarem.
Escripturario — Alfredo Candido Cordeiro, rua do conselheiro Pedro Franco, 14.

Secção de desenhadores

Desenhador-chefe — José Joaquim Moreira, largo da Graça, 82, E. F.
Desenhadores:
Augusto Guedes Quinhones, largo da Graça, 82, D.
João Victor Guedes de Mattos, rua da Junqueira, 247, 1.º
Matheus Victoria Menezes Toste, largo de Santa Luzia, 11.
Joaquim Eduardo Leotte, rua do Salitre, 187, 3.º
Ferramenteiros:
José Barreto, rua do Campo d'Ourique.
João Baptista d'Almeida, rua do Campo d'Ourique, 51.
Manuel Affonso Miranda Cardoso, Palma de Cima.
Continuo — Miguel Rios da Costa, rua de S. Christovão, 25, 2.º
Serventes:
Antonio d'Almeida, travessa de S. Placido, 42.
Francisco Augusto Gaspar, rua do Arsenal, 100, 4.º

1.ª Secção

Engenheiro-chefe — José Cecilio da Costa, rua de Santa Martha, 145, 1.º
Engenheiros:
D. Diogo Manuel de Noronha, rua da Trindade, 96.
Francisco Augusto Ramos Coelho de Sá, rua de S. Sebastião, á Praça das Flores, 26, 3.º
José Ermelindo Vieira de Sousa, rua Nova da Alegria, 9, 3.º
Victor Augusto da Encarnação, rua do Salitre, 370.
Conductor de 2.ª classe — Alfredo de Bettencourt e Mello, Cascaes.
Conductor de 3.ª classe — Julio Leopoldo Rosa, rua de S. Bento.
Conductor contractado — João Selina Machado, rua do Norte.
Desenhadores:
Antonio Castro Correia Cunha Rego, calçada do Marquez d'Abrantes, 76, 2.º
Carlos Augusto Lopes, rua das Pretas, 29, 2.º
Escripturarios:
Bento da Silva Almeida, travessa do Olival a Santos, 10, 1.º
Augusto Cabral, travessa do Fiuza, 27, 1.º
Antonio Augusto Gomes, travessa da Piedade, 37, 3.º
Antonio Ramos do Valle, calçada da Pampulha.
Fiel do deposito — Luiz Francisco Cardoso, travessa de S. Domingos, 40, 3.º
Continuo — Luiz Martins Conde, rua do Possolo, 54, 1.º
Servente — Antonio Pedro Teixeira, rua Formosa, 126, 4.º

2.ª Secção

Engenheiro-chefe — Henrique de Sousa Aleixo Paes, Praça d'Alegria, 7.

3.ª Secção

Chefe-conductor de 1.ª classe — Eusebio Ferreira Pinto, Vallada.

4.ª Secção

Engenheiro-chefe — Antonio da Conceição Parreira, Santarem.
Conductor de 3.ª classe — Luiz Antonio Granhão, Santarem.
Conductor contractado — Henrique Pedro Canavarro Guimarães, Santarem.

5.ª Secção

Chefe-conductor de 1.ª classe — Luiz Maria da Costa Ramos, Barquinha.

6.ª Secção

Chefe, coronel de cavallaria — João Nepomuceno de Macedo, Chamusca.

7.ª Secção

Chefe-conductor de 1.ª classe — Jacintho Ignacio Cabral, Aviz.
Conductor contractado — João Joaquim André de Freitas, Aviz.

8.ª Secção

Engenheiro-chefe — João Guedes Quinhones da Silveira de Mattos Cabral, largo d'Arroyos, 4.
Conductor de 2.ª classe — Joaquim Urbano de Sousa Carvalho, rua de S. Domingos á Lapa, 103, 1.º
Conductor de 3.ª classe — Joaquim Antonio Vital, rua das Olarias, 58, 1.º

9.ª Secção

Engenheiro-chefe — José Maria Cordeiro de Sousa, largo do Quintella, 12.
Conductores de 1.ª classe:
Aleixo Acacio Correia Neves, rua do Telhal, 64, 1.º
Francisco José d'Oliveira Ferreira, rua da Graça.
Capitão de infanteria — José Julio Martins Correia, rua de S. José, 126.
Desenhador — José Pinto de Carvalho, Lisboa.
Fiel de materiaes — Manuel Pinheiro, rua do Poço dos Negros, 62, 3.º
Escripturarios:
Carlos Adolpho Duro, rua da Creche, 16.
Edmundo Pereira de Sequeira Bramão, rua dos Anjos, Escola Central.
João Augusto Chaves Cruz, rua da Graça.
Servente — Domingos Gonçalves, rua do Livramento, 7.

10.ª Secção

Engenheiro-chefe — José da Paixão Castanheira das Neves, rua do Salitre.
Conductor — José Augusto Fiuza Maciel, rua do Duque de Bragança.
Amanuense — Manuel Luiz da Costa Affonso, Praça de D. Pedro, 116.
Servente — José Maria d'Abreu, rua de Ferreira Borges, 134, 4.º

12.ª Secção

Engenheiro-chefe — João Nepomuceno de Macedo Lacerda, rua da Quintinha, 35, rez-do-chão.
Engenheiros:
Antonio José Pereira Junior, rua do Cura, 24, 2.º
Gabriel Ferraz, rua dos Mouros, 58, 3.º

Antonio Ferreira da Silva Barros, rua dos Fanqueiros, 122, 4.º
Conductores:
Antonio Maria Paixão, pateo das cosinhas, em Ajuda.
Carlos Augusto Guedes Junior, rua do conselheiro Pedro Franco, 55, 2.º
Servente — Candido Manuel, rua das Trinas, 84, 5.º

IMPRENSA NACIONAL

Rua da Imprensa Nacional

Administrador geral — Conselheiro Venancio Deslandes, rua da Escola Polytechnica, 129 (edificio da Imprensa Nacional).

Contadoria

Contador — Francisco Angelo d'Almeida Pereira e Sousa, rua do Sol ao Rato, 2.
Escripturario — Alexandre Barreto, rua de Pereira e Sousa, 9, 1.º
Amanuenses:
Eugenio Theodorico Alexandrino Ré, rua da Paz á Ajuda, 113, 1.º
Antonio Norberto Monteiro, travessa de S. Mamede, 60, 3.º
Thesoureiro pagador — Antonio Lucio do Monte Pegado, rua da Penha de França, 74, 2.º

Officina typographica

Director — Augusto Cesar Pereira da Cunha, travessa do Monte do Carmo, 38, rez-do-chão.
Adjunto — Henrique José Duarte, travessa do Monte do Carmo, 41, rez-do-chão.

Revisão

Chefe — José Augusto da Silva, rua de S. Bento, 520, 2.º
Revisores:
José Manuel d'Assumpção Barreto, rua de Pereira e Sousa, 9, 1.º
Francisco de Paula da Annunciação Barreto, rua de S. Bento, 270, 3.º
Pedro Augusto da Fonseca Freitas, calçada da Estrella, 100, 2.º
Agostinho José da Costa, rua da Gloria, 27, 1.º, E.

Secção do «Diario do Governo»

Chefe — Joaquim Pedro das Neves, rua dos Prazeres, 54, 2.º
Revisores:
Antonio Joaquim d'Oliveira, travessa de Santa Quiteria.
Dr. Guilherme Celestino, rua das Amoreiras, 41, 1.º
Joaquim Antonio de Oliveira, rua da Imprensa Nacional, 4, 1.º
José Antonio Dias, travessa de Santa Quiteria, 64.
José Augusto da Silva, rua de S. Bento, 250, 2.º

Escola de composição

Mestre — Francisco Guilherme Tito da Silva, rua de S. Marçal, 72, 1.º, D.
Contra-mestre — Joaquim David Gomes, rua do Telhal, 23, 2.º

Impressão

Chefe de serviço — Francisco de Paula Nogueira, rua da Madre de Deus, 95, 2.º
Chefe de secção (encarregado do ensino) — João Francisco Saraiva, rua de S. Bento, 28, 1.º
Chefe de secção (tendo a seu cargo a officina de prélos mechanicos) — Carlos Morato Roma Cardoso, rua do Rato, 47, 2.º
Chefe de secção — Joaquim Maria da Cruz, calçada da Louça, 16, 4.º
Machinista — Januario Carlos Esteves, travessa da Piedade, 16, 1.º

Fundição de typos e gravuras

Director — Duarte Fernando Pinto Malaquias, rua de Arroyos, 247, 2.º
Contra-mestre — Francisco Antonio dos Reis Pinto, rua da Imprensa Nacional, 21, 1.º

Lithographia

Director — Matheus Ollegario da Costa e Sousa, rua de S. Bento, 11, 2.º
Contra-mestre — José Callaya, travessa das Salgadeiras, ao Campo dos Martyres da Patria, 10, 1.º

Armazem de typos

Fiel — José Antonio Dias, travessa de Santa Quiteria, 64.
Ajudantes:
Libanio Augusto de Sousa Amoedo, rua das Amoreiras, 63, 2.º
Antonio Rufino Ferreira, travessa das Terras de Sant'Anna, 14, 1.º, E.
Raphael Joaquim Gomes, rua da Cruz dos Poyaes, 41, 3.º

Armazem de livros e impressos

Encarregado — João Ribeiro Ferreira, calçada de Sant'Anna, 146, 3.º

Casa de venda de impressos e armazem de papel

Encarregado — João Carlos da Silva, rua de S. Bento, 343, 1.º

Casa do alçado

Chefe — Antonio Augusto da Silva, rua de Nossa Senhora da Conceição, 97, 1.º

Serviço de calandragem e assetinagem

Encarregado — Manuel Pereira Queimado, rua das Amoreiras, 60, 3.º
Porteiro — Vicente José da Costa, Alto do Longo, 38, 1.º

Administração do «Diario do Governo»

Rua dos Capellistas, no edificio do Ministerio do Reino

Encarregado da loja — Estulano José Galvão de Lacerda, calçada do Garcia, 6, 2.º
Amanuense — Jorge A. de Sousa, rua da Piedade, 57, rez-do-chão, E.
Praticante — José Campos de Oliveira, rua da Rosa, 149, 3.º
Encarregado do serviço do expediente — João Augusto de Bastos, rua de Fernandes Thomaz, 25, rez-do-chão.

INSPECÇÃO D'AGRICULTURA DA CIRCUNSCRIÇÃO DO SUL

Vidè direcção geral d'agricultura.

INSPECÇÃO GERAL DAS BIBLIOTHECAS E ARCHIVOS

No edificio da Bibliotheca Nacional de Lisboa
largo da Bibliotheca Publica

Inspector geral—Conselheiro, Antonio Ennes, rua dos Anjos, 49, 2.º
Inspector das bibliothecas—Luis Carlos Rebello Trindade, calçada do Castello Picão, 26, 2.º
Inspector dos archivos — Roberto Augusto da Costa Campos, rua da Conceição 10, á praça das Flores.
Professor de diplomatica — José Manuel da Costa Basto, rua da Conceição á praça das Flores, 10.
Professor de numismatica — Dr. José Leite de Vasconcellos Pereira de Mello, rua do Quelhas, 107, 2.º
Pofessor de bibliologia — José Antonio Moniz (interino), rua de S. Bento, 59, 3.º
Secretario — Thomaz Lino d'Assumpção, rua de Barata Salgueiro, 7, rez-do-chão.
Thesoureiro — José Joaquim d'Ascenção Valdez, calçada de S. João Nepomuceno, 12, 2.º
Archivista — Conde da Cunha, rua do Valle de Pereiro, 2, 1.º
  Amanuenses:
Balbino Manuel Pedro da Silva Ribeiro, rua do Principe, 63, 3.º
Antonio Joaquim de Oliveira, rua de S. Bernardo, 17, 1.º
  Praticantes:
Henrique José de Carvalho Prostes, calçada de Sant'Anna 195, 3.º
Arthur Antonio da Silva, rua do Valle de Santo Antonio, 173, 3.º
Continuo — Augusto Luiz Figueirôa Rego, rua Gomes Freire, 11, 1.º

INSPECÇÃO GERAL DE CAVALLARIA

No Edificio do Arsenal da Marinha

Inspector geral — general de brigada, Manuel Alves de Sousa, rua da Arriaga, ás Janellas Verdes, 14, 1.º-E.
Chefe do estado maior — Hugo G. de Lacerda Castello Branco, coronel de estado maior de cavallaria, rua da Bella Vista á Lapa, 17, 1.º
Ajudante de campo — Timotheo da Silva Neves de Sousa Alvim, tenente de cavallaria, rua d'Alegria, 1, 2.º
Chefe da 1.ª secção—Eduardo Julio G. capitão de cavallaria, Quinta Nova Campolide de Baixo.
Chefe da 2.ª secção — Augusto Sebastião de Castro Guedes Vieira, capitão de cavallaria, rua de S. José, 117, 1.º
  Adjunto:
Alfredo Augusto de Campos Carvalho, tenente de cavallaria, calçada do Monte, 47, 2.º

INSPECÇÃO GERAL DE INFANTERIA

No Edificio do Arsenal da Marinha

Inspector geral — Jorge Candido Cordeiro Pinheiro Furtado, general de divisão, rua da Cova da Moura, 65.
Chefe do estado maior — Eduardo Augusto Rodrigues Galhardo, tenente coronel de infanteria, Avenida da Liberdade, 192
Chefe da 1.ª secção — Antonio Luiz Teixeira Machado, capitão, largo dos Loyos, 14.
Chefe da 2.ª secção — João Antonio de Faria Pereira, capitão, rua das Escolas Geraes, 120, 1.º
Archivista — Alfredo Fernandes d'Abreu, alferes, travessa de Santo Antonio á Graça, 55, 1.º

INSPECÇÃO DE INSTRUCÇÃO PRIMARIA

1.ª circumscripção — Lisboa e Santarem

Inspector — Em Lisboa, José Quintino Travassos Lopes.
    Sub-inspectores:
Em Alemquer, vago.
Em Setubal, Manuel Martins da Costa.
Em Santarem, Manuel Cotrim da Silva Garcez.
Em Thomar, Joaquim Gomes de Jesus (padre).

2.ª — Porto e Aveiro

Inspector — No Porto, Manuel Francisco de Medeiros Botelho.
    Sub-inspectores:
Em Amarante, Augusto Candido Esteves (padre).
Em Penafiel, Julio Cesar de Lima.
Em Aveiro, Bento José da Costa.
Na Feira, João de Azevedo Ramos Paz.

3.ª — Coimbra e Leiria

Inspector — Em Coimbra, Manuel Duarte Areosa (bacharel).
    Sub-inspectores:
Em Arganil, Antonio Albino de Carvalho Mourão.
Nas Caldas da Rainha, Joaquim José da Trindade.
Em Leiria, João Maria da Fonseca e Castro.

4.ª — Braga e Vianna do Castello

Inspector — Em Braga, Antonio Simões Lopes.
    Sub-inspectores:
Em Guimarães, Antonio Joaquim Vidal.
Em Vianna do Castello, Jeronymo Maximino Guerra.
Em Valença, José Avelino Nunes de Azevedo.

5.ª — Bragança e Villa Real

Inspector — Em Bragança, Domingos Carvalho de Brito Queiroga.

Sub-inspectores:
Na Torre de Moncorvo, Manuel Dias da Silva.
Em Villa Real, Luiz Henrique de Almeida.
Em Chaves, João Maria Pereira Junior.

6.ª — Vizeu

Inspector — Em Vizeu, José Joaquim Coelho (bacharel).
Sub-inspectores:
Em Lamego, José Antonio Pereira da Silva Lapa.
Na Pesqueira, José Lopes de Araujo.
Em Tondella, Antonio de Bastos Cardoso Pinto.

7.ª — Guarda

Inspector — Na Guarda, José Maria Dantas de Sousa Baracho.
Sub-inspectores:
Em Gouveia, Bernardino Gomes de Almeida.
Em Trancoso, Alvaro da Fonseca Peres.

8.ª — Castello Branco e Portalegre

Inspector — Em Castello Branco, Augusto Francisco Correia de Sampaio.
Sub-inspectores:
Na Covilhã, João Francisco Gonçalves.
Em Portalegre, Severo Pires Marinho.
Em Elvas, José Maria da Conceição.

9.ª — Evora e Beja

Inspector — Em Evora, Antonio dos Reis.
Sub-inspectores:
Em Extremoz, Albino José de Moraes Ferreira.
Em Beja, Joaquim Pedro Maduro.
Em Mertola, Alfredo Augusto Martins.

10.ª — Faro

Inspector — Em Faro, Francisco Augusto de Quintanilha e Mendonça.
Sub-inspector — Em Lagos, Antonio Guilherme de Saldanha e Albuquerque.

11.ª — Açores

Inspector — Em Ponta Delgada, José Antonio Simões Raposo.
Sub-inspector — Na Horta, José Augusto dos Santos.

12.ª — Funchal

Inspector — No Funchal, João Manuel Pires Taborda.

INSPECÇÃO DE INSTRUCÇÃO SECUNDARIA

1.ª circumscripção — Lisboa, Santarem, Portalegre, Evora, Beja e Faro

Inspector — Lisboa, Dr. José Frederico Laranjo, rua do Salitre, 405.

Sub-inspector — Ilhas adjacentes, séde em Angra do Heroismo, Theotonio Simão Paim de Ornellas Bruges.

2.ª circumscripção — Coimbra, Aveiro, Leiria, Castello Branco Guarda e Vizeu

Inspector — Em Coimbra, dr. José Joaquim Fernandes Vaz.

3.ª circumscripção — Porto, Braga, Vianna do Castello Bragança e Villa Real

Inspector — Porto, dr. Gonçalo Xavier d'Almeida Garrett.

INSPECÇÃO PECUARIA

Vide Direcção Geral d'Agricultura.

INSPECTORES DE FAZENDA

DIRIGINDO AS REPARTIÇÕES DE FAZENDA DO CONTINENTE E ILHAS

Continente

Aveiro — Miguel Augusto Teixeira d'Araujo.
Beja — João Ferreira Alves.
Braga — Joaquim Albano de Freitas Corte Real.
Bragança — Vago.
Castello-Branco — Silvino Arthur Calheiros da Camara.
Coimbra — José Augusto Pereira Gonçalves.
Evora — Severiano Augusto Bizarro.
Faro — Antonio Avelino da Fonseca Ramalho.
Guarda — José Coelho de Andrade Santos
Leiria — Francisco Maria Gonçalves Holbeche Fino.
Lisboa — Henrique Francisco Bizarro, rua de Passos Manuel, 85.
Portalegre — Pedro d'Alcantara Quintella Ema.
Porto — José Cabral Correia do Amaral, (Bacharel).
Santarem — Antonio Augusto de Mattos Sarmento de Beja.
Vianna — Bacharel, João Eduardo Lobo de Miranda (interino).
Villa Real — João Gomes de Barros.
Vizeu — José Antonio d'Oliveira.

Ilhas

Angra — Vago.
Funchal — Francisco de Paula Serrea Prado.
Horta — Vago.
Ponta Delgada — Vago.

INSTITO D'AGRONOMIA E VETERINARIA

RUA DO INSTITUTO AGRICOLA

Secretaria

Director — Conselheiro João Ignacio Ferreira Lapa, rua Paschoal de Mello, 68, 1.º

Secretario — Augusto José Henriques Gonzaga, rua do Arco da Graça, 47, 1.º

Official da contabilidade — Theotonio Julio Pimenta Rodrigues, Estrada da Luz, 1.

1.º Amanuense — Francisco Maria Pinheiro de Mello, travessa da Queimada, 32, 1.º

Conservador da bibliotheca — Hygino Gonçalves Pontes, rua de Santo Antonio dos Capuchos, 71, 3.º

Lentes cathedraticos

1.ª *Cadeira (Physica, meteorologia e geologia agricolas)* — Filippe Eduardo d'Almeida Figueiredo, travessa da Conceição, á Lapa, 10.

2.ª *Cadeira (Chimica applicada á agricultura, analyses de terras aguas e adubos)* — Luiz Antonio Rebello da Silva, Largo do Limoeiro, 10.

3.ª *Cadeira (Botanica agricola, physiologia vegetal, toxologia das plantas)* — D. Antonio Xavier Pereira Coutinho, travessa das Mercês, 54.

4.ª *Cadeira (Agricultura geral, culturas arvenses e horticolas)* — Sertorio do Monte Pereira, largo do Carmo, 20, 1.º

5.ª *Cadeira (Arboricultura, viticultura e sylvicultura)* — Henrique da Cunha Mattos de Mendia, rua Ariaga, 15.

6.ª *Cadeira (Microscopia, nosologia vegetal, entomologia agricola)* — José Verissimo d'Almeida, rua do Conselheiro Monte Verde, 54, 1.º

7.ª *Cadeira (Mechanica e sua applicação aos instrumentos e machinas agricolas, topographia)* — Conselheiro Augusto José da Cunha, rua das Salgadeiras, 5, 2.º

8.ª *Cadeira (Hydraulica agricola, construcções ruraes)* — Manuel José Ribeiro, rua José Estevão, 14, 2.º

9.ª *Cadeira (Technologia agricola e florestal)* — Bernardino Camillo Cincinnato da Costa, rua do Duque de Bragança, 10, 3.º

10.ª *Cadeira (Economia, direito administrativo, legislição e contabilidade ruraes)* — Francisco Antonio Alvares Pereira, rua de S. Bento, 354, 3.º

11.ª *Cadeira (Zoologia agricola, zootechnia, hygiene e exterior dos animaes domesticos)* — Antonio Maria dos Santos Viegas, Edificio da Abogoaria.

12.ª *Cadeira (Anatomia descriptiva e teratologia)* — Joaquim Ignacio Ribeiro, rua Paschoal José de Mello, 65, 1.º

13.ª *Cadeira (Histologia e physiologia comparada dos animaes domesticos)* — João Viegas Paula Nogueira, rua Paschoal José de Mello, 66, 1.º

14.ª *Cadeira (Materia medica, pharmacologia, chimica medica e toxicologia)* — Antonio Augusto dos Santos, rua D. Estephania, 380, 2.º

15.ª *Cadeira (Anatomia pathologica geral, pathologia e therapeutica geraes)* — José Antunes Pinto, rua dos Martyres da Patria, 43.

16.ª *Cadeira (Pathologia especial, epizootias, chimica medica, direito veterinario)* — Vaga.

17.ª *Cadeira (Cirurgia obstetrica veterinaria, chimica cirurgica)* — João Ferreira da Silva, rua de D. Estephania, 37, rez-do-chão.

Preparador de chimica agricola — Cesar Justino de Lima, Alves, rua do Monte Olivete, 65, 1.º

Porteiro — Antonio H. Ribeiro, No edificio.

Guardas:

Francisco Antonio dos Reis, rua Gomes Freire, 159.

Jacintho do Costa Guilhão, no edificio.

Dionysio Peralta, rua de D. Estephania, 1.

Serventes:

Augusto Pereira, rua do Passadiço, 69, 2.º

José Martins, no edificio·

José Maria de Carvalho e Silva, rua do Sol, ao Campo de Sant'Anna, 60.

Luiz Pinto d'Almeida, estrada da Charneca, 27.
José Pereira Alves, rua da Procissão, 113.

Hospital veterinario

RUA DO INSTITUTO AGRICOLA

Director — Antonio Roque da Silveira, Hotel Borges.
  Facultativos clinicos:
Manuel Diogo da Silva, largo d'Arroyos, 6, 3.º
José Anastacio Monteiro.
Domingos Rodrigues Annes Baganha.
Official — José Augusto de Mello, praça da Alegria, 2, rez-do-chão.
Pharmaceutico — Augusto d'Oliveira Abreu, rua do Diario de Noticias, 76.
Amanuense — Adrião José Alvares, rua dos Prazeres, 19, 1.º
Fiel — Aureliano Frederico Goes, rua Estephania, 57, 3.º
  Enfermeiros:
Augusto Mendes Barata, no Edificio.
Antonio José da Costa, idem.
Mestre siderotechnico — Antonio Pedro Correia, rua do Sacramento, á Cruz do Taboado, 149, 1.º
  Serventes:
Joaquim Antonio Nazareth, rua Direita d'Arroyos, 24, loja.
Joaquim Pinto Ribeiro, rua Paschoal José de Mello 62.
  Tratadores:
Joaquim Bento
Antonio Pinheiro d'Oliveira.
Benjamin da Silva.   No edificio.
Manuel Ventura.
Francisco d'Andrade.
José Maria dos Santos.
Porteiro — José Francisco da Silva, rua de Martim Vaz, 7, 1.º
Aprendiz da officina — Julio Cesar Amaro.

INSTITUTO INDUSTRIAL E COMMERCIAL DE LISBOA

RUA BOA VISTA

Director – Luiz Prophirio da Matta Pegado, rua Nova da Alegria, 94, 1.º (dentro do pateo).
1.ª *Cadeira* — *De rudimentos de mathematica.*
2.ª — *De physica-chimica* (lente auxiliar) — Severiano Augusto da Fonseca Monteiro, rua de S. Marçal, 188.
3.ª — *De mechanica* (lente auxiliar), José Gonçalves Pereira dos Santos, rua Corrêa Telles, 27, 3.º
4.ª (1.ª parte) *De mathematica* (lente cathedratico) Dr. João Ignacio do Patrocinio da Costa e Silva Ferreira, rua de Santo Antonio, 37, 1.º
4.ª (2.ª parte) — *De mathematica* (lente cathedratico) — Joaquim Heliodoro da Veiga, rua dos Caetanos, 7.
5.ª — *De geometria descriptiva* (lente cathedratico) — Frederico Ressano Garcia, estrada de Sacavem, hotel Arieiro.
6.ª — *De mathematica superior* (lente cathedratico) — Conselheiro Elvino José de Sousa Brito, rua dos Cardaes de Jesus, 30, 3.º
7.ª — *De physica* (lente cathedratico) — Francisco da Fonseca Benevides, pateo do Bragança, 1.

8.ª — *De electrotechnia* (lente cathedratico) — Paulo Benjamim Cabral, rua Ivens, 5, 3.º

9.ª — *De chimica mineral* (lente cathedratico) — Virgilio Cesar da Silveira Machado, praça do Principe Real, 96.

10.ª — *De technologia chimica* (lente cathedratico) — José Julio Rodrigues, rua Castilho, 12.

11.ª — *De zoologia* (lente cathedratico) — Jayme Adolpho Mauperrin Santos, no edificio da Escola Academica, calçada do Duque.

12.ª — *De mathematica* (lente cathedratico — João Candido de Moraes, rua Serpa Pinto, 101, 3.º

13.ª — *De materiaes de construcção* (lente cathedratico) — Antonio Eduardo Villaça, rua de José Estevão, c.

14.ª — *De estradas, caminhos de ferro, etc.* (lente cathedratico) — Antonio Maria d'Avellar, travessa do Cabral, 65.

15.ª — *De mineralogia* (lente cathedratico) — Alfredo Bensaude, largo de Santa Isabel,

16.ª — *De artes e minas* (lente cathedratico) — Francisco Ferreira Roquette, rua de S. Francisco de Salles, 64.

17.ª — *De desenho liniar, ornato, figura, etc.* (professor effectivo) — Manuel Macedo Pereira Coutinho, rua de Fernandes Thomaz, 48, 3.º

18.ª — *De desenho de machinas, etc.* (lente cathedratico) — Francisco Felisberto Dias Costa, rua de Arroyos, 26.

19.ª — *De desenho architectonico, etc.* (professor effectivo) — Antonio Thomaz da Fonseca, rua Serpa Pinto, 31.

20.ª (1.ª parte) — *De geographia* (lente cathedratico) — José Candido Correia, rua da Escola Polytechnica, 2.

20.ª (2.ª parte) — *De geographia* (lente cathedratico) — Carlos Baptista Pereira de Mello, rua da Quintinha, 80, 1.º

21.ª — *De economia politica* (lente cathedratico) — Luiz de Almeida Albuquerque, rua de Belver, 3.

22.ª — *De contabilidade commercial* (lente cathedratico) — Rodrigo Affonso Pequito, rua de S. Bento, 510, 1.º

23.ª — *De francez* (professor effectivo) — Frederico Dours Chauti, rua da Bella Vista, á Lapa, 33, 1.º

24.ª — *De inglez* (professor effectivo) — Augusto José de Castro, largo do Rato, 14, 2.º

25.ª — *De allemão* (professor effectivo) — Augusto Carlos Ferreira, rua da Boa Vista, 77.

26.ª — *De materias primas* (lente cathedratico) — Fernando Mattoso dos Santos, rua dos Cardaes de Jesus, 30.

27.ª — *De direito commercial e maritimo* (lente cathedratico) — Conselheiro Francisco Antonio da Veiga Beirão, rua Formosa, 48.

28.ª — *De operações financeiras* (lente cathedratico) — Luiz Feliciano Marrecas Ferreira, rua do Monte Olivete, 67.

Lente auxiliar da 4.ª cadeira — José Maria Greenfield de Mello, rua da Arrabida, 26-F.

Professor auxiliar das 17.ª e 19.ª cadeiras — Francisco Mendes Junior, rua de Passos Manoel, 89, 2.º

Professor auxiliar da 24.ª cadeira — Alfredo King, rua de S. Domingos á Lapa, 39.

Secretario — Alberto Braga, rua da Trindade.

1.º official — Manoel da Silvo Gaio, travessa da Fabrica das Sedas, 7.

Contador — Jeronymo Fontoura de Carvalho, rua do Carmo, 39, 4.º, D.

Guarda-livros — Alfredo Barbosa dos Santos, praça das Flores.

Conservador — Thomaz Tolento, rua da Boa Vista, 102, 1.º

Preparadores:

De chimica — Miguel Ventura da Silva Pinto, rua de S. Joaquim.

De eletrotechnia — Adolpho Soares Franco, rua da Lapa, 69.
De mechanica — Ernesto Augusto Ferreira, rua de Pereira e Sousa, 14.
De construcções — Guilherme Gonçalves de Mendonça, rua de S. João da da Matta, 35, 4.º
Repetidor da 5.ª cadeira — Joaquim José Bragança, rua Thomaz da Annunciação.
Amanuenses:
Accacio Abilio de Sá, rua das Olarias, 66, 4.º E.
João Maria d'Areu, rua da Piedade, 13.
Rodrigo Maria José Pinto, rua do Prior, 48, 3.º
Adelino Augusto Ribeiro, rua do Machadinho, 43, 3.º
Director da officina de instrumentos de precisão — José Mauricio Vieira, rua de S. Paulo 172, 2.º
Sub-director da officina de instrumentos — Francisco de Paula e Mello, rua do Olival, 253, 4.º
Porteiro — Gedião da Visitação Tovar Sá Pereira da Cunha, rua do Patrocinio, 26, 2.º
Guardas:
José Rodrigues, rua de Buenos Ayres, 32, 2.º
Joaquim d'Andrade, rua do Caes de Santarem, 32, 2.º
Antonio Vicente da Conceição, rua do Olival, 68, 2.º
Antonio de Azevedo, rua das Olarias, 50, 2.º
José Antonio de Sousa, calçada do Monturo do Collegio, 4.
Pedro Pereira Rangel, rua de S. Joaquim, 15.
Carlos Vito Pereira, rua de S. Felix, 55, 1.º
Antonio Maria d'Almeida Pimentel, travessa do Barbosa, 9, 2.º
Escripturario — Luiz Francisco Rissotto, rua de S. Sebastião da Pedreira, 169, 3.º
Praticante do laboratorio — Miguel Sertorio dos Santos Sousa, travessa das Parreiras, 48, 4.º
Mestre da officina de instrumentos — Aquilino José Maquineira, rua de Buenos Ayres, 42, 3.º
Serventes:
Antonio Luiz Torres, rua do Sol a Santa Catharina, 68, 1.º
Elias Pimenta, rua de Pedro Dias, 36, 1.º
Casimiro de Pena Gil, rua Nova da Palma, 69, 4.º
Henrique Marques, travessa da Porta do Carro.
João Gomes, rua do Carrião, 25.
Francisco dos Santos, rua de João Braz.
Ricardo Bento Rodrigues, calçada do Forno do Tijolo, 9, 2.º
Antonio Augusto Tavares, calçada da Gloria, largo do Oliveira, 5.
José Ferreira, calçada da Ajuda.

INSTITUTO DE OPHTHALMOLOGIA DE LISBOA

Campo dos Martyres da Patria, 151

Numero de camas, 50 — Consultas das 9 ás 11 horas só para os indegentes, recebe doentes internos

Director, professor — Dr. Gama Pinto, travessa do Carmo, 11.
Ajudante chefe de clinica — Dr. F. Meyer, no Instituto.

JUIZES DE PAZ DE LISBOA E SEUS ESCRIVÃES

Freguezias de Ajuda e Belem

Juiz — José Frederico Cyriaco dos Santos Taveira, rua dos Fanqueiros, 65, 3.º
Escrivão — Thomaz Ribeiro Fragoso, rua da Junqueira, 109.

DISTRICTO DE SANTA ENGRACIA

Freguezias de Santa Engracia e S. Vicente

Juiz — João Duarte Godinho, rua da Graça, 135.
Escrivão (interino) — J. M. de Jesus de S. Magalhães, Quinta dos Peixinhos, 5.

DISTRICTO DE SANTO ESTEVÃO

Freguezias de Santo Estevão, Castello, Santo André, S. Miguel e Beato

Juiz — Manuel da Silva Ribeiro, rua do Terreiro do Trigo, 12.
Escrivão, (interino) — João Baptista Caldas.

DISTRICTO DOS ANJOS

Freguezias dos Anjos, Soccorro e S. Jorge

Juiz — João Izidoro Caldas, rua dos Cavalleiros, 7, 2.º
Escrivão — Francisco Maria Belliter, rua de Arroyos, 6, 2.º

DISTRICTO DAS MERCÊS

Freguezias das Mercês e Encarnação

Juiz — Agostinho Rodolpho Sedrim, rua da Rosa, 182, 2.º
Escrivão — Francisco Candido da Costa, tribunal do Commercio, servindo interinamente João Carlos Moniz Saldanha Wazeller, calçada do Combro, 35, 1.º

DISTRICTO DA PENA E S. JOSÈ

Juiz — Angelino José Esteves Mathias, rua da Gloria (Avenida).
Escrivão — Hygino Gonçalves Pontes, rua de Santo Antonio dos Capuchos, 71, 3.º, D.

DISTRICTO DO SACRAMENTO

Freguezias do Sacramento, Martyres, S. Julião e S. Paulo

Juiz — Mathias de Senna Azevedo, rua de S. Paulo, 92.
Escrivão — José Maria Schiappa Azevedo, largo de S. Paulo, 12, 4.º

DISTRICTO DE S. MAMEDE

Freguezias de S. Mamede, S. Sebastião e Coração de Jesus

Juiz — Manuel Antonio Rodrigues, rua da Escola Polytechnica, 197.
Escrivão — Narciso Gomes Ribeiro, rua da Conceição á Praça das Flôres, 37, 1.º

DISTRICTO DE SANTA IZABEL

Freguezia de Santa Izabel

Juiz — Luiz Augusto Montes Pimentel e Silva, rua de S. Luiz, 73.
Escrivão — Jorge Luiz Satyro da Silva, rua de S. Marçal, 48.

DISTRICTO DE SANTOS O VELHO

Freguezias de Santos e Santa Catharina

Juiz — João Antonio Mamede Calixto, rua do Sacramento á Pampulha, 35.
Escrivão — João Carlos Moniz Saldanha Wanzeller, calçada do Combro, 35, 1.º

DISTRICTO DE S. PEDRO EM ALCANTARA

Freguezias de S. Pedro (Intra-muros) e Lapa

Juiz — Clemente Gonçalves de Cima, rua Direita de Alcantara, 125.
Escrivão — José Augusto Rosado Lage, rua da Esperança, 177, 1.º

DISTRICTO DE SANTA JUSTA

Freguezias de Santa Justa, Conceição Nova, S. Christovão e S. Lourenço

Juiz — Manuel da Costa Saragoça, rua do Ouro, 200, 1.º
Escrivão — José Francisco de Assis Almeida, rua do Paraizo.

DISTRICTO DE S. NICOLAU

Freguezias de S. Nicolau, Sé, Magdalena e S. João da Praça

Juiz — Antonio Saturnino de Almeida, largo de Santo Antonio da Sé, 8, 1.º
Escrivão — José Lourenço Sobreira, rua dos Retrozeiros, 78, 2.º

JUIZO CRIMINAL

No edificio da Boa Hora, rua Nova do Almada

1.º Districto

Juiz — Francisco Roberto d'Araujo Magalhães Barros, Avenida da Liberdade, 21, D.
Ministerio Publico — Os delegados de 1.ª e 2.ª varas.
Contadores — Os da 1.ª e 2.ª varas.
   Escrivães:
Joaquim Nobre Soares, calçada do Marquez d'Abrantes, 10, 2.º
Henrique Julio Dias, rua das Pedras Negras, 36, 2.º
Henrique Maria Moreira de Carvalho, rua da Escola do Exercito, 9, 1.º
   Officiaes de diligencias:
Joaquim Nicolau Ferreira, travessa de Sant'Anna, 3, 3.º
Augusto da Silva Pereira, becco das Cannas, 8.
João Antonio Lino de Sousa, rua do Passadiço, 13.

2.º Districto

Juiz — Lucio Augusto Xavier de Lima, rua da Emenda, 46, 2.º
Ministerio publico — Os delegados da 3.ª e 4.ª varas.
Contadores — Os da 3.ª e 4.ª varas.
  Escrivães:
Bernardo José Fragoso, rua da Junqueira, 60, (serve Faustino Antonio Pires), rua Augusta, 193, 5.º
Leonel Tavares de Mello, rua do Ferregial de Baixo, 5.
Adelino Pereira Simões de Lima, calçada Nova da Estrella, 13, 2.º
  Officiaes de diligencias:
Joaquim E. Ferreira Lopes, rua da Caridade, 11, (serve Alfredo Joaquim Viegas), travessa d'Agua Flor, 7, 3.º
Alexandre José Pacheco, rua de S. João da Matta, 85, 3.º
Antonio d'Almeida Abrantes, rua do Sol ao Rato, 85, 2.º

3.º Districto

Juiz — Antonio Rebello de Andrade Figueiredo, rua da Emenda, 26, 2.º
Ministerio publico — Os delegados de 5.ª e 6.ª varas.
Contadores — Os das 5.ª e 6.ª varas.
  Escrivães:
Accacio Joaquim de Oliveira Coelho, rua de S. Vicente á Guia, 31, 1.º
Filippe Eduardo Loureiro da Gama, Sete Rios, 11, rez-do-chão.
José d'Almeida Carvalho e Oliveira, (serve Fortunato de Jesus Pereira, rua do Loreto, 61.
  Officiaes de diligencias:
Luiz Augusto Peixoto, travessa de S. José, 27, (serve Alfredo Jayme Alves da Silva, rua de S. Marçal, 12.
Anthero Ribeiro da Costa Montenegro, rua da Esperança, 111, 3.º, (serve Henrique-Roiz Gil, beco do Paulo Jorge, em Belem.
José da Costa, calçada da Tapada, 102.

Tribunaes auxiliares

1.º DISTRICTO — RUA DOS LAGARES

Juiz — Dr. Matheus Teixeira de Azevedo, largo da Graça.
Delegado — Dr. José Coelho da Motta Prego, Hotel Borges
Escrivães — Os do 1.º districto criminal.
  Escrivães ajudantes:
José Baptista Junior, rua do Sol ao Rato, 22, 1.º
Agostinho Joaquim de Oliveira Coelho, rua de S. Vicente á Guia, 31, 1.º
Manuel Caetano da Silva, travessa da Palha.
Officiaes de diligencias — Os do 1.º districto criminal.

2.º DISTRICTO — RUA SERPA PINTO, 45, 1.º

Juiz — Conselheiro Antonio das Neves Oliveira e Sousa, travessa do Arco de Jesus, 1, 1.º
Delegado — Dr. José Francisco Trindade Coelho, rua do Paschoal José de Mello, 66, 2.º
Escrivães — Os do 2.º districto criminal.
  Escrivães ajudantes:
Luiz Antonio Dias Pereira, calçada do Marquez d'Abrantes, 122, 2.º
Gervasio Maria Alves da Silva, Estrada de Sacavem.
José Maria de Macedo Castanheira, idem.

Officiaes de diligencias — Os do 2.º districto criminal.

3.º Districto — Rua de Santo Antonio (á Estrella)

Juiz — Dr. Eugenio Augusto Ribeiro de Castro, rua Larga de S. Roque, 81, 1.º
Delegado — Arnaldo Metello de Liz Teixeira, rua de Sant'Anna, 46.
Escrivães — Os do 3.º districto criminal.
 Escrivães ajudantes:
José Augusto Mendonça, rua dos Poyaes de S. Bento, 101.
Carlos Alberto Vidal, Santo Antonio dos Capuchos, 42, 2.º
Elpidio Pereira, rua Ferreira Borges, 1.
Officiaes de diligencias — Os do 3.º districto criminal.

JUIZO DE DIREITO CIVEL

No edificio da Boa-Hora, rua Nova do Almada

1.ª Vara

Juiz — Dr. Sebastião Carlos da Costa Brandão e Albuquerque, largo do Poço Novo, 27, 2.º
Curador — Dr. Abilio Xavier Pereira dos Santos, hotel dos Irmãos Unidos.
Delegado — João José Caldeira Pinto Geraldes, rua do Sol ao Rato, 22.
Contador — Dr. Henrique Ferreira, rua Nova do Almada, 25.
Distribuidor geral — José Augusto Victor, travessa de S. Sebastião, 28, 2.º, cartorio no tribunal.
 Escrivães:
Augusto Cesar Cardoso, rua da Boa-Vista, 102.
José Ignacio d'Abreu Moniz Serrão, largo do Poço do Borratem, 4, 4.º
Florencio José das Neves, rua da Bitesga, 41, 1.º
Theotonio Augusto Patricio Alvares, rua do Salitre, 109, 2.º
 Officiaes de diligencias:
José Antonio Lima Pereira, rua da Infancia, 6.
Antonio dos Santos Moreira, rua José Estevão, 32.
João Manuel da Fonseca, calçada da Patriarchal, 18.

2.ª Vara

Juiz — Conselheiro, Eduardo José Coelho, travessa de Santa Catharina, 4, 1.º
Curador - Dr. Abilio Xavier Pereira dos Santos, hotel dos Irmãos Unidos.
Delegado — Dr. Thomaz Pizarro e Mello Sampaio, rua d'Arriaga, 1.
Contador — José Heliodoro dos Reis e Sousa. Escriptorio, calçada de S. Francisco, 35, 1.º
 Escrivães:
Luiz Maria de Freitas, rua da Rosa, 295, rez-do-chão.
Francisco Augusto da Silva Coelho, rua larga de S. Roque, 66, 4.º
José Hypolito Braga, rua Formosa, 148, 1.º
Francisco Ferreira Garcia Diniz, praça do Loreto, 8, 3.º
 Officiaes de diligencias:
Antonio Joaquim Dias d'aguiar, rua do Poço dos Negros, 92, 1.º
Romão Francisco, calçada de S. Vicente, 105, 2.º

Julio Eduardo Barreiro dos Reis, (serve Manuel Luiz da Cruz, Telheiro de S. Vicente, 22.)

3.ª Vara

Juiz — Agostinho José da Fonseca Pinto, rua do Conde, 32, 1.º
Curador — Dr. Pedro Guimarães Barroso, rua 24 de Julho, 12, 3.º
Delegado — Francisco Xavier Cabral d'Oliveira Moncada, rua da Junqueira, 191, 2.º
Contador — Dr. Augusto Cesar Hermano da Cunha e Costa, rua Crucifixo, 7, 2.º
 Escrivães:
Guilherme Augusto de Vasconcellos Abreu, rua Barata Salgueiro, 15, 2.º, serve José Lopes Pinheiro, rua de S. Bento, 17, 2.º
Antonio Agostinho da Costa Batalha, rua do Ouro, 165, 3.º
Joaquim Ferreira Gomes Carneiro, rua de S. Mamede, 21, 2.º
José Augusto Junqueiro Junior, rua do Loreto, 42, 3.º
 Officiaes de diligencias:
Alberto dos Santos Costa, rua de S. Roque, 91, 2.º
Vicente Marques da Silva, rua das Trinas, 115.
Jeronymo Leitão Sequeira, largo Silva e Albuquerque, 26, 2.º

4.ª Vara

Juiz — Dr. Augusto José Pereira Leite, rua do Alecrim, 22.
Curador — Dr. Pedro Guimarães Barroso, rua 24 de Julho, 12, 3.º
Delegado — Francisco Mattoso Corte Real, rua do Duque de Bragança, 10, 2.º
Contador — José Maria Pereira, calçada de S. Francisco, 47, 1.º
 Escrivães:
Antonio Vieira, caes do Sodré, 84, 3.º
Adolpho Ferraz, travessa de Santo Ildefonso, 10.
José Theophilo de Miranda Leone, praça de D. Pedro, 59, 4.º
Joaquim Augusto da Silva Carvalho, rua do Bemformoso, 150, 1.º
 Officiaes de diligencias:
Alberto Maximo Pereira Torres, rua do Cruzeiro, 1.
José Gonçalves Rodrigues, rua de Pedro Dias, 25, 1.º
Antonio Caetano Madeira, rua de S. Lazaro, 134, 2.º

5.ª Vara

Juiz — João Roiz d'Araujo, rua de José Estevão, 43, 2.º
Curador — Dr. Caetano de Campos Andrade, travessa da Victoria, 74, 1.º
Delegado — Tito Vespasiano Castello Branco, rua Nova do Almada, 24, 2.º
Contador — Dr. Antonio Emilio Guerreiro d'Assumpção, rua da Prata, 141, 2.º
 Escrivães:
José Maria de Seita e Sá, rua de Domingos Tendeiro, Alcolena.
Carlos Augusto Marques, lado Occidental do Campo Grande, 192.
Antonio Patricio Alvares, travessa do Ferregial de Cima, 54, serve Luiz Maria dos Santos Freitas, travessa de Santo Ildefonso, 42, 1.º
Antonio Emygdio de Sá Nogueira, rua Nova do Carvalho, 71.
 Officiaes de diligencias:
Manuel Ferreira Pinto, largo das Olarias.
José Eduardo Paulino Pereira, na Porcalhota.
José dos Reis Brito e Silva, rua de S. Bento, 332, 1.º, serve Antonio Fernandes Paes, praça das Amareiras, 40.

6.ª Vara

Juiz — Luiz da Costa Azevedo Coutinho, Escadinhas de Santo Estevão, 15.
Curador — Dr. Caetano de Campos Andrade, travessa da Victoria, 74, 2.º
Delegado — Francisco Alarcão Velasques Sarmento, travessa de Santo Antonio, ás Janellas Verdes, 21.
Contador — Nicolau Camolino, calçada de S. Francisco.
  Escrivães:
Feliciano José Paes, rua Nova do Almada, 27, 1.º, serve Cesar Augusto Bello, rua de S. Mamede, 58.
Carlos Maria Padua, travessa do Barbosa, 9, 1.º
João Xavier de Carvalho, calçada do Marquez de Penafiel, 34, rez-do-chão.
João Marques d'Almeida, rua do Ouro, 165, 3.º
  Officiaes de diligencias:
João Nepomuceno Cardoso Loureiro da Gama, largo de Sete Rios, 11.
José Manoel de Barros, rua do Telhal, 22, 2.º
Joaquim José Gomes, rua de Nossa Senhora da Gloria, á Graça, 96, 2.º

JUNTA DA BULLA DA SANTA CRUZADA

Rua do Ouro, 100, 2.º

Commissario geral — Bispo de Bethsaida, D. Antonio Ayres de Gouvêa, rua do Ouro, 100, 2.º
  Deputados:
Conselheiro Jacintho Eduardo de Brito Seixas, director geral dos negocios ecclesiasticos, rua do Ferregial de Baixo, 3, 2.º
Conselheiro Eduardo Serpa Pimentel, rua Nova da Piedade, 55.
Dr. Manuel Rodrigues Lima, rua de S. Marçal, 25, 1.º
Conselheiro Augusto Cesar Ferreira de Mesquita, rua dos Cardaes de Jesus, 138, 2.º
Secretario geral — Bacharel Augusto Maria d'Almeida e Silva, pateo do Regedor, 7, 3.º
1.º official contador — D. Miguel Pereira Coutinho, rua Formosa, 99.
1.º official de secretaria — Francisco Rangel de Lima, rua Barata Salgueiro, 11, 2.º
2.º official thesoureiro — Augusto Gomes d'Araujo, rua do Ferregial de Cima, 27, 1.º
  2.ᵒˢ officiaes:
Francisco Gomes d'Amorim, rua Nova do Carmo, 69, 5.º
José Maria de Carvalho, rua de S. Marçal, 60, 1.º
Julio Augusto Ferreira de Andrade, rua dos Anjos, 216.
Francisco Justino Marques Nogueira, rua Ivens, 30, 2.º
Joaquim Augusto Lopes de Macedo, rua da Mãe d'Agua, 45.
Augusto de Sampaio Garrido, Cintra.
Porteiro — João Rodrigues, travessa de S. Marçal, 7, 1.º
Correio — José Rodrigues, rua de S. Roque, 92, 5.º

JUNTA CONSULTIVA DE MARINHA

Presidente — O ministro e secretario de estado dos negocios da marinha e ultramar.

Vogaes:
Conselheiro José Baptista d'Andrade, vice-almirante, commandante geral da armada, rua das Janellas Verdes, 76, 2.º
Conselheiro José Allemão de Mendonça Cisneiros de Faria, contra-almirante, director da Escola Naval.
Antonio de Sousa Pereira de Sampaio, contra-almirante, 1.º commandante do corpo de marinheiros da Armada.
Fernando Augusto da Costa Cabral, capitão de mar e guerra, commandante da escola pratica de artilheria naval, rua da Procissão, 104, 2.º
Conselheiro Manuel Joaquim Ferreira Marques, capitão de mar e guerra.
Cassiano Antonio Marques, engenheiro naval, chefe.

JUNTA CONSULTIVA DE OBRAS PUBLICAS E MINAS

No Ministerio das Obras Publicas

Presidente — O ministro.
Vice-presidente — Bento Fortunato de Moura Coutinho d'Almeida d'Eça, calçada de Santo André, 56.
Vogaes effectivos:
Conselheiro João Chrysostomo d'Abreu e Sousa, general, rua de S. João dos Bemcasados, 52.
Conde de Valbom, rua Nova da Trindade, 96.
Coronel João Joaquim de Mattos, rua de S. Paulo, 78, 4.º
José Augusto Cesar das Neves Cabral, rua de Rodrigo da Fonseca, 5,
Vogaes addidos:
Placido Antonio da Cunha e Abreu, general, calçada da Estrella, 69.
Francisco Maria de Sousa Brandão, general, calçada do Sacramento, 16.
Hermenegildo Gomes da Palma, general, rua Passos Manuel, 26, 1.º
Antonio Guedes Vilhegas Quinhones de Mattos Cabral, general, largo de S. Sebastião da Pedreira.
Manuel Vicente Graça, general, Estremoz.
Silverio Augusto Pereira da Silva, travessa do Arco a Jesus.
José Maria d'Almeida Garcia Fidié, rua dos Cardaes de Jesus, 45.
Manuel Raymundo Valladas, Alto do Pina, quinta do Alperche.
D. Antonio d'Almeida, rua do Paraizo, 21.
Joaquim Pires de Sousa Gomes, largo da Bibliotheca, 8.
Coronel Carlos Augusto de Abreu, rua de S. Bento, 311.
Pedro Victor da Costa Sequeira, rampa de Santos, 3.
João Anastacio de Carvalho, rua das Amoreiras.

Secretaria da Junta Consultiva de Obras Publicas

1.º official sub-chefe da repartição de industria servindo de secretario na junta consultiva — Ricardo Sylles Coutinho, rua da Gloria, 13.
Amanuense — Alexandrino Augusto da Silva, rua da Estephania, 372.
Addidos:
Francisco Saraiva da Costa Refoios, travessa do Caldeira, 7.
Leonildes Luiz Rodrigues, rua Rebello da Silva, 59.
José de Sousa Bastos, Avenida Estephania, 372, 1.º
Eduardo Jorge Alves, rua de S. João da Praça, 27, rez-do-chão.
José Theotonio da Silva, rua Nova do Carvalho, 38, 4.º
Manuel Thomaz da Motta Veiga, S. Domingos de Bemfica.

JUNTA CONSULTIVA DE SAUDE NAVAL

No Ministerio da Marinha

Presidente — O ministro e secretario de estado dos negocios da marinha e ultramar.
Vogaes:
Francisco José dos Santos Chaves, medico naval inspector, travessa da Espera, 7.
José Maria de Mello Dias, medico naval chefe, rua do Livramento, 57, 3.º-D.
Manuel Rodrigues d'Oliveira, medico naval chefe, travessa d'Assumpção, 88, 3.º
Conselheiro João Cesario de Lacerda, medico naval sub-chefe, rua Nova da Alegria, 48.
Alexandre Norberto Correia Pinto de Almeida, medico naval sub-chefe, rua da Procissão, 147.
Manuel Caetano da Silva Lima, medico naval sub-chefe, Cardaes de Jesus, 70, 1.º

JUNTA CONSULTIVA DE SAUDE PUBLICA

A's quartas e sabbados no Ministerio do Reino

Presidente — O ministro e secretario de estado dos negocios do reino.
Vice-presidente — Conselheiro José Eduardo de Magalhães Coutinho, praça de Vasco da Gama, Belem.
Vogaes:
Eduardo Augusto Motta, rua do Amparo, 24, 1.º
Joaquim de Mattos Chaves, rua Capello, 8.
Antonio Manuel da Cunha Belem, calçada da Estrella, 165.

JUNTA CONSULTIVA DO ULTRAMAR

No Ministerio da Marinha

Presidente — O ministro e secretario d'estado dos negocios da marinha e ultramar.
Vice-presidente — Conselheiro Francisco Joaquim da Costa e Silva, praça da Alegria, 28.
Vogaes:
Visconde de Arriaga, largo da Abegoaria, 26, 1.º
Conselheiro José Baptista de Andrade, rua das Janellas Verdes, 76, 2.º
Conselheiro Elvino José de Sousa e Brito, rua dos Cardaes de Jesus, 30, 3.º
Conselheiro Francisco Maria da Cunha, Alto do Poço, 30, Carnide.
Conselheiro Francisco Joaquim Ferreira do Amaral, rua D. Pedro V, 52, 4.º
Secretario — Visconde de Arriaga, largo da Abegoaria, 26, 1.º

JUNTA DO CREDITO PUBLICO

Praça do Commercio, lado do Norte

Presidente — Conde de Restello, rua Direita de Belem, 144.

Vogaes:
José Augusto da Gama, praça das Flores, 72.
D. Antonio C. do Carmo de Noronha, pateo do Lencastre.
José da Silveira Vianna, rua Ivens, 6.
D. Fernando Luiz de Sousa Coutinho, rua do Ferregial de Cima, 14.

JUNTA GERAL DO DISTRICTO DE LISBOA

No edificio do Governo Civil

Presidente — Visconde da Silveira, procurador por Cadaval, campo das Cebolas, 43.

PROCURADORES Á JUNTA

Alcacer do Sal — Joaquim Santos Coelho, Alcacer do Sal.
Alcochete — Antonio Centeno, rua do Olival.
Aldegallega do Ribatejo — José Maria dos Santos, rua de S. Julião, 32.
Alemquer — Antonio Maria Jalles, rua da Magdalena, 128.
Almada — Narciso Alves Xavier, Almada.
Azambuja — Francisco de Almeida Grandella, rua do Ouro.
Barreiro — Joaquim do Rosario Costa, Barreiro.
Cascaes — Mem Rodrigues de Vasconcellos, rua das Janellas Verdes, 36.
Cezimbra — Carlos Caldeira da Costa, Cezimbra.
Cintra — Antonio Maria Dias Pereira Chaves Maziotti, Collares.
Grandola — José Jacintho Nunes, Grandola.
Loures — Anselmo Braamcamp Freire, rua do Salitre.
Lourinhã — Joaquim José Maria de Oliveira Valle, Cruz Quebrada, 8.
Mafra — Antonio Estanislau Bernardes, Mafra.
Moita — Antonio José Gomes Netto Junior, caes do Sodré, 1.
Oeiras — José Joaquim Ferreira Lobo, rua de S. Bartholomeu, 4.
S. Thiago do Cacem — Francisco Alexandre de Vilhena, S. Thiago do Cacem.
Seixal — José Antonio Alves Ferreira, Seixal.
Setubal — Dr. Antonio Rodrigues Manitto.
Sobral de Monte Agraço — Ignacio Emauz do Casal Ribeiro, rua das Praças, 30.
Torres Vedras — Joaquim Gomes de Sousa Belford.
Villa Franca de Xira — Estevão Antonio de Oliveira Junior, rua de S. João da Praça, 97.

COMMISSÃO EXECUTIVA

Presidente — Estevão Antonio de Oliveira Junior.
Vogal — Antonio Centeno.
Secretario — Dr. Antonio de Oliveira Valle.

REPARTIÇÃO

Chefe — Luiz Bartholomeu de Sampaio, travessa de S. Sebastião, 26, 2.º
1.º official — Manuel Lourenço, rua Garrett, 36, 4.º
2.º official — João de Deus Rebello da Cunha, rua dos Poyaes de S. Bento, 46, 3.º
Amanuenses:
João Baptista Girou, rua de José Estevão, 49.
Constantino O'Neil, calçada de S. João Nepomuceno, 20, 1.º
Antonio Raymundo da Cunha e Silva, rua de S. Bento, 283, 2.º

Antonio Domingos do Nascimento Martins, rua Direita dos Anjos, 175, 1.º
Archivista — Jorge Cesar Dias de Seixas, rua da Escola Polytechnica, 77, 1.º
Thesoureiro — João do Rego Borges, rua Nova do Almada, 69, 3.º
Continuos:
Henrique Urbano Rodrigues, travessa da Estrella, 28.
João Baptista Jaquet, rua da Vinha, 65, 1.º
Antonio Alves Martins, calçada de S. João Nepomuceno, 10.
Correio a pé — Jacintho Augusto de Carvalho Caldeira.
Servente — José Dias de Oliveira, no edificio do Governo Civil.

JUNTA MILITAR SAUDE

Da 1.ª divisão militar, Hospital da Estrella

Cirurgião em chefe do exercito — Miguel Antonio da Conceição Dantas.
Cirurgião de divisão — Augusto Carlos Teixeira d'Aragão, rua do Salitre, 329.
Cirurgiões de brigada:
Francisco de Sousa Castello Branco, rua d'Alcantara, 131.
Antonio Manoel da Cunha Belem, calçada da Estrella, 165.
Guilherme José Ennes, rua do Livramento, 52, Alcantara.

JUNTA DE SAUDE NAVAL

Hospital da Marinha

Presidente — Francisco José dos Santos Chaves, rua Direita da Junqueira, 15, 2.º
Vogaes:
José Maria de Mello Dias, rua do Livramento, 15, 3.º
E o medico sub chefe.

LAZARETO DE LISBOA

Na Torre Velha

Inspector — Bacharel, Antonio Homem de Vasconcellos, no Lazareto.
Fiscaes:
Candido Theodoro Rodrigues Serra, no Lazareto.
Joaquim Pedro Ferreira, no Lazareto.
Ajudantes:
Joaquim Juhel Gomes Barbosa, no Lazareto.
Augusto Cesar de Mello, no Lazareto.
Amanuense – Antonio Augusto do Amaral Frazão, no Lazareto.
Facultativos dos impedimentos:
Bacharel Narciso d'Oliveira e Silva, no Lazareto.
João Victor d'Albuquerque, no Lazareto.
Domingos José Bernardino d'Almeida, no Lazareto.
Capellão — Antonio Joaquim Paes d'Almeida, no Lazareto.
Emprezario da hospedaria — Isidoro da Silva, no Lazareto.
Representante da empreza — Thomaz Serra, no Lazareto.

LICEU CENTRAL DE LISBOA

Largo do Intendente, 35

Reitor — Conselheiro José Joaquim da Silva Amado, rua de S. Mamede, palacio do marquez de Penafiel.
Secretario — Antonio José de Carvalho, travessa do Combro, 22.
Chefe de secretaria — José Simões Dias, rua da Esthephania, 20 G.

PROFESSORES EM EXERCICIO

Addidos:
Gaspar Joaquim Telles da Silva Menezes, rua de Santo Antonio dos Capuchos, 20, 1.º
Joaquim Maria Diniz Goulard da Silveira Macedo, rua da Esperança, 10, 2.º

1.º grupo:
Francisco Simões de Almeida, travessa da Victoria, 42, 3.º
Ventura Faria de Azevedo, rua do Arco da Graça, 58, 2.º
Manuel Gonçalves de Azevedo Franco, travessa do Maldonado, 16, 1.º
Augusto Epiphanio da Silva Dias, rua José Estevão, n.º J. A-C

2.º grupo:
Pedro Euzebio Leite, rua Luiz de Camões, 34, 3.º
José Julio Rodrigues, rua de Castilho, 12.

3.º grupo:
Pedro Antonio Monteiro, rua dos Condes, 21, 2.º

4.º grupo:
Luiz Filippe Leite, rua de Santo Antão, 109, 2.º
Jeronymo Northway do Valle, rua de S. João da Praça, 38, 2.º
Antonio Hermano Roeder, rua das Trinas do Mocambo, 161, 3.º
Professor de desenho — Theodoro da Motta, rua de Alexandre Herculano.

PROFESSORES AGGREGADOS

Do 1.º grupo — José Simões Dias, rua da Esthephania 20, G.
Do 2.º grupo — Carlos Augusto Moraes de Almeida, rua de S. José, 15.
Do 3.º grupo — Arsenio Augusto Torres Mascarenhas, rua Nova do Amparo, 17, 2.º
Porteiro — José Paulo Pimenta, rua de Santo Antonio dos Capuchos, 10 1.º
Continuo — Antonio Germano dos Martyres, rua da Industria, ao Calvario 8, 1.º
Guarda da bibliotheca — Pedro Antonio Borges Junior, calçada da Estrella, 107, 2.º
Guarda do gabinete de physica — Augusto Rodrigues, no edificio do liceu.
Servente — Romão José Soares, no edificio do Lyceu.

MATTAS NACIONAES

Vidé Direcção geral d'Agricultura.

MERCADO CENTRAL DE PRODUCTOS AGRICOLAS

Terreiro do Trigo

SECRETARIA

Presidente do conselho do mercado — Conselheiro José Julio Rodrigues, rua Castilho, 12.

Vogaes do conselho:
Estevão Antonio d'Oliveira Junior, rua de S. João da Praça, 97, 1.º
José Maria dos Santos, rua da Junqueira, 350.
José Saldanha d'Oliveira e Sousa, rua de Santo Antão, 168.
José da Cunha Porto, largo do Corpo Santo, 13, 1.º
João José Martins, calçada da Estrella, 125.
Augusto Francisco Vieira, largo de S. Julião, 12, 2.º

Syndicos do mercado:
Secção de cereaes — João Sabino d'Almeida Fernandes, rua do Jardim do Regedor.
Secção de azeites — Francisco José Caldeira, rua de S. João da Praça, 90, 2.º, E.
Secção de vinhos — José Bento Gomes, rua Nova de S. Mamede, 37, 1.º
Syndico adjuncto — Ernesto Gomes da Silva, Costa do Castello, 23, 1.º

SECRETARIA DO CONSELHO DO MERCADO

Secretario — Francisco José Caldeira, rua de S. João da Praça, 90, 2.º, E.
Escripturario — João Duarte Ferreira, rua de S. José, 71, 4.º
Continuo — Henrique Eduardo da Fonseca, travessa dos Pescadores, 13, 2.º
Servente — Manuel Ignacio, becco da Lapa, 42, 3.º

LABORATORIO

Analysta — Vago.
Manipuladores:
Marco Tullio de Carvalho, Praça das Flores, 14.
Diogo de Oliveira Jardim, rua da Madre Deus, 77, 1.º
Escripturario — Joaquim da Silva Vieira, largo da Oliveira, calçada da Gloria, 7, 1.º
Artifices:
Antonio Baptista, rua dos Poyaes de S. Bento, 75, rez-do-chão.
João José Gomes, largo da Achada, 74, sobre-loja.
Servente — José Pedroso, rua da Saudade, 43, 2.º

CAMARA SYNDICAL

Presidente — Serve o secretario do Conselho do Mercado.
Secretario — Serve o syndico adjuncto.
Continuo — José Ferreira Serra, rua do Caes de Santarem, 107, loja.
Servente — Antonio Gomes Salgueiro, travessa Larga, 19, 2.º

POLICIA DO MERCADO

João Francisco Macedo Brito Chagas, *Policia fiscal n.º 48* — travessa do Rosario, 35, 2.º
Augusto Jorge, *Policia fiscal n.º 87*, rua do Vigario, 76, 3.º

Agentes provisorios do mercado:
Antonio Joaquim Taveira, rua de S. João da Praça, 106, 3.º
Carlos Augusto Farinha, rua de D. Pedro V, 60, 3.º
Francisco José Fernandes, rua de S. João da Praça, 97, 2.º
Francisco de Sousa Campos, rua de S. João da Praça, 18, 1.º
Arthur da Fonseca, rua das Janellas Verdes, 52, 2.º
José d'Oliveira, rua de D. Estephania, 19, rez-do-chão.
Thesoureiro do mercado — Francisco José Caldeira, rua de S, João da Praça, 90, 2.º, E.

MISERICORDIA DE LISBOA (SANTA CASA DA)

Largo de S. Roque

Provedor — Conselheiro Thomaz de Carvalho, rua Larga de S. Roque, 17, 1.º
Adjuntos:
Dr. Joaquim José Rodrigues da Camara, rua das Chagas, 3.
Jorge Camellier, rua da Quintinha, 51.

CONTADORIA

Official maior — Henrique Gregorio Maia, largo de Palhavã.
1.os officiaes chefes:
Antonio Rodrigues, rua de S. Pedro de Alcantara, 41, 2.º
Antonio da Silva Lavaredas, Almada.
Antonio Severiano d'Andrade Arnaut, rua do Diario de Noticias, 209, 3.º
Antonio Gregorio da Luz Gomes, estrada de Sacavem, 186, rez-do-chão.
1.º official — Antonio Victor de Sousa Peres Murinello, calçada de D. Vasco, 50, 1.º
2.os officiaes:
José Leopoldo de Sousa Peres Murinello, rua dos Retrozeiros, 113, 3.º
Antonio Duarte Pinto Garcia, rua de Arroyos, 42, 3.º
Eduardo Frederico da Fonseca e Sousa, rua da Santissima Trindade, 7.
Manuel Dias Cesario Junior, rua do Norte, 145, 4.º
Amanuenses de 1.ª classe:
D. João Guilherme de Menezes Alarcão, rua de S. Bento, 279, 1.º
Henrique Germano da Silva Costa, calçada do Combro, 10, 4.º
João Lourenço Franco de Mattos, rua da Escola Polytechnica, 93, 2.º
Rodrigo Antonio Bandeira de Almeida, rua da Escola do Exercito, 36, 1.º, D.
Carlos Franciosi Costa, travessa do Convento de Jesus, 4, 1.º
Luiz Maria Basto, rua do Diario de Noticias, 209, 1.º
Amanuenses de 2.ª classe:
Antonio Rodrigues Lavaredas, Almada.
Ernesto Jorge da Cunha, travessa do Barbosa, 4, 1.º
José de Saldanha Oliveira Daun e Lorena, travessa da Boa Hora, 52, 2.º
José Mathias da Silva Amado, rua Nova de S. Mamede, 63.
Victor Maximiano Ribeiro, calçada da Tapada, 49, 1.º
Thesoureiro — Leopoldo Arthur de Avellar Telles, rua de Rodrigues Sampaio, 105, 2.º, D.
Fiel — Joaquim M. Gomes, rua de D. Estephania, 61-B, 2.º
Cobrador das rendas — Manuel de Aguiar, rua de S. Mamede, 72, 2.º

HOSPITAL DOS EXPOSTOS

Director — Augusto Cosmelli, no edificio.

Regente — D. Guilhermina Maria da Silva Campos, no edificio.
Capellão dos baptismos — Padre Leonardo Avelino Ribeiro, calçada do Forno do Tijolo, 52, 1.º
Medico da enfermaria — Dr. Manuel Nicolau de Bettencourt Pitta, calçada dos Caetanos, 48.
Cirurgião — Francisco Alberto de Oliveira, rua do Alecrim, 75, 2.º
Fiscal da roda — Augusto Cesar de Oliveira Braga, rua da Boa Vista, 180, 2.º
Ajudante do fiscal — Francisco de Sampaio Ferreira de Sousa, travessa dos Inglezinhos, 27, 3.º
Inspector dos expostos — Manuel Antonio Vellez Calado, Costa do Castello, 32, 2.º
Porteiro da mesa e da contadoria — Lourenço José de Carvalho, no edificio.
   Visitadores:
D. Jeronymo Antonio Pereira Coutinho, rua de Santa Barbara, 3, 2.º
José Clemente de Faria, rua Direita dos Anjos, 126, rez-do-chão.
Augusto Caldas Aulete, rua do Poço dos Negros, 71, 1.º
João Paulo Pereira Coutinho, rua de Rilhafolles, 21, 1.º
José Antonio Nogueira de Pina Manique, rua da Escola do Exercito, 7.
João Maria de Abreu, rua da Piedade, a Campo de Ourique, 13, rez-do-chão.
Guilherme Estevam dos Santos, rua do Mirante, 51-A, 2.º
Carlos Augusto Posser, rua de Santo Antão, 193, 2.º, E.
Ignacio Joaquim Rodrigues, rua de S. Bernardo, 134, 1.º, E.
Leonel da Costa Valente, rua da Arrabida, 90, 1.º
Ernesto Manuel Quintans, rua de S. José, 185, 2.º
Antonio Fernandes Gaspar, rua da Adiça, 85, 2.º
Solicitador — Joaquim Vaz da Costa Simões, rua da Emenda, 68, 2.º
   Continuos:
João Elisiario de Macedo, rua do Diario de Noticias, 122, 1.º
Emilio Lino Coelho, rua da Mouraria, 13, 2.º
Antonio do Carmo Rocha Cebolla, rua do Monte Olivete, 13, rez-do-chão.
José da Silva Ribeiro, rua das Adellas, 18, 1.º
Thesoureiro da egreja — Padre José Antonio da Conceição Vieira, no edificio.

SERVIÇO CLINICO DAS VISITADAS E EXPOSTAS

Medicos

1.º districto — Manuel Maria Holbeche de Oliveira Trigoso, rua do Infante D. Henrique, 60.
2.º — José do Nascimento Gonçalves Correia, becco do Penabuquel, 4, 3.º
3.º — Manuel Ferreira Cardoso, rua Nova do Almada, 109, 2.º
4.º — Joaquim Felix Alfredo de Sousa, calçada de Santos, 37, 1.º
5.º — Francisco Antonio Ferreira Fronteira, rua do Conselheiro Monteverde, 20, 1.º
6.º — Alfredo Luiz Lopes, calçada do Combro, 61, 1.º
7.º — Alvaro Maria de Sousa Freitas, rua das Trinas, 94, 1.º
8.º — Bernabé Vieira Loureiro, travessa da Piedade, 51, 1.º
9.º — Dr. Casimiro Simão da Cunha, calçada de S. João Nepomuceno, 27.
10.º — Antonio Mendes Lages, calçada do Marquez de Abrantes, 38.
11.º — Dr. Caetano Maria Ferreira da Silva Beirão, rua Formosa, 48, 2.º
12.º — Adolpho Bernardo Frolich Lahmeyer, rua da Santissima Trindade, 56, 2.º

MONTE-PIO OFFICIAL

Direcção, no edificio do Ministerio do Reino

Presidente — Conselheiro José Pereira, rua de S. João da Praça, 83, 2.º
Vogaes:
Luiz Caetano de Novaes, rua de Santo Antão, 193, 2.º
Pedro Augusto de Figueiredo, rua Direita d'Arroyos, 2, 1.º
Miguel Baptista Maciel, rua Duque da Terceira, 35, 2.º
Secretario — Eduardo da Cunha Sargedas, rua de Thomaz d'Annunciação, 16, 2.º
Thesoureiro — Francisco Pereira Cortez, rua do Meio, á Lapa, 34.
Empregados da secretaria:
Augusto Ernesto Pinheiro de Vasconcellos, rua Occidental do Campo Grande, 242.
Carlos Augusto Faria Bolonha, rua da Gloria, 71, 1.º
Continuos:
Antonio Marques Amaral, rua da Gloria, 71 1.º
Pedro de Mello Fragoso, rua de S. Pedro Martyr, 29, 2.º

MUSEUS

Agricola e Florestal de Lisboa, largo de S. Domingos, palacio do Conde d'Almada.
Conservador — Carlos Borges.
Da Academia Real das Sciencias, rua do Arco, a Jesus.
De artilheria, rua do Museu d'Artilheria.
Nacional de Bellas Artes, rua das Janellas Verdes, palacio.
Colonial, no edificio do arsenal de marinha.
Da Escola Polytechnica, rua da Escola Polytechnica.
Industrial e Commercial, Convento dos Jeronymos, Belem.
Pedagogico, rua do Sacramento, á Lapa.
Anthropologico e galeria de geologia, no edificio da Academia Real das Sciencias, rua do Arco a Jesus.
Archeologico, largo do Carmo.

NAVIOS DA MARINHA DE GUERRA PORTUGUEZA

CORVETAS A VAPOR

	Força de vapor em cavallos.	Boccas de fogo
Vasco da Gama (couraçado)	500	7
Bartholomeu Dias	400	17
Affonso d'Albuquerque	160	7
Duque da Terceira	220	5
Estephania	400	8
Mindello	150	8
Rainha de Portugal	150	8

CANHONEIRAS

Bengo	90	3
Douro	100	2

	Força de vapor em cavallos.	Boccas de fogo
Mandovi	90	3
Quanza	100	3
Rio Ave	60	3
Rio Lima	100	5
Rio Vouga	150	5
Sado	100	5
Tamega	100	5
Tejo	100	2
Zaire	100	4
Liberal	100	4
Zambeze	—	—
Diu	—	—
Limpopo	350	3

VAPORES

Rio Guadiana	40	1
Vilhena	40	1
Cacongo	80	2
Massabi	80	2

TRANSPORTES

Africa	260	2
India	160	1

NAVIOS DE VELLA

Corveta Sagres (escola)	—	5
Corveta Duque de Palmella (escola)	—	6
Fragata D. Fernando (escola)	—	19

Fiscalisação aduaneira

HIATES

Canhoneira Açor	—	1
Rebocodor Lidador	74	1

VAPORES

Faro	40	1
Lagos	35	1
Tavira	56	1

OBRAS PUBLICAS

DIRECÇÃO DO DISTRICTO DE LISBOA

Praça do Commercio, Lado do Poente

Director — Silverio Augusto Pereira da Silva, travessa do Arco a Jesus, 7, 2.º

Sub-director — Caetano Xavier de Almeida da Camara Manuel, rua de Vasco da Gama, 7, 2.º

SECÇÃO DO EXPEDIENTE

Chefe — Luiz Filippe Sangreman Monteiro, calçada de Cacilhas, 21, 2.º
　Escripturarios:
Alfredo Augusto Sette, rua da Graça, 109, 3.º
Alfredo Augusto Cesar de Almeida, travessa d'Assumpção, 42, 3.º
Luiz Carlos X. de L. Rebello Cysneiros, rua da Graça, 38, 1.º, D.
Eugenio Luiz da Costa, rua do Possolo, 18, 2.º
Francisco Augusto Kilberg, rua Aurea, 124, 3.º
Domingos de Oliveira Ramos, rua de Sant'Anna, 157.
Francisco Carlos Lagrange, rua de José Estevão, 3, 4.º
José Soares Vieira, rua de S. José, 81, 3.º
Deodato Augusto Gomes, rua dos Remedios, 35, 2.º
Eventual — Lucas Leone, rua da Caridade, 38, 1.º, E.

SECÇÃO DE CONTABILIDADE

Chefe — Gabriel de Almeida Grillo, travessa de S. Sebastião, á Praça das Flôres, 5.
　Escripturarios:
Marcellino Heliodoro de Almeida Grillo, travessa de S. Sebastião á Praça das Flôres, 11.
Fernando Augusto Patricio, Quinta do Armador, Ajuda.
Joaquim Luiz Cardoso, travessa de S. Domingos, 40, 3.º
Manuel de Araujo Guedes, rua de S. José, 84, 1.º
João Pedro Gaspar da Silva, travessa do Caldeira, 15, 3.º
Augusto Marianno de Almeida Grillo, travessa de S. Sebastião, á Praça das Flores, 5.
Antonio Augusto Xavier Rodrigues, rua do Monte de Santa Catharina, 7, 2.º
Antonio José de Andrade Bello, rua de S. José, 224, 3.º
Ernesto da Silva Porto, rua do Arco da Graça, 47, 1.º

PAGADORIA

Pagador — Antonio da Costa Terenas, rua dos Cardaes de Jesus.
Propostos — José Barreto Martins de Oliveira, rua da Magdalena, 66, 3.º
Antonio Roque da Silva, rua do Terreirinho, 38, 1.º
Joaquim de Azevedo Terenas, largo da Escola Municipal.
Paulo Soares, S. Thiago do Cacem.
José Cesario Pereira.

SECÇÃO DE ESTRADAS N.º 1, AO NORTE DO TEJO

Engenheiro chefe — Arthur Alberto Falcão Rodrigues.
Conductor — Francisco Venancio da Veiga e Cunha, rua Nova de S. Mamede, 72, 3.º
Desenhador — Luiz Augusto Dias.
　Escripturarios:
Joaquim Gomes Arriegas, rua do Infante D. Henrique, 53, 1.º
Carlos Maria Loureiro.
Christovão Bordallo.

SECÇÃO DE ESTRADAS N.º 2, AO NORTE DO TEJO

Engenheiro chefe — Alberto Affonso da Silva Monteiro, rua da Emenda, 110, 2.º

Engenheiro — José Antonio Ferro de Madureira Bessa.
Conductor — José Abecassis Junior.
Escripturario — Antonio dos Santos Netto, largo do Mastro, 23, 2.º
Continuo — José Venancio Barreiro Costa.

SECÇÃO DE ESTRADAS N.º 1, AO SUL DO TEJO

Engenheiro chefe — Jayme Augusto da Silva, rua dos Mouros, 64.
Engenheiro — João Miguel Dias, rua dos Mouros.
Conductor — Delfim José dos Santos Pereira, rua de Paschoal José de Mello, 119, 1.º
  Escripturarios:
Antonio Rodrigues da Silva Junior, rua das Amoreiras, 37, 2.º
Augusto Estevam Nunes de Oliveira, rua do Jardim do Regedor, 17, 2.º
Manuel de Sousa, rua dos Remedios á Lapa, 54, 4.º

SECÇÃO DE ESTRADAS N.º 2, AO SUL DO TEJO

Engenheiro chefe — Alfredo Vaz Pinto da Veiga, largo do Poço do Borratem, 4, 2.º
Engenheiro — Carlos Germano Letourneur, rua Saraiva de Carvalho, 76, 1.º
Escripturario — João Sergio da Paz Ferreira Borges, travessa do Combro, 21, 1.º
José Teixeira Pinto dos Santos, rua do Recolhimento ao Castello, 32, 1.º
João Wager Russel, rua de S. João da Matta, 14, 4.º
Viriato Henrique Leão Prestes Cabreira, rua Affonso de Albuquerque, 5, 3.º

SECÇÃO DE ESTRADAS N.º 3

Conductor chefe — Joaquim Pedro Xavier da Silva, rua Estephania, 374.
Conductor — Antonio José Mimoso Reis, Santo Antonio da Convalescença, 30, (Bemfica).
Augusto Eduardo Arouca, rua de Santa Cruz do Castello, 10, 1.º
Escripturario — Manuel Joaquim da Silva Nobre, rua de S. Marçal, 55, 1.º
Francisco José Rodrigues Loureiro, rua Nova do Almada, 24, 3.º
Carlos Augusto Nunes Jorge, rua do Carrião, 22, 2.º, E.
Ramiro Ribeiro Vianna, rua da Bica, 39, 1.º

SECÇÃO DE ARCHITECTURA N.º 1

Architecto chefe — Valentim José Correia, largo do Conde Barão, 4, 3.º
  Conductores:
Affonso Pereira de Amor Machado, arco do Bandeira, 160, 3.º
João Rodrigues Fernandes.
Desenhador — Francisco Maria Guerreiro.
  Escripturarios:
Domingos José Marques, rua Augusta, 118, 4.º
José Maria Canhão.
Augusto Maria da Costa Alcantara, rua Direita de Arroyos, 241, 2.º
Raul Joaquim Gil.

SECÇÃO DE ARCHITECTURA N.º 2

Architecto chefe — Raphael da Silva Castro, rua Saraiva de Carvalho, 220, 2.º
  Conductores:
Rozendo Garcia de Araujo Carvalheira, rua da Quintinha, 94.
Antonio Cesar de Gouveia L. Farinha e Mena Junior, rua da Penha de França, 8, 4.º
Amanuense — João Lourenço Ribeiro, cruzeiro de Ajuda, 55.

Escripturarios:
Hygino Augusto de Moraes, rua da Santissima Trindade, 29, 2.º
Arthur Ferreira Rodrigues, rua de S. Bento, 264, 2.º

SECÇÃO DE ARCHITECTURA N.º 4

Architecto chefe — Luiz Caetano Pedro de Avila, rua de Vasco da Gama, 41, 2.º
Conductor — Augusto Carlos da Cunha, rua de S. João dos Bemcasados, 10.
Desenhadores:
João Eduardo da Silva Gomes, rua do Conde, 67, 3.º
Domingos Emilio Netto Pereira Serzedello, rua da Esperança, 216.
Maximiano Gabriel Apolinario, rua da Palma, 198, 1.º
Escripturarios:
João Franco da Cruz, Campo dos Martyres da Patria 134, 3.º
Isidoro Viriato, rua de Buenos Ayres, 84, 3.º
Augusto Bento da Silveira, rua do Desterro, 62.
José Pereira de Sousa, rua Direita de Arroyos, 41.

SECÇÃO DE ARCHITECTURA N.º 6

Architecto chefe — Domingos Parente da Silva, rua Domingos Tendeiro 13, Alcolena.
Conductor — Antonio Maria Baptista, rua de S. Felix, 55.
Escripturarios:
José Joaquim Fernandes, rua de José Estevão, 38, 2.º
Antonio Farinha Leitão, rua do Jasmim, 30, 4.º
Manuel Paes dos Santos Junior, rua do Bemformoso, 49, 1.º
José Francisco, rua do Sol ao Rato, 61, 4.º
Filippe Mendes Leal, rua das Olarias, 67, 1.º
Leopoldo Alberto da Silva Oliveira, rua Direita da Junqueira, 166.

SECÇÃO DE ARCHITECTURA N.º 7

Architecto chefe — José Maria Nepomuceno, Santo Antonio da Convalescença.
Conductor — Julio Cesar Ferrer Junior.
Desenhador — Henrique Albino Alves de Azevedo, travessa de S. Sebastião.
Escripturarios:
Francisco Maria da Cunha Taborda, rua dos Anjos, 148, 2.º
Pedro Luiz Correia Bellas, travessa da Agua de Flôr, 49.
Eugenio da Fonseca Quintella, rua de Sant'Anna, 140.

SECÇÃO DE ARCHITECTURA N.º 9

Conductor chefe — Francisco Liberato Telles de Castro Silva, Cacilhas.
Escripturario — Julio Cesar Augusto Ferreira, Lazareto.

SECÇÃO DAS OBRAS NA ALFANDEGA DE LISBOA

Conductor chefe — Adolpho Augusto de Oliveira e Carmo, rua dos Cardaes de Jesus, 111, 2.º
Desenhador — José Joaquim Augusto, rua do Desterro.
Escripturarios:
Nicolau Rey.
Alfredo Jayme Cardeira, calçada de S. João Nepomuceno.

Augusto Mauricio de Miranda.
Alfredo Profirio Pereira.
Matheus G. R. da Costa, rua de S. Sebastião da Pedreira, 100, 3.º
Hylario Nunes de Seixas, rua das Gaveas.

SECÇÃO DE FISCALISAÇÃO DE MOTORES, GERADORES E RECIPIENTES DE VAPOR

Engenheiro chefe — Alfredo Vaz Pinto da Veiga, largo do Poço do Borratem, 4, 2.º
Escripturario — Augusto dos Santos, becco do Bello, 6, 2.º
    Continuos:
João Maria de Sousa, rua de S. Joaquim a Santa Izabel, 10, 4.º
José Francisco Victor, rua dos Alamos, 23, 5.º
Manuel Alves da Silva, rua de S. João dos Bemcasados.
    Serventes:
José Francisco Graça.
José Manuel.
Antonio Luiz Alfarro.
Augusto Dias.
Joaquim dos Santos Costa.
Narciso José.
João dos Santos Oliveira.
Guilherme Augusto.
Antonio dos Reis.
Luiz Rebello.
Silvestre Ferreira do Carmo.
Joaquim Antonio Alves.
Luiz da Cunha Duarte Dias.
Julio Pires.
Francisco Martins.
Justino de Jesus.

OBSERVATORIOS

Observatorio astronomico

Vidè — Escola Polytechnica.

Real observatorio astronomico de Lisboa

NA TAPADA DA AJUDA

1.º Astronomo de 1.ª classe, director. — Cesar Augusto de Campos Rodrigues, na Tapada da Ajuda.
2.º Astronomo de 1.ª classe, sub-director. — Joaquim Patricio Ferreira, na Tapada da Ajuda.
3.º Astronomo de 1.ª classe. — Frederico Oom, na Tapada da Ajuda.
Secretario. — Joaquim Alfredo da Silva Ribeiro, calçada do Salitre, 316.
Machinista. — Pedro Maria Alves da Silva, na Lapada da Ajuda.
Guarda. — José Elias Rodrigues, na Tapada da Ajuda.
Servente. — João Benardino Varella, na Tapada da Ajuda.

Observatorio de Marinha
Vidè — Escola Naval.

Observatorio meteorologico do Infante D. Luiz

Vidè — Escola Polytechnica.

PAROCHOS DAS FREGUEZIAS DE LISBOA, BELEM E OLIVAES

Lisboa

Anjos — Antonio Gaspar Borges, rua do Bemformoso, 171, 1.º
Conceição Nova — Felisberto Dias Fontes Barbosa, rua do Crucifixo.
Coração de Jesus — Eduardo Antonio Ribeiro Cabral, rua do Passadiço, 136, 1.º
Encarnação — Dr. José Ferreira Garcia Diniz, praça do Loreto, 8, 3.º
Lapa — Dr. Custodio Nunes Borges de Carvalho, rua do Quelhas, 46.
Martyres — Monsenhor Antonio Ribeiro dos Santos Viegas, rua Anchieta, 10.
Mercês — João Manuel Rodrigues Lima, rua de S. Marçal, 25.
Pena — Francisco da Silva Figueira, calçada do Moinho de Vento, 4.
Soccorro — Manuel Fernandes Nogueira, rua Nova da Palma, 127, 1.º-E.
Santa Catharina — Dr. Luiz José Dias, reside junto á egreja.
Santa Cruz do Castello — Manuel Joaquim Nogueira d'Araujo.
Santa Engracia — Monsenhor Alfredo Elviro dos Santos.
Santa Isabel — Dr. José Maximo Lopes da Silva Rebello, junto á egreja.
Santa Justa e Rufina — Antonio Ayres Tavares de Pinho, rua do Jardim do Regedor, 5, 3.º
Magdalena. — Dr. Manuel Cardoso de Figueiredo Nogueira. Serve como encommendado, Domingos Amancio da Silva.
Sé — João Fernandes Sampaio, rua de S. João da Praça, 27.
Sacramento — Pedro Henriques da Costa Pereira, rua do Oliveira, 9.
Santo André e Santa Marinha — João Augusto Baptista Machado, travessa do Açougue, 6.
Santo Estevão — Luiz Alves Gomes Freire.
Santos-o-Velho — Domingos da Silva, rua das Trinas.
S. Christovão — Dr. Alfredo Cesar Brandão, rua da Magdalena, 214, 1.º
S. João da Praça — Esta freguezia foi annexada á da Sé.
S. Jorge — Eugenio Vicente Dias, rua de Arroyos, 129.
S. José — Monsenhor Antonio Paes de Figueiredo Campos.
S. Julião — Antonio Luiz Alves, rua das Gallinheiras, 4, 2.º
S. Lourenço — Foi annexada á de S. Christovão.
S. Mamede — Antonio Dias Ferreira de Vasconcellos, travessa de S. Mamede, 38, 2.º
S. Miguel d'Alfama — José Teixeira Ramalho.
S. Nicolau — Dr. Francisco Mendes Alçada de Paiva.
S. Paulo — José Maria Fernandes, rua de S. Paulo, 146, 4.º (serve Antonio Marques de Sousa Ramalho, calçada de S. João Nepomuceno, 13).
S. Pedro em Alcantara — José Alexandre de Campos.
S. Sebastião da Pedreira — Conego João Bento Gil Carneiro, largo de S. Sebastião da Pedreira, 74.
S. Thiago e S. Martinho — Francisco de Paula Couto Araujo Sampaio.
S. Vicente — Luiz Pereira de Sampaio (encommendado), no edificio de S. Vicente, tem parocho collado, que é Francisco Januario Rodrigues.

Belem

Nossa Senhora da Ajuda — Arthur Cabral Saccadura, (encommendado).
Santa Maria de Belem — Henrique de Paiva Nunes Leal.
S. Pedro em Alcantara — (extra-muros), José Alexandre de Campos.
S. Sebastião da Pedreira — (extra-muros) — João Bento Gil Carneiro.
Santa Isabel — (extra-muros), José Maximo Lopes da Silva Rebello.
Bemfica — Antonio de Sousa Azevedo.

Carnide — José Baptista Pereira (Encommendado).
Odivellas — Hermenegildo José Teixeira.

Olivaes

Ameixoeira — Serve o do Lumiar.
Appellação — Serve o de Camarate, Francisco Ignacio de Moraes.
Beato — José Joaquim Marques d'Oliveira.
Bucellas — José Cypriano Borga.
Camarate — Francisco Ignacio de Moraes.
Campo Grande — Eduardo Lopes da Silva.
Charneca — Joaquim Ferreira da Silva Ramalho.
Fanhões — Faustino Antonio de Moraes.
Friellas — Annexada á da Povoa de Santo Adrião.
Loures — Joaquim José Pombo.
Louza — Custodio José Tavares.
Lumiar — Francisco de Paula da Fonseca Neves, Lumiar.
Olivaes — José Gonçalves Sanches.
Povoa de Santo Adrião — José Custodio de Lima, (encommendado).
Sacavem — Adriano Joaquim Borges.
S. Jorge de Arroyos — (extra-muros), Eugenio Vicente Dias.
Tojal ou *Tojalinho* — Luiz Marques de Sousa.
Unhos — Annexada á de Sacavem.
Vialonga — Antonio d'Almeida Victor Cabral.

PATRIARCHADO DE LISBOA

Paço de S. Vicente

Prelado — O em.^{mo} sr. cardeal Patriarcha, D. José Sebastião Netto.
Provisor e vigario geral — D. Manuel Baptista da Cunha, arcebispo de Mytilene.
Chanceller e juiz das habilitações de genere — Monsenhor Joaquim da Silva Serrano, prior de Bellas.
Juiz dos patrimonios — Desembargador Antonio Gaspar Borges, prior dos Anjos.
Juiz dos casamentos — Desembargador Sebastião José Ruas d'Abreu, travessa da Victoria, 53, 2.º
Promotor — Desembargador João Manuel Cardoso Napoles, deão da Sé, rua do Barão, 49, 4.º
Defensor dos matrimonios — Vago.
Secretario da camara patriarchal — Carlos Alberto Martins do Rego, paço de S. Vicente.
Secretario de sua eminencia — Desembargador monsenhor Alfredo Elviro dos Santos. Prior de Santa Engracia.
   Secretarios honorarios:
Desembargador monsenhor Antonio Ribeiro dos Santos Viegas, prior dos Martyres.
Antonio de Sá Pereira, vigario geral de Setubal.
Capellão — Antonio do Espirito Santo Ramos.
Escrivão da chancellaria — João Ferreira da Costa Sampaio, pateo da Sé.
Distribuidor da bulla — Padre Luiz Pereira de Sampaio, prior encommendado de S. Vicente.

JUIZO CONTENCIOSO

Juiz — D. Manuel Baptista da Cunha, arcebispo de Mitylene,
Promotor — Desembargador João Manuel Cardoso Napoles, deão da Sé Patriarchal, rua do Barão, 49.
Escrivão — Augusto Alfredo Ernesto de Sá Caldeira, rua de Santo Antonio, 1, á praça das Flôres.
Contador — Padre Antonio Antunes Ribeiro, pateo da Sé.

JUIZO APOSTOLICO

Juiz — D. Manuel Baptista da Cunha, arcebispo de Mitylene.
Promotor — Desembargador João Manuel Cardoso Napoles, rua do Barão, 49.
Escrivães:
Antonio do Espirito Santo Ramos, cartorio em S. Vicente de Fóra.
Hermano José de Faria e Silva, presbytero, idem. Serve em seu logar João Ferreira da Costa Sampaio, pateo da Sé.
Contador — Bacharel Augusto Maria de Almeida e Silva, amanuense da secretaria da justiça, pateo do Regedor, 7.

SECÇÃO PONTIFICIA

Desembargadores:
Presidente — Vago.
José Maximo Lopes da Silva Rebello, prior de Santa Izabel.
Antonio Gaspar Borges, prior dos Anjos.
João Manuel Cardoso de Napoles, deão da Sé Patriarchal, rua do Barão, 49.
João Rodrigues, conego da Sé Patriarchal, pateo da Sé.
Francisco Simões d'Almeida, professor do lyceu, travessa da Victoria.
Custodio Nunes Borges de Carvalho, prior da Lapa.
Monsenhor Antonio Ribeiro dos Santos Viegas, prior dos Martyres.
Promotores e defensores dos patrimonios:
Os da curia e da relação patriarchal.

RELAÇÃO E CURIA PATRIARCHAL

Presidente — D. Manuel Baptista da Cunha, arcebispo de Mitylene, provisor e vigario geral.
Juizes:
José Maximo Lopes da Silva Rebello, doutor em theologia, prior de Santa Izabel.
Antonio Gaspar Borges, bacharel formado em theologia, prior dos Anjos.
João Rodrigues, doutor em theologia, mestre escola da Sé Patriarchal.
João Manuel Cardoso de Napoles, bacharel em theologia, bacharel formado em direito, e deão da Sé Patriarchal.
Francisco Simões d'Almeida, bacharel formado em theologia e professor do lyceu nacional de Lisboa.
Custodio Nunes Borges de Carvalho, doutor em theologia, prior da Lapa.
José Ferreira Garcia Diniz, doutor em theologia, prior da Encarnação.

Antonio Ayres Tavares de Pinho, bacharel formado em direito, prior de Santa Justa.
Monsenhor Antonio Ribeiro dos Santos Viegas, bacharel formado em theologia, prior dos Martyres.
Monsenhor Manuel Cardoso de Figueiredo Nogueira, bacharel formado em theologia, prior da Magdalena.
Joaquim Antonio dos Reis, bacharel formado em direito.
Monsenhor Romão José da Silva Guimarães, bacharel formado em theologia, commissario da ordem terceira de S. Francisco.
Monsenhor Joaquim da Silva Serrano, prior de Bellas.
Eugenio Vicente Dias, prior d'Arroyos.
Alfredo Cesar Brandão, bacharel formado nas faculdades de theologia e direito, prior de S. Lourenço e S. Christovão.
Jeronymo dos Santos Henriques, bacharel formado em theologia, professor no Seminario, vigario de Santarem e conego da Sé Patriarchal.
Monsenhor Alfredo Elviro dos Santos, bacharel formado em theologia, secretario de sua eminencia, prior de Santa Engracia.
José Gonçalves d'Aguiar, bacharel formado em theologia.
Luiz José Dias, bacharel formado em theologia e bacharel em direito, prior de Santa Catharina.
Antonio Ferreira de Miranda Oliveira, bacharel formado em theologia, chantre da Sé Patriarchal.
Carlos Eduardo Sande Sacadura Botte, bacharel formado em theologia e conego da Sé Patriarchal.
Domingos José Dias de Castro, conego da Sé Patriarchal, bacharel em theologia e bacharel formado em direito.
Sebastião José Ruas d'Abreu, bacharel formado em theologia.

Desembargadores honorarios:

Joaquim Jeronymo da Horta, vigario da vara d'Obidos.
Antonio Paes de Figueiredo e Campos.

Guarda-mór da Relação — Augusto Alfredo Ernesto de Sá Caldeira, rua Nova de Santo Antonio, á praça das Flôres, 1.

Solicitadores:

José Joaquim Ribeiro, notario apostolico de Sua Santidade, largo de Santo Antonio da Sé, 22, 1.º
Antonio José d'Abreu Guimarães Junior, calçada dos Caldas.
Antonio Osorio de Campos e Silva, rua dos Douradores, 83, 4.º
João Wager Russel, rua de S. João da Matta, 14, 4.º
Silvestre Castanheiro, rua Augusta.

Examinadores pro-synodaes:

Eugenio Vicente Dias, habilitado com o curso superior, prior de Arroyos.
João Manuel Cardoso de Napoles, bacharel formado em direito e bacharel em theologia, deão da Sé Patriarchal.
Monsenhor Joaquim da Silva Serrano, habilitado com o curso superior, prior de Bellas.
Jeronymo dos Santos Henriques, bacharel formado em theologia, vigario geral de Santarem e conego da Sé Patriarchal.
Luiz José Dias, bacharel formado em theologia, bacharel em direito, prior de Santa Catharina.
Carlos Eduardo de Sande Sacadura Botte, bacharel formado em theologia e conego da Sé Patriarchal.
Domingos José Dias de Castro, conego da Sé Patriarchal, bacharel em theologia e bacharel formado em direito.
Sebastião José Ruas d'Abreu.
Francisco Mendes Alçada de Paiva, bacharel formado em theologia e prior de S. Nicolau.

POLICIA CIVIL DE LISBOA

Commissariado geral

No edificio do Governo Civil

Commissario geral — Dr. Christovão Pedro de Moraes Sarmento, rua Vasco da Gama, 166, 1.º
Escrivão — Antonio Pedro Saldanha da Motta, rua de S. Bento, 90, 2.º
Amanuenses:
Pedro José d'Arnedo, Sete Rios, 2, 1.º
Antonio Vieira de Faria, rua de D. Vasco, casa Belmonte (Belem).
José Antonio Cardoso Junior, rua da Costa do Castello, 56, 1.º
Eduardo Emygdio da Costa Almada, rua de S. João dos Bemcasados, 58.
José Pedroso de Lima, rua de S. Marçal, 134, 2.º, D.
Encarregado do archivo — Alexandre Morgado, travessa de S. Marçal, 20, 1.º
Ordenança do commissariado geral — Guarda 48 da 2.ª divisão, Baptista, travessa dos Inglezinhos.

1.ª Secção

Amanuense — Antonio Maria Cabral de França Mascarenhas, encarregado do registo de serviçaes, moços de fretes e cautelleiros, rua dos Ferreiros, 12.

2.ª Secção

Francisco José Ferreira Lima, encarregado da repartição sanitaria de prostituição, rua da Penha de França, 4, 1.º

3.ª Secção

Pedro Augusto, encarregado da repartição disciplinar e contabilidade, becco dos Birbantes, 13.

Secção dos Cadastros

Encarregado — cabo Cardoso.

POLICIA JUDICIARIA

Chefe — Henrique José Ribeiro, rua das Amoreiras, 89, 3.º

1.ª divisão

Commissariado

Rua dos Lagares

Compõe-se das freguezias dos Anjos, Beato, S. Jorge (entre-muros), Santa Engracia, S. Vicente, Santo André, Santa Marinha, S. Christovão, S. Lourenço, Sacavem, Olivaes, Soccorro, Pena, Santo Estevão, Santa Cruz do Castello, S. João da Praça, Sé, S. Thiago e S. Miguel.
Commissario — Luiz da Silva, serve José Pinto Teixeira, rua do Quelhas, 107, 3.º
Escrivão — Antonio Paulo Rangel, rua de Paschoal José de Mello, 82, 2.º
Amanuenses:
João Camillo Gomes de Lellis.

José Joaquim de Carvalho, rua do Duque, 8, 1.º
Miguel Luiz de Noronha, rua da Bombarda, 25, 2.º
João Maria Liberato Rodrigues de Lacerda, rua da Esperança, 187, 1.º

1.ª Esquadra — No edificio do commissariado

Chefe — José Joaquim de Barros, becco do Imaginario, 2.

2.ª Esquadra — Largo do Caes dos Soldados

Servindo como chefe, o cabo Augusto Paes, rua de Santo Estevão, 7, 2.º

3.ª Esquadra — Pateo de D. Fradique

Chefe — Luiz Antunes, calçada de Santo André, 46, 2.º

4.ª Esquadra — Rua Direita da Graça

Chefe — Serve o cabo Grave.

POLICIA SECRETA

Encarregado — Chefe, Jacob da Fonseca, rua da Cruz da Carreira, 12, 2.º
Guardas:
94, Manuel da Motta, rua do Meio do Forte.
69, Antonio Mendes dos Santos, rua dos Quatro Caminhos, 13.

2.ª divisão

Commissariado

No edificio do Governo Civil

Compõe-se das freguezias dos Martyres, Sacramento, Magdalena, S. Nicolau, Conceição Nova, S. Julião, Santa Justa, S. José, S. Paulo, Santa Catharina, Encarnação e Mercês.
Commissario — Dr. Francisco Pedroso de Lima, travessa do Noronha, 16, 1.º
Escrivão — Joaquim Ricardo de Sousa, Cruz da Pedra, em Bemfica.
Amanuenses:
Paulino Antonio Moreira, Cruz da Carreira, 46, 2.º
Joaquim Maria Bernardes, rua da Alegria, 56, rez-do-chão.
Francisco Fortunato Leitão, largo do Quintella, 11.
D. José Maria de Noronha, rua do Valle de Santo Antonio, 166, 1.º
Addido á secretaria — cabo Antonio Salvador, rua da Barroca, 97, 2.º

1.ª Esquadra — No edificio do Governo Civil

Chefe — Joaquim Pedro, na esquadra.

2.ª Esquadra — Calçada do Conde de Penafiel

Chefe — Basilio Alves, calçada do Monte, 97, 2.º

3.ª Esquadra — Praça dos Restauradores

Chefe — Guilherme Jorge de Sousa Amorim, na esquadra.

4.ª Esquadra — Rua da Boa Vista

Chefe — José d'Almeida, travessa da Victoria.

5.ª Esquadra — Rua do Diario de Noticias

Chefe — Manuel José de Sousa e Costa, rua de Santa Barbara, 23.

6.ª Esquadra — Rua de S. Bento

Servindo de chefe, o cabo Vieira, calçada do Marquez de Tancos, 13.

POLICIA JUDICIARIA

Chefe — Romão José Ferreira, rua de Santo Antão, 93, 1.º
Miguel Nunes, rua de Santo Antonio da Gloria, 55, 3.º
José Caetano Antunes, rua da Oliveira ao Carmo, 38, 1.º

3.ª divisão

Commissariado

RUA DE SANTO ANTONIO Á ESTRELLA

Compõe-se das freguezias de Santa Izabel, S. Mamede, Campo Grande, Lumiar, Ameixoeira, Santos, Lapa, S. Sebastião da Pedreira, Coração de Jesus, Charneca e Camarate.
Commissario — Dr. José Manuel da Veiga, praça das Flôres, 66.
Escrivão — Vicente Sobral de Figueiredo, travessa de S. Quintino, 83, 3.º
Amanuenses:
Luiz Augusto Felner, rampa de Santos, 3, 1.º
José Torcato Gonçalves, rua Formosa, 26, 3.º
José Eugenio da Costa Araujo e Santos, rua do Poço dos Negros, 23, 1.º

1.ª Esquadra — No edificio do commissariado

Chefe — Luiz Joaquim Ribeiro, no edificio da esquadra do largo do Rato.

2.ª Esquadra — Largo do Rato

Chefe — Antonio Gil Duarte, rua dos Lagares.

3.ª Esquadra — Calçada da Pampulha

Servindo de chefe o cabo Bernardino, rua da Arrabida, 106, 3.º

4.ª Esquadra — Rua de S. Sebastião da Pedreira

Chefe — Antonio Adriano de Freitas, estrada da Circumvalação, aos Terremotos, 7-A.

5.ª Esquadra — Estrada das Laranjeiras

Serve como chefe o cabo José d'Almeida, residente na esquadra.

6.ª Esquadra — Rua oriental do Campo Grande

Serve como chefe o cabo Izidoro Lopes Cardoso, residindo na esquadra.

POLICIA JUDICIARIA

Encarregado — Aguiar, travessa de S. Placido.

4.ª divisão

Commissariado

RUA DIREITA DA JUNQUEIRA

Compõe-se das freguezias de Belem, Ajuda, S. Pedro em Alcantara, Bemfica e Carnide.
Commissario — João Antonio de Sousa Amorim, rua de Belem, 3, 2.º
Escrivão — D. Manuel Lourenço de Lencastre, rua de Caetano Palha, 9, 3.º
Amanuenses:
D. Manuel Maria de Noronha, rua da Cruz dos Poyaes, 16.
Manuel Duarte de Caula Leitão, rua de S. Felix, 47, 3.º
Joaquim Leite de Sousa, rua da Escola do Exercito, 34, 1.º
Francisco de Mello Noronha, Almada.
Encarregado da policia judiciaria — cabo Lourenço.

1.ª Esquadra — No edificio do commissariado

Chefe — José Lopes da Silva, no commissariado.

2.ª Esquadra — Rua da Cadeia

Servindo de chefe o cabo Ferreira, travessa do Figueiredo.

3.ª Esquadra — Rua de Carlos Principe, Ajuda

Chefe — Constantino, na esquadra.

4.ª Esquadra — Rua Direita de Bemfica, 516

Chefe — Serve o cabo José Peres Apparicio, na esquadra.

POLICIA DO PORTO

Encarregado — Ernesto Campos e Andrade, Santo Antonio da Convalescença.
Amanuenses:
Francisco de Mello Noronha, Almada.
José Joaquim de Carvalho, rua do Duque.
Lucio Eugenio Heitor, rua da Bella Vista, 15.

PROCURADORIA GERAL DA COROA E FAZENDA

PRAÇA DO COMMERCIO JUNTO AO ARCO

Procurador geral da coroa e fazenda — Conselheiro Ernesto Rodolpho Hintz Ribeiro, rua de S. Bento, 694.
Ajudantes:
Conselheiro Diogo Antonio Correio de Sequeira Pinto, rua das Flores, 33, 1.º

Conselheiro Annibal Achilles Martins, rua das Janellas Verdes, 88, 3.º
Conselheiro Pedro Augusto de Carvalho, rua Saraiva de Carvalho, 8, 2.º
Conselheiro Frederico Gusmão Correia Arouca, rua do Guarda-Mór, 20, 2.º
Dr. Antonio Candido Ribeiro da Costa, travessa do Athayde, 17, 4.º
Dr. D. João Alarcão, rua de Buenos Ayres, 7.
Secretario — Bacharel Joaquim José da Costa Simas, largo da Graça, 35.
Official chefe da 1.ª secção — Joaquim Cyriaco de Faria, rua do Jardim do Tabaco, 23, 3.º
Official chefe da 2.ª secção — Jeronymo da Silva Gonçalves, travessa de S. Bernardino, 40.
   Amanuenses:
Luiz Antonio Carneiro de Vilhena, calçada da Pampulha, 2, 2.º
Arthur Cardoso, em commissão.
Carlos Alberto Bessone Basto, largo do Calvario, 24.
Francisco Januario Valladas, rua da Escola Polytechnica, 35.
Alfredo Campos Valdez.
Continuo-porteiro — José Antonio Gonçalves Lamarão, caminho do Forno do Tijollo, 8.
Correio — Patricio Pereira dos Santos, Olivaes.
Ajudante do correio — Francisco Ferreira, calçada de Sant'Anna, 96, 2.º

PROCURADORIA REGIA JUNTO A RELAÇÃO DE LISBOA

Largo do Pelourinho, entrada pelo Arsenal

Procurador regio. — Conselheiro Manuel Pedro de Faria Azevedo, rua da Mouraria, 27, 2.º
Ajudante. — Bacharel João Taborda de Magalhães, pateo do Tijolo, 7.

SECRETARIA

Secretario. — Bacharel Francisco Augusto de Freitas, rua da Bica do Marquez, 4.
Official. — Alfredo Augusto Gentil de Azevedo, rua da Mouraria, 27, 2.º
   Amanuenses:
Carlos Augusto Nequim Ferreira, rua de José Estevão, 26.
João Antonio da Silva Prezado, rua Formosa, 147, 1.º
Manuel Pinto Gomes, rua da Magdalena, 91, 4.º
Alfredo Maria de Sousa Damião, calçada Nova da Estrella, 9, rez-do-chão.
Continuo. — Vicente Martins Vaz, na secretaria.

QUARTEL GENERAL DA 1.ª DIVISÃO MILITAR

Rua de S. José, 22 e 24

1.º commandante — General de divisão, João Malaquias de Lemos, no edificio.
2.º commandante — General de brigada, Joaquim Pedro Henriques Barbosa, rua do Jardim do Regedor, 31, 3.º
Chefe do estado maior — José Cabral Gordilho d'Oliveira Miranda, coronel de estado maior, Campo dos Martyres da Patria, 97, 2.º

Sub-chefe do estado maior — José de Sousa Botelho, major d'estado maior, rua Nova do Amparo, 6, 1.º

Major da praça, interino — Augusto da Costa Macedo, capitão d'estado maior, rua do Rato, 57, 1.º

Ajudante da praça — Vago.

Adjunto — Augusto da Costa Macedo, capitão d'estado maior, rua do Rato, 57, 1.º

Ajudante do 1.º commandante — Eduardo Agusto Ferreira da Costa, capitão d'estado maior, rua de Paschoal José de Mello, 110, 1.º

Ajudante de campo interino — Antonio Augusto da Racha e Sá, tenente de cavallaria, calçada do Galvão, 17, Belem.

Ajudante do 2.º commandante — Luiz Antonio Alves Leitão, capitão de infanteria, rua de Passos Manuel, 3, 2.º

Officiaes ás ordens:

João Augusto Cesar de Freitas, tenente de caçadores 8, rua do Carrião, 11, 3.º

Rozendo d'Abreu Barbosa Bacellar, tenente de cavallaria 9, rua da Praia do Bom Successo, 44, 2.º

Chefe da repartição de reservas, interino — Antonio José Garcia Guerreiro, capitão d'estado maior, rua de Santo Antão, 169, 2.º, D.

Chefe da repartição criminal — Augusto Maria Cardoso Gamboa, capitão de infanteria, rua da Quintinha, 129, 2.º

Official de secretaria — Antonio Xavier d'Almeida Pacheco, capitão, rua de Nossa Senhora da Gloria, á Graça, 97, rez-do-chão.

Official de secretaria addido — João Baptista da Rocha Grillo, escadinhas de S. Luiz, 22, 1.º

Aspirantes:

Antonio Pereira Brazão, alferes, travessa da Cruz, aos Anjos, 10.

Aurelio Ponce Leão, alferes.

Inspector d'engenharia — tenente-coronel, José Alves Pimenta d'Avellar Machado, rua da Magdalena, 125.

Inspector do material de guerra — coronel, Francisco Hygino Craveiro Lopes, Calçada de Santo André, 105, 2.º

Professores d'esgrima:

Antonio Domingos Pinto Martins, rua da Escola Polytechnica, 49, 3.º

Manuel Cid, rua Garrett, 29.

Inspector das companhias de reformados — Julio Cesar Augusto de Menezes, general de brigada reformado, rua da Procissão, 78, 2.º

Cirurgião de divisão — Antonio Carlos Teixeira d'Aragão, rua do Salitre, 329.

Cirurgiões de brigada:

Guilhermo José Ennes, rua do Livramento, a Alcantara, 50.

Antonio Manuel da Cunha Belem, calçada da Estrella, 165, 1.º

RECEBEDORIA DO 1.º BAIRRO

1.ª Secção da repartição central de fiscalisação e arrecadação dos rendimentos publicos

RUA NOVA DE S. MAMEDE, 50, 1.º

Recebedor — Bartholomeu José Lobo Ferreira do Amaral, na recebedoria.

1.º Fiel — Duarte José Xavier de Araujo, Alto do Varejão.

RECEBEDORIA DO 2.º BAIRRO

2.ª Secção da repartição central de fiscalisação e arrecadação
dos rendimentos publicos

Largo do Pelourinho

Recebedor — João José Vaz Preto Geraldes, travessa da Horta.

RECEBEDORIA DO 3.º BAIRRO

3.ª Secção da repartição central de fiscalisação e arrecadação
dos rendimentos publicos

Calçada do Combro, Antigo Edificio do Correio Geral

Recebedor — Visconde de Athouguia, rua da Arrabida, 34.
1.º Fiel — Joaquim Jeronymo Raposo.
2.º Fiel — José Caetano Alves, calçada do Castello Picão, 64, 1.º
  Aspirantes:
Carlos Alberto Cardoso Gonçalves, praça das Amoreiras, 6.
Jorge Augusto Lopes d'Andrade, rua de S. Marçal, 151, 3.º
Ramiro Gonçalves, Praça das Amoreiras.

RECEBEDORIA DO 4.º BAIRRO

4.ª Secção da repartição central de fiscalisação e arrecadação
dos rendimentos publicos

Rua de S. Francisco de Paula, 130-B

Recebedor — Barão de Fornellos, rua Ivens, 47, 2.º
1.º Fiel — Pedro Cambiaso Monteiro, rua de S. Bento, 201.
  Escripturarios:
José Antonio Rodrigues Chaves, rua Nova da Piedade, 60, 2.º-E.
João Alvares da Silva, calçada do Galvão, 1.
José Maria Pestana, rua dos Poyaes de S. Bento, 69, 2.º
José Cabral Saccadura, rua Nova do Caes do Tojo.
Particular — Francisco de Sá Viegas, rua do Sacramento, 42, 1.º

RECEBEDORIA DA RECEITA EVENTUAL

5.ª Secção da repartição central de fiscalisação e arrecadação
dos rendimentos publicos

Praça do Municipio

1.º Official, (escrivão) — João Joaquim Ramos de Mello, rua dos Doura-
  res, 34, 3.º-D.
1.º Official, (recebedor) — Manuel Osorio Freire de Bastos, Buqueirão do
  Duro, 59.

2.º *Official, (ajudante do escrivão)* — Pedro Augusto da Silva, travessa de S. José, á praça das Flôres, 41-A.
2.º *Official* — Antonio Henrique Dias d'Azevedo, rua de S. Christovão, 39, 1.º
1.º *Aspirante* — Pedro Augusto Pereira Caldeira, calçada da Estrella, 159, 1.º
2.ºs *Aspirantes:*
João Vellozo Leotte.
Augusto Antonio Chichorro da Costa, travessa de Santos, 11, 3.º
Fiel (ajudante do recebedor) — Augusto Simões Carneiro, travessa do Caes do Tojo, 19, 1.º
Serventes:
Manuel Pereira, Praça Luiz de Camões, 46, 5.º
Manuel Antonio Pina, rua da Achada, 15.
Fiscaes do sello:
Manuel Lourenço. rua da Veronica, 134, rez-do-chão.
Joóé Joaquim Conceição, praça da Alegria, 53, 3.º
José Antonio Gaspar dos Santos, rua dos Anjos, 57, 2.º
Antonio do Amaral Couto, rua dos Prazeres, 35, 1.º

RECOLHIMENTOS DA CAPITAL (ADMINISTRAÇÃO DOS)

Secretaria

Recolhimento

Rua da Rosa, 203, 2.º

Provedor — Conde das Alçacovas, D. Luiz, rua da Cruz dos Poyaes, 111.
Adjunto — Domingos Pedro Rezende de Castro Constancio, rua de S. João da Matta, 119.
Thesoureiro — Augusto Gomes de Araujo, rua do Ferregial de Cima, 27.
Escrivão — José Dias de Campos, travessa Nova de S. Domingos, 9, 3.º
Amanuense — José Coutinho Ribeiro Lucas.

Recolhimento de Nossa Senhora do Amparo

Grillo

Regente — D. Carolina Amalia da Silveira.

Recolhimento do Calvario

Regente — D. Felicidade Perpetua Correia Lemos.

Recolhimento de S. Christovão

Regente — D. Marianna Augusta Roriz Peres de Queiroga.

Recolhimento de Lazaro Leitão

A Santa Apolonia

Regente — D. Gertrudes Rita de Sousa.

Recolhimento de Nossa Senhora da Encarnação e Carmo

(Annexo ao seguinte e no mesmo edificio)

Regente—D. Valentina Maria do Carmo.

Recolhimento de Santa Maria Magdalena

Rua do Passadiço

Regente—D. Anna Rita Rebello Mayer.

Recolhimento das Escravas do Santissimo Sacramento

Rua da Rosa

Regente—D. Maria da Piedade da Veiga e Lima.

Recolhimento de S. Pedro de Alcantara

(A cargo da Santa Casa da Misericordia de Lisboa)

Regente—D. Maria da C. J. d'Araujo.

Recolhimento de Nossa Senhora do Carmo

Olivaes

Regente—D. Maria C. Moniz Barreto.

Recolhimento de Nossa Senhora do Rosario

Ao Rego

Regente—Vago.

REGEDORES DE PAROCHIA

1.º Bairro de Lisboa

Freguezias:
Santo André—Augusto Ribeiro da Silva, calçada da Graça, 39, 1.º
Anjos—José Antonio Gaspar Santos, rua dos Anjos, 57.
Beato—Antonio Pedro Martins Silva, calçada do Duque de Lafões.
Castello—Antonio Casimiro Passete, largo de Santa Cruz, 7.
S. Christovão—José Maria dos Santos Carmo, Costa do Castello, 7.
Santa Engracia—Roberto Augusto Pereira, rua da Cruz de Santa Apolonia, 122.
Santo Estevão—José Maria d'Oliveira Pina, rua dos Remedios, 138.
S. Miguel—Manuel da Silva Ribeiro, rua do Terreiro do Trigo, 12.
Olivaes—Joaquim Reis Cardoso, Rocio dos Olivaes.
Sacavem—João Alves da Silva, rua Direita de Sacavem.
Sé—Francisco José Caldeira, rua de S. João da Praça, 38.
Soccorro—João Isidoro Caldas, rua dos Cavalleiros, 7.
S. Thiago—José Bernardino d'Almeida, rua de S. Thiago, 19.
S. Vicente—João Pinto Pereira, largo do Salvador, 19.

2.º Bairro

Freguezias:

Conceição Nova — Eduardo Estanislau de Souza, rua Aurea, 159.
Martyres — Manuel Fernandes de Mendonça, rua do Largo do Corpo Santo, 16, 2.º
Pena — Antonio Pinto de Sousa, calçada de Sant'Anna, 29, rez-do-chão.
Santa Justa — Joaquim Antonio Dourado, rua da Princeza, 300, 2.º
S. Jorge — Antonio Pereira de Sousa, rua de Arroios, 207.
S. José — Nicolau Guedes, rua de S. José, 149, 1.º
S. Julião — Joaquim Pedro, rua de S. Julião, 90.
S. Nicolau — José Antonio Fernandes, rua Augusta, 204.
Magdalena — Miguel da Silva, rua de S. Julião, 13.
Encarnação — Agostinho Rodolfo Sedrim, rua da Rosa, 188, 2.º
Sacramento — Alfredo das Neves, largo do Carmo, 18.

3.º Bairro

Freguezias:

Santa Catharina — José Luiz Marques Rego, rua do Poço dos Negros.
Mercês — Carlos Ennes da Costa, rua dos Cardaes de Jesus.
S. Paulo — José Thomaz Salgado, rua da Boa Vista, 50.
S. Mamede — José Augusto Silva Gameiro, largo do Rato.
Coração de Jesus — Alfredo Cesar Magno, rua de Santa Martha, 102.
S. Sebastião — Octaviano Augusto da Luz e Silva, rua de S. Sebastião da Pedreira.
Bemfica — Izidoro José Vicente, rua Direita.
Carnide — José Bento da Silva, rua Direita.
Campo Grande — Antonio Fernandes da Roza, rua Oriental.
Lumiar — Francisco Antonio Coelho, rua Direita.
Ameixoeira — Francisco Marques da Silva.
Charneca — Julio Simião Lourenço.
Camarate — Bernardo Raymundo da Silva, rua Direita.

4.º Bairro

Freguezias:

Ajuda — Antonio Francisco Nogueira, calçada da Ajuda, 28.
Alcantara — Clemente Gonçalves de Cima, rua de Alcantara, 126.
Belem — Angelo Joaquim José da Silva, calçada da Memoria.
Lapa — Carlos Joaquim Pedro, rua da Lapa, 97.
Santa Izabel — Luiz Augusto Montes Pimentel e Silva, rua de S. Luiz, 73, 1.º
Santos — Augusto da Silva Lima, rua de S. Francisco de Paula, 129.

REGIMENTO DE ARTILHERIA N.º 1

Quartel na rua de Entre-muros, a Campolide

Coronel — Pedro Coutinho da Silveira Ramos.
Tenente-coronel — João Carlos Rodrigues da Costa.
Major — Francisco José de Azevedo.
Ajudante — Henrique de Sousa Monteiro.
Cirurgião-mór — Antonio Freire Garcia Lobo.
Cirurgião ajudante — Manuel Ferreira Bairrão Ruivo.
Capellão — José Joaquim de Sousa Junior.

REGIMENTO DE ARTILHERIA N.º 4

Quartel, Campo de Santa Clara

Coronel — Visconde de Villa Nova de Ourem.
Tenente-coronel — Luiz Augusto Vasconcellos e Sá.
  Majores:
Francisco de Paula Gomes da Costa.
Mariano Joaquim da Costa Sousa Feio.
Ajudante — Ernesto Nunes da Costa e Ornellas.
Quartel-mestre — Vago.
Cirurgião-mór — Joaquim Maria Gusmão Guerra.

REGIMENTO N.º 2 DE CAÇADORES DA RAINHA

Quartel em Valle de Pereiro

Coronel — José Rufino Moniz da Maia.
Tenente-coronel — Antonio Cesar Barroso.
  Majores:
João Vellozo d'Azevedo Coutinho.
Maximiliano Augusto Cabedo.
Ajudante — Jacintho dos Reis.
Quartel-mestre — Augusto Alexandre Lobo Pimentel.
Cirurgião-mór — Eduardo José Pessoa.
Cirurgião-ajudante — José de Miranda Guedes.

REGIMENTO N.º 5 DE CAÇADORES D'EL-REI

Quartel no Castello de S. Jorge

Coronel — Luciano Pego de Almeida Cibrão.
Tenente-coronel — Custodio José Guilherme Ferreira Durão.
  Majores:
Antonio Candido Rosado Jára.
Joaquim Pinto de Sousa.
Ajudante — Alfredo Augusto da Silva Brandão.
Quartel-mestre — Francisco Pedro Soares da Silva.
Cirurgião-mór — Adriano Emilio de Sousa Cavalheiro.
Cirurgião-ajudante — Antonio José da Rocha.
Capellão — Henrique Carlos Fragoso.

REGIMENTO N.º 2 DE CAVALLARIA DO PRINCIPE D. CARLOS

Quartel na calçada d'Ajuda em Belem

Coronel — Antonio de Almeida Coelho e Campos.
Tenente-coronel — José Belchior Pinto Garcez.
Major — Francisco Gomes Callado.
Quartel-mestre — Antonio Lopes Mendes.
Cirurgião-mór - Eugenio Augusto Perdigão.

Cirurgião-ajudante — Antonio Teixeira da Silva Leitão.
Capellão — José Antonio Rebello.

REGIMENTO N.º 4 DE CAVALLARIA DO IMPERADOR DA ALLEMANHA, GUILHERME II

Quartel na calçada d'Ajuda em Belem

Coronel — Antonio Abranches Queiroz.
Tenente-coronel — José Honorato de Mendonça.
Major — Augusto Hedwiges do Amaral.
Ajudante — Henrique Freire d'Andrade Castello Branco.
Quartel-mestre — Joaquim Antonio Pinto d'Almeida.
Cirurgião-mór — José Alexandrino Craveiro Feio.
Cirurgião-ajudante — Manuel Augusto Soares Valejo.
Capellão — Manuel Damaso Antunes.

REGIMENTO DE ENGENHERIA

Quartel na Cruz dos Quatro Caminhos

Coronel — Visconde de Villaboim,
Tenente-coronel — Constantino José de Brito.
  Majores:
Jacintho Barreira
José Carlos Tudella Corte Real.
Cirurgião-mór — Carlos Moniz Tavares.
Cirurgião-ajudante — José Pires da Costa Cameira.

REGIMENTO N.º 4 DE INFANTERIA DA RAINHA

Quartel na Calçada da Ajuda, Belem

Coronel — Antonio Severino Alves Galvão.
Tenente-coronel — Manuel d'Azevedo Coutinho.
  Majores:
Francisco Izidoro Marques.
João de Jesus Feijão.
Ajudante — Manuel Joaquim Desiderio Pacheco.
Quartel-mestre — Mathias Joaquim Fernandes.
Cirurgião-mór — José Barbosa Leão.
Ciruvgião-ajudante — Affonso Taveira Cardoso.
Capellão — Francisco Baptista Leitão.

REGIMENTO DE INFANTERIA N.º 2

Quartel rua de S. Francisco de Paula, Convento de S. João de Jesus

Coronel — Jeronymo Osorio de Castro Cabral e Albuquerque.

Tenente-coronel. — João Francisco Regis do Rio Carvalho.
  Majores:
Luiz Candido da Silva Patacho.
Francisco José Monteiro Junior.
Ajudante. — José Jacintho de Carvalho Esmeraldo.
Cirurgião-mór. — Salvador Augusto de Brito.
Cirurgião-ajudante. — Antonio Augusto Carreira.
Capellão. — Vicente Maria da Rocha.

REGIMENTO N.º 5 DE INFANTERIA DO IMPERADOR DA AUSTRIA, FRANCISCO JOSÉ

Quartel no Largo da Graça

Coronel. — Joaquim da Cunha Pinto.
Tenente-coronel. — Antonio Candido Rosado Jára.
  Majores:
José Augusto Costa Monteiro.
Antonio Simões de Carvalho Vivaldo.
Ajudante. — Francisco Xavier Libano dos Santos Pereira.
Quartel-mestre. — João Caetano da Palma.
Cirurgião-mór. — Manuel de Lemos Vianna.
Cirurgião-ajudante. — Joaquim Pinto Valente.
Capellão. — Thomaz de Almeida Balthasar.

REGIMENTO DE INFANTERIA 7

Quartel á Cova da Moura

Coronel. — João Maria de Magalhães.
Tenente-coronel. — João Gualberto Ribeiro de Almeida.
  Majores:
Jorge de Eça Figueiró da Gama Lobo.
Adolpho Marques da Paixão.
Ajudante. — José Diogo Rodrigues Madeira.
Quartel-mestre. — Vago.
Cirurgião-mór. — João Antonio de Carvalho e Almeida.
Cirurgião-ajudante. — Augusto Maria da Costa.
Capellão. — Joaquim da Silva Porto Curado.

REGIMENTO DD INFANTERIA 16

Quartel a Campo de Ourique

Coronel. — Julio Augusto de Oliveira Pires.
  Majores:
Joaquim José da Costa.
Augusto Cesar de Macedo Castello-Branco.
Ajudante. — Gaspar da Cunha Prelada.
Cirurgião-mór. — Francisco Maria de Carvalho.
Cirurgião-ajudante. — João Carlos Mascarenhas de Mello.
Capellão. — Joaquim Antonio de Mendonça.

REGIMENTO DE INFANTERIA DO ULTRAMAR

Quartel na Junqueira

1.ª divisão

Coronel. — José Marianno de Sousa e Mello, largo do Calvario, 24, 2.º D.
Tenente-coronel — Antonio Maria Silvano, rua do Livramento, 127, 3.º E.
Tenente-ajudante. — Henrique Duarte da Costa e Silva, quartel do regimento, Junqueira.
 Facultativos em commissão:
Augusto Pereira Tovar de Lemos, rua Nova do Almada, 69, 4.º D.
Joaquim Carlos de Mello e Minas, rua da Crèche, 25, 1.º E.

1.º Batalhão

Major-commandante. — Julio Luiz Felner, Macau.
Alferes-ajudante. — José Carlos Serrão da Veiga, Macau.
Cirurgião. — Vago.
Capellão. — Antonio Roque Botelho, Macau.
 Capitães:
Joaquim da Costa Bello, Macau.
Tres — vagos.
 Tenentes:
José Miguel Garcia de Andrade, Macau.
João de Sousa Carneiro Canavarro, Macau.
Dois — vagos.
 Alferes:
Antonio Vicente Gaubert Scarnichia, Macau.
Francisco de Medeiros Manso, Macau.
Francisco Antonio Gomes Duque, rua do Sacramento, a Alcantara, 11, 2.º
Um — vago.

2.º Batalhão

Major-commandante. — João Augusto Soares, rua de Arriaga, 14, 3.º E.
Tenente-ajudante. — Alfredo Jayme da Costa Chaves, rua de Santo Amaro, 77.
Cirurgião. — Vago.
Capellão. — Augusto Antunes Delgado, palacio dos Condes da Ribeira, á
 Capitães:
Francisco Antonio Palermo de Oliveira, diligencia em Moçambique.
Antonio Simões Dias, rua da Estephania, 20, G.
Pedro Dionysio Barreiros, rua do Livramento, 57, 2.º, E.
José Pinto de Moraes Rego, rua da Junqueira, 176, 2.º
 Tenentes:
Caetano Xavier Diniz Junior, hotel Tejo, Pedrouços.
Tres — vagos.
 Alferes:
Manuel Augusto de Avila, rua da Junqueira, 253, rez-do-chão.
Othello Fidelino de Sousa Figueiredo, rua do Telhal, 3, ao Poço do Bispo.
Frederico Augusto Guerra Soares, rua do Conselheiro Pedro Franco, 55, 2.º
José Francisco Pereira da Luz, rua dos Poyaes de S. Bento, 24, 1.º

3.º Batalhão

Major-commandante. — João Paulino Montanha, rua do Conselheiro Nazareth, 2, 2.º D.
Tenente-ajudante. — David Gomes do Amaral, rua de S. João da Matta, 107, 1.º
Cirurgião. — Vago.
Capellão. — Annibal Francisco Rodrigues, poço do Borratem, 33, 3.º
Capitães:
Manuel José de Aguiar Trigo, rua da Gloria, 71, 3.º
Eduardo Bandeira de Lima, calçada da Memoria, Belem.
Augusto Cesar de Bettenconrt, diligencia em Moçambique.
Um — vago.
Tenentes:
José Augusto La Cueva, rua da Arriaga, 14, 3.º E.
Tres — vagos.
Alferes:
Manuel Mauricio, diligencia em Moçambique.
Antonio José Netto, rua dos Remedios, á Lapa, 33, 2.º
Silvino José Ferreira, calçada da Ajuda, 176, 3.º
Filippe da Veiga, diligencia em Moçambique.
Antonio Pedro do Nascimento e Sousa, calçada do Galvão, 50, Belem.

REPARTIÇÃO DE FAZENDA DO DISTRICTO DE LISBOA

Praça do Commercio, lado Occidental

Director — Henrique Francisco Bizarro, rua de José Estevão, 20, 1.º
1.ᵒˢ officiaes:
Alfredo Northway do Valle, rua de S. João da Praça, 38, 3.º
Antonio Filippe da Silva, rua da Escola do exercito, 34, 1.º
2.ᵒˢ officiaes:
Jayme da Silva Sanches, calçada do Forno do Tijollo, 32, rez-do-chão.
Francisco Maria Tristão, rua de S. Christovão, 39, 1.º
Pedro Augusto Carvalhal Spinola, rua de Gomes Freire, 79, 4.º
Manuel Domingos dos Santos, em serviço na Direcção Geral das Contribuições Directas.
Antonio Rafael da Silva Carvalho, rua das Janellas Verdes, 7, 1.º
Alfredo da Cunha, calçada do Marquez d'Abrantes, 38, 2.º
Antonio Maria Henriques de Mattos, rua Garibaldi, 3, 1.º D. (Villa Maia).
José Justinianno dos Santos Nazareth Ferreira, Cesimbra, em commissão.
1.ᵒˢ aspirantes:
Carlos Janeiro Baptista Vieira, rua de D. Estephania, 50, 2.º
Alfredo H. M. Santa Barbara e Moura, calçada do Marquez d'Abrantes, 114, 1.º
João da Cruz Seraphim Pereira Mello, rua da Fé, 46-A.
Diogo Lopes Pinto Cardoso, rua da Graça, 2, 2.º
Antonio Maria dos Reis Rodrigues, rua de D. Estephania, 53, rez-do-chão.
Antonio Coelho da Luz, rua da Alegria, 5, 2.º
João Maria dos Passos Vella, calçada da Patriarchal, 2, 2.º
Carlos Maria Vianna Canedo, Aldegallega do Ribatejo.
José Maria Felix da Cruz, rua de Rebello da Silva, 34, 1.º

2.ᵒˢ *aspirantes:*
Emilio Cezar Monteiro Xavier Penaguião, rua Nova d'Alegria, 69.
João Pacheco Lobo L. M. Corte Real, rua das Olarias, 3-A, 1.º
Vicente Domingos Pereira, rua de D. Estephania, 50, 2.º
Arthur Cesar d'Avilla, travessa de S. Sebastião, 29, (á Praça das Flores.)
Manuel Avelino de Figueiredo, rua do Monte Olivete, 2, B.
Francisco José Nepomuceno, rua de Felix 59, 2.º (á Lapa)
Henrique Saccadura Freire Cabral, travessa da Oliveira á Estrella.
José Albuquerque do Amaral, em serviço na Direção Geral das Contribuições Directas,
Candido Augusto da Cunha, travessa de Sant'Anna da Cruz, 23, 1.º
Honorio Velloso de Macedo, Cezimbra.
Wenceslau de Sousa Roiz d'Oliveira, rua de D. Pedro V, 122, 3.º
João Quirino Pacheco de Sousa, travessa de S. Vicente á Graça, 3, 3.º E.
Extraordinario — Luiz Filippe Valente, rua de D. Estephania, 57, rez-do-chão.
Continuos:
Manuel Teixeira Borges, rua dos Anjos 96 rez-do-chão.
Manuel Antonio Linhares, rua de Santo Antonio da Gloria, 79, 1.º
Serventes:
Alexandre Ferreira dos Santos, rua do Carrião, 41.
José Alexandre Ferreira, rua do Carrião, 41.
Manuel José Ferreira, calçada da Cruz da Pedra, 9.
Addidos:
1.º official — João Caetano Pereira, em serviço na Direcção Geral das Contribuições Directas.
Escrivães de fazenda:
José Augusto Freire d'Andrade, praça d'Alegria 28, 4.º
João Augusto Nunes d'Andrade, rua Ivens 47, 3.º
2.º official - Jeronymo José Ribeiro, rua de S. Christovão 39, 1.º
2.º aspirante — Joaquim da Fonseca Azevedo, Avenida da Liberdade 67, 4.º
Escripturario de fazenda — Joaquim dos Santos Rossini, rua dos Anjos 201, 3.º E.

REPARTIÇÕES DE FAZENDA DOS BAIRROS DE LISBOA

Do 1.º bairro

Rua da Mouraria, 27, 1.º

Escrivão de fazenda — José Bernardo dos Anjos, Arco do Cego, 30.
Escripturarios:
Augusto Carlos Escorcio, travessa de Nossa Senhora da Gloria, á Graça, 14, 2.º
Eduardo Rodrigues, travessa de Santa Thereza, 8.
Lucas Farinhas, Villa Thomaz da Costa ao largo da Graça, 9, 3.º
Augusto Cesar Guimarães da Silva, rua da Mouraria, 27.

Do 2.º bairro

Rua Ivens, 6, 2.º

Escrivão de fazenda — Antonio de Faria Gentil, calçada de Sant'Anna, 146.

Escripturarios:
Pedro Maria Rebello, rua de Paschoal José de Mello, 3.
José Maria Bacellar, rua das Salgadeiras, 1, 4.º
Domingos Bernardo Lopes.
Rufino de Bastos Ferreira Leal, Rua de S. Sebastião das Taipas, 83, 3.º

Do 3.º bairro

CALÇADA DO COMBRO, ANTIGO EDIFICIO DO CORREIO GERAL

Escrivão de fazenda — Adriano José Ferreira da Costa, calçada do Combro, 141, 3.º
Supplente — Benjamim Cosmelli, calçada do Galvão, 27, Belem.
Escripturarios:
Joaquim O'Neill Pedroza, rua das Freiras, 64, Belem.
Manuel Augusto Teixeira Junior, travessa de S. José, 32, 1.º

Do 4.º bairro

RUA DE S. FRANCISCO DE PAULA, 30, B.

Escrivão de fazenda — Antonio da Costa Moraes, rua de S. Bento, 297, 2.º D.
Escripturarios:
João Alvares da Silva, calçada do Galvão, 1.
José Antonio Rodrigues Chaves, rua Nova da Piedade, 60, 2.º E.
José Maria Pestana, rua dos Poyaes de S. Bento, 69, 2.º
José Cabral Sacadura, calçada d'Ajuda, 144, 2.º
Francisco Sá Viegas, rua do Sacramento, 42, 1.º

SAUDE PUBLICA

Delegado de saude do districto de Lisboa — Dr. Eduardo Burnay, rua da Junqueira, 9.
Delegado de saude de Lisboa — Dr. Francisco Severino de Avellar, rua de Santo Antão, 159, 1.º

1.ª DIVISÃO POLICIAL

Freguezias:
Pena, Soccorro, Anjos, Santa Engracia, S. Vicente, Sé, S. João da Praça, S. Thiago, S. Miguel, Santo Estevão, Arroyos, Santo André, S. Christovão, S. Lourenço, Castello, Beato, Olivaes e Sacavem.
Sub-delegados de saude:
Alberto Antonio de Moraes Carvalho, rua da Palma, 95, 2.º
Augusto da Silva Carvalho, rua do Jardim do Regedor, 53, 1.º
Antonio Germano Falcão de Carvalho, rua de Sant'Anna, 22.
Francisco José Fernandes Vaz, calçada da Ajuda, 176, 2.º
João Henriques Schindler, rua de S. Francisco de Paula, 102.

2.ª DIVISÃO POLICIAL

Freguezias:
S. José, Sacramento, Encarnação, Martyres, Conceição Nova, Santa Justa, S. Nicolau, Magdalena, S. Julião, S. Paulo, Santa Catharina e Mercês.
Sub-delegados de saude:
Augusto João de Mesquita, rua do Principe, 37, 2.º

João Quintino de Avellar, travessa d'Assumpção, 53, 3.º
Benjamin Maria Barreiros Arrobas, rua da Escola Polytechnica, 108, 1.º
Agostinho Lucio da Silva, rua das Gaveas, 10, 1.º
Joaquim de Mattos Chaves, rua Capello, 6.
Luiz Theodoro de Freitas Costa, calçada de S. Francisco, 1, 1.º
José Luiz Rangel de Quadros Joyce, rua do Duque de Bragança, 32, 1.º

3.ª DIVISÃO POLICIAL

Freguezias:
Santa Izabel, Santos, Lapa, S. Mamede, Coração de Jesus, S. Sebastião, Campo Grande, Lumiar, Ameixoeira, Camarate e Charneca.
Sub-delegados de saude:
José Izidoro Vianna, rua Luz Soriano, 37, 1.º
Joaquim Antonio de Oliveira Namorado, rua do Sol ao Rato, 25.
Jorge Rivotti, Avenida da Liberdade, 132, rez-do-chão.
Antonio de Jesus Lopes, rua dos Douradores, 100.
Simão José Pereira Junior, Paço do Lumiar, rua Esquerda, 57.

4.ª DIVISÃO POLICIAL

Freguezias:
Bemfica, Carnide, Belem, Ajuda e S. Pedro de Alcantara.
Sub-delegados de saude:
Antonio Rodrigues Pinto, rua do Cabo, 76.
Nuno Antonio Coelho de Vasconcellos Porto, rua da Junqueira, 79, 2.º
José da Cunha Castello Branco Saraiva, travessa do Oleiro, 11, 2.º

Sub-delegados substitutos

Francisco Avelino Monteiro, rua Formosa, 120, 1.º
Francisco de Oliveira Luzes, rua das Praças, 24, 2.º
Alfredo dos Santos Figueiredo, rua Direita de Bemfica, 488, 1.º

SÉ PATRIARCHAL

DIGNIDADES

Deão — João Manuel Cardoso de Napoles, rua do Barão, 49, 4.º
Chantre — Antonio Ferreira de Miranda Oliveira.
Arcypreste — Antonio José Boavida.
Arcediago — Carlos Eduardo Sande Sacadura Botte, rua do Barão, 53, 2.º
Thesoureiro-mór — João Antonio Ribeiro Pessoa Cabral, (ausente) pateo da Sé.
Mestre-escola — Dr. João Rodrigues.
Conegos:
Manuel Vicente Dias, rua do Norte, 114, 4.º
Antonio Dias da Silva, calçada do Moinho de Vento, 4, 2.º, ao Campo de Sant'Anna.
Domingos José Dias de Castro, calçada do Marquez de Penafiel, 3, 3.º
Antonio Patrocinio Goes (ausente).
Jeronymo dos Santos Henriques, vigario geral de Santarem.
Agostinho d'Almeida Azevedo, Santarem.
José Diniz de Carvalho, Santarem.
José Antonio Pina, Santarem.
Monsenhor Daniel Ferreira de Mattos, rua da Oliveirinha, 29.

Beneficiados:
João Luiz de Carvalho, campo de Santa Clara, 121, 2.º
Joaquim Paes Tavares, rua Nova de S. Mamede, 47, 3.º
Antonio Maria d'Almeida, praça de D. Fernando, 61, Belem.
Antonio José d'Oliveira, calçada do Marquez de Penafiel.
João José Augusto Dias, (ausente).
José Marques, pateo da Sé.
Polycarpo Felix Ribeiro da Silva, largo do Chão do Loureiro.
Antonio José Borges, rua Direita dos Anjos, 5, 1.º
Duarte Julio da Silva Falcão, rua da Saudade, 43.
Capellães cantores:
Antonino José de Figueiredo e Sá, Palma.
João Homem de Figueiredo, (ausente).
Guilherme de Moraes Reyna, rua do Terreiro do Trigo, 90, 1.º
Thesoureiro — João dos Reis Pessoa, pateo da Sé.
Altareiros:
João Maria de Azevedo, calçada de Santo André, 113, 2.º
João Ferreira da Costa Sampaio, pateo da Sé.
José Alberto da Costa Antunes, largo d'Arroyos, 8, 1.º
Maceiros:
Antonio Rodrigues de Amorim, pateo da Sé.
Antonio Maria Alves, rua de D. Carlos, 35.
Mestre de capella — Augusto Carlos d'Araujo, largo da Graça, 25, 2.º

SECRETARIA DE ESTADO DOS NEGOCIOS ECCLESIASTICOS E DE JUSTIÇA

Praça do Commercio, lado do Norte

Ministro e secretario d'estado — Conselheiro Alberto Antonio de Moraes Carvalho, rua Barata Salgueiro, 19.
Secretario geral do ministerio — Conselheiro Ignacio Francisco Silveira da Motta, travessa do Maldonado, 3, 2.º

Repartição Central

Chefe — Conselheiro João Carlos Valladas Mascarenhas, rua Nova do Amparo, 20, 2.º
1.º official — Bacharel Pedro Manuel da Silveira Almendro, rua do Terreiro do Trigo, 52, 2.º
Amanuense — Vago.

Direcção Geral dos Negocios Ecclesiasticos

Director geral — Conselheiro Jacintho Eduardo de Brito Seixas, rua do Ferregial de Baixo, 3, 2.º
Sub-director — Conselheiro Jeronymo Pereira da Silva Baima de Bastos, rua da Condessa 80, 1.º
1.ᵒˢ officiaes:
Bacharel Antonio Caetano Callado de Castro e Lemos, praça das Amoreiras, 59, 2.º, E.
Bacharel Miguel Maria Candido Cardoso, Olivaes.
2.ᵒˢ officiaes:
Bacharel João Correia de Freitas, rua da Cruz do Mau, 23.
Caetano Ribeiro Vianna, travessa da Gloria, 14, á Graça,
Bacharel Alfredo Ferreira de Mattos, rua das Escolas Geraes, 128.

Direcção Geral dos Negocios de Justiça

Director geral — Conselheiro Manuel d'Assumpção, rua Victorino Damasio, 12, 1.º
Sub-director — Conselheiro João Dally Alves de Sá, rua da Escola Polytechnica, 92.
    1.ᵒˢ officiaes:
Bacharel Joaquim Pedro Seabra, rua do Quelhas, 49.
Bacharel João Maria Lopes, travessa da Era, 4, 1.º
Bacharel Francisco da Borja Gusmão.
    2.ᵒˢ officiaes:
Bacharel Augusto Maria de Almeida e Silva, pateo do Regedor, 4, 3.º
Bacharel Antonio Lopes dos Santos Valente, rua da Boa Vista, 170.

Direcção Geral do Registo Civil e Estatistica

Director geral — Conselheiro Ignacio Francisco Silveira da Motta, travessa do Maldonado, 3, 2.º
Sub-director — Bacharel Marçal de Azevedo Pacheco, rua das Amoreiras, 148.
1.º official — Bacharel Alberto Telles de Utra Machado, rua das Escolas Geraes, 102-A, 3.º
    2.ᵒˢ officiaes:
Bacharel João Pereira Pinto Goulão, Hotel Nações, rua da Magdalena, 85.
Arthur Urbano Monteiro de Castro, rua de S. Bento, 343, 3.º
Bacharel Antonio Candido de Figueiredo, rua do Norte, 145, 2.º
Amanuense — João Candido Collaço Paes, travessa de Santa Gertrudes, 25.

Repartição de contabilidade

4.ª da direcção geral de contabilidade publica

Chefe — Conselheiro D. Miguel Pereira Coutinho, rua Formosa, 99.
Sub-chefe — 1.º official chefe de secção, Joaquim de Seabra Pessoa, largo de S. Carlos, 4, 4.º
Chefe de secção — 1.º official, Carlos Marcolino de Moura Cabral, rua do Amparo.
    2.ᵒˢ officiaes:
Paulo Jorge Puell, rua da Cruz dos Quatro Caminhos.
Bacharel Pedro Azevedo Coutinho Fragoso de Sequeira, largo de Santo Estevão, 15.
    Amanuenses:
Carlos Augusto do Amaral Sarmento Alvares d'Aguiar, rua de Passos Manuel.
José Bernardo Antunes de Lemos, rua Ferreira Borges, 21.
Aspirante — Luiz Antonio Martins, rua da Estrella.
Continuo — Miguel Thomaz Pereira, travessa de Santa Gertrudes.
Servente — José Gomes, rua da Procissão, 137, 1.º

EMPREGADOS MENORES DA SECRETARIA

Porteiro chefe dos empregados menores — Francisco Alves d'Azevedo, rua da Bitesga, 13.
Continuo — João Bernardo da Veiga, travessa de Santa Luzia, 8.
    Correios a pé:
Bernardo Rodrigues de Miranda, travessa do Armador, 3, Ajuda.

Jacintho Antonio Moreira, rua Direita dos Anjos, 133.
José Antonio Le Retord, calçada do Combro, 67.
Manuel Martins Pereira, rua do Cura, 18.
Correios a cavallo:
Antonio Augusto de Carvalho, pateo das Cozinhas, 6, Ajuda.
Manuel Pinto da França, rua do Carrião, 5.
Serventes:
Alexandre Antonio Alves, rua do Ferregial de Baixo.
Arthur Augusto Machado, rua dos Jeronymos, 12, Belem.
Antonio Valentim Marques, travessa do Combro, 30.
Joaquim Simões, travessa do Cabral, 9.
José Esteves, rua Luz Soriano, 106.
José Bernardo da Veiga, travessa de Santa Luzia, 8.
Thiago dos Santos, calçada do Monte, 85, 3.º, E.

SECRETARIA DE ESTADO DOS NEGOCIOS DA FAZENDA

Praça do Commercio, lado do Poente

Ministro e secretario d'estado. — Conselheiro Marianno Cyrillo de Carvalho, rua Formosa.
Secretario geral. — Conselheiro José Luciano de Castro, rua dos Navegantes, 73.

Repartição do gabinete

Chefe. — Conde de Calhariz de Bemfica (Luiz), rua da Rosa, 285.
1.º Official. — Augusto Xavier de Sá, rua do Crucifixo, 86.
2.os Officiaes:
Antonio Melchiades de Sequeira Machado, rua de Vasco da Gama, 148.
Domingos Eduardo Augusto da Silva Moreira, rua de Vicente Borga.
Amanuenses:
D. Luiz Machado, calçada de Santo André, 9.
Alvaro Mendes Leal, rua das Olarias, 167, 1.º
Aspirantes:
Isidoro Augusto dos Santos Grillo, rua do Salitre, 371 B.
J. J. Gama Machado, rua Nova de S. Mamede, 32.
Continuos:
Francisco Ribeiro, rua das Fontainhas, a S. Lourenço.
Julio Pedro de Mello, rua da Cruz dos Poyaes, 87, 2.º
Porteiro. — Francisco Manuel Aguas, rua do Sacramento, á Cruz do Taboado, 35, 2.º
Ajudante do porteiro. — Miguel José Simões, travessa do Matta Pintos, em Belem, 16, 3.º E.
Correios a cavallo:
Francisco José das Neves, rua das Salgadeiras.
João de Campos Casaes, Rio Secco, Ajuda, 3.
Julio de Campos Casaes, Oliveira de Cima, Monsanto.
Correios a pé:
José Narciso da Fonseca, travessa da Condeça do Rio, 14, 4.º
José Carlos Pina, rua do Teixeira, 15.
Servente. — Alfredo Francisco de Lemos, travessa do Terreirinho, 19.

Direcção geral das contribuições directas

Director geral. — Visconde de Mangualde, alameda de Santo Antonio dos Capuchos, 4.

Chefe da 1.ª repartição. — Conselheiro Joaquim Paes de Abranches, rua da Saudade, 11, 2.º

Chefe da 2.ª repartição. — Conselheiro Miguel Maria do Olival Gouveia, rua da Imprensa Nacional, 44.

Chefe da 3.ª repartição. — Dr. José Freire Lobo do Amaral, rua do Monte Olivete, 2, 2.º C.

Secretario do director geral. — Antonio Augusto Rodrigues rua da Procissão, 45, rez-do-chão.

1.ᵒˢ Officiaes:

Dr. José Maria de Alpoim Cerqueira Borges Cabral, rua do Passadiço, 1, 1.º

Antonio Ferreira Serra, rua de S. Lazaro, 75, 2.º

D. Francisco de Carvalho Daun e Lorena, travessa de José Vaz de Carvalho, 9.

2.ᵒˢ Officiaes:

Henrique Carlos Rangel, calçada do Marquez de Abrantes, 40, 4.º

Antonio Luiz Branco, rua da Esperança, 142, 2.º

Joaquim Urbano das Neves e Castro, rua da Escola Polytechnica, 49, 4.º

Carlos Matheus Gonçalves dos Santos, rua do Cardal de S. José, 42.

Heliodoro J. da Silva Moreira, rua do Conselheiro Pedro Franco, 5, 1.º

Antonio Botelho Sarmento, travessa da Conceição, á praça da Alegria, 7.

Amanuenses:

Macario Augusto B. da Silva Nogueira, rua de S. João da Praça, 114.

Antonio Peito de Carvalho, rua dos Cavalleiros, 40, 1.º

Agostinho da Silva Franco, rua da Rosa, 110, 1.º

Luiz Limpo de Lacerda Mascarenhas, rua dos Capellistas, 73, 3.º

Matheus Vasco de Carvalho, Almada.

David Estevão Gouveia, Quinta das Claras, Poço do Bispo.

Viriato Tavares, Almada.

Joaquim Freire dos Santos Callado, rua do Ouro, 124, 2.º

Empregados extraordinarios:

D. Duiz Gonçalves Zarco da Camara, travessa do Conde da Ribeira, 48.

Antonio Fernandes de Figueiredo, Palma de Cima, 10.

Rodolpho Barreto de Figueiredo Perdigão, largo da Paschoa, 25.

Ayres Fernandes de Figueiredo Barros, rua de D. Pedro V, 51, 1.º

Addidos:

Francisco Antonio de Mattos, travessa de S. Domingos, 39, 2.º

José Correia de Freitas, rua do Loreto, 36, 2.º D.

Hermenegildo Cabral Sacadura, rua da Créche, 29, 4.º

Antonio Candido da Matta, rua do Caldeira, 52, 3.º

João Francisco Xavier d'Eça Leal, rua dos Poyaes de S. Bento.

Aspirantes:

João José Jára, rua do Salitre, 284, 1.º

José Correia Telles Pamplona Junior, calçada da Tapada, 27, 2.º

Antonio José de Barros, villa Maia.

Henrique Fernando da Camara, rua das Chagas, 3.

Praticantes:

João Carlos de Brito Mousinho, travessa de Sant'Anna, 35, 1.º

Eduardo Jayme Aldim, rua do Sacramento, 96, Alcantara.

João Cinatti Serzedello, rua do Alecrim, 111.

Manuel Luiz Caldas Cordeiro, rua de S. Filippe Nery, 144, 2.º

José Gonçalves de Freitas, calçada da Estrella, 191, 1.º

Continuos:

Francisco Xavier Nepomuceno, rua de S. Felix, 59, 2.º

José Joaquim de Mira Gião, rua do Visconde de Santo Ambrosio, 17.

João da Silva, rua do Cabo, 9, loja.

Serventes:

Antonio Antunes da Costa, rua de Arroyos, 116, 1.º
Antonio Cardoso, travessa do Meio, 14, 4.º
Julio Augusto dos Reis Drummond e Vasconcellos rua do Passadiço, 47, 1.º
Manuel Henriques Roda, travessa de Sant'Anna, 4, 2.º

DIRECÇÃO GERAL DOS PROPRIOS NACIONAES

Director geral — Conselheiro José Luciano de Castro, rua dos Navegantes, 73.
Chefe da 1.ª repartição — Conselheiro Antonio Joaquim de Campos Magalhães, servindo de director geral, rua de José Estevão, 17.
Chefe da 2.ª repartição — Bacharel João Joaquim Isidoro dos Reis, rua do Telhal, 71.

1.ᵒˢ officiaes:
José Borges Pacheco Pereira de Faria, rua de Santo Antonio á Praça das Flores.
José Eduardo Ramos, campo das Cebollas, 43, 3.º, E.
Pedro Augusto Puell, rua de S. Bento, 237, 2.º
José da Silva Franco, rua da Rosa, 110, 1.º

2.ᵒˢ officiaes:
Henrique Augusto Xavier, travessa de S. Sebastião á Praça das Flores, 22, 1.º, E.
João Francisco Bréc, travessa de S. Sebastião, 26, 4.º
Abel Xavier Teixeira de Magalhães, rua de S. Mamede, 1.
Jacintho da Costa de Vasconcellos Coutinho, rua do Diario de Noticias, 194, 2.º
Antonio Teixeira Sampaio, rua de S. José, 117, 2.º
José Maria de Sousa Mascarenhas.
Augusto Correia da Silva Mello, rua das Janellas Verdes.
Alfredo de Sousa Mendes Pinheiro, rua Arriaga, 14.

Amanuenses:
Luiz Emygdio Cardoso Guedes, rua Direita de Belém, 13.
Joaquim Thomaz da Silva Mattos, rua das Trinas.
João Henrique Barata.
Adriano Jacques de Magalhães Machado, rua dos Bacalhoeiros.
Leopoldino Maria Blanc Melicio, rua de S. Francisco de Paula, 8.
Joaquim Vieira Caldas, rua do Conselheiro Monteverde.
Francisco E. L. Barbosa Martins Ludovice, rua da Saudade, 25.
Augusto Odorico da Costa Moya, Praça de D. Pedro.
Joaquim de Sousa Castello Branco, Tapada d'Ajuda.

Aspirantes:
Ludgero Maria de Lima e Quina, rua do conselheiro Pedro Franco, 29, 2.º
Emygdio Duarte d'Almeida, rua de S. Bernardo, 13.

Praticantes:
João José Frederico Bartholomeu Junior, Paço da Rainha, 92, 2.º
Joaquim Mendes Neutel, Bemfica, (S. Domingos).

Pregoeiro das arrematações — Antonio Maria Pereira da Silva, rua do Terreirinho.

Continuos:
José Nunes de Carvalho, rua da Saudade, 18, 2.º
João Fernandes, rua dos Navegantes.

Serventes:
Manuel Joaquim Duarte, largo de Santa Martha.
Francisco Avellar, rua de S. Bento, 85.

DIRECÇÃO GERAL DA THESOURARIA

Director geral — Conselheiro Luiz Augusto Perestrello de Vasconcellos, rua da Junqueira, 1.

Chefes de repartição:

Conselheiro Augusto Ernesto da Fonseca Collaço, rua das Trinas, 10, 1.º

Bacharel José Alberto da Costa Fortuna Rosado, calçada do Forno do Tijolo, 44.

1.ºs officiaes:

Barão da Costa Ricci, em commissão na Agencia em Londres.
Manuel Ferreira da Silva, em commissão na agencia em Londres.
Ernesto Moreira de Sá, travessa da Gloria, 9.
Julio Cesar de Sousa e Cunha, rua de S. Cyro, 9.
Julio Augusto Ferreira de Andrade, rua Direita dos Anjos, 216.
Manuel Nicolau Gomes da Fonseca, rua Saraiva de Carvalho, 94.

2.ºs officiaes:

Luiz de Moraes Mantas, estrada de Campolide de Cima, 99, 1.º
D. José Francisco de Lencastre, rua de Caetano Palha, 9.
D. Domingos Affonso d'Albuquerque Coelho e Carvalho, rua de S. Domingos á Lapa, 97.
José Pedro de Salles Baptista, calçada da Tapada, 21.
João de Sousa Araujo, rua do Alecrim, 75, 1.º
Ricardo José Duarte, calçada de Sant'Anna, 131, 3.º

Amanuenses:

Antonio Francisco Cilia Junior, rua de S. João da Praça, 77, 3.º
Manuel Baptista d'Aguiar, rua do Rato, 5.
Jeronymo José de Sousa, rua de Paschoal de Mello, 145, 3.º
Izidro Augusto da Silveira dos Santos.
Antonio Joaquim da Silva, rua Nova da Palma, 73, 2.º
Jovino de Gouveia Pinto, calçada de Sant'Anna, 132, A.
Augusto Eduardo de Carvalho, estrada de Bemfica, 262.
D. José Maria da Cunha Silva e Lorena, Avenida Estephania, 50.

Aspirantes:

Carlos Candido da Costa, rua de S. João dos Bemcasados, 59.
D. Jorge Machado de Castello Branco, calçada da Graça, 9.
D. Pedro de Sousa Holstein, travessa do Conde da Ribeira, á Junqueira, 47.
Augusto Maria dos Santos Simões, travessa do Matta Pintos, 16, 3.º, Belem.
Luiz Carlos de Sousa, rua Direita de Pedrouços, 7, 3.º
Theotonio Borges Leal do Rego, rua dos Remedios, á Lapa, 36.
João Antonio Guerreiro, rua da Quintinha, 36.

Praticantes:

Hermano de Arbués Moreira, rua Nova da Piedade, 60, 1.º
Antonio Lopes Biscaia, rua do Sol ao Rato, 167.
Joaquim Lopes Serra Junior, calçada do Moinho de Vento, 24.
José Lopes Biscaia, rua do Sol ao Rato, 167.
Casimiro José Agras, travessa de Nossa Senhora da Gloria (á Graça), 10, 1.º
D. Luiz Maria da Camara, travessa das Mercês, 9.
Antonio Thomaz Vidal de Freitas, calçada d'Ajuda, 35, 1.º
Augusto Cesar dos Santos, Paço da Rainha, 60, B, 1.º

Addidos:

José Onofre de Paiva e Andrade, rua da Era, 19.
Manuel da Cruz Ferreira, rua de Vasco da Gama, 23, 4.º
Augusto Rodrigues Bolonha, estrada da Palhavã, 7.

COFRE GERAL

Thesoureiro geral — Conselheiro Augusto Gomes d'Araujo, rua do Ferregial de Cima, 27, 1.º
1.º *fiel* — José Maria dos Passos Valente, rua Nova do Almada, 81, 3.º
  2.ᵒˢ *fieis*:
Augusto Carlos Mattos da Cunha, rua das Trinas, 50, 2.º
Gil Vasques da Cunha Portocarrero, travessa de Santa Gertrudes, 56.
Martinho Pinto Leão, rua do Jardim do Regedor, 5.
Thesoureiro dos correios — Gustavo Adolpho Mauperrin, rua do Valle de Pereiro, 14.
  Continuos:
João Domingos, rua da Procissão, 190.
Antonio Alves Rosa, rua da Procissão, 34.
Servente — Francisco Augusto dos Reis, travessa de Santa Gertrudes, 45, 2.º

Direcção geral da divida publica

PRAÇA DO COMMERCIO, LADO DO NORTE

Director geral — Conselheiro Antonio Pessoa de Barros e Sá, rua Nova da Trindade, 74, 2.º
  Chefes de repartição:
Conselheiro José Pedroso Gomes da Silva, becco do Penabuquel, 4, 2.º
José Castro Freire de Macedo, rua da Magdalena, 225.
Ouvidor — Conde de Casal Ribeiro (Frederico), rua da Emenda, 39.
  1.ᵒˢ *officiaes*:
Francisco José Ramos de Mattos Gouveia, rua Direita do Rato, 5.
Jacintho de Bettencourt Mello, rua dos Cordoeiros, 50, 2.º
Frederico Carlos Rosa, rua do Jardim do Regedor, 18, 4.º, D.
Augusto Cesar Correia do Inso.
Rodrigo da Conceição Oliveira de Sousa, rua Caetano Palha, 10, 1.º-E.
Alfredo Dias Potier, rua das Amoreiras, 182, 2.º
Henrique Maria Mimoso de Mello Gouveia Prego, rua do Milagre de Santo Antonio, 5.
Francisco Pereira Cortez, rua do Meio, á Lapa, 34.
Jeronymo Francisco de Almeida Cruz e Castro, rua da Lapa, 36.
Alfredo Maria de Avellar Telles, rua dos Anjos, 20, 3.º
Joaquim Eduardo Malheiro, rua de Passos Manuel, 90, 2.º esquerdo.
Elias da Cunha Pessoa de Barros e Sá, rua Nova da Trindade, 74, 2.º
  2.ᵒˢ *officiaes*:
Miguel Leopoldo da Costa Simas, rua de S. João da Matta, 19.
Henrique Feijó Barreto, rua de S. Luiz, 43, 1.º
Eduardo Vaz Napoles, em commissão no Porto.
Joaquim Augusto Cardoso, rua das Olarias, 75, 1.º
Francisco Maria da Silva, calçada da Tapada, 7.
Raphael Antonio Nogueira de Pina Manique, rua da Escola do Exercito, 26, 2.º
Eduardo Pires Lopes, rua das Trinas, 109, 1.º
Jayme Justino Victor, rua de S. João da Praça, 32, 2.º
Thomaz Eugenio de Mascarenhas Menezes, rua da Emenda, 45.
Ernesto Frederico Bartholomeu, rua Paschoal de Mello, 70, 2.º
Arthur Alegro Cosmelli, rua Larga de S. Roque, 2, 4.º
Catão Emilio Soares e Silva, calçada do Marquez de Tancos, 16, 3.º
Alvaro Ferreira Roquette, rua do Ouro, 124, 2.º
Antonio Pedro de Miranda Azevedo, rua de S. João da Praça, 38, 4.º

Amanuenses:
João Epifanio Moraes Ramos de Mattos Gouveia, rua Direita do Rato, 5.
Antonio Augusto de Assis Lopes, travessa Nova de Santos, 8, 2.º
Joaquim Augusto Nazareth Ferreira, rua dos Correeiros, 204, 3.º
Manuel Carvalho de Medeiros Junior, rua do Barão, 35, 2.º
José Maria Moura Coutinho de Almeida Eça, rua de S. Bento, 372, 3.º
Carlos Henrique Torres Antunes, travessa do Barbosa, 9.
Francisco Antonio Moreira, rua dos Douradores, 177, 3.º
Julio Tello Carvalho da Silva, calçada do Galvão, 17, 1.º (Belem).
Joaquim Cardoso de Sousa Gonçalves, rua de S. Paulo, 78, 3.º
Jeronymo Pereira Baima de Bastos, rua da Condessa, 80, 1.º
Antonio Maria Ribeiro, rua da Alegria, 2, 2.º
Arthur Augusto da Silva Bastos, rua Nova da Palma, 95, 4.º
D. Simão de Sousa Coutinho, rua do Ferregial de Cima, 14, 3.º
José Gregorio dos Santos, Rio de Mouro, Albarraque.
Alberto Lopes da Cunha Pessoa, Avenida da Liberdade, 116, 1.º
D. Francisco de Sousa.
Asdrubal Cyrillo Cid Maldonado, rua Nova da Piedade, 64, 2.º E.
João Baptista Barreiros, rua dos Fanqueiros, 114, 3.º
Vago, um.
Aspirantes:
Luiz Antonio Sanches, calçada do Galvão, 1 (Belem).
Julio Antonio Ferreira, rua da Cruz dos Poyaes, 69, 3.º
Jorge Andermatt da Silva, rua Saraiva de Carvalho, 226, 2.º
Pedro Pacheco de Sousa, travessa de S. Vicente, á Graça, 3, 3.º
José Miguel Ximenes Telles, rua de S. José, 195.
Eduardo Correia da Costa, largo de Santo Antonio da Sé, 21, 1.º
Cartorario — D. Carlos da Camara Leme, rua da Madre de Deus.
Thesoureiro da junta de Credito Publico — Manuel Alves do Rio, rua das Freiras, 65 (Belem).
Fieis:
D. José Luiz de Sousa Coutinho, quinta das Pintoras (Marvilla).
Francisco José Alves Junior, rua de Paschoal José de Mello, 16.

EMPREGADOS MENORES

Porteiro — Manuel Lopes da Matta, calçada do Marquez de Abrantes, 122, 1.º
Continuos:
Antonio José Pereira, rua da Atalaya.
Manuel Rodrigues Ferreira, largo do Salvador, 10, 2.º
Antonio Luiz Patriarcha, rua Garrett, 29, 5.º
João Gonçalves dos Reis, rua de Rilhafolles, 3, 1.º
Manuel Antonio de Carvalho, rua Direita de Arroyos, 265.
Caetano Maria Lourenço Dias, rua do Carvalho, 8.

Direcção Geral de Contabilidade Publica

1.ª e 2.ª repartições

Director geral — Conselheiro Antonio Maria Pereira Carrilho, travessa de Lazaro Leitão, 21.
Chefes de repartição:
Conselheiro Francisco Martiniano Arnaud, rua do Ouro.
João Carlos Arnaud, rua dos Anjos, 200, 1.º
1.ºˢ officiaes:
Augusto Cesar Guimarães da Silva, rua de S. Vicente á Guia.

José Joaquim de Sequeira e Brito, rua de Gomes Freire, 109.
Alfredo Alves Branco, Almada.
André Severiano Romam Navarro.
José Emygdio Januario S. Leitão, rua da Cruz da Carreira.

2.os officiaes:
Bacharel, Bazilio Teixeira Sarmento Freire de Menezes, rua de Fernandes Thomaz, 9.
João Leopoldo Cardoso Guedes, rua de Sant'Anna, 78.
Ezequiel Antonio da Silva e Oliveira, rua da Alegria.
Antonio Maria Judice da Costa, (em commissão no ultramar).
João Bernardo da Costa Seromenho, rua d'Arroyos, 42, 2.º
Manuel Gonçalves Vivas, praça das Amoreiras, 40.
Constantino Eduardo Moreira de Sá, Almada.
D. Domingos de Lencastre, rua da Cruz dos Poyaes, 111.
Carlos Alexandre R. da G. Joyce, rua da Escola Polytechnica, 108, 2.º
Carlos da Matta Veiga, rua Luz Soriano, 19.
Estevão da Silva Gonçalves, (em commissão no ultramar).
Julio Cardoso da Silva Salles, (em commissão no ultramar).
Cesar Julio Duhau Laborde, rua do Conselheiro Pedro Franco, 7, 1.º
Joaquim Fernandes de Freitas.
Cesar Antonio de Mello e Castro.

Amanuenses:
Vasco da Cunha Menezes, rua da Gloria, 5.
Carlos Marques dos Santos Almeida.
Alberto Rodrigues Pereira de Sousa, rua do Principe.
João Baptista Gomes de Sousa, travessa do Moinho de Vento.
Antonio Pereira Leite, rua dos Fanqueiros.
José Augusto d'Andrade Gomes, calçada de Santo André, 78, 2.º
Saturnino J. do Rosario Sant'Anna d'Andrade, rua de S. João da Praça, 35, 3.º
Francisco Pinto Cardoso, rua do Possolo, 12.
Carlos Xavier Correia, rua do Terreiro do Trigo, 24.
Bernardo Augusto Camarate, rua de S. Bento, 704.
Arthur Porto de Mello e Faro, rua dos Remedios, á Lapa, 68.
José Joaquim Teixeira, rua de S. Bento, 152, 2.º
Manuel Maria Augusto Silva Bruschy.
Sebastião Augusto da Costa Leal Junior.
Caetano Macario Junior, rua de Santos, 34.
Jorge Sotero da Cruz Gentil, rua do Bemformoso, 165.
Manuel Agostinho Lourenço.
Carlos da Silva, rua do Jasmim.
José Ricardo Pinto Martins Junior, rua de Fernandes da Fonseca, 25.
Eduardo de Castro Seabra, rua do Quelhas.
João Antonio Carlos de Carvalho,
Alvaro Eugenio Felner Rollin, rua de S. Luiz, 111.

Aspirantes:
Pedro Augusto de Figueiredo Junior, rua d'Arroyos, 2.
Carlos Lucio Gomes Zanatti, rua de S. Luiz, 30.
Alberto Eduardo Martins, rua da Estrella, 1, 2.º
Elesbão José de Bettencourt Lapa, Campo de Santa Clara.
Sebastião Augusto Cilia, travessa dos Machados, 2.
Ruy de Fontes Pereira de Mello Ganhado Ferreira de Mesquita.
João Antunes Moura Borges.
Alvaro Augusto de Carvalho Cordeiro.

Addidos:
Antonio Pio Rosado, rua de Ferreira Borges.
Alexandre José Alves, rua Direita de Belem.

Joaquim Simões Afra.
Continuos:
José Francisco Moreira Vidal, rua da Palmeira, 46, 3.º
Antonio Gonçalves, rua do Vigario, 8, 3.º
Manuel Antonio d'Araujo, rua de D. Pedro V, 122, 5.º
Serventes:
Julio Francisco Moreira Vidal, Alto do Penalva.
João de Sousa Rebello.
João Ventura Correia.
Antonio Cordeiro.

SECRETARIA DE ESTADO DOS NEGOCIOS DA GUERRA

Praça do Commercio, lado do poente

Ministro e secretario d'estado — Conselheiro, João Chrysostomo de Abreu e Sousa, general de divisão, rua de S. João dos Bem-casados, 52.

Gabinete do ministro

Chefe — Julio d'Abreu e Sousa, coronel d'artilheria.
Ajudante de campo do ministro — João Albino de Figueiredo Soares Serrão, capitão de cavallaria.
Addidos:
João Joaquim Caldeira Pires, capitão de infanteria, rua Jardim do Regedor, 43.
Fernando Larcher, tenente de cavallaria, travessa da Horta.
Guilherme Luiz dos Santos Ferreira, capitão de infanteria, rua da Palmeira, 47, 1.º E.
Francisco de Sousa Pereira, 1.º official da administração militar, com a graduação de major, rua da Boa Vista, 96, 1.º
Archivista — Quintino Augusto da Costa, 1.º official da administração militar, com a graduação de major, rua dos Lagares, 72, 1.º
Auditor especial — Guilherme Marcellino da Costa Ramos, rua Estephania, 27, 1.º

Repartição central

Chefe — Luiz Carlos Gaeiras dos Santos, rua Direita da Junqueira, 339
Primeiros officiaes:
Luiz Augusto do Valle, archivista geral, rua dos Cardaes de Jesus, 96 A.
Joaquim Ignacio de Barcellos, chefe da 1.ª secção, rua da Santissima Trindade, 4 A.
Carlos Augusto Chichorro da Costa, chefe da 2.ª secção, calçada da Estrella, 84, 1.º
Segundo official — Augusto Claudino Lopes de Macedo, rua do Chafariz de Andaluz.
Archivista — José Viegas Junior, travessa de S. Placido, 34, 2.º
Amanuenses:
Pertencem ao commando geral d'artilheria.
Alfredo Rodrigues Pereira Brandão, rua do Salitre, 225, 1.º
Eusebio Soriano Machado, Campo de Santa Clara, 90, 1.º
Francisco da Costa, rua Direita da Graça, 44, 1.º
Antonio Bivar Moreira de Brito, rua de S. Marçal, 92.
José Antonio da Silva Marques, travessa de Santa Justa, 61, 5.º
Francisco de Paula Barahona e Costa, rua do Cabo, 59, 2.º

Eduardo Adolpho Jayme Picaluga, rua Nova de S. Francisco de Paula, 11.
Joaquim Augusto Mendes Lobato, rua do Sol ao Campo de Sant'Anna, 91, 1.º

Direcção geral

Director — Caetano Pereira Sanches de Castro, general de brigada, calçada do Monte, 15.

1.ª repartição

Chefe — Coronel, João Julio Ribeiro, Poço do Borratem, 4, 2.º
Sub-chefe — Capitão, Miguel Antonio Garcia Gomes, rua de Ferreira Borges, 143, rez-do-chão.
Adjuntos:
Tenente — Augusto Alfredo Jacome de Castro, rua de S. Jeronymo, 51, 2.º
Tenente — Antonio Luiz Theophilo d'Araujo Waddington, rua Castilho, 34, 2.º
Tenente — Luiz Augusto de Sousa Sanches, rua Rodrigues Sampaio, 105, 1.º
Tenente — Antonio Luiz de Barros Biscaia e Silva, rua d'Arrabida, 26 A, rez-do-chão.
Tenente — Alexandre Ferreira Bemfeito, rua Thomaz da Annunciação, 6, 2.º
Alferes-archivista — Antonio Porfirio de Antas Guerreiro, rua dos Retrozeiros, 75, 4.º
Amanuense — José Germano Rodrigues dos Santos, travessa de Santo Antonio da Sé, 13, 4.º
Amanuense — Publio Virgilio Augusto Cotta, largo das Olarias, 16, 2.º

2.ª Repartição

Chefe — João Gualberto Ribeiro de Almeida, tenente coronel de infanteria, rua do Passollo, 76.
Sub-chefes:
Candido Augusto da Cunha Vianna, capitão de infanteria, rua Thomaz da Annunciação, 16, 1.º D.
Gregorio Evaristo Duro, major de infanteria, travessa de S. Mamede, 60, 2.º
Adjuntos:
João Baptista Pereira Heitor de Macedo, tenente de infanteria, rua do Livramento, 127, 4.º
Antonio Angelo da Cunha Rosa, capitão de infanteria, rua de S. Boaventura, 15.
Bernardino Dias de Sousa e Silva, tenente de infanteria, calçada do Sacramento, 14, 3.º B.
Victor Augusto Chaves de Lemos e Mello, tenente de cavallaria, rua da Paz, em Belem, 37, 1.º
Manuel Ignacio Rocha Teixeira, estrada de Chellas, 15, 2.º
Luiz Henrique Quintella, calçada das Necessidades, 4.
Quartel-mestre — Possidonio José Duarte Leitão, tenente coronel reformado, rua do Sol ao Rato, 24, 1.º
Archivista — Antonio Francisco d'Oliveira, alferes, rua da Santa Cruz do Castello, 62.
Amanuenses:
Manuel Alfredo dos Santos Caldeira, (ajudante do archivo), rua da Magdalena, 97, 6.º

Francisco Manuel Placido da Silva Negrão, travessa da Memoria, 9, 1.º, Ajuda.
Antonio Feliciano da Conceição Araujo, rua dos Douradores, 135, 4.º
Francisco Nicolau dos Reis, calçada do Monte, 55, 2.º

3.ª Repartição

Chefe — Alberto Ferreira da Silva Oliveira, tenente coronel do corpo do estado maior, rua do Salitre, 336.
Sub-chefe — João Maria Jalles, capitão de artilheria, rua de S. Francisco de Salles, 21, 1.º
Archivista — João Gregorio da Silva Barbosa, (amanuense da direcção geral de artilheria), rua da Magdalena, 132, sobre-loja.
Adjunto — Francisco Augusto de Magalhães, tenente de infanteria, rua de S. Bento, 520, 2.º
Amanuense — João Antonio, rua da Bella Vista á Graça, 118 A.

4.ª Repartição

Chefe — José Carlos Tudella Côrte Real, major de engenheria, calçada da Graça, 57, rez-do-chão.
Sub-chefe — Augusto Cesar Pereira da Motta, capitão de estado maior de artilheria, rua de Rosa Araujo, 31, 1.º
Adjuntos:
Domingos Eugenio da Silva Canedo, tenente de infanteria, travessa de S. Mamede, 46.
Ricardo Augusto Osorio Monteiro, tenente de infanteria, rua do Prior Coutinho, 16, 2.º
João de Menezes Sousa e Albuquerque, tenente de infanteria, rua das Amoreiras, 121, 2.º
Archivista — João Ricardo da Silva, calçada de S. Vicente, 78, 1.º
Ajudante do archivista — Estevão Lobato Quinteiro Barroso de Faria.
Amanuense — Manuel Gago Nobre, rua do 4 de infanteria, 19, 2.º

5.ª Repartição

Chefe — David Augusto de Carvalho Vianna, coronel de infanteria, rua da Prata, 260, 2.º
Sub-chefe — Antonio Augusto Pereira, capitão de infanteria, largo da Paschoa, 31, 1.º
Archivista — Antonio Chaves de Aguiar, amanuense da direcção d'artilheria, rua do Prior Coutinho, 38, 2.º
Adjunto — Antonio Maria da Conceição, tenente de infanteria, rua Direita de S. Vicente, 82, 4.º
Amanuense do commando geral de artilheria — André Adolpho Poeymeran, calçada da Estrella, 159, 4.º

6.ª Repartição

Chefe — Miguel Antonio da Conceição Dantas, cirurgião em chefe do exercito.
Sub-chefes:
João Vicente Barros da Fonseca, cirurgião-mór, rua Direita do Bom Successo, 71, 1.º
Lino José Daniel de Carvalho, inspecctor veterinario, rua do Arco do Cego, 81, rez-do-chão.

Francisco Antonio das Mercês, 1.º official com a graduação de tenente coronel, travessa da Palmeira, 46.
Interino – Joaquim José Porfirio Corrêa Junior, rua do Infante D. Henrique, 24, 1.º
Adjunctos:
Fernando José Aquino, amanuense do commando geral d'artilheria, rua da Inveja, 6, 4.º
José Joaquim Monteiro, amanuense do commando geral d'artilheria, rua dos Anjos, 36, 1.º
Francisco Xavier de Mello Junior, amanuense do commando geral de artilheria, travessa da Pereira á Graça, 31, 1.º E.
Alfredo Augusto Zuzarte, rua de S. João dos Bemcasados, 131, 2.º

Repartição de contabilidade

5.ª da Direção geral da contabilidade publica

Chefe da repartição – Joaquim Lucio Arbués Moreira, rua de S. Bento, 73, 4.º D.

1.os officiaes:
Augusto Alves Branco, rua de S. Bernardo, 132, rez-do-chão.
Bonifacio Nunes Barboza, Caminho do Forno do Tijollo, 2, 1.º
José Gerardo da Costa, chefe de secção, Praça d'Alegria, 84, 3.º
Eduardo França, chefe de secção, rua de Santo Antão, 162, 2.º
Herculano Candido José de Oliveira, rua do Carrião, 21, 2.º

2.os officiaes:
Jorge Augusto de Sousa Oom, rua de Santo Antonio, á Estrella, 116, 2.º
Augusto Ferreira Lima, estrada da Penha de França, 78.
Guilherme d'Almeida Lima, travessa de José Vaz de Carvalho, 9, 2.º
Adolpho Casqueiro Sampaio, rua do Paço do Bemformoso, 68, 1.º
Leonardo Gomes da Silva, rua de José Estevão, 3, 4.º
Jacintho Augusto do Couto, rua de S. Marçal, 25, 3.º

Amanuenses:
Augusto Carlos de Sousa, rua Nova de S. Francisco de Paula, 38, res-do-chão.
Antonio José Rodrigues, travessa de Santo Antonio á Graça, 49, 1.º
João José de Brito, rua de Luz Soriano, 156, 1.º
João José Lucio Junior, (serve no ministerio da fazenda), rua do Arco do Carvalhão, 47, A. E.
Alfredo Augusto da Rocha, rua da Madre de Deus, 74, 1.º
Francisco José Pereira, travessa de S. Placido, 23, 2.º
Illydio Antonio Pinto da Cruz, calçada de Santo André, 56, 5.º
Francisco Manuel Affonso, rua das Olarias, 66, 3.º
Antonio Pedro Moreira, rua dos Douradores, 177, 3.º
Augusto José Gomes de Andrade, rua da Rosa, 182.
José Maria Cotta, edificio do Colleginho, 5 e 25.
Fernando Augusto Rezende, Avenida da Liberdade, 9.

Aspirantes:
Jacinto da Costa Ribeiro, rua da Imprensa Nacional, 114.
Julio Celestino Vaz da Silva, Chafariz de Centro, 21, 3.º

Continuos:
Mathias Luiz Ferreira, rua do Soccorro de Cima, 58, 1.º
Francisco José Rodrigues, rua de S. Sebastião, 158.

Pagadoria geral do ministerio da guerra (extincta)

Pagador – Manuel Antonio do Couto, rua de S. Marçal, 25, 3.º

Fiel do cofre — 2.º official da administração militar, Nicolau José da Silveira Monjardim, rua do Terreiro do Trigo, 50, 3.º
  Adjuntos:
Aspirantes da administracção militar, José Gomes Goes Junior, rua do Borja, 141, 2.º E.
Abel da Cunha, rua da Imprensa Nacional, 48, 1.º
  Serventes:
Joaquim Fernandes Martins, travessa de S. Placido, 26, 1.º
Antonio Lourenço de Mello, rua do Arsenal, 124, 1.º

Empregados menores da secretaria

Porteiro — José Joaquim Gonçalves Freire, travessa dos Remolares, 28, 5.º
Ajudante do porteiro — Antonio Xavier de Brito e Silva, rua dos Lagares, 70, 2.º
  Continuos:
Luiz José de Carvalho, rua de Fernandes Thomaz, 63, 4.º
Manuel Francisco Cravo, rua da Praia de Pedrouços, 1.
Cezar Augusto Tavares Sargedas, estrada de Sacavam, 176.
Joaquim dos Santos, Costa do Castello, 40.
Cypriano do Nascimento, rua do Sol ao Rato, 85.
Francisco Marques da Rocha Junior, rua do Sacramento, 186.
  Correios a cavallo:
José Braz, rua do Norte, 56.
Manuel José da Costa Guimarães, largo do Rilvas, 9.
Henrique José de Figueiredo Alho, rua da Industria, 1.
Correio a pé — Julio Adalberto Rozario, rua de S. Bento, 225.
Ajudante do correio a pé — Francisco Maria Teixeira, Costa do Castello, 34, 1.º

SECRETARIA D'ESTADO DOS NEGOCIOS DA INSTRUCÇÃO PUBLICA E BELLAS ARTES

PRAÇA DO COMMERCIO — EDIFICIO DO MINISTERIO DO REINO

Ministro interino — Conselheiro Lopo Vaz de Sampaio e Mello, rua Formosa, 59.
Secretario geral — Conselheiro Antonio Maria d'Amorim, rua do Thesouro Velho, 24.
  Directores geraes:
Frederico de Abreu Gouveia, Hotel Matta (na Avenida da Liberdade).
Conselheiro Antonio José Teixeira, rua da Escola Polytechnica, 49.
José de Azevedo Castello Branco, rua Anchieta, 5, 2.º
  Chefes de repartição:
Luciano Cordeiro, largo do Quintella, 11.
Dr. Antonio Xavier Perestrello Côrte Real.
Dr. José Cabral Teixeira Coelho, rua do Ferregial de Cima, 7, 4.º
  2.ᵒˢ officiaes:
João Maria Worm Junior.
Duarte Joaquim dos Santos, rua do Visconde de Santo Ambrosio, 67, 1.º
João Joaquim de Sousa Amado, travessa de Santa'Anna.
Gervasio Jorge Gonçalves Lobato, travessa do Convento das Bernardas, 14.
  Amanuenses:
Dr. Manuel Tavares Furtado Gorjão, rua de Santa Izabel, 1.

Francisco Zacharias de Araujo da Costa Aça, rua de S. Felix, 76.
Antonio Germano da Camara Ferreira da Silva, largo de Santa Marinha, 3, 1,
João Augusto Caldeira Rebollo, rua da Rosa, 214, 2.º
Antonio Telles da Silva (em commissão, rua de Santo Antão, 73, 3.º
Guilherme Augusto Macedo Alves, rua de S. João dos Bemcasados, 117.
Antonio Augusto de Oliveira, rua dos Correeiros, 110, 2.º
João da Conceição Barreto, rua dos Douradores, 150, 3.º
João Eduardo Guerreiro, Campo de Santa Clara, 56.

Repartição de contabilidade

10.ª da direcção geral de contabilidade publica

1.º official chefe —Eduardo Augusto da Costa Moraes, rua da Magdalena, 128, 1.º
Primeiros officiaes:
José Gonçalves Vieira Malaquias, rua de S. Domingos á Lapa, 61, 1.º
José Pinto Taborda Ramos, rua do Jasmim, 15.
Segundos officiaes:
José Eduardo Coelho Fragoso, rua de S. Lazaro, 100, 3.º
João Antonio Carvalho Veiga, rua de Paschoal José de Mello.
Julio Cesar Cau da Costa, travessa da Amoreira, a S. Francisco de Paula, 20.
Amanuenses:
João José de Campos e Athayde, rua dos Anjos, 126.
Luiz Augusto Schiapa de Araujo.
Francisco de Assis Vilhegas Quinhones da Guerra Quaresma, rua de Santa Martha, 108.
Aspirantes:
Arthur Eduardo de Mattos Sequeira, rua do Arco de S. Mamede, 75.
Carlos Bivar de Sousa Dôres, rua do Quelhas, 73, rez-do-chão.

PESSOAL MENOR

Chefe do pessoal menor: Fernando da Costa Moraes.
Continuos:
João Pedro da Costa, servindo de ajudante, rua de Santo Antonio dos Cupuchos, 42.
José Pedro da Cruz Ribeiro, rua do Carrião, 27, 1.º
Antonio Gomes da Silva, rua de Santa Martha, 234, 5.º
Francisco Gomes Franco, rua da Impreusa Nacional, 75.
Antonio Augusto Ferreira Portasio, travessa de S. Sebastião, 28.
Zacharias Caldeira, rua do Valle de Pereiro, 71, 1.º
Correio a cavallo: Francisco Gregorio Rosado, travessa do Combro, 21, 2.º

SECRETARIA DE ESTADO DOS NEGOCIOS DA MARINHA E ULTRAMAR

Praça do Commercio, lado do Poente

Ministro e secretario de estado — Conselheiro Julio Marques de Vilhena, rua de S. Bento, 183.
Secretario geral do ministerio — Conselheiro Francisco da Costa e Silva, praça d'Alegria, 28.

Direcção Geral da Marinha

Director geral — Conselheiro Francisco Teixeira da Silva, rua da Fonte Santa, 160.

1.ª Repartição

Chefe — Manuel Lourenço Vasco de Carvalho, rua de Sant'Anna, 52.
Chefe de secção — Manuel Caetano da Silva Lima, (medico naval sub-chefe), rua dos Cardaes de Jesus, 70, 1.º
2.º official — Vicente Elesbão de Campos, rua Nova da Palma, 21, 2.º
Amanuenses:
Antonio Julio da Silva, rua de S. Vicente, á Guia, 10.
Alfredo Paulino Marinho da Silva, rua de S. Marçal, 62, 3.º
Joaquim de Sant'Anna Fonseca Junior, rua Bella da Rainha, 133, 4.º
Augusto Poppe, rua do Possolo, 38, 3.º-D.

2.ª repartição

Chefe — Guilherme Gomes Coelho, rua da Creche, 19.
2.º official — Joaquim Maria de Carvalho Ferraz, calçada de Santo André, 42, 2.º
Amanuenses:
José Solano d'Almeida, Avenida da Liberdade, 38, 4.º
José dos Santos e Silva, rua de Santa Martha, 245, 5.º
Pedro Alvares da Silva, calçada do Galvão, 1-D.
Consultor junto á direcção geral da marinha — Bacharel Antonio Osorio Sarmento de Figueiredo Junior, rua Formosa.

Repartição de Contabilidade

6.ª da direcção geral de contabilidade publica

Chefe — Conselheiro João Miguel Smith, rua de Sá da Bandeira, 19, 1.º (ao Campo Pequeno).
Sub-chefe, 1.º official — Frederico do Nascimento Pinto Duarte, rua de S. Francisco de Paula, 30.
1.ᵒˢ officiaes:
Ricardo Gonçalves Lobato, rua de Santo Antão, 109, 4.º-D.
Ernesto Eduardo de Carvalho Ferraz, rua Maria C, 2.º-D.
2.ᵒˢ officiaes:
Filippe Augusto da Costa e Sousa, rua do Visconde de Santo Ambrosio, 22, 1.º
D. Segismundo Gonçalves Zarco da Camara, rua da Junqueira, 322.
Antonio José Carlos Simões, rua de Santa Cruz do Castello, 2, 1.º
Fernando Gonçalves Guillon, calçada de S. João Nepomuceno, 13, 2.º
José Gerardo Gromicho Couceiro, rua do Ouro, 124, 2.º
D. Henrique Carlos de Menezes Alarcão, praça da Alegria, 84, 3.º
José Antonio de Sousa Gomes, rua de Santo Amaro, 84, rez-do-chão.
Abilio Benedicto Virgolino da Silva, rua de Paschoal José de Mello, 131, 3.º-E.
Antonio Francisco Paes Moreira, calçada do Garcia, 13, 2.º
João Pedro Madeira, rua do Conselheiro Pedro Franco, 30, 3.º
Amanuenses:
Frederico Leão Prestes Cabreira, Alto do Pina, (quinta do Alperche).
Jayme Cesar Farinha, rua de D. Pedro V, 60, 3.º
Alfredo Cesario Vilhegas Quinhones da Guerra Quaresma, rua de Santa Martha, 108, 1.º
Joaquim Caetano Augusto da Silva, rua de Sant'Anna, á Lapa, 100.
Julio de Mascarenhas, rua da Rosa, 44, 4.º-D.
Aspirantes:
Alfredo Augusto Perdigão Pereira, rua de Santo Amaro, 84, 2.º

José Maria Sarmento de Figueiredo, rua do Patrocinio, 2, 1.º
José Clemente de Sousa, rua do Sol ao Sato, 38, 2.º
Julio Carlos Magalhães, rua dos Cordoeiros, 50, 3.º
João Nicolau Lucio Escorcio, rua de S. Bento, 602, 2.º
Continuo — Augusto Joaquim Oliveira da Costa, travessa da Cruz de Soure, 27.
Serventes:
Manuel Carvalho da Costa, rua do Monte Olivete, 134, 4.º-E.
Antonio Tavares, rua do Cardal de S. José, 6, 4.º

Pagadoria

Pagador — Verissimo José de Quintanilha e Mendonça, rua de Passos Manuel, 85, 2.º
Fiel — Ernesto Augusto da Silva, rua dos Douradores, 202, 3.º-D.
Serventes:
Antonio Ignacio, rua do Cardal, á Graça, 7.
Bartholomeu dos Santos, rua do Sol, ao Campo de Sant'Anna, 60, 2.º-E.

Direcção Geral do Ultramar

Director geral — Conselheiro Francisco Joaquim da Costa e Silva, Praça da Alegria, 28.

1.ª repartição

Chefe — Bacharel José Maria Barbosa de Magalhães, rua do Ferregial de Baixo, 34.
Chefe da 1.ª secção — Dr. Antonio Duarte Ramada Curto, rua Vinte e Quatro de Julho, 12, 1.º-D.
Chefe da 2.ª secção — Dr. Manuel Ferreira Ribeiro, rua dos Cardaes de Jesus, 53, 2.º
1.º official — Bacharel Urbano Henriques, rua de S. Sebastião da Pedreira, 138.
2.ºˢ officiaes:
João Feliciano Marques Pereira, rua do Possolo, 8, 1.º
Augusto Ribeiro, rua de S. Fillippe Nery, 50, 1.º
Amanuenses:
Padre José Antonio Vieira de Mello, rua da Saudade, 31, rez-do-chão.
Claudio Henrique Caldeira Pedroso Castello Branco, rua de S. Bento, 87, 1.º
Provisorio — Vasco José do Valle Coelho, rua da Santissima Trindade, 29-A, 2.º

2.ª repartição

Chefe — Miguel Eduardo Lobo de Bulhões, rua do Norte, 46.
2.ºˢ officiaes:
João Izidoro Duarte Pereira, rua de Rilhafoles, 39, 2.º
Bacharel Gaspar Athayde do Amaral Abreu Castello Branco.
Addido — Antonio Augusto Ferreira Ribeiro, calçada da Estrella, 18, 3.º-E.
Amanuenses:
Jeronymo Teixeira Garcia, travessa das Parreiras, 84.
Nuno Anselmo Vasconcellos Villas Boas, rua do Arco do Marquez d'Alegrete, 54, 1.º

3.ª repartição

Chefe — Tito Augusto de Carvalho, calçada da Estrella, 18.
Chefe de secção — Agostinho Pacheco Leite Bettencourt, coronel de engenheria, Largo da Cruz da Rocha, 21, 3.º

2.ᵒˢ *officiaes:*
Bernardo Lemos da Fonseca, travessa de Cata que Farás, 4.
Pedro Silveira da Motta Oliveira Pires, travessa do Abarracamento de Peniche, 29.
Amanuenses:
José de Menezes da Silva Canedo, rua do Carrião.
Francisco Sanches da Silva Talaya, travessa de Santa Quiteria, 70, 2.º

4.ª repartição

Chefe — José Maria Borges de Sequeira, major, rua da Magdalena, 75, 4.º
Sub-chefe — José de Campos Magalhães, travessa da Nazareth, 19.
Adjunto — Caetano Xavier Diniz, rua de Pedrouços, (pateo do Hotel Tejo).
Amanuense — Fernando Augusto Moreira de Lima, rua da Piedade, 5, 2.º (a Campo d'Ourique).
Addidos:
Antonio Cardoso de Sá, major, rua de S. Marçal, 151, 2.º
Antonio José Netto, alferes, Pateo do Garcia. 22, 2.º

5.ª repartição (central)

Chefe — Francisco Rangel de Lima, rua de Barata Salgueiro, 11, 3.º
Chefe de secção e archivista — Bacharel José Joaquim de Sousa Cavalheiro, rua do Valle de Santo Antonio, 30.
2.ᵒˢ *officiaes:*
João Thaumaturgo Junqueira, rua de S. Sebastião da Pedreira, 62, 2.º
José Augusto de Sequeira Cilia, rua da Infancia, 2.
Antonio Joaquim Gonçalves Teixeira, rua das Trinas, 138, 2.º
Amanuenses:
José Maria de Sousa Osorio de Menezes, rua da Bella Vista, (á Lapa), 33,
Manuel Antonio Alves Costa, rua das Amoreiras, 104.
João Affonso do Nascimento, rua dos Navegantes, 10, 1.º
Antonio Augusto Campos Andrada, estrada de Santo Antonio da Convalescença, 603.

Repartição de Contabilidade

7.ª Da direcção geral de contabilidade publica

Chefe — João Duarte de Figueiredo Bastos, rua da Procissão, 148, 3.º
1.ᵒˢ *officiaes:*
Joaquim José Collaço, rua Saraiva de Carvalho, 94.
Alvaro Gilmore, rua das Janellas Verdes, 12, 3.º
2.º *official* — José Joaquim da Silva Galrão, rua das Janellas Verdes, 12, 4.º
Addido — D. J os Maria Salles de Noronha, encarregado do serviço de mostras do regimento de infanteria do ultramar, com graduação de major, rua da Fabrica das Sedas.
Amanuenses:
José Sebastião da Costa Freire, rua de S. Marçal, 55, 2.º
Antonio Julio d'Almeida Barbosa, Caminho do Forno do Tijollo, 25.
Saul Augusto d'Almeida Quadros, rua da Bella Vista, (ao Monte), 17.
José Antonio de Carvalho, rua de Passos Manuel, 81, 1.º
Aspirantes:
João Baptista Moreira Junior, rua da Graça, 132, 2.º

Carlos Gomes d'Almeida, rua das Terras, 18, (a Ajuda).
Addido — Joaquim Simões Afra, rua da Creche, 3.

Empregados Menores

Porteiro — José Caminha, rua da Prata, 85, 4.º
Ajudante de porteiro — João Lobo da Cunha, calçada do Combro, 32, 5.º
Continuos:
Joaquim José Taveira, rua de Fernandes Thomaz, 43, 2.º
Francisco Joaquim da Rocha, rua da Figueira, 10, 1.º
Estevão Mauricio Vaz, rua da Costa, 108, (Necessidades).
Correios a pé:
Augusto d'Annunciação Martins de Burgos, rua da Barroca, 94, 3.º
José Antonio Valerio, Algés.
Correios a cavallo:
José Antonio do Carmo, rua da Mouraria, 90, 1.º
Jorge Climaco Barros e Vasconcellos, rua do Embaixador, (Ajuda).

No mesmo ministerio

Commissão de aperfeiçoamnto de artilheria naval

Presidente — O ministro e secretario de estado dos negocios da marinha e ultramar.
Vogaes:
João Maria Esteves de Freitas, capitão de mar e guerra, director da escola de torpedos, rua do Olival, 128.
Fernando Augusto da Costa Cabral, capitão de mar e guerra, commandante da escola pratica de artilheria naval, rua da Procissão, 104, 2.º
Francisco da Fonseca Benevides, capitão-tenente graduado, lente da escola naval, Pateo do Bragança, B.
Antonio Augusto Alves Loureiro, 1.º tenente da armada, instructor da escola pratica de artilheria naval.
Zepherino Norberto Conçalves Brandão, major de artilheria.

SECRETARIA DE ESTADO DOS NEGOCIOS DAS OBRAS PUBLICAS COMMERCIO E INDUSTRIA

Praça do Commercio, lado Occidental

Ministro e secretario de estado — Conselheiro João Ferreira Franco Pinto Castello Branco, rua dos Ferreiros, á Estrella, 56.
Secretario geral — Conselheiro Elvino José de Souza e Brito, rua dos Cardaes de Jesus, 30, 2.º

Direcção geral de obras publicas e minas

Director geral — Conselheiro Bento Fortunato de Moura Coutinho d'Almeida d'Eça, calçada de Santo André, 56.

1.ª Repartição

ESTRADAS, OBRAS HYDRAULICAS E EDIFICIOS PUBLICOS

Chefe — General Eusebio Marcelly Pereira, calçada da Ajuda, 217.

Chefes de secção:
José Victor da Costa Sequeira, Pateo do Tijollo, 7, rez-do-chão.
Henrique de Lima e Cunha, travessa do Conde da Ribeira, á Junqueira, 37.
Jacintho José Martins, rua do Caetano Palha, 10, 2.º
Eduardo Marciano Vieira, rua de S. José, 71, 3.º
Amanuenses:
Francisco Xavier da Silva Costa, rua do Sol a Santa Catharina, 18, 1.º
Antonio Maria de Magalhães Fonseca, calçada de Santo André, 105, 1.º
Antonio Caetano Gonçalves Lobato, praça de D. Pedro, 59, 2.º
Julio Augusto Barradas Mergulhão, largo das Olarias, 33.
Caetano Alberto Vidal, travessa de Santa Quiteria, 85, rez-do-chão.
Frederico Augusto Elbling, rua do Carrião, 7, 1.º
Desenhadores:
Hermenegildo Augusto de Faria Blanc, rua das Trinas, 122.
Carlos Mascarenhas Osorio de Campos e Silva, rua da Padaria, 8, 2.º
Carlos Joaquim Barreiros, rua da Infancia.
Amanuenses addidos:
Antonio Augusto de Macedo, calçada de Santo Amaro, 55, 1.º
José Herculano Frade Almeida, becco da Bempostinha.
Augusto Cesar Maria d'Araujo Reis, rua do Norte, 153, 4.º
José Pedro da Rocha Vieira, calçada da Ajuda, 219.
José Antonio da Silva Freire, rua do Bemformoso, 124, 1.º
Manuel Luiz Gonçalves, rua Mousinho da Silveira, 15, 4.º-E.
Ernesto Carlos Arbués Moreira, praça de S. Bento, 14, 1.º
Julio Cesar da Silva Freitas, travessa de Santos, 1.
Carlos Augusto Elbling, rua do Carrião, 7, 1.º

2.ª Repartição

CAMINHOS DE FERRO

Chefe — Francisco Perfeito de Magalhães, rua de S. Francisco de Salles, 64, 1.º-D.
Chefes de secção:
Manuel Marques de Lima Figueiredo, Poço do Borratem, 4, 2.º
Augusto Cesar Paes de Faria, calçada do Combro, 35, 2.º
João da Costa Terenas, Venda Secca, (Quinta do Granjal).
2.º Official. — Rodrigo Vicente de Paulo da Silveira Freitas, rua de S. Marçal, 114, 1.º
Amanuenses:
Antonio Salazar d'Eça Jordão, rua de Rebello da Silva, 4, 1.º
Joaquim Moreira de Mello, praça de Luiz de Camões, 6, 1.º
Julio Tamagnini da Motta Barbosa, largo de Santa Marinha, 22, 2.º
Amanuenses addidos:
Carlos José Leão Guerra, rua das Trinas, 117, 1.º
Francisco Xavier Gomes da Silva, rua do Poço dos Negros, 70, 4.º

3.ª repartição

MINAS

Chefe da 2.ª secção, engenheiro subalterno, servindo de chefe de repartição. — Severiano Augusto da Fonseca Monteiro, rua da Escola Polytechnica, 167, 1.º
Chefe da 1.ª secção, 1.º official. — Garpar Candido da Graça Correia Fino, rua Garrett, 62, 3.º

Engenheiros chefes:
Francisco Ferreira Roquette, rua de S. Francisco de Salles, 64.
Frederico de Albuquerque de Orey, largo da Paschoa, 10, 1.º
Engenheiros subalternos:
José Maria do Rego Lima, travessa do Convento de Jesus, 14, 1.º
Conde de Ottolini, José, estrada de Bemfica, Cruz da Pedra.
Vicente Carlos de Sousa Brandão, calçada do Sacramento, 14.
Conductores ordinarios:
Paulo Raymundo Dias d'Almeida, largo de S. João Nepomuneno, 9, 4.º
José Maria Simões Junior, rua da Bella Vista á Lapa, 63.
Guilherme Gonçalves de Mendonça, rua de S. João da Matta, 35, 4.º
João Augusto Barata, rua dos Navegantes, 10, 2.º
Conductores subalternos:
Arthur dos Martyres Ventura, rua da Caridade, 9.
Manuel Vieira Gomes Ribeiro, rua do Ouro, 124, 2.º
Julio Augusto d'Oliveira Abbade, rua Saraiva de Carvalho, 216, 2.º D.
Abilio Augusto Cardoso Antunes, rua de Caetano Palha, 39, 2.º
Desenhadores:
Augusto José Quadrio dos Reis, rua do Sol ao Rato, 43, 1.º
João Pedro da Silva Rosado, largo do Terreirinho, 34, 1.º
Addidos:
Carlos José da Matta Veiga, chefe da extincta repartição de contabilidade da direcção geral dos correios, rua Luz Soriano, 19.
Amanuenses addidos:
José Ricardo Baptista, largo das Portas do Sol, 7, 1.º
Pedro Augusto Teixeira, rua Nova da Piedade, 38, 4.º
Amanuenses temporarios:
Henrique Stattmiller de Saldanha e Albuquerque, rua da Inveja, 16, 1.º
Luiz de Andrade Fino, rua Garrett, 62, 3.º
Roberto Alfredo Gonçalves Fino, rua das Olarias, 61, 1.º
João Albino Drummond, rua do Guarda-Mor, 20, 4.º

Relação dos engenheiros de obras publicas e quadros auxiliares de architectos, conductores e desenhadores referida a 31 de dezembro de 1890

CORPO DE ENGENHEIROS DE OBRAS PUBLICAS

Engenheiros de 1.ª classe

Supranumerarios:
Affonso Nogueira Soares.
Antonio Guedes Vilhegas Quinhones de Mattos Cabral.
Eusebio Marcelly Pereira.
Francisco Maria de Sousa Brandão.
João Chrysostomo de Abreu e Sousa.
João Pedro Tavares Trigueiros.
Manuel Vicente da Graça.
Effectivos:
Adolpho Ferreira de Loureiro.
Agostinho Pacheco Leite Bettencourt, licença illimitada.
Antonio de Almeida (D.)
Augusto Cesar Justino Teixeira.
Augusto Pinto de Miranda Montenegro.
Bento Fortunato de Moura Coutinho de Almeida d'Eça.
Carlos Augusto de Abreu.
Conde de Valbom.
Frederico Augusto Pimentel.

João Joaquim de Mattos.
João Maria de Abreu e Motta.
João Teixeira de Magalhães.
João Thomaz da Costa.
Joaquim Botelho de Lucena.
Joaquim Pires de Sousa Gomes.
José Joaquim de Paiva Cabral Couceiro.
José Maria de Almeida Garcia Fidié.
Luiz Victor Le Cocq.
Manuel Affonso Espergueira, licença illimitada.
Manuel Raymundo Valladas.
Pedro Ignacio Lopes, licença illimitada.
Silverio Augusto Pereira da Silva.
  Addidos:
José de Mattos Cid.
Candido Celestino Xavier Cordeiro, licença illimitada.
Antonio Vasco da Gama Braga.
João Verissimo Mendes Guerreiro.
João Carlos de Almeida Machado, licença illimitada.
João Anastacio de Carvalho.
João Candido de Moraes.
Augusto Luciano Simões de Carvalho, licença illimitada.

Engenheiros de 2.ª classe

Effectivos:
José Bandeira Coelho de Mello, inactividade.
José de Macedo Araujo Junior.
Alvaro Kopke de Barbosa Ayalla.
Casimiro de Ascensão de Sousa Menezes.
Caetano Xavier de Almeida Camara Manuel.
Henrique de Lima e Cunha.
Antonio Augusto de Sousa e Silva.
Antonio José Antunes Navarro.
Antonio Maria Kopke de Carvalho, licença illimitada.
João Nepomuceno de Macedo Lacerda.
João Diogo de Barros.
Antonio Ferreira de Araujo e Silva.
Bernardo de Aguilar Teixeira Cardoso.
Eduardo Augusto Falcão.
José Cecilio da Costa.
Diniz Theodoro de Oliveira.
Ernesto Julio Goes Pinto.
João Augusto de Abreu e Sousa.
Luiz Xavier Barbosa.
Francisco Perfeito de Magalhães.
Frederico Ressano Garcia, licença illimitada.
João Gualberto Povoas.
Augusto Carlos de Sousa Lobo Poppe.
José Victor da Costa Sequeira.
Antonio Xavier de Almeida Pinheiro, licença illimitada.
Frederico Augusto Borges de Sousa, licença illimitada.
José Taveira de Carvalho Pinto Menezes, licença illimitada.
José Augusto Correia de Barros, inactividade.
José de Oliveira Garção de Carvalho Campello de Andrade, inactividade.
José Emilio da Cunha Sant'Anna Castel-Branco, licença illimitada.
Pedro Romano Folque

Antonio Lourenço da Silveira.
Joaquim José Machado, licença illimitada.
João José Pereira Dias.
Francisco da Silva Ribeiro.
  Addidos:
João Gadanho da Serra Junior.
Alvaro Alão Pacheco.
Henrique Carlos Freire de Andrade.
José da Paixão Castanheira das Neves.
Augusto Fuschini, inactividade.

Engenheiros de 3.ª classe

Effectivos:
Jayme Augusto da Silva.
João Guedes Quinhones da Silveira Mattos Cabral.
Henrique Barbosa Gonçalves Moreira.
Alfredo Antonio Rufino Rato.
Antonio José Albuquerque do Amaral Cardose, licença illimitada.
José Estevão Affonso.
Manuel Francisco Vargas.
David Xavier Cohen, licença illimitada.
Eduardo Marcianno Vieira.
Diogo Pereira de Sampaio.
Arthur Alberto Falcão Rodrigues.
Luiz Merens de Tavora.
Conde de Gouveia, licença illimitada.
Manuel Marques de Lima Figueiredo.
Manuel Duarte Guimarães Pestana da Silva, licença illimitada.
Joaquim Faustino de Poças Leitão, na effectividade, esperando cabimento no quadro.
Polycarpo José da Costa Lima, idem.
Luiz Feliciano Marrecas Ferreira, licença illimitada.
Affonso de Moraes Sarmento, na effectividade, esperando cabimento no quadro.
Gaspar da Rocha Paes de Werneck, idem.
José Bernardo Lopes de Andrade.
Nuno Bento de Brito Taborda, na effectividade, esperando cabimento no quadro.
João Henrique Von Hafe, licença illimitada.
Antonio Carlos Coelho de Vasconcellos Porto, idem.
José Antonio de Sousa Gonçalves.
José Gonçalves Pereira dos Santos.
Carlos Filippe Julio Pezerat, licença illimitada.
Antonio Guedes Infante, idem.
Affonso do Valle Coelho Cabral.
Antonio José de Sá.
Fortunato Augusto Freire Themudo.
Antonio José Arroyo, licença illimitada.
Leonardo de Castro Freire.
José Emygdio Pinheiro Borges, licença illimitada.
Basilio Alberto de Sousa Pinto Junior.
Antonio Eduardo Villaça.
Antonio Teixeira Judice, licença illimitada.
Antonio Luiz Gomes Branco de Moraes Sarmento.
Manuel Francisco da Costa Serrão.
Julio Pinto da Costa Portella.
Sebastião José Lopes.

Adriano Augusto da Silva Monteiro.
Alberto Affonso da Silva Monteiro.
Augusto Cesar de Abreu Nunes, na effectividade, esperando cabimento no quadro.
Marianno Augusto Machado Faria e Maia.
Pedro Augusto Arnaud de Menezes, licença illimitada.
José Maria Cordeiro de Sousa.
Alberto Alvares Ribeiro, licença illimitada.
Joaquim da Silva Carvalho, idem.
Antonio Placido de Vasconcellos Peixoto.
Frederico Pereira Pinto de Vasconcellos.
João Honorato da Fonseca Regalla.
José d'Oliveira Mattos.
Alexandre Maria Ortigão de Carvalho, licença illimitada.
Justino Marques d'Oliveira.
Fernando Pereira Mousinho de Albuquerque, licença illimitada.
Augusto Cesar Paes de Faria.
João da Costa Couraça, licença illimitada.
Eduardo Augusto Xavier da Cunha, idem.
Visconde de Villarinho de S. Romão, idem.
João Rodrigues Pinto Brandão, na effectividade, esperando cabimento para entrar no quadro.
Antonio Franco Frazão.

Engenheiros de 4.ª classe

Effectivos:
Filippe Gonçalves Pelouro.
Francisco de Lucena e Faro.
Antonio Maria de Avellar, licença illimitada.
José Guedes Correia de Queiroz, idem.
Francisco Felisberto Dias Costa, inactividade.
Anselmo de Sousa Botelho, licença illimitada.
João Francisco Ramos.
Victorino Teixeira Laranjeira, licença illimitada.
Alipio Coelho do Amaral.
João de Mendonça Pacheco e Mello.
José Augusto Ribeiro de Sampaio, licença illimitada.
Thomaz Pereira Dias Malheiro, idem.
Annibal Gomes Ferreira Cabido.
Augusto Victor da Costa Sequeira, licença illimitada.
Arthur Carlos Machado Guimarães, idem.
Humberto Ferreira Borges de Castro.
Antonio Augusto Vaz da Silva, na effectividade, esperando cabimento no quadro.
Diniz Moreira da Motta, licença illimitada.
Antonio da Conceiçeo Parreira.
João de Fontes Pereira de Mello Ferreira de Mesquita, licença illimitada.
André José de Proença Vieira, na effectividade, esperando cabimento no quadro.
Francisco de Figueiredo e Silva.
Manuel da Terra Pereira Vianna, licença illimitada.
Henrique Carvalho d'Assumpção, idem.
Estevão Torres.
Eduardo Olympio de Magalhães Braga.
José Gomes Ribeiro.
Carlos Henriques Albers.

Luiz de Albuquerque d'Orey.
Antonio Augusto da Silva Guimarães.
João Emygdio da Silva Dias.
Paulo de Barros Pinto Osorio.
Henrique Pereira Pinto Bravo.
José Joaquim Dias.
Jose Maria Charters Henriques de Azevedo.
Augusto Julio Bandeira Neiva.
João Theophilo da Costa Goes.
Saturnino de Barros Leal.
Manuel Maria Lopes Monteiro.
João José Lourenço de Azevedo.
José Maria Pinto Camello.
José Maria de Mello Mattos.
Henrique Telles Massano da Silva Amorim.
Manuel Carlos de Sousa Brandão.
José Francisco Alves Barbosa Bettencourt, licença illimitada.
Joaquim Augusto de Macedo Freitas.
Diocleciano Alberto Feio de Carvalho.
José Antonio Ferro Madureira Bessa, na effectividade, esperando cabimento no quadro.
Antonio Homem da Silva Rosado.
Joaquim Bensaude, licença illimitada.
Francisco da Silva Monteiro.
José de Sousa Tudella.
João Alvaro Pestana Girão.
D. Diogo Manuel de Noronha.
Alvaro de Castro Araujo Cardoso Pereira Ferraz, na effectividade, esperando cabimento no quadro.
Manuel Maria de Oliveira Bello, licença illimitada.
Fernando Pinto Coelho.
Filippe de Sousa Canavarro.
Roberto Charters Henriques de Azevedo, na effectividade, esperando cabimento no quadro.
Carlos Germano Letourneur.
Silvano Alberto Gomes Guerra.

QUADRO AUXILIAR DE ARCHITECTOS

Architecto de 1.ª classe

Raphael da Silva Castro.

Architectos de 2.ª classe

Valentim José Correia.
José Maria Nepomuceno.

Architectos de 3.ª classe

Luiz Caetano Pedro d'Avilla.
José Maria Caggiani.
Domingos Parente da Silva.

QUADRO AUXILIAR DE CONDUCTORES

Engenheiros conductores

Caetano Maria de Amorim.

Francisco Xavier Esteves.
Adolpho Betbesé Nery de Vasconcellos.
Jorge de Lucena.
Francisco Augusto Ramos Coelho de Sá.
Antonio José Pereira Junior.
Ernesto Eugenio Alves de Sousa Junior.
Alvaro da Silva Simões.
Henrique de Sousa Aleixo Paes.
José Ermelindo Vieira de Sousa.
Francisco Lobo de Vasconcellos.
Antonio Carlos Roma Barbosa, recolheu de licença illimitada.
Victor Augusto da Encarnação.
Paulo Carvalho e Mello.
Bomfilho Diniz, recolheu de licença.
José Alves Bonifacio.
Antonio José Dantas.

Conductores de 1.ª classe

Supranumerarios:
Albino José Rodrigues.
Antonio Augusto Pereira.
Antonio Ludovino de Sousa Homem.
Cesario Augusto Pinto.
Fortunato Anselmo Damasio.
Gualter de Freitas Costa.
João Carlos da Silva Mendes Leal.
João José Barreto, disponibilidade.
Manuel de Mattos Faria Barbosa.
Miguel Augusto Severo de Oliveira.
Miguel da Silveira Azevedo.
Vicente Francisco de Guimarães.

Effectivos:
Albino Accacio Correia Neves, licença illimitada.
Angelo Sarrea de Sousa Prado, idem.
Antonio Jorge Freire Junior.
Antonio dos Santos Azevedo Magalhães.
Augusto Adelino Mendes da Silva.
Augusto Cesar de Almeida Pinto de Sousa.
Augusto de Mattos Cid.
Delfim José dos Santos Pereira
Ephigenio Antonio, licença illimitada.
Fernando Victor Augusto Mendes de Almeida, idem.
Frederico Augusto de Serpa.
Frederico Xavier de Mesquita.
Gil de Almeida Sousa e Sá, licença illimitada.
Henrique Candido Pereira de Araujo.
Henrique Ferreira Pinto, licença illimitada.
Henrique Sabino dos Santos, idem.
Hugo Theodorico Welencamp.
Hypolito Ernesto Delisle.
Jacintho Ignacio Cabral·
João Bernardino de Sena.
João Eduardo da Rocha Soares.
João Francisco Cardoso dos Santos.
Jorge Arthur Schiappa Monteiro, licença illimitada.
José Julio Sergio.
José Rebello de Andrade.

Luiz Maria da Costa Ramos.
Miguel Augusto Ferro de Bessa.
Tito Augusto Duarte de Noronha.
Addidos:
Augusto Cesar de Figueiredo Abreu Castello Branco
Ildefonso Januario Borges.
Francisco Liberato Telles de Castro e Silva.
Antonio Thomaz Malheiros.
José Maria da Graça Correia Fino.
Francisco José de Oliveira Ferreira.
Augusto Cesar de Carvalho, licença illimitada.
José Victorino Damasio.
Joaquim Pedro Xavier da Silva.
Euzebio Ferreira Pinto.
Joaquim José Vidal Mourinha.

Conductores de 2.ª classe

Supranumerarios:
Alexandre de Sousa Pinto da Fonseca
Antonio José Affonso do Nascimento Wadington.
Ayres de Almeida Sousa e Sá.
Eduardo Pereira de Azevedo Lobo.
Joaquim Urbano de Sousa Carvalho.
José Maria Barreto.
José do Rosario.
Luiz Paulino Borges.
Maximiano Antonio Ferreira.
Effectivos:
Viriato Pompilio de Albuquerque Braga.
Adolpho Frederico Moller, licença illimitada.
Joaquim Antonio de Abreu Vital, idem.
Francisco José de Oliveira Sá Chaves Pinto.
Albino Ferreira de Lacerda.
João José Nunes da Palma.
Alfredo Porfirio Ferreira.
Joaquim Augusto Correia Guimarães.
Eugenio Guedes Vaz.
Francisco Correia Leote Junior, licença illimitada.
Matheus Coelho Diniz d'Avilla.
José Augusto Fragoso.
José Maria Pinto Portugal.
Heitor Mendes Pereira de Macedo.
Gaspar Candido Taveira.
José Francisco Eloy.
Joaquim José Boaventura Alves.
Antonio Joaquim de Assumpção Ferreira.
Francisco Romano Newton, licença illimitada.
Pedro Pereira Mousinho de Albuquerque, idem.
Manuel José Esteves.
Alberto Pedro da Silva, licença illimitada.
Francisco Venancio da Veiga e Cunha.
Antonio dos Reis.
Julio Francisco José de Sousa, licença illimitada.
José Gaspar de Mattos.
Antonio José Vieira Coelho, licença illimitada.

Henrique Pinto da Silva Pereira.
Fustino da Silva Taveira.
Licinio Guimarães.
Bartholomeu Alexandrino da Silva Costa.
Antonio Martins Ferreira, licença illimitada.
Alfredo Maximino Brito de Almeida, idem.
Leonardo Antonio Ferreira Braga.
José Antonio de Oliveira Duarte.
Augusto da Maia Romão, licença illimitada.
Manuel Antonio da Cunha Fajardo.
Carlos Augusto Cardoso Guedes, licença illimitada.
Abelino de Freitas Magalhães.
Thomaz Lino de Assumpção.
Joaquim José de Lima Azevedo.
João Baptista Freire de Freitas.
Francisco Alves da Costa.
Rufino Honorato de Menezes.
Francisco da Silva Reis.
Guilherme Maria de Oliveira Carvalho.
Antonio da Cunha Menezes Brum.
Antonio Augusto de Barros Araujo.
Antonio Luiz de Mendonça Cabral.
Barnabé da Costa Roxo, licença illimitada.
Gregorio Alves Gouveia.
Jeronymo Augusto Casimiro Mora.
José Maria Pereira Junior

Addidos:
Alypio Augusto Coelho de Sampaio.
Antonio Luiz Ramos.
Manuel Correia Machado, licença illimitada.
José da Silva Dias.
Alfredo de Bettencourt e Mello.
João Antonio Alves de Sá.
Antonio Bandeira Pinho e Mello.
Abel Maria da Motta, inactividade.
José Izidro da Silva Campos.

Conductores de 3.ª classe

Supranumerarios:
Alfredo Maria Pereira da Silva, inactividade.
Antonio Correia de Mattos.
Antonio Joaquim Ferreira.
Joaquim Antonio Victal.
Joaquim Gonçalves Lage.
José de Oliveira Martins Menezes.
Luiz Antonio Granhão.
Luiz Rodrigues de Magalhães.
Manuel Raposo Gusmão do Amaral.

Effectivos:
Gregorio Francisco de Bettencourt Pita.
Alfredo Albano Barreiro de Magalhães.
Luiz Vicente Ferreira.
Antonio Maria Rollim Caruço.
Joaquim Eduardo de Sousa Menezes.
João de Arriaga Brum da Silveira.

José Vieira Padilha.
Manuel José da Silva.
Sebastião Gaspar de Mattos.
Thomé Gregorio Pereira da Silveira.
José Maria de Sousa Lobo, na effectividade, esperando cabimento no quadro.
Alfredo de Lacerda Lavalliere Rebello.
José Lopes do Rosario, licença illimitada.
José Joaquim de Mattos Monteiro, idem.
Justino da Cunha Novaes.
João Carlos de Vargas Ollero.
Antonio José Mimoso Ruiz.
Julio Leopoldo Rosa.
Euzebio Marcelly Pereira, licença illimitada.
Carlos Maria Marques, idem.
José de Mello Borges, idem.
Affonso Nepomuceno Lopes de Mendonça.
Manuel Tavares de Almeida Maia.
Marcellino Allemão de Mendonça Cisneiros de Faria, licença illimitada.
Augusto Rodrigues da Costa.
Carlos Joaquim Teixeira.
Eduardo Augusto do Couto Bastos.
João Filippe Pereira Pinto.
José Bonifacio Lopes, licença illimitada.
Caetano Moniz de Vasconcellos, idem,
Luiz Pinto Machado Junior.
Joaquim Theodosio da Silva Ramos Junior.
Viriato Hernani da Silva Machado.
Bernardino Gomes de Moura.
José da Maia Romão.
Estevão Eduardo Augusto Parada e Silva Leitão.
Arthur Augusto de Andrade Sampaio.
José Lopes.
Augusto Pinto de Azevedo Faria.
Joaquim Apolinario da Costa Neves.
Antonio Aureliano Severo de Oliveira.
João Antonio Maximo, licença illimitada.
Antonio Maria Peres.
Evaristo Nunes Pinto, licença illimitada.
Cyrillo Francisco de Paula Barroso, idem.
Antonio de Paula Serpa.
João Carlos Gil Garcia.
José Joaquim da Silva, licença illimitada.
Julio Eugenio Cesar de Garcia, idem,
Antonio Manuel Gomes.
João Baptista Morujo.
José Felix Alves, licença illimitada.
Augusto Anthero da Silva.
Joaquim da Silva Queiroz, na effectividade, esperando cabimento no quadro,
Torquato Carlos Ferreira de Lemos, licença illimitada.
Eduardo Frederico de Mello Garrido.
João Goular de Medeiros.
Rozendo Garcia de Araujo Carvalheira.
Antonio Maria Baptista Junior.
Antonio Maria Beltrão, licença illimitada.
Fernando Joaquim Coelho da Rocha.

João Lino de Carvalho.
Ernesto Alberto Carlos da Maia, licença illimitada.
Eduardo Adelino Lobo Castello Branco, idem.
Roberto Augusto Schiappa Pietra.
Joaquim Maria Fragoso.
Francisco Bento Borges, licença illimitada.
Francisco Augusto Pamplona Serpa, na effectividade, esperando cabimento no quadro.
Manuel Fortunato de Oliveira Motta, licença illimitada.
Antonio Joaquim do Valle.
Manuel Moreira da Camara.
Jeronymo de Lima Paes de Sande e Castro.
Rufino de Sousa.
Emygdio Augusto da Rocha Macedo.
José Dias Carreiro.
Rodrigo Guerra Alvares Cabral.
José Alves Tavares.
Antonio Marques Dias Motta.
Adelio Fernandes do Couto.
Viriato Antonio da Silva Franco.
Gregorio Pinto Junior, na effectividade, esperando cabimento no quadro.
Francisco Maria Velloso de Horta, licença illimitada.
José Ferreira Ramos, idem.
João Eduardo Pereira Leça, idem.
Eugenio Pereira da Silva, idem.
Abel Frias Coutinho.
Adolpho Soares Franco.
Luiz Antonio de Carvalho.
 Addidos:
Luiz José da Silva Loureiro.
Antonio Marques da Silva.
Antonio Carlos Alberto da Silva.
José de Oliveira Cabral.
Augusto Eduardo Arouca.
Adolpho Augusto de Oliveira Carmo.
Augusto Carlos da Cunha.
Henrique Eugenio de Castro Rodrigues.
Joaquim Carlos de Aguiar Craveiro Lopes, licença illimitada.
Francisco de Paula dos Santos Rodrigues.
José Bonança.
João Antonio Pires.
José Augusto Duarte do Amaral, licença illimitada.
Francisco Manuel de Moraes Pequeno.
Francisco Magno Adrião Lagoa.
Antonio Pedro Ferreira.
Joaquim Ernesto de Mattos Monteiro.
Joaquim José Raphael Pinto.
Firmino de Sousa Huet.
Francisco Lopes de Almeida.
Alberto Abreu Ferreira da Cunha, licença illimitada.
Luciano Augusto Pereira.
Antonio José Affonnso.
João José Maximo.
Antonio Cesar de Gouveia Leite Farinha e Mena Junior.
Pedro Sergio da Silva.
Luiz Ricaldes da Silva Rodrigues Trigueiros.

QUADRO AUXILIAR DE DESENHADORES

Desenhadores de 1.ª classe

Supranumerarios:
Accurcio Juveniano Pinto da Cruz.
Aluisio Cesar de Bettencourt.
Francisco Caetano de Sousa.
Isaias Newton.
Joaquim Antonio de Carvalho.
Joaquim José Madeira.
Joaquim Vaz Lima.
José Luciano Lopes Monteiro.
Pedro Guilherme de Oliveira.
Effectivos:
André dos Santos Moura.
Antonio Augusto Xavier.
Antonio Francisco de Brito.
Antonio Sanches.
Augusto José Quadrio dos Reis.
Carlos Mascarenhas Osorio de Campos e Silva.
Domingos José Lopes de Barros Guimarães.
Domingos Vaz Lima.
Francisco de Passos Pereira de Castro.
Francisco Soares O'Sulivand.
Henrique Alexandre Nogueira.
Hermenegildo Augusto Faria Blanc.
Jacintho Soares de Albergaria Junior.
José Feliciano Gouveia Cabral.
Luiz Augusto Dias.
Manuel Gonçalves da Silva.
Manuel Homem da Silveira Espinola.
Sebastião de Almeida Soriano.
Severino Lopes Guimarães.
Victor José da Cal.
Addidos:
José Antonio da Costa Vianna, licença illimitada.
José Joaquim Marrecas.
Antonio José Cardoso.
Pedro Celestino de Carvalho.
José Bento Marim.
Francisco Pindaro da Silva Diniz, licença illimitada.
Domingos dos Santos Gamellas.
Henrique Albino Alves de Azevedo.
Maximiano Gabriel Apolinario.
Jeremias Weelhouse.
Julio Cillos da Costa Almada.
José Maria Lopes Brotas Cardoso.
Raphael da Silva e Castro Junior.
Alfredo Augusto de Mattos Monteiro.
Joaquim Antonio dos Reis.
Antonio Joaquim de Oliveira Ferro.
João Nepomuceno Mourão.
José Joaquim Moreira.
Manuel Ferreira Querido Junior.
Domingos Rebello Barbosa.

Julio Augusto Candido de Menezes.
Arthur da Costa Moraes.

Desenhadores de 2.ª classe

Effectivos:
Azuil Augusto de Sousa.
Alberto dos Prazeres Salgueiros.
Candido José Xavier.
Antonio Gomes Nevoa.
Hermogenes Julio dos Reis, licença illimitada.
José Maria Olympio.
João Eduardo da Silva Gomes.
Francisco da Silva Castro.
José Francisco Alves Franco da Cruz.
Juhel da Silva Pereira.
Manuel dos Passos Barbosa.
Eduardo Raphael da Silva Valente.
Antonio Baptista Ribeiro.
Leopoldo Alberto da Silva Oliveira.
Albino Augusto Ribeiro de Oliveira.
João Pedro da Silva Rosado.
Libanio Alexandrino de Freitas Lima.
Guilherme Eduardo Gomes.
Antonio Alves Tavares.
José Maria de Lacerda Junior.
João Victor Guedes de Mattos.
Antonio Castro Correia da Cunha Rego.
Cassiano Augusto Pessoa de Amorim.
Victor Bastos Junior, licença illimitada.
Luiz Alvares da Silva e Mello.
Antonio Tamagnini Dias da Silva.
Alfredo Antonio Jorge Ogea, licença illimitada.
Carlos Joaquim Barreiros.
João Nepomuceno Pinheiro.
Francisco Augusto da Silva Rocha.
Raphael Duarte de Mello.
Leopoldo Cesar de Andrade.
João Esteves Ribeiro da Silva.
Ephigenio Malaquias Guedes.
Augusto Guedes Quinhones.
José Joaquim Augusto.
7 logares vagos.

DIRECÇÃO GERAL DO COMMERCIO E INDUSTRIA

Director geral — Conselheiro Ernesto Madeira Pinto, rua Formosa, 152,

1.ª Repartição

COMMERCIO

Chefe — Dr. Joquim Simões Ferreira, rua da Rosa, 233, 2.º
Chefe da 1.ª secção — João Antonio da Cunha Ferreira, amanuense, rua Nova do Carvalho, 15, 3.º
Chefe da 2.ª secção — André Meyrelles de Tavora do Canto e Castro, 1.º official, travessa de S. Sebastião, 26, 1.º

Sub-chefe da 2.ª secção — D. Henrique Miguel de Menezes Alarcão, amanuense, Algés.

2.º official — Raymundo Antonio Bulhão Pato, (em commissão na Academia Real das Sciencias).

Amanuenses:
Albino Antonio d'Andrade e Almeida, estrada da Luz, 1.
Arthur Alberto de Avellar, rua da Lapa, 91.
Addido — Joaquim de Pina Freira da Fonseca Ferraz Correia, rua da Penha de França, 4, 4.º

2.ª Repartição

INDUSTRIA

Chefe — Dr. Joaquim José Pimenta Tello, rua Serpa Pinto, 60, 2.º
Chefe da 1.ª secção — Marco Gonçalves Lobato, 2.º official, rua das Pretas, 16.
Chefe da 2.ª secção — João Fialho de Abreu, 2.º official, rua da Imprensa Nacional, 65.
Amanuenses:
Joaquim Pedro Froment d'Abreu, travessa do Monte do Carmo, 23.
D. Francisco Lobo d'Almeida Mello e Castro, rua dos Anjos, 226.
Albano Arthur Pimentel Barros, travessa da Era, 5, 3.º
Geraldo Augusto da Cunha, De-Vecchi, travessa da Estrella, 28, 1.º
Thomaz Stattmiller de Saldanha, Campo Pequeno.
Dyonisio Ernesto da Silva Freire, calçada de Sant'Anna, 127, 4.º

3.ª Repartição

ESTATISTICA GERAL

Chefe — Engenheiro Antonio Eduardo Villaça, rua de José Estevão, C, 1.º
Chefe da 1.ª secção — Guilherme Augusto Santa Rita, 2.º official, rua de D. Estephania, 20, 2.º
Chefe da 2.ª secção — Francisco Rangel de Lima Junior, 2.º official, rua Barata Salgueiro, 11, 3.º
Chefe da 3.ª secção — Augusto Xavier da Silva Pereira, 2.º official, largo do Regedor, 11, 5.º
Amanuenses:
Francisco Maria Bello de Moraes, calçada do Marques de Abrantes, 136, 1.º
Manuel Barradas Mergulhão, rua do Arco do Bandeira, 180, 4.º
José dos Reis Teixeira, estrada das Laranjeiras, 7.
Antonio Ferreira Barros, travessa do Convento de Jesus, 33, 1.º
Amanuenses temporarios:
Alvaro Simões, rua Maria (Bairro Andrade).
José Teixeira Simões, calçada de Santo André, 28, 3.º
Augusto Botelho de Moraes Sarmento, travessa da Palmeira, 22, rez-do-chão.
M. M. Cárlos da Cunha, rua dos Retrozeiros, 143, 2.º
José Montaury, rua do Bom Successo, 17.
Visconde de Silvares, Hotel Borges.
Joaquim Nunes Borges de Carvalho, calçada do Monte, 119, 1.º
Pedro da Costa Terenas, Venda Secca, Bellas.

SECRETARIA GERAL

Secretario geral — Conselheiro Elvino de Brito, rua dos Cardaes de Jesus, 30, 3.º
2.º official — Herculano H. Chichorro da Costa, travessa de Santos, 60, 3.º
Amanuenses:
Manuel Antonio Pinto Leal, rua dos Navegantes, 5, 3.º
Manoel Guedes Coelho, rua Formosa, 17, 2.º
João Rozende Peres Ramos, rua do Sol (ao Rato), 60, 2.º

Direcção geral de agricultura

Director geral. — Conselheiro Elvino José de Sousa e Brito, rua dos Cardaes de Jesus, 30, 3.º

1.ª Repartição

Serviços agricolas

Chefe. — Alfredo Carlos Le Cocq, rua de S. Bento, 307, 1.º
Chefe da 1.ª secção. — D. Jorge de Mello (Sabugosa), rua Castilho, 11.
Chefe da 2.ª secção. — M. C. Rodrigues de Moraes, rua Rodrigues Sampaio, 95, 1.º
Chefe interino da 3.ª secção. — José Anastacio Monteiro, rua do Arco, a S. Mamede, 99.
Amanuenses:
Ernesto Cesar da Silva Peixoto Galvão de Mello, Bemfica.
José Urbano Rodrigues, rua dos Douradores, 107, 3.º
Amanuenses addidos:
José Augusto Tito Martins, rua da Caridade, 9, 1.º
Silvestre Correia Belem, rua de D. Estephania, 35, 2.º
José Pedro Duarte Figueiredo, rua do Poço dos Negros, 13, 1.º
Pedro Duhau Laborde, rua da Paschoa, 55, 1.º

2.ª Repartição

Instrucção agricola e mattas

Chefe. — Francisco de Almeida e Brito.
Chefe da 1.ª secção. — *1.º official* João Folgado Moreno, calçada do Garcia, 29.
Chefe da 2.ª secção. — *1.º official* D. Fernando de Sousa Coutinho, calçada de Arroyos.
Chefe da 3.ª secção. — *3.º official*, Manuel Nunes, Avenida, 118.
Amanuenses:
Arthur Adolpho dos Santos, travessa de Santa Justa, 75, 2.º
Manuel Guedes Coelho.
Amanuenses coadjuvantes:
Raul Augusto Pereira Bramão, rua de S. Julião, 100, 3.º
Antonio Romão dos Passos, rua do Monte Olivete, 65, 2.º
Continuo. — Tristão de Oliveira Quintella, rua dos Cardaes de Jesus, 133, 1.º

Inspecção de agricultura da circumscripção do sul

Inspector. — Alfredo Villa Nova Vasconcellos Correia de Barros, travessa do Maldonado, 20, 1.º

Inspecção pecuaria

Inspector. — Salvador Augusto Gamito de Oliveira, rua de Arroyos, 2, 2.º

Mattas nacionaes

Não vieram ainda os esclarecimentos, vidè folha addicional.

Serviços pecuarios

Idem.

Direcção geral dos correios, telegraphos e pharoes

Director geral — Conselheiro Guilhermino Augusto de Barros, rua do Cabo.
Inspector geral dos correios — Conselheiro Alfredo Pereira, rua das Trinas, 125, 1.º
Amanuense do inspector — José da Silva Cabanita, rua da Crèche.
Engenheiro, inspector geral interino dos telegraphos e pharoes — Conselheiro Paulo Benjamin Cabral, rua Ivens, 5, 2.º
Amanuense do inspector — Antonio Francisco Martins Valente, rua de Paschoal José de Mello, 4-B, 1.º

1.ª repartição

Chefe de repartição — João Antonio Ledo de Faria, Arco do Cego, 74.
1.º official, chefe da 1.ª secção — Joaquim Antonio da Silva Cordeiro, rua da Magdalena.
1.º official, chefe da 2.ª secção — Francisco Justino Marques Nogueira, rua Ivens, 30, 2.º
1.º official — José Augusto de Carvalho Ribeiro, rua de Campo de Ourique, 12, 2.º
  2.ºs officiaes:
Luiz Rodrigues da Costa, rua do 4 de Infanteria.
Victorino Augusto Villela, rua da Madre de Deus, 81, 1.º
  Amanuenses:
D. Antonio Gonçalves Zarco da Camara, rua da Junqueira, 191.
Francisco Augusto Theotonio de Oliveira, travessa do Alcaide, 38, 1.º
Antonio de Sá Pereira Junior.
Carlos Pinto de Almeida, travessa de Santa Quiteria, 108.
Francisco Evangelista Goulão, praça de D. Vasco — Belem.
Raymundo Joaquim Loureiro, travessa da Peixeira, 4, 3.º
Henrique Augusto Pereira Mousinho de Albuquerque, rua do Valle de Santo Antonio, 8, 1.º

2.ª repartição

Chefe da repartição — Pedro de Alcantara Vidoeira, rua de D. Estephania, 22.
1.º official, chefe da 1.ª secção — José Augusto Thomaz Ferro, rua Fernandes Thomaz, 25.
1.º official, chefe da 2.ª secção — João José Lopes, rua dos Remedios, ao Terreiro do Trigo, 179, 4.º
  2.ºs officaes:
Augusto Cesar de Brito, rua dos Cegos, 38.
Luiz da Silva Coutinho Junior, travessa de S. Sebastião (á praça das Flores), 24, 2.º

Amanuenses:
Profirio Antonio Caminha Junior, rua Saraiva de Carvalho, 220, 2.º
Antonio Augusto da Silveira e Costa, rua da Paschoa.
Domingos Antonio Augusto de Oliveira, rua de S. Bento.
Julião Antonio de Sampaio e Mello.
Coadjuvantes:
Carlos Adrião Cascaes Leal, travessa das Mercês, 9, 3.º
Alvaro dos Santos Jordão de Almeida, rua de S. Bento.

3.ª repartição

Chefe da repartição — Angelo Felix Barreto, rua de Paschoal José de Mello, 133, 1.º
1.º official, chefe da 1.ª secção — Antonio José Mendes, rua D. Estephania, 54, 2.º
1.º official, chefe da 2.ª secção — Filippe Zeferino da Trindade Carvalho, largo do Intendente, 23.
1.º official, chefe da 3.ª secção — Raphael Gregorio Caldeira de Mendanha, Arco do Bandeira, 226, 3.º
2.ºs officiaes:
Manuel Gomes Alves, rua do Marechal Saldanha, 28, 1.º
Antonio Herminio Pedro de Sousa, travessa da Assumpção, 7, 2.º
Amanuenses:
Francisco José Lopes Saraiva, rua de S. Paulo, 9, 3.º
José Sabino de Ornellas, rua do Cardal de S. José, 42, 4.º
João José Rebello, rua das Trinas, 50, 1.º
Augusto José Rodrigues, rua de Fernandes Thomaz, 48, 2.º
Joaquim Cordeiro, rua do Ferregial de Baixo, 3, 1.º
Eduardo Lino da Silva Carvalho, largo do Intendente, 23.
Antonio Augusto Furtado, rua do Telhal, 29, 2.º
Francisco Claudio de Abreu, calçada da Ajuda, 125, 1.º
Leonardo José da Motta Correia Monção, rua de S. Julião, 53, 2.º
D. Henrique José de Menezes Alarcão, rua de S. Bento, 279, 1.º
Pedro Augusto da Silva Barata, rua de Paschoal José de Mello, 9, 2.º
João Pedro de Almeida Pessanha, travessa de Santa Catharina, 6, 1.º
Miguel João Correia Guedes Coelho.
Henrique Ezequiel da Silva Carvalho, largo do Intendente, 23.
Coadjuvante — Alberto Cosmelli.

4.ª repartição

Engenheiro, chefe interino da repartição — Francisco de Lucena e Faro.
Engenheiro chefe da 1.ª secção — Vago.
1.º official, chefe da 2.ª secção — Luiz Antonio Loureiro, largo dos Caminhos de Ferro, 134.
2.ºs officiaes:
Jorge Maria da Penha Coutinho, rua dos Anjos, 46.
José Martins Pereira Zuzarte, travessa de Nossa Senhora da Gloria (á Graça), 14.
Amanuenses:
Antonio de Oliveira Simões, travessa de S. Nicolau, 61.
Antonio de Carvalho, rua Paschoal José de Mello, 66.
José Pinto Tavares Osorio Castello Branco, rua de S. Marçal, 72, 2.º
Carlos Vaissier, rua da Paz, 61, 1.º
Francisco Valentim da Costa Dias, rua de S. Felix, 77.
José Ferreira Borges.
José Fortunato Calás, em Loanda.

Coadjuvantes:
Antonio de Padua Freire Fava.
Sebastião Ruy da Fonseca, rua de Ferreira Borges, 151.

5.ª Repartição

Chefe da repartição — Conde das Alcaçovas, (D. Luiz) no ministerio dos estrangeiros.
1.º Official, chefe interino da repartição — Ernesto Augusto Soares Ribeiro de Menezes, rua de Ferreira Borges, 145, 2.º
1.º Official, chefe de secção — Nuno Antonio de Paiva, rua da Oliveira, ao Carmo, 21, 2.º
2.º Official, chefe interino de secção — Luiz José Botelho Seabra, calçada da Estrella, 143, 2.º
2.º Official — Duarte Julio da Silveira, rua da Esperança, 181.
Amanuenses:
Alfredo Antonio Mendes, rua da Graça, 122, 1.º
Antonio José Gonçalves Bules, rua de S. João da Matta, 35, 1.º
Francisco Paula Azevedo Borges, Travessa do Monte do Carmo, 43.
Guilherme Pires da Silva, rua da Rosa, 25, 1.º
João d'Almeida Pessanha, rua de S. Julião, 48, 3.º
João Manuel Baldaque da Cunha e Foios, calçada do Combro, 95, 2.º
Jorge Meagher Ramalho, rua Rebello da Silva.
José Antonio Nogueira Pina Manique, rua da Escola do Exercito, 7, 1.º
Pedro Simão Rebello, rua dos Romulares, 35, 2.º
Aspirante da administração de Lisboa, em commissão — João Maria Bacellar Gaeiras dos Santos, rua da Junqueira, 339, 1.º

6.ª Repartição

Chefe da repartição — Conselheiro, José Pedro Moutinho Segurado, rua larga de S. Roque, 36, 4.º
1.º Official chefe da 2.ª secção — Pedro Antonio da Costa, rua do Diario de Noticias, 94, 2.º
1.º Official chefe de secção — João Carlos Leone, rua do Passadiço, 20.
2.ºs Officiaes:
Arthur Alberto Lessa, largo da Abegoaria, 30, 2.º
Jeronymo de Paiva Lemos, Lapa, 96, Cacilhas.
Joaquim Victorino Semedo, rua do Convento de Sant'Anna, 8, 1.º
Amanuenses:
Alfredo Carlos Scarlatti Quadrio, rua do Crucifixo, 31.
Joaquim da Cruz Nogueira, travessa d'Assumpção, 7.
Julio Leopoldino Pereira Noy, Bsmfica.
Antonio Gonçalves da Matta Leal, rua da Cruz dos Poyaes, 27, 2.º
João Antonio Gonçalves Jorge Rainho, largo de Santa Luzia, 7.
Francisco Antonio Penedo, rua dos Poyaes de S. Bento, 49, 2.º
Manuel Julio de Jesus Soares, rua do Duque, 36, 3.º

Armazens do material

Fiel dos telegraphos — José Ignacio dos Reis e Sousa, rua da Arrabida.
Fiel dos pharoes — José Emilio Rabal.
Ajudante — Luiz Augusto Teixeira d'Aragão, Quinta do Mineiro, Campolide.

Repartição de contabilidade

9.ª da direcção geral da contabilidade publica

Chefe da repartição — Antonio Maria Freire Pimentel Brandão, rua Paschoal José de Mello, 131.

1.ᵒˢ officiaes chefes de secção:
Carlos Augusto Velloso Rebello Palhares, rua da Creche, 14, ao Calvario.
Alfredo José Gomes, rua de S. Marçal, 25, 2.º
Agostinho Maria da Costa Ribeiro, largo das Olarias, 63.
Alfredo da Conceição Alves, rua da Mãe d'Agua, 5, 2.º

2.ᵒˢ officiaes:
Antonio Rodrigues Sampaio.
José Augusto da Cunha Terra, Avenida da Liberdade, 11, 2.º
Joaquim Maria Calçado, rua do Visconde de Santo Ambrosio, 16, 1.º
José Antonio Rebello de Macedo, praça do Duque da Terceira, 4.
Abel Maria Dias da Silva, rua Nova da Palma, 73, 4.º, E.

Amanuenses:
José Antonio Duarte Noronha, rua de Santos-o-Velho, 20, 2.º
Emilio de Faria.
Alexandre José d'Araujo, calçada do Combro, 22, 2.º
Ayres dos Santos Costa, rua do Sacramento, 39, 1.º
Manuel Augusto da Silva, rua do Telhal, 32, 1.º
Joaquim Mendes Correia Negrão, rua da Senhora da Gloria, 93, rez-do-chão, á Graça.
José Joaquim Xavier de Faria, travessa do Conde da Ponte, 2, 1.º, á Junqueira.
Pedro Pedroso, rua das Flores, 33, 4.º
Lino José Cardoso, rua Direita de Marvilla, 48-B, 3.º
Agostinho Maria de Sousa, rua Fernandes da Fonseca, 32, 3.º
Joaquim Pedro Nesbitte da Cunha, rua das Trinas, 146, 1.º
José Luiz Borges Ventura, rua de S. Marçal, 72, 3.º, E.
Antonio Guedes Lacerda, rua dos Mouros, 3, 2.º
Thomaz d'Aquino Junior, travessa do Forno do Maldonado, 7, 3.º
Julio Augusto de Figueiredo, rua de Arroyos, 2, 1.º
Augusto Marinho, calçada da Estrella, 153, 3.º

Aspirantes:
Carlos Theodorico de Carvalho, rua de S. Bento, 87, 1.º
Alfredo Ascaneo.
Antonio Joaquim Felix, rua das Garças, 10, 1.º

Continuo — José Antonio Machado, rua Fernandes Thomaz, 14, 2.º

Serventes:
João Pedro de Mattos Galamba, rua dos Remedios, á Lapa, 46, 3.º
Manuel Joaquim Pereira, rua do Paraizo, 66, 3.
Joaquim Ignacio Pereira, rua S. Cyro, 38.

EMPREGADOS ADDIDOS

Amanuense — Vasco da Cunha Menezes.
Coadjuvante — Alfredo Feleciano Velho Oldemberg, Campo Pequeno, 54, 1.º

PESSOAL MENOR DA SECRETARIA

Porteiro — J. F. da Gama.
Ajudante do porteiro — Antonio Gomes de Paiva, rua do Poço dos Negros, 73, 1.º

Coadjuvante do porteiro — Alfredo Lousada Felix, rua da Correnteza, 17, Alcolena.
 Continuos:
Bernardo José da Silva Farinha, rua Nova da Alegria, 76.
Domingos Fernando Alvares, rua da Atalaya, 15, 2.º
João Carlos Scôtto Farinha, rua de S. José, 109, 4.º
Antonio Bento Fernandes, rua Arriaga.
Joaquim Bastos, rua do Poço dos Negros, 73.
João Antonio de Oliveira, rua do Assucar, Poço do Bispo.
Antonio Pereira de Freitas, rua do Embaixador, 190, Belem.
Silverio Fernandes, travessa da Porta do Carro do Hospital de José, 14.
Manuel Vieira de Sousa, travessa da Portugueza, 70, 3.º
Manuel Severino de Oliveira, rua de S. Cyro, 50.
Tristão de Oliveira Quintella, rua dos Cardaes, 133.
Cesar Francisco das Neves, (em commissão) travessa das Parreiras, 23.
 Correios a cavallo:
João José da Silva Moreira, rua de Sant'Anna, á Boa Morte.
Antonio do Espirito Santo, calçada da Boa Hora, 39.
Correio a pé — João Marques Pinto, rua do Embaixador, Belem.
 Serventes effectivos:
Pedro Luiz da Silva, largo do Carmo, 32.
João Antonio Lourenço, calçada do Cabra, 28.
Antonio Saude, rua de Santiago.
Manuel Antonio de Oliveira, rua dos Navegantes, 47.
Francisco Antonio Pebre, rua do Arco do Cego.
Francisco José Rodrigues, rua das Necessidades, 12, loja.
Antonio Fernandes Gomes, becco das Flores.
João Baptista da Silva, rua do Miradouro, 9, Ajuda.
José Rodrigues Coelho, rua da Bica de Duarte Bello, 69.
Francisco Gonçalves, Campo de Santa Clara, 52, 1.º
Joaquim José de Mattos, rua de S. Jeronymo, 20, Alcantara.
Carlos Gonçalves, rua da Imprensa Nacional.
Frederico José Bettencourt (servindo de correio), rua Arriaga.
Antonio Gomes de Almeida, travessa do Meio do Forte, 52, 3.º
Ambrosio Pirão, rua de S. Bernardo, 46, 3.º
Anastacio Izidoro Borges, rua Nova das Terras, 34, 1.º
Abilio Ferreira da Cruz Madeira, rua dos Poyaes de S. Bento, 8, 1.º
José Gil Bettencourt, rua de S. Cyro, 49.

Archivo e Bibliotheca

1.º official archivista e bibliothecario — Bacharel João da Costa Brandão e Albuquerque, praça de Luiz de Camões, 16, 3.º
 Amanuenses:
Luiz Antonio Namorado, rua do Sol ao Rato, 57.
Candido José Pereira de Magalhães, rua Formosa.

Pagadoria do ministerio das obras publicas

Pagador — Francisco Tavares de Medeiros, praça da Figueira, 4, 2.º
Fiel da pagadoria — Francisco Cesar Velloso Rebello Palhares, travessa de Santo Antonio da Sé, 133, 3.º, D.
Ajudante da pagadoria — Alfredo Carlos Scarlatti, rua do Crucifixo, 31, 4.º

Encarregado dos pagamentos — João P. de Mattos Galamba, rua dos Remedios, á Lapa, 42, 3.º
Continuo — Filippe Luiz da Silva, rua do Mirador, 27, 1.º, Belem.
Servente — Antonio Martins, rua do Arco do Marquez de Penalva, 7.

SECRETARIA DE ESTADO DOS NEGOCIOS DO REINO

Terreiro do Paço, lado do Norte

Ministro e secretario de estado — Conselheiro Lopo Vaz de Sampaio e Mello, rua Formosa, 59.
Secretario geral — Conselheiro Arthur Torres da Silva Fevereiro, rua do Jasmim, 32-A, 2.º

Administração politica

1.ª Repartição

Chefe — Conselheiro Jacintho Simões Ferreira da Cunha, Avenida da Liberdade, 105, 4.º
1.º official graduado — Agostinho José Maria do Valle, rua das Amoreiras, 40, 2.º
  2.ºs officiaes:
João Correia d'Oliveira Caupers, travessa do Jasmim, 6.
Pedro Maria de Alcantara Hennah, travessa da Ribeira Nova, 26, 1.º
  Amanuenses:
Aleixo Tavano, praça de D. Pedro, 108, 2.º
Leonardo de Mello Falcão Trigoso, rua do Telhal, 48, 1.º

Administração geral e municipal

2.ª Repartição

Chefe — Conselheiro Eduardo Pinto da Silva Cunha, Campo Grande, lado norte, 117.
  1.ºs officiaes:
Alvaro Augusto Froes Possolo de Sousa, rua de Rosa Araujo, 27.
Manuel Augusto Pereira e Cunha.
2.º official — Carlos Augusto d'Oliveira, rua do Diario de Noticias, 79, 2.º
  Amanuenses:
D. José de Sousa Coutinho, calçada de Arroyos, 38.
José Luiz Ferreira Galvão, rua Augusta, 47, 2.º
Antonio de Macedo Pimentel, rua do Conselheiro Monteverde, 46, 2.º

Policia e recrutamento

3.ª Repartição

Chefe — Conselheiro Joaquim Maria da Costa Cordeiro, estrada da Luz, (Laranjeiras), 160.
1.º official — Luiz Theodoro Gonçalves Lima, travessa do Marquez de Sampaio, 18, 2.º
2.º official — Antonio Maria de Carvalho d'Almeida Serra, Costa do Castello, 31, 1.º
Amanuense — Joaquim Antonio Gomes de Lellis, rua das Olarias, 38, 2.º

Hygiene publica

4.ª Repartição

Chefe — José Carlos Rodrigues Sette, rua Nova do Almada, 82, 3.º
2.º offcial — João Augusto do Amaral Frazão, rua dos Fanqueiros, 81, 4.º, E.
Official do extincto conselho de saude, addido ao ministerio do reino — Aristides Madeira de Abranches, rua das Pretas, 47, 2.º
  Amanuenses:
José Joaquim Durães, rua do Conselheiro Monteverde, 16, 3.º
Victorino Gonçalves de Aguiar, campo dos Martyres da Patria, 38.
João José Garrana, rua de Santa Martha, 111, 1.º

Repartição de contabilidade

3.ª da Direcção geral de contabiidade publica

Chefe — Severiano Maria Petra, rua das Janellas Verdes, 35, 2.º
  1.ᵒˢ officiaes:
Alfredo de Castro, rua dos Caminhos de Ferro, 44, 2.º
Henrique Cesar de Moraes e Sousa, rua Castilho, 5, 3.º
  2.ᵒˢ officiaes:
Jeronymo Agnello Mora, travessa da Boa Hora, 39, 3.º
João Diogo Soromenho, travessa das Vaccas, 5, 1.º
Amanuense — Frederico Lino d'Abreu, rua de S. Bento, 390, 2.º

Archivo e bibliotheca

2.º official — Guilherme Celestino, rua das Amoreiras, 49, 1.º

Empregados menores da secretaria

Chefe do pessoal menor — Jacintho Herminio d'Aguiar, travessa das Monicas, á Graça, 45.
Continuo servindo de ajudante — Custodio Francisco Tavares, rua Augusta, 228, 4.º
  Continuos:
João Luiz Gomes, rua de Santo Antonio da Gloria, 62, 2.º
José Maria Pereira, rua do Crucifixo, 76, 3.º
José Ferreira, pateo do Conde de Soure, 9, 2.º
  Correios a cavallo:
Luiz Antonio Duarte, rua de S. Bernardo á Estrella, 17, 1.º
José Maria da Fonseca, largo das Olarias, 16.
Antonio Paulo, rua do Valle de Santo Antonio, 179, 1.º
  Correios a pé:
Celestino José Corado, rua de S. Sebastião da Pedreira, 101, 1.º
Antonio Vicente, rua do Olival, 232, 2.º
Alvaro Baptista, rua das Chagas, 27.

SECRETARIA DE ESTADO DOS NEGOCIOS ESTRANGEIROS

Palacio do Largo do Calhariz

Ministro e secretario de estado. — Conde de Valbon, rua Nova da Trindade 26.
Secretario geral. — Eduardo Montufar Barreiros, pateo do Pimenta, 1.

Gabinete do ministro

Ministros plenipotenciarios:
Conde de Sabugosa, rua de S. Joaquim, 39, ao Calvario.
Barão de S. Pedro, rua da Horta Secca, 13, 1.º
Addido. — Nuno de Freitas Queriol, travessa do Rosario, 8.

Direcção politica

Director. — Agostinho de Ornellas de Vasconcellos Rolim de Moura, rua de S. Caetano, a Buenos-Ayres, 31.
1.ᵒˢ officiaes:
João Caetano Pato Infante de Lacerda, Paço da Rainha, 65.
José Maria de Sousa Monteiro, rua de S. Domingos, á Lapa, 82, 1.º
2.ᵒˢ officiaes:
José Francisco da Horta Machado da França, rua de S. Bento.
Antonio Maria Bartholomeu Ferreira, rua de S. Filippe Nery, 49.
João de Sá Camello Lampreia, rua Nova da Alegria, 47.
Amanuenses:
Filippe Maria Ferreira Braga, calçada Nova de S. Francisco, 4, 2.º
Carlos Henrique da Fonseca, praça de D. Luiz, 9, 3.º

Direcção dos consulados e dos negocios commerciaes

Director — Eduardo Montufar Barreiros, pateo do Pimenta, 1.
1.º official e sub-director — Augusto Frederico Rodrigues Lima, rua da Figueira 5, 3.º
1.º official — Julio Brandão Paes, rua das Amoreiras, 113, 3.º
2.ᵒˢ officiaes:
Augusto de Sampaio Garrido, Cintra.
Jeronymo Pinheiro d'Almeida da Camara Manuel, rua de Vasco da Gama, 7, 2.º
Amanuenses:
José Duarte Pedroso Junior, travessa dos Sinos, 12, Almada.
Addido de legação servindo na Direcção dos Consulados — Conde de Rilvas, travessa do Athayde, 5, 1.º

Repartição de contabilidade

8.ª da Direcção geral de contabilidade publica

Chefe — Pedro Augusto de Figueiredo, rua de Arroyos, 2.
1.º official e sub-chefe — Carlos Augusto Arbués Moreira, rua de S. Bento, 73, 3.º
2.º official — Eduardo Adolpho de Avellar Telles, rua da Palma, 26, 2.º
Amanuenses:
João d'Azevedo Coutinho, largo de Santo Estevão, 15.
Leopoldo Freire, rua Nova d'Alegria, 80, 1.º
Aspirante — Julio da Silva, rua Serpa Pinto.
Continuo — Antonio Germano Gomes Costa, rua de Luz Soriano, 27, 4.º
Servente — Guilherme Augusto Pereira da Silva, rua do Norte, 47, 1.º

Archivo e bibliotheca

Archivista e bibliothecario — José de Sousa Almeida Couto, rua de S. Bento, 218, 2.º
Amanuense — José Carlos Pinto Garcia, rua da Gloria, 97, 3.º

Empregados menores

Porteiro — Filippe Ferreira do Nascimento, largo do Calhariz, 28.
Ajudante do porteiro — José Julio da Silva.
Continuo — Francisco Antonio da Rocha, rua dos Prazeres, 13, 2.º
    Correios a cavallo:
Basilio Gil Real, largo do Calhariz, 34.
Miguel Falcão da Gama Pombeiro, rua da Junqueira, 132, 1.º
    Correios a pé:
Manuel Maria Salgado Vidal, rua do Poço dos Negros, 13, 1.º
José Delgado, rua da Cruz dos Poyaes, 93, 1.º

Servindo em commissão na secretaria

Barão de Saavedra, empregado no ministerio das obras publicas, rua Nova do Loureiro, 6.
João Carlos da Costa Camarate, rua dos Capellistas, 99, 3.º
Addido á legação em Stockholmo — Julio Daniel da Silva, rua dos Prazeres, 85.
    Addidos á legação na Haya:
D. José Francisco da Costa de Sousa de Macedo, rua do Poço dos Negros, 73.
Antonio de Horta Machado da França.
    Addidos á legação em Bruxellas:
Conde de Rilvas, travessa do Athayde, 5, 1.º
Martinho de Brederode, travessa de José Antonio Pereira.

SOLLICITADORES ENCARTADOS

Adolpho Thomaz Soares e Sousa Trigueiros Sampaio, rua do Crucifixo, 75, 1.º
Alfredo Annibal de Mendonça Heitor, rua Nova do Almada.
Alfredo d'Azevedo Leitão, rua do Arco do Bandeira, 44, 1.º
Alfredo José da Fonseca, rua da Conceição.
Alfredo de Mello Baracho, rua do Ouro, 210, 2.º
Alfredo do Valle, rua da Prata, 103, 1.º
Antonio Alvaro da Costa, travessa de S. Nicolau, 23.
Antonio Augusto Feio Guerreiro Maldonado, travessa de S. Nicolau, 23.
Antonio Augusto Xavier Maia Totta, rua dos Capellistas, 160, 2.º
Antonio Caetano Gonbalves Lobato, praça de D. Pedro, 59, 2.º
Antonio Gonçalves Lobato, praça de D. Pedro, 59, 2.º
Antonio José d'Abreu Guimarães Junior, rua da Magdalena, 225, 1.º
Antonio Julio Pardal, rua Nova do Almada, 18, 3.º
Antonio Leone, rua do Monte Olivete, 38, 2.º
Antonio Maria Coutinho Martins, travessa de Assumpção, 59, 1.º
Antonio Pedro Ferreira, rua do Ouro, 165, 1.º
Antonio Profirio S. Ferreira de Castro, rua de Castilho, 30, 2.º
Antonio Ferreira de Miranda, rua do Arco do Bandeira, 30, 1.º
Antonio Joaquim da Fonseca, rua da Estrella, 41.
Carlos Gualberto Ribeiro de Sousa, rua da Penha de França, 8, 2.º
Diogo José Soromenho, rua do Almada, 24, 2.º
Eduardo dos Santos, rua dos Correeiros, 14, 2.º
Elias Antonio Leite, rua dos Retrozeiros, 55, 1.º
Ernesto Firmino Borges das Neves, calçada de S. Francisco, 45, 2.º
Ernesto Theodoro Guedes Monteiro, calçada de S. Francisco, 39.

Fernão do Amaral Botto Machado, rua Augusta, 76, 2.º
Firmino A. L. Brotas Cardoso, rua dos Fanqdeiros, 171, 1.º
Francisco Antonio Cordeiro da Silva Torres, rua Augusta, 70, 1.º
Francisco Antonio Gomes Alves, rua do Livramento (a Alcantara), 5, 3.º
Francisco Antonio de Miranda e Sousa, rua de Vicente Borga, 105.
Francisco Thadeu d'Almeida, rua do Arco do Bandeira, 159, 1.º
Francisco Xavier Pereira, rua de S. Julião, 146, 2.º
Guilherme Augusto Saraiva de Sousa e Vasconcellos, travessa de S. Nicolau, 102, 2.º
Guilherme Ferreira Bastos, rua de S. Julião, 185.
Henrique Alberto Niny, rua de S. Julião, 128, 2.º
João Aloisio Verissimo, rua do Crucifixo, 19, 2.º
João do Amaral Botto Machado, rua Augusta, 76, 2.º
João Baptista Pereira, rua do Crucifixo, 76, 1.º
João Antonio de Campos, Costa do Castello, 10-D.
João Arrunho da Costa, rua do Almada, 81, 2.º
João Augusto Ribeiro Guimarães, rua dos Fanqueiros, 226.
João Baptista do Rego Cordeiro, rua Augusta, 70, 1.º
João José Teixeira Junior, rua da Prata, 108, 3.º
João Luiz Pinheiro da Silva, rua de S. Pedro d'Alcantara, 55, 1.º
Joaquim Antonio de Carvalho, travessa da Bicca, aos Anjos, 23.
Joaquim Isidoro Machado Pereira, travessa de Santa Justa, 80, 1.º
Joaquim José d'Almeida, travessa Nova de S. Domingos, 42, 3.º
Joaquim Pedro Monteiro, rua Nova do Almada, 24, 1.º
Joaquim Ribeiro Verdades de Faria, travessa do Cotovello, 37.
Joaquim Vaz da Costa Simões, rua do Crucifixo, 75, 1.º
Jorge Dourado Mariz Sarmento, praca de Luiz de Camões, 6, 3.º
Jorge Luiz Satyro da Silva, rua de S. Marçal, 48, 2.º
José Augusto Rosado Lage, largo de Santo Antonio da Sé, 21.
José Augusto Victor, escriptorio na Boa Hora.
José Frederico C. Santos Taveira, rua dos Fanqueiros, 65, 3.º
José Ignacio da Cunha Tavares, travessa da Palha, 71, 2.º
José Ignacio Dias da Silva, rua do Crucifixo, 50, 1.º
José Joaquim Duarte Cordeiro Junior, rua de S. Lazaro, 76.
José Maria Alves, estrada da Penha de França, 73.
José Maria de Macedo Castanheira, no edificio da Boa Hora, 2.º districto criminal.
José Maria do Lago Sarmento, rua de S. Bernardo, 126.
José Maria Candido Pereira, rua dos Capellistas, 178, 3.º
José Matheus Correia Souto.
José Paes de Vasconcellos Abranches, travessa d'Assumpção, 88, 1.º
José Viriato Lobo da Gama, rua do Ouro, 165, 1.º
Luiz Augusto Madeira, rua dos Douradores, 32, sobre-loja.
Luiz Francisco Batalha Trinité, rua de S. Julião, 110, 2.º
Luiz Joaquim de Jesus Madeira, rua dos Douradores, 32.
Luiz Maria Loup.
Luiz de Sousa Amado, rua do Crucifixo, 16, 1.º
Manuel Euzebio da Silveira Pinto, rua do Bandeira, 54, 2.º
Manuel Rodrigues Cancella, rua do Arco do Bandeira, 54, 1.º
Manuel Rodrigues dos Santos, travessa da Victoria, 74, 1.º
Marcos Gonçalves Lobato, rua do Ouro, 75, 2.º
Pedro Joaquim Luiz, rua do Arco do Bandeira, 128, 2.º
Placido Joaquim dos Santos, rua da Junqueira, 74, 2.º
Sertorio Augusto de Sequeira Corte Real, rua da Prata, 93.
Venancio Antonio do Lago Sarmento, rua de S. Bernardo, 126.
Vicente Ferreira de Freitas, calçada do Combro, 22, 1.º

SOLICITADORES DA FAZENDA

1.ª 2.ª e 3.ª varas:
João Augusto Ribeiro Guimarães Junior, rua da Escola do Exercito, 38.
Jorge Luiz Satyro, rua de S. Marçal, 48, 2.º
4.ª 5.ª e 6.ª varas — Antonio José d'Abreu Guimarães, rua da Magdalena, 225, 2.º

SUPREMO TRIBUNAL ADMINISTRATIVO

Edificio do Ministerio do Reino: sessão ás quartas feiras

Vogaes effectivos:
Conselheiro Augusto Cesar Cau da Costa, travessa da Amoreira a S. Francisco de Paula, 20.
Conselheiro Antonio Telles Pereira de Vasconcellos Pimentel, rua do Arco, a S. Mamede, 105.
Conselheiro José de Mello Gouveia, rua do Sol ao Rato, 59.
Conselheiro Lopo Vaz de Sampaio e Mello, rua Formosa, 59.
Conselheiro Julio Marques de Vilhena, rua de S. Bento, 183.
Supplentes:
Conde de Castro, rua das Trinas, 161.
Bacharel, João Silverio de Amorim da Guerra Quaresma, rua de Buenos-Ayres, 1.
Conselheiro Guilhermino de Barros, rua do Cabo.
Ajudantes do procurador geral da corôa e fazenda, junto do Supremo Tribunal administrativo, servindo de ministerio publico:
Bacharel, Francisco Van-Zeller, rua de Santa Apolonia, 20.
Bacharel, Jacintho Antonio Perdigão, calçada da Estrella, 69.
Ouvidores:
Bacharel Luiz Osorio Cabral, rua da Escola Polytechnica, 158.
Bacharel, Alberto Antonio de Moraes Carvalho Junior, rua do Salitre, 214.

SECRETARIA

Secretario geral — Conselheiro José Gabriel Holbeche, Almada.
1.os officiaes:
Conde de Mesquitella, largo do Poço Novo.
Francisco José de Sousa Quelhas, largo de S. Christovão, 8.
Bacharel, Luiz Osorio Cabral, rua da Escola Polytechnica, 159.
Augusto Aunibal da Costa Campos, rua da Fabrica das Sedas, 42.
2.os officiaes:
Pedro Severino Alvares, rua do Embaixador, 113.
Eduardo Maia, travessa da Fabrica das Sedas, 31.
Manuel de Sousa Pinto de Magalhães, rua Formosa, 152.
Conde das Antas, rua Pau de Bandeira, 9.
Amanuenses:
D. Luiz Maria Alvaro da Costa de Sousa Macedo, largo do Poço Novo.
Arthur Torres Pereira, rua de Gomes Freire, 30.
Conde de Lavradio, rua de S. Domingos á Lapa, 60.
Manuel da Cunha Menezes, travessa da Gloria á Avenida.
Porteiro — Nicolau Augusto dos Santos, rua de Santo Antonio á Estrella, 50, 1.º
Continuos:
José Alvares, rua do Marechal Saldanha.

João Antunes Ribeiro, rua da Bella Vista á Lapa, 50, 2.º
Correio — Antonio de Campos Cazaes, rua de Entremuros, 131.

SECÇÃO CONSULTIVA EM QUE FUNCIONAM OS VOGAES EFFECTIVOS E OS VOGAES EXTRAORDINARIOS

Conselheiro José Joaquim de Castro, rua de S. Felix, 4.
Conselheiro Marquez de Sabugosa, rua do Calvario.
Conselheiro Marquez de Pomares, largo do Mitello, 1.
Conselheiro Martinho Augusto da Cruz Tenreiro, rua do Livramento, 67, 1.º
Conselheiro Arthur Torres da Silva Fevereiro, rua do Jasmim, 32, A. 2.º
Conselheiro Bento Fortunato de Moura Coutinho d'Almeida d'Eça, calçada de Santo André, 56.

SUPREMO TRIBUNAL DE JUSTIÇA

PRAÇA DO COMMERCIO, LADO NORTE

Presidente — Conselheiro Antonio Emilio Correia de Sá Brandão, rua do Duque de Bragança, 20, 2.º
Juizes:
Visconde de Riba Tamega, rua de D. Pedro V, 51, 2.º
Luiz José Mendes Affonso, rua da Emenda, 5, 1.º
Antonio José da Rocha, rua das Janellas Verdes, 9, 1.º
José de Sande Magalhães Mexia Salema, rua larga de S. Roque, 33, 1.º
João Ignacio Holbeche, rua de Santo Antão, 83, 3.º
Antonio Augusto Cabral de Sousa Pires, rua Nova de S. Mamede, 37, 3.º
José Ignacio d'Abranches Garcia, calçada do Moinho de Vento, 22.
José Maria d'Almeida Teixeira de Queiroz, praça de D. Pedro, 26, 4.º
José Pereira, rua de S. João da Praça, 83.
Cassiano Sepulveda Teixeira, rua Nova do Amparo, 66, 2.º
Luiz Carlos Garcia Miranda, rua do Conselheiro Pedro Franco, 15.
Bernardo Francisco Abranches, rua Fernandes Thomaz, 9, 1.º
Vicente das Neves Gomes Elyseu, rua Direita de S. Paulo, 121, 1.º
Ricardo João Pimentel Baptista.

Primeira sessão ás terças feiras

Conselheiro Rocha.
Conselheiro Mexia Salema.
Conselheiro Holbeche.
Conselheiro José Pereira.
Conselheiro Miranda.
Conselheiro Abranches.
Conselheiro Baptista.

Segunda sessão ás sextas feiras

Conselheiro Visconde de Riba Tamega.
Conselheiro Mendes Affonso.
Conselheiro Sousa Pires.
Conselheiro Abranches Garcia.
Conselheiro Queiroz.

Conselheiro Teixeira.
Conselheiro Elyseu.

Ministerio Publico

Conselheiro Annibal Achilles Martins, rua das Janellas Verdes, 88, 3.º
Conselheiro Diogo Antonio Correia Sequeira Pinto, rua das Flores, 33, 1.º
Secretario — Dr. Bernardino Pereira Pinheiro, praça dos Restauradores, 53, 3.º
Official da secretaria — Dr. Augusto Neves dos Santos Carneiro, hotel de Bemfica.
Official graduado — Manuel José da Costa Dias, rua do Salitre, 341.
Amanuense — José Maria Cardoso Castello Branco, rua da Estephania, 57, 1.º
Addidos:
Pedro Pacheco.
Amancio Gentil, rua do Conselheiro Monteverde, 14.
Agostinho José Ennes Domingues, travessa da Victoria.
Porteiro archivista — Bernardo José Oliveira, praça d'Alegria, 35.
Continuo graduado em porteiro — José Joaquim Pinto, travessa do Falla Só, 3, 1.º
Continuo — Henrique Jorge Figaniére, rua de S. Luiz, 6, 2.º
Meirinho — Sabino Moraes Correia, travessa de Santo Ildefonso, 18.
Escrivão meirinho — Francisco Borges de Almeida, rua do Valle a Santo Antonio, 226.
Correios:
Alexandre José Ferreira, rua Nova da Alegria, 56.
Manuel Martins, rua da Atalaya, 41, 2.º
Serventes:
Francisco Antonio Quintão, rua do Alcaide, 30, 1.º
Manuel Augusto Gonçalves, rua de D. Pedro V, 80.

TABELLIÃES

Adriano Simões Cantante, rua d'Alcantara, 121, 1.º
Alfredo May d'Oliveira, travessa da Victoria, 74, 1.º
Carlos Augusto Scola, rua da Magdalena, 75, 1.º
Carlos Alves do Rio, rua Aurea, 165.
Camillo José dos Santos, rua d'El-Rei, 90, 1.º
Emygdio José da Silva, rua de S. Julião, 134, 1.º
Francisco Vieira da Silva Barradas, rua Bella da Rainha, 103, 1.º
Henrique Pinheiro Leal, rua do Ouro, 165.
João Antonio Machado Junior, rua de S. Julião, 148, 1.º
Joaquim Barreiros Cardoso, rua Aurea, 26.
Jorge Camellier, rua Aurea, 50, 1.º
Jorge Filippe Cosmelli, rua do Crucifixo, 50, 1.º
José Carlos Rodrigues Grillo, rua de S. Bento, 50, 1.º
José Maria Barcellos Junior, rua Aurea, 265.
José Ribeiro de Almeida Cornelio da Silva, praça de D. Pedro, 93.
José Xavier Silveira da Motta, rua da Boa Vista, 124, 1.º
Manuel Bernardino Soares de Brito, rua de Santo Antão, 9.
Miguel Augusto Moraes da Silva, rua Augusta, 141, 1.º
Tiberio Augusto da Maia Mendes, travessa d'Assumpção, 59.

TRIBUNAL ADMINISTRATIVO DO DISTRICTO DE LISBOA

No Governo Civil

Presidente — Dr. Alvaro de Moura Coelho, Avenida da Liberdade 38, 2.º
  Vogaes:
Dr. Antonio Augusto Nogueira Souto, Carnaxide.
Dr. Guilherme Monteiro Soares d'Albergaria, Campo dos Martyres da Patria, 108, 2.º
  Vogaes substitutos:
Dr. Victor dos Santos, travessa da Victoria, 71, 1.º
Dr. Arthur de Carvalho, rua do Crucifixo, 75, 1.º
Dr. Julio May d'Oliveira, travessa da Victoria, 71, 1.º
Delegado do ministerio publico — Dr. Fernando Maria da Graça Mattoso da Silva Corte Real, rua do Duque de Bragança, 10, 2.º
Secretario — Carlos Augusto de Campos, travessa do Combro, 17.

TRIBUNAL DO COMMERCIO DE LISBOA

Praça do Commercio, torreão do lado nascente

Juiz — Dr. João Antonio Fragoso Rhodes, rua do Passadiço, 32.
  Substitutos actuaes:
Conselheiro Carlos José d'Oliveira, travessa da Victoria, 74, 1.º
Dr. Luciano Affonso da Silva Monteiro, rua Nova do Almada, 24.
Dr. Frederico Augusto Franco de Castro, rua de S. Julião, 128, 2.º
Secretario — Dr. Antonio Baptista de Sousa, no tribunal.
Contador — Dr. Antonio Baptista de Sousa, no tribunal.
  Escrivães:
Julio Bartholomeu Rodrigues, rua Capello, 6,
Arthur Jorge Rolim de Abreu de Lima e Sousa, rua Nova de S. Mamede, 32, 3.º
  Officiaes de diligencias:
Manuel Martins, rua do Milagre de Santo Antonio, 6.
Guilherme Roberto Elson, rua do Passadiço.
Continuo — Julio Augusto Cesar Machado, Alcolena.
Porteiro — José Pedro Soares, travessa de José Vaz de Carvalho, 14.
Pregoeiro — Antonio Pedro Rodrigues Duarte, rua da Rosa, 225, 2.º

TRIBUNAL DE CONTAS

Largo do Pelourinho, Entrada pelo Arsenal

Presidente — Conselheiro Antonio de Serpa Pimentel, Cova da Moura.
  Conselheiros:
Augusto Cesar Barjona de Freitas, rua de S. João dos Bemcasados, 22, 1.º
Henrique da Gama Barros, rua Fernandes Thomaz, 3.
João José de Mendonça Cortez, palacio de Santo Amaro.
Visconde de Villa Mendo, Paço da Rainha, 64, 1.º
Thomaz Antonio Ribeiro Ferreira, rua do Sol, ao Rato, 17.
Emygdio Julio Navarro, rua do Quelhas, 8, (actualmente ministro de Portugal, em Paris).

Vogaes adjunctos:
João Silverio de Amorim da Guerra Quaresma, rua de Buenos-Ayres, 1.
Gualdino Alfredo Lobo de Gouveia Valladares, travessa do Noronha, 17, 3.º

Vogaes supplentes:
Dr. Francisco Correia Barata, (em exercicio).
Arthur Hintze Ribeiro, calçada do Salitre, 397.

Secretario, director geral — Conselheiro José Joaquim Ferreira Lobo, rua de S. Bartholomeu, 4.

1.ª Repartição

Chefe — O secretario director geral.
1.º contador — Guilherme Orta Ennes, rua dos Cardaes de Jesus, 53, 1.º
2.ᵒˢ contadores:
Henrique Pires Marinho, rua d'Arroyos, 2, rez-do-chão.
Joaquim Maria Osorio Junior, rua de S. Francisco de Paula, 2.
Francisco Augusto Soares Branco, rua das Flores, 33.
Francisco Manuel Lopes Novo, rua de D. Estephania, 37, 1.º
Carlos Mascarenhas Barata, rua do Infante D. Henrique, 69, 2.º
José Firmino Guerreiro Pery d'Amorim, rua José Estevão, 18, 1.º A.

2.ª Repartição

Chefe — Antonio Bernardo de Carvalho, rua dos Anjos, 103, 1.º
2.ᵒˢ contadores:
Paulo de Azevedo Chaves, calçada dos Caetanos, 40, 1.º
José Dionizio de Sousa e Faro, (em commissão no Ultramar).
Pedro Cardoso Castello Branco, rua de D. Estephania, 57.
José Francisco Palermo da Fonseca Faria, rua de S. Lazaro, 84, 1.º
Bernardo de Figueiredo Ferrão Freire, rua Barata Salgueiro, 13.
José Baptista da Fonseca Queiroz. Em commissão, em Alcobaça.
Antonio Guilherme d'Araujo, rua D. Estephania, 20, 4.º
Amanuenses:
José Galvão Teixeira, rua Victor Cordon, 30, 1.º
Antonio Augusto de Mello e Azevedo, rua do Marquez de Sá da Bandeira, 7.
Marianno Antonio da Silva, Carnide.
Dionisio Carlos Parente, largo do Figueiredo (Alcolena).
José Marques, rua Nova das Terras, 33, 1.º (Alcolena).
Aspirante — Luiz Gaspar da Silva Cotta Reis, calçada do Conde Penafiel, 28, 3.º A.

3.ª Repartição

Chefe — Carlos Frederico Simas Buys, rua de S. João da Praça, 83.
1.º contador — David de Lima Trindade, rua de S. Bento, 502, 1.º
2.ᵒˢ contadores:
José Venancio da Rocha, rua D. Estephania, 368, 2.º
Guilherme Telles de Menezes, rua das Amoreiras, 107.
D. José da Camara, rua de Santos-o-Velho, 94, 1.º
Amanuense — José Borges de Castro, rua D. Estephania, 366.

4.ª Repartição

Chefe — Candido Augusto de Sousa Leitão e Silva, rua da Esperança, 129.
1.º contador — Augusto de Moraes Mantas, estrada de Campolide de Cima, 99, 1.º

2.os *contadores:*
Germano Theodoro da Silva Figueiredo, rua de S. Marçal, 131, 2.º
Gabriel Maria Thomé Alves da Silva, quinta de Santa Luzia, Olivaes.
Amanuenses:
Anselmo Baptista Lopes, rua Direita, 272, 1.º, Almada.
Guilherme Muller, rua de S. Paulo, 202, 5.º
José Ollegario Simões da Silva, rua de Caetano Palha, 18, 1.º
Augusto Joviano Candido da Piedade, rua de S. Boaventura, 23, 1.º
Luiz Bernardo de Macedo, travessa das Monicas, 18, 1.º
Arthur Nunes Telles, estrada do Arco do Cego.
Aspirante — Alvaro Fernandes, Paço do Lumiar.

5.ª Repartição

Chefe — José Amaro Ferreira Vianna, rua Luiz de Camões, a Santo Amaro, 135.
1.º contador — Cypriano Henrique Cabral da Costa, travessa das Parreiras, 88, 1.º Serve de archivista.
2.os contadores:
Antonio Gabriel Pessoa de Amorim, rua de S. Marçal, 133.
Antonio Jacintho Ribeiro da Silva, rua de S. Bento, 626.
Amanuenses:
José Thimotheo da Silva Bastos, Cruzes da Sé, 31.
Raphael Ferreira Roquette, largo d'Arroyos, 4.
Ramiro de Seixas Trindade, quinta do Pinheiro, Palhavã.
Francisco Presado, travessa do Abarracamento de Peniche, 77, 1.º
Gregorio Augusto da Motta e Sousa, rua dos Remedios, 45, á Lapa.
Antonio Victor Lopes Junior, calçada de Santo André, 56, 3.º
Eduardo Cesar da Silva, rua do Carmo, 46, 2.º
Antonio Victor Chaby, Bellas.
Aspirante — José Maria Moraes Sarmento, rua dos Corrieiros, 140, 4.º
Praticante — Henrique Pimentel Maldonado, travessa de S. Bernardino, 30, 3.º
Porteiro — Antonio Simões Castello, rua do Jasmim, 36, 2.º
Correio — José Antonio Machado, rua d'Alegria, 80, 1.º
Continuos:
José Antonio, rua da Quintinha.
Antonio Augusto Rodrigues, estrada da circumvalação, a Santa Izabel, 15.
Luiz Exposto, calçada de Santa Quiteria, 93.
Diogo de Campos Casaes, rua das Chagas, 27-A.
Serventes:
Miguel Antonio da Costa, rua do Norte, 33, 1.º
João Gonçalves Gil, rua d'Atalaya, 96, 2.º
João Innocencio, largo d'Achada, 68.
Francisco José Augusto Matheus, rua de S. Boaventura, 57.
Moço — Raphael Affonso, largo d'Achada, 80.

TRIBUNAL DA RELAÇÃO DE LISBOA

Largo do Pelourinho entrada pelo Arsenal

Presidente. — Conselheiro Thomaz Nunes de Serra e Moura, rua de Affonso de Albuquerque, 5, 2.º

Vice-presidente. — Conselheiro José Ferraz Tavares de Pontes, rua de D. Pedro V, 14, 2.º

1.ª Secção — sabbados

Bacharel Antonio Soares de Albergaria, travessa Nova do Carmo, 12, 3.º
Conselheiro José Ferraz Tavares de Pontes, rua de D. Pedro V, 14, 2.º
Bacharel Luiz Frederico de Bivar Gomes da Costa, rua da Escola Polytechnica, 19, 3.º
Bacharel José Ildefonso Pereira de Carvalho, rua da Escola Polytechnica, 19, 2.º
Conselheiro Eduardo de Serpa Pimentel, rua Nova da Piedade, 55, 1.º
Bacharel Fernando Affonso Giraldes, largo da Abegoaria, 26, 2.º
Conselheiro Francisco Severino do Amaral Pedroso, rua do Sol, ao Rato, 61, 2.º
Bacharel Francisco Antonio Pinheiro da Fonseca Osorio, travassa das Recolhidas, 10.
Conselheiro Luiz Adriano de Magalhães e Menezes de Lencastre, rua de S. Pedro de Alcantara, 51, 2.º
Bacharel José Manuel Crispiniano da Fonseca (aggregado), Hotel Francfort.

2.ª Secção — quartas-feiras

Conselheiro Thomaz Nunes da Serra e Moura, rua de Affonso de Albuquerque, 5, 2.º
Bacharel Sebastião Frederico Rodrigues Leal, rua do Sacramento, á Lapa, 11.
Bacharel Leocadio Maia Anderson, rua da Esperança, 171, 1.º
Bacharel Francisco de Castro Mattoso da Silva Côrte Real, rua do Duque de Bragança, 10, 3.º
Bacharel Alvaro Ernesto de Seabra, rua de S. Marçal, 30, 4.º
Bacharel José Maria de Andrade, rua da Esperança, 161, 1.º
Bacharel José Maria da Costa, travessa de Santa Gertrudes, 68, 2.º
Antonio Francisco Tavares, rua Formosa, 121, 1.º
Manuel Celestino Emygdio.
Firmino João Lopes.
Secretario guarda-mór. — Bacharel José de Menezes Toste, largo de Santa Luzia, 12, 1.º
Revedor. — Bacharel Accurcio João Maria Quaresma, rua da Magdalena, 201, 2.º
Contador. — Henrique Justino da Rocha Ferreira, rua de S. Marçal, 114, 1.º

Escrivães:
Filippe Carlos da Silveira, edificio do Tribunal.
Manuel Theodoro Monteiro, idem.
José Rodrigues de Moraes, idem.
Albano Augusto Gourgelt, idem.

Guardas menores:
José Eugenio Avelino Barradas, praça d'Armas, á Alcantara, 25, 1.º
Augusto Gonçalves Correia de Castro, rua Nova do Loureiro, 89, 1.º

Officiaes de diligencias:
Luiz Augusto Franco de Carvalho, travessa de Santo Antonio da Sé, 13, 5.º
Francisco Pedro da Conceição e Carmo, rua da Caridade, 39, 2.º

Secretaria da presidencia

Official chefe de repartição. — Joaquim Ezequiel Lopes de Mesquita, Avenida da Liberdade, 215.

Amanuenses:
Antonio Carlos de Figueiredo Feio, largo do Poço, Cacilhas, 2.
Antonio Augusto de Figueiredo Feio, largo do Poço, Cacilhas, 2.
Augusto Avelino de Carvalho Lobato, rua de Passos Manuel.
Carlos Alberto da Silva, rua dos Cavalleiros, 41, 1.º
Continuo. — José Francisco Vieira, rua dos Retrozeiros, 45, 4.º
Servente. — Manuel Lourenço, no edificio.

TRIBUNAES MILITARES

Palacio de Justiça Militar, no Campo de Santa Clara

Conselhos de guerra permanentes na 1.ª divisão militar

1.º Conselho

Auditor — Dr. Ricardo Xavier de Carvalho e Liz Teixeira, rua Nova da Piedade, 93, 2.º
Promotor — José da Gama Lobo Lamares, capitão do estado maior de cavallaria, rua de D. Carlos, 35, 2.º
Defensor — João Carlos de Mello Pereira e Vasconcellos, capitão do estado maior de infanteria, travessa de S. Sebastião, (á Praça das Flôres), 3, 2.º
Secretario — Joaquim Augusto d'Oliveira Mascarenhas, tenente, Campo de Santa Clara, 140, 3.º
Amanuenses:
Augusto Faustino da Conceição Martins, travessa do Conde d'Avintes, 8, 2.º
Frederico Simões, 2.º sargento de infanteria 5, quartel da Graça.

2.º conselho

Auditor — Dr. D. Salvador Manuel de Vilhena, Campo dos Martyres da Patria, 117, 1.º
Promotor — Christovão Ayres de Magalhães Sepulveda, capitão do estado maior de cavallaria, rua dos Cardaes de Jesus, 4, 1.º
Defensor — Antonio Marinho de Sousa e Barros, major do estado maior de infanteria, calçada de S. Vicente, 36, 2.º
Secretario — José Ferreira Nobre, com graduação de tenente, rua da Veronica, 82, 2.º
Amanuenses:
Luiz Albano d'Azevedo, travessa do Despacho, 1, rez-do-chão.
Francisco Bernardo da Costa, travessa do Almargem, (Crazes da Sé), 27, 3.º

TRIBUNAL SUPERIOR DE GUERRA E MARINHA

Palacio de Justiça Militar, no Campo de Santa Clara

Presidente — General de divisão, João Leandro Valladas, rua da Graça, 21.
Vogaes:
Henrique José Alves, general de divisão, rua da Magdalena, 163, 3.º

Caetano Alexandre d'Almeida e Albuquerque, vice almirante, rua dos Cardaes de Jesus, 96-A, 1.º
Antonio do Nascimento Pereira Sampaio, contra-almirante, rua de D. Carlos, 35, 1.º
Luiz de Magalhães Ferreira Guião, general de brigada, rua do Alecrim, 33, 2.º
Rodrigo Augusto Teixeira Pinha, contra-almirante, rua do Conselheiro Pedro Franco, 22, 2.º
Juiz relator — Conselheiro Antonio José de Barros e Sá, rua Ivens, 27, 2.º
Adjuncto — José da Cunha Navarro de Paiva, Praça da Flôres, 35, 1.º
Promotor — Conde de Bomfim, coronel do estado maior de cavallaria, rua das Amoreiras, 210.
Defensor — José Estevão de Moraes Sarmento, tenente coronel do estado maior de infanteria, largo do Outeirinho da Amendoeira, a S. Vicente, 12.

Secretaria

Secretario — José Ricardo da Costa da Silva Antunes, coronel do estado maior de infanteria, largo de Andaluz, (Santa Martha), 16, 2.º
Officiaes da secretaria:
José Maria Gomes Mariares, com graduação de capitão, rua do Valle de Santo Antonio, 250.
João Luiz Muzanty Junior, com graduação de capitão, rua Rodrigues Sampaio, 105, 2.º
Amanuenses:
João Maria Mourão, com graduação de alferes, rua do Infante D. Henrique, 39.
Julio Cesar Couceiro Feio, com graduação de alferes, rua da Industria, 1, 1.º
Porteiro — Joaquim Marques, furriel reformado, Campo de Santa Clara, 140, 1.º
Continuo — João Maria, 1.º sargento reformado, quartel de artilheria, 4.º
Correio — Maximiliano dos Santos, 2.º sargento reformado, travessa da Queimada, 20, 2.º-E.

UNIVERSIDADE DE COIMBRA

Real capella

Thesoureiro — Commendador Bernardo Joaquim Cardoso Botelho, bacharel formado em theologia e direito, e conego honorario da Sé Cathedral de Coimbra.
Chantre — Reverendo Antonio Alves Ferreira.
Capellães:
Reverendo Antonio José d'Oliveira.
Reverendo Felix Maria de Magalhães Aguiar (interino).
Reverendo José Marques Ritto da Cunha (interino).
Reverendo Izidoro Martins Pereira d'Andrade (interino).
Professor de musica e mestre da capella — Bacharel Antonio Simões de Carvalho Barbas.
Organista — Francisco Lopes Lima de Macedo.

Reitoria e conselho de decanos

Reitor — Dr. Antonio dos Santos Viegas, do conselho de Sua Magestade,

Gran-Cruz da antiga, nobilissima e esclarecida Ordem de Sanct-Iago, Commendador da Ordem Imperial de Francisco José d'Austria e da Rosa do Brazil, Cavalleiro da Legião d'Honra, Lente de prima da Faculdade de Philosophia, Socio do Instituto de Coimbra e da Academia Real das Sciencias de Lisboa, etc.

Vice-reitor — Dr. Bernardo de Serpa Pimentel, Digno Par do Reino, Socio honorario do Instituto de Coimbra, Lente de prima jubilado da Faculdade de Direito, etc.

CONSELHO DE DECANOS

Presidente — O Reitor.

Vogaes:

Dr. Luiz Maria da Silva Ramos, lente de prima, decano e director da Faculdade de Theologia.

Dr. Pedro Augusto Monteiro Castello Branco, lente de prima, decano e director da Faculdade de Direito.

Dr. Bernardo Antonio Serra de Mirabeau, lente de prima, decano e director da Faculdade de Medicina.

Commendador dr. Luiz da Costa e Almeida, lente de prima, decano e director da Faculdade de Mathematica.

Conselheiro dr. Antonio dos Santos Viegas, lente de prima, decano e director da Faculdade de Philosophia.

Secretario — O da Universidade.

Secretaria e geraes

Secretario e mestre de ceremonias — Antonio Augusto Cerqueira Coimbra, bacharel formado em direito, rua dos Penedos.

Official maior — José Albino da Conceição Alves, Couraça dos Apostolos, 37.

1.º official — Bento Alberto Pereira de Carvalho, rua do Aguiar.

2.º official — José Maria d'Oliveira e Sá, rua de J. A. d'Aguiar, 92.

3.º official — Vago.

Amanuenses extraordinarios:

Antonio do Valle.

Antonio d'Oliveira e Sá.

Alvaro Julio Marques Perdigão.

Dionizio Soares Pinto Mascarenhas.

Porteiro — Henrique Augusto d'Oliveira, rua do Norte, 18.

Continuo — Francisco Gaspar, rua dos Anjos, 17.

Thesouraria do cofre academico

Thesoureiro — Bacharel Manuel Maria da Cunha, Terreiro da Herva, 22.

Geraes

Guarda-mór e porteiro — Julio Augusto da Fonseca, edificio da Universidade.

Continuos:

João Evangelista da Silva Pinto, Palacios Confusos, 10.

Abilio Augusto Severo, rua de Fernandes Thomaz.

Manuel Pinto dos Santos Paixão, rua do Loureiro.

Lentes jubilados e aposentados

Faculdade de Theologia

Conselheiro dr. Francisco Antonio Rodrigues d'Azevedo, lente de prima.
Dr. Damazio Jacintho Fragoso, idem.

Faculdade de direito

O Digno Par do Reino, dr. Bernardo de Serpa Pimentel, lente de prima.
O Digno Par do Reino, conselheiro dr. Antonio Ayres de Gouveia, bispo de Bethsaida, lente Cathedratico.
O Digno Par do Reino, conselheiro dr. Antonio Luiz de Sousa Henriques Secco, lente de prima.
Conselheiro dr. Joaquim José Paes da Silva Junior, lente cathedratico.
Conselheiro dr. José Dias Ferreira, lente cathedratico.

Faculdade de Medicina

Conselheiro dr. José Ferreira de Macedo Pinto, lente cathedratico.
O Digno Par do Reino, conselheiro dr. Antonio Egypcio Quaresma Lopes de Vasconcellos, lente de prima.
Commendador dr. Antonio Augusto da Costa Simões, idem.
Dr. Antonio Gonçalves da Silva e Cunha, idem.
Dr. Filippe do Quental, lente cathedratico.

Faculdade de Mathematica

Conselheiro dr. Rodrigo Ribeiro de Sousa Pinto, lente de prima.
Conselheiro dr. Antonio José Teixeira, lente cathedratico.

Faculdade de Philosophia

Dr. Joaquim Augusto Simões de Carvalho, lente de prima.

Faculdade de theologia

PESSOAL EFFECTIVO

Lentes cathedraticos:

Dr. Luiz Maria da Silva Ramos, lente de prima, decano e director da faculdade, (cathedrathico da 6.ª cadeira), rua de Borges Carneiro, 43.
Dr. Bernardo Augusto de Madureira, (cathedratico da 4.ª cadeira), rua do Salvador, 8.
Commendador dr. Manuel de Jesus Lino, (cathedratico da 8.ª cadeira), rua do Salvador, 20.
Dr. Joaquim Alves da Hora, (cathedratico da 5.ª cadeira), rua da Boa Vista, 3.
Dr. Manuel d'Azevedo Araujo e Gama, (cathedratico da 2.ª cadeira), Cumeada.
Dr. Antonio Garcia Ribeiro de Vasconcellos, (cathedratico da 3.ª cadeira), rua da Ilha, 6.
Commendador dr. Francisco Martins, (cathedratico da 1.ª cadeira), rua da Ilha, 6.
Dr. Porphyrio Antonio da Silva, (cathedratico da 7.ª cadeira), Penedo da Saudade.

Substitutos:

Dr. José Maria Rodrigues, (rege a cadeira de Hebreu, largo da Mathetica, 3.
Fiscal — Dr. Porphyrio Antonio da Silva.
Secretario — Dr. José Maria Rodrigues.
Bedel — José Maria Galião, rua direita, 120.

Faculdade de direito

PESSOAL EFFECTIVO

Lentes cathedraticos:

Dr. Pedro Augusto Monteiro Castello Branco, lente de prima, decano e director da faculdade, (cathedratico da 3.ª cadeira), Cumeada.
Dr. Bernardo d'Albuqnerque e Amaral, (cathedratico da 2.ª cadeira), rua da Ilha, 20.
Conselheiro dr. Manuel Nunes Giraldes, (cathedratico da 5.ª cadeira), Couraça de Lisboa, 22.
Dr. Manuel Emygdio Garcia, (cathedratico da 4.ª cadeira).
O digno par do reino, dr. José Joaquim Fernandes Vaz, (cathedratico da 11.ª cadeira), rua dos Penedos, 4.
Dr. José Augusto Sanches da Gama, (cathedratico da 6.ª cadeira), rua de Sub-ripas, 43.
Dr. José Braz de Mendonça Furtudo, (cathedratico da 10.ª cadeira), rua do Forno, 7.
Dr. Manuel de Oliveira Chaves e Castro, (cathedratico da 12.ª cadeira), rua de Ferreira Borges, 43.
Dr. Avelino Cesar Augusto Maria Calixto, (cathedratico da 1.ª cadeira) Cumeada
Dr. José Pereira de Paiva Pita, (cathedratico da 13.ª cadeira e acumula a 15.ª), rua do Salvador, 14.
Dr. Antonio de Assis Teixeira de Magalhães, (cathedratico da 8.ª cadeira), rua do Cabido, 5.
Dr. José Frederico Laranjo, (cathedratico da 7.ª cadeira).
Dr. José Joaquim Lopes Praça, (cathedratico da 9.ª cadeira), rua de S. Pedro, 18.
Conselheiro dr. Antonio Candido Ribeiro da Costa.
Dr. Antonio Lopes Guerreiro Pedrosa, (rege a 7.ª cadeira), Couraça de Lisboa, 61.
Dr. Antonio Henriques da Silva, (rege a 14.ª cadeira), rua da Mathematica, 2.
Dr. João Marcelino Arroyo.
Dr. Manuel Dias da Silva, rua da Ilha, 6.
Dr. Guilherme Alves Moreira, rua dos Grillos.
Dois logares vagos.
Fiscal — Dr. Antonio Henriques da Silva.
Secretario Dr. Guilherme Alves Moreira.
Bedel — Luiz Rodrigues d'Almeida, rua de J. A. d'Aguiar, 41.

Faculdade de Medicina

PESSOAL EFFECTIVO

Lentes cathedraticos:

Dr. Bernardo Antonio Serra de Mirabeau, lente de prima, decano e director da faculdade, (Cathedratico da 3.ª cadeira), rua do Infante D. Augusto, 24.
O Digno Par do Reino Conselheiro Dr. Manuel Pereira Dias, (Cathedratico da 7.ª cadeira.)

Dr. José Epiphanio Marques, (Cathedratico da 9.ª cadeira), rua dos Militares, 18 e 20.
O Conselheiro Dr. Fernando Augusto de Andrade Pimentel de Mello, Cathedratico da 13.ª cadeira, rua da Esperança, 20.
Dr. Julio Cesar de Sande Saccadura Botte, (Cathedratico da 6.ª cadeira), rua dos Coutinhos, 32.
O Conselheiro Dr. Manuel da Costa Allemão, (Cathedratico da 4.ª cadeira), Marco da Feira, 39.
Dr. João Jacintho da Silva Corrêa, (Cathedratico da 11.ª cadeira) rua da Esperança, 8.
Dr. Raymundo da Silva Motta, (Cathedratico da 5.ª cadeira) rua da Trindade, 61.
Dr. Philomeno da Camara Mello Cabral, (Cathedratico de 2.ª cadeira), Couraça de Lisboa, 133.
Conselheiro Dr. Adriano Xavier Lopes Vieira, (Cathedratico da 8.ª cadeira,) rua dos Coutinhos, 18.
Dr. Augusto Antonio da Rocha, largo da Sé Velha, 19.
Dr. Daniel Ferreira de Mattos Junior, (rege a 10.ª cadeira), rua dos Loyos, 8.
Dr. Joaquim Augusto de Sousa Refoios, (rege a 1.ª cadeira), largo do Principe D. Carlos, 27.
Substitutos:
Dr. Luiz Pereira da Costa, rua do Norte, 11.
Dr. Basilio Augusto Soares da Costa Freire.
Vagos, tres logares.
Fiscal — Dr. Luiz Pereira da Costa.
Secretario — Dr. Basilio Augusto Soares da Costa Freire.
Bedel — Vago.
Continuo — Vago. Serve estes dois logares o continuo dos Geraes, Manuel Pinto dos Santos Paixão, rua do Loureiro.

Faculdade de Mathematica

PESSOAL EFFECTIVO

Lentes cathedraticos:
Dr. Luiz da Costa e Almeida, lente de prima, decano e director da Faculdade, (Cathedratico da 3.ª cadeira), rua do Cosme, 11.
Dr. José Joaquim Pereira Falcão, (Cathedratico da 5.ª cadeira, rua da Trindade, 2.
Dr. João José d'Antas Souto Rodrigues, (Cathedratico da 1.ª cadeira), rua dos Grillos, 12.
Dr. Gonçalo Xavier d'Almeida Garrett, (Cathedratico da 8.ª cadeira).
Dr. Alfredo Filgueiras da Rocha Peixoto, (Cathedratico da 7.ª cadeira).
Dr. José Freire de Sousa Pinto, (Cathedratico da 6.ª cadeira), rua de Borges Carneiro.
Dr. José Bruno de Cabedo d'Almeida Azevedo e Lencastre, (Cathedratico da 2.ª cadeira), rua do Cabido, 11.
Dr. Augusto d'Arzila Fonseca, (Cathedratico da 4.ª cadeira), Ladeira do Seminario.
Substitutos:
Dr. Francisco Miranda da Costa Lobo, rua dos Coutinhos, 18.
Dr. Henrique Manuel de Figueiredo, rua dos Coutinhos, 3.
Dr. Luciano Antonio Pereira da Silva, rua dos Grillos, 10.
Professor da cadeira de desenho annexa á faculdade — João Rodrigues Vieira, rua da Mathematica, 6.
Substituto da cadeira de desenho — Vago.
Fiscal — Dr. Francisco Miranda da Costa Lobo.

Secretario — Dr. Luciano Antonio Pereira da Silva.
Bedel — José Victor Xavier da Silva Freire, rua de J. A. d'Aguiar, 9.

Faculdade de philosophia

PESSOAL EFFECTIVO

Lentes cathedraticos:

Conselheiro Dr. Antonio dos Santos Viegas, lente de prima, decano e director da Faculdade, (Cathedratico da 3.ª cadeira), Paço das Escolas.

Conselheiro Dr. Manuel Paulino d'Oliveira, (Cathedratico da 6.ª cadeira), rua da Mathematica, 43.

Dr. Julio Augusto Henriques, (Cathedratico da 4.ª cadeira), edificio de S. Bento.

Dr. Francisco Augusto Corrêa Barata, (Cathedratico da 2.ª cadeira).

O Digno Par do Reino Dr. Bernardino Luiz Machado Guimarães, (Cathedratico da 8.ª cadeira).

Dr. Antonio José Gonçalves Guimarães, (Cathedratico da 7.ª cadeira), rua do Infante D. Augusto, 11.

Dr. Antonio de Meirelles Guedes Pereira Coutinho Garrido, (Cathedratico da 5.ª cadeira), Pateo do Castilho, 5.

Dr. Francisco José de Sousa Gomes, (Cathedratico da 1.ª cadeira), rua de Sub-Ripas, 10.

Substitutos:

Dr. Henrique Teixeira Bastos, Arcos do Jardim, 15.

Vagos dois logares.

Fiscal — Dr. Francisco José de Sousa Gomes.
Secretario — Dr. Henrique Teixeira Bastos.
Bedel — José Alves de Carvalho — rua Martins de Carvalho, 2.
Continuo — Alfredo de Campos d'Oliveira Pinto, rua de Sá de Miranda, 29.

Estabelecimentos das Faculdades

MEDICINA

Gabinete de Anatomia normal

Director interino — Dr. Joaquim Augusto de Sousa Refoios.
Preparador — Dr. Joaquim Martins Teixeira de Carvalho, largo do Castello, n.º 25.

Gabinete de Anatomia pathologica

Director — Dr. Raymundo da Silva Motta.
Preparador — Vago.

Gabinete de Histologia e Physiologia experimental

Director — Philomeno da Camara Mello Cabral.
Preparador — Bacharel José Antonio de Sousa Nazareth, rua do Visconde da Luz, 29.

Gabinete de Chimica medica

Director — Dr. Raymundo da Silva Motta.
Preparador — Dr. Jacintho Alberto Pereira de Carvalho, rua da Sophia.

HOSPITAES DA UNIVERSIDADE

Administração e Secretaria

Administrador — Dr. Bernardo Antonio Serra de Mirabeau.
Secretario — Bacharel Eugenio Augusto das Neves Elyseu, rua do Corpo de Deus.
Official — Joaquim Simões Barrico, rua dos Militares, 45.
Thesoureiro — Joaquim Martins de Carvalho, rua Martins de Carvalho, 37.

Junta consultiva

Presidente — O administrador.
 Vogaes:
Dr. José Epiphanio Marques.
Supplente — Dr. Julio Cesar de Sande Saccadura Botte.
O provedor da Santa Casa da Misericordia, Dr. Manuel Dias da Silva.

Serviço clinico e pharmaceutico

 Clinicos ordinarios:
Conselheiro Dr. Manuel da Costa Alemão.
Dr. João Jacintho da Silva Correia.
Dr. Raymundo da Silva Motta.
Conselheiro Dr. Fernando Augusto d'Andrade Pimentel de Mello.
Dr. Philomeno da Camara Mello Cabral.
Conselheiro Dr. Adriano Xavier Lopes Vieira.
 Clinicos extraordinarios:
Dr. Augusto Antonio da Rocha.
Dr. Daniel Ferreira de Mattos Junior.
Dr. Joaquim Augusto de Sousa Refoios.
Dr. Luiz Pereira da Costa.
Clinico interno — Vago. (Serve interinamente o dr. Luiz Pereira da Costa).
Pharmaceutico — Vicente José de Seiça, Edificio do Hospital.
Ajudante — Feliciano Castilho d'Almeida, idem.
Capellão — Reverendo José Marco Rito e Cunha, idem.

Mathematica

Observatorio astronomico

Director — Conselheiro Dr. Rodrigo Ribeiro de Sousa Pinto, lente de Prima jubilado da faculdade de mathematica, Arcos do Jardim.
1.º astronomo — Dr. José Joaquim Pereira Falcão.
2.º astronomo — Dr. Alfredo Filgueiras Rocha Peixoto.
3.º atronomo — Dr. Francisco Miranda da Costa Lobo.
 Ajudantes do observatorio:
Dr. Francisco Adolpho Manso Preto, interino.
Dr. Francisco da Costa Pessoa, interino.
Estão vagos dois logares.
Guarda e machinista — Antonio Maria Rego, interino, largo da Feira, 24.
Praticante de machinista — Alfredo Maria Rego, interino, largo da Feira, 24.
Porteiro — Viriato Augusto Ferreira, interino, edificio da Universidade.

Philosophia

Observatorio meteorologico

Director — Conselheiro Dr. Antonio dos Santos Viegas.
Director interino — Dr. Antonio de Meirelles Guedes Pereira Coutinho Garrido.
    Ajudantes:
Antonio Pedro Leite.
Adrianno de Jesus Lopes.
Antonio Castanheira de Frias.
Praticante — Joaquim Gomes Paredes.
Guarda — Antonio Barata Dias da Silva.

Gabinete de physica

Director — Conselheiro Dr. Antonio dos Santos Viegas.
Director interino — Dr. Antonio de Meirelles Guedes Pereira Coutinho Garrido.
Guarda do gabinete — Domingos Antonio Simões da Silva, rua de Borges Carneiro.

Laboratorio chimico

Director — Dr. Francisco Augusto Corrêa Barata.
Director interino — Dr. Francisco José de Sousa Gomes.
Chefe dos trabalhos praticos — Joaquim dos Santos e Silva.

Museu de historia natural

Segundo a Carta de Lei de 2 julho de 1885, publicada no *Diario do Governo*, n.º 149, de 9 de julho de 1885.

Secção de botanica

Director — Dr. Julio Augusto Henriques.
Naturalista adjuncto — Bacharel Joaquim Mariz Junior, edificio de S. Bento.
Jardineiro chefe interino — Adolpho Frederico Muller, idem.
Jardineiro ajudante interino — Joaquim Francisco de Miranda, idem.

Secção de zoologia

Director — Conselheiro Dr. Manuel Paulino d'Oliveira.
Naturalista adjuncto interino — Conselheiro Dr. Adriano Xavier Lopes Vieira.
Conservador interino — Francisco José Paulo. rua de José Antonio de Aguiar, 44.

Secção de mineralogia e de geologia

Director — Dr. Antonio José Gonçalves Guimarães.
Conservador — Vago.

Secção de antropologia e archeologia prehistorica

Director — O Digno Par do Reino, Dr. Bernardino Luiz Machado Guimarães.
Director interino — Dr. Henrique Teixeira Bastos.
Machinista dos gabinetes — Antonio Maria Rego, interino.

Bibliotheca

Bibliotecario — O Digno Par Do Reino dr. Bernardo de Serpa Pimentel.
Bibliotecario interino — Bacharel Augusto Mendes Simões de Castro, rua do Visconde da Luz, 15.
1.º official — José Mendes Diniz, Cellas.
2.º official provisorio — José Marques Perdigão Donato, rua da Louça.
Porteiro provisorio — Bento Pereira de Miranda, rua de J. A. d'Aguiar.
Continuo provisorio — Francisco Lopes Lima de Macedo, rua de João Cabreira.

Imprensa da Universidade

Administrador — Bacharel Abilio Augusto da Fonseca Pinto, rua da Ilha, 5.
Revisor — Bacharel Albino Augusto de Manique e Mello, rua da Sophia, 49.
Ajudante-leitor — Vago.
Contador interino — José Raymundo Alves Sobral, rua do Infante D. Augusto, 3.
Thesoureiro e fiel — Antonio Maria Seabra d'Albuquerque, rua da Ilha, 7.
Amanuense — Joaquim Monteiro de Carvalho, Estrada de Lisboa, Santa Clara.
Director das officinas — Adrião Marques, rua do Guedes, 6.
Mestre da Escola Typographica — João Correia dos Santos, rua da Moeda, 5.
Mestre dos impressores — João Rodrigues de Deus, rua das Azeiteiras, 39.
Alçador — José de Jesus Simões, rua da Sola, 25.
Porteiro e continuo — Abilio Marques dos Santos, edificio da Imprensa.

TITULARES DO REINO DE PORTUGAL

DUQUES DE

Bragança — Sua Alteza o Principe Real D. Luiz Filippe.
Porto — Sua Alteza o Senhor Infante D. Affonso.
Avila e de Bolama — D. Emilia Hegnauer.
Loulé — Pedro Agostinho de Mendonça Rolim de Moura Barreto.
Palmella — D. Maria Luiza de Sousa Holstein.
Palmella — Antonio de Sampaio e Pina Brederode.
Saldanha — D. Carlota Athelestone.

MARQUEZES DE

Alvito — D. José Lobo da Silveira Quaresma.
Angeja — D. Manuel de Almeida e Noronha.
Castello Melhor — D. Helena do Santissimo Sacramento Maria Josepha Francisca de Assis Anna de Vasconcellos Sousa Ximenes.
Fayal — D. Helena de Sousa Holstein.
Ficalho — Antonio de Mello.
Fontes Pereira de Mello — Antonio Maria de Fontes Pereira de Mello Ganhado.
Fontes Pereira de Mello — D. Henriqueta Fontes Pereira de Mello.
Foz — Tristão Guedes Correia Queiroz.
Franco — Emilio Ernesto Franco.
Fronteira e de Alorma — Pedro João de Moraes Sarmento.
Funchal — D. Gabriela Isabel Josephina Curina de Sousa Coutinho.
Graciosa — Fernando e Mello Geraldes.
Minas — D. Alexandre da Silveira e Lorena.
Monfalim e Terena — D. Eugenia Brandão.
Niza — D. Constancia de Saldanha da Gama.
Penafiel — Antonio José de Serra Gomes.
Penalva — Fernando Telles da Silva Caminha e Menezes.
Pomares — D. Luiz de Carvalho Albuqurque e Lorena.
Pombal — Antonio de Carvalho e Mello Daun Albuquerque e Lorena.
Praia de Monforte — Antonio Borges de Medeiros Dias da Camara e Sousa.
Ribeira Grande — D. Luiza da Cunha e Menezes.
Sabugosa — Antonio Maria de Mello Cesar e Menezes.
Sampaio — D. Alexandrina de Portugal da Silveira.
Vagos — José Tello da Silva e Menezes Côrte Real.
Vallada — D. José de Menezes da Silveira e Castro.

CONDES DE

Alcaçovas — D. Rita de Noronha.
Alcaçovas — D. Caetano de Lencastre.
Alcaçovas — D. Luiz Henrique de Faria Pereira e Lencastre,
Alcantara — Jorge de Stillifried.
Alcantara — João José Alcantara.
Alentem — Antonio Barreto d'Almeida Soares de Lencastre.
Almada — D. Maria Rita Machado Castello Branco Mendonça e Vasconcellos.
Almedina — Delphim Deodato Guedes.
Almoster — João Carlos de Saldanha d'Oliveira Daun.
Almeida — Carlos Augusto de Almeida.

Alpendurada — João Baptista Pereira da Rocha.
Alto Mearim — José João Martins do Pinho.
Anadia — Manuel de Sá Paes do Amaral Pereira Menezes de Almeida e Vasconcellos Quifer Barbarinho.
Antas — Fernando Augusto da Silva Pereira.
Arcos — D. Nuno José de Noronha e Brito.
Arganil — O bispo de Coimbra.
Arriaga — Joaquim Pinto de Magalhães.
Arrochella — Nicolau de Arrochella Vieira de Almeida.
Aurora — José de Sá Coutinho.
Avila — Antonio José d'Avila.
Avilez — Jorge de Avilez.
Azambuja — Augusto Pedro de Mendonça Rolim de Moura Barreto.
Azenha — Bernardo Correia de Moraes e Castro.
Azevedo Silva — Fernando de Azevedo.
Azinhaga — D. Emilia Ribeiro Neves.
Bella Vista — Rodrigo da Costa Carvalho.
Belmonte — D. Vasco de Figueiredo Cabral da Camara.
Bertiandos — D. Joanna Maria do Rosario Francisca de Salles Pereira da Silva de Sousa Menezes.
Bertiandos — Gonçalo Pereira da Silva de Sousa de Menezes.
Boa Vista — Marianno Joaquim de Sousa Feio.
Bovieiro — José Monteiro Guedes Nobre Mourão.
Bulhão — Antonio Alves de Sousa Guimarães.
Bomfim — José Lucio Travassos Valdez.
Borralha — Francisco Caldeira Leitão.
Bracial — Jacintho Paes Mattos Falcão.
Burnay — Henrique Burnay.
Cabral — Eduardo A. da Silva Cabral.
Cacilhas — Eduardo Thornton.
Calçada — Diogo de Ornellas da França Carvalhal Frazão Figueirôa.
Calhariz de Bemfica — Condessa.
Calhariz de Bemfica — Luiz Frederico Martins.
Calheiros — Francisco Lopes Calheiros de Menezes.
Campanhã — D. Marianna Emilia de Macedo de Passos de Almeida Pimentel.
Campo Bello — Adaciano de Paiva Leite Brandão.
Canavial — João da Camara Leme Homem Vasconcellos.
Caparica — D. Francisco Xavier de Menezes.
Carnide — Guilherme Street Arriaga e Cunha.
Caria — José Homem de Figueiredo Machado.
Carvalhal — D. Antonio da Camara de Carvalhal Esmeraldo Athouguia Sá Machado.
Carvalhido — Luiz Augusto Ferreira d'Almeida.
Carvalhido — (Emilio) Emilio Augusto Ferreira d'Almeida.
Casal — D. Maria Luiza de Barros Abreu Sousa e Alvim.
Casal — Diogo Maria da Silva Campos.
Casal Ribeiro — José Maria do Casal Ribeiro.
Casal Ribeiro — José Frederico Emaz do Casal Ribeiro.
Castello de Paiva — Martinho Montenegro.
Castro — João Antonio Gomes de Castro.
Cedofeita — Henrique Coelho de Sousa.
Cintra — D. Francisca Eugenia de Saldanha de Oliveira Daun.
Condeixa — D. Maria Rita Ferreira de Magalhães.
Costa — Francisco Guedes de Carvalho e Menezes.
Covo — Gaspar Maria de Castro Lemos Magalhães Menezes Pamplona.

Cunha — D. Guterre José Maria Vasques de Alvares Bulhão da Cunha.
Daupias — Pedro Eugenio Daupias.
Devezas — Francisco Pereira Pinto de Lemos.
Duparchy — Jean Alexis Dauphin Duparchy.
Ephrussi — Michel Ephrussi.
Esperança — José Bernardo de Barahona Fragoso.
Farrobo — D. Maria Magdalena Pinaud.
Feitosa — João Manuel Fernandes Feitosa.
Ficalho — Francisco de Mello.
Figueira — D. José Luiz Machado de Mendonça Eça de Castello Branco Vasconcellos.
Fontalba — Alfredo Anjos.
Fonte Bella — D. Marianna Isabel de Menezes Amorim.
Fornos de Algodres — Manuel Nicolau d'Abreu Castello Branco Cardoso de Mello.
Foz — D. Marianna Pereira Palha de Lacerda.
Foz de Arouce — Francisco Furtado de Mesquita Paiva Pinto.
Folgosa — Antonio de Sousa e Sá.
Galveias — D. Francisco Xavier Lobo de Almeida Mello e Castro.
Geraz de Lima — Rodrigo Brandão da Fonseca Magalhães.
Gouveia — D. Affonso de Serpa Leitão Pimentel.
Itaculumi — José Ferreira da Silva Junior.
Jacome Correia — Pedro Jacome Correia.
Juncal — Carlos Vieira da Motta.
Junqueira — José da Paz de Castro Seabra.
Lagoaça — Antonio José Antunes Navarro.
Lapa — Manuel das Misericordias d'Almeida e Vasconcellos.
Lavradio — D. Maria Rita Moscoso.
Lavradio — D. Salvador de Almeida Correia.
Leiria — Antonio Augusto Pereira e Vasconcellos Sousa e Menezes.
Lencastre — D. Antonio Manuel de Lencastre Saldanha.
Linhares — D. Rodrigo de Sousa Coutinho Teixeira de Andrade Barbosa.
Lobata — João Antonio de Macedo Araujo Costa.
Louzã — (Condessa) D. Carlota.
Louzã — D. Luiz Antonio de Lencastre Basto de Baharem.
Lumbrales — Ricardo Pinto da Costa.
Lumiares — José Manuel da Cunha Faro e Menezes da Silveira.
Macedo — Henrique de Macedo Pereira Coutinho.
Mafra — (Condessa).
Magalhães — Antonio Vieira de Magalhães Junior.
Margaride — Luiz Cardoso Martins da Costa Macedo.
Mello e de Villa Real — D. Thereza Francisca de Mello da Silva Breyner Sousa Tavares de Moura.
Mendia — Eugenio de Mendia.
Mesquitella — D. Luiz da Costa de Sousa Macedo.
Moita — Duque de Villa Hermosa, D. Marcellino Aragon Azlar.
Monsaraz — Antonio de Macedo Papança.
Mossamedes.
Moser — Henrique Moser.
Moser — Eduardo Moser.
Moura — (Condessa).
Murça e Sabugosa — D. Marianna das Dores de Mello.
Nossa Senhora das Mercês — Candido Pacheco de Mello Forjaz de Lacerda.
Nova Goa — D. Luiz Caetano de Castro e Almeida Pimentel de Sequeira e Abreu.
Olivaes — Julio Pinto Leite.

Oliveira — Miguel Borges de Castro Tavares de Azevedo.
Ottolini — Manuel Sarmento Ottolini.
Ottolini — José da Veiga Ottolini.
Paço d'Arcos — Carlos Eugenio Correia d'Almeida.
Paço do Lumiar — Antonio Leopoldo da Costa Bueno e Netto Cevallos e Moscoso.
Paranhos — Sebastião Maria Gouveia.
Paraty — D. Miguel de Noronha.
Pedroso d'Albuquerque — Antonio Pedroso d'Albuquerque.
Penafiel — Manuel da Matta de Sousa Coutinho.
Penalva d'Alva — D. Eugenia Henriqueta Alves Valdez.
Penamacor — Antonio Maria de Saldanha Albuquerque Castro Ribafria Pereira.
Penha Longa — Sebastião Pinto Leite.
Pereira — Eugenio Pereira.
Pereira Marinho — Joaquim Pereira Marinho.
Podentes — (Condenssa).
Ponte — D. Maria Thereza de Sousa Botelho Mourão e Vasconcellos.
Porto Covo e Bandeira — Alberto Lobo de Bandeira.
Prime — José Porphirio Campos Rebello.
Refugio — Candido Augusto d'Albuquerque Calheiros.
Restello — Pedro Augusto Franco.
Rezende — Manuel de Castro Pamplona.
Rezende — (Condessa).
Ribeira Grande — D. José Maria Gonçalves Zarco da Camara.
Ribeiro da Silva — Libanio Ribeiro da Silva.
Rilvas — Simão Hyppolito João Clemente d'Oliveira Calça e Pina Bandeira de Mello.
Rio Pardo — (Condessa).
Roriz — Antonio Marinho Falcão de Castro Moraes.
Sabugal — D. Anna de Mello Breyner.
Sabugosa — Antonio Maria José de Mello Silva Cesar e Menezes.
Samodães — Francisco Azevedo Teixeira d'Aguilar e Carvalho.
Sampaio — Antonio Pedro Maria da Luz de Sampaio d'Albuquerque Mendonça Furtado Mello de Castro Moniz e Torres de Lusignano.
Santa Isabel — Joaquim Honorato Ferreira.
Santo André — Antonio Justino da Costa.
S. Bento — Manuel José Ribeiro.
S. Januario — Januario Correia d'Almeida.
S. Mamede — Rodrigo Pereira Felicio.
S. Marçal — Thomaz Quintino Antunes.
S. Miguel — Sebastião Guedes Brandão de Mello.
S. Salvador de Mattosinhos — João José dos Reis.
Sarzedas — Francisco d'Assis da Silveira e Lorena.
Sebastião Pinho — Sebastião Pinho.
Selir — João Carlos Horta Machado.
Sena — José Augusto Esteves Vaz.
Serra de Tourega — Estevão Antonio Tormenta Pinheiro.
Sieuve de Menezes — José Maria Sieuve de Menezes.
Silva Monteiro — Antonio da Silva Monteiro.
Silva Sanches — D. Julia Carolina da Gama Silva Sanches.
Silva Sanches — D. Carolina Julia da Gama Silva Sanches.
Sobral — Hermano Braamcamp Sobral de Mello Breyner.
Tarouca — Sebastião Eduardo Pereira da Silva de Sousa Menezes.
Tavarede — João d'Almada Quadros Sousa Lencastre.
Thomar — Antonio Bernardo da Costa Cabral.
Tovar — Antonio Maria Tovar de Lemos Pereira.

Trindade — José Antonio de Sousa Basto.
Valbom — Joaquim Thomaz Lobo de Avila.
Valbranca — Emilio Weiss.
Valença — Luiz Jardim.
Valmor — Fausto de Queiroz Guedes.
Vidigueira — D. Thomaz Xavier Telles da Gama Athayde Noronha Silveira e Sousa.
Villa Franca do Campo — D. Pedro da Costa de Sousa de Macedo.
Villa Nova da Cerveira — D. Pedro José de Noronha.
Villa Pouca — Rodrigo de Sousa Teixeira da Silva Alcoforado.
Villa da Praia — Jacome de Bruges.
Villa Real — D. José Luiz de Sousa Botelho Mourão e Vasconcellos.
Vinhaes — Simão da Costa Pessoa.
Wilson — Eduardo Pellew Wilson.

VISCONDES DE

Abrançalha — João José Trigueiros Henriques de Athayde.
Abrigada — (Viscondessa).
Aguieira — Joaquim Alvaro Telles Figueiredo Pacheco.
Airey — João Moore Airey.
Albergaria de Souto Redondo — Manuel Cardoso Nunes Saldanha.
Alcacer do Sal — Antonio Caetano de Figueiredo.
Alemquer — D. Thomaz de Mello.
Alferrarede — Carlos de Sá Paes do Amaral de Pereira Menezes.
Aljezur — Francisco de Lemos de Faria Pereira Coutinho.
Almeida — (Viscondessa).
Almeida Garrett — D. Luiza Midosi.
Almendra — Antonio Castilho Falcão de Mendonça.
Alpedriz —
Alpendurada — João Baptista Pereira da Rocha.
Altas Móras — Manuel Quaresma Limpo Pereira de Lacerda.
Alvellos — José Pinto Rodrigues da Costa.
Alverca — José de Sá Paes do Amaral Pereira de Menezes.
Alves Machado — Manuel Joaquim Alves Machado.
Alter — Antonio Mendo Caldeira Castel Branco.
Amoreira da Torre — Cypriano Justino da Costa Palhinha.
Amoroso Lima — Manuel José de Amoroso Lima.
Amparo — Rodrigo Barba Alardo de Lencastre.
Andaluz — Antonio Julio Santa Martha Vadre de Mesquita e Mello
Andaluz — D. Maria da Conceição Mello.
Arcas — Francisco Assis Pereira Lago.
Araujo — José Domingos de Araujo.
Arcozello — Joaquim Teixeira de Castro.
Ariz — Antonio Vieira de Magalhães.
Arneiro — José Augusto Ferreira Veiga.
Arneiros — Antonio Pinheiro da Fonseca Osorio.
Asseca — Antonio Maria Correia de Sá Benevides Velasco da Camara.
Asseca — D. Marianna de Sousa Botelho Mourão e Vasconcellos.
Asselin — Lucien Asselin.
Athouguia — Ruy de Athouguia Ferreira Pinto.
Azarujinha — Antonio Augusto Dias de Freitas.
Azevedo Ferreira — Antonio Augusto Dias d'Azevedo Ferreira.
Baçar — Fernando Antonio d'Almeida Tavares Oliveira.
Baçar — José Maria de Abreu Freire e Almeida.
Balsemão — D. Maria da Penha Perestrello da Costa.

Balsemão — Luiz Alexandre Alfredo Pinto de Sousa Coutinho Alvares Godinho Brandão Perestrello.
Banho — Thomaz Ignacio Girão de Moraes Sarmento.
Barcelinhos — Alvaro Correia da Silva Araujo.
Borralha — Gonçalo Caldeira Cid Leitão Pinto de Albuquerque.
Barreiro — José da Silva Soares Pereira de Mello.
Barreiros — José da Silva Figueiras.
Barros Lima — Francisco Ribeiro de Faria.
Baux d'Aciette — Carlos Victor Augusto Baux.
Beirós — Antonio Tristão Correia de Lacerda Aboim.
Belfort — Antonio Raymundo Teixeira Vieira Belfort.
Belver — Venancio José Cordeiro.
Benavente — (Viscondessa) D. Ermelinda Moraes de Zea Bermudes.
Bessone — D. Thereza Messier.
Bettencourt — João de Bettencourt Vasconcellos Correia e Avila.
Bischoffsheim — Henrique Luiz Bischoffsheim.
Boa Vista — Francisco de Sousa Feio.
Bouças — Manuel Pinto Vaz Guedes Bacellar.
Botelho — José Bento Botelho de Gusmão.
Bousões — Jacintho José da Palma.
Bruges — Octavio de Ornellas Bruges Avila Paim da Camara.
Bucellas — Joaquim Mourão Garcez Palha.
Cacongo — João José Rodrigues Leitão.
Caetano Pinto — Joaquim Caetano Pinto.
Capellinha — Manuel Joaquim Tavares Paes de Sousa e Andrade.
Carcavellos — Francisco Campos de Azevedo Soares.
Carcavellos — Francisco de Azevedo Soares do Campo e Castro.
Carnide — (Viscondessa).
Carreira — Bento Malheiro Pereira Pitta de Vasconcellos.
Cartaxo — D. Christina Helena Pitta e Sampaio.
Carvalhaes — Antonio Homem de Loureiro Sequeira.
Carvalho — D. Maria Luiza de Seixas Soares.
Carvalho Moreira — D. Candida de Carvalho Moreira.
Castanheira de Pera — Antonio Alves Bibiano.
Castello Alvo — José Carlos Alkaim.
Castello de Louzã — José Antonio de Carvalho.
Castello Novo — Antonio Manuel Correia da Silva Sampaio Junior.
Castilho — Julio de Castilho.
Castro Guedes — Augusto Sebastião de Castro Guedes.
Castro Silva — Antonio José de Castro Silva.
Castro e Solla — Ayres Frederico de Castro e Solla.
Cauhipe — Severiano Ribeiro da Cunha.
Cercal — Alexandrino Antonio de Mello.
Chancelleiros — Sebastião José de Carvalho.
Charruada — Francisco Jayme Quintella Farrobo.
Condeixa — João de Magalhães Collaço Velasques Sarmento Moniz.
Coriscada — Francisco Joaquim da Silva Campos e Mello.
Corujeira — Reynaldo Augusto Moreira da Costa e Silva.
Correia Botelho — D. Anna Augusta Placido.
Correia Godinho — José Correia da Costa Godinho.
Córte — Manuel Eleuterio de Castro Ribeiro.
Coruche — Caetano da Silva Luz.
Costa — Rodrigo Guedes de Carvalho Menezes da Costa.
Costa Franco — Jorge da Costa Franco.
Costa Veiga — Antonio Xavier da Costa Veiga.
Cruz Alta — Joaquim Francisco Dutra Junior.
Covilhã — D. Margarida Candida Pessoa de Amorim Navarro.

Cunha Mattos — Raymundo de Mendia e Cunha Mattos.
Degracias — Antonio Augusto Cardoso Amado de Albergaria.
Desterro — José Joaquim Ferreira Valle.
Dominguizo — D. Thereza Alexandrina d'Almeida Paes Castello Branco.
Dos Lagos — José Luiz Rodrigues Ferreira.
Duprat — Carlos Eduardo Duprat.
Ermida — Antonio Ferreira da Silva Brito.
Ervideira — José Perdigão de Carvalho.
Esperança — José Maria de Barahona Fragoso Cordovil da Gama Lobo.
Espinhal — D. Maria da Piedade de Mello Sampaio Salazar.
Estremoz — (Viscondessa).
Falcarreira — (Viscondessa).
Faria — Augusto de Faria.
Faria e Maia — Vicente Machado de Faria e Maia.
Faria Pinho — D. Anna Benedicta Faria Pinho de Vasconcellos.
Faro e Oliveira — Lucas de Faro e Oliveira.
Ferreira do Alemtejo — José Joaquim Gomes de Vilhena.
Ferreira de Almeida — Luiz Augusto Ferreira de Almeida.
Ferreira Alves — José Ferreira Alves.
Ferreira Lima — Francisco de Campos Ferreira Lima.
Ferreri — Adriano Augusto Brandão de Sousa Ferreri.
Figanière — Frederico Francisco de Figanière e Mourão.
Figueiredo — Joaquim José de Figueiredo.
Fonte Arcada — D. Maria Isabel R. de Sousa de Alte Espargosa.
Fonte Boa — D. Maria Henriqueta Portella S. Romão Botelho da Cunha Rebello.
Fonte de Matto — Bartholomeu Alvaro da Cunha Silveira Bettencourt.
Fragozella — José Pereira Loureiro.
Francos — José Henriques de Castro e Solla.
Gama — Sebastião Antonio Peixoto da Gama.
Gameiro — José Ricardo da Silva e Horta.
Gameiro — D. Camilla Leonor Julia Gameiro e Horta.
Gandara — Antonio Correia de Magalhães Ribeiro.
Garcez — José Garcez Pinto de Madureira.
Gay — José Gay.
Gerez — Guilherme José de Barros.
Gião — Joaquim José Gião.
Girod — Pierre Gustave Girod.
Godim — Antonio Cardoso e Silva.
Gomiei — Francisco Bento Alexandre de Figueiredo Magalhães.
Gondoriz — João Caetano Gonçalves Vianna.
Graça — Thomaz Elmstey de Oliveira Croft.
Graceira — José Rodrigues de Faria.
Gramosa — Joaquim Augusto Pinto da Costa Rebello.
Granja do Thedo — Antonio Cardoso de Mello Lucena de Magalhães.
Granjão — Antonio Botelho Teixeira.
Guiães — D. Maria Antonia Taveira de Sousa Lyra e Menezes.
Guilhomil —
Juromenha — Madame Jeanne Victorine Marie Edmonde de Bellune.
Laceia — (Viscondessa).
Lageosa — José Leite Pereira de Mello.
Lançada — Ignacio Julio de Sampaio Pina Freire.
Landal — Julião Casimiro Ferreira.
Laranjeiras — Antonio Manuel de Medeiros da Costa Canto e Albuquerque.
Laranjeiras — Manuel de Medeiros da Costa Araujo e Albuquerque.
Lascazes — Felix Lascazes dos Santos.

Laurindo — Laurindo José d'Almeida.
Leopoldina — Henrique Lowdes.
Lemos — Antonio Pinto de Seixas Pereira de Lemos.
Lengruber — José Baptista Lengruber.
Lindoso — João Peixoto da Silva Almeida Macedo e Carvalho.
Lindoso — Gonçalo Manuel Peixoto da Silva.
Lobão — José Ricardo Cortez Lobão.
Loureiro — Luiz de Loureiro Queiroz Couto Leitão.
Luzares — Antonio Maria de Faria França.
Macedo de Cavalleiros — D. Maria Amalia de Menezes e Manso Alpoim.
Macedo Pinto — Antonio Ferreira de Macedo Pinto.
Mahem — D. José Joaquim de Noronha.
Maiorca — (Viscondessa).
Mangualde — Francisco Cardoso d'Almeida e Albuquerque.
Mariares — Christovão de Vasconcellos de Azevedo e Silva Vieira Freire.
Marinho — (Viscondessa).
Marmelleiro — Antonio de Carvalho Castro Freire Cortez.
Mason de S. Domingos — James Mason.
Massamá — (Viscondessa).
Melicio — João Chrysostomo Melicio.
Mello Barreto — Antonio Paulo Mello Barreto.
Messines — Joaquim Mendes Neutel.
Miragaya — Bernardo Pinto Gonçalves Silva.
Miranda do Corvo — Augusto Maria de Mello Gouvêa.
Moimenta da Beira — Julião Sarmento de Vasconcellos e Castro.
Monção (Viscondessa).
Monsanto — Candido Cardoso Callado.
Monserrate — Francisco Cook.
Montalvo — Antonio de Sousa Brito Maldonado Bandeira.
Montariol — Francisco Manuel Costa.
Monte-Bello — João de Freitas da Silva.
Moraes — José Julio Pereira de Moraes.
Morão — José Antonio Morão.
Morellos — José Luiz Nogueira.
Nandufs — Autonio Caetano Rodrigues Vianna.
Nazareth — Bernardo Antonio Antunes.
Negrellos — Manuel Maria da Costa Alpoim,
Nivert — Alberto Nivert.
Noronha — Pedro Homem da Costa Noronha.
Nova Java — Alfredo José Pires.
Olivaes — D. Maria da Rosa Veiga.
Oliveira — Manuel da Costa Leite.
Oliveira Duarte — Ricardo d'Oliveira Duarte.
Orta — D. Barnabé de Orta.
Ouguella — Carlos Ramiro Coutinho.
Outeiro — Jeronymo Trigueiros de Aragão.
Ovar — (Viscondessa).
Paço de Nespereira — João Lobo Machado Cardoso do Amaral de Menezes.
Paiva — Adolpho de Paiva Pereira.
Paiva — Francisco José de Paiva Pereira.
Paiva Manso — (Viscondessa)
Palma d'Almeida — José Henriques Palma d'Almeida
Paradinha do Outeiro — Antonio José de Miranda.
Passos — D. Beatriz de Passos Manuel.
Passos Annes Peres — Gaspar Lobo Machado.

Penna — D. José Rodrigues de Casaes.
Pereira e Cunha — Candido Albino da Silva Pereira e Cunha.
Pereira Machado — Guilherme Augusto Machado Pereira.
Pernes — Carlos Bon de Sousa.
Peso de Melgaço — Julio Cesar de Castro Sousa e Abreu.
Piedade — Manual de Freitas Lemos.
Pimentel — Joaquim Gomes Pimentel.
Pindella — João Machado Pinheiro Corrêa de Mello.
Pindella — Vicente Pinheiro Corrêa Machado de Mello e Almada.
Pinhel — Manuel Antonio d'Almeida.
Pomarão — James Francisco Masson.
Ponte da Barca — Fernando Luiz Pereira de Vasconcellos.
Ponte Ferreira — José Azevedo Pereira da Silva.
Ponte e Sousa — Alvaro de Pontes Pinto e Sousa.
Porto Formoso — Jacintho Fernandes Gil.
Proença a Velha — Antonio de Gouvêa Osorio e Vasconcellos.
Proença a Velha — José Filippe Osorio Menezes.
Proença Vieira — Joaquim José Proença Vieira.
Quinta d'Alegria — D. Flora Amalia de S. Paio e Mello.
Regua — Manuel Guedes Leitão de Gouvêa Tovar.
Reguengo — Jorge Frederico de Avilez.
Rendufe — Manuel Cardoso Sequeira Barbedo.
Roriz — (Viscondessa).
Ribamar — Frederico Carlos Agnello Talone.
Ribandar — Joaquim Mourão Garcez Palha Junior.
Riba Tamega — José Vasconcellos Guedes de Carvalho.
Riba d'Ul — (Viscondessa).
Ribeira d'Alijó — Roberto Augusto Pinto Magalhães.
Ribeira Brava — Francisco Correia Heredia Junior.
Ribeira do Paço — Francisco de Medeiros Costa de Albuquerque.
Ribeira Real — João Bettencourt Araujo de Carvalhal Esmeraldo.
Rio Sado — Augusto Correia Godinho Ferreira da Costa
Rio Vez — Boaventura Gonçalves Roque.
Roboredo — D. Elizabeth de Zavtmann.
Roboredo — Conrado Henrique Christiano de Roboredo.
Rocha de Portimão.
Rodrigues da Cunha — Joaquim Rodrigues da Cunha.
Rozario — Manuel José do Conde.
Sá da Bandeira — Ayres de Sá Nogueira d'Abreu e Vasconcellos.
Sacavem — José Pinto Sacavem.
Sacavem José Joaquim Pinto da Silua.
Sampaio dos Arcos — Gaspar d'Azevedo de Araujo e Gama.
Sanches de Baena — Augusto Romano Sanches de Baena e Farinha.
Sanches de Frias — David Correia Sanches.
Sanderval — Ariné Victor Olivier.
Sant'Anna — Manuel Alves Guerra,
Santa Catharina — Manuel Rebello Borges da Camara Leme.
Santa Cruz — José Maria de Carvalho Junior.
Santa Cruz do Bispo — D. Maria Dias de Sousa.
Santa Luiza — José Joaquim Machado Ferraz.
Santa Quiteria — Carlos Wachs.
Santa Quiteria — D. Maria Soares Leal.
Santo Amaro — Manuel Joaquim Soares.
Santo Ambrosio — Francisco Antonio Namorado.
Santo Antonio — Pedro Antonio Rebocho.
Santo Antonio de Lourido — Francisco Pereira Sanches de Castro.
Santo Antonio das Vessadas.

Santo Elias — Elias José Nunes da Silva Junior.
Santo Varão — D. Emilia Candida Augusta de Noronha.
S. Bernardo — Bernardo Ferraz de Abreu.
S. Christovão — José Marcelino da Costa e Sá.
S. Clemente de Basto — João José de Magalhães.
S. Domingos — Domingos José Dias.
S. Gyão — João Rodrigues de Deus.
S. João — Diogo Beranger da França Netto.
S. Joaquim — Joaquim Lopes Lebre.
S. Justo — Augusto Husson da Camara.
S. Luiz — Eduardo Pinto Soveral.
S. Luiz Braga — Luiz Braga Junior.
S. Manuel — Manuel Barbosa da Fonseca.
Santa Maria da Arrifana — Leite Ribeiro.
Santa Marinha — Antonio Teixeira Rodrigues.
S. Miguel de Seide — Nuno Castello Branco.
S. Pedro do Sul — Francisco de Mello Sousa da Cunha Abreu.
S. Pedro do Rego da Murta — Jacintho Antonio Peres.
S. Salvador de Tangil — Victorino Rodrigues Ribeiro.
S. Sebastião — Luiz Henriques Charters de Azevedo.
S. Thiago de Cacem — Antonio Paes de Mattos Falcão.
S. Thiago de Caiola — Daniel da Rocha Cabral de Quadros.
S. Thiago de Riba d'Ul — José Joaquim Godinho.
S. Thomé — Fortunato da Costa Cabral Vasconcellos Coutinho.
S. Torquato — Luiz Augusto Pestrello.
S. Valentim — José da Silveira Lopes.
Safira — Augusto Damasio Migueis da Silva Roma.
Sapucahy — Luiz Matheus Maylasky.
Sardoal — José de Figueiredo Pimenta de Avellar Frasão.
Sardoal — José de Figueiredo Frasão.
Sarzedo — Antonio Ribeiro de Carvalho Abreu Pessoa de Amorim Pacheco.
Schmidt — Frederico Schmidt.
Seabra — Antonio Luiz Seabra.
Sendêllo — José Carlos de Sampaio.
Senna Fernandes — Bernardino de Senna Fernandes.
Serrado — Francisco de Mello Lemos e Alvellos.
Silho — Alfredo Julio Ferreira.
Silva — Joaquim Antonio de Araujo Silva.
Silva — João Vicente da Silveira.
Silva Carvalho — José da Silva Carvalho.
Silva Carvalho — (Viscondessa).
Silva Cotta — Manuel da Silva Costa.
Silva Figueira — José da Silva Figueira.
Silva Loyo — José da Silva Loyo.
Silva Mello — João da Silva Mello Guimarães.
Silva Vianna — Luiz Ferreira da Silva Vianna.
Silvares — Alexandre de Faria e Sousa de Vasconcellos e Sá.
Silveira — João Vicente da Silveira.
Silves — Francisco Manuel Pereira.
Sinde — Francisco Perestrello de Alarção Marinho Pereira d'Araujo.
Soares Franco — (Viscondessa).
Soares Franco — Francisco Soares Franco Junior.
Sobreira — Gaspar Pinto de Magalhães Aguiar.
Soccorro — João José Pereira Junior.
Sotto Maior — Antonio da Cunha Sotto Maior.
Sousa Carvalho — Antonio Alves de Sousa Carvalho.

Sousa Fonseca — Luiz de Sousa Fonseca.
Sousa Rego — Antonio Joaquim de Sousa Rego.
Souto — Antonio José Alves Souto.
Soveral — Luiz Augusto Pinto do Soveral.
Stern — Hermano Stern.
Stern — David Stern.
Tardinhade — Antonio Guedes da Costa.
Taveiro — José Pedro Paulo de Mello da Cunha Sousa Menezes e Vasconcellos.
Taveiro — José de Mello Paes d'Amaral Sousa Pereira de Vasconcellos e Menezes.
Thaide — Fernando Antonio Pinto de Miranda.
Tinalhas — Thomaz d'Aquino Coutinho Barriga.
Tojal — José Vicente de Oliveira.
Tondella — Fernando da Silva Novaes.
Torre — Alberto Feyo da Rocha Pariz.
Torre — João Feio Magalhães Coutinho.
Torre de Moncorvo — Alexandre Thomaz de Moraes Sarmento.
Torre da Murta — João Carlos Infante de Sequeira Correia da Silva de Carvalho.
Torre do Torrenho — Christovão de Almeida Sá e Menezes.
Torres — Candido José Rodrigues.
Tortuzendo — D. Maria do Resgate Esteves Freire Pignatelli.
Tourinho — José Vicente de Tourinho.
Tramagal — João Freire Themudo de Oliveira Fialho de Mendonça.
Trancoso — Bartholomeu da Costa Macedo Geraldes Barba de Menezes.
Trindade — João Antonio de Sousa Bastos Junior.
Valdemouro — José Maria Branco de Mello.
Valdoeiro — Bernardo Maria Toscano.
Valle da Costa — Manuel Pedro Furtado d'Almeida.
Villarinho de S. Romão — Luiz Antonio Ferreira Girão.
Valle Flôr — José Constantino.
Varlongo — Luiz Pinto de Mendonça Arraes.
Varzea — João da Silva Pinto da Fonseca.
Varzea de Ourada — Antonio Pedro de Mendonça Corte Real.
Vieira — Gaspar dos Reis e Silva.
Vieiros — José Leite de Sousa Mello da Cunha Souto Maior.
Villa Aboim — José Maria Moreira Freire Correia Manuel Aboim.
Villa Garcia — Luiz Vaz Guedes Pinto Bacellar de Menezes e Mello.
Villa Maior — (Viscondessa).
Villa Mendo — Antonio de Gouveia Osorio.
Villa Nova de Famalicão — José Joaquim Machado.
Villa Nova de Foscôa — Eduardo de Campos Henriques.
Villa Nova do Minho — José Bernardino de Sá.
Villa Nova d'Ourem — Elesbão José Bettencourt Lapa.
Villa Nova da Rainha — D. Sophia Morales Valverde.
Villa Verde — Fernando Maria Pereira dos Santos Junior.
Villar Allen — Alfredo Allen.
Vinhal — Agostinho Borges de Figueiredo e Castro.
Wildik — Pedro Affonso de Figueiredo,
Wren — José Zuzarte Wren.

BARÕES DE

Agua-Izé — Manuel de Vera Cruz Almeida.
Alagôa — José Francisco da Terra Brum.
Alcantarilha — Sebasiião José de Mendonça.
Alcochete — Jacome Leão Daupias.

Almeida — Emmanuel de Almeida.
Almeida — D. Constança Emilia Jacques de Vasconcellos.
Almeida Santos — Antonio d'Almeida Santos.
Almeirim — Manuel Munes Braamcamp Freire.
Alquerubim — Joaquim Rodrigues Tavares de Mello.
Alvaiazere — Miguel Portocarrero Sotto Maior de Sousa e Vasconcellos.
Alves da Conceição — Manoel Alves da Conceição.
Alvoco da Serra — Antonio Luiz Monteiro de Pina.
Anzide — Henrique Soares.
Areia Larga — Antonio Garcia da Rosa.
Areia de Cambra — Antonio Soares Leite Ferraz de Albergaria.
Arganil — Albano Paes Coimbra.
Assumpção — João Correia Paes de Assumpção.
Bamberg — Feliz Bamberg.
Barbosa Rodrigues — Francisco Barbosa Rodrigues.
Barcel — José Firmino Teixeira.
Barreto — Henrique Bilas Esquite.
Barroil — Estevão Barroil.
Barry — Francisco Tress Barry.
Basto.
Belem — Fillippe Augusto de Carvalho.
Bretelinho — Julio Antonio Rodrigues de Miranda.
Brissos — Antonio L. Gusmão Lobo.
Buchardt — Hermann Buchardt.
Burgal — Alfredo Montanha Martins do Pinho.
Cabinda — Manoel José de Puna.
Calapor — Purxotoma Sinay Quenero.
Calvario — Manuel Pereira da Silva.
Campolide — Alfredo Prisco Barbosa.
Candal — Antonio Pereira Cardoso.
Capellinha — Manuel Joaquim Tavares Paes de Sousa e Andrade.
Caria — José Homem de Figueiredo.
Casa Forte.
Casaes do Douro — Antonio José Teixeira.
Castro Silveira.
Claros — Gustavo de Almeida Sousa e Sá.
Combarjua — Thomaz d'Aquino Mourão Garcez Palha.
Conceição — Fortunato Joaquim Figueira.
Corvo — Manuel Alves Souto.
Costa Ricci — Anselmo José da Costa Ricci.
Costa Veiga — Antonio Xavier da Costa Veiga.
Costeado — Antonio de Napoles Vás Vieira de Mello.
Cruzeiro — Francisco L. Ferreira Tavares.
Dempo — G. G. Raim Syriag Dempo.
Eiseumann — Raphael Eiseumann.
Erik — A. de Laxman.
Erlanger — Emilio Erlanger.
Erlanger — Raphael Erlanger.
Espozende — Antonio Pereira Motta.
Eugene Grosos — Eugene Grosos.
Expeleta — Francisco Xavier Expeleta.
Fonte Bella — Jacintho Gago da Camara.
Fonte Bella — Amancio Gago da Camara.
Fonte do Mattó — Antonio da Cunha Silveira Bettencourt.
Fornellos — Fernando Maria Pereira dos Santos.
Forrester — José James Forrester.
Foster — Ricardo Foster.

Gabe de Massarellos — Ludovico Pedro Gabe de Massarellos.
Gaffete — José Lucio Gouveia.
Gamboa.
Goldsmid e da Palmeira — Sir Isac Lion Goldsmid.
Goldsmid e da Palmeira — Sir Francisco Henry Goldsmid.
Gondoriz — João Caetano Gonçalves Vianna.
Gramosa — Joaquim José da Costa Rebello.
Granjão — Antonio Botelho Teixeira.
Grimancellos — D. Virginia de Passos de Almeida Pimentel.
Grimancellos — Antonio de Passos de Almeida Pimentel.
Guadalupe — José Ignacio de Simas e Cunha.
Hortega — João Diogo Francisco Hortega Salorano Costa e Cavalleri.
Hospital — Joaquim Queiroz Machado e Vasconcellos.
Howorth de Sacavem — John Sttot Howorth.
Joannes — Antonio Luiz Machado Guimarães.
Jogueiros — Francisco Pereira Peixoto Guimarães.
Jozan — Emilio Jozan.
Kessler — Francisco Kessler.
Kessler — Athanasio Frederico Luiz Hermano Kessler.
Koenigswarter — Mauricio Julio Guilherme Koenigswarter.
Lages — Zeferino Teixeira Cabral de Mesquito.
Lagoa — D. Carolina de Freitas Amaral.
Lagoa — Bernardo Casimiro de Freitas.
Lagoa — Antonio Maria de Amaral.
Laranjeiras — Duarte de Menezes e Albuquerque.
Lazarim — Miguel de Vasconcellos Pereira de Mello.
Leiria — D. Maria Benedicta de Vasconcellos e Lemos.
Leiria — Antonio Augusto Pereira de Vasconcellos Sousa e Menezes.
Lendal.
Lopes — Salvador Lopes Sanches.
Lordello — Christiano Nicolau Kopke.
Lordello de Villar — José da Fonseca.
Louredo — Manuel Lourenço Baeta Neves.
Luso — Manuel Ferreira de Azevedo Junior.
Machial — Antonio Diniz Vieira.
Macieira de Cambra.
Magdalena — Manuel Vieira Machado da Cunha.
Marinho — Antonio Pereira Marinho.
Massarellos — Joaquim Augusto Kopke Severino de Sousa.
Matalha — Alfredo Cohen.
Mattosinhos — Antonio Perreira da Silva Maia.
Mattoso — José Joaquim Rodrigues Lopes.
Mauricio de Mathias — Mauricio Jorge de Mathias.
Merck — Carlos Merck.
Mesquita — Miguel Correia de Mesquita Pimentel.
Miranda — Manuel Ferreira de Miranda.
Mogadouro — D. Anna Isabel Maria de Moura Pegado.
Mogadouro — João Antonio Ferreira de Moura.
Mogadouro — Antonio Saraiva de Albuquerque Vilhena.
Mogofores — Manuel Ferreira de Seabra da Motta e Silva.
Monte-Cordova — José Antonio Martins.
Nellas — José Bernardo dos Anjos e Brito.
Nevogilde — D. Carlota Rita Borges Moraes de Castro.
Nossa Senhora da Saude — (Baroneza).
O' Fard — Jacques René Fard de la Grange.
Oliveira Lima — D. Maria Helena de Albuquerque Lima.
Ornellas — Antonio Evaristo de Ornellas.

Paço do Couceiro — João Couceiro da Costa.
Paço da Figueira — Manuel dos Santos Junior.
Paço Vieira — Alfredo Vieira Peixoto Villas Boas.
Palme — D. Gertrudes Ermelinda Cardoso Moniz.
Palme — José Maria da Fonseca Moniz.
Palme — José Cardoso Coelho de Moraes Pessoa.
Paranhos — Sebastião Maria de Gouveia.
Perafita — João Antonio de Moraes.
Pereira Bastos — Antonio José Pereira Bastos.
Pereira da Motta — Salustio Pereira da Motta.
Peres da Silva — José Joaquim Peres da Silva.
Pernem — Dessai de Pernem Vassudevo Rogunata Torobo.
Pomarinho — Estevão da Costa Pimenta.
Pombeiro de Riba Visella — Paulo de Mello Sampaio.
Ponte de Marhil — Francisco Pedro Soares.
Ponte da Quarteira — Joaquim Bernardo de Mendonça.
Povoa de Varzim — Monoel Fernandes da Silva Campos.
Proença a Velha — José de Menezes Pitta e Castro.
Provezende — José Antonio de Barros Teixeira Lobo de Barbosa.
Ramalho — Antonio da Fonseca Carvão.
Ramalho — Antonio da Fonseca Carvão Paim da Camara.
Recardães — José Cerveira de Mello.
Regaleira — Paulo Allen de Moraes Palmeiro.
Resgate — Antonio Justiniano da Silva Barros.
Retorta — Domingos Miguel da Cunha Velho.
Ribeira de Pena — Francisco Xavier de Andrade Valladares Aruiasgr.
Ribeiro — Francisco José de Bettencourt e Avila.
Ribeirinho — D. Emilia Julia de Sousa Pinto Taveiro.
Rio de Moinhos — Manuel Augusto de Almeida Vallejo.
Roches — Simão de Roches da Cunha Brun.
Roeda — João Alexandre Fladgate.
Rosenthal — Jorge Rosenthal.
Roussado — Manuel Roussado.
Ruffer — Alphonse Alexandre Charles Jacques.
Saavedra — Adolpho Pinto Saavedra.
Sabroso — João Infante de Lacerda Tavares Pizarro.
S. João de Loureiro — Manuel Soares d'Oliveira Cravo.
Salgado Zenha — Manuel Salgado Zenha.
Salgueiro — José de Faria Pinto Vasconcellos Albergaria.
Samões — João Pedro Gomes de Almendra.
Samora Correia — Carlos Ferreira Prego.
Samuel Vahl — Francisco de Vahl.
Sanhoane — João de Sousa Pimentel e Faria.
Sant'Anna — Manuel Alvares Guerra.
Sant'Anna Nery — Frederico José de Sant'Anna Nery.
Santa Barbara — Bernardo Baptista da Fonseca e Sousa.
Santa Candida — Francisco de Sousa Cirne Lima.
Santa Cruz — Bartholomeu Torquato de Sousa e Silva.
Santa Leocadia — José Antonio Gomes Villela.
Santo Amaro — Manuel Nunes de Mello.
Santos — D. Carolina Augusta de La-Rocque Ferreira.
Santos — João Ferreira dos Santos Silva.
S. Clemente — Clemente José dos Santos.
S. Cosme — D. Josepha Henriqueta Girão Macedo.
S. Domingos — Domingos Monteiro Peixoto.
S. Francisco — Francisco José Pacheco.
S. Francisco — Francisco José Pacheco Junior.

S. Jorge — Eduardo Rosanquet de Kantzow.
S. João d'Areias — Manuel de Serpa Pimentel.
S. João de Canellas — Jacintho Pinto Ferreira Guerra.
S. José — José Victorino de Rezende.
S. Leonardo — Leonardo Ferreira Marques.
S. Marcos — Joaquim Cardoso Pereira de Mello.
S. Martinho de Dume — Duarte Ferreri Gusmão.
S. Martinho de Dume — Duarte Guilherme Ferreri.
S. Miguel dos Campos — Epaminondas da Rocha Vieira.
S. Pedro — Pedro de Castello Branco Manuel.
S. Raymundo — Antonio Fernandes Cardeira.
S. Roque — José d'Oliveira Torres.
S. Roque — José Antonio Cardoso de Oliveira Torres.
Seixas - Roque Augusto de Seixas.
Sendal — David Cohen de Castro e Lara.
Serra da Estrella — John Crot (Sir.)
Silva — José Antonio Ferreira da Silva.
Silva Gameiro — Ayres Coelho da Silva.
Silveiras — Vicente Antonio de Brito Fallé.
Soutello — Antonio Feio de Magalhães Coutinho.
Teixoso — José de Pina Callado.
Torre de Villa Cova — Antonio Magalhães Lencastre e Menezes.
Trovisqueira — José Francisco da Cruz Trevisqueira.
Urgeira — Bento Leite Ribeira e Silva.
Vallado — Raymundo Correia Pinto Tameirão.

ARTIGOS DIVERSOS

ASSOCIAÇÕES DE SOCCORRO MUTUO

Associação dos Alfaytes de Lisboa, rua do Arco do Bandeira, 128.
Associação Alliança Operaria, séde na freguezia da Ajuda, rua dos Quarteis.
Associação Artistica Industrial, rua dos Poyaes de S. Bento, 70, 1.º
Associação Auxiliadora dos Fabricantes de Pão, largo de S. Julião, 12, 2.º
Associação Auxiliadora dos Vendedores de Vinhos e Bebidas, rua do Crucifixo, 116, 2.º
Associação auxiliar dos inhabilitados do trabalho, travessa do Oleiro, 17.
Associação dos carpinteiros, pedreiros e artes correlativas, travessa do Oleiro, 15.
Associação dos carteiros lisbonenses, rua dos Poyaes de S. Bento, 70, 1.º
Associação da classe de sapateiro e officios correlativos, travessa da Palha, 161.
Associação dos cocheiros e artistas, rua de S. Boaventura, 57, 1.º
Associação conciliadora de Santa Catharina, junto ao gremio popular, rua dos Poyaes de S. Bento, 70, 1.º
Associação dos cosinheiros de Lisboa, rua do Arsenal, 125.
Associação 2 de maio, rua de S. Boaventura, 59.
Associação dos empregados dos caminhos de ferro portuguezes, rua do Jardim do Tabaco, 50.
Associação dos empregados no commercio e industria, rua dos Douradores, 72, 1.º
Associação dos empregados no commercio de Lisboa, travessa de S. Nicolau, 2, 2.º
Associação dos empregados da companhia carris de ferro de Lisboa, Santo Amaro.
Associação dos empregados do estado, rua Augusta, 6.
Associação dos empregados de obras publicas, rua do Arco do Bandeira, 128, 2.º
Associação dos ferreiros e artes correlativas, largo de Silva Albuquerque, 8, 1.º
Associação fraternal dos barbeiros, amoladores e cabelleireiros, largo do Carmo, 26, 1.º
Associação fraternal dos calafates lisbonenses, calçada de Santo André, 46.
Associação fraternal de chapeleiros e sirgueiros, calçada de Sant'Anna, 26, 1.º
Associação fraternal das classes laboriosas, rua de S. Boaventura, 56, 1.º
Associação fraternal lisbonense, rua dos Poyaes de S. Bento, 70, 1.º

Associação fraternal lisbonense dos serralheiros, artistas que trabalham em metaes, e carpinteiros de moldes, travessa de André Valente, 17.
Associação fraternidade naval, rua dos Poyaes de S. Bento, 70, 1.º
Associação dos funccionarios publicos, rua Augusta, 6.
Associação galaica, calçada do Ferregial, 13, 1.º
Associação hespanhola, Fraternidade, rua dos Douradores, 178, 1.º
Associação humanitaria da freguezia de S. Bartholomeu do Beato.
Associação humanitaria, belenense, sede em Belem, rua da Cadeia.
Associação humanitaria de Santa Catharina, rua dos Poyaes de S. Bento, 70, 1.º
Associação humanitaria Camões, rua do Arco do Marquez de Alegrete 13, 1.º
Associação humanitaria de S. José, 1.º de Dezembro de 1870, largo de Silva Albuquerque, 8.
Associação humanitaria, Luiz de Camões, rua da Boa Vista, 64. 1.º
Associação humanitaria de Nossa Senhora das Mercês, rua dos Poyaes de S. Bento, 70, 1.º
Associação humanitaria dos operarios lisbonenses, travessa do Oleiro 15, 1.º
Associação humanitaria, A Phenix, rua dos Poyaes de S. Bento, 70.
Associação humanitaria de S. Paulo e Santa Catharina, rua de S. Paulo, 136.
Associação homeopathica Lisbonense, largo de Silva e Albuquerque 8, 1.º
Associação homeopatha de soccorros mutuos, A Fraternidade, rua do Arco Marquez de Alegrete, 13, 1.º
Associação homeopathica e de beneficencia de Lisboa, rua dos Correeiros, 161, 1.º
Associação homeopathica 24 d'agosto, sede em alcantara, rua Vieira da Silva, 12.
Associação lisbonense de latoeiros de folha branca, travessa de André Valente, 17.
Associação dos logistas do Concelho de Belem, rua Direita de Belem.
Associação lusitana de auxilio mutuo e inhabilidade, sede em Ajuda, calçada da Ajuda.
Associação dos marceneiros e artes correlativas, rua dos Cardaes de Jesus, 98.
Associação dos marceneiros Lisbonenses, rua dos Cardaes de Jesus, 98, rez-do-chão.
Associação dos melhoramentos das classes laboriosas, rua dos Correeiros, 161, 1.º
Associação monte-pio de Santa Cecilia, largo de Silva e Albuquerque 8, 1.º
Associação Musica 24 de Junho, egreja dos Martyres.
Associação dos negociantes de carvão de Lisboa, rua dos Poyaes de S. Bento, 70, 1.º
Associação 9 de Janeiro, rua dos Poyaes de S. Bento, 75, 1.º
Associação dos ourives e artes annexas, rua Bella da Rainha, 67.
Associação dos ourives da prata lisbonenses, travessa da Palha, 120, 1.º
Associação dos operarios das officinas geraes do caminho de ferro do norte e leste de Portugal, rua dos Caminhos de Ferro, 30, 1.º
Associação philantropica e artistica das freguezias de Belem e Ajuda, calçada d'Ajuda.
Associação popular de Belem, séde em Ajuda, calçada d'Ajuda.
Associação protectora e monte pio das senhoras e creanças, rua do Bemformoso, 46, 3.º

Associação protectora de beneficencia dos operarios, travessa da Bella Vista á Lapa, 10.
Associação dos sapateiros lisbonenses, rua dos Corrieiros, 161, 1.º
Associação de soccorros Fraternidade Naval, rua dos Poyaes de S. Bento, 70, 1.º
Associação de soccorro da Humanidade, praça das Amoreiras.
Associação de soccorros na inhabilidade, rua do Arco do Marquez de Alegrete, 12.
Associação de soccorro mutuo Emancipação, calçada de Santa Apolonia.
Associação de soccorro mutuo 1.º de Janeiro, rua do Bemformoso, 50, 1.º
Associação de soccorros mutuos A Previdente, rua do Arco do Marquez de Alegrete, 12
Associação de soccorros mutuos Antonio Augusto d'Aguiar, largo de Silva e Albuquerque, 8, 1.º
Associação de soccorros mutuos Autonomia Municipal, travessa de André Valente, 17, 1.º
Associação de soccorros mutuos do bairro occidental, rua dos Poyaes de S. Bento, 70.
Associação de soccorros mutuos Civilisção e Independencia, praça das Amoreiras, 22.
Associação de soccorros mutuos 17 de Junho de 1874, séde em Belem.
Associação de soccorros mutuos e escolar dos vendedores do jornaes, rua do Poço dos Negros, 158, 1.º
Associação de soccorros mutuos Fernandes da Fonseca, rua dos Cavalleiros, 58, 1.º
Associação de soccorros mutuos e inhabilidade Antonio Maria de Fontes Pereira de Mello, rua Nova do Almada 36, 1.º
Associação de soccorros mutuos José Estevão Coelho de Magalhães, rua do Arco do Marquez de Alegrete, 30, 1.º
Associação de soccorros mutuos da Lapa, na sachristia da egreja da Lapa.
Associacão de soccorros mutuos Lisbonense, rua do Arco do Bandeira, 128, 2.º
Associação de soccorros mutuos e monte pio democratico portuguez, rua do Arco do Marquez de Alegrete, 64, 1.º
Associação de soccorros mutuos de Nossa Senhora da Saude e S. Sebastião, largo Silva e Albuquerque, 8, 1.º
Associação de soccorros mutuos o Pelicano, rua do Arco do Marquez de Alegrete, 13, 1.º
Associação de soccorros mutuos Passos Manuel, largo de Silva e Albuquerque, 8, 1.º
Associação de soccorros mutuos Popular, largo de Silva e Albuquerque, 8, 1.º
Associação de soccorros mutuos Santa Justa e Rufina, rua do Arco do Marquez de Alegrete, 30, 1.º
Associação de soccorros mutuos de S. Pedro em Alcantara, rua Vieira da Silva, 18, 1.º
Associação de soccorros mutuos Silva e Albuquerque, travessa da Fabrica das Sedas, 61, 1.º
Associação de soccorros mutuos Vasco da Gama, rua Vieira da Silva, a Alcantara, 8, 1.º
Associacão typographica lisbenense e artes correlativas, rua do Sol, extincto convento do Rato.
Caixa de soccorros da Casa da Moeda e papel sellado, edificio da Casa da Moeda.

Caixa de Soccorros do hospital de S. José e annexos, edificio do hospital de S. José.
Caixa de soccorros da Imprensa Nacional, edificio da Imprensa Nacioaal.
Caixa de soccorros da officina de carpinteria de branco do Arsenal da Marinha, edificio do Arsenal da Marinha.
Gremio Homœopathico Lusitano, rua do Arco do Marquez de Alegrete, 30.
Monte pio dos actores portuguezes, theatro de D. Maria II.
Monte pio das alfandegas do reino, Terreiro do Paço, na arcada d'alfandega.
Mente pio Alliança, rua de S. Bento, 318.
Monte pio Aurora da Liberdade, rua da lnveja, 41, 1.º
Monte pio Beneficencia e Santa Monica, calçada de Santo Antré, 45.
Monte-pio Custodio Braz Pacheco, largo de Silva e Albuquerque, 8, 1.º
Monte-pio democratico, rua do Salvador, 67, 1.º
Monte-pio dos empregados da Casa Real, no extincto convento da Congregação do Oratorio, junto ao palacio das Necessidades.
Monte-pio Esperança, calçada de S. Vicente, 60, 1.º
Monte-pio Egualdade Philantropica, rua do Arco do Marquez de Alegrete, 13.
Monte-pio Fidelidade, largo de Silva e Albuquerque, 8, 1.º
Monte-pio Fraternal das classes unidas, séde em Belem.
Monte-pio Fraternidade, praca das Amoreiras, 4.
Monte-pio Fraternidade das Senhoras, rua dos Cavalleiros, 58, 1.º

Monte-pio Geral

Rua Aurea, 225

Meza da Assembléa Geral

Presidente — Dr. José Thomaz de Sousa Martins, rua de S. Sebastião das Taipas, 5.
Vice-presidente — Dr. Frederico Augusto Franco de Castro, rua do Abarracamento da Cruz dos Quatro Cominhos, 29.
1.º Secretario — José Barreto Pereira Sacchetti, largo dos Loyos, 6.
2.º Secretario — Ricardo Augusto de Figueiredo, rua do Ouro, 242, 1.º
Vice-secretarios:
Joaquim Guilherme da Costa Caldas, rua de D. Pedro V.
Joaquim Luiz da Silva Fraga Pery de Linde, rua do Odival, 254.

Direcção

Presidente — Antonio Maria Celestino de Sousa, rua do Conselheiro Monteverde, 54.
Vice-presidente — Alfredo Arthur de Carvalho, rua do Crucifixo, 75.
Vogaes effectivos:
Julio Augusto Diniz Sampaio, calçada do Marquez de Abrantes, 10, 1.º
João Benjamin Pinto, rua de S. Marçal, 114, 3.º
Ventura Faria de Azevedo, rua do Arco da Graça, 58, 2.º
Vogaes supplentes:
Casimiro José de Lima, calçada do Marquez de Abrantes, 40.
José Julio Martins Correia, rua de S. José, 195, 2.º
Thesoureiro — Valentim Augusto da Silva, calçada da Ajuda, 94.
Vice-thesoureiro — Antonino Alves Barata, rua Aurea, 128.
Thesoureiro-supplente — Paulino Antonio Correia, largo do Calvario, 24, 2.º
Secretarios:
Quintino Augusto da Costa, rua dos Lagares, 72-B, 1.º

João Roberto da Silva Barahona e Costa, rua de S. Bento, 297.
Fiscaes:
Alfredo Malaquias Correia Lago, rua de S. Lazaro, 100, 2.º
João José de Sousa Telles, rua de Santa Martha, 75.
Augusto Mathias Guedes, rua Augusta, 124, 2.º
Fiscal medico — Pedro Antonio Bettencourt Raposo, calçada da Tapada, 20.

Escriptorio

Guarda-livros — João Carlos d'Amorim Vianna, rua de Passos Manuel, 36, 2.º
Ajudantes do guarda-livros:
José Joaquim Ferreira, rua dos Navegantes, 14, 2.º
Arsenio José Xavier, praça de D. Pedro, 36, 3.º
Chefes de secção:
Luiz Julio Pereira da Costa, rua das Olarias, 66, 2.º
Annibal da Costa Freire, travessa das Salgadeiras, 6, 2.º esq.
Joaquim Gregorio da Silva Ratto, rua do Cardal a S. José, 20, 1.º
Antonio Gomes da Silva, rua de Santo Antão, 75, 2.º
Escripturarios:
Porphyrio José Pereira, travessa da Assumpção, 7, 2.º
Eduardo Augusto de Sá Nogueira, rua de S. Miguel, 81, 2.º
Severiano João d'Abreu Junior, rua do Sol de Santa Catharina, 4.
João Teixeira Simões, calçada de Santo André, 28.
Alfredo Antonio da Costa, rua de Paschoal José de Mello, 60.
José Ribeiro Borges, Quinta do Grillo, (Beato).
Matheus Augusto Cabral Barreto, rua de S. Bento, 676, 2.º
José Antonio de Oliveira, travessa das Mercês, 9.
Reinaldo Henriques Alcobia, rua dos Lagares, 74, 2.º
Guilherme Agostinho Tavares, rua da Palma, 224, 2.º
José Quintella, calçada das Necessidades, 4,
Joaquim Pereira da Silva, rua Nova das Terras, (Alcolena), 4.
Henrique Casimiro Antunes, rua de Rilhafolles, 4, 1.º
José de Paiva Manso Sarrea e Carvalho, praça da Alegria, 72, 2.º
Emygdio Monteiro de Macedo, rua dos Condes, 9, 2.º
José Francisco do Rego Chagas, rua da Gloria, 33, 2.º
Praticantes:
Julio do Nascimento Silva, rua da Santissima Trindade, 47.
Virgilio de Sousa, rua de S. Domingos, 28, 1.º

Thesouraria

Chefe — José Maria da Costa Neves, calçada do Monte, 129, 1.º
Pagador — Joaquim Baptista Caio, rua dos Anjos, 120.
Recebedor — Antonio Alves Martins, calçada no Monte, 133, 2.º
Fieis:
João Maria da Silva Barata, calçada do Marquez de Abrantes, 75.
Antonio do Amaral e Silva, rua do Diario de Noticias, 138.
Francisco José do Rego Chagas, rua dos Fanqueiros, 235, 2.º
Avaliador — Luiz Antonio Seguro, Campo Grande, 15.

Monte-pio de Nossa Senhora da Conceição da Rocha, pateo dos Corvos, á Sé.
Monte-pio de Nossa Senhora das Dôres, séde em Belem.
Monte-pio de Nossa Senhora da Gloria, Poço do Borratem, 41.

Monte-pio de Nossa Senhora da Luz, séde em Carnide.
Monte-pio de Nossa Senhora do Monte, rua do Arco Marquez de Alegrete, 30, 1.º
Monte-pio de Nossa Senhora dos Remedios, beco do Espirito Santo, Ermida dos Remedios.
Monte-pio de Nossa Senhora da Saude, rua dos Corrieiros, 161.
Monte-pio de S. Carlos, do corpo de bombeiros de Lisboa, no edificio da Camara Municipal de Lisboa.
Monte-pio de Santa Isabel, rua de S. Bento, 71.
Monte-pio philarmonico, na egreja dos Martyres.
Monte-pio do Senhor Jesus do Bomfim, ermida do Senhor Jesus do Bomfim, calçada do Forte.
Monte-pio do Senhor Jesus dos Passos da Graça, largo de S. Thomé.
Monte-pio União, largo de Silva e Albuquerque, 8, 1.º
Sociedade dos artistas lisbonenses, rua do Arco do Bandeira, 128, 2.º
Sociedade hespanhola Protecção e Beneficencia, rua dos Douradores, 178, 1.º

ASSOCIAÇÕES DE BENEFICENCIA

ALBERGUE DOS INVALIDOS DO TRABALHO

Rua da Fonte Santa

ASSOCIAÇÃO DOS ALBERGUES NOCTURNOS DE LISBOA (REAL)

Rua da Cruz doa Poyaes, 8 a 12

Mesa da assembléa geral

Presidente — Sua Magestade El-Rei o Senhor D. Carlos I.
Vice-presidente — Sua Alteza o Senhor D. Affonso.
 Secretarios:
Antonio Augusto Pereira de Miranda, Avenida, 8.
Zephyrino Brandão, calçada do Marquez d'Abrantes, 40.
Polycarpo Jose Lopes dos Anjos, praça do Principe Real.
Francisco Izidoro Vianna, rua dos Capellistas, 120, 1.º

Conselho administrativo

Presidente — José Pereira Soares, calçada do Sacramento, 12, 2.º
Secretario — Conde de Valenças, rua do Pau da Bandeira, 22.
Thesoureiro — José da Costa Pedreira, praça do Principe Real, 65.
 Vogaes:
Frederico Augusto Ferreira, rua da Magdalena, 133, 1.º
Marquez da Praia e de Monforte, largo do Rato.
Conde Burnay, Junqueira (palacio).
Visconde do Rio Vez, rua do Salitre.

Commissão revisoria de contas

Antonio José de Seixas, rua Nova d'Alegria, 44.
Manuel Joaquim Alves Diniz, rua de S. Julião, 102, 1.º
Antonio Pereira de Carvalho, rua dos Fanqueiros, 65, 1.º

COMMISSÕES

Rio de Janeiro

Manuel Salgado Zenha.
José Joaquim Ferreira da Costa Braga.
Albino José de Castro e Silva.
Joaquim José Duarte.
Joaquim Bernardino Pinto Machado.

Pernambuco

Visconde da Silva Loyo.
Antonio Correia de Vasconcellos.
Bernardino Gomes de Carvalho.
Manuel José Machado.
Custodio Francisco Martins.
Albino José da Silva.

ASSOCIAÇÃO AUXILIAR DA MISSÃO ULTRAMARINA

No convento de Santa Thereza de Carnide

Direcção

Presidente — Marqueza de Monfalim e de Terena, rua de S. João da Matta, 142.
   Vice-presidentes:
Condessa da Silva Sanches, calçada dos Caetanos.
Condessa da Praia e de Monforte, largo do Rato.
D. Maria do Rosario de Carvalho Pinto Coelho, largo do Carmo, 20.
Secretaria — D. Marianna de Sousa Coutinho de Serpa Pimentel, travessa do Pinheiro á Estrella.
Thesoureiro — Monsenhor Carlos da Costa Carvalho, rua de Buenos-Ayres.
Secretario adjunto — Dr. Fernando Pedroso, Rua da Imprensa Nacional.

ASSOCIAÇÃO DO ASYLO PARA EDUCAÇÃO DE COSTUREIRAS E CRIADAS

(Edificio do Convento das Francezinhas) — Caminho Novo
(Calçada da Estrella)

Direcção

Presidente — D. José de Saldanha Oliveira e Sousa, rua de Santo Antão, 144.

Secretaria — Viscondessa de Carvalho, pateo do Lencastre, a Santa Catharina.
Thesoureiro — Frederico Pereira Palha, pateo do Lencastre.
 Vogaes:
Marqueza de Monfalim de Terena, rua de S. João da Matta, 142.
Marqueza de Rio Maior, rua de Santo Antão, 146.
Viscondessa d'Andaluz, rua do Calvario, 36.
D. Maria José d'Almeida Napoles, rua das Pedras Negras.

ASSOCIAÇÃO DE BENEFICENCIA DA FREGUEZIA DA ENCARNAÇÃO

Na sachristia da egreja

Vice-presidente — Dr. José Ferreira Garcia Diniz, rua das Chagas, 22, 4.º
Thesoureiro — Padre Brito (interino) rua larga de S. Roque, 39.
 Vogaes:
José Luiz Teixeira Mendes, rua do Alecrim.
Manuel Pereira da Rocha Vianna, rua de S. Pedro de Alcantara.
Henrique Martin, rua do Alecrim, 103.
Padre Fernando Thomaz de Brito, largo de S. Roque, 39.
Secretario — Vago.

ASSOCIAÇÃO DE BENEFICENCIA DA FREGUEZIA DE S. PAULO

Rua de S. Paulo, 102

Assembléa geral

Presidente — Eduardo Ferreira Pinto Basto, Caes do Sodré, 64, 1.º
Vice-presidente — Vago.
 Secretarios:
Um vago.
Joaquim Pestana dos Santos, largo de S. Paulo, 19, 3.º

Conselho fiscal

José Escrich, rua de S. Paulo, 121, 2.º
Manuel Fernandes Duarte, rua de S. Paulo, 232.

Direcção

Presidente — Vago.
Vice-presidente — Theodoro Ferreira Pinto Basto, Caes do Sodré, 64.
 Secretarios:
Francisco Xavier Elias, rua dos Remolares, 6, 3.º
Mathias de Senna Azevedo, largo de S. Paulo, 92 e 94.
Thesoureiro — José dos Santos Liborio, rua de S. Paulo, 102.
 Vogaes:
Manuel Vieitas Costa, rua da Boa-Vista, 55, 1.º
João Antonio de Lucena, rua do Poço dos Negros, 131.
 Facultativos:
João Maria Alves da Cunha, rua de S. Paulo, 104, 1.º
José da Cunha Castello Branco Saraiva, travessa do Oleiro, 11, 2.º

Escripturario e visitador — Augusto Antonio Prostes, travessa do Marquez de Sampaio, 11, 2.º

ASSOCIAÇÃO DE BENEFICENCIA DA FREGUEZIA DE S. THIAGO E S. MARTINHO

Na egreja

ASSOCIAÇÃO DAS CRECHES

Na Créche Victor Manuel, calçada da Tapada

Direcção

Presidente — Condessa de Paraty, Roma.
Vice-presidente — D. Maria do Patrocinio de Barros Lima Eugenios de Almeida, campo dos Martyres da Patria.
  Secretarios:
Marquez da Foz, praça dos Douradores.
Conde de Sabugosa, rua de S. Joaquim (a Santo Amaro), 39.
Thesoureiro — Vago.

ASSOCIAÇÃO DAS IRMÃS HOSPITALEIRAS

Convento das trinas

Superiora — Irmã Maria Clara

ASSOCIAÇÃO DO MIALHEIRO DAS VIUVAS E ORPHÃOS DOS OPERARIOS QUE MORREREM DE DESASTRE NO TRABALHO

Na Camara Municipal

Direcção

Presidente — João José de Sousa Telles, rua de Santa Martha, 75, 2.º
Secretario — Caetano Pinto, largo do Contador-Mór, 4.
Thesoureiro — João Joaquim Antunes Rebello, travessa de Santa Justa, 82, 2.º

ASSOCIAÇÃO DE NOSSA SENHORA DA CONCEIÇÃO CONSOLADORA DOS AFFLICTOS

No Asylo das Cegas, rua dos Cardaes de Jesus

Direcção

Presidente — Marqueza de Fronteira, S. Domingos de Bemfica

Vice-presidente — D. Thereza de Saldanha Oliveira e Sousa, S. Domingos de Bemfica.
Thesoureira — Condessa d'Avilla, rua do Duque de Bragança.
  Secretarias:
Condessa da Foz, Santa Apolonia.
Marqueza de Rio Maior, rua de Santo Antão, 154.

ASSOCIAÇÃO PROTECTORA DO ASYLO DE D. PEDRO V PARA INFANCIA DESVALIDA

Campo Grande

Direcção

Presidente — Conde das Galveias, Campo Pequeno.
Thesoureiro — Francisco da Silveira Vianna, rua dos Capellistas, 120, 1.º
Secretario — Daniel Cordeiro Feio, rua do Arco do Bandeira, 54.

ASSOCIAÇÃO PROTECTORA DE ASYLOS DE INSTRUCÇÃO PRIMARIA PARA RAPAZES POBRES

Rua das Praças

Direcção

Presidente — D. Isabel Maria de Lacerda Castello Branco, rua das Trinas.
Vice-presidente — Marqueza de Monfalim e de Thereza, rua de S. João da Matta, 142.
Secretaria — D. Maria Joaquina de Saldanha da Gama, rua de S. Caetano, 31.
Vice-secretaria — D. Maria José de Mello e Albuquerque, rua de S. Domingos á Lapa, 97.
Thesoureira — D. Maria Barbara d'Oliveira Martins, rua da Bella Vista, 77, á Lapa.

ASSOCIAÇÃO PROTECTORA DAS CREANÇAS

Largo do Calhariz

Direcção

Presidente — D. Francisco de Carvalho Daun e Lorena, travessa de José Vaz de Carvalho.
1.º Secretario — Antonio Joaquim de Sousa Freitas, rua Correia Telles, 27.
2.º Secretario — Eduardo M. Ferreira Martins, becco dos Paus, 1, 3.º
Thesoureiro — Antonio Joaquim da Silva, calçada da Estrella, 18.

ASSOCIAÇÃO PROTECTORA DE ESCOLAS-ASYLOS PARA RAPAZES POBRES

No convento do Salvador

Direcção

Presidente — Marqueza de Rio Maior, rua de Santo Antão, 154.
Secretario — José de Saldanha Oliveira e Sousa, rua de Santo Antão, 144.
Thesoureira — D. Francisca d'Almeida, Janellas Verdes.

ASSOCIAÇÃO PROTECTORA DE MENINAS POBRES

No convento do Salvador

Direcção

Presidente — D. Thereza de Saldanha Oliveira e Sousa, S. Domingos de Bemfica.
Vice-presidente — Condessa da Silva Sanches, D. Julia, calçada dos Caetanos, 50.
Secretaria — D. Pilar Nandim de Carvalho, travessa da Cruz de Soure, 11.
Vice-secretaria — D. Maria Anna Pinto de Soveral, S. Domingos de Bemfica.
Thesoureira — D. Maria Augusta de Campos, becco de Paulo Jorge, 10, Junqueira.
  Assistentes:
D. Maria José de Barros e Castro, S. Domingos de Bemfica.
D. Maria Thereza d'Ornellas e Vasconcellos, rua de S. Caetano, 3.

ASYLO PARA CEGAS

No convento dos Cardaes, freguezia das Mercês

Pertencente á Associação de Nossa Senhora Consoladora dos Afflictos.

ASYLOS DE INFANCIA DESVALIDA

Sociedade das Casas de Asylos de Infancia Desvalida em Lisboa

Escriptorio — Rua dos Calafates, 181

Presidente — Sua Magestade a Rainha a Senhora D. Maria Pia.
Vice-presidente — Duque de Palmella, rua da Escola Polytechnica, 116.
  Directores:
Viscondessa de Andaluz, rua de S. Joaquim, ao Calvario.
D. Alice Munró dos Anjos, praça dos Restauradores, 41.
Condessa do Casal Ribeiro, D. Emilia, rua da Emenda, 39.
Marqueza da Praia de Monforte, largo do Rato.
Marqueza do Fayal, rua do Sol ao Rato.

D. Amelia Leite Ferreira, rua de Gomes Freire, 92.
Marqueza de Pomares, largo do Mitello, 1.
Marqueza do Funchal, paço d'Ajuda.
D. Octavia de Oliveira Guedes, largo da Abegoaria, 30.
D. Rita Pessoa de Barros Gomes, Alto de Santa Catharina, 4.
Thesoureiro — Francisco Isidoro Vianna, Campo Pequeno.
 Secretarios:
João Henrique Ulrich, rua de Gomes Freire.
Antonio Joaquim de Oliveira, rua das Flôres, 7.
Fiel escripturario — João Carlos Cerqueira, rua do Duque de Palmella.
 Escripturarios:
Francisco Sampaio, rua de S. João dos Bemcasados, 9.
José Ferreira Silvão, calçada da Estrella, 15.
Cobrador — Miguel Perestrello da Camara, travessa do Patrocinio, 8.

COMMISSÃO DE BENEFICENCIA DA FREGUEZIA DA LAPA

Na sachristia da egreja

Presidente — O prior.
Vice-presidente — Conde de Castro, rua das Trinas, 161.
Secretario — Carlos Augusto de Campos, travessa do Combro, 17, 1.º
Thesoureiro — Francisco Simões Margiochi, rua Nova de S. Caetano, 52.

COMMISSÃO DE BENEFICENCIA DA FREGUEZIA DAS MERCÊS

No cartorio da egreja

COMMISSÃO DE BENEFICENCIA DA FREGUEZIA DE SANTA CATHARINA

Na sachristia da egreja

COMMISSÃO DE BENEFICENCIA DAS FREGUEZIAS DE S. CHRISTOVÃO E S. LOURENÇO

Rua do Regedor, 1, 1.º

COMMISSÃO DE BENEFICENCIA DAS FREGUEZIAS DE S. JOSÉ E SANTISSIMO SACRAMENTO

Na sachristia da egreja do Sacramento

COMMISSÃO DE BENEFICENCIA DA FREGUEZIA DE SANTA JUSTA E RUFINA

Na sachristia da egreja

COMMISSÃO DE BENEFICENCIA DA FREGUEZIA DE SANTOS

Na sachristia da egreja

Presidente — O Prior.

COMMISSÃO DE BENEFICENCIA DA FREGUEZIA DE S. THIAGO

Na sachristia da egreja

COMMISSÃO DE BENEFICENCIA DA FREGUEZIA DO SOCCORRO

Na sachristia da egreja

CONFRARIA DE CARIDADE DA FREGUEZIA DE S. JOSÉ

Na parochial egreja de S. José (á Annunciada)

Presidente — João Antonio Quintans, rua de S. José, 105.
1.º Escrivão — João Geraldo Salgado Dias, rua de S. José, 177, 1.º
2.º Escrivão — José Martins Torres, Escola Polytechnica.
Thesoureiro — José Maria Machado, praça d'Alegria, 12.
Fiscal — Carlos Cyrillo da Silva Vieira, rua do Telhal, 15, 2.º
Visitador — Manuel Coelho Torrezão, rua da Conceição da Gloria, 35, 1.º
Procurador — João Antonio Quitans, rua de S. José, 105, 2.º
Facultativo — Dr. Antonio Eduardo da Costa, rua das Pretas, 47, 1.º

ESCOLA ASYLO «ANTONIO FELICIANO DE CASTILHO»
(ENSINO DE CEGOS)

Rua do Conselheiro Nazareth — Santo Amaro

Presidente — Fernando Pereira Palha Osorio Cabral, travessa de Lazaro Leitão, 1.
Directora — Madame Souto, calçada da Tapada, 53.
Regente — D. Maria Adelina Ribeiro, no edificio.

HOSPICIO DO CLERO

No Extincto Convento de Santa Joanna, a Santa Martha

HOSPITAL E ERMIDA DE N. S. DA VICTORIA

Rua do Crucifixo, 100.

São administrados pela mesa da Irmandade do Santissimo
da Parochial Egreja da Conceição Nova

Juiz. — Bacharel José Maria de Barcellos, rua do Ouro, 265, sobre-loja.
Escrivão. — José Alexandre de Sousa, rua do Sacramento, á Cruz do Taboado, 69.
Thesoureiro. — Faustino Clemente Ferreira, rua do Ouro, 209, 4.º
Procurador. — Carlos Maia Ferreira e Silva, rua Barata Salgueiro.
Regente do hospital. — Vago.

HOSPITAL FRANCEZ (ASYLO DE S. LUIZ)

Rua Luz Sorianno, 182

Superiora. — Irmã Marcellus.

HOSPITAL DE N. S. DA SAUDE PARA CREANÇAS

AO REGO

Direcção

Presidente. — Condessa de Ficalho, rua dos Caetanos, 32.
Vice-presidente. — Marqueza da Ribeira Grande, valle de Santarem.
Secretaria. — D. Constança de Castello Branco Trigoso, rua Luz Soriano, 63.
Thesoureira. — Duqueza de Palmella, rua da Escola Polytechnica.

INSTITUTO DAS IRMÃSINHAS DOS POBRES

EM CAMPOLIDE

INSTITUTO MUNICIPAL DE SURDOS MUDOS

Vide Camara Municipal.

RECOLHIMENTO DE SANTA MARIA MAGDALENA PARA RAPARIGAS ABANDONADAS

Rua da Bella Vista á Graça, 76

ASSOCIAÇÕES E ARTIGOS DIVERSOS

ASSOCIAÇÃO DOS ADVOGADOS

Rua dos Correeiros, 235, 2.º

Presidente. — Manuel Maria Ferreira da Silva Beirão, rua da Prata, 166, 2.º
Vice-presidente. — Carlos Zeferino Pinto Coelho, largo do Carmo, 20.
Secretario perpetuo. — Frederico Augusto Franco de Castro, rua de S. Julião, 128, 2.º
Vice-secretario. — Joaquim Hilario Pereira Alves, rua Aurea, 210, 2.º
Thesoureiro e commissario administrativo. — Alfredo Augusto das Neves Holtreman, rua dos Panqueiros, 235, 1.º

ASSOCIAÇÃO DOS ARCHITECTOS CIVIS E ARCHEOLOGOS PORTUGUEZES (REAL)

Museu do Carmo

Presidente. — Joaquim Narciso da Silva, casal do Brito, Campolide de Baixo.
Vice-presidente. — Valentim José Correia, calçada da Estrella, 151.
 Secretarios de archeologia:
Visconde de Alemquer, praça do Principe Real, 6.
Visconde Castilho, Olivaes.
 Secretarios de architectura:
D. José de Saldanha, rua de Santo Antão, 144.
Ernesto Augusto da Silva, casal do Brito, Campolide de Baixo.
Thesoureiro. — J. Cunha Porto, largo do Corpo Santo, 13, 1.º

ASSOCIAÇÃO DOS BOMBEIROS VOLUNTARIOS DA AJUDA

Calçada da Ajuda, 53 1.º

ASSOCIAÇÃO DOS BOMBEIROS VOLUNTARIOS DA JUNQUEIRA

Rua da Junqueira

ASSOCIAÇÃO DOS BOMBEIROS VOLUNTARIOS LISBONENSES

Rua da Junqueira, 388

ASSOCIAÇÃO CENTRAL DE AGRICULTURA PORTUGUEZA (REAL)

Rua Nova do Amparo, 17, 2.º

Mesa da assembléa geral

Presidente. — Duque de Palmella, rua da Escola Polytechnica.
Vice-presidentes:
Conde de Bertiandos, rua da Cruz da Pedra.
Marquez da Praia e Monforte, largo do Rato.
Secretarios:
José Martinho da Silva Guimarães, estrada da Penha de França.
Francisco Simões Margiochi, rua Nova de S. Caetano, 52.

Direcção

Presidente. — Estevão Antonio de Oliveira Junior, rua de S. João da Praça, 97.
Vice-presidente. — Dr. Carlos Zeferino Pinto Coelho, largo do Carmo, 20.
Secretario. — Luiz Oliveira Calheiros, largo de Arroyos.
Thesoureiro. — Visconde de Coruche, largo da Bibliotheca, 4.
Vogaes effectivos:
José Maria dos Santos, Junqueira.
João Alves Almeida Araujo, rua Luz Soriano, 3.
D. José de Saldanha d'Oliveira e Sousa, rua das Portas de Santo Antão.

ASSOCIAÇÃO CIVILISAÇÃO POPULAR

Rua da Era, 19

ASSOCIAÇÃO DOS DONOS DE TRENS DE ALUGUER

Rua de S. Boaventura 59

ASSOCIAÇÃO NAVAL (REAL)

Rua do Alecrim, 43

Vice-commodoro e presidente — Infante D. Affonso.
Contra-commodoro e vice-presidente — H. P. Moser, calçada do Combro.
Secretario — Lenia Toulson, rua da Escola Asylo, 3.
Thesoureiro — Joaquim Barreiros Cardoso, rua do Ouro, 26.

ASSOCIAÇÃO PATRIOTICA RESTAURAÇÃO DE PORTUGAL

Rua de S. Marçal

Presidente — Conde de S. Marçal, rua de S. Marçal.

ASSOCIAÇÃO CENTRAL 1.º DE DEZEMBRO DE 1640

ASSOCIAÇÃO DOS PROFESSORES PRIMARIOS

Rua de S. Paulo, 220, 1.º

ASSOCIAÇÃO DOS SOLICITADORES

Calçada de S. Francisco, 45, 2.º

ASSOCIAÇÃO UNIÃO PHILANTROPICA DOS REPUBLICANOS PORTUGUEZES

Soccorros

Pharmacia — Sarmento, calçada da Estrella, 97.

CLUB (TURF)

Rua Garrett, 72

Direcção

Presidente — Conde de Font'Alva, Largo de S. Mamede.
Secretario — Antonio de Vasconcellos e Sousa, rua de S. Marçal, 7.
Thesoureiro — Eduardo H. Moser, rua Augusta, 28.

CLUB PORTUGUEZ

Rua Nova do Almada, 116, 1.º

Direcção

Presidente — Polycarpo José Lopes dos Anjos, Praça do Principe Real, 62.
Secretario — Joaquim Carlos da Silva Heitor, rua da Ribeira Nova, 46, 3.º
Thesoureiro — Dr. Joaquim José Rodrigues da Camara, rua das Chagas, 3.

CLUB PORTUGUEZ (REAL GYMNASIO)

Rua Serpa Pinto, 4

Direcção

Presidente — Bernardo de Figueiredo Ferrão Freire, rua Barata Salgueiro, 11, 2.º-D.
Vice-presidente — Dr. Levy Marques da Costa, calçada do Marquez de Abrantes, 90.
Secretario — Alfredo Junqueira de Figueiredo, Praça da Figueira, 40 3.º

Vice-secretario — Jayme Arthur Marques, rua S. Francisco de Borga, 58, 3.º
Thesoureiro — Antonio F. de Paula Martins, rua dos Cardaes de Jesus, 90, 3.º-D.

GREMIO HOMŒOPATICO LUSITANO

Rua do Arco do Marquez d'Alegrete

GREMIO LITTERARIO

Rua Ivens, 27

Direcção

Presidente — Conselheiro Annibal Achilles Martins, rua das Janellas Verdes, 88, 3.º
Thesoureiro — Dr. Pedro de Azevedo de Campos Menezes, calçada do Combro, 32, 4.º
Secretario — Joaquim Antonio Correia, rua de Luiz de Camões.
Administrador — Nicolau de Lei Abreu Velho, rua do Desterro, 15, 1.º

GREMIO POPULAR

Rua dos Poyaes de S. Bento, 70 1.º

Direcção

Presidente — José Thomaz Salgado, rua da Boa Vista, 50.
Secretario — João Ferreira Vizeu, rua dos Capellistas, 114, 3.º
Thesoureiro — Antonio Perez, rua de Buenos Ayres, 70.

IRMANDADE DE NOSSA SENHORA DA SAUDE E S. SEBASTIÃO (REAL)

Erecta na sua Real Capella á Mouraria

Provedor perpetuo e protector da Irmandade — Sua Magestade El-Rei.
1.º Vice-provedor — Sua Alteza o Sr. Infante D. Affonso.
2.º Vice-provedor — Paulo Eduardo Pacheco, Campo de Santa Clara.
Secretario — Tenente, José dos Santos, rua do Machado, 49, 1.º, Belem.
Assistente do secretario — Antonio Augusto Duarte, calçada da Ajuda, 197.
Thesoureiro — Capitão, Antonio Manuel Antunes Baptista, Castello de S. Jorge.
Procurador — Ajudante, Alfredo Augusto Ribeiro da Fonseca, Castello de S. Jorge.
Mordomos:
Conde de S. Vicente, Cruz da Pedra.
Marquez de Penalva, Junqueira.

Marquez de Fronteira, S. Domingos de Bemfica.
Marquez de Pombal, Janellas Verdes, 29.
Conde das Galvêas, Campo Pequeno, 15.
Conde das Alcaçovas, rua da Cruz dos Poyaes, 103.
Coronel, Pedro Alcantara Gomes, calçada de Santo André, 78, 2.º
Coronel, Barnabé Antonio Ferreira, calçada de Santo André, 70, 1.º
Coronel, Pedro Coutinho da Silveira Ramos, Quartel de Campolide.
Tenente coronel, Agostinho Maria Cardoso, rua do Paraiso, 21, 1.º
Capitão, Bento Adelino Forte Gato, costa do Castello, 106.
Coronel, Visconde de Villa Nova de Ourem, campo de Santa Clara.

IRMANDADE DOS PASSOS DA GRAÇA

Na egreja da Graça

Irmãos que compõem a mesa

Provedor — Duque de Loulé, largo dos Jeronymos.
Escrivão — Marquez da Fronteira, S. Domingos de Bemfica.
Thesoureiro — D. Francisco de Carvalho Daun e Lorena, travessa de José Vaz de Carvalho, 9, ao campo de Sant'Anna.
Procurador — Vago.
  Conselheiros:
Conde da Figueira, palacio, calçada da Graça.
Marquez de Pombal, palacio, rua das Janellas Verdes, 29.
Conde d'Azambuja, Palhavã (estrada de Bemfica).
Conde da Folgosa, rua Nova da Palma, 159.
Conde de Sampaio, rua de S. Vicente, 19.
Visconde d'Ouguella, rua da Emenda, 30.
Visconde de Veiros, rua do Valle do Pereiro, 99.
D. Fernando Luiz de Souza, rua do Ferregial de Cima, 14, 2.º
D. Francisco d'Assis d'Almeida, rua das janellas Verdes, 70.
José Maria Carlos da Cunha Silveira Lorena, rua da Cruz de Pedra, 4 a Santa Apolonia.
João Anastacio Gomes, rua Nova da Palma, 33, 1.º
João Martins dos Santos, calçada dos Marquez d'Abrantes, 51, 1.º
André Joaquim Monteiro, rua dos Remedios, 91, 2.º

IRMANDADE DE SANTA CECILIA (REAL)

Egreja dos Martyres

Provedor — Marquez de Fronteira, S. Domingos de Bemfica.
  Procuradores:
Antonio do Espirito Santo Sousa Ribeiro, rua do Loreto, 56, 3.º
Agostinho Rodolpho Sedrim, rua da Rosa, 188, 2.º
José Maria da Conceição Puga, largo das Olarias, 25, 3.º
Frederico Jayme de Carvalho e Mello, rua de S. José, 189, 1.º

IRMANDADE DE S. ROQUE (REAL)

Na egreja da Santa Casa da Misericordia de Lisboa

Juiz — Luiz Augusto Montes Pimentel e Silva, rua de S. Luiz a Santa Izabel, 73.

Thesoureiro — Joaquim José Teixeira, no edificio da Moeda (a S. Paulo).
Escrivão — Agostinho Rodolfo Sedrim, rua da Rosa, 188, 2.º
Procurador — Antonio Raphael da Cruz Nervi, travessa de S. José, 62, 1.º

ORDEM TERCEIRA DE NOSSA SENHORA DO MONTE DO CARMO

Largo do Carmo

Commissario — Padre Manuel de Gouvêa Azevedo, edificio da Ordem.
Prior — Vago.
Sub-prior — Joaquim Antonio Pacheco, calçada do Carmo, 6, 1.º
1.º Secretario — João Antonio dos Santos Monteiro de Lacerda, calçada da Estrella, 84, 1.º
2.º Secretario — Miguel Augusto do Patrocinio Marques, rua do Loreto, 53.
Thesoureiro — Alfredo Facco Valentim, travessa de Santa Justa, 45, 4.º

ORDEM TERCEIRA DE S. FRANCISCO (VENERAVEL)

No Campo Grande

Commissario visitador — Padre Francisco José d'Oliveira, rua da Condessa, 5, 3.º

Mesa

Ministro — Lucas da Silva Azevedo Coutinho Cardoso Castello, Campo Grande, 108.
Vice-ministro — Francisco de Paula Fonseca Neves, prior do Lumiar.
Secretario — Padre José Ricardo Freire de Andrade, rua Rebello da Silva, 21, 1.º
Procurador geral — Vicente Domingos Pereira, rua de D. Estephania. 50, 2.º
Syndico — José Francisco Bucellas, Campo Grande, 97.
Mestre de noviços — Padre João Manuel Montes, Estrada do Arco do Cego.
Vigarios:
Carlos Januario Baptista Vieira, rua da Estephania, 50, 2.º
Bento dos Santos Gonçalves, travessa de S. Marçal, 20, 3.º
Secretario — Pedro Fernando da Costa Pereira, rua Formosa.

ORDEM TERCEIRA DE S. FRANCISCO DA CIDADE (VENERAVEL)

Rua Serpa Pinto, 33.

Ministro — Francisco Simões Carneiro, rua Nova do Caes do Tojo, 14, 1.º
Commissario — Desembargador Monsenhor Romão José da Silva Guimarães, rua dos Remedios á Lapa, 8, 1.º
Vice-ministro — Antonio Martiniano de Moraes, rua Saraiva de Carvalho, 19, 2.º
Procuradores geraes:
Antonio João Quintão, rua do Loreto, 13, 1.º
João Thomé Alcobia, rua da Prata, 181.

Secretario — Gregorio Antonio do Nascimento, rua do Milagre de Santo Antonio, 5, 3.º
Syndico — João Antonio Fernandes, Cruzes da Sé, 15, 4.º
  Vigarios:
José Severo Leonardo Horta, rua do Quelhas, 107.
Joaquim Ferreira, rua Serpa Pinto, 29.
João Antonio da Silva Campos, rua dos Anjos, 5, 2.º
Mordomo — Manuel Luiz da Costa, rua dos Navegantes, 11.
Enfermeiro-mór — Padre José dos Anjos Gaspar Borges, rua dos Anjos, 5, 1.º
Enfermeira-mór — D. Anna Rosa Faria, rua da Imprensa Nacional, 80, 1.º
  Facultativos effectivos:
Casimiro Simão da Cunha, calçada de S. João Nepomuceno, 27.
Joaquim Felix Alfredo de Sousa, calçada de Santos, 37, 1.º
Facultativo supplente — Antonio Candido Neves, rua do Loreto, 34, 1.º

ORDEM TERCEIRA DE S. FRANCISCO DE JESUS

Junto á egreja das Mercês

Ministro — Dr. Carlos Zepherino Pinto Coelho, largo do Carmo, 20, 2.º
Vice-ministro — Dr. Antonio Mendes Lages, calçada do Marquez d'Abrantes, 38.
Secretario — Padre João de Deus Laceiras, travessa do Pasteleiro, 30, 3.º
Procurador geral — Militão Antonio Rodrigues, rua das Adellas, 5, 1.º
Syndico — José Franco de Sousa, rua do Arco Bandeira, 30, 3.º
  Definidores:
Manuel Vicente Chaves, pateo do Daniel, rua de S. Bento, 556.
José Maria Bento Gonçalves, rua da Escola Polytechnica, 22.
Joaquim Antonio Pacheco, calçada do Carmo, 6.
Manuel do Amaral Vieira, rua do Olival, 19, 1.º
Manuel Paschoal Leal, rua do Norte, 117, 1.º
Silvestre Castanheiro, rua Augusta, 182.
  Vigarios do culto divino:
José dos Reis, Hospital da ordem 3.ª da cidade.
Manuel Joaquim dos Santos, rua de S. Cyro, 19.

SOCIEDADE CONSULTIVA E INDUSTRIAL DE ENGENHERIA CIVIL

Avenida da Liberdade, 91

Gerente — Antonio Xavier d'Almeida Pinheiro.

SOCIEDADE DE GEOGRAPHIA DE LISBOA

Rua das Chagas — Palacio

Direcção

Presidente — Antonio Nascimento Pereira Sampaio, rua D. Carlos, 35.
  Vice-presidentes:
J. V. Mendes Guerreiro, calçada do Sacramento, 14, 4.º

Fernando Maria d'Almeida Pedroso, rua da Imprensa Nacional.
Francisco M. Sousa Brandão, calçada do Sacramento, 14.
Joaquim C. Paiva d'Andrada, Hotel Universal.
Secretario perpetuo — Luciano Cordeiro, largo do Quintella, 11, 2.º
Secretario annual — Palermo de Faria, rua da Inveja, 6, 1.º
    Secretarios adjunctos:
Domingos Tasso de Figueiredo, Avenida da Liberdade, 82, 4.º
Ernesto de Vasconcellos, rua de Sant'Anna, á Lapa, 22.
Thesoureiro — Francisco dos Santos, calçada da Estrella, 13, 2.º
    Vogaes:
Rodrigo Affonso Pequito, rua de S. Bento, 519.
J. B. Ferreira d'Almeida, rua de S. João da Matta, 48.
José Estevão de Moraes Sarmento, largo do Outeirinho da Amendoeira.
J. P. Diogo Patrone Junior, rua de S. João dos Bemcasados, 174.
João Henrique Ulrich, rua Gomes Freire.

Conselho central

Presidente — Henrique Barros Gomes, Alto de Santa Catharina, 1.

SOCIEDADE PHARMACEUTICA LUSITANA

Rua do Bemformoso, 153

Direcção

Presidente — João José de Sousa Telles, rua de Santa Martha.
1.º vice-presidente — Alfredo da Silva Machado, Hospital Estephania.
2.º vice-presidente — Augusto d'Oliveira Abreu, rua do Diario de Noticias, 76.
1.º secretario — Joaquim Antonio Vaz Leirinho, rua de S. Marçal, 102.
2.º secretario — Filippe de Mattos Miranda, travessa da Victoria, pharmacia.
Thesoureiro — Pedro Fernandes da Cunha, rua do Conde, 27.

SOCIEDADE PORTUGUEZA DA CRUZ VERMELHA

Instituição internacional, para soccoros a
militares feridos e doentes em tempo de guerra, sem distincção
de culto, nacionalidade ou idéas
politicas, sob a protecção de suas Magestades e Altezas

Rua da Prata, 1.

ENTRADA PELA ARCADA DA PRAÇA DO COMMERCIO

Presidente — Duque de Palmella, rua da Escola Polytechnica.
    Vice-presidentes:
Henrique de Barros Gomes, Alto de Santa Catharina, 1.
Marquez de Pomares, Largo do Metello, 4.
    Secretarios:
G. L. Santos Ferreira, rua da Palmeira, 47, 1.º
Thomaz Sequeira, rua Aurea, 124, 2.º

Thesoureiro — Quintino Augusto da Costa, rua dos Lagares, 72-B, 1.º

Director do deposito de medicamentos — Dr. D. Antonio Maria de Lencastre, rua Castilho, 5.

Conservador do museu e bibliotheca — Dr. José Thomaz de Sousa Martins, rua de S. Sebastião das Taipas, 1, 3.º

Vogaes da commissão central:

D. Julia Braamcamp de Mancellos, rua da SS. Trindade.
D. Maria do Castello Pereira de Lucena Alves do Rio, rua da Procissão.
D. Naria Emilia Brandão O'Neill Pereira Palha, travessa de Lazaro Leitão, 1.
D. Maria Ignacia de Sousa Botelho de Brederode, travessa de José Antonio Pereira, 39.
D. Thereza Roma du Bocage, rua dos Cardaes de Jesus.
D. Victoria Barbosa d'Oliveira Martins, calçada dos Caetanos, 30.
Agostinho Maria da Costa Ribeiro, largo das Olarias, 63, 2.º
Alberto Ferreira da Silva Oliveira, rua do Salitre, 336.
Angelo de Sarrea Prado, Praça da Alegria, 72, 2.º
Antonio Alfredo Barjona de Freitas, largo dos Loyos, 14.
Dr. Antonio Duarte de Ramada Curto, rua 24 de Julho, 12.
Carlos Alberto Alfaro Cardoso, Quartel de infanteria 1.
Carlos da Silva Pessoa, rua da Palma, 33, 1.º
Christovão Ayres de Magalhães Sepulveda, rua dos Cardaes de Jesus, 4.
Eduardo Augusto Esteves de Freitas, rua do Olival, 128.
Francisco Antonio das Mercês, travessa da Palmeira, 46, rez-do-chão.
Francisco Felisberto Dias Costa, rua de Paschoal de Mello, 23.
Dr. Guilherme José Ennes, rua do Livramento, 50.
Jayme Agnello dos Santos Couvreur, rua Gomes Freire, 153, 1.º
João Bemjamim Pinto, rua de S. Marçal, 114, 3.º
João Carlos de Minhava Sousa de Menezes, travessa da Agua de Flôr, 20, 2.º
João Joaquim Caldeira Pires, rua do Jardim do Regedor, 43.
Dr. João Marques da Costa Junior, rua da Esperança, 135.
D. José de Saldanha Oliveira e Sousa, rua de Santo Antão, 144.
Luiz Feliciano Marrecas Ferreira, rua do Monte Olivete, 67, 1.º
Dr. Manuel Ferreira Ribeiro, rua dos Cardaes de Jesus, 53, 2.º
Manuel Maria do Couto Albuquerque da Cunha, rua da Bitesga, 57, 2.º
Pedro d'Alcantara Gomes, calçada de Santo André, 78, 2.º
Visconde da Barcellinhos, pateo do Lencastre.
Conde de S. Marçal, rua de S. Marçal.
Zephyrino Brandão, calçada do Marques d'Abrantes, 40.

CONSELHO FISCAL

Dr. Antonio Manuel da Cunha Belem, calçada da Estrella, 165, 1.º
João Martins de Carvalho, rua da Gloria, 58.
José de Sande Magalhães Mexia Salema, rua de S. Roque, 33, 1.º
Julio Carlos de Abreu e Sousa, pateo das Vaccas.
Rodolfo Reck, rua dos Douradores, 21.

SOCIEDADE PHILARMONICA ALUMNOS DE GUILHREME COSSOUL

RUA DOS POYAES DE S. BENTO, 80, 1.º e 2.º

Direcção

Presidente — Antonio Santos Brito, rua Formosa.

Vice-presidente — Antonio Gomes de Paiva, rua do Poço dos Negros, 73.
1.º secretario — Antonio Nunes de Carvalho Junior, rua das Trinas.
2.º secretario — Manuel Moreira.
Thesoureiro — Augusto Simões Valerio, rua Luz Soriano, 35, 1.º

SOCIEDADE PROMOTORA DAS BELLAS ARTES EM PORTUGAL

Na Academia das Bellas Artes

Conselho administrativo

Presidente — Conde de Almedina, Avenida da Liberdade, 44.
 Vice-presidentes:
Julio d'Andrade, rua do Ferregial de Cima, 21.
Antonio Joaquim d'Oliveira, rua das Flores, 7.
Secretario — Antonio José Nunes Junior, rua do Caetano Palha, 39.
 Vice-secretarios:
José Moreira Rato Junior, rua da Mãe d'Agua, 30.
João Xavier Teixeira, travessa de Santa Thereza, 18.
Thesoureiro — Antonio Felix da Costa, largo de S. Sebastião da Pedreira, 60.

SOCIEDADE PROTECTORA DOS ANIMAES

Rua do Largo do Corpo Santo, 6, 1.º

Direcção

Presidente — Julio d'Andrade, rua do Ferregial de Cima, 21.
Secretario — Joaquim Carlos da Silva Heitor, rua da Ribeira Nova, 45, 3.º

Zoophilo *(Jornal)*

Administrador — J. C. S. Heitor.
Redacção — A direcção da sociedade.

SOCIEDADE DAS SCIENCIAS MEDICAS DE LISBOA

Rua do Alecrim, 53, 2.º

Presidente — Conselheiro José Antonio Abrantes Pedroso, rua das Flôres, 33, 2.º
Vice-presidente — João Torcato dos Reis Campos, rua da Rosa, 161, 1.º
 Secretarios:
Alfredo Luiz Lopes, calçada do Combro, 61, 1.º
João Rodrigues dos Santos, rua da Esperança, 204, 2.º
 Vice-secretarios:
João Henrique Dias Chaves, rua da Saudade, 8, 2.º
Zeferino Falcão, rua Barata Salgueiro, 13, 3.º
Thesoureiro — Conselheiro Joaquim Eleuterio Gaspar Gomes, rua do Duque de Bragança, 30, 2.º
Bibliothecario — José Eduardo Fragoso Tavares, rua Nova do Almada, 95.

Amanuenses:
José Joaquim da Rocha Soares Barbosa, rua de S. Marçal, 131, 4.º
Julio Evangelista de Barros e Silva, rua da Bica Duarte Bello, 15, 2.º
Continuo — José Joaquim Coelho, rua da Madre de Deus, 36.

INSTITUTO DR. MASCARÓ

Ensino de cegos pelo methodo Branco Rodrigues

Rua do Alecrim, 20, rez-do-chão

CONVENTO DAS COMMENDADEIRAS DE NOSSA SENHORA DA ENCARNAÇÃO

Largo do convento da Encarnação, á calçada de Sant'Anna

Commendadeira — D. Maria da Visitação Vadre.

CONVENTO DAS COMMENDADEIRAS DE SANTOS-O-NOVO (REAL)

Rua Direita de Santa Apolonia

Commendadeira — D. Maria do Carmo de Brito Portugal.

SEMINARIO INGLEZ (VULGO INGLEZINHOS)

Largo dos Inglezinhos, aos Caetanos

Reitor — Guilherme Wilton.
Vice-presidente — Diogo Singleton.

HOSPITAL INGLEZ

Travessa dos Ferreiros, a Buenos Ayres

Director — John Dudley.

B. M. S. HOSPITAL INGLEZ MERCANTE

Rua Occidental da Moeda, 45, 1.º

Director — Dr. Adolpho Bernardo Frolich Lahmeyer, rua da Santissima Trindade, 56, 2.º

HOTEL DE SAUDE

Rua Saraiva de Carvalho, a' Estrella, 4

Proprietario e director — Dr. Eduardo Maia.

CONSULTORIO DE ENGENHARIA CIVIL E ARCHITECTURA

Rua dos Capellistas, 99, 2.º

Directores:
João Candido de Moraes, rua de Serpa Pinto, 101.
Jacintho Parreira, rua do Ferregial de Baixo, 2.

PREGOEIROS DE LEILÕES

Antonio Maria Pereira da Silva, rua do Terreirinho, 37, 2.º
Manuel Maria da Costa Prego, travessa do Rosario, 6.
Manuel Maria de Mendonça Barbosa, travessa da Palha, 14, 2.º

COLLEGIOS DE EDUCAÇÃO E ENSINO (PARA O SEXO FEMININO)

COLLEGIO PARA MENINAS

114—Rua de S. Marçal—114
LISBOA

N'este collegio se lecciona: Instrucção primaria, portuguez, francez, inglez, musica e piano; costura, crochet e bordados, tudo pelos melhores e mais faceis methodos, não consentindo que as creanças se fatiguem a estudar sem primeiro comprehenderem o que estudam.

O ensino é tanto pratico como theorico.

Falla-se sempre francez com as alumnas que aprendem este idioma.

Recebem-se meninas internas e os preços são os mais diminutos

---

COLLEGIO LISBONENSE

PARA AMBOS OS SEXOS
286, 2.º—Rua dos Fanqueiros—286, 2.º

N'este collegio ensinam-se, além de instrucção primaria, o curso completo dos lyceus e bellas artes, havendo optimos professores para todas as disciplinas. Ensinam-se mais ás meninas bordados e flôres de toda a especie e outras prendas.

Os directores e professores

Maria Isabel da Conceição Cardoso e Oliveira

Joaquim José Ferreira Cardoso e Oliveira

COLLEGIO DA SS. TRINDADE

148, RUA DO ARSENAL, 148

Casa para educação de meninas onde podem completar os cursos dos lyceus e conservatorio: aprendendo ao mesmo tempo todos os trabalhos de lavôres desde a simples costura ao mais difficil bordado, etc., etc.

As approvações já obtidas n'este Collegio são 308

Se as educandas pagarem de principio 3$500 réis mensaes, teem a vantagem de (sem augmento na mensalidade), poderem completar os cursos de portuguez, francez, desenho e rudimento de musica; e aprender todos os bordados, flôres e mais prendas: e serem transportadas todos os dias lectivos no carro reservado em serviço do Collegio, que as vae buscar e levar a suas casas, acompanhando-as sempre pessoa de capacidade.

As meninas que lhe convier mais pagar as classes que frequentarem, segundo os estatutos, tambem podem ser transportadas no carro do Collegio.

(Os estatutos da melhor vontade se entregam a quem os pedir).

A Directora

Guilhermina Maria Cortez.

COLLEGIO DE SANTA ISABEL

FUNDADO EM 1886

73 — Rua do Visconde de Santo Ambrosio — 73

N'este collegio admittem-se meninas internas, semi-internas e externas, funccionando as seguintes aulas: Instrucção primaria, portuguez, litteratura, geographia, desenho, francez, inglez, allemão, musica, etc. Uma professora franceza, residente no collegio, é encarregada de ensinar praticamente a sua lingua.

No mesmo collegio se dão programmas indicando as mensalidades respectivas.

A DIRECTORA

Maria Candida de Sousa Cordeiro

COLLEGIO GARRETT

DE

Maria Mattos

Para educação de meninas

Rua Poyaes de S.ᵗᵒ Bento, 75

LISBOA

COLLEGIOS DE EDUCAÇÃO E ENSINO
Para o sexo femenino

Asylo de S. Luiz, rua do Carvalho, 182, directora, irmã Marcellus.

Collegio de D. Julia Delesque, rua de S. Mamede, 47, ao Caldas.

Collegio Froebel, Penha de França, directora, D. Maria Emilia Ferreira.

Collegio Francez, rua Vova da Palma, 214, directora, madame Northon Duarte.

Collegio Garrett, rua dos Poyaes de S. Bento, 75.

Collegio Inglez, rua Nova da Piedade, 52, 2.º, directora, D. Emilia Pereira.

Collegio Inglez, rua do Alecrim, 55, 3.º, directora, madame Kafle.

Collegio Inglez, rua de S. Bento, 357, directora, Madame Rangel Baptista.

Collegio de Jesus Maria José, no edificio do extincto convento das Inglezinhas, (ao Quelhas).

Collegio Lisbonense, rua dos Fanqueiros, 286, 2.º, directora, D. Maria Isabel da Conceição Cardoso e Oliveira.

Collegio Dez de Junho, de D. Maria Ernestina da Silva, rua de S. Boaventura, 23, 1.º

Collegio de Nossa Senhora da Piedade, directora, D. Monica Adelaide de Barros e Silva, rua de S. Lazaro, 52, 1.º

Collegio de Nossa Senhora da Divina Providencia, travessa de S. Francisco de Borja, 59.

Collegio de Nossa Senhora das Dores, rua Castilho, 5, directora, D. Marianna Monteiro.

Collegio de Nossa Senhora dos Martyres, rua de S. Bento, 101, 1.º, directora, D. Vicencia Maria dos Martyres Pena.

Collegio de Nossa Senhora do Monte do Carmo, rua do Alecrim, 46, 3.º, directora, Madame Lécor.

Collegio para meninas, rua de S. Marçal, 114.

Collegio de D. Ritta Gertrudes de Carvalho, calçada de S. João Nepomuceno, 38, 1.º

Collegio de S. José, rua da Quintinha, 106, 2.º, directora, D. Emilia Carolina Freire.

Collegio de S. José, em S. Domingos de Bemfica, dirigido pelas irmãs Terceiras da ordem de S. Domingos.

Collegio de Santa Isabel, rua do Visconde de Santo Ambrosio, 73.

Collegio de Santa Sophia, rua da Cruz dos Poyaes, 27, 1.º, directora, D. Adelaide Sophia Muller.

Collegio de Santa Ritta, calçada do Combro, 49, 2.º, directora, D. Maria Joaquina da Rocha.

Collegio da Santissima Trindade, directora, D. Guilhermina Maria Cortez, rua do Arsenal, 148, 3.º

Collegio das Dominicas Irlandezas, Bom Successo.

Collegio das Freiras Sallesias, rua das Freiras Sallesias, Junqueira.

Escola da Divina Providencia, rua da Emenda, 96, director e fundador, padre Fernando Thomaz de Brito.

Lyceu Castilho, rua de S. Pedro de Alcantara, 55, directores, D. Carlota Freire Brito e Alfredo Julio de Brito Freire.

Lyceu Froebel, rua de Buenos Ayres, 67, 1.º, directora, D. Adelina Augusta da Silveira Pinto Rosmslck.

Institution Sainte-Marie, directora, mademoiselle Alexandrine Beraud, rua da Escola Polytechnica, 183.

Novo Collegio Britannico, rua das Trinas do Mocambo, 169, á Lapa, directoras, Misses Oliver.

PARA O SEXO MASCULINO

LYCEU POLYTECHNICO

CALÇADA DO COMBRO

O nosso collegio completou o quinto anno da sua fundação. O numero de approvações este anno elevou-se a 142, que juntas ás dos primeiros quatro annos prefazem o numero total de 763. Os professores são escolhidos d'entre os mais habilitados da capital. A alimentação é toda de generos de primeira qualidade, abundante e variada, como o attesta o illustre delegado de saude.

A moralidade e a ordem são mantidas, como o podem certificar a nossa consciencia e as familias, que nos têm honrado com a sua confiança.

Recebem-se alumnos internos, semi-internos e externos.

O director-fundador

J. J. de Figueiredo

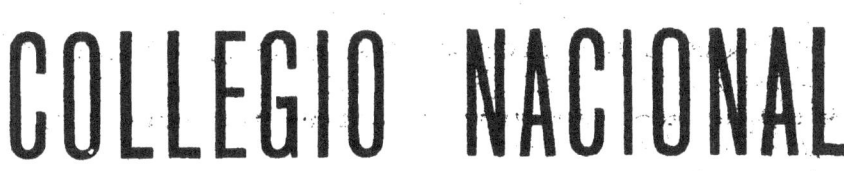

COLLEGIO NACIONAL

74, Rua das Pedras Negras, 74

(Á MAGDALENA)

Recebe alumnos internos, semi-internos e externos

O DIRECTOR

Alfredo Carlos Gonçalves dos Santos

Para o sexo masculino

Collegio Lisbonense, rua da Esperança (antigo convento das Bernardas.) Director, Frederico Villar.
Collegio Arriaga, rua Direita da Junqueira (palacio do Marquez da Ribeira).
Collegio da Europa, rua de S. Bento, 32, 2.º
Collegio Humanidades, calçada do Marquez de Tancos, 2.
Collegio Luzo-Brazileiro, rua das terras de Sant'Anna. Director, Francisco Antonio Correia.
Collegio de Maria Santissima, travessa de Estevão Pinto (em Campolide). Director Padre Campo Santo.
Collegio de Nossa Senhora da Conceição, rua do Machadinho (palacio) Director, João Baptista Ferreira.
Collegio Nacional, rua das Pedras Negras, 74.
Collegio Parisiense, rua da Escola Polytechnica, 219. Directores, Antonio João de Sousa e Francisco Antonio de Souza.
Collegio de S. Luiz, rua de Santo Antão, 84. Director, Padre Miel.
Collegio de S. Vicente, praça da Figueira, 46, 1.º
Escola Academica, calçada do Duque, 20. Director, Dr. Jayme Adolpho Mauperrin Santos.
Escola Asylo de S. Pedro em Alcantara. (Gratuita), calçada da Tapada. Professor, Joaquim Alves da Silva.
Escola Caridade, rua da Barroca, 78, 1.º Director e fundador, Padre Fernando Thomaz de Brito.
Escola Nacional, rua de S. José, 2. Director, Barros Proença.
Escola Ourique, rua de Campo de Ourique, 141. Director F. A. Silva Maldonado.
Escola Real das Necessidades, (Gratuita). Rampa das Necessidades. Professor, Antonio Servulo da Matta.

Instituto Anglo-Francez, travessa de José Vaz de Carvalho, 9. Director, E. H. Bellard.
Instituto Calligraphico, rua Nova da Palma, 109, 1.º Director, Carlos Silva (Pae).
Instituto de Ensino Livre, travessa do Alcaide, 1. (a Santa Catharina). Director, Thomaz de Aquino Ferreira Nobre de Carvalho.
Lyceu Academico, fundador-director, C. Delacruz Vidal, praça de Luiz de Camões, 6.
Lyceu Polytechnico, travessa de André Valente, 3.

PROFESSORES DE MUSICA

Professores de canto

Antonio Melchior Oliver, rua do Poço dos Negros, 62, 1.º
Alfredo Gazul, travessa da Cruz, aos Anjos, 8, 1.º
Napoleone Vellani Albine, rua do Rato.
D. Justina Peixoto, rua Barata Salgueiro, 54.
Guilherme Ribeiro, rua Larga de S. Roque, 20, 3.º

Professores de harpa

D. Josepha Martinez, rua do Ferregial de Baixo, 23, 2.º
Rodrigo da Fonseca, largo da Abegoaria.

Professores de harmonia

Eugenio R. M. d'Almeida, largo das Olarias, 25, 2.º
F. de Freitas Gazul, rua da Rosa, 155, 3.º
Julio Neuparth, rua Nova do Almada, 99.
João da Cunha e Silva, largo do Mastro, 30.
Luiz Antonio Filgueiras, rua Capello, 3.

Professores de piano

Rey Collaço, rua da Quintinha, 33, 1.º
D. Maria Emilia de Queiroz, calçada da Estrella, 71.
Daniel de Sousa Amado, rua Luiz de Camões, a Santo Amaro.
Emilio Lami, rua da Rosa, 213, 1.º
Mademoiselle Deleahye d'Almeida, rua Serpa Pinto.
Madame Girardi, rua de S. Bento, 47, 1.º
Carmen Lallemant, ex-professora de harpa no theatro de S. Carlos, rua Nova da Piedade, 60, rez-do-chão.
Virginia Bettencourt, rua Victorino Damasio, 28, 4.º
Maria José Pereira Estrella, rua dos Retrozeiros, 45, 2.º
D. Maria D. da Silva, rua da Boa Vista, 76, 1.º
Marianna Henriqueta Conde, rua Ivens, 20, 5.º
Lucinda Cropp, rua da Lapa, 78-A, 2.º
Eugenio da Costa, rua dos Ferreiros, á Estrella, 45, 1.º
Henriqueta Barata, Cruzes da Sé, 27, 1.º
Constantino Hernani da Fonseca Braga, rua de Santa Izabel.
D. Sophia Henriqueta Duhau Laborde, travessa de Santa Gertrudes, 9.
Christina Cunha, travessa da Larangeira, 19, 2.º
Gertrudes Mello, rua da Trombeta, 7.
Maria da Gloria Sousa, travessa do Noronha, 19.

Julio Lami, rua da Procissão, 25, 3.º
Jorge Angusto Cesar dos Santos, rua do Duque.
José Antonio Vieira, rua da Palmeira, 40, 1.º
Ernesto Vieira, rua do Carrião, 22, 1.º
Carlos Ferreira, rua dos Poyaes de S. Bento, 80, 3.º
Francisco de Freitas Gazul, rua da Rosa, 155, 3.º
João Eduardo Matta Junior, rua Garrett, 112.
Julio Simões, rua dos Cavalleiros, 7, 4.º, D.
Sophia de Carvalho, rua dos Mouros, 64, 3.º
D. Maria Helena Fernandes, Nunes, rua do Sol ao Rato, 22, 2.º

Professores de rebeca

Victor Hussla, rua do Alecrim, 46, 1.º
Pedro Alexandrino Roque de Lima, rua de Santo Ambrosio.
Francisco de Paula Risotti, travessa do Guarda Mór, 19, 2.º
Antonio Narciso Pitta, rua de Santa Martha, 121, 2.º
Joaquim José Garcia Alagarim, rua da Rosa, 98, 2.º
Filippe Duarte, largo do Conde Barão, 34, 3.º
Alexandre Ferreira, rua do Poço dos Negros, 62, 2.º
Julio Cagiani, rua do Ouro.
Augusto Pereira, calçada Nova da Bica do Desterro, 5.

Professores de rudimentos de musica

Manuel Martins Soromenho, rua de Caetano Palha, 56, 2.º
Luiz Vital da Cunha, rua das Salgadeiras, 66, 2.º
Christina Cunha, travessa da Larangeira, 19, 2.º
Carlos Ferreira, rua dos Poyaes de S. Bento, 80, 3.º
Alexandre Ferreira, rua do Poço dos Negros, 62, 2.º
Augusto Pereira, calçada Nova da Bica do Desterro, 4, 1.º
Luiz Antonio Filgueiras, travessa do Alcaide, 7, 1.º
Julio Neuparth, rua Nova do Almada, 98, 3.º
Maria Helena Fernandes Nunes, rua do Sol ao Rato, 22, 2.º
João da Cunha e Silva, largo do Mastro, 30.

Professores de violoncello

João Evangelista Machado da Cunha e Silva, largo do Mastro, 30.
Augusto J. de Moraes Palmeiro, rua dos Remolares, 6, 4.º
Eduardo Wagner, rua Nova da Trindade, 113.

Afinadores de pianos

Epiphanio Baleisão, rua Nova do Almada, 97 e 99.
C. A. Habel, rua Nova da Trindade, 17.
Daniel Wagner, rua Nova da Trindade, 111.
Guilherme Steglich, rua Garrett, 29, 1.º
João de Sousa, no armazem de pianos, rua Ivens.

PROFESSORES DIVERSOS

EUGÉNE AUGUSTE SIMON

PROFESSOR DE FRANCEZ LAUREADO

Rua do Salitre, 167

(REZ DO CHAUSSÉE)

LISBOA

N. B. O professor é parisiense, mas conhece a fundo a lingua portugueza.

GRAMMATICA

DA

LINGUA ITALIANA

PARA

USO DOS PORTUGUEZES

PELO PROFESSOR

GIOVANNI CARCIATTO

VENDE-SE EM CASA DO AUCTOR

289, RUA DA PRATA, 289 3.º, (esquerdo)

Professores diversos

Antonio Manoel Veiga, (curso do lyceu), rua de S. Felix, 26.
Izidoro Antonio Fernandes, (instrucção primaria), travessa da Condessa do Rio, 22, 2.º
Xavier Nogueira Junior, (portuguez e latim), rua do Salitre.
Antonio Valluecy Rollin, (francez e portuguez), rua dos Prazeres, 62, 1.º
Almeida Figueiredo, (escripturação commercial), rua da Boa Vista.
Augusto José de Castro, (francez e inglez), rua do Salitre.
Manuel Bernardes Branco, (portuguez, latim e grego), rua de S. Vicente.
Manuel Guilherme d'Almeida, (inglez), calçada do Combro, 107, 1.º
José Miguel dos Santos, (francez), rua de D. Pedro V.
Manuel Maria Ramos Chaves, (portuguez francez e inglez), rua da Arrabida, 77.
Polycarpo Wake, (inglez), travessa de S. Mamede.
Jeronymo Pamplona Corte Real, (inglez e allemão), calça a do Marquez d'Abrantes.
Joaquim Maria Garcia, (mathematica), rua Nova da Piedade, 25, 1.º
Henrique Joaquim Pereira, (introducção á historia natural, calçada do Combro, 32, 1.º
João Xavier Teixeira, (desenho), travessa de Santa Thereza, 18.
Manuel Ferreira Ribeiro, (portuguez, geographia e mathematica), rua dos Cardaes de Jesus, 153, 2.º
Ignacio d'Almeida Hirsch, (introducção á historia natural), travessa do Alcaide, 38, 3.º
Ernesto Guilherme de Carvalho, (portuguez e francez), rua de S. Bento, 87, 1.º
Eugene Auguste Simon, (francez), rua do Salitre, 167.
Olympio Frederico dos Santos, (inglez e portuguez), rua da Mãe d'Agua, 21.
Augusto Cesar Nunes Biscaya, (portuguez, francez, latim e italiano, rua de S. Filippe Nery, 80, 2.º
Heinrich Stegner, (allemão e commercio), rua Garrett, 80, 3.º
Geraldo d'Azevedo, (introducção á historia natural, physica, chimica e explicador de mathematica da Escola Polytechnica), rua Nova d'Alegria, 36, 2.º
Frederico Augusto Gomes, (instrucção primaria complementar), rua da Conceição da Gloria.
Luiz José da Costa e Sousa Lambin, (ensino livre), rua do 4 d'infanteria, 19, 2.º
Elesbão José Machado Lapa, (instrucção primaria complementar), rua da Mouraria, 23, 3.º

Professores de dança

Justino Dias Soares, rua Nova do Almada, 36, 1.º
Ernesto Augusto Zenoglio, rua das Flores, 53, 4.º

Professores de desenho

Antonio Augusto da Costa Matta, calçadinha de S. Miguel, 38, 2.º
Antonio Ezequiel Pereira, rua dos Fanqueiros, 221, 2.º-E.
Antonio Thomaz da Conceição e Silva, rua do Poço dos Negros, 23, 3.º
Miguel d'Oliveira Espirito Santo, rua da Quintinha, 23, loja.

Professores de equitação

Alfredo Tinoco da Silva, rua do Outeiro, 7, 2.º
Alfredo Augusto Sousa, rua da Fé, 8.

José Bento d'Araujo, campo de Sant'Anna.
José Gagliardi, rua de D. Pedro V.
José Paulo Mesquita, rua de S. Christovão, 39.
Luiz do Rego, campo de Sant'Anna.
Manuel Mourisca Junior, campo de Sant'Anna.

Professores de esgrima

Cid, rua Garrett, 29.
Francisco Cannogo, rua dos Sapateiros, 86,
Luiz Pinto Martins, rua da Escola Polytechnica, 49, 3.º

Professores de pintura

Antonia Baeta, rua do Diario de Noticias, 61.
Henrique Casa Nova, rua Ivens, 5, 4.º
Luciano Martins Freire, travessa dos Brunos, 29, 1.º
Luigi Manini, rua do Ferregial de Baixo, 11.
José Malhoa, Escola de Bellas Artes de Lisboa.

ADVOGADOS

Affonso Xavier Lopes Vieira, rua do Ouro, 165, 2.º
Alfredo Carneiro da Cunha, largo de S. Julião, 7.
Alfredo Cesar Brandão, largo de S. Julião, 7.
Abel Eduardo Motta Veiga, rua do Crucifixo, 50, 1.º
Accurcio João Maria Quaresma, rua da Magdalena, 201, 2.º
Alberto Antonio de Moraes Carvalho Junior, rua do Ouro, 65, 1.º
Alfredo Ansur.
Alfredo Arthur de Carvalho, rua do Crucifixo, 75, 1.º
Alfredo Ferreira de Mattos, largo de Santo Antonio da Sé, 21, sobre-loja.
Alfredo Augusto Neves Holtreman, rua dos Fanqueiros, 235, 1.º
Amandio Eduardo da Motta Veiga, rua do Crucifixo, 50, 1.º
Annibal Alvares da Silva, rua das Gallinheiras, 24, 2.º
Alvaro Augusto Froes Possolo de Sousa, rua de Rosa Araujo, 27.
Antonio Alfredo de Carvalho Teixeira, rua dos Fanqueiros, 171, 2.º
Antonio Baptista de Sousa, na secretaria do Tribunal do Commercio.
Antonio da Cunha Seixas, rua Nova do Carmo, 101, 3.º
Antonio Emilio Guerreiro de Assumpção, rua da Prata, 141, 2.º
Antonio José Rodrigues Loureiro, rua Nova do Almada, 24, 2.º
Antonio Osorio Sarmento de Figueiredo Junior, rua do Crucifixo, 16, 1.º
Arsenio Augusto Torres de Mascarenhas, rua Nova de S. Domingos, 28, 2.º
Arthur Martiniano de Oliveira, rua dos Retrozeiros, 143, 1.º
Augusto Cesar Elmano da Cunha, rua do Crucifixo, 7, 2.º
Augusto Cesar Barjona de Freitas rua de S. João dos Bemcasados, 22.
Augusto Victor dos Santos, travessa da Victoria, 74, 1.º
Bernardino Pereira Pinheiro, praça dos Restauradores, 68, 2.º
Caetano A. de Carvalho Pereira de Magalhães.
Caetano de Campos Andrade, travessa da Victoria, 74, 1.º
Carlos José de Oliveira, travessa da Victoria, 74, 1.º
Carlos Mathias Pereira, rua do Crucifixo, 49, 1.º
Carlos Zepherino Pinto Coelho, largo do Carmo, 20, 2.º
Domingos Pinto Coelho, praça de D. Pedro, 102.

Eduardo Dally Alves de Sá, rua de S. Julião, 90, 1.º
Eduardo Teixeira de Sampaio, rua da Prata, 81, 2.º
Feliciano Gabriel de Freitas, rua de S. Julião, 185, 1.º
Fidelio de Freitas Branco, rua do Crucifixo, 76.
Francisco Antonio da Veiga Beirão, rua da Prata, 166, 2.º
Francisco Dias Ferreira, campo dos Martyres da Patria, 117.
Francisco Ignacio Tavares, rua Nova do Almada, 46, 2.º
Francisco Maria da Graça Mattoso da Silva Pereira Côrte Real, rua do Duque de Bragança, 10, 2.º
Francisco Pinto Coelho, rua de S. Julião, 110, 2.º
Francisco de Salles Pinto de Mesquita Carvalho.
Frederico Arouca, rua de S. Julião, 174, 2.º
Frederico Augusto Franco de Castro, rua de S. Julião, 128, 2.º
Henrique Dally Alves de Sá, rua de S. Julião, 90, 1.º
Henrique Ferreira, rua Nova do Almada, 25
Henrique Midosi, rua do Arco, a Jesus.
Jayme Coriolano Henriques Leça da Veiga, Camara Municipal.
João Carlos Massa, rua do Alecrim, 65, 2.º
João Catanho de Menezes, rua de S. Julião, 185, 1.º
João Jacintho Tavares de Medeiros, rua Nova do Almada, 80, 1.º
João da Silva Mattos, calçada de Sant'Anna, 199.
João Alexandrino de Sousa Queiroga, rua dos Retrozeiros, 92, 2.º
Joaquim Hilaric Pereira Alves, rua do Ouro, 210, 2.º
Joaquim José Maria de Oliveira Valle, rua da Prata, 158.
Joaquim Theotonio Teixeira Duarte, rua Nova do Amparo, 17, 2.º
José Bernardino Gonçalves Teixeira.
José Dias Ferreira, pateo do Pimenta, 13.
José Francisco de Azevedo Silva Junior, rua do Crucifixo, 76.
José Joaquim de Sousa Cavalheiro, Ministerio da Marinha.
José Luna Moutinho de Andrade.
José Maria Gonçalves, rua do Ferregial de Cima, 19, 3.º
José Maria da Penha e Costa, rua do Ouro, 75, 2.º
José Maria da Cunha Seixas, travessa da Palha, 29, 2.º
José de Sá Santos Moreira.
José Ribeiro de Almeida Cornelio da Silva, praça de D. Pedro, 93.
Julio Cesar Pereira de Mello, rua de S. Julião, 185, 1.º
Julio May de Oliveira, travessa da Victoria, 74, 1.º
Levy Marques da Costa, rua dos Capellistas, 160, 2.º
Lucas Fernandes Falcão, rua dos Capellistas, 78.
Luiz Antonio Gonçalves de Freitas, travessa do Jasmim, 12.
Luiz Emilio Vieira Lisboa, rua do Arco do Bandeira, 59, 2.º
Luiz Filippe de Abreu, travessa da Victoria, 53.
Luiz Gonzaga dos Reis Torgal, rua dos Fanqueiros, 166, 1.º
Luciano A. da Silva Monteiro, rua Nova do Almada, 24, 1.º
Manuel de Arriaga, rua Nova do Almada, 100, 1.º
Manuel de Castro Guimarães, rua dos Retrozeiros, 143, 1.º
Manuel Joaquim de Quintella Emauz, rua do Arco do Bandeira, 30, 1.º
Manuel Maria Ferreira da Silva Beirão, rua da Prata, 166, 2.º
Manuel Veloso de Armelim Junior, rua da Prata, 43.
Mario Pinheiro Chagas, rua de S. Julião, 128, 2.º
Pedro Mousinho de Mascarenhas Galvão.
Sebastião de Magalhães Lima, rua Formosa, 25, 1.º
Sebastião Maria de Sousa Horta e Costa, rua do Crucifixo, 16, 1.º
Thomaz Antonio Ribeiro Ferreira, rua do Sol ao Rato, 17.
Tiberio Augusto de Maia Mendes, travessa da Assumpção, 59, 1.º
Tito Vespasiano Castello Branco, rua Nova do Almada, 24, 2.º
Vicente Rodrigues Monteiro, rua do Crucifixo, 16, 1.º

INSTITUTO VACCINICO

CAMPOS & BOURQUIN

Lisboa — Rua do Crucifixo, 100 — Lisboa

DIRECTOR-PROPRIETARIO

ALEXANDRE JOSÉ DA SILVA CAMPOS

Medico vaccinador
do extincto conselho de saude publica do reino

Vaccinação todos os dias; mas, com certeza ás *quartas e quintas feiras*, das 11 ao meio-dia. Preço 1$000 réis. Gratis para quem não pode pagar, habitando em Lisboa.

Vende-se vaccina a 600 réis o tubo; de seis para cima a 500 réis; sendo vinte tubos a 480 réis.

A vaccina só se vende no instituto, *com exclusão de qualquer outro estabelecimento*.

As requisições de fora de Lisboa devem ser acompanhadas da importancia do pedido em vales ou ordens, e quando seja apenas um tubo, podem ser em sellos de 25 réis.

Este util estabelecimento entrou no anno XXII de sua existencia

CASA DE SAUDE
LISBONENSE

175, RUA DE ENTREMUROS, 177

NUMERO TELEPHONICO 387

Para doentes, convalescentes e alienados d'ambos os sexos

Director — J. A. SERRANO

CLINICOS

Doenças medicas:
J. Th. de Sousa Martins.
M. N. de Bettencourt Pitta.

Doenças mentaes e nervosas:
A. M. Bettencourt Rodrigues.

Doenças cirurgicas e operações:
J. A. Serrano.

PREÇOS

1.ª classe	4$500 réis por dia
2.ª classe	3$000 réis por dia
3.ª classe	2$000 réis por dia

N. B. A admissão de alienados depende de ajuste particular.

GABINETE HYDROTHERAPICO

Preços para os doentes externos:

Duche quente, ou alterno, ou quente com banho de chuva	400 réis cada um
Duche frio, ou frio com banho de chuva	300 réis cada um
Banho de tina quente ou quente com affusões frias, ou morno	240 réis cada um
Banho de tina frio, ou banho de chuva	200 réis cada um

GABINETE DE SUSPENSÕES
(Methodo russo)

Preços para os doentes externos:
Cada sessão com assintencia de medico 1$500 réis

Os demais esclarecimentos podem solicitar-se pessoalmente ou por escripto, ao director, cujo domicilio é no proprio estabelecimento.

FACULTATIVOS CLINICOS EM LISBOA

Abilio Pinto de Mascarenhas, paço do Lumiar.
Adolpho Bernardo Frolich Lahmeyer, rua da Santissima Trindade, 56, 2.º
Adolpho de Mello Moraes Sarmento, travessa das Mercês, 9, 2.º
A. Castro Freire, rua de S. Paulo, 78, 2.º
Adriano Rodrigues d'Azevedo, rua de S. Bento, 510, 1.º
Agostinho Lucio da Silva, rua das Gaveas, 10, 1.º
Alberto Antonio de Moraes Carvalho, rua Nova da Palma, 101, 2.º
Alexandre Norberto Coelho Pinto d'Almeida, rua da Procissão, 147.
Alfredo Luiz Lopes, calçada do Combro, 61.
Alfredo Martins, rua Nova dos Martyres, 101, 1.º
Alfredo N. Bomfim, travessa de Santa Justa, 38, 1.º
Alfredo Samuel de Brito Neves, rua de S. Pedro d'Alcantra, 97.
Alfredo dos Santos Figueiredo, rua Direita de Bemfica, 488, 1.º
Alfredo Schultz, rua de Borges Carneiro, 79, 3.º
Alvaro Augusto Celestino Dias, Carreira dos Cavallos, 63, 2.º
Alvaro da Fonseca, rua da Madre de Deus, 22, 1.º
Alvaro Maria de Sousa e Freitas, rua das Trinas, 94.
D. Amelia Cardia dos Santos Costa, praça Luiz de Camões, 36, 1.º
Anacleto José da Costa, rua da Era, 22, 1.º
Anacleto Rodrigues d'Oliveira, rua Nova da Palma, 95, 1.º
Antonio A. de Mello, rua das Chagas, 22.
Antonio d'Azevedo Meyrelles, rua da Junqueira, 128, 1.º
Antonio Bento Ribeiro Vianna (conselheiro), praça dos Restauradores, 46, 1.º
Antonio Candido das Neves, rua do Loreto, 34, 1.º
Antonio Carlos Craveiro Lopes, rua da Imprensa Nacional, 22, 2.º
Antonio Dias do Amaral Pirrayt, rua das Janellas Verdes, 9, 2.º
Antonio Duarte Ramada Curto (conselheiro), rua 24 de Julho, 12, 1.º
Antonio Eduardo da Costa, rua das Pretas, 47, 1.º
Antonio Fadon Lisaso, largo das Olarias, 16, 1.º
Antonio Fernandes Figueiredo Ferrer Farol, rua de D. Pedro V, 51, 1.º
Antonio Ferreira Moutinho, calçada do Combro, 32, 2.º
Antonio Ferreira dos Santos Vasconcellos, rua da Bitesga, 57, 3.º
Antonio Freire Garcia Lobo, pateo do Tijolo, 7.
Antonio Germano Falcão de Carvalho, rua de Sant'Anna, 22.
Antonio Ignacio d'Almeida Hirsch, rua da Cruz dos Poyaes, 3, 2.º
Antonio de Jesus Lopes, rua dos Douradores, 100.
Antonio José de Carvalho Portella, rua Nova da Alegria, 104, 2.º
Antonio de Lencastre, rua Castilho, 5.
Antonio Luiz Lopes Monteiro, calçada da Estrella, 125.
Antonio Manuel da Cunha Belem, calçada da Estrella, 165.
Antonio Maria Barbosa (conselheiro), rua do Monte de Santa Catharina, 9.
Antonio Maria Bettencourt Rodrigues, rua de Castilho, 12, 2.º
Antonio Mendes Lages, calçada do Marquez d'Abrantes, 38.
Antonio Monteiro Lopes Rebello da Silva, rua de S. Sebastião da Pedreira, 37.
Antonio Ordaz d'Elvas Mascarenhas, rua José Estevão, 99, 3.º
Antonio Pinto Leão d'Oliveira, rua Nova de S. Mamede, 43, 1.º
Antonio Rodrigues Pinto, rua do Cabo, 76.
Arthur Furtado Pereira, rua de S. Roque, 100, 1.º
Arthur Hintze Ribeiro, rua do Salitre, 397, 1.º
Arthur Leça de Carvalho, largo do Mastro, 62, 2.º

Arthur Ravara, rua larga de S. Roque, 17, 2.º
Augusto Cesar Gomes de Carvalho, rua de D. Estephania, 61, 2.º
Augusto Cesario Vasconcellos Abreu, Avenida da Liberdade, 59, 1.º
Augusto Conde Marques Cardoso, rua da Infancia, 20, 1.º
Augusto João de Mesquita, rua do Principe 37, 2.º
Augusto José das Neves, rua de Paschoal José de Mello, 104, 1.º
Augusto Maria da Costa, rua da Fabrica da Polvora, 7, 1.º
Augusto da Silva Carvalho, rua do Jardim do Regedor, 53, 1.º
Ayres Baptista Pinto, rua dos Poyaes de S. Bento, 132.
Ayres Ornellas Cisneiros de Brito, rua do Sacramento á Lapa, 9.
Benjamim Maria Barreiros Arrobas, rua da Escola Polytechnica, 108, 1.º
Bernabé Vieira Loureiro, travessa da Piedade, 51, 1.º
Caetano Domingos Drolhe, Caes de Sodré, 8, 3.º
Caetano Maria Ferreira da Silva Beirão, rua Formosa, 48, 2.º
Carlos Barral Filippe, rua do Ouro, 292, 1.º
Carlos Joaquim Tavares, rua da Quintinha, 99, rez-do-chão.
Carlos José dos Santos Silva, rua Bella da Rainha, 156, 3.º
Carlos May Figueira, rua do Thesouro Velho, 18, 1.º
Carlos Moniz Tavares, rua de S. Bernardo, 49.
Casimiro Simão da Cunha, calçada de S. João Nepomuceno, 27.
Daniel Pedroso Lima, rua das Pretas, 33, 1.º
Duarte Augusto Abranches Bizarro, rua dos Anjos, 77.
Eduardo d'Abreu, rua de S. Bernardo, 126.
Eduardo Araujo Maia, rua Nova da Princeza, 187, 1.º
Eduardo Augusto Motta, calçada da Estrella, 18, 1.º
Eduardo Burnay, Junqueira, 9.
Eduardo José Pessoa, calçada da Estrella, 13.
Elias dos Santos Miranda, rua de S. Lazaro.
D. Elisa Augusta da Conceição Andrade, travessa de Santa Justa, 38, 1.º
Emilio Augusto Rodrigues, rua da Bitesga, 16, 3.º
Emilio Severino d'Avellar, rua de Santo Antão, 159, 1.º
Ernesto Augusto Farinha, rua de D. Pedro V, 60, 3.º
Eugenio Rodrigues d'Oliveira, rua da Junqueira, 22.
Firmino d'Almeida Brito, travessa de Santa Justa, 6, 1.º
Francisco Alberto d'Oliveira, rua do Alecrim, 75, 1.º
Francisco Antonio Brandão campo de Santa Clara, 125, 1.º
Francisco Antonio Ferreira Fronteira, rua do conselheiro Monte Verde, 20, 1.º
Francisco d'Assumpção Casa Nova, rua do Livramento, 45, 3.º
Francisco Augusto d'Oliveira Feijão, rua de S. Felix, 26.
Francisco Avelino Monteiro, rua Formosa, 126, 1.º
Francisco da Costa Felix, rua dos Bacalhoeiros, 121, 1.º
Francisco Esteves da Fonseca, rua de S. Mamede, 31, 1.º
Francisco Fernandes Vaz, calçada da Ajuda, 176, 2.º
Francisco Figueira Freire, rua de Santo Antão, 61, 1.º
Francisco José Ramos Athayde, travessa Nova do Desterro, 15, 2.º
Francisco José dos Santos Junior, rua da Junqueira, 15, 1.º
Francisco Lourenço da Fonseca Junior, rua das Chagas 16.
Francisco Maria de Carvalho, rua de S. Bento, 13, 1.º
Francisco Maria de Sousa, rua Direita de Pedrouços, 133.
Francisco Marques de Sousa Viterbo, rua do Abarracamento de Peniche, 42.
Francisco Martins Ramos, largo do Corpo Santo, 28, 2.º
Francisco d'Oliveira Luzes, rua das Praças, 24, 2.º
Francisco dos Reis Stromp, largo do Intendente, 19, 1.º
Francisco Severino d'Avellar, rua de Santo Antão, 159, 1.º

Francisco de Sousa Castello Branco, rua d'Alcantara, 131.
Francisco Teixeira de Queiroz, rua da Magdalena, 171, 1.º
Gregorio Rodrigues Fernandes, rua Nova da Princeza, 286, 3.º
Guilherme Augusto d'Oliveira Martins, rua da Bella Vista, á Lapa, 77.
Guilherme José Ennes, rua do Livramento, 50, 1.º
Guilherme Maria da Silva Jones, rua de S. Felix, 14.
Guilherme d'Oliveira Arriaga, rua da Junqueira, 323.
Guilherme de Sousa Machado, rua do Ferregial de Cima, 4, 1.º, A.
Guilherme Teixeira Bastos, rua do Ouro, 143, 1.º
Henrique Joaquim Pereira, calçada do Combro, 32, 1.º
Henrique Maria Aurelio Frederico Monteiro, rua Ivens, 44, 2.º
Hygino de Sousa, rua do Loreto, 56, 1.º
Izidoro Nogueira d'Azevedo, rua Larga de S. Roque, 36, 1.º
Jayme Adolpho Mauperrin Santos, calçada do Duque, 20, 2.º
João Antonio de Carvalho d'Almeida, rua das Necessidades, 16.
João Cesario de Lacerda, rua Nova da Alegria, 48.
João Cupertino Ribeiro, rua Formosa, 31, 1.º
João Cypriano Ferreira, rua Nova da Palma, 33, 2.º
João Ferraz de Macedo, travessa do Almada, 12, 2.º
João Francisco Mendes Marques, travessa de Santa Quiteria, 142, 2.º
João Gonçalves Rueda, rua de S. Paulo, 172, 2.º
João Gregorio de Korth, rua de S. Roque, 66, 2.º
João Guilherme Torquato dos Reis Campos, rua da Rosa, 162, 1.º
João Henriques Dias Chaves, rua da Saudade, 8, 3.º
João Henrique Schindler, rua de S. Francisco de Paula, 102.
João José dos Santos Graça, caminho da Fonte, em Sacavem.
João Mauricio Teixeira, rua Nova da Princeza, 159, 3.º
João Maria de Carvalho, largo da Annunciada, 21, 1.º
João Maximiano Gonçalves Corrêa, rua do Infante D. Henrique, 23, 2.º
João de Mello Vianna, praça da Alegria, 49.
João Mendes Arnaud, (conselheiro) rua da Fé, 33, 2.º
João Pedro d'Almeida, rua do Valle de Santo Antonio, 13, 1.º
João Quintino d'Avellar, travessa d'Assumpção, 53, 3.º
João Rodrigues dos Santos, rua da Esperança, 204, 2.º
João Simões Pedroso de Lima, travessa da Estrella, 10, 2.º, a S. Pedro d'Alcantara.
João Vicente Barros da Fonseca, rua do Bom Successo, 20.
Joaquim Andrade Neves, rua de S. Paulo, 90, 2.º, E.
Joaquim Antonio d'Oliveira Namorado, rua do Sol, ao Rato, 25.
Joaquim Antonio Salgado, rua do Quelhas, 54.
Joaquim da Cruz Nogueira, rua Bella da Rainha, 219, 1.º
Joaquim Eleutherio Gaspar Gomes, (consslheiro) rua do Duque de Bragança, 30, 2.º
Joaquim Evaristo d'Almeida, largo de Andaluz, 24, 1.º
Joaquim Felix Alfredo de Sousa, calçada de Santos, 37, 1.º
Joaquim José Geraldes Leite, travessa da Estrella, 38, 1.º
Joaquim José Rodrigues da Camara, rua das Chagas, 3.
Joaquim Maria Gusmão Guerra, rua de S. João dos Bemcasados, 73.
Joaquim de Mattos Chaves, rua Capello, 6.
Joaquim Salgueiro d'Almeida, calçada do Conde do Pombeiro, 17, 2.º
Joaquim Theodoro Perdigão, rua dos Navegantes, 72.
Joaquim Theotonio da Silva, (conselheiro) rua do Ferregial de Cima, 12.
Jorge Rivotti, Avenida da Liberdade, 132, rez-do-chão.
José Agostinho Maria de Sousa, praça da Alegria, 58, 2.º
José Anacleto Gonçalves, rua das Trinas, 125.
José Antonio Arantes Pedroso, (conselheiro) rua das Flores, 33, 2.º
José Antonio Marques Geraldes Barba, Carreirinha do Soccorro, 11, 1.º

José Antonio Ramos, S. Bartholomeu do Beato.
José Antonio Serrano, rua de Entremuros, 175 e 177.
José Augusto Vieira, rua do Salitre, 396, 1.º
José da Cunha Castello Branco Saraiva, travessa do Oleiro, 11, 2.º
José Curry da Camara Cabral, rua dos Cardaes de Jesus, 108.
José Daniel Pedroso de Lima, rua das Pretas, 33, 1.º
José Eduardo Fragoso Tavares, rua Nova do Almada, 95, 1.º
José Eduardo de Magalhães Coutinho, (conselheiro), praça de D. Vasco da Gama, 75, 1.º
José Ferreira de Sant'Anna, rua da Fonte Santa, em Carnide, 30, 1.º
José Ignacio Martins Lavado, rua de Passos Manuel, 51.
José Izidoro Vianna, rua Luz Soriano, 37.
José Joaquim Pereira Amado Junior, rua Nova do Carmo, 46, 1.º
José Joaquim da Silva Amado, rua Nova de S. Mamede, 63, 1.º
José Justino de Carvalho, rua de S. José, 204, 3.º
José Luiz Rangel de Quadros Joyce, rua do Duque de Bragança, 32, 1.º
José Maria Alves da Cunha, rua de S. Paulo, 104, 1.º
José Maria Galvão de Mello, rua Garrett, 29, 1.º
José Maria de Mello Dias, rua do Livramento, 57, 2.º
José do Nascimento Gonçalves Correia, becco do Pena Buquel, 4, 3.º
José Pessoa Esteves Lisboa, rua de Santo Antão, 135, 1.º
José Pimentel da Silveira d'Avila, rua Nova do Carvalho, 38, 2.º
José Pocariça da Costa Freire, rua do Conselheiro Pedro Franco, 16, 1.º
José Thomaz de Sousa Martins, rua de S. Sebastião das Taipas, 5.
José Vicente Godinho Junior, rua do Marechal Saldanha, 1, 1.º
Julio Arthur da Silva Gomes, rua Augusta, 222, 2.º
Julio Eugenio Roseira, becco do Mello.
Ladislau Piçarra, rua de Arroyos, 96.
Leonardo Moreira Leão da Costa Torres, rua do Alecrim, 25, A.
Luiz Antonio Rebello, travessa Nova do Carmo, 12, 2.º
Luiz Antonio Ribeiro Dias, rua da Veronica, 122, 1.º
Luiz da Camara Pestana, travessa do Patrocinio, 15, 1.º
Luiz Maria de Oliveira Simões, rua do Terreiro do Lrigo, 20, 1.º
Luiz Paulino da Serra Pinto, rua Nova do Carmo, 90, 1.º
Luiz Theodoro Freitas e Costa, calçada de S. Francisco, 1, 1.º
Manuel Antonio Affonso Salgueiro, rua do Sol ao Rato, 167, 3.º
Manuel Antonio Moreira Junior, rua Augusta, 222, 2.º
Manuel de Arriaga Nunes, rua de Saraiva de Carvalho, 44, 2.º
Manuel Bento de Sousa, praça do Principe Real, 105.
Manuel Caetano da Silva Lima, rua dos Cardaes de Jesus, 70, 2.º
Manuel Constantino Theophilo Augusto Ferreira, rua da Bittesga, 57, 1.º
Manuel Ferreira Bairrão Ruivo, rua de S. Domingos, 22, 1.º
Manuel Ferreira Cardoso, rua Nova do Almada, 109, 2.º
Manuel Figueira Freire, travessa das Amoreiras, 7, 2.º
Manuel Gil, largo do Mastro, 63, 2.º
Manuel Gonçalves Marques, rua de Campo d'Ourique, 180, 1.º
Manuel Lemos Vianna, Campo de Sant'Anna, 165, 3.º
Manuel Maria Bordallo Prostes Pinheiro, rua de Serpa Pinto, 101, 2.º
Manuel Maria Holbeche Trigoso, rua do Infante D. Henrique, 60, 2.º
Manuel Nicolau Bettencourt Pita, calçada dos Caetanos, 48, 1.º
Manuel Rodrigues d'Oliveira, travessa de Assumpção, 88, 4.º
Manuel Vicente Alfredo da Costa, rua do Duque de Bragança, 10, 2.º
Marianno Level Duarte, rua Nova da Alegria, 64, 2.º
Marques da Costa Junior calçada do Marquez de Abrantes.
Martinho Augusto da Cruz Tenreiro. rua do Livramento, 67, 1.º
Miguel Augusto Bombarda, Paço da Rainha, 56, 1.º
Miguel Solano, travessa de S. Sebastião, 27.

Narciso Alberto de Sousa, rua da Escola Polytechnica, 78, 1.º
Nicolau Antonio Camolino, rua do Rato, 37, 2.º
Nuno Antonio Coelho Vasconcellos Porto, rua da Junqueira, 79, 2.º
Pedro A. Bettencourt Raposo, calçada da Tapada, 20.
Pedro Henriques da Gama Guimarães, rua do Prior, 42.
Procuro José Gouveia, rua dos Cardaes de Jesus, 41, 2.º
Paredes, (Dr.), pateo do Tijolo, 62.
Sabino Maria Teixeira Coelho, calçada do Carmo, 6, 1.º
Salvador Augusto de Brito, rua do Corpo Santo, 10, 1.º
Sebastião José da Silva Macedo, rua de Santo Antão, 169, 1.º
Simão José Pereira Junior, Paço do Lumiar, rua Esquerda, 57.
D. Sophia da Silva, rua Garrett, 47, 2.º
Virgilio Machado, praça do Principe Real, 96, 2.º
Zeferino Candido Falcão Pacheco, rua do Barata Salgueiro, 13, 3.º
Zophimo Pedroso Gomes da Silva, rua do Mirante, 26.

CONSULTORIOS MEDICOS

Alfredo Neves, rua de D. Pedro V, 128, 1.º
D. Amelia Cardia, praça de Luiz de Camões, 36, 1.º
Anacleto d'Oliveira, rua Nova da Palma, 101, 1.º
Antonio Avelino Monteiro, rua Formosa 126, 1.º
Benjamim Arrobas, praça dos Restauradores, 32.
C. Drolhe, largo do Corpo Santo, 21, 1.º
Cruz Nogueira, rua da Prata, 219, 1.º
Eduardo Costa, rua das Pretas, 47.
Emilio Antonio Rodrigues, rua da Bitesga, 16, 3.º
F. M. Ramos, largo do Corpo Santo, 28, 1.º
Henrique Joaquim Pereira, calçada do Combro, 38, 1.º
J. Pocariça, rua da Creche, 30.
José Izidoro Vianna, rua do Loreto, 25, 1.º
Manuel Ferreira Cardoso, rua Nova do Almada, 109.
Mattos Chaves e Ferrer Pharol, praça de D. Pedro, 26, 1.º
Narciso Alberto de Sousa, rua da Escola Polytechnica, 78, 1.º
Polyclinica de Lisboa, palacio do Conde de Redondo, a Santa Martha.
Rodrigues d'Azevedo, rua do Ouro, 210, 1.º
Sabino Maria Teixeira Coelho, calçada do Carmo, 6, 1.º
Simões de Lima, rua do Marechal Saldanha, 2.
Theophilo Ferreira, Penha de França.
Virgilio Machado, travessa de Santa Justa, 22.

POSTOS MEDICOS

Rua Augusta, 276, 1.º, facultativo, Alberto Antonio de Moraes Carvalho.
Rua da Prata, 141, 1.º, facultativo, Antonio pinto Leão de Oliveira.
Rua Nova do Almada, 95, 1.º, facultativos, Jorge Rivotti e José Eduardo Fragoso Tavares.
Rua de S. Bento, 300, 1.º, facultativo, Joaquim Antonio de Oliveira Namorado.
Rua da Escola Polytechnica, 78, 1.º, facultativo, Narciso Alberto de Sousa.
Rua dos Bacolheiros, 121, 1.º, facultativo, Francisco da Costa Felix.
Rua de S. Paulo, 104, 1.º, facultativo, Alves da Cunha.

Rua das Pretas, 33, 1.º, facultativo, Daniel Pedroso Lima.
Praça de D. Pedro, 26, 1.º, facultativos, Mattos Chaves e Ferrer Pharol.
Rua de S. Julião 85, 2.º, facultativos, Sousa Lopes e A. Paredes.
Rua 24 de Julho, 12, 1.º, facultativo, A. Ramada Curto
Rua de S. Bento, (ao fim) facultativo, Nicolau Antonio Camolino.
Rua do Ouro, 292, facultativos, J. Evaristo e C. Barral Filippe.
Posto pharmaceutico — Francisco Nunes Vieira d'Abreu, rua de D. Pedro V, 33 e 34 A.

Acham-se abertos a toda a hora de dia e de noite para prestar os serviços clinicos ao publico, mediante a seguinte tabella: de dia 1$000 réis e de noite 2$000 réis. São estes os preços geralmente estabelecidos pelas visitas, e pelas consultas 500 réis.

MÉDICOS ESPECIALISTAS

Dr. Serra Pinto, (doenças dos ouvidos, larynge e cavidades nasaes), rua Nova do Carmo, 90.
Alvaro da Fonseca, (molestias de olhos), rua Nova da Piedade, 50, 1.º
Aniceto Mascaró, (molestias de olhos), rua do Alecrim, 20, rez-do-chão.
Francisco Lourenço da Fonseca Junior, (molestias de olhos), praça de Luiz de Camões, 46, 2.º
Dr. Gama Pinto, (molestias de olhos), travessa Nova do Carmo, 11.
Dr. Zeferino Falcão, (doenças de pelle e do estomago), rua Nova do Carmo, 90.
Dr. Sousa Amado, successor do dr. Marques, (molestias siphyliticas), rua do Ferregial de Cima, 4-A, 1.º

Consultorios Homœopathas

CONSULTORIO ESPECIAL
DE
MEDICINA HOMŒOPATICA
DO
DR. MELLO
Com pratica nos hospitaes homœopathicos

Consultas: das 3 ás 5 horas da tarde

Rua das Chagas, 22
LISBOA

CONSULTORIOS HOMŒOPATHAS

A. A. de Mello, rua das Chagas, 22.
A. F. Moutinho, rua do Ouro, 266, 1.º
Adriano Antonio Rodrigues de Azevedo, rua do Princepe, 11, 1.º
Augusto Cezario d'Abreu, rua Augusta, 234, 1.º
Centro Homeopathico de Lisboa, largo de S. Paulo, 90, 1.º
Eduardo Maia, rua dos Fanqueiros, 187, 1.º
J. A. Neves, rua de S. Paulo, 90, 1.º
Ignacio da Costa Duarte, praça de D. Luiz, 9, 2.º, e rua do Ouro, 210, 1.º
João Gregorio d'Korth, e Esteves Lisboa, travessa de Santa Justa, 6, 1.º
João Maria de Carvalho, largo da Annunciada, 21, 1.º
Marques da Costa Junior, rua Nova do Amparo, 22, 1.º
Rebello da Silva, rua da Bitesga, 57, 1.º E.

Raspalhista

Augusto Cesar Gomes de Carvalho, travessa da Victoria, 92, 1.º

DENTISTAS

J. P. G. PAIVA

Cirurgião-dentista pela Escola Medico Cirurgica de Lisboa; cirurgião dentista de SS. MM os reis de Hespanha, do Asylo da Mendicidade, Merceeiras, etc.

Unico premiado na exposição industrial de Lisboa de 1889 com medalha d'ouro, e premiado na exposição de Paris de 1889

RUA DO OURO
LISBOA

Consultorio Dental

Acaba de introduzir no seu consultorio o apparelho de amnesthesia geral de protoxido de azote, por meio do qual se extrahem os dentes sem o menor soffrimento. Para confiança do publico, assistem á consulta medicos distinctos da capital.

Pós e elixir dentifrico para conservação dos dentes

RUA DO OURO

Entrada pela travessa d'A●umpção, 103, 1.º

921
CONSULTORIO DENTAL
DE
ALBERTO  LACERDA

Cirurgião dentista pe'a Escola medico cirurgica de Lisboa
Membro da Sociedade Scientifica Europea de Paris. Cavalleiro honorario
do Areopago dei decorati de Roma.
Presidente honorario da academia «La Nuova Italia» de Bolonha
e socio correspondente da Associação
dos Benemeritos italianos de Palermo e do Circulo Fretano de Larino.

**Premiado na Exposição Industrial Portugueza de 1888
e na Universal de Paris de 1889**

Extracção de dentes e raizes,
empregando como anesthesico o cloroformio e a cocaina azotada
Collocação de dentes artificiaes
pelos systemas mais modernos e aperfeiçoados e por preços modicos.
Elixir hygienico muito recommendado para fortalecer as gengivas
e conservar os dentes preservando-os da cária.
Especialidade em escovas e pós para embranquecer os dentes e aromatisar a bocca
por preços modicos.

Todos os trabalhos são garantidos

100, 1.º, RUA DO OURO, 100, 1.º — ESQUERDO
LISBOA

Cirurgião dentista de Suas Magestades e Altezas

HABILITADO

PELA ESCOLA MEDICA DE LISBOA

SOCIO ACTIVO DA ESCOLA DENTARIA LIVRE DE PARIS

SOCIO TITULAR DA ASSOCIAÇÃO SCIENTIFICA EUROPEA, E PREMIADO COM A MEDALHA DE PRATA

NA EXPOSIÇÃO INDUSTRIAL PORTUGUEZA DE 1888

Tratamento especial em todas as molestias da bocca. Extracção de dentes e raizes *sem a menor dôr*, pelo processo do dr. Richardson. Collocam-se dentes desde um até dentadura completa. Todo o seu trabalho é garantido, por modicos preços. Consultas gratis aos pobres, das 11 horas ao meio dia.

LISBOA — Rua do Arsenal, 100, 1.º — LISBOA

DENTISTAS

A. Bonnefont, largo do Corpo Santo, 21, 1.º
Alberto Guilherme de Lacerda, rua Aurea, 100 1.º
Antonio Emygdio Guerreiro, rua do Ouro, 232 1.º
Bernardo Antonio Pereira Neves, rua da Condessa, 1, sobreloja.
Cezar Augusto de Paiva, rua do Arsenal, 100, 1.º
Harrisson Alexandre, calçada do Sacramento, 7, 1.º
Joaquim Pedro Godinho Paiva, travessa da Assumpção, 103, 1.º
José Branco Nunes Correia, rua nova da Palma, 21, 1.º
José Joaquim Teixeira, rua Aurea, 265, 1.º
Moysés Gonçalves, rua Nova do Almada, 81, 1.º

PARTEIRAS

Adelaide Claudina de Sant'Anna, rua da Penha de França, 74, 2.º
Adelaide Maria da Conceição, rua de Santa Martha, 41, 2.º
Adelaide Sophia Chaves, rua da Palma, 32, 3.º
Alice Rosa d'Assumpção Costa, rua do Ferregial de Baixo, 7.
Amalia da Conceição Sousa, rua da Bella Vista, 56, 2.º
Amalia Correia Teixeira Ramalho, rua dos Anjos, 212, rez-do-chão.
Amalia das Dores Xavier, rua das Trinas, 151.
Amelia Augusta d'Almeida, rua da Rosa, 155, 1.º
Amelia Augusta dos Reis, rua Luz Soriano, 75, 1.º
Amelia da Conceição Rocha, Jogo da Bolla, 10.
Amelia Luiza d'Almeida, rua Luz Soriano, 75, 1.º
Anatolia Ferin de Mendonça, rua de S. Pedro d'Alcantara, 27.
Anna Gertrudes da Conceição Monteiro, rua da Cruz dos Poyaes, 108, sobre-loja.
Anna Ludovina, rua de S. José, 103, 2.º
Anna Joaquina Teixeira, rua de Santo Antão, 77, 2.º
Anna Mathilde da Silva Engracia, rua de S. Bento, 131, 3.º-E.
Antonia Maria de Campos, travessa do Alecrim, 1, 2.º
Bemvinda d'Assumpção e Silva Santos, rua dos Anjos, 57, 1.º
Bernarda de Jesus Maria, rua do Loreto, 4, sobreloja.
Bernardina Palmira dos Santos Lopes Coimbra, rua Nova de S. Mamede, 101, 1.º
Camilla Fortunata Vieira, Poço do Borratem, 36, 3.º
Carlota Candida d'Assumpção Abrunhosa, largo do Mastro, 18, 1.º
Carolina Amelia de Sousa Lobato, rua Garrett, 48, sobreloja.
Carolina Maximiana Ramalho, rua da Inveja, 5, 2.º
Casimira Rosa dos Santos, rua de Santo Amaro, 16, 1.º
Constancia Perpetua Mello Lopes, rua de Campo d'Ourique, 9, 2.º
Delfina Augusta Gener, rua de S. Paulo, 202, 1.º
Delmira Sophia Pereira Bramão, rua de S. Julião, 100, 3.º
Elisa de Jesus Oliveira, rua da Esperança, 176.
Elisa Maria da Annunciação Gonçalves, rua do Patrocinio, 15.
Elisa Maria Lopes, rua da Esperança, 212, 2.º
Emilia Augusta da Piedade, rua Augusta, 276, 4.º
Emilia Rosa dos Reis, rua das Gaveas, 55, 1.º
Emilia Xavier da Soledade, becco do Mó, 1.
Ephigenia Emilia da Silva Bastos, rua da Barroca, 267, 3.º
Engracia Alves Maia, rua da Industria.
Eugenia Maria, calçada da Boa Hora, 67.

Fausta Isabel, rua dos Poyaes de S. Bento, 123, 2.º
Filippa Christina Hinch, rua da Madre de Deus, 21, 1.º
Filippa Rosa da Conceição Lima, rua dos Cavalleiros, 110, 1.º
Francisca Maria da Fonseca, rua do Conde, 38, 1.º
Francisca de S. José, rua do Sacramento, 11, 3.º
Francisca Velasco Lopes, rua Bella da Rainha, 184, 2.º
Gertrudes Magna da Conceição Fiuza, rua dos Corrieiros, 224, 2.º
Gertrudes Maria do Carmo Alves, rua da Condessa, 6, 1.º
Gertrudes Maria de Freitas Lemos, largo de S. Miguel, 12, 3.º
Helena Rosa de Amorim, rua da Cruz dos Poyaes, 73, 3.º
Henriqueta da Conceição Pinto, praça da Alegria, 53, 3.º
Henriqueta Maria Barroso, rua de Santos, 6, 1.º
Hypolita de Jesus Maria, rua Bella da Rainha, 185, 3.º, D.
Iria dos Santos Ferreira, travessa de Sant'Anna, 3, 3.º
Januaria Amalia da Silva, rua dos Anjos, 144, 2.º
Joanna Maria da Conceição, rua do Sol, á Graça, 42, 1.º
Joaquina Maria das Neves, calçada da Ajuda, 152.
Joaquina Rosa da Costa, rua Oriental do Campo Grande, 56, 2.º
Josephina do Nascimento de Jesus Sousa, rua da Bitesga, 16, 3.º
Josephina Rosa da Conceição, rua das Gaveas, 16, 3.º
Julia Amelia Falcão, travessa dos Fieis de Deus, 119.
Julia Maria da Conceição Silva, rua de Santo Antão, 47, 3.º
Luiza Adelaide Soares Guimarães, rua da Condessa, 10, 1.º
Luiza d'Almeida, travessa da Estrella, 28, 1.º
Maria Amalia de Figueiredo Campos, rua da Piedade, 45.
Maria Angelica do Amaral, rua da Escola do Exercito, 24.
Maria d'Assumpção Nogueira, rua do Bemformoso, 177, 3.º
Maria Augusta da Silva, rua Luiz de Camões, 127.
Maria do Carmo Azevedo, rua do Carrião, 7.
Maria do Carmo Monteiro, rua do Sacramento, 42.
Maria da Conceição Ferreira, rua de S. Vicente Borga, 106.
Maria da Conceição Oliveira, rua do Embaixador, 41, 2.º
Maria da Conceição Nunes Silva, rua da Gloria, 27.
Maria da Conceição Serrano, Bemfica.
Maria da Conceição Silva Mello, rua da Escola do Exercito, 12, 1.º
Maria da Conceição Soledade, calçada de S. Vicente, 79, 2.º
Maria Damiana, rua de Silva e Albuquerque, 58, 4.º
Maria das Dores, rua do Sol ao Rato, 177, 1.º
Maria Emilia da Conceição Nazareth, rua Direita do Grillo.
Maria Germana Duarte, rua da Barroca, 94, 4.º
Maria Ignacia da Conceição Costa, rua do Jardim do Tabaco, 82, sobreloja.
Maria Jacintha, rua das Farinhas, 10, 1.º
Maria de Jesus, rua das Freiras, 34, 1.º
Maria Joaquina da Conceição Moreira, rua do Bemformoso, 59, 2.º
Maria José d'Almeida, calçada de Sant'Anna, 119, 1.º
Maria José de Jesus Oliveira, rua das Trinas, 10, 2.º
Maria José de Mello Abreu, travessa dos Inglesinhos, 27, 3.º
Maria Josefina Costa Bexiga, rua do Mirante, 7.
Maria Margarida Alegre, largo da Paschoa, 37, 2.º
Maria Roza da Costa, largo de Santa Cruz, ao Castello, 4, 3.º
Maria Roza de Jesus Oliveira, rua das Trinas, 158.
Maria Thereza dos Santos, rua de S. Paulo, 144, 1.º
Maria Victoria, escadinhas de Santo Estevão, 9, 1.º
Marianna Avelina Mascarenhas, rua de Santo Antão, 168, 2.º
Marianna do Ó, rua do Livramento, 136, 3.º
Marianna Rita Fernandes, rua dos Cavalleiros, 76, 1.º

Marianna Rosa da Conceição, calçada do Cascão, 8, 2.º
Marianna da Silva Araujo, arco do Marquez de Alegrete, 78.
Mathilde Rosa Prevot, rua da Escola Polytechnica, 43, 2.º
Maxima Julia Anjos de Mello, rua da Santissima Trindade, 31, 1.º
Perpetua Rosa das Dores Coelho, rua da Santissima Trindade, 31, 1.º
Quintina Thomasia dos Santos, rua de Santo Antonio á Estrella, 74, 1.º
Regina Rosa Lima Lessence, travessa da Era, 5.
Rita Emilia de Barros, travessa da Memoria, 12, 1.º
Rosa Joanna de Almeida Galvão Araujo, rua das Trinas, 43, 1.º
Severianna Ferreira Lopes, travessa do Convento da Encarnação, 9, 3.º
Thereza Candida Rosa de Mello, rua do Valle de Santo Antonio, 66, 2.º
Thereza da Purificação Sardinha Trindade, rua de S. Paulo, 18, 2.º
Vergnolles (madame), rua Nova da Trindade, 66, 1.º
Venancia da Conceição, rua dos Cavalleiros, 7, 4.º
Virginia Adelaide Marques, rua do Salitre, 108, 2.º
Virginia Gonçalves, rua Direita da Graça, 131, 3.º
Virginia Gonçalves, Cova da Moura, 28.

JORNAES PORTUGUEZES (PRINCIPAES)

Annaes do Club Militar Naval, travessa de Santa Justa, 82, 1.º
Antonio Maria O), rua do Norte, 39, 1.º
Atlantico (O), rua do Norte, 46, 1.º
Boletim da Real Associação dos Architectos Civis e Archeologos Portuguezes, Museu Archeologico, largo do Carmo, Lisboa.
Boletim da Sociedade de Geographia de Lisboa, rua das Chagas, 5.
Clero Portuguez (O), largo do Conde Barão, 50, Lisboa.
Colonias Portuguezas (As, rua do Diario de Noticias, 94, 1·º
Commercio de Portugal, rua Ivens, 41, Lisboa.
Correio da Europa (O), travessa da Queimada, 35, Lisboa.
Correio da Manhã, rua da Emenda, 116, Lisboa.
Correio Medico de Lisboa (O), rua dos Fanqueiros, 160, 2.º, Lisboa.
Correio da Noite, travessa da Espera.
Correio da Tarde, rua Ivens, 28, 1.º
Crença Liberal, praça dos Restauradores, 53, 2.º
Crença Religiosa, rua das Gaveas, 55, 3.º
Dia (O), rua Garrett, Lisboa.
Diario do Governo, (jornal official), rua da Imprensa Nacional, Lisboa.
Diario Illustrado, travessa da Queimada, 35, Lisboa.
Diario de Noticias, rua do Diario de Noticias, 110, 1.º, Lisboa.
Diario Popular (O), largo de S. Roque, 7, 1.º
Economista, rua da Atalaya, 109, Lisboa.
Elegante (O), largo do Conde Barão, 50.
Epoca (A), rua Ivens, 37, Lisboa.
Exercito Portuguez (O), rua da Gloria, 33, 1.º
Folha do Commercio (A), rua dos Mouros, 41, Lisboa.
Folha do Povo (A), rua dos Mouros, 41.
Gazeta das Alfandegas, rua dos Retrozeiros, 153, loja.
Gazeta dos Caminhos de Ferro, rua de Santo Antão, 109.
Gazeta dos Municipios, largo do Terreirinho, Lisboa.
Gazeta Musical de Lisboa, rua Garrett, 36, 1.º, Lisboa.
Gazeta das Pharmacias, (Hospital da Estephania).
Gazeta dos Lavradores, rua de S. José, 57, 2.º, Lisboa.
Gazeta d'Obras Publicas, Lisboa.
Gazeta de Portugal, rua da Atalaya, 42.

Gazeta dos Tribunaes, calçada de S. Francisco.
Illustração Portugueza, travessa da Queimada, 35, Lisboa.
Jornal de Agricultura Pratica, travessa do Convento de Jesus, 16, 3.º
Jornal do Bombeiro, largo de S. Roque, 8, Lisboa.
Jornal das Colonias, travessa de S. Sebastião, 26, 1.º, Lisboa.
Jornal do Commercio, rua Belver, 1, Lisboa.
Jornal da Sociedade das Sciencias Medicas, rua do Alecrim, 53, Lisboa.
Medicina Contemporanea, rua do Ouro, 186 e 188.
Moda Illustrada (A), largo do Conde Barão, 50, Lisboa.
Monarchia (A), rua da Atalaya. 42,
Nação (A), rua Ivens, Lisboa.
Novidades, rua Nova do Almada, 109, 1.º, Lisboa.
Occidente (O). travessa do Convento de Jesus, 4, 2.º, Lisboa.
Pimpão (O), largo de S. Roque, 7, 1.º, Lisboa.
Portugal, travessa do Carmo, 1, Lisboa.
Portuguez (O), rua do Norte, 46, 1.º, Lisboa.
Portugal Agricola (O), rua Nova de Santo Antonio, 37-A.
Protesto Operario (O), calçada de S. Francisco, 15, Lisboa.
Tempo (O), travessa da Agua de Flôr, Lisboa.
Recreio (O), rua dos Calafates, 93, 3.º, Lisboa.
Revista Militar, rua de Santo Antão, 107, 1.º, Lisboa.
Revista de Obras Publicas e Minas, rua Augusta, (entrada pela arcada).
Revolução de Setembro (A). travessa das Mercês, (antigo edificio do correio), Lisboa.
Seculo (O), rua Formosa, 43, Lisboa.
Tarde (A), rua do Norte, 46, 2.º, Lisboa.
União Nacional, rua do Principe, 9, Lisboa.
Universal (O), rua da Atalaya, 42, 2.º, Lisboa.
Vanguarda (A), rua Garrett, Lisboa.
Voz do Operario (A), Becco dos Froes, 3, 1.º, Lisboa.
Zoophilo, rua do largo do Corpo Santo, Lisboa.
O Mundo Legal e Judiciario, Lisboa.
Jornal de Pharmacias, Lisboa.
Novo Mensageiro do Coração de Jesus, orgão Mensal do apostolado da oração, Lisboa.
Actualidade (A), rua do Bomjardim, 131, Porto.
Agricultor do Norte Portuguez (O), calçada dos Clerigos, 98, Porto.
Archivo Juridico, rua do Bomjardim, 67, Porto.
Boletim da Sociedade de Geographia Commercial, Porto.
Civilisação Catholica (A), Calçada dos Clerigos, 98, Porto.
Commercio do Porto, rua da Ferraria, 108, Porto.
Commercio Portuguez, rua de D. Fernando, Porto.
Correio do Porto (O), Porto.
Dez de Março, rua de D. Fernando, Porto.
Diario do Exercito, campo dos Martyres da Patria, 132, Porto.
Gazeta Militar, Porto.
Gazeta dos Telegraphos, praça da Batalha, Porto.
Jornal de Horticultura Pratica, rua do Carmo, 6, Porto.
Jornal da Manhã, rua de S. Lazaro, 275, Porto.
Jornal do Paiz, Porto.
Jornal do Porto, rua dos Caldeireiros, 26, Porto.
Moda (A), Porto.
Palavra (A), rua do Almada, 335, Porto.
Primeiro de Janeiro, rua de Santa Catharina, 199, Porto.
Provincia (A), rua das Flores, 84, Porto.
Reforma (A), rua da Boa Vista, 547, Porto.
Regenerador, rua de S. Lazaro, 370, Porto.

Revista dos Tribunaes, Porto.
Abrantino (O), Abrantes.
Soberania do Povo (A), Agueda.
Clamor de Almada (O), Almada.
Campeão das Provincias (O), Aveiro.
Districto de Aveiro (O), Aveiro.
Povo de Aveiro (O), Aveiro.
Aurora do Cavado, Barcellos.
Folha da Manhã (A), Barcellos.
Bejense, Beja.
Districto de Beja (O), Beja.
Commercio do Minho, Braga.
Constituinte, Braga.
Correspondencia do Norte, Braga.
Caminhense, Caminha.
Aurora do Tamega (A), Chaves.
Conimbrense (O), Coimbra.
Correspondencia de Coimbra, Coimbra.
Tribuno Popular (O), Coimbra.
Elvense, Elvas.
Sentinella da Fronteira (A), Elvas.
Voz de Esterreja (A), Esterreja.
Jornal de Extremoz, Extremoz.
Diario do Alemtejo (O), Evora.
Manuelino (O), Evora.
Jornal de Fafe (O), Fafe.
Districto de Faro (O), Faro.
Commercio da Figueira, Figueira da Foz.
Correspondencia da Figueira, Figueira da Foz.
Correio da Beira (O), Fornos d'Algodres.
Civilisação (A), Guarda.
Commercio da Guarda (O), Guarda.
Districto da Guarda (O), Guarda.
Imparcial (O), Guimarães.
Liberal (O), Lagos.
Povo (O), Lamego.
Districto de Leiria (O), Leiria.
Jornal de Mafra (O), Mafra.
Oliveirense (O), Oliveira de Azemeis.
Ovarense (O), Ovar.
Povo d'Ovar (O), Ovar.
Commercio de Penafiel (O), Penafiel.
Commercio de Portalegre (O), Portalegre.
Ordem (O), Portimão.
Independente da Regoa (O), Regoa.
Jornal de Santarem (O), Santarem.
Gazeta Setubalense (A), Setubal.
Porvir (O), Tavira.
Thomarense (O), Thomar.
Jornal Torrejano, Torres Novas.
Jornal de Torres Vedras, Torres Vedras.
Valenciano (O), Valença.
Aurora do Lima (A), Vianna do Castello.
Imparcial (O), Vianna do Castello.
Correio do Ave (O), Villa do Conde.
Campino (O), Villa Franca de Xira.
Gazeta de Famalicão, Villa Nova de Famalicão.

Transmontano (O), Traz-os-Montes.
Districto de Vizeu (O), Vizeu.
Jornal de Vizeu (O), Vizeu.
Viriato (O), Vizeu.
Fayalense (O), Ilha do Fayal.
Diario de Noticias (O), Funchal.
Direito (O), Funchal.
Funchalense (O), Funchal.
S. Miguel, Ponta Delgada.
Açoriano Oriental (O), Ponta Delgada.
Estrella Oriental (A), Ponta Delgada.
Novo Diario dos Açores (O), Ponta Delgada.
Angrense (O), Ilha Terceira.

JORNAES ESTRANGEIROS

Messageries de la presse française, agencia de jornaes estrangeiros, rua do Ouro, 146, 1.º

FOLHA ADDICIONAL

ARTIGOS QUE NÃO PODERAM SER COLLOCADOS NOS SEUS RESPECTIVOS LOGARES POR TEREM CHEGADO MAIS TARDE

CASA REAL

Nomeado ajudante de campo de Sua Magestade El-Rei, Antonio Abranches Queiroz, coronel commandante do regimento de cavallaria 4.

CASA DE BRAGANÇA

Nomeado administrador, José Maria Charters Henriques d'Azevedo, official ás ordens de Sua Magestade El-Rei.

PARTE COMMERCIAL

ASSOCIAÇÃO PORTUGUEZA DE PROPRIETARIOS

Rua da Magdalena, 119, 1.º

Direcção

Presidente — Conde de Thomar, rua de S. Pedro d'Alcantara, 7.
Vice-presidente — Dr. Vicente Rodrigues Monteiro, rua do Crucifixo, 16, 1.º
1.º Secretario — Dr. Francisco Teixeira de Queiroz, largo do Caldas, 171.
2.º Secretario — Julio Hilario Pereira Alves, rua de Arroyos, 160, 1.º
Thesoureiro — Francisco Candido Maximo d'Abreu, rua dos Fanqueiros, 239.

BANCO INGLEZ

Rua dos Capellistas, 96

Gerente em Lisboa. — Robert Duff. Vidè annuncio a pag. 932.

COMPANHIA LISBONENSE DE ILLUMINAÇÃO A GAZ

MUDOU O TITULO PARA

COMPANHIAS REUNIDAS GAZ E ELECTRICIDADE

Rua da Boa Vista, 27

Não recebemos mais esclarecimentos.

COMPANHIA DAS MINAS DE GONDOMAR

Rua da Prata, 234, 1.º

Não chegaram ainda os esclarecimentos.

COMPANHIA DE MOÇAMBIQUE

Escriptorio — Travessa dos Remolares, 6, 1.º

Conselho de Administração

Presidente do conselho de Administrição — Conde da Penha Longa, rua do Páu da Bandeira.
Vice-presidente — Edmond Bartissol, Paris.
Administrador delegado — Marquez de Fontes Pereira de Mello, largo do Poço Novo, 35.
Administrador secretario do conselho — Jayme Agnello dos Santos Couvreur, rua Gomes Freire, 153.
Administradores:
C. Algernon Moreing, Londres.
Carlos de Lima Mayer, rua da Prata, 59.
Conde de Mendia, rua das Parreiras, 10.
Duque de Marlborough, Londres.
Eduardo Ferreira Pinto Basto, rua de Santa Catharina, 26.
Fitzherbert, rua Despard, Londres.
Joaquim Carlos Paiva d'Andrada

Conselho Fiscal

Abraham Bensaude, rua de S. Domingos, á Lapa.
Johannes Wimmer, rua da Magdalena, 45.
Conde de Geraz de Lima, rua do Calharis de Bemfica, 16.

Secretario-Geral

Pedro Guilherme dos Santos Diniz, rua das Trinas do Mocambo, 48.

Empregados

Sylvain Felix Dumas.
Carlos Samwell da Silva, Almada.
Raphael de Abudarham, rua do Ferregial de Baixo, 31, 3.º
Manuel Gutierrez, rua Serpa Pinto, 38, 4.º

COMPANHIA NACIONAL DE CAMINHOS DE FERRO

AVENIDA DA LIBERDADE, 91.

Não chegaram ainda os esclarecimentos.

COMPANHIA PORTUGUEZA — HYGIENE

ESCRIPTORIO — PRAÇA DE D. PEDRO, 59, 1.º

Direcção

J. Eduardo d'Oliveira, Paço da Rainha, 46,
J. Ferreira, praça de D. Pedro, 59, 2.º
E. Estacio, rua do Principe, 79, 3.º

COMPANHIA REAL PROMOTORA DA AGRICULTURA PORTUGUEZA

ALA POENTE DO MERCADO 24 DE JULHO

Não recebemos ainda esclarecimentos.

LE PHÉNIX, COMPANHIA DE SEGUROS FRANCEZA

Agente em Lisboa. — Léon Delpeut & C.ª, rua do Corpo Santo, 40, 1.º
Vidè annuncio pag. 939.

NOVA COMPANHIA DE SEGUROS «DOURO», SÉDE NO PORTO

AGENCIA EM LISBOA — RUA DO ARSENAL, 124, 1.º

COMPANHIA TRANSATLANTICA ESPAÑOLA (VAPORES)

RUA DO ALECRIM, 20, A

Não recebemos esclarecimentos.

LONDON AND BRAZILIAN BANK, LIMITED

CAPITAL DO BANCO L.ˢ 1.500:000 STG.

Em 75:000 acções de L.ˢ 20 cada uma

Capital pago L.ˢ 750:000 ou réis 3.375:000$000

Fundo de reserva L.ˢ 450:000 ou 2.025:000$000

SÉDE EM LONDRES

ESCRIPTORIO

8, Tokenhouse Yard, E. C.

Director gerente—JOHN GORDON, Esq.

BANQUEIROS

O Banco de Inglaterra, Messrs, Glyn, Mills, Currie & C.ª

SUCCURSAES

BRAZIL

Pará........................	Gerente	—A. Power.
Pernambuco................	"	—W. H. Bilton.
Bahia.......................	"	—
Rio de Janeiro.............	"	—Edward Benn.
Rio Grande do Sul.........	"	—F. C. S. Ford.
Santos......................	"	—A. A. Pereira.
S. Paulo (agencia).........	"	—J. P. de Sousa.
Pelotas.....................	"	—J. Mackenzie.
Porto Alegre...............	"	—W. Hill.

RIO DA PRATA

Montevideu.........	Gerente	—William Edward Harvey.
Buenos-Ayres.......	"	—Adolphus F. Ennor.

ESTADOS UNIDOS

Nova-York (agencia)............ J. Lawrence Mc. Keewer.

PORTUGAL

Lisboa (96, rua dos Capellistas)..	Gerente	—Robert Duff.
Porto........................	"	—F. W. Sellers.

As succursaes d'este banco em Lisboa, Porto, Brazil e nos Estados-Unidos, compram e saccam lettras de cambio sobre as principaes praças bancarias e dão saque e cartas de credito sobre as succursaes e banqueiros acima mencionados, e tambem creditos circulares para viajantes. Descontam lettras bancarias e commerciaes. Resgatam quaesquer saques das succursaes sobre Portugal e sobre praças estrangeiras. Effectuam a cobrança de dividendos e juros, e compram ou vendem quaesquer fundos publicos, acções, apolices, etc., em Portugal e fóra. Concedem emprestimos a prasos fixos sobre penhór mercantil. Recebem dinheiro em conta corrente abonando juro usual e a praso fixo a juros convencionaes.

D. M. da Costa Ribeiro & C.ª

EFFECTUAM TRANSACÇÕES

EM

Todos os ramos bancarios e commerciaes

Tomam e saccam lettras sobre todo o reino, compram e vendem papeis de credito, saccam sobre todas as praças de Hespanha, mesmo sobre as menos importantes, tomam papel, saccam e dão cartas de credito, circulares sobre a França, Italia, Inglaterra, Suissa, Allemanha, Belgica e todas as principaes praças estrangeiras.

Agentes do Banco de Guimarães
Correspondentes do Banco Commercio e Industria,
Banco do Douro
e do Banco Commercial de Coimbra
Agentes geraes da FABRICA DE ALCOOL
em S. Christovão, Faro.

ESCRIPTORIO

CALÇADA DE S. FRANCISCO, 23, LISBOA

ARMAZENS

NA MARGUEIRA

Telephone n.º 413

EMPREZA
COLONISADORA AFRICANA

Sociedade cooperativa de responsabilidade limitada

RUA NOVA DO ALMADA, 11, 2.º

Director — Dr. JOÃO BENTES CASTEL-BRANCO

Os fins d'esta Empreza são (artigo 6.º dos Estatutos) fomentar a emigração portugueza para as colonias e a exploração d'estas. Para alcançar estes fins conta a Empreza nascente com concessões do Estado, que explorará e colonisará.

As acções que serão limitadas provisoriamente quando a direcção o julgar conveniente, são de réis 18$000 amortisaveis em prestações mensaes de 500 réis. A Empreza conta já um grande numero de agentes na Africa occidental e oriental, os quaes receberão os colonos, os encaminharão e valorisarão os productos dos terrenos aforados.

No escriptorio se dão a todos que desejem seguir para Africa as explicações e esclarecimentos commerciaes e hygienicos que forem pedidos. Tem a Empreza mostruarios de differentes artigos proprios para os diversos pontos da Africa.

A empreza agenciará a negociação dos generos nacionaes para a Africa e vice-versa, para o que tem agentes especiaes entendidos, dando aos socios, que por seu intermedio comprarem ou venderem, 20 por cento dos lucros que lhe houverem dado.

GESSO PARA ESTUQUE

Fabrica de Moagens

DE

GESSOS A VAPOR

DE

SERAPHIM ENNES RAMOS

9, RUA DO MACHADINHO, 13

Cal e areia para estuque

CIMENTO PORTLAND

Encarrega-se de ornatos em gesso e cimento para decorações de tectos, paredes e frontaria.

Exporta com a maxima brevidade qualquer encommenda para as Provincias, Ilhas e Brazil.

ANTONIO EMILIO BRANCO

com

ARMAZEM DE VINHOS

da

BAIRRADA

Cartaxo, Collares, Bucellas,
Aguas-ardentes finas e de vinho,
Canna do Brazil,
Genebra, Licores nacionaes
e estrangeiros
Cognac bermute, Vinhos finos
do Porto e Tabacos

Comidas frias, Fructas, Sardinha de Nantes e Conservas

20, Largo de S. Julião, 20

HOTEL

Preços 600 a 1$200

Rua da Padaria, 25, 2.º e 3.º

LISBOA

GRANDE ARMAZEM DE VIVERES
E
PASTELARIA
DE
FELICIANO DE CARVALHO VASCONCELLOS JUNIOR
COMPRA A PROMPTO PAGAMENTO

Fornecedor das principaes casas de Lisboa e provincias

VENDE POR PREÇOS MUITO CONVIDATIVOS

SECÇÃO DE VIVERES
DE
PRIMEIRA QUALIDADE

Importação directa para consumo e exportação; especialidade em manteiga dinamarqueza, ingleza, hollandeza, ilha e de Cintra. Finissimo chá preto e verde; café das melhores procedencias havendo um lote especial em moido que produz um bom effeito; massinhas francezas, italianas e nacionaes em pacotes; salame e mortadella de Italia; conservas carnes, peixes, hortaliças e sopas em latas; vinhos finos, cognacs, champagne, genebra e licores das primeiras marcas. Os saborosos e bem temperados chouriços e paios de Extremoz, Arrayollos e Portalegre. Azeites engarrafados francez, Herculano e de Castello Branco.

Vinho velho branco e tinto, da Quinta das Conchas, o melhor n'este genero, remette-se engarrafado e em garrafões.

SECÇÃO DE PASTELLARIA
DE
PRIMEIRA QUALIDADE

Completo sortimento em pasteis de nata, folhado, fructa, carne e marisco; fructas em calda coberta e crystallisada; ameixa d'Elvas, Coimbra e de outras qualidades, em caixinhas proprias para brindes; biscoitos de Hamburgo; palitos e biscoitos de Oeiras; cavacas das Caldas; queijadas de Cintra e laranja de Setubal. Celestes de Santarem. Marmellada de Odivellas, em quartos. Quartos e geleia de marmello; geleia de mão de vacca feita todos os dias. Amendoas torradas de sobre-mesa e sortidas, grossa e fina, francezas; ditas lisbonenses especialmente fabricadas. Tomam-se e executam-se com a maior perfeição e exactidão encommendas de pudings de ovos e de pão. Lampreias, ananazes, peixes, presuntos, patos, etc. Lindas garrafas de differentes licores finos a 300 réis a garrafa.

CONDUCÇÃO GRATIS

132, Rua do Principe, 134

Proximo d'Avenida, defronte da Estação Central do Rocio

LISBOA

OURIVESARIA DA GUIA

DE

João Carlos de Oliveira & C.ª

RUA DE S. VICENTE, á GUIA, 2 a 8

E

7 a 11 — MOURARIA — 7 a 11

LISBOA

Compra e vende relogios, objectos de ouro e prata, no que tem grande e variado sortimento fabricado em Lisboa, Porto, Paris e Suissa.

Esta casa fundada ha vinte annos com venda de objectos de ouro, prata e relogios continua a **VENDER BARATO** para vender mais.

Os relogios são garantidos por um anno.

PREÇOS SEM COMPETENCIA

Durante dois dias recebe-se a fazenda vendida e dá-se o dinheiro quando o freguez entenda não ter comprado

BOM E BARATO

LE PHÉNIX
COMPANHIA FRANCEZA DE SEGUROS DE VIDA

A PREMIOS FIXOS

Sociedade anonyma auctorisada em 1844

Séde social: — 33, Rua Lafayette — PARIS

Matriculada no Tribunal do Commercio de Lisboa em 12 de Novembro de 1890.

Representada em França e no Estrangeiro por 514 agencias geraes

Contractos em vigor: 515 milhões de francos
Garantia realisada: 174 » »

Conselho d'Administração

Conde DULONG de ROSNAY (✠) *Presidente honorario*
Conde F. de MONTESQUIOU (✠), *Presidente*
O Sr. Alf. DUBOIS, antigo deputado, *Vice-presidente*

Os Srs.
- E. J. de BAMMEVILLE.
- MUNSTER (O.✠), antigo conselheiro geral de Seine-et-Oise.
- Conde de CRISENOY de LYONNE, proprietario.
- A. LUUYT (✠).

Os srs.
- MALLET (Ed.), socio da casa Mallet Frères & C.ª, banqueiros.
- MONZIE-LASSERRE (✠).
- L. SAVOYE (✠), antigo "Maître des requêtes„ do Conselho d'Estado, antigo deputado.

DIRECTOR: o Sr. A. du FRESNAY
SUB-DIRECTOR: o Sr. F. MATIGNON

O Conselho d'Administração da Companhia **LE PHÉNIX-VIDA**
é o mesmo da Companhia **LE PHÉNIX-INCENDIOS**

FUNDADA EM 1819

Cada Companhia tem os seus Fundos de Garantia e Riscos separados

Acceitam-se todas as combinações de seguros de vida pelos premios mais vantajosos, e prestam-se todos os esclarecimentos gratuita e confidencialmente no escriptorio da Companhia em Lisboa.

40, Rua do Corpo Santo, 1.º

Os directores em Portugal — **LÉON DELPEUT & C.ª**

ERNESTO DA SILVA

ANTIGO FORNECEDOR DAS REAES CASAS DE SUAS MAGESTADES

COM FORNOS DE

CAL

EXCLUSIVAMENTE FABRICADA A LENHA

RUA DA CRUZ, EM ALCANTARA

Unico fabricante d'este producto em Portugal

PREMIADO EM TRES EXPOSIÇÕES A QUE CONCORREU

COM MEDALHAS DE PRATA E COBRE

No Rio de Janeiro em 1879, em Bordeos em 1882, em Lisboa 1884

SOCIO SOBREVIVENTE DA FIRMA ANJOS & SILVA

CAL EM PEDRA

ESPECIALIDADE PARA ESTUQUES

Fabricas e exportação

Cal em pó parda para construcções, alva para guarnecer

Qualidade e quantidade garantida

Rua da Cruz, em Alcantara

LISBOA

COSINHA

DA

ANTIGA PASTELLARIA FRANCEZA

7, Rua Nova de Santo Antonio, 9

(á Praça das Flôres)

R. M. ALVES & C.ª

Encarrega-se do fornecimento de jantares exclusivamente particulares, constando de sopa e 4 pratos.

Assignaturas de 8, 15 e 30 dias.

Uma pessoa............	300 réis
Duas pessoas............	400 »

E assim seguidamente 200 réis por pessoa.

Jantares por menos de 8 dias consideram-se avulsos e com ajuste particular.

Recebem-se encommendas especiaes de pratos montados, almoços, lunchs para casamentos e baptisados.

Encommendas e pagamentos de vespera até ás 10 horas da noite.

Latas e conducção tem ajuste especial.

No mesmo dia, até ás 9 horas da manhã, acceitam-se encommendas para assados, diversos dôces e pasteis.

A's assignaturas de 30 dias garante-se o fornecimento de sobre-meza de dôce gratuito aos domingos e dias santificados.

AMELIN & RENAUD

39 — Rua J. Jacques Rousseau — 39
PARIS

Installações e reparações de fabricas de moagem, pelo systema de cylindros, e mós. Fabricas de massas, bolachas, etc.

Sedas para peneiração de farinhas.
Utensilios diversos para fabricas de moagem.
Correias de linho e coiro, atilhos, etc.
Oleos e gorduras.
Material para industrias e motores, etc.

Installações de luz electrica.
Transmissão de força a distancia.
Applicações geraes de electricidade.

ESCRIPTORIO E ARMAZEM

148, Rua da Magdalena, 148
LISBOA

PHARMACIA

DE

F. FREIRE DE ANDRADE & IRMÃO

Fornecedores das diversas Companhias de navegação
e caminhos de ferro

(ANTIGA PHARMACIA ASSIS)

FUNDADA EM 1837

LISBOA, 123, RUA DO ALECRIM, 127, LISBOA

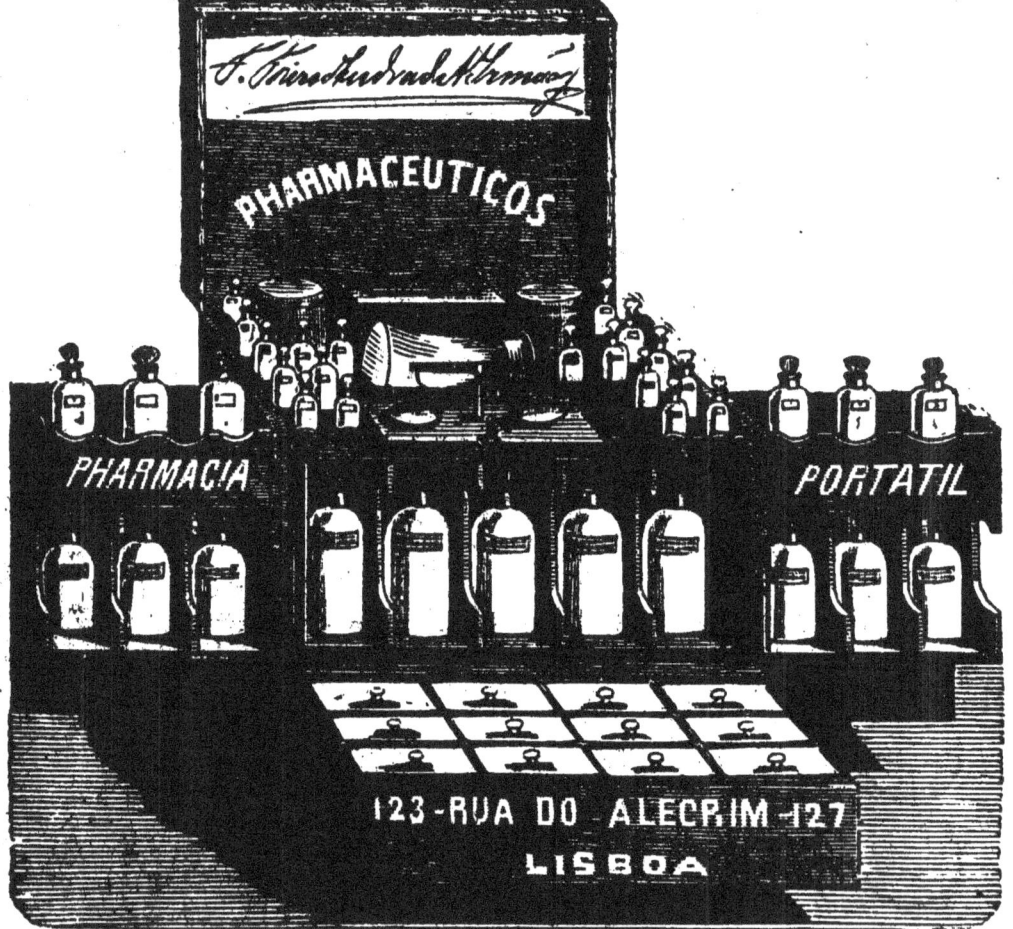

Preparam pharmacias portateis para navios, companhias de caminhos de ferro, officinas, fazendas agricolas e familias que estão longe de recursos. Encarregam-se do fornecimento de drogas, productos pharmaceuticos e chimicos, instrumentos e apparelhos diversos, perfumarias, etc. Garantem as melhores qualidades e preços. Recebem productos coloniaes, para pagamento de encommendas, vendidos sem nenhuma commissão, quando essas encommendas sejam artigos de pharmacia. Fabricam grande numero de especialidades pharmaceuticas e muitas perfumarias.

Agentes-depositarios de agua mineral purgativa **Francisco José**, da agua de Bussang e deposito geral da agua da Felgueira.

ESCOLA ACADEMICA

INSTITUIDA EM 1 DE OUTUBRO DE 1847

Fundador — ANTONIO FLORENCIO DOS SANTOS

Directores { ARTHUR MAUPERRIN SANTOS
JAYME MAUPERRIN SANTOS

A Escola Academica, sita na calçada do Duque n.º 20, occupa um vasto edificio que foi expressamente construido para esse fim, d'onde resulta a superioridade material conhecida.

Os dormitorios e aulas constituidas por formosas salas estão organisadas segundo os mais modernos preceitos da hygiene, tendo as ultimas sido recentemente reformadas, e modificadas segundo um modelo novo e exclusivo d'esta Escola reunindo as condições da elegancia ás do conforto e commodidade para os estudantes que tem cada um a sua banca especial e completamente separada.

A alimentação fornecida pela Escola Academica dos seus alumnos constituida por generos todos de primeira qualidade consta do seguinte: *Almoço* 7 e meia da manhã, ovos ou bifes, *uma tabella que corre impressa junta ao regulamento. Ceia*, leite e pão.

A regencia das differentes disciplinas está entregue a um grupo de professores perfeitamente conhecidos pela sua proficiencia no ensino e pela sua respeitabilidade, cuja escolha honra a direcção da Escola. Para facilitar o estudo dos estudantes estão organisadas as salas de estudos presididos por professores que explicam as lições de modo a removerem as naturaes difficuldades que todos os estudantes encontram nos principios dos seus cursos. Estes estudos a que podem concorrer os estudantes externos funccionam das 6 ás 8 horas da noite, e são para a instrucção primaria e secundaria.

O ensino religioso tem tido sempre da parte da direcção da Escola uma dedicada attenção.

A Escola Academica admitte alumnos internos e externos segundo as condições exaradas no regulamento que será enviado a todas as pessoas que o requisitarem.

Toda a correspondencia será dirigida a Mauperrin Santos assignatura adoptada pelos directores para todo o expediente da Escola.

Os directores attendem todos os dias as pessoas que os procurarem para assumptos escolares e concedem sempre com agrado a visita ao edificio da Escola.

Lisboa e secretaria da Escola Academica, 3 de novembro de 1891.

DIRECTORES

Mauperrin Santos.

NOVA COLCHOARIA

DA

151, 153 e 155 — Avenida da Liberdade — 151, 153 e 155

O proprietario da bem conhecida colchoaria, ha doze annos sita na rua de S. José n.º 83, defronte do quartel general, convida os seus amigos e freguezes a visitarem o seu novo estabelecimento de colchoaria e moveis de ferro, que abriu na Avenida da Liberdade n.ᵒˢ 151, 153 e 155, esquina da rua Rosa Araujo, predio que se distingue por ter um moinho de agua, visivel de quasi todos os pontos altos da cidade, onde encontrarão um variado e avultado sortimento de todos os artigos pertencentes a este ramo de commercio e tudo por preços limitadissimos.

A casa continua a fornecer hoteis e para as provincias, fazendo descontos para revender.

Os pedidos podem ser feitos, como é costume, a Antonio Matheus da Silva Brito, proprietario dos ditos estabelecimentos.

Numero telephonico, 537

FABRICA DE PRODUCTOS CHIMICOS

DE

A. J. de Brito e Cunha

29, Calçada do Duque, 29 — LISBOA

Premiado com medalhas d'ouro nas Exposições Internacional do Porto, 1886. Industrial de Lisboa, 1888. Universal de Paris, 1889

Numero telephonico 448

ENDEREÇO TELEGRAPHICO **Britocunha**

Fabricam-se saes de mercurio, especialmente sublimado corrosivo, pós de Joannes, calomelanos e mercurio dôce para exportação.

Dirijam-se encommendas por grosso e a retalho, para o escriptorio da mesma fabrica na

60, Rua da Condeça, 60

LISBOA

ARMADOR E ESTOFADOR

JOSÉ OLAIO

COM

ARMAZEM DE MOVEIS

NOVOS E USADOS

Compra e vende todas as qualidades dos ditos moveis mesmo que sejam casas completas e recebe outros em troca.

Não se responsabiltsa pelos objectos concertados por mais de tres mezes.

O signal que se der n'esta casa só é valido pelo praso de 8 dias.

5 e 7 — RUA DA ATALAIA — 5 e 7

LISBOA

PANNOS E CASIMIRAS

ALTA NOVIDADE

SE HABLA ESPAÑOL

LÉON DURAND

ENGLISH SPOKEN

46 — RUA DO CARMO — 46

ALFAIATE

LISBOA

CASA ORIENTE

DE

MANUEL DIAS LOPES & C.ª

Especialidade em café moido e torrado

CHÁ VERDE E PRETO

Biscoitos estrangeiros e nacionaes, farinhas peitoraes, assucar de todas as qualidades, arroz, massas, vinhos, tanto generosos como de pasto, genebra, cognacs e licores.
Objectos de charão, louças de porcellana e lenços da India.

LISBOA

84, RUA DA ESCOLA POLYTECHNICA, 84

(Proximo ao largo de S. Mamede)

JOÃO DE SANT'ANNA

Representante de casas estrangeiras

COMMISSÕES E CONSIGNAÇÕES

112, Rua do Arco do Bandeira, 1.º

LISBOA

FABRICA NACIONAL D'OLEOS

Oleo de peixe

Adubos agricolas

Guano de peixe

Numero telephonico—1023

MARCA DA FABRICA
REGISTRADA

Fabrica em Setubal

Escriptorio em Lisboa

Rua dos Douradores, 159, 1.º

Endereço telegraphico—OLEOS

PREÇOS
1.ª qualidade............... 30 réis o kilo
2.ª qualidade............... 22 réis o kilo

OLEO DE PEIXE
A 60 e 90 réis o kilo. Faz-se abatimento para grandes porções. Fornecem-se instrucções sobre a sua applicação.

Acceitam-se agentes nas diversas localidades

MANUEL ANTONIO DE SOUSA

DROGARIA

24—Rua dos Bacalhoeiros—24

LISBOA

JOÃO FERREIRA CALLADO

COM

LOJA DE DROGAS, TINTAS E PRODUCTOS CHIMICOS

Deposito de brussas, escovas e luvas de crina

Pinceis, esponjas, sabão, sabonetes e perfumarias

Cimentos, Vernizes, petroleo e muitos outros artigos

VENDA POR GROSSO E MIUDO — IMPORTAÇÃO DIRECTA

29, Largo do Intendente, 30

(Defronte do chafariz)

LISBOA

ASPHALTO NACIONAL

O MAIS ANTIGO E ACREDITADO

DE

MARQUES & DOMINGUES

Encarregam-se de obras de asphalto em Lisboa, Porto e provincias, recommendando tanto a boa qualidade como a execução das obras que lhes forem confiadas especialmente em trabalhos para eiras, passeios, cavallariças, como asphalto branco e preto, etc.

UNICOS SEM COMPETENCIA

Fabrica no Portinho da Arrabida, com deposito em Lisboa

6, 1.º — RUA NOVA DO AMPARO — 6, 1.º

LISBOA

AGUAS DE CARABAÑA

Salinas, sulphuradas, sulfatado sodicas. Unicas na sua especialidade, tem obtido 6 diplomas de honra e 8 medalhas de ouro de primeira classe, em todas as exposições a que tem concorrido (Paris, Londres, Anvers, Napoles, Bruxellas, Valencia e Madrid), e ultimamente na exposição de Londres de 1888, em que obtiveram diploma de honra, medalha de ouro e prata de primeira classe com approvação do grande jury.

São purgativas, depurativas e muito recommendadas pelos ex.ᵐᵒˢ medicos das doenças do estomago, figado, ventre, herpes; escrophulas e syphilis, assim como exteriormente na lavagem de feridas. Á venda nas pharmacias e drogarias.

DEPOSITO EXCLUSIVO EM PORTUGAL

240, 3.º, Rua Augusta, 240, 3.º

LISBOA

JOSÉ CARLOS XAVIER & FILHOS

FABRICA DE CORTUMES

11 — Rua de Santo Antonio — 14

(ao Calvario)

ALCANTARA

ANTIGO
ARMAZEM DE FATOS

PARA THEATROS

QUE FOI DE

ANTONIO CANDIDO DA CRUZ

SUCCESSORES

Antonio Diogo Jesuino Ganhado & C.ª

Fatos para theatros, danças, anjos para cyrios e de nuvens para procissões. Grande sortimento de dominós e costumes para mascaras; ditas de setim e veludo de todas as côres. Bandeiras de todas as nações para alugar e vender. Ilhamas, rendas, franjas, galões, requifes, espiguilhas e lustrins de ouro e prata para vender.

Toma conta de qualquer fornecimento para as provincias

LISBOA
2, 1.º — RUA LARGA DE S. ROQUE — 2, 1.º

(Junto á sachristia do Loreto)

CHAPELLARIA E FABRICA

DE

Emilio Carlos Leite e E. C. Leite & C.ª

COM LOJA NA

Calçada dos Paulistas, 87 e 89

E FABRICA NA

Rua da Mãe d'Agua, 1 a 3

(á Praça d'Alegria)

Continua a servir os seus freguezes por preços muito rasoaveis, e apto para servir qualquer encommenda para fóra.

GRANDE OFFICINA DE SERRALHERIA

DE

VENANCIO DA SILVA CAMBRA

CASA FUNDADA EM 1860

(Ramalde) — Largo de Francos, 50

PORTO

A grande officina de serralheria, fundada por Venancio da Silva Cambra, em 1860, na freguezia de Ramalde, Largo de Francos, 50, Porto, é, sem contestação, a mais importante do seu genero no paiz, rivalisando em grandeza e perfeição de trabalho com as suas congeneres do estrangeiro. O seu fabrico annual é de 80 a 90 mil fechaduras, occupando sessenta e tantos operarios diariamente n'este genero de industria puramente portugueza.

A perfeição, esmero e a boa qualidade do material (ferro forjado) com que são apresentadas ao publico as fechaduras de *broca*, *lisas* e sem *broca*, d'esta importantissima serralheria, é a prova mais evidente da confiança que Venancio Cambra tem merecido dos grandes centros commerciaes onde as suas fechaduras teem chegado; mórmente nas praças da grande Republica dos Estados Unidos do Brazil, onde a sua industria é apreciada devidamente, quer pela modicidade de preços, quer pelo bem acabado e solidez da obra. Prova-o as importantes encommendas que esta grande officina recebe mensalmente, podendo assegurar-se que até hoje ainda não houve uma só encommenda rejeitada.

Esta mesma officina de serralheria tem o fabrico especial de fechos para janellas, dobradiças de todas as dimensões; trinquetas, martellos para carpinteiros, fouces e machados, tudo fabricado com o maximo cuidado e segurança, podendo fornecer qualquer mercado nacional ou estrangeiro, com rapidez, por maior que seja a encommenda, pois que para isso está habilitada.

Encarecer a superioridade d'esta serralheria é desnecessario, pois que a verdadeira importancia está na espantosa extracção dos seus productos.

Convém notar que as fechaduras fabricadas n'esta casa não teem — uma unica peça — que não seja forjada, e cada chave, embora seja egual, não póde servir senão na sua propria fechadura.

As condições de venda são: a dinheiro ou a praso conforme o tratado. A casa incumbe-se de todo o expediente respeitante ás encommendas.

EMPREZA DE CARRUAGENS DE ALUGUER

DE

José Faustino Ribeiro

ESTABELECIMENTO

Rua de S. Sebastião das Taipas, 2

(A S. Pedro d'Alcantara)

ESCRIPTORIO

(Com communicação telephonica para o estabelecimento)

Travessa Nova do Carmo, 8

Preços os da Companhia de Carruagens Lisbonense

Fornece tabellas gratis

Numero telephonico 477

Joaquim Nunes da Cunha

OURIVESARIA, RELOJOARIA E JOALHERIA

Rua da Palma, 102, 104, 106

Esquina da rua de S. Vicente á Guia, 27

LISBOA

Variado sortimento fabricado em Lisboa, Porto e Paris

Relogios de ouro e prata garantidos por um anno.
Recebe encommendas e concertos.
Fornece para revender pelo preço das fabricas.
Compra e vende objectos de ouro, prata e pedras preciosas.

TABACARIA NEVES

42, PRAÇA DE D. PEDRO, 43
2 e 4, ESQUINA DA CALÇADA DO CARMO, 2 e 4

LISBOA

Completo sortimento de tabacos nacionaes e estrangeiros. Á venda por grosso e miudo.

Na mesma casa ha á venda, todos os dias, grande variedade de camelias, rosas, violetas, corbeilles, bouquets e flores naturaes.

Agua de Cintra, Fonte da Sabuga, agua de Caneças e de Moura, que se vendem em bilhas, garrafões e a copo.

Corôas de flores artificiaes, bilhetes e cautellas das loterias portugueza e hespanhola.

FABRICA FAVORITA

DE

A. J. DE BRITO E CUNHA

10, ESTRADA DO ARCO DO CEGO, 10

ESCRIPTORIO

60 — RUA DA CONDEÇA — 60

NUMERO TELEPHONICO 448 E 1092

ENDEREÇO TELEGRAPHICO BRITOCUNHA

Fabricam-se sabões em barra de todas as qualidades e em fórmas das qualidades superiores.

GOMES & NUNES

Vinhos finos e de pasto por grosso e meudo

Aguas-ardentes e mais liquidos

Adegas no Cartaxo — Retem em Xabregas
Succursal em Lisboa

13, 14 — Pateo do Marquez de Niza — 13, 14
(XABREGAS)

2 — Largo de Santo André — 2

ESCRIPTORIO
2 — Rua do Infante D. Henrique — 2

COMPANHIA DE TECIDOS ALLIANÇA

Sociedade anonyma de responsabilidade limitada

FABRICA E ESCRIPTORIO

1 — Rua de Cascaes — 7

Fabricação de tecidos em linho e juta

Especialidade em grossarias

DEPOSITO EM LISBOA, EM CASA DOS SRS.

LEITES, SOBRINHOS & C.ª

26 — Rua dos Fanqueiros — 28

VACCINA SUISSA

Legitima vaccina animal (Cow-pox) do Instituto Suisso de Lancy-Genève. Encontra-se sempre fresca em placas, tubos e frascos.

NA

AGENCIA DE
TH. & U. ALBERT DEGGELLER

44, 1.º, RUA IVENS, 44, 1.º

(S. Francisco)

PARTE OFFICIAL

DIRECÇÃO DA FISCALISAÇÃO DO GOVERNO JUNTO DA COMPANHIA DAS AGUAS

PALACIO DO CARMO

Director — Conselheiro Augusto Pinto de Miranda Montenegro, rua de S. José, 71, 2.º-E.
Chefe do expediente — Sotero Justiniano de Mello Rodrigues, rua da Princeza, 96, 4.º-E.
Conductor — Joaquim Maria Fragoso, largo da Graça, 82, 2.º-E.
  Escripturarios e fiscaes verificadores:
Domingos Brandembourg Portella, rua da Madre de Deus, 60, 2.º-E.
José Eduardo Paes, rua Augusta, 100, 4.º
Antonio Marianno de Faria Picão, rua Nova de S. Domingos, 7, 2.º-D.
Desenhador — Alfredo A. Mendes de Avellar Mineiro, calçada da Tapada, 60, 2.º
Servente — Antonio Matheus, calçada do Castello Picão, 26, 1.º-D.

MINISTERIO DAS OBRAS PUBLICAS

DIRECÇÃO GERAL DE AGRICULTURA

REPARTIÇÃO DE SERVIÇOS AGRICOLAS

Regiões agronomicas.
Agronomos chefes e subalternos em commissão

Guilherme Adriano da Silveira, collocado em commissão como agronomo chefe na 1.ª região, Braga.
João Ignacio Teixeira de Menezes Pimentel, idem, idem na 2.ª região, Mirandella.
Manuel Ignacio Pinto Machado, idem como agronomo subalterno na mesma região.

Francisco Antonio Palma de Vilhena, idem como agronomo chefe na 3.ª região, Regoa.
Arthur Ernesto da Silva Leitão, idem, idem na 4.ª região, Coimbra.
José Luiz Esteves Pereira, idem como agronomo subalterno na mesma região.
Joaquim Pedro de Freitas Castel-Branco, idem como agronomo chefe na 5.ª região, Mangualde.
José Joaquim dos Santos, idem, idem na 6.ª região, Portalegre.
Ramiro Larcher Marçal, idem, idem na 7.ª região, Lisboa.
Eugenio de Freitas Bandeira de Mello, idem, como agronomo subalterno na mesma região.
Antonio Gomes Ramalho, idem, como agronomo chefe na 8.ª região, Evora.
Tancredo Caldeira do Casal Ribeiro, idem, idem na 9.ª região, Faro.
Manuel Lopes de Almeida, idem, idem na 10.ª região, Funchal.
Antonio de Andrade Albuquerque Bettencourt, idem, idem na 11.ª região, Ponta Delgada.
Duarte Clodomiro Patten de Sá Vianna, idem, idem na 12.ª região, Angra do Heroismo.
Manuel Zeferino Gonçalves Maciel, idem como agronomo subalterno na mesma região.

Serviços pecuarios.
Veterinarios districtaes em commissão

José Lino Emilio, collocado em commissão como veterinario no districto de Vianna do Castello.
Francisco Lopes Gonçalves, idem, idem no districto de Braga.
Daniel dos Santos Almeida, idem, idem no districto de Villa Real.
Domingos José Salgado, idem, idem no districto do Porto.
Joaquim Augusto Rodrigues, idem, idem no districto de Coimbra.
José Eduardo de Mello, idem, idem no districto de Vizeu.
Guilherme João de Sá, idem, idem no districto de Portalegre.
Domingos Rodrigues Annes Baganha e João Sabino de Sousa, idem, como intendentes de sanidade pecuaria no districto de Lisboa.
Antonio Gonçalves Ramalho, idem, como veterinario no districto de Evora.
Fernando Augusto Correia, idem, idem no districto de Beja.
Ludovico Caetano de Menezes, idem, idem no districto de Faro.
João Francisco Tierno, idem, idem no districto do Funchal.
José Pedro de Jesus Cardoso, idem, idem no districto de Ponta Delgada.
José Maria Leite Pacheco, idem, idem no districto de Angra.

REPARTIÇÃO DE INSTRUCÇÃO AGRICOLA E MATTAS

Escolas de agricultura e viticultura pratica

Antonio Augusto Baptista, collocado em commissão, no logar de director da escola central de agricultura pratica, nos termos do artigo 69.º do decreto de 8 de outubro ultimo.
José Antonio Ochôa, collocado em commissão, no logar de agronomo professor da referida escola, nos termos do artigo 58.º e seu § 1.º do mencionado decreto.
Alexandre Magno Couto de Almeida, idem, idem.
Alexandre de Sousa Figueiredo, collocado em commissão no logar de

director da escola elementar de agricultura pratica de Faro, nos termos do artigo 84.º do decreto de 8 de outubro ultimo.

Antonio Filippe da Silva Junior, idem como director da escola elementar de agricultura pratica de Portalegre.

Francisco Raymundo da Silveira, idem, como director da escola elementar de agricultura pratica de Santarem.

Christovão Moniz, idem, como director da escola elementar de viticultura pratica de Torres Vedras.

José Maria Tavares da Silva, idem, como director da escola elementar de viticultura pratica da Bairrada.

Albino Florido da Cunha Toscano, idem, como director da escola elementar de agricultura pratica de Vizeu.

Luiz José Carneiro, collocado em commissão como agronomo professor da escola elementar de agricultura pratica de Faro, nos termos do referido decreto.

Alfredo Augusto Godinho, idem na escola elementar de agricultura pratica de Santarem.

João Achilles Ripamonte, idem na escola elementar de viticultura pratica de Torres Vedras.

Manuel Vicente Lobo Rodrigues Chicó, idem na escola elementar de viticultura pratica da Bairrada.

Agostinho Correia Pereira, idem na escola elementar de agricultura pratica de Vizeu.

Padre Antonio Maria Rodrigues, collocado como professor auxiliar na escola central de agricultura pratica, nos termos do mencionado decreto.

Jacinto Bettencourt, idem na escola elementar de agricultura pratica de Santarem.

Filippe de Sousa Belford, idem na escola elementar de viticultura pratica de Torres Vedras.

Joaquim dos Santos Silva, idem na escola elementar de agricultura pratica de Faro.

Padre Antonio Alves Mariz, idem na escola elementar de viticultura pratica da Bairrada.

Padre José da Cruz Biscaia, idem na escola elementar de agricultura pratica de Portalegre.

Visconde de Villa Verde, idem na escola elementar de agricultura pratica de Vizeu.

MATTAS NACIONAES

Ainda não recebemos esclarecimentos.

ASSOCIAÇÕES E ARTIGOS DIVERSOS

ASSOCIAÇÃO ACADEMICA

Rua do Alecrim, 111

ORDEM TERCEIRA DE SANTO AGOSTINHO (VENERAVEL)

Na egreja da Graça

Padre commissario. — O prior da Graça.
Prior. — José Motta da Fonseca, travessa da Assumpção, 88, 5.º
Sub-prior. — Joaquim José Teixeira, rua da Prata.
Procurador geral. — Francisco Antonio Calixto, travessa da Palha, 28, 2.º
Consetheiro. — Joaquim José Teixeira Bastos, travessa de Santa Justa 105.
1.º Secretario. — Antonio Eduardo Figueiroa Rego, rua da Prata.
2.º Secretario. — Ignacio Francisco de Moraes, calçada de S. Lazaro.
Thesoureiro. — João Motta da Fonseca.

ASSOCIAÇÕES DE BENEFICENCIA

Asylo da infancia desvalida e pobres do Lumiar

Direcção

Presidente. — Joaquim Filippe de Miranda, praça dos Restauradores, 68.
Thesoureiro — Augusto Carlos de Miranda Monteiro, rua Nova do Almada, 80.
Secretario — Aleixo Tavano, praça de D. Pedro, 102.
Vogal. — Luiz Eugenio Leitão, rua dos Capellistas, 49, 2.º

Asylo dos orphãos desvalidos da freguezia de Santa Catharina

Largo de S. João Nepomuceno

Commissão administrativa

Presidente — Commendador Francisco Lourenço da Fonseca, rua das Chagas, 16.
Thesoureiro — José Antonio Rodrigues, calçada do Combro, 76, 1.º
Secretario — João Baptista da Silva e Mello, calçada do Combro, 30, 3.º
Vogaes:
Barão de S. Clemente, praça de S. Bento, 14, 1.º
José Antonio Frazão, rua do Almada, 39.
Antonio Cypriano Antunes Campos, calçada do Combro, 71, 2.º
Regente — D. Maria da Conceição Esteves, no Asylo.
Facultativo — Dr. Casimiro Simão da Cunha, calçada de S. João Nepomuceno, 27.

Asylo de S. João para a infancia desvalida

Travessa do Loureiro a Santa Martha

Direcção

Presidente — José Isidoro Ribeiro.
Secretario geral — Eduardo Augusto Craveiro.
Thesoureiro — Augusto Feijó.

Vogaes.
Albino José Baptista.
Augusto Moreira Feio.
Julio Cesar d'Assis.
Regente — D. Maria Augusta d'Oliveira Gervis d'Athougia.

INSTITUTO ULTRAMARINO

No edificio do Ministerio da Marinha

Presidente. — Sua Magestade a Rainha.
Vice-presidente. — Conselheiro José Baptista de Andrade, rua das Janellas Verdes, 76, 2.º
1.º Secretario. — Conselheiro Antonio José Ennes, rua dos Anjos, 49, 2.º
2.º Secretario. — Conselheiro Francisco Joaquim Ferreira do Amaral, rua dos Cardaes de Jesus, 62.
Thesoureiro. — Conselheiro Henrique de Barros Gomes, alto de Santa Catharina, 4.

SOCIEDADE PROMOTORA DE CRECHES

Largo da Graça

Direcção

José Gregorio da Rosa Araujo.
Manuel José de Andrade Pinheiro.
Padre Domingos Amancio da Silva.
J. J. Ferreira Lobo.
João José Teixeira Lobo.
Arthur Candido Pinheiro.
Sabino Puga.

REAL ACADEMIA DE AMADORES DE MUSICA

Rua do Alecrim

Director da orchestra. — Victor Hussla.

TYPOGRAPHIA

DA

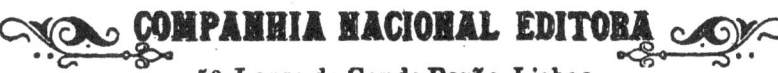

50, Largo do Conde Barão, Lisboa

1891

www.ingramcontent.com/pod-product-compliance
Lightning Source LLC
Chambersburg PA
CBHW081341230426
43667CB00017B/2692